ENCYCLOPEDIA OF EDUCATIONAL EVALUATION

教育評価事典

監修　辰野千壽・石田恒好・北尾倫彦

図書文化

刊行の言葉

　近年，教育評価の研究はめざましい発展を遂げ，その研究領域も拡大している。それにつれて教育評価の新しい考え方や方法が現れ，新しい用語も数多くみられる。そのため，教育評価の書物を読んでも，その意味が必ずしも明確でない考え方や用語が目につくようになり，教育の実践においても，共通の理解が得られず，混乱が生じている状況がみられる。

　また，教育においては，今日，個性重視の原則のもとに，確かな学力の向上，豊かな心の教育，健やかな体の育成をめざして種々の改革が進められ，その結果を適切に評価することが求められている。そこで教育評価では，児童生徒の評価はもとより，学校評価，教師評価など，新しい課題が課せられている。

　このような状況を考えると，新しい立場から教育評価の全体を展望し体系的・系統的な知識をもち，さらに教育評価の基本的な理論・概念・用語の意味を明確に理解することが必要になる。そこで，このような要請に応えるため，新しい視点に立って教育評価の研究にも教育問題の解決にも役立つ事典を編集することにした。具体的には，教育評価の体系（枠組）を決め13章構成とし，各領域で必要と思われる理論・概念・用語を，次の立場から項目として選び，解説することにした。

① 教育評価に関係する内外の最先端の理論的・実践的研究を踏まえ，新しい考え方や用語をできるだけ広く取り入れる。
② 伝統的な教育評価の基本用語はもちろん，最新の用語や隣接科学の用語も必要なかぎり取り入れる。
③ 定義は明確にし，いくつかの考え方があるときには，それを含めて相違を明確にする。
④ 類似の用語の違いをできるだけ明確にする。
⑤ 学問的背景に基づきながら，より実践的に，より正確に，より平易に，をめざして解説する。

したがって，この事典は，次のような活用をめざしている。
① 単行本的活用……教育評価の全体像を把握できる。
② 辞典的活用………必要な項目について容易に調べることができる。
③ 研究的活用………評価の研究の際に活用できる。
④ 実践的活用………評価の実践に関係した問題の解決に役立つ。

さらにいえば，この事典は，教育評価の研究に新しい展望を与えることもできるし，今日の教育問題の解決にも役立つであろう。教師・学生はもちろん，研究者も，学習や実践，研究の際に常に座右において広く活用されることを期待する。

なお，本事典の完成は，ご多忙のなか快くご協力いただいた13名の編集委員，223名にも及ぶ執筆者のみなさまの学識と熱意の賜物と心から謝意を申し上げる。また，本事典の企画の実現と編集に尽力された図書文化社前役員の中川輝雄氏と，編集・校正に骨折っていただいた出版部長水野昇氏，『指導と評価』編集担当工藤彰眞氏に御礼を申し上げる。

2006年4月

監修者代表　辰　野　千　壽

監修者　　　　　　　　　　　　　　　　　　　　　　　　　［右は編集の担当章］

辰野千壽	財団法人応用教育研究所所長・筑波大学名誉教授	
石田恒好	文教大学学園長	第3章5，第8章
北尾倫彦	大阪教育大学名誉教授	第2章1，2，第8章

編集委員（担当章順）

天野正輝	京都大学名誉教授	第1章，教育評価年表作成
藤岡秀樹	京都教育大学教授	第2章3，第12章
無藤　隆	白梅学園大学学長	第2章4，5，第7章
奈須正裕	上智大学教授	第2章6，第3章6，7，8
新井邦二郎	筑波大学教授	第3章1，2
服部　環	筑波大学助教授	第3章3，4，第13章
海保博之	東京成徳大学教授	第4章
桜井茂男	筑波大学教授	第5章，第6章
中野良顯	上智大学名誉教授	第9章1
柘植雅義	兵庫教育大学教授	第9章2
小池敏英	東京学芸大学教授	第9章3
小松郁夫	国立教育政策研究所研究部長	第10章
工藤文三	国立教育政策研究所研究部長	第11章

執筆者（50音順）

（所属は原則として2006年3月1日現在）

青山真二	北海道教育大学函館校		安藤輝次	奈良教育大学
青山征彦	駿河台大学		猪狩恵美子	福岡教育大学
浅沼　茂	東京学芸大学		池田　央	教育測定研究所
足立浩平	大阪大学		池田輝政	名城大学
安彦忠彦	早稲田大学		石井英真	日本学術振興会
天貝由美子	千葉大学		石隈利紀	筑波大学
天笠　茂	千葉大学		石﨑一記	東京成徳大学
天野正輝	京都大学名誉教授		石田恒好	文教大学
新井郁男	放送大学		石塚謙二	文部科学省
新井邦二郎	筑波大学		市川伸一	東京大学
荒木紀幸	神戸親和女子大学		市川　博	帝京大学
有薗　格	星槎大学		伊藤安浩	大分大学

井上 正明	第一福祉大学	亀谷 陽三	京都教育大教育学部附属桃山小学校
今関 豊一	文部科学省		
今林 俊一	鹿児島大学	河合 久	国立教育政策研究所
植田 健男	名古屋大学	河原 尚武	鹿児島大学
上田 学	京都女子大学	河村 茂雄	都留文科大学
上野 耕史	国立教育政策研究所	木岡 一明	国立教育政策研究所
上野 一彦	東京学芸大学	祇園 全禄	前弘前大学
上淵 寿	東京学芸大学	菊野 春雄	大阪樟蔭女子大学
臼井 博	北海道教育大学札幌校	北 俊夫	岐阜大学
撫尾 知信	佐賀大学	北尾 倫彦	大阪教育大学名誉教授
遠藤 由美	関西大学	北神 正行	岡山大学
大川 一郎	立命館大学	北島 善夫	千葉大学
大津 悦夫	立正大学	木下 博義	岡山県津山市立南小学校
岡 陽子	国立教育政策研究所	清原 洋一	国立教育政策研究所
緒方 明子	明治学院大学	工藤 文三	国立教育政策研究所
岡本 敏雄	電気通信大学	久野 弘幸	愛知教育大学
岡本 真彦	大阪府立大学	熊野 善介	静岡大学
小川 俊樹	筑波大学	雲井 未歓	鹿児島大学
押谷 由夫	昭和女子大学	栗田 真司	山梨大学
小野瀬 雅人	鳴門教育大学	栗本 郁夫	群馬大学教育学部附属中学校
小野田 正利	大阪大学	黒上 晴夫	関西大学
海保 博之	東京成徳大学	黒崎 勲	日本大学
鹿毛 雅治	慶應義塾大学	黒田 祐二	清泉女学院大学
梶田 正巳	中部大学	河野 公子	聖徳大学
梶間 みどり	佐賀大学	河野 庸介	群馬大学
加藤 明	京都ノートルダム女子大学	児島 邦宏	東京学芸大学
加藤 幸次	名古屋女子大学	小島 宏	財団法人教育調査研究所
加藤 崇英	山形大学	小林 巌	東京学芸大学
加藤 元繁	筑波大学	小松 郁夫	国立教育政策研究所
角屋 重樹	広島大学	小森 茂	青山学院大学
金沢 吉展	明治学院大学	今野 喜清	帝京科学大学
金子 守	早稲田大学	坂野 慎二	国立教育政策研究所
金丸 晃二	兵庫教育大学	桜井 茂男	筑波大学
金本 正武	千葉大学	桜井 登世子	田園調布学園大学

佐藤　純	筑波大学	竹林地　毅	広島県教育委員会
佐藤博志	岡山大学	塚原修一	国立教育政策研究所
佐藤　真	兵庫教育大学	柘植雅義	兵庫教育大学
佐藤有耕	筑波大学	寺崎千秋	東京都練馬区立光和小学校
佐野通夫	四国学院大学	東條光彦	岡山大学
澤田匡人	宇都宮大学	戸田芳雄	文部科学省
三宮真智子	鳴門教育大学	冨田久枝	山村学園短期大学
篠　　翰	財団法人日本進路指導協会	豊田弘司	奈良教育大学
柴山　直	新潟大学	中澤　潤	千葉大学
澁澤文隆	信州大学	長沢俊幸	財団法人応用教育研究所
渋谷憲一	財団法人応用教育研究所	中嶋　博	早稲田大学名誉教授
島　治伸	文部科学省	長瀬荘一	神戸女子短期大学
嶋田洋徳	早稲田大学	永田潤一郎	国立教育政策研究所
嶋野道弘	文教大学	中谷素之	大阪大学
清水克彦	東京理科大学	中留武昭	西南女学院大学
清水宏美	東京都立川市立立川第二中学校	中野良顯	上智大学名誉教授
清水由紀	お茶の水女子大学	中村知靖	九州大学
首藤敏元	埼玉大学	中山勘次郎	上越教育大学
菅井勝雄	大阪大学	奈須正裕	上智大学
杉村　健	奈良教育大学名誉教授	名取一好	国立教育政策研究所
鈴木公基	鎌倉女子大学	並木　博	早稲田大学
鈴木秀幸	静岡県立二俣高等学校	西岡加名恵	京都大学
清田夏代	首都大学東京	西川信廣	京都産業大学
荘島宏二郎	大学入試センター	二宮　晧	広島大学
孫　　媛	国立情報学研究所	日本心理適性研究会	日本文化科学社
高浦勝義	明星大学	布谷光俊	愛知教育大学
高木光太郎	東京学芸大学	野口裕之	名古屋大学
辰野千壽	財団法人応用教育研究所	野嶋栄一郎	早稲田大学
瀧野揚三	大阪教育大学	野田敦敬	愛知教育大学
田中耕治	京都大学	南風原朝和	東京大学
田中俊也	関西大学	八田武志	名古屋大学
田中博之	大阪教育大学	服部　環	筑波大学
田中佑子	諏訪東京理科大学	馬場園陽一	高知大学
玉瀬耕治	帝塚山大学	濱口佳和	筑波大学

濱田豊彦	東京学芸大学	宮本信也	筑波大学
林　龍平	大阪教育大学	無藤　隆	白梅学園大学
速水敏彦	名古屋大学	村井潤一郎	文京学院大学
葉養正明	東京学芸大学	村山　航	東京大学
平井洋子	首都大学東京	村山詩帆	佐賀大学
平田和人	国立教育政策研究所	森　敏昭	広島大学
平野朝久	東京学芸大学	森下正康	和歌山大学
深谷昌志	東京成徳大学	森嶋昭伸	国立教育政策研究所
福島脩美	目白大学	森茂岳雄	中央大学
藤井義久	岩手県立大学	森本信也	横浜国立大学
藤江康彦	お茶の水女子大学	森本高美	大分県竹田市立都野中学校
藤岡秀樹	京都教育大学	八木英二	滋賀県立大学
藤田　正	奈良教育大学	柳澤良明	香川大学
藤村和久	大阪樟蔭女子大学	山極　隆	玉川大学
古川　治	東大阪大学	山下政俊	島根大学
古川鉄治	神奈川県相模原市立淵野辺東小学校	山住勝広	関西大学
		山田剛史	岡山大学
鋒山泰弘	追手門学院大学	山根俊喜	鳥取大学
堀　哲夫	山梨大学	山本誠一	宇都宮大学
堀内ゆかり	東京成徳大学	山本博樹	大阪学院大学
堀口哲男	財団法人応用教育研究所	山森光陽	国立教育政策研究所
本多潤子	福岡県立大学	弓野憲一	静岡大学
前川久男	筑波大学	吉川一義	金沢大学
松井賢二	新潟大学	吉川成夫	国立教育政策研究所
松尾和美	常葉学園大学	吉崎静夫	日本女子大学
松下佳代	京都大学	吉田辰雄	東洋大学名誉教授
松嶋秀明	滋賀県立大学	米澤彰純	大学評価・学位授与機構
松原達哉	立正大学	渡邉　彰	文部科学省
松村暢隆	関西大学	渡辺弥生	法政大学
三木知子	頌栄短期大学	渡辺　良	国立教育政策研究所
水本徳明	筑波大学		
溝邊和成	広島大学		
峯岸　創	洗足学園音楽大学		
宮島邦夫	財団法人応用教育研究所		

目次

刊行の言葉　1
監修者・編集委員・執筆者　3

第1章　教育評価の意義・歴史

1　教育評価の意義 …………………………………………18
　教育評価の概念・意義　18
　教育評価の機能と目的　20
　評価の主体と対象　21
　教育評価の領域　22
　教育評価の手順　23
　教育評価の方法　24
　評価・測定・評定　25
　テスト・試験　26
　エバリュエーションとアセスメント　26
　人間の生活と評価　27
　評価無用論　27
　人権思想と評価　28

2　教育評価の歴史 …………………………………………29
　科挙　29
　学制以前の評価　30
　学制における試験制度　31
　通信簿(通知表)　33
　学籍簿　34
　人物査定,操行　35
　身体検査(活力検査)　36
　メンタル・テスト　36
　教育測定運動　37
　測定から評価へ　38
　8年研究　39
　児童生徒指導要録　40
　全国一斉学力テスト　41
　通信簿自由化論　41
　教育内容の現代化　42
　5段階相対評価　43
　ブルームの目標分類学　44
　到達度評価　45
　観点別評価　46

第2章　教育評価の理論

1　教育と評価 …………………………………………48
　児童生徒理解　48
　個人差と教育　49
　成熟と学習　50
　意思決定と評価　51
　選抜・配置と評価　52
　アカウンタビリティ(説明責任)　53
　動機づけと評価　54
　自己と評価　55
　個別化・個性化と評価　56
　コンピュータと評価　57
　履修主義・習得主義と評価　58
　生涯学習と自己教育力　59
　自己制御学習　60
　求同求異論と評価　61

2　教育評価の理論的枠組 …………………………………………62
　診断的評価・形成的評価・総括的評価　62
　自己評価と相互評価　64
　評価の妥当性・信頼性・客観性　66
　指導と評価の一体化　67

授業の改善と評価　68	テスト不安　74
完全習得学習　69	テスト批判と反批判　75
有意味受容学習　70	ハイ・ステークスとテスト　76
適性処遇交互作用（ATI）　71	評価の歪み　77
学校心理学における評価　72	サイバネティックス　79
テスト効果　73	フィードバック　79

3　解釈の枠組としての評価方法 …………………………………80

評価規準と評価基準　80	目標の具体化　86
目標に準拠した評価　81	ドメイン準拠評価とスタンダード準
集団に準拠した評価　83	拠評価　88
個人内評価　85	

4　学力論と教育目標の分類 ……………………………………90

知的能力の発達と個人差　90	基礎・基本　98
学力　92	基礎学力　99
教育目標の性質　94	自己教育力　100
教育目標の分類　95	個性と能力　101
成果としての学力, 過程としての学力　97	生きる力と確かな学力　102

5　隣接領域の理論と評価 …………………………………………103

構成主義からの学習と評価　103	認知主義的評価論　107
活動理論における学習と評価　104	経験主義的教育論と評価　108
社会的構成主義からの学習論　105	発達の最近接領域　109
状況的認知論における学習　106	教育のシステム化　110

6　教育評価の実践的課題 ……………………………………………111

オーセンティック評価　111	目標準拠評価の導入と入学者選抜　118
関心・意欲・態度と評価　113	学力格差の拡大　119
目標・評価構造と学習　115	学制改革と評価　120
「新しい学力観」と「学力低下」論争　116	デジタルデータへのアクセスとプラ
子どもの学習意欲の低下　117	イバシーの保護　120
目標準拠評価と説明責任　118	才能教育と評価　121

第3章　資料収集のための評価技法

評価資料の収集　124

1　観察法・事例研究法 ………………………………………………126

観察法の意義と種類　126	行動評価における観察　130
観察記録のとり方　128	事例研究法　131
授業に生かす観察　129	

2　面接法 ………………………………………………………………132

面接法の意義と種類　132　　　　　面接記録のとり方　134
　　　面接の技法　133　　　　　　　　　問答法　135
　3　**質問紙法**･･136
　　　質問紙法の意義と種類　136　　　　自由回答法と制限回答法　141
　　　サンプリング　138　　　　　　　　自己評定と他者評定　142
　　　フェイスシート　139　　　　　　　尺度づくり　143
　　　ワーディング　139　　　　　　　　横断的調査と縦断的調査　145
　　　社会的望ましさ　140
　4　**評定法**･･146
　　　評定法の意義と種類　146　　　　　一対比較法　150
　　　評定尺度法　148　　　　　　　　　サーストンの尺度構成法の原理　151
　　　チェックリスト法　149　　　　　　SD法　152
　　　品等法　150
　5　**テスト法**･･153
　　　テスト法の意義と種類　153　　　　教師自作テスト　160
　　　論文体テスト　154　　　　　　　　標準検査　161
　　　客観テスト　156　　　　　　　　　集団基準準拠検査(NRT)　163
　　　問題場面テスト　158　　　　　　　目標基準準拠検査(CRT)　166
　6　**ポートフォリオ評価**･･169
　　　ポートフォリオ　169　　　　　　　子ども中心の評価観　172
　　　教師ポートフォリオ　171　　　　　メタ認知　173
　　　対話と会議　171
　7　**パフォーマンス評価**･･174
　　　ルーブリック(評価指標)　174　　　作品の評価　176
　　　パフォーマンス評価　175　　　　　表現の評価　178
　8　**アーティスティック・アプローチ**･･180
　　　評価におけるアートとサイエンス　180　　カルテと座席表　184
　　　鑑識眼(カナサーシップ)と批評(ク　　ウェビング　185
　　　　リティシズム)　181　　　　　　概念地図　186
　　　見取り評価　182　　　　　　　　　日記・学習記録の利用　187
　　　目標にとらわれない(ゴールフリー)　発言・つぶやきの評価　188
　　　　評価　183

第4章　知能・創造性の評価

　1　**知能の評価**･･190
　　　知能　190　　　　　　　　　　　　WISC-Ⅲ　194
　　　知能検査の開発史と種類　192　　　K-ABC　196

田中ビネー知能検査　198　　　　　　　集団知能検査の活用　201
　　　集団知能検査　200
　2　乳幼児の発達診断 …………………………………………………………………202
　　　乳幼児の発達と診断　202　　　　　　　グ検査　205
　　　津守・稲毛式乳幼児精神発達質問紙　204　　遠城寺式乳幼児分析的発達検査法　206
　　　日本版デンバー式発達スクリーニン　　　　発達診断チェックリスト　207
　3　創造性の評価 ……………………………………………………………………208
　　　創造性　208　　　　　　　　　　　　　創造性検査とその活用　210
　　　創造性の指導と評価　209

第5章　パーソナリティ，行動，道徳性の評価

　1　パーソナリティと行動の評価 …………………………………………………212
　　　パーソナリティとその評価　212　　　　CMI健康調査表　226
　　　パーソナリティの形成　214　　　　　　日本版STAI　226
　　　指導要録における行動の評価　215　　　顕在性不安検査（MAS）　227
　　　行動の評価の方法　216　　　　　　　　ロールシャッハ・テスト　228
　　　生徒指導におけるテストの活用の仕方　218　絵画統覚検査（TAT, CAT, SAT）　229
　　　矢田部・ギルフォード性格検査（YG）　219　P–Fスタディ　229
　　　本明・ギルフォード性格検査（M–G）　220　人物画テスト（DAP）　230
　　　MMPI新日本版　220　　　　　　　　　H. T. P. テスト　230
　　　日本版モーズレイ性格検査（MPI）　221　　動的家族描画法（K–F–D）　231
　　　日本版カリフォルニア人格検査（CPI）　221　20答法　231
　　　教研式POEM生徒理解カード　222　　　バウムテスト　232
　　　自尊感情（セルフ・エスティーム）の　　　箱庭検査　233
　　　　尺度　223　　　　　　　　　　　　　文章完成テスト（SCT）　234
　　　アイデンティティの尺度　224　　　　　シンボル配置技法（DLT, FAST）　235
　　　日本版GHQ精神健康調査票　225　　　　内田クレペリン精神検査　236
　2　道徳性の評価 ……………………………………………………………………237
　　　道徳性の発達とその評価・活用　237　　　課題による評価）　241
　　　新版道徳性検査（NEW HUMAN）　239　　向社会性の発達とその評価　242
　　　HEART道徳性診断検査　240　　　　　　向社会的行動の尺度　243
　　　フェアネスマインド検査（ジレンマ　　　　思いやり意識と規範意識の尺度　244

第6章　適性，興味，意欲，態度の評価

　1　適性と興味の評価 ………………………………………………………………246
　　　適性・興味とその評価・活用　246　　　自己向上支援検査（SET）　249
　　　学習適応性検査（AAI）　248　　　　　　教研式進路適性診断システム（PAS

　　　　カード）　250
　　SG式進路適性検査(DSCP)　251
　　高等学校用進路適性検査(サクセス
　　　　タイム)　252
　　厚生労働省編一般職業適性検査(進
　　　　路指導用)　252
　　新版・職業レディネス・テスト　253
　　教研式職業興味・志望診断検査　253

2　意欲の評価······················254
　　学習意欲とその評価・活用　254
　　知的好奇心　256
　　達成欲求(有能さへの欲求)　257
　　自己効力感　258
　　学習の目標理論　259
　　原因帰属　260
　　欲求の分類　261
　　欲求の階層構造　262
　　学習された無気力　263
　　内発的─外発的動機づけの尺度　264
　　コンピテンス(有能さ)の尺度　265
　　抑うつの尺度　266

3　態度の評価······················267
　　態度とその評価・活用　267
　　信頼感の尺度　268
　　母親への愛着を測定する尺度　269
　　情動的共感性の尺度　270
　　多次元共感性測定尺度　271
　　学習態度・学習習慣の評価　272

第7章　学習の評価・学力の評価

1　観点別評価······················274
　　観点別評価の一般的手順　274
　　目標の具体化と具体的評価基準の作成　276
　　授業過程の評価の展開(実際)　278
　　評価計画の立て方　279
　　観点別評価から評定への総括　280
　　教育目標(観点)と適合する評価技法　281
　　関心・意欲・態度の評価　282
　　思考・判断の評価　284
　　技能・表現の評価　286
　　知識・理解の評価　288

2　指導と評価······················290
　　習熟度別指導とその評価　290
　　ティーム・ティーチングとその評価　291
　　少人数指導とその評価　292
　　個別指導の評価　293
　　自己学習における評価　294
　　学習困難・学業不振の診断と治療　295
　　学習方略の指導と評価　297
　　標準学力検査の活用　298
　　各種検査・アンケートの活用　299
　　自己評価力の育成　300
　　相互評価の活用　301
　　評価としての言葉かけ(評価言)　302

第8章　各教科・領域の学習の評価

　　教育評価の基本的な考え方　304

1　国語·························306
　　小学校国語科の特質と評価　306
　　小学校国語科の評価方法　308
　　中学校国語科の特質と評価　310
　　中学校国語科の評価方法　312

2　社会·························314

小学校社会科の特質と評価　314　　　　中学校社会科の特質と評価　318
小学校社会科の評価方法　316　　　　中学校社会科の評価方法　320
3　算数・数学 ……………………………………………………………………………322
小学校算数科の特質と評価　322　　　中学校数学科の特質と評価　326
小学校算数科の評価方法　324　　　　中学校数学科の評価方法　327
4　理科 ………………………………………………………………………………………328
小学校理科の特質と評価　328　　　　中学校理科の特質と評価　332
小学校理科の評価方法　330　　　　　中学校理科の評価方法　334
5　生活 ………………………………………………………………………………………336
小学校生活科の特質と評価　336　　　小学校生活科の評価方法　338
6　音楽 ………………………………………………………………………………………340
小学校音楽科の特質と評価　340　　　中学校音楽科の特質と評価　344
小学校音楽科の評価方法　342　　　　中学校音楽科の評価方法　345
7　図画工作・美術 ……………………………………………………………………346
小学校図画工作科の特質と評価　346　中学校美術科の特質と評価　350
小学校図画工作科の評価方法　348　　中学校美術科の評価方法　352
8　家庭，技術・家庭 …………………………………………………………………354
小学校家庭科の特質と評価　354　　　　　価方法　358
小学校家庭科の評価方法　355　　　　中学校技術・家庭科「家庭分野」の特
中学校技術・家庭科「技術分野」の特　　　質と評価　360
　質と評価　357　　　　　　　　　　中学校技術・家庭科「家庭分野」の評
中学校技術・家庭科「技術分野」の評　　　価方法　361
9　体育，保健体育 ……………………………………………………………………363
小学校体育科の特質と評価　363　　　中学校保健体育科の特質と評価　367
小学校体育科の評価方法　365　　　　中学校保健体育科の評価方法　369
10　外国語 ……………………………………………………………………………………371
中学校外国語科の特質と評価　371　　中学校外国語科の評価方法　373
11　選択教科 …………………………………………………………………………………375
選択教科の評価　375
12　総合的な学習の時間 ………………………………………………………………377
総合的な学習の時間の評価　377
13　特別活動 …………………………………………………………………………………379
特別活動の評価　379
14　道徳 ………………………………………………………………………………………383
道徳教育の評価　383
15　キャリア教育 ……………………………………………………………………………387
キャリア教育と評価　387

16 情報教育 ……………………………………………………………………………… 390
　情報教育と評価　390

第9章　特別支援教育の評価

1 特別支援教育とその評価の考え方 …………………………………………………… 394
　障害概念の変遷と新しい特別支援教育　394　　校内委員会による実態把握　399
　特別支援教育と教育評価　395　　　　　　　　専門家チームによる判断　400
　就学の新しい基準と手続き　397　　　　　　　個別の指導計画の作成と評価　401
　LD・ADHD・高機能自閉症の判断　398　　　　個別の教育支援計画の策定と評価　402

2 特別支援教育の評価技法 ……………………………………………………………… 403
　特別支援教育と LD 児の学力評価　403　　　　カリキュラム・ベース・アセスメント　411
　特別支援教育と個別知能検査　405　　　　　　機能的行動査定　411
　その他の心理検査の活用　407　　　　　　　　直接行動観察　412
　視覚検査・聴覚検査・運動能力検査　409　　　プログラム評価のためのデザイン　412
　脳波，MRI，その他の医学検査　410

3 特別支援教育における指導と評価 …………………………………………………… 413
　軽度発達障害児の指導と評価　413　　　　　　病虚弱児の指導と評価　419
　知的障害児の指導と評価　415　　　　　　　　視覚障害児の指導と評価　421
　肢体不自由児(運動障害児)の指導と　　　　　 聴覚・言語障害児の指導と評価　423
　　評価　417　　　　　　　　　　　　　　　　重度・重複障害児の指導と評価　425

第10章　カリキュラム評価・学校評価

1 公教育の質保証と評価 ………………………………………………………………… 428
　学校教育の公共性と評価　428　　　　　　　　組織マネジメント　434
　説明責任と学校評価　430　　　　　　　　　　マネジメントサイクル(PDCA)　436
　学校設置者の評価　431　　　　　　　　　　　ベンチマーキング　437
　認証評価制度　432　　　　　　　　　　　　　TQC，TQM　437
　学校改善のための評価　433

2 学校経営・学級経営の評価 …………………………………………………………… 438
　学校教育評価　438　　　　　　　　　　　　　学校選択制　445
　学校の内部評価と外部評価　439　　　　　　　学級経営の評価　446
　学校評価の評価対象　440　　　　　　　　　　学級経営評価の対象領域　447
　学校経営の自己点検・自己評価　443　　　　　学級の人間関係の評価　448
　保護者・地域住民による評価　444　　　　　　学級状態の評価(Q-U アンケート)　449
　学校評議員制度　444

3 カリキュラム・授業の評価 …………………………………………………………… 450
　カリキュラム評価　450　　　　　　　　　　　カリキュラム開発・改善　452

　　　　顕在的カリキュラムと潜在的カリキュラム　453
　　　　ナショナル・カリキュラムと学校・地域カリキュラム　454
　　　　研究開発学校　456
　　　　授業評価　457
　　　　児童生徒による授業評価　459
 4 教職員の評価 ……………………………………………………………460
　　　　教師の指導力の評価　460
　　　　教師の人格評価　462
　　　　教師の勤務評定　463
　　　　管理職のリーダーシップの評価　464
 5 大学における評価 ………………………………………………………465
　　　　教員養成の評価　465
　　　　教育実習の評価　466
　　　　教育の評価　467
　　　　研究の評価　467
　　　　社会的活動の評価　468
　　　　学内行政の評価　468
　　　　自己点検・自己評価　469
　　　　FD／SD　471
 6 教育行政の評価 …………………………………………………………472
　　　　教科書の評価　472
　　　　教育計画の評価　473
　　　　教育政策の評価　474

第11章　教育制度と評価・諸外国の評価

 1 入試制度と評価 …………………………………………………………476
　　　　入学者選抜制度　476
　　　　高等学校入学者選抜　477
　　　　大学入学者選抜　478
　　　　AO入試　479
　　　　大学入試センター試験　480
　　　　高等学校卒業程度認定試験　481
　　　　国際バカロレア　481
　　　　適性検査　482
　　　　選抜テストのあり方　483
　　　　SAT　484
　　　　ACT　484
　　　　GCSE，GCE　485
　　　　諸外国の入学者選抜制度　486
 2 学力調査と教育課程の改善 ……………………………………………488
　　　　学力調査と教育課程の改善　488
　　　　学力調査と標準学力検査　489
　　　　教育課程実施状況調査　490
　　　　OECDの「生徒の学習到達度調査」(PISA)　491
　　　　IEAの国際比較調査　492
　　　　NAEP　493
 3 各国における教育評価 …………………………………………………494
　　　　アメリカ合衆国における教育評価　494
　　　　イギリスにおける教育評価　496
　　　　フランスにおける教育評価　498
　　　　ドイツにおける教育評価　499
　　　　フィンランドにおける評価　500
　　　　中国における教育評価　501
　　　　韓国における教育評価　502

第12章　評価結果の記録と通知

 1 通信簿・指導要録における結果の表示と所見文 ……………………504

学習の記録欄の結果の表示，評語の変遷　504　　所見文のあり方　506
2 **補助簿**･･･508
　　補助簿の意義　508　　　　　　　　　　補助簿の内容と様式　509
3 **通信簿**･･･511
　　通信簿の意義と変遷　511　　　　　　　通信簿の改善視点と望ましい通信簿　515
　　通信簿の内容と様式　513
4 **指導要録**･･･517
　　指導要録の意義と機能　517　　　　　　指導要録の活用の仕方　521
　　指導要録の変遷　518　　　　　　　　　評価情報の開示とプライバシー　522
　　指導要録の内容と評価方法　519
5 **調査書**･･･523
　　入学者選抜と調査書　523　　　　　　　調査書の記載のあり方　526
　　調査書の記載事項　524

第13章　教育統計の基礎とテスト理論

1 **教育統計の基礎**･･･528
　　尺度の種類　528　　　　　　　　　　　仮説検定　532
　　分布の代表値　528　　　　　　　　　　代表値の検定　533
　　散布度　529　　　　　　　　　　　　　相関と連関の検定　534
　　相関と連関　530　　　　　　　　　　　実験計画法と分散分析　535
　　点推定と区間推定　531
2 **テストのデータ分析**･･･536
　　テスト・データと項目分析　536　　　　一般化可能性理論　540
　　重回帰分析と因子分析　537　　　　　　妥当性　541
　　構造方程式モデリング　538　　　　　　配点と得点の表示　542
　　測定モデルと信頼性　539　　　　　　　テスト得点の等化(得点調整)　543
3 **現代テスト理論**･･･544
　　項目応答理論　544　　　　　　　　　　モデル母数の等化　546
　　2値型応答モデルと多値型応答モデル　545　コンピュータ適応型テスト　546
4 **テストの社会的性格**･･･547
　　テストの社会的意義と責任　547　　　　特異項目機能(DIF)　549
　　テスト形式と学習の方向性　548

付録資料

　　付録資料1　教育評価年表　552
　　付録資料2　各教科の評価の観点の変遷【小学校】　560
　　付録資料3　各教科の評価の観点の変遷【中学校】　562

付録資料4　行動の記録の項目の変遷　564
付録資料5　指導要録様式　566
　　　　　幼稚園幼児指導要録(参考様式)　566
　　　　　小学校児童指導要録(参考様式)　568
　　　　　中学校生徒指導要録(参考様式)　571
　　　　　高等学校(全日制の課程・定時制の課程)生徒指導要録(参考様式)　574
　　　　　高等学校(通信制の課程)生徒指導要録(参考様式)　578

事項索引　584
人名索引　618

―――――― 凡　例 ――――――

(1) **構成について**
　　教育評価の体系(枠組)を決め，13の章とした。章内は系統的な理解が得られるように，さらに1，2……と区分をし，そのなかを基本単位である「見出し項目」で構成した。

(2) **見出し項目について**
　　見出し項目により，大項目（2ページ），中項目（1ページ），小項目（半ページ）の3種類で解説し，ページ単位で区切りをつけた。

(3) **表記について**
　　①原則として常用漢字を用い，現代かな遣いとした。ただし固有名詞と引用文についてはこの限りではない。
　　②年号については，原則として西暦で表し，和暦のなじむものについては，（　）で和暦を併記した。ただし，「昭和13年の学籍簿」というように，通称としてなじむものは，和暦表示をした。
　　③外国語は原則としてカタカナで表記し，定着している外来術語は，必要と思われるものだけ（　）で原語を併記した。
　　④執筆者については，文末に（　）で姓名を示した。

(4) **関連項目について**
　　「→」で表記し，見出し項目と関連すると思われる他の見出し項目を示した。

(5) **参考文献について**
　　［参］で表記し，その見出し項目の理解を深める文献を原則としたが，引用文献も含む。

(6) **索引について**
　　巻末に［事項索引］と［人名索引］を，それぞれ50音順で示した。その語句と合致する見出し項目には，ページ数を太字で示した。

第1章
教育評価の意義・歴史

1　教育評価の意義
2　教育評価の歴史

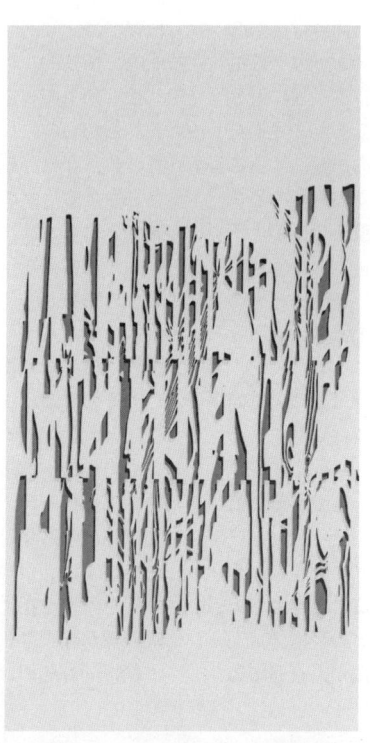

教育評価の概念・意義

【語義】 教育評価は教育目標に照らして教育の効果を調べ，価値判断をすることであり，量的な面だけでなく，質的な面も重視して全体的に判定する。類語として測定，評定，アセスメント（査定，評価）などが用いられる。

❶測定：計器，装置などを用いて客観的，数量的に対象の量を測ることである。心理学では，テストで知能や学力などを調べるときに用いられる。教育測定は，学力あるいはそれに影響する能力・適性などを人為的尺度を用いて客観的，数量的に測定することであり，その結果は評価の有力な資料となる。

❷アセスメント：対象について単にテスト法だけでなく，多くの方法を用いて多面的に調べ，総合的に診断・評価を行うことであり，総合評価ともいわれる。そこで，評価とアセスメントは同じ役割を果たすことになり，同義に用いられることが多い。しかしアセスメントは一般的には，「処遇の立案，実施，そして評価に対し，価値のある情報を与えること」であり，処遇を決定するために必要な資料を集め，検討することをめざし，処遇の結果についての直接の価値判断をめざしていないという印象を受ける。そのため，臨床場面ではアセスメントという言葉を用いることが多い。教育でも，教授・学習の支援を目的とする場合には教育アセスメントという言葉が用いられる。

❸評定：あらかじめ設定した基準に基づいて対象を等級に分ける，あるいは対象に順位をつけることである。成績を3段階あるいは5段階などに分けるのはこれである。そこで評価と評定は区別される。

【目的・対象・領域】 評価は教育を改善し，児童生徒のよりよい発達を促進することをめざし，教育や指導の結果がその目標をどの程度達成しているかをみることと考えられたが，今日ではこれを広義にとらえ，評価は指導の結果だけではなく，その過程やそれに影響する条件，例えば本人の能力・適性，環境などについて資料を集め，種々の教育的決定を下す手続きまで含めるようになった。さらに，今日では，教育課程評価，学校評価，教師評価，授業評価なども含めるようになった。

【特徴】 教育測定は，従来の試験（口頭試問，面接，論文体試験など）が採点者の主観によるので信頼できないという批判から，20世紀の初めアメリカで急速に発展した。しかし，この教育測定では数量化を強調したあまり，数量化できない面が軽視されることになった。そこで1930年ごろから教育目標に照らして，全人的発達を調べることを重視するようになり，教育評価という言葉を用いるようになった。すなわち教育では，知的なもののみでなく，広く知的，技能的，情緒的，社会的発達をめざしているので，教育効果の判定もこれらの面について行われることが必要になった。

さらに，今日の教育は個性を生かす教育を根幹に「生きる力」の育成をめざし，基礎・基本の徹底と自ら学び自ら考える力の育成をめざしているところから，教育評価においても，次の傾向がみられる（平成12年，教育課程審議会答申）。

①評価では，学習指導要領が示す目標に照らして，その実現状況をみる目標に準拠した評価（いわゆる絶対評価）および児童生徒のよい点や可能性，進歩の状況などを評価する個人内評価を柱とし，その中で集団に準拠した評価（いわゆる相対評価）も目的に応じて指導に生かすことが必要であるとされている。

②評価を学習や指導の改善に役立たせるため，次の点が強調されている。

・総括的評価だけでなく，分析的評価，記述

的評価を工夫する。
・学習後（総括的評価）だけでなく，学習の前（診断的評価）や学習の過程における評価（形成的評価）を工夫する。
・学期末，学年末だけでなく，単元ごと，時間ごとの評価も工夫する。
・ペーパーテストのほか，観察，面接，質問紙，作品，ノート，レポートなどを用い，その選択，組合せを工夫する。オーセンティック・アセスメント，パフォーマンス・アセスメント，ポートフォリオ・アセスメントの利用も考えられる。
・児童生徒による自己評価，相互評価，保護者や他の協力者による評価の結果も参考にする。

【役割】　教育評価には，次の役割があり，指導の改善に役立てられる（R.E.スレイビン，2000）。

❶**フィードバックとしての評価**：フィードバックは，結果を元に戻して行動を調整することである。すなわち，評価の結果を知ることによって，教師は自分の授業について反省し，児童生徒は自分の学習の仕方について反省し，次の指導や学習に役立てる。

❷**情報としての評価**：評価情報により，親は自分の子どもが学校でどのように勉強しているかを知り，子どもの指導に役立てる。この情報を教師はクラス分けやコース分けをする際に役立て，児童生徒や親はコースや進路を選択する際に役立てる。また，評価の結果は，進級や進学のための資格の証明となり，上級の学校は合格者を決めるための情報として利用する。さらに，行政は行政のあり方や教育条件，教育課程，学校を，ときには教師を評価するためにその結果を利用する。これからは教育的責任の観点から学力評価，特に統一テストが重要になる。

❸**動機づけとしての評価**：評価は上手に用いると，児童生徒の学習意欲を高めるのに役立つ。そのためには，評価が本人にとって重要であり，

評価は本人の実際の学力（真の学力）を公平，客観的に評価しており，信頼できると意識させることが大事である。

【指導と評価】　教授の過程についてR.グレイサー（1962）は，最も適するモデルとして，教授目標の明確化→前提条件（学習前の状態）の評価→教授方法の決定・実施→成績評価の順序を示し，評価の結果はそれぞれの段階にフィードバックすることを示している。このモデルは，授業を構成する要素を明確にし，それをうまく組み合わせて授業の効果を高めようとしている（授業のシステム化）。このように教授過程に評価を組み入れ，指導を調整しようとする考え方は指導と評価の一体化を示している。これは知的な目標はもちろん，他の目標の授業にも当てはまる。しかし，このシステム化を強調しすぎると，教師中心の授業となり，授業の進め方が固定化し，柔軟な指導ができなくなるという批判もある。

【評価力】　評価が知的なものの量的測定だけでなく，全人格的なものの価値判断をめざすとすれば，評価は客観的でありながら，しかも単なる客観を超えるもの，すなわち，客観的方法だけでは測定しえないものを含んでいる。そこで評価者が観察の力を養い，心理学で用いられる科学的な方法を正しく使用しながら，量的なものだけでなく，質的なものについても正しく価値判断ができるようにすることが必要である。

【批判】　1960年ごろから，アメリカでは教育評価で評定するのは，民主主義および教育の自由と矛盾するという主張が現れた。つまり「すべての人は等しくつくられている。それゆえ，機会の均等と報酬の均等をもつ権利を与えられている」という信念から，教育評価で評定することは，差別・選別につながるとして教育評価に反対した。しかし近年，能力・適性に応じた指導，特に個別化された教授が強調されるにつれて教育評価の機能・役割が一層重視されるようになった。

（辰野千壽）

教育評価の機能と目的

→教育評価の概念・意義

【語義】 教育評価が，教育において果たしている働きが機能であり，何のために行うのかが目的である。教育には目標があり，それを実現するために計画（Plan）を作成し，実施（Do）をして，評価（See）を行う，この繰り返しであるといわれていた。教育評価は，過去においては，最終段階に行うという位置づけであった。したがって，成果の確認，成績の表示，記録，保管，通知，活用が中心であった。また，評価者がもっぱら教師であったことから，指導の反省と改善にも活用されていた。その後，評価の機会が，教育の最終段階だけでなく，事前，途中にもあるということになり，また，学期，学年という長期的評価だけでなく，1時間・単元という短期的評価，過程における評価も盛んに行われるようになり，さらに，評価者も，教師だけでなく，児童生徒，保護者，その他と拡大され，教育評価の機能と目的も拡大してきている。

【教育評価の機能】 教育評価の機能については，確認と調整，反省と改善，チェックとフィードバックなどといわれているが，確認機能と調整機能にまとめることができよう。

❶入学時：前の学校（幼稚園）からの指導要録抄本などの評価情報と自校で収集した評価情報により，学級編成などを決定する。

❷学年・学期当初：児童生徒の知能，適性，既有の学力，性格，興味，習慣，環境などについての事前の評価情報により，指導計画，学級編成，指導形態などを決定する。

❸単元：事前の評価で，その単元での学習の前提条件（レディネス）の完備・不備を確認し，不備は補充する。その単元の未習・既習を確認し，どこから始めるかを決定する。途中の評価では，目標の実現状況を確認し，未習の指導，学習のし直しを行い，習熟の程度に応じた指導・学習を展開し，目標の実現をめざす。終わりの評価では，目標の実現状況を確認し，未習は指導・学習のし直しを行い，目標を実現する。

❹学期末，学年末：成果の確認，補習の実施，成績の表示，記録，保管，通知，活用，指導の反省と改善を行う。次の指導計画の情報とする。

❺最終学年末：成果を確認し，結果責任を考え，教育課程を見直し，改善する。指導要録抄本，調査書を作成し，進学先，就職先へ送付する。学校教育の状況について説明責任を果たすとともに，学習環境としての充実・整備を図る。

【教育評価の目的】 教育評価の目的は，教育へのかかわり方，立場によって異なっている。

❶指導目的：教師・指導者にとっての目的であるが，事前の評価は，指導計画，指導内容，指導法，指導形態などの決定，途中の評価は，その後の指導の展開，終わりの評価は，成果の確認，指導のし直し，成績の作成，保管，通知，送付，活用，指導の反省と改善，次の指導計画の作成，実施，などのためである。

❷学習目的：児童生徒，学習者にとっての目的である。事前の評価は，学習の重点，学習法，学習計画などの決定，途中の評価は，目標の実現状況に応じた学習の展開，最終段階の評価は，成果の確認，学習のし直し，学習の反省と改善，教科，学校の選択など，のためである。

❸管理目的：管理職にとっての目的である。事前の評価は，学級編成，教育課程，学校行事等の決定，最終段階の評価は，成果の確認，成績の作成，保管，進学先・就職先への送付，学習環境としての学校の反省と改善のためである。

❹研究目的：研究者にとっての目的で，教育課程，指導形態，指導法，教材・教具などの現状の確認と改善，発展のためである。行政が行う学力調査はこの目的の例である。　（石田恒好）

［参］橋本重治原著・応用教育研究所編『教育評価法概説』図書文化，2003.

評価の主体と対象

→カリキュラム評価，フィードバック，学校評価の評価対象

【評価の主体】 教育評価は目標追求活動における調整活動であり，そのためのフィードバック情報を得ることをめざしているとすれば，評価者（主体）は，評価情報を得て目標を含む教育プログラムを調整できる立場にある者，あるいはそれに参加できる立場にある者としてとらえられ，学校教育の場合には，次のような評価の主体が考えられる。

❶教師：教育の効果を一層高めるために児童生徒の発達水準，指導の過程，教育のための諸条件，指導の成果などに関するさまざまな情報を収集し，整理し，これを目標に照らして価値づけを行い，指導の改善を図るための決定を行う一連の活動に携わる。対象の状態を常に正確に測定し，評価することは，教育の専門家としての重要な能力である。

❷児童生徒：自らの学習活動を振り返り，学習目標の立て方，活動の取組みやその方法，結果の点検・確認を行い成功感を味わったり，次の活動への目安と意欲を喚起する。評価の究極のねらいが，児童生徒の自己教育力や自己評価能力の育成にあるとすれば，学習主体である児童生徒こそ評価の主体である。

❸学校の管理運営者（校長，教頭など）：学校の管理・運営の適否が児童生徒の成長・発達を規定し，教師の教育活動のよしあしにかかわる。学校の組織 運営，活動の全般にわたって実態を把握し，改善を図る。

❹中央・地方の教育行政当局：文部科学省や教育委員会は，管轄する学校の諸条件の整備・確立の任務を負い，その任務遂行のために，諸条件の実態把握のための情報の収集と評価を行い，改善のための政策決定を行う。全国レベル，地方レベルでの学力検査や学習指導要領の実施状況調査などはその例である。

❺教育評価の専門家：教育諸条件の研究のために客観的な資料の収集と整理を行い，情報を提供する。

❻保護者・住民：開かれた学校づくりが進み，保護者や住民の学校教育への参加・参画が重要視されてきているなかで，それぞれの立場からの評価が必要になってきている。

【評価の対象】 目標追求活動を効果的に行うために活動を調整するのに必要な情報を獲得（または提供）することが評価であるとすると，目標追求活動に直接，間接にかかわるすべてが評価対象になるが，おもに次のような諸側面があげられる。

①児童生徒の成長・発達を促すという教育目標にかかわるもので，身体・健康状態，学習レディネス，興味・意欲，学力や性格や行動様式の実態と変容。

②教育目標を達成するのに直接かかわる学校カリキュラム，教科書や教材，授業をはじめとする教育活動，教師の資質や能力。

③学級規模や学級のモラール，学校規模や校風などいわゆる隠れたカリキュラム。

④学校の施設・設備，組織・運営，管理の実態，教職員の組織や研修体制，管理職のリーダーシップなど。

⑤保護者や地域住民のニーズや期待，学校と家庭・地域との協力・連携の実態。

⑥市町村レベルから，国家レベルまでの行政・財政，制度システムの長所や問題点の把握。

⑦評価と改善の計画と実施。

（天野正輝）

[参] 橋本重治・肥田野直監修『教育評価の考え方』図書文化，1977．梶田叡一・藤田恵璽・井上尚美編『現代教育評価講座1・理論編』第一法規出版，1978．東 洋ほか編『現代教育評価事典』金子書房，1988．

教育評価の領域

→診断的評価・形成的評価・総括的評価，学校教育の公共性と評価

【意義】 教育評価は，対象によって分類することにより，いくつかの領域に分けられる。それぞれの分野での評価結果については，相互に緊密に関連づけつつ解釈する必要がある。教育評価はそもそも教育の成否を評価するものであるため，どの領域であれ，評価結果に基づいて教育の改善を図ることが重要である。以下，教育評価の領域のおもなものを概観する。

【学力評価】 学力とは，能力全体や学習一般ではなく，教育目標として設定され，育成がめざされる能力の部分を指している。学力評価のうち診断的評価では，子どもたちのそれまでの学習やその結果身につけている能力についても評価の対象となる。しかし，形成的評価・総括的評価においては，あくまで学力の評価を行うことによって教育を評価することが重要である。

【授業評価】 授業評価は，教育目標，教材・教具，指導過程と学習形態，学力評価を評価対象とする。教育目標とは，教育目的を分析し，具体的なターゲットとして設定されるものである。目標が達成されているかどうかと同時に，設定された目標自体が妥当であったのかどうかも，評価の対象となる。教材とは，教育目標をよりよく達成するために選ばれる題材のことである。教具とは，授業で使われる資料や道具・機材などをいう。指導過程とは授業で教師がどのような指導を行っているかであり，とりわけ「指導言（説明・発問・指示・助言）」や板書が重要である。また学習形態とは，子どもがどのように学習を進めているかであり，教師の発問に答える活動のほか，個人で作業を行ったり，グループで探究を進めたりといった多様なものが考えられる。最後に，目標が達成されているかどうかを評価する学力評価の営みも，授業評価の重要な対象である。なお，授業評価については，個々の授業という単位だけでなく，内容のひとまとまりを扱う複数の授業，すなわち単元という単位で評価を行うことも重要である。

【カリキュラム評価】 カリキュラム評価は，授業評価を基盤に据えつつ，カリキュラム全体における目標の内実と配置を問うものである。具体的にはまず，カリキュラム全体の理念や各教科・領域等の目的，授業，単元の配置，編成原理（経験主義か系統主義か），履修原理（履修主義か修得主義か，必修か選択か）といったカリキュラムの基本要件について評価する。また，カリキュラムを直接的に成立させている教育諸条件，すなわち時間配分，集団編成，教職員の配置，施設・設備などについてもあわせて評価する必要がある。さらに，カリキュラム編成の前提条件として，入学者の特徴，保護者や地域社会の特徴，学校の特色，上級校・下級校・近隣校との関係についても，診断的評価として評価することが求められる。

【教員評価】 教員については，勤務評定の中で，職務遂行の状況（学級・ホームルーム経営，学習指導，生活指導，研究修養，校務の処理），出勤の状況，特記事項，適性，総評などの項目について評価され記録されている。

【学校評価】 学校評価とは，学校が教育目標を達成するために行う活動のすべて（カリキュラム）と，その条件を整備する経営活動について評価するものである。経営活動としては，学校の方針，学校の研究課題と方法，研修体制，管理職のリーダーシップ，教師集団の人間関係，学校と地域との協力体制などが評価対象となる。

【教育制度の評価】 個々の学校の教育は，学校が置かれている教育制度の条件に大きく規定される。学区制のあり方（選抜試験の有無，学校選択の有無など），学校階梯の区切りなどが適切かどうかについて評価することが求められる。

（西岡加名恵）

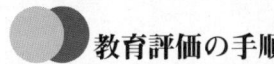
教育評価の手順

→評価規準と評価基準，観点別評価の一般的手順，指導と評価の一体化

【意義】 教育評価の手順とは，教育実践のさまざまな段階や局面にある評価活動をどのように行うか，その過程，順序，方法，手はず（計画）などの総称である。評価の対象となる教育活動の範囲や対象は，教育課程（全体計画）の諸領域（各教科，特別活動，道徳，総合的な学習の時間）になる。具体的には，カリキュラム（指導案），指導過程，教育方法等を評価対象とした授業評価，カリキュラム（1時間単位，週間，月間，各学期，年間）自体を対象としたカリキュラム評価や学校評価，また学力形成に直結した診断的評価，形成的評価，総括的評価などさまざまである。これらの評価目的，対象，実施時期はそれぞれ異なるが，評価の手順とはこれら種々の評価に伴う順序，方法，手はずを包含している。

【教育評価の手順】 教育評価を行う手順は，一般的手続き，あるいは過程として以下のように説明することができる。

❶評価対象と教育目標の分析，明確化：教育課程には各教科，特別活動，道徳，総合的な学習の領域があり，評価は各領域を対象に，各領域で編成された具体的学習内容それぞれについてその実践過程と終了時に行われる。各領域のカリキュラム内容の選択や組織化は，重層的な教育目標，学習目標の分析・明確化と設定との関連で行われるのであるから，基本的には評価の観点はそうした教育目標，学習目標そのものから設定されることになる。

❷評価の対象・目標の設定から，評価規準，評価基準（尺度，レベル）の設定：評価規準は各領域の教科単元，教材や学習経験にそって教育目標，学習目標との関連で記述され，設定される。さらに，評価基準（レベル）は各領域で異なるが，その目標や学習経験の性格（達成目標と向上目標）から，各教科では学習指導要領に基づきながら論理的に，特別活動，道徳では実践経験や学校の実態に応じて設定される。

❸評価方法の選択と評価資料の収集：上記のような枠組が用意されることによって評価の方法（道具）がテスト，リポート，作品，表現等として作成され，実施される。評点や評定には先の評価規準，評価基準が適用される。

❹結果の解釈と教育実践へのフィードバック：評価の結果は資料として解釈され，日常的教育実践の反省材料にしなければならない。児童生徒の学力，行動，社会性等の各側面の発達，成長の内実が一人一人について評価され，フィードバックされることによって新たな学習目標の設定や動機づけの意味をもたせると同時に，教師や学校にとっても指導の反省，調整のための資料としなければならない。このとき初めて評価は教育的になる。この評価結果を解釈して実践のプロセスに生かすことが「指導と評価の一体化」である。

【課題】 2001（平成13）年改訂の指導要録では，評定においても目標に準拠した評価が導入された。しかし，この評価方法の意味が十分理解されていない現状も認められる。中間・期末テスト，通信簿などの総括的評価だけを評価と理解し，学力の保障とその責任という視点から診断的，形成的評価を指導に生かすという「指導と評価の一体化」が授業実践の日常的レベルで理解されていない。学校の教育活動の評価には，多くの種類があり，その評価手順や方法を研究し，実践の調整に生かすことが今後の課題であろう。　　　　　　　　　　（金丸晃二）

[参] 天野正輝『カリキュラムと教育評価の探究』文化書房博文社，2004.

教育評価の方法

→評価資料の収集，学校改善のための評価，カリキュラム評価

【語義】「目標準拠評価」「集団準拠評価」を評価の方法（解釈の方法）とよぶこともあるが，普通，教育評価の方法というときは，評価資料を収集する技法を指す。教育評価を行う際には，その目的・主体・対象に応じて適切な方法を用いることが重要である。ここでは，学力評価，授業評価，カリキュラム評価の方法を概観する。

【学力評価の方法】 これは，筆記による評価とパフォーマンスに基づく評価に大別される。

❶**筆記による評価**：筆記試験，ワークシートなどでは，選択回答式（客観テスト式）と自由記述式の問題が用いられる。自由記述式の問題のうち複雑な思考を求めるものは，パフォーマンスに基づく評価に分類されることもある。

❷**パフォーマンスに基づく評価**：これには，レポート，芸術作品など「完成作品の評価」，口頭発表，操作など「実技・実演の評価」，活動の様子の観察，面接・検討会，ノート・日誌などを通して行われる「観察や対話による評価」がある。完成作品の評価と実技・実演の評価の方法を総称して，パフォーマンス課題という。過程と完成作品を総合的に評価する複雑なパフォーマンス課題を，プロジェクトという。なお，ポートフォリオ評価法とは，子どもが生み出すさまざまな作品や自己評価の記録，教師による指導と評価の記録などを系統的に蓄積し整理させることで，子どもの自己評価を促すとともに，教師も子どもの学習と自らの教育を幅広く深く評価するアプローチである。

【授業評価の方法】 授業の成否は第1には目標とされた学力を身につけさせているかどうかによるため，学力評価は授業評価の中核に位置している。評価結果を授業の改善に役立てることが求められ，期待どおりの学力が保障されていない場合，その要因を探ることが，授業評価において重要である。まずは授業者本人が，指導案と照らし合わせて，どの部分に改善の必要があるか自己評価することが求められる。さらに，授業を受けている子どもたちや，保護者や地域の人々に対して，アンケート調査などの形で授業評価を求めることも有意義である。

授業研究で，研究授業を実施した授業者と観察者が共に行う授業後検討会も，有意義な授業評価の場である。授業中に観察者が教師の指導言，抽出児の様子などを手分けして記録にとり，検討会に生かす方法がとられる場合もある。また，授業のビデオ録画を再生しながら検討会を行い，特に重要な場面で一時停止をして話し合うストップモーション方式も有効である。

【カリキュラム評価の方法】 カリキュラム評価はまず，単元を単位とした授業評価を中心に行うことが重要である。職員室に教師が実践して気づいたことなどを記録しておく共有スペースを確保し，また学力評価やアンケート調査などのデータを蓄積するなどしたうえで，定期的にそれらの記録やデータを見直して，単元の改善を図る。各単元への時間配分や単元の配置についても，検討の対象となるだろう。

関係者が一堂に会する場で，カリキュラムに関する事実や意見を自由にカードに記入し，KJ法で分類・整理することによって成果と課題を把握する方法もある。学校評議会での話し合いやアンケート調査などにより，保護者や地域の人の評価を求めることも重要である。また大規模な学力調査もカリキュラム評価の一環として行われるものであり，その結果はカリキュラムの改善に生かされるべきである。

（西岡加名恵）

［参］田中耕治編著『新しい教育評価の理論と方法』（全2巻）日本標準，2002．二杉孝司ほか編著『授業分析の基礎技術』学事出版，2002．水越敏行『授業評価研究入門』明治図書，1982．

評価・測定・評定

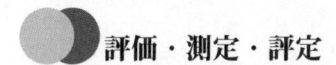

→教育評価の概念・意義，測定から評価へ，エバリュエーションとアセスメント

【語義】 評価・測定・評定のそれぞれの意味，および相互関係は，[目標追求→評価（評価資料の収集，価値判断）→調整] という図式の中で明確にされる。

❶評価：評価とは，何らかの目標追求活動において，ある時点の対象の状態を目標との関係で値ぶみすることであり，そこには，対象についての評価資料の収集と価値判断が含まれる。また，評価の結果を受けて，必要な場合は活動の調整が行われる。ただし，この場合の目標がどの程度，明確化・具体化されたものであるべきかについては立場によって見解が異なる。例えば，目標にとらわれない（ゴールフリー）評価という考え方も存在する。なお，評価に当たる英語には evaluation と assessment があり，時代や文脈によって語法が微妙に変化している。

❷測定：測定とは，対象のもつ特性を数量化することである。前述の図式でいえば，測定は，評価資料を得るための営みの１つである。評価資料には，量的データと質的データがあるが，このうち量的データを得るために行われるのが測定である。数量化するためには尺度が必要になる。尺度には，名義尺度（数値に符号としての意味しかない：背番号など），順序尺度（数値が順序を表す：順位など），間隔尺度（数値が等間隔に並ぶ：温度など），比例尺度（数値が原点をもつ：長さなど）の４種類がある。測定に使うには，少なくとも順序尺度以上，より厳密には間隔尺度以上の後段の数値的なものでなければならない。

❸評定：評定とは，評価を定めることであり，評価と区別せずに使われることもある。しかし，評定の場合は，指導要録の５段階評定や勤務評定のように，評価結果が数字や記号で抽象的・総括的に示され，その使われ方もほぼ管理目的に限定される。續有恒は，評定を「第三者からみた分類や選別のための価値決定としての valuation」，評価を「活動主体による目標追求活動の一部としての evaluation」として両者を区別している。

以上の評価・測定・評定の違いを健康診断を例に説明すると，健康を維持するために，血圧を測定して，測定値が正常値かどうかを評価し，それに基づいて生活習慣の修正を行うということになる。単に，血圧正常者を選別するためにこれらのことが行われるのであれば，それは評価より評定とよぶほうが似つかわしい。

【歴史】 教育における評価・測定・評定に関して，とりわけ重要なのは，評価と測定の区別である。両者の主要な違いは次の２点にある。

①評価は，対象についての価値判断を含むのに対して，測定は含まない。したがって，評価には何らかの価値判断の基準が必要だが，測定には必要ない。②評価のために使われる資料には量的データと質的データの両方があるが，測定によって得られるのは量的データに限られる。

アメリカでは 1930 年代に，R.W. タイラーらによって，教育測定運動への批判と教育評価への転換が進められたが，そこでの批判の論点もこの２点に関連していた。つまり，教育測定が価値基準としての教育目標との結びつきを軽視していること，測定すなわち数量化しやすい特性（知識や技能の量など）だけを扱い，他の重要な人格特性（社会的・情意的側面など）を扱っていないことなどの点である。

【課題】 教育評価はその後，教育測定を包摂しながら発展してきたが，現在でも，何を価値判断の基準にするか（目標基準か，集団基準か，個人基準か），量的な評価資料と質的な評価資料をどう収集し両者をいかに組み合わせるかは，教育評価の課題となっている。　（松下佳代）

[参] 續有恒『教育評価』第一法規出版，1969.

テスト・試験

【語義】 テスト・試験とは，受験者の各種の能力・学力を測定するために実施されるもので，測定する目的に応じた一定数の問題群から構成されている。一般にテスト・試験といえば，教育的な指導とのかかわりを問う場合が多く，学力テスト（試験），期末テスト（試験）などの用法が日常的にもみられる。

【意義】 現代社会が，高学歴社会であり，資格が重視されるなかではテスト・試験は日常生活に浸透している。テスト・試験は現代社会を生きていくうえでは避けて通れないものとなっている。テスト・試験の意義は，その結果に基づいた指導との関係の中で，確認されなければならない。入学試験の場合でも，教育方針に基づいた試験が実施され，当該学校の教育を受けるにふさわしいと判断された入学者に対して教育が行われているのである。

テスト・試験にはその実施目的から大別すると，①選抜を目的とするもの，②指導の改善を目的とするもの，③管理（分類や配置）や研究を目的とするものなどがある。選抜を目的とするテスト・試験には，入学試験のようにテスト得点をもとに合格者数（順位）を決定する競争試験と資格試験のように一定の合格基準を定めている試験とがある。資格試験も，資格取得およびその後の研修等の指導を受けるとすると，一種の選抜試験と考えられる。指導の改善を目的とするテスト・試験は，テストの結果を授業などの指導の改善に生かすことを目的とするものである。このテスト・試験では，順位を出すことよりも，どのようなテスト問題にどのように解答したか，その解答の質を把握することが重要になる。そこでは，指導の目標，内容や方法などの改善に役立つようなテスト・試験づくり，規準づくりが大きな課題である。

（大津悦夫）

エバリュエーションとアセスメント

→評価・測定・評定，測定から評価へ

【語義】 アメリカにおいては一般的に，エバリュエーション（evaluation）とアセスメント（assessment）は同義（教育評価の意）で用いられる。しかし，アセスメントが実態把握を意味するのに対し，エバリュエーションは実態把握に基づいて下される価値判断を指すという区別をする場合もある。一方，イギリスでは，子どもの学力評価にアセスメント，教育プログラムの評価にエバリュエーションを用いるのが一般的である。

【歴史】 アメリカにおいては1930年代，R.W.タイラーが，測定行為を自己目的化する教育測定派を批判し，教育目標が達成されているかどうかを評価する行為（つまり子どもの能力ではなく教育の成否を評価する行為）としてエバリュエーション概念を確立させた。日本において教育評価という用語が使われるようになったのは，第2次世界大戦直後に，アメリカで用いられているエバリュエーションの語が邦訳されたことによる。その後，アメリカでは，エバリュエーションが結果のみを判定するものとして受け取られるというねじれが生じ，過程をも評価するものとしてアセスメントという用語が好んで用いられるようになった。

しかし一方で，アセスメントを評価に必要なデータを収集する行為，エバリュエーションをそれらのデータをもとに下される価値判断として区別する立場も登場している。これは，把握された実態を教育目標と照らし合わせて妥当で十分なものかどうかを問い直す行為，すなわちエバリュエーションの重要性を，あらためて位置づけ直す立場だといえるだろう。

（西岡加名恵）

[参] 田中耕治『学力評価論入門』京都・法政出版，1996．

人間の生活と評価

→教育評価の概念・意義，人権思想と評価，
　　評価無用論，教育内容の現代化

【語義】 教育実践の世界に限らず，評価活動は人間生活一般に広くみられる営みの1つであるといわなければならない。その評価行為は，自然と社会にかかわるという人間生活の本来のあり方から，①対自然の「労働的対象的な存在」と，②対人間の「社会的諸関係の総体」の，2つの人間的本質にかかわっている。

玩具に興味を示して手を伸ばす幼児，他の子どもが同調する仕草をあげてもよい。ある対象に価値を見つけるという主観的な子どもの評価行為が，他の子どもに伝播する（つまり客観的な評価行為となる）例のように，対自然と対人間のそれぞれのすべての行為において評価はつきまとう。とりわけ労働や教育などの領域では，発達的にも歴史的にもしだいに評価行為の客観化が顕著に進展してきたといえよう。

【課題】 生活活動は「生活習慣（食事や睡眠など）・交流（交通）・遊び・学習・労働」（坂本忠芳）などの領域で構成されており，人間的な生活の全体性のもとで，それぞれの領域別の諸活動は関連し合っている。それらのリアルな生活活動の一定の価値的体系性の中に具体的な評価行為の構造が位置づけられており，各領域の評価の仕事が成り立っているのである。

人間の対象的活動はすぐれて目的意識的な性格をもつが，評価行為も例外でない。実践活動のすべての領域における意識的な働きかけに対応して，過去と現在の行為を反省・点検し，人間の生活をよりよい方向に改善していくことや人々の幸福追求に資する点に評価行為の本質的な意義がある。しかし，人間生活の理想がすべて評価で運命的に決定づけられるというものではない。評価は歴史・社会に不可欠な連関をもつという意味で，その制約と連関の動態にかかわる，ふさわしい評価のあり方の追求が常に課題となっている。

（八木英二）

評価無用論

→教育評価の概念・意義，人間の生活と評価，
　　人権思想と評価，人物査定・操作

【語義】 教育評価の困難に対する機械的な反応から，極端な場合には，評価行為自体が有害だとする何らかの評価無用論が繰り返し登場してきた。実際に，教育評価自体の放棄や，全員一律評価の記入による形骸化がなされたこともある。しかし，評価行為がいかに方法的にむずかしく，「心の自由」の侵害にかかわる課題をかかえることがあるとしても，実践対象の評価が不可能であるとか無用であるということにはなりえない。

【課題】 教育実践は，狭義には人間と人間に対するコミュニケーション実践である。対人間の実践も対象の主体的意思によって目的が変えられるなど，教育は変化に富む対象的実践にほかならない。教育評価とは，こうした実践対象の人間的本質に根ざす行為である。このように，教育評価には，教育目的と指導の結果が機械的な因果関係をもたないために，曖昧さや固有のむずかしさを伴うことが多い。その意味で，実践者にとって「目標づくり」や「評価行為」は常に悩ましい仕事であるといわねばならない。

いわゆる情意（「関心・意欲・態度」など）の絶対評価や人物評価の仕方によっては，評価対象の人権（内心の自由など）を侵害しかねないほどの難問をかかえることもある。あるいは，厳しい競争主義を方法面で支えてきた相対評価が，子どもたちを差別し選別の役割を果たしてきた。しかし，教育内容の習得状況の把握を直接反映しない相対評価を克服し，情意評価を含めた教育の評価を教材研究や指導の反省に役立てるような実践評価はきわめて重要である。教育実践を改善し高めるための評価の仕事から逃れることは，実践上の責任を果たすことにはならないのである。

（八木英二）

人権思想と評価

→評価の主体と対象，人間の生活と評価

【経緯】 民法学の泰斗，我妻榮（1897～1973）の講演録『法律における理窟と人情』（1955）に，「私の操行は乙であった」と題した回想がある。我妻が小学校低学年のころ，通信簿の品行（操行）欄がいつも乙だったので母親が教師に訊ねたところ，算数の問題などすぐ終えてしまい，教室中駆け回って教えたりしてうるさくてしようがない，ああ騒ぐのでは品行は乙だと言われた。ところが4年生になり，初めて経験のある教師に受け持たれると品行甲となった。その教師は，品行の点をつけることほどむずかしいことはない，子どもはみな個性をもっている，これを大きく育てていくことが教育なのだから，埒を越えない程度に，騒ぐ子どもには騒がせておきましょうと答えた，というのである。

品行にかかわる部分的な経験にすぎないにせよ，この逸話には，いわゆる絶対評価の特徴や子ども観と評価の関係がよく表れている。明治末から大正期にかけて，日本でも個人差についての認識が広がり，教育測定運動が紹介・導入された。それが教育改造運動の契機となって教授の個別化や成績考査改良に結びつく一方で，画一教授批判の立場から，能力の優劣に基づく学級編成が提起されるなど複雑な展開を見せたといわれる。

個別的には子どもを学習の主体としてとらえていた例があったとしても，個人主義を認めない社会制度のもとでは，教育評価もまた権力性を帯びたものとならざるをえなかった。本格的に教育評価の概念が導入され，個性のとらえ方や教育の目的もまた，基本的人権の思想に基礎をもつべきとの認識が広がり始めたのは，日本では第2次世界大戦の敗戦を経て，しばらくあとのことであった。

【原理と課題】 基本的人権や教育を受ける権利を保障した日本国憲法，個人の価値を尊ぶといった教育の目的や機会均等を定めた教育基本法など，人権思想を現実のものとする法制度が確立されて60年近くが経過した。同時に，世界人権宣言や国際人権規約，そして児童の権利に関する条約など，権利保障の基準となる国際的な取り決めはいずれも人々の教育に関する権利を謳い，国や教育行政が，人権を保障する義務を果たすよう求めている。

現代社会のさまざまな場での評価活動も，人格の尊厳や基本的自由の尊重という民主主義社会の政治的，社会的，文化的な原理に基づくことが求められる。教育評価の場合は，教育の過程に不可欠の手続きとして，学力・能力形成の方途，教育計画や学習条件を修正し改善するとともに，学習者に自らの人格・能力発達への可能性を確信させる役割を果たすことが重要である。それが学習権，教育権の根本的な保障に結びつく教育評価のあり方であり，形成的評価論や到達度評価の実践は，この点を意識した評価改革の試みであった。

相対評価に基づく通信簿や入学試験・選抜制度など，排他的な競争や序列化を生じがちな仕組みの改善が求められてきたのも，これらが学習指導や教育課程の改善に結びつかず，教育評価論としての本質的な問題性をかかえていること，および子どもの学力保障や人権保障という人々の願いにも反するものであったからである。

評価の制度面では，指導要録の学籍欄の表示や扱い，調査書および入学試験成績の本人開示などが，人権保障の観点から問題となり，一定の改善が進んだ。指導要録や通信簿については教科や行動の記録等の評価観点・項目の形式も含めて，今後なお改革すべき課題が残されている。

（河原尚武）

［参］天野正輝『教育評価史研究―教育実践における評価論の系譜―』東信堂，1993．

 科挙

【意義】 中国の隋代から清代まで（紀元6世紀末から20世紀初頭まで）約1300年間にわたって行われた官吏登用のための資格試験。科は試験する学科目、挙は選挙の意で官吏を選抜挙用すること。隋代に最初に科挙を実施した目的は、それまでの門閥による世襲的な人材登用制度を改め、有能な人材を中央、地方の官吏に登用して天子の独裁権力を確立することを意図して制定された。原則として、だれでも受けられる開放的で公正な実力試験によるこの制度は近世のヨーロッパにおいても公平な人材登用法として高く評価された。

【変遷】 唐代初期には試験の科目として秀才（政治上の意見などを問う策論を課す）、明経（経書の暗記力を試す）、進士（詩賦を作らせ文才を試みる）、明法（法律の条文およびその解釈を問う）、明書、明算の6科があり、なかでも進士科が最も難関であり、進士科の及第者は格別に尊重された。宋代になって進士科のみが栄え、科挙といえば、もっぱら進士科を指すようになり、その他の科目は一括して諸科と称した。北宋後半には諸科を排して進士科のみの試験となった。また、科挙を3年に1回挙行する制度（三歳一挙）も宋代に始まり、明、清代もこれを受け継ぎ定着した。

進士科の試験内容は時代によりさまざまに変わったが、基本的には経書、韻文、散文の3種類である。経書題は経書の本文を暗記し、公認の注釈書に基づいて答えねばならない。韻文題は定型詩が課せられ、煩瑣な約束に従って詩を作る。散文題は、古典や政治問題について意見を述べるものである。明代には試験内容に八股文という試験用の特殊な文体が取り入れられ、受験者は文体の修得に時間が浪費されたといわれている。

試験の段階は、唐代では、郷試と省試の2段階であった。郷試は地方行政単位の府、州ごとに行われる予備試験であり、その及第者が推薦されて長安で省試を受ける。省試は中央礼部が行う本試験である。宋代には解試、省試についで殿試（天子自身が主宰するもの）の3段階が成立した。明、清でも基本的には、郷試、会試、殿試の3段階である。明、清時代には、応募者が増加したため、郷試の受験資格が厳しくなった。予備試験としての学校試に合格して生員の資格を取らねばならず、これに県試、府試、院試の3段階があった。最終試験に合格すると進士の称号をもらい、大変な栄誉とされ、特別の待遇を受けた。

【課題】 科挙は、近世ヨーロッパでは、門閥、情実を排して行われた最も公平な人材登用の方法として高く評価されたが、中国では、明末になると科挙の弊害を告発する議論が盛んになり、清朝末期の1904年の科挙を最後にこの制度を廃止した。

弊害とされた点は、試験内容が古典の知識や作詩文などもっぱら人文的教養に偏り、実学の発達を遅らせたこと、試験制度のみを整備して学校教育をおろそかにし、学校制度の発達を遅らせたこと、書物主義の暗記・暗誦を主とする試験は創造的能力の開発を遅らせるなど、総じて中国の近代化を妨げるというものであった。科挙の制度は東アジアや西欧にも影響を与えたが、日本では、奈良時代に唐の律令制を取り入れたのに伴い科挙の制度も伝えられ、728年には初めて進士科の試験を実施したが、学問、文化の普及していないわが国の国情に適せず、やがて廃止された。

(天野正輝)

[参] 宮崎市定『科挙―中国の試験地獄』中央公論社, 1963. 村上哲見『科挙の話―試験制度と文人官僚』講談社, 1980.

学制以前の評価

【意義】 学制期小学試験法と近世諸学校における試験との間には多くの類似性が認められる。

近世の教育機関は、幕府による昌平坂学問所、藩士子弟のための藩学（校）、庶民の子弟のための寺子屋、そして私塾、郷学等であり、各々の教育課程には独自の評価活動が含まれていた。特に、藩校における試業の名称、目的、実施時期や評価の方法、褒賞などは、学制期小学試験に色濃く反映しており、このことが、学制における試験制度の普及を容易にした。

【藩校における試験】 藩校における試験には、目的を異にする多様な種類が含まれていた。教師によって行われる復読を中心とした試業（小試）、教授によって行われる素読や講義の試業で、藩吏が立ち会い、全教員が出席するもの（大試、考試、これはまた教官・学生に対する藩吏による検閲でもある）、藩主が親しく文武の業を試みるもの（親試）などがあげられる。藩校で試験の用語としてひろく使用された「吟味」とは、昌平黌で実施されていた素読吟味や学問吟味の影響によるものである。年1回の口述試験であり、学力の到達水準をみるためのものである。試験が実施される時期も多様であり、日省、月考（月試）、旬試、季試、歳試などがある。また褒賞はほとんどの藩校で行われていた。

藩校の試業は多様な目的をもっていたが、主要には学事奨励であり、人材の発掘と登用としての役割も果たしている。藩吏立会いのもとで展開される試験は、生徒の学力判定であると同時に教師の力量判定でもあり、勤務評定および検閲としての意味をもっていた。

【寺子屋における評価】 寺子屋においては学業成績の考査に当たるものを「浚」とよんでいる。浚とは諸芸のけいこの定期的復習であり、大浚、小浚がある。月末（小浚）や年末（大浚）に行い、必ずしも確定した方法によるものではなかったが、一般に、習字、読書を通じて行い、手本や教科書を師匠に預けて暗写、暗読させた。作品に上、中、下とか天、地、人といった評語を付し、成績優秀な寺子には褒賞を与えた。

寺子屋における行事的性格をもった試験に「席書」がある。席書は、文字どおり「席」を設けて公衆の前で「揮毫」し、平素の練習の技を示すものであり、そこには競争的、学問奨励的性格が存在した。平素の学習の成果を公開し、作品を展示するのである。

【私塾における評価】 私塾の中で最も組織的な教育を実施した広瀬淡窓（1782～1856）の咸宜園の場合をみると次のようである。ここでは毎月定期的に試業が実施されており、その内容は詩会、文の会、句読切り、書会などがあり、一定の時間内に各々課せられた課題を行うのである。また、塾生一人一人に面接して行う消権（独見）という方法もとられている。

課業、試業の成績（点数）によって塾生のランクを「月旦評」として発表するが、面接を受けていない者は仮進級であり、面接が済めば「権」の字が消され、つまり進級である。咸宜園では入門生の学力、年齢、地位をことごとく無視して、すべて無級に編入し、課業、試業、消権の結果によって毎月進級の結果を月旦評として発表した。ここでは1つの級を上・下二楷に分け、一級より九級までの等級をもち、合計18楷とした。咸宜園に限らず、一般に私塾での試業は、塾生の学習意欲を促進し学習の階梯の進級を判定する参考とされた。私塾における試験は、生徒の能力を判定し、選別するためのものでなく、生徒一人一人の学習進度や、人格形成の程度に応じた教育を施すための試験、つまり教育評価としての性格をもっていた。

（天野正輝）

[参] 文部省総務局『日本教育史資料』1889.

学制における試験制度

→学籍簿，通信簿

【意義】 わが国の近代公教育制度は1872（明治5）年に公布された学制に始まり，これが国民教育制度の出発点となった。学制では小学校を上・下2等に分け，各等小学の課程を分けて8級とする等級制を採用し，半年進級で4か年で第一級にいたり卒業することを標準とした。この進級と卒業の合否を判定する方法が学業試験であった。学制によれば「生徒ハ諸学科ニ於テ必ス其等級ヲ踏マシムルコトヲ要ス故ニ一級毎ニ必ス試験アリ一級卒業スル者ハ試験状ヲ渡シ試験状ヲ得ルモノニ非サレハ進級スルヲ得ズ」（48章）と規定して，厳しい試験制度に基づく課程主義の履修原理を採用した。

学制期には，小試験，定期試験，大試験，比較試験，臨時試験，巡回試験など多種類の試験が学校歴に占め，教科課程や授業過程を規制している。各府県制定の学則や校則には必ず試験法が盛り込まれており，試験科目，出題内容，実施方法，採点，処理方法，試験場の形態，執行者，立会人や参観人，褒賞などについて詳細に定められている。学制期試験制度が，その後のわが国の学校教育の特色つまり，試験による競争を原理とする教育をつくり出した。

【試験の種類】 学制期の試験は次のような種類があった。

・小試験（月次試験）：毎月末，受持教員が平時の授業時に，1か月の課業の熟否を調べ，席順を決め，教室内に掲示する名札の順位を決定する。
・定期試験（または中試験，進級試験，昇級試験，卒業試験）：毎年2回，多くは春と秋，4月と10月に実施され，等級を決定する最も代表的な試験様式である。
・大試験（全科卒業試験，昇等試験）：下等・上等の各小学科卒業を認定するためのもので各等科第一級の定期試験に連続して実施されることが多い。
・臨時試験：「定期ヲ待タス抜群優秀ノ生徒アルトキ」（飛び級）および転校生の等級を決定するために行われる。
・比較試験（または集合試験，奨励試験，競争試験）：各学校から優等生を選抜して1か所に集め，各校生徒の優劣を比較する学力コンテストである。生徒間，学校間の学力コンテストであると同時に，教師の指導力の比較競争でもあった。
・巡回試験（巡校試験）：県の官吏や学事関係者が学校視察の際臨時に試験を行い，優等生には賞与する。
・日課優劣（表）の作成：通常の試験のほかに毎日の出欠状況や授業態度，生活，行動についても評価し記録しておき，小試験や定期試験の成績に加味された。

学制期の教育課程は教授中心の知識主義的傾向が強いものであったが，訓育に関する活動やその評価活動がまったくなかったわけではない。平素の行状や出席状況を点数化して評価するよう定めていた県もある。例えば筑摩県の「小学試験法」（1876）では，「褒貶例」が示され点数化が図られている。

【科目，出題，採点】 試験科目は東京師範学校制定の「小学教則」に依拠したものが多く，下等小学では読物，講義，摘書，問答，書取，作文，算術，習字の8課であり，出題数や範囲は各等級，科目ごとに異なる。採点方法や合否・及落の基準は各府県が定める規則によるが，一般的には，各科成点を定め，減点法によって総合点を出している。長野県の場合（1878年の「小学定期試験点則」）で見ると，総合点の2分の1以上の成績を登第（合格）とし，1科目でも零点があれば原級留め置きとしている。

出題者は，小試験の場合は担任または当該校

の教師に任されるが，定期試験や大試験では問題の選定と採択は原則として師範学校訓導か巡回教師である。また，試験方法は口答と筆答に分かれるため，一般には，第1と第2の2つの試験場が用意された。

【立会人，参観人と褒賞】 定期試験や大試験および比較試験には必ず立会いを必要とした。多くの場合，県学務課員，師範学校訓導，学区取締，戸長副，学校事務掛などである（県令，参事が臨席する場合もあった）。これらの立会いによって試験はオーソライズされ，行事化し，厳粛な雰囲気の中で実施されたのである。また，父母・親戚・保証人はもちろん「何人ヲ問ワス参観ヲ請フ者」には許可するという公開制をとっている。

学制には「試験ノ時生徒優等ノ者ニハ褒賞ヲ与フルコトアルヘシ」（51章）と規定されており，各府県制定の試験規則にも褒賞規定が盛り込まれていた。試験のたびに，学力の優劣を判定し，順位を決め，立会人や参観者の眼前で県官が褒賞するということは，生徒の名誉心，競争心を駆り立て，生徒の学習意欲を高めるのみならず，教師の教授意欲，向上心を刺激することもでき，父母や地域住民の学校教育に対する理解を深め生徒の就学率，出席率を高める機会ともなった。授与される賞品は，各府県によってさまざまであるが，教科書や地図類や学用品であることが多い。

【成果と課題】 ①学制期試験は，国民に対して督学ないし学校の必要性を認識させる有効な手段であった。試験には，県官・学務関係者，地域の首長，父兄・親戚が列席・参観する公開制であり，結果に対してただちに褒賞することで，儀式化が図られ，新しい教育による学業の進歩を学区内住民・父母に広く伝えて教育の必要性を認識させ，就学を奨励するという目的があった。

②教授・学習組織の編成の原則として等級制を採用したのであるが，これを維持するためにも試験は不可欠であった。原級留め置き（落第）と飛び級制を伴った課程主義を原理とした6か月単位の進級制度であったが，進級の合否を判定する唯一の合理的方法は試験であった。等級の内容水準に差異のあることは避けられなかったが，これを斉一にするためにも試験は必要であった。

③近世諸学校における教育内容・教授法とは異質の，近代的な内容・方法を急速に普及する必要があり，地域ごと，学校ごとに不統一な内容・方法を斉一化，画一化して整備する手段として小学教則を基準にした試験を利用した。そして，成績を公表することによって教員の資質の改善と学校施設・設備などの条件整備の必要性が認識される契機ともなっている。

④金子尚政の『小学試験法』（1875）の序文には，試験は「幼童学ヲナスノ心ヲ勉励スルノ良法」であると述べられていたが，競争と褒賞を伴う試験には最も有効な学習動機づけとしての役割が期待されている。そのため，試験のために学習するという風潮が生まれ，試験が，子どもが学ぶべき学習課題を設定し，内容を規定するという傾向が生じた。

学制期試験制度は以上のような特徴をもっていたが，ここではまだ，児童生徒の学力検定の結果を授業法の改善に利用していくといういわゆる教育評価の意識は生まれていない。それは，児童生徒の能力を記憶力・暗記力としてとらえ，授業法は知識の伝達とその定着の方式としてとらえていることに起因している。試験の結果が授業法の改善に結びつかないのは，試験実施者と授業者が異なること，結果に対して過大な関心が集中して，授業過程に向いていないこと，目標分析がなされていないこと，したがって評価の基準が明確でないこと，それにもまして，授業の目的に学習主体の形成という観点が欠落していたためである。　　　　　（天野正輝）

[参] 天野正輝『教育評価史研究』東信堂，1993.
　　唐沢富太郎『明治百年の児童史』講談社，1971.

通信簿（通知表）

→通信簿の意義と変遷，学籍簿，児童生徒指導要録，学制における試験制度，人物査定，操行

【前史と成立】 学制期から教育令期にかけて，学校での学修の様子を家庭に知らせる帳票として，①英米の教育事情の影響のもとで作成された，日課優劣表などとよばれる，学業成績，行状，出欠を毎日点数や記号で評価した帳票，②試験成績（定期試験や月ごとの試験）を知らせる試験成績表があった。1880年代半ばこれらに往復通信欄が付加され，家庭と学校が子どもの教育指導のために協力する目的で発行される，往復連絡文書としての通信簿が自生的に成立した。こうした通信簿の成立の背景には，初代文部大臣森有礼の家庭教育重視策があった。

【普及】 成立当初1890年ごろの通信簿には，①日々の行状成績を知らせるなど訓育指導に重点を置いたもの，②試験成績や月ごとの学業成績を知らせるなど知育の指導に重点を置いたものの両方がみられるが，1890年代を通じてこれらの記載内容が統合されて総合的往復連絡簿として確立していった。

1891（明治24）年，小学校教則大綱の文部省説明で「学校ト家庭ト気脈ヲ通スルノ方法ヲ設ケ相提携シテ児童教育ノ功ヲ奏センコトヲ望ム」とされたのを機に，父母兄姉懇談会，家庭訪問等他の提携手段とともに普及が進んでいった。学校管理法書でも「学校と家庭の連絡」の項に通信簿が書き加えられるようになった。

1900（明治33）年，小学校令施行規則で学籍簿の様式が定められると，通信簿の様式は学籍簿に準拠していく。記入項目は，学籍簿にある学業成績（操行を含む），出欠の状況，身体状況と往復通信が共通に記載され，その他校訓や校歌，児童心得，保護者に対する注意，詔書類などが記載されるようになった。発行時期は，当初は，毎日，週ごと，月ごと，数か月ごと，学期ごとなど多様であったが，明治末に向かって学期ごとに収束していき，学期ごとの教育を総括する帳票として定着していった。

【通信簿改革】 大正期以降，大正自由教育の潮流の中で通信簿の改革に取り組む学校もあった。例えば，「自由教育」で有名であった千葉師範学校附属小学校では，通信簿による通信よりも，父母と直接懇談するほうが有効だとして通信簿を廃止している。松本尋常高等小学校では，教科別の評定を廃止し，「成績のよくなった学科」「いっそう努力すべき学科」「得意な方面」「学習態度」を文章記述する欄が設けられている。また，測定運動の影響のもと，教科の評価に分析的評価（観点別評価）を導入する動向も現れている（例えば，東京女子高等師範学校附属小学校，自由学園小学校）。さらに，体裁でいえば，個人の発達記録がわかるよう在学期間中使用する手帳様式のものも現れている。

【画一化】 国民学校の学籍簿を制定する際，通信簿の様式や評定法は学籍簿のそれに準拠するように求めた。このため通信簿の様式と評定法の画一化が進んだ。学籍簿（戦後は指導要録）と通信簿の関係は実践的には戦後も引き継がれた。用紙不足も手伝って記載事項も簡略化され，往復通信欄が消滅するという動向も広がった。

【戦後の通信簿】 戦後初期，文部省は学業成績を中心とする通信簿発行には積極的態度を示さなかった。しかし，学校慣行として定着していた通信簿は引き続き発行されていった。1955（昭和30）年指導要録に5段階相対評価による教科別総合評定が取り入れられると，通信簿もこれにならうことになった。相対評価が批判され，到達度評価型の通信簿などへの改革が進展するのは，通信簿論争のあと，1970年以降のことであった。　　　　　　　　　　（山根俊喜）

[参] 天野正輝『教育評価史研究』東信堂，1993.
田中耕治編著『新しい教育評価の理論と方法Ⅰ』日本標準，2002.

学籍簿

→児童生徒指導要録，指導要録の変遷

【1900年以前】 学籍簿の記入項目が全国的に統一されたのは1881（明治14）年の「学事表簿取調心得」（文部省達第10号）中の「生徒学籍簿」においてである。これには生徒姓名，年齢，従前の教育，父母・後見人の姓名等，入退学の年月日・理由，進級記録等を記すこととされた。しかし，学業成績については別に各学校の裁量で調製することとしたので，純然たる学校戸籍であったといってよい。1886（明治19）年この達第10号は廃され，学籍簿は再び地方の責任で調製されることになった。

【様式の制定】 1900（明治33）年，小学校令施行規則で小学校学籍簿の様式が定められた。ここでは，生徒氏名，入退学，卒業記録や保護者の氏名，職業等の記録などのほか，学業成績，出欠記録，身体状況（いずれも学年ごとに記入），備考（就学猶予，原級留置等を記録）などの項目が設けられた。学業成績は各教科と操行の評定からなっている。ただし評価基準や評価方法は指示されていない。したがって，この学籍簿の教育実践における評価のあり方に対する規定力はあまりなかった。なお，学籍簿制定の背景には，同年改正の小学校令において，卒業・進級認定における試験を禁止し，「平素ノ成績」の「考査」によってこれを行うとしたことがある。従前は試験得点で学力を表示・証明しえたが，「考査」では，平常成績を総括して学力を表示・証明しなくてはならなくなったのである。

【1938年の改訂】 その後，1938（昭和13）年に以下のような大幅な改訂が行われた（小学校令施行規則改正）。①学業成績の「概評」（著しい傾向と事由を記入），出欠席の「概評」「性行概評」（性格・才幹・悪癖・異常・趣味等につき特記事項を記入）「身体ノ状況及其ノ所見」「家庭・環境」「志望及其ノ所見」の各欄が新設された。これは，教育上必要な事項を全体的に記入し，学籍簿が「指導の参考」，すなわち教育原簿としての性格をもつようにする措置であった。このため「補助簿」の活用も奨励された。②学業成績の評定値の表記法が定められ，教科目については10点法，操行については「優良可」で表記することになった，など。

なお，この学籍簿は，1927（昭和2）年の「児童生徒ノ個性尊重及職業指導ノ件」（文部省訓令第20号）のもと各学校で作成されていた「個性調査簿」等と称される帳票の内容を学籍簿に統合したものであった。

【国民学校の学籍簿】 1941（昭和16）年国民学校の出発に伴い学籍簿も改訂された（国民学校令施行規則）。記入事項に大きな変化はないが，評価方法等には重大な変化がある。おもな改訂点は以下のとおりである。①学籍簿は，皇国民錬成という目的のもとで，次期の教育のために資するもの，また教師の反省の記録であるとして教育原簿としての性格が一層強調された。②訓育は全教科目で行われるとして「操行」欄が廃止された。③学業成績は「習得，考察，処理，応用，技能，鑑賞，学習態度」等の方面から「綜合評定」するものとされ，評価の観点が示された。また，10点法を廃し「優良可」とし，「良」を「当該学年相応ノ程度」に修得したものとして初めて評定値の規準を示したが，実際には相対評価で評定している例もあった。

【戦前の学籍簿の性格】 1938年以降，教育資料としての性格が強調され，評価対象の拡大，分析的観点の設定，評定値の規準設定などの努力がなされた。しかし，教育目標・教材が固定され絶対化されているもとでは，この性格規定も理念的なものにとどまらざるをえなかった。

（山根俊喜）

[参] 天野正輝『教育評価史研究』東信堂，1993.

人物査定，操行

→学籍簿，通信簿

【意義】 1887（明治20）年8月文部省は，児童生徒の卒業に際し学力のみでなく人物を尋常，優等の二等として証明する証書を授与すること，および人物評価に基づく選抜が必要であることを訓令した。これにより学制期以来の知識中心の傾向を改め，訓育の成果をあげようとした。

操行とは，児童生徒の品性，行為，道徳的判断，情操，習慣などの総称であり，操行査定による操行点または品行点は訓育・訓練の評価として明治20年代中頃以降重視され，1900（明治33）年の学籍簿（公簿）にも操行欄が設けられ，通信簿にも記載されることとなった。

【展開】 明治20年代には学制期以来の知識中心の学校教育を改め，徳育の成果をあげることが重要課題となっていた。初代文相の森有礼（1847〜1889）は，天皇制国家を支える人間像を「人物第一，学力第二」という構造で示し，人物（忠良ナル臣民）の養成を重視した。1887（明治20）年8月訓令を発して「学力ノミナラス兼テ人物如何ニ注目シテ学力ト人物ヲ査定シ各尋常優等ノ二等トシ」人物を証明する証書を授与し，また人物評価に基づく選抜が必要であることを訓令した。各府県ではこの訓令に基づいて「生徒人物査定法」を定め，さらに各学校では，査定基準を設け，評定のための具体的細則を定めている。人物養成のために人物評価を実施する意義は認識されたが，人物査定の実施は実際にはきわめて困難であり，この制度は，施行後3年足らずで廃止となった。

人物査定法は廃止されても「忠良ナル臣民」育成のための徳育・訓練重視策が変更されたわけでなく，教育勅語の渙発（1890）を機に，一層強化・拡大していくことになった。

1891（明治24）年に，小学校教則大綱の制定に伴い，その説明に，児童の心性，行為，言語，習慣，偏癖等は道徳訓練上の参考として記録するものとし，また児童の卒業認定には「平素ノ行状学業ヲ斟酌」すべきものとしている。1900（明治33）年の小学校令のもとで，学籍簿の作成が義務づけられ，操行を制度的に定式化して評価することとなり，道徳的知識に関する修身の成績評価と合わせて臣民形成にとって重要な位置を占めた。学籍簿に操行欄が設けられたことにより，各府県では操行査定のための規定を設けているが，そこにみられる特徴を要約すれば，学級担任は平素児童の操行を査定し，修了・卒業の認定ならびに訓育の参考に供すること，査察のため平素学校内外において心性，行動，言語，習慣等を観察し，助長すべき点，矯正すべき点を操行査察簿に記入すること，操行の概評は甲，乙，丙，丁，戊の評語を用いること，毎学期末に操行査察簿を整理して校長の検閲を受けること，などである。

【課題】 初等教育の場で実施された人物査定や操行査定が，その後の学校教育に与えた影響は看過しえないものがあった。従来の暗記力，記憶力中心の試験制度を反省させ，学科の成績のみでなく，性格，行動，習慣の評価をも含めて児童を総体的にとらえることの必要性を認識させた意義は大きい。また，評価技術という点でみると品等法を用いたり評定すべき項目を適度に細分化し，評価の客観化のための工夫も試みられている。しかし，人物査定や操行査定は，教師の印象的判断によるきわめて概略的に点数や標語を与えるという主観性の強いものであった。指導のための評価というより，児童を管理し，校則に適応させる機能を果たしていたとみてよい。また，学力よりも人物という教育観は，認識の問題と切り離されて徳育を強化し，その後の学力観を特徴づけることにもなった。

（天野正輝）

[参] 天野正輝『教育評価史研究』東信堂，1993.

身体検査（活力検査）

→学籍簿

【意義】 児童生徒，学生等の身体や健康の状態を把握するために行われる検査ないし診断。検査結果を踏まえて養護，健康増進，衛生，予防といった教育課題が生まれた。

【展開】 1878（明治11）年，G.E.リーランドが来日して体操伝習所で指導に当たった際，人体測定法を紹介し，座高，上肢長，下肢長，胸囲，肺活量，総身の力量を測定し，結果をグラフ化したと伝えられている。

1888年の学生生徒の活力検査に関する文部省訓令では，毎年4月に体格検査と活力検査を実施するよう指示されていた。日清戦争開始直後（1894）の「身体及衛生ニ関スル訓令」でも体力，活力検査の実施を促しているし，学校によっては通信簿に記入して家庭にも通知されていた。1897（明治30）年文部省は体力検査に関する訓令を廃して，新たに「学生生徒身体検査規定」を定めたことで，全国的に身体検査を実施する学校が増加した。この規定では身長，体重，胸囲，視力等の各項目に関する検査が行われ，個人別に「身体検査表」が作成されるとともに各項目の平均値が地方長官や文部大臣に報告された。なお，1898（明治31）年公立学校に学校医を置くことが定められ各学校の身体検査に当たった。1900（明治33）年には「学生生徒及び幼児身体検査規定」と改訂され，同年，公簿となった学籍簿には，「身体ノ状況」欄が設けられ，身長，体重，胸囲，脊柱，体格，眼疾，耳疾，歯牙，疾病の項目がある。以後，壮丁体位への関心と重なって，身体検査はすべての学校に普及して定例の行事となった。戦後，学校教育法の12条の規定に基づき1949（昭和24）年に「学校身体検査規定」が，1958（昭和33）年に学校保健法が制定され，以後，健康診断という用語が使われるようになった。

（天野正輝）

メンタル・テスト

【語義】 メンタル・テスト（心理検査）とは，知能などの心理的な特性を測るために一定の手続きを経て作成されたテストのことである。狭義には知能テストを指すが，広義には性格検査，適性検査などを含める。これらは標準化の手続きを経て作成されている標準テストであり，解釈の基準（norm）もあらかじめ決定されている。

【歴史と意義】 メンタル・テストの起源は，1905年のA.ビネーらによる知能テストの作成や1910年代の教育測定運動に求めることができる。アメリカでは，L.M.ターマンが知能検査の標準化を試み，個別知能テスト作成の基礎を築いた。日本においても1908年にビネーらの知能テストが紹介され，1930年代から40年代にかけて鈴木治太郎や田中寛一らによって，個別知能テストが作成されている。また，集団知能検査は，1920年代に渡辺徹，淡路円次郎，久保良英らによって作成が試みられた。他方，B式の集団知能検査も，1920年代に田中寛一により作成されている。知能テストの適用は，わが国の軍隊，産業界，医学界，学校教育と多方面に及んだが，1920年前後から激しくなった中等学校入試選抜にメンタル・テストを採用する学校も現れたことで人々の関心が高まった。性格検査については，1930年代に淡路円次郎，田中寛一らによって向性検査が作成されている。戦後になると適応性診断テスト，興味検査など数種類の性格検査が作成され，またTATなど投影法による検査の日本版も作成されている。

戦後，メンタル・テストの開発が盛んになったのは，指導に際しての個人理解の重要性が認識されたこと，検査結果を指導要録に記載することが求められたこと，などのためである。

（大津悦夫）

[参] 牛島義友『教育標準検査精義』金子書房，1960.

教育測定運動

→メンタル・テスト,測定から評価へ

【背景】 アメリカにおいて,20世紀を前後するころから勢いを増すことになった教育測定運動は,すぐれて近代の産物として,世界的にも大きな影響を与えることになった。この時期のアメリカは,法人資本主義の進行と階級・階層の移動と分裂,東欧系を中心とする新移民の激増,学歴社会の展開とりわけ高校進学率の上昇のなかで,だれもが納得のいく人材配分の公開の装置を必要としていた。そこでは,血統,財産,門地,年功に左右されない,「だれがいつやっても同じ結果が出る」という,教育測定運動が提案したテスト法に期待が集まることになった。この教育測定運動には,E.L.ソーンダイクを中心とするアチーブメント・テストの系譜とL.M.ターマンを中心とする知能検査法の系譜とがあった。

【展開】 教育測定運動の問題意識をよく表現するものとして,ソーンダイクの「もし物が存在するのならば,それは量として存在する。もし,それが量として存在するならば,それは測定できる。」(1914)という言葉が有名である。この言葉には,ニュートン物理学以来,空想や直観を排して科学の究極の洗練さを保証してきた測定への信頼と,その測定方法を教育世界に転用することで教育の科学化を図ろうとする意図が込められていた。

このような立場からは,従来の主観的な評価法が批判される。D.スターチたちが報告した,論文体検査の恣意性や正確に採点可能と思われた1枚の平面幾何学の答案結果が最低28点から最高92点までの変動幅であったことは有名な話である。これに対して,テスト結果の解釈をより客観的にするために標準テストが開発されることになる。ソーンダイクの教え子であるストーンやカーティスの開発した算数の標準テスト,ソーンダイク自身が開発したスペリングの尺度による標準テストなどが有名である。

他方,ターマンは,A.ビネーの知能検査法を改訂して,教育測定運動の成果とされるスタンフォード＝ビネー知能尺度を提案する。この知能検査法は,子どもたちの知能は生得的に決定されていることを前提として作成されており,IQ(精神年齢÷暦年齢×100,ターマンが知能検査法に導入)の恒常性から判断して,子どもたちの教育可能性の予測は早期に可能であり,とりわけ将来の国の命運を担うIQの高い優秀児を早期に発見して,彼らにこそ手厚い教育(高等レベルの教育)を保障すべきであると主張した。

1917年にアメリカが第1次世界大戦に参戦すると,新兵の人材配置を効率的に処理するための委員会(会長ヤーキーズ)が召集される。ここにいたって,教育測定運動を構成していた2つの系譜は合流して,軍隊テスト(Army Alpha と the Beta Test)を作成する。そこでは,大量の新兵を効率的に分類するために採点が容易で時間短縮をもたらすものとして,従来の個別式に代わって集団式でかつ客観テストが採用された。また,生得的な知能水準に学業も強く相関するという知能検査法の立場が一般化して,アチーブメント・テストの分野にも正規分布曲線を客観性の基準とする相対テスト法が普及していく。この軍隊テストの作成によって教育測定運動の地位が高まり,産業界や教育現場にテストが普及し,以後10年間を特に"テスト狂時代"と称されるようになった。 (田中耕治)

[参] グールド(鈴木善次ほか訳)『人間の測りまちがい』河出書房新社,1989。チャップマン(菅田洋一郎ほか監訳)『知能検査の開発と選別システムの功罪』晃洋書房,1995。

測定から評価へ

→教育測定運動，ブルームの目標分類学

【背景】 教育測定運動に対する批判は，その全盛期に当たる1920年代に，J.デューイやW.C.バグリーによって開始された。これらを背景として，測定のパラダイムから評価のパラダイムへの転換が，1930年代にオハイオ州立大学にいたR.W.タイラーによって進められた。タイラーは当時の教育測定運動に生じていた，測定条件に統計学的手法を導入することによって測定行為の自己目的化をもたらす傾向を批判して，テストや試験の目的規定を「その教科の特定の目標に生徒が到達する度合いを測定する道具」であると主張した。とりわけ，測定条件としての妥当性概念（当時は，テスト結果と教師の点数づけとの相関関係＝妥当性係数と理解されていた）の転換を求め，妥当性とは「その教科の本質を測定しているのか」ということであり，「目標の測定こそ妥当性の本質的な基準である」と指摘した。評価の規準は，価値的な判断規準となる教育目標であると考えた。

【展開】 以上の問題・批判意識に立って，タイラーは次のような新たなテスト作成の具体的な提案を行っている。
①コース目標の定式化
②各々の目標を生徒の行動との連関で規定すること
③生徒が各々の目標の存否を示すであろう状況を蒐集すること
④状況を生徒に提示すること
⑤各々の目標に照らして生徒の反応を評価すること
⑥評価の客観性の決定
⑦必要なときに客観性を改良すること
⑧信頼性の決定
⑨必要なときに信頼性を改良すること
⑩必要なときにもっと実践的な測定方法を開発すること

この構想には，測定に代わる新しいパラダイムとしての評価の特徴がよく現れている。とりわけ重要なことは，ステップ①で目標の内容面を規定したあとに，ステップ②で，のちに「行動目標」と呼称されるようになる提案を行ったことである。行動目標とは，その内容に子どもたちが取り組んでいるときに示すと期待されている行動であって，授業展開や評価方法を規定するものである。その場合，タイラーにとっては，行動とは高次の認知的活動を含むとともに，さらには情意的活動や身体的活動も視野に入るものであった。

【意義】 このようにして進められた測定から評価へのパラダイムの転換の意義をまとめると，以下のようになるだろう。
①評価の規準は，教育目標である。
②教育目標は，高次の精神活動を含む重要な目標群を含むべきである。
③教育目標は，生徒に期待される行動で記述すべきである。
④目標実現の度合いを知るための多様な評価方法が工夫されるべきである。
⑤もし，目標に未到達の子どもがいた場合には，治療的授業が実施されるべきである。
⑥以上のことは，カリキュラムや授業実践の改善につながる。

これらの提起は，のちに8年研究によって精緻化され，その後タイラー原理として定式化されるシカゴ大学でのシラバスに結実することになる。　　　　　　　　　　　　　　（田中耕治）

[参] 田中耕治「マスタリー・ラーニング研究にもとづくカリキュラムと授業の構想―回顧と展望―」杉浦美朗編著『教育方法の諸相』日本教育研究センター，1993.

8年研究

→測定から評価へ

【背景】 PEA（進歩主義教育協会）が主催した8年研究（1933～41）は，その委員長アイキンのもとに，1930年から活動を開始する。この8年研究の委員会によれば，従来の中等教育カリキュラムの改革が所期の目的を達成できない最大の理由は，大学入試制度のもつ中等教育カリキュラムへの規制力を的確に把握できていなかった点に見いだす。中等教育段階での（カリキュラム）改革が，どれほど豊かに構想されていても，旧態依然たる大学入試制度の前では，頓挫を強いられてきた。そこで，委員会は，公私立，規模の大小，およびアメリカの各地域の代表という点に留意しつつ，30の進歩主義に立つ実験校を選択するとともに，約300校のカレッジとユニバーシティに在来の入学試験を免除して，これらの実験校の卒業生を受け入れることを約束させるという画期的な活動計画を立てた。

しかしながら，大学入試を免除されたということは，大学入試に対する資格を不問にされたわけではない。さらに入試を免除されて実験的なカリキュラムのもとで育成されてきた生徒が，はたして実際に大学教育の場でいかに成長，発達するのかを，通常のコースから入学してきた生徒との比較研究で明らかにすることも要請された。大学入試という既成の評価方法を否定することで出発した研究は，ここであらためて教育評価という行為に対する本質的な究明と，実験的な教育実践に対応する多種多様な評価方法・技法の創意工夫という課題に直面した。そこで，委員会は，当時オハイオ州立大学で注目すべきテスト研究に従事していたR.W.タイラーを招聘して，彼を中心として評価委員会を組織することになる。

この8年研究の成果は，1942年に以下の5分冊のレポートとして発刊された。

①Aikin, W.M., The Story of the Eight-Year Study.
②Giles, H.H. et al, Exploring the Curriculum.
③Smith, E.R., Tyler, R.W. and the Evaluation Staff, Appraising and Recording Student Progress.
④Chamberlin, D. et al, Did They Succeed in College?
⑤Thirty Schools Tell Their Story.

【意義】 8年研究の輝かしい成果は，タイラーが主導したカリキュラム評価の理論と方法の構築である（レポート③に収録）。評価とは，測定や試験とは違って，生徒の序列づけや組分けのために行うのではなく，カリキュラムとそこに内包されている仮説を吟味，改良するために，さらには生徒たちにも学習に有効な情報を与えるために行われるものである。また，そのためにはカリキュラムの実現に向かう生徒の多面的重層的な行動をとらえる評価方法・技法（質問法，インタビュー法など）の開発も必要となってくる。

この8年研究で確立された理論と方法は，のちにカリキュラム研究におけるタイラー原理として定式化された。タイラー原理とは，「学校はどのような教育目標を達成するよう要求すべきか」「この目標を達成するためにどのような教育的経験が提供されるべきか」「これらの教育的経験はどのように効果的に組織されるべきか」「この目標が達成されたかどうかのように決めるのか」という4つの問いを提案したもので，カリキュラム―授業―評価を一貫したものとして把握することを求めたものである。

（田中耕治）

［参］ タイラー（金子孫市監訳）『現代カリキュラム研究の基礎』日本教育経営協会，1978．田中耕治『学力評価論入門』京都・法政出版，1996．

児童生徒指導要録

→通信簿，学籍簿，指導要録における行動の評価，観点別評価から評定への総括

【意義】 児童生徒の学籍および在学中の学習や行動等の状況などを記録する法律に定められた公的表簿。指導および外部に対する証明等に役立たせるための原簿となるもの。学籍に関する記録は20年間，指導に関する記録は5年間保存しなければならない。指導要録で採用される評価方法・評価観は，学校でのさまざまな活動（授業実践，通信簿（通知表）や内申書の作成など）に大きな影響力をもつ。

【歴史】 文部省は戦後の教育改革の一環として1948（昭和23）年に新しい学籍簿の様式を示し，その性格を「個々の児童について，全体的に，継続的に，その発達の経過を記録し，その指導上必要な原簿となるもの」とした。そして，1949（昭和24）年には，名称が学籍簿から指導要録に改められた。

1955（昭和30）年の指導要録改訂では，「指導のための原簿」という性格に加えて，「外部に対する証明のための原簿」という性格をもたされるようになり，教科の評定は1教科につき，5段階相対評価によって評定値を1つ記入するよう改められた。その後，学習指導要領が改訂されるたびに指導要録は改訂された。

1971（昭和46）年の改訂では，教科の「評定」欄の5段階相対評価に対して，「絶対評価を加味した相対評価」という表現で，機械的に5段階に割り振ることのないようにと明記された。

1980（昭和55）年の改訂では，「所見」欄が「観点別学習状況」に改められ，学習指導要領に示す目標の達成状況を観点ごとに評価することになった。

1991（平成3）年の改訂では，学習の記録に関しては「観点別学習状況」欄が基本とされ，学習指導要領の学力観を反映して，「観点」の順序は，「関心・意欲・態度」が筆頭にくるようにされた。

【課題と論点】 2000（平成12）年の教育課程審議会による指導要録に関する答申では，「これからの評価においては，観点別学習状況の評価を基本とした現行の評価方法を発展させ，目標に準拠した評価（いわゆる絶対評価）を一層重視するとともに，児童生徒の一人一人のよい点や可能性，進歩の状況などを評価するため，個人内評価を工夫することが重要である」とされた。その結果，各教科の「評定」欄においても，「相対評価」をやめ，「目標に準拠した評価」の考え方を採用することとなった。

このように指導要録において，「目標に準拠した評価」が「評定」欄と「観点別学習状況」欄の両方において採用されることになったのだが，両者の関係をどのように考えるかは課題となる。「観点」ごとの評定値を数量化し（「観点」の間で重みづけを変化させる場合が多い），それらの合計点を算出し，あらかじめ定めた5段階の分割点によって，教科の「評定」を導く方法が採用される場合が多い。しかし，そのような手続きによって導かれた評定が，いかなる質の教育目標への到達状況を表しているのかという解明は十分ではない。「評定」欄が学力の総合的視点での把握をめざすのであれば，それに即した固有の評価基準を開発していく必要がある。

また，各「観点」を，学力の分析的視点として明確に定義づけ，評価規準を開発し，「観点」の相互関連を明らかにする研究によって，児童生徒の継続的な指導のために「観点」の情報が役立つようにしていくことも課題である。

(鋒山泰弘)

[参] 天野正輝『教育評価史研究』東信堂，1993.
田中耕治『指導要録の改訂と学力問題』三学出版，2002.

全国一斉学力テスト

→テスト批判と反批判，ハイ・ステークスとテスト

【意義】 一定学年の児童生徒を対象に，教科の履修状況について教育行政機関が全国規模で行う学力調査のうち，特に悉皆（全員）調査として行われるものをいう。一部の児童生徒および学校を抽出して行われる教育課程実施状況調査等とは異なり，学習の達成度や平均点などについて，個人，学校，地域間の相対的な比較が可能となることから，テスト結果が公表されれば，小・中学校においても学校間の序列化や競争を導くという見方がある。また，大規模な事業となるため，出題形式や採点方法も限定されたものとなり，測定される学力も，知識・理解の単純なレベルにとどまることもある。

しかし，学校としての説明責任や情報公開，ならびに競争や学校選択制などを教育活性化の要因として重視する立場から，近年再び統一的な学力調査が望まれるようになり，自治体単位や県を越えて実施する例が生まれている。

【歴史】 全国一斉学力テストといえば，戦後教育史に残る大きな社会問題となった前例がある。文部省が，算数（数学），国語についての全国的な学力調査（小・中学生4～5％，高校生10％を抽出）を始めたのは，1956（昭和31）年のことであった。ところが1961（昭和36）年度からは，学習指導の改善や教育条件の整備に役立てるとして，すべての中学校2，3年生を対象に5教科の学力調査が実施されることになった。統制的な施策に対して批判が高まったが，一部の県で"学力日本一"を標榜して試験準備に走り，成績不振の生徒を休ませるといった不正が報じられるなど，文部省も"成績のコンクール"と指摘するような事態が生じたため，悉皆調査は1964（昭和39）年度で打ち切りとなり，小学校同様抽出による調査に戻った。学力実態の把握は常に必要だが，衆知を集めて適切な方法を採用すべきであろう。 （河原尚武）

通信簿自由化論

→5段階相対評価，通信簿

【通信簿論争】 1969（昭和44）年2月，鹿児島県在住の小学校児童の父親が，テレビのワイドショー番組で，「あらかじめ配分率を決め子どもに機械的に評定値を与える通信簿の5段階相対評価は不合理だ」と批判した。これに対し，久保田文部政務次官は，指導要録と異なり通信簿では配分率にこだわる必要はなく，「全部5でも3でもいい」と答えた。これに端を発して，通信簿のあり方の問題が新聞等のマスコミでも取り上げられ，幅広い議論が巻き起こった。そこでは，父母，国民の間から学習成果の内実を表示しえない5段階相対評価に対して批判が集中した。

【背景】 1960年代の高度経済成長に伴う社会変動は，高校進学率の飛躍的増大をもたらし，父母の間に学力とその評価に対する関心を高めた。同時に，子どもの受教育権の実質的保障を願う父母の教育要求の高まりも存在していた。これに対し，教育政策は経済政策に従属した能力主義を基調として，このなかで学校における相対評価は，能力主義的競争と選別を助長するおそれがあるといわれた。当時の多くの通信簿では，指導要録と同様に5段階相対評価による教科別総合評定が採用されており，これに対する父母の異議申し立てが通信簿論争であった。

【影響】 1971（昭和46）年の指導要録改訂では，学校の自由な裁量のもとで通信簿が作成できることに注意を喚起し，また5段階相対評価については，あらかじめ配分率を決め子どもを「機械的に割り振ることのないように」という注意がなされた。こうして1970年代，「落ちこぼれ」問題の深刻化などとあいまって，学力保障の一手段として，特に小学校で学校ごとの通信簿改革が進展し，到達度評価型の通信簿への改善などが進んだ。同時に，指導要録との間で「二重帳簿」問題が生じることになった。 （山根俊喜）

教育内容の現代化

→カリキュラム開発・改善，カリキュラム評価，認知主義的評価論

【語義】 1960年代に世界各国で推進された，科学・技術の発達に対応したカリキュラム開発動向を総称していう。いわゆる"スプートニク・ショック"（1957年の旧ソ連の人工衛星打上げ成功）を契機として，アメリカでは「国家防衛教育法」（1958）を成立させ，政府の多額の財政支出とノーベル賞級の研究者を動員して大規模なカリキュラム（教科書）開発を行った。こうした教科内容改革の原理は，J. S. ブルーナーによって『教育の過程』（The Process of Education, 1961）にまとめ出版され，諸外国でのカリキュラム開発に大きな影響を与えた。「現代化」として開発されたカリキュラムは，知的教育を目標として諸学問・科学の基本的概念や論理の知的理解を強調したことで，学問中心（discipline-centered）カリキュラムと呼称された。

【意義・内容】 教科内容編成の観点からみた現代化論の特徴は，以下のようである。

①教科内容は教科を構成する諸学問・知識の基本的・一般的観念（例えば数学における交換・分配・結合の法則，芸術・文学の隠喩など）を中心として「構造化」されて編成されること。そして構造化された教科内容は，学習者が基礎的観念に繰り返し出会うように系統化（スパイラル方式）される。

②教科内容の構造化は，抽象的概念や法則の知的理解に際してモデル（半具体物）やシェマなどの感覚的図式を媒介させて，対象の論理に則した構造・形式が具体物と結合すること，つまり知的学習における抽象と具体，論理と感性の結合・統一がめざされた。

③各教科を構成する「構造化」された知識の学習は単に基本的概念や原理の理解だけでなく，学習者の学び方や自ら課題解決する態度など，すべての学習に必要とされる発見法（heuristic method）的学習方式として一般化された。

【展開】 教育内容の現代化の主標である学問中心カリキュラムは，学問・知識を教育内容編成の唯一の根拠としたこと，アカデミック・エリート養成論が介在したこと，あるいは教育現場に上から臨んだ学者の権威主義などの点が批判された。そして，70年代に入ってより情意的側面を強調する人間中心（humanized）や現場に根ざした（school-based）カリキュラムへと移行することになった。80年代以降には認知科学の支援を得て，認知主義的学習論を展開することになった。すなわち，知的教育の復権をめざした教科内容の構造化論は，ブルーナーの認知理論に依拠して知的理解は表象操作能力の形成と再構築（転移力）によって最適切に達せられる，という情報処理的アプローチによる認識枠組（スキーマ）形成論として発展された。しかし，表象主義的認知論は認知操作の外化や曖昧さと耐性の欠如などの問題点が指摘され，現在では認知活動の状況適応的または構成主義的観点からする社会的文脈と参加としての学習観が強調されている。

【課題】 わが国で展開された現代化論は知育の質的向上策として援用されたが，高度な学問・知識があまりにも性急に導入されたこともあって，さまざまな学習の閉塞化状況を生起させた。また表象主義的認知スキームは受験知（偏差値学力）として構造化・収斂化されて，受験学力獲得競争を激化させる一因ともなった。そして現在，現実的課題に対応した多様な実践知・身体知・方法知などで構成される学校知の組替えと創造が課題とされている。　　　（今野喜清）

［参］ブルーナー（鈴木祥蔵・佐藤三郎訳）『教育の過程』岩波書店，1963．今野喜清『教育課程論』第一法規出版，1981．

5 段階相対評価

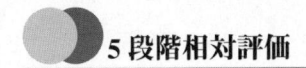

→通信簿，児童生徒指導要録，集団に準拠した評価

【意義】 一定の集団内における平均的な子どもの成績を基準にして子ども同士を比較することによって評定する方法。集団のテストの得点が正規分布すると仮定し，5段階の場合，評定3が38％，4と2が各24％，5と1が各7％と段階ごとの比率があらかじめ割り振られることになる。

【歴史】 5段階相対評価は，戦前の教師の主観による恣意的な絶対評価の方法を改めるものとして，戦後の教育改革が行われた時期に，公教育の中に，指導要録の評定法として導入された。それ以降，日本の競争的受験制度の内申書の評価法として取り入れられ，成績証明の方法として定着した。しかし，1969（昭和44）年2月，テレビのワイドショーで通信簿の問題が扱われたときの「子どもの学業成績を5段階相対評価の枠で決めてしまうのはおかしい」という一父兄の批判に端を発して，5段階相対評価は，「必ずできない子がいるということを前提とする非教育的な評価論」等と批判され，それに代わる到達度評価の研究や実践が積み重ねられてきた。

【問題点】 5段階評価の教育評価としての問題点は，次のようにまとめられる。

①5段階相対評価は，子どもの成績が正規分布することを前提に考えられている。しかし，正規分布は，多数の偶発的な現象に伴う確率分布であり，それを学級や学年という集団に当てはめ，しかも意図的・計画的な教育的働きかけの結果としての子どもの成績に当てはめることは不合理である。

②この評価法では集団内における子どもの相対的な位置関係はわかっても，子どもがどこまででき，どこまでできていないか，つまずきを起こしている箇所はどこかなど，学力の実態を明確に示しえない。その結果，教師には授業改善のための情報を提供しないし，子どもには次の学習への具体的な目安と励ましを与えない。

③この評価法では，一人の子どもの成績が上がれば別の一人の子どもの成績が下がるという仕組みになる。その結果，学級の子ども同士の関係に排他的な競争意識と個人主義を促し，学級集団づくりや学習集団づくりにとって好ましくない影響が出ることもある。

【課題】 2000（平成12）年の教育課程審議会の答申「児童生徒の学習と教育課程の実施状況の評価の在り方について」に基づき，2001（平成13）年改訂の指導要録において，目標に準拠した評価が，教科の「評定」にも用いられることになり，戦後ながらくわが国の学校教育において支配的であった5段階相対評価は，学校の教育評価の方法としての主流の座をようやく譲った。しかし，5段階相対評価の考え方に慣れ親しんできた教師にとっては，平均点に代わるものとして，目標への到達を判断する基準を考え出すことは容易ではない。教育内容や児童生徒の学習の成果についての研究に基づいて，どこまでの学力を多くの児童生徒に獲得させたいのか。どのような指導過程で一人一人の子どもの評定値を上げるか。このような点について熟慮したうえで，評価の基準が設定され，指導過程が改善されなければ，5段階相対評価の考えを引きずった評定区分が採用されてしまう。「もし，学習成績の分布が正規分布に近づけば近づくほど，その教育的努力は不成功であったと断言してよい」というB.S.ブルームの言葉に代表される教育観に裏づけられて5段階相対評価は克服されなければならない。

(鋒山泰弘)

[参] 天野正輝『教育評価史研究』東信堂，1993.
田中耕治『指導要録の改訂と学力問題』三学出版，2002.

ブルームの目標分類学

→目標の具体化，教育目標の性質，教育目標の分類

【語義】 分類学（タキソノミー）という用語を教育研究に導入したのは，B.S.ブルームらである。彼らは，教育目標を分類し明確に叙述するための枠組を開発し，それを教育目標の分類学（taxonomy of educational objectives）と名づけた（一般に，ブルーム・タキソノミーとよばれる）。

ブルーム・タキソノミーでは，学校教育における教育目標の全体像が，「認知領域」（1956），「情意領域」（1964），「精神運動領域」（未完）の3領域で整理され，各領域はさらにいくつかのカテゴリーに分けられている。例えば，認知領域は，「知識」「理解」「応用」「分析」「総合」「評価」の6つで，また，情意領域は，「受け入れ」「反応」「価値づけ」「組織化」「個性化」の5つで構成されている。そして，カテゴリーごとに，対応するテスト項目も例示されている。各領域におけるカテゴリー間の関係は，累積的・階層的構造として描かれている。例えば，上記の認知領域の目標は，単純（低次）なものからより複雑（高次）なものの順に配列されており，低次の目標はより高次の目標にとっての必要条件になっている。

【歴史と意義】 もともとブルーム・タキソノミーは，大学の試験官たちがテスト項目や研究成果を交流する際の土台となる共通の理論的枠組として生まれた。しかし，開発当初の直接的意図を超えて，ブルーム・タキソノミーは，初等・中等学校の教師に対し，自作テストの作成や学習経験の選択・配列を導く指針を提供した。特に，当時，教育目標を明確に定義し評価することが困難であった高次の精神過程や情意領域における実践の道を切り開いた。

また，研究者たちは，ブルーム・タキソノミーのタームと枠組を用いて，特定の教授法と学習成果との関係を問う実証的研究，教師が行う発問の分析，大規模な学力調査などに取り組んだ。こうして，ブルーム・タキソノミーは，R.W.タイラーの行動目標論を前進させるとともに，1950〜60年代の科学的・合理的なカリキュラム開発の展開を支えたのであった。

のちにブルームが提唱するマスタリー・ラーニングでも，ブルーム・タキソノミーは，実践構想の基盤として用いられた。そして，ブルーム・タキソノミーは，マスタリー・ラーニングとともにわが国にも紹介され，到達度評価の取組みに影響を与えた。例えば，京都の到達度評価運動における，並行説の学力モデルは，ブルーム・タキソノミーに負うところが大きい。

【課題】 ブルーム・タキソノミーには，「基礎的知識を完全に習得したあとそれを応用する」という段階的な学習過程と結びつきやすく，しかも，知識習得過程において詰め込み学習を呼び込みやすいという問題点も指摘できる。これに対し，近年，アメリカでは，認知科学の新たな展開を踏まえながら，活動的で探究的な学びを導く枠組として，ブルーム・タキソノミーを再構築する試みも行われている。例えば，L.W.アンダーソンらは，新たにメタ認知を目標カテゴリーとして導入するとともに，知識と認知過程の2次元構造でブルーム・タキソノミーを再構築している（「改訂版タキソノミー」）。また，R.J.マルザーノらによる学習の次元などの一連の枠組の提出は，ダイナミックな単元展開を導くモデルとしてのタキソノミーの可能性を示唆している。　　　　　　　　（石井英真）

［参］B.S.ブルーム，J.T.ヘスティングス，G.F.マドゥス（梶田叡一・渋谷憲一・藤田恵璽訳）『教育評価法ハンドブック』第一法規出版，1973．石井英真「『改訂版タキソノミー』によるブルーム・タキソノミーの再構築」日本教育方法学会『教育方法学研究』28, 2003．

到達度評価

→診断的評価・形成的評価・総括的評価，目標に準拠した評価

【語義と歴史】 到達度評価とは，「わかる・できる」という具体的内容の到達を表す規準・基準によって学習状況を明らかにする教育評価の方法をいう。

歴史的経緯からみると，第2次世界大戦前の1920年代における教育測定運動や30年代の教育評価概念の成立にまでその淵源をたどることができる。さらに50年代から60年代にかけてのB.S.ブルームらの教育目標の分類学から後継者による到達度評価の枠組へと受け継がれてきた。

日本で最初に到達度評価の用語が使用されたのは，1975(昭和50)年の京都府教育委員会『到達度評価への改善を進めるために』による到達度評価資料においてである。評価行政における2001(平成13)年改訂指導要録では評定の位置づけが目標に準拠した評価（いわゆる絶対評価）に改められ，「学習の到達度」の客観的評価規準の開発の必要性が示された。

【意義】 教育現場で広く用いられてきた教育評価方法の種類として，大きくは相対評価，絶対評価，到達度評価，個人内評価などがあげられる。相対評価とは5段階等の配分基準で集団内の相対的位置を統計的に定めるもので，評価結果自体から学習内容の習得状況を集団内での相対的比較によって示すものである。競争型入試にはこの評価法が使われることが多いが，教育的には問題があると指摘されてきた。絶対的評価は，個別の規準・基準設定に基づく戦前型の絶対評価など方法のもつ主観性・非科学性が批判されてきた。

これに対し，「わかる・できる」の学習過程と内容に直接かかわる到達度評価の方法では，具体的な学力内容に即して，「いったい何のために何をだれにどこまでどのように」を吟味し，その情報を共有しうる方法の教育的意義が指摘されてきた。到達度評価は，その実施手順として，①実践の開始時の診断的評価，②実践の中途で状況を把握する形成的評価，③実践の終了時の結果をみる総括的評価，という3段階のプロセスに沿った教育評価を行う。さらに，一般に評定とよばれる実践の最終局面で行う総括的評価は，次の実践プロセスの更新に生かされる。その意味で，本質的に形成的評価の役割をもっており，教育実践過程そのものを指導の側から反省し改善するという（つまずきの発見と回復指導など），教育実践評価の意義が大きいものである。

【課題】 到達度評価といっても，その意味について必ずしも統一的な方法上の合意が形成され実施されてきたわけではない。具体的学力内容を示さない方向目標への批判を踏まえて提起されてきた到達度評価では，情意にかかわる目標設定が排除されるものではなく，論争も繰り返されてきた。通信簿改善にとどまらず，教育実践すべてにかかわる反省と更新，あるいは選抜入試から資格型入試への転換にまで結びつかざるをえず，社会的問題と連動しながら多くの課題を提起してきている。

2001年(平成13)改訂指導要録における「目標に準拠した評価」の提起に影響を与えてきたが，残された課題も多い。「関心・意欲・態度」の評価が技術的に可能かどうか，人格の評価になってしまうのではないかという批判もある。到達度評価自体の方向と現行の目標に準拠した評価のあり方には，なお乖離が大きく，評価が指導に生かされ，わかる楽しい授業づくりの一環となるには，まだ多くの検討課題が残されている。　　　　　　　　　　　　　　　（八木英二）

[参] 遠藤光男・天野正輝編『到達度評価の理論と実践』昭和堂，2002. 八木英二『ヒューマンサービスの教育』三学出版，2000.

観点別評価

→指導要録の変遷，観点別評価の一般的手順，ブルームの目標分類学

【意義】 学校教育課程には各教科，特別活動，道徳，総合的な学習の諸領域があり，それぞれ固有の教育目標と教育内容（学習経験）が設定され学習状況が評価されている。観点別評価とはその各領域のうち，各教科の学習で観点別に学習状況が評価されることをいう。また，基本的には，各教科以外の領域でも目標との関連で固有の観点は設定されている。

観点別という場合，指導要録では「関心・意欲・態度」「思考・判断」「技能・表現」「知識・理解」の4つが能力的観点としてあげられている。通信簿ではこうした能力の観点を基本に教科内容との関係で評価項目が表現され，基準が設定され評価されている。算数（小学校1年）を例にすれば，内容領域に「数と計算」「量と測定」「図形」があり，「数と計算」の領域の一内容として一位数の加算，減算がある。したがって「一位数の加算・減算の仕方を考え，計算ができる」は知識・理解，技能の観点から評価されることになる。

2001（平成13）年改訂の指導要録では，具体的に「国語」（小・中学校）の場合，「国語への関心・意欲・態度」「話す・聞く能力」「書く能力」「読む能力」「言語についての知識・理解・技能」の5観点が設定されている。各学年ごとの総括的評価の意味合いが強い指導要録の各教科の観点は具体的教科内容に即してではなく，教科の目標や教科内容の領域に沿ってより概括的な「関心・意欲・態度」「思考・判断」「技能・表現」「知識・理解」という資質・能力の4観点が基本になっている。また，総合的な学習の記録欄においても観点別評価をすることになっており，実際，学校現場では多様な観点が設定されている。

観点は教育目標から設定されることから，B.S.ブルーム（1964）の教育目標の分類学の認知的領域で設定されている「知識」「理解」「応用」「分析」「総合」「評価」も観点といえる。さらに，L.W.アンダーソンら（2001）によるブルームの改訂版も同様で，さまざまな観点で評価を試みることができる。

【歴史】 学校教育活動の評価方法は，指導要録の評価方法が基本になり，戦後たびたび改訂されてきた。観点別評価は，1980（昭和55）年改訂から指導要録の「各教科の学習の記録」に「観点別学習状況」の欄が設けられたことから始まった。この改訂により先に述べた4つの能力概念に分けて評価することになったのである。さらに「評定」も，5段階相対評価から平成13年の改訂で「目標に準拠した評価」が導入されたことによって通信簿の改善も試みられ，評価方法自体大きく変化してきたのである。

「観点別学習状況」欄は1991（平成3）年改訂の小・中学校の指導要録では，各教科の主要な指導目標や教科内容の観点について，3段階（十分満足，おおむね満足，努力を要する）で絶対評価している。その観点とは先に述べた4観点であり，これらの観点は2000（平成12）年の教育課程審議会答申「児童生徒の学習状況と教育課程の実施状況の評価の在り方について」においても踏襲され，これに沿って2001（平成13）年に現行指導要録に改訂された。

【課題】 指導要録の観点別評価は概括的であり，より具体的に評価し，形成的評価として実践に生かすためには通信簿，単元の評価が重要である。教育目標や内容との関連で観点を設定し，さらに評価規準・基準をどう具体化するか，個々の観点ではなく観点間の相互関係をどう理解してトータルな子ども理解につなげるか，教育実践に即した研究が必要である。（金丸晃二）

［参］梶田叡一『教育評価（第2版補訂版）』有斐閣，2002.

第2章
教育評価の理論

1 教育と評価
2 教育評価の理論的枠組
3 解釈の枠組としての評価方法
4 学力論と教育目標の分類
5 隣接領域の理論と評価
6 教育評価の実践的課題

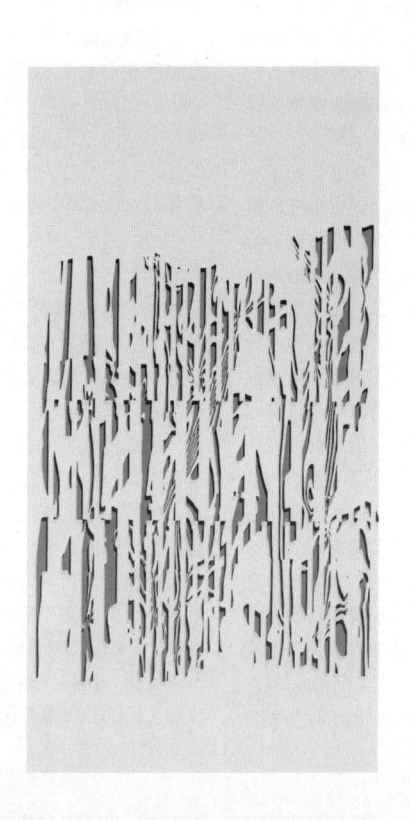

児童生徒理解

【語義】 児童生徒理解とは，教師が児童生徒の一人一人の個性に応じた適切な指導と援助を行うために，多面的・総合的な人間理解，すなわち学校での学習態度や友人との関係のみならず，家庭での様子も，身体的側面も知的能力も性格面も含めて，心理社会的発達的存在としての児童生徒を把握する行為を指している。小学生には児童理解，中学・高校生には生徒理解，大学生には学生理解と分けて使用されることがあるが，小・中学校を含めて児童生徒理解という。

【教育的意義】 人として国民としてあるべき姿を教授し絶対価値基準に照らして評価する戦前の教育においては，指導目標の教授と絶対評価が前面に出て児童生徒理解は背景に押しやられた。しかし，民主主義教育において学習者の主体性が重視される教育風土の中で，児童生徒理解が「指導と支援」のための不可欠な条件として前面に浮上することになり，的確な児童生徒理解なしには児童生徒指導は的はずれで効果のない，むしろ弊害の大きな活動になると考えられるにいたった。すなわち的確な児童生徒理解に基づいて「指導と支援」を行い，その経過の中でさらに児童生徒理解を幅広く深みのあるものにしていくことが重視される。ここで「指導」は教科指導や生徒指導として教師側の教育活動に視点を置いて用いられ，「支援」は児童生徒の主体的活動を側面的に手助けする行為として，学習者側に視点を置いて使用される。

【理解のかかわり】 児童生徒は教師のかかわりの中でその姿を現し，かかわりを通して変化していくのであり，次の3点が重要である。

❶認知と感情の2次元：児童生徒の見方や立場に近づいて内面から共感的に理解するか，それとも外側から理解するかの認知の次元，児童生徒に対して冷たい感情をもっているか，温かい感情を向けているかの感情次元という2つの次元から，温かいかかわりの中で共感的に理解することが重視される。

❷「認知・行動・環境」3項相互作用：自分の能力を低く認知していると，学習課題に積極的に取り組むことができないため実際に低い評価が教師から与えられ，その結果低い自己認知が確証されるという循環に陥る。同様に，教師は能力が低いと認知する児童生徒に対しては容易に指導をあきらめ，結果的に低い認知が確証されるという循環に陥る。これらを肯定的認知・行動・肯定的環境の正の循環にする必要がある。

❸理解と指導の相互作用：適切な指導には的確な理解が必要であり，適切な指導によってさらに的確な理解が可能になる。

【理解の観点】 児童生徒理解の基本的観点として，①個別性（児童生徒一人一人をかけがえのない存在として尊重する），②歴史性（特徴的な生い立ちと経験の中で，このような個性が育まれてきた），③社会関係性（このような社会関係のもとでこのような姿が見えている）が重視される。また，児童生徒のどういう面を見るかについても一人一人で異なるのであるが，一般的枠組としては，家庭状況（家族構成，親子兄弟関係，保護者の養育態度，虐待の有無など），生活習慣（起床から就寝の生活のリズム，遅刻や早退や欠席の頻度とその理由，食事の習慣など），交友関係，パーソナリティ（知的側面，情意的側面，社会性の側面），身体面の特徴などについて，多面的重層的に理解することによって指導と支援の手がかりが得られる。

【課題】 児童生徒自身の自己理解の促進，および教師自身が自ら児童生徒理解を修正する柔軟性が今日的課題である。　　　　（福島脩美）

［参］北尾倫彦編『新しい評価観と学習評価』図書文化，1996．福島脩美『教育相談による理解と対応』開隆堂出版，2003．

個人差と教育

→個性化・個別化と評価，完全習得学習，習熟度別指導とその評価

【語義】 個人差と教育を考えるときに、関連する教育理論としてこれまでに提起されてきたものをあげるとすれば、完全習得学習、個別化教育、個性教育、個別化指導、習熟度別指導、少人数指導などがある。どの理論も、学習過程で生じる子どもの学力や学習スタイル、学習内容への興味・関心、そして学習速度などの個人間の差異を生かした、一人一人に応じたきめ細かい教育のあり方を示している。

【個人差の種類】 教育の過程で配慮が必要となる子どもの個人差には、大きく分類して、①教科学力の習熟度、既習事項の定着度、②教科内容と学習方法に関する興味・関心、③学習速度、学習進度、④学習スタイルがある。このなかで、学習スタイルの個人差は、その判定はむずかしいが特に配慮が必要となることに注意したい。

例えば、①自律性「自分で参考書や資料を見ながら勉強するほうがわかりやすい」、②依存性「先生や友達に教えてもらうとよくわかる」、③メディアの嗜好性「コンピュータで学ぶのが好きだ」、④思考タイプ「演繹的・論理的に考えるのが得意だ」、⑤行動性「まず行動してから考えるほうだ」などがある。

ただし、子どもの学習スタイルを過度に大切にしていると、自分が苦手な学習スタイルを習得する機会を失うことになるので、バランスを常に配慮することを忘れないようにしたい。

【ねらいと必要性】 個人差を生かした教育のねらいは、それによって子どもの学力や個性、そして学習意欲をより高めることである。さらに、その必要性は、①習熟度、興味・関心、得意・不得意の個人差が大きいこと、②教師からの「かまわれ欲求」や「承認欲求」が強く、自己学習力の不足した子どもが多く、きめ細かな指導が必要なこと、③興味・関心がある学習には意欲を示す子どもが多く、個性を生かした指導が必要なこと、などである。

【個に応じた教育の種類】 個に応じた教育は、およそ次の7つのタイプに分類できる。

❶ティーム・ティーチング：学年や学級を分割することなく複数の教師が共同で授業を行う方式。

❷単純分割授業：学年や学級の子どもたちを、出席番号や生活班、そして着席順等により単純に少人数コースに分けて指導を行う方式。

❸習熟度別指導：子どもの教科学力にかかわる習熟の程度に応じて2段階あるいは3段階の学習コースを設定して、少人数コースに分けて指導を行う方式。

❹教科内選択学習：一斉指導を中心とする単元の中で、部分的に課題別コースを設定して、学習への意欲や興味・関心を高めようとする方式。

❺教科間選択学習：各教科の必修授業での習熟度に応じた補充学習、子どもの興味・関心を生かした課題学習、そして学習指導要領の最低基準を超えた学習を可能にする発展学習。

❻自由進度学習：学習速度に応じて子どもが自ら学習計画を立てることによって、未習熟の学習事項にじっくりと時間をかけて、習熟が十分な部分では短時間で課題をこなしていく方式。

❼自由研究，契約学習：子どもの興味・関心を大切にして自分が学習してみたいことや研究してみたいことを、学習課題や研究課題として自己設定して主体的に学べる時間を保障するもの。

【今後の課題】 これからは、個人差に応じた教育のそれぞれの方式のねらいと課題を十分に理解したうえで、バランスのとれた実践を行うことが求められている。また、自校の学力調査の診断結果を踏まえて作成した学力向上施策の中に、個に応じた教育を位置づけるようにしたい。

(田中博之)

[参] 全国教育研究所連盟編『個別化教育の進め方—実践の手びきと展望—』小学館, 1984.

成熟と学習

→知的能力の発達と個人差，発達の最近接領域

【定義】 成熟とは，容姿や体つきや男女の区別が生まれながらに決定しているように，遺伝的素質に基づく発達過程である。学習による発達は，学ぶことによって行動の変化や習慣が出来上がり，学ばなければ生涯現れることがないのである。しかし，成熟は，時が来れば這い始めたり歩き始めたりするように，特別の教育を受けないで成長することである。

【成熟説と学習説】 人間の成長を規定する要因として，成熟と学習がある。この両者は，常に相互作用をもち，互いに影響し合いながら，子どもの発達に関与している。人間の成長は，自然発達的なもので子どもがある年齢に達すると歩き始め，言葉を獲得するようになるという考え方がある一方，自然な成熟による部分と学習の効果によるという考え方もあり，研究者により学習説や成熟説が唱えられている。

A. ゲゼルは一卵性双生児の階段登りと積木を積む研究から十分に成熟した段階での練習がより効果的だと述べている。B.R. マッキャンドレスは，身長，体重，体力の増加は一部，成熟の結果であるが，これらの成熟現象を組織だて，子どもが前できなかったことができるようになるには，学習が加わる必要があると説いている。学習が可能になる条件として，まず身体的成熟，殊に神経構造の成熟が前提条件になってくると考えている。J. ピアジェは成熟ということを，ただいろいろな可能性を開くときだけであるといっている。しかし，この可能性を現実のものとするには，成熟だけでは十分ではない。そのためには，子どもは新しい形式を使ってみなければならないし，また，自然環境と社会環境の両側面の影響が絶対に必要とされると，学習の重要性を強調している。そして，辰野千壽（1973）は，成熟と学習の諸研究をまとめ，次のように述べている。①行動が複雑になるにつれて，成熟の要因よりも，学習の要因が強くなる。②身体的活動よりも，精神的活動のほうが学習の影響を受ける。③各行動には，学習によって最も影響を受けやすい時期がある。

【レディネス】 レディネス（readiness）とは，準備性とか適時性とよばれるもので，学習の効果をより大きくし，さらに能率的な練習を行うための，学習に対する心身の準備状態と考えられる。研究において大切なことは，レディネスを消極的な意味の適時性とみなして自然発生的な出現を待つのではなく，経験や学習によって積極的に発達するものとしてみることである。

【レディネスに関する実験的研究】 松原達哉（1959）は，乗数九九学習を成功させるためには，児童の心身の発達および経験内容から考察して，何歳何か月ごろから開始するのが最も適切であるかを研究した。さらに，算数学習のレディネスに影響を与える要因について研究している。実験の結果，乗法九九学習の指導開始は，8歳1か月（小学2年2学期）から行っても可能であることを実証した。その当時8歳7か月（小学3年1学期）から開始していたが，さらに6か月早めても，わが国児童の場合は可能であると考えられ，現在では小学2年2学期から開始している。また，算数学習のレディネスの要因として，知能，反応の速さ，視聴覚器官の障害の有無，健康，栄養，疲労の条件，家庭背景，情緒の安定性，興味などが重要なものと実証した。学習指導をするには，成熟を待つだけでなく，具体的な経験や指導法を工夫して，効果的な指導をすることが必要である。

（松原達哉）

[参] 武政太郎・辰野千壽編『教育心理学』日本文化科学社，1973. 松原達哉「レディネスに関する実験的研究—乗法九九学習を中心に—」『教育心理学研究』7-3, 1959.

意思決定と評価

→選抜・配置と評価，指導と評価の一体化

【語義】 意思決定とは，ある目標を設定し，これを遂行するために，ある方向づけを与える過程や行為のことをいう。L.J.クロンバックは，「評価とは，教育計画についての意思決定を行うために，情報を収集し，利用することである」と述べている。このように教育評価は，さまざまな教育計画上の決定を支援するためのものである。意思決定を必要とする教育計画には，国や地方の教育行政，入学選抜，学校の管理・運営，カリキュラム，学習指導など，さまざまなレベルのものが考えられる。

【評価の目的と意思決定】 東洋（1979）は，教育評価の目的・役割として，次の7項目を指摘している。東の指摘に基づいて評価の目的を整理し，それぞれの評価目的ごとに，どのような意思決定が求められているのかを述べる。

❶教育行政のための評価：望ましい教育行政が行われるためには，学校教育の実態や問題点，さらに改善の方向や内容を的確に把握しなければならない。例えば，学習指導要領をどのように改訂したらよいかという問題，加配教師を各学校にどのように配置したらよいかという問題，さらには学校あるいは学級の適正規模はどれくらいかという問題などが，教育行政的意思決定の対象となる。

❷学校の管理・運営のための評価：学校の管理・運営は教育目標に沿って行われるべきである。つまり，教育目的の達成に必要な条件と方法が整備され，そのもとで管理・運営されるべきである。例えば，学級の編成の仕方，各教員の配置の仕方，教育設備の導入などが，意思決定の対象となる。

❸教師の学習指導のための評価：後述するように，子どもに対する適切な学習指導を展開するために評価と意思決定が的確に行われる必要がある。

❹子どもに学習の情報を与えるための評価：評価の結果を子どもに知らせて，子どもがその情報を意思決定に使うことが期待される。例えば，習熟度別学習において，子どもがテスト結果を参考にして習熟度別コースを適切に選択するような場合である。

❺保護者の参考にするための評価：子どもの将来に責任をもつ保護者に対して，子どもの発達や学習についての評価を知らせ，保護者の意思決定に役立たせる。

❻子どもの処遇を決定するための評価：子どもの比較的長期にわたる処遇を決定するための評価と意思決定である。すなわち，資格認定，選抜等のための評価と意思決定である。

❼カリキュラム改善のための評価：カリキュラムをつくっていく過程で，この方向で進めていってよいか，あるいはどの部分をどう修正したらよりよいカリキュラム構成になるかといったことを判断するために行う評価と意思決定である。

【授業における意思決定と評価】 授業では，教材を媒介として，教師と子ども（あるいは子ども同士）がダイナミックに相互作用している。その際，教師が授業計画段階で予想していなかったことが起こることがある。そこで教師は授業の実施にあたって，授業案をそのまま実行に移せばよいわけではなく，子どもたちの学習状態の評価（形成的評価）に応じて臨機応変に授業の展開を変更する必要があり，そのための意思決定が重要である。　　　　　　（吉崎静夫）

[参] 東　洋『子どもの能力と教育評価』東京大学出版会，1979. 吉崎静夫『教師の意思決定と授業研究』ぎょうせい，1991.

選抜・配置と評価

→大学入学者選抜，目標に準拠した評価，集団に準拠した評価

【語義】 テストの機能は大きく選抜を目的とするテストと配置を目的とするテストに分けられる。ここでテストを学校教育の場に限定した場合，選抜とは多くの場合入学試験を指し，入学の許可にかかわる組織の意思決定にデータを提供するための測定である。また，配置とは入学後の科目履修，あるいは単位履修にかかわる組織の意思決定のためにデータを提供する測定を指す。

【入学試験型の評価】 入学試験型の評価は公平性，客観性にかかる強い圧力に大きな特徴がある。入試のシーズンには，入試問題にミスが発見されるたびに，それはニュースとなってマスコミに登場することになる。この場合は，公平性，客観性を問うていることが多い。さらに重要な特徴は序列化可能性（弁別力）である。合否の分かれ目に明確な一線を画すことができることが，入学試験型の評価の最も重要な特徴である。したがって入学試験型のテストは通常，テスト得点の分散を大きくすることに配慮が払われている。さらに大きな特徴は，結果として切り捨てが起こることである。選抜試験であるかぎり，受験者は合格者枠より多いのが通常であり，結果的に切り捨てられる者を生み出す。

【教育配置】 段階的な階層性をもつ科目群の中から学習者の学力水準に合った科目を選択・決定することを教育配置という。学習者にとって最適な配置となるものは，要求される過去の重要な学習成果をすべて満たし，いままで習得にいたっていないが，重要な成果が得られると予測される科目から学習をスタートすることである。このような決定を導きやすい科目は比較的階層性のはっきりした教科といえる。外国語，数学，物理，化学などの科目はこれの代表例といえる。

階層性のはっきりしない科目の場合の教育配置は，教員の学力観，学習者側の興味・関心，用意されている科目群の状態などによって左右されることがある。このようなことから，階層性のはっきりしない科目を対象とした配置の決定の段階では，当該科目の最終試験に類似した一連のテストを実施し，その科目の履修を免除できるかどうかを判定することが多い。

【個別教授システムと配置】 典型的な個別教授システムを例にとると，配置の意味がより鮮明になる。1960年代以降アメリカを中心に展開された個別教授システムの研究がある。最も代表的な例は，IPIとよばれる個別教授システムである。例えば，小学校算数教材は全学年にわたって階層構造化され，13の内容領域と8段階のレベルからなる2次元のマトリックスのセルにひとまとまりの教授単元が位置づけられている。学習者はこのシステムで学習を開始するにあたり，必ず配置テストを受け，学習を開始する教授単元を決定する必要がある。構造化された教材が存在する場合，配置は学習を成功に終わらせるための重要なステップとなる。

【選抜と入試テスト】 日本では従来から，入試といえば圧倒的に入学試験の得点あるいは学業成績を中心に選抜が行われてきた。この背景に，常に激しい入試競争が存在していたことがあげられる。センター試験の得点も結果的には競争試験の中の1つの試験として機能してきた。人の選抜を，他の関連する経験や特徴に注意を払うという民主的な配慮をせずに，テスト得点のみで行うことは，少子化時代を迎えたわが国においては遠からず改善の対象となっていく可能性がある。 （野嶋栄一郎）

［参］R.L.リン編（池田央ほか訳）『教育測定学（第3版）』CSL学習評価研究所（みくに出版），1992.

アカウンタビリティ（説明責任）

→目標準拠評価と説明責任

【語義】 英和辞典では，responsibility が注意や管理に重きがあるのに対して，accountability は，記録保存の義務・責務が第一義であり，説明する責任（説明責任）や責任範囲といった意味が第二義になっている。また，1977年初版の International Dictionary of Education（G. T. Page & J. B. Thomas, ed.）によると，第1に，生徒のパフォーマンス（学力など）が，加齢（ageing）や入学者の選抜ではなく，教育に起因する程度を表す教育工学における用語，第2に，州立大学がその運営や支出を学外に（publicly）説明する範囲，と解説されている。educational accountability という用語もあるが，これは特定の学力を生徒に修得させる責任であり，責任を特に教師のそれとする場合には teacher accountability という用語もある。

このようにアカウンタビリティは，必ずしも一義的ではないが，今日では，教育機関やそれを所管する行政機関などが，その運営，活動などにかかわる諸側面を一般社会に対して説明する義務・責任を意味する用語となっている。

各学校が設定した教育目標がどの程度達成されたかを，総合的・客観的に評価する用語として学校評価（school evaluation）が，アメリカでは古くから使われており，最近はわが国でも重視されるようになっている。これは元来，学校としての改善の方途を明らかにすることを目的としたもので，内部評価，自己点検であって，保護者や地域住民などの外部に対する責任という意味合いは必ずしもなかった。しかし，最近は，学校評価を第三者に行ってもらう外部評価が重視されるようになっており，アカウンタビリティが学校の重要な経営課題となっている。

【背景】 具体的には，2000（平成12）年4月施行の学校教育法施行規則23条の3によって学校評議員が制度化されたことなどにより，アカウンタビリティが学校にとって現実の課題となってきたといってよいであろう。これは校長の推薦によって，教育委員会が委嘱するもので合議体ではないが，保護者や地域住民等の意向を把握・反映し，保護者や地域住民等の協力を得ることと同時に，学校運営の状況等を保護者や地域住民などに広く周知するなど学校が説明責任を果たすための重要なチャンネルとなることが期待されているといってよい。

アメリカでは教育の公共支出の増大にもかかわらず，生徒の成績が低下したり校内暴力が激化したことなど，学校に多くの問題が起こったことから，支出に見合う教育効果をあげる責任がアカウンタビリティという言葉で問われた。

【課題】 以上のように，学校にはいま外部に対する説明責任が現実的な課題となっているが，学校には一方で，秘密を守る責任（守秘義務）がある。公立学校の教員は，地方公務員法の「職員は，職務上知り得た秘密を漏らしてはならない。その職を退いた後も，また，同様とする。」（34条）という定めの適用を受けている。問題は，学校や教員にとって，「職務上知り得た秘密」とは何か，ということである。これについては法的規定はないが，学校や教員以外の者では知りえない児童生徒についての事柄で，具体的には，指導要録に記載されている記録であると解釈されている。最近は，個人情報の適切な管理が重要となっている一方で，情報の開示も求められるという状況の中で，「説明すべき範囲」と「守るべき秘密の範囲」とのバランスを，公共性の観点からどのように調整するかが，学校の大きな課題となっている。

（新井郁男）

[参] Saha, L. J. ed.（1997）*International Encyclopedia of the Sociology of Education*. Pergamon.

動機づけと評価

→自己と評価,自己効力感,学習の目標理論

【語義】 動機づけとは行動が生起し維持され,方向づけられる過程全般を指す用語である。動機づけに及ぼす心理的要因は,認知(環境や自己に関して抱く当人の信念),欲求(当人が何をどの程度望み,それがどの程度充足されるか),情動(体験される感情)に大別される。

教育評価システムや評価的なかかわりは,達成に関するフィードバックを学習者に提供し,上記の心理的諸要因を介して当人の動機づけを左右する。例えば,成績評定されるという状況に置かれたり,正誤に関するフィードバックを提供されたりすることが,課題や自己に関する認識,欲求(達成動機など)が充足される程度,情動体験(成就感や不安など)を規定し,課題遂行に影響を及ぼすのである。以下では,おもな動機づけ理論と評価の関連について概観する。

【期待理論】 動機づけを規定するおもな認知変数の1つである期待(成功可能性に関する信念)について,A.バンデューラは結果期待(その行為がある結果を導くか)と効力期待(その行為を自分がなしうるか:自己効力)とに区別した。結果期待の観点から示唆されることは,学習行動が学習成果に結びつくという認識を促すような評価システムの有効性である。例えば,個人内評価や到達度評価に比べて,相対評価は努力に応じて必ずしも成績が上がるとはかぎらないシステムであるから,結果期待を低下させる可能性がある。また自己効力理論によれば,目標の細分化や近接目標(proximal goal)の設定などによって成功体験とそれに伴う満足感が保証されることを通して動機づけが高まるという。

【達成目標理論】 達成目標理論では遂行目標(performance goal:能力の高さを他者に示すことが目標)と熟達目標(mastery goal:習熟や能力獲得が目標)の違いに注目する。

遂行目標が強調されるような評価状況では,なるべく努力しないで高水準の成果を上げることが高い能力を示すことになるのに対し,努力しても成果が上がらないと自らの低能力が露呈してしまう。したがって,能力に自信のない者が自尊心を維持するためには,あえて努力しないことが得策になるのだが,一方で努力しないと教師から叱られてしまうことになり,努力をめぐるジレンマ状態に悩むことになる。

それに対して,熟達目標が強調されるような評価環境では,能力に対する自信の有無にかかわらず,努力することが熟達や進歩につながるという信念に基づいて学習行動が促進されることになる。熟達目標を促す評価環境の特徴としては,価値があり,チャレンジングであるが達成可能な達成基準の設定,公正で明快な評価プロセス,熟達や進歩に関する情報が学習者に明示的かつ頻繁に提供されること,学習者による自己評価の機会があることなどがあげられる。

【内発的動機づけ理論】 手段として学習が生起することを外発的動機づけとよぶのに対して,内発的動機づけとは学習自体が目的であるような心理現象を指す。

E.L.デシとR.M.ライアンによる自己決定理論によれば,有能さ,自律性,関係性への欲求を同時に満たすような環境が意欲的な自己形成を促すという。この理論によれば,評価には有能感と内発的動機づけを高める「情報的機能」と,緊張や圧迫感を高めることで内発的動機づけを低める「制御的機能」がある。例えば,到達度評価や自己評価が情報的機能を,相対評価や他者評価が制御的機能をもち,とりわけ自己評価と組み合わされた到達度評価が内発的動機づけに対して効果的であることなどが示されている。　　　　　　　　　　　(鹿毛雅治)

[参] 鹿毛雅治『内発的動機づけと教育評価』風間書房,1996.

自己と評価

→自己制御学習，自己評価と相互評価，自己評定と他者評定，自己教育力，メタ認知

【意義】 ここでいう「自己」とは，自分自身への理解・評価であり，「このような人間だ」という信念（ビリーフ）である。教育は少なくともある部分において，自己制御（self-regulation）の側面を含んでおり，到達目標と自分自身の現在の位置を知ることが次の学びへとつながる。教育評価は，教える人間にとっても重要であるが，また同時に，学ぶ者にとって「自分自身の位置を知る」ためのフィードバック情報として重要である。しかし，教育評価が効力を発揮するためには，それが学ぶ側にしっかりと正しく理解されなければならない。評価を与えることが，課題における「現在位置」以外の情報を伝達したり，「現在位置」が正確に伝わらない場合には，教育評価は本来の目的を果たしえないばかりか，悪影響さえもたらす可能性がある。ここでは，評価を受け取る側の理解の仕方について，受け手の自己理解・自己評価と交絡させて考えてみよう。いうまでもなく，評価対象となることについては，「これは苦手だ」「これならうまくできる」などと本人自身が何らかの自己像をもち，自己評価を抱いている。この自己評価と大きく食い違う教育評価が与えられると，評価や評価者の信憑性や正当性に関して疑いが生じる。

【自己評価とメタ認知】 自己評価に関する研究によれば，身体的技能に関する自己評価は他者によるそれとかなり一致するものの，知的能力や社会性に関する次元においては，しばしば自己評価は他者評価と食い違いを示す。特に，知的能力に関しては，成績上位者は自分の回答の間違いや不十分さを自覚できるため，自分自身を実際より低めに評価する傾向がある。反対に成績下位者は，自己がいかに到達目標から離れた位置にいるかを理解できないため，自己評価は実際よりも高めになる傾向があるとされている。そのうえ到達目標やよい手本を具体的に示しても，それと自分の遂行との違いを理解できず，実際より高めの自己評価は修正されにくい。換言すれば，課題の遂行能力と，課題における自分の能力を把握するメタ認知能力とは共通する部分を多く含んでいるため，評価を与えても，低地位者はなぜそのような評価になるかを十分に理解することがむずかしい。したがって，低地位者に評価を与える際には，高地位者のときとは異なる配慮・工夫が求められるだろう。

【自尊感情】 受け手にとって多かれ少なかれ評価，特に低い評価は脅威的である。最近の自尊感情研究によれば，特性としての自尊感情は，どんな場合にも基本的に他者から受け入れてもらえるか否かについての確信の強さと関連している。高自尊感情者は他者からの受容を確信しているため，ある否定的な評価に対して否定的な感情こそ経験すれ，大きな脅威とはならず，自己評価を低下させることはあまりない。しかし，低自尊感情者は，過去の経験の積み重ねから他者からの受容に確信がもてないため，否定的評価にきわめて敏感であり，それを学業のある課題・領域に特化したフィードバックだとして理解せず，私という存在が否定されたとして大きな脅威をもって受けとめ，その他者とのかかわりから引いてしまったり，敵意を抱いてしまう傾向がある。したがって，評価の受け手の自尊感情のレベルを推し測り，あまり高くないと思われる相手には，それがある特定の領域・課題に限定した情報であることを理解させるよう，伝達方法や内容に細心の注意・配慮が求められる。

（遠藤由美）

[参] M.R.リアリー「自尊心のソシオメータ理論」K.リアリー編著（安藤清志・丹野義彦監訳）『臨床社会心理学の進歩』北大路書房，2001.

個別化・個性化と評価

→個人差と教育，メタ認知，完全習得学習

【個別化と評価】「指導の個別化」とは，指導内容に強い外的系統性があると考えられる用具系教科，すなわち，算数・数学，国語および英語といった教科において，「個に応じた指導」を実践するための方略である。学習者はそれぞれ固有な，学習到達度，学習時間，および学習適性をもっていて，これらの「個人差」を処遇することによって，よりきめ細かな指導を施し，一人一人の学習者が指導目標を達成することをめざす。指導形態として，完全習得学習，自由進度学習，到達度別学習，適性処遇学習などが考えられ，実践されてきている。

指導の個別化における評価活動は，学習者が指導目標をどこまで達成しているかをいつ知るかによって，診断的評価と形成的評価の2つのあり方が考えられる。前者はレディネス・テスト，プリテストとよばれる手段によって行われ，指導活動に入る前に，一人一人の学習者の単元へのレディネスを知り，単元の指導方略を策定するのに活用される。例えば，診断的評価の結果，単元の指導を2つあるいは3つのコースに分けて行うことが考えられる。後者は指導活動の途上で，学習者がどこまで指導目標を達成したかについて知り，その後の指導方略を策定するのに活用される。例えば，6時間単元において，4時間指導した時点で評価活動を行い，その結果に基づいて残された2時間の指導方略を策定する。

前者の場合であれ，後者の場合であれ，指導方略の策定にあたって，「個人差」を処遇することになる。学年制を敷く現行の制度での最大の問題は，学習時間という個人差の処遇にある。何らかの形で一人一人の学習者が必要とする学習時間を確保する方策を考えねばならない。

【個性化と評価】「学習の個性化」とは，指導内容に強い外的系統性が認められないと考えられる内容系教科，すなわち，社会，理科，生活科および総合的学習といった教科において，「個に応じた指導」を実践するための方略である。学習者はそれぞれ固有な，興味・関心および生活経験をもっていて，これらの「個人差」を処遇することによって，より学習者の欲求に応じた学習活動を保障することをめざす。学習形態として，順序選択学習，発展課題学習，課題選択学習，自由研究学習などが考えられ，実践されてきている。

学習の個性化における評価活動は，学習者が行う問題解決行為をめぐって，どこで，どのような教師の支援が必要であるかを知るために行うと同時に，学習者の課題設定力，課題追究力およびメタ認知力の育成をめざして行う。したがって，プロダクト評価ではなく，プロセス評価である。ポートフォリオ評価は学習者の学習物を集積したポートフォリオを根拠に，学習者の行う問題解決行為のプロセスを評価し，問題解決行為を促進する評価活動である。同時に，プロセスを振り返ることによって，学習者のメタ認知力の育成をめざす評価活動である。この2つのねらいを達成するために，まず，学習課題づくりの場面をめぐって，学習意欲の醸成，学習意識の向上を視点として評価する。次に，学習課題の追究場面をめぐって，追究の丹念さや広がりを視点として評価する。最後に，追究活動の結果をまとめ，一定の結論を導き出す場面をめぐって，得られた結論に関して，メタ認知を視点として評価する。評価活動では，教師や級友による他者評価に加えて，自己評価を重視する。

(加藤幸次)

[参] 加藤幸次『個別化教育入門』教育開発研究所，1982. 加藤幸次『個性を生かす先生』図書文化，1989.

コンピュータと評価

→教育のシステム化，コンピュータ適応型テスト

【コンピュータの進化】　コンピュータは，それが発明された1937年当時こそ「計算する」機械であったが，60年代に入ると，人工知能研究が盛んになるに及んで「情報（記号）処理マシーン」へと変身を遂げ，現在では，「情報ネットワーク」を支える基盤的道具へと，3回目の進化を遂げた。コンピュータと評価を考えるにあたり，コンピュータのこの3回の歴史的な脱皮の枠組に従って述べてみる。

【計算と評価】　評価にはデータ，それも数値データがつきものである。横行に児童名，縦列に科目名などを入れたデータ行列がその典型である。この行列の横行について児童ごとに合計しその順序づけを行い，縦行について科目ごとの平均や標準偏差などの計算処理をすることになる。こうした計算処理をする表計算ソフトが普及し，教師の計算労力を著しく軽減したのみならず，かつてなら専門的な知識を有したものにしか使いこなせなかった，一人一人の子どもがどの問題に正解したかを表にしたSP（student-problem）表作成や，個々の試験問題の質を評価する項目分析などの高度の計算処理も簡単に行うことができるようになった。

【情報処理と評価】　コンピュータの情報処理には，情報の取り込み，蓄積，編集加工，検索の4つのプロセスがある。それぞれについて，評価との関連で特徴的な点を簡単にふれておく。

❶情報の取り込み：デジタルカメラやスキャナの普及が，子どもの作品や振る舞いなど多彩なビジュアルデータの取り込みを容易にしてくれた点は，評価にとってきわめて有効である。数値データだけからは見えない子どもの姿がそこには反映されているからである。

❷情報の蓄積：かつてはその容量の少なさに悩まされたが，現在では，外部メモリまで含めて考えれば，容量は無限であるかのようである。ともかくデータを蓄積しておいてから，というようなことが可能になった。子どもを評価する宝の山が築けるようになったのである。

❸情報の編集加工：ここで，新しい情報の取り込みとそれまでに蓄積された情報とを使った編集加工ができることが評価に役立つ。一例として，補助簿の電子化を考えてみる。補助簿には累積的に情報を蓄積していって最終的に通信簿や指導要録へと落とし込んでいくが，それが電子化されていれば，データに基づいた妥当かつ豊潤な評価結果をもたらすことが期待できる。

❹情報の検索：膨大なデータが蓄積できるとなると，そこから何を引き出してくるかが問題になる。ここで有効なのは，データベースソフトであろう。検索を想定すると，データの蓄積にはそれなりの工夫が必要となる。それを支援してくれるのがデータベースソフトである。

以上のようなコンピュータの情報処理機能を活用した電子化（e-）ポートフォリオがいま具現化されつつある。

【情報ネットワークと評価】　企業や大学などではWebベースの学習が盛んになってきた。学習サイトに学習者がアクセスして学習システムに従って学習し，その履歴や理解テストの成績を貯蔵しておいて評価に活用するような学習方法である。

こうした学習が義務教育レベルで普及する兆しはまだないし，それを普及させる利点も教育全体での位置づけもはっきりしない。塾や予備校など学校外での急速な発展を見極めてからでも遅くはない。しかし，今後これが学校教育にどんな影響を与えることになるのか，目が離せないところもある。　　　　　　　（海保博之）

[参] 加納寛子『ポートフォリオで情報科を作る―新しい授業実践と評価の方法―』北大路書房，2002.

履修主義・習得主義と評価

→目標に準拠した評価，完全習得学習

【語義】 授業内容・目標の実現状況に関係なく，一定期間履修すれば次の学年，コースに進むことができる「履修主義」に対して，到達目標を確実に実現する（完全習得）ことをめざした「習得主義」の考え方がある。

【目標準拠評価と習得主義】 従前は小学校，中学校の児童生徒に対する各教科の成績評定は，3段階，5段階の相対評定（集団に準拠した評価）で行われてきたが，現在では3段階，5段階の絶対評定（目標に準拠した評価）に変わっている。この相対評価から絶対評価への移行に大きくかかわったのが，2000（平成12）年12月4日の教育課程審議会「児童生徒の学習と教育課程の実施状況の評価の在り方について」の答申である。すなわち，このときから指導要録の「評定」について目標に準拠した評価に改め，学習指導要領の示す目標が実現されたかどうかを客観的に評価していく方法がとられた。目標に準拠した評価が重視される今日的意義は次のとおりである。

①現行の学習指導要領のもとでは，自ら学び，自ら考え，よりよく問題を解決する資質や能力などの評価を重視することが必要であり，児童生徒一人一人の教科の目標の実現状況を的確に把握し，学習指導の改善に生かすことが大切であり，そのためには，目標に準拠した評価が適当であること。

②現行の学習指導要領では，教育内容を厳選し，基礎・基本の確実な定着を図ることを重視していることから，学習指導要領に示す内容を確実に習得したかどうかの評価を一層徹底することが必要であり，そのためには，目標に準拠した評価が優れていること。

③初等中等教育における各学校段階において，児童生徒がその学校段階の目標を実現しているかどうかを評価することは，上級の学校段階の教育と円滑な接続に資する観点から重要となっており，そのためには目標に準拠した評価を適切に行うことが必要となっていること。

④現行の学習指導要領は，最低基準の性格を明確にし，すべての児童生徒を最低基準まで確実に引き上げるとともに，最低基準をクリアした児童生徒に対しては，学習指導要領の程度を超えた発展的な学習を行うことが許されていることから，児童生徒の習熟の程度に応じた指導など個に応じた指導を一層重視しており，学習集団の編成も多様となることが考えられるため，指導に生きる評価を行っていくためにも，目標に準拠した評価が重要となること。

⑤今日，少子化等により，広範囲の学校で，学年，学級の児童生徒数が減少しており，評価の客観性や信頼性を確保するうえでも，集団に準拠した評価よりも，目標に準拠した評価を行うことが望ましいといえること。

このように見てきたとき，目標に準拠した評価・評定は，最低基準としての学習指導要領の目標を確実に習得させる完全習得の考えに立ち，各学年の目標を確実に習得させたうえで上級学年に進級させるといった習得主義の考えに立っているといえる。

【課題】 現在次期教育課程の基準の改善に向けて中央教育審議会を中心に精力的に審議・検討がさまざまな視点からなされているが，その基盤をなすものは結果に責任をもつ教育の重視である。学習指導の結果を証拠に基づいて（evidence based）明確にするとともに，その結果を公表すること，いうなれば結果重視の教育（outcome based）である。学力テストの実施も習得主義の考え方に立つものである。　　　　（山極　隆）

[参] 教育課程審議会「児童生徒の学習と教育課程の実施状況の評価の在り方について」(答申) 2000.12.

生涯学習と自己教育力

→自己評価と相互評価，自己教育力，自己学習における評価

【意義】 生涯学習とは，すべての人々が，主体的に，自発的意志に基づいて，必要に応じて自分に適した学習の手段や方法を自ら選び，生涯にわたって学び続けることをいう。

生涯学習の体系は2つの軸からとらえられる。1つは，「生涯にわたって学び続ける」というライフ・ステージとして学習課題（発達課題）をどのようにとらえていくかである。もう1つの軸は，社会にあるさまざまな学習の場，機関，あるいは学習機会をどう結びつけ，連携・融合を図っていくかという学習のネットワーク化の側面である。この生涯学習体系の2つの軸からみたとき，学校教育の役割は何か，どのような教育的機能を果たすべきかが問われてくる。すなわち，生涯にわたって学び続けるための基礎となる力は何であるか，ネットワーク化された多様な学習機会を自ら選択していくにはどんな力が必要かが求められてきた。その結果，提示されたのが「自己教育力」であり，その発展としての「生きる力」であったとみてよい。

【自己教育力・生きる力】 中央教育審議会教育内容等小委員会の「審議経過報告」（1983年11月）で，初めて生涯学習の基礎を培うものとして，自己教育力の育成を学校教育に求めた。その内容は次の3点からなっている。①主体的な学習意欲と意志の形成，②問題解決的・問題探求的な学習の仕方の重視，③変化の激しい社会における生き方の探求。

この自己教育力の考えは，徳育や体育の面からの拡充を含めて，基本的には第15期中央教育審議会の第一次答申（1996年7月）の提案した「生きる力」へと発展的に継承された。その内容は，①自分で課題を見つけ，自ら学び，自ら考え，主体的に判断し，行動し，よりよく問題を解決する資質や能力（知），②自らを律しつつ，他人とともに協調し，他人を思いやる心や感動する心など豊かな社会性・人間性の育成（徳），③たくましく生きるための健康や体力の育成（体）の3つの側面である。

学力の構造という面からみると2000（平成12）年12月の教育課程審議会答申が示したように，「基本的生活能力」の上に「教科等の基礎・基本」を積み上げ，さらにその上に「生きる力」を積み上げる三層からなる関係でとらえられる。ここで，自己教育力，生きる力は，学校教育の到達点を示すとともに，その後の生涯学習の出発をなす力として位置づけられる。

【自己評価】 子ども主体の自発的な意志・意欲に支えられた自主的で主体的にデザインされ，探求していく学習活動を支えるものは，自己評価が基本となる。

学習者自身が，自らの学習の状況を判断しつつ，いずれの方向に向かうべきかといういわば羅針盤として自己評価の力を身につけてはじめて，自己教育力や生きる力は発揮されるからである。教師の側からみれば，自己教育力や生き方を育成するためには，同時に自己評価能力の育成が必須条件となる。自己評価力が欠けていたら学習の方向性が失われ，その場かぎりの「遊び」とも化してしまう。

自己評価は，子どもの個性を反映する。自己に厳しい子どもは厳しく評価し，おおらかな子どもは「うまくいった」と甘くみる。したがって子ども同士あるいは教師の他者評価と組み合わせることも必要である。また，自己評価を通して，自分の姿を見つめるもう1つの自分をつくり出すメタ認知の育成が望まれる。そこに，自己評価を客観化し，生涯学習を支える力となっていく。

(児島邦宏)

[参] 安彦忠彦『自己評価―「自己教育論」を超えて―』図書文化, 1987. 北尾倫彦編『自己教育力を考える』(別冊指導と評価) 図書文化, 1987.

自己制御学習

→メタ認知，自己教育力，原因帰属，自己と評価

【語義】　学習者自身が，自分自身の学習活動について意識的に気づき，統制しながら進めていくような学習をいう。教育の1つの目標として，児童生徒が自ら学び続けるような能力・資質を育てることがあるとすれば，学習者自身が目標を設定し，プランを立て，学習の進度を監視・評価しながら学ぶ，自己制御学習を導くことがきわめて重要な課題になる。このような自己制御学習では，学習者がメタ認知の面でも，動機づけの面でも，また学習行動の面でも，能動的な学習者である必要があり，メタ認知，動機づけ，学習方略の3つの学習過程が自己制御学習の要素であるといえる。

【歴史と意義】　自己制御学習という用語は，1980年代の中ごろから，頻繁に使われるようになってきたが，学習における自己制御の役割を強調したという意味においては，カンファーやA.バンデューラの自己強化の概念が最初であろう。彼らは，学習活動において自分自身で強化を与えることが学習の成果に影響することを示した。その後，それまでの連合学習理論とは異なり，学習者自身の認知処理の違いによって，学習の成果が異なることを強調する論文が多く出されたが，1970年ごろから自分自身の認知活動への意識的コントロールを意味するメタ認知の重要性が認知心理学の中で注目されるようになった。メタ認知は，認知的な側面を特に強調した概念であったが，メタ認知を訓練によって獲得させるためには，原因帰属などの動機づけの側面も同時に訓練する必要があることが指摘されるようになり，メタ認知や動機づけ概念などを包括する概念として提唱されたのが自己制御学習であった。

最近では，児童生徒に自己教育力を身につけさせることが重視されるようになってきたが，自己制御学習はこの自己教育力の具体的なプロセスを示していると考えられる。すなわち，自己制御学習の理論に従えば，メタ認知，動機づけ，学習方略の指導が自己教育力の形成につながる。一方で，自己制御学習という考え方は，個性化にも結びつくという点で重要である。というのも，個性化は自分自身のよい点を伸ばしていくことであり，メタ認知的な気づきによって自分の長所に気づき，自分で伸ばしていく自己制御学習はそのような個性化を促すと考えられるからである。加えて，最近の発達的な研究からは，幼児期の自己制御特性が，就学後の学業成績と関連しており，幼児期にうまく自己制御できない子どもは，学校学習にうまく適応できない可能性も指摘されている。すなわち，学習の自己制御と同様に行動の自己制御も重視され始めている。

【課題】　自己制御学習の指導と評価の実践においては，次の2つの課題が指摘できる。

❶自己制御学習の評価の困難性：一般に，自己制御学習の技能を生徒が獲得しているかどうかは，行動レベルの質問項目を用いた質問紙法を用いて査定される。しかしながら，メタ認知や動機づけといった心の働きを行動レベルで評価可能かどうかに関しては議論もあり，自己制御学習の評価法をさらに洗練していくことが望まれる。

❷他者制御から自己制御への移行を行うための指導法の確立：自己制御学習を可能にするためには，最初は教師によって他者制御されていたものを児童生徒自身の自己制御へと移行させていく必要があるが，この移行をいつ，どのように指導していくのかという指導法が確立されておらず，今後の検討が必要である。（岡本真彦）

[参]　無藤隆・市川伸一編著『学校教育の心理学』学文社，1998．安彦忠彦『自己評価―「自己教育論」を超えて―』図書文化，1987．

求同求異論と評価

→個人差と教育，基礎・基本，個性と能力，個人内評価

【語義】 画一的に目標を定め，全員にその達成を求める教育においては，全員を同一の達成状況に到達させようとするので，これには求同という概念を当て，一人一人に異なる目標の達成を求める個性化教育では，個人間の違いが大きくなることが期待されるので，これには求異という概念を当てる。求同と求異は教育における目標設定の仕方の違い，すなわち教育的処遇の事後状態における個人差をどう考えるかによって区別され，求同は個人差の解消，求異はその拡大が期待される。教育においては，この区分を意識すると同時に両者の調和を図ることが肝要である。1982（昭和57）年の研究会において，鐘啓泉（華東師範大学）が「求同存異」という語を一部変えて「求同求異」を提案したことに始まる。すべての物事は同じ側面と異なる側面をもつという静的表現の中国古来の熟語を動的表現に変えた造語が求同求異であるという。そのころ，遠山啓（東京工業大学）がわが国の学校が自動車教習所型の教育に偏していることを批判し，社会では行われている劇場型の教育を学校にも取り入れるべきであると論じたが，これも個人差に着目すれば，求同と求異に対応する教育の2類型である。

【教授法への示唆】 基礎・基本の徹底と個性の伸長は，いつの教育課程の改訂においても強調されてきた。この改訂のねらいを個人差という視点からとらえ直すと求同と求異に対応し，この対応づけによってねらいがより明確になる。北尾倫彦（1991）は，授業における多様な形態を分類し，目標の求同求異と方法（処遇）の求同求異を2次元的に設定し，両者の組合せによる4つの型に授業を類型化することを提案した。伝統的な一斉画一的な授業は目標と方法がともに求同の型に属し，習熟度別指導や自由進度学習等は方法だけを求異に変えた型，問題解決学習や自主協同学習等は目標だけを求異に変えた型に属する。また自由研究やオープン教育でのプロジェクト学習等は目標と方法が共に求異の型に属する。このように事後状態（目標）の求同求異だけでなく，教材や指導法などの処遇条件（方法）の求同求異を分類の次元として取り入れると，多様な教授法が明確に類型化され，基礎・基本と個性に関して特徴のある授業を計画することができる。

【評価法への示唆】 目標に準拠した評価は単元における評価項目はすべての子どもに達成させることを前提にしており，基本的には求同の評価である。しかし教科，観点，学年段階等によって求異の評価として評価項目を扱ったほうがよい場合もある。北尾（1986）の説に賛同する小・中学校の教員を対象に，指導した単元の評価項目について，「全員に等しく達成させるべき項目（求同）」か「一人一人に違った形で形成されるべき項目（求異）」かを調査したことがある。全体として求同に属する項目が多かったが，教科による変動があり，求異の比率は算数・数学で低く，図画工作・美術で高かった。評価の観点による変動は，「知識・理解」は求異の比率が低く，「関心・意欲・態度」は求異の比率が高い傾向にあった。学年段階に関しては，学年が上がるにつれて求異の比率が増すと考えられるが，調査した義務教育段階では大きな差異は認められなかった。

行動の評価等についても求同と求異の区分が可能であり，求同の立場から画一的に評価するだけでなく，求異の立場から一人一人のよさを評価する必要がある。 （北尾倫彦）

[参] 北尾倫彦『自己教育力を育てる先生』図書文化，1986．北尾倫彦『学習指導の心理学』有斐閣，1991．

診断的評価・形成的評価・総括的評価

→完全習得学習，指導と評価の一体化

【語義】 アメリカのシカゴ大学のB.S.ブルームら（1971）は，完全習得学習（mastery learning）理論を展開するなかで，おもに評価の目的（機能）と評価の時期の違いによって，診断的評価，形成的評価，総括的評価を区別している（次ページ参照）。すなわち，ある程度長い期間の指導が終了した時点で，学習の成果をまとめる目的で行う評価を総括的評価，指導の途中で学習状況を確認し，学力形成に利用する目的で行う評価を形成的評価，新たな指導に入る前に事前的情報を収集する目的で行う評価や，指導の過程の適当な時期に学業不振の原因を診断する評価を診断的評価とよんでいる。ただ，ブルームらの診断的評価には，評価の目的も評価の時期も異なる2つのタイプが含まれているので，撫尾知信（1984）は，前者を事前的診断的評価（または事前的評価），後者を原因把握的診断的評価として区別している。

なお，形成的評価と総括的評価という用語を最初に用いたのは，ブルームらと同じシカゴ大学のM.スクリバン（1967）である。彼は，カリキュラム開発を行う場合に，カリキュラムの完成後に行う総括的評価に対し，開発途中で小刻みな評価を行う形成的評価の必要性を主張している。ブルームらは，これらの用語を教授・学習過程における評価に適用したわけである。

【事前的診断的評価】 新しい課程，学年，学期，単元，授業などに入る前に，指導の参考となる各種の事前的情報を収集する目的で行う評価である。例えば，新しい学習内容を習得するのに必要なレディネスの獲得状況，新しい学習内容の予習状況，あるいは習熟度・知能・性格・興味・適性などに関する情報が収集される。

【形成的評価】 授業中・授業後・小単元終了時など，ある単元の指導を進める過程で，途中で学習者の学習状況（教育目標の達成状況）を確認し，教師と学習者の双方にフィードバックし，つまずきの早期発見・早期回復を行うことにより，学力形成に利用する目的で行う評価である。形成的評価の手段としてブルームら（1971）は，5～10時間（1～2週間）ごとの到達度評価を行うために特別に作られた形成的テストのみを考えていたようであるが，梶田叡一（1975）は，形成的評価を広くとらえ，授業ごとに行う小テストや授業中の観察・発問・机間巡視（机間観察）なども形成的評価の手段と考えている。

【総括的評価】 課程，学年，学期，単元の終了時などに，1つ以上の単元にまたがる広い範囲について，そこでの学習成果をまとめ，成績づけに利用する目的で行う評価である。すなわち，卒業（修了）試験，学年末試験，学期末試験などが総括的評価の手段であり，その結果に基づいて指導要録や通信簿の記載が行われ，単位の認定や卒業（修了）の判定が行われる。

【原因把握的診断的評価】 深刻な学業不振や落ちこぼれに陥っている児童生徒がいた場合に，その症状や原因を詳細に把握する目的で行う評価である。そこでは，学力・学習意欲・知能・認知型・適性・性格などの心理的特性のみでなく，医学的診断（感覚器官障害，内科的疾患，精神障害，等）や人間関係（家族関係，友人関係，師弟関係，等）の診断なども必要になることもあるので，評価の時期も，夏休みや春休みなどの長期休暇になることが多いと思われる。

（撫尾知信）

[参] B.S.ブルーム（梶田叡一・渋谷憲一・藤田恵璽訳）『教育評価法ハンドブック』第一法規出版, 1973. 梶田叡一『教育における評価の理論』金子書房, 1975. 撫尾知信「教師のための教育評価入門 (1) (2)」『児童心理』金子書房, 1984.

表　診断的評価，形成的評価，総括的評価の類似点と差異点
(ブルームら，1971，邦訳より一部改訳)

	評価のタイプ		
	診断的評価	形成的評価	総括的評価
機　能	分類： ―必要とされる技能があるかないかの確認 ―あらかじめ習得されているレベルの確認 ―各種の教授方式に関係があると思われるさまざまな特性による生徒の分類 持続的な学習上の問題点の底にある原因の確認	生徒の学習の進展に関する教師と生徒へのフィードバック 治療的な指導の方針をはっきりさせることができるよう単元の構造の中で誤りを位置づけること	単元，学期，課程の終わりに，単位を認定したり成績をつけたりすること
実施時期	分類のためには，単元，学期，学年が始まるとき 通常の教授によっては十分学習できないことが一貫して明らかな場合には，教授活動の進行中	教授活動の進行中	単元，学期，学年の終了時
評価の中で強調される点	認知的，情意的および精神運動的能力 身体的，心理的，環境的要因	認知的能力	一般的には認知的能力，教科によっては精神運動的能力や情意的能力も
評価手段のタイプ	予備テスト用の形成的テストと総括的テスト 標準学力テスト 標準診断テスト 教師作成のテスト 観察とチェックリスト	特別に作られた形成的テスト	期末試験，あるいは総括的テスト
評価目標のサンプリング方法	要求される個々の能力に関する特定のサンプル 重みづけをした課程目標群のサンプル 特定の教授方式と関係があると考えられる生徒側の変数のサンプル 身体的，情緒的，環境的要因やそれに関連した能力のサンプル	単元のヒエラルキーにおける相互関連的なすべての課題に関する特定のサンプル	重みづけをした課程目標群のサンプル
項目の困難度	要求される技能や能力の診断には，やさしい項目をたくさん用い，65％以上の通過率	前もって指定できない	非常にやさしい項目から非常にむずかしい項目まで35％から70％にいたる範囲の平均的通過率
採　点	「集団基準」あるいは「達成基準」に基づく	「達成基準」に基づく	一般に「集団基準」に基づくが，「達成基準」に基づくこともある
得点の報告法	下位技能ごとの個人プロフィール	各課題についての通過・失敗の個人パターン	総合得点，または目標ごとの下位得点

自己評価と相互評価

→自己と評価，自己教育力，指導と評価の一体化

【意義】 自己評価の意義は，何よりもその評価の目的や評価の質に関係するもので，それが学習者にとっての自分の活動の改善に役立つ情報収集であるかぎり，学習者の学習成果に大きな影響を与える，という点にある。すでに橋本重治（1976）が，「児童生徒の学習の改善と向上の実現は，結局は生徒自身の問題であり，生徒の自己評価こそが直接的効果を発揮する」と的確に述べているとおりである。他方，相互評価が自己評価と並べられるのは，それが学習者の集団的な自己評価であるということに，大きな意味があるからである。集団的な自己評価によって，成員相互に，よい点，改善すべき点を明らかにすることができる。

総じて，一般的な広義の評価を評定（valuation）と，狭義の評価（evaluation）に分ける續有恒のとらえ方に従えば，前者が第三者による値打ちを定める評価であるのに対して，後者はすべて自分の活動改善のための自己評価であるとされる。この意味では，広義の教育評価は評価主体がだれであるかによって，その意義が異なるといってよい。自己評価も相互評価も，共に評価主体が活動者自身であること，それが自分の活動の改善に向けた情報収集の活動としての意義をもつ，という点に共通性がある。

【歴史】 自己評価は教育界あるいは教育学界で，長い間，信頼性の低いものとして軽んじられてきた。それは教育評価の分野で，評定を，信頼性も妥当性も高いものとして重視してきた歴史と深い関係がある。日本では第2次世界大戦後，学歴社会化が進行し，そのために学校教育の成果が，入学試験という評定活動の結果によって示されることが一般化し，教育界も教育学界も共に評定のほうへの関心が強まった。戦前にも似た時期があったが，基本的には評定である入学試験が評価の中心をなしていた。

それが1960年代から，まずアメリカにおいて，教育内容の現代化の成果をどうとらえるかというカリキュラム評価の動きが強まり，これによって，L.J.クロンバックやR.ステイクらの問題提起で評価の理論的関心があらためて高まった。そしてアメリカ教育学会（AERA）による現代化カリキュラムの成果の評価研究シリーズなどが刊行され，評価によるカリキュラム改善の方向が示されると，日本でもほぼ同時期に，續有恒が独自の理論的検討を行うとともに，つづいて東洋の「評価の客観性神話」批判や，梶田叡一らによる「形成的評価のほうが総括的評価よりも重要だ」との問題提起がなされ，評価研究はアメリカの研究にも影響されて，理論的に評定の問題点のほうが問われ，狭義の評価の目的が明確にされた。

しかし，そのような理論研究上の動きは，教育現場にはほとんど影響が及ばず，1980年代になって，やっと指導要録に絶対評価的な内容が一部導入されて指導と評価の一体化が図られた。以後徐々にその方向が強化されて，1998（平成10）年改訂，2002（平成14）年実施の学習指導要領およびそれに連動する指導要録で，相対評価を廃して全面的に絶対評価で成績がつけられることとなった。この趣旨は，絶対評価によって指導活動の改善が積極的に推進されるものと期待されたからである。

【実践】 そのようななかで，狭義の評価はすべて自己評価である，とする續有恒の主張をもとに，自己評価の意義を積極的にとらえる動きが活発化した。特に「総合的な学習の時間」の導入が，この動きを促進した面がある。それは，総合的な学習の学習活動とその成果は，ペーパーテストなどのような数量的な評価がむずかしく，質的な評価が必要だとの声が高まったからである。

さらに，それまで問題にされていた評価の客観性や信頼性よりも，評価の教育性のほうが重要だという認識が広まったことも見逃せない。つまり，評価の目的が自分の活動自体の改善にあるとすれば，教師の場合は自らの指導活動の改善，子どもたちであれば自らの学習活動の改善に役立てばよいのであるから，客観的であることよりも，主観的でも改善に資するものならそれでよいわけである。これが教育性の意味だといってもよい。どれほど主観的でも，それによって指導や学習が改善されるのなら教育上問題はないからである。

この趣旨は，子ども同士の自己評価＝相互評価にも拡大できるものである。第三者による客観的な評定もたしかにまったくないと困ることもある。しかし，それはあくまで中心ではない。むしろその中間として，ある程度の客観性もあり，かつ活動の改善にも役立つ情報収集の1つとして，子どもたち同士の相互評価が位置づくといってよい。総合的な学習などにおける中間発表会などは，この種の相互評価の典型的な場面だと解される。この相互評価は，しっかりとした学級づくりやグループづくりをしておかないと，ただ仲間をけなし，自分を優れたものとする差別意識を助長する危険があるが，概して子どもたちはお互いにほめ合い，励まし合うものである。特に，よい成員に恵まれた場合，その相互評価は，教師の第三者的評定よりも，成員にとってはるかに有効である。

これによってお互いに内省・反省による自己点検・自己評価を習慣化し，お互いの向上のためにみなが助け合う，といった関係が生まれるとよい。この意味では，そのような集団づくりこそが教師には望まれる。

【課題】 自己評価の方法は最もむずかしい問題の1つである。一般には自己採点法が自己評価の方法の1つとみられているが，自己採点法はただの教師の活動の肩代わりの場合が多く，けっして望ましい形で行われているとはいえない。この場合大切なことは，自己採点したものを，必ず教師がきちんと点検することが必要だということである。

最も望ましいのは文章法であると思われるが，この方法の難点は，①文章を書くので一定の時間が必要になること，②子どもの文章力の高低によって教師が評価を誤る危険があること，③教師の文章解釈力の高低が評価に影響すること，などである。しかし，それでも文章法のほうがずっと情報量は多い。

また，自己評価が最も意味あるものになるのは，子どもの学習自体が子どもの責任で展開されている場合であり，そうでない場合は教師に強制された自己評価に堕すという批判があることである。これについては，仮に子どもに自主学習をさせておいても，子どもが自ら自己評価するとは限らないのが現実であるから，一時的にはそのような矛盾した状況が生まれてもかまわない，と考えることである。全体の方向として，いずれ最終的には子ども自身に自主学習を認めるという原則であれば，問題はない。

さらに，自己評価活動によって，単に子どもの自己評価能力を育てることを求めるのみでなく，それによって子ども自身が，学習に対してだけでなく，すべての行為全般にわたって自己統制力を働かすことができるように育てなければならない。すなわち，自律的な生活態度や生き方を身につけるには，行動一般に関する自己評価能力が必要であり，子どもたちが自己評価活動を行うことが，この目的のためにも役立つ。この課題は，自己評価が単なる評価活動ではなく，これからの21世紀の時代の人間形成や教育に必要不可欠の基礎的・原理的視点として重要だ，ということである。 （安彦忠彦）

[参] 橋本重治『新・教育評価法総説（下巻）』金子書房，1976．安彦忠彦『自己評価―「自己教育論」を超えて―』図書文化，1987．梶田叡一『子どもの自己概念と教育』東京大学出版会，1985．

評価の妥当性・信頼性・客観性

→妥当性，客観テスト，ルーブリック

【語義】 ❶妥当性：妥当性とは，従来，テストなどの評価用具が，測定しようとしているものを実際に測定している程度と定義されてきた。そして，妥当性には，内容的妥当性（テスト項目が評価しようとしている内容をどの程度カバーしているか），基準関連妥当性（テストの得点が他のより確かな基準とどの程度相関をもつか），構成概念妥当性（テストが構成概念としての心理学的特性をどの程度適切に測定しているか）などの種類があるとされてきた。だが，実際には，それぞれの妥当性は相互に関係し合っている。そこで最近では，妥当性を，構成概念妥当性を中核とした統合的な概念とみなし，テストの得点の解釈やそこからの推論の正当性の程度と定義するようになってきている。

❷信頼性：信頼性とは，測定の一貫性・安定性の程度を指す。つまり，同一の集団に対して，同様の条件のもとで測定を繰り返すとき，一貫した結果が得られる程度のことである。信頼性は，テストの信頼性と採点の信頼性に大別される。前者は，テストがどの程度安定して測定を行っているかをいうもので，同じテストを同一の集団に2度実施し，得点間の相関をみる再テスト法などがある。後者は，採点がどの程度一貫して行われているかをいうもので，同一の課題について異なる採点者が採点するときの一致の度合いを問題にする採点者間信頼性と，同一の採点者が繰り返し採点するときの一致の度合いを問題にする採点者内信頼性とがある。

❸客観性：妥当性と信頼性が対になって使われる測定論の専門用語であるのに対し，客観性はより一般的な用語であり，大きく2つの文脈で使われる。1つは，測定論の文脈で使われる場合である。この場合は，だれが評価しても常に同じ結果が得られるという意味であり，採点の信頼性とほぼ同義である。つまり，客観性は信頼性に含まれる。もう1つは，最近の教育評価の理論・実践の文脈で使われる場合である。この場合には，評価は本来，当事者の主観を含んでなされるものだとされ，客観性は異質な複数の評価者による評価結果の突き合わせ・交渉という形で実現されることになる。

【論点と課題】 妥当性と信頼性の間にはしばしばジレンマが生じる。例えば，高次の認知能力をみるための評価用具を作成しようとするとき，客観テストでは，信頼性は高いが妥当性は低く，論文体テストだと，妥当性は高いが信頼性は低いという問題に突き当たる。この問題に対して，現在，以下のような方策がとられている。

①複数の種類の評価用具を組み合わせる。例えば，大学入試でのセンター試験と2次試験（論述試験）など。

②1つの評価用具について，長所を維持しつつ，短所を補う。例えば，パフォーマンス評価は，高次の思考技能，深い理解，コミュニケーション能力などをみるうえでは妥当性が高いが，採点の信頼性においては客観テストに劣る。そこで信頼性をできるだけ確保するために，ルーブリックの作成，採点者の訓練，事例集の提供，モデレーション（採点の過程や結果を統一するよう調整する）などが行われている。

③妥当性や信頼性の概念自体を再定義する。妥当性や信頼性は本来，測定論の概念であって，ポートフォリオ評価やパフォーマンス評価などを含む新しい教育評価の理論にはそぐわないとして，質的研究の方法論の成果を取り入れつつ，概念自体をつくり変える試みもなされている。ただし，まだ一定の合意を得るにはいたっていない。　　　　　　　　　　　（松下佳代）

［参］橋本重治原著・応用教育研究所編『教育評価法概説』図書文化，2003．C.V.ギップス（鈴木秀幸訳）『新しい評価を求めて』論創社，2001．

指導と評価の一体化

→診断的評価・形成的評価・総括的評価，目標に準拠した評価，習熟度別指導とその評価

【語義】 1つには，指導した事柄を正確に評価に反映させると同時に，評価する事項は必ず指導しておくことを意味し，2つには，評価を指導の終着点とするのではなく，そこで得られた結果を積極的に活用して以後の指導改善を図ることを意味する。

前者に関しては，指導していない事柄を試験に出題したり内容の偏った出題になったりしないよう配慮し，評価の妥当性を確保する必要がある。後者に関しては，子どもの達成状況や到達段階をよく見極めて，以後の指導計画立案や個別支援に生かすことが課題となる。単元レベルでは，①指導目標が具体化されている，②子どもの実態が把握されている，③指導目標をめざした配慮ある指導がなされている，④単元途中に形成的評価がなされている，⑤個人差に対応する指導がなされている，⑥子どもの学習状況が観点別に評価されている，が指導と評価の一体化の基本プロセスである。

【背景】 1910年代から30年代にいたる教育測定運動では評価の客観性が主要テーマであり，採点者の主観による評価偏向を避けるため，客観テストや相対評価などの技法が考案された。しかし，1930年代以降は「測定から評価へ」の運動が展開され，それまで客観的に測定が可能なものだけが評価対象となったことへの批判がなされた。その代表者であるR.W.タイラーは，目標の明確化と目標の実現状況の把握が評価において重要であると説いた。1960年代にはB.S.ブルームを中心として「形成的評価」の考え方が出現した。その特徴は評価を指導の終着点とするのではなく，指導計画の立案や個別的対応のフィードバック情報として機能させる点にあった。そこでは点数や順位づけをする成績評価の側面よりも，目標を達成するための指導という教育評価の側面が強調された。ここに指導と評価の一体化の思想的源流がある。

【展開】 わが国では1980（昭和55）年改訂の指導要録で指導と評価の一体化の思想が芽生えた。「評定」は相対評価で変わりなかったが，「観点別学習状況」欄が設けられ各教科の目標達成状況が記載されることになった。1991（平成3）年改訂の指導要録は証明機能から指導機能へと質的に転換し，それまでの相対評価重視から評価結果を指導に生かす絶対評価重視の評価観へと移り変わった。今日の目標の具体化，目標達成をめざした指導，目標に準拠した評価，評価を生かした指導というPDCA（Plan-Do-Check-Action）の教育サイクルはその過程で必然的に生まれた。

【課題】 指導と評価の一体化で留意すべきことはまずもって目標の具体化であり，それが達成状況ないしは到達段階を判定できる評価規準となりうるかどうか吟味される必要がある。同時に，指導計画の立案段階における目標設定は指導後に行う評価の項目設定と表裏一体の関係にあり，目標設定と評価項目設定は同時になされるべきものである。また，形成的評価は指導過程の途中段階でなされる評価であり指導と評価の一体化において不可欠であるが，子どもからみれば指導と評価はしばしば一体の教育活動である点，評価にはペーパーテストや実技テストなどのフォーマルな評価と授業中の机間指導や対話などのインフォーマルな評価がある点を指導者はよく心得ておく必要がある。

さらに指導前にレディネスや実態を把握する診断的評価や単元や学期ごとに実施する総括的評価もまた，1年間の長期的視野でみれば，以後の教育に生かされるという意味で指導と評価の一体化に欠かせない過程である。（長瀬荘一）

［参］北尾倫彦編『新しい評価観と学習評価』図書文化，1996.

授業の改善と評価

→指導と評価の一体化，診断的評価・形成的評価・総括的評価，作品の評価

【意義】 従来の学校でなされていた評価の多くが，学期末・学年末に学習の最終成果を査定するための総括的評価であった。しかし，学習が終了した段階で評価資料を得ても，教師はそれを授業の改善に生かすことはできない。つまり，総括的評価だけでは評価資料が授業の改善に生かされることなく，そのまま次の学期・学年の新しい学習課題に移ることになる。したがって評価を授業の改善に生かすためには，総括的評価だけでなく，個々の児童生徒の指導前の到達度や学習上の問題点を評価するための診断的評価や，指導の過程で児童生徒の学力を評価し，それをただちに指導に生かすための形成的評価が重視されるべきである。要するに，指導と評価は表裏一体であり，評価を授業の改善に生かすためには，「指導と評価の一体化」を図ることが重要なのである。

【課題】 評価を授業の改善に生かすためには，指導の目標全体が評価される必要がある。

学習指導の本来の目標は，知情意の総合力としての学力を偏りなく育成することにある。ところが従来の教育評価では，いわゆるペーパーテストによる「知識・理解」中心の評価がなされてきた。すなわち，「学力とは獲得された知識の量である」という暗黙の仮定のもとに，いわば頭の中の百科事典の収録項目数を数えるような評価がなされてきた。そのことが知識偏重の教育をもたらし，児童生徒を知識の詰め込み競争へと駆り立ててきたのである。したがって，こうした知識偏重の教育を改革するためには，教育目標に応じた学習指導と教育評価の方法を工夫することによって，指導の目標全体が評価されることが重要になる。

学習の本来あるべき姿は，知性・感性・情意・身体が相互に密接に絡み合う，全人格的な営みがなされることである。したがって教育評価は，「関心・意欲・態度」「思考・判断」「技能・表現」「知識・理解」の4観点から総合的になされるべきである。ところが従来の教育評価では，評価の客観性に重点が置かれ，いわゆるペーパーテストを主要な評価用具として評価がなされてきた。しかし，ペーパーテストは「知識・理解」の評価には適しているが，学力の総合評価には必ずしも適していない。したがって，知情意の総合力としての学力を評価するためには，ペーパーテストだけでなく，観察法や作品・ノートなど多様な評価用具を併用することによって，ペーパーテストでは十分に評価できない「関心・意欲・態度」「思考・判断」「技能・表現」などの評価を行う必要がある。

例えば，児童生徒が作品制作に取り組む過程には，「課題に積極的に取り組んでいるか」「よりよい表現をめざして根気強く努力しているか」など「関心・意欲・態度」が現れるであろう。また，「自分らしい発想を生み出そうと努力しているか」「主題を明確にするために構想を練っているか」など「思考・判断」も現れるであろう。さらには，自分の発想や構想を作品の中に表現する「技能・表現」も現れるはずである。しかし，こうした多様な学力を出来上がった作品だけに基づいて評価するのは無理である。したがって，作品を評価する際には，児童生徒が作品を制作する「プロセス」に立ち会い，目の前で現に発揮されている多様な学力をリアルタイムで評価し，それをその場で指導に生かしていくべきである。つまり，作品制作の現場で，評価しつつ指導し，指導しつつ評価することが大切なのである。 (森 敏昭)

[参] 若き認知心理学者の会『認知心理学者教育評価を語る』北大路書房，1996．北尾倫彦編著『学習評価の改善』国立教育会館，1998．

完全習得学習

→ブルームの目標分類学，目標基準準拠検査（CRT）

【語義】 マスタリー・ラーニング（mastery learning）の訳語で，完全学習と訳されることもある。十分な時間と適切な学習環境さえ与えられれば，すべての子どもが同じ学習内容を同じように完全に習得可能だという信念に基づく授業方略の考え方を指す言葉である。その背後には，①基本的に子どもはだれでも学ぶための潜在能力をもっている。②子どもの学び方や学ぶ速さには個人差があるが，個人個人に応じた適切な学習環境を設定すればそれは解消可能である。③学習に伴う困難さの多くは，学習途上で子どもが示す誤りをそのつどていねいに修正することで解決可能である，といった学習観が存在する。

【歴史】 完全習得学習の考え方の基礎となったのは，J. B. キャロルが1963年に発表した学校学習に関する時間モデルで，これは子どもの成績の違いを抽象的な能力差ではなく，学習遂行のうえで子どもが必要とする時間の長さの違いからとらえようとするものであった。すなわち子どもの学習成績は，「学習に実際に使われた時間」を「学習に必要な時間」で除した結果である学習率（LR：learning rate）で示されるとされた。キャロルによれば，「学習に実際に使われた時間」に影響する要因には「学習機会」と「学習持続力」が，他方「学習に必要な時間」に影響する要因には「課題への適性」「授業の質」「授業の理解力」の3つがある。そこで「課題への適性」「授業の質」「授業の理解力」に着目しながら「学習に必要な時間」を短くするとともに「学習機会」と「学習持続力」に留意しつつ，「学習に実際に使われた時間」が長くなるようにすれば学習率を高めることが可能だということになる。

このようなキャロルの考え方を完全習得学習の概念にまで発展させたのは，B. S. ブルーム（1968）であった。彼は，子どもに最適化された教材（「課題への適性」の操作）や，教え方の工夫（「授業の質」の改善）で「学習に必要な時間」を短縮できれば，一斉授業においてもすべての子どもが同じ学習内容を完全に習得可能なはずだと考えたのである。

【展開】 完全習得学習に基づく授業は，一般に次のような段階を踏んで展開される。①単元での主要な目標群を明確化し，すべての子どもが習得すべきマスタリー水準（最低到達水準）を記述する。②主要な目標群を構成する目標をより小さい下位目標の集合に分割する。③それぞれの下位目標を達成するのに最適な教材や教え方を子どもの適性を考慮しつつ選択する。④一定の教授活動のあと，子どもの目標の達成度合いを形成的テストによって診断する。⑤形成的テストの結果に基づき個々の子どものつまずき箇所を特定する。⑥十分目標達成できている場合，子どもにそれをフィードバックし学習を強化する。⑦つまずきがある子どもにはそれを克服するための補充的・治療的指導を行う。⑧事前に設定された最低到達水準に達しないかぎり次の目標には進ませない。

完全習得学習ではこのように学習内容に含まれる教育目標を詳細かつ具体的に記述することが必要であるが，これには教育目標分類学の考え方や教育目標細目表の考え方がその手がかりとなる。また，そうして記述された目標をどれだけ達成できたかが完全習得学習では重視されるので，ある集団における個人の位置づけを目的とする集団基準準拠検査による評価よりも，ある学習内容における目標にどれだけ到達できたのかを測る目標基準準拠検査に基づく評価が有効なものとなる。 （林 龍平）

[参] 金豪権（梶田叡一訳）『完全習得学習の原理』文化開発社，1976.

有意味受容学習

→授業の改善と評価

【意義】 学習者にとって意味のある受容学習のこと。「意味のある」とは，学習者がすでにもっている知識体系に関連づけられ，意味あるものとして理解される，つまり，有意味化が生じることで，受容とは教授者からの情報を一方的に受け入れることを指す。したがって，学習者にとって意味のない受容学習は機械的受容学習とよばれる。

【起源】 J. S. ブルーナー（1960）が，学習者が教科の構造，すなわち原理や法則を発見法によって学ぶことにより他の知識へ転移可能な知識が修得できるとしたのに対して，D. P. オーズベル（1963）は，発見よりも受容によって知識を獲得すると考えた。つまり，学習者が概念や原理等を受容し，それが，学習者が現在もっている知識と有機的なつながりをもつとき，完全学習することができると考えたのである。オーズベルは，特に言語情報の学習でその効果があると考え，有意味言語学習を強調した。

【理論】 オーズベルは，有意味言語学習を促す方法として説明教授モデルを提出した。このモデルでは，教師がよく練られた教材（文章）を結論の形で生徒に提示する。そうすることで生徒は教材を最も効果的に理解できる。その背景には次のような理論がある。オーズベルは，授業の最初に示すこの教材を包摂体（subsummer）とよんだ。すなわち知識システムの頂点にある一般的概念がこれに当たる。また，オーズベルは，学習活動がブルーナーの発見法のように帰納的ではなく，演繹的に進むと考えた。一般から特殊へ，規則・原理から実例へと進むこの演繹的推論アプローチは，ルレッグ（rule-eg）法ともよばれる。

有意味受容学習で最初に提示される教材（包摂体）は，先行オーガナイザー（AO：advanced organizer）ともよばれる。AOは新しく学習する教材と生徒の現在の知識をつなぐ概念上の架け橋となる。AO導入の目的は，次の3点にある。すなわち，①これから学習する教材の中で特に重要なことに学習者の注意を向ける。②教材に含まれる概念や知識の関係を明確にする。③学習者がすでにもっている関連情報を思い出させる。

AOには，比較AOと説明AOがある。例えば，仏教の学習をする前に提示される仏教とキリスト教の本質的な類似点と差異点を指摘する文章は比較AOに当たる。それにより学習者の既有知識（スキーマ）が活性化し，仏教についての理解や記憶が促進される。他方，仏教の学習に入る前に提示される仏教の定義は説明AOに当たる。この場合，説明AOの役割は包摂体の説明を行うことで，それにより仏教についての理解や記憶が促進される。

最近では，比較AOや説明AOだけでなく，いま読んでいる内容が，すでに読み終えた内容や次に読む内容とどう関連するかについての見通しを与え，内容全体の理解や記憶を促進する図式AOの有効性も確かめられている。

【留意点】 AOを用いた説明教授では，次の点に留意する必要がある。①AOの意味を学習者が理解できることが大切なので，もし学習者が理解できないときには，意味理解を支援する。②AOは，理解する概念すべてを包含するもので，基本概念の間の関係を示し，普段使っている用語で示されなければならない。③学習者の発達段階を考慮する。一般に，小学校高学年（5，6年）以上の児童生徒を対象とするのが適切である。　　　　　　　　　　（小野瀬雅人）

［参］東　洋ほか『教育のプログラム』共立出版，1977．東　洋編『教育の心理学的基礎』朝倉書店，1982．

適性処遇交互作用(ATI)

→個人差と教育,実験計画法と分散分析,個性と能力

【語義と歴史】 L.J.クロンバックは,1957年に心理学の新しい研究パラダイムとして,ATI (Aptitude Treatment Interaction) という概念を提唱した。これはそれまでの心理学の2つの流れ,すなわち差異心理学(あるいは個人差の心理学)と実験心理学を統合することによって,心理学の新しい展開が可能になるという提言であり,わが国へは東洋による訳語「適性処遇交互作用」によって導入された。適性は学業成績や職業における成績に関連する個人差であり,差異心理学の対象領域であった。他方,実験心理学の法則定立的アプローチにおいては,被験者の個人差は条件統制下で行われる実験結果に悪影響を及ぼすものとして捨象されがちであった。ATIにおいて,個人差ないしは適性変数は実験要因の1つとして扱われ,実験処理(あるいは処遇)要因との間の関係を(統計学的)交互作用としてとらえることによって,これら2つの心理学が統合される。かつてK.レヴィンは,「行動Bは,人Pと環境Eを独立変数とする関数によって決定される」という定式化を行ったが,ATIのAはPに,TはEにそれぞれ対応することから,ATIはこの定式化を交互作用という統計学の数式によって特定したものといえる。したがって,ATIは心理学の全領域のみならず,行動科学全般に対して汎用性をもったパラダイムである。

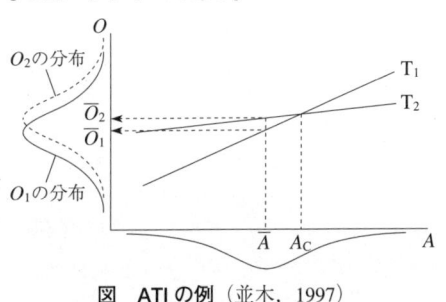

図 ATIの例(並木,1997)

【実例】 図は典型的なATIの例である。横座標は適性Aであり,これに沿って個人差が分布する。縦座標は教示処理の結果(outcome:O)であり,2つの教示方法 T_1, T_2 に対応してOの分布が2つ得られる。2本の直線は教示方法ごとに求められたOのAへの回帰直線である。回帰直線の傾きは適性Aと結果Oの間の相関の強さに対応しており,一般により大きな傾き,つまり高い相関は,教示方法が適性を利用する性質をもつ場合に生じ,小さな傾きは教示方法に適性を補償する性質がある場合に生じる。図では,適性の高い学習者では T_1 が,低い学習者では T_2 が,よりよい結果をもたらしており,適性の値しだいで教示方法の結果は一律ではない。このような非平行のパターンが交互作用であり,回帰直線の交差の有無は問わない。また交点の横座標 A_c を境にして,Aの高い学習者には T_1 で,低い学習者には T_2 で教示することをATIに基づく最適化という。Aの平均値 $\bar{A}$ を通る垂線が2つの回帰直線と交わる交点のO座標の値が T_1, T_2 の平均的結果 $\bar{O}_1$, $\bar{O}_2$ であり,この2つの平均値の差を主効果という。図では,T_2 が平均的によりよい結果となっている。

【教育学的意義】 ATIは,適性の測定,教示方法の選択,および結果の教育評価の三者の間に生じうる現象であり,適性に基づく教育的処方を行う学習指導のモデルとなり,また最適化は教育環境に柔軟性をもたせる適合的教育のモデルに展開する。さらにATIは,結果の平均値の改善のかげに,犠牲者の生じる可能性を重視する教育的視点である。　　　　(並木　博)

[参] 並木博『個性と教育環境の交互作用―教育心理学の課題』培風館,1997. 並木博編著『教育心理学へのいざない(第2版)』八千代出版,2004.

学校心理学における評価

→エバリュエーションとアセスメント

【語義】 学校心理学とは，学校における心理教育的援助サービスの理論と実践の体系である。そして心理教育的援助サービスとは，一人一人の子どもの学習面，心理・社会面，進路面，健康面など，学校生活における問題状況の解決を援助し，子どもの成長を促進する教育活動である。心理教育的援助サービスには，心理教育的アセスメント，カウンセリング（子どもへの直接的な援助サービス），コンサルテーション（教師や保護者を通した間接的な援助サービス），さらに援助サービスのコーディネーションが含まれる。

これらの中で教育評価に関連する活動は，心理教育的アセスメントである。実際には，アセスメントと評価は同義的に用いられることも多い。しかし，心理教育的アセスメントと評価には相違がある。心理教育的アセスメントとは，子どもの問題状況に関して情報を収集し，意味づけすることにより，援助サービスに関する判断（意思決定）のための資料を提供するプロセスである。教育評価は，教育活動に関連する諸事象についての価値判断であり，特に教師による子どもの学習，行動，態度などについての評価を指す。教育評価は子どもの状況についての情報収集とそれに基づいて判断し，教育活動の改善をめざす点で，心理教育的アセスメントと共通するところが大きい。しかし，教育評価は，教育目標や集団の基準など，得られた情報を何らかの基準によって判断する。またその結果，「達成している」とか「遅れている」という価値判断を伴う。心理教育的アセスメントは援助サービスという教育活動の基盤となる目的や方向性はあるが，価値判断する基準を設けてはいないので，この点が教育評価とは異なる。

【心理教育的援助サービスにおける評価】 心理教育的援助サービスにおいて重要な活動が，学校生活で苦戦している子どもへのていねいなアセスメントに基づく，個別の指導計画の作成とそれに基づく指導・援助である。例えばLD（学習障害）の子どもの個別の指導計画を作成する際，心理教育的アセスメントにおいては子どもの知的発達や学習の状況や特徴を把握する。アセスメントでは，子どもの学びやすい学習様式や学習環境の把握に焦点が当たるが，「ある教科（例：国語）の達成度」など評価的な側面も含まれる。またその子どもや学級の子どもへの教育活動に関する評価も，重要な情報となる。つまり，心理教育的援助サービスにとって鍵を握るのは，子どもへの適切な援助を行うためのアセスメントであり，教育評価をどう活用するかである。

【学校心理士と心理検査の活用】 学会連合資格「学校心理士」認定運営機構は，心理教育的援助サービスの専門性のある教師，相談員，大学教員を，学校心理士として認定している。学校心理士に求められる援助サービスの1つが，心理検査の実施と活用である。学校教育において，LD，ADHD（注意欠陥／多動性障害），高機能自閉症などを含む障害のある子どもへの特別支援教育が重要視されている。障害のために学校生活に適応しにくい子どものアセスメントには，WISC-ⅢやK-ABCなどの個別の知能検査や学力検査の結果が活用される。アセスメントにおいては，心理検査の結果を，子どもの観察，担任や保護者の面談などから得られた情報と統合することにより，子どもへの援助サービスの基盤となる資料を作成する。また学校心理士は，教育活動やプログラム・カリキュラムの評価に貢献することが期待される。

（石隈利紀）

［参］石隈利紀『学校心理学』誠信書房，1999.

テスト効果

→テスト不安，テスト批判と反批判

【語義】 定期的あるいは随時に実施されている学力テストが，子どもの学業成績，学習の動機づけ，学習態度などに何らかの影響を与えると考えられる。これをテスト効果という。一般に，学業成績，動機づけ，学習態度などを向上させるポジティブな効果が期待されているが，テスト不安が高まるなどのネガティブな効果が生じることもある。ここではポジティブな効果を中心に述べる。

【実験と教育への示唆】 テスト効果にはさまざまな要因が関与しており，教育場面で条件を厳密に統制した実験を行うことはむずかしい。橋本重治による一連の実験は条件をかなり統制したものであり，次のようなテスト効果を見いだしている。

❶テスト予告の効果：定期テストの場合は計画的に実施されるので予告していることになるが，随時テストでは予告しないことが多い。テストを予告すると復習などの準備学習を行うので，成績が向上すると予測される。最初に予備テストを実施し，予告の有無による2群をつくり，鑑定テストを行った。小学3年生は漢字の書き取り，4年生は算数，中学1年生は漢字の書き取り，2年生は英単語の綴りのテストを行った。全体として予告群の成績がよく，特に中学生で顕著であった。また，女子のほうが男子よりも予告の効果があった。テストの予告をすることにより，「よい成績を取りたい」「悪い成績を取りたくない」という意欲が高まり，テストに対する心構えができ，準備学習が行われる。そのために成績が向上する。テスト不安を高める可能性もあるが，このような結果からテストの予告が必要であるといえる。

❷答案返却の効果：普通は正答に○，誤答には×を付け，全体の得点を記して答案を返却することが多いが，より望ましい返却方法も考えられる。小学4，5，6年生では算数，4，6年生では漢字の書き取りについて，テストの翌日に次の方法で答案を返却して，2日後に鑑定テストを行った。①返却しない，②○×と得点を記して返却する，③答案を返却して3〜5分間，答えの合否を自己検討させる，④答案を返却して3〜5分間，教師が1問ずつ講評し共通の誤りを矯正させる。鑑定テストの結果，返却だけでは無返却と差がないが，自己検討はそれより優れ，講評と矯正が最もよかった。また，最初のテストで成績が劣る子どもほど，自己検討および講評と矯正の効果が大きかった。この結果は，単に正誤の情報と得点を知らせるだけならば，何の利点もないことを明らかにした。返却の場で自己検討させるか，教師が講評して共通の誤りを訂正させる指導が必要である。

❸テスト頻度の効果：毎日テストを行うことは不可能であるとしても，週1回ずつ行い月で4回の場合と，月で1回ではどのような違いがあるだろうか。小学4年生は算数，5年生は漢字の学習で，2か月間に2回または7回（週1回）テストを行い，その10日後と20日後に，新たに学習した内容で鑑定テストを行った。中学2年生は英単語の綴りで，毎週，隔週または月1回のテストを行い，新たに学習した内容で同様に2回の鑑定テストを行った。全体では毎週テストを行った場合によい成績を示し，実験終了後の調査では「前より勉強するようになった」と回答した者が多かった。また，高知能群よりも低知能群のほうが，毎週テストにより成績が向上した。テストを頻繁に行うとテスト不安を高める可能性もあるが，適切な頻度で行われるテストは，成績の向上と望ましい学習態度の形成を促す効果があるといえる。

（杉村　健）

[参] 橋本重治『学習評価の研究』図書文化，1984.

テスト不安

→テスト効果

【語義】 テスト不安とは，期末試験や入学試験など，評価される場面を予期したり，経験したときに生じる不安である。特に，厳しい競争場面でのテストでよい成績を取ろうとする際に，強いテスト不安が生じ，それによって成績が悪くなることもある。

【歴史と意義】 テスト不安については，欧米で古くから研究が行われてきた。研究が体系的に行われるようになったのは，1952年の論文でG.マンドラーとS.B.サラソンがテスト不安を取り上げて以降で，実験やテストによって多くの心理学的研究が行われてきた。

学校では多くのテストが実施されている。しかし，このテストによって強い不安が生じ，成績に負の影響が出るということは，学校教育にとって重要な問題である。そのためテスト不安をどのように発見・診断するのか，どのように治療するのか，テスト不安がどのように遂行（成績）に影響するのかを心理学的研究から学びとる必要がある。

【課題】 テスト不安についての課題として，次の2点がある。

❶なぜテスト不安が遂行を妨げるのか：注意分配理論によると，高テスト不安者は，テストの問題よりも自分について注意が向けられる時間が長くなり，問題の解決のための時間が減少するので，成績が劣るのだと仮定されている。また，情報処理理論の立場からのアプローチもみられる。例えば，高テスト不安者は，テストによって生じる不安のため短期記憶での処理が抑制され，そのことが遂行を妨害しているのだと仮定されている。このほか，学習方略，情報の検索や符号化などの処理が，テスト不安によって妨げられることが示唆されている。また，高テスト不安者は，学習習慣が乏しいので，学業成績が低いという説もある。

それでは，テスト不安は常に遂行を妨げるのであろうか。R.アルパートとR.N.ハーバーは，テスト不安には，遂行を促進する促進不安と妨げる抑制不安の2種類の不安が存在することを仮定し，テスト不安が遂行を促すことがあることを示唆している。そしてテスト不安の抑制・促進効果は，課題の難易度に依存することが明らかになっている。課題が容易な場合は，不安が遂行を促進するが，課題が複雑な場合は不安が遂行を妨害することが示唆されている。また，テストについての評価が，テスト不安に影響することも仮定され，高テスト不安者はテスト得点が評価されると認識したときに，成績が低下することが認められている。

❷高テスト不安者への有効な治療法：テスト不安の治療には，不安を低減させて遂行を改善させる弛緩療法，対抗条件づけ，系統的脱感作法，モデリング療法などの心理療法がある。しかし，心理療法だけでは効果がなく，学習方法を改善するなどの方法を併用することによって不安の軽減が促進されるとの研究報告もみられる。

【テスト不安を測定する検査】 多くの検査が開発されているが，代表的なものとしてマンドラーとサラソンの開発したTAQ（test anxiety questionnaire）がある。その他，AAT（achievement anxiety test）やTAS（test anxiety scale）など多くの検査が開発されている。また，子ども用としてTASC（test anxiety scale for children）が開発されている。これらのいくつかは日本語版として標準化されており，利用することができる。 （菊野春雄）

[参] 藤井義久「テスト不安研究の動向と課題」『教育心理学研究』43，1995．浜治世・三根浩「テスト不安研究の展望」『心理学評論』23，1980．

テスト批判と反批判

→標準検査，知能，知能検査の開発史と種類，パーソナリティとその評価

【テスト批判】　ここでテストというのは，標準検査を意味する。これには知能検査，性格検査，標準学力検査などがある。これらのテストは，古くから学校教育で広く用いられてきた。特に客観的測定がピークに達した1920年代には，その用途が急激に増加したが，それに伴いテストに対する論争や批判も起こった。そこにはテストの含む問題や誤用，誤解に基づくものもあった。ここでは，特に論争の多かった知能検査と性格検査について，アメリカを中心にその経過を述べる。

【知能検査の論争】　知能検査はA.ビネーの検査（1905）以来急速に発展したが，当初知能検査で測定される知能は生得的能力であり，その結果は不変であると考えられた。これに対して知能検査は生得的能力を測定できるかといった批判が起こったが，知能検査によって測られるのは，遺伝と環境の相互作用から合成された知的能力であるという反論もあった。

　1970年代には，知能検査の公平性（文化の異なる少数民族に不利）が問題になり，エリート主義，人種差別，プライバシー侵害を生じるといった批判が大衆運動となり，法律や裁判の問題となった。これに対しては文化公平性知能検査を作って，これに応える試みもあった。なおアメリカでは，知能検査に対する批判の大部分は，次の3つのグループのメンバーから出たといわれた（R.L.エーベル，1979）。①標準検査と外部検査の結果により教育的責任を問われることを恐れる教師。②検査は旧式な伝統的教授過程の要素であると考える教育改革論者。③ベストセラーをねらい，スキャンダルの摘発をめざしているフリーの執筆者。

　1980年代には，知能の意味と知能検査の機能の再検討が起こり，その役割が再認識された。知能の発達は遺伝か環境かの論争が再燃したが，知能検査で測定される知能は環境や教育によって形成された能力（開発された能力）であるという考えに立ち，知能の代わりに生得的意味合いの少ないものとして適性という言葉を用い，知能検査の代わりに学業適性検査，認知能力検査，一般能力検査などの言葉が用いられた。

　さらに，認知心理学の影響を受け，1970年代後半から認知過程の研究が進むにつれて，特性としての知能よりも過程としての知能に関心が移った。そこで，知能検査は認知過程を分析，診断し，その促進のためにいかに働きかけるかを示す機能をもつと考えるようになった。

【性格検査の論争】　性格検査は1920年代，1930年代に広く用いられたが，1940年代になると，心理測定の反省期に入り，性格特性の測定について，その妥当性，信頼性が問題になり，使用の面でもその効果が問われるようになった。1970年代を中心にアメリカでは，テストの質や個人の権利，プライバシーなどに関連して批判が起こった。すなわち，テストは個人の内面に深く立ち入ることになり，個人の思想，信条やプライバシーを侵害し，差別・選別を助長すると批判し，使用に対する反対もあった。また，現象学的立場のカウンセリングでは客観的測定を軽視し，テストを使用しない傾向がみられた。

【展望】　今日では，テストの妥当性，信頼性についても検討されており，人権やプライバシーの問題についてもその扱いについて十分配慮されている。したがって，今日重視される個性を生かす指導の基礎資料として，その結果を活用する条件が整っていると思われる。特に今後重視される特別支援教育においては，その活用が期待される。実施にあたっては，テストの目的，種類，用い方などについて正しく理解し，誤解や誤用を避けることが必要である。（辰野千壽）

ハイ・ステークスとテスト

→GCSE・GCE, パフォーマンス評価

【語義】 ハイ・ステークス（high stakes）とは，高い利害関係をもったり，重大な結果をもたらしたりすることを意味する。教育評価の分野では，テストの結果が個人の将来の教育機会や職業機会に大きく影響したり，学校の成果を示すものとして社会の注目を集めたりする場合に，これをハイ・ステークスなテストという。わが国では，大学入試（センター試験）や高校入試などのテストは，その結果が生徒の将来に重大な影響を与え，その生徒が所属する学校の成果を示すものとして，社会全体の注目を集めている。そのため，これらのテストはハイ・ステークスなテストである。

【テストに向けた学習指導】 ハイ・ステークスなテストが注目されることとなったのは，そのようなテストが学校教育に重大な影響を与えるからである。個人の将来や学校の名誉が左右されるテストに対して，学校はよい結果を得るために，テストされる内容やテストの形式に合わせた学習指導をすることとなる。これがいわゆる「テストに向けた学習指導」である。例えばわが国では，センター試験の問題に合わせた学習指導が，大学進学を目的とする高校で行われていることは周知のことである。センター試験の比重が大きい大学を受験する場合には，センター試験のマークシート方式に合わせた問題演習が繰り返し行われる。これはテストの形式に合わせた学習指導の典型例である。

【ウォベゴン湖効果】 「テストに向けた学習指導」が問題となるのは，これによりたとえ点数が上昇したとしても，実際に個人の能力や技能が向上したのではなく，テストについて練習を繰り返したため，テスト慣れして点数だけが上昇したことが明らかになったからである。この場合，テストの内容や形式が変更されると，それまで高い得点を取ってきた生徒の得点が，新しいテストでは急落してしまうのである。この「テストに向けた学習指導」によって，点数だけが上昇する現象をウォベゴン湖効果（Lake Wobegon effect）という。わが国で大学生の学力が低下しているというが，センター試験や入試問題に合わせた学習指導が，見かけ上の点数の上昇をもたらすだけで，生徒の能力や技能の本質的な向上をもたらしていないおそれがある。

【テストされない能力や技能の軽視】 さらに「テストに向けた学習指導」の別の問題として，テストされない能力や技能の指導がどうしてもなおざりにされてしまう傾向のあることである。テストがハイ・ステークスなものであるほど，教師や学校は，限られた時間や利用可能な人的，物的資源をテストに集中せざるをえなくなるからである。さらにテスト形式で評価できる能力や技能には，どうしても限界がある。例えば，理科での実験・観察技能，社会科での調査能力などは，テスト形式ではきわめて評価が困難な能力や技能である。結果として，テストで評価しにくいこれらの技能や能力の指導には，十分な時間や資源が割かれなくなってしまう問題が生じてくる。センター試験や大学入試で評価されない理科での実験・観察活動に力を入れる教師や学校はきわめて少数である。

このような問題に対処するため，イギリスのGCSE試験では，通常のテストでは評価の困難な能力や技能を評価するため，パフォーマンス評価を取り入れている。このパフォーマンス評価をコースワークという。テスト以外のパフォーマンス評価をハイ・ステークスな資格試験に組み込むことにより，学校での学習指導が幅広い能力を育成するような方向に向かうことを期待しているのである。 （鈴木秀幸）

[参] C.V.ギップス（鈴木秀幸訳）『新しい評価を求めて』論創社, 2001.

評価の歪み

→児童生徒理解，評価の妥当性・信頼性・客観性，パーソナリティとその評価

【意義】 意識的または無意識的に周りの対象を評価する場合に，その評価が何らかの理由で歪められることをいう。例えば，初めて会った人に対し，「優しい」人とか，「恐そうな人」などの第一印象をもつが，これも評価であり，この評価は，いつも正確になされているとは限らない。教育においては，このように主観による評価の歪みが生じることをよく知り，学習や行動の評価を正しく行う必要がある。

【歪みの要因】 評価の歪みをもたらす要因を次に示す。①～③が評価者の心理的要因，④は評価者と評価対象者との関係による要因，⑤は評価対象者の心理的要因，⑥評価技法上の要因による評価の歪みである。

❶**光背効果（ハロー効果）**：ある人物を評価する場合，その人が何か好ましい特性（または好ましくない特性）をもっていると，他の特性に対しても好ましい（または好ましくない）と判断する傾向のことをいう。例えば，「坊主憎けりゃ，袈裟まで憎い」という諺があるが，これはその人のある特性に対してもつ感情と同じ感情を，その人の別の特性に対してももつことを示している。

例えば，Aという人物の紹介文には「温かい」人物であるという表現があり，Bという人物の紹介文には「冷たい」人物であるという表現が入っていたとする。この表現だけが違い，他の表現は同じであっても，紹介文を受け取った人のAさんとBさんに対する印象はまったく異なり，Aさんは非常に好ましい人物として評価され，Bさんは好ましくない人物として評価されるであろう。これは，「温かい」「冷たい」という特性が，人を評価するうえでの重要な特性（これを中心的特性とよぶ）であり，この影響が人物全体の評価に反映されたためである。すなわち，中心的特性によって人物全体の評価に対して光背効果が生じたのである。学校では，成績のよい（悪い）子が性格までもよい（悪い）と評価されてしまうことがある。

❷**寛容効果（寛大性の誤謬）**：好意をもっている他人をより肯定的に評価する傾向のことをいう。教師は好意のもてる児童生徒については甘い評価を行いがちであり，逆に非好意的な感情をもつ児童生徒には厳しい評価を下しがちである（負の寛容効果または厳格の誤謬）。このような歪みが生じていないか常に自戒の気持ちをもって指導する必要がある。

❸**論理的誤謬**：個人的経験や知識から，ある特性と他の特性が同時に生じた場合，ある特性をもっている人は他の特性ももっていると考える傾向をいう。私たちはこれまでの経験に基づいて，「こういうタイプの人はこういう人だ」というように判断しがちである。

例えば，「早口の人はせっかちである」と判断する傾向のある人は，過去に会った早口の人がたまたまはせっかちであったことから，このような判断をするようになった可能性が高い。言い換えれば，私たちはある特性（「早口である」）とある特性（「せっかちである」）が同時に生じるとそれらの特性を一緒に合わせてまとめる傾向がある。それゆえ，2つの特性をまとめるという意味で包装効果ともよばれている。

「攻撃的な人は精力的である」というのも，この論理的誤謬（包装効果）の例である。攻撃的であるからといって必ずしも精力的であるとは限らない。本来2つの特性はお互いに関連性はないのであるが，個人の過去の経験によって2つの特性を結びつけてしまうのである。

❹**ピグマリオン効果**：人に対してある種の期待が形成されると，その期待に合う行動をとり，結果として期待どおりになる現象のことをいう。R. ローゼンサールとL. ジェイコブソンは，新

型の知能検査を「子どもの将来の伸びを予測できるテスト」という名目で行い，その結果とは無関係に約2割の子どもをランダムに選び出し，これらの子どもはこの1年間に急激な知的発達を示すという偽りの情報を教師に与えた。1年後の調査では，偽りの情報であったにもかかわらず，それらの子どもは他の子どもに比べて，知能指数や読みの能力が伸びていた。さらに，将来が大いに楽しみであるとか，興味の範囲が広いとか，知的好奇心が旺盛であるとか，適応が優れているなどの好ましい評価を受けており，この傾向は低学年においてより顕著であった。この結果は，教師が子どもに対して秘かに抱く期待や願いが影響を及ぼし，子どもに学習意欲や自信をもたせたことによると解釈された。

しかし，教師がいくら公平に振る舞おうとしても，期待している子どもと期待していない子どもとでは，その扱い方は異なる。事実，J.E.ブロフィとT.L.グッドは，小学1年生の授業において，教師が期待している子どもは期待していない子どもよりも，好意的な扱い方を受けることを見いだしている。このように，教師の子どもに対する期待が扱い方の違いを生み，それが学業成績のみならず，性格や行動様式に影響を与えるのである。期待することはよい意味での評価の歪みを生むが，期待しないことは悪い意味での評価の歪みを生むことになる。それゆえ，教師はこの両面を心に留めて指導に当たる必要がある。

❺ホーソン効果とジョン・ヘンリー効果：ホーソン効果は注目されたことによって動機づけが高まる効果を指し，ジョン・ヘンリー効果は注目されなかったことへの反発から動機づけが高まる効果のことである。

かつてある工場で作業員の生産性に与える要因を検討するために，照明の明るさなどを変えるなどの操作が行われた。その結果，作業員の生産性はたしかに向上したが，逆に照明を暗くした場合にも同様の結果が得られた。この結果は，照明の明るさなどの物理的要因よりも，作業員自身が，自分の生産性が注目されているという心理的要因によって動機づけが高まったためと考えられた。すなわち，人間は周りから注目されることによって誇りをもち，やる気が上昇し，その結果，作業効率も高まるのである。これがホーソン効果とよばれる現象であり，同じような現象は学校においても生じる可能性が高い。

一般に，ある教授法の効果を検討するためには，その教授法を受ける群（実験群）と受けない群（統制群）の成績が比較される。実験群が優れる場合はホーソン効果になるが，統制群に入っていても，実験群に入っていないことへの反発からかえって動機づけが高まり，実験群よりも成績が高まることがある。これがジョン・ヘンリー効果である。

❻天井効果：テスト問題が子どもにとって容易すぎると，成績上位群と成績下位群のいずれであっても得点が満点（天井）に近くなり，群間の差が検出されない。この現象のことを天井効果とよぶ。これはテストの作問という評価技法上の要因による評価の歪みであるが，教授法の効果を比較する場合などでは，十分留意しなければならない。評価を歪めずに行うには，テストの難易度を適切に設定する必要がある。

【対応策】　児童生徒を正しく理解し，評価しようとしても，知らず知らずのうちにその評価を歪めてしまうことがある。これを防ぐには，評価を歪めている原因を正しく認識し，適切に評価するための対応策を工夫する必要がある。例えば，①行動観察においては観察の対象となる行動見本をいくつか設定し，行動見本の頻度や場面を正しくとらえる，②T・T，同僚，保護者など，複数の眼による観察データや評価情報を収集すること，などである。　　　（豊田弘司）

[参] 石田潤・岡直樹・桐木建始・富永大介・道田泰二『ダイヤグラム心理学』北大路書房，1995．豊田弘司『教育心理学入門―心理学による教育方法の充実―』小林出版，2003．

サイバネティックス
→フィードバック

【語義】 1948年，N.ウィーナーにより『サイバネティックス―動物と機械における制御と通信』（岩波書店，1957）の著書が出版され，通信と制御の学際的な科学として提唱された考えであり，根本となるのはフィードバックに基づく思想である。サイバネティックスの名称は，操舵手を意味するギリシャ語から由来している。船が目標に沿ったコースを進むことができるのは，風や潮の流れのように制御できない変量があるが，その過去から現在にいたる値に注目して，船の舵のように調節できる変量の値を適切に定めるからであるという。

【展開】 フィードバックとは，情報をもどし利用することによって，情報の因果的な循環回路を構成することにより目的達成の制御を行うことである。クーラーのサーモスタット（温度調節器）の場合，目標値として一定の温度が設定されると制御器は制御対象である冷却装置を作動させて，冷気を出力する。そこで，現状温度を示す出力の一部を入力側にもどして，目標温度との比較をしてそのズレ（差）を減少するように作動させ，クーラーは，自動的に目標を達成する。このような通信と制御の仕組みは，現状を示す出力情報を入力側に返して，その目標との比較から，不適合の度合い（差）を算定し，それを減少する方向で働きかけていくことに本質があり，ここから負のフィードバックの原理として一般化される。

このようなフィードバック回路の果たす重要性は，学習における即時確認の原理や結果の知識（knowledge of result）情報などにもみられ，教育における評価と密接にかかわっている。教育とかかわるサイバネティックスは，教育サイバネティックスとよばれ，各方面にわたる展開をみた。 （菅井勝雄）

フィードバック
→サイバネティックス

【語義】 フィードバックとは，返す，もどす，という意味で，教育活動の結果（出力）についての情報を，教授者や学習者にもどすことである。もともと通信工学や制御工学などの分野で生まれた制御の原理であり，サイバネティックスの中心概念でもある。フィードバックは，内発的フィードバックと外発的フィードバックに分けられる。前者は学習者が自分自身の行動を通して得る情報（例：答案を自己採点して成績を知る）である。後者は他の人が学習者に与える情報（例：結果を教師が知らせる）である。

【機能】 フィードバックは，授業のシステム観とともに，学習指導や評価を考えるのに用いられた。一定の教育目標や内容を達成するために，そこに立案・実施された計画と指導法が，はたして，どれだけの成果（出力）をあげているかについての評価情報をつくり，これを教師にフィードバックして，はじめてその計画や指導法の成功・失敗が明らかとなり，改善の方策が立てられるのである。また，学習者である児童生徒にもフィードバックされて，その自己評価を促し，その後の学習を自分で調整したり動機づけたりする効果がある。その際，フィードバックは学習直後に，しかも具体的に明確に与えられるほど効果が大きい。すなわち目標に達したかどうかというだけではなく，目標から何がどのくらいずれているか，どの方向にずれているかを知らせるほうが効果は大きい。また，結果の知識が積極的であるほど，すなわち一定の反応が間違っていることを知るよりも，一定の反応が正しいことを知るほうが効果的である。

評価は，いろいろな入力や出力および教育計画などについての情報をつくり，これを教師や児童生徒にフィードバックして，その指導や学習を調整するように用いるところに，その意義と機能が認められるのである。 （菅井勝雄）

評価規準と評価基準

→教育評価の基本的な考え方，目標に準拠した評価，集団に準拠した評価

【語義】 普通，評価を行うためには，テスト得点や作品を比較したり，照合したりするための何らかの枠組（判断のよりどころ）が必要である。「評価規準」とか「評価基準」というのはこの照合の枠組（frame of reference）のことである。

評価の照合の枠組には「何を評価するのか」という質的な判断の根拠と，「どの程度であるか」という量的な判断の根拠の2つが必要である。前者の質的な照合の枠組としては，教育目標を評価目的の文脈に従って具体化した目標や行動を用いるが，これを「評価規準（criterion）」という。それに対して，後者の量的・尺度的な判定解釈の根拠を「評価基準（standard）」という。

下図に示したように，目標準拠評価（いわゆる絶対評価）であれ，相対評価であれ，まずは「評価規準」がなければならないが，両者は「評価基準」のあり方が異なる。

目標準拠評価（実現状況の評価，達成度評価・到達度評価とも）における評価基準（目標基準）は，「目標をどの程度実現しているか（目標に対してどの程度まで学習が達しているか）」というレベルを，集団の代表値などとは関係なく目標そのものから判定解釈するために事前に設定される。例えばテスト法を用いる場合ならば，目標群を代表するアイテムで構成されたテストの正答率で80％以上をA（十分満足できる），60％以上をB（おおむね満足できる），60％未満をC（努力を要する）などと設定される。行動観察などでは，到達や発達の程度を特徴的にとらえる文章で記述された評定尺度などが評価基準として用いられる。

これに対して，相対評価における基準は，集団の代表値とそこからの距離である。この集団基準を手がかりに集団における位置をみることになる。また，これらの基準の考えを援用することにより，「個人基準」に基づく個人内評価を考えることができる。

このように語義としては，評価の枠組として，質的な「評価規準」と量的な「評価基準」の2つを区別しておく必要があるが，実際の評価は両者が一体的になされるので，両者を含む概念として評価規準が用いられることもある。3段階のうち「おおむね満足」（「B」）についてのみ記述尺度を示して，それ以上を「A」，それ以下を「C」とすればよいという見解である。この「B」評価の根拠は，評価基準を含めた評価規準である。しかし，各評価段階を明確にした評価基準があれば，評価だけでなく指導に生かせるという意見が多い。

文部科学省では，「評価規準」を用いているようであるが，教育評価の本質的アプローチとしては価値判定解釈のほうが優先するという考えから「評価基準」を採用する立場もあって，この点ではまだ不統一もみられる。（藤岡秀樹）

[参] 北尾倫彦ほか編『新観点別学習状況の評価基準表（小学校・中学校各教科）』図書文化，2002．熱海則夫ほか編著『平成13年改訂新指導要録の解説と実務』図書文化，2001．

```
評価を行うための ─┬─ 評価規準（criterion）
よりどころ        │
                  └─ 評価基準（standard） ─┬─ 目標基準（criterion standard）……絶対評価
                                            ├─ 集団基準（norm standard）………相対評価
                                            └─ 個人基準（individual standard）…個人内評価
```

図　評価規準と評価基準

目標に準拠した評価
→評価規準と評価基準，集団に準拠した評価，ドメイン準拠評価とスタンダード準拠評価

【語義】 個人の学習の達成度を，他者と比較することなく，具体化された教育目標に照合して行う評価をいう。「他者と比較することなく」という文言は「相対評価」に対する「絶対評価」の立場を表し，「具体化された教育目標に照合して」という文言は「到達度評価」で重視される目標項目の選定等の方法概念を指している。したがって，わが国で使われてきたこれらの語は，目標に準拠した評価（以下，目標準拠評価）とほぼ同義であるが，どちらかというと「絶対評価」は一般的・抽象的な概念にとどまる点で多少意味が異なる。

文字・計算のように目標への到達範囲が限定される目標項目もあれば，思考力や態度のように限定が困難な項目もあり，前者を達成目標，後者を向上目標として区別されることもある。しかし，いずれも「何が達成されたか」という質的な評価の根拠（criterion）と「どこまで達成されたか」という量的な評価の根拠（standard）が評価には必要である。そして前者には評価規準，後者には評価基準という語を当てることが多い。評価基準の決め方に関して，集団に準拠した評価（以下，集団準拠評価）では集団の代表値からの距離を集団基準（norm standard）として用い，目標準拠評価では目標項目の達成度を目標基準（criterion standard）として用いるという相違がある。したがって，目標準拠評価では評価規準となる目標項目を明確にするだけでなく，評価基準を達成度によって決めることが必須条件である。

【歴史】 わが国の学校では，明治以降第2次世界大戦終結まで「絶対評価」が主流であったが，1948（昭和23）年の指導要録の改訂から「相対評価」に改められた。それは評価の主観性の排除等を目的としたが，のちに少人数集団や選抜された集団の中で正規分布を前提にした集団基準を適用することに無理があり，また排他的な競争心等の非教育的な影響がある点を批難する声が高まった。

その後は京都府での「到達度評価」等の試みもあったが，全国的には指導要録の改訂を通して「相対評価」の修正がなされた。1961（昭和36）年の改訂では「教科目標および学年目標に照らして評価すること」，1971（昭和46）年には「あらかじめ各段階に一定の比率を定めて児童をそれに機械的に割り振ることのないように」という修正条件が付けられ，「絶対評価を加味した相対評価」へと変わっていった。そして1980（昭和55）年の改訂以降「観点別学習状況」の欄は「絶対評価」で評価を記入するようになり，2001（平成13）年の改訂において「評定」の欄も含めて全面的に改められ，目標準拠評価に統一された。その趣旨は，①基礎・基本や生きる力の育成という目標の実現状況の把握，②上級学校の教育との円滑な接続，③習熟度別指導など個を生かす指導に役立つ評価の重視等であった。

欧米においては，以前から目標準拠による教育測定（テスト）の試みもあったが，大勢としては集団準拠評価が採用されてきた。ところが第2次世界大戦後，人権運動の台頭からすべての子どもの学力保障が求められ，評価においても一人一人の目標の達成度を把握することが重視されるようになった。そして1950年ころから完全習得をめざした教授・学習論が提唱され，評価論にも影響を与えた。この背景からR.グレイサーは，1963年の論文で目標の達成基準に照合して学業成績を評価することの重要性を主張した。またR.P.カーバーは，1974年に個人差の測定を目的とする心理測定に対し，教育による習得や成績の評価を目的とする教育測定が異なることを論じた。

【特徴と限界】　目標準拠評価の特徴として，まず第1に，指導法の改善や補充指導等の実施に直接つながる評価である点が指摘される。また第2には，学校が教育課程や指導計画等全般にわたる再点検・改善を図るための重要な資料が得られる点も特徴である。

これらの特徴が実際に生かされるためには，単元目標を観点別の目標項目にまで具体化・細分化し，達成度の違いを正しくとらえた目標準拠評価を行う必要がある。しかしそこには克服すべき多くの限界があり，本質的な限界として目標基準を集団基準に匹敵するほど客観的で安定したものにするのがむずかしいことを心得ておくべきである。例えば，単元，学期，学年の評価を総括する場合，目標項目全体の達成率について3段階（または5段階）の分割点を決める必要があるが，その測定論的な客観的根拠を決めるのがむずかしい。唯一の試みとして，前述の教育測定の立場から，R.L.エーベルはテスト項目の重要性と関連性から分割点となる通過率を決める方法を提案した。わが国でもこの方法によって標準学力検査が作成されているが，この方法を観察資料等も総合的に利用する学校での評価に適用するのはむずかしい。

しかし考えてみると，子どもの学習達成度を期待するとき，教師自身の過去経験や子どもの実態を考慮しているであろう。そこでは目標準拠を主軸にしながらも集団準拠評価や個人内評価も取り入れた解釈を行っているといえる。したがって，達成度を基準にして評価すると同時に，評価の最終段階で評価者が総合的な解釈によって適切な評価に近づける必要がある。すなわち測定論的には教師の恣意性が介入しやすいという限界があるが，解釈論的にその限界を克服することが可能であり，そうすることが現実的である。教師・学校・地域による評価基準のズレや実際に評価が甘くなる傾向が認められ，選抜試験に利用しにくい点も指摘されているが，この解釈論に期待するよりほかにない。

【課題】　実践的課題として，次の4点を指摘することができる。①目標項目の決定においては，評価の観点と評価場面に対応づけ，重要性と関連性を考慮して項目を厳選することが求められる。評価の妥当性を確保するには相当数の項目が必要であるが，多すぎると評価資料の収集が繁雑になり，実用性を欠くことになる。②目標項目ごとの評価基準は達成度の違いを的確に表現し，かつ利用しやすい簡潔な表現で記述しておく必要がある。全員に達成することが期待される基準（「B」）とさらに深化・発展した学習を評価する基準（「A」）に分け，学習の達成度と実態に適合するようにたえず実践を通して検証・改善を重ねなければならない。また未達成（「C」）の評価基準を補充指導と関連づけるなど，指導に生かす評価という立場を重視する必要がある。③「観点別評価」から「評定」へ総括する場合，手順の合理性と透明性を確保することが評価への信頼を高めるために重要である。そこではA, B, Cの出現率や得点化して平均値を求める手順がとられる。また観点による重みづけが必要な場合には，一定の比率を乗じた得点の平均値が利用される。また元の目標項目ごとの評価から直接総括する場合も同様であって，全体の分割点の決定について協議を重ね，疑義をもたれない透明性の高い手順にする必要がある。さらに標準学力検査等によって，学校や地域による基準のズレを補正することも検討に値する。④教育課程や教授法の改善，入試改革，社会的説明責任等を考慮に入れ，学校として多様な批判に耐えうる評価計画を立案し，その実践と情報公開を通して保護者や地域の期待に応えなければならない。そこでは学校内外の衆知を集めた調整が現実的な課題となる。

（北尾倫彦）

[参]　橋本重治『到達度評価の研究』『続・到達度評価の研究』図書文化，1981，1983．辰野千壽『改訂増補学習評価ハンドブック』図書文化，2001．

集団に準拠した評価

→目標に準拠した評価，評価の妥当性・信頼性・客観性，5段階相対評価，集団基準準拠検査（NRT）

【語義】 個人の能力や成績を集団内の他のメンバーと比較し，その相対的な位置によって評価する方法であり，わが国で用いられてきた相対評価という語とほぼ同義である。集団に準拠した評価（以下，集団準拠評価）を行うためには，どの集団で基準（norm）を定めるかが問われ，評価の実施目的によって学級，学年，学校，地域，全国等の集団に分かれる。しかし小さな集団では統計学的に適切な基準が得られにくい。

集団の基準としては平均値，順位，パーセンタイル等が用いられる。平均値を基準にする場合を説明すると，得点が正規分布していることを前提とし，平均（M）と標準偏差（σ）によって次のように評価段階が決められる。5段階相対評価では，図に示すように平均（M）から$±0.5σ$の範囲にある者を「3」とし，「3」より$1σ$または$2σ$大きい範囲の者をそれぞれ「4」または「5」とし，「3」より$1σ$または$2σ$小さい範囲の者をそれぞれ「2」または「1」とするのである。

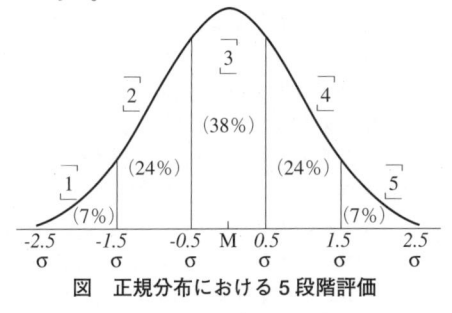

図 正規分布における5段階評価

この例のように，集団の統計値による評価基準，すなわち集団基準（norm standard）を用いる評価が集団準拠評価であり，学習目標の達成度による評価基準，すなわち目標基準（criterion standard）を用いる目標に準拠した評価（以下，目標準拠評価）とは基準のとり方が異なる。

【歴史】 20世紀初頭にE.L.ソーンダイク等が展開した教育測定運動においては，精神的能力の量的な測定が重視され，客観検査の採用とあわせて知能検査等の集団基準準拠検査が教育の場へ導入された。学力に関しても標準化の手順を踏んだ尺度化が進み，数多くの標準学力検査が作成された。わが国でも大正時代からこの運動の影響を受け標準検査も作成されたが，一部の学校での成績評価に集団準拠評価が導入された。しかしその後はこの動きが下火になったが，第2次世界大戦後アメリカの教育使節団の指導により，指導要録の記録がそれまでの絶対評価から改められたことにより集団準拠評価（相対評価）が広く普及した。

しかし1968年以降になると，アメリカを中心にこの評価法に対する批判が激化し，わが国においても主として教育的観点から集団準拠評価（相対評価）の弊害や矛盾を指摘する声が強くなった。2001（平成13）年の指導要録改訂での目標準拠評価の採用もこの流れの中にある。

【特徴と限界】 第1の特徴（長所）は，評価の客観性が保たれる点である。集団での得点分布を基準にした評価であるから，評価者の主観的な判断が介入する余地がなく，評価者間での基準のズレを防ぐことができる。そのため公平性・透明性が重視される選抜試験では，この特徴をもつ集団準拠評価が重視されることになる。第2の特徴として，目標の完全達成を基準として定めることがむずかしい観点や領域での評価には集団準拠評価が適している点をあげることができる。例えば詩の鑑賞や科学的思考については，完全に目標を達成したという状況を想定することさえむずかしいであろう。また発展的な学習においてもあらかじめ目標を決めておくことができない場合があり，その場合には目標準拠評価が困難であり，集団準拠評価に頼ら

ざるをえない。第3の特徴は、集団準拠評価による表示のほうが一般にはわかりやすいという点である。子どもや保護者が教師と同様に目標を理解しているとは限らず、また一般社会でも教育の実情よりも結果に目が向きやすいこともあって集団準拠評価を求める声が多い。わかりやすいだけでなく、競争による動機づけを高めるという効果を無視できないという声もある。

他方、集団準拠評価の限界（短所）の第1は、実際の教育場面では得点が正規分布を示す場合はまれであるという点である。集団基準は集団内での得点分布に依存しており、小さい集団や選抜された集団では歪んだ分布を示し、妥当な基準になるとはいえない。また指導が徹底した場合には全員が高得点に偏る分布になると予想される。ところが評価の実際では、得点分布に関係なく配分率を決めている場合が多く、理論的な難点をもつ評価法であるといわれてきた。第2の限界としては、集団準拠評価は個人差の弁別を目的としており、目標の達成状況を直接表示するものではない点である。例えば5段階相対評価において、「1」という低い評価がなされても、目標が未達成であるかどうかは不明である。というのは集団の全体が高い得点を示した場合は、目標を達成していても相対的に低い評定値が割り当てられることがあるからである。もちろん評価の実際においては、目標の達成状況をとらえる評価資料を用いるので、この点が大きな矛盾になることはまれであるが、理論的には起こりうるという点を考慮する必要がある。第3の限界は、子どもへの教育的影響に関するものであり、少人数集団でこの評価が行われると、排他的な競争を強いるおそれを否定できない点である。競争がすべて非教育的であるとはいえないが、相対的な優劣だけに目が向き、排他的な競争心に支配されると望ましい学習環境が阻害されるおそれがある。

【課題】　評価の目的や条件に応じて適切な評価法が選択されるべきであるが、集団準拠評価は選抜や配置等を目的とし、統計学的に適切な集団基準が設定できる場合には有効な評価法である。定員が設定された選抜試験には集団準拠評価が適することはすでに述べたが、学校内での評価でも目標を具体的に設定できない観点・領域の評価では集団準拠評価を部分的に活用することができる。また長いスパンでの総括的評価では目標準拠評価に歪みが生じやすいので、集団準拠評価を補完的に利用し歪みを是正すべきである。評価の目的や条件によって適切な評価法を用いる必要があり、多様な評価法を組み合わせた柔軟な計画の立案が望まれる。

考えてみれば目標準拠評価と集団準拠評価は二律背反的なものではなく、目標をどこまで達成したかの情報と集団内での相対的位置の情報を互いに関連づけて解釈することによって確かな評価となる。しかし、集団全体の目標達成が高い場合と低い場合では同じ目標達成度でも相対的位置が異なるので、この点を考慮して解釈する必要がある。技術的にはテスト作成法の改善が課題となり、全学習領域に対応した項目集団（item universe）を特定し、その中から適切に抽出された項目でテストを構成することが重要である。標準学力検査は大きな集団での予備実験に基づいて作成されるので、個人差に関する相対的位置情報は信頼性の高いものである。この信頼性を重視するだけでなく、目標の達成度も適切に示すことができれば、標準学力検査の教育的役割は大きくなる。そのための改善策として、個々のテスト項目に対する反応によって目標の達成度が判明する項目抽出法が開発されるならばこの技術的課題は解決し、上述の教育的役割を果たすことができるであろう。

（北尾倫彦）

[参]　東　洋『子どもの能力と教育評価』東京大学出版会, 1979. 池田央『テストで能力がわかるか』日本経済新聞社, 1978. 橋本重治原著・応用教育研究所編『教育評価法概説』図書文化, 2003.

個人内評価

→観点別評価，診断的評価・形成的評価・総括的評価

【語義】　個人内評価とは，被評価者に関する複数の情報を相互に照らし合わせながら，被評価者の性質について解釈することを指す。

絶対評価（到達度評価など）や相対評価がそれぞれ「教育目標」「集団内の他者」といった被評価者にとって外在する基準を用いた解釈であるのに対し，個人内評価では，当人に関する情報のみに基づいて解釈することになる。その意味で，個人内評価とは，当人を内側から理解しようとする評価方法であるといえよう。

【方法】　個人内評価には原理的に横断的個人内評価と縦断的個人内評価の2つの方法がある。

❶横断的個人内評価：これは被評価者がもつ多様な側面や複数の特性どうしを比較する横断的な評価であり，ある個人の中での優れた点，劣った点を判断する方法を指す。「個人の多様な諸側面」が評価を行うための基準として用いられる。

❷縦断的個人内評価：これは時系列でデータを比較する縦断的な評価であり，被評価者の過去と現在を比較してどの程度その個人が進歩（あるいは，停滞，退歩）しているかを判断する方法を指す。「個人の過去のデータ」が評価を行うための基準として用いられる。

個人内評価においては，学力面のみならず，行動面や性格面にいたるまで当人の性質全体が同時に対象とされる。すなわち，個人内評価とは学習者の個性やその発達について統合的に解釈する枠組であり，個性的，全体的な成長を把握し支援するための評価方法であるといえる。

【教育的意義】　その意義は，学習者の個性を構造的かつ発達的に理解する手がかりを得ることによって，個を尊重した教育を構想，実践する際にその情報活用が可能になる点にある。

まず，横断的個人内評価によって，学力，パーソナリティなどの個性を構造的に分析することができる。例えば，指導要録の観点別学習状況における4つの観点（関心・意欲・態度，思考・判断，技能・表現，知識・理解）を利用して，一人一人の学力に関する優れた面と劣った面について統合的に解釈することができよう。このような情報を，診断的評価，形成的評価として得ることを通して，個に応じた指導を計画することが可能になる。観点別評価は，このように横断的個人内評価を基盤として活用すべきものなのである。

一方，縦断的個人内評価によって，個性を時間軸に沿って発達的に解釈することができる。例えば，各学期末に同種の情報を継続的に収集することによって，当人の進歩あるいは停滞といった成長のプロセスについて，より長期的なスパンで形成的評価をすることができる。

横断的個人内評価と縦断的個人内評価を組み合わせるという発想も重要である。横断的個人内評価を繰り返し行うことで縦断的個人内評価を兼ね備えたものになり，個性を構造的かつ発達的に解釈することが可能になる。

【課題】　個人内評価とは，日常的に人がさまざまな事柄に対して無自覚のうちに行っている解釈法であるといえるだろう。ただし，教育評価として個人内評価を位置づけるなら，上述の性質をもつ評価方法として，自覚的，組織的に実践していくことが肝要である。とりわけ，評価者の見方の歪みをできるだけ排除する努力が必要となろう。多様な価値を認め，評価基準を個に即して柔軟かつ総合的に設定する能力が評価者に求められるとともに，他の評価方法と併用することなどによって，より客観的で妥当な判断をするための工夫が求められる。また，学習者自身が評価者として自らの学習について個人内評価ができることをめざした実践を行うことも重要な課題となろう。

（鹿毛雅治）

目標の具体化

→教育評価の方法，目標の具体化と具体的評価基準の作成，評価計画の立て方

【意義】 2001（平成13）年改訂の指導要録によって，「目標に準拠した評価」が導入されたことに伴い，学校でのカリキュラム編成にあたっては教育目標を評価規準として具体化することが必要となった。目標の具体化は，カリキュラムにおける目標の配置の明確化，目標に対応する評価法と評価規準の確定，社会的に合意されたスタンダードの設定という3つの行為が総合されることで実現するものである。ここでは，それぞれの進め方について論じよう。

【単元設計とプログラム設計】 目標の配置を明確にするにあたってまず注目すべきなのは，カリキュラム編成において基本的な単位となる単元である。単元は，個々の授業の展開を具体的に考えつつ，しかも指導計画における位置づけを明確にとらえられるような大きさの単位である。また単元という単位であれば，知識とスキルを応用する力（高次の学力）を目標として位置づけることができる。カリキュラム編成にあたってはまず単元の計画（Plan）─実施（Do）─評価（See）のサイクル，つまりミクロのレベルの設計を充実させることが求められる。

カリキュラム編成にあたっては同時に，よりマクロのレベル，すなわち各教科・領域等の年間指導計画や学校の教育プログラム全体についても考える必要がある。教育効果の高いカリキュラムを実現するためには，単元設計とプログラム設計との整合性が高まるように調整しながらカリキュラム編成を行う必要がある。なお，カリキュラムの領域によって単元の構造は異なるため，単元設計はそれぞれの領域の特質に応じて行うことが重要である。

ここでは，教科における目標の具体化に焦点を当てて検討する。現在の日本においては，学習指導要領で，各教科について各学年でどのような内容領域が扱われるべきかが規定されている。一方，指導要録では，多くの教科について「関心・意欲・態度」「思考・判断」「技能・表現」「知識・理解」の4観点で評価することが求められている。つまり，学習指導要領においてはおもに領域概念で目標が規定されているのに対し，指導要録では能力概念で目標が規定されている。教育目標は，「〜について（領域概念），〜する（能力概念）」という形で設定されるため，本来領域概念と能力概念とが交差した位置に成り立つものである。したがって単元設計にあたっては，両者をどう交差させて目標設定を行うかが問われることとなる。

【知識の構造と重点目標】 本来，知識には，一定の階層構造がある。事実的知識や個別的スキルに比べ，トピックや文脈を超えて転移可能な概念や，スキルを複雑に組み合わせて用いるプロセスは，より高次に位置する。さらに高次には，2つ以上の概念をつなぎ，プロセスの転移を可能にするような原理と一般化が存在している。指導要録にいう「関心・意欲・態度」や「思考・判断」は，「技能・表現」や「知識・理解」と独立して存在するものではなく，重要な知識とスキルを使いこなす力を指す，より高次の観点として位置づけることができるだろう。

実際のカリキュラム編成においては，事実的知識と個別的スキルを網羅的に扱っているために，かえって子どもたちが原理や一般化を身につけられないという傾向がみられる。したがって目標の具体化にあたっては，まず重点的に扱うべき重要な目標（転移可能な概念，複雑なプロセス，原理と一般化）を絞り込む必要がある。そのような絞り込みを行う際には，子どもたちが生涯身につけておくべきことか，学問の核心に位置していることか，といった視点で内容を検討することが重要である。さらに，原理と一般化は，抽象的で誤解されやすいため，子ども

表 目標の具体化のためのマトリックス

評価の観点（能力概念）	評価法	内容領域（領域概念）	総括的評価（配点など）
原理・一般化の理解	プロジェクト パフォーマンス課題	いくつかの単元において類似する自由記述問題やパフォーマンス課題を繰り返し実施するとともに、同一のルーブリックを用いて評価し、到達点を総括的評価とする。または、総括的課題としてプロジェクトに取り組ませる。	
転移可能な概念の理解 複雑なプロセスの理解	パフォーマンス課題 自由記述問題		
事実的知識の暗記・再生 個別的スキルの習得	選択回答式（「客観テスト」式）の問題など	すべての単元で筆記テストを実施、合計点で総括的評価とする。または、すべての単元について総括する実力テストを行い、総括的評価とする。	

たちの誤概念に注目することも有効である。

【目標と評価法の対応】 近年の評価研究では、目標と評価法の対応が指摘されている。事実的知識の暗記・再生であれば、選択回答式（「客観テスト」式）の筆記テストで評価できる。しかし、スキルを実演できるかどうか、また転移可能な概念や複雑なプロセスを使いこなす力を身につけ、原理と一般化を理解しているかどうかを評価するには、自由記述問題や、実技・実演・完成作品を評価するパフォーマンス課題、さらにはプロジェクト（総合的なパフォーマンス課題）といった多彩な評価法を用いる必要がある。したがって目標を具体化するにあたっては同時に、対応する評価法を明確にしておくことが重要である。

原理と一般化、転移可能な概念、複雑なプロセスといった重点目標については、転移する内容であるからこそ複数の単元で登場する。またそれらについての理解は、時間をかけて深まっていく性質のものである。したがって、それらの重点目標に対応する自由記述問題やパフォーマンス課題については、類似したものをそれぞれの単元で繰り返し与えることによって、理解の深化を図ることが有効である。

【ルーブリック】 選択回答式の問題は正誤で評価できるが、自由記述問題やパフォーマンス課題では成功の度合いに幅があるため、採点指針としてルーブリック（評価指標）が用いられる。ルーブリックとは、成功の度合いを示す数段階程度の尺度と、尺度に示された評点・評語のそれぞれに対応するパフォーマンスの特徴を記した記述語からなる評価基準表である。記述語で示すパフォーマンスの特徴を明確にするには、該当する作品例を添付することが有効である。類似した課題を複数の単元で与える場合、一貫して同じルーブリックを用いて評価することによって、長期的な発達をとらえることができる。

【スタンダード】 保障すべき学力水準として社会的に承認されている水準のことを、スタンダードという。そのようなスタンダードを確定することも、目標の具体化の重要な要素である。スタンダードを確定するためには、領域概念と能力概念の両面から目標を整理し、対応する評価法と採点基準を明示するとともに、作品例（アンカー）を添付することなどによってそれぞれの採点基準が意味する内容を明瞭にすることが必要である。観点別の評点を総合評定に変換しなくてはならない場合は、その変換のためのルールも決めなくてはならない。

現行の学習指導要領は、扱う内容を定めた内容スタンダードにとどまっている。期待される成果を規定するパフォーマンス・スタンダードの開発が今後の課題である。　　　（西岡加名恵）

[参] 田中耕治ほか『新しい時代の教育課程』有斐閣、2005. 西岡加名恵『教科と総合に活かすポートフォリオ評価法』図書文化、2003. Wiggins, G. & McTighe, J.（2005）*Understanding by Design*（2nd Ed.）, ASCD.

ドメイン準拠評価とスタンダード準拠評価

→完全習得学習，到達度評価，パフォーマンス評価

【2種類ある目標に準拠した評価】　一定の評価基準を設定し，この基準と対比して個人の学習状況を評価する方法を目標準拠評価（criterion referenced assessment）といい，1963年にR.グレイサーによって提案された。しかし，その具体的な実施方法，評価基準の設定方法に関しては，ドメイン準拠評価とスタンダード準拠評価の2つの方法が考えられる。ドメイン準拠評価は数値的なカッティング・ポイントを評価基準として考えるのに対して，スタンダード準拠評価は言葉による表現とこれを補完する事例集によって評価基準を示す。

【ドメイン準拠評価】　ドメイン準拠評価（domain referenced assessment）は目標準拠評価の1つの解釈，実践方法としてW.J.ポファムによって提案された評価方法である。目標準拠評価を提案したグレイサーは，評価基準の設定方法などに関して具体的な提案をしなかったため，その実施方法が問題となった。ポファムの解釈，実施方法は，当時のアメリカでの行動主義の影響を受けた解釈である。行動主義に基づく評価では，個人の学習状況を測定する場合には，個人の明確な行動を対象とすべきであると考えた。具体的には，〔正解，誤り〕といった明瞭な採点が可能なテスト問題を多数出題し，これに対する個人の解答の状況（正解数という数値）をもとに評価すべきであると考えた。

さらに，評価対象とするドメイン（評価の対象とする学習の範囲）を明確に定義する必要があるとポファムは考えた。わが国でいえば「小学校の3年生で学習する漢字」などがこれに相当する。この明確に定義されたドメインについて，個人の学習状況を測定するために，ドメイン内で考えられるすべてのテスト問題の中から（例：小学校3年で学習するすべての漢字を問う問題），適正なサンプリングの手法に従ってテスト問題を選び出さなければならない。このようにして抽出されたテスト問題に対する個人の正解数は，その個人の対象ドメイン全体の学習状況を示すと考えたのである。得られた正解の数が一定の割合を超えた場合には，対象ドメインについて完全習得したと判断することが多い。これが完全習得学習である。

このようなドメイン準拠評価では，完全習得したと判断できる正解数，すなわちカッティング・ポイントをどう設定するかが問題となる。完全習得学習の立場に立たない場合には，学習状況にもいくつかのレベルがあると考え，正解数に応じて一定のレベルを区別する数値的な基準として，スタンダードという基準を考えるべきであるとする意見もある。このような考え方に立てば，完全習得学習はスタンダードを1つと考えた特別なケースということになる。

わが国でも，目標準拠評価はドメイン準拠評価の考え方で解釈されることが一般的であった。わが国の場合は，これを到達度評価として表現して，橋本重治を中心として理論研究や実践研究が行われた。そのためわが国の観点別評価では，観点の評価をこの到達度評価の考え方で実施している例が多い。

【ドメイン準拠評価の問題点】　目標準拠評価をドメイン準拠評価として解釈し実践する場合の問題点については，この方法の紹介者である橋本重治自身も『到達度評価の研究』（1981）の中で一部指摘している。すなわち，①到達度評価では教育目標を行動目標の形で書き上げなければならないが，行動目標の量が膨大となり実行が不可能になる。②基礎的知識や簡単な技能の行動目標は書くことができるが，高度の理解・思考・応用などの発展的な目標となると，ドメイン自体を確定することが困難となる。さらに，③すべての目標の完全習得はできないこと。

④細かな行動目標の設定は学習指導の自由な展開を妨げることなどである。このような問題は，1980年代に入ると提唱者のポファム自身を含めて広く認識されることとなった。わが国の観点別評価でも，思考力や判断力の評価は，この方法を用いることが困難な部分である。

【スタンダード準拠評価】　スタンダード準拠評価は，1987年オーストラリアのR.サドラーによって，ドメイン準拠評価の問題点を克服するために，目標準拠評価の新しい解釈として提唱された評価方法である。サドラーはドメイン準拠評価が適合するのは，カリキュラムの中のごく一部の内容や簡単な技能にすぎないとした。わが国のカリキュラムでいえば，2桁のたし算とか，かけ算の九九，一定学年に配当された漢字，地理での都道府県名などである。とりわけ問題とされたのは，1980年代に入って重要性が認識され始めた思考力や判断力，問題解決力などのいわゆる高次の技能（higher order skills）である。高次の技能は，評価の対象となるドメインを明確に規定できず，〔正解・誤り〕といった方法で採点するテストでは評価が困難である。代わりにパフォーマンス評価やオーセンティック評価を用いて，教師や評価者の専門的な判断を必要とする能力であるといわれている。判断にあたっては，パフォーマンスの洗練の程度を，一定の判断基準に照らして評価しなければならない。サドラーはこの判断基準をスタンダードとよんだ。この場合のスタンダードは，ドメイン準拠評価でいうところの数量的な基準を意味するスタンダードではない。高次の技能は完全習得学習が前提としているような〔正解・誤り〕といった2分法的なものではなく，初歩的なものから高度に洗練されたものまでのスペクトルのような形で存在するものであるとした。このスペクトルの区分（レベルの区分）をするのがサドラーのいうスタンダードである。各レベルのどこまで個人が達成可能であるかは，現実の個人の達成状況を調べてはじめてわかるものであるという。だれもが達成できないようなレベルをスタンダードとして設定しても意味はないとサドラーは考え，スタンダードの設定にあたっては，到達可能性の視点をもつべきであると主張している。

【スタンダードの示し方】　スタンダード準拠評価では，個人の学習のレベルを，各レベルに相当する特徴や性質を述べた言語表現と，各レベルに相当する実際の学習事例（事例集）を組み合わせた評価基準を用いて評価できるとする。学習事例は，学習内容の特質に応じて，レポートやエッセイ，作品や製作物，テストの答案例などさまざまなものを用いる。この事例と言葉による説明の両者を用いて，評価基準の理解を図ることができるというのである。

【スタンダード準拠評価の事例】　スタンダード準拠評価は，サドラーによって理論的な裏づけを与えられたが，理論化される以前からイギリスのGCE試験やCSE試験の中で実践されていたものである。特にGCE試験のOレベルと，CSE試験を1988年に統合したGCSE試験で，パフォーマンス評価に相当するコースワークの評価に用いられている。また，イギリスのナショナル・カリキュラムにおけるレベル評価の基本的な考え方は，スタンダード準拠評価である。各レベルの特徴を示す言語表現と，各レベルの具体的な学習例を集めた事例集が作成されている。オーストラリア各州でも採用されている。

スタンダード準拠評価の評価結果がハイ・ステークスな評価となる場合には，評価基準やその解釈，評価基準の適用方法が統一されなければならない。このような評価の統一のための手続きをモデレーションという。このモデレーションを最も厳密に実施しているのが，イギリスのAレベル試験やGCSE試験である。

（鈴木秀幸）

[参] 橋本重治『到達度評価の研究』図書文化，1981.

知的能力の発達と個人差

→成熟と学習,知能

【歴史】 知的能力への関心は歴史を遡れば人類の誕生にまでつながり,一般に非常に高い。心理学者の知的能力に対する探究もきわめて古いものであった。関心の向かう方向はさまざまであるが,特に知的な個人差は注目を集めてきた。これは第4章「知能・創造性の評価」で詳しく述べられるが,20世紀に入って知能テストの開発研究へと発展していった。もう1つの関心は,知的能力はいかに形成されるか,という発達理論として発展してきた。

今世紀における知的能力の発達研究でJ.ピアジェは特筆すべきであるが,過去にはW.シュテルン,F.L.グッドイナフなどの多数の研究者の名前をあげることも可能である。彼らは知的発達のグランドセオリーを発表しているのではないが,児童期の推理活動の特徴をとらえたり,抽象能力の発達について個別的仮説,つまりマイクロセオリーを提起している。

【理論】 知的能力の発達に対するグランドセオリーは何といってもJ.ピアジェである。彼は人間と環境との相互作用によって,内面に知的能力の枠組であるシェマ(shema)が形成され,それが成長発達とともにしだいに論理的な構造として備わっていくと主張した。環境と人間との相互作用とは,同化,調節,そして均衡化であり,同化とはすでに所有している内面のシェマに環境を合わせることであり,逆に調節は内面のシェマを環境条件に合うように変化させることであった。均衡化とは,同化と調節によって,内のシェマと外の環境とを調和させる活動を指していた。

ピアジェの知的発達の理論は発達段階として区切り,有名である。第1の「感覚運動的段階」は,生まれてから2歳ころまでである。赤ちゃんは自分の起こすさまざまな活動が周囲に大きな変化を引き起こすことを発見していく。すなわち,ガラガラを振れば大きな音が出ることを知って,因果関係律の基礎を習得するのである。この段階では「対象の永続性」も身につける。すなわち,オモチャを布で覆っても消えるものではなく,存在し続けることを知るのである。第2の「前操作段階」は,2歳前後から6,7歳ころまでであり,ここで操作とは論理と同じ意味をもっている。すなわち,まだ論理的な知的活動は十分に確立されていない。保存課題で粘土を変形して,見かけが同じでなくなると,初めに重さが等しいとした判断さえも変えてしまう。このように論理的判断さえもが視覚的印象に追従するという知的発達の段階として位置づけられている。この特徴を自己中心性,知覚依存と称する。

第3は「具体的操作段階」である。児童期がこの段階に重なっていて,7歳前後から11,12歳ころまでを指している。さきの保存課題を解くこともできるし,推移率の課題も可能になる。しかしながら,論理が間違いなく実行可能な条件は具体的な状態のもとである。目に見えるという具体性に支えられないといけない。したがって,仮想現実とか,現実を乗り越えて形式論理のみで想定する状況では,論理操作を正しく実行することができない。第4の「形式的操作段階」ではじめて抽象的思考が可能になる。すなわち,具体的状況に影響されることなく,仮説を構成したり,論理的な組合せをすべて想定して系統的に実地検証したり,単なる論理の運用によって逆説を構成し,検証することが可能になってくる。この発達段階では論理的思考,科学的思考が完成のレベルに到達する。しかし知的な自己中心性が生まれることもある。

【ピアジェ以降】 ピアジェの理論は,誕生から大人にいたる知的発達をトータルに論ずるグランドセオリーであり,20世紀の後半になると,

世界で大きな注目を浴びて，学問的にも大きな反響をよんできた。おもな理由としては，多くの学者の提起したマイクロセオリーは緻密ではあっても，一貫した総合理論が登場していなかったという背景があるものと考えられる。その結果は，アメリカ，ヨーロッパ，日本などで，彼の提起した理論や自ら行った実験について，多数の検証研究が行われた。人々はグランドセオリーにひかれて，それを支えている個別のテーマについて検証実験がなされたのである。

1つは20世紀も70年代に入って，著しくコンピュータが発達し，その影響を受けて，人間を情報処理機構としてとらえ，その発達過程とみなす考え方が生まれてきたことが大きい。こうした発展は「新ピアジェ派」とよばれ，その代表であるR.ケースは，ピアジェのいう知的発達を①記憶貯蔵庫がしだいに成熟するにつれて，一時に処理する情報処理量が増加するとともに，②処理の仕方も効率的になり，さらに個々の課題について経験を重ねるにつれて，③自動的に処理する能力に求めたのである。ピアジェの理論に，情報処理の概念を持ち込んで精緻化していった結果，ピアジェ理論に変化が生まれてきたということである。

もう1つは，さまざまな追試的実験が重ねられた結果，ピアジェの知的発達理論には，いくつかの問題点が明らかになった。1つは，ピアジェの当初の考え方とは異なって，それぞれの発達段階での特徴的な課題での習得には一貫性が乏しく，大きな差が認められることであった。また文化圏によっても差が存在していた。これらはピアジェのグランドセオリーの根拠をなしている個々の実証的エピソードに直接の批判を加え，いわばマイクロセオリーに立ちもどっている感がある。

次にピアジェの理論は，個人と環境との相互作用に知的発達の根源を置くが，対してH.ワロンは，人間とはそもそも社会的な存在であり，赤ちゃんといえども親との密接な社会的かかわりを基礎に，泣き，笑い，怒りながら発達していくものである。発達の根源は社会的存在の中にある，と主張したのであった。この批判には賛同者もあるが，さらに緻密な実証研究，エピソードに基づいた理論構築が求められる。

【課題】 ピアジェ，新ピアジェ派の知的発達の理論が，特に学校教育が形成の目標としている「学力」といかなる関係にあるかについては，必ずしも明確な見方・考え方が，過去に示されているわけではない。その意味では明らかに追究されねばならない研究課題である。一般的なとらえ方としては，知的発達の理論とは学力が形成される基盤をなすものであり，知能観と類似の性質をもっていると思われるが，その詳細は今後の課題になっている。

次に，知的能力と学力を論ずるとき，近年，忘れられないのが，「素朴理論」とよばれる幼児・児童のもっている科学概念である。幼児・児童は，その日常の生活体験から，しだいに自然現象や生物のあり方について，独特の因果関係の体系を獲得するようになる。例えば，生物と無生物の違いについて，自発的な運動や心臓や骨などの器官，人工物などでは，両者に違いがあることを熟知しているし，4，5歳児でさえ病気には感染源があり，病気に罹るか罹らないかを予測できる因果律を獲得しているという。これらの見方は，大人から意図的に教えられたものではなく，生活の中から獲得したものとみなされ，素人の理論という意味で「素朴理論」といわれている。児童生徒に科学的概念を教えようとすると，彼らの内面にある「素朴理論」と衝突して，学習が困難になることもあり，自生的に獲得した「素朴理論」の性質を明らかにしておくことは，学力形成の第一歩とみなされるようになった。
(梶田正巳)

[参] 波多野誼余夫編『学習と発達』東京大学出版会，1996．R.S.シーグラー（無藤隆・日笠摩子訳）『子どもの思考』誠信書房，1992．梅本堯夫監修『認知発達心理学』培風館，2002．

学力

→基礎学力，成果としての学力・過程としての学力，「新しい学力観」と「学力低下」論争

【語義】　もともと，学力とは，子ども・成人の能力のうち，特に学校において系統的に伝授され，獲得される知識・技能を指している。その総体を学力とよび，それが人間の人格形成の基盤を形成するものとみなされる。

【学力をめぐる対立軸】　学力の範囲としてどこまで含めるか，その広がりが問題になる。それは，学校として何をめざすのかという位置づけと密接にかかわりつつ，同時に，その成果をいかに評価するかということとも切り離せない。さらに，学校特有の働きの成果として学力をとらえることの限界も，現代の情報化され，生涯学習が通常のこととなった社会の中で明瞭になってきた。それらを受けて，学力の定義は多様化してきている。

❶知識対問題解決力という対立軸：古くからの教育における形式陶冶対実質陶冶の対立のバリエーションでもある。心理的に「思考」や「学ぶこと」を特徴づければ，何らかの対象の表象について心の中で操作を加え，変形して，その結果を解答として表現するという過程となる。そこでは，対象の特徴とともに，それについての操作の仕方が問題となっている。内容と過程の対比といってもよい。過程としての操作活動は思考・問題解決の中核をなす働きであり，学習を通してある程度汎用性があると期待される。しかし，特定の事柄の理解にはそのことについての内容的な把握が不可欠であり，つまりは知識を必要とする。したがって，知識も問題解決力もともに重要であり，どちらか一方で足りるというわけではない。しかしその両方が大事だとしても，実際の教育カリキュラムの設計においては，力点や時間配分の違い，またその習得順序などの決め方はさまざまに考えられる。

❷基礎学力と高度な学力という対立軸：どちらも重要であることや，学校教育は前者から後者に移行していくということも異論はない。問題は何を基礎とするか，また基礎と高度なレベルとの関係にある。

算数・国語のような記号操作を核とした教科における基礎技能と基礎知識を中心として基礎学力をとらえ，それを小学校教育の主要な柱とするという考え方がある。そこから，教科ごとの高度な知識の習得へと進む。そこでは，内容知識を個別ではなく，互いに密接に関連させつつ，組織的なものとして学んでいく。そのための基礎として，どういったことが必要なのか，特に，読み書き計算の基礎技能以外の知識はどの程度に必要かが問題となる。しばしば教科の高度な専門を扱う立場からは，その学習にとって前提となるような概念や技能が事前に習得されているならば，指導を効果的に行うことができる。そこで，学校の学力としてはこの点を重視し，系統的な指導をその基礎概念から行うようにカリキュラム編成を行う必要がある。特に初等教育にかかわる立場からは，その段階での学習が基礎技能だけで成り立つと考えるのではなく，高度であってもその教科の中核となる概念については系統的に指導する必要があると考えられる。また同時に，高度なレベルにおいて教科における問題解決を強調するならば，知識や概念の柔軟な組み替えを求める必要もある。

したがって，子どもの実際の学習活動に即して考えると，基礎学力と高度な学力の対比は自明ではない。教授過程やカリキュラム開発と各々の校種における学力の定義は切り離せないものである。

❸知識中心と総合的な学力という対立軸：これは古くからある区別であるが，日本では，特に1990年代以降，知識を重視する立場と意欲などを含み込んだ学力のとらえ方の立場が国の施策の方向の決定において対立し，教育界の論争

の基調をつくってきた。知識中心の学力は学力調査となじみやすく，客観的に把握されやすいのに対して，総合的な学力の立場で重視される意欲などは曖昧さを多く含んでいる。意欲は，だれが実施しても同一の評価になるという客観性をもつとは限らず，精細で虚偽を防ぐような測定手段が十分に開発されているわけではない。また，そのつどの変動が大きく，教育の成果としてその質や量を規定しにくい。その面を克服するために，意欲について効力感や学習観といったものを中心とした教育目標のとらえ方もあるが（ブルームの目標分類の情意的領域の発展である），十分とはいえない。しかし，次に述べる「学ぶ力」としての学力を重視する立場からは不可欠の要素となる。

❹**達成した学力と学ぶ力としての学力という対立軸**：後者には問題解決力や思考力，内発的・自律的な学習意欲や学習観などが含まれる。だが，新たなことを学ぶにはそれにかかわる内容知識が基礎として必要であるので，達成した学力面も必要条件となる。新たな知識を得るのは学習者のもつ既有の知識の組織に組み込み，それをつくり替えていくことであると認知心理学では考えられている。学ぶ力はそこでの組み替えるための操作にかかわる面であるともいえる。

❺**知的能力対人間性という対立軸**：後者を「人間力」とよぶこともある。総合的な学力の見方をさらに広げて，人間として社会の中に生きるために必要なすべてを含める。その概念の曖昧さと詳細の規定のしにくさはあるものの，そういった広義のとらえ方があってこそ，学校で得た学力を世の中に生かすということの展望も得られるのである。

【**学力の背景**】　学力をいかに定義するかは，それ自体の吟味とともに，その獲得が現代の社会でいかに行われ，その際の援助がどのようになされるのかということと切り離すことはできない。第1に，学校と社会における学力の獲得の相対的な重要性である。社会での情報化と生涯学習化は，学校での学習の相対的な重要度の低下とともに，社会全般での学習との関連という新たな問題をもたらしている。例えば，国語力は学校の国語の授業およびその他の授業での育成とともに，家庭や地域やマスメディアや，そして何より当人の読書活動などから大きく影響を受ける。あるいは英語力などはおそらく塾や海外経験，メディアの利用などにより促進されるだろう。

第2に，学力の問題は常に，それをいかにして評価・測定し，その結果を国の教育施策や個別の学校の方針に反映させるかと表裏一体の関係にある。そして，その傾向は説明責任が強調される時代にあって，ますます強くなってきている。そこで，学力調査として何を測定しているかが，逆に，学力の定義とか，あるいは学力において実際に重視される面を規定することになる。国や教育委員会などでの教育課程の組み方においても，学力のとらえ方とともに，実際にそれをいかに測定するかが影響していく。

第3に，個別の学校の授業での学習の指導の改善において，その見通しを与え，個別の改善点を示唆するのに，どのような学力のとらえ方が役立つかということがある。ここでは，必ずしも学力検査による客観的測定だけが重要だということにはならない。教師による大まかな評定でも有用であり，さらに詳細な学習者のつまずきの評価などは一般的な学力検査ではなく，学習中の子どもの様子の把握までもが求められるからである。そのうえ，知識中心の学力が学校や授業での目標の重要な部分ではあってもその一部である以上，他の面について教師は指導し，評価を試みる必要がある。

【**今後の課題**】　何より学力観の広がりに見合った，学力検査の種類の拡大と評価規準を多くの学力の面に広げて具体化することが求められる。また，測定と評価を幅広くとらえつつ，多少とも客観化することで，学力の議論も実証性のあるものとなろう。

(無藤　隆)

教育目標の性質

→目標の具体化，目標の具体化と具体的評価基準の作成，目標に準拠した評価

【語義】 教育目標は，教授・学習過程の結果として期待される学習者の状態を表現したものであるが，「～について，～ができる」という形式で記述されるように，内容的要素と能力的要素から構成されている。その場合，内容的要素として表現される内容事項には，きわめて個別的・具体的な内容もあれば，一般的・抽象的な内容までありえる。同様に，能力的要素として表現される動詞にも，外部から観察可能な行動を表す具体的な行為動詞もあれば，観察不可能な認知過程を表す動詞もある。そうした内容的要素と能力的要素の性質（一般性または抽象性）によって，教育目標はさまざまな分類がなされている。なお，教育目標は指導者にとっては指導目標であり，学習者にとっては学習目標であるが，評価者にとっては評価目標（評価規準ともいわれている）にもなりうる。

【一般目標と行動目標】 一般目標は，一般的・抽象的な内容と観察不可能な認知過程を表す動詞から構成される目標であり，行動目標は，個別的・具体的な内容と観察可能な行動を表す具体的な行為動詞から構成される目標である。

最も一般性の高い教育目標は，教育基本法第1条（教育の目的）や学校教育法における各学校段階ごとの教育目標のような国家レベルの教育目標であろうが，各学校レベルでも，複数学年に共通の教育目標や学年末の総括的評価を行う場合の評価目標を記述する場合には，一般目標とならざるをえないであろう。それに対し，単元の目標や本時の目標を記述する場合には，行動目標で記述することが可能である。

教育目標を行動目標として記述する方法としては，R.F.メージャー（1962）による3段階の作業手順やN.E.グロンランド（1978）による2段階記述方式などが提案されている。また，橋本重治（1976）は，行動目標の記述に用いられる行為動詞を紹介している。

【方向目標と到達目標】 仮説実験授業の提唱者の一人である板倉聖宣は，日本教育心理学会1965（昭和40）年度シンポジウムにおいて，方向目標と到達目標を区別し，義務教育段階における到達目標の必要性を提唱している。板倉によると，到達目標とは必ず到達すべき目標であり，方向目標とはできるだけよくできるようになることが望ましいような目標である。なお，完全習得学習理論を日本に紹介し，到達度評価の普及に尽力した梶田叡一（1980）は，到達目標が行動目標として表現されなければならないという主張に対し，到達目標を達成目標・向上目標・体験目標に分けることを提唱している。

【形成的目標と総括的目標】 完全習得学習理論を提唱したB.S.ブルームら（1971）によると，形成的評価を行うための評価目標が形成的目標であり，総括的評価を行うための評価目標が総括的目標である。したがって，形成的目標は，行動目標や到達目標として記述することが多く，総括的目標は一般目標や方向目標として記述せざるをえない場合が多い。

なお，D.R.クラスウォールら（1971）は，形成的目標を完全習得目標ともよんでいる。

【教授的目標と表現的目標】 E.W.アイズナー（1969）は，文化の習得のために必要な用具的な基礎的知識・技能に関する目標を教授的目標，それに基づいて各生徒が拡大深化・発展させ，創造する目標を表現的目標としたうえで，前者は行動目標として具体化することができるが，後者は不可能であるとしている。　（撫尾知信）

[参] 橋本重治『新・教育評価法総説』金子書房，1976．梶田叡一『現代教育評価論』金子書房，1980．B.S.ブルーム（梶田叡一・渋谷憲一・藤田恵璽訳）『教育評価法ハンドブック』第一法規出版，1973．

教育目標の分類

→ブルームの目標分類学，学力

【語義】 学力とは，教師の指導と学習者の学習の結果として学習者に獲得された教育目標の達成状態（達成度）であると考えることができる。したがって，学力の分類を目的として，教育目標を分類することが考えられる。ただし，教育目標そのものは，「〜について，〜ができる」という形で表現されるように，内容的要素と能力的要素からなっている。ところが，内容的要素は，教科によってはもちろん学年や単元によっても異なるわけであるから，多くの教科に共通する学力や教育目標の分類を行うとすれば，能力的要素について分類せざるをえない。教育目標を能力的側面から体系的に分類したものとしては，B.S.ブルームらによる教育目標のタキソノミー（分類学）が有名であるが，ここでは，おもにわが国における教育目標（学力）の分類について述べる。

【広岡亮蔵による分類】 広岡（1953）は，学力が上層・中層・下層の三層構造をなしていると考えたうえで，以下のような分類を行っている。
(a)個別的能力（下層）：個々の経験場面における能力
　(イ)個別的知識：個々の経験における認識内容
　(ロ)個別的技能：個々の経験における発動行為
(b)概括的認識または概括（中層）：個別的能力を超えて，これを概括する上位能力であり，個々の経験を貫いている法則を発見する能力。概括的認識にも，特殊的な認識から，一般的な認識へという段階がある。
(c)行為的態度（上層）：事態の概括的認識が実感的に達成されたときに生じる，認識内容を実現しようとする態度や意欲。行為的態度にも，特定の教科に特有な態度と，探求的態度・合理的態度・批判的態度・創造的態度などの超教科的な態度がある。

また，広岡（1957）は，学力を，①知識・理解・思考・判断などの知的能力，②技能，③鑑賞・表現などの感情能力，④興味・関心・態度・習慣などの態度能力に分類している。

【大西佐一の分類】 大西（1955）は，1949年にイリノイ大学で開催された「教育目標分類学に関する研究協議会」の資料と，彼の同大学での研究に基づいて，以下のような分類を行っている。大西の分類においても，ブルームらによる教育目標のタキソノミーとほぼ同様に，教育目標を認知的領域，情意的領域，運動的領域の3領域に分けているが，運動的領域については特に取り上げられていない。
  1. 認知的領域
　(1)知識
　(2)知的技能
　　(A)理解　(a)翻訳，(b)解釈，(c)類推
　　(B)応用
　　(C)分析
　　(D)総合　(a)単に自己の意志を相手に通ずるのが主要目的である場合，(b)総合の所産が一つの計画である場合，(c)総合の所産が抽象的な関係や法則である場合
　　(E)評価　(a)原内容の内部に存在すべき論理的正確性又は一貫性等が準拠になる場合，(b)原内容を超えた広い観点が準拠になる場合
  2. 情意的領域
　　(A)対象の受容　(a)関心，(b)興味
　　(B)感動的体験（鑑賞）
　　(C)傾向の形成
　　　(a)習慣
　　　(b)態度　(1)知的対象によるもの，(2)美的対象によるもの，(3)道徳的対象によるもの
　　　(c)適応　(イ)抑制的適応，(ロ)積極的適応

【橋本重治による分類】 橋本（1976）は，内外における多くの教育目標の分類を比較検討したうえで，以下のような分類を行っている。
　(A)主として認知的な目標

1. 知識：意味がわかっているうえにそれが記憶されており，再生・再認されることのできる概念内容。
   1.1 記号・用語・具体的事実についての知識
   1.2 方法及び手続きについての知識
   1.3 概括や原理についての知識
2. 理解：事態の内部関係の把握が成立している状態。
   2.1 因果関係の把握の成立
   2.2 種類・所属・類縁・全体と部分等の関係の把握の成立（内包・外延関係の把握）
   2.3 物事の性質とその影響や効果との関係の把握の成立等
3. 思考：新しい問題場面において，事態を分析し，問題の核心をつかみ，既有の知識・原理を関連づけてこれを解決したり，解釈したりする。
   3.1 問題の認知・発見・構成（問題意識）
   3.2 知識・原理の応用（演繹的思考）
   3.3 資料の解釈（帰納的思考）
4. 創造：いわゆる拡散的思考を働かせ，既存の要素や部分を総合して新しいものを創り出す。思考と共通する面も多いが，それよりも広い概念で，技能も態度も含む。
   4.1 創造的思考
   4.2 創造的技能
   4.3 創造的態度
5. 評価：情意領域における芸術・文化等に対する鑑賞に対応し，認知領域における情報・提案・理論・方法等の伝達内容についての価値判断。
   5.1 その伝達内容に内在する規準に照らしての価値判断
   5.2 その伝達内容に外在する理念や規準に照らしての価値判断

(B)主として技能的な目標

6. 技能：一定の目的を遂行するのに効果的に適合するように分化し統合された精神的，身体的な行動の様式や方法。
   6.1 読み・書き・計算等の技能
   6.2 情報の探索・処理の技能
   6.3 社会的技能
   6.4 機械・器具の操作や使用の技能
   6.5 観察・実験の技能
   6.6 製作・表現の技能
   6.7 運動・スポーツ技能等
7. 作品・表現：多くの場合，物質や器具使用を媒介として作成あるいは表現されたもの（パフォーマンス）で，技能を中心として他の目標をも統合した具体的な目標。
   7.1 作品
   7.2 表現

(C)主として情意的な目標

8. 関心・興味：なんらかの対象・問題・内容に対して反応し，注意し，何かをしようとの意欲を示す。
   8.1 関心
   8.2 興味
9. 態度：見方・考え方・行動の傾向性であって，人の行動に対して指示力をもつ一種の精神的身体的準備の状態。
   9.1 社会的態度・価値観
   9.2 科学的態度
   9.3 学習態度等
10. 鑑賞：文学・美術・音楽・演劇その他に対する価値評価であるが，認知的目標としての「評価」以上に強い好き嫌いの情緒的反応を伴う。
    10.1 文学の鑑賞
    10.2 美術の鑑賞
    10.3 音楽・演劇の鑑賞
    10.4 スポーツの鑑賞等
11. 習慣：態度の一部で，一定の具体的行動様式に関し，それを実行する意欲がほとんど自動的に発動するに至っている行動傾向。
    11.1 健康・安全の習慣
    11.2 学習習慣
    11.3 社会的習慣等

(撫尾知信)

[参] 広岡亮蔵『基礎学力』金子書房，1953．橋本重治『新・教育評価法総説』金子書房，1976．清水利信『学力構造の心理学』金子書房，1978．

成果としての学力，過程としての学力

→関心・意欲・態度の評価方法，見取り評価，自己評価と相互評価，ポートフォリオ

【語義】　成果としての学力とは，学習の終了後，学力検査などテストの結果からとらえることができる学力のことをいう。主として知識・技能を指し，学習の成果として獲得した知識や技能の質や量が問われる。過程としての学力とは，学習過程において，学習者の活動それ自体からとらえることのできる学力のことをいう。主として関心・意欲・態度や判断力，思考力，読解力，表現力などを指し，授業への参加のあり方や課題解決の進め方といった学習行為自体が問われる。さらに，近年では学習観や学力観の拡張や変容に伴い，「自ら学ぶ力」や「他者と協働して学ぶ力」「コミュニケーション力」なども過程としての学力として重視されている。

【評価の視点や方法】　2つの学力を評価という点からみてみよう。

❶成果としての学力の特徴：第1に，成果としての学力は客観的な把握が可能である。例えば，「わり算ができる」「be動詞がわかる」といったことはテスト法により把握できる。だれが採点しても正答が1つに定まるような回答形式にしておくなど測定方法の工夫が必要である。それゆえ第2に，評価は手続きの客観性が保障された方法によって行われる。知識や技能の質や量をより正確に，客観的に測定するための評価技法が開発されている。第3に，評価基準は学習者の外に置かれ，評価者の主観を排した基準が用いられる。

❷過程としての学力の特徴：第1に，客観的な把握がむずかしい。関心・意欲・態度などは「見えない学力」「測りにくい学力」とも称され，客観的測定ではなく評価者による解釈として把握される。第2に，評価は評価者による見取り評価や学習者自身による自己評価によって行われる。評価者には，学習者の姿をていねいにみていくなかで，学習者の行為や学習のさなかに生じた出来事を即時的にとらえ，継続的に記録し解釈していくことが求められる。学習者理解のあり方や鑑識眼が厳しく問われる高度な評価方法である。また，自己評価にあたっては評価基準の設定や評価の実施が適切になされるよう，学習者への指導が必要である。第3に，評価基準は学習者の外に置かれるが，その基準自体は，評価者や学習者自身の解釈による部分が多い。近年では，ルーブリックを用いて学習成果の質を数量的にとらえるパフォーマンス評価も注目されている。

【課題】　成果としての学力と過程としての学力は対比的に特徴づけられるが，共に学力の一側面であり統合的発達が望ましい。統合的なあり方として3点指摘できる。①過程としての学力を基盤として成果としての学力が形成される。学習意欲や思考，判断なくして知識・技能の獲得はありえない。②過程としての学力は，成果としての学力として現れるような具体的な知識・技能の獲得の過程において習得される。例えば，関心・意欲・態度は，一般的な資質や単なる熱心な姿としては存在しない。「分数のわり算」を理解し，できるようになる過程において，授業や計算問題への取組み方として存在する。③学習過程における学習者の活動それ自体が学習成果となる場合もある。例えば，総合的な学習の時間において，広い視野で深く考えているか，資料を収集し活用しているか，課題解決の過程において工夫や発見があるか，学習過程を適切に表現できているか，などの点に学習成果が示される。これらの力はテスト法で簡単に測定できない。学習者が学習の過程で収集した資料やメモ，作品などを保存したファイルであるポートフォリオなどを用いて評価される。ポートフォリオ自体が学習の過程を示すとともに学習の成果を示すのである。

（藤江康彦）

基礎・基本

→学力，基礎学力

【語義】 基礎・基本とは，大本をなすもの，よりどころとなるもの，土台となるもの，という意味である。これを教育においてとらえる場合，基礎と基本を分けて，基礎は土台となる礎のようなもので，基本はよりどころとなる柱のようなものであるとするとらえ方がある。しかし，具体的な内容を基礎と基本に分けて明確に区別するのはむずかしい場合があり，両者は一体としてとらえるのが実際的である。また，基礎・基本とは，例えば，読む・書く・計算を中心とする内容，各教科等の内容の中核になるもの，小学校教育あるいは義務教育で指導される内容，国民として必要とされる内容，望ましい人間形成を図るのに必要な内容などのさまざまなとらえ方があった。現在，教育活動の実施にあたって，子どもたちが身につけるべき基礎・基本は，「基礎的・基本的な内容」を略した用語であり，読む・書く・計算などの知識，技能にとどまらず，思考力，表現力などの資質・能力を含めたものであり，学習指導要領の各教科等の目標，内容として定められたものの全体を一言で表現したもの，として用いられている。

【経緯】 昭和40年代には「基礎」と「基本」が使い分けられていたが，昭和50年代から「基礎・基本」や「基礎的・基本的な内容」が用いられるようになり，1989（平成元）年の学習指導要領以降，「基礎・基本」は「基礎的・基本的な内容」の略として整理され，今日にいたっている。基礎・基本のとらえ方について，1996（平成8）年の中教審（第一次答申）は，「教育内容の厳選は，学校で身につけるべき基礎・基本は何か……と問いつつ，徹底して行うべきであり……。教育内容を基礎・基本に絞り，その厳選を図る必要がある」としている。その際，特に(a)国語を尊重する態度や国語により適切に表現する能力と的確に理解する能力。(b)我が国の文化と伝統に対する理解と愛情，諸外国の文化に対する理解とこれを尊重する態度，外国語によるコミュニケーション能力。(c)論理的思考力や科学的思考力，事象を数理的に考察し処理する能力や情報活用能力。(d)家庭生活や社会生活の意義を理解し，その形成者として主体的・創造的に実践する能力と態度。(e)芸術を愛好し，芸術に対する豊かな感性，運動に親しむ習慣，健康で安全な生活を生涯にわたって送る態度。(f)豊かな人間性，自分の生き方を主体的に考える態度等の資質・能力を重視する必要があるとしている。これらの答申を受けて，教課審は，「望ましい人間形成を図る上で必要な基礎的・基本的な内容を明確にすること（平成9年，中間まとめ）」「教える内容をその後の学習や生活に必要な最小限の基礎的・基本的内容に厳選すること（答申，平成10年7月）」を示した。このような経緯を経て学習指導要領の改訂が行われた（平成10年12月）のである。すなわち，厳選して学習指導要領に示された目標や内容が基礎・基本であり，それは学校で行う教育全体を指したものといえる。しかし，基礎・基本の用語は一般的で広範な意味をもつことから，近年では，例えば「学習指導要領に示す基礎的・基本的な内容」というように，具体的で限定的な使い方をするような配慮がみられる。

【課題】 中教審および教課審は，厳選した教育内容，すなわち基礎・基本については，一人一人が確実に身につけるようにしなければならないことを強く示してきた。また，1998（平成10）年の学習指導要領には，「基礎的・基本的な内容の確実な定着を図り，個性を生かす教育の充実に努めなければならない」ことが示された。基礎・基本についての課題は，学習指導を工夫改善し，子どもたちが基礎・基本を確実に身につけるようにすることにある。（嶋野道弘）

基礎学力

→学力，基礎・基本，「新しい学力観」と「学力低下」論争

【語義】　この用語の語義を明確にすることは，「学力の中の基礎部分」ということ以外には困難である。この用語を，すべての人が必ずしも同じ意味のものとして使うとは限らないからである。むしろこれまで下に示すような種々の意味で使われてきているので，この用語に出合ったら，このうちのどの意味で使われているかをはっきりさせる必要がある。

①読・書・算の 3R's（生活に最低限必要な言語能力と計算能力）
②より上位の学力に対する下位の学力（したがって，同じ学力でも見方によって基礎とも応用ともよばれる）
③国民としての最低限の教養（ほぼすべての文化領域の国民的共通教養の部分）
④学校で育てる能力のうちの基礎ないし土台の部分

これらの種類は基礎の意味をどう考えるかによっている。他方，学力をどうとらえるかによっても意味が異なる。例えば，学力を内容面からとらえると，基礎とは知識であったり，技能であったりする。これに対して機能面からとらえると思考力を指すことが多い。

【歴史と展開】　一般に，この用語は第2次世界大戦後の昭和20年代に起きた「基礎学力論争」によって，はっきり理論的かつ社会的に問題とされた。すなわち，昭和20年代の新教育運動が依拠した経験主義教育が，小学校段階の読み・書き・計算の能力を子どもに十分身につけさせていない，という複数の学力調査結果が発表され，これによって世論や新教育を批判する側の理論家は，基礎学力が育っていないとして大々的に問題視した。これに対して新教育論者は，それは古い学力観に立つものであり，新しい学力観に立てば，基礎学力というのは「思考力」「問題解決能力」のことであるから，それをみなければわからない，と反論した。しかし，新しい学力観に立っても，やはりその新学力が十分育っているとはいえないと新教育論者も認めざるをえない状況となり，新教育運動は昭和20年代末には終息した。このとき，基礎学力の語義が，批判する側の理論家の間でも複数あり，大別すれば，識字能力的な意味の日常的な読・書・算の能力とする立場の人と，国民としての最低教養たる自然科学的・社会科学的な素養も含める立場の人とがいたといってよい。後者の場合は，義務教育で身につけるべき共通教養的能力を指すといえる。

近年で「基礎学力」が社会的に大きく取り上げられたのは，京都大学理学部数学科の西村和雄教授を中心とする学者グループと，教育改革国民会議の答申とによって問題提起がなされた，1999（平成11）年ごろから数年間続いた論議である。学力のとらえ方の違いを超えて小学校・中学校段階の知識・技能が不十分であるとの強い不満が，2002（平成14）年実施の学習指導要領に向けられ，大きな社会的問題となった。この場合，必ずしも基礎学力だけでなく「学力低下」論争として，「思考力」重視の教育政策を，推進する側とこれを批判する側とが論じ合い，大きな対立となったため，2003（平成15）年にはその批判の声を受けて学習指導要領の一部改正が行われた。

【課題】　基礎学力をどういうものとみるのかは，立場によって異なるのは仕方がないであろう。問題は，基礎という語の意味を「人間としての基礎」なのか，「学問としての基礎」なのか，「国民としての基礎」なのかによって明確に区別しながら議論を行うべきである，ということである。このうちのどれかでなければならない，と自分の立場を絶対化して主張することはできないことを知る必要がある。　　　（安彦忠彦）

自己教育力

→自己制御学習，自己評価と相互評価，自己学習における評価

【語義】 学習者が自らの意志に基づき，状況に応じて自らを律して，自ら学び，自ら考える力を，自己教育力あるいは自己学習力とよぶ。なお，教育心理学の研究において，学習者の自律的な学習を自己制御学習とよぶことがある。自己制御学習の能力は，自己教育力と類似していると考えられる。

【歴史】 「自己教育力」という言葉が教育界で広く知られるようになった端緒は，中央教育審議会の教育内容等小委員会審議経過報告(1983)である。具体的な自己教育力の内容として，上記の報告では，主体的に学ぶ強い意志，意欲や，問題の解決に積極的に挑む知的探究心，主体的に目標を設定し必要な情報を選択したり活用していく能力や，何をどのように学ぶかといった学習の仕方の習得，をあげている。

そして，臨時教育審議会の第二次答申(1986)では，自己教育力の育成が大きな教育テーマの1つとしてあげられている。具体的に「社会の変化や発展のなかで自らが主体的に学ぶ意志，態度，能力等」を，自己教育力とよんでいる。翌年に示された，教育課程審議会の答申(1987)に記載されている「自ら学ぶ意欲と社会の変化に主体的に対応できる能力」も，自己教育力に対応する力であると考えられる。

さらに1989(平成元)年に告示された学習指導要領においても，「自ら学ぶ意欲と社会の変化に主体的に対応できる能力」として自己教育力を定義し，やはり自己教育力の育成が重視されている。

そして，1998(平成10)年(小学校・中学校)と1999年(高等学校)に告示された学習指導要領で，「自ら学び自ら考える力」が強調されている。この学習指導要領では，総合的な学習の時間が盛り込まれているのが特徴的である。その総合的な学習の時間のねらいとして「自ら課題を見付け，自ら学び，自ら考え，主体的に判断し，よりよく問題を解決する資質や能力を育てること。学び方やものの考え方を身に付け，問題の解決や探究活動に主体的，創造的に取り組む態度を育て，自己の在り方生き方を考えることができるようにすること」にも言及していることは，着目すべきだろう。

【課題】 自己教育力は，他人の圧力のもとで学ぶ力ではなく，自らすすんで学ぶための力である。ゆえに教育者が学習者の自己教育力を高めるためには，この観点を前提とした教育を実践していくことが大切であろう。特に重要なのは，学習者が，学びに関する決定や選択を自由にできることである。例えば，課題，方法，評価，環境の各々の視点から，学習者の選択や決定の自由について述べると次のようになる。

第1に，課題の選択の自由は，ある課題の学びへの参加の有無や，複数の課題の中から自分が学ぶ課題を，学習者が選べることである。

第2に方法の選択の自由とは，学びの方法や学びのペースを学習者が選べる自由である。

第3に，評価の選択の自由とは，学習者自らが評価規準や評価基準を選択して，自己の学びを多面的に評価できることである。

第4に，環境の選択の自由としては，学習者にとって学ぶうえで最適な場所や場面の選択などが考えられる。

このような選択の自由をいかに教育の中で保証するかと同時に，自己責任性をいかに自覚させるかが，今後の教育の重要課題となるのではないか。 (上淵　寿)

[参] 上淵寿「自己評価と自己制御学習」無藤隆・市川伸一編著『学校教育の心理学』学文社，1998. 上淵寿「自己制御学習」『動機づけ研究の最前線』北大路書房，2004.

個性と能力

→パーソナリティとその評価，知能，適性処遇交互作用（ATI）

【語義】　人は体の大きさなどの生物学的側面から，パーソナリティや態度，知的能力などの心理的側面にいたるまで十人十色であり，その人独自の性質をもつ。こうした個人差は，誕生時から存在し，成長とともに徐々に拡大していくが，他者との比較などのプロセスの中で，より具体的で明確なものとなっていく。このような，個人差を表す個人に独自の性質を，個性とよぶ。

また，能力とは個性の一部であり，物事をなしうる個人の潜在的可能性を表している。能力は，情報処理能力などの，どの活動においても共通に必要とされる一般的な能力という側面と，論理・数理，言語，空間等の領域内容別の具体的な能力という側面がある。能力の発達差とは，個人がもともともっている潜在的可能性が環境との相互作用によって実現していく過程である。この過程において，人は環境に能動的に働きかけることにより，自分の潜在的な能力を開花させていく。発達心理学では，これを「コンピテンス」という概念で説明している。コンピテンスとは，「生体がその環境と効果的に交渉する能力」を指しており，人にすでに備わっている潜在的能力と，環境に能動的に働きかけて自らの「有能さ」を追求しようとする動機づけを一体としてとらえる力動的な概念とされる（R. W. ホワイト，1959）。

【個性化と社会化】　各個人がその人なりの個性を形成していく過程を，個性化という。それに対して，個人が所属する一定の社会または集団に共通の習慣，知識，態度などを身につけていく過程を社会化という。教育においては，個性化と社会化が適当なバランスをもって進行されていくことが，重要な目標となる。

【個に応じた教育】　個に応じた教育環境を設計するとき，基本概念となるのは，個人の個性は個人についているものではなく，さまざまな背景要因との相互作用によって，その表れ方が異なるという考えである。例えば，英語を教える場合，言語能力の高い学習者には文法訳読式の教授法のほうが有効であるのに対し，低い学習者には会話主体の方法が効果的である。このように，学習者の個性（適性）と，教授法や学習法（処遇）との間には交互作用があり，両者の組合せにより学習効果に差異が生ずることを，適性処遇交互作用（ATI）という（L. J. クロンバック）。ここで適性とは，知能，パーソナリティや態度，認知スタイル，興味・関心，発達段階など，学習者個人について学習成立に関連するものすべてを含む。また処遇には，教師による教授法のみならず，教材，教師の個性，学校制度，学級風土など，学習環境におけるさまざまな要因が含まれる。すなわち，すべての学習者にとってよい教授法・学習法というものがあるわけではなく，どのような学習者にはどのような教授法・学習法が適切かを見つけ出すことが必要となるのである。

【課題】　各個人にとって最適な学習方法を見つけ出していくことは，上述のように学習者の適性・処遇ともに多様な要因を含むため，ときに困難を要する。また一方で，教育とは教師が個人ごとに個性に合わせた学習方法を処遇するものなのか，という問題もある。学習者自身がさまざまな個性をもつ他者との比較の中で自分の個性を知り，それに合った学習方法を模索していくという過程も，重要な教育目標であると考えられる。また，評価においては，テストの得点によって表される能力だけでなく，判断力や思考力といった認知スタイルの側面や，態度や興味・関心といったパーソナリティにかかわる部分をどのように評価するのか，という点も課題とされている。

（清水由紀）

生きる力と確かな学力

→学力，自己教育力，基礎・基本

【語義】　生きる力は，1996（平成8）年に中央教育審議会（以下中教審，審議のまとめおよび第一次答申）が「今後における教育の在り方の基本的な方向」の中で，これからの子どもに必要となる3つの事項を「生きる力」と称して示したものである。生きる力とは，①自分で課題を見つけ，自ら学び，自ら考え，主体的に判断し，行動し，よりよく問題を解決する資質や能力，②自らを律しつつ，他人とともに協調し，他人を思いやる心や感動する心など，豊かな人間性，③たくましく生きるための健康や体力，などの資質や能力を意味している。

　確かな学力は，生きる力の知的な側面を称したもので，「基礎・基本を身に付け，自ら学び，自ら考え，行動し，よりよく問題を解決する資質や能力」を指している。「確かな学力」の用語とその概念は，2002（平成14）年の学習指導要領の全面実施を目前にして，文部科学省が「確かな学力の向上のための2002アピール『学びのすすめ』」を発表した中で初めて用いられたものであるが，今日では求められる学力を端的に表現するものとして広く使われている。

【背景】　教育のあり方を検討するにあたっては，どんなに社会が変化しようとも「時代を超えて変わらない価値あるもの（不易）」を大切にするとともに，「時代の変化とともに変えていくもの（流行）」に柔軟に対応していくことも重要な課題である。中教審（第一次答申，平成8年）は，このような「不易」と「流行」を十分に見極めつつ，今後における教育のあり方の基本的な方向を示した。すなわち，これからの時代を拓いていく人材の育成という視点，および子どもたちが変化の激しいこれからの社会を生きていくために必要な資質や能力を身につけていくという視点から重要な能力・資質は何かを論じた。そこで提唱されたのが，さきに述べた「生きる力」であり，今後の教育においては，これらをバランスよくはぐくんでいくことが重要であることを示した。

　平成14年に全面実施となった学習指導要領は，基礎・基本を確実に身につけ，自分で課題を見つけ，自ら学び，自ら考え，主体的に判断し，行動し，よりよく問題を解決する能力や，豊かな人間性，健康と体力などの「生きる力」を育成することを基本的なねらいとしている。一方この学習指導要領が示されると，学習内容の「3割削減」の数字が一人歩きし，また，大綱的に示された学習内容についての不正確な情報や理解が生じ，「ゆとり」の言葉が学習を軽視するものであるかのような誤解が生まれた。また，「学力低下論」と結びつけられて，全面実施前から新学習指導要領批判が起きた。実際この学習指導要領の中には，「ゆとり」という用語は使われておらず，冒頭で「学校の教育活動を進めるに当たっては，各学校において，児童（生徒）に生きる力をはぐくむことを目指し，創意工夫を生かし特色ある教育活動を展開する中で，自ら学び自ら考える力の育成を図るとともに，基礎的・基本的な内容の確実な定着を図り，個性を生かす教育の充実に努めなければならない（第1章，総則，第1，教育課程編成の一般方針）」と規定している。文部科学省は，新学習指導要領をめぐる各方面からの懸念に対して，新学習指導要領のねらいとその実現のための施策をいま一度明確に示すとともに，そのねらいが確実に実現されるようにするため，さきに述べた，いわゆる「学びのすすめ」を発表した。その中で「確かな学力」を身につけることが重要であり，その向上のために，①きめ細かな指導，②発展的な学習，③学ぶことの楽しさの体験，④学びの機会の充実，⑤特色ある学校づくりの推進，の5つの方策を示した。（嶋野道弘）

● 構成主義からの学習と評価

→社会的構成主義からの学習論，発達の最近接領域

【語義】 構成主義という言葉は1970年代ごろまでは，ピアジェの認識論を説明する際に使用されてきた。子どもが外界の事象を説明するのに必要な論理的枠組が，年齢に応じて構成されていくという考え方である。具体的操作段階において，例えば，物質概念の構成に際しては，A＋B＝C（A：金属，B：非金属，C：物質）あるいはC＞B＞Aという論理が構成されると説明される。しかし，具体的操作段階にいると措定される子どもすべてが（わが国では小学生），こうした認識をしているわけではない。実際，形式的操作段階といわれる中学生になってはじめて認識できる者もいる。1980年代ごろにはこうした単一の認識の枠組で説明することへの批判が生まれた。具体的には，電気，溶解，消費等の個別の概念について，子どもが構成している考え方の分析こそが，いまの学習状況を反映していると，とらえられていったのである。すなわち，子どもが自然的・社会的経験をもとにして個々の概念について構成する考え方への注視である。具体的には，授業の始め，途中，終了時という時間軸の中で，子どもが構成している考え方について，言葉やイメージ画等を通し，彼らが概念を構成する際に組み込んでいる意味を悉皆的にとらえようとするのである。

こうして，現在，構成主義は，自然や社会的事象について子どもはそれぞれの経験に応じて，彼ら固有の意味構成を図っている，という学習論としてとらえられている。例えば，電気回路において豆電球が点灯するのは，「＋と－の電気が電球内で衝突するからだ」ととらえたり，「豆電球を点灯させるのに電気が使われたから，豆電球から出る電気の量は入るときよりも少なくなる」ととらえたりする。概念ラベルは同じでも，子どもそれぞれが構成する内容は異なる，とこの学習論はとらえるのである。

【意義と展開】 精神白紙説は素朴な学習論であり，教授論の視点でもある。先述したように，子どもは彼らのとらえる範囲において生活にあふれる情報を収集・加工し，固有の意味構成を図っている。精神白紙説を前提に授業を構想すれば，一方的に提示される情報だけで学習が成立するとは考えにくい。子どもが構成している意味をベースにしながら授業をデザインする視点を，構成主義は提示しているといえる。子どもが自ら構成している考え方をベースにし，その発展や修正を導くのが授業である。

こうした授業を進めるうえにおいて，必須事項は子どもが構成している考え方へのモニタリングである。言い換えれば，子どもが構成している考え方の意味の分析である。この分析に基づき，次の授業の展開を構想するのである。授業目標に対する子どもの現在の学習状況を把握（評価）しつつ，次の学習内容を準備するのである。授業がこのように展開されるとき，子どもが学習意欲を生起させることは必定である。認知と意欲とが融合した学習の成立であり，学習意欲の欠如という現代の子どもがかかえる課題の解決に対しても重要な視点を提起する。

【課題】 構成主義は学習論である。これを教授論としていかに展開するかが今後の課題である。授業で提示される情報に対して，子どもは個人的に意味構成を図る。その意味の深化・拡大は，教室という社会における教師あるいは他の子どもの構成する意味との交渉により実現される。教科ごとの実践的な吟味が必要である。また，子どもは情報を提示されれば即座に意味構成を図るわけではない。教師あるいは他の子どもによる共感的理解が存在する学習環境において，はじめて彼らは意味構成への意欲をもつといえる。この意味で，子どもを学習へ動機づける視点の分析もさらに必要である。　　（森本信也）

活動理論における学習と評価

→構成主義からの学習と評価，社会的構成主義からの学習論

【意義】 活動理論は，人間の活動システムの文化・歴史的な発達に関する理論である。Y.エンゲストロームは，人間活動の新たな創造へ向かう協働的な学びを拡張的学習として明らかにしている。これは，学校における学習と評価を活動の生成という観点からとらえ直すものである。

【展開】 学校での伝統的な学習は，強く枠づけられた活動システムを特徴とする。それは，細かく線引きされた教科や小さな段階に区切られた授業を通し，所定の知識や技能を子どもに習得させ，その成否を試験によって検証するものである。

伝統的な学習を転換するために，活動理論における学習のデザインでは，活動としての学び，すなわち学習活動の生成がめざされる。ここでの活動は，人間が現実の事物や社会的な生活世界といった対象に働きかけ，その対象をつくり変えていく協働作業のことである。しかし，学校という特殊な環境のもとでの伝統的な学習は，そのような活動としての学びではない。むしろ，子どもが習得する知識は，教科書に記述された言語的な公式であったり，現実についてのありきたりのイメージであったりする。それは，すでにだれか他人によって定式化されたものである。

拡張的学習は，教室の壁によって閉ざされた学習を超えて発展する学びのネットワークをつくり出そうというものである。それは，現実の生活世界や社会的活動の創造へネットワークする主題を長期的に探究・表現していく協働の学びである。そこでは，何か物事を知る，というよりも，知識の構築を学び，現実の生活状況の中で知識を応用して使うことが，意味ある創造的な学習とされている。

新しい評価の実践は，このような拡張的な学習活動と一体化した，内発的，過程的なものへ転換されなければならない。ペーパーとペンシルによる評価，すなわち筆記試験，達成を数値的に測定するテストや標準学力テストなどは，学習活動そのものにとって外発的である。

活動理論における基本的な評価観は，子どもの学習活動を可能なかぎり最大に促進し支援する，というものである。これは，制御と分類を目的にし，子どもの弱点や失敗に焦点化する診断的なテストとは異なっている。新しい評価の実践は，教師と子ども，子どもと子どもの間での相互作用的，力動的，協働的な活動の中でなされる相互支援として進められる。評価は，試験というハードルによる競争から学びと成長を支援し合うものへ，その機能と意味を大きく転換させるのである。

【課題】 外在的で形式的・機械的な評価とは異なり，新しい評価は，授業の過程や社会的・文化的な学びの活動と不可分に結びついている。こうした持続的な評価の実践は，学習活動の生成を相互に意味づけ支援していくためのものである。その多くはいまだ研究開発の途上にあり，その実践は通常多くの時間を要する。教師の特別な専門技術も必要である。そのため，教育政策のうえでは，学校の評価をペーパーテストの結果にすべて依存するのでなく，D.マイヤーのいうように，学校自身のやり方で独自の評価基準を最大限自律的に示せるよう認めることが求められる。自らの学びを自らつくり出していける学び手をはぐくむために，新しい評価の実践は，共有された協働の活動として，今日の学校と教師の主要な挑戦になるのである。

(山住勝広)

[参] Y.エンゲストローム（山住勝広ほか訳）『拡張による学習』新曜社，1999．山住勝広『活動理論と教育実践の創造』関西大学出版部，2004．

社会的構成主義からの学習論

→活動理論における学習と評価，状況的認知論における学習

【語義】 学習を，学習者個人の知識獲得としてではなく，むしろ，社会や文化，歴史といった文脈に埋め込まれて成立しており，個人が周囲の人々との関係性のなかで，さまざまな道具（言葉）を媒介として成し遂げる活動としてとらえる立場である。この立場からの学習論には「状況的学習論」がある。これは近代における学校教育に限定せず，仕事場や日常生活における人々の認知過程を広く学習として取り上げた文化人類学的研究や，ロシアの心理学者 L.S. ヴィゴツキーらによる「活動理論」をもとにした社会―文化―歴史的アプローチなど，多様な理論的背景をもつ研究群である。

【特色】 状況的学習論の立場からは，従来の学習理論は次のように特徴づけられる。すなわち，学習とは学習者個人の知識獲得としてとらえられており，学習者は周囲の人々やモノとの関係から切り離されてとらえられている。したがって学習者は，他者と相互交渉したり，道具を使って課題を遂行したりするとは想定されていない。こうした学習観は，しばしば学ぶ内容と，生活世界とのつながりを学習者から見えにくくすると同時に，学習者個人が示す能力に及ぼす社会，文化，歴史的文脈の影響を看過しやすくすると批判されることになる。

【代表的研究例と最近の成果】 J. レイヴと E. ウェンガーが提唱した「正統的周辺参加論」はその代表的な理論である。ここで学習とは，ある価値や規範を共有した実践共同体への参加としてとらえられる。新参者は，最初，比較的周辺的な仕事を任されつつ共同体に参加する。そこでは古参者の振る舞いを見て，しだいに当該の共同体における活動について学んでいくことになる。そして，新参者はやがてより中心的な仕事を任されるようになり，古参者として当該の共同体に対して，より十全にかかわるようになる。その過程で学習者は，知識を獲得すると同時に，共同体内における役割，アイデンティティを変化させてゆくというものである。

この分野の最近の成果によれば，学習者は必ずしも単一の共同体のみに参加するわけではない。同時に複数の共同体に参加し，その間を往復する存在ととらえられる。このような共同体の境界を超える「境界横断」の過程では，背景の異なる学習者が出会うことによって，学習者の活動に葛藤が生まれることがある。この葛藤は，その共同体への参加を斥けるものとして学習者に体験されることがある一方，その葛藤が解消される過程では，学習者に新たな学びを生じる原動力ともなる。境界を形成している媒介物のために，共同体内で不可視になっている側面に，学習者が気づくことが重要になる。

【指導・評価への示唆】 社会的構成主義の学習論における指導は，学習者への知識の注入という，指導者側の一方向的な活動とは考えられない。学習者と指導者という関係自体，固定的にとらえられない。むしろ，共同体内において人やモノを媒介として，指導者と学習者という関係性を相互的につくり上げ合うという，双方向的な性質をもつ活動としてとらえられる。

学習の評価についても，学習者個人の能力のみが対象とされることはない。むしろ，個人の能力といったものが，どのような媒介物を用いてつくられ，どのような目的のために使われているのかといったことが検討される。こうしたとらえ方は，教授者が，自らの活動を反省的にとらえ直す契機を生み出しうる。　　（松嶋秀明）

[参] 上野直樹『仕事の中での学習』東京大学出版会，1999．茂呂雄二編著『実践のエスノグラフィー（シリーズ状況的アプローチ 3）』金子書房，2001．

状況的認知論における学習

→社会的構成主義からの学習論，活動理論における学習と評価，発達の最近接領域，ポートフォリオ

【語義】 学び手の視点からみた，アイデンティティ形成と不可分に結びついた学習論のことをいう。従来，学習は「経験による比較的永続的な行動変容」と，学習の契機（経験）と結果（行動変容）にのみ焦点を当てられていたが，状況的認知論では，学習活動の質や方向・目的性に注目し，学習が単なる知識の長期記憶への転送にならないよう，知識の獲得・運用がそのまま学習活動の意義につながるもの，とされる。その際，学習の社会的文脈を重視し，学習とは正統的周辺参加（LPP）であることを主張する。

【歴史と意義】 従来心理学で学習活動をとらえる際には，学校というシステムの中での教室の教授・学習活動の文脈でのみ考えられてきた。いきおいそこでは，既存の知識の効率的な伝達という側面，その受容による望ましい形への行動の変容という側面のみが注目されることとなった。J.レイヴらは，新参者がそうした形式的システムにではなく特定の共同体の営みの中に自然に入っていく際の徒弟制（政治的・制度的徒弟制ではなく，そこで行われている認知的な側面に注目した，認知的徒弟制）の中に学びの本質的な姿を認めた。

まず学び手である新参者は，自分が進もうとする方向，そこで営まれている中心的な活動に対して「正統性・ほんものであること」を認める。これが学びの動機であり，ここにアイデンティティ形成の萌芽がある。旧来の教室での学習は決定的にこの側面を欠いている。

認知的徒弟制の中では，そうした方向に進んでいくことが「アクセスの日常性」という形で保証される。すなわち，その方向に無理やり連れて行かれるわけではなく，現在の自分と折り合いのつくレベルで主体的にアクセスできる。これが周辺的な領域であり，この領域に自発的に参加することによって，その先のさらにほんものの中心的活動を垣間見たり，現在の自分のレベルを再確認したりすることができる。発達の最近接領域に現在の自分を置く，ということによって自発的変化が促進される。このように，学ぶということは，自分が正統と認めた共同体の活動への参加をすることであり，学びは単なる知識獲得やスキル獲得にとどまらない，存在の参加という側面を強くもつこととなる。アイデンティティの形成そのものである。さらに重要なことは，この参加は，既成の確たる共同体に参加させてもらう，という類のものではなく，参加そのものが共同体の質の変容にもつながっていく性質のものとなる。

学習を学びととらえ，自らがほんものであり正統性をもつと判断した共同体の実践に，まずは周辺的なところから，やがては中心的な部分に参加していくことが状況的認知論に基づく学習の本質的な姿である。そこでの知識は活動の中で社会的に構成されていくものとなる。

ここでは学習者の変化過程をきちんと評価することが重要となる。こうした変化過程をトラジェクトリー（trajectory）とよぶ。通常の学校教育においては，教師・カリキュラム・メディアが子どもたちのトラジェクトリーを決定するという制度的トラジェクトリーを重視するが，状況的認知論においては，個々の子どもたちのもつ個人的トラジェクトリーにより注目する必要がある。そのためには，ポートフォリオによる評価等が重視される。　　　　　　（田中俊也）

[参] J.レイヴ，E.ウェンガー（佐伯胖訳）『状況に埋め込まれた学習』産業図書，1993．田中俊也「状況に埋め込まれた学習」赤尾勝己編『生涯学習理論を学ぶ人のために』世界思想社，2004．

認知主義的評価論

→個人差と教育，成果としての学力・過程としての学力，メタ認知

【語義】 認知主義とは，行動主義の学習観（認識論）に対する批判として提起された，洞察や理解などの認知過程を重視する学習観（認識論）を指しており，一般に認知理論とよばれている。また，1950年代の半ばごろに出現した認知心理学は，この認知理論を継承・発展させたものとみなされている。

【歴史】 1910年代から1950年代にかけて（特に北アメリカで）隆盛を誇った行動主義の心理学では，「学習の基本的単位は条件づけによって形成される刺激と反応の連合であり，人間が行う高度な学習も，すべて刺激と反応の連合という要素に分析することができる」と仮定されていた。これに対し認知理論では，学習は刺激と反応のような単純な要素の集合ではなく，問題場面の全体的構造の洞察や理解といった，学習者の能動的な認知活動によって成立すると考えられていた。すなわち認知理論では，行動主義のもとではブラックボックスとして不問に付された洞察や理解などの認知過程にこそ学習の本質があると考えられていたのである。

このような認知理論の学習観を継承した認知心理学では，人間を一種の情報処理体（いわば精巧なコンピュータ）とみなし，人間の認知過程を情報処理モデルによって記述する。すなわち，認知過程を，情報を符号化し，貯蔵し，検索・利用する一連の情報処理過程ととらえるのである。このように認知過程を情報処理過程ととらえ直すことにより，初期の認知理論ではきわめて曖昧にしか記述することのできなかった人間の高次の学習過程を，情報処理モデルの用語で厳密に定義・記述することが可能になった。要するに，認知心理学の出現によって，それまでは曖昧にしか語られなかった認知理論の学習観を，きわめて明晰な言葉で語ることが可能になったのである。

【意義】 以上のような歴史的背景のもとに成立した認知心理学の理論と方法論は，教育評価の新たな理論的枠組と方法論を提供している。

児童生徒の学習過程には個人差がある。したがって，そうした多様な個人差のある児童生徒の一人一人に対して適切な学習指導を行うためには，一人一人の学習過程を適切に診断・評価することが不可欠であり，そのための方法として認知心理学の方法論を役立てることができるはずである。

学力評価では，単に試験の得点で児童生徒をランクづけするのではなく，それぞれの児童生徒がどの問題に正しく答え，どの問題に間違って答えているかを詳しく調べる必要がある。つまり，学力評価では，単に問題に対してどう答えたかという「結果」を評価するだけでなく，どうしてそのような答えを出したのかという「プロセス」を評価することが重要である。

例えば，算数のかけ算の問題で，21×6＝121，40×2＝82などと答える児童は，まだ「かけ算の九九」を十分に習得できていないものと考えられる。これに対し，37×5＝195，43×7＝291などと答える児童は，すでに「かけ算の九九」は習得しているが，まだ「繰り上がりの加法」のルールを十分に習得できていないものと考えられる。この場合，「結果」としてはどちらの児童の答えも間違いであることに変わりはないが，結果にいたる「プロセス」は明らかに異なっている。したがって，こうした誤答分析などの方法によって，個々の児童生徒が答えを出すまでのプロセスの質的評価を行うことが大切である。なぜなら，そうすることによって，はじめて児童生徒の知識・理解の問題点をとらえることが可能になるからである。（森　敏昭）

[参] 森敏昭・秋田喜代美編著『教育評価重要用語300の基礎知識』明治図書，2000.

経験主義的教育論と評価

→子ども中心の評価観，総合的な学習の時間の評価

【意義】 子どもの教育や学習における「主体性の重視」や「経験の重視」を意味する包括的な教育論を総称するものとして，今日では使われている。元来は，言語主義や教条主義の教育に対するものとして生まれ，子どもの感覚や体験といった「事実に基づく認識の始まり，それを思考さらに実践へと展開していく」という認識の発達過程を重視した教育論に基づいている。J. H. ペスタロッチなどがそれである。こうした考えを継承しつつ，J. デューイは教育を「経験の連続的再構成」ととらえ，生活や環境へ子どもが自ら主体的に働きかけ，そのことを通じて知識を獲得し，知性をはぐくんでいくと主張した。この教育論は，カリキュラムのうえでは，経験カリキュラムやコア・カリキュラムを生み，単元としては経験単元を生んだ。また，学習法としては，経験学習，体験学習，問題解決的学習，プロジェクト学習などを生んだ。

1970年前後から，わが国の子どもの生活のあり方，育ち方が大きく変わった。「戸外での群れとしての生活」から「家庭内での一人遊び」への変化がそれである。その結果，学習と生活とが遊離し，学習の抽象化，機械的暗記主義，机上の習い事と化し，学ぶ意欲が減退し，学ぶ目的も薄れてきた。そのこともあって今日，体験重視，問題解決能力の育成という面から，この経験カリキュラムや体験的学習や問題解決的学習が取り入れられ，学習と生活の統合，学習のリアリティ化がめざされている。具体的には，小学校低学年の生活科，小・中・高等学校の「総合的な学習の時間」，特別活動，教科における地域素材の教材化といった動きがそれである。

【評価観】 経験主義的な教育論のもとでは，その評価観の基本は，「教えたことがどれほど学ばれたか」というインプットとアウトプットとの比からではなく，学ぶ対象や問題場面にどのように迫り，そこから何をつかみ，どう問題を克服していったか，そこにおいて既習の経験や知識や技能をどう生かし，応用・活用していったかという学習の課題と学習者の行為との比で見ていくことになる。

したがって，体験的学習の面に着目すると，生活科の評価の特色にみられるように，①活動や体験の広がりや深まりの評価，②一人一人に即した意欲や興味・関心，気づきや行動等にみられるその子らしさの発揮や，学習の過程における学習の深まりの評価，③よき生活者としての実践的な態度の評価，という点に力点が置かれる。

また，問題解決的学習の面に着目すると，総合的学習の評価の特色にみられるように，学習者がさまざまな問題的場面に遭遇し，その問題的場面を解決するために，その追求過程において有益な資料や情報を得るために事物・事象の価値を比較判断し，思考をめぐらし，追求していく行為や態度を見ていくことになる。このことを高浦勝義は，問題解決評価観と称している。

【課題】 経験主義の教育のもとでは，子どもの学習のパフォーマンスをどうとらえていくか，思考力や判断力といった高次の認知能力をどうとらえていくか，といったさまざまな問題がある。大きくは，目標に準拠した評価と個人内評価に依拠しつつ，評価の主体，評価の規準，評価の基準，評価の対象，評価の方法，評価資料等を包括する評価法の開発が，総合的な学習の時間や体験活動を中心に急がれている。

(児島邦宏)

[参] 高浦勝義『問題解決評価—テスト中心からポートフォリオ活用へ—』明治図書，2002．児島邦宏編『定本・総合的な学習ハンドブック』ぎょうせい，2003．

発達の最近接領域

→活動理論における学習と評価，状況的認知論における学習

【語義】 旧ソ連の心理学者L.S.ヴィゴツキーが提唱した概念で，子どもが「自主的に解答する問題によって決定される現下の発達水準と，子どもが非自主的に共同の中で問題を解く場合に到達する発達水準との間の相違」によって示される発達可能性を指す（『思考と言語』）。Zone of proximal developmet の訳であるが，「最近接発達領域」「最近接の発達領域」と訳される場合もある。

子どもの発達水準は，通常，子どもが独力で解決できる問題の水準によって判断される。これに対してヴィゴツキーは，子どもが他者の援助を受けながら解決できる問題の水準に注目する。他者との援助的な共同関係の中で，子どもは現在の発達水準を超えた問題を解くことができる。ヴィゴツキーによれば，このように他者との共同において実現される発達水準は，近い将来，子どもが独力で示す発達水準となる。子どもが一人で解決できる問題の水準は発達の現状を示すだけであるが，他者との共同の中で到達する発達水準は，子どもの発達の近未来，すなわち発達の最近接領域を示すのである。

【意義】 発達の最近接領域において見いだされる子どもの発達可能性は，あらかじめ子どもの中に潜在していた発達可能性が表面化したものではない。発達可能性は子どもと他者との共同の中で生み出される。それゆえ同じ子どもでも他者との共同のあり方が異なれば，違う発達可能性が生み出される。子どもに対する教育的働きかけによって，子どもの発達可能性が生成されていくのである。教育が子どもの発達を後追いするのではなく，それを積極的に形成していくという考え方は，発達と教育の関係を考える際に重要な視点となる。

評価という観点からは，子どもとの共同的な関係に参入しないかぎり，子どもの発達水準を理解できないという点が重要である。子どもへの教育的働きかけから切り離された客観テストは，子どもの現下の発達水準しか明らかにしない。子どもの発達可能性を見いだすためには，実際に子どもに教育的な働きかけをして共同的な関係をつくりだす必要がある。さらに発達の最近接領域の考え方に従えば，見いだされる発達可能性は教育的な働きかけを行う大人と子どもの共同の所産であり，評価もこれを対象としたものとなる。子どもの発達水準の評価と，教育的働きかけの評価は一体であり切り離すことができない。

【展開】 ヴィゴツキーが夭折したこともあり，発達の最近接領域という概念は，その後，多様な解釈と展開を生み出すことになった。特に注目すべきなのは，1980年代以降アメリカを中心にして展開したヴィゴツキー理論の再評価・拡張の流れである。例えば，B.ロゴフはヴィゴツキーの発達の最近接領域という概念における共同が，教授という意図的な子どもへの働きかけに限定されていることを指摘し，周囲の人々の非意図的な働きかけが発達の最近接領域を多様な形で生み出す可能性にも注目する必要があると主張している。またY.エンゲストロームは，この概念を個人の発達可能性ではなく，人々が歴史的に新しい形態の社会的活動を生み出す過程の分析に用いることを提案している。

ただし，このような概念の拡張に対しては，ヴィゴツキー自身の構想（学齢期における科学的概念の習得とそれを通した意識の自覚性，随意性の発達）とのズレを指摘する批判（『ヴィゴーツキー心理学』）もあり，注意深い検討が必要である。 　　　　　　　　（高木光太郎）

[参] L.S.ヴィゴツキー（柴田義松訳）『思考と言語』新読書社，2001．中村和夫『ヴィゴーツキー心理学』新読書社，2004．

教育のシステム化

→コンピュータと評価，コンピュータ適応型テスト

【意義】 コンピュータを中心とした情報通信技術の進歩と普及に伴って，教育のあり方，学習指導の方法，評価の方法などをシステム的に取り扱おうというものである。昨今では，インターネットやさまざまなデジタル・メディアの活用によって，学校の情報化やシステム化が進められている。その中でも，e-Learning は，いつでも，どこでも学習できる学習支援システムとして，注目を浴びている。このシステムでは，インターネットを利用したコミュニケーション機能と学習中に生じる履歴データを利用して，教育活動に関するさまざまな分析・評価をオンラインでできる。

【歴史】 教育のシステム化は，コンピュータの普及に伴って CAI（Computer Assisted Instruction）や CMI（Computer Managed Instruction）といった形態で試みられてきた。前者は，学習すべき教材をコースウェアとよばれる形式でコンピュータ内に記憶させ，自学自習が可能なものである。教室中でもクラスルーム CAI としても多く利用された。

CAI は教師のためにオーサリング機能（教材作成支援機能），児童生徒の学習進捗モニター機能，教材登録や学習履歴データの保存・管理機能をもつ。学習者に対しては，学習活動を円滑に進めるための学習ガイド機能や自己評価機能をもつ。学習形態として，ドリル・演習，チュートリアル，シミュレーション・ゲーミング，問題解決，問合せ等がある。また，コースウェアの構成原理として，直線型（スキナーのオペラント条件づけ理論の応用，プログラム学習），分岐型（クラウダーのティーチング・マシン理論）がある。CAI は米国では，1960 年代，わが国では 1970 年代に脚光を浴びた。

CMI は，教育活動で生じるさまざまなデータ（教材・テスト問題，試験データ，評価データ，学習者情報）をデータベースとしてシステム化し，必要な時期に教師や児童生徒が利用できるシステムである。CMI では，授業の特徴や児童生徒の学習活動を分析・評価するためのさまざまな統計解析の処理機能も含まれる。このシステムの考え方に関連して，個別処方教授（IPI：Individually Prescribed Instruction）とよばれるコンピュータを利用した個別化教育の方法が提唱された。

【展開】 1990 年代ころからインターネットが急速に普及し，さまざまな教育組織において，大きな変革をもたらしている。学校内でのコミュニケーションのみではなく，学校間，地域社会，国内，国外といった広がりをもたらしている。これに伴い，学校の情報化，教育の情報化が叫ばれ，新たな教育のシステム化が図られている。特に e-Learning とよばれるシステムは，学習情報，教材，コース，カリキュラム，学習者情報等を総合的に管理・運用していくための LCMS（Learning and Course Management System）を備え，自律的かつ個人対応の教育情報システムへと進展している。今後，モバイル化技術が普及していくに従って，より自由度の高いシステムへと発展していくであろう。

【課題】 システム化という概念は，目的を設定して生産性（知的行為を含めて）を最大（コストを最少）にするために，当該の事象を構成する要素・要因の配列や組合せを最適化する考え方である。教育には，この最適化という概念が適切でない分野があることにも配慮する必要がある。昨今では情報・知識の共有化や再利用のための仕組みが探求され，知識マネジメントという考え方が提案されている。　　（岡本敏雄）

［参］中野照海編『教育工学（教育学講座 6）』学研，1980．岡本敏雄『e-Learning の理論と実際』丸善，2004．

オーセンティック評価

→パフォーマンス評価，ポートフォリオ，ウェビング，概念地図

【語義】 オーセンティック評価（authentic assessment）とは，現実生活で役に立つ学力を評価しようとするものであり，そのため何を知っているかだけでなく，実際に現実生活に近い場面で何ができるかを評価しようとする。真正の評価などと訳される。

評価方法としては，パフォーマンス評価やポートフォリオ評価などを用いる。オーセンティック評価では通常，総合的・高次の能力を評価するので，量的基準より質的基準を重視する。そこで，教授・学習目的には適するが，選抜目的や教育的責任を果たしているかをみる目的に使用するには課題がある。

【背景】 1980年代に入ると，構成主義学習論の進展とともに，それまでの教科中心の知識伝達型の授業に対する批判が起こり，学習者が学ぶ必然性を感じ，現実生活にも役立つような学習（オーセンティック・ラーニング，普通「本物の学習」と訳される）が主張されるようになった。

アメリカでは1980年代後半になると，評価が子どもの教育成果の値踏みで終わっており，子どもの学習の支援に役立っていないという批判とともに，学力向上をめざして各州で実施されるペーパーテストがはたして本当に学力を測っているのかという疑問がもたれるようになった。

そこで，従来の，学力を量的に測定する総括的なペーパーテストとは異なり，現実的な課題を解決する学力を評価する方法として，実際に何ができるかを評価するパフォーマンス評価や，現実生活に近い状況で何ができるかを評価するオーセンティック評価が主張されるようになった。評価の結果は，教授・学習の改善に役立てることが期待される。現実に近い課題を特に設定する場合を指すことも，普段の教室の文脈で起こる学習の様子（パフォーマンス）を評価する場合を指すこともある。

【オーセンティック評価の要素】 最も重要なのは，①通常の授業の中で学習者の現実の生活に密着した課題を用いた評価を行うことである。次に②学習者にとっての主体的な学習（subjective learning）が成り立っていること。特に，教師自身も，プロの教師としての力量を高めるために，主体的な学習をすること。③評価のあり方が，学習者，保護者等に学習の前・中・後等において，わかりやすい言葉で示されること（特に評価の規準が示されること）。④学習者が評価規準に沿って「学びの証拠」を集め，まとめ，常にかかわること。⑤学習者，教師，保護者がそれぞれ，短い期間のみならず長い期間を通して，振り返りを行い学習の深まりを発見すること。さらに評価一般にいえることであるが，⑥学年や学校全体のカリキュラムの中に評価計画がきちんと立てられていること。⑦学習者は自分の作品等に責任と誇りをもつように支援・指導されていること。ただし，このようなオーセンティック評価の考え方は，論者により幅の広い解釈がなされていることが多い。

【学びの証拠】 学習者自身が何を学習したのか，何を理解できるようになったのかを判断できる証拠のことである。学びの証拠を集めるとき，方法によってある観点に特化したデータを集めることはできる。しかし，現実の生活に密着した課題では，学習の中で発揮される多様な能力は，互いに関連し合っていることを確認しながらデータを集めるべきである。できれば，学習活動の中で発揮されるさまざまな能力を同時に評価できるような課題が望まれる。

【オーセンティック評価の道具の要素】 オーセンティック評価には，いかなる道具であったとしても，以下の要素が含まれる。

①学習者にとっての日々の学習を通して得られるあらゆるデータに関すること。これらのデータは，学習者によって工夫された用紙でもよいし，教師が開発したものでもよい。これらは，試行錯誤を経てしだいに改善されるといえる。

②学習を通してまとめ上げたもので，学習者が上達したことを示すもの。理科の場合，実験や観察を通してまとめ上げたレポート，宿題の提出物，パフォーマンス評価によって学習者が学習したことを示す証拠などが含まれる。プロの教師としての力量が上達した証拠である。

【オーセンティック評価の道具の種類】 以下に示すような多様な評価道具・方法がある。

❶パフォーマンス評価：単に教科書等で示される内容が理解できたかどうかをとらえるだけではなく，探究活動をどのように進め，集めたデータをどのように組み立て，変化に対する解釈を進め，それらの結果として，それぞれの単元に対応した理解ができ，そして，最終的にはどのような見方・考え方が構成されているかを見取っていくものである必要がある。

❷ジャーナリング：学習者が，自らの言葉によって身の回りの現象に対する，疑問と思考を書き示したものであること。次に，一定の時間ごとに，繰り返しなされること。さらに，1つの考えがどのように変化したかが1つのカードに複数示されること。これらの特質により，継続して集めたジャーナルカードを一定の期間ごとにまとめ直すことができる。しかも，新しい単元を学習し始めるときも，学習の途中においても，ジャーナルカードに立ちもどることにより，より学習者の思考に密着した学習を成立させることが可能となる。

❸概念地図法：基本的により原理的な概念を上に示し，その概念から派生する2次概念をその下に示す。概念と概念を線で結び，概念と概念の関係について，線上に「動詞」で示す必要がある。さらに，3次概念，4次概念と細かくなっていくのが特徴である。この方法は優れたオーセンティック評価の道具であるといえる。学習者が慣れるのに少々時間はかかるものの，ルールがはっきりしており，認知がどのように転換していくかを見取ることが可能である。

❹ウェブマップ（くもの巣図）：これは，中心の概念に対して，学習者の言葉で，関連する言葉を示し，言葉と言葉をつなげていく方法である。カードに1つの内容を，移動しながらまとめ，より深い思考を促すことができる。短い時間でかなりできるようになるのが特徴である。さまざまなポイントで描いてもらったり，書き足してもらい振り返りに利用することができる。

❺ポートフォリオ評価：上に述べた道具をすべて内包し，適切に一定期間ごとに振り返りを行い，付箋などで思考の変化を記入していくことである。単元ごと，学期ごと，学年ごとに作成が可能である。またはそれぞれの学年，学校において改訂・改善がなされる必要がある。学習が深まるほど改訂・改善が促進されることになる。特に，ルーブリックをよりよいものに改訂・改善する必要がある。ポートフォリオ評価はオーセンティック評価に最も適合した評価道具であるといえる。

【課題】 オーセンティック評価は教育的には高く評価されたが，近年，国や学校にカリキュラム評価やアウンタビリティが求められるようになると，ペーパーテストへの回帰現象がみられるようになった。理由としては，オーセンティック評価は，労力と時間が非常にかかること，学力の広い範囲を網羅的に評価するのには不向きなこと，質的な評価のため担任教師の判断に左右され客観的な評価とは受けとめられていないこと，などによる。全国や地区全体で学力全体を評価する方法としては，なお課題がある。

(熊野善介)

[参] National Science Council（長洲南海男監修，熊野ら訳）『全米科学教育スタンダード―アメリカ科学教育の未来を展望する』梓出版社，2001.

関心・意欲・態度と評価

→関心・意欲・態度の評価，経験主義的教育論と評価，「新しい学力観」と「学力低下」論争

【語義】 関心は，ある事物に対して能動的に反応し，積極的に働きかけようとする感情的，意志的な準備状態を指す。意欲は，この程度までやりたい，このようにやりたいという主観的目標を伴った意志であり，継続性や出来栄えなど一定程度の要求の水準をもつ。態度は，学習の結果身につけた価値判断や行為が内面化され，その人の見方，考え方，行動を支配する傾向性をもった人間の反応である。

関心・意欲・態度をおのおの定義づければ上記のように示されるが，教育評価の文脈においては，さらに次のような関連性をもつものとなる。すなわち，ある物事に対する能動的な反応である関心は，その度合いが高まることにより一定の水準まで到達し，よい成果を上げたいという意欲に高められる。さらに，高められた意欲が内面化され，継続的な傾向として表出されるようになったとき，一定の態度が身についたと考えることができる。このように，関心・意欲・態度は，その強さや継続性の面で連続性をもつものであり，情意的領域における中心的な評価の観点である。

【意義】 情意的領域における評価の観点が注目されるようになったのは，1984（昭和59）年に設置された臨時教育審議会の第一次答申において「これからの社会においては，知識・情報を単に獲得するだけでなく，それを適切に駆使し，自分の頭でものを考え，創造し，表現する能力が一層重視されなければならない」との考えが示され，学習意欲の向上や実践力に結びつく態度の育成が強調されたことによる。例えば，現在は知識や技能の面で不足があるとしても，対象への興味や関心や学習への意欲をもち，基本的な学習への取組みの態度が身についていれば将来的には知識の不足を補い，自らの頭で考え，問題の解決に取り組むようになるであろう。逆に個別的な知識をたくさんもっていても，積極的にこれを生かしていく態度が身についていなければ，その知識は生きて機能する知識とはいえない。「関心・意欲・態度」の観点は，長い目でみた児童生徒の成長という視点に立ってとらえる必要がある。

【歴史】 歴史を遡ってみると，研究者の間で「関心・意欲・態度」をめぐって重要な論争が何度か行われている。その1つに1960年代の態度主義論争がある。態度主義論争は，初期社会科の経験カリキュラムの教育観に対して科学的な系統学習を重視すべきという立場から批判がなされたものである。

大槻健が『教育』に掲載した論文「社会科教育における経験─態度─人格主義について」（1962年8月号）がその端緒となる。上田薫による反論（同10月号，11月号）等を経て，上田薫，大橋精夫がそれぞれ再反論を掲載して収束した（1963年4月号）。

またこのころ，広岡亮蔵は，いちばん外側に基本的な知識・技能・技術を，その内側に関係的な理解と技術・学び取り方を，中核に考え方・感じ方・行いなどの態度を配する学力モデルを提示した。この広岡の学力モデルは，最内層の「態度」が形成されてこそ「全人的な深い学力」が形成されたととらえるため，態度の側面を学力に組み込むことができるかをめぐって論争が行われた。

この論争を通じて態度主義を批判する立場からは，次のような批判が提示された。①態度や生き方の形成を社会科教育の最も大事な目標と考えることは，知識内容の科学的な吟味・構成を軽視することにつながるとの批判，②態度の強調は国家主義的な道徳観と結びついて国家体制に批判的な科学的知識の抑圧になるおそれがあるという批判，③そもそも態度はその人の思

想や価値観を反映していて学力として計測すべきでないという批判である。

【展開】 これらの批判が態度的学力モデルに加えられた一方で，態度や関心という観点を育てるべき目標に位置づけるという考えは，学校教育にしだいに受け入れられ，定着するようになった。次表は，1955（昭和30）年から2001（平成13）年までの指導要録に記された観点の推移（小学校社会科）を示したものである。

改訂年	観　　　点
昭和30年 1955年	社会的な関心 思考 知識，技能 道徳的な判断
昭和36年 1961年	社会的事象への関心 社会的事象についての思考 知識・理解 社会的道徳的な判断
昭和46年 1971年	知識・理解 観察力や資料活用の能力 社会的思考・判断
昭和55年 1980年	知識・理解 観察・資料活用の能力 社会的思考・判断 社会的事象に対する関心・態度
平成3年 1991年	社会的事象への関心・意欲・態度 社会的な思考・判断 観察・資料活用の技能・表現 社会的事象についての知識・理解
平成13年 2001年	社会的事象への関心・意欲・態度 社会的な思考・判断 観察・資料活用の技能・表現 社会的事象についての知識・理解

関心・意欲・態度の観点から特筆されるのは，1991（平成3）年の指導要録改訂におけるいわゆる「新しい学力観」の導入である。自ら学ぶ意欲や思考力，判断力などの育成に重点を置くこととなった1989（平成元）年の学習指導要領改訂に伴って，評価の観点の表示が「関心・意欲・態度」「思考・判断」「技能・表現」「知識・理解」の順に改められた。一部には，「知識・理解」の軽視であるとの批判もなされたが，むしろ自ら学ぶ意欲や思考力，判断力などの育成に重点を置くことを明確にするために配慮されたものであるととらえられている。

2001（平成13）年の改訂においても，評価の観点は本質的な改訂はなされておらず，自ら学ぶ意欲や思考力，判断力などの育成を重視し，「関心・意欲・態度」を含めた4つの観点で子どもの学力をとらえることは，定着してきたと考えられる。

【課題】 2000（平成12）年12月の教育課程審議会答申において，「関心・意欲・態度」の観点について次のように課題が指摘されている。
「その評価については，情意面にかかわる観点であることなどから，目標に準拠した評価であることが十分理解されていなかったり，授業の挙手や発言の回数といった表面的な状況のみで評価されるなど，必ずしも適切とはいえない面も見られる。また，評価が教員の主観に頼りがちであるという指摘もある」

これらの課題は，期待する児童生徒の具体的活動や行動の水準を明確に描くことなく実践に臨んだり，児童生徒がどのような関心の表現や態度を示せば目標に到達したとみるかについて明確な像が描けていないことに起因している。現在では，授業観察や授業記録による評価，作品やポートフォリオの評価，子どもの自己評価や相互評価など，多様な評価方法が開発・解説されており，継続的・総合的に「関心・意欲・態度」の評価を行う体制づくりが求められる。

「関心・意欲・態度」の評価が具体的に機能するためには，知識や理解に比べて「見えにくい」児童生徒の意識をていねいに見取り，記録に残し，質的に評価することが必要となる。

具体的には，授業記録における児童生徒の発言や姿，ノートや学習カード等に残された作品などを前に，児童生徒一人一人の対象に向かう意識に寄り添いながら，授業の目標に即して評価を行うことになろう。　　　　　（久野弘幸）

[参] 論文集編集委員会編『学力の総合的研究』黎明書房，2005．奈須正裕編『学ぶ意欲を育てる学校づくり』教育開発研究所，2005．

目標・評価構造と学習

→動機づけと評価，評価規準と評価基準，学習の目標理論

【語義】 目標構造とは，教師の指導様式，学級風土，学校全体の教育政策が，特定の目標を強調する性質を指す。評価構造とは，教師の指導様式，学級風土，学校全体の教育政策が学習者を評価する規準として，特定の目標を強調する性質を指す。このように両者はかなり似通った概念だと考えられる。以下，より包括的な概念と考えられる，目標構造について記述する。

【特徴】 目標構造は，学校や教室における，具体的な目標に準拠した，明示的な評価だけを指すのではない。その目標は，むしろ学校や教室における，さまざまな指導様式，学級風土から，暗黙に学習者に示される目標であることも多い。したがって，インフォーマルな評価や隠されたカリキュラムとの関係も強いと思われる。

目標構造を構成する次元として，J.L.エプスタインのターゲット構造（TARGET structure）や，C.エイムズの3次元の教室構造が用いられる。ターゲット構造は，課題（task），権威（authority），承認（recognition），集団（group），評価（evaluation），時間（time）の計6つの次元からなる。課題は学習課題のデザインである。権威は学習の選択権や責任のデザインである。承認は子どもの態度や行動を認める規準や基準である。集団は学習集団のデザインである。評価は評価のデザインを指す。時間は学習時間の設定や制約のデザインである。一方，エイムズは，課題・評価・権威の3つの次元のみを取り上げている。

【意義】 学級での教師や子どもの相互作用を，目標構造の立場からみる際に，特に一定の（達成）目標を強調する意味から，学習目標構造や遂行目標構造という名称が，近年使われる。ここでは，エイムズが主張する目標構造の3次元から，目標構造を検討する。

第1に，課題の次元では，好奇心を促すように学習課題がデザインされ，効果的な学習方法を学習者が使うように促す特徴が，学習目標構造にある。遂行目標構造では，学習課題での結果の成績が重視される。第2に，評価の次元では，教育評価が目標に準拠することや，学習者の個性に適した評価規準の採用が，学習目標構造では重視される。遂行目標構造では，学習者同士の成績の比較や競争が頻繁にみられる。第3に，権威の次元で，学習目標構造では学習者に選択の自由が保障されるが，遂行目標構造では，選択権は教育者にある。

一般に，学習目標構造は学習者の動機づけを高め，積極的な学習を促し，学習の質も高いとされる。他方，遂行目標構造は学習者の動機づけや学習の質を低下させるとされる。

【課題】 目標構造を変えて学習を促すには，かなりの課題がある。第1に，先述のように目標構造や評価構造は，明示的な目標に準拠した評価だけではない。ゆえにインフォーマルな教育者から学習者へのかかわりも考慮する必要がある。第2に，学習者が問題の答えを単純に導けばよいのではないことも重要である。例えば教育者が「ほかにやり方はないですか？」という発問を投げかけて，さまざまな方略を意識させ，その意義を認めていく必要がある。第3に，学習者の個性を重視する活動が必要だろう。例えば「みんなのよいところさがし」という活動がある。これは，自分やクラスの仲間の個性を認めていく活動であり，学習目標構造の構成につながるだろう。第4に，子どもが自由に自分で決定した活動ができる時間を積極的に設ける必要もあるだろう。最後に，これらの教育的支援が，特定の目標構造を導くものとして意識されることが肝要である。　　　（上淵　寿）

［参］上淵寿「達成目標理論の最近の展開」『動機づけ研究の最前線』北大路書房，2004.

「新しい学力観」と「学力低下」論争

→学力，基礎・基本，基礎学力，生きる力と確かな学力

【語義】 知識の量を中心とした従来の学力観に対して，学習意欲，思考力，表現力，自己学習力などに重点を置く考え方が1989（平成元）年告示の学習指導要領で打ち出され，「新しい学力観」とよばれている。しかし，「ゆとり教育」といわれる教育改革を通じて，基礎学力が低下したのではないかという議論が1998（平成10）年の学習指導要領改訂直後に盛んになり，「学力低下」論争としてマスコミを通して繰り広げられた。

【学力観の変遷】 教育界は振り子のように揺れ動くといわれる。対極にある考え方とは，知識・技能を教科の体系に沿って教授するべきであるとする「系統主義」と，生活に根ざした体験や問題解決を重視する「経験主義」の立場である。教育方法として，前者は「教師主導型」，後者は「児童中心型」となり，評価方法として，前者は「ペーパーテスト」，後者は「行動指標」「作品評価」などを採用する傾向がある。

戦後まもなく制定された1947（昭和22）年の学習指導要領は，当時のアメリカの影響を受けた経験主義的な色彩の強いものであった。しかし，これが教科学力の低下を招くという議論が起こり，特に1958年のスプートニクショックが大きなきっかけとなって，科学的知識の獲得や発見学習を重視する系統主義のカリキュラムへと移行するようになる。

その後，1960年代，70年代を通じて進学熱が高まるとともに，受験競争が激しくなり，「偏差値教育」「詰め込み教育」といわれるような知識重視の教育が広まった。これが，校内暴力をはじめとする学校病理現象の一因となっているとされ，1977（昭和52）年の学習指導要領改訂からは，しだいに「ゆとり」をめざした教育への転換が図られることとなった。

【新しい学力観】 1989（平成元）年の学習指導要領改訂では，小学校低学年で理科・社会に代わって生活科が導入された。また，指導要録では評価の4観点として，「関心・意欲・態度」が第1に置かれ，「知識・理解」は最後に回されることとなった。

1990年代を通じて，教育改革はこの「新しい学力観」に沿って，「指導より支援」といったスローガンのもとに展開され，さらに進められていく。1998（平成10）年改訂の学習指導要領（2002（平成14）年度から小・中学校で実施）は，完全週5日制の実施に伴う時間数の削減，教科内容の3割削減，「総合的な学習の時間」の導入などを特徴としている。

【「学力低下」論争】 しかし，一方では，この間に子どもたちの学習離れが進み，学力が著しく低下していることが指摘され，1999年春ごろから大きな議論が起こる。この源流としては，大学生の数学力を調査してきた理数系の研究者，学習時間や学力の調査を行ってきた教育社会学者，受験生のテスト成績や学習行動を知る受験界の3つがある。

これに対し，教育改革を進める文部省（当時）や支持する教育学者は，国際学力調査の結果などを引き合いに出し，日本の児童生徒の基礎学力は依然として世界のトップレベルにあり，「おおむね良好」であるとの立場をとっていた。しかし，学力低下の声が高まるにつれて，しだいに「ゆとり」から「学力向上」「確かな学力」を謳うようになる。

2004年12月にOECDの行う国際学力比較調査PISAの結果が新たに公表されると，学力低下の傾向は，文部科学省も認めざるをえない状況になり，教科の基礎学力と，総合的学習や「心の教育」などとのバランスに配慮した施策を展開するようになっている。　　　（市川伸一）

[参] 市川伸一『学力低下論争』筑摩新書，2002.

子どもの学習意欲の低下

→学習態度・学習習慣の評価, 学習意欲とその評価・活用

【主要3教科とそれ以外の教科】 学習興味については多くの調査研究が行われている。しかし、どの教科も子どもの人間形成に必要というような建て前は別にして、現実には、学習興味というとき、教科によって意味が異なる。小学生は算数や国語の成績は将来に影響をもつと感じている。そして、中学生は数学と英語、国語の成績にこだわりをもつ。

たしかに高校や大学へ進学するとき、英数国は主要3教科として扱われるから、そうした教科の成績がよければ、入学の見込みが増える。そして、望みの学校に進学できれば、卒業後、希望する職種につける可能性が増す。それに対し、主要3教科以外の社会科や理科、そして体育や音楽などの教科は、それなりに必要な教科であると思うが、成績にこだわりをもつことは少ない。

これまで、学力というと、受験のための学力と思われてきた。一定の知識を覚える学力である。しかし、学力というとき、総合的な学習の時間で問われているような問題解決的な学力も重要になる。特に情報化社会になって、知識の増大と陳腐化が同時に進行している。それだけに、学力観の転換が必要になろう。

【学業成績と自己像】 主要3教科の場合、学業成績のよしあしが将来を規定すると考えるので、どの子どもも成績を上げようと学習に打ち込む。特に日本では、学業成績は予習や復習などの学習態度によると考えられているので、成績のよい子どもは、好成績で将来が保障され、未来に明るい見通しをもてる。それに加え、まじめな学習態度が報われたと思えるので、自己像が明るくなる。それに対し、算数（数学）の成績が振るわないと、進学可能性が低くなり、社会的な達成見込みが薄くなるので、未来像が暗さを増す。それと同時に、学習努力が不足していると思うので、怠けがちなだめな自分という閉ざされた自己像を抱くようになる。

欧米の子どもを対象とした調査結果によると、学業成績のよしあしは、学習努力を反映するというより、生得的な面が多いと感じている。それと同時に、学習は自分なりのペースで進めばよいから、他の子どもと比較しないという態度が身についている。そのため、学業成績が悪くても、自己像が暗くなることは少ない。

さらにいえば、欧米の子どもは、学業成績を学級の仲間と比較するという相対的な思考が少ないので、何日か前と比べ、勉強ができるようになれば、「勉強が得意」と思える。そうした意味では、客観的な成績とは無関係に、自分は「勉強が得意」と思っている子どもが多い。それに対し、日本の子どもは成績を学級内の相対的な位置としてとらえるので、「勉強が得意」の子どもの割合は少数にとどまる。

【学習意欲の低下】 少子化の影響を受けて、受験年齢層が減少している。その結果、上位の有名校を志願するのでなければ、入学は容易になった。高校受験はむろん、大学も定員割れを起こす事例が増え、入試地獄は過去の言葉になりつつある。これまで長い間、子どもは受験という高いハードルを乗り越えることが重要といわれてきた。しかし、近年の傾向はそうしたハードルがぐんと低くなり、受験のための勉強の必要性が減った。その結果、子どもの学習時間は短くなり、学習意欲の低い子どもが増加している。進学と離れて、学習させることが重要になりつつある。 （深谷昌志）

［参］深谷昌志『学校とは何か』北大路書房, 2003.

目標準拠評価と説明責任

→目標に準拠した評価，アカウンタビリティ，学校評議員制度

　説明責任の概念は，1960年代以降のアメリカの教育改革の中で，特に教育投資に見合うだけの成果を教育のシステムやプログラムが上げているかという観点から導入されたものである。このプログラムの評価概念は，教育革新を推進するためのものとして期待された。日本においても学校評議員制度のように外部評価の1つのあり方として注目されてきた。その評価のために，学校の目的とそのめざすべき子どもの変化を「行動」の形で言い換えることによって，その到達度を測ることができるものと仮定されている。それは，これまで明確にされてこなかったがゆえに，評価規準のための重要な証拠とされてこなかった思考力や問題解決能力のように，暗記的な知識や技能を超えたより高次の能力を測定する方法として期待されてきた。興味・関心，理解力，思考力というような教育目標を行動の形で表すことが，より精緻に目標準拠評価を可能にするものとして期待された。そのために教師は，基礎・基本といわれる暗記的な知識や単純な技能を超えた思考力とは何かというような目標を明確にするように求められてきた。特に，2002（平成14）年に小・中学校において施行された学習指導要領においては，総合的な学習の時間のみならず学際的な領域での学習活動や教科の学習においてもその一般的な能力の開発が求められるようになった。このように，行政の側から，そして時代の要請から説明責任のための目標準拠評価は，各単元の領域にある事実的な知識ばかりでなく，その知識をどのように構造化し，現実の問題解決に役立つのかを教師自身が文章化することを要求している。この文章化に向けては，行動目標的な方法にある概念学習，原理学習，原理の応用など問題解決能力の到達に向かうまでの課題をステップ化したモデルが重要な位置を占める。　（浅沼 茂）

目標準拠評価の導入と入学者選抜

→選抜・配置と評価，目標に準拠した評価

　2001（平成13）年の改訂で，指導要録が「評定」欄も含め目標準拠評価に統一されたことから，高校の入学者選抜における調査書の扱いが新たな問題となった。2000（平成12）年12月の教育課程審議会答申は，「指導要録と調査書とは作成の目的や機能が異なる」とし，「調査書の各教科の評定を指導要録に合わせて目標に準拠した評価とするか，集団に準拠した評価とするか」は都道府県教育委員会の判断によるとしながらも，「目標に準拠した評価とするための努力が行われることを期待したい」とした。

　受験生を輩出する中学校相互において学力の分布が等質でない（学校間格差が存在する）かぎり，各中学校の集団に準拠する相対評価では，異なる中学校の生徒の学力を正確に比較することはできない。しかし入学者選抜で強く求められる信頼性の高さ，手続きの客観性・透明性など，形式的な公平性がわかりやすく容易に担保されるがゆえに，この点はほとんど問題視されず社会的な合意も得られてきた。目標準拠評価は理論どおりに運用できるならば，各学校の状況を超えて生徒の学力を正確に比較できるため，実質的により公平な選抜が行えるはずであるが，評価基準・評価手続きの不透明性と学校間・教師間におけるズレ，判断における教師の恣意性の混入などにより，入学者選抜で要求される測定精度を確保することはけっして容易ではない。

　抜本的な解決は，目標準拠評価の客観性・信頼性の向上への努力に待つよりほかないが，一定の精度が確保され，また十分な社会的合意が形成できるまで，従来どおり相対評価を用いるのも一策であろうし，調査書を指導要録と切り離して扱うという選択肢も残されている。なお，各評定の人数割合を管内の全中学校において統一しようとの動きもみられるが，目標準拠評価の考え方からして不自然である。（奈須正裕）

学力格差の拡大

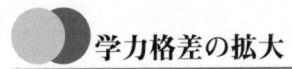

→学力調査と教育課程の改善,教育課程実施状況調査,国際バカロレア

【語義】 「学力格差」とは,学力形成のプロセスの変化に影響を与える要因を社会全体の階層文化（階層間の文化格差）に焦点を当て,学力形成と子どもの家庭環境や社会的経済的な環境などの階層状況との相関関係をもとに学力の階層差の変化をとらえるものである。したがって,教育制度のうえで同一の学校間格差論にみられる学力検査の結果を比較する学力格差論や,低学力者が多い底辺校と高学力者が多い有名校を比較した学校の学力格差の拡大を,序列化の進行ととらえる考え方とは本質的に異なる。

もっとも階層文化の視点から学校間格差の問題をとらえると,現行の教育改革は意図的計画的に教育政策として推進されている状況にあるだけに,教育改革の方針に対応した学校教育の多様化や個性化をめざす教育には,社会の階層文化が大きく影響し学校の序列化を招いている要因ととらえることができる。

【背景】 学力格差の問題が浮上してきた背景には1998(平成10)年12月改訂の学習指導要領がある。その内容は「生きる力とゆとりをはぐくむ教育」を基本方針に教育内容の3割を削減し,総合的な学習を導入,個性を生かす教育を重視するものであったため,一部の研究者や教育現場からゆとり教育では"学力低下を招く"などの批判が出され,学力低下論争が浮上した。

学力低下問題では,①学力形成とカリキュラム改革の問題,②学力の構造と学習者の知識獲得の構造的分析,③日本の文化経済社会の構造的な関係把握をもとにした学力の取扱いの問題,などが提起された。教育社会学者の苅谷剛彦らは,わが国の学力調査では学習の成果に影響を与えた諸要因が分析されていないとし,学力の客観的構造的実態把握なしの学力論議は意味がないと論じた。そして,学力低下の背景要因を学校教育要因,児童生徒要因,社会的要因,さらに教育内容それ自体の変化などの側面から総合的構造的に分析し,学力の階層差をとらえる研究を提起した。この学力の階層研究の試みを苅谷研究グループは『学力の社会学』(岩波書店)などで紹介している。

こうした学力低下問題を契機に,文部科学省は,「確かな学力向上対策」として各地に研究指定校を設けるとともに,各学校に教育課程実施状況を把握した学力づくりを学力低下追放策として掲げている。

【学力の階層差と教育改革】 児童生徒の学業達成〔学力〕には,子どもの家庭にみられる社会・経済・文化的な環境の差異が反映している。しかし,そうした学力に家庭・社会・経済的環境が具体的にどのように影響を与えているかについての科学的研究は進められていない。その意味で「学力の階層差」に着目し,教育内容と学力形成の関係を家庭の階層的背景,基本的生活習慣,家庭学習の状況,学校対応,学習理解度,親の教育期待といった多様な環境構成要因の観点からとらえ,客観的な学力の実態に家庭の階層差が大きく影響していることを明確にしていく必要がある。同様に,子どもの学力形成には教育改革や教育政策も大きな影響を与え,子どもの中で学力のできる子とできない子の分極が進んでいる。その背景に学力の実態を無視した教育改革や家庭の階層格差が存在している。したがって,教育改革には学力の背景にあるこれらの実態をとらえ,授業とカリキュラムを創出していく学力向上対策が必要である。

(有薗　格)

[参] 苅谷剛彦・志水宏吉編『学力の社会学―調査が示す学力の変化と学習の課題―』岩波書店, 2004. 中井浩一編『論争・学力崩壊2003』中央公論新社, 2003. 佐藤学『学力を問い直す』岩波書店, 2001.

学制改革と評価
→学校教育の公共性と評価

中等教育学校の法制化に続き，小中一貫校が全国に拡大する動きもみられる。学校体系の区切りのありようの転換である。大きなきっかけになったのは，東京都品川区で2006（平成18）年発足の小中一貫校の構想である。もっともこれまでの学制の歴史を振り返れば，明治初期から現在にいたる間，いくたびかの大きな変転を経由している。視野を諸外国まで広げれば，さらにその動きは多様である。こうしてみると学制の構造をどうとらえるかは，その時々で問われるべき課題であるということができる。

東京都品川区が構想する小中一貫校は，小学校6年と中学校3年を一本化し，新たに校舎を建築して導入される。つまり，国の学制である6・3制の構造を前提に，小学校と中学校とを同一建物に同居させ，一体化しようとしている。同一の建物にせっかく小・中学校が同居するのであれば，同居のよさを徹底しては，という観点が生まれる。しかし，課題がないわけではない。第1には，小学校と中学校は，それぞれ別個の理念に立っており，離れていることが意味をもっている，という考え方もあり，9年間の一貫制をどう評価するかという問題である。第2には，9年一貫制というのはいかにも長いという観点からすれば，節目を設け，まとまりをつくっては，という考えもある。教育課程や教育指導の面での節目，ないしまとまりとして，東京都品川区では4・3・2という区分を想定している。

これらの論は，子どもの発達段階をどうとらえた区分なのか，この区分を採用した指導の成果はどうであったかのか，といった学制をどう評価するかという問題を提起しており，今後さらに研究を進める必要がある。 （葉養正明）

[参] 品川区教育委員会『品川区小中一貫教育要領』講談社，2005.

デジタルデータへのアクセスとプライバシーの保護
→コンピュータと評価

評価データの電子的な保存と利用を行うときには，正式な利用者以外からのアクセスや漏洩，改ざん，目的外使用などの可能性があり，記載されている個人データについて，機密性の保持とプライバシーを保護する必要がある。

デジタルデータは，作成，修正，利用，再編などが容易かつ強力であり，教育評価においても活用され，児童生徒の個人情報を含んだ各種検査，学力テスト，指導要録，通信簿などに関する評価データが記憶装置の中に保存されている。その一方で評価データが電子的に不正にアクセスされ，漏洩・改ざんされたり，作成者自身によっても目的外利用されたりするなどの事犯が生じるようになってきている。

個人情報の保護に関しては，OECDは1980年にいわゆるOECD8原則を規定し，日本においても「個人情報の保護に関する法律（平成15年5月30日法律第57号）」が制定・施行され，その保護が規定されている。評価データは個人にかかわる情報の中でも，個人についての学力・性格・傾向などの気質的情報を含むため，「特別に重要な個人情報（センシティブ個人情報）」に該当し，「プライバシー固有情報」であると判断できる。くわえて，現代ではプライバシー権は自己情報コントロール権でもあり，個人情報は保護されるだけではなく，流通に関してその個人が意思決定できるものとしてとらえられている。この立場に立つと，デジタルデータとして評価データを活用する場合には，電子的・人的なセキュリティの確保を厳重に行うこと，アクセスに対するガイドラインを作成し，児童生徒・保護者との間に作成・利用の目的と範囲に関する合意を形成することが求められる。

（清水克彦）

[参] 梅本吉彦編著『情報社会と情報倫理』丸善，2002.

才能教育と評価

→個別化・個性化と評価，オーセンティック評価，知能

【定義と対象者】 才能教育とは，狭義には学校の特別プログラムで対象として認定された一部の子どもたちのための特別支援教育を指す（この意味で日本では公式の才能教育は存在しない）。また，広義には普通教育での個性化教育の中で才能を発見して伸ばす学習・指導を指す。普遍的に認められる才能の定義はなく，学校教育にとっては特別プログラムで対象者を認定する基準が定義に相当し，その特徴をもつ子どもが才能をもつことになる（数％の場合が多いが，才能児の比率の線引きは恣意的である）。

1993年のアメリカ連邦教育省の定義では，才能児は，知能や創造性，芸術性，リーダーシップ，特殊な学問分野で並外れて優れている。そして，普通は学校で提供されない指導や活動が必要であると，才能児の特別な学習ニーズが明言されている（1972年の定義に盛り込まれたスポーツに優れた者は，既存の活動の機会が十分にあるのでその後省かれた）。また文化的マイノリティや社会経済的に不利な集団の中から公正に才能を認定する必要も強調されている。

【才能教育の形態と才能の認定】 才能教育の実施方法は，「早修」(acceleration) と「拡充」(enrichment) に区別される。早修は，科目ごとにまたは飛び級や早期（飛び）入学などによって，上位学年相当の内容を学習して単位修得が認められる措置である。拡充は，学年基準より広く深く学習することで，先取り学習しても上位学年の単位修得を伴わない。

飛び級の対象者の認定には，学力および複数の要因が考慮される。大学には，ハイスクールの課程を修了すれば早期入学が許可されることもあり，特別プログラムを設けて SAT の数学の成績等を考慮して，飛び入学や何らかの早修プログラムの対象者を選抜することもある。教科ごとの早修プログラムの対象者認定では，該当教科の標準テストで最適に適性を評価できる。

拡充プログラムの対象者を認定する際には，多様な才能を尊重して，多様な評価方法を用いるのが望ましい。実際は知能検査や学力テストなどの標準テスト得点が重視されてきたが，複数の評価手段を組み合わせる方法が多く用いられるようにもなった。例えば J.S. レンズーリによる「回転ドア認定モデル」では，特別プログラムの対象候補（学年全体の約 15〜20％）として生徒を認定するために，標準テストで学力を評価するだけでなく，創造性，課題への傾倒，芸術性，リーダーシップ等に優れた者を教師が推薦する（生徒の学習活動や興味等に関する数種類の評定尺度や評価用紙を利用する）。

【学習とプログラムの評価】 拡充では，レンズーリの「全校拡充モデル」のように，すべての子どもを対象としながら，才能児にも種々の高度な学習活動を提供できる。そこでは現実の問題解決・創造を目的として，学習成果は，その領域の専門家の基準で発表相手に意図した影響を与えたかという観点から「本物の評価」がなされる。多様な個人の特性すなわち能力，興味，学習スタイルに応じた学習の評価には，領域固有の才能や障害（両者を合わせもつ「二重に特殊な」場合もある）に伴う学習ニーズも勘案して，多様な評価方法を組み合わせるのが望ましい。

才能教育と謳わずとも，各教科，総合的学習，行事，クラブ活動で行われる拡充の中で，個人の特性を評価して，役割分担も生かして最適な学習活動を行い，個性化されたより高度な学習へ発展するように，形成的に学習およびプログラムの評価を繰り返すべきである。（松村暢隆）

[参] 松村暢隆『アメリカの才能教育』東信堂，2003．J.S. レンズーリ（松村暢隆訳）『個性と才能をみつける総合学習モデル』玉川大学出版部，2001．

第3章
資料収集のための評価技法

1 観察法・事例研究法
2 面接法
3 質問紙法
4 評定法
5 テスト法
6 ポートフォリオ評価
7 パフォーマンス評価
8 アーティスティック・アプローチ

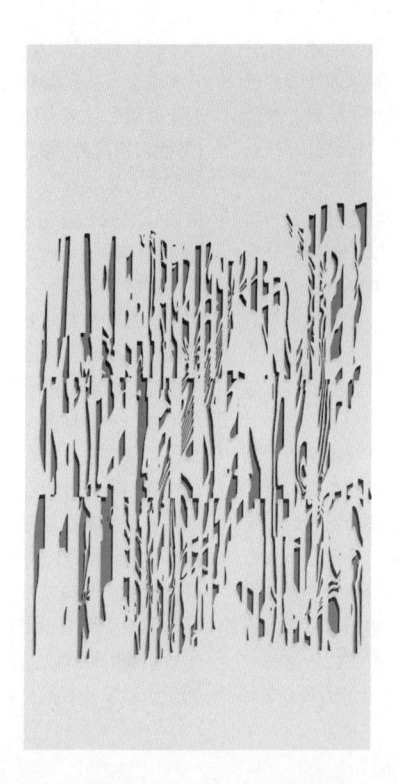

評価資料の収集

【評価の目的，評価の目標や対象】 評価のためには，評価の材料となる資料を収集することから始めなければならない。まず評価は，教育上の何らかの決定を行うためという目的をもって，資料収集が行われる。児童生徒の動機づけのためか，新しい単元の指導計画をつくるためか，通信簿や指導要録の成績決定のためか，あるいはこれまでの授業方法やカリキュラムの改善のためかなど，何のために評価を行うのか何のために資料を収集するのか，という評価の目的を最初に明確にすることから評価はスタートする。

次に評価は，児童生徒の知識・理解を評価するのか，あるいは意欲や努力を評価するのかという「何を評価するのか」にかかわる評価の目標や対象の問題と，テストを用いるか，それとも面接や観察を用いるのかという「いかに評価するのか」にかかわる評価の方法の問題とに分けて考えることができる。その際，前者の評価の目標や対象を明確にすることが，後者の評価の方法を決めることよりも，先に行われなければならないことはいうまでもない。

【評価資料の収集の場面や機会の選定】 さらに評価のための資料の収集方法では，どのような場面や機会に資料を収集したらよいかという評価場面（評価の機会）の問題と，どのような評価用具をどのように構成しどのように使用したらよいのかという評価用具の問題の２つが重要となる。

まず評価のための資料や証拠を収集するための場面を取り上げよう。その代表的なものは，観察場面と試験場面である。観察場面のおもなものは，教室内での学習活動場面や学級会などの話し合い場面，あるいは休み時間での遊び場面や児童会活動・クラブ活動の場面などである。こうした観察場面を通して，児童生徒の意欲や関心・興味，態度や習慣，パーソナリティなどの資料を収集することができる。他方，口答または筆答による試験場面は，評価しようとする目標について計画的に資料を求めることができ，すべての児童生徒に同一条件で，しかも一時的に資料を収集することができる利点をもつ。しかし，知識・理解や技能などの認知系の比較的とらえやすい資料の収集には向いているが，意欲や態度などの情意系の資料を得ることがむずかしいという面もある。一般に観察場面では，観察記録の形で資料が得られ，試験場面では答案や作品，表現などの形で資料が得られる。

次に，資料収集の機会についてみると，それは例えば，中間テスト，学期末テスト，学年末テストのように資料収集のための機会の計画を作成したり，事前評価の機会，途中評価（形成的評価）の機会，事後評価の機会のように単元ごとに資料収集のための機会の計画をつくったりするように，資料収集の機会は評価計画の重要な変数と位置づけることができる。

【評価の用具の選択】 評価の資料の収集にあたって最も重要なことは，選ばれた評価の場面や機会に，最も適切な評価の用具・手段（instrument），方法（method）を選択し適用するということである。おもな用具・手段として，次のようなものをあげることができる。

❶観察（observation）：児童生徒をできるだけ自然な日常の活動場面でとらえるところに長所があり，その反面，目的とする資料が期待するように収集しにくい欠点がある。最も基本的な自然観察法だけでなく，児童生徒の理解のために重要な事実を記録しておく逸話記録法（行動描写法），児童生徒の顕著な行動の発生や進展，終末に焦点を当てる位相観察法，あらかじめ一定の環境条件を設定しその条件下の行動を観察する組織的観察法，あらかじめ観察する短い時間を決めて多数回にわたり観察を行う時間見本

法などがある。

❷評定（rating scale）：観察はとかく主観的になりがちであり，その結果の整理にも難点がある。その欠点を補うために，観察の記録のつけ方や結果の整理の仕方などを，あらかじめ決めておいた尺度（物差し）に基づいて行うのが，評定法であり，別名，尺度法ともいわれる。評定法は，その尺度のとり方によって，さまざまな方法が考案されていて，その代表的なものは，チェックリスト法，序列法（一対比較法，等現間隔法など），評定尺度法（記述評定尺度法，点数尺度法，図式評定尺度法，人物尺度法，人物見本法など）などがある。評定法は，あくまで観察することが基礎となる方法なので，観察法の延長ともいえる。

❸面接（interview）：児童生徒と直接に向き合って話を交わすので，児童生徒から現実（生の）情報を入手することができたり，受容的な態度によって児童生徒の隠された感情や態度を知ることができたり，質問の仕方を理解度に応じて変えることができたりする利点と，無口や関係のよくない児童生徒から反応が得られにくいなどの問題もある。面接形式としては，1対1の個別面接と1対複数，複数対複数の集団面接がある。一定の手続きを事前に決めて行う構造化面接法と状況に応じて自由に行う非構造化面接法，その中間の半構造化面接法などがある。

❹質問紙（questionnaire）：専門家あるいは教師によって作成された質問紙により児童生徒がおもに自分自身のことを振り返り回答を行う。設問に対して回答を選択または記述を行う点においては標準検査や教師作成テストの場合と同様であるが，回答に正答・誤答のみられない点が異なる。児童生徒が自分について回答する方法が多く用いられるが，自分以外の他の児童生徒について回答する方法も用いられる。また質問紙では，児童生徒が「社会的望ましさ」に影響され，正直に回答を行わない場合もあるので，その対策・工夫が重要になる。

❺テスト（test）：専門家あるいは教師により作成された客観テスト，論文体テスト，問題場面テスト，あるいは標準検査（集団，個別）により，おもに児童生徒の知識や理解の進歩の様子や水準に関する資料を収集する。正答・誤答がみられることがテストの特徴といえるが，標準検査の中でもパーソナリティや適性を調べる検査などには正答・誤答はない。

❻ポートフォリオ（portfolio）：ポートフォリオとは，もともとは紙ばさみや折りかばんのことで，会社などが所有する有価証券の一覧表，明細表を指す言葉であるが，教育評価に転用したとき，児童生徒の学習活動の過程を示すような記録（メモや感想文を含む）や作品などを計画的に集積したいわゆる「学習ファイル」を指す。これらの「学習ファイル」を材料にして評価規準に沿って学習活動の全体を，児童生徒自身あるいは教師が評価する。

❼パフォーマンス（performance）：ルーブリックをつくり，美術等の作品や音楽・体育等の表現，あるいは作文やレポートなどの達成度を評価する。

以上のような評価用具の選択上，注意しなければいけないのは，妥当性と信頼性の2つである。妥当性とは，評価しようとしている目標の資料をその用具が適切に収集しているかという問題であり，信頼性とは収集した資料の結果が矛盾なく一貫しているかという問題である。いわゆる基礎的技能や知識，理解などの資料収集の用具としてのテストは，一般的に妥当性も信頼性も高いが，他方，意欲や関心，興味や態度などの資料を収集する観察，面接，質問紙，ポートフォリオ，パフォーマンスなどは，その妥当性・信頼性を高めていくことが課題としてある。　　　　　　　　　　　（新井邦二郎）

[参] 橋本重治原著・応用教育研究所編『教育評価法概説』図書文化，2003．橋本重治『新・教育評価法概説』金子書房，1979．

観察法の意義と種類

→観察記録のとり方，授業に生かす観察，行動評価における観察

【語義】　観察法とは，人の行動や表情，言語等をもとに，その背景にある心理機制や，基底となる人格特性や知的特性を知ろうとする方法で，人を理解するための最も基本的な手法である。

【特徴】　長所は，実験法に比べ制約が少なく，日常の自然な行動を取り上げることができること，調査法や心理検査法，面接法と異なり行動が中心となるので，言語的な理解力や表出力に乏しい乳幼児や障害をもつ子どもも対象にできることである。短所は，実験法や調査法，投影法以外の心理検査法と比べ，観察の視点や観察の解釈が主観的になりやすいことである。特に観察者の先入観やステレオタイプな人間観などが，観察の記録や解釈に影響する。したがって信頼のおける観察や分析を行うには，さまざまな配慮や訓練，観察の一致度の測定が必要となる。

【種類】　観察事態，観察形態から分類ができる。

(1) 観察事態からの分類

❶**自然観察法**：行動の発生に人為的な操作を加えないで，自然な事態の中での行動を観察する方法である。自然観察法では，ある行動を観察するにはそれが自然に生起する場に偶然居合わせるか，あるいはそれが生起するまで待つ必要がある。多様な要因を統制することがないために，行動生起の因果関係を明らかにすることは必ずしも容易ではない。

❷**実験的観察法**：対象とする行動が生じるような環境を，観察者が意図的に設定し，そのなかで生起する対象行動を短期間のうちに数多く観察する方法である。要因を操作することで，行動生起の因果関係を明らかにすることができる。実験的観察法では，適切な仮説の設定，環境の系統的操作による要因の明瞭化，実験の簡素化，適切な測度の選択が重要となる。環境の操作は被観察者にとっては非日常的なことになりがちであるので，可能なかぎり生態学的に妥当な環境設定を行うことが大切である。

実験的観察法の中でも，被観察者にとって違和感のないよう，なるべく自然の場面で，条件操作を最小限にしたものを自然実験的観察法という。実験的観察法のもつ非日常性を極力排し，生態学的に妥当な状況で観察を行うことで，その結果の現実場面での適用性を広げようというものである。逆に実験的観察法を突きつめると，実験室内の実験法となる。

(2) 観察形態からの分類

❶**参加観察法（参与観察法）**：観察者が被観察者にその存在を明示しながら観察を行うものである。被観察者がいったん観察者の存在に慣れ，その存在を受け入れれば，もはやその行動は観察者の存在に影響されることは少なくなる。参加観察法には，観察者が被観察者に関与し，経験を共にしながら観察を行う交流的観察と，観察者から被観察者への働きかけを最小にして観察に徹する非交流的観察がある。またその中間的なものとして，非観察者との面接による面接観察がある。参加観察においては対象に参加しとけ込むことと同時に，観察者としての自分の立場を保つことも重要となる。

❷**非参加観察法**：一方視鏡やテレビカメラを利用することにより，被観察者に観察されていることを意識させないで自然な行動を観察する方法である。人は観察されていることを意識すると行動が変化するので，これを避けるためにとられる。一方視鏡やテレビカメラを通して実際の行動を見る非参加直接観察と，ビデオなどの機器の記録に基づく非参加間接観察がある。

さまざまな観察は，これら観察事態と観察形態から分類できる。例えば，職員室の窓から校庭で遊んでいる子の行動を観察するのは自然的非参加観察法であり，教室で授業をしながら子どもたちの様子を観察するのは自然的参加観察

法である。大学の実験室に来てもらった母子の相互作用を一方視鏡を通して観察するのは実験的非参加観察法であり，J.ピアジェが行ったように，実験をしながらそのときの子どもの様子を観察するのは，実験的参加観察法である。

【観察の手法】 観察の意図性や計画性によって，日常的観察法と組織的観察法に分けられる。

(1) **日常的観察法（偶然的観察法）**

記録や印象をもとに，一定の人物像を描いたり，人間関係や社会構造を理解しようとすることをいう。

❶**日誌法**：親が子どもの行動を日誌に記録したものであり，観察法の最も古い形態である。主観的な記述になりやすい。

❷**逸話記録法**：日誌法のような特定の個人のみではなく，より多数の人について経験した特徴的な逸話（エピソード）を記録するものである。記録者の記憶に残る目立ちやすく特徴的な事柄の記述になりがちで，必ずしも通常の行動の記録ではないという可能性もある。逆に，個人の特徴がうまくピックアップされている場合は有効な記録となる。

❸**行動描写法**：一定の時間，個人が日常場面で示す行動や言語をその生起順にありのままに描写するもので，行動の一般的な記述記録を得ることができる。これら日常的観察法は，人類学や社会学におけるエスノグラフィック研究や，動物行動学などのフィールド研究におけるフィールド・ノーツにおいて用いられる。記録された記述は，特に行動の質的特徴の解明に有効であるが，量的分析はむずかしい。

(2) **組織的観察法**

校庭で子どもがどのようないざこざ行動を起こすかを観察するというように，特定の観察の目標を定め，観察する項目を事前に設定したうえで，行動が出現する適切な場面を選択し，観察することをいう。

❶**事象見本法**：焦点となる行動を決め，その生起要因や行動の展開過程を分析するものである。観察者は観察対象とするある特定の行動事象（例えば，けんかやいざこざ）が生じたら，その生起原因，登場人物，行動事象の展開過程，終結の仕方等を時間とともに記録する。多数の観察を蓄積することで量的分析が可能となり，焦点とした行動の一般的な生起過程やそのバリエーションの類型化がめざされる。

❷**場所見本法**：事象見本法に類似しているが，焦点となる場所を決め（砂場，鉄棒など），その場でどのような行動が生じ展開するかを分析するものである。特に環境が行動に与える影響を明らかにするために用いられる。

❸**時間見本法**：任意の時間間隔（これを時間単位とよぶ）の各々における行動の生起を記録するものである。さまざまな行動の生起時間単位数をもとに，その生起頻度や持続時間などの量的測度を得ることが可能となる。各時間単位における観察時期をずらすことで同時に複数の対象を観察することもできる。

❹**評定尺度法**：行動を一定期間観察し，被観察者の行動の強度や印象を形容詞や行動特徴を用いた連続尺度上で評定するものである。量的データを得るうえで効率的だが，観察データとしてはやや細かさに欠け，また主観的評価になりがちである。

【観察の展開】 位相観察法は，課題解決の進展過程を分析するものである。集団による問題解決（例：チェスの次の一手を考える，パーティの企画を考えるなど）の初期，中期，後期を観察し，それぞれにおける発話を分析・比較することで思考の深まりや，グループダイナミクスの変化を明らかにする。そして，作業手順や物の扱いの技能（すなわち手続き的知識）の習熟や適切さを観察により評価するためのチェックリストを行動過程表とよぶ。作業行動を行動描写法により記述し，単位に分け，その過程を構成することにより作成される。　　（中澤　潤）

[参] 中澤潤・大野木裕明・南博文編著『心理学マニュアル　観察法』北大路書房，1997.

観察記録のとり方

→観察法の意義と種類，授業に生かす観察，行動評価における観察

【自然観察法】 被観察者の特徴を把握したいというような一般的な問題意識や，組織的観察設定に先立つ仮説生成のために行われる。

❶逸話記録法：これは日常の中で経験した対象者の特徴的な逸話（エピソード）を記録する。例えば，気になった子どもの行動を記録しておくのはその例である。子どもごとの逸話記録が蓄積されると，それぞれの特徴的な姿を明らかにすることができる。ただし，逸話という性格から，目新しいことや非日常的な行動は記述されるが，同じような逸話が繰り返される場合はしだいに記述されなくなったりする。また，教師の目の届く子の記録は多いが，必ずしも記録に残らない子も出てくる。さらに1つの逸話として記述が整理されるため，省略が生じたり，実際の展開とは異なる記述になることも多い。

❷行動描写法：これは実際行動を展開の順にそのまま記述していく。この場合でも，観察した事柄の中の，何をどう記述するかについては，観察者の主観や判断に影響され，適切な記述を行うには経験が重要となる。

　これら自然観察法による記録の特徴は，実際の場面における被観察者の言動のいきいきとした記述にある。その記述は，読む者に，その場面をイメージさせ，その人物像をとらえることを可能にする。また，焦点化された組織的観察法を設定する基礎となる。他方，記述は質的なものであり，そこから量的で客観的なデータを取り出すのはむずかしい。

【組織的観察法】 実際の生き生きとした記述は残らないものの，より焦点を当てた効率的で量的な観察記録が行われる。事前に対象となる事象や場面の自然観察を行い，それをもとに観察の観点を決定した記録用紙を作ることになる。

❶事象見本法：例えば，給食時に生じる子ども間のいざこざに焦点化した観察をすれば，性別により原因は異なるのか，参加者の人数は異なるか，どのように終わるのかといった，明らかにしたい視点に基づいて登場人物，行動，展開などを記録するための記録用紙を準備する。

❷場所見本法：例えば，校庭の登り棒で登り方が学年により異なるのかを知りたいとすれば，学年や登り方をリストした記録用紙を準備する。

❸時間見本法：出現すると想定される行動の網羅的なリストを準備し，各時間単位での行動出現の有無をチェック記録するチェックリストが用いられる。行動カテゴリーごとのチェック数による量的な分析が可能となる。

❹評定尺度法：被観察者の示す行動の強度や被観察者に対する印象を，形容詞対などをもとに構成した5ないし7段階の評定尺度上で判定するか，いくつかの記述の中から当てはまるものを選ぶことによって行われる。行動の評定は，数量化が容易であるが，極端な評定を回避する，判断を中点に集中しがちになるなど，評定尺度にみられがちな反応のバイアスが影響する可能性がある。

【ビデオによる録画観察】 観察を客観的なものとしたり，観察の反復を可能にする方法として，ビデオを用いた録画観察がある。実際場面での観察では気づかなかったさまざまな事柄がわかることも多い。また反復，コマ送り，スローモーションなどで，肉眼では見られなかった微妙な事柄が分析されることもある。その一方で，現場にいる者にはわかる雰囲気がビデオでは伝わらないことも多い。ビデオは撮影者の主観的な視点から現実の一部を切り取っているということ，そしてビデオに映っている画面の外で何が展開しているのかはわからないことなどに留意しなければならない。　　　　　　（中澤　潤）

［参］中澤潤・大野木裕明・南博文編著『心理学マニュアル　観察法』北大路書房，1997．

授業に生かす観察

→観察法の意義と種類，観察記録のとり方，行動評価における観察

【教師の参加観察】 観察法は，行動や表情，発語など表出される手がかりを用いる。そのため授業参加者個人の内面的な意欲や理解の把握は，観察法では必ずしも容易ではなく，検査や学業テストほど正確なものではない。しかし，実際の授業を進行しながら行われる観察は，そこから得られた情報に応じて授業をその場で柔軟に展開するための手がかりを与えるという，他の手法にはない長所がある。

授業に生かすために教師が行う観察は，一般的に参加観察法（参与観察法）という形態をとる。具体的には，出席をとるときや授業開始時の個々の子どもの様子の視認，発問への挙手の様子，教師や仲間とのやりとりの様子，机間指導など，授業中のさまざまな機会が利用される。熟達した教師は，児童生徒の理解のレベルを観察により把握できる。

授業中に教師が観察記録をとるのはむずかしい。記録では，言葉はなるべく正確に記入することが望ましいが，記録の効率も考え，記号や図などを利用することも大切である。

授業後に観察の記録をとることも，実際的である。授業後に，授業中の記憶に残る発話やエピソードを逸話記録として残しておくことは，あとにまた同じ教材を用いるときの授業づくりのヒントとなる。また，逸話記録を個人別に蓄積することで，クラスの各成員の意欲や理解の特徴を知ることができる。逸話記録は特徴的な子の記録に偏りがちになるので，普段目立たない子に焦点を当てた観察を意識的に行ってみるなど，工夫も必要である。

記録することにより，普段気づかなかったことを発見できることも多いが，記録を他の教師の視点やテスト結果，本人との面接など他の情報と突き合わせることも重要である。また，複数の教師の記録を持ち寄り，観察する視点や授業科目の違いにより，意欲や理解の現れがどう異なるのかを検討し合うことも意義は大きい。

【アクション・リサーチ】 実際上の問題点を改良・改善するために意図的に状況に介入し，その成果を観察記録する手法である。学習者の理解を促す授業の改善をめざして教師が新しい教材や授業法を工夫しその働きかけ（アクション）を行い，その効果を評価し，さらに新たな改善を加えていくという方法は，このアクション・リサーチにほかならない。アクション・リサーチにおいては改善や工夫の必要な点を明らかにすること，改善手法のヒントを得ること，介入の効果の査定など，そのすべての過程で教師の行う授業時の子どもの反応の観察が重要な手がかりとなる。

【授業分析】 組織的観察により授業過程における発話や活動を記録分析し，授業に影響している要因の関連，子どもの思考過程，教師の意思決定を明らかにしようとする方法である。授業者を含めたクラス全体の授業過程が観察の対象となる。授業者の準備した教材や発問，授業の展開などの適切さや，それに伴う子どもの思考の深化が検討される。発話はそのままプロトコルとして書き起こされ，質的な検討が行われたり，事前に設定された発話カテゴリーに沿って分類・分析し，量的な検討が行われたりする。これほど厳密な分析ではなく，授業ビデオを授業者とともに視聴しながら，授業者の発問や子どもへの対応などをもとに，そのときどきの意図や思考を質疑していく手法をビデオカンファレンスという。ビデオカンファレンスを通して，教師の授業展開の的確さや問題点を見いだし，改善につなげることがめざされる。

(中澤　潤)

[参] 秋田喜代美・恒吉僚子・佐藤学編著『教育研究のメソドロジー』東京大学出版会，2005.

行動評価における観察

→観察法の意義と種類，観察記録のとり方，授業に生かす観察，評価の歪み

【意義】 児童生徒の特性に応じた指導を行い，個人のもつ能力を伸ばすために，児童生徒個々人の特性を把握することは，教育という営みにおいてはきわめて重要なことである。

児童生徒の人格や行動理解のためには，本人との面接，性格検査，他の教師・級友・保護者からの情報など，多様なものが利用できるが，子どもの身近にいる教師が学校生活の場で行う直接的な観察は，これらを知るうえで最も容易で確実な方法である。教師は日常の子どもの様子を見たり，直接的にやりとりを行うなかから，子どもの性格や行動の特徴，社会性，長所や短所，さらに学年を通してしだいに伸びてきた面などさまざまなことに気づく。このような人格や行動上の側面をとらえることは，子どもへの指導や援助を行う際の重要な手がかりとなる。

【留意点】 観察による行動の評価は，観察者の姿勢により影響を受けやすい。そのような例に，ステレオタイプエラー（先入観や固定観念をもち，その視点から見てしまうため，視点に合う情報は取り入れるが，視点に合わない情報は無視してしまう傾向），光背効果（一部の特によい点や悪い点に引きずられて，行動全体を評価してしまう傾向），初頭効果（第一印象に基づき行動全体を評価する傾向），寛大化エラー（より肯定的に行動をみる傾向），厳格化エラー（逆に，より厳しく行動をみる傾向），中心化エラー（極端を避け，行動を中庸に評価しようとする傾向），対比的エラー（被観察者を自分とは違う特性をもつとみる傾向）などがある。観察にあたっては，このようなバイアスがある可能性を常に意識しておくことが重要となる。また，自己の観察以外のさまざまな情報を総合することも重要である。教科により授業の態度が異なる，教師と仲間では行動が異なるなど，行動には変動が生じうるからである。

【「行動の記録」と観察】 教師の行う行動観察のうち，教育評価，特に指導要録の評価資料収集のために行う観察がある。指導要録の「行動の記録」では，各教科，道徳，特別活動，その他について，学校での生活全般において子どもの行動の記録をもとに評価することを求めている。この「行動の記録」では，特に「生きる力」の育成にかかわり重要とされる行動の評価がめざされている。

「行動の記録」の具体的な評価項目は，「基本的な生活習慣」「健康・体力の向上」「自主・自律」「責任感」「創意工夫」「思いやり・協力」「生命尊重・自然愛護」「勤労・奉仕」「公正・公平」「公共心・公徳心」の10項目であり，それぞれに学年別の趣旨が設定されている。例えば，「自主・自律」の学年別趣旨は，小学1・2年生「よいと思うことは進んで行い，最後までがんばる」，小学3・4年生「自らの目標をもって進んで行い，最後までねばり強くやり通す」，小学5・6年生「夢や希望をもってより高い目標を立て，当面の課題に根気強く取り組み，努力する」，中学生「自分で考え，的確に判断し，自制心をもって自律的に行動するとともに，より高い目標の実現に向けて計画を立て根気強く努力する」である。これらに照らして十分満足できる状況にあると判断される場合は○印を付け，特に必要があれば項目を追加して記入することとされている。

行動評価を行うには，日ごろから個々の子どもの行動に注意し，評価内容に合うと思われる行動について記録しておくことが重要である。多様な学校生活の場面で見られた子どもの行動を具体的に逸話記録しておくと，所見を書く際にも書きやすくなる。目立ちにくい子どもにも目を向けるために，その日に観察する子をあらかじめ決めておくというのもよい。（中澤　潤）

事例研究法

→観察法の意義と種類，面接法の意義と種類

【語義】 事例研究法とは，少数の事例を詳細に記述することで対象を理解すること，ならびにそのような個の記述から普遍的な姿を抽出することをめざす研究法をいう。

【特徴】 多数を対象に，その平均化を通して普遍的な姿を明らかにしようとする量的データをもとにする研究は，必然的に対象の細かな側面を取り落としがちである。これに対し，事例研究法は，出会いや状況の1回性を重視し，1つ1つの対象のもつ特性を生かし，それを描き出す質的な手法である。記述の妥当性の保証，多様な記録の整理・分析・総合化による事例の描写，結果の一般化それぞれのもつむずかしさから，その実施には習熟が必要である。

【対象】 教育現場における研究は，量的研究よりも事例による質的研究が一般的である。例えば，学校で通常行われている授業分析，アクション・リサーチ，スクールカウンセラーによる個別援助や学校コンサルテーションの報告は，いずれも事例研究という形をとる。学校というフィールドは，ある教師やカウンセラーとある子どもたちとの反復のきかない1回性の出会いの場であるということが大きいからである。これら学校現場での事例研究の対象は，特定の個人（子ども，教師への援助事例），特定の学級（授業分析やアクション・リサーチ，あるいは学級コンサルテーション事例），あるいは特定の学校（学校コンサルテーション事例）など多様である。いずれも単に状態・状況を記述するのではなく，何らかの教育的な働きかけや心理臨床的介入援助を行い，その効果がみられたかどうかを報告するものが一般的である。

【方法】 学校というフィールドで行われる事例研究で最もよく用いられる方法は，観察法と面接法である。これらにおいては，言語的なやりとり（沈黙も含む），表情や姿勢などの記述記録が中心となる。これらの記述をもとに，授業や臨床的な面接の過程が整理され，再構成され報告されることになる。

学級の授業のアクション・リサーチにおける事例研究は，以下のように進められる。①まず，授業での子どものつまずきや，教師のもつ問題意識を明確化する。②子どもたちの状況や理解の様子などテストや授業の観察などから得た情報をもとに，授業の問題点を推測し，それに対応する教材や教育方法を設定する。③実際に授業で行ったアクションの有効性を，子どもの反応やテストなどをもとに検討する。④さらに残された問題点や，新たに明らかになった問題に応じたアクションをプランし，検討する。

個人への臨床的援助に関する事例研究は，以下のように進められる。①まず，対象となる子どもの問題をめぐる事実関係を記述し，問題点を整理し明確化する。②次に，対象となる子どもの生活状況を把握する。特に，子どもをめぐる家族構成や家族関係，学級における教師や仲間との関係に関する情報を収集する。子どもの生育史，性格や知能，学業成績などについても，必要に応じて収集する。③これらの資料に基づき，子どもの問題の発生メカニズムについてのアセスメントを行い，それに基づき援助の方針を決定する。④援助の方針に従った援助過程を進め，このような治療的介入への子どもの反応や変化の過程を記録する。⑤最終的に，援助過程の成果をまとめるとともに，この事例から一般化しうる意味合いを考察する。

【事例研究の倫理】 プライバシー保護の観点から，事例研究においては登場する人物が特定されることのないよう，十分配慮することが重要である。　　　　　　　　　　　　　　（中澤　潤）

[参] 山本力・鶴田和美編著『心理臨床家のための「事例研究」の進め方』北大路書房，2001.

面接法の意義と種類

→観察法の意義と種類，質問紙法の意義と種類，テスト法の意義と種類

【意義】　今日，テストや質問紙による資料収集が主流となっているが，面接法はこれらのおもに紙と鉛筆を用いた資料収集とは異なるよさを有している。面接法（interview method）は，直接に人が顔を突き合わせて話し合うことを原則とする。テストや質問紙による資料収集との比較を意識して，この面接法の特長をあげるならば，①人と人が直接に向き合って話を交わすので，被面接者から現実の（生の）情報を入手することができること，②被面接者への質問の仕方も理解度に応じて変えることができ，曖昧な質問からの誤解を取り除くことができること，③話し合いを通して，とおり一遍ではない深い情報を得ることもできること（deep interview），④面接者の受容的な態度によって，被面接者が普段表に出していない感情や態度を知ることができること，などの4点となる。また，観察法との比較では，⑤面接法は，被面接者の意欲や願望，不安や恐怖など，直接的に観察しにくい側面も理解することができる。

しかし，面接法は面接者と被面接者との相互関係に依存しているので，上記のような特長の反面，問題点も有している。すなわち，①年少児の面接では，未発達な言語能力が面接の障害となる，②同様に，無口な被面接者からは情報収集が困難となること，③被面接者が面接者に拒否感情を抱いた場合，有用な情報収集が困難になること，④ウソの回答や偽りの表情をした場合，それを見抜くことがむずかしいこと，などである。

面接法は簡単そうにみえるが，適切な使用には①被面接者との良好な関係づくり（ラポール）のスキルを身につけること，②収集したい情報について詳しく分析して準備しておくこと，③被面接者についての情報もあらかじめ入手しておくこと，などが必要となるであろう。

【種類】　形式としては，1対1の個人面接（個別面接）と1対複数や複数対複数の集団面接を区別することができる。また，目的として，多くの人数から一定のデータを収集するための調査面接法と，特定の特性をもった少数の人から深い情報を得るためのディープ面接法と，さらに心理臨床あるいは教育臨床場面でクライエントのアセスメントやカウンセリング，心理治療などを行う臨床面接法とを分けることができる。

さらに進め方として，面接時の質問項目をあらかじめ準備して，その質問順序なども事前に決めて行う標準化（構造化）面接法（standardized（structured）interviewing）と面接場面の展開に応じて自由に進めていく非標準化（非構造化）面接法（unstandardized interviewing：自由面接法ともいう），そして，その中間の半標準化（半構造化）面接法（semi-standardized interviewing）がある。一般的には調査研究には標準化面接法，診断評価には半標準化面接法，治療には非標準化面接法と，分けて使うことが多い。

【記録の仕方】　面接法では，被面接者の反応を正確に記録することが重要である。現在は，テープレコーダーやビデオレコーダーで記録することが多いが，そのほか面接中に筆記記録をとることもできる。面接中の記録のとり方については，反応のキーワード等を記録しておいて，面接終了後に詳しく書き加えていくのがよいとされる。また，記録には会話の内容だけでなく，①身体・運動的な特性（緊張しているかリラックスしているか，表情や反応の速さなど），②生理学的特性（顔の紅潮や発汗など），③言語的特性（多弁か無口かなど），④相互関係（抵抗または依存など），⑤性格特性（自発的，抑制的など）等の非言語的な手がかりを書きとめておくとよい。

（新井邦二郎）

面接の技法

→面接記録のとり方

【背景】 教師や教育相談担当者が，子どもの人格や特定の事柄についての考え，感情，興味・関心，態度などについて正しく理解し，評価する目的で面接を行う場合，面接の目的には調査的目的と相談的な目的が共に含まれる。よって面接技法にも，調査的面接法の技法とカウンセリングの技法の両者が含まれることになる。

【語義】 面接技法とは，相談的面接や調査的面接において，それぞれの面接の目的を達成するために面接者が用いる技法の総称である。相談的面接の技法には「かかわり技法」「応答技法」などカウンセリング場面でセラピストが用いる一連の技法がある（福島脩美，1997）。一方，調査的面接は，調査者があらかじめねらいとする対象者の内面を明らかにするために行うもので，面接準備，面接実施の各段階で必要となる面接者側の一連の行動が面接技法に当たる。なお，調査的面接には，大別して構造化面接法と半構造化面接法がある。前者は，質問項目の内容やその順序が一定に保たれ，回答形式にも制約が設けられる（2者択一，多肢選択など）ものだが，後者は，質問項目の内容と順序はあらかじめ決めておくものの，対象者に合わせてある程度柔軟に変更され，回答の制約がより緩やかで，面接対象に自由に話してもらいながら，その考えや感情を明確化する面接である。

【面接の進め方と使用される技法】

［準備段階］①何を明らかにしたいのかをあらかじめ明確化する。②目標とする事柄を明らかにするのに必要十分な質問項目を用意し，標準的な質問文を決めておく。③質問項目の順序を決める。④各質問において，何についての回答が得られればよいのか，ポイントを明確にしておく。⑤標準的な質問文と回答のポイントを記した「面接ガイド」を作成する。⑥各質問に対する対象者の回答や回答時の児童生徒の様子などを記入できる用紙を用意する。

［実施段階］①「かかわり技法」を用いて面接対象との間にラポールを形成する。かかわり技法には，面接者自身がリラックスすること，温かいやわらかな物腰で，あいさつし，椅子をすすめ，正対または右手握手の位置関係で着席し，相手と同じ視線の高さを保ち，言葉遣いや話すペースを相手に合わせることなどが含まれる。②面接の目的，面接での話の守秘，必要な場合には，答えたくない質問への回答拒否権などについて，簡潔に対象者に伝える。③用意された質問をする。半構造化面接の場合，標準的な質問文をわかりやすく言い換えたり，必要ならば質問項目の順序を変更するなど臨機応変に対処する。④質問への回答に対して傾聴する。このとき，対象者の発言にはどんなことでも熱心に関心をもって聴く。やや前かがみの姿勢で，腕や足を組まないようにする。⑤「応答技法」を用いて，対象者が言おうとしていることを，慎重に読み取り，面接者の理解を対象者にフィードバックして確認する。応答技法には，対象者の発言内容や感情をできるだけ忠実に繰り返す「反射」と，対象者にさらなる発言を促す「質問」などが含まれる。質問は面接項目として用意されたもの以外に，対象者に，言いたかったことをさらに話してもらい，より深い理解にいたるための「開かれた質問」であり，誘導的になってはならない。対象者の発言内容を離れて面接者の解釈が独り歩きしないよう留意する。「面接ガイド」に基づいて以上の手続きを経て対象者の内面を明らかにし，各質問への対象者の回答を記録する。　　　　　　　（濱口佳和）

[参] 福島脩美『カウンセリング演習』金子書房，1997．保坂亨・中澤潤・大野木裕明編著『心理学マニュアル　面接法』北大路書房，2000．

面接記録のとり方

→面接の技法

【意義】 相談的面接でも調査的面接でも，面接中および面接後に何らかの記録が残される。記録される内容は，そのほとんどは質的データである。したがって，記録された情報の豊かさや精度によって，情報としての価値が大きく異なってくる。したがって，対象者の思考や感情，特定の事柄に対する態度などをより正確に把握するためには，面接技法のみならず，記録方法も同様に重要になる。また，回答内容がしばしば個人のプライバシーに立ち入ったものであるため，その扱いには十分留意すべきである。

【記録の許諾】 まず面接開始前に，面接中に記録をすること自体と，採用する記録方法（筆記メモ，テープレコーダー類による録音など）について，面接前に対象者から許可をもらう必要がある。その際，下記の諸点について対象者に説明し，書面で許可を受けることが望ましい。①記録は目的外には使用しないこと，②個人が特定されるような仕方でデータを公表したり，データが流出することがないこと，③メモやテープ類の保管方法や用済みになったあとの処分を適切に行うこと，④逐語記録は面接者本人が作成し，面接対象者が特定されないよう，固有名詞などの匿名化を徹底すること。

【面接時の記録の仕方】 面接をするときの準備として次の2点に留意しておくとよい。
①面接記録用紙の準備：これは面接中に質問に対する対象者の回答をメモしておく目的で使用するものである。対象者氏名，面接日時，面接場所，さらに用意した質問項目と各質問項目に対する回答の記入欄，特記事項記入欄などから構成される。面接中に対象者の発言のポイントなどを記入する。
②録音機器類の準備：録音機器にはテープレコーダーやICレコーダーなどが使用される。機器がちゃんと作動すること，マイクの感度をあらかじめ確認しておき，電池やテープも予備を用意しておく。録音機器を置く位置も対象者が気にならず，かつ対象者の音声が明瞭に拾える位置を確認しておく。回答内容によっては，録音の停止を求められる場合や，録音が妨げになって本音を話せないような場合には，面接者の判断で一時録音を停止することもありえる。

【面接後の記録の作成】 面接で得られた情報は，面接後なるべく時間をおかずに，面接記録用紙のメモをもとに，各質問項目に対する回答をできるだけ正確に想起し，まとめておく。記録中の固有名詞などは，アルファベットを用いるなどしてすべて匿名化しておかなければならない。録音機器が使用できた場合には，面接時のやりとりを逐語記録として残しておく。その際，面接中に使用した記録用紙とは別に，逐語記録用の用紙を用意し，記入する。これには，面接者と対象者のやりとりを記入する欄，面接対象者，面接者それぞれの言語化されない心の動き（あるいはそれを示唆する非言語的な手がかりなど）を記入する欄を設ける。逐語記録記入は以下の要領で行う。①発言はすべてそのとおりに記録する（言いよどみや反復なども），②面接者の発言と対象者の発言，それぞれに通し番号をつける，③簡単な相槌などは発言番号をつけずにカッコ書きとする，④沈黙も表記する（短いものは「…」，長いものは「沈黙，○秒」など）。逐語記録は必ず面接者本人が作成し，ワープロなどで作成した場合には，プリントアウト後，ファイルを責任をもって削除する。

(濱口佳和)

[参] 保坂亨・中澤潤・大野木裕明編著『心理学マニュアル　面接法』北大路書房，2000．山本力・鶴田和美編著『心理臨床家のための「事例研究」の進め方』北大路書房，2001．

問答法

→客観テスト，教師自作テスト，診断的評価・形成的評価・総括的評価

【語義】 教育評価の技法の1つで，口問口答法ともよばれる。教師が児童生徒に直接口頭で質問し，口頭で回答してもらう技法である。教師が指名したり，挙手させたりする。特に試験場面で用いられる場合は，口頭試問または口述試験とよばれることもある。学力検査や人物評価のために用いられる。学力検査としては，授業中の児童生徒の理解度を評価する際に最も便利な方法であり，小学校低学年から用いることができる。また，入学試験や論文審査など，学力，理解力，論理性，表現力といった諸能力についてより詳細に知る必要がある場面でも用いられることが多い。人物評価としては，授業場面以外に入学試験のような，興味・関心，態度・意欲，パーソナリティなどの心理的側面を評価しようとする場面で用いられることが多い。

【意義】 問答法は最も古くから用いられている，伝統的な教育評価の技法である。しかし，教育における科学的・客観的測定の重要性が認知されるにつれ，より客観的で多人数の評価が可能である筆記試験にとって代わられるようになっていった。近年は，LDやADHD，高機能自閉症などの児童生徒で，筆記試験のみでは正しく評価しにくい子どもの学力を評価する技法として使用することが勧められている。

【特徴】 問答法は，筆記試験などの客観テストにはない長所もあり，教育評価に携わる者はそれぞれの長短に関する正しい知識をもっておく必要がある。問答法は，筆記試験と比べて以下の点において優れている。
①簡便に実施できる。
②授業や面接の過程において適切なタイミングで実施できる。
③回答に対するフィードバック（結果についての知識：KR）を即座に返すことができる。
④その結果によって，教師が指導方法をその場で改善できる。
⑤表情や動作などのノンバーバルな情報から意欲や態度，パーソナリティなどを深く知ることができる。

これらの長所は，授業過程の形成的評価において顕著である。また，⑤については，意欲や態度といった情意的側面は，筆記による客観テストでも正しく測定することはむずかしいので，口頭でのコミュニケーションを通して確認，評価していくことが重要である。

一方，短所は次のようなことがあげられる。
①評価基準が主観的である。
②児童生徒によっては過度に不安を高めてしまい，教育成果を正しく評価できない可能性がある。
③評価の記録を残しにくい。
④すべての児童生徒に同一の質問を与えて評価することがむずかしい。

筆記試験などの客観テストは，上述の短所を補うように開発・改良されてきたので，それぞれの評価技法の長所と短所を熟知し，両方を組み合わせて授業や試験を行うことが望ましい。

【課題】 問答法・口頭試問を実践するうえでのおもな注意点を3点あげる。①評価しようとする目標を意識して，児童生徒が何を答えればよいかわかるような質問をすること。②クラス全員が答えを考えて自分の理解度を自己評価するのを待つこと。質問してから答えさせるまでのタイミングが重要となる。③客観テストや論文体テストを併用して総合的に評価すること。問答法を多用しすぎると，よく答える児童生徒だけが高い評価を得てしまう可能性がある。

(佐藤 純)

[参] 橋本重治『新・教育評価法概説』金子書房，1979.

質問紙法の意義と種類

→尺度づくり，評価の妥当性・信頼性・客観性

【意義】 調査者が目的とする事項に関する一連の質問項目を紙に印刷したものを質問紙といい，質問紙を用いた調査法や研究法を質問紙法という。質問紙法は質問内容を項目化し，あらかじめ決められた方法で各項目に，文字，記号または文章で調査対象者自身が回答するよう求めるものである。質問紙法を用いる調査法は社会調査法と心理尺度法に大別できる（鎌原ほか，1998）。社会調査法は，性別，年齢，学歴，職業など個人の属性や事実に関する事項，特定の事項に対する意見・態度など社会的事象に関する実態をとらえることを目的とする。他方，心理尺度法は心理学的構成概念に関する個人の特性を量的にとらえようとするものである。質問紙法による心理検査は，尺度の標準化や検査の内的構造化などにおいて心理尺度法のより発展した形式とみなすことができる。

【特徴】 質問紙法の利点として，質問の内容の範囲において，他者から直接観察できない調査対象者の内的な行動について報告を得ることができる，十分な項目を用意することによって，調査対象者の行動を多面的にとらえることができる，多数の調査対象者に一斉に実施することができる，時間や労力，費用が比較的少なくてすむ，調査対象者のペースで回答することができる，多人数のデータを収集しやすいため，結果を一般化しやすいなどの利点がある。その反面，調査対象者の言語能力や自己認知能力に依存するため，小さな子どもなどには向かない，調査対象者の態度によっては，信憑性のある回答が期待できない，回答が社会的に望ましいとされる方向に歪曲される可能性があるといった問題点もある。問題点を克服するために，調査対象が小さな子どもなどの場合，母親や養育者に子どもの特徴について答えてもらったり，社会的望ましさへの反応歪曲については，回答に「よい・悪い」はないことを教示したり，無記名にしたり，黙従傾向には否定的な項目表現を用いたり，意識的な反応歪曲の検出には虚偽尺度を用いるなどの工夫がなされている。また，自由記述式や文章完成法などを併用することによって，決められた反応カテゴリーではとらえにくい内容をできるだけ補う工夫もされている。

【歴史】 質問紙法を用いた研究は，F. ゴールトンがその心像の研究において，実験法と併用して質問紙法を用いたのが始まりとされている。G. S. ホールは，質問紙法を組織的に用いていろいろな角度から児童期や青年期における心理学や教育の研究を行った。第1次世界大戦時のアメリカにおいて兵士の任用や配置に供するために心理検査の開発がなされ，R. M. ヤーキーズは，アメリカ陸軍α式，β式知能検査を作成し，R. S. ウッドワースは最初の質問紙法性格検査とされるパーソナル・データ・シートを作成した。G. W. オールポートと H. S. オドバート（1936）による性格特性語の研究は，その後の質問紙法を用いた性格特性研究の発展に大きく寄与し，現在の5因子特性モデルの研究の流れとなっている。S. R. ハザウェイと J. C. マッキンレイ（1943）は精神医学的な診断を目的とした MMPI を作成した。E. K. ストロングによる職業興味検査，オールポートと P. E. ヴァーノンによる価値観尺度など多くの心理尺度や検査が作成されている。科学的研究や教育における調査，世論調査など質問紙法は幅広く用いられている。

【回答方式】 質問紙法でよく使用される回答方式には次の方法がある。
①2件法：「はい」「いいえ」などのように2つの反応カテゴリーから該当するほうを選ぶ。
②3件法：2件法に「どちらともいえない」の中間カテゴリーを加えたもの。

③多肢選択法：複数の選択肢から当てはまるものを指示された数だけ選ぶ。
④評定法：当てはまりの「程度」を5段階，7段階で設定し，該当する段階を選ぶ。中位の段階を除いた偶数段階もある。

その他，順位法，一対比較法，自由記述法，文章完成法なども用いられる。質問内容によっては回答方法が自動的に決まるものもあるが，適用すべきデータ解析法を考慮し回答方法を決める必要がある。また，具体的な回答例を示して教示を理解しやすくするなども重要である。

【調査対象の抽出と結果の一般化】　対象となる母集団を設定し，それを代表する標本を抽出して調査を行い，標本統計量から統計的推測で母集団に対して結果を一般化する。統計的推測は，標本が無作為抽出されていることが前提である。無作為抽出法には，単純無作為抽出法，系統抽出法，多段抽出法，層化抽出法などがある。しかし，実態を調査する社会調査においては無作為抽出がなされることが多いが，心理尺度法では現実的な制約から標本が便宜的に選ばれる有意抽出法によることが多い。この問題は議論の大きく分かれるところである。実質科学的には標本統計量の標準誤差や有意性によって標本による変動を考慮して結果を解釈したり，多様な標本に対する追試研究の結果を蓄積し，一般化を図ることが重要である。また，同じテーマについて個別に行われた複数の研究結果を統合して，総合的な結論を導き出す方法としてメタ分析が注目されている。

【調査の実施方法】　調査対象者から回答を得る方法は次のとおりである。
①面接調査：調査対象者の自宅や職場に出向いて面接し，調査票に従って口頭で質問して，回答を調査票に記録する。
②留置調査：調査対象者に調査票を渡し，一定期間留め置いて回答してもらい，後日回収する。
③電話調査：調査対象者に電話で調査票に従って質問し，回答を調査票に記録する。
④郵送調査：調査票の配布と回収を郵送で行う。
⑤集合調査：調査対象者に一定の場所に集合してもらい，調査者の指示に従って一斉に調査を実施する。

面接調査や留置調査は比較的高い回収率が期待できる反面，調査員の労力や時間がかかり，費用もかさむ。郵送調査は比較的費用がかからないが，回収率が低い。また，留置調査，郵送調査は代理回答の危険がある。集合調査は時間，労力，費用は少ないが標本が限られる。

【尺度の信頼性・妥当性】　信頼性は得点の一貫性に関する概念であり，その推定法には，同一内容の2つの尺度得点の相関（平行検査法），同一テストを2回実施して得られる相関（再検査法），2分割した部分得点間の相関（折半法），尺度項目間の相関（内的整合性による方法）を求める方法がある。尺度項目得点間の一貫性（内的整合性）を評価する方法として，クロンバックのα係数がよく用いられる。α係数は信頼性の下限値であり，項目間相関が高いほど，項目数が多いほど値が高くなる。尺度の妥当性とは，尺度得点が測定すべき概念を正確に測っている程度を表す概念である。

妥当性を評価する方法は，内容的妥当性，基準連関妥当性，構成概念妥当性に大別される。測定の妥当性は，最終的には，「多特性―多方法」による相関関係を分析することにより明らかになるものといえる。当該尺度と他の諸変数との相関係数は，それぞれの測定が含む誤差分散により，真の相関係数より低くなる（相関係数の希薄化）ことから，それぞれの信頼性は妥当性の必要条件となる。しかし，最近，このような相関関係的な評価よりも，測定目的の属性の違いが尺度得点の差異の原因になることが重要であるという，因果関係的な評価が必要との見解がある。　　　　　　　　　　（藤村和久）

[参] 鎌原雅彦ほか編著『心理学マニュアル　質問紙法』北大路書房，1998．芝祐順・南風原朝和『行動科学における統計解析法』東京大学出版会，1995．

サンプリング

→質問紙法の意義と種類，測定モデルと信頼性，一般化可能性理論

【語義】 研究の対象全体から一部の人を取り出し，それらを対象として調査し，その結果から母集団の姿を推定する方法を標本調査という。また，研究対象全体を母集団，取り出された対象をサンプル（標本），それを取り出すことをサンプリング（標本抽出）という。

【種類と特色】 標本調査では「母集団を代表させるようにサンプリングすること」が重要である。サンプリングは大きく無作為抽出（ランダムサンプリング）と有意抽出に分けられる。

❶無作為抽出法：母集団の各メンバーを調査対象とするか否かを，サイコロや乱数を用いた「偶然に委ねて」判断する方法である。調査者の主観が排除された方法であり，実態を標本調査する場合，これで行うことが多い。しかし，母集団のリストが必要であるうえ，大きな母集団では実施に多大な費用や労力，時間を必要とする。

❷有意抽出法：これは無作為抽出によらない方法である。母集団を代表するように意図してサンプリングするが，それを裏づける確率論からの証拠はない。これは費用，労力，時間が少なくてすむこともあって，心理学や教育学などでの説明的調査では頻繁に用いられる。

実際の調査では，その目的や調査者の資源（時間，費用，労力）の制約条件などを考慮して，サンプリングの方法を選択する必要がある。

【無作為抽出法の種類】 単純無作為抽出法，系統抽出法，多段抽出法，層化抽出法がある。

❶単純無作為抽出法と系統抽出法：これらは，比較的小規模の母集団からサンプルを直接抽出する方法である。系統抽出法は母集団から一定数ごとにサンプルを抽出する方法で，労力や費用，時間がかからず，便利である。しかし一定の周期をもつ母集団には使えない。

❷多段抽出法と層化（別）抽出法：これらは，大規模な母集団からサンプリングする場合に用いられる。多段抽出法では，例えば，県民の意識調査をする場合，県からいくつかの市を，ついで各市からいくつかの町を，さらに各町から住民を段階的に無作為抽出する。層化抽出法とは，仮説に関連した人口統計学的な特性であらかじめ母集団をグループ（層）に分け，各グループからサンプルを無作為に抽出する。

【有意抽出法の種類】 有意抽出法には，割り当て法と典型法がある。

❶割り当て法：考え方と手順は層化抽出法とおおむね同様である。この方法では，母集団を代表するように注意深くサンプリングしたとしても，層ごとのサンプル数や抽出方法などは，調査者の任意に任される。

❷典型法：この方法では，母集団を代表すると考えられる対象をサンプルとする。ここで「代表」とは集団の平均値を意味する場合と集団をイメージできる特性を意味する場合がある。実際の調査では，縁故法，募集法，便乗法，偶然法などの簡便な方法が頻繁に用いられるが，これらは典型法を仮定していると考えられる。したがって，調査結果を一般化できる範囲，つまり想定される母集団の範囲を考察に加えておいたほうがよい。

【サンプル数の決定】 サンプリングで適切なサンプル数は，①母集団の姿を推定する精度から決定する方法，②集計・分析の際のセルの大きさから決定する方法，③現実的制約条件から決定する方法，がある。①は原則として，母集団の大きさが既知で，無作為抽出されている場合に用いられる。

（田中佑子）

［参］安田三郎・原純輔『社会調査ハンドブック（第3版）』有斐閣，1982．中道實『社会調査方法論』恒星社厚生閣，1997．南風原朝和『心理統計学の基礎—総合的な理解のために—』有斐閣，2002．

フェイスシート

→サンプリング，自由回答法と制限回答法

【語義】 回答者の個人属性について明らかにするために設けられる質問項目のことをいう。

【留意事項】 調査は，通常，母集団からサンプリングされた標本に対して実施される。したがって，標本が偏った集団になっていると，いくらきちんとした統計分析を行っても，母集団の実態をきちんと解明することができなくなる。そこで，調査目的に応じてさまざまな統計分析を行う前に，まずフェイスシートを用いて回答者の個人属性について分析し，前提となる標本の全体像をつかみ，標本が偏った集団になっていないか確認しておくことが必要である。

さて，フェイスシートは，質問紙の前半部分にもってくる場合と，最後にもってくる場合とがある。個人のプライバシーに大きくかかわると判断される項目を含んだフェイスシートの場合は，いちばん最後に置くのが一般的である。フェイスシートにおいて尋ねるべき個人属性は，調査目的によって異なるが，少なくとも，性別，年齢，学生であれば学年といった質問項目は，標本の特徴を吟味する意味から，どのような調査においても必ず設けておく必要がある。ほかに，調査目的に応じて，職業，学歴，居住地，家族構成，収入などについて尋ねることもある。ただ，2005年4月から個人情報保護法が施行されたことに伴い，個人情報の取扱いおよび管理が一層厳しくなったことから，回答者の詳細な住所や氏名など，個人が特定されるような情報収集は，極力行わないほうが望ましいと考えられる。したがって，フェイスシートにおいて設けるべき質問については事前によく吟味，精選して，分析に必要な最小限の項目のみに絞るべきである。また，回答形式も，回答者の精神的負担や統計分析の利便性を考慮して，できるだけ自由回答法ではなく，制限回答法が望ましいと考えられる。 （藤井義久）

ワーディング

→質問紙法の意義と種類，社会的望ましさ

【語義】 質問紙法においては，質問項目の言葉遣いや表現の仕方が回答に対して大きな影響を与える。この言葉や語句の使い方をワーディング（wording）とよぶが，実際には語順や文の長さなども含めるのでフレイジング（phrasing）ということもある。

【意義】 ワーディングがことのほか重要なのは，個々の質問項目の意味を回答者が同じように理解することが基本前提となっているからである。しかし，現実には表現が曖昧になっていたり，特定の反応傾向を引き出すようないわゆる誘導質問になっていることも少なくない。例えば，「消費税を上げることに反対ですか」という質問と，その前に「ますます高齢者社会が進行していますが」という一文を加えたものでは，おそらく回答者の反応はかなり変わってくるだろう。このように調査作成者は意識しないとしても，暗黙のうちに回答者の反応を特定の方向に向ける危険性がある。

こうした危険性を避けるためのワーディングの工夫として次のようなものがあげられる。①だれでも理解できる簡潔な文の構成や語句の選択をする。また，曖昧な言葉や多義的な言葉を避ける。態度調査などではその対象についての知識や経験に関して回答者の間で大きな個人差があることを想定して項目の作成をしなければならない。②1つの質問では1つの事柄を尋ねる。「あなたはバナナやイチゴといった果物が好きですか」といったいわゆるダブル・バーレル質問（double-barrelled question）を避けるべきである。③回答者に強い不快感や反感を起こすようなステレオタイプな表現を避けるとともに，適切な敬語を用いる。 （臼井 博）

[参] NHK放送文化研究所『世論調査事典』大空社，1996. 鎌原雅彦ほか編著『心理学マニュアル 質問紙法』北大路書房，1998.

社会的望ましさ

→質問紙法の意義と種類，パーソナリティとその評価

【語義】 行動，態度やパーソナリティ特性に対して社会においてどのくらい好ましいと考えられているのかを指す。私たちが社会的な態度に関する調査やパーソナリティ検査に答えるときには，自分を周囲の期待に合わせて意識的，無意識的に好ましい印象を与えるような回答をする傾向があり，こうした傾向性を指すこともある。また，質問紙法における反応の構え（response set）として最も重要なものの1つである。

【意義】 例えば就職試験のときのように，相手に好ましい印象を与えようと意識するときには特に社会的望ましさに沿った反応をしやすい。それは，1つには自分をプラスのイメージに印象づけたいためであり，また自分が好ましい特徴を多く備えていると認知することで自尊心を高く保とうとするからであろう。社会的望ましさに沿って回答を歪める傾向はあらゆる質問紙タイプの調査に存在する。したがって，質問紙調査の妥当性を高めるために，この要因を取り除いたり，コントロールするための試みが数多くなされてきた。この要因はテスト場面における状況変数であるが，これはまた，自分の弱点を隠そうとする自己防衛の強さや，その逆に自分を特によく見せようとする自己顕示の強さといったパーソナリティ変数とも関連性が強い。

【測定】 社会的望ましさの尺度は，古くはA.L.エドワーズがパーソナリティ検査のMMPI（Minnesota Multiphasic Personality Inventory）の項目から，10名の評価者が一致して肯定あるいは否定した項目を選んで作成したものがある。また，「勝負では負けるよりも勝ちたい」とか「私はいままで嘘をついたことがない」というような虚偽尺度（lie scale）から選択した尺度もある。いずれにしても，これらの尺度に共通する項目の内容は，世の中の人のほとんどすべてが好ましいと考えるが，現実にはそうすることは不可能であるか，きわめてむずかしい事柄を示すものである。エドワーズは項目ごとの社会的望ましさの値を測定し，その数値で同程度の2つの質問を対提示して，いずれか一方を選択させる方式のパーソナリティ検査（EPPS:Edwards Personal Preference Schedule）を作成した。

また，社会的望ましさそのものを測定するための尺度もいくつかあり，D.P.クラウンとD.マーローの尺度がよく知られている。また，児童用の尺度もある。わが国でもそれらをベースにした成人用と児童用の両方の尺度とも用意されている。

【課題】 第1は，この概念の社会的な制約性である。社会的望ましさは社会的要求性ともよばれることから推測できるように，自分の所属する社会や文化が個人に求める行動や態度に対する黙従傾向であり，その意味で「望ましさ」の具体的な内容は社会や文化の影響を強く受ける。また，時代によっても望ましさの基準は変わってくるので，社会的望ましさの尺度の使用においては社会，文化，歴史的な要因についても考慮すべきである。

第2は，質問紙の項目作成における社会的望ましさの影響を抑えるための工夫である。最も重要なことはワーディングである。例えば，社会的望ましさの高い質問項目（「あなたは何かの行動をする前にいつもよく考えますか」など）に対しては「はい」と答える率が高いので，社会的望ましさに関して中立的な文を作ったり，望ましい内容では否定的な文（「私は何か不愉快なことがあるとすぐにカッとなる」など）も作ることである。　　　　　　　　　（臼井　博）

[参] 続有恒・村上英治編『質問紙調査（心理学研究法9）』東京大学出版会，1975.

自由回答法と制限回答法

→評定尺度法，ワーディング

【語義】　自由回答法（free-answer question）とは，質問に対する回答を自由に記述させる方式をいう。一方，制限回答法（choice-answer question）は，いくつかの選択肢の中から質問に対する回答を選ばせる方式をいう。

【意義】　自由回答法は調査実施者が予想できない回答を拾い出すのに適している。通常，自由記述された回答は，KJ法によってカテゴリー別に分類され，まとめられるのが一般的である。一方，制限回答法は，コンピュータを用いたデータ処理に適している。選択肢の中から選ばれた回答は，例えば「はい」ならば1，「いいえ」ならば2というように数値化し，データ入力される。この手続きのことをコーディングという。制限回答法には，2項選択法（2肢選択法, dichotomous question），多項選択法（多肢選択法, multiple choice question），評定尺度法（rating method）などさまざまな種類がある。

❶**2項選択法**：質問に対して「はい」か「いいえ」，あるいは「賛成」か「反対」というように，2つの選択肢のうち，どちらかの回答を選ばせる二者択一の方式である。はっきりと被調査者の意見や態度を知りたい場合に適している。

❷**多項選択法**：質問に対する被調査者の回答を予想して，3つ以上の選択肢をあらかじめ設けておき，その中から回答を選ばせる方式である。例えば，「あなたの最も好きな教科は何ですか」という質問に対して，「数学」「国語」「理科」「社会」「英語」といった選択肢の中から回答を選ぶといった形式が，多項選択法に当たる。したがって，多項選択法によって収集されるデータは，名義尺度のデータといえる。

❸**評定尺度法**：多項選択法と違って，間隔尺度に基づいて等間隔に規則正しく並んだ選択肢の中から回答を選ばせる方式である。例えば，「あなたは，このごろ，カッとなることがありますか」という質問に対して，「まったくない」「あまりない」「ときどきある」「よくある」という選択肢の中から，自分にいちばんよく当てはまる回答を選ぶ形式が，評定尺度法に当たる。この場合，選択肢は，必ず「まったくない」から「よくある」へ，一定の方向性をもった形で順序よく配列されなければならない。なお，評定尺度法によって得られたデータは，間隔尺度のデータであるから，平均や標準偏差といった基礎統計量などを求めることも可能である。

【制限回答法の課題】　制限回答法は，どのような選択肢を提示するかによって調査結果が大きく左右されるおそれがある。したがって，予備調査を実施するなどして，調査対象者の実態に合った選択肢を慎重に設定する必要がある。また，質問文の作成にあたっては，特に次の2点に注意する必要がある。まず第1にダブル・バーレル質問をしないことである。ダブル・バーレル質問とは，「あなたは，父や母とよく話をしますか」といったように，2つ以上の事柄や論点を1つにまとめた質問のことをいう。このような質問は被調査者がどのように答えていいか困ってしまう場合が少なくない。したがって，ダブル・バーレル質問になっている場合には，2つの質問文に分けることが重要である。第2に，質問文は，あくまで中立的な形で作成することが重要である。例えば，「あなたは～に賛成ですか」という質問は，「賛成」という意見に誘導した質問であるので望ましくない。このような場合は，「～に賛成ですか，それとも反対ですか」といったように中立的な質問にすべきである。以上の点を踏まえ，慎重に質問文を作成するとともに，作成された項目については，内容的妥当性の検討も含めて専門家に見てもらい，質問文や選択肢の吟味および修正を行っていくことが望ましい。

（藤井義久）

自己評定と他者評定

→評価・測定・評定,自己評価と相互評価

【意義】 自己評定と他者評定における「自己」と「他者」は,それぞれ評定の主体が自分か自分以外の他者(第三者)かを指す。他方,「評定」とは,ある行動や事象の特質を,あらかじめ設定した目標や基準との関連で分類したり順序づけを行うことである。したがって,自己評定とは,ある行動について,その行動を行った人自身あるいは他者が設定した目標や基準に照らして,その行動を行った人自身が分類や順位づけを行うことである。それに対して,他者評定とは,ある人の行動をその「ある人」以外の他者が設定した目標や基準に照らして,他者が分類や順位づけを行うことであるといえる。

【評定法による自己評定と他者評定】 実際の評定では,作品,技能,行動,性格等を対象に行われることが多い。評定に用いる質問紙では,例えば,上述の対象について,5件法であれば,評定者が評価する観点ごとに数値(5,4,3,2,1)や言葉(とてもよい,よい,ふつう,よくない,まったくよくない)を割り当てることになる。これらの評定を評定者自身の作品,技能,行動,性格等について行う場合「自己評定」となり,評価者以外の人の作品等について行う場合,「他者評定」となる。

自己評定や他者評定は,学校はもちろん,社会でも広く利用される。例えば,自己評定は,学校の授業の中で「振り返りカード」として,児童生徒自身の学習行動の評価に利用されている。授業で取り上げた○○という内容の自己評定(3件法)では,「○○について説明できる」の項目に「A:はい,B:ふつう,C:いいえ」から選ぶことになる。一方,他者評定は,教師が児童生徒一人一人の作品等の評価に用いるだけでなく,児童生徒が他の児童生徒の作品等の評価に用いることもある。また,最近では,「授業評価」と称して,実際に実施した授業を対象に,教師や児童生徒が自己評定や他者評定を行い,授業改善に利用されている。

【ポートフォリオ評価による自己評定と他者評定】 小・中学校では,生活科や総合的な学習の時間で,関心・意欲・態度の評価を中心に,ポートフォリオ評価が盛んに行われるようになった。ポートフォリオ評価では,ルーブリックとよばれる尺度と記述語による質的な基準により評定を行う。例えば,5年生の「理科の実験(データ収集)」に関する観点別のルーブリックは「4:データは,実験結果を正確に反映する整理されたやり方で収集され,記録された。3:データは,実験結果をおそらく表現しているであろうやり方で記録された。2:データは,混乱したやり方で記録されたか,教師の援助があるときにのみ記録された。1:データは,不完全で行き当たりばったりなやり方で記録されたか,教師がかなり援助したあとでのみ記録された」となる(西岡,2001)。このルーブリックは,児童生徒一人一人が自己評定に用いることで,自らの達成状況を理解し,他方,教師が他者評定として用いることで,児童生徒一人一人の達成や成長の状況をとらえることができる。

【留意点】 自己評定では,例えば,評定者が児童生徒の場合,彼らの自己内基準より厳しい判定を下す場合と甘い判定を下す場合が想定される。一方,他者評定では,教師等により行われる場合と,他の児童生徒等により行われる場合がある。この場合はより客観的に行われる。そこで,自己評定と他者評定の結果の「すり合わせ」を行うことにより,児童生徒自身の評価基準を内面化することも大切である。

(小野瀬雅人)

[参] 西岡加名恵「ポートフォリオ評価法におけるルーブリックの位置づけ」『教育目標・評価学会紀要』11,2001.

尺度づくり

→ワーディング，社会的望ましさ，自由回答法と制限回答法

【語義】 人の特性を理解するための一方法である心理学的尺度の利用は，心理学の父といわれる W. ヴントの弟子である G.S. ホールが行った児童研究の手法にその端を発するといわれる。広い意味での心理学的尺度は，知能，発達，性格，社会性，適性，親子関係，あるいは何らかの精神状態等を評価するために用いられるが，ホールの研究とほぼ同時期に開発された知能検査や作業検査は，特定の目的のために知能や適性を査定することを目的として作られた。尺度づくりとは，このような心理学的尺度（検査）を作成する一連の手続きを指す。

【項目の準備と決定】 尺度づくりの一般的な手順は図のとおりである。

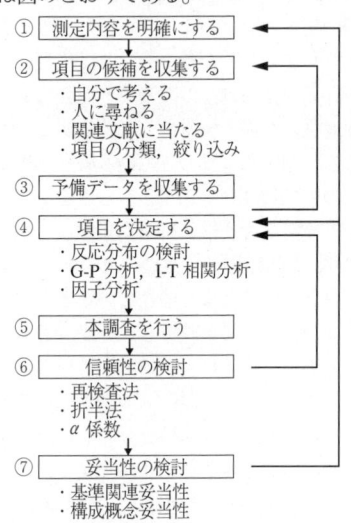

① 測定内容を明確にする
② 項目の候補を収集する
  ・自分で考える
  ・人に尋ねる
  ・関連文献に当たる
  ・項目の分類，絞り込み
③ 予備データを収集する
④ 項目を決定する
  ・反応分布の検討
  ・G-P 分析，I-T 相関分析
  ・因子分析
⑤ 本調査を行う
⑥ 信頼性の検討
  ・再検査法
  ・折半法
  ・α 係数
⑦ 妥当性の検討
  ・基準関連妥当性
  ・構成概念妥当性

図 質問紙作成の流れ
（菅原健介，1994 を一部修正）

❶測定内容の明確化：尺度をつくろうとする際に重要なのは，まず，何を測ろうとするのかを明瞭にし，当該尺度で測定しようとする内容について，具体的に絞り込んでいくことである。測定すべき内容が構成概念であるならば，その概念を明確に定義しておかなければならない。この手順を怠ると尺度で何を測定しているのか曖昧になり，ひいては構成された尺度が意味を失ってしまいかねない。

❷項目の収集：次いで尺度を構成する項目が作成される。通常，項目の作成は関連する研究論文や一般文献から，類似した尺度や研究を検索し，参考となる情報を収集すること，およびそれらに基づいて自ら作成することによって行われる。これらの過程で，既存の尺度とこれからつくろうとする尺度の異同がより明確にされていく。また，項目の準備にあたっては，作成しようとする尺度の概念についてさまざまな対象者に自由記述を求め，それに基づいて項目を作成する場合もある。この場合，どのような年齢層や対象を意識して尺度構成を行おうとするのか十分配慮し，回答者層に応じた表現，表記および回答方法を選ぶよう留意する必要がある。こうして作成された尺度の項目は，正しくは準備された項目というべきもので，そのまま使えることはほとんどない。その後，予備調査を実施し，項目を精選していく過程を経る。

❸予備調査と項目の決定：予備調査では，構成しようとしている尺度が本来測定しようとする内容と同様の性質をもった集団に対し，準備された項目数のおおむね 5〜10 倍程度のサンプルを収集する。そして，準備した各項目の得点傾向について吟味し，項目を精選していく。この過程によく用いられる方法に次のものがある。

まず，反応分布が著しく偏っていたり，ある特定の選択肢に反応が集中している不適切な項目を排除する。つづいて，尺度の各項目によって対象者の反応を弁別しうるかどうか，すなわち対象者のもつ特徴の違いを十分に識別しうるかどうか検討するため，項目分析を行う。項目分析の代表的手法として G-P 分析（good-poor

分析：上位-下位分析），I-T（item-total）相関分析があげられる。G-P分析とは，その名のとおり，回答者を全体得点によって上位と下位に（場合によっては中間群を設けることもある），例えば得点の中央値によって分け，両群の回答状況から項目の良否を判断していこうとするものである。各項目における平均得点は上位群のほうが高いと推定されるため，検定の結果，そうでない項目は排除するという手順で行う。

I-T相関分析では，総得点と各項目得点の相関関係を検討する。総得点と低い相関関係しかない項目は，尺度全体の得点傾向，すなわち測定したいことと関係は薄く，異質であると考えられるため削除する。

また，項目を精選していく手順のうち重要かつ主要なものとして，因子分析による方法がある。因子分析では，変数（項目）間の相関関係からそれらの背後にある潜在的な要素（因子）を想定し，その要素と項目間の関係の強さ（因子負荷量）を計算する。この場合，計算（抽出）された因子は測定しようとしている概念に相当していると考えられるため，因子負荷量の小さな項目は測定対象との関係が薄いと考えられる。したがって，因子負荷量の低い項目は除外対象ということになる。削除の基準となる因子負荷量についての絶対的基準はないが，種々の研究では0.40以上の負荷を示す項目が選択される例が多い。なお，探索的因子分析における因子数の決定にはさまざまな方法があるが，市販されている種々の統計ソフトウエアで利用しやすいものとして，各因子の相関係数行列の固有値に基づく方法があげられる。すなわち，固有値1を基準として，それより大きい因子を採用する場合と，固有値をグラフとして表現した際，その勾配が緩やかに変化する前までの因子を採用するスクリー基準とよばれる方法がそれである。

【尺度の吟味】　このようにして構成された尺度は，それが適切なものであるかどうかについて主として2つの観点から吟味する必要がある。

❶信頼性（reliability）：第1の観点の信頼性とは，内的整合性とよばれる作成した項目の内容的なまとまり具合や，時間を経ても安定した結果が得られるかどうかを示す概念であり，いわば尺度の正確さを示す概念である。信頼性は，信頼性係数という正確さの指標というべき数値で表現されるが，その算出は，当該尺度を一定期間おいて反復実施した際の安定性を評価する再検査法，尺度を項目番号などによって同等とみなすことのできる2つのまとまりに分けて得点を計算したときの2つの得点の関係の強さを算出する折半法，可能な折半方法のすべてを考慮した信頼性の推定値を求めるクロンバックのα係数などによって行われる。

❷妥当性（validity）：尺度の適切さを表現する第2の観点は妥当性である。妥当性とは，当該尺度が測定対象をどのくらい正確にとらえているのかを示す多角的な概念である。代表的な妥当性の評価方法には，外部基準と照合してそれとの関連性について検討する基準関連妥当性によるもの，測定しようとしている概念が理論的な枠組の中で無理なく意味をもちうるかどうかについて検討を行う構成概念妥当性などがある。

【尺度づくりの倫理】　尺度づくりにあたって記銘しておきたいことは，聞きたいことをすべて直接的な項目として反映できない場合もあるという点である。例えば自殺に関する何らかの尺度を構成しようとする場合，項目の1つ1つが回答者にどのような影響を与えるかを考慮する必要があることは想像にかたくなく，教育現場での実情を勘案しない項目は，はじめから回答の妥当性が疑われるだろう。尺度づくりに際しては，このようないわば倫理的制約があることを十分に考慮し，慎重に作業を進めていきたい。
　　　　　　　　　　　　　　　（東條光彦）

［参］鎌原雅彦・宮下一博・大野木裕明・中澤潤編『心理学マニュアル　質問紙法』北大路書房，1998.

横断的調査と縦断的調査

【語義】 横断的調査（cross-sectional study）は，ある一時点において行う1回かぎりの調査をいい，縦断的調査（longitudinal study）は，一定の時間間隔をおいて繰り返し行う調査をいう。
【縦断的調査の種類】 大きくは，パネル調査（panel survey），コホート分析（cohort survey），傾向分析（trend survey）に分かれる。

❶パネル調査：同じ対象者に対して，一定の間隔をおいて繰り返し同一の調査を実施する純粋な追跡調査のことである。例えば，ある心理療法の効果を調べるために，心理療法開始時と終了時に2度同じ調査を実施して，不安水準などの心理的変化を分析する場合，2回とも同じ人に対して調査を実施する必要がある。したがって，どちらかの調査を受けなかった調査対象者は，分析対象から外さなければならない。

❷コホート分析：同時期に生まれた人口集団に対して，一定の間隔をおいて繰り返し同一の調査を実施する追跡調査のことである。パネル調査では，同一の個人が分析対象であったが，コホート分析では，同一の集団が分析対象となる。例えば，「喫煙が健康に及ぼす影響」についてコホート分析によって明らかにしたい場合，2005年に20歳を対象にした健康調査，2010年に25歳を対象とした健康調査といった具合に，1985年生まれの人の健康状態が年をとるにつれてどう変化するか，喫煙者と禁煙者を比較しながら継続して追跡していくことになる。コホート分析においては，生まれた年が同じであれば毎回対象者が異なってもかまわない。

❸傾向分析：パネル調査やコホート分析のように，時間を追って，ある特定の個や集団に対する追跡調査を行うのではなくて，定期的に特定の調査対象集団に対して調査を行って，その集団の特性の変化の傾向を把握しようというものである。例えば，2年ごとに青少年の生活満足度調査を行い，現代の青少年の生活満足度が年ごとにどのように変化してきているか，その傾向を調べるといった場合が，傾向分析に当たる。つまり，傾向分析では，1回目に20歳の青少年を対象に調査を実施したら2回目も20歳を対象に同一の調査を実施することになる。

【分析】 横断的調査によって収集されたデータは，性別や年齢といった個人の属性ごとに調査した傾向がどのように異なるかについて，度数分布表の作成や代表値・散布度の算出，統計的検定といった手法を用いて分析することになる。また，重回帰分析や因子分析という多変量解析の手法を用いて，変数間の関連についても分析する。そのような分析を通して，因果関係を明らかにしていくことになるが，1回かぎりの横断的調査データでは，どちらが原因で，どちらが結果であるか，結論が曖昧になりやすいという問題がある。

一方，縦断的調査によって収集されたデータは，全体的な変化の傾向をみるために，各時点ごとに代表値および散布度を算出し，その値をもとに対応のあるt検定あるいは分散分析を用いて変化の傾向を分析することが多い。しかし，この方法は全体的な傾向をつかめても，個人差まではわからない。そこで，個人内変化と個人間変化を同時に検討する方法として，時点や時間，順序に伴って変化する様相を潜在的な「切片」「傾き」で表現する潜在成長曲線モデルが提唱された。「切片」および「傾き」の具体的な推定方法については，豊田秀樹（2000）を参照されたい。このモデルは，個々人の発達曲線を推定・記述できることから，個人差に注目した縦断的データ分析を行う場合には，大変有効な分析手法であるといえる。　　（藤井義久）

→重回帰分析と因子分析，構造方程式モデリング

[参] 豊田秀樹『共分散構造分析応用編―構造方程式モデリング―』朝倉書店，2000.

評定法の意義と種類

→評価・測定・評定，エバリュエーションとアセスメント，自己評定と他者評定，評価の歪み

【語義】 あらかじめ設定した評定基準（例えば，「非常によい，よい，普通，悪い，非常に悪い」など）に基づいて，個人や集団の行動的特徴を観察し，対象の等級を定める過程を評定といい，その方法を評定法（rating method）という。橋本重治（2003）によると，評定法は，最初，1883年にF. ゴールトンによって用いられ，のちに，J. M. キャッテルによって色の明暗度や歴史上の偉人や優れた科学者の業績を評価するために用いられて，その利用の道が開かれたといわれている。

評定は，評定者のもつ何らかの基準に基づく適正な判定・分類・弁別といった判断のうえに成り立っている。例えば，評定者がある行動的特徴を観察し，それを「非常によい，よい，普通，悪い，非常に悪い」という評定基準に基づいて価値判断する場合，その判断はいわゆるカテゴリー判断である。つまり，評定者にとって，「非常によい」から「非常に悪い」までの心理的な連続体を n 個のカテゴリーに分割するとすると（上記では5つ），$n-1$ 個の境界点を弁別することになる（上記では4つ）。よって，評定者の認知過程からいえば，評定法では弁別過程を基礎として価値の格付けを行うものであるということができる。この点を踏まえて，續有恒（1969）は評定を「valuation」，評価を「evaluation」と訳し分けて両者を区別し，評定という用語を用いる場合には，これに含意される「値打ちをはっきりさせる」という意味が強調されるべきであるとしている。

【意義】 教育評価の対象は，特定教科に関する児童生徒の学習過程やその効果ばかりでなく，彼らの行動特性や性格特性などの発達的変容まで広範囲に及ぶ。また，学習の評価に絞っても，その観点は「関心・意欲・態度」「思考・判断」「技能・表現」「知識・理解」と多岐にわたる。

こうした学習の評価では，態度や技能・表現のように，紙筆検査を適用しにくい場合がしばしばある。このような場合，評定法は教育評価技法としては初歩的なものであるが，よく用いられる。なぜなら，この方法は数量的に記述・測定・評価することがむずかしい対象に対し，価値判断を行い，これを仮に数量的あるいは段階的に表すことができるからである。つまり，評定法の意義は，数量的に記述・測定・評価することが容易でないこうした対象に対して，何らかの基準を設定して，特定の心理的尺度の上に相対的に位置づけて表すことにより，数量的な関係を明示できる点にあると金井達蔵・石田恒好（1981）はいう。そして，こうしたいわば「質の量化」を評定法の本質とみなしている。結果として，あらかじめ設定した心理的尺度に基づいて観察の仕方や観察結果の整理・記録を組織し統制できる。

【種類】 評定法の種類はさまざまであり，その分類法は定まっているとはいいがたい。しかし，評定を行う評定者の別と評定に用いる方法の別で分類すると，全体が鳥瞰できて便利である。

(1) 評定者の別による分類

評定法は教師によっても，児童生徒自身によっても用いられる。前者は，教師が平常の観察に基づいて評定する場合である。例えば，教師が児童生徒の自主性・責任感・協調性などの行動的特徴を評定法で評定できる。その際には，評定の対象となる行動的特徴の意味や概念をしっかりと規定し，これらの行動的特徴が最も顕著に現れそうな場面を設定して，3段階や5段階で評定を行うと，多忙ななかにある教師にとっても円滑に対象の等級を価値づけることができる。

一方，児童生徒自身によって用いられる場合は自己評定である。学校場面で，小学校の高学

年以上の児童や生徒に対して，自己評定を求めることがある（例えば，「だれとでも仲よく遊べる」「いつも決まった友達のみ」「遊べない」）。たくさんの児童生徒が同一の評定法によって自己評定を行う際に，どのようにして同一のカテゴリー判断を引き出すのかは重要な問題になるが，そのためにはカテゴリーを明確にしておくことは重要な要件である。特に，短い文で具体的に行動の程度や質を明確に規定しておく必要がある。もちろん，事前に十分な説明も必要である。

(2) **方法の別による分類**

分類法が定まっているとはいいがたいが，①評定尺度法，②チェックリスト法，③一対比較法，等の方法に大別はできる。

❶**評定尺度法**：評定対象をあらかじめ設定したいくつかのカテゴリーに照らして，5段階または7段階などの連続的な尺度の上に位置づけることによって価値づけ，数量化する方法である。評定尺度法は，用いられる評定尺度の表現の別により，図式評定法，点数評定法，記述評定法に分けられる。図式評定法はあらかじめ設定された評定尺度（段階）が1本の直線上に図式化されて表現されたものである。点数評点法は一定の約束に従って段階が点数（例えば，5，4，3，2，1）で表現されたものである。記述評定法は内容を表す具体的な短文で段階が表現されたものである。

❷**チェックリスト法**：観察の対象を特徴づける項目をあらかじめリスト形式で準備しておき，その項目に適合するか否かを2方向の基準でチェックする方法である。

❸**一対比較法**：評定の対象を対にして提示し，評定しようとする属性について，どちらがより大きい（優れている）かを比較・判断させる方法である。ただ，膨大な時間と労力を要するため，簡略化された方法が用いられることが多い。それらには，品等法や等現間隔法がある。品等法は，価値の順序を定める際に，概略の順位を決めたあとで，隣同士を一対比較する方法である。等現間隔法はすべての評価対象を上中下に3等分し，それぞれから見本を選択したあとで，この見本と残りの評価対象とを一対比較する方法である。なお，品等法を評定法と同じに扱う立場もある。

【**課題**】　評定法では，評定者のカテゴリー判断に基づくが，評定者のカテゴリー判断には恒常的な誤謬がつきまといやすい。代表的な誤謬には，以下のものが指摘されている。①光背効果：被評定者のある目立つよい特性（あるいは目立つ悪い特性）に対して下した判断や評定に引きずられて他の特性を判断したり評定したりしてしまう傾向である。光背効果は，評定項目の内容が明確でない場合や道徳的な価値が付随するときに，生じやすい。②寛大の誤謬：評定者が自分の知っている評定の対象に対して一般に甘く評定する傾向である。この逆が厳格の誤謬である。③中心化傾向：評定者が評定尺度の両端に評定することを避け，「どちらでもない」（例えば，5段階評定で3の段階）のように中心値に集中して評価してしまう傾向のことである。評定者が対象に対するカテゴリー判断において十分な自信をもてない場合や，いわゆる気の弱い評定者にもしばしば現れる。

以上のような恒常的誤謬に配慮し対処するための一般的な留意点として，第1に，一人の評定に頼らないで複数で評定し，結果を総合することである。その際，評定者間で評定の一致度を求めることは重要である。第2に，評語をわかりやすく表現して誤謬が生じる余地をなくすことである。文章の内容や形式を精選して，評定対象をわかりやすくしたり，カテゴリー判断を支援する工夫をすることである。これらは信頼性や妥当性の改善の基礎である。（山本博樹）

[参] 續有恒『教育評価』第一法規出版，1969. 金井達蔵・石田恒好『新版教育評価の技術』図書文化，1981. 橋本重治原著・応用教育研究所編『教育評価法概説』図書文化，2003.

評定尺度法

→尺度の種類

【語義】 評定尺度法（rating scale method）は最もよく使用されている評定法の1つである。あらかじめ設定したカテゴリーに照らして5段階または7段階などの連続的な尺度の上に位置づけることによって価値づけし，数量化する方法である。5段階の例を取り上げると，「非常によい，よい，普通，悪い，非常に悪い」という望ましさ（価値）の程度について5段階を設定し，そのいずれかの段階に位置づけて評定するため，価値段階法ともよばれている。ここで与えられる評価値は評定尺度値とよばれている。

【意義】 学習の評価では，学習態度や学業成績の評定，さらには図画工作などの作品の評価など幅広く活用されている。このように広範に活用される理由は，第1に，その活用の容易さによる。数量的な記述・測定がむずかしい対象に対してでも，あらかじめ評定尺度を設定し，いずれかの段階に位置づける評定尺度法は容易に活用できる。第2に，評定後の数量的処理の容易さによる。例えば，段階が5つの場合に，各段階にそれぞれ1，2，3，4，5，あるいは＋2，＋1，0，－1，－2のように数値を与えることで間隔尺度上でのカテゴリーの尺度化が可能になる。これによって，評定値のたし算やひき算が可能になるため平均値を算出することも可能になり，結果の数量化と統計的分析が可能になる。

【種類】 評定尺度は，用いる尺度の表現によって次のような区分ができる。

❶**図式評定尺度**：これは，設定した各段階を表す評語を一直線上に配置し，図式化して直観的にわかるように表現したものである（図参照）。

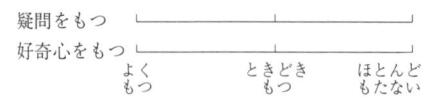

```
疑問をもつ    ┃──────┃──────┃──────┃
好奇心をもつ
           よく      ときどき    ほとんど
           もつ      もつ       もたない
```

図 「関心・意欲・態度」の図式評定尺度

ここでは，対象が一直線上に連続しているという仮定のもとに成立している。

❷**点数式評定尺度**：これは，具体的な叙述を用いないで，例えば，「『普通の程度のもの』を2」「『2より優れた程度のもの』を3」「『2よりはなはだしく劣るもの』を1」とするなど，その数量的程度のみを表現したものである。指導要録の学習の記録の「評定」がこれに当たる。

❸**記述評定尺度**：これは，各段階を表す数字の代わりにその内容を表す具体的な短文記述を用意し，児童生徒をいずれかの段階に位置づけさせて，学習達成度（学力）や行動特性・人格特性を評定するものである（下表参照）。3段階が最も多い。

表 「かけ算」の表現・処理の記述評定尺度

A（十分満足）	B（おおむね満足）	C（努力を要する）
3の段の九九をランダムに出題しても，速く正確に答えることができる。	3の段の九九を順序よく正確に唱えることができる。	3の段の九九を正確に唱えることができない。

【課題】 評定尺度法では，評定者が自らの内的な活動であるカテゴリー判断を自らで対象化し，内省することを求める。そのため，評定段階の表現の仕方によって，評定に迷ったり，評定が変わったりする場合がある。そうさせないために，「どの時点」や「どの場面」でのことを評定するのかを明らかにした表現にすること，1つの質問項目に2つ以上の質問を含めないこと，誘導質問をしたり，正直に答えにくい質問をしないことである。　　　　　（山本博樹）

［参］海保博之・加藤隆編著『認知研究の技法』福村出版，1999．辰野千壽『改訂増補学習評価基本ハンドブック』図書文化，2002．橋本重治原著・応用教育研究所編『教育評価法概説』図書文化，2003．

チェックリスト法

→観察法の意義と種類

【語義】 チェックリスト法（check list method）は，学校場面で広く活用されている評定法の1つであり，学習態度や技能・表現の評定，行動・道徳性の評定などに用いられている。評定する項目をあらかじめリストに作成しておき，観察過程で該当する行動が生起したら，その項目欄にそのつど記号でチェックする方法である。児童生徒の学習行動や生活行動を評定するために，それを特徴づける項目をあらかじめリストで示し，生起頻度を調べることにより，学習行動や生活行動の記録に利用でき，結果を客観化できる。項目のチェックにあたっては，適合しない項目（例えば，できていない項目）だけをチェックするという方法でもよい。照合表法とか摘出法などともよばれている。

【意義】 学校場面におけるチェックリスト法の意義を列挙すると以下のとおりである。第1に評定が容易にできることである。例えば，「学習態度」に関する評定の場合，表1のように，あらかじめ評定する項目をリストで示しておき，それぞれの行動特性が生起したか否かをチェックする。このチェックリスト法を用いて，あらかじめ設定した項目に対して，児童生徒の学習行動が該当したなら，チェックする。なお，チェックリスト法は学習過程などの評価で用いると，診断的価値が高く有効である。

表1 「学習態度」に関するチェックリストの例

評定項目	児童A	児童B	児童C	児童D
よく計画工夫する	レ		レ	
よく意見を述べる	レ	レ		
自分の責任を果たす	レ		レ	レ
人と協力する			レ	レ

第2に技能・表現の評定に有効なことである。例えば，体操・球技・遊戯・舞踏等のような運動技能では，その技巧面や熟練面を評価しようとすると，どうしても実技を観察してチェックリストに頼ることになる（表2）。瞬時に展開する運動技能でも，あらかじめ該当する項目をリストで作成しておけば，事前に評定する項目が定まっているために，すばやく円滑に評定ができる。その他，学習発表会での表現などでもチェックリストにより該当する行動を評定できる。なお，観察にあたっては，VTRなどで録画をしておくことができればさらによい。

表2 「運動技能（短距離走）」のチェックリストの例

評定項目	児童A	児童B	児童C
スタートの技術がスムーズか	○	×	×
スタートダッシュはきいているか	×	○	○
テープをきるときの前傾姿勢は正しいか	×	○	×

第3に，観察結果を客観化するのに有効である。例えば，教師の印象に頼りがちな学習行動や生活行動の評定において，あらかじめチェックリスト法を用いることにより，観察結果をある程度は客観化できる。例えば，児童生徒の遊び場面における「他者への働きかけ」を評定する場合，一定の観察時間を設定し，項目に該当する行動（例えば，孤立行動，同調行動など）がどれくらい生起したかを時間単位ごとにチェックするように評定を組織化すれば，観察結果を客観化する際に有効である。

【課題】 チェックリスト法は2件法であるから，チェックする際の基準の妥当化と項目選択がポイントになる。チェックする基準の妥当化については作成されたリストの内容によるため，適切にチェック項目をサンプリングできるか否かが重要になるとともに，それをいかに具体的に表すかが大切である。また，「基準以上」と判定する際の基準をいかに設定するか，それをいかに明示するかも大事になる。 （山本博樹）

[参] 橋本重治『新・教育評価法総説（上・下）』金子書房，1976.

品等法

→一対比較法

【語義】 品等法（order of merit method）とは，いくつかの評定対象のある属性に関して，あらかじめ設定した基準に基づき概略の順位を定めたあとに，相互に比較して最上位から最下位まで順序づけを行う方法である。例えば，児童が書いた毛筆習字における文字の優劣を順序づける場合，書かれた文字の全体を同時に観察し，概略の順序を定めてから，順に隣同士を一対比較してその順序づけを行う。最終的に，最上位から最下位まで順序づけることができる。順位法，序列法ともよばれる。

【意義】 習字や図画工作などの表現や作品は，児童生徒がもつ当該分野での技能に知識・理解・想像力等が加味されており，多様な評価目標を含んだ複合体である。こうした表現や作品の評定には品等法が有効である。例えば，児童が描いた図画表現の優劣を順序づける場合，それは多様な評価目標を含むから（例えば，構図，彩色，効果など），それぞれの評価目標に関して個別に評定することができる。また，個別に評定したあとに総合成績を出すこともできるし，このような個別の評定をしないで全体として評定することもできる。

【課題】 第1に，評定の対象となる項目数が多いと，評定に多くの時間を要すると同時に評定が困難になる。特に最上位や最下位の順序づけは容易でも，中位の順序づけが困難になる。項目数を多くしない配慮が必要である。第2に，複数の評定者の順序づけが一致しない場合，結果の整理がむずかしい。1つの方法として，当該の対象に対して個々の評定者が与えた順位の平均値を算出し，それを用いて当該対象の評定とみなすことがある。　　　　（山本博樹）

[参] 橋本重治原著・応用教育研究所編『教育評価法概説』図書文化，2003.

一対比較法

→サーストンの尺度構成の原理

【語義】 例えば，3つの刺激（対象人物）S_1, S_2, S_3の「活発さ」を評価したい場合に，互いに異なる2つの刺激の対（ペア）S_1とS_2，S_1とS_3，およびS_2とS_3の計3対のそれぞれを被験者に提示して，対をなす2つの刺激の中から，他方より活発である刺激（人物）を選択させる。以上は，刺激数を3，属性を「活発さ」とした例であるが，一般に刺激の個数をnとすれば，S_1, S_2…, S_nのいずれか2つの刺激を対にして被験者に提示し，対をなす2つの刺激のうち，他方より属性の程度が大きいと判断される刺激を選択させる方法である。

【分析】 一対比較法によって得られたデータから，属性に関する刺激の尺度値を求める方法に，サーストンの比較判断の法則に基づく尺度構成法や西里の双対尺度法がある。ここで，前者は，1次元の尺度値，後者は，一般に多次元の尺度値を算出する。その他に，各種の効果の検定を行う分析法に，シェッフェの分散分析的方法やブラッドレイの方法がある。なお，シェッフェの方法は，対提示された刺激どうしの属性量の差（例えば，一方の刺激が他方よりどの程度美しいか）の評定値を対象データとし，さらに，S_1の次にS_3を提示した場合と逆の順序で提示した場合の相違といった，対の中での刺激の順序効果も考慮する。

【長所と短所】 1つの刺激だけを提示して，その属性を評価する場合に比べて，対提示された刺激を比較することのほうが，被験者にとって容易であることが多い。しかし，刺激数nが多くなると比較すべき刺激対の数が膨大になる。
　　　　　　　　　　　　　　　（足立浩平）

[参] 佐藤信『統計的官能検査法』日科技連，1985. 田中良久『心理学的測定法』東京大学出版会，1977. 西里静彦『質的データの数量化』朝倉書店，1982.

サーストンの尺度構成法の原理

→一対比較法, 評定尺度法

【語義】 計量心理学者 L.L. サーストンが, 心理的連続体上での刺激の尺度値を求めるために考案した計算原理であり, 一対比較法に関する「比較判断の法則」と段階スケールの評定に関する「カテゴリー判断の法則」がある。

【比較判断の法則】 例えば, 被験者が感じる「難易度」といった心理的連続体上での刺激(問題) i の尺度値を x_i, 刺激 j の尺度値を x_j と表そう。刺激 i と j が対提示されたとき, $x_i > x_j$, つまり, $x_i - x_j > 0$ ならば, 被験者は刺激 i を選ぶ (i のほうがむずかしいと答える) と考えられる。ただし, 心理的な尺度値には個人差および個人内変動があるので, 図1の(A)に示すように, x_i, x_j はそれぞれ平均 μ_i, μ_j の正規分布に従って変動すると仮定する。この仮定から, 図1(B)に描くように, $x_i - x_j$ は平均 $\mu_i - \mu_j$ の正規分布に従うことになる。ここで, 尺度値の差 $x_i - x_j$ は単位が任意の潜在変数であるので, $x_i - x_j$ の分散を1とすると, 刺激 i と j の対から i が選ばれる確率は, $\mu_i - \mu_j$ の関数となる。この関数を $f(\mu_i - \mu_j)$ と表そう。図1の(B)に描くように, $f(\mu_i - \mu_j)$ は, $x_i - x_j > 0$ に対応する分布の領域の面積に等しい。

分布の平均 (μ_i や μ_j) が, 変動を除いた, いわば真の尺度値であるが, 前段の仮定に基づけば, n 個の刺激を比較する一対比較法の実験結果から尺度値 μ_i ($i = 1, \cdots, n$) の値を求めることができる。すなわち, 刺激 i と j の対から i が選択される比率のデータと $f(\mu_i - \mu_j)$ ができるだけ合致するような $\mu_i - \mu_j$ の値を, 最小二乗法または最尤法によって推定すれば, 差 $\mu_i - \mu_j$ から各刺激の尺度値 μ_i ($i = 1, \cdots, n$) を算出できる。

【カテゴリー判断の法則】 被験者が, 例えば, 1 (まったくむずかしくない) ~5 (非常にむずかしい) の5カテゴリー (5段階) のスケールで, 刺激の属性 (むずかしさ) を評定する場面を想定しよう。図2(A)に示すように, 各カテゴリーを連続体の区間とみなし, 隣り合う第 k と $k+1$ 番目のカテゴリーの境界値を y_k ($k=1, \cdots, 4$) と表す。被験者は, 知覚された刺激 i の尺度値 x_i とカテゴリーの境界値 y_k を比較して, $y_k > x_i$ つまり $y_k - x_i > 0$ のときに, 刺激 i を第 k 以下のカテゴリーに分類すると考える。ただし, y_k, x_i はそれぞれ平均 τ_k, μ_i の正規分布に従って変動すると仮定すると, カテゴリー境界と刺激の尺度値の差 $y_k - x_i$ は, 図2(B)のように, 平均 $\tau_k - \mu_i$ の正規分布に従うことになる。差 $y_k - x_i$ の分散を1とすると, 刺激 i が第 k 以下のカテゴリーに評定される確率は, $\tau_k - \mu_i$ の関数 $f(\tau_k - \mu_i)$ となる。以上の仮定に基づけば, 被験者が n 個の刺激を評定した結果から, 刺激の尺度値 μ_i ($i = 1, \cdots, n$) とカテゴリーの境界値 τ_k ($k=1, \cdots, 4$) を算出することができる。 (足立浩平)

[参] 繁桝算男『心理測定法』放送大学教育振興会, 1998. 西里静彦『応用心理尺度構成法』誠信書房, 1975. 渡部洋『心理統計の技法』福村出版, 2002.

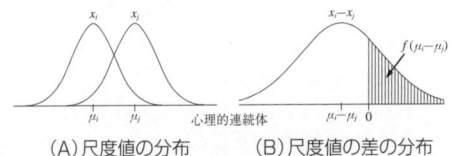

(A) 尺度値の分布　(B) 尺度値の差の分布
図1　比較判断の法則

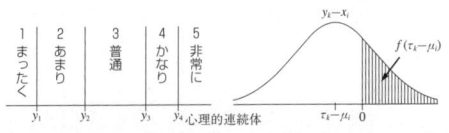

(A) カテゴリーの境界　(B) 境界値と尺度値の差の分布
図2　カテゴリー判断の法則

SD法

【語義】 セマンティック・ディファレンシャル（semantic differentials）法の略語である。概念の内包的意味を計量的・多次元的に測定するために，心理学者 C.E. オズグッドが提唱した。SD法では，いくつかの形容語に関するスケールを用いて，概念に抱く印象を被験者に評定させる。SD法の背景には，多次元の意味空間に概念や形容語が位置づけられるという仮定があり，この空間の主要次元を抽出するために，SD法のデータには因子分析が適用される。なお，SD法でいう「概念」という用語は，一般に「刺激」と置き換えてもかまわない。

【手続き】 SD法で用いる形容語のスケールは，通常，両極性の段階尺度である。下表には，11種の概念（色の名称）を1名の被験者に提示して，12種の形容語のスケール上に印象を評定させた結果を示す。ここで，スケールは7段階の両極性尺度である。例えば，表の第2列は，「柔かい」とその反対語「かたい」を両極としたスケール上に付された1（非常にかたい）〜7（非常に柔かい）の中から，概念の印象としてふさわしい整数を被験者が選択した結果である。表は一例にすぎず，概念として職業名，テレビ番組，楽曲など，形容語も種々のものが使われる。以上のように，複数の概念を複数形容語について評定させる手続きを，複数の被験者に対して行う。したがって，表のようなデータ行列が複数個にわたり，SD法の全データは，被験者×概念×形容語の3相配列をなす。

【背景】 概念と形容語を位置づける多次元の空間を，意味空間とよぶ。意味空間の中で，各形容語のスケールは原点を通る直線とみなされ，概念は点とみなされる。また，この空間内では，原点からの距離が意味の強さ，方向が意味の質に対応づけられる。

【分析】 意味空間の主要次元を同定するために，因子分析または主成分分析が利用される。これらの分析法は，個体×変数の2相配列を対象にするので，3相配列のSD法のデータを2相にする必要が生じる。そこで，被験者×概念を個体，形容語を変数として，つまり，表のような行列を縦に積み重ねたものをデータとして，因子分析を適用することが多い。分析結果から抽出された因子を主要次元とする意味空間内に，概念の点や形容語のスケールの直線が位置づけられる。オズグッドは，概念・形容語・被験者が異なる種々のデータの分析結果から，評価・力量・活動性の3つの因子が普遍的に抽出される傾向を見いだしているが，これに逸脱する結果がみられることもある。

→重回帰分析と因子分析，構造方程式モデリング

【課題】 SD評定データを2相にするのではなく，もとの3相配列を直接に分析できればそれが望ましい。こうした必要性に応じる3相主成分分析やSD評定データのための構造方程式モデリングといった新たな多変量解析法が考案されているが，これらはまだ研究開発の途上であり普及するにはいたっていない。

(足立浩平)

[参] 岩下豊彦『SD法によるイメージの測定』川島書店，1983.

表 ある被験者による評定値

概念＼形容語	不健康	柔かい	深い	きたない	重い	騒がしい	濁った	暑い	強い	暗い	遠い	悪い
黄	3	6	3	5	2	6	5	5	3	2	1	2
紺	5	2	7	3	6	2	5	2	6	6	1	5
茶	6	5	3	6	5	2	7	3	5	7	6	6
赤	3	6	6	2	4	6	2	6	6	1	5	3
黄緑	7	7	2	3	1	3	3	6	3	1	1	3
紫	7	2	7	7	7	5	5	2	7	5	1	5
青	7	4	7	3	7	3	4	2	7	3	1	3
橙	1	7	1	1	1	3	5	7	5	1	5	2
桃	3	7	1	1	3	1	1	3	1	6	3	3
緑	6	3	2	6	5	5	2	7	5	7	7	3
水	5	3	7	2	1	1	3	3	1	4	3	

テスト法の意義と種類

→客観テスト，教師自作テスト，標準検査

【意義】 テスト法とは，意図的にセットした課題に取り組ませ，その反応の状況を，おもに数的に処理して資料を得ようとする方法である。教育評価を行ううえで，学力などについて数量的な資料が必要になることがある。ここに教育測定の問題が浮上する。測定対象に測定用具をあてがって直接測定が可能な物理的測定とは違い，教育測定においては，何らかの行動として表現されたところを媒介として間接的に測定せざるをえない。テスト法は，数量的な資料を収集するための1つの有効な方法である。テスト法では，測定対象にかかわる行動を強制的に表現させるという方法をとる。例えば，学力水準についての資料を必要とする場合，まず学力という概念規定をしたうえで，学力を用いることが必要と考えられる課題をとりそろえて学力検査を構成し，この構成された検査に取り組ませ（テストし），その出来具合によって学力の数量的資料を得るという方法である。

テストに盛り込まれる課題は，知能，学力，性格などの測定対象について概念規定をしたうえで作られる。この概念規定とそれに基づく課題作成をいかに的確に行うかが，テスト法を用いるうえで，大変重要な要素となる。いわゆる検査の妥当性をいかに保証するかであるが，非常に困難である。妥当性を保証された検査は，被検査者の行動を同じ条件下で観察でき，多くの被検査者についての有効な資料を比較的短時間で入手できる，という長所を有する。

【種類】 分類する規準は一義的ではないため，種類を並列することは不可能である。そこで，以下に代表的な規準と分類例を示しておく。
①測定対象——知能検査，学力検査，適性検査，性格検査，道徳性検査等
②1回の被検査者数——個別検査，集団検査
③テスト目的——概観テスト（測定対象を全体として測定し，結果を1つの指標で示す），分析テスト（測定対象を観点・領域などの下位概念に分析し，それぞれについて結果を示す）
④課題提示・反応形態——紙筆式テスト（伝統的に学力検査等で用いられてきたもの），器具テスト（個別知能検査等にみられる），コンピュータに支援されたテスト（現在開発されつつある）：コンピュータに支援されたテストには，従来の紙筆テストの検査用紙の代わりに画面を通して課題を提示し，鉛筆の代わりにキーボードやマウスを通して解答・回答させるテスト形式のCBT（computer based testing）と，最初の課題に対する解答・回答の状況によって以後の課題を個人ごとに変えていくテスト形式のCAT（computer adapting testing）とがある。

以上は，知能検査や性格検査等を含めたテスト法一般での分類の例であるが，以下に示す分類は，特に教科学習にかかわる評価において意識されるテスト（学力検査）の分類例である。
⑤出題形式——論文体テスト，客観テスト，問題場面テスト：客観テスト形式は「客観テスト」の項に示すように，さらに細かく分類される。
⑥作成手続き——標準検査（標準化の手続きを踏んで作成），非標準検査（標準化の手続きを踏まずに作成）：知能検査や性格検査等のほとんどは標準検査であり，この分類の仕方はあまり意識されない。特に意識されるのは，標準学力検査かそれ以外（教師自作テスト等）かという，学力の測定用具の分類の場合である。
⑦準拠——目標基準準拠検査（CRT），集団基準準拠検査（NRT）：これらの用語は，標準学力検査がどのような学力を測定しているかという視点に立っての分類で，対比的に用いられ重視されるものである。 （渋谷憲一）

[参] 橋本重治原著・応用教育研究所編『教育評価法概説』図書文化，2003．

論文体テスト

→客観テスト，測定モデルと信頼性，テスト形式と学習の方向性

【意義】 〜について「説明しなさい」「論じなさい」「比較しなさい」「列挙しなさい」などの問いかけ文により，自由に解答を記述させる形式のテストを論文体テスト，もしくは論述式テストという。客観テストとは対照的に，論文体テストは高度な理解力，思考力，応用力などを測定するのに適している。

【課題】 論文体テストは採点者の客観性と信頼性を確保することがむずかしい。同一の答案であっても採点者によって評定値が大きく異なることがある。また，同一の採点者でも，一貫した採点基準（態度）を維持してすべての答案を採点することもむずかしい。

以前から，論文体テストの得点が採点者によって異なることは指摘されているが，ここでは新井沙織・服部環（2003）の資料を紹介する。これは，総勢20名の大学院生に依頼して，100名の卒業研究論文要旨（A4用紙1枚）にそれぞれ3名の大学院生を無作為に配当して，研究要旨の出来不出来を30点満点で採点させた研究である。ここでは30点満点の得点を100点満点に換算して，100枚の各研究要旨ごとに「得点の範囲（＝最高点−最低点）」を求めて度数分布を作成した。

「得点の範囲」の最小値は2.8点，最大値は69.4点であった。また，「得点の範囲」の平均は28.5点，標準偏差は14.8である。この事例からも，長文の答案を採点したとき，採点に大きな個人差が生じることは十分に予想されよう。

【妥当する目標】 論文体テストでも採点の客観性や信頼性を高める工夫は必要であるが，やはり客観性や信頼性の高さは客観テストには及ばない。しかし，論文体テストの利点は受検者が自由に解答できる点にあるので，それを積極的に生かした利用が望まれる。つまり客観テストでは測定がむずかしいとされる文章表現力，発想力，構想力，論理的思考力，応用力，分析力，批判力などを測定するのが論文体テストに妥当である。橋本重治（1976）は論文体テストに妥当する評価目標として，以下の8つを掲げている。（「　」内は出題例）

①2つ以上の事柄の比較能力：「内発的動機づけと外発的動機づけの特徴を比較しなさい」
②関係の理解：「多肢選択法が受けるテスト・ワイズネスの影響とそれを避けるための方策について述べなさい」
③事態の説明や推理力：「テストにおいて波及効果が生じる理由を述べなさい」
④要約や概括能力：「知能検査の歴史についてまとめなさい」
⑤事態の分析ならびに分類能力：「客観テストを分類し，それぞれの特徴を述べなさい」
⑥知識・原理の応用力：「論文体テストの信頼性を高くするための工夫について述べなさい」
⑦評価・批判・鑑賞などの能力：「絶対評価について，反対者の立場から批判しなさい」
⑧態度・価値観：「小・中学校における2学期制について，あなたの見解を論じなさい」

【出題の工夫】 問題で課されている内容が一義的に伝わるように工夫する。例えば，単純に「相対評価について論じなさい」とはせず，

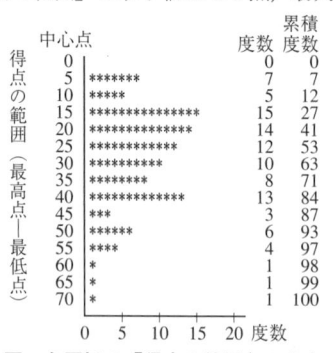

中心点		度数	累積度数
0		0	0
5	*******	7	7
10	*****	5	12
15	***************	15	27
20	**************	14	41
25	************	12	53
30	**********	10	63
35	********	8	71
40	*************	13	84
45	***	3	87
50	******	6	93
55	****	4	97
60	*	1	98
65	*	1	99
70	*	1	100

図　各要旨の「得点の範囲」の分布

「絶対評価と相対評価の長所と短所を比較して論じなさい」とするほうが課題は明瞭になる。また，論文体テストの信頼性を高めるには，小問をたくさん出題するほうがよい。さらに，テストの波及効果を忘れることはできない。つまり，定期テストで客観テストしか出題しなければ，生徒は客観テストでよい点数をとる学習方法をとるようになる。論文体テストでの出題もたえず行うことが必要である。

【採点の工夫】　日常成績のよい生徒や積極的な受講姿勢を示す生徒の答案には，必要以上に高い評価を与えやすい。逆に，授業で消極的な生徒の答案には低い評価を与えやすい。これを採点の光背効果（ハロー効果）という。生徒の氏名・番号を伏せて採点すれば光背効果を防げる。また，文字の美醜，文章の巧拙，誤字脱字の数とは独立して解答内容を評価すべきであるが，内容がそれほどよくなくても，きれいな文字で書かれた読みやすい答案は高い評価を受けやすい。これも光背効果の一種であり，この点も忘れずに，採点基準に従って採点することが望まれる。

よくできた答案を続けて採点したあとによくない答案を採点すると，必要以上に厳しく評価してしまう。逆に，内容のよくない答案ばかりを採点したあとでは，それほどよくない答案でも高い評価を与えてしまう。これをキャリー・オーバー効果（系列効果）という。この効果を避けるためには，まず全体の答案にひととおり目を通したあとで採点を始め，採点後にも，全体の採点結果を見直すのがよい。

100点満点で採点しても，50点前後の中心的な点数しかつけない傾向がみられる。これを中心化傾向という。一方，80点，90点という高い点数や10点，20点という厳しい点数を積極的に用いる採点者もいる。同一の答案を複数の採点者が採点したときには，残念ながら中心化傾向の大きい採点者の評価は総合順位に的確に反映されない。また，寛大性効果がある。これは，どの答案にもよい点数をつけてしまう傾向を指す。また，逆の厳格性効果もある。得点の分布を限定するのもこうした効果を防ぐ1つの方法といわれている。さらに，段落の区切りや言葉遣いなど，採点者の好みと相反する書き方の答案に低い評価をつけやすい。これは対比効果とよばれる。

【採点基準の設定】　以上に述べた諸効果を防いで，採点の客観性と信頼性を確保する基本的な方法は，採点基準を設定することといわれている。

池田央（1980）は論文体テストの採点方法を分析的方法と全体的評定法に大別している。分析的方法は評価目標を詳細に検討したうえで，評価の観点，例えば，期待する解答との合致度，論旨の明晰性，独創性，批判力，議論の進め方，文章表現力，文章の正しさ，誤字脱字の数，解答字数の過不足などについて数段階で評定し（もちろん，評定基準も明確にしておく），その合計点を得点とする方法である。この方法は採点には手間がかかるが，信頼性の高い採点を期待できる。一方，全体的評定法は，まず答案全体を読み通して大雑把に5段階（A, B, C, D, E；もちろん，3段階でもよい）に分類する。そして，同一段階に分類された答案をさらに読み比べて，A+, A, A−, B+, B, B−などのように細分化する。答案を読み比べるなかで評定段階を入れ替えるべき答案が出てくれば，評定段階を入れ替える。こうした作業を答案の入れ替えが不要になるまで繰り返す。この方法は得点分布を任意に調整できるが，結果的に相対評価になってしまう可能性がある。どちらの方法も複数の採点者を確保することが望ましい。また，複数の問題を出題した場合は，各問題ごとに1通りの採点を行うほうがよい。

（服部　環）

[参] 橋本重治『新・教育評価法総説（上・下）』金子書房，1976．池田央『新しいテスト問題作成法』第一法規出版，1980．

客観テスト

→論文体テスト，問題場面テスト

【語義】 採点が客観的にできるように工夫された形式の総称であり，そのような形式で構成されている検査（テスト）を指すこともある。19世紀末まで筆記試験の主流をなしてきた論文体テストでは，採点が教師の主観によって左右され，採点結果にばらつきがみられることが，F. W. ジョンソン（1911）や D. スタークと E.C. エリオット（1912～13）などの研究によって明らかにされた。教育的決定に用いられる資料は，できるだけ客観的なものであることが望ましいとの考えから工夫され，考案された形式が客観テストである。

【種類】 客観テストは，(1)再認形式（以前に学習し習得した事項と合致するか否かを確認させる形式）と，(2)再生形式（既習の事項を何らかの方法で再現させる形式）とに分類できる。前者の代表的なものとしては，真偽法，多肢選択法，組合せ法などがあり，後者の代表的なものとしては，単純再生法，完成法，訂正法などがある。

❶真偽法：既習内容にかかわる簡単な叙述（例えば「水は水素と酸素の混合物である」）を提示し，この叙述が真か偽かを答えさせることにより，既習事項を正しく習得しているかどうかの確認資料を得ようとする方法である。上例のような簡単な叙述を数個提示して，それぞれについて真か偽かを答えさせる方法も真偽法とみなされる。真偽法は，多数の学習内容についての習得状況を短時間に確認できるという長所を有するため，客観テスト考案の初期において多く用いられた。しかし，偶然的中の可能性が高いことから，次のような場合を除くと，近年は使われることが少ない。①次に述べる選択法を用いようとしても，適当な選択肢が2つしかない場合。②読解能力が未発達であり，学習する内容が単純な小学校低学年児童の知識・理解・技能等を確認しようとする場合。

❷多肢選択法：これは，真偽法の真・偽のいずれか一方または双方の叙述（選択肢）の数を増やして，それらの中から真・偽いずれかの選択肢を指定した数だけ選択させる（こうすることにより，真偽法よりも偶然的中の確率は低くなる）ものである。

「次の中から正しいものを1つ選びなさい。
　ア　水素と酸素が化合すると水ができる。
　イ　水は水素と酸素の化合物である。
　ウ　水は水素と酸素の混合物である。」

上の例は，3肢から1肢を選択させるものであるが，答える側の心理過程からみれば，示された選択肢を相互に比較考慮し，自身の身につけているものと合致するものを選択することになる。こうしたことから，知識や理解力の深さなどを確認するのに妥当な方法であるといえる。さらには，選択肢の数を増やしたり，誤肢の質を高めたりすること（これらが容易な作業ではないことは難点であるが）により，判断力・思考力・推理力などの能力の確認もある程度は可能となる。しかし，答えとして得られるのは，選択肢の比較・判断・推理の結果であって，それらの過程そのものではない。

❸組合せ法：これは選択法の複合したもので，「次の1～3に示す改革を行ったのはだれか。右のア～オの中からそれぞれ選びなさい」というように，いくつかの事象あるいは事物間の関係についての理解や知識を確認する方法である。この方法はまた，例えば，「次の1～3の人物の活躍した時代を A 群から，著作物を B 群から選び，記号で答えなさい」と指示し，活躍した時代・著作物双方が正しく選べたときに正解とするという形をとることにより，偶然的中の確率をさらに低くすることができるという長所もある。この方法の短所は，事物間に何らかの

関係がみられるような学習内容というように，使用場面が限定されることである。

❹**単純再生法**：これは「太陽と地球の間に位置する惑星は何か」というような出題や，漢字の読み書き問題・計算問題などに対して，解答者自身に解答をつくり出させて，学習した事柄や用語・内容などを正しく記銘しているか否かを確認する方法である。この方法は明白な事実についての知識や技能の有無を確認するのに最適なものである。問題作成も容易で用いやすいが，この方法の多用は児童生徒に暗記中心の学習を強いることになりかねないという指摘がある。

❺**完成法**：まとまった内容や考えを表す文章，計算，式，図などを示して，その中のいくつかの空所を埋めさせる方法である。

「パンやごはんを，よくかむのがよいというのは，それらに（　　）をよく混ぜるためです。それが混ざると，パンやごはんのでんぷんは（　　）に変わります。」

上記の（　）内に入る適切な言葉を答えさせる（再生させる）などは，その例である。単純再生法からの複合形とみることができる。しかし，提示する文章や計算，式，図などを工夫することにより，比較的高度の理解力や関係判断能力等を確認できるという長所を有する。この長所を生かしつつ採点の客観性も確保するうえでの難点は，その工夫つまり高度の作問技術を要することおよび正答の許容範囲の設定にある。完成法の長所を生かしつつ客観性を保持するため，空所に当てはまる言葉を含めた選択肢を用意した選択完成法（再認形式に分類される）も考案されている。

❻**訂正法**：これは提示した文章や式，図などの中の誤った部分を発見させ，それを訂正させるという方法である。この方法は，確実に記憶させておきたい基礎的な知識や技能などを正しく記憶しているか否かを確認したり，文章の表現力や鑑賞力などを確認したりするのに多く用いられる。

【活用と課題】　客観テストは，いろいろな面で客観性が求められる標準学力検査の中で多用されている。と同時に，解答に要する時間が短いこと，短時間で採点ができること，したがって多数の問題を提出できることなどの長所は，授業の前後に行われるプリテスト・ポストテストなどで大いに活用できる。さらに，多数の問題を提出できるという長所は，複数年の学習の成果にかかわる資料の収集を目的とした入学者選抜学力検査や，1学期間・1年間という長期の学習の成果をもとにした総括的評価を行うための資料の収集にも，大いに活用できる。

ただ，客観テストを用いるにあたって注意しなければならない点もある。

再生形式は，①選択肢を作る必要がないぶん再認形式の問題作成よりも容易である，②再認形式と異なり偶然的中の可能性がなく確実な学力を測定できる，などの理由で多用されているようである。しかし，解答者の側からすると，確実に記銘していないと解答できないため，単純な知識の暗記を中心とした学習に傾きかねないことになる。再生形式の採用には，教育目標をよく吟味し，活用の仕方に留意したいということである。

再認形式の問題では，適切な誤肢の作成の努力が必要である。問題に取り上げようとする内容を学習する過程でみられる，児童生徒の典型的な判断ミスや，思考過程でみられるつまずきとそれに起因する誤った結論等を，誤肢作りに反映させ，思考力や判断力など高度の学力の確認の一助としたいものである。また，再認形式の問題におけるでたらめ反応に対する危惧を払拭する目的で，再認形式への対処法を指導することも必要である。すなわち，選択肢の中から選び出すのではなく，自分が出した解答と同じ内容の選択肢を見つけ出すという態度を身につけさせるのである。　　　　　　　（長澤俊幸）

[参] 橋本重治原著・応用教育研究所編『教育評価法概説』図書文化，2003．

問題場面テスト

→テスト法の意義と種類，論文体テスト，客観テスト，思考・判断の評価

【語義】 問題場面テスト（problem-situation test）とは，単純に学習者の記憶の再生を要求するようなテストではなく，授業・学習中にそのままの形では一度も示したことのない新しい問題場面を提出して学習者に反応させ，それに学習者の既有の知識・理解・技能等を動員し，また，新たな分析・総合や判断・推理も加えて，新しい解決のアイデアをつくり出させるような形式である。

【意義】 問題場面テストは，思考・判断（事実判断・価値判断）をさせて問題解決能力をみるのに適したものであり，今日の教育で重視される思考力・判断力，創造性（特に，拡散的思考力）をみることが可能であるところに教育的な意義がある。社会科や理科など問題解決能力をみる形式としてかなり広範に活用されている。統計資料・グラフ，観察記録，実験結果等の具体的事実を提示し，与えられた資料等の要素・関連を分析・総合し，資料等に基づいて自分の考え方や結論を引き出すことができるかどうかをみるものが典型的なものといえる。この形式としては論文体テストが主軸であるが，多肢選択法による客観テストでも可能である。

【歴史】 問題場面テストはアメリカの「8年研究評価委員会」によって開発されたものである。アメリカの8年評価研究委員会（The Evaluation Committee of the Eight-year Study）は文学鑑賞の目標について8年間にわたり研究したもので，教育評価史上例を見ない大プロジェクトと評価されている。それはJ.デューイらの影響による新教育運動が中等教育にも及ぶなかで，新教育が伝統的教育よりも優れているのか否かを検討するため，進歩主義的教育協会が1933年から1941年にかけて実施した大規模な比較実験研究であった。8年研究が問題場面テストの開発で明らかにした点は，次のようにいえる。①思考，社会的感受性，鑑賞力，興味，個人的・社会的適応など多側面からの成果の検討に資することができた。②評価は授業・学習中に扱われなかった新しい事柄に対して行われるものであって，学習場面で学習者によってすでになされた評価の記録や知識に基づいてなされるものではない。③評価のための問題として開発されたものより，すでに存在している作品や資料等から選定された現実的なものが望ましいとされた。

【背景】 問題場面テストが重視される背景として次の点をあげることができる。①本来，創造的な知的能力は人間の本質的な心的活動であり，人類の文化の創造の源である。特に，変化の激しい現代にあってはこの創造的な知的能力は従前以上に重視されねばならない。②創造的な知的能力の中核になる「思考力」（特に拡散的思考力）「判断力」は，変化の激しい時代の学校教育にあっては従前以上に重視されねばならない。児童生徒指導要録による4観点のうち，「関心・意欲・態度」「思考・判断」の評価のあり方の確立が急務である。

【留意事項】 問題場面テストで評価すべき「思考力」「判断力」について考えるとき，次の点が重要になる。①思考力，判断力の定義をしておくことが肝要である。「思考力」「判断力」については，学力論との関連でさまざまの定義・解釈があるが，ここでは「思考力」を問題場面テストにかかわる視点から，「人が新しい場面や問題に直面して，解決を迫られたとき，その場面を分析したり，既有の知識・理解・技能等を駆使し，問題を処理し，解決する高度の心的能力」としておく。それは未知の世界に関して，予見・予測を立て，新しいアイデアをつくり出す能力といえる。「思考力」はかなり広範な一般的概念であるのに対し，「判断力」はやや限

定された状況で使われる概念といえる。「判断力」とは問題解決に対していくつかの選択肢の中から最適な選択や意思決定を行う能力といえる。「判断」には，「事実判断」と「価値判断」とがある。この場合，「価値判断」が主軸になる。②思考力・価値判断力をみるテストでは思考の結果生み出された成果よりは，思考過程そのものが対象となる。また，価値判断力の場合は判断にいたる，価値分析過程も重要である。③上記の②にかかわって，問題場面テストでは論文体テストが主軸になる。客観テスト（多肢選択法）による場合は，正答の決まった課題よりも解がいくつでもあり，種々の可能性を考え，不適切な可能性を消去していく手法が取り入れられることが多い。したがって，選択肢の作り方が重要となる。対立するいくつかのアイデア・考え方についての選択肢を用意し，その中から1つの決定に収斂していくプロセスを問うものとなる。④その際，1つの価値判断・意思決定にいたるプロセスとともに判断の根拠・合理性，判断のもとになる事実的な知識・情報（質・量）も重視したい。

【展開・類型】問題場面テストは従前からも行われてきたが，近年，特に国立教育政策研究所教育課程研究センターによる『小中学校教育課程実施状況調査』にも取り入れられている。おおむね次のように類型化される。

❶問いの認知・発見・構成力をみるテスト：思考は意欲・自発性に導かれている。情報を収集し，分析，比較関連づけすることで，問いを問題として意識し，課題に高め，その解決すべき問題点を認知し，また，問題として構成（予想・仮説・検証）するテストである。

❷知識・法則の適応・応用力をみるテスト：演繹的思考法に類するものであり，既有の知識・法則・理論を具体的に適用・応用してこれに答えていくテストである。この場合の知識とは雑多で脈絡のない断片的な知識ではなく，普遍的・法則的・概念的知識であり，応用力のある知識をいう。

❸資料の解釈・批判・資料相互間の関連の解釈力をみるテスト：帰納的思考法に類するものであり，所与の資料や収集・自己作成した資料を解釈・批判して推論（予想・仮説設定）し，概括するものである。単独の資料を解釈し，その後，複数の資料を結合させて解釈し，一定の文字数で表現していく手法もある。この場合，自由記述式と重要キーワード所与型のものがある。後者は一定のキーワードとなる語句を2～3準備し，解を一定方向に収斂させるものである。

❹価値分析，価値判断力をみるテスト：対立する価値の選定・自己の意思決定にあたって，どの価値を選択し，自己の意思決定をしていくのかを問うテストである。この場合，価値の選択・意思決定にいたる事実的な知識・情報の収集，留保条件の設定等に対応する価値分析過程が重視されてくる。

❺一問多答容認形式のテスト：事象には自然科学的な事象のように真理であり唯一絶対のもので，解が1つのものもあるが，蓋然的な社会的事象のように解・考え方・価値観が多様なものもある。したがって，後者のように多様な考え方・価値観を容認することも重要になってくる。このような事態に対応するために，一問多答容認形式のテストが機能する。この場合，多選択肢から正解を1つ選ぶより，確実に不正解・該当しないものを選択する手法のほうがこの形式にはふさわしい。

❻シミュレーション，ディベート，ロールプレイ，ディスカッション等における論理構成力，コミュニケーション能力をみるテスト：近年，授業・学習で重視されているシミュレーション，ディベート，ロールプレイ等によって培われる論理構成力，思考力，判断力，表現力等をみるのに適するテストがこれである。　（祇園全禄）

[参] 北尾倫彦編『思考力・判断力』図書文化，1995．北尾倫彦・祇園全禄編『中学社会新しい観点別評価問題集』図書文化，2004．

教師自作テスト

→テスト法の意義と種類，標準検査

【語義】　テスト法の分類は，標準化の有無により，標準検査と教師自作テストの2つに分けることができる。そのうち，教師自作テストとは，教師自らが自学級・学校において指導した目標と内容に即して作問して実施するテストのことであり，教師作成テストともよばれている。

【意義】　第1に，上手に作成すれば，その教師独自の教育目標と，その指導を受ける児童生徒の実情にぴったりと合ったテストができる。単元の指導にあたり，事前の診断テストを行ったり，途中の形成的テストを行ったり，単元末や学期末等の総括的テストを行って，児童生徒の成績評価やカリキュラム評価に資するなど，いろいろ変化に富んだ評価の目的に対応できる。

第2に，標準学力検査が形成的評価にはなじまないのに対して，教師自作テストでは比較的頻繁に手軽に行うことができるので，形成的テストや単元末の総括的テストにおいて目標を実現しているかどうかをみることができる。テストの結果，すぐに発展的学習や補充的・治療的学習への手だてを施すことができる。

第3に，基礎的な知識・理解や技能をみるのか，応用的な思考・判断をみるのかにより，各種の作問技法を自由自在に利用できる。

【作問の基礎】　教師自作テストの場合は，標準化の作業を経ないので，評価の客観性，妥当性，信頼性が問われる。これに応えるには，作成にあたって，①テストや評価の目標（観点）についての理解，②テストの作問技法の理解，③目標（観点）と作問技法の妥当な組合せの理解，の3つが求められる。つまり，学習の目標を十分に認識し，テストで指導要録の4（国語科は5）観点のうちどの観点をみるのか，学力の構造分析が大切である。そして，テスト法としては具体的には，論文体テスト，客観テスト（さらに各種の作問法），問題場面テストなどがあるが，具体的な評価目標をみるにふさわしい方法を選ばなければならない。

【観点別評価テスト】　指導要録で評定欄まで目標に準拠した評価になった。以前から，観点別学習状況が目標に準拠した評価であったこともあり，教師自作テストは，目標に準拠した評価ができるようなテストに推移してきている。なお，テストにはなじみにくい観点について評価できるような問題を開発する試みもされてきている。そこで，次には観点別テスト作成の際の留意点をあげてみる。

①単元や教材などに即して，評価する観点の概念を明確にする。

②観点別に具体化された目標を整理し，目標に妥当な作問技法を選び，各内容のまとまり・観点ごとの比率を考えて作問をする。

③目標に妥当した問題となっているかを厳しくチェックする。

④さらに，どの小問とどの小問ができれば達成したといえるのかを分析・決定しておく。また，記述式の問題については，評価規準・基準を明確にしておく。

作成にあたっては，観点によってはテスト法になじまないものもある。例えば，国語では，「読む能力」「言語についての知識・理解・技能」は比較的なじむが，「話す・聞く能力」「書く能力」あるいは一般に「関心・意欲・態度」はあまりなじまない。そういう場合は，それを補完するものとしてワークシートや質問紙法，口答法などを活用して，評価・評定をする際の資料とするとともに，指導と評価の一体化を図ることが大切である。　　　　　（金子　守）

［参］橋本重治『教師自作テストのつくり方』図書文化，1972．橋本重治原著・応用教育研究所編『教育評価法概説』図書文化，2003．

標準検査

→教師自作テスト

【語義】 標準化という手続きを踏んで作られた検査を標準検査という。標準検査は，人間に属する何らかの特性を測定し，人間を客観的に理解するための資料を提供する目的で作成される検査である。

【分類】 いろいろな視点から分類できる。

(1)測定領域から，①知能検査，②標準学力検査，③性格検査，④適性検査などに分類できる。学力の測定では，標準化されていない学力検査（教師自作テスト）があるため，標準化されたものを標準学力検査とよんでいる。

(2)検査目的からは，概観検査と診断検査に分類できる。前者は，測定目標である特性を全体として概観的に測定しようとする検査で，多くの場合単一の数値で結果を表す。後者は，測定目標である特性を分析し，その各々について別個に測定し，測定結果を比較して長短の診断を可能にする。

(3)実施様式から，個人検査，集団検査などに分類される。知能検査などでは，①言語式検査・非言語式検査・作業式検査という分類や②速度検査・力量検査という分類もある。

【標準化の手続き】 標準検査の特長は，検査結果を客観的に解釈できる尺度を備えていることである。この尺度を構成するために必要な手続きが「標準化」である。検査の標準化の手続きは，測定領域のいかんにかかわらず，①問題内容の標準化，②実施方法の標準化，③採点方法の標準化，④解釈方法の標準化という4つの手続きからなる。それぞれの手続きの内容は，大筋では同じであるが細部では異なる。ここでは標準学力検査の例で説明する。

❶問題内容の標準化：検査の測定領域を明確に規定したうえで，測定に必要かつ十分な問題を用意することである。わが国の標準学力検査では，学習指導要領に示されている目標・内容についての学習成果が学力であると考えられている。したがって，学習指導要領に示された範囲で問題が作られることになる。すなわち，身につけさせたい教科目標・内容は学年別にきちんと示されているので，これによって測定に必要な問題の範囲を考えるということである。このように測定目標・内容を明確にしたうえで作成された検査問題は，さらに予備実験・項目分析（困難度や弁別力などについての吟味）・再作問を繰り返し，さらに集団基準を採用する検査では得点分布の正規性を確認して，検査に含める問題が確定して，問題内容の標準化の手続きを終える。

問題内容の標準化は，検査が測ろうとしているところのものを正しく測りえているかどうか，その妥当性（特に内容的妥当性）を保証するために行われる手続きである。なお，目標基準準拠の学力検査では，あとに記す解釈方法の標準化の手続きもここで行われることになる。

❷実施方法の標準化：標準検査では，標準化実験に基づいて作られている基準や尺度に照らして検査結果を解釈することになる。したがって，標準化実験のときの実施方法と完成品による検査実施時の実施方法とが同一でなければならない。そこで，標準化実験に先立って，被検査者の多くが自己の能力を効果的に発揮できるような実施条件を規定しておく必要がある。これが実施方法の標準化である。検査実施の適期や適当な時間帯はいつか，検査時のどの場面でどのような教示を与えるか，検査中の受検者からの質問にどう対処するか，検査時間をどのくらいにするか等を規定する。

❸採点方法の標準化：標準検査は不特定多数の採点者によって採点される。その採点が客観的に行えるように，一般的原則・正答・許容範囲・ウエイトづけの有無など，採点上のルールを

規定する。

❹**解釈方法の標準化**：標準検査は，広い地域にわたった児童生徒の検査結果を相互に比較し解釈できる基準や尺度を備えていなければならない。目標基準準拠検査の基準や尺度は，問題内容の標準化の手続きの中で，理論的に構成される。集団基準準拠検査の場合，標準化実験を経てその基準や尺度が作成される。まず，その検査の対象となる児童生徒を母集団とし，これから必要数の標本集団を抽出する。次いで，上記①～③の標準化を経て作成されたテストを標本集団に実施して，採点・集計し，平均点や得点分布などに基づいて，基準（norm）を設定し，尺度を構成する。さらには，基準関連妥当性や構成概念的妥当性などの統計的妥当性，および信頼性に関する統計的データを求め，手引書に示すこともこの解釈方法の標準化に含められる。

【**諸検定**】以上みてきたように，標準検査は，測定対象の概念を考え，測定に必要かつ十分な質と量の問題で検査を構成し，母集団を代表する集団に検査を実施して，検査結果解釈のための基準・尺度が作られる。したがって，検査が測定しようとしている目標を間違いなく測定しているか（妥当性），検査結果がいかに一貫・安定しているか（信頼性）という証拠資料の提示が要求される。そのために行われるのが，諸検定である。

妥当性の検定結果として，日本の標準学力検査の場合，①内容的妥当性が，検査を構成する各問題と学習指導要領の目標・内容との関係を示すという形で，②基準関連妥当性が，（目標基準準拠，集団基準準拠いずれの場合でも）検査結果と教師評定との関係や，（集団基準準拠の場合に限り）検査結果と知能検査結果との相関係数という形で，③構成概念的妥当性が，標準化実験の実験時期による平均得点の上昇状況という形で，検査の手引書に示されることが多い。

信頼性については，平均値の信頼区間や，真の得点の分散と誤差得点の分散の比による信頼性係数を提示することが多い。この信頼性係数算出に必要な真の得点の分散や誤差得点の分散は，間接的に推定することになる。信頼性係数を求める方法としては，①再検査法，②平行（代理）検査法，③折半法，④内部一貫性による方法，⑤分散分析による方法（この場合信頼性係数とはよばず，一般化可能性係数とよばれることがある）などもあり，①，③，④が多く用いられる。①は，同一被検者に同一検査を，一定期間おいて2度実施して，得られた得点間の相関係数を信頼性係数とするものである。③は，1つの検査に含まれる問題を2組に分け，両者別々に採点して得られた得点間の相関係数を信頼度係数とする方法である。④は，検査に含まれるすべてのアイテム（問題の最小単位）に対する被検者の反応（能力検査の場合は正誤）の一貫性の程度を示す指標の値を信頼度係数とするもので，α係数などが知られている。

【**標準検査の生かし方**】標準検査の特長の1つに，異なる特性を同じ尺度で測定しうることがあることがあげられる。古くから個人内評価の資料として，知能検査と標準学力検査（NRT）の結果を用いて算出する成就値や新成就値が，用いられてきた。この方法は，標準検査の上記の特長をうまく用いた方法であり，教師自作テストや非標準化検査では不可能な方法である。

標準検査の「得られるデータの客観性が高い」という特長を生かし，学級集団の教師自作テストの結果と標準学力検査の結果を比較解釈すると，指導者自身が立てた指導計画の子どもたちに対する要求水準が適切であるか否かを確認することができる。例えば，教師自作テストの結果は十分に満足できる結果であるのに，標準学力検査の結果が全国水準に及ばなかった場合，要求水準が低かったと解釈する。

（長澤俊幸）

集団基準準拠検査（NRT）

→目標基準準拠検査（CRT），集団に準拠した評価，目標に準拠した評価

【語義】 測定結果（得点）を，集団基準（norm）に準拠して解釈する（referenced）検査（test）である。検査（test）は，個人について何らかの特性の水準を測定する目的でセットされた1組の課題である。集団基準は，個人が所属する集団がその検査を受けたときの成績水準（平均値や散布度などで示される）である。したがって，集団基準準拠検査（以後NRTと略記する）は，個人の検査得点を，その個人が所属する集団の各成員の成績と比較して解釈するように作られた検査ということである。相対的解釈をするように作られた検査ということもできる。集団知能検査やインベントリー式の性格検査もこの範疇に入れられるであろうが，これらの検査をNRTという用語でいい表すことはあまりない。NRTは，「集団基準に準拠して解釈するように作られた標準学力検査—集団基準準拠標準学力検査」について，おもに使われている。NRTは，1960年代に入って提唱されるようになった歴史的に新しい標準学力検査である目標基準準拠検査（CRT）に対して使われるようになったのである。

学力は，直接測定できるものではなく，何らかの行動として表現されたところを媒介として間接的に測定せざるをえない。その1つの方法がテスト・検査であり，被検査者に行動で表現させるべく用意されるのが検査問題である。したがって，全国共通の尺度によって学力水準を測定しようとする標準学力検査にあっては，尺度作りの理論とともに，問題作りにいたるまでの理論が非常に重要なものとなる。この両理論が明確に（図1の「目標確認」がこれに当たる）示され，それに則った作成手続きがされていないかぎり，標準学力検査とはいえない。この点が明確に示されている教研式NRTを例にとり，NRTについて記述する。

【概要】 集団基準準拠標準学力検査（NRT）の概要は，次のとおりである。

❶目的：どのような「目標確認」がなされて作成されているかの問題である。教研式NRTでは，測定対象である学力の概念規定をするにあたり，学習指導要領を分析・検討している。そして，この検査で測定する学力を「教科学習で身につけた基礎的・基本的な力（知識・理解・技能等）に，育成された思考力・判断力や表現力をも含めた力」としている。これらの測定尺度の作成に関して，現在のところ，基礎的・基本的な力については作成は容易であるが，思考力等についてはそれが大変むずかしい，という現実がある。したがって，教研式NRTの目的は，学習指導要領が求めている「確かな学力」の個人間差異を全国母集団の集団基準に準拠して解釈（明らかに）することである。

❷下位検査の構成：検査問題全体を，同種の問題項目の集合ごとに分けたとき，それらの部分を下位検査というが，その構成は学習指導要領の内容領域別となっている。例えば，数学では，「数と式」「図形」「数量関係」である。

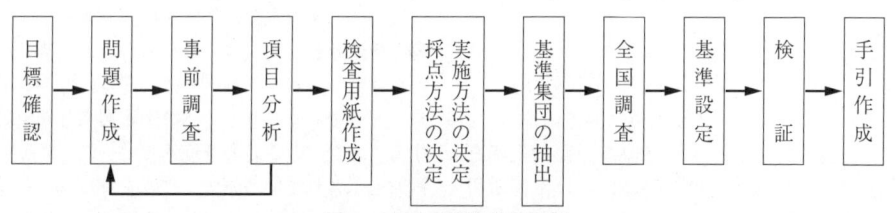

目標確認 → 問題作成 → 事前調査 → 項目分析 → 検査用紙作成 → 採点方法の決定 → 実施方法の決定 → 基準集団の抽出 → 全国調査 → 基準設定 → 検証 → 手引作成

図1　NRTの標準化の手順

❸**出題内容**：学習指導要領の内容から出題しているが，基礎的・基本的な問題のほかに，応用的な（解決するのに思考力や判断力等を要する）問題も出題している。基礎的・基本的問題は一般的に難易度が低く，応用的な問題は難易度が高い。困難度の異なる問題のバランスを按配することにより母集団の得点が正規分布を示すようになり，個人差を明らかにしやすく合理的な偏差値尺度が設定されている。

❹**出題範囲**：年間の全範囲から出題している。実施時期によっては，未学習内容が出題されていることもあるが，それも含めて実施する。

❺**実施時間**：全体の制限時間が決められている。この制限時間において，全部の問題を実施したという前提で基準を設定している。同時に，どの下位検査にも偏りなく取り組ませるため，各下位検査の時間配分も決めてある。

❻**実施時期**：未学習内容がなくなる次年度の新学期に診断的評価として利用されることが多い。

【**結果の表示法**】　次に，結果の表し方を記す。

❶**偏差値（標準得点）**：教研式 NRT に限らず，集団基準準拠検査で，測定対象の水準を概括的に把握するために用いられる基本的な表示法である。検査結果から得られた得点は，そのままでは，検査によって，満点，難易度等が微妙に異なり，単純には比較できない。そこで標準化された検査で，個人の得点を偏差値（標準得点）に換算して学力の水準を比較することができるようにする。

実際に，偏差値は，得点 (X)，集団基準である平均点 (M) と標準偏差 (SD) を，次の式に当てはめて求めることができる。

$$偏差値 = \frac{X-M}{SD} \times 10 + 50$$

　　X…得点　M…平均点　SD…標準偏差

これによれば，全国平均点は偏差値 50 となり，全国平均点より 1 標準偏差分だけ上回る得点は偏差値 60，1 標準偏差分だけ下回る得点は偏差値 40 になる。したがって，偏差値の 1 標準偏差は 10 となる。

❷**評定段階**：偏差値には測定誤差が含まれており，少々の差は有効な意味を示さず，もう少し大きなくくりで解釈することも必要である。そこで，その単位をもっと粗い目盛にすることにより，数値の違いが即水準の違いとしてとらえられるようにしたのが評定段階である。目盛の粗い順に，3段階評定，5段階評定，7段階評定，10段階評定等が考えられている。従来最もよく使われているのは，5段階評定であり，下図に示すように各段階の理論的出現率は，それぞれ 7％，24％，38％，24％，7％としているのが一般的である。

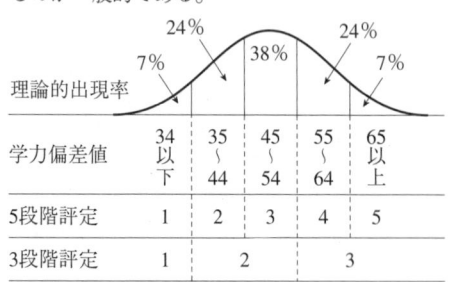

理論的出現率	7%	24%	38%	24%	7%
学力偏差値	34以下	35～44	45～54	55～64	65以上
5段階評定	1	2	3	4	5
3段階評定	1		2		3

図2　評定段階

【**結果の利用**】　分析的な資料を提供できるように作られた検査は，分析の仕方，資料のまとめ方によって，たくさんの資料を提供している。

❶**一覧表**：学力水準を概観するための資料として，各教科の偏差値と評定段階がある。検査を実施した時点での一人一人の学力水準を，全国の同学年児童生徒の学力水準と比較考察するために用いる資料である。また，学級の標準得点分布グラフを見て，評定段階ごとの分布を母集団の分布（正規分布）と比較することにより，学級集団の学力水準の特徴を把握できる。

❷**分析診断表**：下位検査ごとの得点と正答率が表示されている。正答率とは，満点に対する得点の比率である。さらに，全国正答率とも比較することができる。各下位検査についての評定段階も示されているので，これをプロフィールとして，個人内評価により内容領域間の学力を

比較できる。また，各領域の状況として，下位検査ごとに，全国正答率との比較ができる。すなわち，学習指導要領の内容領域では，どの領域が全国の水準よりよい状況であるか，どの領域に指導を要するかを知ることができる。

❸**領域別集計表**：教科の領域と，さらに細かく分けた中領域の状況を，学級・学年単位で見ることができる。中領域別の状況を全国正答率と比較すると指導の必要な中領域がわかる。

❹**小問分析表**：各児童生徒の1問1問の反応分析をしたものである。横に見ていけば児童生徒ごとの状況がわかり，縦に見ていけば各小問の学級の状況がわかる。学級の小問別通過率と，全国のそれとを比較した有意差検定の結果も表示される。また，正答のほかに誤答となった場合には選択肢などが示されるので，学級全体に誤答が多い問題はないか，特定の誤答が出ている問題はどれか，ある学力水準を境にして誤答が多くなる問題はないか，などといった誤答分析が可能である。その際，①出題されている問題のねらい，②全国的に誤りやすい点，③指導を展開するうえでの留意点，が手引に問題別に記載されており，参考にすることができる。

❺**個人票**：教師用では，個人についてのプロフィールが描かれたり，中領域別の様子が全国との比較でグラフ化されたりしている。児童生徒・保護者用は，学習するうえで参考になるコメントが教科ごとに提示されている。

❻**知能・学力相関座標**：一定の目的をもって，複数の検査を組み合わせて使うことを，検査のバッテリー利用という。学習指導のために，知能検査と標準学力検査を組み合わせたり，さらに，その他の検査を加えて利用したりするのが，それに当たる。特に，教研式NRTは，教研式知能検査とのバッテリー利用に適しており，その結果は，「知能・学力相関座標」の形式で提示される。この「知能・学力相関座標」は，横軸に知能検査から得られる学習基礎能力偏差値または知能偏差値を，縦軸に標準学力検査NRTを実施した教科の平均学力偏差値をとり，この座標の中に，児童生徒の位置を記号で表すように作成されており，新成就値の理論を背景としている。バランスド・アチーバーの帯を中心に，その上方ならオーバー・アチーバー，下方ならアンダー・アチーバーである。アンダー・アチーバーは，知能に比べて不十分な学力であり，原因は何かを考えて指導する必要がある。オーバー・アチーバーは，学力が知能に比べて高い状態で一応は望ましいが，自発的でない学習によって，心理面で不安定になっていないか考慮したいものである。バランスド・アチーバーは，知能相応の学力であるが，より高い学力を目標にするのがよいであろう。

❼**指導要録への記入**：標準学力検査の結果は指導要録への記入ができる。また，指導要録における評定が目標準拠評価になったことにより，全国標準と比較することは，学校での目標準拠評価の客観性を補完する役目も果せる。

【**妥当性・信頼性**】　妥当性とは，その検査が本来，測定しようとしているものを，本当に測っているかどうかという概念であり，内容的妥当性，構成概念的妥当性などの区別が存在している。内容的妥当性の証左としては，問題ごとに学習指導要領の内容番号・記号を手引書に示している。また，構成概念的妥当性については，学力の発達，項目反応理論による項目分析，知能との相関，という側面から検証している。

　次に，信頼性であるが，これは検査が対象を一貫して測定する安定性のことであり，対象が変化しなければ，測定結果も同じになるかどうかを示すものである。これについては，キューダー・リチャードソンの公式による信頼性係数を求めたり，平均値の信頼区間を算出したりして検証を試み，その結果を手引書に提示している。

〔宮島邦夫〕

[参] 応用教育研究所『教研式標準学力検査の解説』図書文化，2003．橋本重治原著・応用教育研究所編『教育評価法概説』図書文化，2003．

目標基準準拠検査（CRT）

→集団基準準拠検査（NRT），目標に準拠した評価，集団に準拠した評価

【語義】 普通に解釈すれば，測定結果（得点）を目標基準（criterion）に準拠して解釈する（referenced）検査（test）のことである。目標基準に準拠した解釈とは，目標にどれだけ近づけたか，目標をどれだけ達成できたか，目標全体を100%としたとき何%達成できたかという解釈の仕方である。標準化されたCRTは，「目標基準に準拠して解釈するように作られた標準学力検査―目標基準準拠標準学力検査」というのがよいということである。

【経緯】 標準学力検査の歴史は，世界的には20世紀初頭まで，わが国においては20世紀半ばまで遡るが，その主流は他人の成績と比較して解釈する相対評価的な検査（現在の用語では集団基準準拠検査〈NRT〉）であった。ところが20世紀後半に入ると，人権尊重論，完全習得学習論その他の理由から，相対的評価が批判されるようになった。他人と比較する評価資料は，人を差別はするが，教育的に有効な示唆を与えないなどの意見である。このような背景から生み出されてきたのが，事後の指導に具体的な示唆を与える資料（多くの教育目標の中の何を達成でき何が達成できていないのか，全体の何%達成できたのかを示す資料）を提供する検査（目標基準準拠検査〈CRT〉）である。

1980（昭和55）年から新しい学習指導要領が実施され，それに伴う小・中学校の指導要録に観点別学習状況の欄が設けられて，示された観点ごとに，達成状況の評価（絶対評価）の結果を記録することが求められた。この達成状況の評価を客観的に行う用具として，目標基準に準拠した標準学力検査の必要性が高まった。到達度評価研究を進めていた橋本重治は，その研究成果の集大成として1980年に教研式CRTの初版を作成したのである。下図に示された手順もその研究成果の一端である。このように作成理論がきちんと示されている教研式CRTを例にとりながら，CRTについて記述する。

【概要】 検査の概要は，次のとおりである。
❶目的：学習指導要領に示された「基礎的・基本的な内容の定着」という目標の実現状況を，観点ごとに把握するとともに，観点ごとの状況から合理的に総括した「評定」値を提供する。
❷下位検査の構成：同種の問題項目の集合を下位検査というが，その構成は指導要録の観点ごとの構成を採用している。そのため，数学で例示すれば，「数学への関心・意欲・態度」「数学的な見方や考え方」「数学的な表現・処理」「数量，図形などについての知識・理解」となる。
❸出題内容：学習指導要領の内容から出題しているが，基礎的・基本的な内容が中心である。ここでは，評価目標と出題されている問題とが，整然と対応していることが重要である。そこで，目標との対応が明確になりやすい基礎的・基本的な内容からの出題が主になるからである。
❹出題範囲：年間の全範囲から出題しているものと，年度末に配当されることが多い内容を軽減しているものがあり，前者は翌年度当初に，

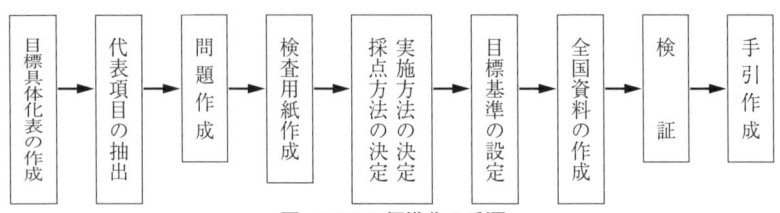

目標具体化表の作成 → 代表項目の抽出 → 問題作成 → 検査用紙作成 → 採点方法の決定 → 実施方法の決定 → 目標基準の設定 → 全国資料の作成 → 検証 → 手引作成

図　CRTの標準化の手順

後者は当年度末によく利用される。未学習内容が出題されている場合には，解答と採点の対象から除外して実施できる。これは，未学習内容では，目標を達成しているか，実現しているか，という概念は存在しないことによる。

❺**実施時間**：標準実施時間となっている。したがって，制限時間ではなく，手引に定められた時間の延長ができる。理由は，未着手問題は目標の達成や実現があるかどうか見極められないので，そのような問題を減らすためである。

❻**実施時期**：実施時点までの指導内容の定着状況を把握したり，指導要録記入の際に参考資料としたりするために，実際には，年度末の総括的評価として利用されることが多い。

【**結果の表示法**】 次に，結果の表し方を記す。

❶**得点率と実現状況の判定**：教研式CRTは，「関心・意欲・態度」を除き，次の式で求められる得点率が基本的な表示法である。

$$得点率(\%) = \frac{実現された目標数(得点)}{その検査の全実現目標数(満点)} \times 100$$

この式における分母は，実施状況（削除問題の有無）により修正することになる。得点率がどの程度なら，「十分満足」「おおむね満足」あるいは「努力を要する」とするか，という実現状況の判定の基準は，CRTの作成上非常に重要なものであり，教研式CRTでは，修正エーベル法という独特の方法を採用している。

❷**修正エーベル法による基準の設定**：エーベル法とは，R.L.エーベルが提案した目標準拠評価における基準設定の方法であり，カッティング・スコアを決めるにあたっては，個々の問題項目の困難度だけでなく，あとの学習への関連性も考慮する。これに，問題項目の分類作業を簡略化するなどの修正をしたものが修正エーベル法であり，それを，さらに一部修正したものが現行の修正エーベル法である。この方法の概略を記すと，まず観点ごとに，すべての問題項目を，「必須・重要」の側面と「やさしい・普通・むずかしい」の側面とから，5区分のカテゴリーのどれに該当するかを分類する。つづいて，カテゴリー別に，「おおむね満足」とするためには最低でどれくらいの得点率が必要かという最低期待得点率を決定する。例えば，中学用では，次表の下段に示すようにした。「十分満足」の最低期待得点率は，各欄の下段の得点率に，それぞれ20％を加えた上段の得点率とした。各カテゴリーに分類された問題項目数は目標数と考えられ，1目標を1点とすれば得点数になる。各得点数に，次表のそれぞれ下段の最低期待得点率を小数にしたものをかける。それらを合計して，「おおむね満足」の下限得点とする。それを，その観点の満点で割って，百分率で示せば，「おおむね満足」とするための下限得点率になる。「十分満足」についても同様に下限得点率を求める，という方法である（「関心・意欲・態度」については除く）。

	やさしい	普通	むずかしい
必　須	75%	70%	
	55%	50%	
重　要	65%	60%	55%
	45%	40%	35%

❸**評定**：観点別学習状況の判定結果を「評定」へと総括する仕方として，いくつかの方法が提案されている。例えば，判定の結果得られるA，B，Cの記号の組合せパターンによって「評定」値を決める方法や，各観点の判定結果の記号をそれぞれ数値化（Aを3，Bを2，Cを1というように）して，その平均点によって「評定」値を決める方法などである。しかし，これらの方法では，各記号で示されている実現状況の開きの大きさが無視されているという批判がある。下限点でA判定された者と上限点でB判定された者の実現状況に差ありとし，上限点でB判定された者と下限点でB判定された者の実現状況の間に差なしとして，総括してよいものかという疑問からである。

この点，指数という概念を取り入れて処理し

ている教研式 CRT の方法は，この疑問を払拭する 1 つの方法といえる。各観点の得点率または得点を，各観点の「おおむね満足」の下限得点率または下限得点を 100 とした場合の指数に換算する。次に，各観点の指数を合計し，観点数で割って，指数の平均値を求める。それを，事前設定してある指数の 3, 5 段階基準に照合して評定値を出すようにしている。

【結果の利用】　検査の結果得られる代表的な資料について記述する。

❶一覧表：指導要録の観点別に，得点率と，それに対応する実現の状況が示される。この実現状況は，プロフィールとして，観点間で個人内評価が可能になり，学力構造を把握できる。また，各教科とも評定にまとめた結果が表されている。

❷分析診断表：下位検査である指導要録観点別の実現状況ごとの出現率と，評定段階ごとの出現率を集計した結果が棒グラフ化され，そこには全国の出現率も示されている。また，観点だけでなく，内容領域でも領域別と小領域別の集計が出されている。領域は学習指導要領の内容領域として，小領域は学習指導要領を分析して領域をより小さな領域に分けたもので，教科書の単元程度に分類したものとして，それぞれ考えればよい。これらについては，学級と全国との比較ができるようグラフ化され，指導の重点となる領域や小領域がわかる。

❸小問分析表：児童生徒ごとに，小問別の反応が詳細に分析されている表である。①横に見ると各児童生徒の解答状況，②縦に見ると小問ごとの学級集団の解答状況，をつかむことができる。また，有意差検定によって，学級の小問別通過率と，全国のそれとを比較した結果も出ている。さらに，正答であったかどうかのほか，誤答となった選択肢などが示されるので，学級全体に誤答が多い問題はないか，特定の誤答が出ている問題はどれか，ある学力水準を境にして誤答が多くなる問題はないかなどの誤答分析も試みるとよい。

❹個人票：教師用と，児童生徒・保護者用が用意されており，教科別に観点ごとの実現状況，各教科全体の評定および学習の参考になるコメント等の情報が打ち出される。この資料を返却するかどうかは，実施者側で決めて統一するが，返却する場合は，面談や家庭訪問などの機会を利用して，個別に時間を設ける。

❺S-P 表：縦方向に児童生徒を検査結果の高いほうから順に並べ，横方向に小問を学級通過率の高いほうから順に並べた表において，S (student) 曲線と P (problem) 曲線の配置により検査結果を分析しようとする。一般的に，S 曲線の左側と P 曲線の上側との共通部分で正答以外になっているものは，単純な考え違いなど，比較的，指導が容易と考えられる。逆に，S 曲線の右側と P 曲線の下側との共通部分で正答以外になっているものは，特に，十分に時間をかけて指導する必要がある。

【基準の補正】　学校や地域で先生方が協議して定めた基準が妥当であるかどうかを検討し，必要に応じて補正していくのに標準学力検査は有効である。その場合，児童生徒たちの学力を先生方が定めた基準で評価した結果と，同じ児童生徒たちの学力を，標準学力検査の基準で評価した結果とを比べてみればよい。具体的には，学校（地域）の基準による学年の結果と，教研式 CRT の学年の結果とで，実現状況の判定の出方や評定の分布の違いを比較してみる。そして，学校（地域）の現在の基準が高めにできているのか，低めにできているのかを検討して，基準の上げ下げによる修正の方向を認識する。しかし，苦労して作成した基準でもあるし，混乱を避ける意味からも，補正を毎年行う必要はなく，何年か経過したら見直す機会を設ければよいであろう。
　　　　　　　　　　　　　　　（宮島邦夫）

［参］橋本重治『到達度評価の研究』図書文化，1981．橋本重治『続・到達度評価の研究―到達基準の設定の方法―』図書文化，1983．

ポートフォリオ

→子ども中心の評価観，オーセンティック評価

【語義】 ポートフォリオ（portfolio）とは，元来，入れ物なり容器のことで，芸術家の作品を収めた画集，銀行などで顧客リストを収めた紙ばさみなどがその例である。

教育界では，例えば「ポートフォリオとは，生徒が達成したことおよびそこに到達するまでの歩みを記録する学習者の学力達成に関する計画的な集積である」と定義されている（M.L. トンバリ・G. ボリッチ，1999）。すなわち，入れ物の中に，子どもの学習の過程や成果に関する記録を計画的に集積したものがポートフォリオ（一般に，student portfolio）と考えられている。

さらには，この考え方を発展させて，現職教師が自己の指導観，専門職団体への加入や出版物，児童生徒への指導の過程や成果等を集積したり，あるいは教育実習生が自己の活動記録を集積して教師ポートフォリオ（teaching portfolio）を作る動きもある。

【歴史・背景】 ポートフォリオの考え方は，1980年代末のアメリカの教育界において急速に登場し，発展するようになった。その背景には，国民に対する学校の説明責任（accountability）を果たそうとして1970年代以降盛んになった各種の標準テストによる評価の動きを批判し，標準テストに代わる（alternative）新たな評価を創造するという特徴がみられる。

各種テストによる評価の弊害として，例えばL. ダーリング・ハモンドら（1995）は，概略，次のような問題点をあげる。すなわち，①標準化されたテストは多肢選択による1つの正答を再認させるものであり，きわめて限定的な測定手段にすぎない。深く，創造的に考えたり，既知の事柄と新たに学ぶことを結合するといった能力を測定するのには困難である。②高い得点を得させようとするあまり，テストに出題される内容の網羅的，機械的な暗記学習が醸成され，より多くの時間を要するプロジェクトや思考誘発課題の学習などが避けられがちになる。③数値による最終的な得点結果が大切にされるところから，少しでもよい点数を取ろうとする点数至上主義，点数さえよければすべてよしといった結果主義が醸成される。反面，どのように課題に取り組み，問題解決したか，そこでどんな能力が発揮され，また育ったか等の総合的な情報を得ることが困難である。④基礎技能（basic skill）の向上の反面，より高次の思考技能の低下をきたす。また，このため暗記中心の指導やカリキュラム上の瑣末主義や狭隘さを招く。

【展開】 各種のテストの代替として，ポートフォリオ評価においては多種多様な評価資料が駆使されることになる。D. ハート（1994）によれば，大きく3つの資料・情報群に分類できるという。観察（observation），作業実績サンプル（performance sample）およびテストもしくはそれに類する方法（test）である。

他の整理も含めて検討すれば，観察群においては，例えば逸話記録法，チェックリスト法，質問項目法，評定尺度法，時間抽出法，場面抽出法，インタビュー法による資料・情報の収集が考えられている。作業実績サンプル群においては，宿題，学習記録，反省日誌，録音カセット，写真，ビデオといった多様な手段が考えられている。テスト情報群としては，短文で記述したり図示するといったオープン式課題や心意地図などの簡単な評価課題法，2週間くらいの課題から1年間に及ぶような長期課題においていろいろな能力に関する資料を得ようとする方法が考えられている。

ところで，このように多様な評価資料を駆使するねらいは，子どもが真にそのことを理解しているか，どこまでそのことを使えるか，あるいは追究できるかといったオーセンティック評

価（authentic assessment）を行うためと考えられている。このため，ポートフォリオ評価は，別に子ども中心の評価であるともよばれている。

そして，このようにして子どもの学習の過程や成果に関する多面的で精度の高い"真の"資料・情報が収集されればされるほど，それをもとに「個々の子どもの必要にとって真に有益な指導方策を教師が開発するのを助力する」ことになるとハモンドらは考えているのである。

また，ポートフォリオは，①個々の子どもとの個別的な「会議」(conference) において学習の過程を振り返り，次のめあてを明確にする。②「ポートフォリオの日」を設け，全員の子どもが自己の学習のあとを振り返り，自己の強みや弱みを確認し，次の改善点を見いだす。③年に数回，子ども，保護者そして教師を交えた「会議」をもち，相互の理解を深めたり次の学習のめあてを明確にするなどのために活用されている。このため，ポートフォリオは子どもの自己評価力を育てたり，あるいは自己の思考を追跡し評価し改善するメタ認知的反省力を育てるうえで効果的であることなどが主張されている。

【課題】 ポートフォリオの展開やその活用における決め手の1つは，ポートフォリオに集積される評価資料・情報から，いかにして高い信頼性や妥当性を得るかである。そのためにアメリカの各州学区・学校でいろいろと試みられているのが得点化指針としてのルーブリック (rubric) の作成である。

ルーブリックは評価規準（何を評価するかという達成目標＝criterion）と評価基準（達成目標の実現状況を判断する得点化指標＝standard）より構成されるが，その評価規準をどのように設けるか，またその実現状況の目安を何段階にするか，さらには，だれが実施しても食い違いのない各段階の設定はどのようであればよいか，をめぐって努力が重ねられている。そのなかでも，例えばバーモント州における数学およびラ

イティングを中心とした取組み（松尾知明，2003），カリフォルニア州リアトル学区における読み方の開発事例（G.P.ウィギンズ，1996），カリフォルニア州における数学や書き方における開発事例（ハート，1994）などは注目されてよい。

わが国では，高浦勝義らの開発的研究が唯一といえる状況であり（2003, 2004, 2005），今後，絶対評価を軌道に乗せるうえからもルーブリックの開発が急務となっている。

また，ポートフォリオ活用による教員採用や再配置，あるいは学校評価，さらには進級や入学試験におけるポートフォリオの活用なども，欧米のみならず，わが国における今後の検討課題である。　　　　　　　　　　　　（高浦勝義）

[参] 高浦勝義『ポートフォリオ評価法入門』明治図書, 2000. 高浦勝義『絶対評価とルーブリックの理論と実際』黎明書房, 2004. M.L. Tombari and G. Borich.（1999）Authentic Assessment in the Classroom, Prentice-Hall, Inc.. L. Darling-Hammond, J. Ancess, B. Falk.（1995）Authentic Assessment in Action, Teachers College. D. Hart.（1994）Authentic Assessment: A Handbook for Educators, Addison-Wesley Publishing Company. 松尾知明「バーモント州のポートフォリオ評価プログラム」『科学研究費基盤B研究成果報告書』2003. G.P. Wiggins.（1996）Honesty and Fairness, in Communicating Student Learning edited by T.R. Guskey, Association for Supervision and Curriculum Development, Alexandria, Virginia. 国立教育政策研究所研究成果報告書『総合的な学習の時間の授業と評価の工夫』第1次報告書2003, 第2次報告書2004 および第3次・最終報告書2005. 科学研究費基盤B研究成果報告書『ポートフォリオ評価を活用した指導の改善, 自己学習力の向上及び外部への説明責任に向けた評価の工夫』第1次報告書2003, 第2次報告書2004, 第3次・最終報告書2005.

教師ポートフォリオ

→ポートフォリオ，見取り評価，メタ認知

【語義】　教師（幼稚園から大学まで）や教育実習生が，特定の目的を設定して自らの学びの伸びや変容を多面的多角的かつ長期的に評価し，新たな学びに生かすために学習物等を集めたものである。特定の目的とは，子ども理解，発問や資料の効果，保護者や地域との連携，学級経営などが考えられる。

【実際】　発問の効果を目的とした場合，学習指導案や児童生徒などがノートに書いた言語的表現から，その効果を確かめることもできようが，それだけでなく彼らが描いた絵や図などのビジュアルな学び，討論のような行動的な学びをビデオに記録しておくと，発問の効果がわかる。そのような多面的な学びを教師自身の学習物としてポートフォリオに保管する。そして，教師が新旧の学習物を対比させながら自らの学びの伸びや変容を評価するが，その際に自らが感じた事柄を関係の学習物にメモして添えておき，それだけでなく同僚や子どもや保護者などによる感想などの多角的な評価も証拠として入れておく。そして，発問に焦点化した１つの単元，あるいは数か月以上にわたった授業実践について長期的に評価し，発問による効果を見いだした点となお不十分であった点を明確にして，その達成の成否を判断したり，できなかった点を新たな学びのめあてとして位置づけようとするものである。わが国では，教育実習生用ポートフォリオとして実習校の指導教員だけでなく実習生自身にも評価規準を開示して目的意識的な力量形成を行おうという取組みが始められたばかりであるが，アメリカでは，州によっては学校教員としてのテニュア（終身在職権）を与えてよいかどうかを判定するために，教材研究，子ども理解などをカテゴリー別に示して，その力量をチェックする方法をとっているところもある。　　　　　　　　　　　　（安藤輝次）

対話と会議

→ポートフォリオ，ルーブリック

【語義】　教育評価において児童生徒と教師とによる評価の基準（評価観点，評価規準，評価基準等）の共有化やそれに照らして学習状況を把握するために双方が語り合うことが，「対話と会議（conference）」である。

【意義】　教育評価は，児童生徒の学習促進と教師の指導改善の双方に機能すべきものである。とりわけ児童生徒の学習を促進するためには，教師の権力性を廃し，児童生徒が評価活動に参加することが必要である。すなわち，評価を教師の絶対的基準から解放し，児童生徒と教師との相対的関係性の中でとらえ直すことである。ポートフォリオ評価では，児童生徒が自らの学習の促進にポートフォリオを活用することから，ルーブリックを児童生徒と教師とで共有し，児童生徒がルーブリックを常に意識して学習活動を主体的に展開することが重要である。そのため，教師による評価方法の隠蔽化や教師の権力性を有する独善的評価を排し，現実の児童生徒の学習の文脈に即して設定される必要がある。すなわち，児童生徒の学習の「めあて」と教師の指導の「ねらい」が共通に設定されなければならないが，そのために児童生徒と教師による対話と会議が重要な役割を果たすのである。

なお，この「対話と会議」場面は，単元計画の中で明確に位置づけられるフォーマルな場面と，日常的に児童生徒と教師との関係性の中で交わされるインフォーマルな場面が考えられる。特に，フォーマルな場面では，児童生徒の具体的な学習作品を媒介とした学習の意味の共有化を図り，共同して学習促進に意図的に評価を機能化させることが重要である。　　（佐藤　真）

[参] 佐藤真編著『総合的学習の評価規準をどうつくるか』学事出版，2002．佐藤真編著『「総合的な学習」の授業評価法』東洋館出版社，2003．

子ども中心の評価観

→ポートフォリオ，目標に準拠した評価，個人内評価

【語義】　G.P.ウィギンズ（1993）は，1970年代からのアメリカにおいて盛んに実践された多肢選択式中心の標準化テストは子どもが本当にそのことを理解しているかを評価できないと批判する。そしてその代替として，学んだことを日常生活で何かを遂行したり，為すことに使えるか否かといった，いわば現実的な世界（real world）における子どもの能力や作業実績（performance）をより豊かに，より正確に評価しようとするオーセンティック評価（authentic assessment）の必要を主張し，このオーセンティック評価のあり方や方法，考え方を子ども中心の評価観とよんでいる。

この考え方を拡張すれば，例えば相対評価に代わる絶対評価や個人内評価の主張，テストの代替としてのポートフォリオ評価の考え方，あるいはポートフォリオを子どもの進級や入学試験等における代替として活用したり，さらには子どもの自己学習力を育てようとして教師が指導と評価の一体化を求めたり，子どもの自己成長のために子どもに自己評価を求めたりする評価などは，いずれも子ども中心の評価の別表現であったり，その具体化方策であるといえよう。

【展開】　ウィギンズによれば，テストによる得点化では単にできたか否か，総点はいくらだったかという結果情報は得られるが，反面，評価される子どもはどこができなかったのか，どこをどのように改め努力すればよいかといった過程情報を得ることができず，やがて学習意欲をなくしていくという。そうならないためには，例えば，野球の攻撃のよしあしが盗塁，ヒット，打率，ホームラン，四球等の下位得点から査定されるように，評価規準や評価基準を細目化する必要がある。そうすれば，たとえ低得点でも，子どもは学習意欲をもち，得点アップの取組みを見せるものだという。

1980年代末ごろから盛んに研究・実践されるようになったポートフォリオ評価においては，各種の多様な学習資料・情報を駆使しながら子どもの学習の過程や成果に関する記録を計画的に集積し，その活用によって教師が自分の指導の是非を判断し次に備えたり，あるいは子どもが自己評価力なりメタ認知的反省力を育てるうえで効果的であることなどが主張されている。ポートフォリオ評価は，まさに子ども中心の評価の具体的な展開であると考えられる。

【課題】　信頼性や妥当性があり，しかも客観的である評価を進めるうえから，ポートフォリオに計画的に集積される資料・情報に関して，いったいそれらから何を評価するか（評価規準 criterion），そして同時にその実現の程度をいかに判断するか（評価基準 standard）をあらかじめ明確にしたルーブリック（rubric）を作成して評価に臨むことが大切になる。

ルーブリックの研究・実践としては，アメリカのバーモント州における数学およびライティングを中心とした取組みが有名である（松尾知明『バーモント州のポートフォリオ評価プログラム』科学研究費基盤B研究成果報告書，2003）。ところが，わが国では高浦勝義らの総合的な学習や全教科，道徳および特別活動における授業と評価の開発的研究が唯一といえる状況であり（国立教育政策研究所および科学研究費基盤Bによる研究報告書として，それぞれ第1次（2003）〜第3次・最終報告書（2005）がある），その早急な取組みが課題となっている。

(高浦勝義)

［参］高浦勝義『ポートフォリオ評価法入門』明治図書，2000．高浦勝義『絶対評価とルーブリックの理論と実際』黎明書房，2004．G.P. Wiggins．（1993）Assessing Student Performance，Jossey-Bass Publishers.

メタ認知

→自己制御学習，自己教育力

【語義】　メタ認知（metacognition）とは，認知についての認知，すなわち私たちの行う認知活動を対象化してとらえることをいう。メタ認知は，メタ認知的知識とメタ認知的活動に大きく分かれる。

❶メタ認知的知識：メタ認知の中の知識成分を指す。メタ認知的知識はさらに，①人間の認知特性についての知識，②課題についての知識，③課題解決の方略についての知識に分けることができる。①は例えば「自分で必要性を感じて学習したことは，身につきやすい」「私は英語の聞き取りが苦手だ」といった知識である。②は「2桁のたし算は1桁のたし算より誤りやすい」といった知識を指し，③は「ある事柄についての理解を深めるには，だれかにそれを説明してあげることが役立つ」といった知識を指す。

❷メタ認知的活動：これはメタ認知的モニタリング，メタ認知的コントロールの2つに分けて考えることができる。メタ認知的モニタリングとは，認知状態をモニターすることである。例えば，「ここが理解できていない」といった認知についての気づき，「何となくわかっている」といった認知についての感覚，「この問題なら簡単に解けそうだ」といった認知についての予想，「この考え方でいいのか」といった認知の点検などが含まれる。メタ認知的コントロールとは，認知状態をコントロールすることである。例えば，「完璧に理解しよう」といった認知の目標設定，「簡単なところから始めよう」といった認知の計画，「この考え方ではだめだから，別の考え方をしてみよう」といった認知の修正などが含まれる。

メタ認知的モニタリングとメタ認知的コントロールは密接に関連して機能する。すなわち，モニターした結果に基づいてコントロールを行い，コントロールの結果をまたモニターし，さらに必要なコントロールを行う……といった具合に，両者は循環的に働くと考えられる。

【歴史と意義】　メタ認知の概念は，J. H. フレイヴェルやA. L. ブラウンらによって提唱されたものであるが，歴史的には次の4つのルーツをもつ。①19世紀から20世紀にかけての内観研究，②1970年代の情報処理モデルにおける中央実行系（central executive）の研究，③1930年代～60年代を中心とするJ. ピアジェの認知発達研究，④1920年代～30年代にかけてのL. S. ヴィゴツキーの認知発達研究，である。こうした複数のルーツをもつことが，メタ認知の概念をやや複雑にしている。

メタ認知は，学習活動の改善に役立つ。とりわけポートフォリオ評価においては，学習者の自己評価力を高めることが重要であるため，メタ認知がその基礎となる。自己の学習に対する評価は，まさにメタ認知的モニタリングである。また，自分の認知特性や人間一般の認知特性を知ることが，自分の学習をモニターする手がかりとなり，自己制御学習に役立つ。

【課題】　メタ認知は，学習者が効果的に学習を進めていくうえで欠かせないものであるが，メタ認知的知識が経験から誤って帰納されることや，メタ認知的モニタリング，コントロールが不適切に働く場合もある。例えば，「もう少しで答えがわかりそう」という「いまにもわかりそうな感じ（feeling of warmth）」は，洞察を要する問題において必ずしも当てにならないことが実験的に示されている（J. メトカルフェ，1986）。同様に，日常場面においても自分の認知状態を正しく把握できていない場合や，認知の目標設定が不適切な場合など，モニタリングやコントロールに失敗することがある。教師が学習者のメタ認知に対するチェック機能をいかに果たしうるかが，課題となる。（三宮真智子）

ルーブリック（評価指標）

→パフォーマンス評価，ポートフォリオ

【語義】 ルーブリック（rubric，評価指標）とは，学習目標との関係において求められる達成事項の質的な内容を文章表現したもので，児童生徒の学習の達成状況レベルを評価するときに使用される評価基準となる。具体的には，児童生徒の学習の実現状況の度合いを示す数段階の尺度と，それぞれの尺度にみられる学習の質的な特徴を示した記述語や学習作品から構成される。

【意義・展開】 児童生徒の学習状況の質を評価するためには，序列づけや統計的な得点分布を重視する評価ではなく，児童生徒が具体的に何ができ何ができないのかを明らかにする記述や作品，実技等によるパフォーマンス評価が重要である。その際，パフォーマンス評価の採点指針（scoring guidelines）として使用されるところに意義がある。

これには，第1に児童生徒のパフォーマンス全体について単一で一般的な記述語をもつ「全体的なルーブリック（holistic rubric）」と，パフォーマンスのそれぞれの側面について分析し複数のルーブリックをもつ「観点別ルーブリック（analytic-trait rubrics）」がある。第2に特定課題によって引き出され特化された基準を示す「特定課題のルーブリック（task-specific rubric）」と，多種類の学習を対象とする基準をもつ「一般的なルーブリック（generic rubric）」がある。さらに前者には，教科内容に関連した基準を示す「特定教科のルーブリック（subject-specific rubric）」と特定の領域のパフォーマンスに用いられる「特定ジャンルのルーブリック（genre-specific rubric）」がある。第3に，「特定場面のルーブリック」が蓄積されることによって，児童生徒の長期的な発達を示す「発達的・長期的なルーブリック（developmental longitudinal rubric）」がある。

【課題】 現実の評価場面における実用性と，評価としての信頼性の獲得が大きな課題である。信頼性を高めるための手だてとしては，児童生徒の学習を複数の観点から見取る「観点別ルーブリック」と「特定場面のルーブリック」の蓄積による児童生徒の実態を反映したルーブリックの設定が求められる。信頼性の高いルーブリックを作成するためには，評価と指導の一連の過程にルーブリックの改善・修正を位置づけ，児童生徒の実態をルーブリックに反映させていくことが重要である。つまり，ルーブリックは可変的なものであり，「評価と指導の一体化」を図るものとして，ルーブリックを位置づけていくことが求められるのである。また，信頼性を高めるためには，学習の実質的な特徴を見抜き，それを記述することが重要であることから，確かな鑑識眼が教師に求められる。

したがって，今後は，児童生徒の学習の質を評価する基準の信頼性を高めるための，評価に対する教師の力量形成を図る「評価内容と方法の研修会」を充実させることが求められる。その際には，教師間による評価観の共有と，ポートフォリオ検討会を実施することが有効である。

なお，教師間による評価のばらつきを少なくするためには，モデレーションを実施することが必要である。モデレーションとは評価の一貫性を確保するための方法をいい，具体的には評価者への訓練や評価者間の討議，評価基準の共通理解，事例の提供，評価機関による調査や結果の承認などのことである。モデレーションを実施することにより，はじめて児童生徒の学びの質を見取る個々の教師の鑑識眼を高めることができる。

(佐藤　真)

［参］佐藤真『「総合的な学習」の実践と新しい評価法』学事出版，1998．佐藤真編著『基礎からわかるポートフォリオのつくり方・すすめ方』東洋館出版社，2001．

パフォーマンス評価

→オーセンティック評価，GCSE・GCE

【語義】　パフォーマンス評価とは，評価しようとする能力や技能を実際に用いる活動の中で評価しようとする方法をいう。この評価はペーパーテスト中心の評価に対する再考の中から1980年代に登場した。学習すべき内容や能力によっては，ペーパーテストでは間接的にしか評価できない場合がある。例えば，理科の実験・観察技能をペーパーテスト上で評価しても，その評価結果は必ずしも実際に実験観察活動ができることを意味しない。このようなペーパーテストの限界に対する反省から，一部の学習内容や能力に関しては，求める能力を用いる活動自体を用いて評価すべきであると考えられるようになった。実験観察活動の能力を評価するには，実際にこの活動を実践させることを通じて評価することが必要であると考えるのである。

【特徴】　パフォーマンス評価の特徴は，前記のように実際の活動を通して評価することにある。この点はパフォーマンス評価の核心部分であり，この評価方法を提唱する論者が特徴として必ず指摘する事柄である。その他の特徴については必ずしも一致しているわけではない。しかしながら，おおむね次のような特徴をあげることが多い。

①時間的に長期にわたる学習活動を評価する。

　理科の実験観察活動や社会科の調査研究活動では，長期にわたる調査研究を要することがある。例えば，植物の成長の観察記録のように，時間的に長期にわたる観察や調査能力は，ペーパーテストでは評価できないものでありパフォーマンス評価の適合する分野である。

②一定の意味のある学習活動を設定し評価する。

　パフォーマンス評価では，評価の課題自体を何らかの現実生活の問題や場面とかかわり合うものとすることが強調される。これは意味のある学習活動により学習へのモチベーションを高めること，現実との関連性を強調することで学習したことの応用を重視しているためである。現実生活との関連性を特に強調したパフォーマンス評価を，オーセンティック評価（authentic assessment）という場合もある。

③複合的な技能や能力を用いる課題によって評価する。

　パフォーマンス評価では，さまざまな能力や技能を同時に使わなければならないような課題を設定して評価すべきであると考えられている。実際の生活のうえで遭遇する問題は，1つの技能や能力で対処できるものではない。例えば，通信販売やインターネットで買い物をする場合でも，手紙を書く国語力や情報技術，品質を確認する方法，契約についての知識，トラブル対処法などさまざまな能力や技能を要する。

④自分で作り出すことを重視する。

　パフォーマンス評価は，教えられたことを思い出すのではなく，知識や概念，作品等を自らつくり出したり，既存の知識や概念，技能を統合したりして新しいものをつくり出すことを重視する。例えば，英単語の知識，文法，語法等を学んだら，これを用いて手紙を書いたり，英語でスピーチしたりすることは，新しい作品をつくり出すことに相当する。

【実例】　パフォーマンス評価は，実技教科で作品や演技が評価される場合には，当然パフォーマンス評価となる。しかし，その他の教科でのパフォーマンス評価が特に注目されている。イギリスのGCSE試験やAレベル試験では，試験の点数の一部がパフォーマンス評価に充てられている。このパフォーマンス評価部分をコースワークという。これはパフォーマンス評価とペーパーテストを組み合わせて，生徒の能力を幅広く評価しようとしているのである。

（鈴木秀幸）

作品の評価

→技能・表現の評価

【語義】 一般的には，芸術活動または何らかの製作・創作活動によって生み出された成果物を，その分野固有の評価観や評価方法等で評価することをいうが，学校教育の場では，図画工作科（中学校では美術科）はもちろんのこと，生活科や社会科，理科，総合的な学習の時間（以下，「総合的な学習」と略称）等の学習活動で生み出された何らかの成果物を，それぞれの教科や総合的な学習の目標（総合的な学習では，各学校が目標を設定）に準拠して設けた評価の観点・評価規準等で評価することをいう。

したがって，学校教育の場で「作品の評価」と一口にいっても，作品の概念や範疇も，評価の観点や評価規準も，各教科や総合的な学習等の趣旨，目標，内容等によって実に多種多様である。そこでまず，学校教育の場で作品とよばれているものには，どのような概念や範疇があるのか整理しておく必要があろう。

【作品の概念と範疇】 学校教育の場で作品とよばれているものを大別すると，まず1つ目には，もっぱら物の製作・創作自体が目的の学習活動によって生み出された成果物がある。図画工作科や美術科の学習活動での絵画や彫塑，工作，デザイン等の，また，家庭科や技術・家庭科の学習活動での簡単な衣服や木工，金工等々の作品が含まれる。

2つ目には，物の製作・創作が直接の目的ではないが，体験的あるいは探究的，問題解決的な学習活動の一環あるいは副産物として生み出された成果物がある。生活科や社会科，理科，総合的な学習，その他の学習活動での，自然物や不要品を使っての飾りや草木染め，遊び道具，古代の道具，電気工作（＝科学作品）等々の作品が含まれる。

3つ目には，各教科や総合的な学習等での学習の展開過程やまとめの過程で生み出された発表資料やレポート，学習の歩み等々の成果物がある。この概念の範疇には，それぞれの学習過程で，子どもたちが自らまとめた取材記録やマップ，ビデオレター等，また，各種の実験・調査結果とその分析・考察資料，レポート，学習の歩み等，さらには，これらを活用して子どもたちが自ら制作したホームページやプレゼンテーション，新聞等々が含まれる。

【作品評価の意義】 それぞれの学習活動で生み出された作品が，以上に述べたような概念や範疇に大別されるとするならば，作品の評価は，当然のことながら，それぞれの作品の概念や範疇に応じて，つまり，その作品が生み出された学習活動の目的や目標に応じて行うことになる。

例えば，図画工作科や美術科の場合のように，作品の製作・創作自体が目的の学習活動で生み出された作品であれば，その学習活動に取り組んだ子ども一人一人の感性や想像力，表現意欲，創造的な技能や構成力，表現力等，つまり，その子の創造的な資質や能力を評価することになるであろうし，生活科や社会科，理科，総合的な学習の場合のように，他に目的がある学習活動の一環として生み出された作品であれば，その学習に寄せる子ども一人一人の興味・関心や目のつけどころ，愛着，探究心，発想，気づき等，作品に刻まれたその子のこだわりや学びの軌跡を評価することになるであろう。

しかも，子ども一人一人にとって作品は，自分の全精力と全能力をつぎ込んで製作または創作した，自分なりの思いや期待，イメージ，アイデア等の具現物である。まさに，自分自身のがんばりや可能性を形に表したものであり，自分の分身ともいえるものである。

したがって，学校教育の場で作品を評価するということは，作品の出来栄えやその子の創造的な資質・能力のみを評価するだけでなく，そ

の作品に刻んだその子なりのこだわりや学びの軌跡等を，さらには，その子のがんばりやよさ，可能性までをも評価し，その後の指導や学習意欲の向上に生かすことである。

また，大人ならだれしもが耳にすることであろうが，子どものころの教師による作品評価は，大人になってからの作品作りへの関心や意欲，自信，あるいは拒否反応等にまで，大きな影響を及ぼす。例えば，「自分がいま，こうして絵を描けるのは，小学校時代にあの先生が誉めてくれたおかげだよ……」（あるいは，まったくその逆の場合も）などというのがそれである。作品評価の影響の大きさにあらためて驚く。

【作品評価の歴史】 最も典型的な美術教育の例で作品評価の歴史を眺めてみると，1872（明治5）年の学制発布で始まったわが国公教育での美術教育は，「罫画」あるいは「臨画」とよばれるもので，お手本模写主義の教育であったゆえ，お手本に酷似した作品を描いた子どもほど優秀な子どもと評価された。大正デモクラシー期に入って，この評価観に決定的な衝撃を与えたのが，山本鼎による自由画教育運動（長野県東信地区，なかでも現上田市立神川小学校）である。それまでの模倣・模写中心の美術教育から写生画・記憶画中心の美術教育への大転換をめざしたものであった。

戦後の美術教育で注目すべきは，小学校に図画工作科ができたことである。アメリカの影響があったとはいえ，わが国ではそれまで別々の教科であった図画と工作（手工）を1つにまとめたのである。それまでの絵画中心の美術教育と比べ，一段と造形色の強い教科となった。

しかし，わが国では長い間，美術教育での評価については，学習活動の終末に行うことが多く，ややもすると子どもたちの作品の出来栄えのみを重視して，しかも，教師の個人的な芸術的力量のみに頼って評価することが多かった。いわゆる「作品至上主義」による評価であり，ときには子ども不在で，作品のみを並べて評価することも少なくなかった。

この評価観を大きく転換させたのが，いうまでもなく，2000（平成12）年の教育課程審議会答申での提言ならびにその翌年の文部科学省による指導要録改善の通知である。いわゆる「集団に準拠した評価＝相対評価」から「目標に準拠した評価＝絶対評価」への大転換であった。

【作品評価の方法】 それぞれの学習活動で生み出された作品を，どのような観点・趣旨・評価規準で，どのように評価するかは，各教科や総合的な学習の特質，目標，内容等によって，また，学習活動の目的やねらい等によって異なるので，けっして一様ではない。

例えば，図画工作科での作品評価は，「造形への関心・意欲・態度」「発想や構想の能力」「創造的な技能」「鑑賞の能力」等の観点と，「目標に準拠した観点別，内容のまとまりごとの評価規準及びその具体例」によって評価することになるが，生活科での作品評価は，「生活への関心・意欲・態度」「活動や体験についての思考・表現」「身近な環境や自分についての気付き」等の観点と，「目標に準拠した観点別，内容のまとまりごとの評価規準及びその具体例」によって評価することになる。

また，図画工作科では「鑑賞の能力」育成の観点から，生活科では「身近な環境や自分についての気付き」育成の観点から，子どもたちによる自己評価や相互評価もいま求められている。下述の個を生かす評価や指導と評価の一体化をめざす評価とあわせて，重要な評価である。

【課題】 作品評価の最大の課題は，評価の客観性の確保と個を生かす評価の一層の充実である。目標に準拠した評価は絶対評価であり，しかも，作品の評価は，ときには芸術的価値とも絡んで，評価者の主観に負う部分もある。評価場面や評価方法に工夫改善を加え，客観性の確保に努めたい。また，結果のみで評価するのでなく，一連の学習過程を大切にした個を生かす評価を一層重視したい。

（布谷光俊）

表現の評価

→技能・表現の評価

【語義】 一般的に「表現」とは，人が自分の感情や印象，イメージ，願い，考え等を，また，何らかの意味や内容，主張，役柄等を，具体的な形象（顔の表情や身体の動き，会話，文章，手跡，歌や楽器の演奏，絵画，演劇など）にして，自分の外に表す行為である。つまり表現は，人が人間（＝人と人の間でやりとりして生きる生きもの）であるがゆえに繰り広げる，物事の聴取や感受，鑑賞等とまさに表裏一体の，主体的，創造的な行為である。

それゆえ，学校教育の場でも，表現にかかわる学習は，各教科の重要な目標や内容として位置づけられている。例えば，国語科での「話すこと」「書くこと」はもちろんのこと，音楽科や図画工作科，美術科での「表現」，体育科での「表現運動」，保健体育科での「ダンス」等々の内容，社会科での「調べたことを表現……」，生活科での「気付いたことや楽しかったことなどを言葉，絵，動作，劇化などにより表現……」等々の学年目標がそれである。

当然のことながら，各教科等での表現の中身や表現手段，そこではぐくみたい表現の能力等は，各教科等の特性や趣旨はもちろんのこと，各教科等でめざす目標や内容の違いによって，多種多様である。「表現の評価」は，こうした多種多様な表現を，それぞれの教科等での評価規準や評価方法で評価することである。

【表現評価の意義】 まず1つは，観点別学習状況の評価の一環として，表現の評価を行う意義がある。すなわち，表現活動への「関心・意欲・態度」の観点はもちろんのこと，国語科では「話す能力」や「書く能力」，社会科では「観察・資料活用の技能・表現」，理科では「観察・実験の技能・表現」，生活科では「活動や体験についての思考・表現」，音楽科では「音楽的な感受や表現の工夫」「表現の技能」，体育科では「運動についての思考・判断」「運動の技能」等々の観点で評価を行う意義がある。

なぜなら「表現」に関する観点は，それぞれ他の観点あるいは同一観点内の他の行為と密接な関係にある。例えば，国語科での「聞く」と「話す」，「読む」と「書く」，社会科や理科での「観察」と「表現」，音楽科での「感受」と「表現」等々は表裏一体であり，相補・相乗的な関係にある。つまり，子どもたちの表現の評価を行うということは，表現と密接な関係にある（あるいは，表現の基盤でもある）その子の「聞く」「読む」「思考・判断」「感受」等の能力も同時に読み取って評価している，ということである。

その2つは，子どもたちの表現意欲や表現能力（表現内容や表現方法の選択と工夫，表現技能，表現効果＝説得力，独創性等）の育成，ひいては人間形成の一環として，表現の評価を行う意義がある。

いま，この時代だからこそ，子どもたちの育ちに，身近な物や人，事と積極的にかかわり，それらのよさや美しさを豊かに感じ取ったり，自分からも意欲的に表現したり，表現の能力を高めたりして，自分の生き方を豊かに切り拓いていこうとする意欲や姿勢をはぐくみたい。

まず，各教科での表現意欲や表現能力の育成から始めるのがよい。例えば，国語科では，評価の観点として「国語への関心・意欲・態度」をあげ，その趣旨として「……，国語を尊重し，進んで表現したり理解したりするとともに，伝え合おうとする」をあげている。次の「話す・聞く能力」や「書く能力」の観点ともあわせて，まさにいま，ややもすると子どもたちに欠けがちな，人の話を的確かつ静かに聞く能力，相手や目的に応じ，筋道を立てて話したり，文章に書いたりする能力の育成が求められている。こ

のように考えてみると，表現の評価は，人間形成の根本にも迫るものである。

【表現評価の方法】　ここでは特に，音楽的な表現や身体的な表現のほか，作文等の文章表現等を取り上げ，それぞれの表現評価の方法について述べるが，それぞれに，表現の素材も，手段も，手法も，技能も異なるゆえ，評価の観点や評価規準，具体的な目のつけどころ等も異なる。また，いずれの表現にしろ，その表現をいずれの時期に評価するのか，表現の結果のみの評価なのか，過程を重視する評価なのか，また，1回かぎりの評価なのか，何度かにわたって行う評価なのか等々によって，評価規準も，具体的な目のつけどころ等も変わってくる。

　実際には，以上のことも考慮に入れた具体的な表現評価の方法が求められるが，ここでは，学習指導要領の目標に準拠した「内容のまとまりごとの評価規準及びその具体例」の一部を紹介して表現評価の方法を簡単に述べる。

❶音楽的な表現・創作の評価，小学校第3・4学年

　学習指導要領で示された音楽科の教科目標および学年の目標は紙面の関係で省略する。評価の観点は「音楽への関心・意欲・態度」「音楽的な感受や表現の工夫」「表現の技能」「鑑賞の能力」の4つである。そのうち，表現の評価には「鑑賞の能力」を除いた3つの観点とその趣旨が関係する。そして，内容のA表現(4)の「音楽をつくって表現できるようにする。ア．音の組合せを工夫し……．イ．即興的に音を選んで……」から，内容のまとまりごとの評価規準を設定，さらにそこから導き出した評価規準の具体例は，計24項目にわたる。ここでいう，音楽的な表現・創作の評価は，この24項目で評価することになる。ちなみに評価規準の具体例をあげてみれば，「簡単なリズムや旋律をつくって表現することに興味・関心をもち，音楽づくりを楽しんでいる」「言葉のリズムや抑揚を生かしたり，音の組み合わせを工夫したりして，短い旋律をつくっている」等々である。

❷身体的な表現・ダンスの評価，中学校第1学年

　保健体育科の体育分野の評価の観点は「運動への関心・意欲・態度」「運動についての思考・判断」「運動の技能」「運動についての知識・理解」の4つである。学習指導要領で示されたダンスの内容の(1)は「自己の能力に適した課題をもって次の運動を行い，感じを込めて踊ったり，みんなで楽しく踊ったりすることができるようにする」，(2)は「互いのよさを認め合い，協力して練習……」，(3)は「グループの課題や自己の能力に適した課題の……」であり，内容のまとまりごとの評価規準から導き出された評価規準の具体例は9項目である。例えば「踊り込みでは，テーマに合った動きを構成したり，踊り方の課題をとらえたり，動きに変化を付けたりしている」などの具体例がある。身体的な表現・ダンスの評価は，こうした評価規準の具体例で評価することになる。

❸作文等の文章的表現の評価，小学校第5・6学年

　国語の第5・6学年の学年目標は3つである。そのうちの(2)に「目的や意図に応じ，考えた事などを筋道を立てて文章に書くことができるようにするとともに……」とある。また，第5・6学年の「書くこと」の内容に，「ア．目的や意図に応じて自分の考えを効果的に書くこと。イ．全体を通して，書く必要のある事柄を整理すること。ウ．自分の考えを明確に表現するため，文章全体の組立ての効果を考えること。エ．事象と感想，意見などとを区別するとともに……」とある。これらから評価規準を設定する。その具体例として「……，何のために，どのようなことを，どのように書くのか考えて書いている」「……根拠となる事柄を適切に配置している」等々，計19項目をあげている。

（布谷光俊）

［参］国立教育政策研究所教育課程研究センター「評価規準の作成，評価方法の工夫改善のための参考資料（小学校）（中学校）―評価規準，評価方法等の研究開発（報告）―」2002. 2.

評価におけるアートとサイエンス

→鑑識眼（カナサーシップ）と批評（クリティシズム）

【語義】 基本的に，評価におけるアートとは「質の判断」に基づく評価技法（質的アプローチ）を指し，評価におけるサイエンスとは「量の測定」に基づく評価技法（量的アプローチ）を指すと考えてよい。また，通常の用語法において，アート（芸術）とサイエンス（科学）はまったく別の異なったものと考えられがちであるが，教育の評価におけるアートとサイエンスは，対立的なものというよりも，補完的なものと考えるのが妥当である。

【背景と展開】 評価におけるアートとサイエンスの関係は，評価研究の歴史的な流れに概観することができる。評価に関する本格的な研究が始まったのは20世紀初頭であり，その中心人物の一人が，教育測定運動を推進したE.L.ソーンダイクであった。ソーンダイクは，学習の結果を量として客観的に測定すること，そして，その測定のための単位を開発することをめざした。そうすることによって，物理学が物体を扱ったり，化学が物質を扱ったりする際に得ている結果と同じ確実さで，人間の学習を統制したり，その結果を測定したりすることが可能になると考えたのである。このような「量の測定」に基づく評価は，それまでの主観的で，場合によっては恣意的でさえあった権威的な評価に対抗して評価の客観性を確立した点で，多大の貢献を行った。「量の測定」を基礎とするソーンダイク流の考え方は，同時期に影響力をもちつつあった行動主義心理学とも呼応して，その後の評価技法の基調を決定づけるものとなった。

1970年代に入り，この「量の測定」に基づく評価の授業研究の領域への適用が進むにつれて，それへの批判が現れ始めた。「量の測定」に基づく授業評価への批判はまず，民族誌的な教室研究の立場からなされた。その批判はおもに，「量の測定」に基づく評価が，観察可能な行動や測定可能な結果にのみ関心をもっており，学習者の内面的な思考やその質には無関心であること，そして，教室内の人間関係や学級の風土などの，授業が行われる社会的・文化的な文脈を無視していることに向けられていた。「量の測定」への批判は，芸術教育の立場からもなされた。そこでは，「量の測定」が，教育の出来事や経験に固有の質を過剰に単純化してしまうこと，そして「量の測定」は「チョーク・アンド・トーク」とよばれるような言語的な相互作用が中心的役割を果たす授業においては有効でありえても，音楽や美術など非言語的なコミュニケーションや活動がその中心的部分を占める授業の評価には向いておらず，そのように「量の測定」が適さない場合には「質の判断」に基づく評価が不可避で不可欠であることが指摘された。さらに，「量の測定」に基づく評価は，量として測定しやすい結果だけを追求する傾向を助長する場合があるという意味で，授業の目標やカリキュラムの内容に重大な影響を及ぼしかねないことにも目が向けられるようになった。

こうして1970年代以降，「質の判断」に基づく評価が注目されるようになった。民族誌的研究（エスノグラフィ）の特徴である「長期滞在」と「参与観察」，芸術に歴史的な源をもつ「鑑識眼」と「批評」が，「質の判断」に基づく評価技法としての意義を獲得したのである。

【課題】「質の判断」に基づく評価は，「量の測定」に基づく評価への批判から姿を現してきたものであるが，このことは，両者が共に排他的な関係にあることを意味するのではない。教育の評価において，「量の測定」が「質の判断」をより確からしいものにしたり，「質の判断」が「量の測定」の方法や結果をより意味深いものとしたりすることは可能であり，実際に珍しいことではないのである。

（伊藤安浩）

鑑識眼(カナサーシップ)と批評(クリティシズム)

→評価におけるアートとサイエンス

【語義】 作品の真贋を見極めたり作品の真価を見定めたりする鑑識眼(カナサーシップ)と、鑑識眼によってとらえられた作品の質を、効果的また説得的に記述・表現する批評(クリティシズム)の意義については、芸術の領域において歴史的に認められてきた。芸術に源をもつこの鑑識眼と批評が、芸術の領域のみならず、教育評価や授業研究の領域においても意味深い仕方で機能しうると考えるのが、アメリカのE.W.アイズナーが提唱するアーティスティック・アプローチの立場である。このアプローチは、鑑識眼に基づく批評によって、「量の測定」を方法上の基礎とするサイエンティフィック・アプローチが見落としがちな、教育の出来事や経験に固有の質をとらえようとするものである。

批評が効果的で説得的なものとなるためには、知識、経験や見識に裏打ちされた確かな鑑識眼が不可欠である。教育評価における鑑識眼とは、教育実践におけるさまざまな出来事や経験の質の相違を識別して、それらの特徴を認識する観察力・知覚力のことを指している。出来事や経験の質の識別と認識という鑑識眼の機能は、それが個人の内にとどまっているかぎり私的なものにすぎない。しかし、鑑識眼によってとらえられた質が、言葉の記述や口頭の表現によって他者に伝達され共有されるとき、それは公的なものとなる。それが批評の機能である。批評は、単に出来事や経験の質を識別して認識することにとどまらず、それがだれの目にも明らかになるように、明瞭に記述・表現しなければならない。サイエンティフィック・アプローチにおいて、使用されるおもな言語は表現性を排した定義的な用語や数値に限定されるが、批評においては、必要な場合には比喩(メタファー)や類推(アナロジー)など多様な言語表現が駆使される。

批評は基本的に「質の判断」に基づく評価であるが、それはけっして恣意的で独断的なものではない。アイズナーによれば、記述された批評の妥当性を判断するためには、「構造的確証」と「指示適切性」という2つの基準(クライテリア)があるという。構造的確証とは、批評の記述の筋道が通っていて、部分的な事実や条件が全体を矛盾なく構成していることを確認することである。しかし、説得力があり一貫性があるというだけでは「詐欺師の話」と区別することができない。そこで指示適切性が必要となる。これは、批評の記述が注意を向けた出来事の中に、その批評が言及した指示対象が見いだされるかどうかを確認することである。批評が指示的に適切であれば、批評者が記述したものが映像記録や発話記録などの中に経験的な証拠として見いだされるはずであり、批評が優れたものであれば、それがない場合よりも、その出来事を目にする人の理解を助けるはずである。

【意義】 芸術の領域で重要な意義をもつ鑑識眼と批評を、教育の領域においても利用しようとするアーティスティック・アプローチは、わが国の授業研究の歴史において早くから取り入れられてきたものでもある。明治期に始まった授業批評会から、学校の研修や研究の一環として取り組まれる現代の授業研究会にいたるまで、そこで行われる授業者と参観者それぞれの鑑識眼に基づく批評を通した意見の交流は、このアプローチの1つの実現の形である。アーティスティック・アプローチは、鑑識眼に基づく批評の交流によって実践者の授業を見る目を鍛え、授業の改善を導くための、優れて実践的で有益な方法なのである。　　　　　　(伊藤安浩)

[参] 伊藤安浩「授業研究における批評の意義―E.W.アイズナーの教育批評論をもとに―」『東京大学教育学部紀要』33, 1994.

見取り評価

→目標にとらわれない(ゴールフリー)評価，観察法の意義と種類

【語義】 見取りは，意識的に，そしてしばしば継続的に子どもの内面をとらえようとすることである。見取りは，観察法と似ているが，子どもの言葉や行動として表現されたことだけでなく，その子どもが作ったものや書いたものを手がかりとしたり，直接，子どもに聞いて確かめるなど，その子どもの内面を知ることに役立つあらゆる事柄を用いようとする。また，見取りは，子どもの外に表れた事実を通して行うのではあるが，そのような事実自体を問題とするのではなく，あくまで子どもの内面をとらえようとするのである。したがって，見取りは，従来からのさまざまな評価方法にかかわりがあるとともに，いかなる評価方法をとるにしてもそれらを通して評価する人自身が子どもについて行う理解そのものを指しているのである。

【見取りの原則】 より的確な見取りをするには，以下の原則に立つことが必要である。

❶事実に基づく：子どもの内面を直接知ることはできない。だからといって当て推量によるのではなく，子どもが言ったこと，つぶやき，表情，手の仕草，身体の動き，目線，態度，書いたもの，作成したものなど，子どもが表現あるいは表出して外面に現れた事実を根拠とし，手がかりとして見取りを行うのである。それらの事実を記録として残し，集積しておくことが必要である。そのために，カルテや座席表あるいは名簿形式の記録表等が用いられてきた。

❷子どもの内面を見取る：見取りは，子どもの外に表れた事実それ自体を問題にするのではなく，その事実から子どもの内面を理解するのである。子どもがどのように感じ，考え，何を求め，願い，どのような思いを寄せているか等々の内面を，子どもの外に表れた事実から読み取るのである。そうした事実から豊かな読み取りをして，真実に接近することが求められる。

❸子どもに共感し，ありのままの子どもをまるごととらえる：子どもを見取る者に基本的に必要なことは，子ども一人一人に共感すること，あるいは子どもを肯定的にみることである。そうしたときに，子どもの目線で子どもを理解し，支援することができる。また，教師が共感することは，子どもが自らの力で追究し続ける支えになり，その意味で，見取りが理解即支援にもなる。あらかじめ評価目標が立てられても，それにとらわれずに，事実から子どもをありのまま，まるごととらえることが必要である。すなわち，事実の中からその活動に応じた評価目標を浮かび上がらせ，事実の中からみえてくるものを大事にするのである。それは，目標にとらわれない評価 (goal-free evaluation) に相当する。

❹子どもの全体像を見取る：子どもの見取りは，当該の活動にかかわることに焦点を置くものの，常にその子どもの全体像をとらえようとする。こうした理解は，授業場面で観察されるさまざまな事実を中心としながら，学校生活全体での日々の子どもの言葉や行動からの読み取りをつなげてなされることになり，子どもの全体像が語られることになる。

【課題】 同じ事実を見ても，それからどう見取るかは，見取る人によって異なる。見取る者には，事実から読み取る力を高めることが求められる。それは，子どもの見取りが，日常的にいつでもすぐにできるようにするためにも必要である。一方，教師が子どもを見取る場合，上記の原則中，❸が最も困難である。教師は子どもにねらいや期待をもってかかわり，それらに基づいて子どもを理解しようとするからである。そこをいかに克服するかが課題である。

(平野朝久)

[参] 加藤幸次・三浦信宏編『生きる力を育てる評価活動』教育開発研究所，1998.

目標にとらわれない(ゴールフリー)評価

→見取り評価

【語義】 評価を実施するに際して，何を評価目標とするかは重要である。しかし，その評価目標については，次のような考え方がある。
(1)評価を実施する前に，評価目標を定める。
　①評価目標は，教育目標に基づいて導き出される。
　②教育目標にとらわれず，より広範な評価目標を立てる。
(2)評価を実施する前に，評価目標を定めない。

(1)の②と(2)の立場に立つ評価が，「目標にとらわれない評価」であるが，一般的には「目標にとらわれない評価」といえば，(1)の②を指している。評価目標のあり方も，評価の主体者がだれであり，評価目的が何であるかによって異なるが，ここでは，教師が授業改善のために行う評価の場合とする。

【経緯】 これまでの教科学習における評価は，評価方法として量的な方法をとるにせよ質的な方法をとるにせよ，また，いかなる評価用具を用いようと，主として，単元あるいは授業ごとに定められたその教科の目標がどの程度達成されているかを明らかにしようとしてきた。そのような評価は，「目標に基づいた評価(goal-based evaluation)」といわれている。教育目標に基づいて評価目標が決められ，それについて評価するからである。

しかし，従来からの教科学習の授業においても，当該の単元や授業の目標以外のものが学習され，しかもそうしたものの中にしばしば教育的に重要なものが含まれていることから，「目標にとらわれない評価(goal-free evaluation)」の必要性が指摘されてきた。目標とは，当該の単元および授業の目標のことである。そこで，あらかじめそのような目標より広範囲の評価目標を用意して評価に臨むことが求められるようになったのである。一方，これまでの総合的な学習の実践等から，支援の前提として子どもの内にある世界全体をとらえるために，あらかじめ特定の評価目標を定めず，子どもの具体的な事実を通して見えてくるものをありのまま，まるごと認めていこうとする評価が生まれてきた。

「目標に基づいた評価」「目標にとらわれない評価」，これらはいずれも相対するものというよりも，相互に補完し合うものである。

【方法】 上述のように，子どもが当該の単元および本時の授業で実際に学ぶことは，それらの目標として掲げられたことだけではない。だからといって，学んだことすべてを評価するということではない。当該の単元や授業の目標だけでなく，もう少し広範な評価の網をかけるということである。その範囲は，評価の目的とその学校の教育目的，学校として大事にしたいこと，個々の単元にかかわらず評価の視点として設けられたこと（学校の教育目的や大事にしたいことを反映しているであろう）等々をもとに判断される。それらに照らして，知りたいこと，知る必要のあることを明らかにすることによって，あらためて広範な評価目標が導き出される。また，当該の活動を行って子どもが変容し，学ぶことは，まったく見当もつかず，やってみないとわからないわけではなく，ある程度予測できるので，それを評価目標に含めることもできる。

一方，評価を実施するに先立ってあらかじめ評価目標を定めない評価においては，評価目標を，子どもの事実から浮かび上がらせることになる。そのような評価は，これまで「見取り評価」として行われてきた。　　　　（平野朝久）

[参] 根津朋美「ゴールフリー評価の方法論的検討」『カリキュラム研究』7，1998．平野朝久「目標にとらわれない評価についての一考察」『日本教育方法学会紀要』7，1982．

カルテと座席表

→指導と評価の一体化，補助簿の意義

【意義】　評価は，指導の成果を測る終着点ではなく出発点であり，いわゆる指導と評価の一体化を図ることが重要である。子どもの成長を保障するためには一人一人を奥深くとらえ，指導に生かすとともに，その結果を細かく記録・累積し，その子の理解を深め，指導に生かしていくことが不可欠である。そのための方法として生み出されたのが，カルテ・座席表である。医者が患者を診察し，カルテをとって個に即して治療に当たっているように，教師も一人一人の子どもに関する記録をカルテに書き入れ，子どもの理解を深め，授業の際に，それを座席表に盛り込んで授業の計画を立て，指導に生かしていくという方法である。

その方法は，上田薫が1967（昭和42）年に，静岡市立安東小学校の授業実践・研究を指導する際に提唱した。安東小学校はそれ以来，その実践・研究を深めて40年近くになるが，今日では，一人一人を生かす教育実践に不可欠なものとして広く普及している。

【カルテの記入・留意点】　カルテを記入する場合の留意点をまとめると次のようになる。

①教師が自分の予想と食い違ったとき，つまり，「おやっ」と思ったときに簡潔に記す。②時間中にメモする。もちろん，あとで補足してもよい。③それぞれの子どものデータを2か月に一度くらいつなぎ合わせて，統一のための解釈を結論を急がずに行う。④つなぎ合わせるためには，つなぎ合わせにくいデータであることが必要である。いわば違った眼でとらえられたものであること，つまり，他教科や授業以外の場で気づいたものの累積が不可欠である。⑤カルテには決まった形式はない。自分が使いやすいように考えるべきである。

【座席表の記入・生かし方】　座席表の記入・生かし方は次のとおりである。①形式は教師が使いやすいものでよい。②記入内容は，その子の能力，特性，その時間の学習問題に関する知識・視点・立場，その子への期待，指導の手だてなどである。③記号，単語などで簡潔に書き，一目でイメージがわくようにする。④座席表は保存し，一人一人の子の理解や指導に役立てるようにする。⑤カルテも同様であるが，プライバシー保護に留意する。

【座席表指導案・抽出児】　授業とは教育目標・プログラムを固定し，それに従ってすべての子どもに画一的に教えるものではない。安東小学校は，一人一人を，個的全体性をもとにとらえ（評価），その子に即してその子なりに成長を図ることを重視して，1982（昭和57）年以降は，「目標を子どもに位置づけた指導案」を手がかりとして授業を進めることをめざして，抽出児をもとにして他の子どもたちをとらえ・育成を図る座席表授業案を作成して授業を進めるとともに，授業中に白紙座席表に気づいたことをメモして（評価），子ども理解・指導に生かす実践を積み重ねている。

【子どものとらえと教師の視野】　このように，子ども理解に努め，一人一人をその子なりに生かし，育てていくことは大切であるが，教師自身の視野が狭く，柔軟性に欠けていると，子どもの成長の芽を敏感にとらえ，生かしていくことはできない。自分にとって不都合なことを直視し，自己のあり方を振り返り，評価し直していくとともに，視野を広げる教材研究にも努め，常に自己変革を遂げつつ，広い視野で子どもの成長を図る研究にきめ細かく取り組んでいくことが大切である。

（市川　博）

［参］上田薫・静岡市立安東小学校『どの子も生きよ』明治図書，1977．上田薫・静岡市立安東小学校『子どもも人間であることを保証せよ―個に迫る座席表授業案―』明治図書，1988．

ウェビング

→概念地図，ポートフォリオ

【意義】 ウェビング（webbing）とは，「クモが巣を張っていく」行為を意味し，問題解決学習における学習課題づくりに用いる手法である。すなわち，学習参加者が1つの学習テーマあるいはトピックをめぐって，課題と考える事柄を自由にもち出し，ネットワーキングしていく行為である。ブレインストーミング，イメージ・マップ，KJ法は類似した手法である。ウェビングにあたって，「ルール・イグザンプル法」を用いて，関連していると考えられる事項（事実，事例）を1つの「かたまり」（ルール，一般化）として整理していく。その結果，1つの学習テーマあるいはトピックについて，いくつかの課題の「かたまり」が構成され，学習課題となる。学習参加者による自由で民主的な発想に基づく学習課題づくりの手法であり，学習意欲の向上をもたらす手法でもある。

【事例】 したがって，ウェビングは1つの手法にすぎず，描き出される学習課題の関連図（ウェブ）は学習参加者の特性を反映するものとなる。すなわち，同じ学習テーマあるいはトピックをめぐって描かれる関連図は学習集団によって異なったものとなる。

例えば，『自然のおくりもの水』という小学校5年の総合的学習のテーマあるいはトピックについて，子どもたちは次のようなウェビングを行っている。4つの学習課題の「かたまり」が構成された。「上水道」「近くの川の水」「下水道」「ペットボトルの水」である。この学習集団の子どもたちは特に，「ペットボトルの水」に注目し，学習課題に仕立てている。「自分たちは学校の水道の水を飲んでいるのに，なぜ大人たちはペットボトルの水を買って飲むのか」「どうして120円もするのか」「どのようにしてボトルに詰められ，売られているのか」「フランスからきているということだけど，ほんとうにフランスからきているのか」。この学習課題はこうした一連の子どもたちの具体的な疑問より成り立っている。

学習課題が学習課題として成り立つためには，具体的な課題追究の方法が明確にされなければならない。どのような手段や材料を用いて，あるいは，どんな人たちに聞いたり，尋ねたりして，どんなスケジュールあるいは順序で追究していくのかも，ウェビングの過程で明らかにしなければならない。子どもたちは「なぜ大人たちはペットボトルの水を買って飲むのか」という疑問に対して，具体的にスーパーマーケットでペットボトルを買った人にインタビューし，アンケート調査もするという。どんなことについてインタビューし，アンケートするのかについても，同時に話し合う。さらに，いつ，だれが，どのスーパーでインタビューし，アンケートをするのかについても，決めるのである。

【目的】 ウェビングは学習参加者が考えている学習課題の関連図として全体像を描くことによって，1つの学習テーマあるいはトピックに関して，学習集団で共通理解することを促進する。学習集団全員で学習課題の「広がり」を共有し，同時に，どのグループがどの学習課題を担当するのか，また，それぞれのグループはどんな方法で追究しようとしているのか，学習活動の最初のステップで共通理解を図ることができる。さらに，追究の結果をどのような形でまとめ，発表するのかについても，一定の見通しを立てることになる。ウェビングという手法では，学習参加者が主体的かつ民主的に学習課題づくりにかかわることによって，自らが「学習活動の主人公」であることを実感することが期待される。

（加藤幸次）

[参] 加藤幸次・佐藤有編著『児童・生徒の興味・関心に基づく総合学習』黎明書房，1999．

概念地図

→メタ認知，自己評価力の育成

【語義】 概念地図（concept map）とは，人間のもっている知識や考えを表出させるために鍵となる概念（概念ラベルという）をいくつか与え，関係あるものどうしを線で結び，その横に両者の関係がわかるような文や語句を書き込んだものである。人間の頭の中の概念を視覚化する1つの方法としてJ.D.ノバックらが開発した。

【作成】 概念地図は次の4つの段階を経て作成される。第1に表現させたいテーマに関連した概念を選択する。第2に選択した概念を自分の考えに従って配置する。第3に概念どうしに関係があれば，それらを線で結ぶ。第4に線で結んだ概念どうしの説明を線の横に書く。日本語の場合，線の横に関係を書くと地図が複雑になり見にくくなるので，線上に番号を付して別記することもある。

【評価としての機能】 評価としては，子どもが作成した概念地図を分析することにより，概念をどのぐらいどう構築しているのか，構成している概念構造がどのようになっているかなど，認知構造を把握するのに用いる場合があげられる。概念地図には決定版がない。つまり，出来上がったものは書いた人によってその内容が異なっている。したがって，それを書いた個人が学習の変容を知るために，自己評価などに活用する方法が最も効果的といえる。そのとき，学習前・中・後にまったく同じ内容で問いかけ，書かせ，それら全体を自己評価するのに用いるとよい（下図は，前と後の例）。こうした利用の仕方は，子ども自身が学習による変容を，具体的内容を通して可視的に知ることになるので，学ぶ意味を知るうえできわめて重要である。

【学習としての機能】 概念地図を作ることは，学習者の既存の体系の中に学習した概念がどのように関係づけられ，階層化されていくのかなど，自分自身の頭の中を再構造化し整理する学習活動にもなる。学習の進展に応じて学習者自らが概念ラベルを選定，配置し，それらを結びつける活動が概念の構築につながっていく。さらに，こうした活動をもう一人の自分が見取るような活動につなげていくことができれば，メタ認知能力を育成する学習が可能になってくる。

【指導としての機能】 概念地図の作成は，授業者が授業内容の構成を考えるとき，科学的系統や内容および学習者の知識や考えからの構造を踏まえて指導計画を作成するのに用いることができる。こうすれば，あらかじめ授業全体を構造的にとらえることに加えて，多様な子どもの活動に柔軟に対応していくことが可能になる。

（堀 哲夫）

[参] J.D. Novak and D.B.Gowin.（1984）*Learning how to learn*, Cambridge Univ. Press.

図　概念地図を用いた自己評価例

日記・学習記録の利用

→カルテと座席表，発言・つぶやきの評価

【経緯】「評価規準の作成，評価方法の工夫改善のための参考資料（小学校）」（平成14年2月）では，「評価方法については，これまでペーパーテストによる『知識・理解』の評価や，学期末などの特定の時期での評価に重点が置かれる傾向があったこと，学習の結果のみについて評価の重点が置かれる傾向があったこと等をとらえ，学習状況を偏りなく見ているとはいいがたい，評価結果が指導に十分生かされていない」と課題を指摘している。この課題を解決するには，学習中に使われたノート，ワークシート，学習カードなどの学習記録を活用する必要がある。

また，評価の観点「関心・意欲・態度」の「態度」とは，活動後も維持される対象へのかかわり方である。したがって，学習したことが日常化・実践化されているかを見取る必要があり，授業以外の場面での子どもの様子を視野に入れることが大切である。その方法として，子どもの日記や保護者からの情報などを活用するのは，よい方法である。

【学習記録】 学習中に使われたワークシート，学習カードなどは，教師が評価したいと考えている場面に即して，子どもの反応を効率的に得られる利点がある。おおむね次のような3種類の学習記録が考えられる。

まず，授業の各場面あるいは終末に，◎・○・△（低学年では笑顔・普通の顔・泣き顔から選択して○を付ける方法）などの3段階で自己評価をして，学習への取組みの状況を示す形のものである。これは，学習の状況などを大まかに把握することは可能である。

次に，例えば，「予想」「実験方法」「結果」「考察」など，授業の段階を追って，あらかじめ項目を指定して，それに従って子どもが記録する形のものである。これは，授業の各段階ごとの状況を把握するには適している。

最後に，授業を通して，「見つけたこと」「わかったこと」「感じたこと」などを文章だけであるいは絵日記風に自由に記録する形のものである。これは自由度が高く，子ども一人一人の詳しい状況をとらえることはできる。しかし，文章による表現力の違いで，記述の内容が大きく左右されるので，ややもすると文章による表現力の高い子どもがよい評価を受けやすいので注意する必要がある。

【日記】 日記は，子どもが学習の成果を生かし，日常生活の中で，どのように考え，工夫し，行動するようになったかを知る手がかりとなる日常的な情報といえよう。日記は，単に書かせるだけでなく，教師が朱書きをすることで，より一層その成果が高まる。朱書きのポイントとしては，下記の点が重要であろう。①継続して日記を書かせるために，内容を受け入れるような言葉をかけること。②さらなる学習意欲を高めるために，今後の学習の方向を示し励ますような言葉をかけること。③できるだけ早く書き返却すること，など。

また，学習の成果を表していたり，興味深い内容を取り上げていたりする日記は，朝の会などで，学級全体で取り上げたい。これは，日記を書いた子どもには励みになり，他の子どもには，自分もやってみようといった動機づけにつながる。日記は，学習の成果を知るだけでなく，いま，学級の子どもがどのようなことに興味・関心を抱いているかを知ることにもなり，授業の導入をどのようにするかの重要な手がかりにもなる。

（野田敦敬）

[参] 国立教育政策研究所教育課程研究センター「評価規準の作成，評価方法の工夫改善のための参考資料（小学校）—評価規準，評価方法等の研究開発（報告）—」2002.2.

発言・つぶやきの評価

→関心・意欲・態度の評価方法，子ども中心の評価観，見取り評価

【語義】 授業における発言やつぶやきとは，「小さな声でひとりごとを言う」(『大辞林』(第2版) 三省堂)というような辞書的な用法とは異なる。むしろ授業における発言やつぶやきは，子どもが自分の気づきや願い，理解や仮説などを，「話すこと」によって表現・表出する営みである。「発言」が授業過程における学習集団や教師に対する公共性のある表現であるのに対し，「つぶやき」はより子どもの思考に根ざしたインフォーマルで私的な言葉の表出である。

【発言・つぶやきの見取り】 子どもの発言やつぶやきが教育的な価値をもつものとなるかどうかは，授業者がその発言やつぶやきをどのように受けとめ，理解するかにかかっている。授業において，ある子どもの発言を取り上げたことによって学びの質が深まったり，逆に価値ある発言を見過ごしたために学習活動が停滞したようなことは，だれにでも経験のあることであろう。このように子どもの発言やつぶやきに含まれる価値を拾い上げる作業を「見取り」というが，子どもの発言やつぶやきを見取るとは，単に子どもが話した「言葉」の内容を聞き取ることを意味するのではない。むしろ，子どもの表出させた「言葉」の下にある子どもの思考や意識そのものを読み取ることを意味している。

【発言・つぶやきの評価】 授業過程における子どもの発言やつぶやきは，次の2つの視点から評価される。1つは，授業者が設定する授業のねらいの視点であり，もう1つは，子ども一人一人の成長に即した個の育ちの視点である。前者は，授業者が子どもに身につけさせたい資質や能力に基づいてその内容を吟味するのに対し，後者は，その発言やつぶやきが表出されるにいたった子どもの個としてのありようを問題にする。発言やつぶやきの評価にあたって，授業のねらいの視点と個の育ちの視点のどちらに重きを置くかは，評価者の授業観によるところが大きいが，いずれの場合にも，発言やつぶやきの評価にあたっては，質的 (qualitative) な評価を行うことが望ましい。質的な評価とは，いわゆるペーパーテストによる量的な評価に対し，子どもの個の意識を読み取り，解釈することによって，学びを評価することである。

【発言・つぶやきの記録】 発言やつぶやきは，「話すこと」により表現・表出される言葉であるため，その内容は黒板等に書きとめたり，ビデオなどに記録しておかなければ消失してしまう。授業中に評価を行う場合，発言の内容を板書するとともに，発言者が同定できるように名前マグネットを貼っておくことで発言者と発言内容を記録し，評価につなげることができる。また，授業の速記記録やビデオ録画した授業記録も，授業後の発言やつぶやきを評価するのに有効な手だてとなる。これらの記録を通して子どもの発言内容を分析し，評価資料として活用するのである。

【授業で取り上げられないつぶやき】 最後に，「授業で取り上げられないつぶやき」について言及しておく。つぶやきには，教師の見取りにより授業過程に取り上げられるものと，授業過程に取り上げられないものがある。子どもの意識の発露であるつぶやきは，個としての子どもの思考から生まれるものであり，その多くは教師の見取りにのらないつぶやきである。授業における発言やつぶやきを評価する場合には，このような見取りにのらない子どものつぶやきが日々の授業において無数に生成していることを自覚し，子どものつぶやきに対して常に開かれた姿勢をもつことが重要である。　　(久野弘幸)

[参] 鹿毛雅治・奈須正裕編著『学ぶこと教えること　学校教育の心理学』金子書房，1997.

第4章

知能・創造性の評価

1　知能の評価
2　乳幼児の発達診断
3　創造性の評価

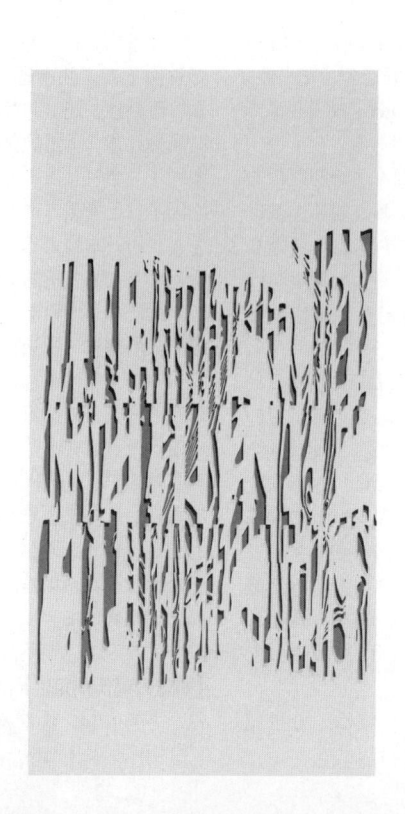

知能

→知能検査の開発史と種類，集団知能検査，特別支援教育と個別知能検査

【知能研究の始まり】 知能研究の歴史は，近代心理学の1世紀余の歴史とともにあるといってよい。その嚆矢は，F.ゴールトン（1822～1911）にある。民族や個人の知的優秀性を実証しようとした彼の試み（優生学）は，知能は遺伝か環境かをめぐっての議論を巻き起こし，知的能力を計測しようとした彼の試み（測定学）はテスト開発と統計的データ解析手法の開発を促し，さらには知的能力モデルの構築へとつながっていった。

【定義と測定】 目で見ることのできない，構成概念である知能を測定するには，方法論が必要である。それが間接測定の論理である。知能を定義したうえで，知能がある（高い）とするなら，それは，こうした場面や検査問題でこういう行動として具現化するはずとする仮定を置いたうえでの測定である。その仮定の「妥当性」がたえず問われるのが，知能の測定に限らず，多くの心的特性の測定の宿命である。

さて，その定義であるが，研究者の数だけあるといってもよいほど多彩である。松原達哉は，知能の13の定義を列挙したあとに，「高等な抽象的思考能力」「学習能力」「新しい環境への適応能力」の3つが，知能の定義の鍵になっていると指摘している。

知能の定義がこれほど多彩で広範に及ぶことは，測定上だけでなく，後述する他の領域での論議にも強く影響してきた。ただ，知能検査を作成するにあたっては，「知能とは，知能検査で測定したもの」（F.N.フリーマン）との操作主義的な考え，さらに「存在するものはすべて測定できる」（E.L.ソーンダイク）とする楽観的な測定観を共有することで，過去1世紀にわたり次々といろいろの定義と目的にかなった知能検査が開発されてきた。

【知能モデル】 知能モデルの構築は，20世紀前半は，知能検査の得点の相関分析・因子分析によるボトムアップ的なアプローチに基づいて提案されてきたが，20世紀後半の認知心理学・認知科学の隆盛の影響を受けて，モデル論的な（トップダウン的アプローチによる）知能モデル構築の試みもいくつか提案されてきた。

❶相関分析・因子分析によるモデル化：C.E.スピアマンが1920年代に提案した2因子モデルを軸に展開されてきた。2因子モデルの特徴は，どんな問題を解くにも有効な一般因子gがベースにあって，そのうえで，それぞれの検査問題（群）を解くのに固有な特殊因子sがあるとするものである。これ以後に提案されたL.L.サーストンの多因子説（言語理解，語の流暢性，計算力，空間認知力，記憶力，知覚の速さ，推理力）は一般因子gの存在を否定して特殊因子をより精選したもの，R.B.キャッテルの流動性知能（問題解決にかかわる知能）と結晶性知能（言語的な知識にかかわる知能）は，多因子をさらにまとめあげたもの（群因子，2次因子）と考えることができる。さらに，J.P.ギルフォードによる知的操作，素材，所産の3次元からなる包括的モデルもあるが，部分的にしか検証できていない。

❷認知心理学・認知科学におけるモデル論的アプローチ：そのねらいは，知的課題を解くときの頭の内部での情報処理プロセスがどうなっているか，さらにそれぞれのプロセスの性能（容量と効率）と処理様式とがどうなっているかを明らかにすることであった。それを知能検査として具現化したのがK-ABC検査である。

なお，これら以外にも，神経心理学の知見を踏まえた知能モデルも提案されている（例えば，J.P.ダス）。

【知能の遺伝規定性】 双生児比較法，家系調査法，さらには，異なる年齢集団の変化を経年

（縦断）的に調査するコホート分析などの科学的な研究手法によって，心の諸特性についての遺伝規定性がどの程度あるかを同定しようとする試みが数多くなされてきているが，知能に限らず決着がついたものはないといってよい。それだけに，これまでさまざまな研究や問題提起が，そのときどきの社会情勢や時代思潮を反映しながら，なされてきた。

その代表的なものをあげると，1つは1930年代ナチス・ドイツによるユダヤ人虐殺の悲劇につながった，ゴールトン流の優生学の復活がある。2つは，1969年のA.R.ジェンセンの122ページの大論文での主張である。「IQの分散のうち，遺伝による分散は8割を占める」「社会階層や人種による差は，遺伝的な差異によるところが大きい」「環境は遺伝的素質を発現させる低い閾値的な役割しか果たさない」という主張が，公民権法が成立した（1964）とはいえ，人種差別問題で苦悩していた当時のアメリカにおいて，ジャーナリズムも巻き込んでの大論争を引き起こした。

いずれのケースでも，知的基盤能力の1つである知能が遺伝的に規定されているとすることで，差別の固定化，そして，教育的処遇を通しての差別の拡大へと突き進んでしまう危険性を含んでいることは注意する必要がある。かといって，遺伝の影響を過少視するのも事態を見誤る可能性がある。

【知能の発達的変化と予測性】 知能の発達的変化に関しては，生涯を通してIQは恒常性かという古典的な問題がある。IQは，当該集団（コホート）のノルム（平均と標準偏差）を使う関係もあって，経年的に調べてもそれほど大きくは変化しない。しかし，知能の検査問題の正答率ベースで発達的な変化をみると，例えば，帰納的推理力（流動性知能の1つ）は25歳あたりをピークに80歳くらいまで単調減少カーブをなすのに対して，言語能力（結晶性知能の1つ）は30歳あたりのピークが80歳くらいまで維持されることを示すような証拠もある。

また，知能の予測性に関しても，将来の職業的成功を予測できるとする証拠もいくつかある。しかし，これに関しては，学童期の知能から職業的な成功までの間に介在する環境的・教育的な影響も無視しえないので，決定的な言説には慎重さが必要である。

【知能の学習可能性】 知能は教育・訓練によって変化するのかという問題も，いく度となく話題にされてきた。いちばん関心をよぶのは，学校教育が知能を高めるかということであるが，学校教育を受けた長さとIQの高さとが関連していることを示す証拠が多い。さらに，先進14か国平均でIQがここ30年間で15点も上昇しているとの証拠（Flynn効果）も，そのすべてが教育効果とはいえないが注目される。

H. ガードナーは，もっと直接的に知能そのものの教育可能性に挑戦する理論と実践を行い注目されている。まず，知能を「特定の文化的状況あるいは共同体において重要な，問題を解決するあるいはものをつくり出す能力」と定義する。具体的には，社会での職業上での成功（熟達化）を保証する知的能力を発掘し，さらにその神経心理学的な基盤にも配慮して，お互いに自律した7つの知能類型（多重知能モデル）を措定した。その7つとは，「音楽・リズム知能」「身体・運動感覚知能」「言語・語学知能」「内省的知能」「対人的知能」「論理・数学的知能」「視覚・空間的知能」であるが，さらに「博物学的知能」を追加するとの話もある。そして，これこそがガードナーの斬新な挑戦になるのだが，それぞれの知能の教育訓練プログラム（プロジェクト・スペクトル）を実践している。

（海保博之）

[参] 東　洋『教育の心理学』有斐閣, 1989. Deary, I. J.（2001）*Intelligence; A Very Short Introduction*. イアン・ディアリ（繁桝算男訳）『知能』岩波書店, 2004. 辰野千壽『新しい知能観に立った知能検査基本ハンドブック』図書文化, 1995.

知能検査の開発史と種類

→知能，集団知能検査，特別支援教育と個別知能検査

【知能検査の開発史】　A. ビネーとT. シモンが，1905 年に最初の知能検査を開発して以来，100 年余が経った。この間，知能検査は大きな発展を遂げ，個別，集団を問わず世界中で実施されるようになっている。

ビネー法が考案される前までの知能の発達状態の判定の方法としては，医学的方法として両親の年齢や病理，子どもの出生順位，出生の状況など遺伝的な要素が調べられたり，解剖学的検査として身長や頭蓋の測定が行われたりもした。そのほかにも動作の敏捷性，容姿や表情などを手がかりとする方法などもとられた。しかし，これらはいずれもまったくの的外れではないとしても，やはり妥当性に欠けるものであった。そのような時代的状況の中，ビネーは，シモンの協力を得て初めての知能検査，「知能測定尺度」(1905) を発表し，その後も，1908 年版，1911 年版と次々に改訂していった。

それまでの方法に比べてビネーの方法の優れたところは，「知能水準」という客観的な概念を取り入れた点である。あらかじめ知能を測るさまざまな問題を準備し，その問題が何歳の生活年齢の子どもだったら普通に正解できるのかということを押さえておく。そのうえで，それらの問題を対象となる子どもに実施し，その子どもの知能の発達水準を，解けた問題の年齢水準で押さえるのである。例えば，生活年齢 5 歳の子どもが，7 歳の子どもが普通に解ける問題をその年齢の子どもと同じように解いていった場合，その子どもの知能水準は 7 歳にあるというように考えるのである。このようなだれもが使用可能な検査問題を用いて，年齢をもとにした知能水準という 1 つの基準（年齢水準）で知能の発達レベルを把握するための客観的な指標が提唱されたのである。

ビネー法は，当時，画期的な検査として評価され，フランスを除くヨーロッパおよびアメリカなどの諸外国へまたたく間に広まっていった。例えば，アメリカでは，1908 年，G.M. ゴッダードによって，日本でも同じ年に三宅鑛一・池田隆徳によって紹介されている。

このようななか，各々の国に合うような検査法へと作り直す作業，つまり再標準化の試みもなされるようになった。そのなかで最も大規模な再標準化は，アメリカのL.M. ターマンによる「スタンフォード改訂増補ビネー・シモン知能測定尺度」(1916) である。このスタンフォード・ビネー法の最も大きな特徴は，ドイツのW. シュテルン (1912) の提案に従って精神年齢という概念を新たに取り入れ，それと生活年齢との比で求める知能指数（IQ）を採用し，普及させたことである。

1915 年，年齢に基づく知能水準という考え（年齢尺度）を離れ，点数式の知能検査がR.M. ヤーキーズによって開発された。ここでは，個人の得点をその年齢集団の平均で割ることにより，個人の知能のレベルを集団の中での相対的な位置づけを示す数字が指標として用いられた。ヤーキーズはさらに，A.S. オーティスによる初めての集団知能検査を改訂し，1917 年，アメリカの陸軍に新たに入隊した兵士を対象にした知能検査を開発した。テスト開発の目的は，新兵の人事査定のためである。また，英語が解せない新兵のために非言語式のβ式テストを加え，言語式のα式テストと 2 種類を開発している（α テストは現在 A 式テスト，β テストは B 式テスト，混合型は C 式テストといわれている。また，非言語式のβ テストは，その実施に基本的には言語を必要としないため，カルチャーフリー・テストともいわれる）。

このような開発初期の展開のあと，1939 年，D. ウェクスラーは，スタンフォード・ビネー

知能検査が言語能力に依存しすぎていること、成人の知能の測定には不適当であることの理由から、成人を対象とした個別知能検査であるウェクスラー・ベルビュー成人知能検査（10歳〜60歳対象）を開発した。この検査は、動作性検査と言語性検査の2側面から、診断的に知能を測定しようとした点、偏差知能指数（Deviation IQ）を導入し、100を平均にして同一年齢集団の中での個人の相対的位置づけを結果の指標にした点に大きな特徴がある（検査結果は、動作性IQ、言語性IQ、全検査IQで示された）。のちに、ウェクスラーは、この検査を発展させて、WAIS（16歳以上対象）、WISC（5歳〜15歳対象）、WPPSI（4歳〜6歳半対象）という知能検査を開発していった。これらウェクスラー系の検査は、改訂を重ねて現在にいたるまで使い続けられており、ビネーの考えに基づいて作られたビネー系の検査と個別知能検査の双璧をなしている。

このような歴史的経緯の中で、現在にいたるまで、さまざまな知能検査が開発され、さまざまな目的のもと、利用されているのである。

【種類】 現在ある知能検査は、多種多様である。例えば、実施形態では、集団で実施し、一度に多くの対象者の知的レベルを把握しようとする集団知能検査もあれば、検査者が対象者の様子をじっくりと観察しながら実施する個別知能検査もある（個別知能検査の場合、対象者の状態について、数値だけでは得られないさまざまな情報を得ることができる）。

また、問題の形式によって、正答した問題の難易度を基準にするパワーテスト（力量検査）や正確性を基準にする正確性検査、また、解答の速さを基準にするスピードテスト（速度検査）に分けることもできる。

これらのテストの結果は、数値としては、おもに、生活年齢に比しての知能の発達レベルを示すIQ、同一年齢集団の中での相対的な位置づけを示すDIQ（偏差知能指数：平均100）と知能SS（知能偏差値：平均50）で表示される。

個々の知能検査は、各々の理論的背景に基づき、組織的、系統的に検査問題が作られ、実施形態、問題の形式が選択され、何度か厳密にサンプリングされた対象者に実施される。その経過の中で、問題が精選され、さまざまな基準が作られ、1つの標準化されたテストとして完成にいたる。そして、これらのテストは、ときに時代の変化、子どもの変化に合わせて、適宜、改訂がなされていくのである。

【利用目的】 知能検査が開発されて100年余が経つ現在、知能検査に対してさまざまな評価がなされてきている。その有用性が評価される一方で、IQの導入に伴い差別や選別の道具として使われてきたとの批判も根強い。しかし、このことは、知能検査という用具の「誤った使い方」によるものであり、その責は知能検査にあるわけではない。

知能検査の利用にあたっては、いま、あらためてビネーの考え方に還る必要性を感じる。ビネーは、知能水準という個人の知能の発達水準を客観的に知ることには関心があったが、それを使って個人間の比較をすることには関心はなかった。彼は、知能そのものを1つの数値で表すことは考えてもいなかったし、そのような一面的な知能のとらえ方はしていなかった。彼が知りたかったのは、あくまで、検査問題を通して把握することのできる対象となる子どもの発達のレベルであり、遅れがあるとすればどのくらいの遅れなのか、どのような側面でより現れるのかという点である。そして、得られたこれらの知見に基づき、子どもの次の教育につなげたかったのである。ここに知能検査利用の原点がある。

（大川一郎）

［参］サトウタツヤ・高砂美樹『流れを読む心理学史』有斐閣、2003. S.J.グールド（鈴木善次・森脇靖子訳）『増補改訂 人間の測りまちがい』河出書房新社、1998.

WISC-Ⅲ

→知能，学習困難・学業不振の診断と治療，特別支援教育と個別知能検査

【歴　史】　WISC-Ⅲ（Wechsler intelligence scale for Children-third edition）は，WISC-R（Wechsler intelligence scale for Children-revised）の改訂版であり，日本で最もよく用いられている個別式の児童用知能検査の1つである。D. ウェクスラーが，1939年にウェクスラー・ベルビュー知能検査を出版して以来，児童用，成人用，幼児用が今日まで同系統の知能検査として出版されるとともに，改訂が重ねられている。児童用の WISC は，1949年に初版が出版され，その後1974年に WISC-R として改訂され，さらに1991年 WISC-Ⅲ として第3版が出版された。また成人用のウェクスラー・ベルビュー知能検査は1958年に WAIS として改訂され，さらに1981年に WAIS-R として利用されてきた。日本でもこれらのアメリカでの改訂に対応して改訂版が標準化され利用されている。日本版 WISC-R は1978年に，日本版 WISC-Ⅲ は1998年にそれぞれ利用されるようになった。

またアメリカでは，WAIS-R が WAIS-Ⅲ（1997）として，WISC-Ⅲ が WISC-Ⅳ（2003）に大きく改訂されてきている。これらの最近のウェクスラー式知能検査の改訂は，大きく近年の認知・神経科学の進歩に対応したものへと検査内容を明確化してきた結果といえる。

【検査の概要】　WISC-Ⅲ は5歳0か月から16歳11か月の子どもに適用される偏差 IQ を求める分析的知能検査である。WISC-R から WISC-Ⅲ（1991）への改訂では大きな変化として次の3点があげられる。①新しい下位検査として「記号探し」が導入された，②言語性 IQ，動作性 IQ 以外に，因子に対応する4つの群指数（index score）を求める，③個人の測定された IQ，群指数について信頼区間を表示することである。

新しい下位検査である「記号探し」が加わったことにより，WISC-Ⅲ は全部で13の下位検査から構成される。言語性の下位検査は，知識，類似，算数，単語，理解，数唱の6検査であり，動作の下位検査は，絵画完成，絵画配列，積木模様，組合せ，符号，記号探し，迷路の7検査である。言語性の下位検査は，言語刺激を用い，言語的知識の量や，言語的推理，言語的短期記憶などを多面的に測定するものである。また動作性の下位検査は，視覚刺激を用い，問題解決のために視覚イメージを想起したり操作すること，視覚的知識の量，視覚的短期記憶などを測定するものである。それぞれの下位検査の粗点は，平均10点，1標準偏差3点の評価点として1から19点に換算され，下位検査得点間の比較が可能となる。

これらの下位検査の評価点合計から言語性 IQ（VIQ），動作性 IQ（PIQ），全検査 IQ（FIQ）が，それぞれ同じ年齢集団の中での相対的位置を示す平均100，1標準偏差15の偏差 IQ として求められる。言語性 IQ は知識，類似，算数，単語，理解の下位検査評価点合計から求められ，動作性 IQ は絵画完成，絵画配列，積木模様，組合せ，符号の評価点合計から求められる。全検査 IQ は，これらの10の下位検査の評価点合計から求められる。言語性 IQ は言語を操作する能力，また動作性 IQ は視覚的情報を操作する能力の全般的水準を，そして全検査 IQ は全般的知的能力（g 因子）を示すものとして解釈される。さらに WISC-Ⅲ では，IQ 以外に因子分析の結果をもとに群指数（index score）として，言語理解（VC），知覚統合（PO），注意記憶（FD），処理速度（PS）という平均100，1標準偏差15の指数を求めることができる。言語性下位検査のうち，知識，類似，単語，理解から言語理解の群指数が，算数と数唱から注意記憶の群指数が求められる。動作性下位検査

のうち，絵画完成，絵画配列，積木模様，組合せから知覚統合の群指数が，符号と記号探しから処理速度の群指数が求められる。言語理解の群指数は，言語的意味理解，言語的知識，言語的推理，言語表現などの能力の水準を示し，注意記憶は言語性作動記憶（ワーキングメモリー）の能力水準を示すものである。知覚統合は視覚刺激の統合，非言語的推理，非言語的知識などの能力の水準を示し，処理速度は視覚刺激の処理の速さ，視覚的短期記憶の能力の水準を示す。この群指数は，言語性IQや動作性IQをより詳細に分析することを可能とするものであり，WISC-Ⅲで測定しているものを明確にし，子どもの能力の分析的理解に役立つものとなっている。また測定されたIQ，群指数には常に誤差が存在していることを前提に結果を示し，解釈することとされている。すなわち個人の真の得点は±1.96標準測定誤差の範囲にあると95％の信頼性をもっていえると解釈することができる。3点の標準測定誤差であれば，70のIQである人の真の得点は，おおよそ64から76の間のどこかにあると95％の信頼性をもっていえる。このことは検査結果をポイントではなく幅のあるものとして考え，そのように結果を伝えていくことを検査者に要求しているものである。

【検査の利用】 米国精神遅滞協会（AAMR）は，2002年知的障害（精神遅滞）の定義および分類に関する第10版のマニュアルを発表した。その中で，知能とは全般的な精神的能力であり，推論，計画，問題解決，抽象的思考，複雑な考えを理解すること，速やかに学習すること，経験から学ぶことが含まれると定義している。そして知能の評価は，あらゆる知的障害の定義が診断基準の1つとして有意に平均以下の知的機能に言及していることから，知的障害の診断にとって不可欠なものであると述べている。そのために最も頻繁に利用されるものが，WISC-Ⅲであり，WAIS-Ⅲである。すなわち知的機能の水準を明確に示すための手段としてWISC-ⅢならびにWAIS-Ⅲが利用される。

しかしWISC-Ⅲは，子どもの知能の水準を示すためだけに用いられているのではなく，さまざまな知的機能を分析的にとらえるために広く利用されている。全般的知的機能の水準としてのFIQ，言語的能力の水準としてのVIQ，視覚情報を処理する能力の水準としてのPIQ，さらにはより明確な尺度としての群指数間の得点差（ディスクレパンシー）を知ることにより個人内の能力の偏りを明らかにすることができる。また，そうした分析を行うために，これらの得点間の差が統計的に有意なものかどうかを判断するための値が提供されている。知的機能の個人内差の分析は，特別支援教育の対象とされる，学習障害，注意欠陥／多動性障害（ADHD），高機能自閉症などの障害をもつ子どもの知的機能の強さと弱さを評価し，支援方法を工夫するための基礎的情報として欠かすことができない。これらの障害は全般的な知的機能水準には大きな遅れはみられないが，個人内差が大きく，その偏りが教科学習や対人関係などに影響する。さらに各下位検査の評価点を，個人の評価点平均からの差として分析するプロフィール分析も可能であり，下位検査水準での個人内差を学習に困難を示す子どもの特徴として分析することが，子どもに必要な支援を考える手がかりとなる。

【今後の展開】 米国ではすでにWISC-Ⅳが利用されるようになり，VIQとPIQは廃止され使われなくなり，群指数とFIQが尺度として提供され，注意記憶の群指数は作動記憶を測定するものであるとされてきている。この点を考慮するとWISC-Ⅲの解釈においても群指数の分析を中心にすべきであると考えられる。さらに，群指数による解釈を基本として下位検査評価点によるプロフィール分析による情報を補助的なものと押さえ，過剰な推論を避けることが解釈に求められる。

（前川久男）

K-ABC

→知能，特別支援教育と個別知能検査

【語義】 K-ABC（Kaufman-Assessment Battery for Children）は，1983年にアメリカのA.S.カウフマンらによって開発された心理・教育アセスメントバッテリーで，わが国では1993年に松原達哉らによって標準化されている。

K-ABCの理論的ベースは，A.R.ルリア（1966，1970）の高次精神機能における神経心理学的モデルにある。このモデルは，高次精神機能がおもに3つの機能単位によって構成されていることを示すものである。3つの機能とは，覚醒と注意を制御する第1機能単位と情報の符号化や貯蔵に関する第2機能単位，そして行動の制御や課題解決のためのプランニングに関する第3機能単位である。また第2機能単位についてはさらに同時統合と継次統合という2つの機能が想定されている。これらの4つの機能単位に対し，J.P.ダスら（1979）は，それぞれの機能を独立して測定することが可能であるとし，認知処理過程の構造をPASSモデル（planning：計画，attention：注意，simultaneous processing：同時処理，sequential processing：継次処理）として示している。こうしたルリアやダスの理論を背景に，カウフマンらは，子どもの知的機能を神経心理学的視点に立った認知処理という側面からとらえようとしている。特に，ルリアの第2機能単位（ダスの「同時処理と継次処理による符号化」）に着目し，それぞれの情報処理様式を測定することにより，子どもの知的機能の特性を調べようとしたものである。

また，カウフマンらは，ホーン・キャッテル理論（Horn&Cattell, 1966）における「流動性知能（fluid ability）」と「結晶性知能（crystallized ability）」の知能モデルにも大きな影響を受けている。子どもの知的機能を正しく認識するためには，子どもの流動性知能を測定することが非常に重要であると主張している。

【検査の目的】 K-ABCは単に知識の量を測るだけではなく，知識を獲得するために必要な力である「流動性知能」を測定するとともに，物事を認知していく際の情報処理様式（同時処理様式と継次処理様式）にアンバランスがあるかどうかをみるためのものである。

【構成と下位検査】 本検査は，下図に示されるように，流動性知能を測定している「認知処理過程尺度」と結晶性知能を測定する「習得度尺度」から構成されている。前者の「認知処理過程尺度」はさらに「同時処理尺度」と「継次処理尺度」で構成されている。また聴覚障害や言語障害といった何らかの理由で，検査の実施が困難な場合，ジェスチャー等によって実施が可能な「非言語性尺度」が，認知処理尺度の特別な短縮版として位置づけられている。

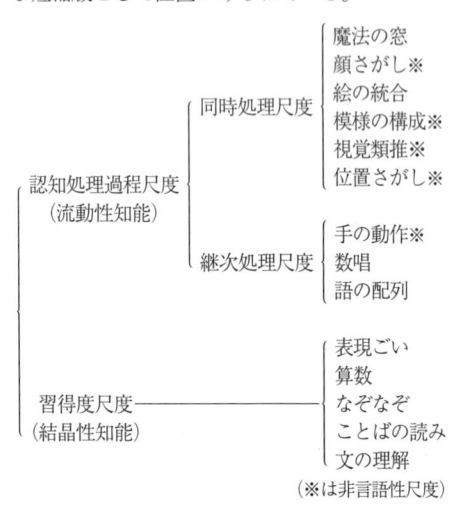

```
認知処理過程尺度 ─┬─ 同時処理尺度 ─┬─ 魔法の窓
 （流動性知能）    │                 ├─ 顔さがし※
                  │                 ├─ 絵の統合
                  │                 ├─ 模様の構成※
                  │                 ├─ 視覚類推※
                  │                 └─ 位置さがし※
                  │
                  └─ 継次処理尺度 ─┬─ 手の動作※
                                    ├─ 数唱
                                    └─ 語の配列

習得度尺度 ──────────────┬─ 表現ごい
 （結晶性知能）             ├─ 算数
                            ├─ なぞなぞ
                            ├─ ことばの読み
                            └─ 文の理解
                                 （※は非言語性尺度）
```

図 K-ABCの構造と下位検査

【検査の特徴】
（1） 検査器具および検査内容における特徴
　本検査の適用年齢は2歳6か月から12歳

11か月で,就学前の幼児でも最後まで検査ができるよう以下のような工夫がなされている。
①飽きさせない検査内容:同時処理下位検査の『魔法の窓』は,小さな小窓から身近な物の絵が部分的に提示され,それがどんなものであるかを答える課題である。また,答えをシールの選択肢から選んで貼るという『視覚類推』や三角形を組み合わせてモデルと同じ形を作る『模様の構成』等,就学前の子どもでも飽きさせないような課題で構成されている。
②教習課題(ティーチングアイテム)の設定:どの子にも検査課題を正しく理解してから測定できるように,例題のほかに教習課題が設けられている。このことにより,従来,十分なアセスメントがむずかしかった知的障害や自閉症といった障害の疑いのある子にも,彼らのもつ潜在的な力を評価し,妥当性の高い検査結果を得ることができる。
③イーゼルを活用した簡便な検査手続き:K-ABCの下位検査では,その大部分が「イーゼル」という視覚刺激を提示しながら進めるため,検査手続きが非常にシンプルである。また,聴覚情報の解析が苦手な自閉症児にも,このイーゼルの視覚刺激が課題理解の手がかりとなり,取り組みやすい検査となっている。

(2) 検査結果の解釈と利用法における特徴

図に示されるように,K-ABCは,「認知処理過程尺度」と「習得度尺度」から構成されており,子どもの知的機能を個人間差と個人内差の視点からとらえられる構造になっている。個人間差については,平均100,標準偏差15に設定された正規分布の中で,子どもの知的機能水準を知ることができる。また,個人内差においては,「認知処理過程尺度」と「習得度尺度」における標準得点の差から,そのバランスを知ることができる。「認知処理過程尺度」の得点が「習得度尺度」の得点を大きく上回っている場合は,何らかの理由で,本来もっている力を十分発揮できないまま,現在の習得度水準にあると解釈される。逆のいい方をすれば,何らかの工夫により,まだまだ十分に習得度水準を引き上げることができるといえる。またこれとは逆に,「習得度尺度」が「認知処理過程尺度」より大きく上回っている場合には,これ以上の過度の期待はむずかしく,むしろ配慮を要する必要がある。

認知処理過程尺度内においては,「同時処理尺度」と「継次処理尺度」のバランスを見ることにより,子どもの学習や行動面でのつまずきの要因を情報処理様式という視点から解釈し,支援の手がかりを探ることができる。「同時処理尺度」と「継次処理尺度」との間に有意な差がみられる場合は,原則として強い情報処理様式を活用し,弱い情報処理様式に配慮した指導が有効であるとされている。もし同時処理様式が強い場合には,同時処理能力を十分に活用した指導が求められる。この場合の指導アプローチの原則は下表に示すとおりである。

表 強い情報処理様式を活用した指導原則

認知処理様式	指導アプローチの原則
同時処理的アプローチ	・全体を踏まえた教え方 ・全体から部分へ ・関連性の重視 ・視覚的,運動的手がかりの重視 ・空間的,総合的
継次処理的アプローチ	・段階的な教え方 ・部分から全体へ ・順序性の重視 ・聴覚的,言語的手がかりの重視 ・時間的,分析的

このように,K-ABCは,子どもの知的機能について,情報処理様式という視点から,個人間差および個人内差を明らかにすることにより,つまずきの理解や支援の手がかりを得られる検査として活用されている。　　　(青山真二)

[参] 前川久男・石隈利紀・藤田和弘・松原達哉編著『K-ABCアセスメントと指導—解釈の進め方と指導の実際—』丸善メイツ,1995.

田中ビネー知能検査

→知能，知能検査の開発史と種類

【歴史】 1人の被検査者に1人の検査者が対するという個別の知能検査の中で，ビネー系の知能検査として日本において代表的な検査が田中ビネー知能検査である。1947（昭和22）年に「田中びねー式智能検査法」として田中寛一によって開発されて以来，1954年，1970年，1987年，2003（平成15）年と田中教育研究所の編集のもと改訂を重ねてきている。ここでは，2003年刊行の「田中ビネー知能検査Ⅴ」を中心に解説を行っていく。

【検査の構成】 検査の構成としては，生活年齢2歳0か月～13歳11か月の被検査者を対象にした問題群と，14歳0か月以上を対象とした問題群に大きく分けられる。

前者では，1歳～13歳の子どもの知能の発達水準を測定するのにふさわしい問題を，問題ごとの発達水準から選び出し，それぞれを当該の年齢級の問題として配置している。1歳級から3歳級まではより細かく発達の状態をみるためにそれぞれ12問，4歳級から13歳級まではそれぞれ6問で，合計96の問題から構成されている。

実施の結果は，数値による指標としては精神年齢（MA）および知能指数（IQ）で表される。なお，1歳級の問題の合格が困難な子どもを対象とした問題群（実際の問題の実施と日常場面での観察から判断する）も動作面，認知面，言語面の3つの側面からの発達状態のチェックのために，参考の指標としてではあるが新たに設けられている。

後者の14歳以上を対象とした成人級の問題群では，成人になるにつれて知能は複雑に分化していくという知能の発達上の実態を踏まえ，13の下位検査の実施結果に基づいて4領域（結晶性領域，流動性流域，記憶領域，理論推理領域）から知的機能を診断するようになっている。数値による指標としては，精神年齢は算出せず，全体および領域別の偏差知能指数（DIQ）を用いている。

【妥当性と信頼性】 さまざまな年齢域の子どもに対する検査の実施・解釈に日常的にかかわっている田中教育研究所の研究員グループを中心にして，1947年の発刊以来60年にわたって継続して検査の問題の内容，構成について，子どもの実態と照らし合わせながら検討し続けている。この点から内容妥当性は十分に満たしていると考えられる。

田中ビネー知能検査は13歳級までについては，「当該年齢の半数以上の者が解決できる」という年齢尺度に基づいており，検査問題の選択もこの基準に沿ってなされている。構成概念妥当性も確保されていると判断される。

標準化に用いられた集団とは異なる集団（97名，年齢層5～6歳，平均年齢5歳11か月）に田中ビネー知能検査とWISC-Ⅲを行っている。田中ビネー知能検査のIQと3つのIQ（言語性，動作性，全検査）との相関係数は，$0.59～0.69$ の間にあった。別の集団（73名：年齢層5～6歳）に対して行われた87年版田中ビネー知能検査との相関は，0.75 であった。これらのことから基準関連妥当性も確保されている。

信頼性については，再検査法に基づき6か月の間をおいて2度，同一の検査を行った結果（サンプル119名：4～5歳層：初回時平均年齢5歳0か月），IQの相関は 0.735 であった。

以上のように，田中ビネー知能検査Ⅴは妥当性，信頼性共に十分に確保されている心理テストであると判断される。

【実施方法および検査結果の整理】 検査開始から終了，結果の処理，活用にいたる流れは以下のとおりである。

①検査の開始と打ち切りについては，生活年齢2歳0か月～13歳11か月の場合，被検査者の生活年齢と等しい年齢級から開始し，1つでも合格できない問題があったら下の年齢級へ下がって全問題を合格する年齢級まで行う（基底年齢を押さえるといういい方をしている）。基底年齢が押さえられたら，上の年齢級に進み，全問題が不合格となる年齢級まで順次実施していく（基底年齢が押さえられない場合，参考の指標とするため適宜，「発達チェック」問題群を実施する）。全問題不合格となった年齢級を上限として，検査を終了する。なお，13歳級の問題に合格の問題があった場合，成人級の問題群も実施する。生活年齢14歳0か月以上の場合，原則として成人級の問題群を実施する。

②被検査者の問題実施中の反応は，正確に記録し，採点マニュアルに基づき正確に採点する。

③各小問の採点後は，合格基準に基づいた当該年齢級の問題としての基準に基づく合否の判定を行い，精神年齢の算出，IQの算出を行う。成人級の問題群の場合，採点マニュアルの換算表を用いて，下記検査ごとの評価点，領域別DIQ，および総合DIQを算出する。

④記録用紙のアセスメントシートに，「実施した全問題の合否」「所要時間」「基底年齢」「精神年齢（MA）」「知能指数（IQ）」「知能区分」「問題への取組み（意欲，反応速度，集中力，粘り強さ，言語の明瞭さ，言語の表現力，手先の器用さ，作業速度）」「検査の導入の様子と経過（導入場面，テスター，経過）」「問題に対して（質問に対する応答性，むずかしい問題に対して，問題を解いたあと，言語について，動作・作業について）」等の記入を行い，「備考」欄に総合的所見を記載をする。

【検査結果の解釈のポイント】　検査結果が先述した流れに沿って整理されていくが，それで検査が終わったわけではない。そこからが解釈・活用の始まりとなる。田中教育研究所（2003）は，田中ビネー知能検査結果の具体的な解釈のポイントとして，以下の5点をあげている。

①生活年齢，精神年齢，知能指数の三者の関連を考察し，被検査者の知能水準を診断する，②実施した年齢級の範囲（基底年齢と上限年齢の幅）を分析し，検討する（一般に実施範囲が広い者はアンバランスな発達をしていると思われる），③実施した問題の合格問題，不合格問題に注目し，被検査者の知能発達の特徴を考察する（記憶に関連する問題は得意だが，推理や洞察を要するものは苦手…など），④成人級の場合は，各領域のプロフィール分析などをし，被検査者の知的機能の特徴を診断する，⑤1つずつの問題に対する反応を詳細に分析し，被検査者の情意の部分や潜在能力についても検討する（粘り強く取り組む。誤答だが，まったくのピントはずれではない…など）。

要するに，検査結果をさらにこれらの5つの観点から分析し直し，その子どもへの今後の対応についての参考となる指針を得ていくのである。このように，田中ビネー知能検査法に限ったことではないが，一般に心理テスト実施の目的は結果を出すことにあるのではない。そのテスト結果を，どのように役立てていくのかという点に大きな実施の目的があるのである。

【検査の特徴】　上記で述べた以外の大きな特徴としては，①ビネーの考えの基本である年齢尺度を維持しているために，できた問題・できなかった問題の年齢的な基準や精神年齢が示され，子どもの発達の状態についてのイメージがつかみやすい，②検査問題が多種多様で多岐にわたり，また，日常の生活に密着した問題も多いため，発達の状態を実感しやすく，当該の子どもの日常場面での対処法についての示唆を得やすい，などがあげられる。　　　　　（大川一郎）

［参］杉原一昭・杉原隆監修，田中教育研究所編（中村淳子・大川一郎・野原理恵・芹沢奈菜美編著）『田中ビネー知能検査V（理論マニュアル・実施マニュアル・採点マニュアル）』田研出版，2003.

集団知能検査

→知能，知能検査の開発史と種類，集団知能検査の活用

【語義】 知能検査には，大別して，一度に一人ずつ実施される個別式のものと，一度に多人数に実施される集団式のものがある。両者は，同じ知能検査とはいうものの，目的や用いられ方にさまざまな違いがある。例えば，集団知能検査では，検査を一斉に大人数に対して実施するため，回答時間を厳密に管理する必要がある。そのため，ゆっくり回答する傾向のある被検査者には不利である。また，集団知能検査では個別知能検査で行われるような検査者と被検査者との相互行為を欠くため，個別知能検査ほどの情報は得られない。そのため，個別知能検査による精密な診断が必要な対象者を選別するために用いるのが一般的である。

【歴史】 A.ビネーによる個別知能検査が最初に発表されたのは1905年のことである。その7年後に当たる1912年にはA.S.オーティスが最初の集団知能検査を作成した。さらに，1917年には，本格的な集団知能検査が開発された。これは，アメリカで陸軍が新兵の選別のために実施した知能検査であり，陸軍検査（army test）とよばれる。開発には，R.M.ヤーキーズ，H.H.ゴダード，L.M.ターマンといった心理学者が協力した。この検査には，英語を読めることを前提にしたα式とよばれる検査と，記号や図形などを用いて英語を読めなくても回答できるようにしたβ式とよばれる検査があった。陸軍検査は，170万人以上の新兵が受検したといわれ，その後の集団知能検査にも大きな影響を与えている。今日の集団知能検査で文字を用いた検査をA式，記号や図形などによる文字を用いない検査をB式とよぶのは，このα式・β式の区別に習ったものである。その後，ヤーキーズらは，陸軍検査と同様の内容からなる児童生徒向けの検査として，国民知能検査を編集した。

日本でも，1920（大正9）年に久保良英が国民知能検査をもとにした集団知能検査を発表した。その数年後には，陸軍や教育機関で集団知能検査が実施されていた。

【検査の内容】 個別知能検査とは異なり，被検査者が自ら筆記によって回答するのが一般的である。現在では，さまざまな検査が開発され教育機関などで使用されている。おもな検査として，A式・B式併用による教研式新訂学年別知能検査サポート，教研式新訂学年別知能検査，B式による田中B式知能検査，A式・B式を併用した田中AB式知能検査，京大NX知能検査，東大A―S知能検査などがある。これらは，もとになっている理論や，設計手法などに違いがある。例えば，京大NX知能検査では，下位検査ごとに成績を算出して，知能の構造を検討できるようにしている点に特徴がある。また，東大A―S知能検査では，偶然に正解することがないように，2つの問題をペアにして両方が正解の場合にのみカウントする対得点法を採用している点，教科ごとの成績の予測値を算出する点が特徴である。

就学前の幼児に対しては，就学前診断において知能検査などの検査を行うことが学校保健法などで定められている。こうした目的の検査としては，前述の田中B式知能検査，教研式新就学児知能検査，京大NX知能検査の幼児向けのものや，CQS EIS就学児用知能検査などさまざまなものがある。　　　　　（青山征彦）

[参] 花沢成一・佐藤誠・大村政男『心理検査の理論と実際 第Ⅳ版』駿河台出版社，1998．松原達哉『心理テスト法入門 第4版』日本文化科学社，2002．J.A.ポップルストーン，M.W.マクファーソン（大山正監訳）『写真で読むアメリカ心理学のあゆみ』新曜社，2001．

集団知能検査の活用

→知能，集団知能検査，集団基準準拠検査（NRT）

【知能と学力の相関利用】 集団知能検査では，知能と学力が相関関係にあることを利用し，学力検査とバッテリーを組むことによって，成就値，アンダー・アチーバー，オーバー・アチーバーなど，知能相応の学力を発揮しているかどうかを把握して指導に生かすことができる。

個人内評価における個人基準はいろいろ考えられるが，知能検査から得られる資料のうち，知能水準を概観的に示す指標も，学力の個人内評価の個人基準として古くから用いられてきている。R.フランツェンの成就指数（＝教育指数÷知能指数）やR.ピントナーらの成就値（＝学力偏差値－知能偏差値）など，知能検査で測定された知能水準を個人基準として学力水準と比較し，学習の成果のよしあしを解釈しようとする考えである。A.ビネーによって創始された知能検査が，学習の適性を診断するという性格を有していたものであり，その後に開発された集団知能検査も当然そのような性格を有しており，きわめて理にかなった解釈法といえる。

いずれの指標も，考え方としては理にかなったものであったが，実際に活用してみると，現状を正確に反映していない部分が少しあることがわかってきた。そこで，金井達蔵は平沼良らの新成就値（＝学力偏差値－知能対応平均学力偏差値）の考え方に着目し，理論的に回帰成就値（＝学力偏差値－知能偏差値から推定された学力偏差値）の考えを打ち出し，実用上これを新成就値とよぶようになった。どの知能水準においても，新成就値の平均は0，標準偏差は一定となることから，それらを用いて合理的に，オーバー・アチーバー（相応以上），アンダー・アチーバー（相応以下）という解釈ができる。さらに，視覚的・直感的にこの解釈ができる図1のような「知能・学力相関座標」も考案されている。

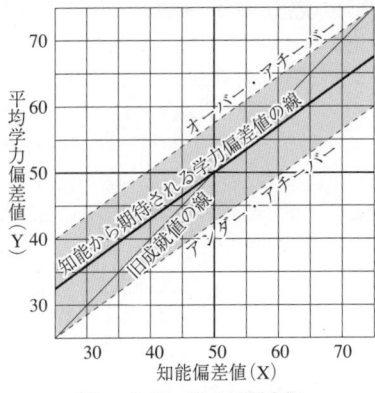

図1 知能・学力相関座標

【適性処遇】 L.J.クロンバックが，適性処遇交互作用（指導法や教材，教具等を，学習者の能力・適性のいかんによってそれにマッチするように変えれば効果が期待できる）という考えを提唱した。B.トーマスらの研究成果（図2）は，

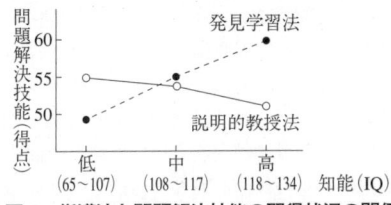

図2 指導法と問題解決技能の習得状況の関係

知能水準（適性）の理解が，学習者に適切な指導法（処遇）を考えるために必要であることを示唆している。また，B式知能優位かA式知能優位かなども適性としてとらえて有効な学習法や指導法を考慮すべきとの考えもある。また，集団知能検査が提供している下位検査レベルのデータによって知られる知的特徴を適性としてとらえ，処遇に生かしていくような研究が望まれる。　　　　　　　　　　　　　（渋谷憲一）

[参] 金井達蔵・石田恒好編著『新版教育評価の技術』図書文化，1981．

乳幼児の発達と診断

【乳幼児の発達と乳幼児健診】　出生したばかりの乳児が教わりもしないのに母親の乳首を吸うことができるのは、口角が突起に触れると吸う動きが誘発される（吸啜反射），という原始反射によるものである。出生直後の乳児の行動のほとんどは原始反射であり，神経の発達とともにさまざまな行動が学習され，のちの複雑な行動パターンへと発達していく。のちの行動の発達と比べると，乳幼児の行動の発達は個人差が小さい。したがって暦年齢と行動の発達水準との比較により，発達の遅れや歪みを早期に発見することが可能である。早期に適切な生活指導や治療を行うことにより悪化を未然に防いだり，より望ましい成長・発達を促進することができる。

出生前の妊婦健診と同様，出生後の乳幼児健診は病気や異常の発見だけでなく，発達の遅れや歪みの発見に大きく貢献している。わが国では，1947（昭和22）年の児童福祉法と翌年同法に基づく乳幼児保健指導要領が施行されてから乳幼児健診が一斉に行われるようになった。栄養失調や急性・慢性伝染病の早期発見・予防などの当時の目的は大きく果たされ，今日では，乳幼児の心身の最適な成長・発達を助けることが目的となっている。乳幼児健診では行動発達のチェックとともに，栄養，育児に関しても母親指導が行われる。

【乳幼児健診の時期と内容】　以下の内容は神経発達に伴って達成されるものであるから，達成されていない場合，異常を疑う目安となる。

3～4か月は首がすわり，はっきりと追視ができるようになり，あやすと声を出して笑うようになる時期である。また，原始反射の大部分が消失している。それらが達成されていない場合，脳障害を疑う。しかし，周産期に異常がある場合，3～4か月の時点で正常と考えられても，8～10か月になって再び異常が現れることがあるので注意深い経過観察が必要である。

6～7か月はお座りや寝返りができるようになる時期である。周囲へ話しかけるような声を出したり，体のそばにあるものに手を伸ばしてつかむことができるようになる。

9～10か月はつかまり立ちやはいはいができるようになる時期である。指で小さい物をつかんだり，一人で機嫌よく遊ぶこともできる。

12か月は相手になって遊ぶと喜んだり，大人の言う簡単な言葉がわかる時期である。呼んでも振り向かない場合は，聴力障害や，精神発達遅滞を疑う。

1歳6か月は運動機能の発達，精神発達のチェックに重要な時期である。すなわち，一人で上手に歩けるようになったり，自分でコップを持って水が飲めるようになったり，意味ある単語を話せるようになる。感情表現も少しずつ豊かになっており，情緒面や社会性の発達にとっても節目といえる。生活習慣の自立や歯の予防などに関する最初の指導を行うのに最適な時期であるため，母子保健事業として全国的に実施されている。

3歳健診は母子保健法で義務づけられている。その理由の1つには，発達の個人差が大きくなることがあげられる。この時期には一人で階段を登ったり，自分の名前が言えるようになったり，衣服の着脱を一人でしたがるようになるが，達成していない場合，生活習慣や育児の影響が十分考えられ，母親に対する適切な指導を必要とするからである。

【発達診断】　何らかの機会に発達の遅れや歪みが指摘され，その発達の遅れや歪みの原因や背景の推定，援助方針の立案，予後の見通しを検討することを目的として発達診断が行われる。医学的診断，生育歴や現在の生活状況の把握の

ほか，乳幼児健診や標準化された発達検査などを利用して得られた情報をもとに，予後を視野に入れた最適の援助を施すための活動である。尾関夢子・三宅篤子ら（1985）によれば，発達診断の基本的性格と内容は以下のようにまとめられる。

① 発達診断とは総合的判断であること。
② その構成要素は，診断場面で実施可能な諸検査，チェックを行うとともに，生育歴の聴き取り，家族状況，家庭環境の把握，症状の変化の状況，など多様であること。
③ 診断の中心は発達段階の評価および平均からの偏りの意味づけをし，将来を予測すること。
④ 発達段階の確定のみならず，どのような障害の予兆が現れているか（放任すればそのような障害に移行する可能性がどの程度あるか）。
⑤ 障害予防のための教育的働きかけの量・質を知るための手がかりを得ること。
⑥ 将来の予測も，このような教育的働きかけの効果と関連において行うべきこと。

【発達検査の意義】　発達診断を実施する際，発達検査は発達水準を評価する1つの道具である。標準化された手続きにより，客観的に短時間に多量の情報を得ることができるため，発達診断には欠かせない手続きである。

【発達検査の種類と特徴】　評価内容は運動発達，言語発達，生活習慣など複数の領域である。検査者が対象児の行動を直接観察して測定するもの，対象児の日常の様子をよく知る養育者などから情報を聴取して測定するものがある。知能検査と同様，標準化の手続きを踏んでおり，判定基準により，対象児の発達水準が評価される。検査の結果，発達年齢が評価されれば，以下の式により発達指数が算出できる。

$$発達指数（DQ）＝\frac{発達年齢（DA）}{生活年齢（CA）}×100$$

検査が下位項目に分かれている場合は，下位項目どうしを比べてみることで対象児の発達の歪みやバランスをみることができ，発達診断の参考となる。また，できなかった項目に対する対象児の反応も重要な情報となる。

【発達検査の手続き】　どのような目的で，どのような検査を実施するのかを，対象児の保護者に説明し，同意してもらう。対象児の行動を直接観察して測定する場合は，対象児へも説明と同意を要することもある。対象児が年少であればあるほど検査者と対象児との関係や流れが検査時の行動に影響するので，対象児の行動を直接観察して測定する場合は，対象児とラポールを形成してから開始し，検査中に対象児を待たせたり，急がせたりすることのないよう対象児の反応に合わせることを心がける。また，ラポールの形成の様子や流れそのものも観察の対象となる。対象児の日常の様子をよく知る者から情報を聴取し測定する場合は，対象児の現在の行動に生活習慣や育児の影響が十分考えられることを踏まえ，日常の様子をより引き出すような聴き取りが重要である。生活習慣や育児の様子の把握は，援助の立案や母親指導の重要な資料となる。

【発達検査の取扱いの留意点】　検査者は検査の特色，背景にある理論や歴史に精通し，実施方法に熟練している必要がある。定められた検査用具や検査用紙を用い，手引書に従って検査を実施しなければならない。判定は判定基準に忠実でなくてはならない。判定結果の解釈や援助方針を立てる際，検査の長所や限界などを十分に理解したうえで，複数の検査を実施する必要が生じる場合も多い。検査実施後は結果を，検査を依頼した専門家に理解できる内容で報告書にまとめる。検査に精通していない保護者に結果のみを知らせるのは指導上の観点からも危険な行為であり，説明する場合は対象児に対する以後の援助に有益になるよう特段の配慮と留意が必要である。

（堀内ゆかり）

[参] 尾関夢子・三宅篤子『乳幼児のための健康診断―心理相談員のみた発達と指導―』青木書店，1985.

津守・稲毛式乳幼児精神発達質問紙

→乳幼児の発達と診断

【内容】 対象児の日常の様子をよく知る養育者などに面接をして行う検査であり、津守真、稲毛強子によって1961（昭和36）年に作成された。

津守・稲毛（1961）が「検査場面における検査のおよばない点を補うところに意義がある」と解説書で述べているように、検査場面に限定されず、対象児の普段の全般的状況について診断できることが特長である。対象は、0歳～3歳、3歳～7歳の正常発達の子どもであるが、発達に遅れや歪みがある場合、適用範囲は広がる。質問項目は、運動97項目、探索・操作101項目、社会90項目、食事・排泄・生活習慣77項目、理解・言語73項目の5領域、合計438項目からできている。各項目について「○（確実にできる）2点」「△（ときどきできる、ここ数日内にやっとできるようになった）1点」「×（明らかにできない、そのような経験がない）0点」の3段階で評定し、合計点を発達年齢に換算する。発達年齢より発達指数を算出することができる。また、質問結果を発達輪郭表に図示することによって、暦年齢との比較や5領域のバランスを把握することができる（図参照）。

【特色】 本検査の特色について、津守・稲毛（1961）は以下のようにまとめている。①母親と面接し、母親の観察に基づく報告によって、発達の診断がなされること、②検査場面のように観察される場面が限定されず、終日の状況観察に基づいて判断されること、③検査の結果は、検査時の子どもの状態に左右されることなく、普段の行動の全般的状況に基づいて判断されること、④検査のための設備や用具を必要とせず、いつ、どこでも実施できること、⑤子どもの状況のいかんにかかわらず、実施できること。子どもが寝てしまって検査できないとか、また、検査を拒否するとか、落ち着きのない精神遅滞児の場合や、その他の障害をもつ子どもの場合などのように課題行動にのらないために実施できないということがない、⑥面接に要する時間は、約20分という短時間であること、⑦面接質問の結果は、発達年齢に換算されること、⑧発達輪郭表によって、いかなる特徴があり、いかなる領域が遅滞しているかなどを知ることができること、⑨発達輪郭表に記載してある、発達質問紙を構成している項目をもとにして、特徴づけた発達段階は、その子どもの理解に役立ち、また指導上も役立つ。 （堀内ゆかり）

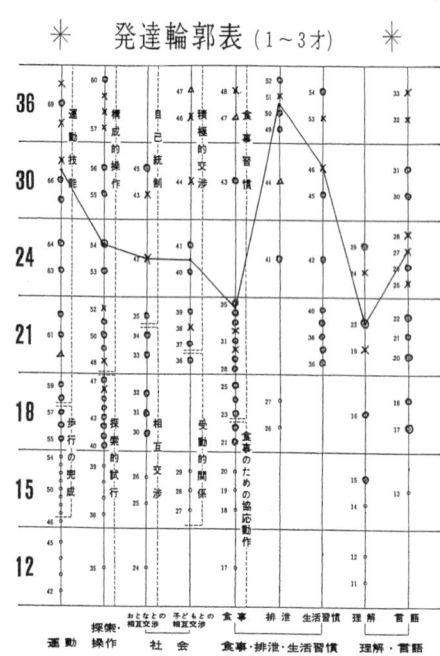

図 乳幼児精神発達診断法の記入例（津守ら，1961）

［参］津守真・稲毛強子『乳幼児精神発達診断法0才～3才まで』大日本図書，1961. 津守真・稲毛強子『乳幼児精神発達診断法3才～7才まで』大日本図書，1961.

日本版デンバー式発達スクリーニング検査

→乳幼児の発達と診断

【目的】 デンバー式発達スクリーニング検査（DDST：Denver Developmental Screening Test）は，乳幼児期に発達の遅れや歪みのある者をスクリーニングする目的で，米国デンバー市の乳幼児をサンプルとして，米国コロラド大学のW.K.フランケンバーグとJ.B.ドッズによって1967年に作成された。「①問題をもっている可能性のある，症状のない子どもたちを抽出するため，②直感的な疑惑を客観的な方法で確かめるため，③周産期に異常のある者のようなハイリスクの子どもたちを監視するため」を基本的理由として，「普通の子どもたち—あるいは，外見上異常のないように見える者—に施行し，発達的に障害のある可能性の高い者を抽出することを目的としている」（上田，2001）。1978年には改訂版（DDST-R）が出版された。

日本版は1980（昭和55）年，上田礼子らによって標準化された（JDDST：Japanese Edition Denver Developmental Screening Test）。1983年にはJDDSTの改訂版JDDST-Rが出版されている。

【内容】 JDDSTの対象は，0歳～6歳の就学前の子どもである。質問項目は，個人—社会，微細運動—適応，言語，粗大運動の4領域，合計104項目（DDSTは105項目）からできている。検査用紙の上下にある暦年齢に暦年齢線（出産予定日より2週間以上早く出生している場合は修正した暦年齢線）を引く。暦年齢線の左側にある項目を各領域について検査する。評価を検査用紙に，P（合格），F（失敗），R（拒否），N.O.（やったことがない）で記入する。その領域内でFが3項目続くまで進める（少なくとも3項目以上のFがある）。検査用紙には検査項目がバーで示されており，正常な子どもの25％，50％，75％，90％の通過率が明記されていて，年齢線の左側に完全に位置している失敗の項目が遅れを意味する。遅れの項目数や様相から正常，疑問，異常，不能と判断する。簡易版では，検査項目は各領域3項目の合計12項目で，対象児が正常か否かを短時間に評価できる利点がある。

（堀内ゆかり）

[参] 上田礼子『日本版デンバー式発達スクリーニング検査（増補版）』医歯薬出版，2001.

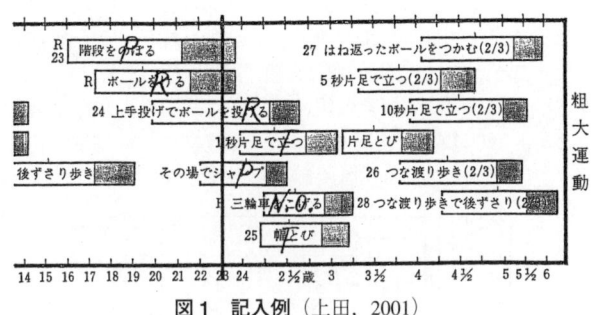

図1 記入例（上田，2001）

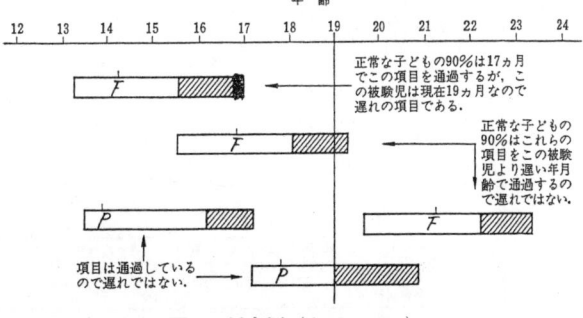

図2 判定例（上田，2001）

遠城寺式乳幼児分析的発達検査法

→乳幼児の発達と診断

【内容】 対象児および対象児の日常の様子をよく知る養育者などに面接をして行う検査であり，1958年九州大学小児科において遠城寺宗徳らにより旧式が作成され，1977年に改訂版が出版された。対象は，0歳〜4歳7か月の正常発達の子どもであるが，発達に遅れや歪みがある場合，適用範囲は広がる。質問項目は，移動運動，手の運動，基本的習慣，対人関係，発語（各26項目），言語理解（21項目）の6領域からできている。項目は0〜11か月は1か月ごと，1歳〜1歳5か月は2か月ごと，1歳6か月〜2歳11か月は3か月ごと，3歳〜4歳7か月は4か月ごとに設定されている。まず，暦年齢相当（発達に遅れや歪みがある場合は，適当と思われる年齢相当）の問題から始め，○（合格），×（不合格）を記入していく。○であれば検査を上の問題に順に進め，×が3つ続いたところ，また，下の問題にも順に進め，○が3つ続いたところでその領域の検査は終了である。いちばん上の○を結ぶことで発達プロフィール（図）ができ，暦年齢との比較や6領域のバランスを把握することができる（上に○×○×××と続く場合は○○××××のプロフィールとする。上に×○○×××と続く場合は○○××××のプロフィールとする）。また各領域ごとに発達指数を算出することができる（言語理解の領域では，8か月以下の検査項目に空欄があり，評価には留意が必要。通過率を参考に大幅な遅れを評価することは可能であるが2〜3か月程度の遅れの評価はむずかしい）。

遠城寺（1977）によれば，検査の特徴は以下のとおりである。①移動運動，手の運動，言語，情緒，知的発達，社会的発達の各機能を分析的に評価できる。②脳性小児まひ，知的障害などの鑑別診断ができる。③0歳児から使用できる。④初診後の発達進歩の問題を容易に把握できる。⑤折れ線グラフで患者の両親にも説明しやすい。⑥検査法が簡便で，短時間で検査できる。

(堀内ゆかり)

[参] 遠城寺宗徳・合屋長英『遠城寺式乳幼児分析的発達検査法（九州大学小児科改訂版）』慶応義塾大学出版会，1977.

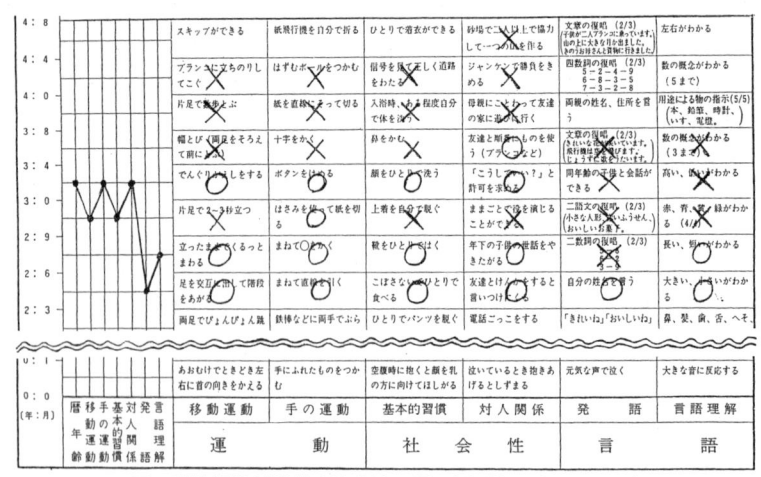

図　乳幼児分析的発達検査法の記入例（遠城寺ら，1977）

発達診断チェックリスト

→乳幼児の発達と診断

【意義】 発達の遅れや歪みの原因や背景の推定，援助方針の立案，予後の見通しを検討することを目的として行われるのが発達診断であり，標準化された発達検査などを利用することは非常に有用である。しかし，保育や教育の現場や治療場面においては，標準化のいかんにかかわらず，より具体的・実践的な活動を整理できることが求められる。治療目標が立てやすい道具の一例として，柚木・白崎（1985）の「発達診断チェックリスト」を以下に紹介する。このチェックリストは，(1)自己概念，(2)社会性，(3)認知，(4)言語，(5)運動，(6)生活習慣の6領域からなり，①〜㉓の項目についての，100の臨床観察項目で構成されている。100の臨床観察項目について，よくできる（2点），ほぼできるが不確か（1点），できない（0点）のいずれかで評価する。そして，その評価をもとに具体的治療目標や方針を立てる。 （堀内ゆかり）

[参] 柚木馥・白崎研司編『発達診断とステップ（障害児の保育セミナー 2)』コレール社，1985.

表 発達診断チェックリスト（一部）（柚木・白崎，1985）

よくできる——◎2点 ほぼできるが不確か——○1点 できない——×0点

領域	項目		臨床観察項目	チェック 前	後	得点 前	後
(1) 自己概念	①自己と他者の区別	1	1. 名前を呼ばれたらふりむく				
		2	2. 人の声に注意をはらう				
		3	3. 人のやっていることに関心を示す				
	②ボディーイメージ	4	4. 自分の身体を理解する				
		5	5. 人見知り				
		6	6. 鏡を見て自分であることを理解する				
(2) 社会性	③やりとり	7	1. ほおずり・だっこ				
		8	2. 高い高い				
		9	3. グルグルまわし				
		10	4. くすぐりっこ				
		11	5. 走りっこ				
		12	6. おすもう				
		13	7. ボール遊び				
(6) 生活習慣	㉑衣服	94	3. ひとりで脱ぐことができる				
		95	4. ひとりで着ることができる				
	㉒排尿便	96	5. おしっこがひとりでできる				
		97	6. うんちがひとりでできる				
	㉓生活	98	7. お店へひとりで行ける				
		99	8. お金を持たせる				
		100	9. となりの家に物を持っていける				
（得点項目の%は通過率）			通過率45%				

創造性

→知能，創造性の指導と評価

【定義】　創造性とは何かについては諸説がある。J.P.スミス（1966）は，「創造性とは，われわれの過去経験を深く掘り下げて，これらの選択された経験を結び合わせて，新しいパターン，新しいアイデアまたは新しい所産を作り出すことである」と定義し，E.P.トーランス（1994）は，「創造性は問題を嗅ぎつけ，情報のギャップを見つけ出し，アイデアとか仮説を形成し，それらの仮説を検証したり修正したりして，最終的に結果をコミュニケートする諸過程を指すもの」と定義する。社会の影響を重視するM.チクセントミハイ（1999）は，創造性の発現には3つの要因の合流が必要と説く。1つ目は，才能や野心という人格的な背景に支えられた創造者としての可能性をもった"個人"である。2つ目は，創造者を取り巻く文化の中に創造者を魅了する"専門領域（domain）"があることである。最後は，社会の中に創出された産物の質を判断できる専門家集団や機関や学校・大学という"場（field）"があることである。この三者は三角型に結びついて刺激し合って創造性が生まれるという。

【創造性の構成因子】　J.P.ギルフォードとR.ホエップフナー（1971）は，因子分析を用いて，創造性の構成因子についての研究を推し進め，創造性を構成する以下の6つの主要因子を見いだしている。①問題に対する感受性─問題を発見する能力。②思考の流暢性─特定の問題に多くのアイデアを円滑に出せる能力。③思考の柔軟性─さまざまな角度からのアイデアを考えうる能力。④思考の独創性─他人の考えとは異なった，非凡な発想を生む能力。⑤再定義の能力─魚の骨を釣り針としても使えるというような新たな利用法を考えつく能力。⑥思考の精緻性─アイデアをていねいに考えることができる能力。

【収束的思考と拡散的思考】　ギルフォード（1967）は，知の研究を推し進め，知能検査で測定される「知能」とは異なる知性，すなわち「創造性」のあることを見いだした。両者の違いを弓野憲一（1989）は次のように述べている。知能とは，算数・数学の応用問題の解決時に必要とされるような能力で，「問題の中に埋め込まれた要素を組み合わせることによって，1つもしくは少数の解にたどり着くような思考」，すなわち「収束的思考」が強く関与する。他方，創造性は，「ある環境基準をクリアするためのエンジン開発の思考過程にかかわる能力」のようなものであり，正解がたくさんあり「拡散的思考」が強く関与する。もちろん，科学技術における発見や発明，芸術や文学等の創造は，最初，拡散的思考を用いてアイデアを生み出し，次にそのアイデアの現実的有効性を収束的思考を用いて検証する。そして，そのアイデアが十分でなかった場合には，再度拡散的思考を用いて別のアイデアを生み出し検証するという過程が繰り返される。

【内発的動機】　高い創造性の発現には，外から与えられる報酬や評価（外発的動機）はむしろ邪魔であり，創造者が創造そのものに価値を見いだす内発的動機が大切なことを，詩の創作等においてT.M.アマビールは実験的に確かめている。

【創造的パーソナリティ】　トーランス（1966）は，創造性を発揮する人は，①無秩序を受けとめる，②冒険的である，③神秘的なものにひかれる，④優越したいという望みをもつ，などの特性があるという。

（弓野憲一）

［参］弓野憲一『総合的学習の学力―測定と評価技法の開発―』明治図書，2001．弓野憲一編著『知能と創造性の発達と育成』『発達・学習の心理学』ナカニシヤ出版，2002．

創造性の指導と評価

【学校における創造性の指導】 学校での「創造性」は，理科や数学や技術科等における発見や発明，美術や国語における制作や創作を指す場合が多い。教師は産出物が，ユニークで優れていれば「創造的」「独創的」であると判断し，生み出した人を「創造的な生徒」と評価する。しかし学校における創造性の指導は「優れた生徒」のみの指導に終始してはならない。なぜなら高度情報化社会・知識創造社会・国際化社会が進展している先進国では，創造性教育は教育における現在および未来の一大目標であるからである。そのような理由で，創造性教育は一人一人の生徒がもっている固有の創造性に着目し，さまざまな教科や教材を通して，他人との比較においてではなく，その生徒のもっている個性，言い換えると「その子らしさ」をいかに伸ばすかという観点からの教育が望まれるのである。

【ほめる】 子どもの創造性を伸ばすには，「ほめる」ことが重要である。弓野憲一（2001）は，知能を伸ばすほめ方と創造性を伸ばすほめ方を区別している。

①知能を伸ばすほめ方：それは正解です。よく答えが1つにまとまったね。よく記憶できたね。すっきり考えられているよ。まっすぐ筋が通っているよ。

②創造性を伸ばすほめ方：さすがは何々君，本当に君らしい考え方だ。人が考えつかない方法をよく考えたね。最後まで辛抱強く考えたね。いろいろな観点からよく吟味されているよ。その「もしかしたら」というふうに仮定して，考えた点がとてもいいね。

教師は2つのほめ方の違いを峻別して，臨機応変にほめることが大切である。

【創造技法】 創造性を伸ばすために開発された技法は次のとおりである。

❶ブレインストーミング：人は学校教育を受けるにつれて知識の体系を身につけていく。そのような知識体系は，定型的な問題解決には有効であるが，新たな解を必要とする創造的問題解決を妨げる場合が多い。A.F.オズボーン（1957）はこの隘路を断つために，創造的思考を促す以下の原則をもったブレインストーミングを提唱した。①問題は多角的であるので，アイデアは多いほどよい。②独創的なアイデアを生み出すことを主眼とし，思考中は相互に批判禁止。最終的に評価を行う。③自由奔放なアイデアが奨励される。④きわめて自由な雰囲気をつくり出し，間違いや見当はずれの大胆なアイデアを歓迎する。⑤人のアイデアを展開させてもよい。

❷KJ法：ある問題を解決するために調査等で大量のデータを得た場合には，それを創造的にまとめるのはむずかしい。川喜多二郎はそれらのデータから物や事の本質をとらえた「1行見出し」をまずつくり，一連の1行見出しの中で「似たもの」を寄せ集め，これに「中見出し」を付け，さらに「大見出し」「大大見出し」とまとめ，それらを見出しの重要度に応じて空間的に配置するKJ法を考案した。小集団でこの方法を実施すると，参加者の小さな意見も大切に扱われ，データがすべて生かされて思わぬ発想につながる。

❸概念地図法：J.D.ノバックによって創始された概念地図法は，教科書等から鍵概念を抜き出し，それらの概念間を適切な関連語でつなぐことによって知識のネットワークをつくり上げる。通常そのネットには概念間の縦の関係のみが詳述されるが，適切な発問を入れることによって，学習者に横の関係を類推することを求めると，創造性が開発される。 （弓野憲一）

[参] 弓野憲一編著『世界の創造性教育』ナカニシヤ出版，2005．

創造性検査とその活用

→知能検査の開発史と種類

【開発の歴史】 創造性検査で測定できるのは，通常の人の創造性である。天才といわれる人の創造性は検査では測定できない。創造性検査を用いて創造性を測ろうとする試みは，第2次世界大戦中のJ.P.ギルフォードの研究から始まった。ギルフォードは，突発事態に柔軟に対処できるパイロットを識別する検査を作ることを求められ，知能に深く関与した収束的思考とは別の拡散的思考に優れた人を見いだした。抽象的推理，記憶，決まりきった教示に従うことに優れたパイロットが，必ずしも，突発事態に柔軟に対処できるわけではないのである。その後，E.P.トーランスがたくさんの創造性検査を開発し，現在でも使われている。日本では，創造性心理研究会によってS-A創造性検査が開発されている。

【創造性検査の妥当性】 創造性検査で高い得点をとった人は，将来どのような職業を選択するであろうか。トーランス（1994）は，若い時代の創造性検査の成績と大人になってから創造，すなわち，ビジネス，ジャーナル，組織の起業，との間に高い相関を見いだした。さらに高校時代の創造性検査の成績は，著作，科学，薬学，リーダーシップ分野での社会における業績を的確に予測した。一連の研究によって，創造性検査の妥当性が保証された。

【各種の検査】 知能の測定とは異なり，創造性を測定することには多くの困難が伴う。さまざまな研究者がいろいろな創造性テストを考案している。いくつかの例をあげる。①古新聞の利用法，②ポンコツ車の活用法，③夢のカバン，④空中を歩いたり，飛行機などに乗らないで飛ぶことができたらどんな問題が発生するか，⑤ピエロが水に映った自分をのぞき込んでいるような線画を見て，それに対して質問したいこと，どうしてこうなったか，これからどうなるかを考える問題，⑥［＜］のようなパーツを一部に組み込んで，意味のある図形・物を完成させる問題等がある。

日本においても，創造性心理研究会がギルフォードの検査をベースにして，S-A創造性検査B版とP版を開発している。B版では①夢の電話，②夢の万年筆，③すべての人間が死ななくなったら何が起きるか，等を考えさせ，P版では，①川向こうの宝を得るための川のわたり方，②自動車の改良，等を求めている。

【創造性の評価】 創造性は複合的な能力や人格であるので，テストのみでそれが完全に測定・評価できるものではない。テストは主として，新たなアイデアを発想できる能力の測定・評価に用いられる。多人数の被験者の創造性検査の反応を整理して，創造性を構成する6因子のうち，比較的測定しやすい①思考の流暢性（アイデアの数），②思考の柔軟性（アイデアの質），③思考の独自性（他の人が考えつかないアイデアか），④思考の精緻性（アイデアがていねいに考えられているか）が評価される。創造性の評価は，集団の中における個人の位置を示すものとなっている。

【創造性検査の活用】 日本の学校では創造性検査はあまり使用されていない。しかしアメリカやカナダではたくさんの使用例がある。他方，ビジネスの世界では，拡散思考を測る検査がしばしば入社試験の一部に組み込まれている。ネクタイ売り場の売り子さんの販売量に，創造性が大きく関与していたというデータをトーランスが報告している。さまざまな場所において，人間の知を多角的に評価するために，創造性検査の活用が望まれる。 （弓野憲一）

［参］ Torrance, E.P.(1994) *Creativity: Just Wanting to Know.* Benedic Books: Republic of South Africa.

第5章
パーソナリティ，行動，道徳性の評価

1　パーソナリティと行動の評価
2　道徳性の評価

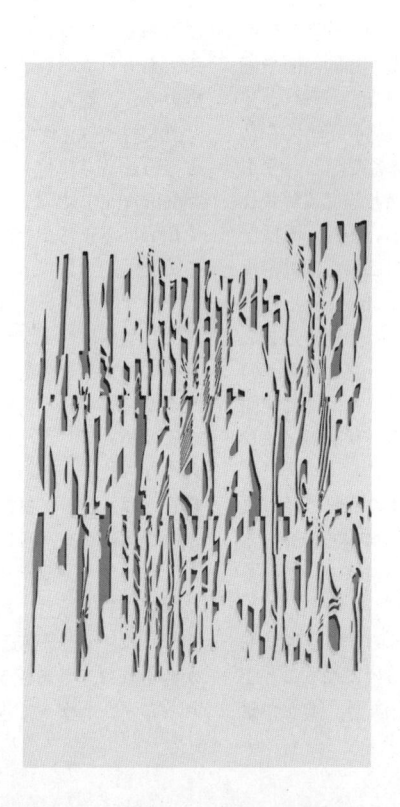

パーソナリティとその評価

→適性処遇交互作用，パーソナリティの形成，評価の歪み

【語義】 人は，時間を超え場面を超えて，ある程度一貫した行動・思考パターンを示す傾向（一貫性）があり，しかもそのパターンには，他のだれでもない，その人ならではの特徴（独自性）が認められる。それゆえわれわれは，毎日表情も服装も異なる他者を常に同一人物と認識し，行動を予測することができるのである。このように，個人を特徴づけている持続的で一貫した行動・思考のパターンのことを，パーソナリティという。

パーソナリティの語源はラテン語のペルソナ（persona），すなわち古代演劇で用いられた仮面である。それがやがて俳優が演じる役を，さらには演技者自身を表すようになった。このことから，パーソナリティという用語は，他者から見えるその人の特徴，特にその人独自の個性を強調した概念を表し，また広く知的側面や価値観等をも含むものと考えられる。パーソナリティの日本語訳には，通常「人格」が当てられるが，この訳語は，「彼は人格者だ」というように，ある種の価値を含む概念として誤解されるおそれがあるとの批判もある。また，同様な用語に「性格」がある。通常，これらは厳密な区別なく用いられるが，性格（character）の語源は，ギリシア語で石に名前などを刻み込むことであり，生得的で固定的なパーソナリティの側面を意味している。また，性格は，知的側面と区別して用いられることから，狭義のパーソナリティともいえよう。

【歴史と理論】 パーソナリティの理解の仕方には大きく類型論と特性論の2つの立場がある。

❶**類型論**：人々に共通する特徴に基づいていくつかの典型的なタイプを見いだし，それによってパーソナリティを理解しようとする立場であり，その起源は古くギリシア時代に遡ることができる。E.クレッチマーの肥満型（躁うつ気質）・細長型（分裂気質）・闘士型（粘着気質）の類型や，C.G.ユングの内向型―外向型の類型が代表的である。

類型論は，個人のパーソナリティを，統合性を保ったまま全体としてとらえるため，個人の特徴が直感的に理解しやすい反面，多様なパーソナリティを少数の類型に無理に当てはめることで，それ以外の特徴が見逃されたり，典型的な類型に属さない中間的な人たちの特徴が無視されやすいという問題点があげられる。そこで，できるだけ多くの基準を同時に考慮しようとする特性論の立場が1930年代に台頭してきた。

❷**特性論**：「彼女は社交的だ」とか「依存的だ」というパーソナリティの個人差は，質的に異なっているのではなく量的な差であると考える立場である。すなわち，社交性も依存性もすべての人がもっているが，それらがどの程度強いか弱いかが，個人によって大きく異なると考える。

社交性や依存性など，一貫した行動傾向のまとまりを表す単位をパーソナリティ特性（personality trait）とよぶ。特性論では，質問紙等を用いてさまざまな特性を量的に測定し，それらの強弱をプロフィールに描くことによって，パーソナリティを理解しようとする。このように，特性論はパーソナリティを多面的に理解できるのが大きな特色であるが，一方でプロフィールから得られる情報が断片的で，個々の特性の寄せ集めでしかなく，その人の生きた人間像がつかみにくいという問題点も指摘されている。

❸**ビッグ・ファイブ説**：因子分析などの統計手法の発達により，特性論はその後大きく発展した。特に，パーソナリティ特性用語や既存の性格検査の質問項目に対して因子分析を試みた研究からは，5因子構造が繰り返し報告され，しかもそれは，さまざまな文化圏で普遍的にみられることがわかってきた。これらのことから近

年，パーソナリティは5つの因子によって記述できるという，ビッグ・ファイブ（Big Five）説が注目を集めている。

5因子の名称は，まだ研究者によって相違があるが，P.T.コスタとR.R.マクレー（1985）ほかによれば，次のようにまとめられる。

第1は神経症傾向の因子（N）である。不安が高く心理的苦痛に敏感に反応するか，適応して情緒が安定しているかを表している。第2は外向性の因子（E）である。対人関係への積極性だけでなく，興奮や刺激を求めてエネルギッシュに外界に働きかけるか，控えめで依存心が強いかを表す。第3は開放性の因子（O）である。自らの経験に対して心を開き，想像力・感受性・知的好奇心が強いか，保守的で閉鎖的かを表す。第4は調和性の因子（A）である。愛他的であり，他者に対して信頼や協調を示すか，他者の意図を疑い，競争的に振る舞うかを表す。第5は誠実性の因子（C）である。強い意志をもって断行し，きちょうめんで厳しく自己を統制しているか，目的に向かって努力する意欲や正確さに欠ける傾向にあるかを表す。

【意義】 教育において，児童生徒のパーソナリティを理解することの重要性が広く認識されるようになった契機の1つに，適性処遇交互作用（ATI）の現象がある。指導法の効果が，児童生徒の適性要因によって異なるというATI研究からの指摘は，児童生徒の多様なパーソナリティに応じて，きめ細かな指導計画を立てる必要性を示唆している。教育の個別化・個性化が叫ばれるようになって久しいが，児童生徒のパーソナリティをよりよく理解し，日々の教育活動に生かしていく姿勢は，これからの教員に強く求められる資質といえよう。

【評価】 心理学では，パーソナリティを客観的に理解するため，さまざまな性格検査が考案され，研究されてきている。性格検査には，質問紙法・投影法・作業検査法がある。

❶質問紙法：あらかじめ用意された多数の質問項目に対して，自分がどの程度当てはまるかを「はい・どちらでもない・いいえ」などの形式で回答させるものである。代表的な検査には，MMPI（ミネソタ多面人格目録）やY-G性格検査，前述のビッグ・ファイブを測定するNEO-PIなどがある。質問紙法は実施が容易であり，集団での実施にも適している。回答は数値化され量的に処理されるため，検査者の主観が入る余地が少なく，客観的な評価が可能である。しかし，回答者の意識レベルでの評価であるため，正確な自己認識ができない年少者や，自分をよく見せたいという意図によって，回答は意識的・無意識的に歪められるおそれがある。

❷投影法：これは，意味の曖昧な図形や文章を提示して，そこから連想するものや物語など，自由な回答を表出させ，これを力動的に解釈する。代表的な検査には，ロールシャッハ・テストやTAT（絵画統覚検査），P-Fスタディなどがある。投影法は，検査意図が曖昧なので，回答者に不当な緊張や回答の歪曲が生じにくく，自己の深い世界が表出されやすい。そのため，無意識レベルに隠された欲求や感情を測定するのに適している。しかし投影法は，基本的に個別面接で行われるため時間がかかるほか，結果の整理や解釈に検査者の主観が入りやすいので，正確な診断には熟練を要するなどの問題がある。

❸作業検査法：これは，検査の意図を知らせずに作業を行わせ，作業経過や作業結果の特徴によってパーソナリティをとらえようとするものである。代表的なものには，内田クレペリン検査やベンダー・ゲシタルト検査がある。

以上のように，それぞれの検査には独自の特徴が認められるため，各々の特徴が生きるよう複数の検査を組み合わせて実施し（テスト・バッテリー），さまざまな側面からの情報を総合しながら，パーソナリティの理解を深めていく必要がある。 　　　　　　　　　（中山勘次郎）

［参］丹野義彦『性格の心理』サイエンス社，2003.

パーソナリティの形成

→パーソナリティとその評価，乳幼児の発達と診断

【語義】 パーソナリティの形成というのは，個人の行動の特徴が状況を超えてある程度一貫性と安定性をもつ状態にいたる過程を指している。ここで行動の特徴というのは，行動の仕方をはじめ，刺激や状況に対する反応の様式，ものの考え方や認知の様式，対人関係の特徴，情緒の特徴など多方面にわたっている。

その個人の特徴を形成する要因として遺伝要因と環境要因があげられる。主として遺伝要因が働く過程が成熟とよばれ，環境要因が働く過程が学習とよばれているが，両者は互いに独立した過程ではない。

乳児は誕生時点で活動水準や反応強度などに個人差があり，気質とよばれる行動的特徴を示す。気質の特徴によって乳児は環境への働きかけが異なり，環境に異なった影響を与える。環境要因には，過去から現在までの生育歴や家族関係，友人関係，それを取り巻く社会的文化的諸条件が含まれる。このような環境からの働きかけの特徴が，逆に乳幼児の行動に影響を与える。このように子どもと環境とは，相互に影響し合い規定し合いながら，子どもも環境も変化してゆく。このような相互作用の中で，子どもにある程度一貫した行動特徴が形成されてゆく。

【理論】 子どもと環境との相互作用の中で，子どもに何が生じているのだろうか。この点に関して，今日2つの理論が代表的である。

❶J.ボウルビィの愛着理論（attachment theory）：愛着理論は，乳児は生得的に母親（養育者）との強い結びつきを求めており，そこでの安定した愛着関係が精神発達の基盤だと考える。乳幼児期の母親との関係の特徴が，母親や他の人々，世界や自己についての見方や考え方（内的ワーキングモデル）の形成に影響するという。つまり，母親との安定した関係が，母親や他者への信頼感と，世界や自己に対する肯定感をもたらすという。その反対に，不安定な愛着関係は母親や他者への不信感や，世界や自己に対する否定感を形成する。それが媒介となってその後の個人の行動や対人関係の特徴を形成し，個人の適応性を規定するという。

初期の母子関係は重要であるが，しかし，人間は単に過去の母子関係だけに規定されて生きているのではない。過去から現在にいたるまでの多くの人々のサポートや人間関係の特徴が個人のパーソナリティ形成に影響している。

❷A.バンデューラの社会的学習理論（social learning theory）：彼によれば，子どもは身の回りの人々をモデルとしながら，対人行動の様式やものの考え方などを自己に取り入れ，自己を形成していくという。その過程が観察学習とかモデリングとよばれている。

【課題】 パーソナリティ形成について研究する場合，次のような問題に直面する。①研究における仮説をどのような視点や理論からどのように設定するか。②パーソナリティをどのように定義し，どのように測定するか。③パーソナリティ形成に関する先行変数をどのように設定するか。④どのような研究方法をとるか。⑤結果をどのように解釈するか。

パーソナリティ形成に関して，残された重要な課題をいくつかあげれば，次のようになる。①母子間だけでなく父子間の愛着関係が子どものパーソナリティ形成にどのような影響を与えるか。②どのような人物がパーソナリティ形成のモデルとなるか。③家族関係とパーソナリティ形成について研究上の方法論を明確にすること。④生涯にわたるパーソナリティ形成についてどのような視点からどのように研究するか。

(森下正康)

[参] 東 洋・繁多進・田島信元編『発達心理学ハンドブック』福村出版，1992.

指導要録における行動の評価

→行動の評価の方法，行動評価における観察，パーソナリティとその評価

【語義】 学校教育が子どもの知，徳，体の健全な育成を意図していることにより，2002（平成14）年度から実施されている指導要録においても，学力の評価のみならず，行動の評価も重視されている。小・中学校とも，指導要録の「行動の記録」欄では，10個の項目が設定され，それらの項目について評価するようになっている。

【歴史と意義】 1948（昭和23）年改訂の「学籍簿」は翌年から「指導要録」になったが，小学校では，「行動の記録」は，23項目（その他を含む）について5段階相対評価，興味・特技・指導を要する行動の記述，校内・校外で参考になる行動・経験の記録，所見であった。また，中学校・高等学校では，「個人的，社会的，公民的発達記録」で，17の行動特性について，目立った事実の記録と5段階の相対評価が行われた。

1955（昭和30）年の指導要録の改訂では，「行動の記録」は9個の項目が，A「特にすぐれたもの」，B「普通」，C「特に指導を要するもの」という3段階評定であり，絶対評価であった。さらに，小・中学校とも，判断・情緒の傾向に○×を記入（個人内評価），趣味・特技の記入，所見であった。

1961（昭和36）年の改訂では，「行動および性格」となり，事実の記録，13項目の評定，所見となった。項目の評定には道徳教育も考慮された。1971（昭和46）年の改訂では事実の記録が削除された。また，項目数も小学校10個，中学校11個に整理された。

1980（昭和55）年改訂の「行動及び性格の記録」では，9項目の評定と所見となった。評定は，従前A，B，Cの3段階から＋，空欄のまま，－，と改められた。

1991（平成3）年の改訂では，「行動及び性格の記録」が「行動の記録」と改変された。性格は，行動の一般的傾向と考えられ，行動に着目して評価することになった。「Ⅰ行動の状況」欄で，11項目ごとにその趣旨に照らして「十分満足できる状況にある」と判断される場合には○印を記入することとされた。したがって，評定は絶対評価による2段階評定である。また，「Ⅱ所見」では，子どもの「よさや可能性」を伸ばすといった観点から，個人として優れている点など長所を取り上げることが基本となった。

2001（平成13）年の指導要録の改訂では，「所見」欄がなくなり「行動の記録」だけとなり，項目数も10個（「基本的な生活習慣」「健康・体力の向上」「自主・自立」「責任感」「創意工夫」「思いやり・協力」「生命尊重・自然愛護」「勤労・奉仕」「公正・公平」「公共心・公徳心」）になった。その評価の仕方については従前と同様，「十分満足できる状況にある」と判断される場合には○印を記入すること，であった。「所見」欄は，新設された「総合所見及び指導上参考となる諸事項」に記載することとされた。

【課題】 行動の評価については，大変に困難を伴うものであることはいうまでもない。目標に準拠した評価であるので，各教科の学習の評価と同様に，「十分満足できる状況」を具体的に示す基準を，項目ごとに設定する必要がある。現在示されている「趣旨」では不十分であり，個々の教師では設定が困難であるので，文部科学省もしくは各教育委員会で設定すべきである。

(井上正明)

[参] 教育開発研究所編集部編『新指導要録全文と要点解説』教育開発研究所，2001．辰野千壽『行動・性格アセスメント基本ハンドブック』図書文化，1999．

行動の評価の方法

→行動評価における観察，質問紙法の意義と種類，指導要録における行動の評価

【意義】 児童生徒は，学校内・外でさまざまな行動をとりながら生活している。学校教育が人格ならびに学力の健全な育成を意図してなされている以上，彼らの学習活動をはじめとする諸行動を教育的な観点から適切に指導し，健やかな育成・向上を図ることがきわめて重要である。児童生徒が望ましい方向に育っているのであれば問題はないが，もし望ましくない方向に進んでいるのであれば，それを望ましい方向に軌道修正する必要がある。

学習活動に影響を与える行動の背景要因には，知能や学力，パーソナリティや性格，気質，意欲，意志，態度，適応性，認知，適性等がある。したがって，それらの諸特性を的確に，また客観的に測定・評価することによって，学習活動が効果的に実施される。

【評価方法】 学校で児童生徒の行動を評価する方法の枠組は，大きく分けると2通りある。1つは，児童生徒自身が自らの行動を評価したり，あるいはお互いに評価し合ったりする自己評価や相互評価である。そして，もう1つは，教師が児童生徒の行動を評価する他者評価である。

(1) 児童生徒の「自己評価」「相互評価」

❶自己診断テスト：これは，児童生徒が自らの行動について，あらかじめ用意された行動に関する質問項目にその行動を行うか，当てはまるかなどを回答する方法である。例えば，「いま行った学習に自分から意欲的に取り組みましたか」というような質問項目を準備しておき，授業終了後，その項目に対して「はい・いいえ」という選択肢のいずれかを回答する。この方法は，比較的簡単に実施できるというメリットがあるので，よく活用されている。現在市販されている性格等を診断する検査類のほとんどは，この自己診断テストに入るものである。

❷ゲス・フー・テスト：これは，クラスの中で，仲間たちの際だった特徴的な行動をお互いにあげ合うテストであり，集団内相互の評価を通して行動面での特徴を把握する評価方法である。例えば，「自主性」を調べるには，「自分が悪いと思うことは，友達からどんなにさそわれても，また，弱虫といわれても，けっしてやらない人はだれでしょう」といった質問をする。クラスの児童生徒に学級の中で，この内容に当てはまる人を3人程度指名してもらう。その結果指名が多かった児童生徒を，自主性が強いと診断する。

❸ソシオメトリック・テスト：集団内の人間関係を把握する方法に，J.L.モレノが考案したソシオメトリック・テストがある。例えば，「クラスの中で一緒に遊びたい子を3人だけあげなさい」という設問をする。しかしこのテストは，だれからも選ばれない者が出てくる可能性があり，教育的にあまり好ましくない面があるという理由で，現在ではあまり活用されていない。

(2) 教師の「他者評価」

❶行動観察法：これは，行動を評価する方法としては最も歴史が長く，教師が比較的簡単に活用できる方法である。この行動観察法には，2つある。1つは，自然の状況の中で，クラスの中の児童生徒全員または特定の児童生徒の行動を観察・記録するものである。もう1つは，行動の中のある項目を取り上げて，その行動に限定して具体的に観察・記録するものである。さらに，この行動観察法には，時間の経過に沿ってそこで観察される行動を記録していく「逸話記録法」，生起が予想されるような行動をあらかじめ目録化しておいて，その行動が生起するごとにチェックしていく「行動目録法（チェックリスト法）」，観察された行動をあらかじめ

用意しておいた評定尺度で評定する「評定尺度法」，録音や録画の装置を用いた機械によって記録していく「録画記録法」，などがある。

これらの方法を適宜活用することによって，児童生徒の行動を的確，かつ客観的に評価することが可能になる。

❷質問紙法：これは，標準化された質問紙ないしは教師自作の質問紙を用いて児童生徒の行動を評価する方法である。現在では，さまざまな標準化テスト類が作成・市販されている。例えば，性格，自主性，学習意欲，適応性，不安傾向，問題行動，ストレス等さまざまな行動を診断・評価することのできるものが開発されており，それらを適切に実施することで，児童生徒の諸特性や行動をある程度客観的に評価することができる。また，教師自身で児童生徒の行動を評価する質問紙を作成して実施する場合には，十分な妥当性と信頼性が求められるので，慎重に作成・実施しなければならない。

【課題】　児童生徒の行動を評価する際，いま最も現実的な課題の1つは，指導要録の「行動の記録」をどのように評価し，記載すればよいかということである。「行動の記録」欄については，「各教科，道徳，特別活動，総合的な学習の時間，その他学校生活全体にわたって認められる児童の行動について，各項目ごとにその学年別の趣旨に照らして十分満足できる状況にあると判断される場合には，○印を記入する」となっている。したがって，学校での全活動にわたって児童生徒の行動をつぶさに観察しておかなければ，適切で，かつ客観的な評価を実施することはできない。

例えば，「行動の記録」欄の最後に掲げられている「公共心・公徳心」を評価する場合，いつ，どこの，どのような場面での児童生徒の行動を評価するのか，その際の評価の基準も含めてあらかじめ決めておく必要がある。そこで，指導要録の別添資料「行動の記録の評価項目及びその趣旨」には，小学校高学年のその趣旨と

して，「規則を尊重し，公徳を大切にするとともに，郷土や我が国の文化や伝統を大切にし，学校や人々の役に立つことを進んで行う」と例示してある。それで，1つの観察場面として，社会科の学習あるいは総合的な学習の時間等の授業の際に，児童が校外の博物館や美術館等に行って，そこでの見学や実習等を行っている際の様子・態度等を観察・評価するのも有効であろう。その場合，行動目録法や評定尺度法等を活用して，的確にかつ客観的にチェックし評価することが適切であろう。

またその際，子どもが自主的にかつ積極的に活動していれば，「がんばっている」という好ましい評価になり，教師のほうで指示してやらねば行動しない場合には，「自分からすすんでは取り組まない」という厳しい評価になる。したがって，それぞれの10項目について，このような客観的な評価基準を設定しておくことがきわめて重要である。

児童生徒の行動について数量的に評価することは大切であるが，定性的に評価することも心得ておく必要がある。児童生徒の特徴ある個性的な行動については，文章表現で「総合所見及び指導上参考となる諸事項」欄に記載することが教育的な観点からきわめて重要である。

児童生徒の行動は，多岐多様にわたっているので，「行動の記録」の各項目の評価については，あくまでも学校内での学習にかかわる諸活動についての様子や態様に限定して評価することが適切であろう。すなわち，児童生徒の日常的な学習活動を中心にしながらその行動を観察・記録することが得策である。児童生徒の学校以外，家庭等での行動を把握することはとうてい不可能であろうし，そこまで評価することは求められてはいない。

(井上正明)

[参] 東　洋ほか編『現代教育評価事典』金子書房，1988.

生徒指導におけるテストの活用の仕方

→学校心理学における評価

【活用の意義】 生徒指導では，児童生徒の行動や生活の実態について把握しなければならない。そのため，教師は日ごろの観察や面接，日記や作品の分析などから児童生徒を理解しようとしている。しかし，観察や面接には，どうしても主観的な偏りが生じやすく，それを少なくするためには訓練と経験を重ねる必要がある。また，すべての児童生徒のあらゆる行動や生活実態を観察していくことはむずかしい。これらの課題を補いながら，生徒を十分に理解するためには，心理テスト（心理検査）を活用するのがよい。

【目的と実施計画】 心理検査は，心理的諸特性を測定するために質問や課題を出し，その反応を構成的に観察するものである。生徒指導では児童生徒に関する情報収集を目的に検査を実施する。まず，計画的に測定しようとする内容（知能，性格，学力，進路関連等），結果の活用の仕方（就学相談，学級経営等），実施方法（集団か個別），検査方法（質問紙法，投影法，作業検査法）を決めておく。検査の選択では，児童生徒の諸側面を総合的に把握できるように，複数の検査からなるテスト・バッテリーを組んでおくとよい。そして，検査の実施手引きを熟読し，採用予定のテスト尺度に信頼性と妥当性があるか，適用年齢，実施方法などを確認しておく。

【実施と活用の仕方】 検査の実施前には，説明と同意を得るインフォームド・コンセントが必要である。児童生徒には，学級で検査の目的と結果の利用について説明を行う。保護者には計画が決まった段階で，学級懇談会などで説明しておく必要がある。

検査には個別検査と集団検査があり，その目的から予防的に検査を実施する場合と診断的に実施する場合がある。予防的実施は，生徒指導上の問題が発生しないように，集団指導や個人指導の準備として，事前に集団検査を実施することが多い。集団検査には，コメント付きの個別診断票の作成を依頼できるものもある。児童生徒が結果を的確に受けとめ自己理解を進めるために，教師はすべての児童生徒と個別に話し合いながら結果を返却するのが望ましい。また，検査結果について，スクールカウンセラーから助言を受けつつ集団指導を行ったり，個人の結果を検討のうえ，必要であれば個別指導を行う。

診断的実施は，集団検査の結果をもとに個別検査を実施する場合が多い。また，個別相談を進める過程で，個別検査を実施することもあり，検査結果は面接の話題として取り扱い，面接を深めていくために用いる。個別検査中の児童生徒の様子の観察も重要である。多くの場合，教師が実施するが，個別検査の場合，実施と結果解釈の難度が高く，カウンセリングと心理検査の専門的なトレーニングを受けた人が実施すべきである。適切な実施者がいない場合は，必要性を協議したうえで，スクールカウンセラーや外部専門機関に依頼して実施してもらう。

結果の解釈は，検査結果の数値の統計的意味を理解し，発達，学習，パーソナリティなどの理論や研究成果に基づいて行うべきである。数値を過大評価してはならない。

【留意点】 検査の実施者と児童生徒の間には信頼関係（ラポール）が必要である。結果を返却するときには，内容を慎重に検討し，十分に時間をとって児童生徒や保護者にていねいに説明する。そして，検査結果は厳重に保管し，将来の援助サービスに活用できるようにしておく。

(瀧野揚三)

［参］松原達哉編著『心理テスト法入門（第4版）』日本文化科学社，2002．

矢田部・ギルフォード性格検査(YG)

→本明・ギルフォード性格検査(M-G)

【目的】 矢田部・ギルフォード性格検査(通称:YG性格検査)は,アメリカの心理学者J. P. ギルフォードらが,因子分析の手法を用い,さまざまな性格検査を再検討して開発した人格目録をもとにして,矢田部達郎らが日本人用に作成した質問紙法による性格検査である。

[著者] 矢田部達郎・辻岡美延ほか
[発行] 日本心理テスト研究所株式会社
[適用範囲] 小学生~成人まで。小学校用,中学校用,高校用,成人用の4種類。

現在,YGPI検査としてコンピュータ処理も可能となっている。

[所要時間] 約30分。検査者が質問項目を読み上げる場合は,速度は必ずしも厳格である必要はなく被検者の年齢,回答の速度に合わせる。

【実施法】 12の性格特性に関する120項目の質問に,「はい」「いいえ」「どちらでもない」のいずれかで回答させる。検査者が質問項目を読み上げて被検者が回答を回答欄に記入していくという方法をとるので,集団で検査を行うときには,本検査を行う前の練習問題で,回答の仕方を十分理解しているかどうか確認しておく。

【内容】 D尺度:抑うつ性,C尺度:回帰性傾向,I尺度:劣等感,N尺度:神経質,O尺度:客観性の欠如,Co尺度:協調性の欠如,Ag尺度:愛想の悪さ,G尺度:一般的活動性,R尺度:のんきさ,T尺度:思考的外向,A尺度:支配性,S尺度:社会的外向の12の性格特性尺度を10項目ずつの120項目で測定できるように構成されている。12の特性は,「情緒安定性」「社会適応性」「向性」の3つに大きく分けられる。

【性格の解釈】 被検者が回答した粗点をYG性格検査プロフィール欄に転記する。プロフィール欄の12の性格特性尺度について,粗点と同じ数字を○で囲み,すべての尺度の粗点に○をつけ終わったかどうか確認してから,○を線で結んでプロフィールを描く。

12尺度のプロフィール欄を系統値算出のために5つのブロック(左側上部,左側下部,中央部,右側上部,右側下部)に分割し,プロフィール欄の最上段にある標準点(1, 2, 3, 4, 5点)と,12の性格特性尺度の前半(D, C, I, N, O, Co),後半(Ag, G, R, T, A, S尺度)の各6尺度によって算出する。A~E系統の5つの類型に分類され,以下のように解釈される。

A:平均型,B:不安定積極型,C:安定消極型,D:安定積極型,E:不安定消極型

標準点	1	2	3	4	5	標準点
パーセンタイル	1　5	10 20 30	40 50 60	70 80 90	95　99	パーセンタイル
D C I N O Co	左側上部 (C系統) (D系統)		中央部 (A系統)	右側上部 (B系統) (E系統)		D C I N O Co
Ag G R T A S	左側下部 (C系統) (E系統)			右側下部 (B系統) (D系統)		Ag G R T A S
	E系統値	C系統値	A系統値	B系統値	D系統値	

図 系統値算出のための分割区画

【特徴】 YG性格検査は,採点や評価,結果の解釈がわかりやすく,心理検査に熟練した者でなくても実施することができる。また,検査時間も30分程度なので被検者の負担が少ない。コストの面でも経済的であり,検査用紙と筆記用具があれば多人数でも実施できる。

(桜井登世子)

[参] 松原達哉編著『心理テスト法入門』日本文化科学社,1996. 桜井茂男編『たのしく学べる最新教育心理学』図書文化,2004. 丹野義彦『性格の心理』サイエンス社,2003.

YGPI検査(YG性格検査)は日本心理テスト研究所株式会社の登録商標です。

本明・ギルフォード性格検査(M-G)

→質問紙法の意義と種類,矢田部・ギルフォード性格検査(YG)

【目的】 J.P.ギルフォードらが作成した4種の性格検査に基づいて,本明・久米・織田が質問項目を選び,日本語に翻訳し標準化した,質問紙法による性格検査である。小学校,中学校および高等学校における児童生徒の性格特性や適応傾向を把握し,学習指導,生活指導,進路指導への活用を目的としている。

[著者]本明寛・久米稔・織田正
[発行]図書文化社
[適用範囲]小学校用(4～6年),中学校用,高校用の3種類
[所要時間]小学40分,中学・高校45分

【内容】 矢田部・ギルフォード性格検査と同様,人格特性論に立脚しており,12の特性項目から構成されている。すなわち,積極性―消極性尺度として活発さ(G)と指導性(A)の2特性,社会適応―社会不適応尺度として社交性(S),協調性(Co),攻撃性(Ag)と判断力(O)の4特性,個人適応―個人不適応尺度として気楽さ(R),思考性(T),神経質傾向(N),抑うつ性(D),劣等感情(I)と情緒の安定(C)の6特性である。このほかに,ギルフォードの検査にはない虚構尺度が加えられている。

本検査は,小学,中学,高校用とも特性項目の設定は同一であるが,質問項目数とその内容は異なっている。小学生用は130の質問項目,中学生用と高校生用は156の質問項目で成り立っており,質問項目内容は,各々の対象者が理解しやすいように工夫されている。3種類とも,「はい」「いいえ」の2件法で回答するようになっており,集団,個別いずれでも実施可能である。結果は12特性の性格診断プロフィールを示し,積極性,適応傾向の判定,性格類型の判定を行う。 (三木知子)

[参]本明寛ほか『教研式 M-G 本明・ギルフォード性格検査手引』図書文化, 2002.

MMPI 新日本版

→質問紙法の意義と種類

【目的】 S.R.ハザウェイと J.C.マッキンレイが精神医学的診断に役立てようとして1943年に発表した質問紙法検査である MMPI(ミネソタ多面式人格目録)の日本版である。種々の翻訳版の中でも最もよく利用されてきたものが阿部・住田らにより1963年に公刊された MMPI 日本版である。この日本版を新日本版研究会が新たに標準化し,1993年に公刊したものが MMPI 新日本版である。これは,それまでの翻訳版の項目を全面的に見直し,1990年の国勢調査における構成比に基づいて15歳以上の健常者,男性500名,女性522名を対象に標準化されたものである。精神身体的自覚症状,行動傾向,習慣,興味・関心,社会的態度等に関する550の項目で成り立ち,個人特性を多面的にとらえることを目的としている。

[著者]MMPI 新日本版研究会
[発行]三京房　[適用範囲]15歳以上
[所要時間]60～90分

【内容】 本検査の尺度には,受検態度の偏りを検出する妥当性尺度として,疑問尺度(?),虚偽尺度(L),頻度尺度(F),修正尺度(K)があり,臨床尺度として,1心気症尺度(Hs),2抑うつ尺度(D),3ヒステリー尺度(Hy),4精神病質的偏倚尺度(Pd),5男子性・女子性尺度(Mf),6パラノイア尺度(Pa),7精神衰弱尺度(Pt),8精神分裂病尺度(Sc),9軽躁病尺度(Ma),0社会的内向性尺度(Si),さらに550項目を項目分析,因子分析等の手法により,さまざまな項目を組み合わせて作成される追加尺度がある。回答は原則として「当てはまる」「当てはまらない」の2件法である。結果は各尺度のT得点をプロフィールに表し,解釈される。 (三木知子)

[参]MMPI 新日本版研究会『MMPI 新日本版の標準化研究』三京房, 1997.

日本版モーズレイ性格検査（MPI）

【目的】 MPI（Maudsley Personality Inventory）は，1959年 H.J. アイゼンクが，①外向性，②神経症的傾向の2つの性格特性を測ることを目的とした検査である。

[著者] H.J. アイゼンク（訳編）MPI研究会
[発行] 誠信書房　　[適用範囲] 16歳以上
[所要時間] 15〜30分程度

【内容】 内容は，①外向性尺度（E）24項目，②神経症的傾向尺度（N）24項目，③虚偽発見尺度（L：MMPIのL尺度の趣旨に従って，社会的に望ましいとされているが，実際には実行できそうにないこと）20項目，④中性項目（検査の意図を曖昧にするためのE・N尺度と類似している項目）12項目，の計80項目で構成されている。回答形式は，「はい」「？」「いいえ」の3件法である。それぞれ2点，1点，0点が与えられる。判定を簡便にするために，判定カテゴリーとチャートも作成されている。日本版MPIは，折半法により0.90，再検査法により0.85の信頼性係数を得ている。いずれの方法においても原版と同じく高い数値を示し，一貫性のある，安定した性格検査であることが報告されている。また矢田部・ギルフォード性格検査，MMPIとの相関が検討され，それぞれ望ましい方向でかなり高い関連性が認められ，妥当性も確認されている。

【臨床的適用】 精神科領域では，人格の査定，心理的葛藤や情緒状態の査定，症状経過の予測，治療結果の判定などに用いられている。また内科領域では，心身症への適用があげられる。また矯正場面では，少年院在院者のさまざまな行動型との関連が調べられ，行動特徴，処遇法にも示唆を与えている。そのほかにも適用の範囲は幅広い。　　　　　　　　　　（本多潤子）

[参] MPI研究会編『新・性格検査法——モーズレイ性格検査』誠信書房，1969.

日本版カリフォルニア人格検査（CPI）

【目的】 CPI（California Psychological Inventory）は，人格の健全で積極的な側面（対人適応状態，社会的適応状態，人格特性など）を把握できるように開発されている。そのため，対象は精神医学的に疾患のない人である。本検査は，役割取得理論を背景に，多年の臨床活動から得た経験的手法，好ましい対人関係に有効な人格特性を設定し，十分な信頼性と妥当性の検討のもとに尺度化したものである。

[著者] H.G. ゴーフ（訳編）CPI研究会
[発行] 誠信書房
[適用範囲] 中学生以上
[所要時間] 45〜60分

【内容】 本検査は，計480の質問項目からなり，18の下位尺度，さらに4つの大尺度群から構成されている。第1群は，心的安定感，優越性，自信の程度を測定するもので，①支配性，②社会的成就能力，③社交性，④安定感，⑤自己満足感，⑥幸福感の6下位尺度から構成されている。第2群は，社会化，成熟性，責任感の程度を測定するもので，⑦責任感，⑧社会的成熟性，⑨自己統制力，⑩寛容性，⑪自己顕示性，⑫社会的常識性の6下位尺度から構成されている。第3群は，成就能力と知的能力の程度を測定するもので，⑬順応的な成就欲求，⑭自立的な成就欲求，⑮知的能力の3下位尺度から構成されている。第4群は，知的な型および興味様式を測定するもので，⑯共感性，⑰融通性，⑱女性的傾向の3下位尺度から構成されている。回答形式は，「そのとおり」「違う」の2件法である。

【臨床的適用】 適用範囲は，学校教育（進学・職業指導の助言資料，相談室の予診資料など），矯正教育（人格鑑別・処遇分類・予後判定），会社・官庁の人事管理など，社会的行動や対人関係に広く適用できる。　　　　　　（本多潤子）

教研式 POEM 生徒理解カード

→児童生徒理解，個人差と教育，生徒指導におけるテストの活用の仕方

【目的】 学校に適応できない児童生徒が増加している今日，できるだけ早期に問題を発見し，問題が軽度のうちに適切な指導や配慮をすることが望まれる。POEM の特徴は，児童生徒の心の問題や行動上のつまずきを早期に発見し，適切な指導ができる点にある。いままでにない幅広い心理的特性から児童生徒の個性を総合的に判断することが意図されている。

[著者] 高野清純・海保博之・桜井茂男ほか
[発行] 図書文化社 [適用範囲] 小学校（1・2年，3・4年，5・6年），中学校，高校
[所要時間] 小学 40 分，中学・高校 45 分

【特徴】 具体的には，以下の特徴があげられる。①新しい観点から個性・不適応行動を把握する。②分析的に理解し，総合的に発見する。③個性を理解できる。④不適応行動の発見と予測ができる。⑤小学校低学年にも実施ができる。⑥不適応行動の指導法を呈示できる。

【特性の内容】 本検査で測定する 8 つの特性は以下のような内容である。
①受容感：両親や友達など周囲の人たちから自分がどれだけ受け入れられているか
②効力感：やる気になれば自分で達成できる力があるという実感や自分に対する自信の強さ
③セルフコントロール：自分自身の欲求を統制するがまん強さや忍耐強さの程度
④不安傾向：特定の対象がないが，漠然とした恐怖や心配の気持ち（不安）
⑤対人積極性：人前に出ても臆することなく，自分の思ったことや言いたいことを相手に積極的に伝えられる程度
⑥向社会性：外的な報酬を期待するなどの利己的な欲求を抑えて，他人のために自発的に尽くす傾向
⑦攻撃性：気に入らないことがあった場合に攻撃行動に走る傾向と怒りや敵意のもちやすさ
⑧原因帰属：物事の原因を何に求めるかというとらえ方の特徴

【適応のタイプと予想される問題行動】 さきの特性については，得点が高いことを必ずしもよいと考えず，適度な水準にあるかどうかを判定する。その結果により，「適応型」「過剰適応型（かなり無理をして適応している）」「不適応型」「不確定型（自身のとらえ方と受けとめ方とが矛盾）」のどれに当たるかが判定される。また，POEM で予想される問題行動は，以下の 13 種類である。非社会的問題行動には，引っ込み思案，緘黙，神経症傾向，無気力，孤立・抑うつ，厭世感，不登校・家庭内暴力があり，反社会的問題行動には，いじめ，利己的非行，攻撃的非行，怠学，異性問題，逃避傾向がある。

【実施法】 問題は，例えば中学生用であれば，「クラスの友達から頼りにされていると思う」「怒っていても表情に出さないでいられる」「先生に気軽に話をすることができると思う」といった項目に，「よくあてはまる」「だいたいあてはまる」「あまりあてはまらない」「まったくあてはまらない」の 4 段階で回答させる。

【結果の活用】 現時点での適応状況だけでなく，将来予想される問題行動を予測し，未然に予防するための指導に生かすことが重要である。生徒指導，教育相談だけでなく学習指導にも活用することができる。例えば，学習にかかわる特性は，効力感，セルフコントロール，不安傾向，攻撃性，原因帰属などの特性から把握し，どのような学習指導が今後必要であるかを明らかにすることができる。さらに，児童生徒の指導要録における総合所見などについても利用できるように工夫されている。　　　　（渡辺弥生）

[参] 高野清純・海保博之・桜井茂男・岩立京子・渡辺弥生『POEM 生徒理解カード手引』図書文化，2003.

自尊感情(セルフ・エスティーム)の尺度

→自己と評価

【語義】 self-esteem は，自尊感情，自尊心，自己評価と訳される一方，カタカナでそのままセルフ・エスティームと表記されることも多い。一般には，セルフ・エスティームは自己に対する肯定的な態度，自己に対する評価を表す感情とされている。具体的にいえば，自分の身体や性格を受容し，自分の価値を認め，自分の能力を評価し，自分の可能性を信頼し，自分の生き方を尊重している人の，自己全体を肯定する心理状態ということになる。

【展開】 心理学の草創期に W. ジェームズ(『心理学』岩波文庫，1892／1992)は，セルフ・エスティームは「願望を分母とし，成功を分子とする分数によって決定される」と説明した。成功が多ければセルフ・エスティームは当然高まる。また，自分に対する望みや期待を捨ててしまえば，成功が少なくても満足できるし，大きな失望を感じるおそれもなくなるので，セルフ・エスティームは維持しやすい。セルフ・エスティームは願ったものとかなったものの間の関数で表されており，その気になれば自分自身で操作可能なものとして説明されている。

その後セルフ・エスティームに関する研究は進み，M. ローゼンバーグ (1965) は，セルフ・エスティームに含まれる2つの意味について言及している。「とてもよい (very good)」と表現されるものと，「これでよい (good enough)」と表現されるものとである。前者の意味合いは，自分は他者よりも優れていて，すばらしくよい存在だということである。後者の意味合いは，自分の基準に照らして自分を認められる，自分に満足し，これでよいといえるということである。ローゼンバーグが作成した尺度は，後者の「これでよい」という側面を表現した項目になっている。ローゼンバーグの尺度は，星野命 (1970) による紹介で広く知られることになった。

その後，山本眞理子・松井豊・山成由紀子 (1982) が，5件法を用いて簡単に得点化できる方法を採用し，それ以降多方面の研究に使用されるようになった。この尺度は 10 項目からなり，セルフ・エスティームの高さを表す5項目と，低さを表す5項目(逆転項目)から構成される。山本らによれば，前者の5項目は以下のとおりである。①少なくとも人並みには，価値のある人間である。②いろいろなよい素質をもっている。③物事を人並みには，うまくやれる。④自分に対して肯定的である。⑤だいたいにおいて，自分に満足している。選択肢は，「あてはまる─ややあてはまる─どちらともいえない─ややあてはまらない─あてはまらない」の5つから1つを選ばせる。使用の際の詳細は，堀洋道(『心理測定尺度集Ⅰ』サイエンス社，2001)を参照するとよい。

【教育的な利用】 診断用の検査ではないので，得点から個人のセルフ・エスティームが高いか低いかを判定することはできない。むしろ，教育場面における自己理解のためのツールとしての利用が期待できる。尺度項目を児童生徒に提示して，児童生徒自身に YES・NO を考えさせ，あわせてそう考えた理由・根拠をも内省させることは，本来の使用方法とは異なるが有用であろう。客観的な自己理解を進めるためには，虚栄心や自己愛から自己を過大評価したり，理由もなく自己を卑下して過小評価したりしていないかについても，本人に確かめさせてみるとよい。
(佐藤有耕)

[参] 遠藤辰雄・井上祥治・蘭千壽編『セルフ・エスティームの心理学―自己価値の探求』ナカニシヤ出版，1992.

アイデンティティの尺度

→自己と評価

【語義】 E.H.エリクソンの発達理論では，青年期は「アイデンティティ対アイデンティティ拡散」の危機とよばれる。アイデンティティとは，自分が自分であることから得られる自信のことである。時間的には，過去の自分の延長上にある現在の自分が将来の自分へとつながっている自覚があること。そして空間的には，自分が思っている自分と，社会や他者から認められている自分の像とが一致していること。さらに存在論的には，自分はもともと他のだれとも違う独自な価値をもつ存在であると気づくこと。これらが必要である。青年は自分が何者であるかを自分に問い，自分で答えを探すという取組みの中でこれらのことを実感できるようになり，アイデンティティを形成して大人になっていく。

他人からあなたはだれかと聞かれた場合には，所属先，肩書き，住所，社会的役割などの客観的な情報を述べて自分がだれであるか答えることができる。社会生活上は，身分証明書を見せれば，自分がだれであるかを証明できる。それさえあれば，その人がだれであるかを同定することは容易である。しかしそれらの情報をすでに知っている自分に対しては，何を言えば自分が自分であることの証明になるだろうか。この問いに対する答えを自分でもっており，その答えに自分も納得し，周囲の人々も納得してくれているのが，アイデンティティが形成されている状態である。

アイデンティティが形成されている場合は，自分の可能性の範囲も限界も見えて，自分のことがよくわかっている。これからどう生きていきたいかの方向性が明確になり，進むべき道を歩んでいる自分に確かな手応えが感じられ，自信や誇りが生まれる。一方，自分が何なのかつかめない，自分が自分でもわからないと感じて，アイデンティティが拡散している場合は，自分がしたいことも，自分がいま何をすればよいのかもわからず，自分の不確かさや不安定さをもて余すことになる。

【展開】 アイデンティティの形成は，子どもから大人への移行を表す重要な指標とされており，青年期のアイデンティティを測定するための尺度は複数ある。宮下一博による6段階67項目（1987），下山晴彦による2種類20項目（1992），谷冬彦による4次元20項目（2001）の尺度が代表的なものである。また，エリクソンの理論を発展させたものに，J.E.マーシャのアイデンティティ・ステイタス（同一性地位）理論がある。アイデンティティ形成の状態像を分類したもので，同一性達成，早期完了，モラトリアム，同一性拡散に分けられる。マーシャは，半構造化面接という方法を用いるが，このアイデンティティ・ステイタスを12項目で簡便に判定する尺度が，加藤厚（1983）によって開発されている。上記の尺度はすべて堀洋道（2001）に紹介されている。

【教育的な利用】 アイデンティティは，青年期に一度確立すればそれで終わりというものではなく，生涯の節目節目に再構成していくものと考えられている。その最初の機会が青年期であり，ここでいかなる取組み方をするかは重要である。尺度の中に出てくる質問項目への答えを考えさせるだけでも，自分の確かさや不確かさが見えてくるという教育的効果が期待できる。

（佐藤有耕）

[参] 堀洋道監修・山本眞理子編『心理測定尺度集Ⅰ―人間の内面を探る〈自己・個人内過程〉』サイエンス社，2001．鑪幹八郎『アイデンティティとライフサイクル論』ナカニシヤ出版，2002．谷冬彦・宮下一博編著『さまよえる青少年の心―アイデンティティの病理―』北大路書房，2004．

日本版 GHQ 精神健康調査票

→パーソナリティとその評価

【目的】 本検査は D.P. ゴールドバーグにより開発された、神経症症状の把握にきわめて有効なスクリーニングテスト（質問紙法）であり、その日本語版である。不安・社会的な機能の不全さの評価、緊張やうつを伴う疾患性の判別などにも有効である。一般臨床では臨床診断に、また疫学調査では集団の有病率の推定に、産業精神医学においては、健康管理に活用するのが最も適切で有効であるとされている。精神症状およびその関連症状をもつ人々が容易に回答できるので、病院、クリニックでの外来患者や、プライマリーケアを目的とした集団に実施し、精神的な健康の診断に用いられている。

[著者] 中川泰彬・大坊郁夫
[発行] 日本文化科学社
[適用範囲] 12 歳以上
[所要時間] 約 10〜15 分。短縮版（GHQ28, GHQ30）では、約 5〜7 分。

【内容】 本検査は、60 項目から構成されている。これらの項目は、1962 年ヴォルフらが一般病院の外来患者 500 人を対象にした研究に基づいており、①不幸（うつに関する項目群）、②心理的障害（不安に関する項目群）、③社会的適応障害（主として社会的行動に関する項目群）、④自信欠如（心気的問題に関する項目群）の計 140 項目が出発点となっている。

本検査は、被検者に以下の「最近の状態」について尋ねている。①一般的健康と中枢神経系、②心臓脈管系、筋神経系、消化器系、③睡眠と覚醒、④個人独自の行動、⑤客観的行動（他者との関係のある行動）、⑥自覚的感情（充足感欠如、緊張）、⑦自覚的感情（うつ感情、不安）。回答形式は 4 件法であり、「まったくなかった」「あまりなかった」「あった」「たびたびあった」のいずれかに回答を求めるものである。採点法は 2 種類あり、リッカート法（順に左から 0, 1, 2, 3 点と得点化する）、GHQ 法（順に左から 0, 0, 1, 1 点と得点化する）である。ゴールドバーグらは臨床的立場から GHQ 法が、対象者の判別に適していると述べている。また日本版では GHQ 法が採用されている。

本検査（中川・大坊, 1985）は、原文（60 項目）から正確に翻訳され、信頼性と妥当性の検討も十分に行われている。得点分布は健常者群は低得点に集中し、神経症者群は最も広範囲に分布している。大学生群はこの中間に位置している。平均値についても、神経症者＞大学生＞健常者といずれの群間にも有意差がある。なお性差は認められない。

GHQ では、健康—不健康へと 1 次元の軸が想定されており、ある個人がその軸のどこに位置しているかを判定している。GHQ 得点が高得点であれば、症状の重篤度も大であると考えることができる。スクリーニングの際の弁別的な得点として、精神科外来を含め、医療サービス機関で臨床的な立場で使用する GHQ 得点の区分は、12／13 点が望ましいとされている（全神経症患者の 95％ が 13 点以上の得点を示した）。また集団を対象として疫学的調査を行う場合には、GHQ 得点が 16／17 点の区分が望ましいとされている。

【短縮版】 より簡便に検査を行うことができるように、短縮版も作成されている。GHQ30 は GHQ60 の回答結果を因子分析し、6 因子を採用し（一般的疾患性、身体的症状、睡眠障害、社会的活動障害、不安と気分変調、重篤なうつ傾向）、各因子の代表項目（各 5 項目）から構成されている。また GHQ28 は検査の簡潔化をめざし、4 因子を採用し（身体的症状、不安と不眠、社会的活動障害、重篤なうつ傾向）、各因子の代表項目（各 7 項目）から構成されている。

〔本多潤子〕

CMI健康調査表

→パーソナリティとその評価

【目的】　CMI健康調査表（Cornell Medical Index-Health Questionnaire）は，アメリカのコーネル大学のK.ブロドマン，A.J.アードマンらによって作成された質問紙法検査である。もともとは医師が患者の診断を行う際に，患者の心身両面の症状を簡便にチェックすることを目的として作成されたのであるが，その後，情緒的な問題の判定にも有益であることが示された。コーネル大学に留学した金久卓也が帰国後に深町建とともに作成した日本版が「日本版コーネル・メディカル・インデックス」である。一般医療のみならず学校・大学や職場での健康検査や心身の健康管理など幅広く利用されている。

［著者］K.ブロドマンほか，金久卓也・深町建
［発行］三京房　　　［適用範囲］14歳以上
［所要時間］約30分

【内容】　この日本語版は，身体的項目としてA（目と耳）～L（習慣）の12区分，精神的項目としてM（不適応）～R（緊張）の6区分からなる。合計項目数は男子で211項目，女子で213項目であり，これは，原版の195項目に，金久らが男子で16項目，女子で18項目を身体的自覚症として加えたためである。検査の対象は14歳以上で，個別検査としても集団検査としても可能である。制限時間は設けられていないが，通常は30分前後で記入が終了する。回答は「はい」「いいえ」の2件法である。

　　結果の解釈にあたっては，各区分ごとの得点をもとに描かれるCMIプロフィールによる解釈，被検者が「はい」と回答した項目内容のチェック，および「深町基準」とよばれる神経症判別基準の3つの方法が用いられる。

（金沢吉展）

［参］上地安昭「コーネル・メディカル・インデックス（CMI）」上里一郎監修『心理アセスメントハンドブック（第2版）』西村書店，2001．

日本版STAI

→顕在性不安検査（MAS）

【目的・内容】　C.D.スピルバーガーらが作成した自己評定型不安尺度である。不安研究の中で，顕在性不安検査（MAS）の因子分析的研究の結果，1次元性に疑問が生じ，その多次元性が示唆されるにいたった。スピルバーガーはそれに詳細な検討を加え，状態不安と特性不安として定義づけを行った。そして両方を別々に測定する尺度として，状態・特性不安検査（STAI：State-Trait Anxiety Inventory）を発表した。状態不安では，個人がそのとき置かれた条件によって刻々と変化する一過性の不安状態（いまの不安状態）について回答を求められ，特性不安では，不安状態の経験に対する個人の反応傾向（不安になりやすい性格傾向）について回答を求められる。なお，STAIには水口ら以外にも肥田野直らによる「新版STAI」があり，また，さまざまな日本語版標準化研究がなされてきており，信頼性，妥当性に関して肯定的な検討結果が提出されている。

［著者］C.D.スピルバーガーら，水口公信・下仲順子・中里克治　［発行］三京房
［適用範囲］中学生以上
［所要時間］約10～14分

【特徴】　状態不安と特性不安の各々20項目，計40項目から構成されており，4段階評定の尺度である。共に，不安の存在を問う内容の項目と不安の不在を問う内容の項目がある。高不安者の判定基準としては，正常成人のほぼ平均値＋1/2SD（75パーセンタイル）以上に相当する場合が目安になっている。教育や臨床場面では，開発的カウンセリングの研修参加者の効果測定に，神経症患者の状態や治療の進行の把握に有用な尺度として利用されている。心身症患者では自分のもつ悩みを不安として顕在化しにくいことも明らかにされている。　（今林俊一）

顕在性不安検査（MAS）

→MMPI 新日本版

【目的・内容】 不安は，日常生活における状況を脅威的だと認知することに対して生じる感情である。過度の不安は，ストレス状況下で，不安感や緊張感，無力感などを生じさせやすく，不適応行動を招き，神経症などの精神的問題につながる可能性がある。このような不安が慢性的に継続し，自覚を伴って精神面や身体面に表れた不安を顕在性不安という。J. A. テイラーは，不安の程度の違いが学習などにおいて動因として作用するという経験から，個人の不安の程度を把握しておくことが重要であるとしている。そこで個人の精神面，身体面に表出される慢性不安反応に関する理論をもとに MMPI から項目を抽出し，検査を構成し，最終的には 50 項目の Manifest Anxiety Scale（MAS）を作成した。MAS は不安を測定するための尺度として，その有用性や簡便さから世界各国で広く用いられてきた。

［著者］J. A. テイラー，阿部満洲・高石昇
［発行］三京房
［適用範囲］16 歳以上
［所要時間］約 15 分

日本版 MAS は顕在性不安検査と訳され，テイラーの不安尺度 50 項目に，妥当性尺度として MMPI の L（虚偽）尺度 15 項目を加え，65 項目から構成されている。これらのことから検査の用途は，①不安の種類，不安の程度を測定し，問題をかかえる人を見つけ出す際のスクリーニング検査になる，②治療に当たり複数回の実施により，MAS 得点の推移を治療経過の指標の 1 つとして用いる（得点の低下は臨床的改善を意味する），③不安の程度によって個人を分ける（選別する）ために用いる，等である。

日本版の回答は，「そう」「ちがう」の 2 件法であるが，「どちらでもない」ときには回答の両方に×をつける。×（無応答の数も含む）が 10 個以上の場合は，本来加点されるはずのものが加点されず，実際より不安の低い点数を示すことになるので信頼性なしと判定する。妥当性尺度が 11 点以上の場合には，自分を好ましく見せようとして素直に回答していない可能性があり，検査結果の妥当性を疑って妥当性なしと判定する。

【特徴】 MAS が測定している不安は，状況を脅威的だと認知し不安な態度で反応する傾向の個人差で，いわゆる特性不安とされる。MAS の得点の判定は 5 段階法により行い，Ⅲ〜Ⅴ段階を正常域とみなし，Ⅱ段階がかなり不安が高い，Ⅰ段階が高度の不安を示す者となっている。高度の不安の場合の解釈は，身体的な訴えが多い・興奮状態・落ち着かない感じ・集中力の困難・自信の欠如・対人関係での過敏性・不幸感・無能感などが指摘されている。不安の低い場合の解釈は，ストレス状況下での情緒安定感・平静・統制可能性などがあげられている。また，松本によると，高度の不安を示す者は，「単純な条件づけ学習が速やかに行われ，反応時間なども短いが，反対に迷路学習や記憶学習には時間がかかる」ことや，「カウンセリングの過程では，自分自身以外のことについての浅い表面的な応答は素早く，また多彩であったりするが，カウンセラーとの深い内面でのかかわりはもちにくい」という傾向も指摘されている。

なお，この検査の課題は，不安反応が本質的に，行動や生理的変化など多面的な評価を要するものであるために，MAS のような主観にのみ頼る方法だけでは限界があるということであろう。　　　　　　　　　　　　（今林俊一）

［参］阿部満洲ほか『顕在性不安検査使用手引』三京房，1985．松本忠久「MAS」國分康孝編『カウンセリング辞典』誠信書房，1990．

ロールシャッハ・テスト

→パーソナリティとその評価

【概要】　創案者であるスイスの精神科医H.ロールシャッハの名を冠してよばれているが，心理検査・投影法としてはインクのしみ検査とよぶのが適切かもしれない。というのもインクのしみへの反応が被検者の心理的特性と関係していると主張したのは，ロールシャッハに限らず，A.ビネーをはじめとして多くの研究者が指摘しているからである。しかし，ロールシャッハ以外の研究者たちは，インクのしみが何に見えたかを重視し，いわば連想過程に焦点を当てているのに対して，ロールシャッハは視覚過程として反応を理解しようと試み，インクのしみがどのように見えているかを重視した。

[著者]　H.ロールシャッハ
[発行]　日本文化科学社
[適用範囲]　5歳〜成人　[所要時間]　約50分

【実施法】　ここでは片口法に則り，説明する。

❶施行：3段階からなる。最初の「自由反応段階」では，検査者は被検者にインクのしみ図版を提示し，「何に見えるか，何のように思われるかを言ってください」と教示を行う。この段階では，被検者は自由に自発的に反応を産出する。同様に第10図版まで行う。次は「質問段階」である。ここでは自由反応段階で得られた反応1つ1つについて，検査者は「それが図版のどこに見えたか，またどのような特徴から見えたか」を質問し，被検者に回答を求める。最後に必要に応じて「限界吟味段階」が行われる。

❷分類（スコアリング）：各反応について，「反応領域」「反応決定因」「反応内容」「形態水準」，そして「反応の公共性」という5つの視点から分類を行う。「反応領域」は，反応形成に図版のどの領域が使われているのかという視点である。反応が図版全体，あるいは，図版の一部分に与えられているなどと分類する。「反応決定因」は，図版のどのような特徴が反応産出に寄与したかにより分類する。図版の形態，色彩，陰影，さらに，実際には動きの存在しない図版に筋肉運動等の動きを認めるといった点から分類を行う。「反応内容」は，図版が何に見えたかという視点である。無限に存在しうる反応を，人間，動物，物体などいくつかのカテゴリーに分類しまとめる。「形態水準」では，反応のレベルを一致度や明細化の観点から4段階で評価する。最後に，「反応の公共性」は反応の出現頻度に基づく分類である。

❸解釈：「形式分析」と「継列分析」という2つの観点からなされる。形式分析は量的観点からの解釈で，さきの分類結果に基づき，反応の各カテゴリーやその比率の意味づけを検討し，解釈の仮説を立てる。つづく継列分析は，各図版の諸特性や，被検者の反応生起の流れを考慮して，形式分析で立てた仮説を，詳細・多角的に分析し，より力動的な解釈を行う。

【教育現場での留意点】　近年，不登校児童生徒の長期化，さらにそのまま学齢期を過ぎ青年・成人にいたる引きこもりが問題となっている。契機はさまざまであろうが，解決の糸口を探すにあたっては，引きこもった状態を長期間維持させている要因に目を向けることが必要である。ここで見落としてはならないのが，背景に抑うつ，社会恐怖，統合失調症といった心理的障害が存在している可能性である。学校現場での心理臨床活動においても，医療と連携をとる事例が多くなっている。スクールカウンセラーが本検査を実施することはまれであるが，病院でロールシャッハ・テストが実施されていることも多いため，ぜひ知っておきたい検査である。

（松尾和美・小川俊樹）

[参]　片口安史『新・心理診断法』金子書房，1976.

絵画統覚検査（TAT, CAT, SAT）
→パーソナリティとその評価

【目的】 絵画統覚検査（TAT：Thematic Apperception Test）は、投影法による性格検査の一種であり、C.D.モーガンとH.A.マーレイによって考案された。CATはL.ベラックにより幼児・児童用TATとして、SATはベラックとS.S.ベラックにより高齢者用TATとして刊行された。人間関係、社会的態度、不満、不安傾向などを調べることができる。

[著者] H.A.マーレイ、L.ベラック、斎藤久美子・木村駿・児玉省 [発行] 日本文化科学社
[適用範囲] 5歳〜成人・老人
[所要時間] 約45〜60分

【内容】 TATは、主として人物が登場する場面を描いた30枚の図版と1枚の白紙図版で構成されている。CATは、動物が登場する10枚の図版で構成されていたが、1965年に動物画を人物画に置き換えたCAT-Hが刊行された。SATは、人物が登場する16枚の図版で構成されている。実施の方法は、被検者に図版を見せて、自由に空想して物語をつくるよう教示する。性格の解釈は、被検者がつくった物語をTAT分析リストに基づいて必要な要因をチェックし、被検者の行動やヒストリーなどと照らし合わせ、その物語が表していることを検討することによって行われる。日本版は、戸川行男による絵画統覚検査〈早大版TAT〉のほか、集団TAT検査もある（いずれも金子書房）。

絵画統覚検査は、何を検査されているのか被検者にわからないので、作為的な反応がされにくく、被検者が意識していない欲求や葛藤を測定できるという投影法の利点を備えている。検査によって得られる情報量は豊富であり、全体的に性格を把握できる。しかし、検査の実施や検査結果の処理および解釈に時間がかかるため、検査者は熟練を要する。　　　　（桜井登世子）

[参] 戸川行男『絵画統覚検査解説』金子書房, 1953.

P-Fスタディ
→絵画統覚検査（TAT, CAT, SAT）

【目的】 絵画欲求不満研究（Picture-Frustration Study）の略称で、S.ローゼンツァイクによって考案された投影法による性格検査である。日常的にありふれた24種類のフラストレーション（欲求不満）場面における言語反応から、被検者のアグレッション（主張性を含む広義の攻撃性）の特徴や、欲求不満耐性などを測定することができる。

[著者] S.ローゼンツァイク〈児童用〉住田勝美・林勝造〈青年用〉林勝造・一谷彊・中田義朗ほか〈成人用〉住田勝美・林勝造・一谷彊
[発行] 三京房
[適用範囲] 児童用、青年用、成人用
[所要時間] 個別・集団いずれも約20〜30分

【内容】 本検査は、投影法の絵画統覚検査を参考とした絵画刺激を用いている。検査の場面は、すべて対話型のマンガ風の絵画で構成されており、左側の人物が右側の人物のフラストレーションに関連した発言をしている。そして、当該場面で右側の人物が発すると思われる言葉を、被検者が空欄の吹き出しに記入する。記入された内容は、アグレッションの方向（他責、自責、無責）と型（障害優位、自我防衛、要求固執）の2次元から9つに分類・評点され、解釈される。その他の解釈指標には、欲求不満耐性の高低を判断するGCR（集団順応度）、被検者の検査中の心の動きを見る反応転移などがある。

特徴としては、結果を数量的に整理できること、適用年齢の範囲が広いこと、子どもが興味をもって取り組みやすいことなどがあげられ、児童相談所など各種教育相談機関において、おもに社会的適応に問題のある児童生徒を理解するのに利用されている。　　　　（澤田匡人）

[参] 秦一士『P-Fスタディの理論と実際』北大路書房, 1993.

人物画テスト（DAP）

→H.T.P.テスト，動的家族描画法（K-F-D）

【目的】 人物画テスト（DAP：Draw-A-Person Test）は，K.マコーヴァーによる「人物画への性格投影」が基本になっている。性格検査と考えられているが，攻撃性，非社会性，退行的傾向などの判別に適している。

[著者] K.マコーヴァー（翻訳：深田尚彦）
[発行] 翻訳版：黎明書房
[適用範囲] 5歳〜成人　[所要時間] 約40分

【内容】 人物画テストの検査に必要なものはB5判の用紙と鉛筆だけである。検査の手続きは簡単であり，被検者の前にB5判の白紙を縦長に置き，「一人の人を描きなさい」と教示する。描き終わったら，はじめに描いたのとは反対の性の人物画を同様の手続きで描かせる。解釈は，どのような内容の人物画であるかという側面と，人物画の大きさ，描かれた位置，線質といった形式的側面から行う。男女一対の絵の比較が重要であり，自分と同性の人物画は自己のイメージを表現していると考えられる。他のテスト資料を参考にしながら，さまざまな事例との比較によって，分析を進めていく。

【特徴】 人物画テストは非言語テストなので，言語による表現が苦手な子どもにも適用できる。何を検査されているか被検者にはわからないので，被検者が意識していない願望や葛藤についての情報を得ることができる。被検者が描いた絵についてコミュニケーションをとることにより，検査者と被検者との間にラポールを形成しやすい，という利点もある。しかし，確定した解釈の基準はないので，一人の検査者だけが解釈するのではなく，検査者同士でケース事例と比較検討し，被検者の性格を分析していくことが大切である。

（桜井登世子）

[参] 深田久彦『人物画への性格投影』黎明書房，1974．小林重雄『グッドイナフ人物画知能検査ハンドブック』三京房，1977．

H.T.P.テスト

→人物画テスト（DAP），バウムテスト

【目的】 J.H.バック（1948）によって考案されたものであり，家（house），木（tree），人（person）を描かせることによって，被検者の感受性，成熟度，可塑性，効率，パーソナリティの統合度などを知ろうとするものである。

[著者] J.H.バック，加藤孝正・荻野恒一
[発行] 新曜社　　[適用範囲] 幼児以上
[所要時間] 約30分

【実施法】 検査は4つの段階を経て行われる。まず第1段階では，被検者は4枚つづりの用紙を手渡され，1枚目には名前などを書き，2枚目には家，3枚目には木，4枚目には人を順に，自由に描くことを求められる。所要時間を測定し，どの部分から描いたかなどを記録する。第2段階では，被検者に絵の説明を求めたり，描けなかったところを尋ねたり，自由連想をさせたりする。また，あらかじめ決められた項目について描画後に質問する場合もある。第3段階では，第1段階と同じ課題を，鉛筆ではなく8色以上のクレヨンで描かせる。第4段階では，第3段階で描かれた絵について質問をする。このテストは個人を対象にしたものであるが，集団法で実施することも可能である。得られた結果の量的分析では，絵の釣り合い，遠近の距離などを得点化し，最終的にはHTP知能指数を算出する。質的分析では，描画の特徴について力動論的な解釈を行う。

高橋雅春（1967）はこの方法を改良してHTPPテストを作成している。これは，家，木，人，およびその反対の性の人を鉛筆だけで描かせるものである。描画後に質問をし，絵を通して被検者と話し合うことによって，さまざまな角度から被検者の内的世界を知ることができる。

（玉瀬耕治）

[参] 高橋雅春「HTPP」『心理臨床大事典』培風館，2004．

動的家族描画法（K-F-D）

→H.T.P. テスト，バウムテスト

【目的】 動的家族描画法（K-F-D：Kinetic Family Drawings）は，R.C. バーンズによって考案された。単一の人物画の場合は知的な側面が投影されやすいが，家族画になると情動的なものが投影されやすくなる。また，動的教示を用いることによって，静的な描画法よりもより多くの力動的な情報を得ることができる。わが国では日比（1986）らの一連の研究がある。

[著者] 日比裕泰　[発行] ナカニシヤ出版
[適用範囲] 4歳以上　[所要時間] 約20分

【実施法】 描画に際しては「あなたを含めて家族のみんなが何かしているところを描いてください」と教示する。描画後には，絵の中の人物がだれなのか，年齢，何をしているのかなどを聞く。描画における陰影，身体部分の誇張や省略，顔の表情，人物の大きさ，描画の正確さ，筆圧，人物像（他者）の行為，自己像の行為などに注目して解釈を行う。K-F-D では，家族の内面的な協調，親和，対決，回避，葛藤などを視覚的にとらえることができる。日比は，自己像の位置や人物像の大きさの発達的変化，情動障害，不登校，精神障害，非行などの臨床群と普通群の自己像，両親像の比較などについて統計的資料を示している。解釈は統計的な数値を参考にして行うことができるが，あまり解釈しすぎないように注意しなければならない。動的な要素を取り入れたものとして，動的家族画のほかに動的学校画，動的家・木・人物画などもある。また，心理テストとしてよりもむしろ心理療法の技法として発展してきている。その場合は，描画に際して鉛筆だけでなくクレヨンやマジック，絵の具なども用いられる。

（玉瀬耕治）

[参] 日比裕泰『動的家族描画法（K-F-D）—家族画による人格理解—』ナカニシヤ出版，1986.

20答法

→文章完成テスト（SCT）

【概要】 20答法（Twenty Statement Test）とは，自己意識・態度を知るのに有効な手法であり，「私はだれだろうか？（Who am I ?）」という自分（回答者）自身への20回の問いかけ（質問）に対し，20通り答えを書いてもらうものである。これは M.H. クーンが1945年に開発し，「Who am I Test」ともよばれ，文章完成法（SCT：Sentense Completion Test）と似ているといわれている。

【特徴】 自分自身に関する（意識している）概念や態度をできるだけ自由に記述回答してもらうことで得られる資料からは，個人的な内容だけでなく，他者との関係や社会的地位・役割を彼がどうとらえて自己評価し対応しているかをも知ることができる。いわば，「ミニ自叙伝」ともいわれる本法の特徴といえる。

【分析法】 回答の分類や分析法には，特に決まったものはない。創始者クーンは，客観的にも事実と判定しうるかどうかに注目しうる場合を合意反応，そうでない場合を非合意反応とし，合意反応から非合意反応に変わる境目の回答番号をローカス・スコアとし，回答者の社会的繫留度を示すものと考えた。

【研究と今後】 研究法という視点では，20答法は青年期の自己概念や自己意識の研究に用いられることが少なくないとされる。また本法は臨床上での個人のパーソナリティ理解の方法として，また研究法として今後の発展が大いに期待されている。

（山本誠一）

[参] 詫摩武俊監修・鈴木乙史ほか編『パッケージ・性格の心理6 性格の理解と把握』ブレーン出版，1986. 本明寛ほか編『ケース研究（性格心理学新講座6）』金子書房，1989. 安香宏ほか編著『人格の理解2（臨床心理学大系6）』金子書房，1992.

バウムテスト

→パーソナリティとその評価，H.T.P.テスト

【概要】 バウムテストは，その名のとおり，「バウム」（ドイツ語で「木」を意味する）を描いてもらうテストである。紙に鉛筆で木を描くという方法は実施がしやすく，被検者の側にとっても受け入れやすいものであることから，広く用いられている投影法パーソナリティ検査である。被検者に木を描くように指示する検査は，もともと，スイスの職業コンサルタントE.ユッカーが，来談者の人格を把握するために1928年ごろから用いていた。ユッカーは，神話史を研究したうえで，人に描かせた木をその人自身の表現とみて，直感的に解釈を行っていたようである。その後，スイスの心理学者C.コッホが関心を抱き，空間象徴理論や筆跡学を取り入れ，さらには発達的検討も重ねるなど，臨床場面でのバウムテストについて研究を行って以来，広く心理臨床場面において用いられるようになった。

【実施法】 バウムテストにはA4判の白紙（画用紙），4Bの鉛筆，および消しゴムが用いられる。被検者への教示については，コッホの原法は「一本の実のなる木を，できるだけ十分にかいてください」であった。ただし，教示については研究者によって若干の違いがある。しかし，コッホの教示を用いることが標準的であり，被検者の年齢などによっては「十分に」の代わりに「気のすむまで」や「一生懸命に」などを用いてもよいとされている（名島潤慈ほか，2001）。

バウムテストは，幼児（おおむね3歳くらい）から老人まで適用可能である。時間制限は設けられていないが，被検者が描き終わるまでに要した時間を計測しておく必要がある。また，バウムテストに限らず，心理検査一般にいえることであるが，被検者が描いている間，検査者は，被検者の行動（非言語的・言語的）や，どのような順番で描いていったのかなどについて，観察しておくことが求められる。そして描き終わったあとに，被検者が何を描いたのか等，質問をしておくと，解釈のうえでも有用な情報を得ることができる。

【解釈】 描かれた木（バウム）の解釈については，紙面上の配置，空間的位置関係，バウム全体や各部の形・バランスなど，さまざまな観点から解釈が行われる。さらには，面接や検査場面での観察から得られた情報やこれまでの文献を十分に参照し，総合的に考察することが必要であり，直感的な解釈は避けるべきである。コッホの著作（1970）にはさまざまな解釈法が示されているが，解釈法についてはコッホ以外にも諸説があり，ロールシャッハ・テストのようにスコアリングを行って解釈をするテストではないので，厳密な解釈は困難である。

【応用】 シンプルな材料を用い，教示も幅広い年齢層に適用可能であることから，バウムテストは臨床場面のみならず，発達心理学的研究にも有用である。実際，バウムテストの発達的研究はコッホの重要な業績の1つでもある。

白い紙に鉛筆で実のなる木を描くよう指示するのがコッホの原法から続く標準的な実施方法であるが，「バウムテスト2枚法」や「黒―色彩バウムテスト」などの特殊技法も開発されており（名島ほか，2001），興味深い。

〔金沢吉展〕

［参］C.コッホ（林勝造ほか訳）『バウム・テスト―樹木画による人格診断法―』日本文化科学社，1970．林勝造「バウムテスト」岡堂哲雄編『心理検査学（増補新版）』垣内出版，1993．名島潤慈ほか「バウムテスト」上里一郎監修『心理アセスメントハンドブック（第2版）』西村書店，2001．

箱庭検査

→バウムテスト

【目的】 箱庭は心理診断の目的で用いられるよりも，むしろ箱庭療法として心理治療の目的で用いられることのほうが多い。イギリスのM.ローエンフェルトは1929年に心理療法の一手段として箱庭療法を考案した。その後，彼女の教えを受けたD.カルフがユング心理学の立場でこれを発展させた。箱庭療法は1965年に河合隼雄によってわが国に紹介され，飛躍的に発展した。ローエンフェルトは，この技法を子どもの内的世界の表現という意味で世界技法（The World Technique）とよんでいる。

【世界テスト】 1934年にアメリカのC.ビューラーは世界技法を標準化することに努め，投影法の一種として世界テストを考案した。彼女は砂を用いず，玩具の種類を一定にした。はじめに160個の玩具を設定し，さらに300個に増やし，それらを10群に分けた。その10群とは，人間，家畜，野生動物，家，乗物，囲い，建造物，自然，武器，その他である。

分析に際しては，次の3つのサインを設定し，それぞれに一定の重みをつけて見ていく。
A. 攻撃性：①兵隊の戦争，②動物の噛み合い，あるいは野生の動物の存在，③事故（火事，衝突，殺人など）
E. 空虚性：①50個以下の玩具使用，②玩具の種類が5以下，③人物の不在（全然人がいない，子どもだけ，兵隊と警官のみ）
CDR. 歪曲性：①閉鎖的（多くの小さく閉鎖された領域の存在，まったく，あるいはほとんど全部閉鎖されたもの），②無秩序的（不適切な場所に配置された玩具の存在，部分の関係がない，まったく無秩序な配置），③図式的（図式的な配列，人や動物を一列に並べる）。

ビューラーは，このテストを使って4歳から16歳半の健常児や知的障害児に実施し，統計的に検討している。わが国では岡田洋子（1962）が2.6歳から7.8歳の子ども254名に世界テストを適用し，健常児と情緒障害児の違いを調べている。その結果，ビューラーのサインのいくつかにおいて群差が示されている（河合，1969／2003）。また，山下勲（1964）も世界テストを用い，直線的―非直線的，対称的―非対称的，部分的―全体的など12の分析基準を設けて方法論的検討を行っている。大学生，統合失調症者，保育園児，知的障害児などを対象にして検査を実施し，因子分析を行って，さきの12基準のうち，①活動的―非活動的，②分散的―統合的，③対称的―非対称的，④部分的―全体的，⑤閉鎖的―非閉鎖的の5つの基準が妥当性をもつことを示している。

【箱庭療法】 岡田康伸（1969）は箱庭療法の実験的研究として，治療者が作品に対してもつ全体的な印象が，どの程度その作品を評定するのに適切であるかをSD法によって調べている。「雑然とした―まとまった」「不調和な―調和した」などの形容詞対を用い，作品をスライドで見せて心理療法従事者に評定させた。その結果，6つの次元のうち，動的統合型には正常（健常者）群の作品が多く，積極防衛型には異常（統合失調症，気分障害など）群の作品が多いことが示された。

はじめに述べたように，箱庭療法は心理検査として用いられるよりも，箱庭を媒介としてクライエントとセラピストの間に生じる心理治療的交流によって，クライエントが回復していく過程を重視している。その理論的背景にはユング心理学があり，作品を解釈する際にはユング派の理論が適用されることが多い。

〈玉瀬耕治〉

[参] 河合隼雄『箱庭療法入門』誠信書房，1969／2003．岡田康伸編『箱庭療法の現代的意義』至文堂，2002．

文章完成テスト（SCT）

→パーソナリティとその評価, 20答法

【目的】 文章完成テスト（SCT：Sentence Completion Test）とは，研究目的に合わせて設定された（通常，数十個の）未完成の文章の先頭を提示（例：「私の母は……」「私と父は……」）し，（自由な連想の中から選択し）それに続く文章を完成してもらう課題により，被検者のパーソナリティ等の特性を知る一種の投影法による心理検査（あるいは研究法）である。

【歴史】 SCTは，一般的にはC.G.ユングの言語連想検査等の，刺激語に対する連想という手法から派生したとされる。しかし，言語連想検査は無意識のコンプレックスを調べるのが目的だが，SCTは，深層に限らずより意識に近いものをも含む研究目的に合った広範な情報を収集するためのものである。現代のように，パーソナリティ測定のためSCTを最初に用いたのは，A.F.ペイン（1928）やA.D.テンドラー（1930）とされる。その後1940年代，SCTは頻繁に作成，使用されるようになった。これはSCTが検査者の知りたい刺激文を自由に作成し入れられることと集団実施が可能，という利便性からである。1950年代以降では，阪大式SCTのもととなったJ.M.サックス・S.レビィのSCTや，片口安史（1989）の構成的文章完成法のもととなったB.R.フォーラーのSCTのように標準化をめざすもの，1970年代以降のJ.レビンジャーら（1970）のWUSCT（Washington University Sentence Completion Test）などの研究もある。

[著者] 佐野勝男・槇田仁　[発行] 金子書房
[適用範囲] 小学校用，中学校用，成人用
[著者] K–SCT：片口安史・早川幸夫
[発行] 千葉テストセンター
[適用範囲] 中学以上
[所要時間] いずれも約40分

【刺激文】 刺激文の長さは，一般に短文は規定度が低く多様な反応が出やすく，長文は規定度が高いとされる。また刺激文の内容は検査目的により構成されるが，一般的にパーソナリティ測定を目的とする場合，対人関係，家族関係，異性関係，対社会関係，自己概念等の領域で葛藤や情動が描出されやすい刺激文が設定されることが多い。人称の点では臨床領域での刺激文には，1人称または非人称が多く用いられる。

【実施法】 個人でも集団でも実施可能である。教示の際，頭に浮かんだことをすぐにそれに続けて自由に書くこと，正解はないこと，時間制限はないがあまり長時間かからないようにすること，すぐ思いつかなければ後回しにしてよいこと，等を伝えることが重要とされる。

【評価法】 大別すると形式と内容の点から2種類がある。形式の分析では，反応の長さ，反応時間等を指標とするが，現在はむしろ内容の分析のほうが一般的であろう。内容の分析にもさまざまあり，全体を読んだ印象によるものから，反応の流れを見て分析していくもの，パーソナリティ全体の外観を探る精研式SCTのようにあらかじめ設定されたカテゴリー（パーソナリティの知的・情意的・指向的・力動的等の側面，決定因としての身体・家庭・社会）を分析するもの等がある。反応の分析は，検査者-被検査者の関係性の視点も重要である。

【現状と今後】 現在SCTは，その特性を生かし，臨床では人格理解のテスト・バッテリー等として大いに活用されている。今後研究面でも片口ら（1989）の構成的文章完成法（K–SCT）や小林哲郎（1990）のSCT-B等に代表されるようなSCT研究の発展が期待される。

〈山本誠一〉

[参] 氏原寛ほか編『心理臨床大事典（改訂版）』培風館，2004．岡堂哲雄編『心理査定プラクティス（現代のエスプリ別冊）』至文堂，1998．

シンボル配置技法（DLT，FAST）

→パーソナリティとその評価

【目的】　シンボル配置技法（Symbol Figure Placement Technique）とは，人間を象徴した人形の配置により，個人が認知する人間関係構造の測定を目的とする心理検査法をいう。被検査者がもつ人間関係構造の認知を空間的に表象させることを目的とし，投影法検査に属する。代表的なものには，八田武志によるDLT（Doll Location Test）やT.ゲーリングによるFAST（Family System Test）がある。

【理論的背景】　人間関係の力動状態の理解には，ロールシャッハ検査に代表される投影法検査が優れるとされてきた。しかしながら，投影法検査は実施に要する時間，解釈の多義性などに問題があるため，投影法の利点を生かしつつ，人間関係の構造を空間的に投影させる方法が求められた。その際に関係の数量化をめざし創案されたのがシンボル配置技法であり，その代表的検査がDLTおよびFASTである。前者は個人を取り巻く幅広い人間関係の理解を，後者は家族メンバーに限定した人間関係の理解を意図する。両者は独自に創案されたが，基盤とする人間関係理論には共通部分が多い。すなわち，人間関係の理解には親密さ（cohesion）と階層性（hierarchy）という概念が鍵となるとする点である。前者はメンバー間の結びつきや愛情を表し，人形間の物理的距離で測定できるとし，後者は権威，優位性，影響力の強さを表し，人形の高さで測定できるとする。

［著者］DLT：八田武志，FAST：T.ゲーリング
［発行］（株）ファブリック，（株）ユニオンプレス
［適用範囲］幼児以上　［所要時間］15～20分

【実施法】　DLTでは，まず検査用紙の中心に検査者が被検査者を表象するものとして1個の人形を配置する。つづいて，被検査者は自分に関係すると考える人物を表す人形を受け取り，検査紙上の任意の位置に配置する手続きを繰り返す。検査盤はコルクでできており，人形にはピンがついているので，人形配置で位置の痕跡が残される。次いで人形の高さについて変更の有無を尋ね，必要な変更を行う。結果の整理は，人形間の距離，方向，高さに基づいて行われる。

FASTでは，検査者は，人形の距離が近いと親密さを，ブロックで人形を高くすると権威を示すことを教示したあとに，9×9のマス目がある盤上に人形を配置して家族を表現するよう被検査者に求める。両検査ともに，現実場面での表現，理想場面での表現などを比較する。

【結果の処理】　人間関係構造は，親密さと階層性の2点から測定される。親密さは人形間の距離で，階層性は人形の高さ（人形の下に積むブロックの数）で表される。親密さの指標は距離尺度として計量心理学的解析の対象にできるが，階層性の指標はカテゴリー尺度である。

【効用】　シンボル配置技法の特徴の第1は，人間関係の構造をシステムとして理解する点にある。これまで人間関係については二者間に関する議論が多かったが，当該の人間に影響を与える他者の存在を無視しては成り立たない。シンボル配置技法では人間関係を俯瞰的にシステム構造として理解しようとするので，包括的な人間関係構造の理解が可能である。特徴の第2は，関係構造の認知を計量心理学的に解析できる点である。人間関係の親密さを人形間の距離という数値で表すことは，異なる関係構造間の比較や時間とともに変化する人間関係の測定も可能にする。

【課題】　これらの技法はある個人の人間関係構造の認知がどのように変化したかという時系列に基づく検討に適していると考えられ，有効性の検証が今後の課題である。　　　　（八田武志）

［参］八田武志編『シンボル配置技法の理論と実際』ナカニシヤ出版，2001．

内田クレペリン精神検査

→質問紙法の意義と種類

【概要】　内田クレペリン精神検査は，作業検査法性格検査の代表的な検査である。ドイツの精神医学者 E. クレペリンが行った連続加算作業による実験から，単純な作業のプロセスに精神活動が反映されるという研究に基づき，1937年，内田勇三郎が日本版作業検査として作成した性格検査である。検査の作業課題は，横に並んだ1桁の数字の隣どうしを加算させ，答えの下1桁を回答させることを求めている。連続して行った結果についての作業曲線から，知能や技術をどのように働かせるかという仕事ぶりの特徴，くせ，性格，能力などを総合した精神活動の健康・不健康を診断することができる。

[著者] 内田勇三郎
[発行] 日本・精神技術研究所
[適用範囲] 中学〜成人　[所要時間] 45〜60分

【結果の整理と判定】　実施は，練習試行を行ったあと，1分ごとに行を変えて，前半15分，休憩5分，後半15分のテスト形式で行わせる。結果の整理は，各行ごとの作業量を線でつなぎ作業曲線をつくる。図に示したのが多数の精神的に健康な人の平均曲線である。これを健康者常態定型曲線という。定型の人は，心的活動の調和・均衡がよく保たれていて，それぞれの行動場面でその場にふさわしい適切な行動ができる人である。曲線の類型判定は，作業量と曲線の型を組み合わせて行われる。基本的な判定を行うには，定型と非定型の特徴をきちんと理解し，把握しておく必要がある。

❶**定型の特徴**：①前期がU字型またはV字型，②後期が右下がり，③前期作業量に対する後期作業量の全体的増加，休憩効果がみられる。理想的には前期の最大作業量と後期の最小作業量が一致する，④適度な動揺である，⑤適度な興奮である，⑥誤答がほとんどない，⑦作業量が極端に低くないことなどである。

❷**非定型の特徴**：①誤答が多い，②大きな突出，③大きい落ち込み，④動揺の欠如，⑤動揺の過多，⑥休憩効果の欠如，⑦後期初頭作業量の著しい低下などである。

❸**判定**：実際の判定は検査結果について定型曲線から隔たっている程度や内容，誤答などの状態に基づき行われる。定型の条件を欠く程度により準定型，準々定型，中間疑問型，劣等型，異常型と判定される。さらに作業量による段階（5段階）が加味されて判定符号がつけられる。

❹**解釈**：①全体の作業量の水準（仕事や作業の処理能力・スピードと関連），②線の型（性格・行動特性と関連），③誤りの量や現れ方（性格・行動特性と関連）の3つのポイントを考慮して行われる。

【長所・短所】　長所は，①回答に価値判断が入らない，②1桁の整数の加算ができれば実施できる，③作為的な回答ができない。また，短所は，①作業中の突発的な出来事（くしゃみ，鉛筆の芯が折れるなど）が作業量や質に影響する，②作業曲線の判定や解釈に熟練を必要とする，などがあげられる。

（藤田　正）

[参] 日本・精神技術研究所編『内田クレペリン精神検査・基礎テキスト』日本・精神技術研究所，1991.

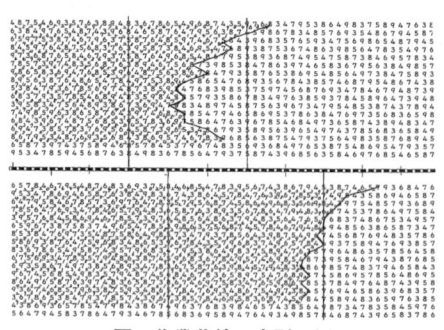

図　作業曲線：定型の例

道徳性の発達とその評価・活用

→HEART 道徳性診断検査，フェアネスマインド検査（ジレンマ課題による評価），
向社会性の発達とその評価

【語義】 道徳性とは，広義には，人としてよりよく生きようとする心の働きである。狭義には，社会一般に受け入れられている社会的規範や慣習を尊重する態度と考えるもの，正義や公正さの観点から，あるいは思いやりや配慮など対人関係を重視する観点から，道徳的な問題を解決する能力と考えるものなどがある。共通していることは，道徳性は，具体的な行動や規範のリスト（他者を助ける，人を傷つけない，盗みなどの誘惑に抵抗すること等）から定義されるものではなく，善悪に対する行為者の特別な観点（行為者がもっている行為と場面についての認知や心情）から定義される必要があるという点である。

【展開】 道徳性の発達に関して，大きく3つの理論がある。

❶精神分析理論：文化的な規範や価値を両親との同一視の過程を通して超自我のなかに内面化し，良心を発達させることが道徳性の発達であるととらえる。S.フロイトによれば，それは幼児期のエディプス・コンプレックスの解決の結果として達成される。道徳性の本質は罪悪感を避けるために良心に従うことであるとする。

❷社会的学習理論：道徳性を学習された社会的規範であるととらえる。道徳性の発達は，罰と報酬を通した直接学習，およびモデリングによる社会的に望ましい行動の学習であり，最終的には自己強化により社会的規範に従った行動がとれるようになることである。

❸認知発達理論：J.ピアジェとL.コールバーグに代表される理論である。彼らは道徳性を社会的世界と解釈し，善悪の判断を行い，自分の行為を決定する際の思考の枠組であるととらえる。社会的規範のもつ意味のとらえ方や規範に対する考え方という認知の枠組を発達させ，正義や博愛についての普遍的な原理を発達させることが道徳性の発達である。道徳性の発達は道徳的問題について適切，理性的に考える一連の発達段階を経て生じるとする。

精神分析理論や社会的学習理論では，周りの環境の影響を通して子どもは受動的に道徳的になるととらえるが，認知発達理論では子どもは能動的に社会に参加し，そこでの相互作用を通して，自ら学ぶべきものを選択し，善悪の基準となる認知的な枠組をつくり上げていく（認知的構成主義），つまり一人の「道徳哲学者」として発達していくと考える。

【評価と特徴】 ピアジェは，子どもと個別に面接を行い，そこで短い話（例えば，不注意でお皿を15枚割った子と，禁止されていることをしていたときにお皿を1枚割った子）を提示し，子どもに善悪判断とその理由を求め，子どもの回答の背景にある考え方を探ろうとした。この方法は「臨床的面接法」とよばれる。幼児期から児童期までの子どもの道徳的判断をさまざまな角度から検討し，その発達を他律的な大人からの拘束による道徳性から自律的で仲間との協同による道徳性への変化，一方的尊敬から相互的尊敬への変化としてとらえた。

コールバーグは，ピアジェの認知発達的考え方を引き継ぎ，子どもでも自分なりの正しさの枠組をもっており，それに基づいて道徳的な判断をすると考え，幼児期から成人までの道徳性の発達を理論化した。彼は，2つの道徳的価値が葛藤する道徳的ジレンマ場面（例えば，妻の難病を治療できる薬が高価であるために，その薬を盗もうとする主人公）を作成し，ジレンマ場面での意思決定についての質疑応答から，回答者の判断基準を分析した。この方法はピアジェの臨床的面接法を発展させたものであり，「標準論点式道徳判断面接法（Standard Issue Scoring System-Moral Judgement Interview）」と

よばれている。この方法により，3水準6段階からなる道徳性の発達段階説が提唱された。

レベルIの水準は「慣習以前の水準」（段階1：他律的道徳，段階2：個人主義的，道具主義的道徳）とよばれ，道徳を外的，物理的な結果や力からとらえる。レベルIIの「慣習的水準」（段階3：対人的規範の道徳，段階4：社会システムの道徳）は，道徳をよいあるいは正しい役割を遂行すること，慣習的な秩序や他者からの期待を維持することとみなす。レベルIIIの水準は，人間関係や社会システムを越えて，あらゆる人々がもつ権利や義務が何かを考え，普遍的な原則に基づいて判断を行う水準であり，「後慣習的，原則的水準」（段階5：人権と社会福祉の道徳，段階6：普遍性，可逆性，指令性をもつ一般的な倫理原則の道徳）とよばれる。この発達段階はアメリカと日本をはじめ世界各国・各地で検討されてきた。段階6の妥当性を除いて，各段階とその順序の普遍性はほぼ支持されている。しかしながら，測定方法が複雑であり，その習熟と実施にはかなりの時間を要するという問題点がある。

J. レストはコールバーグの理論に基づき，また同じジレンマ場面を用いながらも，より客観的，より経済的に実施できる方法として論点定義検査（DIT：Defining Issue Test）を作成した。これは6つのジレンマとジレンマごとに各段階の代表的見解を文章化した12の質問項目からなり，ジレンマの解決における質問項目の重要度を評定させる方法である。この方法では「標準論点式道徳判断面接法」と比べて，発達段階が高く評価されやすいという欠点がある。

C. ギリガンは，道徳性を世界との関係のもち方，世界における自己の位置づけ方と関係したものであるととらえ，道徳的指向性という用語を用いる。そして，男女による道徳性の発達には違いがあるとし，男性には「公正さの道徳性」，女性には「配慮と責任の道徳性」が優位であると仮定した。彼女は大学生に自分自身の道徳的葛藤体験を語ってもらい，それを指向性の観点から分析し，男女による道徳の違いを明らかにした。現在では，道徳的指向性の差異は文化との関連で研究が続けられている。

【活用と課題】　道徳性の発達を社会的規範の内面化からとらえる立場は自己評価型の質問紙による方法が中心である。心情面を測定するものとして共感性尺度と罪悪感尺度，行動面を測定するものとして向社会性尺度が作成されている。これらの尺度は道徳性の一部にしか焦点を当てておらず，また幼児と低学年児童には実施することがむずかしい。認知発達理論は独自の発達段階と方法論をもつために，かえって教育の場での活用をむずかしくしている。「よりよく生きようとする心の働き」を評価するためには，心情的な傾向，規範意識，行動傾向，および考え方の進歩から，道徳性の発達を総合的にとらえていく必要がある。荒木紀幸はコールバーグの理論に基づきながらも，わが国の子ども向けの道徳的ジレンマを作成し，さらに学習指導要領の道徳指導内容を取り込んで，「フェアネスマインド」という客観検査を開発している。また，古畑和孝はコールバーグ理論と学習指導要領の内容に基づいて，外顕的な行動傾向と内面的な行動理由の構造の両方を測定できる「HEART」という客観検査を開発している。これらの検査は小学生と中学生を対象にある程度標準化されている。子どもの道徳性発達の診断的評価，中・長期的な指導の成果をとらえる総括的評価，問題行動を有する子どもの指導と関連した個人内評価において有効な評価方法である。今後，道徳性の発達環境としての教室や学校の道徳的雰囲気を測定する方法が開発される必要がある。　　　　　　　　　（首藤敏元）

［参］日本道徳性心理学研究会『道徳性心理学—道徳教育のための心理学—』北大路書房，1992. 山岸明子『道徳性の発達に関する実証的・理論的研究』風間書房，1995. 首藤敏元・二宮克美『子どもの道徳的自律の発達』風間書房，2003.

新版道徳性検査（NEW HUMAN）

→道徳性の発達とその評価・活用，道徳教育の評価

【目的】 学校における道徳教育が児童生徒の発達を促しているかどうかを検討することは，教育を推し進めるうえでとても重要である。その際，効果の有無を判断するためには，まず児童生徒の道徳性の発達を明らかにする必要がある。本検査は，各児童生徒の道徳性を，特に道徳的心情（道徳性の情意的側面）と道徳的判断（道徳性の認知的側面）の2面から把握するとともに，学級，学年，全体の道徳性の傾向を把握することを目的としている。

[著者] 青木孝頼・真仁田昭・石川俏男ほか
[発行] 図書文化社
[適用範囲] 小学校（1・2年，3・4年，5・6年），中学校
[所要時間] 小学校40分，中学校45分

【内容】 本検査は学習指導要領の内容項目（中学校23項目，小学校低学年15項目，中学年18項目，高学年22項目）に合うように構成され，総合得点や学習指導要領の4つの視点ごとの得点，道徳的心情や道徳的判断の得点，さらにはそれぞれについて3段階の評定段階を検討することができるように作成されている。4つの視点とは，①主として自分自身に関すること，②主として他の人とのかかわりに関すること，③主として自然や崇高なものとのかかわりに関すること，④主として集団や社会とのかかわりに関すること，である。また，内容項目とは，例えば中学生では，視点①に節度や強い意志など，②に礼儀，思いやりなど，③に自然愛，畏敬の念，④では規則尊重，正義などがあげられている。

【測定する道徳性】 本検査では，道徳性といっても，「道徳的心情」と「道徳的判断」の2つを区別して測定しようとしている。この2つは現実には区別することがむずかしいが，あえて，区別して測定することを意図している。

道徳的心情は，感情の中でも「そうしなくてはおれない」といった，快・不快，喜怒哀楽といった基本的な感情に比べて高次な心情であり，行為を行うことによって「すがすがしい」「さっぱりする」といった自己完結した情操をいう。また，道徳的判断とは，道徳的規準に基づいての価値判断であり，認知，思考に当たる。道徳的行為としてどのような取捨選択をして行為を決定するかや，善悪の価値判断でもある。

【問題形式】 小学用と中学用があり，問題場面テストの形式をとっている。すなわち，道徳に関する問題を含む具体的な場面を呈示し，どのように感じ，判断し，対処するかを問う。質問は道徳的心情を問う質問と，道徳的判断力を問う質問からなる。回答はそれぞれ4択となっており，判定は絶対評価法である達成尺度（十分達成，おおむね達成，達成が不十分）の3段階でなされる。

【結果の活用】 マークシートによってコンピュータで採点処理され，学級一覧表，個人診断票，項目判定一覧表，項目判定出現率グラフ，平均点一覧表，視点別累加集計票，本校のすがた，などたくさんの資料を得ることができる。こうしたたくさんの結果を有効に道徳教育に生かすためには，活用の仕方を十分検討しておく必要がある。まず，道徳教育の全体計画，道徳の時間の年間指導計画に活用できる。また，全教育活動におけるマクロな効果とともに，一人一人の児童生徒へのミクロな効果がもたらされるように，児童生徒の理解を深め，実態を踏まえたうえで，授業内での発問やかかわりに役立てていく必要がある。個人間の差異，と同時に個人内の差異を配慮し，きめ細かく対応してやることが重要であろう。　　　　　（渡辺弥生）

[参] 青木孝頼・真仁田昭・内海静雄ほか『NEW HUMAN 手引』図書文化，2004.

HEART 道徳性診断検査

→道徳性の発達とその評価・活用

【目的】 善悪の問題や行為の責務等に関する社会的ならびに個人的な価値体系を意味する道徳性（古畑，1999）には，大きく2つの側面がある。つまり，「困っている相手を助ける」といった，表に現れた行動の側面と，「助けるのは相手が喜ぶから」といった，行動をもたらした動機や感情，判断の側面である。HEART (Human External Action and its Internal Reasoning Type) 道徳性診断検査は，子どもの道徳性を，道徳行動をどの程度行いやすいか（「行動傾向」）と，その行動の基盤になっている動機や感情，判断としてどのような特徴をもちやすいか（「内面形成」），という2つの視点から測定できる。近年，幼児用検査の開発に関する研究も行われている（明田ほか，1999 など）。

[著者] 古畑和孝・東京心理総合研究所
[発行] 東京心理
[適用範囲] 小学校（1・2年，3・4年，5・6年），中学校
[所要時間] 小学校40分，中学校45分

【内容】 行動傾向のもとになる内面形成には，「助けるのは相手が喜ぶから」「決まりを守らねばならないから」などのように，質の異なるさまざまな水準が考えられる。この点について，本検査では4つの水準が仮定されている。つまり，他者のことは考えずに主として自分の欲求充足や満足追求を目的とする「欲求充足型」（レベルⅠ），親や教師，友達からの承認の獲得や不承認の回避を目的とする「他者志向型」（レベルⅡ），内在化された規範やルールの遵守をめざす「規範遵守型」（レベルⅢ），相手のことを考えて自らすすんで道徳行動を行おうとする「自律愛他型」（レベルⅣ）である。レベルⅠ～Ⅳの順に高い水準を表すとされ，子どもの内面形成がいずれの水準に達しているかを診断できるようになっている。

検査の材料は，行動傾向の測定には短文の質問項目が用いられているが，内面形成の測定には絵画刺激が用いられており，低学年の子どもでも回答しやすいように工夫されている。実施法は集団式である。

【妥当性と信頼性】 妥当性については，共感性，仲間内地位，P-Fスタディの自責・他責傾向，教師評定等との関係を検討した結果，予測を支持する結果が得られている。信頼性に関しては，小学校低学年における内面形成のα係数がやや低いことを除けば，内的一貫性および再検査信頼性ともに高い値が得られている。また，検査実施後に，無効回答と極端な回答パターンがあったかどうかをチェックできるようになっており，事後的に回答結果の信頼性を検討できる。

【特色】 本検査は標準化された検査であり，おもに4つの特色がある。第1に，子どもの行動傾向の強さと内面形成の水準を診断できるのみならず，道徳性が問われる領域として，「思いやり」「自己確立」「生活規範」の3つを設定し，各領域における行動傾向の強さと内面形成の水準を診断できる。第2に，行動傾向については，学習指導要領（1989年および1999年）の道徳指導内容の4つの観点（自分自身，他者とのかかわり，自然や崇高なものとのかかわり，集団や社会とのかかわり）における行動傾向の強さがそれぞれ診断される。第3に，行動傾向と内面傾向の水準とがどのように対応しているかを診断できる。最後に，行動傾向の結果から，児童生徒指導要録の「行動の記録」における各行動状況の達成の程度が分析される。本検査は現実の道徳教育に立脚して開発されたものであり，結果を指導に効果的に利用できるよう工夫されているといえる。　　　（黒田祐二）

[参] 古畑和孝編著『道徳性の診断と指導（改訂増補版）HEART 解説』東京心理，1999.

フェアネスマインド検査（ジレンマ課題による評価）

【語義】 フェアネスマインド検査はモラルジレンマ（価値葛藤）課題を用いた新しいタイプの道徳性発達検査で，L.コールバーグの道徳性発達段階説に依拠して開発され，標準化された。フェアネスマインドは，公正な心（公正観・正義観）を表し，モラルジレンマ課題を用いて測定されるという意味から，フェアネスマインド検査（ジレンマ課題による評価）と名づけられた。

【内容】 コールバーグの3水準6段階のうち小学生はおもに3段階まで，中学生は4段階までの道徳性を測定する第1部と，自己の行動傾向（学習指導要領の4つの視点）を評定する第2部からなっている。第1部と第2部の比較から総合的な診断を行う。ここでは第1部の道徳性の発達段階の測定を説明する。

一般的な手順として，4つの視点に配慮した子どもの生活で起こるさまざまなジレンマ課題を子どもに示し，道徳判断・理由づけを考えさせる。小学校低・中学年では4つ，高学年以上中学校では5つの選択肢から自分の考えに最も近いものを選ばせる。表1にあげたジレンマ課題は集団や社会の視点を取り入れた公正・公平と信頼・友情の価値葛藤の話である。

質問の形式は，小学校低・中学年では「〇〇君はどうすればいいのでしょうか」，高学年以上では「〇〇君は，どうすべきですか（どうしなければなりませんか）」と問う。

【道徳性発達段階の算定】 ジレンマ課題それぞれに，コールバーグ（1976, 1984）が示す道徳性発達定義に照らした各段階の特徴的な理由づけが用意されている（表1）。全課題について子どもが選択した段階平均を基本とし，選択肢の配分に合わせた修正計算法を用い，各人の発達段階得点を算定する。表2は道徳性が学年の進行とともに段階的上昇を示し，小・中学

表1　ジレンマ課題例（カンニング）

テスト中に道夫君が隣の人の答えをのぞいているのを敦君は見ました。この組ではテストの点数が悪いと学校に残されます。敦君は先生に言おうと思いました。でも『お母さんが病気だから早く帰らなくっちゃ』と心配そうに話していた道夫君を思い出して，敦君は迷っています。敦君はどうすべきですか？

〈言うべき〉
①見たままを正直に言わないと，先生にしかられる。（段階2）
②いけないことはいけないと言えるとよい子だとほめられる。（3）
③道夫君だけ人の答えを写して，テストの点を上げるのはずるい。（1）

〈言うべきでない〉
①もし告げ口をしたら，後ろめたさや悔いを感じるだろう。（段階2）
②母を思いやる誠実な気持ちを踏みにじる行為はこの場合人間としてできない。（2）
③先生に告げ口するなんて，友達ならしてはならないことだ。（3）

表2　学年，性別，道徳性発達段階平均得点

学年	男子			女子		
	N	M	SD	N	M	SD
小学2	168	1.08	0.25	190	1.08	0.28
3	127	2.13	0.42	115	2.23	0.43
4	125	2.25	0.41	133	2.41	0.39
5	239	2.64	0.34	230	2.75	0.33
6	271	2.77	0.31	271	2.85	0.28
中学1	683	3.02	0.27	626	3.07	0.24
2	679	3.15	0.24	618	3.17	0.21
3	693	3.28	0.23	670	3.30	0.19

生の道徳性の発達的特徴を表している。

【信頼性と妥当性】 小学生版で再検査（2か月）の r 値は高学年 0.87，中学年 0.60，低学年 0.54 と高かった。妥当性についても公平性発達検査（デーモン）とは 0.61，0.66，役割取得検査（セルマン）とは 0.51〜0.62，規範─基本判断検査（コールバーグ）とは 0.62〜0.82 と比較的高い r 値であった。信頼性・妥当性の高い検査といえる。　　　　（荒木紀幸）

[参] 荒木紀幸『フェアネスマインド小学生用道徳性発達検査─診断と指導─』正進社，1997.
『中学生版フェアネスマインド（道徳性発達検査）による道徳性の診断と指導』正進社，2002.

向社会性の発達とその評価

→向社会的行動の尺度, 道徳性の発達とその評価・活用

【研究の展開】　反社会的行動に対して，他者のためになると社会的に認められる行動全般を，向社会的行動（prosocial behavior）という。向社会的行動の研究は，1960年代よりさまざまな角度から研究されてきたが，その語義は研究者によって必ずしも一様ではない。最初は，行動論的アプローチから検討されていたが，しだいにモデリングなどの影響をみる社会的学習理論からの検討が多くなった。その後，行動だけではなく，内的な過程に焦点を当てた研究が多くなり，発達心理学的観点からの研究が増加した。他方，社会心理学では意思決定などの状況要因と関連づけた研究が盛んに行われた。

【定義】　向社会的行動の下位行動として，援助行動，分配行動，寄付行動などが研究対象とされてきたが，行動からとらえるかぎりにおいては動機のいかんは問わなかった。P.マッセンとN.アイゼンバーグは，「外的な報酬を期待することなしに，他人や他の人々の集団を助けようとしたり，こうした人々のためになることをしようとする行為」と定義づけ，「外的な報酬を期待しない」という動機面についてもふれている。しかし実際は，外的な行動から動機面を推測するのはむずかしい。その後，「他人あるいは他の人々の集団を助けようとしたり，こうした人々のためになることをしようとする自発的な行為」とし，向社会的行動を生起させる理由は利己的な理由や他者からの承認を求めるためなど，さまざまな理由のあることが指摘された。また，内発的に動機づけられ，個人的利益よりも自己報酬によって動機づけられることを愛他性としたが，「向社会性」と同義と考えられる。

【向社会性の発達】　向社会的行動の発達は，精神分析学の観点，社会的学習理論の観点，認知的発達理論の観点など大きく3つから説明がなされている。精神分析学では，初期のしつけや経験が，その後の行動に持続的に影響を与えることや，価値観や向社会性が，同一視によって親から取り入れられるという考え方をとる。また，社会的学習理論では，賞罰やモデリングによって学習されると考えられている。認知的発達理論の観点からは，発達的側面についてのさまざまな知見が得られている。向社会的行動の発達は，内的過程として，共感性，役割取得能力，道徳判断，社会的スキルなどが取り上げられ，それぞれの発達や行動との結びつきについて多くの研究によって検討されてきた。

【評価】　向社会的行動あるいはそうした行動を導く向社会性を評価する方法は，おもに観察法，質問紙法，面接法，実験法によって検討されてきた。

①観察法：これは，乳幼児の行動観察によって検討され，乳児から身体的接触による慰め行動がみられることや，言葉による気遣いが小学校中学年まで増加していくなどの報告がある。

②質問紙法：質問紙法では，向社会性として共感性や愛他性などが取り上げられ，自己評価によって個人的特性が評価されている。

③面接法：面接法では，道徳的なジレンマや善悪判断を尋ねる課題を与えていくつかの質問をし，その理由づけや回答によって発達を明らかにする方法などが実施されている。

　そのほか，モデリングや簡単な状況操作を行った場面（協力状況，競争状況）を設定し，行動に与える影響や，意思決定のプロセスなどを検討する研究も数多く行われている。

（渡辺弥生）

[参] N.アイゼンバーグ，P.マッセン（菊池章夫・二宮克美訳）『思いやり行動の発達心理』金子書房, 1991.

向社会的行動の尺度

→向社会性の発達とその評価，思いやり意識と規範意識の尺度，多次元共感測定尺度

【特徴】 向社会的行動の特徴として，菊池章夫は4つをあげている。1つ目は，相手のためになる援助が含まれていることである。「忘れ物を届けてくれる」といった日常よくある行動である。2つ目は，外的報酬を期待しない行動で，思いやる行動自体が目標になると考えられる。3つ目は，向社会的行動にはコストがかかっていることである。4つ目は，自発的なところである。だれかから頼まれたり，いやいや行うものではない行動をいう。まとめると，自分からすすんで相手のためになる行動をし，客観的にコストが伴い，相手からのお礼を期待しない行動と考えることができる。

【自己評価尺度】 J.P.ラシュトン（1981）は，日常生活で起きやすい向社会的行動を20項目あげ，「全然しない」「一度はやった」「一度以上やった」「しばしばやった」「もっとやった」という5段階で回答させ，向社会的行動の傾向を判定しようとした。具体的な項目は，「見知らぬ人に道を教えた」「慈善事業に献金をした」といった項目が用いられている。菊地は，この尺度を参考に，大学生を対象に尺度を作成している。大学生に日ごろやっている思いやりの行動を5つずつ書かせ，60種類ほどの回答をまず集め，次にそれをもとに経験の頻度を尋ねた。最終的に20項目から作成した。「したことがない」「1回やった」「数回やった」「しばしばやった」「もっとやった」の5段階で回答させた。具体的な項目は「列に並んでいて，急ぐ人のために順番をゆずる」などである。そのほか，児童版として，20項目からなる尺度を作成しており，「図工や体育の時間に自分より遅い友達を手伝う」「忘れて帰ってしまった友達のかわりに係りや日直の仕事をする」「すすんで係りや日直の仕事を手伝う」などが項目の例である。首藤敏元（1987）も「勉強がわからない人に教えたことがありますか」といった質問形式で，「ない」「少しある」「たくさんある」の3段階で尋ねる尺度を作成している。中学生・高校生を対象にしたものには横塚玲子（1989）の尺度があり，「家族のものが具合が悪いとき看病した」など家族を対象とする項目が含まれている。

【問題点】 質問紙による自己評定形式の尺度を紹介したが，本人の思いやり傾向の認知を知るうえでは意義があるが，いくつかの問題がある。1つは，社会的望ましさや逆に自己否定的な傾向が反映されやすいことである。次に，対象となる年齢や文化によって，エピソードとしてあげられる項目がかなり異なってくる点である。さらには，向社会的行動の得点を経験した頻度の多さで測っている場合が多いが，そうした頻度の認知が正確なものかどうかという点である。

【向社会的行動との関連】 向社会的行動尺度の妥当性を調べるために，対人的価値尺度，共感性尺度，自意識尺度，社会的スキル尺度との関連が検討されることが多い。項目の内容として，社会的スキル尺度や共感性尺度の中にも，向社会的行動と類似した項目が含まれる場合があり，概念の定義を明らかにする必要がある。近年，向社会性を明らかにするために社会的スキル尺度が用いられる割合が高くなっているが，この尺度は向社会性のほかに，攻撃的な行動，引っ込み思案の行動が含まれている場合が多い。いずれにせよ，向社会的行動を正確に把握するためには，自己評定だけでなく他者評定や，観察，実験，教育実践などを通して，総合的にアセスメントしていくことが望まれる。　　（渡辺弥生）

[参] 広田信一「向社会的行動の発達」堀野・濱口・宮下編『子どものパーソナリティと社会性の発達』北大路書房，2000．渡辺弥生『VLFによる思いやり育成プログラム』図書文化，2001．

思いやり意識と規範意識の尺度

→情動的共感性の尺度, 多次元共感測定尺度, 向社会的行動の尺度

【語義】 他者の気持ちや立場を理解し, 他者のためになることをしようとするのが「思いやり意識」であり, 社会のルールや人間関係の約束事を守ろうとするのが「規範意識」である。道徳性の評価を考えたとき, この2つの評価は, 欠かすことのできないものである。

【思いやり意識の尺度】 思いやり意識に関しては, 内田由紀子・北山忍 (2001) の思いやり尺度がある。内田・北山は, 日本人の思いやりを, 「他者の気持ちを直観的に察し, そのうえで他者の気持ちに共感もしくは同情すること」であり, 「向社会的行動を動機づけるもの」であると定義し, この思いやりの個人差を測定できる尺度を開発した。

内田・北山のように直接思いやり意識を尋ねるのでなく, 思いやりのある行動 (愛他行動) を行った頻度から内面の思いやり意識を推定する試みもある。松井洋・中里至正・石井隆之 (1997) の仮想場面を用いた方法では, 他者が援助を必要としている仮想場面において4種類の行動を提示し, その中から愛他行動を選択した回数を思いやり意識 (愛他性) の強さととらえている。さらに, 愛他行動の理由として, 理性的理由 (例: 義務だから) と情緒的理由 (例: かわいそうだから) のうち当てはまるものを選択させ, 思いやり意識の質的な違いも測定できるようになっている。また, 首藤敏元 (1990) の尺度では, さまざまな場面における愛他行動について過去に行った頻度をそれぞれ尋ね, 頻度の回数から性格特性としての思いやり意識 (愛他性) を測定できる。

【規範意識の尺度】 規範意識に関しては, 学校教育場面の規範意識を測定する尺度 (安香宏, 1990) と, 援助場面における規範意識を測定する尺度 (箱井英寿・高木修, 1987) がある。安香は, 学校における規範や規則についての子どもの認識および感情を測定するために, 規範意識の方向性 (よい行いをしようとする方向と, 悪い行いをしないようにする方向)・領域 (学業領域, 対人領域)・側面 (認識, 感情, 賞罰意識) の3つの観点を組み合わせて項目を作成し, 尺度を開発した。他方, 箱井・高木の尺度では, 援助に関する規範意識が, 「返済規範意識」(自分を助けてくれた人には親切にすべきだ), 「自己犠牲規範意識」(自己を犠牲にして他者を援助すべきだ), 「交換規範意識」(見返りを期待して援助をしてもかまわない), 「弱者救済規範意識」(弱い立場にいる者に対しては親切にすべきだ) の4側面に分類され, 各側面を測定できる。

【両者を測定する尺度】 中谷素之 (1996) は, 教室の中で子どもが何を成し遂げようとしているか (「目標」) の観点から, 思いやり意識と規範意識に対応する2つの目標を測定できる尺度を開発した。つまり, 教室の中で仲間に対する援助や協力をすすんで行おうとする「向社会的目標」と, 教室内のルールを守り, 規範に従おうとする「規範遵守目標」の2つである。前者は思いやり意識に, 後者は規範意識に対応すると考えられる。

【利用上の留意点】 第三者が外側から把握することがむずかしい思いやり意識や規範意識を測定できる尺度が開発されていることは意義がある。しかし, いずれの尺度も自己報告式であり, しかもその項目の多くが社会的に望ましい項目で構成されているため, 調査対象者の性格によっては回答が歪む可能性があるという点に注意する必要があろう。　　　　　　(黒田祐二)

[参] 中谷素之「児童の社会的責任目標が学業達成に影響を及ぼすプロセス」『教育心理学研究』44, 1996. 内田由紀子・北山忍「思いやり尺度の作成と妥協性の検討」『心理学研究』72, 2001.

第6章

適性，興味，意欲，態度の評価

1 適性と興味の評価
2 意欲の評価
3 態度の評価

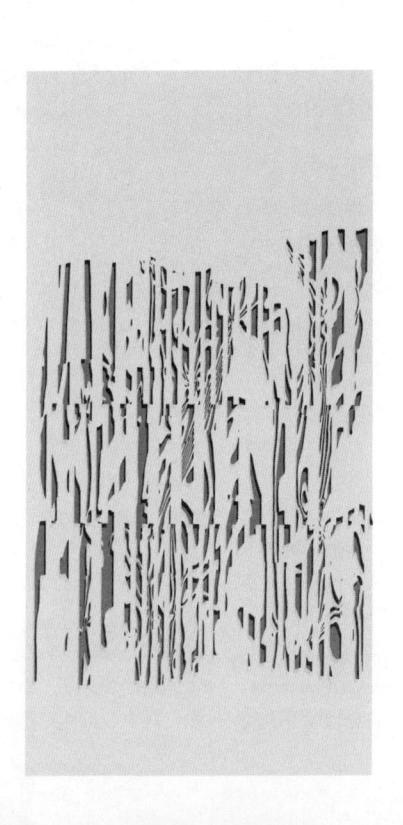

適性・興味とその評価・活用

→適性処遇交互作用，厚生労働省編一般職業適性検査，新版・職業レディネス・テスト

【語義】 「適性（aptitude）」という概念は，職業や学業，芸術など特定の活動を適切かつ有効に遂行できる可能性を有する個人的特徴である。適性には，古市裕一によるとおよそ次のような特質がある。

①予見性：適性という場合には，特定の活動分野の知識や技能などを，教育・訓練等によって将来獲得していく可能性があるかどうか，ということを問題としている。したがって，現時点でそれらの知識や技能などを習得しているかどうかということとは無関係である。例えば，ある個人が宇宙飛行士としての「適性がある」という場合，宇宙飛行士に必要な知識や技能などをすでに獲得しているということを意味するのではない。今後教育・訓練等を受けたとしたら，宇宙飛行士になるのに必要な知識や技能などを獲得する可能性が高い，ということを意味している。これを予見性（あるいは予測性）という。

②対象性：上述の定義にもあるように，適性とはある特定の活動分野に対する将来の可能性をいうのである。例えば，自動車運転手に対する適性というように，適性には必ず対象がある。これを適性の対象性という。

③安定性：青年期，成人期に適性は安定する傾向がある。

一方，「興味（interest）」という概念にも多様な意味があるが，『快』の感情をもって持続的な注意を向けること」（詫摩武俊，1984），あるいは「職業や学業などの活動と結びついた感情で，比較的永続的なものであり，活動に対する受容─拒否，好き─きらいの感情を伴う，ある活動へのレディネス」（野々村新）といえる。

この興味を，D. E. スーパーは次の4つに分類している。①表現された興味（expressed interests）：活動や職業について好ききらいを言葉で表現された興味，②具現された興味（manifested interests）：言葉で表現されるのではなく，活動や職業に実際に参加することを通して行動で表現された興味，③調査された興味（inventoried interests）：さまざまな活動や職業について好ききらいなどを尋ねる多数の質問への回答に基づいた興味，④検査された興味（tested interests）：職業に対する知識量を調べる検査など，客観的な検査で示される興味，の4つである。

【変遷】 適性のとらえ方をみてみると，伝統的な適性観では狭い意味での適性であり，能力面に限定してとらえていた。しかし，近年の適性観では，能力面だけでなく，パーソナリティなどの非能力的側面をも含めて，総合的にとらえるようになってきた。その考え方は，スーパーの職業適合性（vocational fitness）の概念図（次ページ図参照）の中にもみられる。

ここでいう職業適合性とは，「個人的特質の全部を含み，その人が特定の職業に対して適応するかどうか判断するよりどころ」（藤本喜八）である。また，その構成要素には，「能力」的側面とパーソナリティという「非能力的」側面の両方が含まれている。したがって，この職業適合性という概念は，近年の適性観でとらえている「適性」（広義）ともいえる。

また，その「能力」は，「将来何ができるか」を意味する適性と，「現在何ができるか」を意味する技量などから構成されている。ここでいう適性は知能などを含んでいるが，これだけを見れば，伝統的な適性観に基づく適性（狭義）ともいえる。さらに，職業適合性においては，パーソナリティの中の1つの構成要素として興味が存在している。

【検査の分類】 ある活動に対する適性や興味には個人差があり，また個々人の，さまざまな活動に対する適性や興味には違いがある。特定の

1 適性と興味の評価

```
職業適合性─┬─能力 Ability─┬─適性 Aptitude─┬─知能 Intelligence ─┬─ことばの推理
Vocational      │              │                │                    ├─数の推理
Fitness         │              │                │                    └─抽象的推理
                │              │                ├─空間視覚化 Spatial Visualization
                │              │                ├─知覚の速さ・正確さ Perceptual Speed-Accuracy
                │              │                ├─精神運動機能 Psycho-motor
                │              │                ├─未開発のもの
                │              │                └─未開発のもの
                │              ├─技量 Proficiency
                │              ├─学力 Achievement
                │              └─技能 Skill
                └─パーソナリティ─┬─適応 Adjustment ─┬─欲求 Needs
                  Personality    │                    └─特性 Traits
                                 ├─価値観 Values
                                 ├─興味 Interest
                                 └─(態度 Attitude)
```

図 スーパーの職業適合性

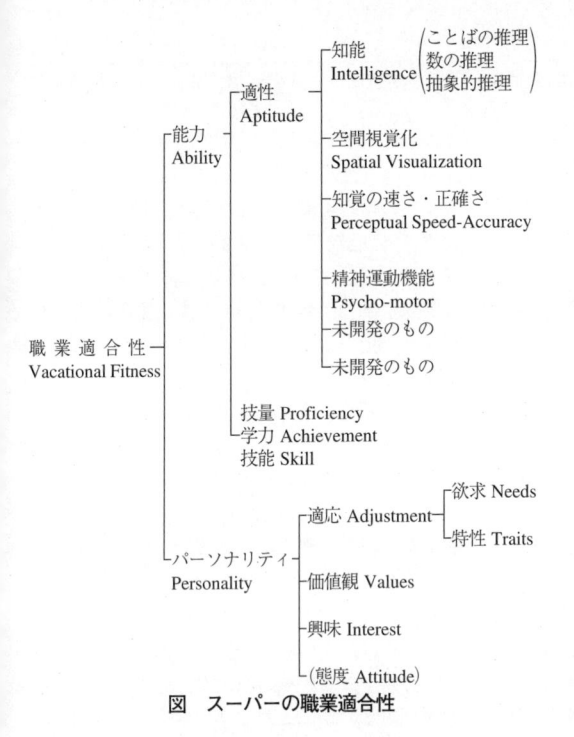

活動に対する個人の適性を評価・測定するための検査を適性検査といい、興味を調べる検査を興味検査という。

今日までにさまざまな適性検査や興味検査が開発されてきたが、安藤瑞夫は、検査をその内容・方法から、次のように分類している。①集団検査（被検者を多数まとめて一斉に検査ができるもの）と個別検査（一人一人個別に検査しなければならないもの）、②紙筆検査（テスト用紙と鉛筆だけで回答できる検査）と器具検査（各種の検査器具を使用しないと被検者の反応が得られないもの）、③時間制限方式（すべての被検者に同一の短い制限時間内で課題を課すもの）と作業制限方式（所定の課題を解決し終えるまで被検者に特に時間の制限を加えないもの）、④言語検査（verbal test、与えられる検査刺激が、文字、文章で構成され、これに対する反応にも文字や文章を使う必要があるもの）と作業検査（performance test、刺激が記号や図形で与えられ、文字の読めない者でもこれに行動的に反応しうるように仕組まれているもの）とに分類される。なお、被検者を多面的に理解するために組み合わせて用いられる複数の検査のことをテスト・バッテリー（test battery）という。

【検査の活用】 一般的に、学校において適性検査や興味検査を活用する場合の留意事項として、①事前指導などで検査をなぜ実施するのか、その目的や必要性などを生徒に理解させ、受検に対する生徒のモチベーションを高めること、②まず教師が検査結果の正しい理解に努め、検査の効用と限界、長所と短所などを正しく把握しておくこと、③特にテスト・バッテリー方式の場合、検査結果を総合的、かつ力動的に解釈すること、④検査結果を過信しないこと、などがあげられる。

また、検査結果を生徒にフィードバックする場合、①教師は、生徒の性格や心理状態などに応じて臨機応変に対処する臨床的態度（配慮）を有することが不可欠であり、その配慮に欠けたフィードバックは行うべきではない。②生徒自身に対して、実施した検査の意義や内容、結果の正しい見方などをあらかじめ説明し、正しい理解を図ったうえでフィードバックを行うという配慮が必要である。これを怠ると、検査結果を曲解し、将来の限界と錯覚し、絶望感に悩む生徒を生み出しかねない。検査結果のフィードバックを行う際には、生徒がそうならないように、教師は上述の点に十分配慮すべきである。

(松井賢二)

[参] 詫摩武俊『個性と適性の心理学』講談社現代新書、1984.

学習適応性検査（AAI）

→学習方略の指導と評価，学習態度・学習習慣の評価，自己制御学習

【目的】　学習適応性検査（AAI：Academic Adjustment Inventory）は学習適応性，すなわち児童生徒が学習場面に適応し，自分の能力をどのように生かそうとしているか，あるいは学習場面にみられる障害をどのように乗り越えようとしているか，その傾向を学習の意欲や態度，学習の習慣や方法などの面から広く調べ，学力の向上を図ることを目的とする。

　最初，1966（昭和41）年に児童生徒，特に学業不振者の学習法の診断と改善をめざした当時の研究を踏まえて刊行され，1987（昭和62）年に主体的に学習する学び方の習得を強調する時代の要請と認知心理学の研究の成果を反映して改訂された。2005（平成17）年さらに認知心理学，特に認知的操作としての学習方略の研究を考慮して大幅な改訂が行われた。思考，問題解決など学習課題に直接働きかけ，実際に処理する機能の研究と，学習課題を直接処理するのではなく，自分の学習過程を自ら監視する機能，すなわち課題の遂行を計画し，その遂行を監視し，制御し，評価する機能（メタ認知機能）の研究，さらにこれら両方の機能を効率的に働かせるための学習方略についての研究を踏まえたものである。したがって，児童生徒の学習適応の状態をより的確に診断して，個性に応じたきめ細かな指導に役立てることができる。

[著者] 辰野千壽・財団法人応用教育研究所
[発行] 図書文化社
[適用範囲] 小学校（1～3年，4～6年），中学校，高校
[所要時間] 約40～45分

【内容・構成】　本検査は，質問紙法による検査であり，学習適応性を測定する尺度と，指導の手がかりのための補助資料調査に大別される。中学校用の内容と構成を例にとると，学習適応性を測定する尺度としては，「勉強の意欲」「計画性」「授業の受け方」「本の読み方・ノートのとり方」「覚え方・考え方」「試験の受け方」「学校の学習環境」「家庭の学習環境」「自己効力感」「自己統制」「メタ認知」の11より構成されている。さらに，補助資料調査として，「要求水準」「学習の目的」「生活実態調査」を問うて，指導や相談に生かすことができるようになっている。

【検査の活用】　検査結果はコンピュータ診断によって，学習指導のみならず，保護者面談・教育相談等の有効な資料となる個人資料，集計表が得られるようになっている。

❶学業不振の児童生徒への援助：学業成績が思わしくないとき，特に知能検査・標準学力検査の結果からアンダー・アチーバーであるとわかったときに，その原因がどこにあるかを見つけ出す必要がある。その原因が，児童生徒の意欲の面にあるのか，または学習習慣や認知的な枠組にあるのかを，本検査の結果を参照しつつ見極め，指導者側からの対応・援助の方向を定めることができる。

❷学び方の指導：学業成績のよしあしにかかわらず，児童生徒に自分自身の学習場面における認知的な枠組・傾向を自覚させて，より望ましい学び方を身につけさせることは大切なことである。本検査では，結果が下位テストごとにプロフィール表示されるので，全般的な学習への適応状況だけでなく，よりきめ細かな情報を得ることができる。これらの情報は，児童生徒の学習上の内省資料として利用できる。また，個々の児童生徒だけでなく，学級全体の傾向を把握したうえで，学級全体の学び方への指導へとつなげることもできる。　　　　（辰野千壽）

[参] 辰野千壽『学習方略の心理学』図書文化，1997.

自己向上支援検査(SET)

→自己効力感,学習の目標理論,学習適応性検査(AAI)

【目的】 学習適応性と社会的適応性について,自己を向上させようという意志・態度(以下,自己向上性)の形成という視点から構成要因をとらえ直し,教育的見地から適応性を多面的に評価するための検査として作成された。この目的から旧版の自己教育力指導検査を改訂し,検査を構成する特性や質問項目を新たに設け,名称も自己向上支援検査(SET:Self Enhancement-support Test)と改めた。

[著者] 北尾倫彦・財団法人応用教育研究所
[発行] 図書文化社
[適用範囲] 小学校4~6年,中学校1~3年(小学校1~3年は2007年より)
[所要時間] 約40~45分

【内容の構成】 小・中学生の学習活動や社会生活を支える心的特性を多面的・総合的に診断するため,構成は下記の10個の心的特性に対応する下位検査からなっている。

表 下位検査の構成

①課題関与意欲:学習課題への興味・関心・価値意識から生じる学習意欲
②他律的意欲:友達との競争や教師・親による承認への願望から生じる学習意欲
③自己向上意欲:自己の向上や将来の生活に役立つという展望から生じる学習意欲
④学習の仕方:学習方略やメタ認知の獲得に役立つ学習の技能,態度,習慣
⑤学習効力感:努力すればうまく学習できるという意識・信念
⑥情緒安定性:不安や自己否定に陥ることなく,安定した感情を維持する性格特性
⑦集中力・忍耐力:1つのことに集中し,困難に負けない忍耐強さ
⑧社会的スキル:周囲の人々と良好な人間関係を維持し,円滑な社会生活を送るための技能
⑨自立体験:生活や遊びでの豊かな体験と自立性
⑩社会的効力感:他者からの期待に応え,社会的に有能であるという意識・信念

【検査の活用】 学習指導と生徒指導の両方に活用できる検査である。また保護者面談や教育相談等にも役立つ資料が得られ,コンピュータ診断も可能である。

❶**内面の全体的理解**:心的特性間の力動的な相互関連性を診断し,子どもの不適応の原因を探るのに役立つ。不適応の原因を正しくとらえるには,特性間の関連性を解明し,力動的な心理プロセスを洞察的に理解する必要がある。しかも学習領域と社会生活領域の間にも相互関連があるので,全体を視野に入れた判断が求められる。例えば,学習効力感が低くても,社会的効力感が高い場合やその逆の場合があり,両者の補完関係を考慮に入れた判断が支援を可能にする。また,効力感に影響する特性,例えば社会的スキルや自立体験等も検査結果から判明するので,カウンセリングや指導に役立てることができる。学習面に関しても,課題関与意欲,他律的意欲,自己向上意欲の個人内比較から指導や支援に役立つ情報が得られる。

❷**指導・支援の手だて**:本検査は精緻な心理測定よりも指導や支援に役立つ情報を提供する。前述の力動的な相互関連性を分析し,子どもの内面全体の理解が得られてはじめて指導や支援の手だてが案出され,個人単位,学級単位での具体的な手だてが明示される。

❸**学力向上策**:教研式標準学力検査CRTとテスト・バッテリーを組むことによって,学力向上のためにはどのような対策を立てるべきかが判明する。特に,意欲や効力感を育てるという見地からの対策が見つかる。 (北尾倫彦)

[参] 北尾倫彦『自己教育力を生かす先生』図書文化, 1986. 北尾倫彦編『学習意欲の育て方A~Z』図書文化, 1997. 北尾倫彦編『学習不適応の心理と指導』開隆堂, 2002.

教研式進路適性診断システム（PASカード）

→適性・興味とその評価・活用，キャリア教育と評価

【目的】 学年別進路適性診断システム（PASカード）は，中学校段階での進路指導・キャリア教育の充実を具現化するために作成されたものであり，PASカードの「PAS」は，Path Aptitude Systemを略したものである。

本検査の実施の目的は，大きく2つに分けられる。1つは生徒自身の自己理解資料としての位置づけであり，もう1つは指導者側の生徒理解資料としての位置づけである。進路を考えるうえで最も重要なことの1つは，生徒自身が自己の興味や特性，能力などについて深い自己理解をもつことである。進路適性検査の診断結果は，そのための自己理解資料となる。また，本検査の結果には，生徒の進路に対する取組みや，学校への適応状況，自己肯定感など多面的な資料が含まれており，この資料の活用によって，個々の生徒に対する指導者側の生徒理解を深めることができる。

【特徴】 旧来の適性検査においては，能力的な側面が重視されることが多かったが，最近の進路適性検査では，非能力的な側面が重視されている。本検査においても，D.E.スーパーの適性概念を踏まえ，興味や価値観など非能力的な側面に適性判定の基礎を置いている。なお，本検査は1993年に発行されたが，その後1999年に改訂が行われ，完全学年別化や興味検査の充実が図られている。

［著者］石田恒好・吉田辰雄・佃直毅・坂野雄二・服部環・原田悦子・財団法人応用教育研究所

［発行］図書文化社

［適用範囲］中学校1～3年。検査用紙は，中学校1年用，2年用，3年用の3種類。

［所要時間］45分

【内容・構成】 本検査は，質問紙法による検査であり，「進路情報」「自己理解情報」「学校生活等への適応感」の3つの領域から構成されている。さらに，その領域には，いくつかの下位検査が用意されている。中学校2年用を例にとると，進路情報は，「希望進路の調査」「進路に対する取組みの調査」「希望する職業分野の調査」より，自己理解情報は，「職業興味」「基礎力の自己評価」「将来の生活に対する考え方の調査」「得意教科についての調査」より，学校生活等への適応感は，「悩みの調査」「学校生活等の充実度の調査」「自己肯定感」より構成されている。

【検査の活用】

❶生徒自身の自己理解資料として：キャリア教育の視点からみて，中学生の発達段階においては，現実的な自己理解に加えて肯定的自己理解が重要視されている。本検査においては，肯定的自己理解という立場に立って，生徒へのフィードバック資料を提示している。また，進路学習ノート「パスカル」とよばれる生徒用副教材の充実を図り，結果の提示から活用までの一連の流れの中で，肯定的自己理解を深めることができるよう配慮されている。

❷生徒と職業の世界とをつなげるホームページ：PASカード・進路学習ノート「パスカル」と連携をもった専用のホームページが用意されており，職業の世界へのつながりをもつことができる。また，進路についての情報を得ていくなかで，生徒の情報活用能力の育成も期待できる。http://www.toshobunka.co.jp/pascard/

❸生徒理解を深める資料として：質問紙により得られた学校生活への適応状況などの個々の生徒の情報は，生徒自身の内的な枠組を知るための資料となり，教師の日常観察を補うものとなる。これは担任教師だけでなく，相談担当者，進路指導担当者にも有効な情報となる。

（堀口哲男）

SG式進路適性検査（DSCP）

→適性・興味とその評価・活用，個性と能力

【目的】 本検査は生徒のパーソナリティを総合的に診断し，進学，就職全領域への進路適性判定を提供することを目的としている。検査は2つの冊子からなっており，学校の教室などで集団形式で行われることが多い。

[著者] 相談と検査の研究会
[発行] 実務教育出版
[適用範囲] 高校1～3年
[所要時間] PART 1，PART 2どちらも実施には40分程度かかるため，一般的には学校時間2時間分を使用して実施される。また，回答用紙はマークシート方式になっている。

【内容】 本検査では①生徒の価値観，②生徒の個性，③進路の悩みについての調査がなされる。

❶生徒の価値観：(1)生徒の進路予定，(2)進路志向，(3)進路に対する考え方，について尋ねている。進路志向では，仕事に対してどのような意識をもっているのか（例えば，正規の雇用形態で働きたいか，自由で融通が利く仕事がしたいか）ということや，アルバイトに対する意識について回答する。進路に対する考え方では，就職や進学にあたってどのような要素を重視するのか（例えば，就職の場合であれば，適性，収入，労働時間など）について回答する。

❷生徒の個性：生徒の(1)興味，(2)性格，(3)能力，について尋ねている。興味では8つの領域（芸術，創作，科学，技術，福祉，対人，環境，情報）に関連する72項目に対して，その好ききらいを回答する。性格については，自己実現エネルギー（自分を信じる力，目標達成への意欲）および9つの性格特性（積極的な自己表現，人との協調性，人への思いやり，工夫と好奇心，独立心の強さ，注意深さ，行動の活発さ，気持ちの安定，ルールの重視）に関する項目について回答する。能力では，文系能力（言葉の豊かさ，表現の適切さ，言葉のルールの正確さ）および理系能力（形や位置の理解，法則の推理，計算の応用）を測定する質問群について，それぞれ10分の制限時間内に回答する。

❸生徒の悩み：適性や就職，進学に関する36の疑問の中から当てはまるものを選択させる（最大5個まで）。

【結果の処理と評価】 それぞれの回答はコンピュータによって処理され，結果はフィードバック用紙にまとめられる。そこには，前出の調査結果や，進路適性についての評価が図やコメントによって示されている。進路適性の評価では職業（11分野），専門学校（11分野），大学・短大（13分野）について，どの分野に適性が高いのかということを，興味，性格，能力の3つの観点から総合的に判定している。また，文系・理系のどちらにより適性が高いのかということについても評価される。教師に対しては当該生徒全般についてまとめた結果が提供される。

【特徴】 第1に，生徒の進路への本音を取り上げられるように構成されている。先述の進路志向の調査はフリーター志向の調査として位置づけることが可能であり，フリーターを進路上の選択肢としてどの程度許容しているのか，また，どのようなフリーターのタイプを許容しているのかを，やむをえず，モラトリアム，夢追求，の3つの型で判定している。このようなフリーターへの意識に関する調査は，現代の進路状況を考慮すると非常に有効なものであろう。

第2に，性格調査には虚偽尺度が含まれているということがあげられる。これによって，検査への回答の信頼性についても確認することができる。　　　　　　　　　　　（鈴木公基）

[参] 相談と検査の研究会『生徒用アドバイスシートマニュアル DSCP 進路ハンドブック』実務教育出版，2002.

高等学校用進路適性検査(サクセスタイム)

→適性・興味とその評価・活用, 個人内評価

【目的】 生徒の適性, 興味, 性格など, 教師が個性に応じた進路指導を行ううえで必要となる多くの情報を提供する進路適性検査である。生徒の自己理解の促進, 長い目でみた進路に対する動機づけを図るとともに, 進路相談の基礎資料, 文系・理系コース分けの参考資料となる。

[著者] 日本心理適性研究所
[発行] 日本文化科学社
[適用範囲] 高校1～3年 [所要時間]「1時限」40分,「2時限」1部2部共に40分

【内容・構成】「サクセスタイム1時限」「2時限」があるが, 共に興味検査, 性格検査, 能力検査, 進路に関する意識調査で構成されている。「1時限」は, 能力検査までを含めた多様な進路系への適性判定と文理判定を行う。進路適性検査をきっかけに進路学習の深化を図りたいと考えている学校が, 簡便に実施・活用できるような工夫がなされている。「2時限」は検査を2部構成にし, 第1部で進路調査, 興味検査, 性格検査を行い, 第2部で文理基礎能力を測定する。また進路調査には, 進路意識成熟度と進路選択自己効力感を測る項目があり, 生徒の進路意識をより詳細に分析している。

【検査の活用】 本検査は, 生徒のやる気を削ぐような厳しい結果ばかりでは進路学習に役立たないという観点から, 生徒ごとの長所や可能性などを積極的に評価しようと, 結果の判定に個人内評価を取り入れ, どの生徒にも最低2つ以上適性のある分野を表示する, 否定的なコメントを避けるなど, 結果の表示方法に配慮している。また, 検査結果を通して集団で討議を行い, 生徒が自分自身を客観的に見直すことで, 自己理解を深め, 望ましい進路選択の考え方や態度を確立したり, 付属の手引や資格・職業情報冊子を利用することで, 進路学習をより深めていくことができる。　　(日本心理適性研究所)

厚生労働省編一般職業適性検査(進路指導用)

→適性・興味とその評価・活用

【目的と特色】 本検査の特色は, 生徒の個性を客観的に理解できることと, 進路指導時の相談資料として, 教師はもとより生徒自身で活用が可能な点にある。また, 1952(昭和27)年にアメリカ労働省のGATBを原案としてわが国の労働省が公表して以来, 50年にわたり研究, 改訂が重ねられ信頼性が高い。広く進路指導や職業指導に活用されている。

[著者] 厚生労働省職業安定局
[発行] 社団法人雇用問題研究会
[適用範囲] 中学, 高校から成人まで
[所要時間] 本検査は定められた時間内にできるだけ多くの問題を処理する能力検査で, 筆記検査のみの場合, 約45分である。

【構成】 15種類の下位検査(うち11種類が筆記検査, 4種類が器具検査)からなり, 代表的な9つ(知的能力, 言語能力, 数理能力, 書記的知覚, 空間判断力, 形態知覚, 運動共応, 指先の器用さ, 手腕の器用さ)の適性能が測定される。さらに13領域の40適性職業群に編成され, 設定された基準と, 個人の適職能プロフィールを照合し幅広く適職を吟味できる。

【結果の処理と解釈】 コンピュータ判定により集団実施の場合, クラス別検査結果一覧, 個人別検査結果の2種類のデータが提供される。

処理結果は, 9つの適性能について個人の適性能得点, 評価, プロフィールで表示される。適性能の解釈は, プロフィール欄にその水準, ばらつき, コメントが表示される。適性職業群では個人の適性能得点と所要適性能検査基準とを照合し, 基準を満たしている, ほぼ満たしている, 満たしていないの3段階で結果が表示される。　　　　　　　　　　　(冨田久枝)

[参] 厚生労働省職業安定局編著『厚生労働省編一般職業適性検査手引き』社団法人雇用問題研究会, 1995.

新版・職業レディネス・テスト
→適性・興味とその評価・活用

【目的と特色】 本検査は，職業への興味および職業分野への可能性や自信から「職業と自分」を考える材料を提供する。検査を通して生徒の職業に対する準備度合（レディネス）を把握し，生徒が職業に関する自己イメージを確認したり，進路選択への意欲を高めたりすることが可能である。特に，心理的な態度，構え，職業への興味関心，自信といった各側面からダイナミックにその姿をとらえることができる。また，最新のキャリア研究も取り入れ，職業情報との組合せによる活用も可能である。回答後すぐに自己採点し活用できるのも特徴の1つである。

[著者] 独立行政法人労働政策研究・研修機構
[発行] 社団法人雇用問題研究会
[適用範囲] 中学，高校 [所要時間] 約45分

【構成と結果】 A検査，B検査，C検査の3つから構成されている。A検査は職業興味および職業志向性を測定し，54項目の質問からなり，各質問に対して「やりたい」「どちらともいえない」「やりたくない」の3段階で評定する。結果は，コンピュータ判定が可能で，6つの職業領域（現実的職業領域，研究的職業領域，社会的職業領域，慣習的職業領域，企業的職業領域，芸術的職業領域）について測定しプロフィールで表示される。B検査は日常の生活行動について記述した18項目からなり，職業への興味関心を3つの志向性（対情報関係志向，対人関係志向，対物関係志向）から測定しプロフィールで表示する。C検査はA検査と同様の54項目について自信の程度「自信がある」「どちらともいえない」「自信がない」の3段階で評定し，職業遂行の自信の程度を測定しプロフィールで表示される。

(冨田久枝)

[参] 独立行政法人労働政策研究・研修機構『新版職業レディネス・テスト手引き』社団法人雇用問題研究会，1989.

教研式職業興味・志望診断検査
→適性・興味とその評価・活用

【目的】 職業興味と職業志望を測定し，そのバランスについて検討することによって，どのような進路に向いているのかを診断する。

[著者] 藤原喜悦・河合芳文・戸田勝也
[発行] 図書文化社
[適用範囲] 高校から大学，成人まで可能
[所要時間] 約40分

【内容】 本検査は「職業興味」および「職業志望」を測定する2つの部分から構成されている。

職業興味の調査では，「社会・奉仕」「生産・技術」など10の下位領域に関する記述（合計150項目）について「好き」から「きらい」までの3段階で回答する。職業志望の調査では，具体的な職業名（合計110項目）が提示され，それぞれについて「非常になりたい」から「なりたくない」までの5段階で回答する。これらの職業は18の下位領域に分類することができる。

【結果の処理と解釈】 はじめに回答を集計し，領域ごとの職業興味，職業志望得点を算出する。次に集計結果をもとに，それぞれについてのプロフィールの作成を行う。

結果の解釈は，第1に，プロフィールからどのような領域に対する職業興味ならびに職業志望が高いのかということについてみる。第2に，職業興味と職業志望のバランスについてみる。プロフィール用紙においては，それぞれの職業興味領域に対応する職業志望領域が並列して記載されており，志望と興味のバランスを比較しやすくなっている。志望・興味のどちらも得点が高い場合，その人の職業志望・興味は安定しており，志望する職業に対する適性は高いと判断する。しかし，職業志望は高いが職業興味が低く不安定な場合は，その職業に対する適性は高くなく，再検討する必要があると判断する。

(鈴木公基)

学習意欲とその評価・活用

→知的好奇心,達成欲求(有能さへの欲求),内発的—外発的動機づけの尺度

【語義】 学習意欲は,①自ら学ぶ意欲と②外発的な学習意欲に分類できる。自ら学ぶ意欲とは,文字どおり自発的に学ぼうとする意欲であり,普通,学習意欲といえばこれを指す。心理学では「内発的動機づけ」という用語がよく用いられるが,これは自ら学ぶ意欲に含まれる。

一方,外発的な学習意欲とは他者からのプレッシャーによって仕方なく学ぶ意欲である。他者からのプレッシャーのほかに,自分の心の中にある「勉強をしなければいけない」「勉強をしないと親に叱られる」といったような声によって学ぶ場合も含まれる。外発的な学習意欲は心理学における「外発的動機づけ」と似ているが,外発的動機づけを「学ぶことを"手段"とする動機づけ」と定義する場合には,この一部は自ら学ぶ意欲に属することにしたい。例えば,あこがれの高等学校に入りたいがために学習をしている場合,この定義に従うと学習は手段であるため外発的動機づけ(外発的な学習意欲)に属することになってしまう。しかし,学ぶことへの姿勢は明らかに自発的であるため,自ら学ぶ意欲に属させることも可能である。ここでは教育現場における自発性観点の重視を考慮して,このような場合は自ら学ぶ意欲に入れて扱うことにしたい。

【学力・健康との関係】 学習意欲は高ければよいというのが世の風潮である。自ら学ぼうとしなくても,外部からプレッシャーをかけて外発的な学習意欲を高めればよいというのである。しかし,これまでの研究成果によると,それは間違いであることがわかる。R.M.ライアンとW.S.グロルニックによる研究はそのことを実証している。彼らは小学生を2群に分けて,1つの群には教科書に掲載されている文章を読むように教示した。また,他方の群には同じ文章を読むように教示したが,あとでテストをして成績をつけることも付け加えた。あとの群は外発的に学習意欲を喚起された群であり,それに比べると前の群は自ら学ぶ意欲が高い群といえる。実験終了後,両群の成績を比べると,機械的な暗記問題では外発的な学習意欲の高い群のほうが成績がよかったが,学習内容の概念的な理解を問う問題では,自ら学ぶ意欲の高いほうが成績がよかった。この結果は一見すると,学習内容の概念的理解という面では自ら学ぶ意欲の高いほうが有利で,機械的な暗記という面では外発的な学習意欲の高いほうが有利のようにみえるが,1週間後に実施された再テストでは,機械的な暗記問題における外発的な学習意欲群の優位は失われており,自ら学ぶ意欲の有効性がほぼ実証された。さらに,学業成績だけでなく精神的な健康度においても,自ら学ぶ意欲の高い群のほうがよかった。学習意欲においては自発性を尊重することが,学力や精神的な健康に有利に働くことが明らかである。

【メカニズム】 自ら学ぶ意欲の発現プロセスを下図に示す。

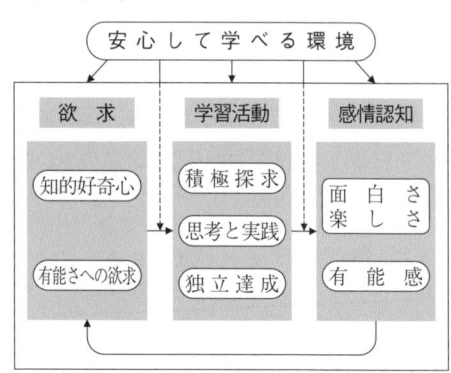

図 自ら学ぶ意欲の発現プロセス

この図は「欲求→学習活動→感情認知(→欲求……)」という枠組で作成されている。図の左端にある「知的好奇心」と「有能さへの欲

求」という2つの心理的欲求が自ら学ぶ意欲に当たる。これらの欲求はしぼむことはあってもなくなることはない。2つの欲求は「積極探求」「思考と実践」「独立達成」といった学習行動を引き起こす。積極探求とは積極的に情報を集めたり, むずかしい問題に挑戦したり, 自ら計画を立てて勉強をしたりする学習活動である。思考と実践とは物事を自分なりに考えたり, 考えたことを現実場面に適用したりする学習活動である。独立達成とはできるだけ自分一人の力で問題を解決しようとする学習活動である。こういった学習活動は図の上方に示された「安心して学べる環境」があれば最終的に成功裏に終わる。その結果,「自分も結構できるんだ」といった有能感 (自信) や「学ぶことが面白い, 楽しい」といった気持ちが生じる。そして, これらの感情認知は欲求にフィードバックされ欲求が活性化されると, 再び同じプロセスが始動される。すなわち, 子どもはこのようにして学習活動を活発に展開するのである。

【評価の方法】　自ら学ぶ意欲を評価するにはおもに3つの方法がある。

❶観察法：子どもの行動を観察して, その結果から自ら学ぶ意欲の有り様を推測する方法で, 教師による観察が最も重要である。観察上の観点として, 上記の「積極探求」「思考と実践」「独立達成」が参考になる。さらには授業中の挙手の回数や提出物 (できれば自由課題の場合がよい) の提出回数なども参考になる。

❷面接法：子どもと面接をして子ども自身から意欲の有り様について情報を入手する方法である。この場合には教師と子どもとの間にそれ相応の信頼関係がないと正しい情報を得ることはできない。子どもの反応に応じて質問を変えることができるため, 子どもの意欲の有り様を詳細に知ることができる。

❸質問紙による調査法：子どもが質問紙への回答が可能な年齢に達していれば (だいたい小学校中学年以上), この方法を用いて一挙に多くの子どもの情報を入手することができる。面接法と同様, 教師と子どもの信頼関係は重要である。また, 自ら学ぶ意欲をどのような質問によって調査するのか, 既製のものを用いることもできるし教師が自作したものを使うこともできる。1時限内で実施するには50〜100項目くらいの質問数が適当である。質問紙には図に示した要素のうち, 特に欲求レベルと感情認知レベルのものを尋ねるとよい。これらは子どもの行動からは評価しにくいからである。

【意欲の高め方】　自ら学ぶ意欲を高めるには, きちんとした評価とそれに基づく指導が重要である。ここでは図に基づいて, 自ら学ぶ意欲を高める指導についてふれておこう。図に従えば, 安心して学ぶ環境を用意することが指導のすべてであると考えられる。具体的にいえば次のようになる。

学習活動でどうしてもわからないことがあるようなときは, 教師や友達がその子をサポートしてあげればよい。できれば子どもからの質問を待ってそうするのがよい。子どもが情報収集をしようとするときは, 前もって情報収集のためのツールを用意しておくことも大事であろう。さらにそのツールを十分に使いこなせるような学習もする必要がある。問題の解決に成功したとき, もし成功感が十分に感じられていない場合には, 教師や友達がしっかりほめてあげるのがよい。一方, 問題の解決がうまくいかないときには, 激励をしてあげればよい。ただし, 自分で自分を激励できるような子どもであれば見守るだけでもよい。もし甘えてやさしい問題ばかりを解いているようなら, 個人的にその子を叱責し, むずかしい問題に挑戦できるよう激励することが肝要である。以上は具体的な対応例であるが, 子どもの発達にも十分に配慮して対応することが望まれる。　　　　（桜井茂男）

[参] 桜井茂男『学習意欲の心理学』誠信書房, 1997. 桜井茂男『自ら学ぶ意欲を育む先生』図書文化, 1998.

知的好奇心

→達成欲求(有能さへの欲求),内発的―外発的動機づけの尺度

【語義】 われわれは,環境内にある見慣れないもの,目新しいものにたえず関心を向け,それが何か,どのように機能するかを確かめようとして,積極的に環境と相互交渉する傾向がある。乳幼児が周囲のものに対して見せる旺盛な探索行動に端的に示されるように,この行動は,生存のために必要不可欠というわけでも,何らかの報酬を求めているわけでもない。情報を得ることによって有能感や熟達感が高められること自体が,この行動を動機づけているのである。こうした「よりよく知りたい・わかりたい」という情報への純粋な興味が,知的好奇心である。

知的好奇心は,内発的動機づけの中核的成分の1つであり,われわれの学習行動を支える重要な要因といえる。また,類人猿にも情報探索や操作への欲求が認められることから,知的好奇心は生得的欲求の一種と推測されている。

【歴史と意義】 伝統的な行動主義学習理論においては,人は本来,生存に必要な諸条件が満たされていれば不活発であり,何らかの要因が欠乏すると不快感と緊張が生じて,それを解消するために行動を起こすとされており,いわば"怠け者の人間観"に立っていた。これに対して,1960年代ころから,人間はより積極的で活動的な存在であるとして,人間独自の動機づけ過程に目が向けられるようになった。この流れの中で特に注目を集めたのが知的好奇心である。

知的好奇心によって動機づけられた行動は,単なる不快感の解消にとどまらず,知識獲得による達成感・満足感を伴うため,基本的に楽しいものであり,達成後さらに高い目標をめざすといった向上心にもつながっている。

D. E. バーラインによれば,知的好奇心は大きく2種類に分けて考えることができる。1つは,退屈や情報への飢えによって生じ,特定の方向性をもたずに幅広く情報を求める拡散的好奇心である。退屈なときに,特に見たい番組があるわけでもないのに,テレビを見て過ごすなどが例としてあげられる。またもう1つは,特定の事象に関する知識が不十分であることを認識したときに生じ,不足を補おうとして特定の情報を探索する特殊的好奇心である。

特殊的好奇心を喚起する要因として,バーラインは概念的葛藤の重要性を指摘している。自身のもつ既有知識からは類推できない新奇な事象や,既有知識と矛盾する事象に出合ったとき,目の前にある事象と知識構造との間に葛藤が生じる。このとき,自らの知識構造に新しい情報を補って葛藤を解消しようという特殊的好奇心が作用し,情報収集行動が生起するのである。

概念的葛藤には,驚き,疑問,当惑,矛盾,概念的不調和などがあるが,学校教育においても,こうした状況を積極的につくり出すことによって生徒の好奇心を喚起し,自発的な学習行動を活性化しようとする,"ゆさぶり"とよばれる指導法が提案されている。

【評価】 生徒の知的好奇心の評価には,具体的な行動を指標として用いるのが有効である。好奇心が喚起された結果として生起すると考えられる情報探索行動(本で調べた,家の人に聞いた,自分でもやってみた,別の材料でも同じようになるか実験してみた,など)を列挙し,該当する行動の生起を観察によって確認したり,質問紙化して生徒の自己報告を求めるのである。このほか,生徒の個人的特性としての知的好奇心の強さを,内発的動機づけ傾向に関係する他の要因とともに測定する質問紙(Scale of Intrinsic Versus Extrinsic Orientation in the Classroom)が,S. ハーターによって開発されている。

(中山勘次郎)

[参] 波多野誼余夫・稲垣佳世子『知的好奇心』中央公論社,1973.

達成欲求(有能さへの欲求)

→絵画統覚検査(TAT, CAT, SAT), 原因帰属

【語義】 ある優れた目標を立て，それを高い水準で完遂しようとする欲求である。D.C.マクレランドらは，卓越した基準を設定してこれに挑むこと，独特のやり方で成し遂げようとすること，長い期間にわたって成し遂げようとすることを基準としてあげている。

【達成欲求と達成行動】 J.W.アトキンソンらは，達成行動の生起を達成傾向（何かを成し遂げたい気持ち）と失敗回避傾向（失敗したくない気持ち）の相対的な差の結果としてとらえた。つまり，行動を促進させる達成傾向がそれを抑制する失敗回避傾向よりも大きいときに達成行動が起こるとした。ここで達成傾向（失敗回避傾向）は，〔達成欲求（失敗回避欲求）の強さ〕×〔成功の見込み〕×〔成功の誘因価〕という三者の積として表される。成功の魅力の程度である誘因価は，成功の見込みが低いほど高いと考えられるので，〔成功の誘因価〕＝〔1－成功の見込み〕と表せる。これらの関係から達成行動は，達成欲求が失敗回避欲求よりも強いときには，成功の見込みが2分の1，つまり，成功するかどうかが半々のときピークとなる逆U字型の曲線となり，逆に失敗回避傾向のほうが強い場合には，そのとき最も弱くなるU字型の曲線となると考えられる。つまり，失敗したくないという気持ちよりも成功したいという気持ちのほうが強い子どもにとっては，できるかどうかわからない程度の課題を最も好み，逆に失敗したくない気持ちのほうが強い子どもにとっては，それは最も避けたい課題となることが予想される。また，B.ワイナーは，帰属理論との関係から，達成行動のメカニズムを論じ，その理論に基づいて達成動機を高める方法なども開発されている。

【有能さの欲求】 達成欲求は目標達成に注目した概念であるが，学習者の側からみるとこれは有能さへの欲求と関係する概念といえる。有能さへの欲求は，より有能であることを求める欲求であり，R.K.ホワイトによる「コンピテンス動機」と同じものである。これは，知的好奇心と並んで，自ら学ぶ意欲を支える欲求である。達成欲求と同様，発達の過程において獲得されたものとみなすことができる。周囲に対して自らの働きかけが有効であるという経験を重ねることで，有能感（自信）が育つ。こういった経験によって有能さへの欲求は満たされる。有能さの欲求に支えられた学習活動は，情報収集（問題解決のために多様な情報を集める），挑戦（現在よりも適度に困難な課題に取り組む），独立達成（自分の力で解決する）という特徴をもつ。これらの行動は，達成行動とほぼ同様のものとみなすことができる。

【評価】 一般的に教育場面においては，行動の観察に基づいて，おもに次の観点から評価を行う。第1に，目標を立てる際，自分の現在の能力に見合ったものとなっているか。例えば，テスト成績の目標設定などで，達成欲求に比べて失敗回避の欲求が強い場合には，失敗しそうもないやさしすぎる目標や失敗しても傷つかないむずかしすぎる目標を立てがちである。第2にあきらめずに最後までやりぬくか。粘り強く取り組む姿勢に達成欲求は表れる。第3に，自分独自の工夫や試行錯誤がみられるか。安易に答えを求めたり，教師や他人のものをまねしたがったりといった行動は，達成欲求の低い子どもにみられがちである。また，心理検査を用いた達成欲求，達成動機の個人差の測定には，絵画統覚検査（TAT, CAT, SAT）が用いられる。

(石﨑一記)

[参] 桜井茂男編『たのしく学べる最新教育心理学』図書文化, 2004. 宮本美沙子・奈須正裕編『達成動機の理論と展開』金子書房, 1995.

自己効力感

→自己制御学習，原因帰属，学習された無気力

【語義】 子どもは学校での学習や運動などの課題に取り組むとき，ただやみくもにやっているのではない。自分にはそれがどのくらいできそうか，うまくやれそうか，といった見込み，予想をたえずもちつつ行動している。A.バンデューラは，このような自信のことを自己効力感（self efficacy）とよんだ。すなわち自己効力感とは，個人がある特定の課題に取り組む際，どの程度その課題を効果的に解決できるかという自信ないしは予期のことをいう。

【意義】 バンデューラ（1977）は，社会的学習理論を展開するなかで，個人の達成やパフォーマンスを規定する主要な要因として自己効力感の概念を提起した。彼によれば，行動における期待は，行動がある特定の結果をもたらすであろうという見込みである結果期待（outcome expectation）と，その結果を得るために行動を効果的に遂行できるか否かという自信である効力期待（efficacy expectation）とに分けられる。彼は，後者の効力期待のことを自己効力感（または自己効力）とよび，遂行過程や結果の達成レベルに大きく影響することを主張した。個人がある課題に取り組み，それを遂行する過程においては，自己効力感が重要な役割を担っているといえる。

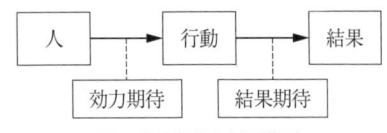

図 効力期待と結果期待

自己効力感は，外的な達成指標ではなく，個人の内的な期待，自信から，その後の行動を予測するものであり，学習理論の立場から動機づけを理解する有力な概念である。D.H.シャンクらによる学業達成領域の研究を中心に先行研究も多い。学習を重視する立場から，内発的動機づけやコンピテンス（有能感）概念とはやや異なる。また類似概念であるコンピテンス（有能感）概念が個人におけるより一般的，全般的なパーソナリティ特性に近いものであるのに対し，自己効力感は，より場面特有的あるいは課題特定的なものに焦点を当てた概念であるといえる。

【展開】 自己効力感の形成に影響する要因として，バンデューラは，直接経験，代理的経験，言語的説得，生理的変化の4つをあげている。例えば，算数の計算問題ができない子どもの例を考えると，はじめからむずかしい問題に取り組むのではなく，比較的簡単な問題からやり始めて成功経験をもつことは，自信を高めることに役立つ。また友達が計算問題に取り組み，正答している様子を見ることは，自分もやればできるだろうという見込みをもつことにつながる。また教師や友達からがんばってやってみよう，やればきっとうまくいく，などと説得や奨励されたりすることは，子どものやる気を高めるだろう。子どもの自己効力感を高めるには，これらの経験や情報を子どもに与え，やってみること，そしてできたことに焦点を当て，自信を促すよう働きかけることが重要だといえる。

子どもの自己効力感を評価するには，成績やテストの得点などの外的指標だけでなく，内的な自信や満足感に焦点を当てることが必要である。日々の学習指導において，個々の子どもの達成レベルを把握し，学習において適度な目標をもたせ，適宜学習過程や結果のフィードバックを行うことが特に重要だと考えられる。

（中谷素之）

[参] 宮本美紗子・奈須正裕編『達成動機の理論と展開』金子書房，1995．熊本大学教育学部附属小学校『自己実現を目指す授業の創造―効力感が高まる授業―』明治図書，1995．

学習の目標理論

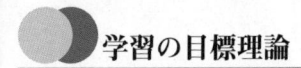

→達成欲求(有能さへの欲求)，動機づけと評価，目標・評価構造と学習

【語義】 学習への動機づけは，おもに達成動機づけとして研究されてきた。ゆえに，ここで説明する学習の目標理論は，正確には達成目標理論である（以下の記述では，達成目標理論という）。達成目標理論とは次のようなものである。まず人が有能さを希求することを前提とする。この前提に基づいて，人は有能さに関連する活動の理由あるいは目的を設定する。有能さに関連する理由あるいは目的は，達成目標とよばれる。さらに，達成目標の内容に応じて，行動や学習，感情が影響を受けると考えられている。

【特徴】 達成目標理論の提唱者である，C.S.ドゥエックや J.G.ニコルズらが主張してきたように，従来から達成目標は，2種類あるとされてきた。達成目標の1つに学習目標（あるいは熟達目標）が提唱されている。これは，「有能さを高める」という内容の目標である。もう1つの目標は，遂行目標とよばれる。これは，「能力が高いと判断されることを好み」，「能力が低いと判断されることを避ける」という2つの内容の集合からなる目標である。

学習目標を設定すると，人は失敗しても学習を続け，柔軟に学習方法を変え，課題やその学習に興味を示し，肯定的な感情を表すとされる。一方，遂行目標を設定すると，人は失敗に脆弱さを示し，学習方法も柔軟ではなく，課題や学習自体に興味を示さず，否定的な感情を表すとされる。上記の主張の多くは，心理学研究によって支持されている。

そのために，学習目標を強調するような教育実践や評価が重視されつつある。例えば，学習者の失敗に対して寛容であり，学習者個人の成長を認め，興味をわかせるように課題を工夫することが提案されている。それとは対照的に，学習の失敗に対して厳しく，他の学習者との競争や比較が頻繁にされ，課題そのものの深い理解は軽視されるような教育が行われることもある。そのような学校や学級では，学習者が遂行目標を設定する傾向が高まるようである。

上記の教育実践の違いによって，教室の雰囲気や風土が特定の達成目標を強調するものになっていく。こうした学級風土を，達成目標の研究では，目標構造とよぶ。

【課題】 最近では，学習目標と比べて，遂行目標が従来の達成目標理論で主張されている機能を必ずしも果たしていないという指摘もされている。つまり，遂行目標を設定することが学習過程自体を積極的に阻むとは限らず，肯定的な影響を与える場合もあるとする研究がある。

そのために，A.J.エリオットらは，遂行目標を二分することによって，研究結果の不一致も解消されると主張した。遂行目標は，特徴で示したような2種類の内容の集合であるので，これを遂行接近目標と遂行回避目標とに分けた。遂行接近目標を設定する場合，学習者は，能力が高いと判断されるように競争的な学習を行い，他の学習者との比較を積極的に行っていくと考えられる。遂行回避目標を設定すると，学習者は，他人と比べて能力が低いと思われることを避けようとする。したがって学習を回避する行動をとるとされる。

しかし，エリオットらの主張や研究には異論もあり，今後さらに検討していく必要があるだろう。

（上淵　寿）

[参] 上淵寿「達成目標理論の展望―その初期理論の実際と理論的系譜」『心理学評論』46，心理学評論刊行会，2003．上淵寿・川瀬良美「目標理論」宮本美沙子・奈須正裕編『達成動機の理論と展開―続・達成動機の心理学―』金子書房，1995．上淵寿編著『動機づけ研究の最前線』北大路書房，2004．

原因帰属

→動機づけと評価，学習された無気力

【語義】 行動結果について個人が原因を推測することをいう。同じ客観的事象についても，人により主観的には異なる原因が想定され，個人差が生じる。もちろん，原因を推測する手がかりや条件からある程度一定方向の原因が仮定される。例えば，ある教科のテスト結果が何回やってもよくないような場合には能力のなさが原因として考えられやすい。しかし，個人の過去経験の違いなどによって当然，原因帰属の仕方には個人差が生じる。なお，原因帰属する対象は自分自身の行動結果であることもあるが，他者の行動結果である場合もある。例えば，教師が子どもの成績が振るわない原因を推測するような場合が後者に当たる。そして原因帰属のあり方が次の行動に反映されると考えられる。

【歴史と意義】 達成動機づけの原因帰属理論はB.ワイナーが1972年に紹介し広まった。この骨子は学業成績の原因として主要な努力，能力，課題の困難度，運の4つの要因を統制の位置（内的要因か外的要因か）と安定性（安定要因か不安定要因か）の2次元で分類し，統制の位置の次元は自尊感情に影響し，安定性の次元は期待の変化に影響するとしたことである。すなわち，失敗して努力や能力のような内的要因に帰せば，課題の困難度や運のような外的要因に帰すよりも自尊感情が大きく影響を受け低下すると考えられる。一方，失敗して能力や課題の困難度のような安定した要因に原因帰属する場合は，努力や運のような不安定な要因に原因帰属する場合に比べて，次に同じような課題に取り組む際の期待が明確に負の方向に変化すると考えられる。そして，自尊感情と期待の変化が次の行動の動機づけの成分となる。

この理論から推測すると学習場面ではどのような原因帰属のあり方が効果的であろうか。この領域の研究者は，失敗した場合に能力よりも努力に原因帰属することが動機づけを高めると説いている。それはさきの理論から努力不足に帰した場合のほうが能力の低さに帰した場合に比べて期待が正の方向に変化する可能性が高いからである。

ところで，学習結果について生徒に自己評価的原因帰属を評定させることは意味がある。第1に，できたかできないかでなく，なぜできたのか，なぜできなかったのかを問うことで，子どもは学習過程についてかかわる要因について自ら考える機会をもつことができ，学習過程に対する関心を高めることになる。第2に，原因を同定することで次の自分の学習行動の方向性が定まる。すなわち，次にどのように勉強するかの学習方略を考える手がかりになる。第3に，教科ごとや得意な教科と不得意な教科で原因帰属を比較させ，その違いの理由について考えさせることができる。また，教師にクラス全員の生徒の学業成績の原因をそれぞれどのようにとらえているかを評定させることで，各生徒への見方の相違に気づかせ，個別対応行動の適切さを反省させるという意味で役に立つ。

【評価の方法】 具体的な評価方法としては，1つはあるテスト結果等について，その原因を思いつくだけいくつも自由にあげさせる方法がある。2つ目にはそれら原因の重要度，原因間の関係をみるために本人がイメージする諸原因を図示させる方法である。さらに3つ目はいくつかの共通に想定される原因を列挙しておき，それらがある結果の原因としてどれほど関係が深いかを何段階かで評定させる方法がある。ただし原因帰属の自己評価は小学校低中学年ではむずかしい。彼らには，個別に面接して原因を尋ねるなどの工夫が必要である。　　(速水敏彦)

[参] B.ワイナー（林保・宮本美沙子監訳）『ヒューマンモチベーション』福村出版，1989.

欲求の分類

→欲求の階層構造，知的好奇心，達成欲求（有能さへの欲求）

【語義】 通常，欲求は1次的欲求と2次的欲求に分類できる。1次的欲求とは生理的基礎をもつ欲求で飢え，渇き，睡眠の欲求などである。2次的欲求は1次的欲求を基礎にして社会生活するなかで派生したもので，社会的欲求ともよばれ，金銭の欲求，地位への欲求等が考えられる。ここでは人間行動の欲求すべてを問題にしているのではなく学習に関連する欲求を問題にしているので，1次的欲求の関与は相対的に小さいと考えられ，多くは2次的欲求といえる。しかし，空腹であったり，睡魔に襲われて授業に集中できないこともあるので，1次的欲求がまったく学習と無関係というわけではない。

【意義】 学習に関連した1次的，生理的欲求としては食物の不足，水分の不足，酸素の不足，睡眠の不足，極端な高温や低温，身体の苦痛などを回避する欲求がある。生徒にはまず，生理的欲求が充足される環境を整えて教育する必要がある。生理的欲求には性の欲求もあるが，思春期になればこの欲求が学習と無関係ではない。異性への思いの強さが学習に作用することもある。しかし，大人がそれを一方的に抑制しようとすれば逆効果で，クラブ活動や学級活動でそれをうまく解消させることが望まれる。また，生得的な欲求として知的好奇心がある。つまり，本来人はだれも受動的なものでなく，環境に好奇心をもって能動的に働きかけようとする欲求が存在する。次に充足されるべき欲求は，安全性の欲求で，だれかに攻撃されるという心配や危険な場所では落ち着いて学習できないのはいうまでもない。

学習に関連する欲求で最も大切なのは，物事を卓越した基準で行おうとする達成欲求である。達成欲求の中にもさまざまなものがある。1つは競争的達成欲求で，他の人たちをしのぐことがめざされる。受験などを意識した場合，この欲求が働くことになる。しかし，競争は負けた場合に不安をあおることになる。また，競争的達成欲求は，他者の目を気にしたもので他者から承認されたいという承認欲求が含まれている。

もう1つの達成欲求は，個人的達成欲求で，自分にとって意味のあることをしたいという欲求である。個人的達成欲求の目標は自己基準に基づくものなので，相対比較による不安が同時に生起するようなことはない。競争的達成欲求は，社会が一般的に認める価値あるもの，例えば学校での勉強などに向けられるが，個人的達成欲求の方向は成長するに伴い自己実現目標が分化するにつれて多様化する。

達成欲求ほど直接的でないが間接的に重要と考えられるのは，人間関係に関連した欲求である。学校での人間関係がうまくいかなくて学習に集中できない生徒たちは少なくない。それは，学校での集団生活では，学習だけでなく仲間と親和的な人間関係をつくり楽しくやっていくことがもう1つ別の大切な目標になるからである。それは親和欲求とよぶもので，それが強いことで仲よく一緒に勉強して学習が促進されることもある。しかし，親和欲求の強い仲間の間で遊びなどが重視されれば，学習が抑制されることもある。このように欲求はある程度分類できるが，一方で相互に関連し合っている。

【評価の方法】 欲求の測定にはさまざまな方法がある。達成欲求はTATによる測定のスコアリングシステムが確立している。また，EPPS（Edwards Personal Preference Schedule）はマレーの顕在性欲求リストから，達成，追従，顕示，支配等の15の欲求を選んで個人内のそれらの相対的強さを測定しようとするものである。

〔速水敏彦〕

［参］宮本美沙子・奈須正裕編『達成動機の理論と展開』金子書房，1995．

欲求の階層構造

→欲求の分類

【語義】 A. H. マズローによれば，人間行動を動機づける欲求をつきつめていくと，いくつかの基本的な欲求にたどりつく。それらの欲求はピラミッド型の階層構造をなしており，最初は下位の欲求が支配的だが，その欲求がある程度満たされれば，より上位の欲求が影響力を発揮し始める，という順序性がみられる。

それらの欲求とは，より基本的な下位の欲求から順に，①生理的欲求（食物，水分，睡眠，酸素など，生命維持に直接かかわる欲求），②安全の欲求（安全や安定，保護，秩序などへの欲求），③所属と愛の欲求（生理的欲求としての性的欲求ではなく，他者との愛情に満ちた関係への欲求），④自尊心と承認の欲求（達成や能力，名声や地位への欲求）である。

これらはいずれも，必要なものが不足しているときに，それを満たそうとする欲求であり，欠乏欲求ともよばれる。したがって，欠乏が充足されれば欲求は影響力を失い，代わって上位の欲求が優勢になるのである。そして，これらの欲求の最上位に位置づけられるのが自己実現の欲求である。これは，自分に適していることをしたい，生きがいをもって自分らしく生きたい，潜在的な可能性を実現したいという欲求であり，単に環境に適応して生きているというだけでなく，より健康的で主体的な生活を送っている人の特性と対応している。自己実現の欲求は，他の欲求と異なって欲求の充足によっては低減せず，むしろより高い目標へと発展していくという特徴をもつため，成長欲求ともよばれている。

【歴史と意義】 古典的な精神分析が，人間を病理的側面からとらえてきたのに対し，マズローはより健康的に生活している人に焦点を当てて研究を重ね，自己実現に関する理論を確立した。それによれば，自己実現している人にはおおよそ次のような特徴が認められる。

①偏見をもったり故意に歪曲することなく，心を開いて現実を知覚している。
②自分や他者の欠点や弱さも含め，ありのままに受け入れている。
③行動が自発的である。
④課題そのものに没頭し，その見返りや社会的評価にわずらわされない。
⑤自らの垣根を取り去り，深い対人関係を結ぶことができる。
⑥他の人には陳腐に見える物事に対しても，たえず新鮮な発見，驚き，喜びをもって認識することができる。

これらは，いわば精神的健康の理想像であり，一部の人しか到達できないとされている。

マズローの欲求階層説は，人が自己実現をめざす過程において順に生じ，優先して満たされるべき欲求を構造化して示すことで，それぞれの欲求の意義を明確にしたものといえよう。これによりマズローは，C. R. ロジャースらとともに人間性心理学の立場を確立していった。

また，マズローの理論に基づき，精神的健康を自己実現の観点から測定しようとする質問紙（Personal Orientation Inventory）が，E. L. ショストロムにより作成され，心理療法の効果測定などに使われている。

【問題点】 マズローの理論は，用語や概念の定義が必ずしも明確でなく，年代によっても内容に変遷がみられるなど，一部に曖昧さを残している。また研究対象が偉人や成功者に偏っているため，貧困の中での精神的な豊かさや，裕福な人における悪意の存在など，欲求階層説に必ずしも適合しない事象の分析が不十分であるとの指摘もある。　　　　　（中山勘次郎）

［参］A. H. マズロー（小口忠彦訳）『改訂新版　人間性の心理学』産業能率大学出版部，1987.

学習された無気力

→抑うつの尺度，原因帰属，動機づけと評価

【語義】　ある非随伴経験の繰り返しが非随伴的であるという知覚を生じさせ，新たな別の場面においてもその非随伴知覚が般化し，それに付随して生じる無気力状態のことを指す。すなわち，避けることのできない不快な体験や対処不可能な事態を重ねて経験すると，その後に実際には対処可能な場面に出くわしても，積極的な活動がみられずに，無気力状態を呈するようになる。このように理解できる状態は，学習性無気力（あるいは，学習性無力感，learned helplessness）とよばれる。

【歴史と意義】　M.E.P.セリグマンとS.F.マイヤーは，イヌを被験体として，随伴性の知覚が行動に影響することを示唆した一連の実験を行った。それらの実験の1つは，複数のイヌを3つの群に分けた。そしてその第1段階では，ハンモックで3群のイヌを同時に固定し，ある決められた条件で，それぞれ電撃の経験をさせた。第1群のイヌは，電撃が来たときに自ら鼻でパネルを押すことによって電撃を止めることができた。第2群のイヌは，自らとる行動とは関係なく，第1群のイヌがパネルを押さないと電撃を止めることができなかった。第3群のイヌにはまったく電撃が与えられなかった。続く実験の第2段階では，それぞれのイヌは，間が低い壁で仕切られたシャトルボックスとよばれる箱に入れられた。そして，シャトルに電撃を加えると，第1群と第3群のイヌは，すぐに壁を乗り越えて電撃から逃れる方法を発見したが，第2群のイヌは，実際には回避可能であるにもかかわらず，その場にうずくまり，電撃を無抵抗に受け続けるだけであった。この現象は，第2群のイヌが，電撃が来たときには何をしようとむだであるということを学習してしまった結果，無気力状態を呈していると理解される。

その後の研究において，学習性無気力は，新たな場面で学習しようとする意欲や動機づけが低下するということ，あとに続く場面において対処可能であるという学習が困難になること，不安や抑うつを感じたり，感情の鈍磨を引き起こしたりすること，自律神経系の機能不全や潰瘍形成，脳内化学物質の変化が起きることなど，広範囲にわたってさまざまな負の影響を及ぼすことが明らかにされた。

【展開】　セリグマンは，動物のみならず人間にも同様のメカニズムがあるとし，主として抑うつ症状を対象に，行動と結果の間の非随伴知覚が大きく影響していると指摘した。すなわち，対処不可能な場面に対する個人の「原因の説明スタイル」が，その後のさまざまな反応に影響を与えることを示唆した。このことは，換言すれば，対処不可能な場面であると知覚している事象に対しても，個人の説明スタイルを変容させることによって，さまざまな反応や不適応行動の改善がある可能性を示唆している。

一方で，C.S.ドゥエックは，学習性無気力の理論を背景として，学業不振児に対する帰属変容の効果の検討を行った。そして，学業上の失敗経験を能力ではなく，努力に帰属させることは，子どもが随伴性を知覚することにつながり，その後も課題に取り組む動機づけが持続することを明らかにした。その後，動機づけが持続するためには，帰属変容に加えて，成功への具体的方略の獲得が必要であることが指摘されたが，学習性無気力の解決方法の方向性を具体的に示唆した研究として，のちの研究に対して大きな影響を与えた。

(嶋田洋徳)

[参] C.ピーターソンほか（津田彰監訳）『学習性無力感』二瓶社，2000．M.E.P.セリグマン（山村宜子訳）『オプティミストはなぜ成功するか』講談社文庫，1994．

内発的―外発的動機づけの尺度

→コンピテンス(有能さ)の尺度，動機づけと評価，知的好奇心

【語義】 行動を始発させ，維持し，方向づける機能をもつ仮説構成概念である動機づけは，内発的動機づけ（intrinsic motivation）と外発的動機づけ（extrinsic motivation）とに区別できる。これは，一義的にはその活動の目標や目的が活動の内部にある（内発的）のか，外部にある（外発的）のかの違いによる。こういった児童生徒の特性としての内発的動機づけを測定する試みが行われている。

【内発的―外発的動機づけ尺度】 S.ハーター（1981）は，R.W.ホワイト（1959）のエフェクタンス動機づけの概念に基づいて，教育での学習場面に関する内発的―外発的動機づけ測定尺度を作成した。これは，6項目ずつの5種類の尺度で構成されている。つまり，動機づけに直接関係する「挑戦（challenge）：困難な問題に挑戦する傾向」「知的好奇心（curiosity）：興味や好奇心によりさまざまな問題に接近する傾向」「達成（mastery）：教師に頼らずに問題に取り組む傾向」の3つの下位尺度と，認知的評価に関する「自律的判断（judgement）：遂行した問題の出来栄えを自分で判断できる傾向」「内的基準（criteria）：遂行した問題の出来栄えを評価する基準が自分の中にある傾向」の2つの下位尺度からなる。桜井茂男・高野清純（1985）は，これに基づいて，概念的な検討を加えて，日本語版を開発した。より広い範囲の知的活動場面を想定して，ハーターの概念とほぼ同様の挑戦，知的好奇心，達成に，内発的動機づけをより包括的にとらえる概念を加えて，以下の6つの下位尺度から構成された。すなわち，「挑戦（challenge）」「知的好奇心（curiosity）」「達成（mastery）」「認知された因果律の所在（perceived locus of causality）：意図が内部にあると認知する（内発的）か，外部にあると認知する（外発的）か」「内生的―外生的帰属（endogenous-exogenous attribution）：その行動をすることは目的（内発的）か，手段（外発的）か」「楽しさ（enjoyment）：楽しい（内発的）かどうか」である。各5項目の計30項目から構成され，信頼性，妥当性共に確認されている。

【内発的と外発的動機づけの関係】 内発的―外発的動機づけを，対置される概念としてではなく，連続性をもった概念としてとらえる視点もある。R.M.ライアンら（1985）は，外発的動機づけは自己決定性の程度により，外的調整，取り入れ的調整，同一化的調整，統合的調整の4段階を想定している。これらはいずれも外発的動機づけではあるが，段階が進むほど自己決定性が高くなるとされる。R.J.ヴァラランドとR.ビゾネッツ（1992）も無力状態，外的，取り入れ，同一化，統合，内発的動機づけの各下位尺度からなる尺度を開発して，下位尺度相互の相関を調べている。その結果，これらの概念がほぼ1次元上に連続的に配置されることが確認されている。速水敏彦（1993）は，外発的動機づけが契機となって内発的動機づけが生じるという信念（リンク信条）を測定する尺度を作成して，両者の関係を検討している。外発的動機づけとしては，先生からの賞罰，テスト結果，先生に対する好悪，通信簿の成績，先生からの勉強の強制，問題解決事態での友人との競争が取り上げられ，内発的動機づけとしては，好奇心，自己効力が取り上げられ，それぞれ5段階で評定され，リンク信条が確認された。

（石﨑一記）

[参] 桜井茂男・高野清純「内発的―外発的動機づけの尺度の開発」『筑波大学心理学研究』7，1985．新井邦二郎編著『教室の動機づけの理論と実践』金子書房，1995．速水敏彦「外発的動機づけと内発的動機づけの間」『名古屋大学教育学部紀要』40，1993．

コンピテンス(有能さ)の尺度

→知的好奇心,達成欲求(有能さへの欲求),内発的—外発的動機づけの尺度

【語義】 学校教育場面においては,子どもの能力(知的能力,社会的知能など)と動機づけ(意欲など)とを別々のものとしてとらえる傾向があった。「あの子は能力はあるけれどもやる気がない」あるいは「やる気はあるけれども結果はついてこない」という表現に表れているように,能力と意欲は必ずしも一致しないものとみなされがちであったといえる。

R.W.ホワイト(1959)のコンピテンスの概念は,このような両者の関係に新たな見方を示すものであり,能力と動機づけを一体化した概念として提起している。コンピテンスとは,「有機体がその環境と効果的に相互作用する能力」のことであり,そこでは何かができるという能力だけでなく,環境との相互交渉において有能さを追求しようとするという動機づけ的な傾向も含んでいる。

【意義】 わが国では,コンピテンスという用語は"有能さ"あるいは"有能感"と訳されるか,あるいはコンピテンスとそのまま用いられることが多い。また,コンピテンス概念において,特に動機づけ的側面を強調する場合には,コンピテンス動機づけ(competence motivation)あるいはエフェクタンス動機づけ(effectance motivation)とよばれる。これらの概念は,外的な報酬や目的によらず生起する行動にかかわるものであり,その後の内発的動機づけ(intrinsic motivation)研究の発展のもととなった。

コンピテンスの測定に関しては,S.ハーターの質問紙による測定尺度が知られている。また,その邦訳版として,わが国では桜井茂男(1983)の認知されたコンピテンス尺度がよく用いられている。この尺度は,コンピテンスの領域を,認知的(学習領域),身体的(運動領域),社会的(仲間関係),そして自己価値的(自尊感情)という4つの側面からとらえるものであり,

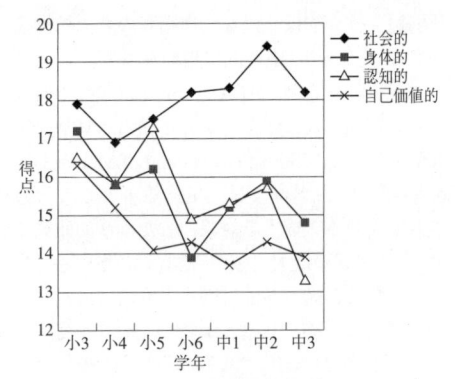

図 コンピテンスの発達的変化 (桜井,1983)

表 児童用コンピテンス尺度の項目例 (桜井,1992)

学習コンピテンス	○授業がよくわかりますか ○むずかしい問題にも挑戦してみますか
社会コンピテンス	○友達には好かれていると思いますか ○クラスの中で,自分はいなくてはならない人だと思いますか
運動コンピテンス	○運動はとくいなほうですか ○体育の時間はきらいですか(逆転項目)
自己価値	○自分に自信がありますか ○今の自分にまんぞくしていますか

図に示すような発達的変化がみられている。桜井(1992)は,さらに子どもが反応しやすいよう改良された児童用コンピテンス尺度(40項目,4段階評定)も開発している。

【展開】 その後,ハーター(1999)は生涯発達の各時期における自己概念の領域に関する議論の中で,児童期,青年期,成人期へと発達するに伴い,コンピテンスの各領域が発達段階に伴ってより細分化されていくことを提起した。コンピテンスのどの領域を重要視するかによって,全体的自己価値への影響が異なるという。

(中谷素之)

[参] 桜井茂男「認知されたコンピテンス測定尺度(日本語版)の作成」『教育心理学研究』31, 1983.

抑うつの尺度

→学習された無気力

【語義】 うつ病は，最も発症頻度の高い精神疾患の1つであり，広範囲に用いられているアメリカ精神医学会（APA：American Psychiatric Association）によって作成されたDSM-IV-TR（Diagnostic and Statistical Manual of Mental Disorders）の診断基準では，気分障害として分類される。日本人成人を対象とした疫学的研究では，生涯有病率は15～20%であると報告されている。また，抑うつ的反応そのものは，だれもが日常的に経験することが多く，それが臨床的な介入が必要な程度であるのかどうかのアセスメントは，尺度を使用しないと困難であることが多い。抑うつ症状の測定尺度は，その多くが自己評定式の質問紙タイプであり，それらはうつ病の重症度の測定など臨床的使用を目的としているものが多い。

【種類と展開】 心理学や精神医学の領域でよく用いられる抑うつ尺度には，以下のものがある。

❶BDI：A.T.ベックによって作成されたBeck Depression Inventoryである。BDIは，主要な21の抑うつ症状を問う質問項目から構成されており，最近の1週間における抑うつ症状の程度を測定する尺度である（各項目に対する4段階評定）。複数選択肢への回答が許容されており，目的によってその採点方法が異なる。項目は，疲労感，睡眠障害，食欲減退などの身体的症状よりも，悲哀感や絶望感，罪悪感などの否定的な気分や認知的反応を中心に作成されており，うつ病のスクリーニングや治療過程の評価にも有用な尺度である。

❷CES-D：アメリカ国立精神保健研究所の疫学研究センターによって開発され，L.S.ラドロフによって報告されたthe Center for Epidemiologic Studies Depression Scaleであり，BDIの次によく使用されている。CES-Dは，うつ病の疫学的研究を目的として開発された尺度であり，臨床的診断やうつ病の治療過程における評価を目的としていないことから，広く一般を対象としたうつ病のスクリーニングや抑うつ傾向を測定する尺度として有用であることが知られている。抑うつ気分や絶望感，身体的反応に関する20項目から構成されている（各項目に対する4段階評定）。

❸SDS：W.W.K.ツァンによって作成されたSelf-Rating Depression Scaleも広く用いられている抑うつ尺度である。SDSはBDIと同様に，最近1週間の抑うつ気分や抑うつ的思考，身体的症状を問う20項目から構成されており（各項目に対する4段階評定），うつ病の研究や重症度の評価，スクリーニング目的に用いられる頻度が高い。BDIに比べて，気分の症状をはじめとして，認知，行動，身体的症状を問う項目がバランスよく構成されている。

❹HRSD：他者評定式尺度としては，Hamilton Rating Scale for Depressionが最も広く用いられている。HRSDは，うつ病の重症度を評価することを目的として作成されており，その多くの場合，医師や看護師などによって評定される。抑うつ気分，睡眠障害，精神的不安定，仕事と興味，身体的症状などを問う21の基本項目と3つの補足項目の計24項目で構成される（各項目に対する3ないし5段階評定）。HRSDは改訂版も作成されており，それを自己評定式に修正した尺度も開発されている。

【課題】 そのほかにも，抑うつ尺度は，発達段階や目的に応じて非常に多くの尺度が作成，改変されているため，対象者の属性や抑うつの重症度，および使用目的に応じて，適切な尺度を選択することが必要である。　　（嶋田洋徳）

［参］アメリカ精神医学会（高橋三郎ほか訳）『DSM-IV-TR 精神疾患の診断・統計マニュアル』医学書院，2002．

態度とその評価・活用

【語義】 態度とは，人が物事に向かい合ったり取り組んだりするときの姿勢である。判断や思考を一定方向に導き，個人の認知を大きく左右する。言い換えれば，態度は個人の判断や思考の基礎となり，個人の行動や意思決定の重要な契機となる。これゆえに，態度は，行動への構え，行動への準備状態ともいわれる。

態度は，その領域や対象によりさまざまに区分される。例えば，社会的態度は，社会に対する態度であり，社会的な事柄に対する感情的傾向を指す概念である。現在研究が行われている態度概念は，この社会的態度の中に入るものが多い。個人の価値観も，この社会的態度の中の1つである。そのほかに，科学に対する行動への構え・判断や思考の基礎は科学的態度，学習に対するそれは学習態度という用語で表され，各々研究がなされてきている。

【測定と評価】 態度は，個人のあらゆる事象に対する判断や行動のもととなるもの，すなわち個人の行動の発端や傾向を表すものである。つまり，ある対象に対する態度を測定・評価することにより，人の（ある対象に対する）行動の理解やその予測が可能となる。しかし，態度は内的なもので，外部からの観察はできない。そこで，測定する側が何らかの操作（刺激）を対象者に与え，その刺激に対する反応から態度を測定する方法が試みられてきた。これがいわゆる態度尺度であり，のちのさまざまな質問紙法による調査，心理学的尺度の先駆けとなった。サーストン法，リッカート法，ガットマン法などの尺度法はこの態度評価・測定として考え出されたものであり，これらはのちの一般的な質問紙法の雛形となっている。

心理尺度は一般的に，教示（質問）文，質問項目，回答選択肢の3つから成り立つ。心理尺度は，一定の基準を満たすことが必要である。これらの評定（評価）が，心的状態として，ある程度持続的安定的なものかどうか（信頼性），また，それらの項目によって目的としている心的事象が測定されているかどうか（妥当性）などの検討が必要となる。くわえて，質問紙法での回答や評価で生じやすいさまざまな問題点を少しでも改善するため，例えば，項目への反応の真偽を検討する虚偽項目と，項目の肯定形・否定形によるバイアス（判断の偏り）を相殺する反転項目の挿入など，種々の方法が工夫されている。なお今日の態度測定は，単項目による測定でなく，複数の質問項目から，最終的に1つの概念や態度を探っていく場合が多い。

【態度評価の活用】 態度尺度で明らかになることは，対象としている人々の心理的特徴の把握，対象となる人々の集団の大まかな特性，その中での個人の位置づけなどである。

態度の評価（尺度）は，結果の客観的な読み取りと，そのうえでの有効な活用が重要である。それには，態度評価の限界と可能性について念頭に置くことが必要であろう。まず，データ収集の基本的条件が整っていること（母集団の定義や標本抽出の方法など），信頼性・妥当性等の問題がクリアされていること，また，用いられる方法（質問紙法の場合は集団式，留置式，郵送式など，面接法では個人，集団，電話でのものなど）によっての各方法の異なった特徴と限界の理解も必要である。さらに，さまざまな評定者バイアス（ハロー効果，中心化傾向など）や，評価結果の分析方法の特徴と限界も把握しておく必要があろう。　　　　（天貝由美子）

[参] 堀洋道監修・吉田富士雄編『心理測定尺度集Ⅱ―人間と社会のつながりをとらえる〈対人関係・価値観〉』サイエンス社，2001．堀洋道・山本眞理子・松井豊編『心理尺度ファイル―人間と社会を測る―』垣内出版，1994．

信頼感の尺度

【さまざまなとらえ方】　信頼感にはさまざまなとらえ方がある。それらを分類するおもな観点をあげると次のようになる。①信頼感を考える理論的基礎による違い（発達心理学的見方，社会心理学的見方，臨床心理学的見方），②対象を人に限るか，そうでないもの（ニュース，考え方）も含むか，さらに対象を人に限った場合には，③人という存在に対する一般的なものか，特定の他者に対するものか，などである。

①の理論的基礎について，各々を簡単に述べておこう。まず発達心理学的見方であるが，E. H. エリクソンが人生で最も初期の段階での発達課題と位置づけた，基本的信頼（basic trust）の考え方がそれである。次に社会心理学的見方では，信頼感は「信用」（何らかの担保が仮定されているなど）に近い概念として定義されており，社会期待やコミュニケーション論などからの検討がなされている。そして，臨床心理学的な見方では精神的健康やパーソナリティ理論，またカウンセリング等でのラポール（信頼関係）形成の点等から検討されている。

【信頼感尺度の例】　さまざまな概念的背景をもつ信頼感尺度であるが，ここでは，発達心理学および臨床心理学的な見方から，一般的な人に対する信頼感として一連の研究が行われている1995年の天貝のものを取り上げてみよう。

「人や自分自身を安心して信じ，頼ることができるという気持ち」という定義からなるこの信頼感尺度には，24項目からなる標準版と，18項目からなる成人版がある。いずれも，信頼感を「自分への信頼」「他人への信頼」「不信」の3側面から測定しているのが特徴である（調査により，これら3つの軸は，青年期から老年期までの各発達段階で共通していることが確認されている）。内容的には，現在の感情に焦点を当てている点，信頼感を多次元でとらえている点（不信のあることは信頼のないことではない，つまり，信頼も不信も両方ある，という状態を仮定する）が特徴としてあげられる。ここから，信頼感について，その量のみならず質の面からも検討できる。この尺度を用いたその後の研究からは，信頼感の質的構造や発達的変化，および他の心理学的概念（学校適応感情，self-esteem など）との関係，また一般少年と非行少年の信頼感の比較等が，検討されている。

【その他の尺度】　ほかにも信頼感を測定する尺度にはさまざまなものがある。例えば，堀井俊章・槌谷笑子らによる対人信頼感尺度は，1967年のロッターの尺度から，人間一般に対する信頼感を表す項目を抜粋して作られたものである。さらに，エリクソンの基本的信頼を取り上げたものとして谷冬彦の基本的信頼尺度もある。また，尺度化はされていないが，特定の他者に対する人間関係のあり方を面接法により明らかにした水野将樹（2004）の視点は示唆を多く含んでいる。

【課題】　他の態度概念や感情概念と同じく，信頼感という言葉自体が多様な意味や側面を含むため，測定が，主観的な感情の自己評価となってしまう危険性が常につきまとう。それゆえ，概念定義はもとより，測定方法，収集されたデータの読み取りにも常に注意が必要であろう。また，基本的信頼を測定対象とした場合，くわえて必要な注意点がある。それは，現在からの振り返りとして測定された過去の感情群の真偽である。これを区分するのは困難であるので，次の項で取り上げる観察法等を応用することも一考であろう。　　　　　　　　　　（天貝由美子）

［参］天貝由美子『信頼感の発達心理学』新曜社，2001．水野将樹「青年は信頼できる友人との関係をどのように捉えているのか」『教育心理学研究』52, 2004．

母親への愛着を測定する尺度

【語義】 愛着（attachment）とは，J.ボウルビィが用いた概念で，「人間（動物）が，特定の個体に対してもつ情愛的な絆（affectionate tie）」を指す。ボウルビィは，発達初期にもつ母親への愛着が，子どもの健全な発達に重要な役割を果たすと考えた。安定した愛着により，母親は子どもが環境探索をする際の安全基地となり，徐々に内的ワーキングモデルとして内面化される，と考えられている。

【基本となる測定法】 母親への愛着を測定する試みは，M.D.S.エインズワースの乳幼児期の愛着パターンの測定に始まった。エインズワースは，母親との分離・再会，さらには見知らぬ人との出会いが含まれる愛着の測定方法（ストレンジ・シチュエーション法）を提唱し，そこでの子どもの反応により，愛着を安定型，回避型，アンビバレント型の3つのタイプに分けた。母親が近くにいるときには安心して探索行動を行い，いなくなると悲しそうに振る舞い，また戻ってくるとうれしさを表現するというような特徴がみられるものを安定型という。母親と一緒にいてもその存在をあまり気にかけていない様子がなく，いなくなっても戻ってきても，あまり反応のない様子を示すものを回避型という。また，アンビバレント型は，母親がいてもいなくなっても，また戻ってきても常に不機嫌であり，泣きやまずにわめいたり，急に静かになったりといった不安定な様子を示す。このストレンジ・シチュエーション法は，母親への愛着を測定するには，具体的でわかりやすい方法である。しかし一方で，測定しているものが愛着の強さというよりは，むしろ分離抵抗の少なさなのではないか，また，子どもの生まれながらの気質によって表出行動がかなり左右されてしまうのではないか，というような批判もみられる。また，子どもを実際に不安な状態に置く実験方法を含むため，倫理面での留意も必要となる方法でもある。

【測定法の広がり】 その後，ストレンジ・シチュエーション法に代わる母親への愛着の測定方法として，1985年にE.ウォータースとK.E.ディーンが愛着Qソート法を開発した。これは，子どもの母親への反応や行動特徴を観察し，それらの特徴を分類したうえで，愛着安定性得点を算出する方法である。原版は100項目であるが，1986年以降に改訂された90項目版が多く用いられている。また，実施項目を42に絞った簡易版も用いられているようである（尾崎康子，2003など）。また1987年，C.ヘイザンとP.シェイバーによるアダルト・アタッチメント尺度が開発されている。これは，母子関係における行動特徴と恋愛関係におけるそれとの類似性に着目したものであり，乳幼児期の愛着パターンに基づき作成された成人の親密な対人関係の3つのパターンから1つを選択するものである。このアダルト・アタッチメント尺度は，わが国では1988年に戸田弘二が内的作業モデル尺度として検討している。

このように，母親への愛着を測定する方法は，実験室での実験法から行動観察による評定法までの広がりを見せ，また，愛着の対象を母親から特定の他者まで範囲を広げて研究がなされている。関連する要因としては，親の養育態度の認知，パーソナリティ特性等が指摘されている。

【課題】 愛着を測定する際にこれまで指標としてきた各々の子どもの行動特徴は，愛着と気質の相互作用によると考えられる。今後はそれらのメカニズムを含め，詳細な検討が必要になるだろう。

（天貝由美子）

[参] 尾崎康子「愛着と気質が母子分離に及ぼす影響」『教育心理学研究』51, 2003.

情動的共感性の尺度

→多次元共感測定尺度，向社会性の発達とその評価，向社会的行動の尺度

【語義】 共感とは，「他人の感情を認知することに伴って生起する代理的な感情反応」である。共感には2つの要素が含まれる。第1は認知的な要素であり，他者の感情状態を知覚し，その内容を理解することである。この側面を認知的共感という。役割取得による感情理解は認知的共感の一部である。第2は感情的な要素であり，他者の感情を共有することである。この側面を情動的共感という。共感にはこれら2つの側面が不可欠であるが，最近では，感情の共有の側面を強調する立場が一般的である。個人のパーソナリティ特性，あるいは能力としての共感を指す場合，特に，共感性と表現する。

【測定】 情動的共感性の代表的な測定方法は，①物語法，②質問紙法，③他者(教師や仲間)評定法，④身体・生理的測定法である。

①の方法は，N.D. フェッシュバックらによって開発され，FASTE (Feshbach and Roe Affective Situation Test for Empathy) とよばれている。仮想の子どもの感情場面をスライドや絵本で提示し，主人公の感情と子ども自身の感情について質問が行われる。これは幼児と低学年児童に適した方法である。

②は最も普及した方法であり，情動的共感性尺度といった場合はこの方法を指す。他人の感情経験に対する感情的応答性，あるいは感情の共有経験についてのさまざまな記述が質問項目の形で与えられ，それぞれの項目内容が自分にどの程度当てはまるかを自己評価させる方法である。この方法は，児童期以後に有効となる。

③の方法はゲス・フー・テストともよばれる。「やさしい子」のような人の特性についての記述があり，この特性に該当する学級内の子どもを指名もしくは一人ずつ評定させる方法である。

④は他人の苦痛や悲しみをモニターから提示し，それを視聴している観察者の顔面表情の変化，心拍数，GSR 等の生理学的変化を測定することにより，情動的な反応傾向をとらえようとする方法である。青年期以後の対象者の場合，内省報告や感情形容詞の評定を併用することが多い。

【情動的共感性尺度】 A. メーラビアンと N. エプスタインは，1972年に大学生を対象にして共感性尺度を作成した。これは他人の感情への情動的応答性の傾向を測定する1次元尺度である。加藤隆勝・高木秀明は，1980年にこの尺度を日本人の生活条件や生活感情にふさわしい内容に修正して，中学生から大学生までの青年を対象に情動的共感性尺度を作成した。この尺度は「感情的温かさ」「感情的冷淡さ」「感情的被影響性」という3つの下位尺度から構成されること，中学生，高校生，大学生がほぼ同一の因子構造をもつこと，女子のほうが共感得点が高いことを報告している。この尺度は，青年の自己概念，対人関係，社会的スキル，向社会性などをテーマにした多くの研究で用いられている。1982年には B.K. ブライアントはメーラビアンたちの尺度を児童用の表現に書き換えるなどの変更を加え，児童用情動的共感性尺度を作成した。桜井茂男は1986年にブライアントの尺度を日本の児童向けに作成し直している。

【課題】 質問紙法は簡便な方法であるが，自分の日常の感情経験を正確に自己知覚する能力を必要とする。また，社会的望ましさの影響を受けやすい。多くの尺度が1次元であり，共感の多元性を測定できているとはいいがたい。近年，共感の多元性が明らかにされつつあり，多元的な尺度も開発されてきた。　　　（首藤敏元）

[参] 澤田瑞也『共感の心理学—そのメカニズムと発達—』世界思想社, 1992. M.L. ホフマン(菊池章夫・二宮克美訳)『共感と道徳性の発達心理学—思いやりと正義とのかかわりで—』川島書店, 2001.

多次元共感性測定尺度

→情動的共感性の尺度，向社会性の発達とその評価

【概要】 近年，共感性研究では，共感性を多次元的にとらえる立場が主流になっている。すなわち，共感性を「他者の心理状態を正確に判断する認知能力」ととらえる認知的な立場と，「他者の心理状態に対する代理的な情動反応」ととらえる情動的な立場が，合流する形で共感性が定義されるようになってきた。

こうした立場から作成された代表的な質問紙尺度に M.H. デービス（1983）の「対人反応性指標（IRI：Interpersonal Reactivity Index）」がある。一般には，多次元共感性測定尺度とよばれる。本来は大人用であるが，中学生以上でも使用が可能である。桜井茂男（1988，1994）により，日本語版が作成されている。

【内容】 この尺度には4つの次元（下位尺度）がある。それらは認知的なグループと情動的なグループに二分される。認知的なグループには，①視点取得と②空想が入り，情動的なグループには，③共感的関心と④個人的苦痛が入る。

視点取得とは，「他者の心理的視点を取ること」であり，ある人に気分を悪くされてもその人の立場になってみようとする，といった項目で測定される。他者の立場になれなければ共感の過程は始まらない。

空想とは，「本や映画や演劇の架空の人物の気持ちや行動の中に自分自身が想像的に移行する傾向」で，これは視点取得の起こりやすさを具体的に測定しているといえる。すばらしい映画を見ると，すぐ自分を主役の人物に置き換えてしまう，といった項目で測定される。

情動的なグループの共感的関心は，「不運な他者への同情や関心」であり，他者と同じ情動（情動的共感性）ではなく，他者の経験している情動に対する反応としての情動（同情や哀れみ）を測定する。具体的な項目としては，運動などの試合では，負けているほうを応援したくなる，といった項目がある。

個人的苦痛とは，「緊張する対人的状況での個人的な不安や動揺」のことで，他者の経験している情動に対する反応としての情動（不安や動揺）を測定する。具体的には，緊急時にはどうしていいかわからなくなる，といった項目で測定される。共感的関心が他者志向的であるのに対して，個人的苦痛は自己志向的であり，自分の不安や動揺を対象とする。

【特徴】 この尺度は，共感性を多様な視点からとらえている点に大きな特徴がある。ただし情動的側面においては，他者が経験している情動と同じ情動，いわゆる情動的共感性を測定していないため，より総合的に共感性を測定しようとする際には，これも加える必要がある。また，総合的という点では，他者の苦しみを見てその苦しみを与えた対象に対して感じる「共感的怒り」も測定されていない。これも重要な要素であり，必要に応じて加える必要があろう。

【教育的適用】 共感性は，向社会的行動（他者のためになる行動）を動機づける重要な要因の1つである。また同時に，攻撃行動などの反社会的行動を抑制する重要な要因であるともいえる。それゆえ共感性が育っていれば，思いやりが生まれ，暴力行為やいじめなどは少なくなるものと考えられる。暴力行為やいじめなどの多いクラスでは，こうした共感性尺度などを実施し，その程度を科学的に把握するとともに，低い子どもには共感性を促す指導をすることが重要である。

（桜井茂男）

[参] 桜井茂男「多次元共感測定尺度の構造と性格特性との関係」『奈良教育大学教育研究所紀要』30, 1994. 登張真稲「多次元的視点に基づく共感性研究の展望」『性格心理学研究』9, 2000. M. H. デービス（菊池章夫訳）『共感の社会心理学』川島書店, 1999.

学習態度・学習習慣の評価

→学習適応性検査(AAI), チェックリスト法

【語義】　一般に, 学習態度は授業の受け方を中心とした学校での学習について用いられ, 積極性, 自主性, 計画性, 集中性, 持久性など, より抽象的な用語で表される。これに対し, 学習習慣は宿題, 復習, 予習など家庭での学習について用いられ, 宿題をする, 本を読む, ノートを取る, 答案を見直すなど, より具体的な行動で示される。このような相違があるが, 共に学業成績を規定する要因であり, ここでは学習態度と学習習慣を区別しないで用いることにする。

【評価方法】　大別すると以下の4つになる。

❶検査法：市販されている標準化された検査で, 質問項目に対して子ども自身が「はい」「いいえ」などで回答する自己評価法である。結果は偏差値やパーセンタイル順位などで表示され, 全国的な標準による評価ができる。学習態度・学習習慣だけの検査はないが, 辰野千壽が作成した学習適応性検査において, 次の項目で, 学習態度・学習習慣を評価することができる。学習態度〈学習の意欲, 勉強の計画, 授業の受け方〉, 学習技術〈本の読み方・ノートのとり方, 覚え方・考え方, テストの受け方〉および精神・身体の健康〈自主的態度, 根気強さ〉。

❷質問紙法：検査法と同様に, 質問項目に対して子どもが回答する自己評価法であるが, 教師自身が重要であると考える項目を精選し, 比較的短時間で手軽に実施できる。また, 個々の項目への応答を調べると, 子どもの実態が詳しくとらえられる。杉村健は学習適応性検査などを参考にして, 小学生 (2, 4, 6年生) の家庭における学習習慣〈生活習慣, 学習環境, 宿題・復習・予習, 計画と実行, 勉強の仕方〉, 学校における学習習慣〈登校意欲, 授業の受け方, ノートのとり方, テストの受け方〉および学習意欲〈積極性・向上心, 集中力・持続力〉を調べる質問項目を作成した。

その中で以下の項目では, 成績上位の者は下位の者よりも有意に望ましい学習習慣があった。家庭における学習習慣では, 3学年とも「勉強の時間と遊ぶ時間を分けている」, 4年生と6年生は「宿題をしている」「忘れ物をしない」, 6年生は「復習をしている」「勉強する教科や時間を決めている」「勉強の仕方を工夫している」であった。学校における学習習慣では, 2年生は「授業中, よそ見をしない」「落書をしない」, 4年生と6年生は「先生の話を聞いている」「答案を見直す」, 6年生は「チャイムが鳴ったら勉強の用意をする」であり, 学年が進むにつれて, ノートのとり方とテストの受け方に関する項目が増加した。

❸観察法：教師が一人一人の子どもの行動を観察して学習態度・習慣を評価する。授業中の態度の評価は, ほとんどが教師の行動観察に基づいている。同じ項目でも, 検査法と質問紙法では子どもに自己評価を求め, 意識面をとらえているが, 観察法は教師による他者評価で, 子どもの行動面をとらえているという違いがある。観察法では, 一人の教師が多くの子どもを観察するという労力と, できるだけ客観的にとらえる工夫が必要である。授業中の態度・習慣などについて, 質問項目と同様な観察項目のチェックリストを作成し, 何回か観察することによって, より確実な資料を得ることができる。

❹生活チェック法：学習態度・習慣が日常の生活習慣に反映されるという考えから, 生活習慣をチェックすることが評価の参考になる。項目として, 家庭学習時間, 宿題・復習・予習, 忘れ物, 遅刻, テレビ視聴時間などがある。以上のように意識面, 行動面, 生活面から総合的に評価することが望ましい。　　　　(杉村　健)

[参] 杉村健『学習習慣のしつけ』明治図書, 1988.

第7章
学習の評価・学力の評価

1　観点別評価
2　指導と評価

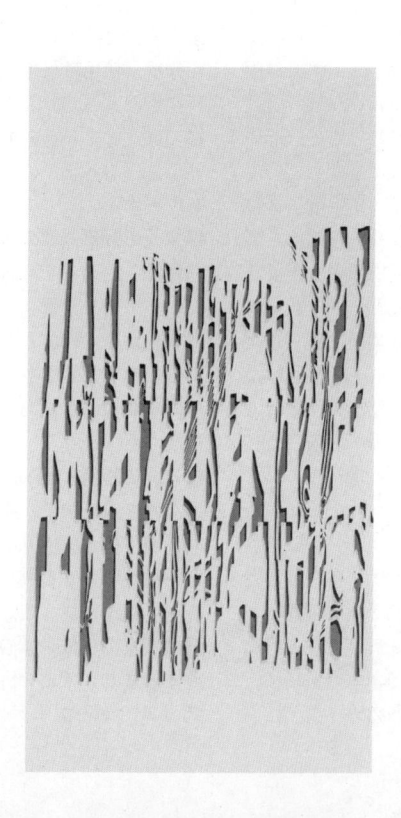

観点別評価の一般的手順

→目標の具体化と具体的評価基準の作成，評価計画の立て方，観点別評価から評定への総括

【意義と趣旨】現行の学習指導要領では学力の中身を「知識・技能，学び方，課題発見能力，思考力，判断力，表現力，問題解決能力，学ぶ意欲」ととらえている。つまり，学力は知識・技能だけでなく，学ぶ意欲や思考力，判断力，表現力などの資質・能力・態度までを含めた目標の実現状況の評価を求めたものであり，学力の質の向上をめざしている。観点別学習状況の評価の観点は，総体としての学力を分析し，学力を構成する資質・能力・態度の側面（部分）を独立させたものである。

2001（平成13）年の指導要録では，「関心・意欲・態度」「思考・判断」「技能・表現（または技能）」「知識・理解」の4観点による評価を基本としている。1900（明治33）年に制定された「学籍簿」が1949（昭和24）年から「指導要録」と改称され，それに伴い「評価の観点」が設けられるようになった。その後，「評価の観点」は小学校算数科を例にとると，その時々の学力観に応じて次のように変遷している。

1949（昭和24）年「①理解，②態度，③技能」，1955（昭和30）年「①数量への関心・態度，②数量的な洞察，③論理的な思考，④計算・測定の技能」，1961（昭和36）年「①数量への関心，②数学的な考え方，③用語・記号などの理解，④計算などの技能」，1971（昭和46）年「①知識・理解，②技能，③数学的な考え方」，1980（昭和55）年「①知識・理解，②技能，③数学的な考え方，④数量や図形についての関心・態度」，1991（平成3）年以降は現行のとおりである。

以上のように4観点は学力の中身を示したものであり，観点の趣旨はそれぞれの観点で具体的にどのような資質・能力・態度を子どもに身につけさせるかを目標表現で示したもので，次のように要約することができる。

❶関心・意欲・態度：関心をもち，進んで追究し，学習したことをその後の学習や生活に活用しようとする。

❷思考・判断：基礎的・基本的な知識・技能の習得や活用を通して，考え方の基礎を身につけ，適切に判断できる。

❸表現・処理：基礎的な処理の仕方を学習や生活に活用できるように身につけるとともに，過程や結果，主張などを適切に表現できる。

❹知識・理解：基礎的な知識について言葉や体験を通して理解し，学習や生活に活用できるように身につけている。

【手順】観点別学習状況の評価は，一般的に次のような手順で実施される。

❶観点別評価の前提としての準備：学習指導要領で各教科等の目標，各学年の目標や指導内容の分析，使用教科書の内容や配列の確認，文部科学省の「通知」および教育委員会の「指導要録の様式およびその取扱い」によって，各教科等における各学年の評価の観点およびその趣旨を理解する。

❷単元の評価規準の作成：国立教育政策研究所の作成した資料（平成14年2月教育課程研究センター）や学習指導要領解説各教科編等，各教育委員会が作成した資料，各種の共同研究によるモデル案等を参考にして，各教科別に各学年の年間指導計画および単元ごとの評価規準を作成する。

❸単元の指導計画・評価計画の作成：単元の指導計画を構想する。指導過程に即応した毎時間の指導目標と評価基準，評価場面，評価方法などを構想する。これらを一体化して指導計画・評価計画を作成する。

❹授業案の作成および実施：1単位時間（学習のまとまり）ごとの評価基準（カッティング・スコア，ルーブリック），評価場面や多様な評

価方法を用意し，授業案を作成する。その際，単元の観点別評価の実施を見越して，評価項目やチェックリスト，補助簿などを用意して評価資料を蓄積しておく必要がある。

また，テスト，観察，作品，自己評価など評価方法も工夫することが重要である。1単位時間における評価は，観点別評価をすることが目的ではなく，指導し，評価したことを即時的にフィードバックし再指導することによって授業のねらい（評価基準）を達成することにある。

❺**単元ごとの観点別評価**：毎時間の授業の中で得た評価資料をもとにして評価基準に照らし，一人一人の実現状況を観点別にＡ（十分に満足できる），Ｂ（おおむね満足できる），Ｃ（努力を要する）の判定をする。そして，その結果は，学校として統一した様式の記録表に整理し，単元の評価および学期末の評価に活用できるようにしておく必要がある。単元の終了段階で，必要に応じて補充的な学習や習熟をめざした学習，活用や応用をねらいとする発展的な学習などを組み入れて，子ども一人一人の実現状況を一層高めるようにするとともに，教師の指導法の改善に役立てるようにする。

❻**学期末の観点別評価**：集計表を用いて，単元ごとの評価資料を整理し直して，学期ごとの観点別学習状況の評価を行う。この評価の結果は通信簿の各教科および所見の記入に使われる。また，学年末の観点別評価，評定（総括的評価）の資料になることを想定して整理しておく。この段階の評価も，指導計画の修正や子ども一人一人の学習状況に応じた援助の手だてを工夫するなど教師側の指導法の改善にも活用する。

❼**学年末の観点別評価**：学年末の観点別評価は，通信簿や指導要録に記載する観点別評価となる。また，この観点別評価の結果は，通信簿や指導要録の各教科の評定（総括的評価）と総合所見および指導上参考となる諸事項の基礎データにもなる。学年末の観点別評価の際には，学校としての判定のルールを確立しておき，教師が把握し，収集した事実とデータに基づいた根拠のある公平・公正な評価を実施する。この段階の観点別評価の仕方としては，各学期末の観点別評価の結果を総合して学年末の評価にする場合と，各単元の観点別評価に関するデータをあらためて集計し直して学年末の評価をする場合とがある。進歩の状況が緩やかであったり，その時々でさまざまな様相を示したりする「関心・意欲・態度」や「思考・判断」は，いずれの仕方でもおおむね安定した評価ができる。ところが，「表現・処理（または技能）」「知識・理解」のように練習によって比較的短期間に習熟し，進歩する可能性のある観点については，1年間を通したアチーブメント・テストの平均点をもとにして評価すると，実態とずれるおそれがあることから，できるだけ評価する時点に近いところで，定着の状況を再確認して評価することが重要である。

【**課題**】 観点別評価においては，次のような課題が指摘されている。①知識・技能を学力の主要な中身ととらえアチーブメント・テストの得点で評定すべきだとする立場からは，学力の中身とみなせないものによって評定（総括的評価）が実態よりも高く（低く）なることになるので，「関心・意欲・態度」のような曖昧な観点を評定に反映させるべきでないとの異論がある。②観点別評価をもとにして評定（総括的評価）を行う場合，各観点の評価の結果をどのように重みづけをして判定するかについて，各学校に任されている。学校間の格差に配慮する視点から共通化した評価規準（基準）の作成と活用，総括的評価の処理手順の仕方などに信頼性の面から危惧が残っている。③学力向上が強調されるあまり，目標の実現状況の判定やその記録にとらわれすぎ，単なる知識・技能のドリルに偏る弊害が指摘されている。　　（小島 宏）

[参] 北尾倫彦・金子守編『小（中）学校観点別評価ハンドブック』図書文化，2003．小島宏『授業のなかの評価』教育出版，2003．

目標の具体化と具体的評価基準の作成

→評価規準と評価基準，目標に準拠した評価，目標の具体化，ルーブリック

【意義】　目標の具体化には，よく吟味された指導目標を設定し，それをすべての子どもに実現させようとする教育の理念が根底にある。指導と評価の一体化の観点からみれば，それによって目標に準拠した評価が可能になるばかりでなく，指導の重点や留意点が明確になり，子どもの学習支援に役立てることができる。また，指導者は単元や授業目標を具体化する過程を通して，適切な学習材や指導法を選択する視点と手がかりを得ることができ，授業を自己点検・評価する具体的指針をもつことができる。

単元や授業目標を具体化するとき「～を理解する」「～がわかる」「～を知る」などの内面活動による記述では，だれが読んでも同じ理解にいたる正確な表現とはなりにくい。観察可能な学習者の行動目標で記述すること，総括的・網羅的ではなく達成・未達成が明らかになるように細分化して記述すること，などが原則である。

具体的評価基準は学習の内容や場面に即して具体的に記述された評価基準を意味する。これは評価規準の実現状況を段階分けして示したものである。そこでは単元や授業目標が学習内容に即して個別的・具体的に記述される必要がある。一般的また抽象的な記述にとどまり授業実践に役立つ有効な情報が含まれないものは具体的評価基準とはいえない。行動目標で記述し細分化して示すという原則が守られるだけでなく，必要に応じて評価する場面や方法を含む指導と評価の実践に役立つものでなくてはならない。

【経緯】　教育活動における目標の具体化の思想は1956年のB.S.ブルームらによる教育目標分類学（タキソノミー）以来鮮明になった。そこでは教育目標を認知的領域，情意的領域，精神運動領域に大別し，その各々をさらに細分化し，それをまた小さく分けて全体が階層をなすよう構造化されている。例えば認知的領域の目標は，①知識②理解③応用④分析⑤総合⑥評価の6領域に分類され，その①知識は，(a)具体的知識(b)方法や手段についての知識(c)概括や抽象についての知識に3分され，さらにその各々はいくつかの下位目標に細分化されている。

わが国では1970年代に教育目標の具体化の思想が急速に広がり，単元や授業の目標を学習内容と能力の2元のマトリックスで表示する試みが全国各地で実践された。こうした経緯の中で1980（昭和55）年改訂の指導要録で「観点別学習状況」欄が設けられ，各教科の観点別の目標達成状況が記載されることになった。これは各教科の観点別目標を具体化し，それに基づいて達成状況を評価する指導と評価の一体化推進のきっかけとなった。現行の指導要録では各教科の「評定」欄，「観点別学習状況」欄共に目標に準拠した評価とされており，目標の具体化と具体的評価基準の作成は指導者にとって避けられない課題である。

【特徴と方法】　単元や授業目標の具体化における最初で最も重要な仕事は，そこに包含されるすべての指導目標のリストアップである。そこでは実際の教室場面を想定し，子どもの学習行動を具体的にイメージすることが求められる。もちろんそれは単線型の授業シミュレーションではなく，子どもの反応によって学習展開が枝分かれする分岐型のシミュレーションでなければならない。この意味で指導目標のリストアップはまさに授業づくりの作業にほかならない。ここでおざなりの目標を立てれば指導に役立たないばかりか，のちに実施する目標準拠評価もできなくなる。目標を記述する際は学習内容と能力を組み合わせ，①学習者を主語にして書く，②何らかの方法で測定もしくは観察ができる，③2つ以上の目標を含まない，④具体的な行動を表す言葉を1つ以上含む，⑤どの学習者

も一定程度は実現できる，などの原則をもとにして「〜の特徴が言える」「〜を式に表すことができる」「〜を図示できる」などのような行動目標で記述することが望ましい。そこで用いる動詞の例としては「言う」「あげる」「説明する」「読む」「書く」「描く」「調べる」「見つける」「記録する」「計算する」「式に表す」「図に表す」「まとめる」「練習する」「予想する」「質問する」「意見を言う」などがあげられる。

こうしてリストアップされた指導目標は各観点ごとの目標を代表する項目に整理してまとめられる。そしてこれらの項目を学習内容と能力の2次元のマトリックスの中に位置づけ，目標の重複や欠落がないよう吟味され修正されることが望ましい。

次に，ここで決定した代表的な目標は評価規準として設定され，その実現状況がA，B，Cなどに段階分けされて具体的評価基準がつくられる。具体的評価基準の段階分けは，行動目標の質的特徴をもとにする場合と量的特徴をもとにする場合とがある。前者は，「関心・意欲・態度」のような「跳び方を工夫しながら何度も繰り返して練習しようとする（A）」「（工夫はあまりみられないが）繰り返して練習しようとする（B）」「すすんで練習しようとしない（C）」などの数量化しにくい観点の場合である。後者は，運動の技能の「120cm以上跳ぶことができる（A）」「90cm以上跳ぶことができる（B）」「90cm未満しか跳ぶことができない（C）」などの数量化しやすい観点の場合である。単元や授業で設定される評価目標には学習内容と能力の両方が含まれるが，各観点の特質により，質的な段階分けがふさわしいものと量的な段階分けがふさわしいものを区別して使い分ける必要がある。なお，単元目標の具体化と授業目標の具体化のレベルは必ずしも同一ではない。単元目標が何時間かの授業のまとまりを総括的に示すのに対して，授業目標は1時間の目標をより細かく記述する必要があるため，評価場面や方法を含めたより詳細なものとなる。

学習活動を評価する規準と基準を示したものにルーブリックとよばれる評価指標がある。これは学習者に学ばせたい内容と実現状況をマトリックスの一覧にして示したものであり，一般のチェックリストと比べると学習全体を視野に入れて実現状況をより詳細に示す点，また単なる事後点検のためではなく学習前に子どもと共有して学習活動とその支援に生かされることを目的とする点にその特長がある。このため指導の実際に役立つ妥当性と信頼性に富んだルーブリックを作成するためには，単元や授業目標の具体化が適切に行われることが前提となる。

【課題】 目標の具体化や具体的評価基準の作成を重視した教育実践は1970年代のブルームらの教育目標分類学に基づく教育目標の具体化にもみられるが，そこでは単元や授業の目標が過度に細分化されるあまり，子どもの主体的な学びが損なわれ教師主導の授業づくりに陥ったとの批判がなされた。目標を具体化し評価基準を明確にする教育は前述のとおり指導と評価を一体化しようとする試みであり，設定した目標が正確に評価されること，主観的な歪みが入らない公平な評価であること，記録された資料にこだわりすぎない評価であること，など評価・評定に関する課題が克服される必要がある。同時に，評価のための授業に陥り本来の指導がおろそかにならないこと，目標や評価基準の設定に熱が入るあまり子どもの個人差を無視した画一的指導にならないこと，子どもの自発性や自主性を損なった授業展開にならないこと，など指導上の課題もある。近年では「関心・意欲・態度」（情意的領域）の目標の具体化，指導者と学習者が共有する具体的評価基準ないしはルーブリックの作成，学校間格差を生まない評価基準表づくりの体制構築などが実践的課題として浮上している。　　　　　　　　（長瀬荘一）

［参］北尾倫彦編『新しい評価観と学習評価』図書文化，1996.

授業過程の評価の展開（実際）

→授業評価，評価計画の立て方

【意義】 授業は，教育課程に基づき日々，毎時，着実に積み上げていくものである。各時間の授業にはその時間のねらいがあり，やり直しはできない。1時間のねらいが確実に子どもに身につくようにしなくてはならない。そのためには授業過程のところどころで評価を的確・適切に行い，授業の充実を図ることが必要である。

授業過程は，「導入・展開・終末」や「課題把握・課題追究・まとめ・発表」など，多様である。いずれの過程においても授業を成立させるための視点を明確にして評価を行い，子どもの学びを保障することが大切である。

【実践例】 小学校第3学年算数「かけ算の仕方を考えよう」における事例で示す。本時のねらいは「2位数×1位数（部分積がすべて1桁）の計算の仕方を考える」であり，児童には「1まい23円の色画用紙を3まい買いました。だい金はいくらですか」という問題が提示される。また授業過程は，①本時の問題を把握し，課題をとらえる，②自力解決する，③自分の考えを発表する，④本時の学習のまとめをする，の4つの過程である。

①の過程では，以下の評価が考えられる。
・授業の導入にあたって，子どもは意欲的であり早くやりたいという雰囲気があるか。
・子どもは学習に必要な教科書やノート，筆記用具などを事前に用意しているか。
・教師の問題文の提示の仕方はわかりやすく，子どもの学習の動機づけとなっているか。
・子どもは，前時の学習と関連させ見通しをもっているか。
・子どもは式を立てて，演算決定の根拠を述べることができるか。

評価の方法としては，表情やつぶやき，発言，ノートの記録からとらえるようにする。

②の自力解決の過程では，以下の評価が考えられる。
・子どもは，既習事項を用いて（筆算につながる）計算の仕方を考えているか。
・教師は，子どものノートの記録や説明などから個々の考え方をとらえ，適切に助言をしているか。
・前時の学習の内容が本時の学習の手がかりとなるよう掲示等に工夫がされているか。

これらの実際の状況は以下のようになる。

〈既習の乗法を使って解決するために，被乗数23を十進位取り記数法に基づき，20と3に分解して考えている子どもに対して〉
→図などを使って考えをわかりやすく友達に伝えるための準備をするよう助言する。

〈かけ算の意味に立ちもどり，同数累加で解決している子どもに対して〉
→かけ算の意味を使った解決であることを認めたうえで，前時の学習が本時の課題解決に活用できないだろうかと問いかける。

〈自信がもてないため表現をためらっている，もしくは，既習事項が引き出せないでいる子〉
→思考が停滞している理由を確かめ，考えがある場合は自信をもってやってみるよう促す。解決方法が見いだせていない場合は，前時の学習（20×3）を活用して解決できないかと問いかけ，23を20と3に分けて考える方法に気づくようにする。

③や④の発表やまとめの過程についての詳細は省くが，授業が成立し深まるための評価目標を設定して，教師の指導や子どもの活動の様子から授業過程を評価することになる。

【課題】 教師が提示する教材や発問・応答の全体的把握だけではなく，一人一人に即した学習状況の把握を中心にして授業過程を評価することが重要である。

（寺崎千秋）

評価計画の立て方

【意義】 評価計画は，授業の目標が子ども一人一人に実現することを目的にし，指導と評価を一体化させるため，指導計画に沿って評価を行う計画を示すものである。

評価計画の要件としては，評価の対象，評価の観点，評価目標，評価規準・評価基準，評価方法，評価後の指導の手だて，評価結果の記録などがある。

【評価計画作成の手順】

❶**評価の対象の決定**：評価はきめ細かく行うことが望ましいが，評価のための評価になることは避けたい。どの学習活動の何を評価すれば，この時間のねらいが一人一人の子どもに確かなものとなるかを検討し，評価の対象とする具体的な学習活動を明らかにして，その何を評価するか評価項目を決定する。

❷**評価目標の設定**：授業における評価は観点別学習状況の評価で行われる。「関心・意欲・態度」「思考・判断」「技能・表現」「知識・理解」の4観点（国語は5観点）に基づき，各教科ごとに観点やその趣旨が定められている。単元や本時の目標を分析し，本時や対象とする学習活動の評価目標を観点ごとに明確化・具体化する。

❸**評価規準・基準の設定**：実際の評価にあたっては，評価の対象の状況を判断する規準が必要となる。「評価規準」は評価の対象の状況が「おおむね満足できると判断される状況（B）」を示し，それをもとに「十分な状況（A）」や「努力を要する状況（C）」を判断するものである。A，B，Cの各状況を質的・量的に具体的に示したものを「評価基準」という場合もある。いずれにしても，評価規準・基準を示して，評価を的確に行うようにする。

❹**評価方法の工夫**：評価方法は事前に選択・決定し，準備を整えておくようにする。学習活動→観点別評価，到達度評価，指導と評価の一体化は逐次展開するので，それぞれの時点での評価を的確に行う必要がある。子どもの発言や発表，ノートの記録，作品の記述や表現，活動の様子の観察など，多様な方法からどのような方法を選択するか検討し，あらかじめ必要な記録用紙などを準備しておくことである。

❺**評価後の指導の手だての設定**：評価した結果を次の指導にどう生かすかを明らかにしておく。評価結果から十分に満足できる状況，おおむね満足できる状況，努力を要する状況のそれぞれに，講じる指導の手だてを具体的に示すようにする。努力を要する子どもには早め早めに個別指導を行い，十分な子どもには次の課題を与えるなど，評価結果をもとに個に応じた指導の手だてを工夫する。

❻**評価記録の工夫**：評価結果は，それに基づいて子どもへの次なる指導の手だてを講じるとともに，最終的には通信簿や指導要録への記録の資料とする。したがって，評価記録としてしっかりと残しておくことが必要である。記録を残すにあたっては，観点別学習状況の評価であることを考慮し，各授業→単元と評価をまとめていく際に，観点別に集約する。また，発揮した力，進歩の状況や目立った努力の様子などを文章の記録で残しておく。

【課題】 評価計画は評価を的確・適切に行い，子どもたちの学習が確かなものとなるため，また，教師の授業力の向上・改善のために立てる。したがって，評価のための評価となり，記録だけが膨大になり，その処理に窮するといったことを避け，あとに役立つように工夫する。

(寺崎千秋)

[参] 小島宏・寺崎千秋編『学力保障の時代の授業力2』明治図書，2003．寺崎千秋編『改訂対応小学校新教育課程編成の手引』明治図書，1999．

観点別評価から評定への総括

→指導要録の内容と評価方法，指導要録の変遷，評価規準と評価基準

【総括の意義】 指導要録の「観点別学習状況」欄で行う観点別評価はABCの3段階であり，「評定」欄で行う総合評定は1～3（小学校中高学年）の3段階または1～5（中学校必修科目）の5段階である。2001（平成13）年改訂以前の指導要録においては，前者が絶対評価であり，後者が相対評価であったため，基本的に前者の観点別評価の成績を後者の総合評定に利用できなかった。それが，2001年の改訂により，両者とも絶対評価（目標に準拠した評価）になったため，前者の成績を総括（総合）して，総合評定を行うことが可能になった。通常，絶対評価（目標準拠評価）は相対評価に比べて，評価の客観性を確保するのに評価の規準と基準の明確化等の多くの工夫がいるため，観点別評価において客観化したうえで，それを総括して，客観的な総合評定を行うのである。

【総括の諸方法】 観点別評価から総合評定への総括を行う場合，いろいろな方法がある。第1に，ABCのパターンによって，1～3または1～5の評定値を与える方法（パターン法），第2に，A, B, Cにそれぞれ1, 2, 3等の得点を与え，それについての4（国語は5）観点での単純平均値（または単純合計値）によって評定値を与える方法（単純平均法），第3に，第2の方法において単純平均値ではなく，観点によって重みが異なる重みづけ平均値（または重みづけ合計値）を用いる方法（重みづけ平均法），等がある。

撫尾知信（2003）は，最も望ましい総括の方法として，単純平均法を推奨している。その理由は以下の4つである。第1に，最も単純な方法である。第2に，だれにでも実施が可能である。第3に，評定値の意味がだれでも同じように解釈可能である。第4に，観点別評価の結果と矛盾しない。

【単純平均法による評価基準】 単純平均法による総括を行うための評価基準は，表1および表2のとおりである。

表1 小学校における総合評定の評価基準（単純平均法の場合）

評定値	評　価　基　準		
	平均値	合　計　値	
		国語(5観点)	その他(4観点)
3	2.5 以上	13～15	10～12
2	1.5 以上 2.5 未満	8～12	6～9
1	1.5 未満	5～7	4～5

表2 中学校における総合評定の評価基準（単純平均法の場合）

評定値	評　価　基　準		
	平均値	合　計　値	
		国語(5観点)	その他(4観点)
5	2.75 以上 (4.5 以上)	14～15 (23～25)	11～12 (18～20)
4	2.25 以上 2.75 未満 (3.5 以上 4.5 未満)	12～13 (19～21)	9～10 (14～16)
3	1.75 以上 2.25 未満 (2.5 以上 3.5 未満)	9～11 (13～17)	7～8 (10～12)
2	1.25 以上 1.75 未満 (1.5 以上 2.5 未満)	7～8 (9～11)	5～6 (6～8)
1	1.25 未満 (1.5 未満)	5～6 (5～7)	4 (4)

上段の数値は，A, B, Cを3, 2, 1と得点化した場合
（　）内の数値は，A, B, Cを5, 3, 1と得点化した場合

（撫尾知信）

[参] 撫尾知信「指導要録における評価の課題―評定―」㈶学校教育研究所編『学習指導の現代的課題』学校図書，2003．

教育目標（観点）と適合する評価技法

→観察法の意義と種類，面接法の意義と種類，質問紙法の意義と種類，テスト法の意義と種類

【語義】 ある教育目標を実現したかどうかについて評価する場合，実現の有無または実現状況の評価に適合する評価技法と適合しない評価技法がある。教育目標や評価目標は，「～について，～ができる」という形で表現され，内容的要素と能力的要素からなっているが，内容的要素は教科によってはもちろん学年や単元によっても当然異なる。したがって，評価技法との適合性を考えるとすれば，能力的要素すなわち能力的な評価観点ごとに考えざるをえない。この場合，評価観点としては，指導要録の4観点（関心・意欲・態度，思考・判断，技能・表現，知識・理解）を用いることが適当であろう。

【評価観点と適合する評価技法】 多くの教科に共通する評価観点と評価技法の適合性は，下表のとおりであるが，教科によっては適合しない場合もある。したがって，ここにあげた適合性は，あくまでも大まかな目安にすぎない。

なお，評価技法としてもさまざまな技法や設問形式があるが，ここでは，観察法（チェックリスト法，評定尺度法），面接法，質問紙法，論文体テスト法，客観テスト法（真偽法，多肢選択法，組合せ法，単純再生法，完成法，訂正法），問題場面テスト法，実技テスト法（実演法，作品法），レポート法，ノート点検法，ゲス・フー・テスト法を取り上げることにする。

（撫尾知信）

[参] 梶田叡一『教育における評価の理論』金子書房，1975．金井達三・石田恒好『新版・教育評価の技術』図書文化，1981．橋本重治『新・教育評価法総説（上・下）』金子書房，1976．

表　評価観点と適合する評価技法

評価技法 \ 評価観点	関心・意欲・態度	思考・判断	技能・表現	知識・理解
観察法				
・チェックリスト法	◎		◎	
・評定尺度法	◎		◎	
面接法	◎	○		◎
質問紙法	◎			
論文体テスト法	○	◎		○
客観テスト法				
・真偽法（○×式）				◎
・多肢選択法				◎
・組合せ法				◎
・単純再生法（短答式）			○	◎
・完成法（穴埋め式）		○		◎
・訂正法				◎
問題場面テスト法		◎		○
実技テスト法				
・実演法	○		◎	
・作品法	○		◎	
レポート法	◎	○		◎
ノート点検法	◎			◎
ゲス・フー・テスト法	◎		○	

◎：その評価観点に最も適合した評価技法　　○：その評価観点について適用可能な評価技法

関心・意欲・態度の評価

→学力，教師ポートフォリオ，見取り評価

【学力観との関係】 2000（平成12）年の教育課程審議会答申によれば，「関心・意欲・態度」の評価に関して，「授業中の挙手や発言の回数といった表面的な状況のみで評価されるなど，必ずしも適切とは言えない面も見られる」と述べて，「知識・理解」や「思考・判断」との関連づけを抜きにした態度主義に陥りがちであることを問題視している。教師が「関心・意欲・態度」だけに注目して評価するのでは，態度主義になり，子どもが教師に迎合したり，反発したりすることになる。教師の温情や懲罰として使うこともあってはならない。

たしかに，態度主義批判の点では共通した認識であるが，学力観の違いによって，次の2つの「関心・意欲・態度」のとらえ方がある。もちろん，どちらの説をとるかによって，その評価の仕方も変わってくる。

1つには，授業を続けていく過程で子どものなかに「知識・理解」や「思考・判断」などが深まって習熟していき，そのような学力の発展に伴って「関心・意欲・態度」が養われるという"段階説"である。例えば，子どもは，百ます計算のようなドリル的な学習について，当初は関心・意欲・態度もなかったが，それをやっていくうちに面白くなって，関心・意欲・態度が高まるというような場合である。

もう1つは，学ぶという行為は，「知識・理解」や「思考・判断」などの認知面と「関心・意欲・態度」の情意面があいまって行われるという"並行説"である。例えば，この説では，概念的な学びとともに，情意面として分析と共感や異化と同化などを強調して，それを評価することになる。

【多面的・多角的・長期的な評価法】「関心・意欲・態度」の評価では，文字や記号などの言語による学びだけでなくマップや絵図などのビジュアルな学び，調べ活動や模型づくりのような行動による学びのように多面的な学びを評価し，自己評価だけでなく子ども相互の評価や教師評価，時には保護者などからコメントをもらって，多角的に評価し，しかも授業ごとに評価するのではなく，少なくとも小単元レベルで，時には数か月単位で長期的に評価すべきである。

とすれば，教師が子どもたちの学びや自らの見取り評価を丹念に集めた教師用ポートフォリオに頼らざるをえない。その前提として，まず子どもたち一人一人に自分の学びの過程で生まれた学習物（失敗例や下書きを含む）を子ども用ポートフォリオとして集めさせておく。教師は，子ども用ポートフォリオを見て，この子もについて「意外だ」とか「こんな面もあったのか」という学習物を子どもの了解を得たうえでコピーして，見取り評価の結果とともに教師用ポートフォリオの中に収納しておき，時には新旧の学習物を振り返って「関心・意欲・態度」の伸びや変容を評価するのである。

【教師用ポートフォリオを使った実践例】 小学2年担任のA先生は，授業への取組みが消極的で，家でもテレビゲームばかりして体を動かさないB男のことが気になってきた。自然体験についてのアンケートでも否定的である。それで，生活科で魚をテーマにした体験を組み入れ，「このような子どもが体を動かすことや学習に意欲をもってほしい」という目標を設定し，「関心・意欲・態度」の変容を促すための実践を行った。

9月に川で魚釣りをさせたが，釣り方がわからないから釣れない。それで魚のとり方を家で聞いて調べさせ，その内容を文章化して発表させた。そして，2回目の魚釣りをして，みんなが釣った魚を教室で飼うことにしたが，B男はやはり釣れない。そのときにB男が書いた日

記には、「こんどこそ魚をつって、さおのひっぱられるかんじがしりたい」と書いた。教師は、「やる気が出てきたな」と手応えを感じた。

10月に県内の魚の研究センターを遠足で訪れたが、B男は、大きな水槽にいるコイやカニにじっと見入っていて、スケッチもていねいで、いつもと様子が違う。A先生はそれを見取って、そっとメモしておいた。そして、11月初めの校内秋祭りで、学級は、絵に描いた魚を磁石で釣り上げる釣堀を開くことになった。そこで、B男は、図鑑も何も見ないで、下のような絵を描いた。

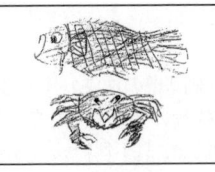

さて、ここで教師が使った方法は、第1に、B男のアンケートや日記や絵、家族のメモ、教師による見取りなど多面的なデータを集めて、それを評価して、次の授業づくりにつなげている。第2に、子どもだけではなく家族や級友、教師など多角的な評価をしている。第3に、2か月半に及ぶ長期的な評価を行っている。

【**子どもと規準をめあてにした**評価例】 本来、意欲は、子ども自身が自覚的にもつべきものである。そこで、子どもが規準をわかったうえで情意面の評価をした生活科の実践を紹介しよう。

C先生は、ハムスターの赤ちゃんを産ませて、育てる過程で「命の大切さ」に気づかせようと考え、子どもたちに「3学期の学習のめあてを考えよう」と呼びかけた。もともとは慎重型で体験的に学ぶタイプのD男が「しりょうをつかおう」と書いてきた。実際、母親と一緒にハムスターの育て方の本を買って、学級に紹介した。そして、本当にハムスターが生まれたあとには、これまで自分のポートフォリオに収集しためあてとその後の学びの記録を照らし合わせて、資料も使ったし、ハムスターの結婚という絵本にもしたと自ら肯定的に評価していた。

それからC先生は、学級全員に「できたこ

と、できなかったこと」を発表させ、それをグルーピングして、①がんばり②調べ方③まとめ方④発見⑤じっせん⑥ともだち、をこれからの学びのめあてとして、各自に選ばせた。このめあてが評価規準になるのだが、だれも①を選ばない。というのは、自らの学びへの眼が厳しくなって、単なるがんばりでは満足できなくなったのである。結局、D男は③を選び、それに沿って、見開き数ページの新聞を作って、級友から批評を受け、自己評価を行い、学期末の最終発表会では特に③の点から新旧の学習物を対比して学びの成果を確かめた。

要するに、「関心・意欲・態度」を直接目標とするより、③の「技能・表現」のように、他の観点を深めていくなかで「関心・意欲・態度」的な学びが生まれ、評価できるのである。教師が子どもの学びから「関心・意欲・態度」の表明ではないかと見取るだけでは不十分であって、子ども自身に学びのめあてを立てさせ、多面的・長期的な学びの中から「関心・意欲・態度」を探るほうが的確な評価ができるということである。このような目的意識的で責任意識的な学びと評価は、ここに紹介したように、小学低学年児でも教え方しだいでできるものである。

【**課題**】 わが子や自分の子どものころを思い起こせば、「粘りがないと思っていたが、こんなに辛抱強かったのか」と見直したり、その逆の思いをした経験があろう。そのような日常的な感覚とは対照的に、学校での評価は短期決戦型が多い。それでは「関心・意欲・態度」の評価はできない。1学期ぐらいの期間で一人一人の子どもの情意面を評価して通信簿に記入するぐらいの長い眼で見守っていく姿勢が必要であろう。

(安藤輝次)

[参] 加藤幸次・安藤輝次『総合学習のためのポートフォリオ評価』黎明書房, 1999. 安藤輝次『絶対評価と連動する発展的な学習』黎明書房, 2004. 田中耕治『学力と評価の"今"を読みとく』日本標準, 2004.

思考・判断の評価

→教育目標の分類，評価規準と評価基準，授業過程の評価の展開

【思考・判断の観点の趣旨】「思考・判断」の観点の趣旨は，「基礎的・基本的な知識・技能の習得や活用を通して，考え方の基礎を身につけ，適切に判断できる」ように導くことにある。これは，学力を知識・技能だけでなく，思考力，判断力，表現力などの資質・能力を含めた質の高いものとしてとらえ，定着・維持・向上させていこうというねらいに基づく。

【思考・判断のとらえ方】思考とは，場面や状況から得られる情報を既有知識や過去の体験と関係づけ，新しい関係ないし構造をつくり出す働きである。問題解決学習においては，問題を理解し，どのようにすれば解決できるかに思いをめぐらせ，計画し，解決を進める営みということができる。学校がめざす思考力は，問題解決能力を意味する場合が多い。

思考には，①概念作用（複数のものの特徴の異同を比べ，抽象作用によって同類の特質だけを取り出しまとめて概念をつくる働き），②判断作用（複数の概念の間の関係，概念とその属性との関係をつくったとき，その真偽を判断する働き，広義には，真偽，ある物をある一定の物として認知する同定，正誤，善悪，美醜，選択，価値などを判断すること。学校では広義の判断の育成をめざしている），③推理作用（すでに明らかになっている事実と事実，判断と判断を関係づけて，1つの新しい結論を導き出す働き。推論ともいう。一般的な判断をもとにして特殊な判断を導き出す演繹推理，いくつかの特殊な判断に共通する一般的判断を導き出す帰納推理，特殊な判断から他の特殊な判断を推測する類比推理がある）の3つの基本形式がある。

【各教科等における思考・判断】「思考・判断」の評価をする場合には，文部科学省や国立教育政策研究所，教育委員会の作成した各種資料等を参考にして，例えば，小学校社会科は社会的思考・判断で，「社会的事象から学習の問題を見いだして追究・解決し，社会的事象の意味を考え，適切に判断すること」などと各教科等における思考・判断の趣旨を把握することが，評価規準（基準）の作成と評価の実施の前提として必要になる。

【評価規準・評価基準の作成】子どもの観点別学習状況を評価するためには，単元の目標に対応した評価規準，1単位時間（学習のまとまり）のねらいに対応した評価基準を作成することが必要である。

具体的な評価規準と評価基準の作成の仕方を小学校算数科6学年「分数のわり算」で例示する。①評価規準は，単元の目標「分数の除法の計算の仕方を考えることができる」に対して，評価規準「問題場面の数量関係を調べ，わり算と演算決定し，立式することができる」および「既習事項を活用して分数のわり算の計算の仕方を考えることができる」と設定する。②評価基準は，授業のねらい「ア．わり算と演算決定ができ立式できる」や「イ．既習事項をもとにして分数のわり算の仕方を考えることができる」および単元の評価規準に対応して次のように作成する。

	アに対する評価基準
A	整数や小数の場合，数直線や図，言葉の式をもとに考え，わり算と演算決定し，立式し，その根拠が説明できる。
B	整数や小数の場合，数直線や図，言葉の式をもとに考え，わり算と演算決定し，立式できる。
C	整数や小数の場合，数直線や図，言葉の式をもとに考えたが，演算決定や立式までにはいたらない。

	イに対する評価基準
A	既習事項をもとにして，分数のわり算の計算の仕方を考え出すことができ，根拠を示して説明することができる。
B	既習事項をもとにして，分数のわり算の計算の仕方を考え出すことができる。
C	既習事項をもとにして，分数のわり算の計算の仕方を考えたが見つけ出すことができない。

なお，B基準に達しない場合をCと判断すればよいので，達成していない状況を評価基準として設定することに意味がないとし，AおよびB基準を設定することが一般的である。また，B基準のみ設定し，それに達しない場合をC，それを超えて，十分に達成した場合をAと判断するという考え方を採用している学校もある。

次のように，「思考・判断」の実現状況の観察の視点を設けたチェックリストを作成し，複数の視点から観察し，その結果を総合して評価することもある。

観察の視点	小島	加賀美
1 既習事項の活用	○	◎
2 演算決定・立式	○	◎
3 計算の仕方の発見	△	◎
4 根拠をあげた説明	△	○
第1次評価	C	A

【評価の進め方】　学校としての評価のルールを確立し，システム化しておくことが求められる。

①単元の指導計画・評価計画を作成し，評価規準と評価基準を位置づける。

②毎時間の授業の中で子どもの学習状況を評価基準に照らして観察し，個に応じた援助の手だてを講ずる。その過程で，「思考・判断」にかかわる評価資料を学校として統一した様式で記録しておく。1時間ごとの詳細な評価による記録ではなく，小単元ごとあるいは単元に複数回の観察で気づいたことをメモする程度の累積が実際的である。

③単元における「思考・判断」の学習状況を評価する。その際，②の記録とペーパーテストの結果，学習シートやノートの記述，発言や話合いおよびパフォーマンスの観察等を加味して判断する。

④各単元の評価をもとにして学期ごとの評価をする。単元の評価結果を総合する場合と，その学期に記録した評価資料をあらためて整理し直して評価する場合がある。学期末の評価は通信簿の観点別評価，所見のよりどころにもなる。

⑤学期末の評価を総合して学年末の評価をするが，学期末の評価結果をもとにする場合と，各単元の記録をもとにして評価資料として整理し直して評価する場合とがある。学年末の評価は，指導要録の観点別評価および評定（総括的評価），総合所見および指導上参考となる諸事項に記載する場合の基礎資料や根拠ともなる。

【課題】　思考・判断については，「算術ハ日常ノ計算ニ習熟セシメ生活上必須ナル知識ヲ与エ兼テ思考ヲ精確ナラシムルヲ以テ要旨トス」（明治33年小学校令施行規則）にもみられるようにわが国の学校教育では，旧来より「思考・判断」の育成を重視してきている。にもかかわらず，①基礎学力は「読・書・算」の反復練習との誤解が強く，結果として思考・判断の育成が軽視される傾向がある，②思考・判断の評価の客観性・信頼性に曖昧さがあり，思考・判断の評価が消極的になるだけでなく，授業の中で育成する展開の不十分さをも招いている，③思考・判断の評価基準や評価方法，評価手順をある程度標準化し，学校間における差異を解消するなどの課題がある。　　　　（小島　宏）

[参] 国立教育政策研究所「評価基準の作成，評価方法の工夫改善のための参考資料（小学校）（中学校）」2002.2. 橋本重治原著・応用教育研究所編『教育評価法概説』図書文化，2003. 北尾倫彦編『小学校（中学校）思考力・判断力』図書文化，1996. 小島宏編著『小学校絶対評価の方法と実際』明治図書，2002.

技能・表現の評価

→パフォーマンス評価

【語義】 技能・表現とは，一定の目的を達するための行動の仕方であり，読み・書き・計算をはじめとして，観察や実験，資料の活用，運動，器楽，絵画・工作等の表現を含めた各種技能をさす。これらの技能は，精神的技能（mental skill）と運動的技能（motor skill）の統合によるものであり，教育目標としては認知的領域，情意的領域に対して精神運動（psycho motor）領域に属し，その目標の大部分は行動目標として表すことができる。

【評価の観点としての技能・表現】 技能・表現の評価とは，学習内容に対して「～ができる」「～を表現できる」の成果を評価するものであり，「関心・意欲・態度」「思考・判断」「知識・理解」等と同様に，指導要録の「観点別学習状況」の評価の欄に設けられた，目標に準拠した評価，いわゆる絶対評価の観点の１つである。

算数科では数量や図形についての表現・処理，理科では観察・実験の技能・表現，社会科では観察・資料活用の技能・表現，国語科では言語についての知識・理解・技能，体育科では運動の技能，音楽科，図画工作科では表現の技能，家庭科では生活の技能等，それぞれの教科に特有の技能（表現の技能）を評価するものである。

【技能・表現の達成系列】 技能・表現の目標について E.J. シンプソンは，簡単なものから複雑なものへと階層的に，①知覚，②構え，③導かれた反応，④行動機能の形成，⑤複雑な反応，⑥適応，⑦創出の７つに分類している。

精神運動領域のタキソノミーとしては，R.H. ダーベが，①やってみようという気持ちが生じるから，反復行動までの「模倣（imitation）」②指示に従ってやってみるから，特定の行為を選んでやってみるまでの「操作（manipulation）」③やれるようになった操作を再現するから，必要な統制ができるようになるまでの「精密化（precision）」④順序よくできるようになるから，調和した形でできるようになるまでの「分節化（articulation）」⑤自動的にできるようになるから，内在化した形でできるようになるまでの「自然化（naturalisation）」と技能獲得のための目標の達成系列を提案している。

技能の習熟には反復練習が必要であるが，そこにはダーベのタキソノミーが示すように，反復練習の過程で行動にとって効率の高い方法や順序が発見，選択されるとともに，個々の要素行動がしだいに脈絡あるもの，統一のあるものに統合され，最終的には自然化された能力として身についていくからである。

これらの各種技能の習得および習熟には，前提として知識の習得と理解をはじめとする認知的領域の目標があり，それらの成果とあいまってこそ効果的な習得，習熟が可能となることも忘れてはならない。

【評価の内容と手だて】 評価にあたっては，どのような内容の技能・表現を，どのような手だてによって評価するのかを明らかにしておかねばならない。具体的には，評価の内容について技能・表現の達成系列等を参考にしながら，どの段階のどのような内容の表現・処理を評価しようとしているのかを明確にし，それに対応した形で評価の手だてを準備することになる。

例えば，小学校算数科における「わり算の筆算」（第４学年）で，52÷4といった(2桁)÷(1桁)の評価においては，少なくとも次のような段階が考えられる。

①52÷4で十の位の5を4でわり，1を十の位に「たてる」，わる数4とその1を「かける」，わられる数の十の位の5から4を「ひく」，そしてわられる数の一の位の2を「おろす」，このようにして残った12について

同様に「たてる」「かける」「ひく」といった，わり算の筆算のアルゴリズムを理解する。
② 「たてる」「かける」「ひく」「おろす」といったわり算の筆算のアルゴリズムに従いながら，(2桁)÷(1桁)の類題の計算ができる。
③ 習熟によって，「たてる」「かける」「ひく」「おろす」のアルゴリズムを意識しなくてもわり算の筆算ができる。

①については，技能・表現の習得，習熟の前提条件としての知識の習得と理解である。②③については技能・表現の評価の内容に直接かかわるものであり，②については，時間はゆっくりであってもアルゴリズムに従って正確に計算できることを目標とするが，③については前述のダーベの精神運動領域のタキソノミーでは，「④精密化」から「⑤自然化」に該当するものであり，習熟による自然化された能力としてのわり算の筆算技能の定着を目標とするものである。したがって，②のわり算の筆算のアルゴリズムに則りながら正確に計算できるまでは，計算場面での行動観察またはペーパーテストによって評価し，③の習熟による自然化された能力としてのわり算の筆算技能では，ある一定の制限された時間内に正確に計算できるかどうかを行動観察やペーパーテストによって評価する。

このように技能・表現の評価においては，「～ができる」等の行動目標の形で表されることがほとんどであり，学習の過程での行動観察や実技およびペーパーによるテスト，パフォーマンステスト，作品等によって行うことになる。

さらに，技能・表現においては，その目標が行動目標化した到達目標として表されるため，思考力・判断力等の高度の認知的領域，関心・意欲・態度等の情意的領域の目標と異なり，その成果の確かめが比較的容易に，かつ客観的にできるという特徴がある。これは前述の思考力・判断力等の高次な認知的能力を除く知識・理解においても同様にいえることである。

このような目標についての評価，特に技能・表現の評価については，ペーパーテスト等による客観的な外からの評価を待つまでもなく，学習者自身にとっては能力が向上した手応えを感じやすいものでもある。つまり，かけ算がわかってきた，計算が速く，正確にできるようになった，漢字が書けるようになったといった学ぶ喜びや楽しさ，手応えを感じることが比較的容易であり，その意味からも達成感や効力感によって積極的な自己概念，自己肯定感を得やすい観点といえる。その意味でこれらの観点からの成果を上げることは重要であるが，このような成果を上げながら学習内容に即してものの見方，考え方（思考力・判断力）といった高度の認知的領域の目標の向上，育成をあわせて図ること，さらにそれらの観点の成果を統合したものとして関心・意欲・態度等の情意的領域の成果を上げることも忘れてはならない。換言すると，実質陶冶を軸にして形式陶冶を実現すること，内容に即して能力をつけていくことである。このようなとらえ方は，本来総合的な活動である学習活動について，その目標を分析的に吟味，検討するために便宜的に設けられたのが各観点であることから導かれるものである。

【課題】 技能・表現の評価については，評価の対象となる目標そのものが行動目標化，到達目標化できるものがほとんどであり，他の観点に比べて容易である。しかしながら他の目標の実現と切り離し反復練習によってのみアルゴリズムの定着，習熟を図る方法では，教育として必要で十分な成果を上げることはむずかしい。計算原理等のアルゴリズムを支えている見方，考え方の理解に基づいての定着および問題解決の場面での活用による定着等とあいまっての反復練習による定着を図り，その成果を他の観点からの評価と総合して判断することが求められる。

(加藤 明)

[参] 梶田叡一・加藤明『実践教育評価事典』文溪堂，2004．梶田叡一『教育評価』有斐閣，1992．

知識・理解の評価

→教育目標の分類

【語義】 知識とは，個々の事物について直観や経験によって得られた断片的な事実認識から，個々の事実認識の知識間の関係や法則を明らかにして客観的な妥当性を有する判断の体系までの広義の意味を有する用語である。その中には，事柄の事実だけでなく実際的な技能の所有までも含める立場をはじめとして，認識過程における思考活動の結果として生み出されるものであるとする立場，理論知と実践知・臨床知，概念知と身体知等々，立場や視点によってさまざまな概念規定が存在する。

理解とは，外部からの情報を個人内部の認知構造と調節し，同化することによって一貫性のある明確なものに変えていく働きである。学習活動において前述したような知識が新しく獲得される際には，この理解の働きが並行して行われており，したがって指導および評価においては，知識・理解としてこれらを不可分で統合された関係にあるものと位置づけるのである。

【評価の観点としての知識・理解】「知識・理解」の評価とは，学習内容に対しての「わかる・覚える」の成果を評価するものであり，「関心・意欲・態度」「思考・判断」「技能・表現」等と同様に，指導要録の「観点別学習状況」の評価の欄に設けられた観点の1つである。観点別学習状況の評価は，各教科の主要な目標がどの程度実現できているかを上記の4観点からみていくための欄である。したがって，これらの観点から，目標に準拠した評価，いわゆる絶対評価によって行われる。

【知識・理解の達成系列】 知識・理解の評価にあたっては，「個別的なものに関する知識・理解」の到達をみようとしているのか，それを超えて各知識間の「関係性や法則性に関する知識・理解」の到達をみようとしているのか，またそれらを適用して問題を解決する「応用能力」をみようとしているのか，さらにそれらの上のより高次な認知的な能力である「分析能力」や「総合能力」「評価能力」等をみようとしているのか等，どの階層の知識・理解を評価しようとしているのかについて，評価の手だてとともに吟味，検討しておかねばならない。このような階層は，個別的なものの知識・理解なくしては，関係性や法則性についての知識・理解が不可能なように，下位から上位へと概念の習得のための達成系列を表すものでもある。

このような知識・理解の達成系列については，B.S. ブルームの教育目標のタキソノミーが参考になる。これはクラスフィケイション（分類）ではなく，動物や植物の系統的な分類に用いるタキソノミー（分類体系）という言葉が用いられているように，単なる目標の分類ではなく，目標間の相互の達成系列を明らかにしようとするものであり，児童生徒の学力構造や教師の指導のあり方の評価だけでなく，カリキュラムの構成を検討，評価する際にも有効な基礎的枠組を提供するものでもある。

【評価の内容と手だて】 知識・理解の評価にあたっては，どのような内容の知識・理解を，どのような手だてによって評価するのかについて明らかにしておかねばならない。前者については，前述の知識・理解の達成系列等を参考にしながら，学習内容に即して具体的に明確に評価内容，評価項目を洗い出すことが求められる。

例えば，小学校算数科の「20より大きい数（100までの数）」（第1学年）の単元で，「100までの数がわかるとはどのようなことか」を視点として，学習内容に即して知識・理解の観点から評価すべき内容を洗い出すと，次のようになる。

①100までの数について，10が3つ，1が5つなら35というように，十進数の構造に基づ

く数の数え方を理解し，数えることができる。
② 100までの数の読み，書きができる。
③ 100までの数の大小判断ができる。
④ 100までの数の順序，系列がわかる。
⑤ 100までの数について，86なら80と6から成り立っているという加法的構造を理解する。

このような洗い出しの作業は，目標である100までの数の概念を構成する要素を明らかにすることでもあり，数の概念の獲得のための評価の内容については，これよりのち学習の進行に伴って1000まで，1万まで，さらには億，兆へと数を拡張しても同様のことがいえる。ただし，数の拡張に伴って100を10倍したものが1000，2300の10分の1は230といったような乗法的構造の理解が追加される。

以上のように明確化された評価内容に対応して，後者の評価の手だてが用意されることになる。前述の「①十進数の構造に基づく数の数え方を理解し，数えることができる」ならその評価の手だてとしては，実際におはじき等を数えさせての行動観察が適切であるが，これをペーパーテストによって行うことも可能である。②～⑤についても同様に，活動させて行動観察やペーパーテストで評価することになる。以上のように，行動目標の形で表現できることが可能な知識・理解の目標に対しては，適切な課題や問題等に対する行動観察やペーパーテストによって客観的に評価することが可能である。

ただ，この「①十進数の構造に基づく数の数え方を理解し，数えることができる」の評価においても明らかなように，この評価内容は，知識・理解の観点だけでなく，技能・表現の観点とも密接に関連するものである。さらに十進数の構造，位取り記数法のよさ，便利さに焦点を当てればこれは「数学的な見方・考え方」といった思考・判断の観点でもある。つまり，学習活動とは，本来このような各観点からの目標・評価が統合された総合的な活動であり，観点別目標・評価とはそれぞれの観点を窓口としてその観点から分析的にこれをとらえようとしたものである。したがって，知識・理解だけでなく，技能・表現や見方・考え方と密接に関連してこれらの目標が成り立っていることを考慮して評価を位置づけることも大切である。

【課題】 知識・理解について到達していないと評価した場合，それは何についての知識・理解が不十分であったのか，前述のように学習内容に即して限定して用いるべきである。そうでないと一般的に，または全体的に知識・理解が弱いということになってしまい，以後の指導に役立たないばかりでなく，誤り，偏った能力観を学習者に与えてしまうことになる。知識・理解をはじめとして学習や訓練によって人間の獲得する能力や特性は内容的に制限された非常に狭いものであり，何にでも応用がきくというほど適応性や普遍性があるものではない。この意味でも内容と切り離された形で知識・理解の評価を位置づけることは，教育における評価にとっては望ましいことではない。

さらに知識・理解の目標について，その実現，獲得を軽視する論もあるが，これは誤った考え方である。生活科において，河原で採集したタニシの育て方がわからず，その問題解決に取り組む実践があった。子どもたちはタニシの育て方はわからないが，その近くで見つけたザリガニやサワガニのことなら本にも書いてあるので，それを参考にして育てようとした。もともといた場所に似せてすみかをつくり，えさについてはザリガニ等が食べる物を順に与えて見つけようと試みた。結局えさは見つからなかったが，このようにすればどんな生き物でも育てることができることを学んだのである。これはザリガニ等についての知識があってのことであり，知識を所有し，それを活用することの重要性を再認識させる実践である。　　　　　（加藤　明）

[参] 梶田叡一・加藤明『実践教育評価事典』文溪堂，2004．梶田叡一『教育評価』有斐閣，1992．

習熟度別指導とその評価

→少人数指導とその評価

【経緯】 習熟度別指導とは，児童生徒の学習内容の理解や習熟の程度に応じて学習集団を編成して指導することである。わが国の公立諸学校は，すべての児童生徒に共通の内容の学習を提供し機会を与えることを重視してきた。このため，習熟度別指導は，私立学校や塾などでは早くから半ば公然と行われてきたが，公立諸学校では差別・選別に結びつくとして長い間タブー視されてきた。

学習指導要領では，「学習内容の習熟の程度に応じた指導」が1978（昭和53）年版の高等学校学習指導要領に初めて盛り込まれた。次いで，1989（平成元）年には中学校学習指導要領に同様の内容が示され，さらに2003（平成15）年の一部改正で小学校学習指導要領にも示された。また，1993（平成5）年に開始した第6次の公立学校教職員定数改善計画ではティーム・ティーチングによる習熟度別指導が導入され，それに対して教員の加配措置がとられるようになった。それは2001（平成13）年に開始した第7次でも引き継がれ，さらに少人数集団による個に応じたきめ細かな指導の推進が明記され，公立諸学校に習熟度別指導，少人数指導を取り入れる環境条件が整った。

そうしたなかで，授業時数を縮減し学習内容を厳選した1998（平成10）年版学習指導要領が告示され，また，IEAやOECDの調査結果が報告され，学力低下やゆとりが社会問題化した。その結果，学力向上対策の特効薬のような位置づけで，これまでややもするとタブー視されてきた習熟度別指導が，2000年代に入ってわが国でも急速に普及するようになった。2003年には公立小学校の約75％，公立中学校の67％に取り入れられている（文部科学省調査）。

【運用のポイント】 習熟の程度に応じた学習集団の編成をどんな時点で，どのように行うか，また，習熟の程度に応じた学習内容をどのように用意するかが，運用上の最大のポイントになる。その際に差別・選別や優劣を超えるためには，基本的に，それぞれの子どもに自己評価能力をはぐくむことがポイントになる。また，教える行為は習熟の程度を高めるうえで効果的であるという点に着目すると，単に発展的，補充的な学習を用意するのではなく，習熟の程度の高い子どもが低い子どもに教えるという営みを通して習熟の程度をより一層高める，といった協力的な学習の場を設定することも大切である。

【評価】 一律ではなく，きめ細かな指導を通して児童生徒一人一人の学力向上を図ることが，習熟度別指導を取り入れる基本的なねらいである。この点を踏まえると，次の2点を満たすことができたかどうかを評価することがポイントになると考える。①すべての児童生徒に基礎学力が身についたか。②すべての児童生徒が達成感や有能感などを味わうことができたか。

個人差に応じ，伸びる子を伸ばすといった点を考慮すると，習熟度別指導によって学力差が拡大することは十分ありうる。しかし，そうした学力差の拡大，縮小を手がかりに習熟度別指導の成否を判断するのは早計である。それよりも，習熟度に応じて適切に学習ができ，学力を向上させることができたか，そしてそれぞれが達成感や充実感などを味わい，自己効力感を醸成することができたかを手がかりに評価することが大切である。なお，優越感や劣等感は他者との比較がもとになって生じるが，それもそれぞれが充実した学習を行い，自己効力感を味わうことができれば，問題にならなくなる。

（澁澤文隆）

[参] 福島県教育センター『習熟度別学習研究の手引き』1981. 田中博之監修『豊かな学力の確かな育成に向けて』ベネッセ教育総研，2003.

ティーム・ティーチングとその評価

【経緯】　ティーム・ティーチングとは，複数の教師がチームをつくり，協力し合って指導するシステムのことであり，1950年代にアメリカで提唱され，日本には1960年代に紹介された。1950年代のアメリカは，児童生徒数の急増や教育の現代化に迫られ，教員の研修・養成と授業改革を同時的に実現する方法として，経験豊富，有能な教師と不慣れ，力不足の教師とを組み合わせて授業の準備，指導，評価を行うティーム・ティーチングが開発，導入された。

これに対して，日本でティーム・ティーチングがにわかに脚光を浴び，全国各地の小・中学校で導入が検討・実践されるようになったのは，1993（平成5）年度にスタートした公立義務教育諸学校に対する第6次教職員配置計画の実施からである。この計画は，教員の新規採用が大幅に減少することへの対策として，個に応じた多様な教育の展開を打ち出し，ティーム・ティーチングの導入などに教員を加配する措置をとったのである。その際，5つのケースにおけるティーム・ティーチングが例示された。
(1)同一学級内で習熟の程度等に応じて行う学習
(2)同一学級内で興味・関心等に応じて学習課題を選択して行う学習
(3)習熟の程度に応じて学級の枠を超えて学習集団を編成して行う学習
(4)興味・関心等に応じて学習の枠を超え，学級数を超える学習集団を編成して行う学習
(5)観察・実験および野外活動などの体験的な学習において，授業の過程で弾力的な学習集団を編成して行う学習

この例示から，わが国のティーム・ティーチングは，教職員配置計画を背景に，個に応じた教育を指導体制の面から推進する方策として導入されたといえよう。

【T・Tの3段階】　ティーム・ティーチングは，ややもすると授業場面のみが注視されやすい。しかし，ティーム・ティーチングは，基本的に①資料の収集や教材研究，教材開発などを一緒に行い，授業計画を立案する計画・準備段階，②授業を一緒に行う実施段階，③評価の規準，基準を一緒に設定し，学習指導の成果をとらえる評価段階，の3つの段階から構成されている。

この点は指導と評価の一体化等を踏まえれば自明なことであろう。むしろ，計画・準備段階と評価段階で協力的に行うから，実施段階もしっかりした協力関係が築けるのである。

【T・Tの評価】　ティーム・ティーチングの評価には，それ自体の評価と，前述の③の段階の評価とが考えられる。前者は，例えば2人による授業が，単に1+1にとどまらず，それ以上の成果を上げることができたかどうか，1人では実現しなかった活動が2人の協力によって0が1になるような形で実現できたかどうかなどを基準にして評価する。後者は，例えば，弾力的な学習指導要領のもとで信頼性，妥当性の高い評価規準・評価基準を作成するためには，複数の教員が協力し合うことが大切である。学習の過程を重視した評価を行うためには観察法や作品法などを取り入れることになるが，これらの評価が恣意的な評価にならないようにするためには，複数の教員の協力が効果的である。テスト法の改善については，例えば社会科や理科においては，「知識・理解」以外の観点の能力を問うテスト問題の作問が当面の課題になっている。それには作問技術の工夫・開発などが必要であり，複数の教員の協力が不可欠である。このように考えると，評価の工夫改善や適切化において，ティーム・ティーチングはきわめて効果的であるといえる。　　　　（澁澤文隆）

［参］児島邦宏ほか編『中学校個を生かす教育とティーム・ティーチングの実際』教育出版，1994.

少人数指導とその評価

→習熟度別指導とその評価，個別指導の評価，個人差と教育

【少人数指導】 少人数指導とは，単学級に複数の指導者が入って複数の学習集団に分けて指導したり，複数の学級の枠をはずし指導者の数で学習集団を編成し指導することをいう。基礎的・基本的な内容の定着やきめ細かい個に応じた指導を行うこと，児童生徒の関心・意欲に基づいた学習を展開することがねらいである。

【導入の経緯】 1996（平成8）年中央教育審議会の答申「21世紀を展望した我が国の教育の在り方について」で，「各学校においては一人一人の子どもを大切にした教育指導ができるような環境づくりが大切である。そのため集団規模を小さくしたり，指導方法の柔軟な工夫改善を促したり，中学校，高等学校での選択履修の拡大を図ることが必要である」とされ整備の促進が提起された。2001（平成13）年度から5年間の「第7次公立義務教育諸学校教職員定数改善計画」がスタートし，1998（平成10）年10月「教職員配置等の在り方に関する調査研究協力者会議」を設け，2000（平成12）年5月に「今後の学級編制及び教職員配置について」の報告をまとめている。これらを踏まえて，少人数指導を可能にするための教職員定数の改善が図られ，少人数の学習集団による指導を行うための教員加配措置が新たに設けられ現在にいたっている。

【少人数指導と評価】 少人数の評価は，まず，学習内容が基礎的・基本的な内容に絞り込んであり，学習内容の配列が子どもにとって理解されやすく効果的に定着できる工夫されたものになっていることが大切である。そして，子どもに基礎的・基本的な内容が理解されたか，定着したかを評価できるように学校としての評価基準を作成し絶対評価で評価していく必要がある。一方，学習課題や学習方法を子どもが選べるように意図的・計画的に設け，子どもの学習過程における工夫や努力，進歩の状況などを個人内評価でとらえ，自信をもって次の活動へ積極的に取り組むようにすることが大切である。少人数指導における個別指導を行う場合は，個人でどのように興味関心をもって取り組んだか，個人としてどこまで取り組むことができ，どんな内容の学習を身につけることができたかなどを評価していく必要がある。少人数指導であっても，個々で努力したことへの学習の評価のほか，少人数集団においてその集団の友達とどのようにかかわったか，集団の中でどのように学びを深めていったかなども評価していく。

さらに，習熟度別に少人数グループを編成し指導をした場合は，それぞれのグループによって到達目標が違ってくる場合もあるが，どの教科においてもその学年の教科目標が設定してあり，最終的には学習指導要領が示している教科の目標に達するようにしなければならない。

いずれにしても，少人数指導における評価は，教師は個々の子どもにきめ細かくかかわり，個々の子どものつまずきや課題を把握し，必要な支援を子どもの実態に合わせていくことが大切であると考える。

【課題】 少人数指導は，各教科すべての時間で行うのではなく，必要に応じて習熟度別学習を実施していくことが大切である。また，子どもが自分の発想や考えた方法で課題を解決したり達成する場を設けたり，複数の考え方や方法について子ども同士で比べたり，吟味したり話し合ったりできる場を設けることが必要である。

（古川鉄治）

[参] 教育課程審議会「教育課程の実施状況から見た学校の自己点検などの学力調査の実施」（答申）2000.12．九州個性化教育研究会編著『ティーム・ティーチングの計画・実践・評価Q&A』黎明書房，1995．

個別指導とその評価

→少人数指導とその評価，習熟度別指導とその評価，個人差と教育

【個別指導】 一人一人の児童生徒は，興味や関心，学習への意欲，学習の速度，習熟度，得意な学習方法などの違いをもっている。個別指導は，このような児童生徒の違いを大切にして，個に合わせて指導していくことを指す。児童生徒が主体的に学習に取り組み，積極的に思考を働かせて問題解決に努め，学習のねらいが達成できたとき，大きな満足感につながっていく。

【分類】 個別指導には次のような分類が考えられ，児童生徒の実態や学習内容に応じて個別指導方法を選択することが大切である。①一斉学習を補う治療的な個別指導。②学力の進度を考慮した枝分かれ学習における個別学習。③到達度あるいは習熟度に応じた少人数指導における個別指導。④個々の学習課題に応じた個別指導。⑤学習方法の違いに応じた個別指導。

【個別指導と評価】 個別学習における評価については，個々の児童生徒の学習のねらいや学習内容を事前にしっかり把握しておくことが必要である。実際に個々の児童生徒の指導にあたって，どこでつまずいているのか，何をしようとしているのか，どのようにしたいのかを見取り，指導助言をしていく。指導後，個々の児童生徒にどのような指導をしたのかを具体的に記すためのカードやノートなどを準備しておく。

具体的な例として，ここでは4年生の算数「整数の除法」を取り上げる。次のような学習計画を立て，※のところで個別指導を設定する。
① (何十)÷(何十)の計算の仕方を考える。
② 余りの出る(何十)÷(何十)の計算の仕方を考える。(例) 70÷20＝3…10
③ (何百何十)÷(何十)の計算の仕方を考える。(例) 460÷90＝5…10　　※1
④ 2位数÷2位数の計算の仕方を考える。
　(例) 68÷21＝(仮商修正なし)
　(例) 81÷28＝(仮商修正あり)　※2
⑤ 3位数÷2位数の計算の仕方を考える。
　(例) 274÷42＝　　　　　　　※3

※1では，(何十)÷(何十)，余りの出る(何十)÷(何十)，(何百何十)÷(何十)の3つのコースに分け，コース別にプリントを何枚か用意して個別指導をする。

※2では，仮商修正なしの計算を十分全体指導で行ったうえで仮商修正ありの計算に取り組ませる。その際，十分理解できていない子どもに対しては，個別指導を実施していく。

※3では，この学習の復習も含めて2位数÷2位数＝1位数の計算の仕方を考えるコース(仮商修正あり・なし)，3位数÷2位数＝2位数の計算の仕方を考えるコース，さらには4位数÷2位数＝3位数の計算の仕方を考えるコースを設定して，好きなコースを選ばせて個別指導をしていく。その際，個々の子どもがどこでどうしてつまずいているのか，どの程度時間がかかるのかなどを把握し指導の記録にとどめる。個別のカードや記録ノートなどを用意し，どのようなかかわりをしたのか，何ができるようになり今後の課題は何か，次の時間は何を指導していけばよいのかなどを記録しておく。

【課題】 個別指導の要点の1つは，児童生徒一人一人の多様性にどう対応するかである。そのために，学習目標や学習内容，指導の手だてなどを理解し，児童生徒の情報を把握しておくことが必要である。また，個別指導するためのドリルやプリントなどを用意し，ドリルに何回もチャレンジさせたり，学習プリントを人数より余分に印刷しておいてつまずいている子どもが何回も取り組めるようにする。　(古川鉄治)

[参] 劒持勉編『小学校ティーム・ティーチング実践ハンドブック』明治図書，1996．児島邦宏編『小学校・少人数指導実施の手引』明治図書，2002．

自己学習における評価

→生涯学習と自己教育力，診断的評価・形成的評価・総括的評価，自己評価と相互評価

【意義】「自己学習」は，しばしば「自己教育」とほぼ同義とみなされるので，本項目でもそのように扱い，以下の記述では，「自己学習」に用語を統一して説明する。自己学習は，学習者が自らの意志に基づき，状況に応じて自らを律して，自ら学び，自ら考えることである。自己学習における評価は，自己学習の上記の特質を支えるものとしてとらえる必要がある。

【特徴】教育実践において，指導と評価の一体化が求められているように，自己評価も，自己学習と一体化して行われるほうが適切だと考えられる。したがって，第1に学習者自身が，何を理解して，何を理解していないのか，どのように規準や基準を立てるべきか，どのような方法で学習を進めるべきかを問うことになる。すなわち，学習者が診断的評価を行うのである。第2に自己学習のプロセスの途上で，学習者が自らの学習の進行状況や問題を見極め，今後どのように学習を進めるべきか，あるいは学習の目標や方法が適切かまたは修正が必要か，について情報を得ることを目的に評価を行う。つまり形成的評価を学習者自身が行うのである。第3に，学習がとりあえず終了したあとに結果を顧みて，学習の目標や規準・基準，学習方法や学習成果を検討するために評価を行う。そして，評価の結果を踏まえて学習の改善策を考案し，それを次の学習に役立てる。すなわち，総括的評価をやはり学習者自身が行うのである。

自己学習を自己評価する際は，学習者一人一人の適性や個性に合わせて，多様な規準や基準を設定するのは自然なことであろう。ゆえに，この場合の自己評価はあくまでも個人内評価であり，目標に準拠した評価である。

【課題】学習者が自己学習や自己評価に慣れていない場合や，自己評価を綿密に行う力がまだ身についていないこともある。特に，学習者のメタ認知能力がそれほど発達していない場合には，自己評価を十分行えない。この課題への対処として，学習や評価の初期段階で教師が学習者に，モデルを示す方法がある。

教師がモデルを示す場合は，単に評価を行うのではなく，どのような点に着目して評価するかを，学習者に積極的に知らせることが肝要である。具体的に行う評価が，個人内評価であり，目標に準拠した評価であることを明示するのが重要である。

また，学習のプロセスの途上の評価が，今後の学習に役立てることを目的とすることを伝える。具体的には診断的評価や形成的評価や総括的評価を行う必要があることを示す。

学習者が上記の留意点を理解したことを踏まえて，教師が評価するだけではなく，少しずつ学習者自身が自己を評価する機会を増やしていく。やがて，自己学習における評価の大半を学習者自身ができるようにする。他者評価から自己評価へという過程は，教育評価のプロセスを学習者が内化する過程とみることができる。

その一方で，自己評価を学習者が個人でできるようになっても，自己評価の内容や，規準・基準，方法について，ときどき教師と学習者や，学習者同士が話し合うのも必要であろう。このような話し合い活動によって，目標や観点，規準，評価方法等について，学習者一人では知りえない，より豊富な情報を得られるのではないか。そのうえで，「自己教育力」の項で説明したように，学習者が自ら学習課題を選び，自ら学習方法を吟味して，自ら学習環境を整備するといった，自己教育を展開していけると考えられる。自己学習の評価は，このようなプロセスの不可欠な要素である。　　　(上淵　寿)

［参］上淵寿「自己評価と自己制御学習」無藤隆・市川伸一編著『学校教育の心理学』学文社，1998.

学習困難・学業不振の診断と治療

→特別支援教育とLD児の学力評価，学習方略の指導と評価，習熟度別指導とその評価

【語義】 教科学習の達成に顕著な遅れを示し学業が振るわない状態を学業不振とよび，学校教育においてはこれらの児童生徒の学力保障をめぐって長年にわたってさまざまな取組みがなされてきた。しかしながら最近では全般的な知的発達の遅れはないが，認知能力のアンバランスがある学習障害（LD）や，知的障害よりも不注意・多動性・衝動性といった行動特徴などが顕著な注意欠陥／多動性障害（ADHD）といった軽度発達障害の子どもも含まれるために，これらの子どもも含めて学習困難という用語が広く用いられるようになってきた。学業不振の程度には個人差があり，かつ学業不振を引き起こす原因には複雑な背景要因が絡んでいるために，その診断や学習指導の方法については，その特徴に応じてさまざまな取組みがなされてきている。特に今日的には低学力傾向の子どもが増えてきているとの指摘もあり，習熟度別学習方式やチューター方式などを取り入れて指導を強化している学校が増えてきている。

【原因】 LDやADHDの直接の原因は中枢神経系の何らかの機能障害によるものと推定されており，子どもの示す認知障害に応じた個別的な支援教育が必要であることが強調され，特別支援教育の制度的確立が進められている。それに比して，従来から教育心理学において学業不振とみなされた子どもの場合には，心身に障害がある子どもは含めずに，例えば家庭における養育上の問題や学習意欲の欠如といった心理的な問題，さらには基礎学力不足や学習指導上の問題など，多様な要因が複雑に絡んだ結果として引き起こされるものと考えられている。これらの要因を整理して階層的にとらえると，以下のようになる。

学業不振が引き起こされる直接的原因は日常的な教授学習場面にあり，子どもの側からみると基礎的な学力が不足していることから学習内容を理解することができない場合や，学び方や学習態度が不適切であることなどが考えられる。一方，教師の側からみると，学習させる教材内容や指導方法が不適切であるとか，個の達成・理解状況を踏まえた形成的評価が十分でないなどの原因が考えられる。次に間接的に影響する要因としては子どもの側の心理的要因，例えば学習意欲の欠如，理解力の不足，性格的な問題などがあげられる。授業がわからないという背景には，基礎的な学力の不足ばかりでなく，やる気がないとか落ち着きがないなどの個の心理的な問題が含まれる。さらに心理的な問題の背景には家庭でのしつけが不十分であることから生活習慣や学習習慣が身についていないとか，学校での対人関係がうまくいっていないなど，環境とのかかわりにおいて生じる問題も含まれる。

このように考えると長期的な学業不振の状態にある子どもの場合，心理的な問題や環境的な問題をかかえていることも考えられるので，背景にある原因を深く理解することが求められる。

【基準と診断】 常識的にみれば学業不振を示す大まかな基準としては，当該学年の授業についていけない程度の遅れとみなすことができるが，このような大まかなとらえ方では，判定する人の主観に影響されやすいとも考えられるので，以下に示すようないくつかの判定基準が示されてきた。その1つは絶対的判定基準による方法であり，その代表的なものとして，相当学年表示とよばれるものがある。例えば，無学年制の学力テストを実施し，その結果から個々の子どもの学力水準に相当する学年を表示することができる。当該学年で習得すべき学力水準に比して1学年以上の遅れがあれば，学業不振であるとみなされる。また学習内容別にその学年における習得状況を調べ，どの学年の内容が未

習得であるかを明らかにする方法もある。この場合には内容別にきめ細かな判定ができるので、その後の指導の対策が立てやすくなるという利点がある。

しかし、このような視点のみからとらえてしまうと、絶対的学業不振児の中には知能の低い子どもが多数含まれてしまうことになりかねない。そこで2つ目の判定方法として、特に教育心理学の中でこれまでに広く採用されてきたのが相対的判定基準による方法である。これは学業成績と学習能力（知能）との比較によって相対的に判定する方法であり、例えば普通以上の知能をもちながら、何らかの原因によって知能に相応した学業成績が発揮されない場合を学業不振と判定するのである。この立場では学業成績と知能得点を偏差値として算出し、その差（学力偏差値－知能偏差値＝成就値）を比較する方法がとられる。一般的には成就値がマイナス8以下であれば、知能なみの学力はほとんどもっていないものとみなされ、学業不振と判定される。またアンダー・アチーバーともよばれる。例えば努力すればできるはずなのに努力しないことが原因して学業不振となっている場合がこれに相当しよう。しかしながら、相対的判定基準では、基本的な考えとして知能と学力は高い相関を示すということを前提にしているが、実際的には学力にはさらに多くの要因が関与していることや、知能の高い者のほうが不振と判定されやすくなるなどの問題も考えられる。後者の問題に関しては、これを訂正するために回帰成就値を用いるなどの試みもなされている。

3つ目の判定方法としては、1回かぎりの学力・知能検査や学習期間だけでは学習の可能性を判定するのは困難であるという考えから、もっと力動的に診断・評価する方法が今日注目されてきている。例えば、認知検査や学習検査を用いて、その検査問題について教える期間を設けて、教授介入によってどれだけの効果がみられるかを判定する方法や、また検査の中でフィードバックやプロンプトによる成績の向上を判定する方法である。こういった方法は単なる判定のみならず個々の子どもの学力の向上をめざす指針ともなりえることから、今後の開発が注目される。

【治療】　学業不振の原因は多様であることから、それに対する対策も個に応じて幅広く検討することが必要である。そのなかでアプローチの仕方としては、学習指導の強化と心理的カウンセリングや治療とに分けられる。学習指導に関しては、基本的には授業の中での個に対する配慮を重視するとともに、課外時間での個別的な補充学習によって学力の回復を図るべきである。学業不振児は基礎的学力がかなり不足しているので、その補充をいかに図るかということになると多様な方法が考えられる。そのためには個々の子どものつまずきの原因を学習内容面と学び方や態度面から把握し、能力・適性に応じた個別処方教材や指導法を採用することが重要である。また一方、学業不振の原因となる能力・適性を明らかにし、より望ましい能力・適性を育てることも忘れてはならない。例えば読解能力に障害がある場合には、読解を進めていくための適切な学習方略やメタ認知力を鍛えることが求められよう。

長期にわたって学業不振が続いている場合には学習指導上の取組みばかりでなく、生活面や心理面に大きな問題をかかえている場合が多いので、そのケアや心理的治療を行うことも重要な課題である。生活指導面では家庭における生活習慣の改善や学習習慣の確立をめざす必要がある。心理面においては、学力が低いことから劣等感や自尊心が低下し、そのことが学業への不安や学習意欲喪失を招いたり、学校での人間関係適応に問題を生じていることもある。個のケースに応じた適切なカウンセリングや心理治療が求められよう。　　　　　　　　（馬場園陽一）

［参］北尾倫彦『学業不振児指導の実際』田研出版，2002.

学習方略の指導と評価

→自己制御学習,自己学習における評価

【語義】 自らの学習を効果的にするために学習者がとる方法のことを学習方略 (learning strategy) という。いわゆる「勉強法」に当たるものと考えてよい。学習スキル (study skill) もほぼ同義に用いられる。

【学習方略の重要性】 学力の高い生徒と低い生徒とでは,学習方法そのものが異なっていることが多い。かつての行動主義的な学習理論においては,学習は反復による連合形成とみなされ,個人差は,学習にどれだけ時間をかけたか,あるいは連合形成がどれくらい速く行えるかによって生じる量的なものとしてとらえられがちであった。しかし,認知心理学においては,有意味材料の学習とは知識のネットワークをつくることであるとされる。

学年が進むとともに,学習する内容が膨大になり,しかも教科の体系化された知識を記憶するためには,丸暗記ではなく,意味を理解して知識の構造化を図ることが必要になる。また,問題解決型や創作表現型の学習においても,その過程を適切に遂行するために普段の学習の方法を工夫することが重要である。

近年の教育心理学では,自己制御学習 (self-regulated learning) という考え方が重視され,自らの学習意欲や学習方略を意図的にコントロールして自律的に学習することが目標とされる。これは,教育界でいう「自己学習力(自己教育力)」とも軌を一にするもので,自ら学び自ら考える力を育てるには,学習方略に着目しなくてはならない。

【学習方略の診断と評価】 学習方略を診断し,評価するための直接的な方法は,学習場面の観察である。例えば,個別学習指導の場面で,通常行っているような方法で学習させ,その様子を観察する。あるいは面接によって,通常の学習方略について質問することもできる。また,学習方略についての自己評定式質問紙も開発されており,「意味理解志向か暗記志向か」「方略志向か練習量志向か」などの傾向がわかる。

診断で重要な視点は,①行動レベル,②認知レベル,③メタ認知レベル,から方略をとらえることである。行動レベルとは,「学習計画を立てる」「授業の前に,必ず教科書を読んでおく」「わからない言葉はすぐ辞書を引く」といった,大きな活動単位として現れる習慣である。認知レベルとは,「文章に線を引きながら読む」「語呂合わせで憶える」「何がわかればよいか逆向きに考えてみる」というように,学習内容をどう操作,処理するかということである。メタ認知レベルとは,「どこからわからなくなったか考える」「犯しがちなミスを意識して注意する」「問題を解いてみて気がついたことを書きとめておく」のように,自分の認知状態をモニターして改善を図ろうとすることである。

【学習方略の指導】 低学年の場合には,行動レベルで,反復・習熟的な方略が有効でもあり,指導しやすい。しかし,小学校高学年から中学生くらいにかけて,しだいに認知主義的な方略を取り入れていく必要がある。特にメタ認知的方略は,発話しながらモデルを示したり,教師と学習者が対話をしたりしながら,ていねいに指導する必要がある。

また,学習方略はある程度継続して指導することにより,その方略が効果的であるという「有効性の認知」が生まれるとともに,実行するための「コスト感」が軽減されるようになる。自発的に実行して定着するまでには,粘り強い指導が必要といえよう。 (市川伸一)

[参] 辰野千壽『学習方略の心理学―賢い学習者の育て方―』図書文化,1997. 市川伸一編『認知カウンセリングから見た学習方法の相談と指導』ブレーン出版,1998.

標準学力検査の活用

→標準検査，集団基準準拠検査(NRT)，目標基準準拠検査(CRT)

【特徴】 標準学力検査には，大きく分けて目標基準準拠検査と集団基準準拠検査があり，どちらも妥当性と信頼性の検討がなされているため，全国的な基準から児童生徒の学習状況をとらえることができる。目標基準準拠検査は，観点別に具体化した目標（クライテリオン）と，それに対する実現状況（スタンダード）が設定されており，全国的な基準による目標の実現状況を知ることができる。集団基準準拠検査は，テスト得点が正規分布するように作成されており，受検者の学力の全国的な相対的位置を知ることができる。

【活用】 目標基準準拠検査は，受検者の観点別学習状況を全国的な基準から判断するために用いる。また，何がどのレベルまでできるかといった具体的な学習状況をとらえることができるため，その結果を学習内容や指導方法と関連づけ，教育課程や指導方法，評価方法の評価とそれらの改善に用いることができる。

そのため，以下のような活用方法があげられる。①自校の評価規準と基準によって評価された観点別学習状況と，全国的な基準による観点別学習状況を比較し，自校の評価規準および基準の妥当性，信頼性を検討するとともに，評価方法の改善を行う。②全国的な基準による観点別学習状況や下位目標を検討し，十分満足できるレベルの児童生徒が少ない場合には，当該観点および下位目標の実現状況に対する指導の改善を行う。③アンケートなどで得られた資料や用いた指導方法と関連づけ，どのような個人差要因をもつ児童生徒に対して，どのような指導を行った結果，どのような目標が実現されたのかを検討することによって，個に応じた指導の実現状況の目途とする。④毎年継続的に実施することによって，児童生徒の学力の発達的変化をとらえる。

一方，集団基準準拠検査は，おもに児童生徒の学力の全国的な位置を知りたいときに用いる。偏差値によって結果が示されることから，同様に結果が示される知能検査や適性検査とのバッテリーを組むことによってアンダー・アチーバーを発見し，指導方法の改善や個別的介入の方途を検討する際の資料となる。しかし，すべての児童生徒がバランスド・アチーバーの範囲に入ればよいというわけではなく，知能を含む学習適性をも教育によって発達させなければならない点に留意すべきである。

【課題】 以上の特徴を踏まえ，標準学力検査を教育課程や指導方法，評価方法の改善のために用いるには，目的に応じて適切な検査を選択する必要がある。あわせて，どのような指導を行ったか，また児童生徒はどのような個人差要因をもち合わせているのかといった情報および，自校の評価規準および基準ならびに評価結果を，標準学力検査の結果との照合が可能となるよう，あらかじめ収集，整理しておく必要がある。

また，標準学力検査は，当該学年における学習内容を網羅するように作成されている。したがって，目標基準準拠検査および集団基準準拠検査ともに，基本的にはそれぞれ年度内に1回しか実施できない。そのため，目標基準準拠の標準学力検査を活用した指導方法，評価方法などの改善は，次年度に向けたものとして行われることが多い。これらの日常的な改善を行い，また標準学力検査の結果を活用するためにも，普段から学習と指導と評価の適切な一体化を図る必要がある。　　　　　　　　　　（山森光陽）

［参］橋本重治原著・応用教育研究所編『教育評価法概説』図書文化，2003．橋本重治『到達度評価の研究—その方法と技術—』図書文化，1981．

各種検査・アンケートの活用

→適性処遇交互作用(ATI),質問紙法の意義と種類,適性・興味とその評価・活用

【意義】 各種検査,アンケートは学力調査と組み合わせて用いることにより,教育課程や指導方法の改善に役立てることができる。これらは,知能検査,性格検査,興味検査,適性検査などの標準検査と,教師作成のアンケートに分けられる。両者とも,標準学力検査および教師作成のテストと組み合わせて実施することにより,教育課程や指導方法の改善に有益な情報が得られる。しかし,標準検査の実施および結果の解釈にあたっては,その検査に対する専門的な知識や技術を要するため,心理検査のトレーニングを受けていない教師が理非の分別なく実施することは慎まなければならない。そのため,実際には教師自らがアンケートを作成し実施するほうが簡便であり,かつ教育課程や指導方法の改善に活用しやすい。

【方法】 第1に,アンケートの実施目的を明らかにしたうえで,項目を作成する。例えば,児童生徒の個人差を量的にとらえ,学力テスト得点などとの相関関係を検討したいのであれば,5件法,6件法などで回答を求める。一方,児童生徒の意識の詳細をとらえたいのであれば,自由記述により回答を求める。第2に,アンケートの実施時期および回数を考慮する必要がある。すなわち,診断的評価,形成的評価,総括的評価のどの段階でアンケートによる情報が必要なのか,どのようなテストと組み合わせるのかを考慮する必要がある。また,不必要に多くアンケートを実施すると,児童生徒が飽きるため,適切な結果が得られなくなるおそれがある。第3に,アンケートの結果を他の学力テストなどと関連づけて検討するためにも,記名式で行うほうがよい。成績などとは関係ないという教示を行えば,十分率直な回答が得られる。

【活用】 適性処遇交互作用のパラダイムに基づき,学力テストの結果と組み合わせて,どのような個人差要因をもつ児童生徒に対して,実施した指導方法が有効であったかを検討することによって,個に応じた指導の実現のための目途を得ることができる。また,これらの結果を蓄積することにより,習熟度別学級編成などを実施する際の資料として活用できる。

また,学習方略と学力テストとの関連を検討し,どのような学習を行えばより学習内容を身につけることができるかの検討を通じて,学習方法の指導や援助を行う際の手がかりが得られる。くわえて,関心・意欲・態度などの情意要因や学習適性などがどのように発達したのかを学習内容や指導方法と関連づけて検討することにより,学力テストではとらえることのできない領域の育ちの様相をとらえることができる。

【課題】 アンケートを教育課程や指導方法の改善に活用するためには,児童生徒の意識などを正しく引き出す必要があるため,アンケートの実施に対する教師と児童生徒との信頼関係を築かなくてはならない。したがって,アンケートを実施することが学習に役立つということを児童生徒に理解させることが重要である。そのためには,結果を何らかの方法でフィードバックし,児童生徒が自らの学習に活用できるようにするほか,アンケートが指導の改善に直接つながったことを実感させるようにしたい。

さらに,アンケートの結果を学力テストなど他の情報やどのような指導を行ったのかといった記録などと関連づけ,教育課程と指導方法の改善に活用し,また児童生徒の学習の援助に用いるためには,日常的に学習と指導と評価の適切な一体化を意識し,目的的,計画的な資料の収集と整理が望まれる。 (山森光陽)

[参] 鎌原雅彦・大野木裕明・宮下一博・中沢潤『心理学マニュアル 質問紙法』北大路書房,1998.

自己評価力の育成

→自己制御学習,自己教育力,メタ認知,自己効力感,相互評価の活用

【語義】 自己評価とは,学習者自身が評価主体となって判断基準をもち,自己の性質や行為,学習成果などを含む学習活動に対して行う評価行為である。自己評価には,学習状況を把握し,意味づけ,目標とする価値の実現に向けて学習活動を自律的に統制していくことができるような自立した学習者の育成が期待されている。

【自己評価力】 自己評価力として以下の点が考えられる。第1に,「妥当な評価基準を設定できる力」である。当該の学習活動における目標の内容や水準を自ら適切に設定できなくてはならない。前提として,自己理解だけではなく,教師の指導目標についても正確に把握していることが必要である。第2に,「適切な評価方法を選択する力」である。自己評価の手だては,学習状況(課題の構造,時間的空間的環境,学習形態など),評価のための情報源(内観,活動の成果物,他者のコメントなど)に応じて適切に選択されなければならない。学習過程それ自体の計画や遂行方法と結びついた評価方法の選択が必要である。第3に,「より客観的に判断する力」である。自己や自己の学習活動をどれだけ対象化してとらえられるかが重要であり,自己認識,自己理解の広さや深さが求められる。メタ認知的知識を増やすことやメタ認知的活動の経験を数多く積むことが必要である。第4に,「評価結果を次の活動に活用する力」である。学習のサイクルは拡張的であり向上的でなくてはならない。それまでの活動に基づき繰り返しつつも少しずつ広げ,深めていくことが重要である。そのためには,学習の過程で「自己のあり方や学習活動への構え」「学習計画や遂行方法」などをどう継続し,修正するかについての判断を要する。学習活動全体を見通し,自己評価の結果をどこでどう生かしていくのかについての吟味が求められる。

【自己評価力の育成の手だて】 第1に,自律的な学習環境の中で育成するということである。自己評価力は実際に経験するなかではぐくまれる。カリキュラムや単元の工夫として,学習者自身が,学習活動の計画・遂行→成果発表・他者との交流→自身による活動の振り返り,といった過程を自己制御していく自主学習の活動システムを導入することが考えられる。授業の工夫としては,共通課題による学習でも,学習者自身が自己目標を立て,それに基づいて自己評価を行う活動を設定することが考えられる。振り返りや学習感想の記述による学習活動の省察は全体的,印象的になりがちである。対して,自分なりに目標を立て,その目標に応じて学習活動を遂行しようとすると,その目標自体が振り返りの際に学習活動をとらえるための外在的な視点となりうる。到達度評価的な自己評価といえるだろう。

第2に,他者評価を活用して育成するということである。自己の対象化に向けて,他者の視点をもてるかどうかが重要となる。例えば,個別の課題解決のあと,成果の交流や話し合い活動を設定し,相互評価を行う。そこでの他者の視点が,自己評価の視点に取り入れられるし,他者との比較を通した自己の対象化が促されるであろう。他者としての教師の役割も重要である。学習者のつぶやきを取り上げ,他の学習者の考えとの関連を示すことが,学習者に自他の考えを意識化,対象化させることにつながる。また,対話者としての教師の聞き方や問い方が,学習者にとってメタ認知的活動のモデルにもなりうる。

第3に,継続的に育成するということである。自己評価の意味や利点を学習者自身が感じ,意欲的に取り組むとともに習慣化されることで,自己評価力はより確かなものとなる。(藤江康彦)

相互評価の活用

→自己評価と相互評価，自己評定と他者評定

【意義】 相互評価は，一般に学習指導場面において，よく知り合っている児童生徒同士がお互いに評価する方法である。相互評価の活用には2つ考えられる。1つは教師の評価活動や授業構想に反映させる場合である。もう1つは児童生徒の自己評価に反映させる場合である。前者は相互評価を教師の補助的な評価情報として役立てる場合である。教師が評価を一手に引き受けているときに生じやすい教師の独断的な評価に対して，是正する意義がある。また後者では，相互評価は自己評価を行う際，他者から受ける評価となる。つまり，自己評価を確かにしていくための他者評価の情報として意義づけられる。

いずれにおいても，相互評価は，自分が主体となって行う評価に対して有効な評価情報を得るための方法として位置づけられる。そのため，評価を取り交わす相手と評価にかかわる規準や基準が共有化されている，あるいは共有化されていくことが前提となる。したがって，確かな相互評価が行われるためには，評価目標が共通理解され，評価する内容が可視化され，評価を取り交わす場が設定されなくてはならない。

【活用】 ここでは，「総合的な学習の時間」の単元を想定し，その導入，展開，まとめの各ステップに応じた相互評価の方法を示す。

❶**導入段階**：まず，目標の設定場面が考えられる。例えば，クラスの目標を踏まえ一人一人が自分なりの目標を設定し，計画を立てる場面が当てはまる。この場面の相互評価は，お互いの設定した目標や計画が適切かどうか吟味し合う活動となる。「駅前ボランティアにチャレンジ」という活動で，「ちょっとした駅前での困りごとに対してボランティア活動をする」というクラスの目標に対して，一人一人が考えてきた「自転車の整理」「特産物パンフの配布」等の提案を吟味するといった評価場面がその例である。この場面では，グループ学習でお互いの計画書に貢献度，実行可能性等の観点からチェックして点数化したり，コメントを付けたりする方法が考えられる。

❷**展開段階**：計画に従って取り組んでいる途中の段階で，いわゆる中間報告会を設定する場合がある。例えば，「駅前ボランティアにチャレンジ」で「駅前清掃」を課題としてあげた子どもたちが，「駅前」のゴミ・汚れ調査から入り，清掃方法を考え，清掃を行い始めているという中間段階での報告会が想定できる。ここでは，取組みに対する進捗状況を確認するとともに，活動の途中で困っているグループへのアドバイスなどができる場面である。この場合，アドバイスコーナーを設置して目標とのズレを確認するチェック表やその予防策リストを作成することなどが相互評価の周辺を固めていくことにつながる。さらにポートフォリオ的な累積型の相互評価表も効果的である。相互評価の観点は，当初の目標に対する完成度，実行度，追求度といった見通しに関する観点が主となる。

❸**まとめの段階**：「まとめ」は，よく発表段階として位置づけられ，「駅前ボランティア」と称したブックレットを作成したり，舞台で寸劇を演じたりして，さまざまに発表が行われる。その際の相互評価の観点には，当初の目的であった駅前ボランティアの効果を示す項目が必要である。例えば，改善度，活用度といった項目が考えられる。また，プレゼンテーションの効果として，発表内容の構成，表現の工夫といった点から相互のチェックも必要になるだろう。アンケート集計による得点表示や伝言ボードの活用も相互評価を推進する手だてとなる。

（溝邊和成）

評価としての言葉かけ（評価言）

→指導と評価の一体化，観点別評価

【語義】 授業は，単純化すれば，子どもにかける教師の言葉とそれに応答する子どもの言葉とのやりとりで構成される。その教師のかける言葉は，子どもの学習を指導する言葉（指導言）とそれを評価する言葉（評価言）に区分される。授業で目標の実現をめざす子どもへの教育活動のうち，指示・説明・発問などは，指導としての言葉かけといわれる。それに対して評価としての言葉かけは，それを受けて進む子どもの学習過程や学習結果を授業目標に照らして判断・評価する（可否する・認否する）教育活動である。

【歴史と意義】 授業は，子どもの学力と人格の形成支援を主要な任務としている。その学力や人格の形成をめざす子どもの学習に直接関与するのが，教師の言葉かけである。その学習は，教師の指導としての言葉かけである指示・説明・発問を契機として開始・展開され，その動き出した学習を点検・評価して進展させ，終結させるのが，評価としての言葉かけである。この教師の2つの言葉かけのコラボレーションによって，意図された目標は達成あるいは実現される。このように授業に不可欠な指導と評価としての言葉かけは，授業の誕生以来，常に授業とともにあった。したがって授業実践は，教師の言葉かけという視点から分析・評価することができる。昭和期の後半を代表する教育実践家であった東井義雄・斉藤喜博・大西忠治・大村はまは，教師の資質・力量に求められる子どもにかける適切な言葉を編み出す名人であった。彼らの実践では，一方で子どもの感覚や思考を深くえぐる豊かな教材解釈や教科の論理と，他方で子どもの興味や関心，学習意欲をたぐり寄せる子ども理解や生活の論理が必要とされ，その間を問う指導言が重視された。4人の授業には，それに並行して，指導言を媒介として子どもの生み出した思考や表現に対する刻々の評価言が付加されていた。この評価言の意義や機能は，自らの学習に対する子どもの判断と次の学習に寄与する言葉をかけること（判断・評価情報の伝達）とそれによって彼らの学習を進展・終結させること（学習意欲や見通しの喚起，達成感や効力感の付与）である。その評価言は，以下のような3つの構成要素によって成立する。①価値判断的要素（思考や表現に対する優劣・可否の判断，共感や要求），②注釈的要素（判断した根拠・理由・基準・尺度の明示），③助言的要素（肯定した内容の保持・拡大と否定した内容の克服・打開への支援や協力・共同）である。これらの要素を学習状況に即して適切に選択し組み合わせた評価言を，教師は子どもに適時にかけて彼らとコミュニケートし，彼らの学習を進展・終結させてきたのである。

【課題】 授業前の診断的評価，授業後の総括的評価に対して，形成的評価としての授業中の評価は，子どものパフォーマンスとしての学習に対してどのように刻々と判断し価値づけ，彼らの意欲と見通しをもたせ，学習した喜びを感じ取らせていくか，という課題を常にもっている。そのことから授業中の評価言は，子どもの学習を活性化して目標達成させる使命を帯びている。その使命を達成できる言葉かけに，授業目標や観点別評価の視点から子どもの学習状況を解釈・翻訳して教育的に価値づけ，彼らを意欲的にするコメントがある。教師には授業において，一人一人の学習状況に応じた多種多様なコメントを入れ，彼らに達成感や効力感をもたせることが求められる。評価としての言葉かけは，子どもの学習に対する教師のまなざしや想像の広がりに比例して豊富になる。　　　　（山下政俊）

[参] 山下政俊『学びの支援としての言葉かけの技法』明治図書，2000. 山下政俊『学びをひらく第2教育言語の力』明治図書，2003.

第8章

各教科・領域の学習の評価

1 国語
2 社会
3 算数・数学
4 理科
5 生活
6 音楽
7 図画工作・美術
8 家庭，技術・家庭
9 体育，保健体育
10 外国語
11 選択教科
12 総合的な学習の時間
13 特別活動
14 道徳
15 キャリア教育
16 情報教育

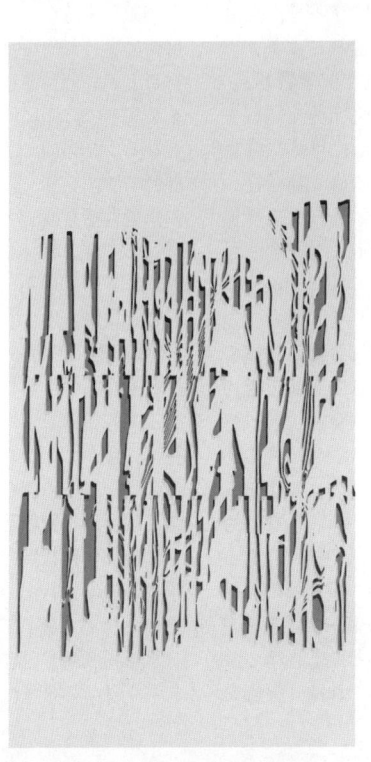

教育評価の基本的な考え方

→評価規準と評価基準,指導と評価の一体化

【平成10年告示の学習指導要領下での評価の基本的な考え方】 2000(平成12)年12月4日の教育課程審議会答申では,学習指導要領のもとでの評価の基本的な考え方について次の3点を示している。すなわち,①学習指導要領が示す基礎的・基本的な内容が確実に身についているかどうか,自ら学び自ら考える力がはぐくまれているかどうかを評価することを一層重視すること,そのため,②学習指導要領に示す目標に照らしてその実現状況を評価する,目標に準拠した評価を一層重視すること,さらに,③児童生徒一人一人のよさや可能性,進歩の状況などを積極的に評価するなど,個人内評価を重視して工夫すること,である。

文部科学省は指導要録の改善について,このような評価の基本的な考え方に立って,平成13年4月の初等中等教育局長通知により,①各教科の記録については,「観点別学習状況」の評価を基本とするこれまでの考え方を踏襲するとともに,「評定」についても,目標に準拠した評価を行うこととすること,②児童生徒一人一人のよさや可能性,進歩の状況などを積極的に評価する観点から,新設された「総合所見及び指導上参考となる諸事項」の欄において,個人内評価を一層重視すること,を示した。

【指導と一体となる評価の工夫】 今後,学校の教育活動において指導と一体となる評価を進めるべきことについては,さきの答申で「学校の教育活動は,計画,実践,評価という一連の活動が繰り返されながら,児童生徒のよりよい成長を目指した指導が展開されている。すなわち,指導と評価は別物ではなく,評価の結果によって後の指導を改善し,さらに新しい指導の成果を再度評価するという,指導に生かす評価を充実させることが重要である(いわゆる指導と評価の一体化)」と述べている。これは,評価を学習の結果に対してのみ行うのではなく,学習指導の過程における日々の評価を工夫して進めることの重要性を述べたものである。そこでは,児童生徒が自らの学習状況に気づき,自分を見つめ直すきっかけとなる評価のあり方,そしてその後の学習や発達を促すという評価の役割・意義を強調しているといえよう。

こうした評価を確実に進めるためには,評価の進め方のみを改善するのではなく,まず,これまでの授業や指導計画を見直し,学習指導そのものを改善すること,そのうえで評価の改善を進めることが大切である。

【指導と一体となる評価の進め方】 指導と一体となる評価を適切に進めるためには,観点別学習状況の評価をその基本に据え,育てたい学力を明確にするとともに,単元・題材ごとの学習目標に従って何をどう評価するのか,単元・題材ごとの評価規準を設定し,具体的な評価方法を工夫して計画に位置づけることが重要なこととなる。具体的には,次のような手順で指導と評価の計画を立てることになる。①単元・題材の指導目標を設定する。②単元・題材の目標,学習の内容や教材を分析して,評価の目標を明確にする。③単元・題材の評価規準を4つの観点ごとに設定する。④単位時間ごとに評価項目(学習活動における具体の評価規準)を設定し,子どもたちの学習状況を把握する。⑤評価方法を工夫し指導に生かす。⑥把握した結果を次の指導に生かす。このような計画をしっかり立てるには,以下の点を理解しておく必要がある。

(1) 観点別学習状況の評価を基本に据えること

観点別学習状況の評価を基本に据えるとは,子どもの学習状況つまり目標実現の状況を,学力の分析的な窓口である「関心・意欲・態度」「思考・判断」「技能・表現」「知識・理解」の4つの観点で把握し評価することである。これ

らは，それぞれが個々別々に機能するものではなく，相互に関連し合いながら総合的に学習状況を評価していくものと考えておく必要がある。

(2) 「評価規準」と「評価基準」の違い

文部科学省では，次のようにとらえている。「評価規準」とは，単元・題材の目標を子どもたちがどの程度実現しているのかを把握する評価の窓口である。そしてそれは，子どもたちの学習における「おおむね満足できる状況」（B）の範疇を示したものであり，同時に「十分満足できる状況」（A）を含んだものとしてとらえることができる。つまりAは，Bが質的に高まったり深まったりして得られる状況と理解できる。しかし，多くの学校現場ではこのことが十分に理解されず，子どもたちの学習状況がAなのかBなのかその判断に悩み，その結果，「評価規準」を単にBのみを示すものととらえ，Aと判断する基準，さらには「努力を要する状況」（C）を判断する基準を別に設定しようとする取組みがみられる。このことはかえって教師の大きな負担となり，また，子どもが身につけるべき能力や資質の質的な面を考えることがおろそかになり，単にA，B，Cの「評価基準」のいずれかに無理に当てはめようとする相対的な評価に陥るという危険性が指摘されている。つまり「評価基準」とは，AとB，BとCの境目を意識した用語である。学習状況の「おおむね」の範囲を示す「規準」とは意味が大きく異なるのである。「評価基準」は，単元や題材の評価結果を，学期ごとあるいは学年の評定に総括していく際に必要となるものなのである。

(3) Aと判断する考え方をしっかりもつこと

実際の学習指導場面では，Bの状況が明確に意識されていれば，質的に高まったと判断できるAの状況にある子どもの姿が自然に見えてくる。指導計画段階でBの状況，すなわち，具体的な評価項目（具体の評価規準）が明確に設定されていることが必要であり，そのうえでAと判断するための要素・要因をどのように考

えるのか，教師個人の中ではっきりさせるとともに，教師間でも十分に共通理解を図りながら指導と評価を進めていくことが大切である。

(4) Cと判断できる学習状況の子どもに目を向けること

日々の学習指導では，Bの範疇に到達しない子ども，つまりCと判断せざるをえない子どもの学習状況に常に目を向け，継続して指導を続けていくようにすることが最も重要なこととなる。教師は，自分の指導の仕方が適切であったのか，説明や指導内容が子どもに十分に理解できるものであったのか，学習内容に対する子どもの意欲や能力が十分ではなかったのではないかなど，学習指導のあり方を常に検討しつつ指導に当たることが必要である。

(5) 「目標に準拠した評価」と「集団に準拠した評価」

「目標に準拠した評価」（絶対評価）は，子どもの学習状況を各教科の目標に照らして，その到達度・実現状況を評価するものである。そうしたことから，この評価は子どもが見せた学習の成果そのものであり，教師はその成果を目標に照らして判断することになる。一方，「集団に準拠した評価」（相対評価）は，子どもの見せた学習の成果を，教師が，学習集団における位置づけという観点に立って判断するものである。

【日常の学習評価と評定】両者は根本的に異なるものである。日常の学習評価は教師と子どもの相互の営みともいうことができる。教師は，一人一人の見せる興味や関心の深まり，あるいは学習のつまずきの原因などをしっかり把握するなど，子どもの理解に支えられた学習指導を展開することが大切である。評定はそうした学習指導の結果を積み重ねて判断されるものであり，それは，子どもが見せた成果そのものということができる。　　　　　　　　（金本正武）

［参］教育課程審議会「児童生徒の学習と教育課程の実施状況の評価の在り方について」（答申）2000.

小学校国語科の特質と評価

→小学校国語科の評価方法

【小学校国語科の特質】 学習指導要領には，教科目標として「国語を適切に表現し正確に理解する能力を育成し，伝え合う力を高めるとともに，思考力や想像力及び言語感覚を養い，国語に対する関心を深め国語を尊重する態度を育てる」と示されている。そして，小学校国語科の特質は，基礎・基本として示された学習指導要領の「第1節　国語」を，言語活動例の具体化を通して確実に習得することである。例えば，平成10年度版の学習指導要領・国語では，内容の取扱いとして，次のように示されている。

「(1) 内容の「A話すこと・聞くこと」，「B書くこと」及び「C読むこと」に示す事項の指導は，例えば次のような言語活動を通して指導するものとする。」(傍線は，筆者)

このように，基礎・基本としての学習指導要領・国語は，各領域の言語活動例の具体化を通して習得することがその特質である。

【言語活動例の具体化】 具体的には，第5学年および第6学年の言語活動例は次のようである。

「A話すこと・聞くこと」領域 (全学年で10種類)：自分の考えを資料を提示しながらスピーチをすること／目的意識をもって友達の考えを聞くこと／調べた事やまとめた事を話し合うことなど

「B書くこと」領域 (全学年で10種類)：礼状や依頼状などの手紙を書くこと／自分の課題について調べてまとまった文章に表すこと／経験した事をまとまった記録や報告にすることなど

「C読むこと」領域 (全学年で7種類)：読書発表会を行うこと／自分の課題を解決するために図鑑や事典などを活用して必要な情報を読むことなど

このような言語活動例を具体化するためには，①さまざまな相手意識や②目的意識，③場面や状況，条件意識，④ (①，②，③を受けた) 表現や理解の方法意識，⑤ (①，②，③，④を総括する) 評価意識を，例えば「5つの言語意識」として，子どもたちの実態に応じて「本時の学習指導案」等の学習指導計画に位置づける工夫が必要である。

【基礎・基本の重視】 教育課程の側に立つと，小学校国語科の基礎・基本とは，教育課程審議会答申の「改善の基本方針」である，「言語の教育としての立場を重視し，国語に対する関心を高め国語を尊重する態度を育てるとともに，豊かな言語感覚を養い，互いの立場や考えを尊重して言葉で伝え合う能力を育成することに重点を置いて内容の改善を図る」ために，新たに示された学習指導要領の「第1節　国語」の全体を指すものである。それは，厳選された基礎的・基本的な教育内容である。

学習指導の側に立つと，小学校国語科の目標および内容は，系統的・段階的に上の学年に発展していることから，螺旋的・反復的な学習が基本となる。この螺旋的・反復的な学習を展開し，国語の基礎・基本の確実な定着をめざすためには，教師は一人一人の子どもが，基礎・基本としての学習指導要領・国語の何を，どのように (どの程度) 身につけているかを的確に評価する必要がある。それは，教師が学習指導をする立場から，基礎・基本としての学習指導要領・国語の確実な定着を図ることであり，具体的には，子どもたちが，前時または前単元までに学習し身につけている学習指導要領・国語の内容であり，本時または本単元で活用したり応用したりできる内容である。

学習者の側に立つと，一人一人の子どもたちが前時または前単元までに学習し身につけている学習指導要領・国語が中心となり，本時また

は本単元で活用したり応用したりできる国語の力である。つまり、学習者にとって、国語科の基礎・基本を重視することとは、学習指導要領・国語に示された内容を、例えば、自分の考えを自分の言葉で、相手や目的に応じて伝え合うことができる言語能力を身につけることである。さらに、身につけた伝え合うことができる言語能力を、さまざまな相手や目的に応じて運用できるように螺旋的に高めることである。

資質や能力の側に立つと、国語科の基礎・基本を重視することとは、子どもたちが、学習指導要領・国語の内容を、例えば、相手や目的に応じて、説明や話し合いができる、手紙や報告をまとめることができる、要点や要旨を読み取ることができる、自分の考えをもてるような読書に親しむことができるということである。その際、子どもたちの実態に応じて、[言語事項]との有機的で相補的な関連を一層図る必要がある。

【言語活動例と評価】 小学校国語科の評価は、前述の「A話すこと・聞くこと」「B書くこと」「C読むこと」の3つの領域に示された27種類の言語活動例の具体化から生まれた学習活動や学習成果が対象となる。例えば、上記の言語活動例では、「スピーチ」「話し合い」「手紙」「報告や記録」「ノート」「ワークシート」「意見文」「読書感想文」等を「評価規準」に照らし、その実現状況を的確に評価し、努力を要すると判断される状況（C）の子どもは、おおむね満足できる状況（B）へ、さらに、十分満足できる状況（A）へ高めることが、小学校国語科の評価である。このように個に応じた指導と評価の一体化を図ることが小学校国語科の学習指導の基本である。

【指導と評価の一体化】 学習指導要領の一部改正等が通知（2003〈平成15〉年12月26日付）された。その目的は、「個に応じた指導の一層の充実」である。つまり、「小学校における個に応じた指導の充実のための指導方法等の例示として、学習内容の習熟の程度に応じた指導、児童の興味・関心等に応じた課題学習、補充的な学習や発展的な学習などの学習活動を取り入れた指導を加えたこと」である。この「個に応じた指導の一層の充実」を実現する要諦こそ、「絶対評価」であり、これからの国語科のあり方を明確に規定するものである。

と同時に、従来の学校教育との評価のあり方の相違も明確になった。それは、「各学校」が、学習指導要領の一部改正等を受けて、公務として「評価規準」を作成することである。つまり、評価規準を作成し、学習指導の節目、節目においてCと判断されるものはBへ、BはAへ、AはAAへ高める実践指導力が公務として明示された。この評価規準の作成が、絶対評価の中心となる。

さらに、個に応じた指導の一層の充実は、「各学校」と「本人」と「保護者」との連携を推進することになる。特に、従来の学校教育との違いは、各学校が、学力保障のための個に応じた指導について、本人、保護者に納得・満足される指導方法を提示したり、提案したり、説明したりするという連携を構築することである。それは、各学校が、本人、保護者と「指導と評価」について共有化を図りながら、子どもたち一人一人の学力保障のために、教育的で創造的な人間関係を基盤とすることである。

その際、「義務教育は、こうした国家・社会の要請とともに、親が本来有している子を教育すべき義務を国として全うさせるために設けられているもの」（中央教育審議会答申「今後の学校の管理運営の在り方」、平成16年3月）を参考に、この各学校と本人と保護者との連携も、評価規準作成を中心とする絶対評価の具体化によって、基礎・基本としての国語力の実質が前進するのである。　　　　（小森 茂）

[参] 小森茂「国語科の学力保障・説明責任・結果責任─指導と評価の一体化─」日本国語教育学会編『月刊国語教育研究』No.397, 2005.

小学校国語科の評価方法

→小学校国語科の特質と評価

【評価の基本と評価の観点】 評価の目的は，基礎・基本として示された学習指導要領の「第1節　国語」を，言語活動例の具体化を通して確実に習得することである。その際，「各学校」は，なぜ，従来の相対評価から目標に照らした評価(「絶対評価」)へ転換したのか，そのよりどころを確認する必要がある。

次に，観点別学習状況の評価をするにあたっては，小学校国語科の評価の観点は，他の教科の4観点と違い，言語の教育の特性を生かし，「国語への関心・意欲・態度」「話す・聞く能力」「書く能力」「読む能力」「言語についての知識・理解・技能」の5観点である。それぞれの観点の趣旨は下表に示すとおりである。

また，観点別学習状況の評価の記入表示は，「十分満足できると判断されるもの」は，Aであり，「おおむね満足できると判断されるもの」は，Bであり，「努力を要すると判断されるもの」は，Cである。その際，留意したいことの1つは，各教科書単元は，「A話すこと・聞くこと」「B書くこと」「C 読むこと」の領域に配置されていることから，該当の教科書単元の評価を，「話す・聞く能力」「書く能力」「読む能力」のいずれかに重点化することが望ましい。その2つは，どの教科書単元でも，「国語への関心・意欲・態度」と「言語についての知識・理解・技能」は，共通な観点として位置づけることである。3つ目は，以上を総合すると，小学校国語科の観点別学習状況の評価は，5つの観点のうち，教科書単元の内容に応じて，3つを運用することが基本となる。

例えば，「ごんぎつね」(第4学年「C読むこと」)では，読みを深める手だてとして，話し合いや書く活動が展開されても，評価の観点は，「国語への関心・意欲・態度」と「読む能力」と「言語についての知識・理解・技能」との3つの観点が中心となる。ただし，年間指導計画の中で，1〜2つ程度登場する総合的な単元では，4つから5つを運用することもある。

【観点別学習状況の評価から評定】「各学校」においては，各学期の「観点別学習状況の評価」を積み上げて「評定」へと総括する必要がある。両者の関係は，「小学校児童指導要録」によれば，各教科の評定は，3段階で表し，3段階の表示は，3，2，1とする。その表示は，小学校学習指導要領に示す目標に照らして，

表　小学校国語科の「評価の観点及びその趣旨」

観　　点	趣　　旨
国語への関心・意欲・態度	国語に対する関心をもち，国語を尊重し，進んで表現したり理解したりするとともに，伝え合おうとする。
話す・聞く能力	自分の考えを豊かにして，相手や目的に応じ，筋道を立てて話したり的確に聞き取ったりする。
書く能力	自分の考えを豊かにして，相手や目的に応じ，筋道を立てて文章に書く。
読む能力	目的に応じて読み取ったり読書に親しんだりする。
言語についての知識・理解・技能	表現及び理解の能力の基礎となる発音，文字，語句，文・文章等について理解し，習熟している。書写では，文字を正しく整えて書く。

「十分満足できると判断されるもの」を3，「おおむね満足できると判断されるもの」を2，「努力を要すると判断されるもの」を1とする。

評定は，各教科の学習の状況を総括的に評価するものであり，観点別学習状況の評価に掲げられた観点は，分析的な評定を行うものとして基本的な要素となるものである。その際，観点別学習状況の評価を，どのように評定に総括するかの具体的な方法等については，各学校において工夫することが望まれる。

このように，観点別学習状況の評価は，各学期の各教科書単元についての学習状況を分析的に評価するものである。評定は，第3学年以上において，各学期ごとの観点別学習状況の評価を総合し総括的に評価するものである。例えば，[第1学期の「A話すこと・聞くこと」の教科書単元の観点別学習状況の評価]＋[第2学期の上記のもの]＋[第3学期の上記のもの]＝[1年間の評定]となる。

その際，形式的な加算ではなく，年間を通した本人の現在のよさや可能性を評価し，例えば，1学期(B)＋2学期(B)＋3学期(A)も，1学期(C)＋2学期(B)＋3学期(A)も，評定(3)と判断される場合もある。また，1学期(B)＋2学期(B)＋3学期(C)＝評定(2)または評定(1)という場合もあるが，何を，どのように評価すれば意欲やよさを引き出せるかがポイントとなる。

【評価規準】 小学校国語科は，どのようにして評価規準を作成するのか。その手続きには，(1)『小学校学習指導要領』（文部省，平成10年12月），(2)『小学校学習指導要領解説　国語編』（文部省，平成11年5月），(3)「児童生徒の学習と教育課程の実施状況の評価の在り方について」（教育課程審議会答申，平成12年12月），(4)「小学校児童指導要録，中学校生徒指導要録（以下略）の改善等について（通知）」（文部科学省，平成13年4月），(5)「評価規準，評価方法の工夫改善のための参考資料」（国立教育政策研究所，平成14年2月），(6)現在使用されている小学校国語教科書単元とその言語活動例を読み重ねることが必要である。

具体的には，(5)「評価規準，評価方法の工夫改善のための参考資料」では，学習指導要領・国語の［A話すこと・聞くこと］「B書くこと」「C読むこと」の言語活動例を中心に，評価規準の具体例として，おおむね満足できると判断されるもの(B)が例示されている。これを参考に，「各学校」において，十分満足できると判断されるもの(A)や努力を要すると判断されるもの(C)を作成することになる。その際，次のような点を配慮することが大切である。

①十分満足できると判断されるもの(A)を作成するためには，(5)の「参考資料」の具体例に照らして，「～している」「～できる」段階から「活用できる」「応用できる」ことを重視する。例えば，第3学年および第4学年の「B書くこと」では，身近な相手や目的からさまざまな相手や目的に応じて手紙を書いたりできることを要素や条件に位置づける。

②同様に，(5)の「参考資料」の具体例に照らして，当該学年の「1目標，2内容（[言語事項]を含む），3内容の取扱い」が調和的に実現することを重視する。例えば，第3学年および第4学年の「B書くこと」では，ア（相手・目的），イ（取材），ウ（構成），エ（記述），オ（推敲・評価）の基本的な事項が過不足なく，合わせて統一的であることを重視する。

③同様に，(5)の「参考資料」の具体例に照らして，直接・間接に関連する上学年の「1目標，2内容（[言語事項]を含む），3内容の取扱い」を参考にする。例えば，第3学年および第4学年の「B書くこと」では，基本的な指導事項の中で，ウの段落構成することが上学年の自分の考えを明確に表現するため，文章全体の組立てを工夫できることを重視する。　　（小森　茂）

[参] 小森茂編『国語科　新しい評価規準』文溪堂，2003．小森茂編『小学校国語科　指導と評価の一体化の授業展開』明治図書，2004．

中学校国語科の特質と評価

→中学校国語科の評価方法

【中学校国語科の特質】 学習指導要領には，教科目標として「国語を適切に表現し正確に理解する能力を育成し，伝え合う力を高めるとともに，思考力や想像力を養い言語感覚を豊かにし，国語に対する認識を深め国語を尊重する態度を育てる」と示されている。したがって，中学校国語科における評価は，この教科目標をどの程度実現しているのかということに基づいてなされなくてはならない。このことを踏まえつつ，国語科における評価のおもな特徴を示せば，次の3点である。

①**複数学年にわたる目標や内容がまとめて示されていることに対応する評価**

国語科においては，目標や内容が，各学校や生徒の実態に応じて重点的に指導ができるよう第2学年および第3学年の目標や内容がまとめて示されている。同じ文言で示された目標や内容を2年間で指導するわけであるが，中学校第2学年と第3学年とでは，その発達段階の違いから，おのずと第3学年のほうが高い実現度を求められることになる。したがって，各学校，各国語科教師は，この2学年分がまとまって示されている目標や内容をそれぞれの学年に応じた目標や内容に段階づけをする必要がある。そして，この段階づけを行う際，「言語活動例」を踏まえ，可能なかぎり具体的に記述することが，学習指導および評価を行ううえできわめて重要なことである。

②**5つの評価の観点に対応する評価**

およそ何事かを評価する際には，それをどのような観点から評価するのかということが重要なこととして問われなければならない。現在の学校教育における各教科の評価は，「関心・意欲・態度」「思考・判断」「技能・表現」「知識・理解」の4観点で行われている。しかしながら，国語科においては，各学年の目標が「A話すこと・聞くこと」「B書くこと」「C読むこと」ごとに示されていることを踏まえ，「国語への関心・意欲・態度」「話す・聞く能力」「書く能力」「読む能力」「言語についての知識・理解・技能」の5観点から評価するようになっている。

③**精選された指導内容に対応する評価**

評価の観点は5つあるが，1題材の指導を通して指導し，評価する内容は絞り込む必要がある。1題材5～6時間くらいの指導計画の中で，上記5観点を踏まえた「目標に準拠した評価」を1学級30～40人のすべての生徒について実施することはきわめて困難なことである。したがって，1題材における指導内容を精選して授業を計画し，その指導の過程および結果に対して評価するよう心がける必要がある。

例えば，『走れメロス』で「C読むこと」の授業を行うとすれば，指導内容を"読む能力の育成にかかわること""語句・語彙等にかかわること""関心・意欲・態度にかかわること"の3つに絞り込み，その評価を「読む能力」「言語についての知識・理解・技能」「国語への関心・意欲・態度」の3観点から行うことが妥当であろう。

【評価の観点とその評価方法】 上述のように国語科は「国語への関心・意欲・態度」「話す・聞く能力」「書く能力」「読む能力」「言語についての知識・理解・技能」の5観点から評価を行うことになっている。その趣旨を次ページ表に示し，以下にそれぞれの視点を示す。

❶**国語への関心・意欲・態度**：第1学年では，話し言葉を大切にして話したり聞いたりしていたか，自分の考えをもち自らすすんで書き表していたか，また，教材と関連のある文章を読むなどすすんで読書に親しんでいたかなどの態度をみる。第2学年および第3学年では，話し

言葉を豊かなものにしようとして話したり聞いたりしていたか，書くことによって自らの生活を振り返り，より豊かなものにしようとしていたか，目的や意図に応じて読書し，生活に役立て，自己を豊かにしようとしていたかなどの態度をみる。

❷話す・聞く能力：第1学年では，自分の考えをもって，目的や意図に応じてわかりやすく話したり相手の意図を考えながら，その内容を的確に聞き取ったりしているか，言語に関する基礎的・基本的な事項を身につけて話したり聞いたりしているかなどをみる。第2学年および第3学年では，広く物事に接し自分の考えを広めたり深めたりしているか，事実と意見との関係に注意し論理的な構成や展開を考えて話したり聞いたりしているかなどをみる。

❸書く能力：第1学年では，身近な経験や情報に基づいて，伝えようとする事柄や自分の考え，気持ちを明確にしているか，その内容を的確に表すために必要な材料を選んだり，適切に叙述するために文章を推敲したりする能力などが身についているかなどをみる。第2学年および第3学年では，さまざまな情報をもとに自分の立場を明らかにして，自分の考えを広めたり深めたりしているか，伝えたい事柄や意見が効果的に伝わるよう根拠を示したり論理の展開を工夫したりしているか，相手や目的等に応じて文章の構成を工夫し書いているかなどをみる。

❹読む能力：第1学年では，言語に関する基礎的・基本的な事項を身につけ，文章の内容を的確に理解する能力を身につけているか，文章の内容や形態に応じた読み方を身につけているかなどをみる。第2学年および第3学年では，基礎的・基本的な事項を確実に身につけるとともに，目的や意図に応じて適切な文書を読み，広く情報を獲得し効果的に活用する能力を身につけているかなどをみる。

❺言語についての知識・理解・技能：第1学年では，話す速度や音量，言葉の調子，間の取り方，語句，語彙，段落の役割，文の接続，単語の類別，話し言葉と書き言葉などや漢字の読み書き，書写に関しては字形や配列・配置，行書の基礎的な知識・理解・技能をみる。第2学年および第3学年では，音声や慣用句，類義語，対義語，同音異義語，語句，語彙，文の組立て，文章の展開の仕方，単語の活用，共通語と方言，敬語などや漢字の読み書き，書写に関しては字形，効果的な配列・配置，楷書や行書とそれらに調和した仮名，読みやすく整えて速く書くことなどについてみる。　　（河野庸介）

［参］文部省『中学校学習指導要領解説　国語編』1999.

表　中学校国語科の「評価の観点及びその趣旨」

観　点	趣　旨
国語への関心・意欲・態度	国語に対する関心を深め，国語を尊重し，進んで表現したり理解したりするとともに，伝え合おうとする。
話す・聞く能力	自分の考えを豊かにしたり深めたりして，目的や場面に応じ，筋道を立てて話したり的確に聞き取ったりする。
書く能力	自分の考えを豊かにしたり深めたりして，相手や目的に応じ，筋道を立てて適切に文章に書く。
読む能力	目的に応じて様々な文章を的確に読み取ったり読書に親しんだりする。
言語についての知識・理解・技能	表現と理解に役立てるための音声，語句，語彙，文法，漢字等について理解し，知識を身に付けている。書写では，文字を正しく整えて速く書く。

中学校国語科の評価方法

→中学校国語科の特質と評価

【評価の留意点】 評価の目的は，主として①設定された目標をどの程度実現できたのかを明らかにすること，②設定された目標を実現するための手段や方法の工夫・改善を図ること，の 2 点である。

(1) 育成をめざす言語能力の明確な授業

評価の目的の上記①「設定された目標の実現状況の明確化」のためには，題材および毎時間の授業で育成をめざす言語能力を明確にして授業を行うことが必要である。題材における育成をめざす言語能力は，次の 3 つの観点に従って明確にする。

①国語科で育成する 3 領域の言語能力（「話す・聞く能力」「書く能力」「読む能力」）から，題材で身につけさせたい能力を学習指導要領の指導事項に従って絞り込む。

②①の言語能力の育成にかかわる「言語についての知識・理解・技能」を学習指導要領の指導事項に従って絞り込む。

③本題材の言語活動を行ううえでの「国語への関心・意欲・態度」を具体化する。

(2) 育成をめざす言語能力と評価の対応

題材における育成をめざす言語能力を明確にしたならば，定着状況を具体的に評価し，次の指導に生かせるようにならなければならない。そこで，題材全体で育成をめざす言語能力を身につけていると，おおむね満足できる生徒の状況を，評価規準として，上記(1)①～③で記した 3 観点から設定する。

次に，題材全体で育成をめざす言語能力の定着を図るために，指導計画に従って，各時間で「おおむね満足できる生徒の状況」を「具体の評価規準」として設定する。

さらに，生徒の個人差を考慮して，「十分満足できる状況」を設定する。「十分満足できる状況」は，「おおむね満足できる状況」を実現し，さらに発展的な学習状況を実現していると考えられる生徒の姿を記す。また，「努力を要する状況」には，「おおむね満足できる状況」を実現していないと思われる姿を例示するとともに，「おおむね満足できる状況」を実現させるための具体的な手だてについて記す。

評価の目的の②に「設定された目標を実現するための手段や方法の工夫・改善」があるが，評価結果を指導に生かし，十分身につけていない内容を補充したり，さらに発展的に力を伸ばしたりしていくことが重要である。そこで，評価規準を設定した際には，必ず実現させるための手だてを考える必要がある。この手だてを生かした指導を繰り返すことによって生徒の言語能力は高まってくる。しかし，授業において一人一人の学習状況を見取り，常に全員に適切な指導を行っていくことはむずかしい。そこで，題材で育成をめざす言語能力を受けて，本時では，どのような言語能力を身につけるのかを絞り込んで具体の評価規準を設定し，実現させるための手だてを明らかにしておく必要がある。当然，一人の教師が見取れる範囲は決まっているので，具体の評価規準は 1 時間の授業で 1 つないし 2 つに絞り，重点化を図ることが現実的といえる。

【評価の実際（学習指導案例）】 次に指導と評価の一体化を図った学習指導案の一部を示す。

---

1 育成をめざす言語能力
 (1) 自分が伝えたい事柄や考えを明らかにして，目的に合った読み手に必要な材料を選んで書く能力。（「B 書くこと」指導事項イ，ウ）
 (2) 自分が伝えたい事柄や考えを相手にわかりやすく表すための語句を見いだし活用する能力。（「言語についての知識・理解・技能」指導事項イ）
 (3) 伝えたい事柄や考えを明らかにするために，

情報を幅広く集めたり，読み手にとって必要な情報をすすんで選んだりして書こうとする態度。(「国語への関心・意欲・態度」)
2 題材名：伝えたい内容を選んで書こう（第1学年）―学校紹介パンフレットをつくる―
3 題材設定の理由（省略）
4 指導上の工夫（省略）
5 指導計画（全6時間）
  (1) 第1時：学校紹介パンフレットを作る目的や手順の把握，事柄の明確化
  (2) 第2・3時（本時はその2）：情報収集，必要な情報の吟味・選択の検討会
  (3) 第4・5時：パンフレットの記述
  (4) 第6時：推敲，読み合い，評価
6 本　時
  (1) 本時のねらい：自分が選んだ材料を読み手の立場に立って見直し，学校紹介パンフレットに書く内容を明確にする。
  (2) 本時の展開（省略）
  (3) 本時の評価
     ○：具体の評価規準および具体的な姿の例
     →：手だて
[書く能力]
①具体の評価規準と成長のための手だて
  ○一覧表の情報を見直したり補足が必要な情報を書き加えたりして，パンフレットで取り上げる材料を明らかにしている。
  →検討会での助言を参考にさせ読み手にとって必要な情報の順序性を考えさせる。
  →パンフレットの項目の数や字数を確認させ，材料となる情報を選ばせる。
②「十分満足できる状況」と判断する際の具体的な姿の例と成長のための手だて
  ○全体構成や読み手に与える印象などを考えながら，書く内容を確認している。
  →特に強調したい項目についての具体的な情報の補足を考えさせたり，効果的な書き方の工夫をさせたりする。
[国語への関心・意欲・態度]（省略）
7 題材全体の評価
[書く能力]
①評価規準と成長のための手だて
  ○学校紹介パンフレットとして自分が伝えたい事柄や考えを明らかにして読み手にとって必要な材料を選んで書いている。
  （「B書くこと」指導事項イ，ウ）

→情報を幅広く集めさせるとともに読み手の立場に立って必要な情報を選ばせる。
②「十分満足できる状況」と判断する際の具体的な姿の例と成長のための手だて
  ○パンフレットの全体構成や読み手に与える印象などを考えながら，より具体的な情報や興味をひく情報などを選んで書いている。
  →項目の違いや強調の度合いに応じて，具体的な事実やさまざまな人の意見を取り上げるなど，材料の質的な工夫をさせる。
③「努力を要する状況」と判断する際の具体的な姿の例と「おおむね満足できる状況」を実現させるための手だて（省略）

　上記のように，指導と評価の一体化を図った学習指導案を作成するには下記の点に留意する。
　①まず，育成をめざす言語能力を明確に示し，生徒の実態，題材の価値を分析する。②次に指導計画を立て，具体の評価規準を設定する。③本時では，ねらいを示すとともに本時で重点的に身につけさせたい観点について，具体の評価規準を設定し，実現させるための手だてを書く。さらに，「十分満足できる状況」と判断する際の生徒の姿と手だてを記す。
　そして，題材全体の学習を通して育成をめざす言語能力の定着の状況を把握し，指導の充実を図るためには，上記「7 題材全体の評価」で記したように3観点についての評価規準と実現させるための手だて，(指導案例では [書く能力])「十分満足できる状況」と判断する際の生徒の姿と手だて，さらには，「努力を要する生徒」の姿と「おおむね満足できる状況」を実現させるための手だてを記すとよい。
【観点別学習状況の評価への総括】　題材ごとの評価は観点別学習状況の評価へ総括する。例えば，学期中にある領域の題材が複数あった場合は，それぞれの題材の評価をもとに観点別学習状況の評価を行う。その際，注意すべきことは，最終題材における状況から既習の事項の定着を再度確認し，総括していくことである。

（栗本郁夫）

小学校社会科の特質と評価

→小学校社会科の評価方法

【歴史】 わが国において社会科が教科として誕生したのは、1947（昭和22）年9月のことである。同年5月に発表された「学習指導要領社会科編（試案）」によると、社会科は「今日のわが国民の生活から見て、社会生活についての良識と性格を養うことが極めて必要である」という目的意識のもとに設けられた。この目的を達成するため、これまでの修身・公民・地理・歴史などの教科の内容を融合して一体として学ばせることとした。社会科の任務は「青少年に社会生活を理解させ、その進展に力を致す態度と能力を育成することである」と規定された。社会生活についての理解と態度と能力を統一的に育成することをめざして、社会生活を総合的に学ぶ総合教科として誕生したのである。新しく発足した社会科は、アメリカの社会科（social studies）の影響を強く受け、子どもの活動を重視する問題解決学習を特色としていた。1951（昭和26）年の改訂では、この考え方が引き継がれ、社会科の性格が一層明確にされた。

まもなく生活経験主義、児童中心主義に対して学力低下が指摘され、"はいまわる社会科"と厳しい批判が出されるようになる。こうした情勢を受けて、1955（昭和30）年には社会科のみが改訂された。指導内容の系統性が重視され、経験主義から系統主義へ、問題解決学習から系統学習への転換が図られる。小学校においては従来の総合社会科の性格を維持しつつも、例えば、第6学年に「今の政治と昔の政治」が追加され、学習内容の系統性が加味された。戦後に誕生した社会科は早くも1つの転換期を迎えた。

1958（昭和33）年の改訂から、学習指導要領が文部大臣によって告示され、法的な拘束性をもつようになった。また「道徳の時間」が特設された。社会科においては、前回の改訂を総仕上げする意味で行われ、学習の系統性と基礎学力の向上が重視された。ここでは、現在の内容構成の原型が形づくられた。

1968（昭和43）年の改訂では、目標の前文に「社会生活についての正しい理解を深め、民主的な国家、社会の成員として必要な公民的資質の基礎を養う」と、目標に「公民的資質」が位置づけられた。このことは、社会科の究極的なねらいとして今日にいたっている。その後、1977（昭和52）年、1989（平成元）年、2000（平成12）年と改訂される。1977年の改訂は「ゆとりと充実」のキャッチフレーズのもとに、授業時数の縮減に伴って指導内容の削減が図られた。低学年の社会科が廃止されて、生活科が新設されたのは1989年である。そして、2000年の改訂では「総合的な学習の時間」が新設された。

戦後に誕生した小学校社会科は、短い期間に社会の動きを強く受けながら改訂を重ねてきた。低学年の生活科の創設、高等学校の地理歴史科と公民科への再編、「総合的な学習の時間」の新設など、社会科をめぐる状況は厳しい環境にあるといえる。

【小学校社会科の特質】 小学校社会科の教科目標は学習指導要領に「社会についての理解を図り、我が国の国土と歴史に対する理解と愛情を育て、国際社会に生きる民主的、平和的な国家・社会の形成者として必要な公民的資質の基礎を養う」と示されている。社会科の目標や内容等には、次のような特質がみられる。

❶**目標にみる特質**：まず、各学年の目標にみる特質である。各学年の目標は、3項目から構成され、前者の2つは理解に関する目標と態度に関する目標がセットで示されている。理解に関する目標は、地域社会やわが国の産業、国土、歴史、政治、国際理解に関する内容を理解する

ことである。態度に関する目標には，地域社会の一員としての自覚，地域社会に対する誇りと愛情，わが国の産業の発展や国土保全の重要性への関心，わが国の歴史や伝統を大切にし，国を愛する心情，世界の国々の人々と共に生きていくことの大切さの自覚などがあげられている。3項目めには，学年の発達段階を考慮して，観察，調査，資料活用，思考，表現など能力に関する目標が示されている。社会科は，調べる活動や考え表現することを重視している教科である。目標が理解と態度と能力の3つの要素から構成されているところに社会科の特質がある。

❷**学習内容にみる特質**：第3学年および第4学年では，地域の産業や消費活動の様子，人々の健康や安全を守るための諸活動，地域の地理的環境，人々の生活の変化や地域の発展に尽くした先人の働きについて学習する。学習の対象や範囲は，おおむね身近な地域から市区町村，都道府県である。ここでは，必要に応じて国内の他地域や外国との結びつきについても取り上げられる。第5学年では，わが国の食料生産や工業生産，通信業，国土の様子について学習する。そして，第6学年では，わが国の歴史を人物の働きや文化遺産を中心に学習し，さらに政治の働きや国際社会におけるわが国の役割について取り上げられる。

学習内容の系列は大まかに，身近なところから徐々に都道府県や国土へ，そして世界に広がっていることがわかる。こうした原則は「同心的拡大」といわれている。これは子どもの理解や認識などの発達段階を考慮したものである。

❸**問題解決的な学習や体験的な活動の重視**：子どもが自ら学習問題をもち，主体的に資料などを収集し，問題解決していく学習は，知識の習得だけでなく，問題発見能力や問題解決能力，思考力や判断力，表現力，学び方などを身につけるために必要な学習方法とされている。また，学習活動においても，学校図書館や郷土資料館，博物館などの利用とともに，観察，見学，調査，体験，表現など「為すことによって学ぶ」ことを重視している。

【**評価の観点**】 子どもの学習状況は，目標と一体に評価される必要がある。評価の基本は「観点別評価」とされ，評価の観点は目標から導き出される。小学校社会科の理解に関する目標は「社会的事象についての知識・理解」，態度に関する目標は「社会的事象への関心・意欲・態度」，能力に関する目標は「社会的な思考・判断」と「観察・資料活用の技能・表現」にそれぞれ結びつく。4観点の趣旨は下表のとおりである。

これらの観点は，それぞれ個別に評価するとともに，相互に関連しているものとしてとらえることが大切である。そして，評価の実施にあたって，単元などにおいて確かな目標を設定するとともに，それが子どもたちに確実に身につくよう指導を充実させ，その過程や結果において子ども一人一人の学習状況を目標に照らして観点別に評価することである。目標準拠評価や観点別評価は，「目標と指導と評価」の三者の関連性と一貫性の中で実施される。 (北　俊夫)

表　小学校社会科の「評価の観点及びその趣旨」

観　点	趣　旨
社会的事象への関心・意欲・態度	社会的事象に関心をもち，それを意欲的に調べることを通して，社会の一員として自覚をもって責任を果たそうとする。
社会的な思考・判断	社会的事象から学習の問題を見いだして追究・解決し，社会的事象の意味を考え，適切に判断する。
観察・資料活用の技能・表現	社会的事象を的確に観察，調査したり，各種の資料を効果的に活用したりするとともに，調べたことを表現する。
社会的事象についての知識・理解	社会的事象の様子や働き，特色及び相互の関連を具体的に理解している。

小学校社会科の評価方法

→小学校社会科の特質と評価

【評価の手段】　手段とは，学習状況を何でとらえるかというやり方のことである。道具という場合もある。社会科における評価の手段には他教科と同様にさまざまなものが開発されている。

例えば，教師による子どもの態度や振る舞いなどの観察，子どもの発言内容や授業中に作成した作品やノート，ワークシートなどの内容，エピソードなどを記録した内容を分析する方法，単元末や学期末に実施するペーパーテストやチェックリストによる方法などがある。さらに，子どもによる自己評価や子ども相互の評価を取り入れる方法もある。これらは，授業の学習過程に即して診断的評価，形成的評価，総括的評価のために活用することができる。社会科ではこれまで客観的に評価できるペーパーテストが重視されてきたが，これには限界があり，他の手段との併用を工夫するようにしたい。

評価のための評価にならないよう，子どもの学習活動の方法と一体に教師による評価方法を組み入れるよう工夫することが重要である。例えば工場を見学したときにメモを書かせたとする。この場合，子どもが見学しているときの態度や質問の状況などを観察・評価することができるし，見学後に工場でメモした内容を対象に評価することによって「めあてに基づいて見学できたかどうか」を把握することができる。これが指導と評価が一体化している姿である。このことは，評価の手段を単独に取り入れるのではなく，指導のあり方を考え工夫することによって，おのずから評価方法が決定されることを意味している。

このような考え方は，ペーパーテストを実施する場合にも同様である。テスト問題は，教師が目標に位置づけ意図的に指導してきたことをもとに，作成されなければならない。ペーパーテストはその形態上どうしても「知識・理解」の観点が中心になりがちである。そのため，他の評価手段と併用することによって，社会科の他の観点が評価でき，社会科の学力の全体が把握できるようになる。

このように，ペーパーテストに限らず，これらの手段にはそれぞれによさやメリットとともに，デメリットや限界があることを踏まえたうえで，効果的に取り入れるようにする。

【各観点の評価方法】　子どもは観点ごとに学習しているわけではない。教師もまた評価の観点を意識しながら指導してはいない。しかし目標に準拠して評価するとき，目標を構成している要素である評価の観点に基づいて評価しなければ，目標の実現状況を分析的に見極めることはできない。観点別の評価はその観点が色濃くみられる学習場面で，その観点について評価するものである。ここでは，単元「飲み水はどこから」を例に，子どもの学習活動を観点別に評価する際の方法と留意事項について解説する。

❶社会的事象への関心・意欲・態度：本観点の趣旨をみると，学習態度と社会的態度の2つの側面があることがわかる。このことを踏まえると，単元の過程において，例えば，「毎日の生活や仕事に必要な飲み水に関心をもち，問題意識をもっている」「飲み水の確保に携わっている人々の仕事や施設の働きに関心をもち，意欲的に調べている」「飲み水を有効に利用する方法を考え，すすんで実行しようとする」などの評価規準を設定することができる。これらの姿は，子どもの表情や態度のほかに，発言やノートなどの内容に表れることから，これらが評価する際の手段になる。なお，授業中の発言回数やノートの提出状況など数値による評価は，本観点の趣旨を正しく生かしたものにはならないことに留意する。

❷社会的な思考・判断：本観点の評価を考える

とき，子どもの学習状況が目に見えやすい知識や技能との違いを理解しておく必要がある。子どもに習得させる知識は，単元ごとに積み上げられていくのに対して，「思考・判断」の諸能力は，螺旋を描きながらスパイラルに育成されていく。評価規準としては，例えば「市の水の使用量の変化と市の人口の変化を結びつけて考えている」「飲み水の大切さを具体的な使用場面（事実）をもとにしながら説明できる」「市がきれいで安全な飲み水を確保している意味を考えている」などが考えられる。「思考・判断」の評価の中心場面は，授業中である。授業中の子どもの発言，ノートやワークシートなどの内容が評価の重要な対象となる。

❸**観察・資料活用の技能・表現**：ここでは，社会的事象の観察力，さまざまな資料の活用能力，調べたり考えたりしたことを表現する力が評価の対象になる。したがって，本観点の評価にあたっては，こうした学習活動が実際の授業において展開されることが前提となる。ここでは，例えば「浄水場を見学して，仕組みや工夫を具体的に調べている」「挿絵などの資料から，水は循環していることを読み取ることができる」「調べてわかったことを要点を絞ってわかりやすくまとめている」などの評価規準が考えられる。これらは，子どもの学習活動と一体に計画され，それぞれの場面で評価される。

❹**社会的事象についての知識・理解**：知識の理解状況を評価するとき，知識をどのようなレベルのものとしてとらえるかがポイントとなる。例えば「水は台所や洗面所で使われている」「浄水場には川の水をきれいにする役目がある」「私たちは安全な飲み水によって，健康な生活を送ることができる」など，具体的な知識から概念的な知識まで評価の対象となる。知識の押さえ方によって評価規準の内容も違ってくる。評価方法は，単元末に実施するペーパーテストが効果的であるが，授業中の発言やノートの内容を活用することもできる。

【**評価計画の作成**】　社会科の実際の授業場面において，どのような計画を立てて評価を実施するかということも，評価方法を考えることである。ここでは，本時レベルに焦点を当てて，評価計画を作成する手順や配慮事項を整理する。

①本時のねらい（目標）を設定する。評価は目標に準拠して行われることから，このことは不可欠な作業である。目標はできるだけ具体的に示したほうがよいが，「関心・意欲・態度」や「思考・判断」にかかわる目標は，方向的な性格をもっていることに留意する。

②ねらいを実現させる筋道を考える。学習活動の流れ，資料提示の場面や方法など，指導の展開過程を計画する。学習活動ごとに押さえたい学習内容についても明らかにしておく。

③本時のねらいの実現状況を把握し確認する場面を選定する。これは本時の山場であり，できれば1か所程度が望ましい。

④その場面でどのような方法で評価するのか，次の事柄について計画する。評価規準（どのような状況であればおおむね満足できるかを明らかにしておく），評価の観点（主としてかかわりの深い評価の観点名を示しておく。複数の観点名を示すこともありうる），評価の手段（手段は子どもの学習活動の方法と一体に計画する），個に応じた指導や配慮事項（不十分な状況の子どもへのフォローの仕方など補助資料や助言の内容を予定しておく）など。

⑤子どもの学習状況を把握したあと，再び指導することが考えられることから，③で設定する評価場面は，本時の終末の少し前がよい。

⑥評価結果の記録の仕方について計画し，必要に応じて評価補助簿などを作成しておく。社会科の評価補助簿は，単元全体の状況が記録できる様式のものがよい。　　　　　　（北　俊夫）

［参］教育課程審議会「児童生徒の学習と教育課程の実施状況の評価の在り方について」（答申）2000．北俊夫『子どもを伸ばす基礎・基本の評価』文溪堂，2002．

中学校社会科の特質と評価

→小学校社会科の特質と評価，中学校社会科の評価方法

【中学校社会科の構造】　中学校社会科は，小学校の総合社会科，高校の科目制社会科に対して，分野制社会科となっており，中学校社会科の特徴をとらえるためには地理，歴史，公民の3分野からなる教科の基本的な構造を踏まえることが肝要である。その教科の基本的な構造を明確化したのは，1977（昭和52）年版学習指導要領である。すなわち，それ以前は第1～3学年で順に地理，歴史，公民の各分野を学習するいわゆるザブトン型の履修形態をとっていた。それを，1977年版は「第1学年から地理的分野と歴史的分野を並行して学習する事を原則とし，その基礎の上に第3学年で公民的分野を学習させる」といった，いわゆるパイ型の履修形態に改めたのである。その指導書は，パイ型の履修形態に改めたことについて，次のように述べている。

「社会科の学習対象とするものは，人間の行動を含めた社会的事象であり，その中心は現代の社会である。その社会的事象は，空間的な広がりの中で，また時間的系列の中で，具体的なものとして現れ，変容していく……社会的事象の地表面に現れた現象を主として地理的分野で，社会的事象の形成過程を主として歴史的分野で，社会に生きる人間を初め，社会的事象を成り立たせている組織，機構とその機能を主として公民的分野で扱い，それらの総合的な成果として社会科の目標を達成しようというのが，この教科の基本的な構造の基盤となっている考え方である」

"古今東西"というが，まさに古今という時間軸を中心にした社会認識（歴史的分野）と，東西という空間軸を中心にした社会認識（地理的分野）とを車の両輪の形で位置づけ，現代社会を認識する基礎としている。そのうえに現代社会の成り立ちを中心に学習する公民的分野を位置づけ，社会科の目標の達成を実現しようとしている。このパイ型の履修形態は現行まで踏襲されている。それは，現行の1998年版中学校学習指導要領の「内容の取扱い」の項において，公民的分野では「地理的分野及び歴史的分野の学習の成果を活用するとともに，これらの分野で育成された能力や態度が，更に高まり発展するようにすること」と示されていることからも理解できよう。

【教科目標と各分野の目標】　分野制社会科という中学校社会科の基本的な構造は，次のように教科の目標に端的に示されている。

「広い視野に立って，我が国の国土と歴史に対する理解を深め，公民としての基礎的教養を培い，民主的，平和的な国家・社会の形成者として必要な公民的資質の基礎を養う」（1977年版中学校学習指導要領）

「広い視野に立って」に次ぐ，「我が国の国土と歴史に対する理解を深め，公民としての基礎的教養を培い，」の部分に着目すると明らかなように，中学校の地理教育と歴史教育は「我が国の国土に対する理解」（地理的分野）と「我が国の歴史に対する理解」（歴史的分野）といった形で並列に示されている。それに次いで，「公民としての基礎的教養を培い，」というように，公民的分野が示されているのである。

次の「民主的，平和的な国家・社会の形成者として必要な公民的資質の基礎を養う」の部分は，中学校社会科の究極のねらいを示したものである。したがって，3分野は，それぞれ地理的認識，歴史的認識，公民的認識を深める学習を通して，この究極のねらいである「公民的資質の基礎」を養うよう学習指導を展開することが要請されている。それは，換言すれば，3分野は，「公民的資質の基礎」を究極のねらいとして統合されていることを意味している。

1998(平成10)年版学習指導要領の,中学校社会科の教科目標は「広い視野に立って,社会に対する関心を高め,諸資料に基づいて多面的・多角的に考察し,我が国の国土と歴史に対する理解と愛情を深め,公民としての基礎的教養を培い,国際社会に生きる民主的,平和的な国家・社会の形成者として必要な公民的資質の基礎を養う」である。

各分野の目標は,この教科目標を踏まえ,既述の教科の基本的な構造を受けて具体化し,各分野で特に育成するべき能力や態度を明らかにする形で複数の項目によって示している。ただし,この教科目標を直接受けているのは,各分野の(1)の基本的な目標であることから,次にそれを学習指導要領から引用する。

[地理的分野] 日本や世界の地理的事象に対する関心を高め,広い視野に立って我が国の国土の地域的特色を考察し理解させ,地理的な見方や考え方の基礎を培い,我が国の国土に対する認識を養う。

[歴史的分野] 歴史的事象に対する関心を高め,我が国の歴史の大きな流れと各時代の特色を世界の歴史を背景に理解させ,それを通して我が国の文化と伝統の特色を広い視野に立って考えさせるとともに,我が国の歴史に対する愛情を深め,国民としての自覚を育てる。

[公民的分野] 個人の尊厳と人権の尊重の意義,特に自由・権利と責任・義務の関係を広い視野から正しく認識させ,民主主義に関する理解を深めるとともに,国民主権を担う公民として必要な基礎的教養を培う。

このように,中学校社会科は,小・中・高等学校の一貫性の観点から,各分野とも「我が国」を主たる学習対象にしており,それを各分野の基本的性格を踏まえ広い視野に立って追究・考察する学習を展開している。なお,「広い視野に立って」には,①多面的・多角的な見方や考え方に関すること,②世界的,国際的な視野という空間的な広がりに関することの2つの意味内容が含まれている。そして,こうした各分野の基本的性格に基づく社会認識を深める学習を通して,究極のねらいである「民主的,平和的な国家・社会の形成者として必要な公民的資質の基礎を養う」ことにアプローチしている。

【評価の観点】 中学校社会科の評価は,目標を受けて,各分野においては,それぞれの分野の基本的な性格に基づく社会認識をいかに深め,それらに関する知識や方法を身につけたか,そしてそうした社会認識を深める活動を通して民主的な社会を構成する一員としての資質や能力を身につけることができたかを基本的な柱として,評価することになる。このため,評価の観点については,別表に示すように,「関心・意欲・態度」「思考・判断」「技能・表現」「知識・理解」の4つから構成されている。それぞれの観点の趣旨を下表に示す。　(澁澤文隆)

[参] 澁澤文隆ほか編『中学校新教育課程の解説 社会』第一法規出版,2000.

表　中学校社会科の「評価の観点及びその趣旨」

観　点	趣　　旨
社会的事象への関心・意欲・態度	社会的事象に対する関心を高め,それを意欲的に追究し,よりよい社会を考え自覚をもって責任を果たそうとする。
社会的な思考・判断	社会的事象から課題を見いだし,社会的事象の意義や特色,相互の関連を多面的・多角的に考察し,社会の変化を踏まえ公正に判断する。
資料活用の技能・表現	平素から各種の資料に親しみ,社会的事象に関する有用な情報を適切に選択して活用するとともに,追究し考察した過程や結果を適切に表現する。
社会的事象についての知識・理解	社会的事象の意義や特色,相互の関連を理解し,その知識を身に付けている。

中学校社会科の評価方法

→中学校社会科の特質と評価

【テスト法中心の評価】 高校進学率が97％の時代において、高校の入試教科となっている中学校社会科は、入試を無視することは考えられず、高校入試に大きく左右された学習指導が展開されている。社会科の入試問題は、内容的な教科という特質もあって知識を問う問題が多く、その出題範囲を公立高校の場合は教科書に限定しているケースが目立つ。このため、教科書の消化に追われ、最初から最後まで教え残しがないよう見開き2ページを1単位時間で取り扱うといった、過密スケジュールで学習指導が展開されてきた。教科書の記述内容を理解し消化し、知識として詰め込む学習において最も効果的なのは教師主導型の講義式の授業であることから、それが社会科授業を席巻してきた。

そして、その学習成果をとらえる評価では、知識を重視し、それをどこまで詳しく確実に身につけているかどうかをテストでとらえるといった評価が広く行われてきた。それは、いわゆる学習の過程をほとんど無視し、学習の結果がすべてであるかのような評価に陥っていたことを意味している。また、観点別にみると、「関心・意欲・態度」「思考・判断」「技能・表現」の観点をほとんど無視した評価に陥っていたことを意味している。

このように入試を意識した社会科は、テスト法に偏り、テスト問題に大きく左右されて、知識偏重の社会科に陥ってきたといえよう。

【評価を多様化する方向】 知識偏重の社会科から脱却するためには、次の点に留意し、指導と評価の両面から工夫・改善する必要がある。
①指導と評価の一体化にとどまらず、目標と指導と評価の一体化を図ること。
②教師主導型の講義式の授業から脱却し、学習指導の方法や形態などの多様化を図ること。
③テスト問題の作成技術を開発し、知識以外の観点の能力を適切に問うテスト問題が出題できるようにすること。

①については、指導と評価の一体化は、これまでの社会科も、授業で知識詰め込みの学習指導を行い、テストで知識量で問うていたことから、実現していたといえよう。しかし、それは教科や各分野の目標を大きく歪曲化した一体化である。こうした点を考慮すると、社会科は、まず教科や各分野の目標の実現をめざした授業改善を図る必要がある。そして、そうした工夫・改善した学習指導の成果を適切に評価できるよう評価改善をする必要がある。すなわち、目標と指導と評価の一体化を図ることがポイントになっているのである。

②については、教師が説明し、生徒がそれを聞いて知識化するといった学習指導下においては、「知識・理解」の観点に関する能力しか培われず、評価の方法も観点も限定的にならざるをえなかった。裏を返すと、教師主導型の講義式の授業は「関心・意欲・態度」「思考・判断」「技能・表現」の観点に関する能力を培ううえでは効率が悪く、生徒の主体的な学習を促す問題解決的な学習や作業的、体験的な学習のほうが効果的であるということである。そして、そうした学習の方法や形態を取り入れると、学習の結果のみならず、その過程をも重視せざるをえなくなる。また、授業でさまざまな能力が培われることから、評価の観点や方法も多様化せざるをえなくなる。こうした点を考慮すると、中学校社会科においては、教師主導型の講義式の授業の見直し、その改善を図ることがポイントになっているといえよう。

③については、社会科においては、これからもテスト法が重要な地位を占めると予想される。また、これまでの社会科は、テストが変われば授業は変わるが、テストが変わらなければ、た

とえ学習指導要領が変わっても授業は変わらないといわれるほど，テストに左右されてきた。この点を考慮すると，社会科の評価の改善においては，作問技術を開発し磨いて，知識以外の能力を問うテスト問題を出題できるようにする必要がある。国立教育政策研究所が行っている実施状況調査や基礎学力調査のペーパーテストの問題をみると，4つの観点から出題されているので，それは実現不可能ではない。

【テスト問題の工夫・改善】　知識以外のテスト問題を作成するにあたっては，次の2点に留意して工夫することがポイントになるだろう。
①学習の結果のみならず，学習の過程で培われる能力に着目し，授業中の活動を再現するような方向での作問に努める。
②授業で取り扱ったり教科書に記述されている内容をストレートに出題するのではなく，類似した他の問題を出題するようにする。

①については，これまでのテスト問題は，学習の結果に着目し，それをいかに知識化しているかを直接問うような問題が多かった。このため，ややもすると授業中の話し合いや調べ活動などに一所懸命参加しても，それが徒労に終わるような評価になっていた。一方，そうした活動には手抜きをし，そうした活動の結果のみをノートに書き，覚えるといった要領のよい子が好成績を収めるといった結果を生み出してきた。

「思考・判断」や「技能・表現」の観点に関する能力は，調べ活動や話し合い活動などを行っている学習の過程において培われる能力である。そうした能力が身についているかどうかをとらえるためには，テストにおいてもそうした活動を再現するような場を設定し，発揮させるようにする必要がある。

②については，教科書の資料や授業中に扱ったものをそのまま出題すると，読み取ったり考えたりしなくても，記憶だけで答えることができてしまう。それを避けるには，数学科の出題が参考になるであろう。すなわち，数学科のテスト問題は，原則として教科書に掲載されている例題や練習問題などをそのまま出題することは避けている。そして，類似した問題を出題しているということである。社会科では授業の場が例題を学ぶ場と考え，テストではそこで培った能力を発揮して解く練習・応用問題にチャレンジする場と考え，類似した場面を設定することをポイントに作問すると効果的であろう。

【能力に応じた評価方法の工夫】　社会科は，本来は，民主的な判断や行動ができる人間の育成をめざしている。それを評価するためには，ある程度長いスパンで日ごろの言動など着目して評価することが大切であり，その意味では観察法が有効である。

また，地図の読図や作図など，資料の収集，選択，処理にかかわる能力は，一朝一夕に身につくものではなく，計画的，系統的な学習の積み重ねの中でしだいに高めていくといったタイプの能力である。こうした能力をとらえるためには，学習の軌跡に着目することが大切であり，ポートフォリオ評価の導入が有効である。その際，簡単な分布図から複雑な分布図へ，新聞形式やポスター形式のまとめなど，それぞれの時点でさまざまな形の作品を作らせるようにする。それを蓄積し比較して評価を行う。こうした点を踏まえると，「技能・表現」にかかわる能力は作品法が有効であり，ポートフォリオと組み合わせるとより一層適切な評価が可能になる。

多面的・多角的な分析，考察に関する能力も，一朝一夕に身につくものではなく，この点では積み重ねのタイプに属するといえよう。それだけに，変化，成長の軌跡をとらえることが肝要である。

なお，社会科は観点別だけでなく，総合的な評価も大切であり，この点ではパフォーマンス評価の導入が望まれる。　　　　　　（澁澤文隆）

[参] 澁澤文隆編著『中学校社会科のテスト問題の改革』明治図書，1997.

小学校算数科の特質と評価

→小学校算数科の評価方法

【小学校算数科の目標と算数的活動】　学習指導要領での目標は，算数の学習指導を通して育成していく資質や能力が示されている。算数科の目標は「数量や図形についての算数的活動を通して，基礎的な知識と技能を身に付け，日常の事象について見通しをもち筋道を立てて考える能力を育てるとともに，活動の楽しさや数理的な処理のよさに気付き，進んで生活に生かそうとする態度を育てる」となっている。

　目標のはじめでは，「数量や図形についての算数的活動を通して」と述べられており，この部分が算数科の目標の全体にかかっている。

　算数的活動とは，子どもが目的意識をもって取り組む算数にかかわりのあるさまざまな活動を意味しており，作業的・体験的な活動など手や身体を使った外的な活動を主とするものが含まれる。活動の意味を広くとらえれば，思考活動などの内的な活動を主とするものも含まれる。

　数量や図形にかかわって，子どもが実際に具体物を用いて作業をする活動や，自分で確かめたりするなどの体験的な活動を授業の中に積極的に取り入れ，算数の学習を進められるようにすることが大切である。自らの活動を通して数量や図形についての意味を理解し，納得し，実感できるようにするのである。

　算数的活動を授業に生かしていくことの重要性として，次のような点をあげることができる。
・算数の授業を子どもの活動を中心とした主体的なものとする。
・算数の授業を子どもにとって楽しいものとする。
・算数の授業を子どもにとってわかりやすいものとする。
・算数の授業を子どもにとって感動のあるものとする。
・算数を日常生活や自然現象と結びついたものとする。
・算数の授業を創造的，発展的なものとする。
・算数と他教科等を関連させる活動を構想しやすいものとする。

【数量や図形についての感覚】　学習指導要領では各学年目標の中で，また「指導計画の作成と各学年にわたる内容の取扱い」で，数量や図形についての感覚を豊かにすることを述べている。特に低学年の時期においては，さまざまな算数的活動を通して，数量や図形の基本的な意味を見いだしていく学習が進められる。そうした活動の場面で，素朴な感覚を身につけていくことができる。中学年から高学年にかけては，知識・理解や技能を発展させていくなかで，しだいに豊かな感覚に育てていくことが大切である。

　数についての感覚としては，数の大小を比較するなかで大きさをとらえる感覚や，数の構成の様子をとらえる感覚などがある。量の大きさについての感覚としては，身近にある具体物などをもとにして大きさを判断する感覚などがある。また，図形についての感覚としては，ものの形を認める感覚や，その特徴をとらえる感覚などがある。

　感覚を生かすことの例をあげてみる。これまでに文部科学省や国立教育政策研究所教育課程研究センターが行ってきた教育課程実施状況に関する全国調査の中では，「9.3×0.82」という小数のかけ算の問題を出題している。正しい答えは 7.626 であり，全国の約 70％ の子どもが正答している。その一方で全国の約 8％ の子どもが，76.26 という誤った答えを書いている。これは，小数点の移動の形式的な処理をして，その後の結果をよく見ないで（結果の妥当性を判断しないで）すませてしまっているものと思われる。しかし，数の大きさについての感覚を生かすならば，0.82 は 1 より少し小さい数と

とらえられる。9.3に1より少し小さい数をかければ、答えは9.3よりも小さくなるだろう。答えが76.26になれば、「これはおかしいな」「計算の答えが大きすぎる」という感覚が働くだろう。

大人も子どもも、日常生活などで電卓やコンピュータを使うことが多い。そういうなかで、豊かな感覚をもって人間らしい判断をしながら、数量や図形について活用していく必要がある。

【発展的な学習】 算数では、これまでに学習してきた数量や図形についての基礎・基本をより発展させていくところに、学習の進め方の特色がある。

算数の内容は、その系統性や連続性が明確である。新しい内容を学習する際には、それまでに学習してきたことをもとにして、それに積み重ね発展させる形で学習を進めていくことが多い。そうした教科の特性を生かすことで、子どもの自ら工夫したり、考えたりする力を高めていくようにすることが大切である。

各学年で学習する基礎・基本を確実に身につけることによって、その後の算数の学習へと連続させていくことができる。そのようにして、子どもが主体的に連続的に算数を学習していけるようにするのである。

学習指導要領では、各学年での「A 数と計算」にかかわる目標の中で、整数、小数、分数の四則計算のそれぞれについて、「計算の意味を理解し、計算の仕方を考え、用いること」が述べられている。これは、それぞれの計算が必要になる場面において計算の意味理解を深めること、これまでに学習したことなどをもとにして計算の仕方を自分で考えることや、計算の技能を身につけ活用することをねらいとしている。

第1学年で学習する一位数の加法と減法の計算は、第2学年以降での加法と減法、乗法などの計算のもとになる。一位数の計算の仕方がもとになって、二位数の計算の仕方が考えられる。また、加法の意味（累加など）が伴って、乗法の意味が理解できるようになるのである。このように、これまでに学習した計算の意味や考え方などをもとにして、新しい計算の意味を理解したり、新しい計算をつくったりする学習が進められるのである。

【算数の基礎・基本と評価】 基礎・基本とは、子どもたちのいろいろな活動のもとになる大切なものである。その1つとして、「生活での活動のもとになる基礎・基本」がある。算数で学習する数量や図形の内容は、身の回りの事象を簡潔・明瞭・的確にとらえたり、表現したりするもとになるものである。また、合理的に考えを進めていくもとになるものである。ここでいう生活とは、家庭や社会での日常生活があるし、学校での教科等や総合的な学習の時間などのいろいろな学習場面がある。さらに将来の社会生活も含めることができる。数量や図形の意味が実感を伴ってよくわかり、それを生活の中で生かしていけるように、基礎・基本を確実に身につけていくのが大切である。

いま1つは、「算数の学習を進めていくもとになる基礎・基本」がある。算数の内容には、系統性や連続性がはっきりしているという特色がある。子どもが新しく学習する内容は、それまでに学習してきた内容をもとにして、積み重ね、発展させるものとなっている。各学年で学習する基礎・基本を確実に身につけることが、次の学年以降の算数の学習につながっていく。

教師が指導の過程や結果において評価するときには、生活や学習にとってのもとになる基礎・基本が確実に身についているかどうかを見ていく必要がある。生活や学習にとって大きな支障がないときに、おおむね満足の学習状況といえる。おおむね満足にとどまることなく、子どもがより質の高い算数の資質や能力を身につけるように、学習指導の工夫を進めていく必要があることはいうまでもない。　　　　（吉川成夫）

[参] 文部省『小学校学習指導要領解説　算数編』東洋館出版社, 1999.

小学校算数科の評価方法

→小学校算数科の特質と評価

【評価の観点】 算数科の目標では，子どもたちが，算数への関心・意欲・態度，数学的な考え方，数量や図形についての知識や技能を身につけるという大きなねらいが示されている。目標の各部分は，相互に密接な関連をもち，全体的なまとまりと調和をもって，実現していくことが求められる。算数科での観点別学習状況の評価の観点は「算数への関心・意欲・態度」「数学的な考え方」「数量や図形についての表現・処理」「数量や図形についての知識・理解」の4つである（趣旨は下表参照）。

❶算数への関心・意欲・態度：趣旨にある「活動の楽しさ」は，算数の内容や方法の本質にかかわるものである。自らの主体的な活動によって，数量や図形についての知識や技能を身につけたときや，自分で工夫したり考えたりして算数の問題解決をしたときには，楽しさと充実感が味わえる。そうした点を評価に生かしていくことが重要である。

❷数学的な考え方：「算数的活動」は，算数科の目標を実現するための全体的な学習指導法の原理となっている。算数的活動とは，子どもが目的意識をもって取り組む算数にかかわりのあるさまざまな活動を意味しており，作業的・体験的な活動など手や身体を使った外的な活動を主とするものがある。また，活動の意味を広くとらえれば，思考活動などの内的な活動を主とするものも含まれる。

❸数量や図形についての表現・処理：算数での表現や処理にかかわる技能には，数の読み取りや表現，数の計算，量の測定や大きさの表現，図・表・グラフの読み取りや表現などがある。そうした技能が意味理解を伴って身についているかどうか，日常事象や数学的な問題解決に活用できるかどうかを評価することが重要である。

❹数量や図形についての知識・理解：豊かな感覚をもつことは，数量や図形についての意味や性質が実感を伴いながら，ほんとうによくわかることにつながる。子どもたちがそうした感覚を伴って，知識・理解を身につけているかどうかを評価することが重要である。

【評価規準を明確にする】 指導の目標として，子どもが身につける資質や能力を明確にすることによって，指導と評価を進めることができるようになる。例えば，学習指導要領では，第5学年「量と測定」の目標は，「面積の求め方についての理解を深めるとともに，基本的な平面図形の面積を求めることができるようにする」となっている。また，第5学年「量と測定」の指導内容は，次のようになっている。

「基本的な平面図形の面積が計算で求められることの理解を深め，面積を求めることがで

表 小学校算数科の「評価の観点及びその趣旨」

観　点	趣　旨
算数への関心・意欲・態度	数理的な事象に関心をもつとともに，活動の楽しさや数理的な処理のよさに気付き，日常の事象の考察に進んで生かそうとする。
数学的な考え方	算数的活動を通して，数学的な考え方の基礎を身に付け，見通しをもち筋道を立てて考える。
数量や図形についての表現・処理	数量や図形についての表現や処理にかかわる技能を身に付けている。
数量や図形についての知識・理解	数量や図形についての豊かな感覚をもち，それらの意味，性質などについて理解している。

るようにする。
　ア　三角形及び平行四辺形の面積の求め方を考え，それらを用いること。
　イ　円の面積の求め方を考え，それを用いること。」

　これらのことから，子どもが身につけるべき資質や能力を具体的な評価規準として表すと，「数量や図形についての表現・処理」の観点は，「三角形，平行四辺形，円の面積を求めたり，それらを用いたりすることができる」となる。「数量や図形についての知識・理解」の観点は，「面積の大きさについての感覚を豊かにするとともに，三角形，平行四辺形，円の面積の求め方を理解している」となる。こうした評価規準に照らして，指導と評価を進めていくのである。

【子どもの学習状況をとらえる】　その方法としては，①子どもの算数的活動を観察するもの，②子どもの話し合いや発言の様子を聞くもの，③ノートへの記述や作品（図形の構成物など）を見るもの，などさまざまなものがあり，それぞれの方法に長所がある。さらに④問題を与えてその解決の状況をみる方法（ペーパーテスト）も学習状況をとらえる優れた方法である。

　次は，教育課程実施状況に関する全国調査で出題された，第5学年「図形の面積の求め方」の問題である（問題に示されている図は省略）。
「(1)底辺が 6cm，高さが 4cm の三角形の面積を求めなさい。
(2)底辺が 7cm，高さが 3cm の平行四辺形の面積を求めなさい。
(3)半径が 10cm の円の面積を求めなさい。」
　三角形の面積は12cm^{2}であり，全国の約74％の子どもが正答している。誤答として，24cm^{2}と答えた子どもは約18％であった。平行四辺形の面積は21cm^{2}であり，全国の約90％の子どもが正答している。円の面積は314cm^{2}であり，全国の約54％の子どもが正答している。誤答として，31.4cm^{2}と答えた子どもは約7％であり，62.8cm^{2}と答えた子どもは約10％であった。

【評価を指導に生かす】　上記にあげたのは全国調査での正答の割合であるが，各学級で面積の指導をするときにも，上記のような正答や誤答がみられる。子どもの学習状況をとらえ，それを指導に生かし，子どもがより確かに学力を身につけていけるようにする必要がある。

　円の面積の問題で，子どもの解答の中には，31.4という誤答がある。これは，半径である10を用いて10×3.14という計算をしているとみられる。また，62.8という誤答もある。これは，直径である20を用いて，20×3.14という計算をしているとみられる。こうした誤りの中には，円の面積の公式を理解していない者や，公式は覚えているが正しく使えない者が含まれていると考えられる。この場合には，学級の一人一人の子どもについて指導上の対応を工夫する必要がある。

　円の面積を求める学習では，公式をただ暗記するだけでは確実な定着を図ることができない。そのため，例えば，方眼紙を用いて円に含まれる正方形の個数を数えてみたり，面積公式を自分たちでつくってみたりするなどの学習を積極的に取り入れるとよい。また，例えば，「半径×半径×3.14」という公式が，半径の長さを1辺とするような正方形の面積の3.14倍を表しているととらえるなど，式の意味を読み取るような活動を取り入れるとよい。それによって，公式の意味理解を深めたり，円の面積の大きさを実感的にとらえたりすることができるようになる。

　さらに，つくり出した公式をさまざまな場面で用いたり，問題解決の場で活用したりするなどして，学習した内容の定着を図る指導が必要である。そのために，身の回りにあるさまざまな図形の面積を調べたり，比べたりする学習を取り入れるとよい。また，面積の公式を活用する場面として，これまでに取り上げてきたさまざまな図形について，それらの面積の求め方を考える学習があげられる。そうした学習によって，基本的な図形の面積公式の理解が深まり，活用する力が高まるようになる。　　（吉川成夫）

中学校数学科の特質と評価

→中学校数学科の評価方法, 小学校算数科の特質と評価

【中学校数学科の特質】 学習指導要領には教科目標として「数量, 図形などに関する基礎的な概念や原理・法則の理解を深め, 数学的な表現や処理の仕方を習得し, 事象を数理的に考察する能力を高めるとともに, 数学的活動の楽しさ, 数学的な見方や考え方のよさを知り, それらを進んで活用する態度を育てる」と示されている。中学校数学科においては, 単に問題を解いて答えを求めることだけではなく, 生徒が自ら調べ判断することができる力や粘り強く考え続けることができる力, 考えたことを相手にわかるように説明したり表現したりする論理的な思考力や表現力を身につけられるような指導をめざしている。また, 実生活と数学との関連を図り, 事象を数理的に考察する力を伸ばし, 数学的な見方や考え方を用いて問題を解決する能力を一層高めることができるようにするために, 観察, 操作や実験など具体的な活動を通してものごとの関係やきまりを見いだしたり, 求めた結果から振り返ってその意味を考えたりする数学的活動を重視している。こうした活動を通して, 学ぶことの楽しさや充実感を味わいながら, 数学の学習を進められることが大切であるとの考えから, 学習指導要領の目標には「数学的活動の楽しさを知る」という文言が盛り込まれている。

【評価の観点】 中学校数学科の特質を受けて, 観点別評価は「数学への関心・意欲・態度」「数学的な見方や考え方」「数学的な表現・処理」「数量, 図形などについての知識・理解」の4観点から行っている (観点とその趣旨は下表参照)。

「数学的な見方や考え方」の評価については, 生徒が自ら課題を見つけ問題解決的な学習を積極的に進め, 観察, 操作や実験などを通して事象に深くかかわることができるような指導が前提となる。

なお, 中学校数学科における評価の4観点については, ややもすると情報を収集することが比較的容易な「数学的な表現・処理」の評価場面に偏りがちである。ある程度の指導期間を見越して, 4観点からの評価がバランスよく行えるような授業の計画が欠かせない。また, 教師は各観点からの評価を生徒の学習状況の改善にどう役立てるかを常に念頭に置いて指導に当たるべきである。観点ごとにA, B, Cを記録することが目標ではないことを忘れてはならない。

(永田潤一郎)

表 中学校数学科の「評価の観点及びその趣旨」

観　点	趣　旨
数学への関心・意欲・態度	数学的な事象に関心をもつとともに, 数学的活動の楽しさ, 数学的な見方や考え方のよさを知り, それらを事象の考察に進んで活用しようとする。
数学的な見方や考え方	数学的活動を通して, 数学的な見方や考え方を身に付け, 事象を数学的にとらえ, 論理的に考えるとともに思考の過程を振り返り考えを深める。
数学的な表現・処理	事象を数量, 図形などで数学的に表現し処理する仕方や推論の方法を身に付けている。
数量, 図形などについての知識・理解	数量, 図形などに関する基礎的な概念や原理・法則などについて理解し, 知識を身に付けている。

中学校数学科の評価方法

→中学校数学科の特質と評価，小学校算数科の評価方法

【数学科における評価の基本】 中学校数学科の評価について考えるとき，時間的・内容的な視点から，どのようなまとまりを想定しているのかを明確にしておくことが重要である。1時間の授業を単位として計画を立てることも考えられるが，生徒の学習状況の改善のためには，ある程度のまとまりで考えるほうが有効である場合が多い。その最小単位となるのが小単元である。中学校数学科は，「数と式」「図形」「数量関係」の3領域からなり，各学年の各領域は多くの場合，複数の単元から構成されている。各単元の指導と評価の計画を上述した視点から明確にすることが必要である。

また，各授業時間ごとに観点別評価の4観点から必ず評価することをめざすよりも，各授業時間の指導目標に照らして重点的に評価すべき観点を決め，小単元として各観点からの評価のバランスをとってまとめるほうが現実的である。評価のために授業をしているようでは，継続的な実践には結びつかないであろう。

観点別評価で使われる評価規準は，生徒の学習の実現状況を目標に照らして確認し，改善を図るために設定されている。したがって，評価の計画を立案する段階で，

・授業のどの場面で何をみるのか。
・そのためにはどのような方法で情報を収集することが有効であり現実的であるか。

を事前に明確にしておくことが必要である。

情報の収集については，ペーパーテストだけに頼るのではなく，以下に述べるような方法を工夫することで生徒の学習に対する意欲や思考力，判断力，表現力などをとらえることをめざし，評価の質的な向上を図らなければならない。

【評価方法】「数学への関心・意欲・態度」や「数学的な見方や考え方」の評価については，ペーパーテストによる評価を工夫するとともに，授業中の生徒の活動の様子や発言，授業後のノートの点検などをもとにした評価が重要である。生徒の様子を，座席表や補助簿等に簡潔に記録する方法を工夫することで，小単元ごとの評価をまとめる際に有効な情報が得られる。ただ，毎回すべての生徒について記録をとるのでは，指導そのものに支障をきたすことになりかねない。あらかじめ評価規準に照らして何をどうみるのかを明確にしておくことが必要である。また，授業の中のある時点で全生徒の状況をとらえるというよりも，ある程度の指導期間を視野に入れ，何回かに分けて，同じ観点から生徒の様子を観察して評価を行うというような現実的な方法を工夫する必要もある。

「数学的な表現・処理」や「数量，図形などについての知識・理解」の評価については，授業の中の適切な時期に，ペーパーテストなどを生かして，一斉に評価を行うことが可能である。この際，注意しなければならないのは，量の評価に陥らないようにすることである。評価規準は生徒の学習状況の質を確認するものである。単純に「何問解けたか」で評価すべきかどうか注意しなければならない。

【課題】 そもそも目標に準拠した評価は，生徒の学習状況をよりよいものに改善するのに有効な評価方法である。教師の間では「BやCをどうつけるか」がよく話題になるが，重要なことは「Cの生徒をどうやってBにするか，Bの生徒をどうやってAにするか」である。評価に基づいて講じる手だての充実が必要である。

また，小単元ごとに行った評価を単元でどうまとめるか，単元の評価を領域や学年でどうまとめるかの検討も重要である。この際，生徒や保護者に対する明確な説明ができること，生徒の次の学習の方向性を示し励みになるものであることを大切にしたい。

(永田潤一郎)

小学校理科の特質と評価

→小学校理科の評価方法

【小学校理科の特質】 小学校の理科の特質は、学習指導要領の教科の目標と学年の目標とに表れている。そこでまず理科の教科目標を、次に各学年の目標を、それぞれみていくことにする。

(1) 小学校理科の教科目標

教科目標は、「自然に親しみ、見通しをもって観察、実験などを行い、問題解決の能力と自然を愛する心情を育てるとともに自然の事物・現象についての理解を図り、科学的な見方や考え方を養う」となっている。この目標において特徴的なキーワードは、「見通しをもって観察、実験などを行い」、特に「見通しをもって」である。このため、この語句の意味について考えることにする。子どもが見通しをもつことは、以下の3点に整理できることを意味している。

❶**主体的な問題解決**：理科の学習指導は、子どもが予想や仮説、構想を発想し、それを観察や実験などで検討していくことから、一人一人が自己の責任において問題解決の活動を行うことである（以下、予想や仮説、構想を一括して予想と記す）。子どもが主体となる問題解決を通して、自らの予想を観察、実験などによって検討し、得られた結果が予想のとおりにならなかった場合、最初の予想などを改め、再び次の問題解決の活動を行うことになる。このような問題解決の活動により、子どもは自己責任の自覚をもち、それに伴って問題解決の活動がより一層主体的になると考えられる。

❷**予想と観察、実験の結果の一致、不一致の明確化**：子どもが見通しをもつことによって、予想と観察、実験の結果の一致あるいは不一致が明確になる。両者が一致した場合には、子どもは予想を確認したことになる。また、両者が一致しない場合には、子どもは自分が立てた予想、あるいは立案した観察、実験の方法などを振り返り、それらを見直し、再検討することになる。このような過程を通して、子どもは自分の考えをたえず見直し、改良する態度を身につけると考えられる。

❸**科学的な知の構築**：子どもが自らの予想や観察、実験の方法をもとに観察、実験を行い、それに基づく知を創造していく活動は、見通しをもって科学的な知を構築していく活動であるといえる。この活動で構築する科学的な知は、単なる独りよがりの知ではなく、実証性や再現性、客観性という科学的な条件を満足させた知である。ここでいう実証性とは、見通しの真偽を観察、実験などを通して検討するということ、再現性とは同じ条件下では必ず同じ結果が得られるということ、客観性とは多くの人々によって承認され公認されるということ、である。

なお、子どもが見通しをもった観察、実験などを行うことが大切であるからといって、必ずしも、子どもがもつ見通しを常に授業の中で発表させるような形式的な問題解決の活動は回避すべきである。また、中学年の子どもの見通しは、行動の中に潜在している場合が多いので、留意しておく必要がある。

(2) 各学年の目標

学習指導要領の各学年の目標から、次のことがいえる。第3学年では、自然の事象の違いに気づいたり、比較したりする。第4学年では、自然の事象の変化と関係する要因を関係づける。第5学年では、制御すべき要因と制御しない要因とを区別しながら、観察、実験などを計画的に行う。第6学年では、多面的な視点から観察、実験などを行い、結論を導く。このように、各学年で重点を置いて育成すべき資質・能力が求められている。

【評価の基本と評価の観点】 評価の基本的な考え方は、子どもが目標を設定し、その実現状況を自分で確認するとともに、教師が子どもの目

標への実現状況を的確にとらえ，それに対応する支援を行うことである。

自然事象を対象とした問題解決活動では，子どもが目標を設定しそれを実現していく過程は，「自然事象への関心・意欲・態度」「科学的な思考」「観察・実験の技能・表現」「自然事象についての知識・理解」という4観点でとらえることができる。それぞれの評価の観点と趣旨は，下表に示すとおりである。

❶**自然事象への関心・意欲・態度**：この観点を評価する際の視点として，①自然の事物・現象に関心をもつ，②自然の事物・現象をすすんで追究しようとする，③生命を愛護・尊重する，④見いだした事象のきまりや特性を生活に生かそうとする，などがあげられる。

❷**科学的な思考**：この観点の評価においては，各学年の視点として，第3学年「比較しながら調べる」，第4学年「関係づけながら調べる」，第5学年「条件に目を向けながら調べる」，第6学年「多面的に追究する」をあげることができる。これらの資質や能力は，問題解決を実現するうえで非常に重要である。

❸**観察・実験の技能・表現**：この観点の評価においては，評価対象を技能と表現に分けて考えることができる。

まず，技能を評価する際の視点として，①仮説に基づいて，観察・実験の計画を立てる，②観察・実験に用いる材料や器具を決め，準備する，③グループで観察・実験を行う場合，それぞれの役割分担を決める，④計画に沿って，観察・実験を正しく行う（また，安全に行う），⑤観察・実験の結果を正しく記録する，などがあげられる。

また，表現を評価する際の視点として，⑥結果の記録を表やグラフに表す，⑦仮説に照らしながら整理し，まとめ，報告する，などがあげられる。

❹**自然事象についての知識・理解**：この観点の評価においては，知識・理解の内容が学年，区分によって異なるため，学習指導要領に示された各学年の目標，各区分の内容に照らしながら，適切に評価する必要がある。また，この観点は科学的な思考と関連があるため，その点も考慮して評価しなければならない。

なお，日常の学習指導では，教師が上述の4観点から子どもの目標への実現状況を的確にとらえ，その結果から学習内容や教材，支援などが適切であったかを見直し，学習指導の改善に生かしていく評価が大切になる。

（角屋重樹）

[参] 奥井智久監修・角屋重樹編『新しい理科教育の理論と実践の方法』現代教育社，2003.

表　小学校理科の「評価の観点及びその趣旨」

観　　点	趣　　旨
自然事象への関心・意欲・態度	自然に親しみ，意欲をもって自然の事物・現象を調べる活動を行い，自然を愛するとともに生活に生かそうとする。
科学的な思考	自然の事象から問題を見いだし，見通しをもって事象を比較したり，関係付けたり，条件に着目したり，多面的に追究したりして調べることによって得られた結果を考察して，自然事象を科学的にとらえ，問題を解決する。
観察・実験の技能・表現	自然事象を観察し，実験を計画，実施し，器具や機器などを目的に応じて工夫して扱うとともに，それらの過程や結果を的確に表現する。
自然事象についての知識・理解	自然事象の性質や規則性，相互の関係などについて理解し，それらについての考えをもっている。

小学校理科の評価方法

→小学校理科の特質と評価，観点別評価の一般的手順

【評価方法】 理科の評価では，学習指導要領に示された目標に照らして，子どもの学習の実現状況を適切に評価していくことが重要である。具体的には，単元の目標やその具体的な目標に照らして，学習過程における子どもの達成状況を把握し，成果を価値づけ，そこで得られた情報をもとにその後の指導方法や学習過程を改善していく必要がある。その際，4観点で目標に準拠した評価をすることが基本となる。以下に各観点の評価方法を述べる。

❶**自然事象への関心・意欲・態度**：自然の事物・現象に対するかかわり方や，それらを調べる活動への意欲，さらには生活での適用が中心となる。具体的には次のような評価方法がある。

①行動観察法：子どもの行動を観察し，評価する。②発言分析法：子どもの発言や会話を分析し，評価する。③記録分析法：ノートや記録カードへの記録を分析し，評価する。④作品分析法：ものづくりや自由研究の過程，そしてできた作品を分析し，評価する。⑤作文分析法：文章や作文に書かれた内容を分析し，評価する。⑥面接テスト法：子どもに面接して，感想や様子を分析し，評価する。⑦アンケート法：子どもにアンケートをとり，それを分析し，評価する。

また，子どもによる評価としては次のようなものがある。⑧自己評価法：チェックリストなどを利用し，子どもが自分自身の活動や態度などを振り返り，評価する。⑨相互評価法：グループや友達同士で，互いに活動や態度を振り返り，評価する。そのほかに，⑩保護者評価法や⑪専門家・協力者評価法などがある。

❷**科学的な思考**：事象を比較したり，関係づけたりしながら問題を見いだし，観察・実験によって得られた結果を考察，処理する問題解決過程における思考や判断が中心となる。評価方法には次のようなものがある。

前述の①行動観察法，②発言分析法，③記録分析法や，④ペーパーテスト法：子どもに問題を解かせ，それを分析し，評価する。

❸**観察・実験の技能・表現**：観察・実験活動における器具の操作などの技能や，結果を整理して報告する表現力が中心であり，技能と表現に分けてみていく必要がある。評価方法には次のようなものがある。

前述の①行動観察法，②記録分析法，③作品分析法や，④パフォーマンステスト法：実際に器具や装置を使って観察・実験を行わせ，その様子を分析し，評価する。特に，技能の評価においては，記述による評価が困難なため，パフォーマンステスト法が有効である。例えば，上皿てんびんによる質量の測定を問う場合，てんびんの釣り合わせ方やおもりののせ方，目盛りの読み方などを実際に行わせ，正しくできるかどうか評価する。

❹**自然事象についての知識・理解**：子どもが授業で学習した内容を思い出すことができるかという記憶や，ある概念を新しい情報に対して適用することができるかという知識の利用が中心となる。評価方法には次のようなものがある。

前述の①行動観察法，②発言分析法，③記録分析法，④ペーパーテスト法である。特に，「知識・理解」の評価においては，ペーパーテスト法を用いることが多く，ほとんどの場合，専門家によって作成されたテストを利用する。また，必要に応じて，子どもの実態を考慮し，教師が作成したテストを利用する。

【評価の手順】 目標への実現状況を的確に把握するためには，実現すべきねらいが具体的で，かつ計測できることが必要になる。つまり日常の学習指導では，教師が評価の観点に沿って具体的な目標を設定し，子どもの実現状況をとらえていくことになる。このような評価手順を第

5学年の単元「もののとけ方」を例にして，具体的に述べる。

❶**単元目標の設定**：学習指導要領に示された目標および内容を踏まえ，子どもの実態を考慮し，単元全体を見通した単元目標を設定する。
（例）物を水に溶かし，条件に目を向けながら水の量や温度による溶け方の違いを調べ，見いだした問題を計画的に追究する活動を通して，物の溶け方の規則性についての見方や考え方をもつようにする。

❷**具体的な目標（評価規準）の設定**：単元目標をもとに，観点別に具体的な目標（「おおむね満足できる状況」を示す）を設定する。
（例）［自然事象への関心・意欲・態度］
ア．物を水に溶かす活動から問題を見いだし，物の溶け方について調べようとする。
イ．物が水に溶けるときの規則性を適用し，身の回りの現象を見直そうとする。
［科学的な思考］
ア．物の溶ける量と水の量および温度を関係づけて考えることができる。
イ．物によって，溶ける量と水の量および温度の関係に違いがあることを，それらを比較しながら考えることができる。
ウ．水の量や温度などの条件に着目し，実験を計画したり，結果を考察したりすることができる。
［観察・実験の技能・表現］
ア．物の溶け方の違いを調べる工夫をし，ろ過器具などを適切に操作し，安全で計画的に実験を行うことができる。
イ．物の溶け方の規則性を調べ，定量的に記録したり，表やグラフなどに表したりすることができる。
［自然事象についての知識・理解］
ア．物が水に溶ける量には，限度があることがわかる。
イ．物によって，溶ける量と水の量および温度の関係に違いがあることがわかる。
ウ．物が水に溶けても，水と物を合わせた重さは変わらないことや，溶けた物を取り出せることがわかる。

❸**指導・評価計画の作成**：目標を達成するための指導計画を作成し，それをもとに，子どもの学習活動に対応させて評価計画を作成する。
（例）

学習活動	観点				評価規準	評価方法
	関	思	技	知		
食塩やミョウバンを水に溶かし，その様子を観察する。	○				ア．物を水に溶かす活動から問題を見いだし，物の溶け方について調べようとする。	行動観察・記録分析

❹**評価資料の準備および評価規準の確認**：まず，評価に用いるチェックリストなどを準備する。次に，評価規準をもとに，実際の評価の際に必要となる具体的な規準を確認する。このとき，「おおむね満足できる状況」を(B)とし，それをもとに，「十分満足できる状況」を(A)，「努力を要する状況」を(C)とする。
（例）

評価規準	具体的な規準		
	(A)	(B)	(C)
関心・意欲・態度 ア．物を水に溶かす活動から問題を見いだし，物の溶け方について調べようとする。	食塩やミョウバンを水に溶かす活動の中で問題を見つけ，その溶け方について見通しをもって調べようとする。	食塩やミョウバンを水に溶かす活動の中で問題を見つけ，その溶け方について調べようとする。	食塩やミョウバンが水に溶ける様子に興味をもてず，問題を見いだすことができない。

❺**授業中・授業後の評価および指導**：評価計画に基づき，授業中は子どもの活動を観察し，あらかじめ用意したチェックリストなどを用いて評価する。また，必要に応じて，授業後に授業を振り返り，子どもの様子を評価する。そして，評価結果は即応的に指導に反映させる。

❻**総括的な評価**：単元終了後や学期末，学年末などに，観点別の総括的な評価をし，評定を行う。

（木下博義）

中学校理科の特質と評価

→中学校理科の評価方法

【中学校理科の特質】　学習指導要領の中学校理科の目標は、「自然に対する関心を高め、目的意識をもって観察、実験などを行い、科学的に調べる能力と態度を育てるとともに自然の事物・現象についての理解を深め、科学的な見方や考え方を養う」と示されている。さらにこのねらいを、次のように分けて考えることもできる。
①自然の事物・現象に対する関心を高めること。
②目的意識をもって観察、実験などを行い、科学的に調べる能力と態度を育てること。
③自然の事物・現象についての理解を深めること。
④科学的な見方や考え方を養うこと。

　この①から④は、理科の評価の観点「自然事象への関心・意欲・態度」「科学的な思考」「観察・実験の技能・表現」「自然事象についての知識・理解」と密接に関係している。

　まず、①「自然の事象に対する関心を高めること」は、理科は自然の事物・現象を学習の対象とする教科であり、観察、実験を通して学習への意欲を喚起し、生徒の主体的な学習を促すことが大切である。さらに、学習の進展とともに、いままで気づかなかった自然の美しさ、精妙さ、偉大さに気づき、自然についての知見が深められれば、より高い次元の疑問に遭遇するというように、自然に対する関心は理科の学習の出発点であり最終のねらいでもある。

　②では、「目的意識をもって」観察、実験を行うことが特に強調されている。これは、生徒が与えられた手順に従って行うというのではなく、「目的意識をもって」観察、実験を行うことにより、「はじめて遭遇するような場面でも、自分で課題を見つけ、自ら考え、自ら問題を解決していく資質や能力」、つまり［生きる力］を育成しようとすることとも深い関連がある。生徒が目的意識をもって学習を進めれば、学習

の結果、何が獲得され、かつ理解できるようになったかを自覚し、自ら評価することができ、一連の学習が自分のものとして完結することが期待される。自然の事象の中に問題を見いだし、目的意識をもった主体的で意欲的な観察、実験を行い、課題を解決するなど、問題解決的な学習を進めていくことが重要である。観察や実験などに際して、いろいろな計画や工夫が行われ、結果としてさまざまな情報が得られる。数値を処理したり、グラフ化したりすることが必要になる場合もあり、また、それらを総合的に考察し自分の考えをまとめ表現することなども必要である。このような学習に主体的に取り組むことによって、「自然を調べる能力と態度の育成」が図られ、それらの学習を通じて、科学的な思考力や判断力、表現力が深められる。

　③の「自然の事物・現象についての知識や理解を深めること」は、理科の学習のねらいとして重要なことである。その際、生徒に教え込むのではなく、生徒が自らの力で知識を獲得し、理解し体系化していくようにすることが大切であり、そうしたなかで基礎・基本の確実な定着を図ることが大切である。

　①から③の過程を経ることで、④の科学的な見方や考え方ができるようになると考えられる。この場合、重要なことは、事実を客観的にとらえ、合理的に判断することであり、多面的、総合的な見方ができるようになることである。

　中学校理科において目標に準拠した評価を行うには、中学校理科の学習指導要領の趣旨に沿った授業展開、つまり、目的意識をもった主体的で意欲的な観察、実験を行い、課題を解決するなどの授業展開をすることが重要である。

【評価の観点】　「自然事象への関心・意欲・態度」「科学的な思考」「観察・実験の技能・表現」「自然事象についての知識・理解」の4観

点から評価し，その趣旨は下表のとおりである。

❶**自然事象への関心・意欲・態度**：この観点は自然の事物・現象に関心をもって自然に接するなかで，疑問や問題を発見して，それを調べたり情報を集めたり観察・実験を行ったりして，探究しようとする態度を育成することを明確にしたものである。この育成のためには，生徒が自然の事象に接する機会を意図的・計画的に設ける必要がある。自然に対する関心を高めさせることが学習の第一歩であり，そこで高まった探究心はその後の学習を展開していく推進力となる。生命尊重の態度，知的好奇心，自然への畏敬の念，継続して探究しようとする態度，自然を大切にしようとする態度などが重視される。

❷**科学的な思考**：観点の趣旨の「目的意識をもって観察，実験を行うこと」は，解決方法を考え，観察，実験の全体を把握し見通しをもって観察，実験を行うことを意味している。そうした学習を行いながら，課題を発見する力，着眼点を見つける力，問題解決の段階を見通す力，仮説を設定し実験を計画する力，実験結果を考察する力など，科学的に探求し問題を解決していく能力を育成することが大切である。その際，類似点と相違点を見つける力，要素を関連づける力などの比較する力，数量的にとらえる力，記号化・図式化する力やモデル化する力，さらには，推論する力，論理的に考える力，多面的に考える力，分析・総合化する力，規則性を発見する力などを育成することが大切である。

❸**観察・実験の技能・表現**：この観点には，観察・実験の基本操作を習得するだけでなく，観察・実験の計画・実施，計測・測定，記録，数的処理，グラフ化，結果のまとめと考察，自らの考えを導き出すなど探究の過程を通して，科学的に探究する方法を身につけることも含まれる。さらに実験の過程や結果および，そこから導き出した自らの考えを報告書にまとめたり，その成果を発表するなど，表現力の育成も含まれる。

❹**自然事象についての知識・理解**：観点の趣旨の「知識を身に付けている」には，「生きて働く」とか「応用できる」などの意味が含まれている。観察や実験などを通して自然の事物・現象に関する原理・法則や物質，エネルギー，生命，時間・空間などの基本的な科学概念を理解し知識を身につけることをめざしている。ここでの「知識・理解」は，問題解決に生かされ，新しい考えを創造する生きて働く応用のきくものであり，これをもとに生徒自ら学習を積み上げてさらに多くの知識を獲得するもとになるものである。
　　　　　　　　　　　　　　　（清原洋一）

[参] 文部省『中学校学習指導要領解説 理科編』1999.

表　中学校理科の「評価の観点及びその趣旨」

観　点	趣　旨
自然事象への関心・意欲・態度	自然の事物・現象に関心をもち，意欲的にそれらを探究するとともに，事象を人間生活とのかかわりでみようとする。
科学的な思考	自然の事物・現象の中に問題を見いだし，目的意識をもって観察，実験などを行うとともに，事象を実証的，論理的に考えたり，分析的，総合的に考察したりして問題を解決する。
観察・実験の技能・表現	観察，実験の基本操作を習得するとともに，自然の事物・現象を科学的に探究する方法を身に付け，それらの過程や結果及びそこから導き出した自らの考えを的確に表現する。
自然事象についての知識・理解	自然の事物・現象について，基本的な概念や原理・法則を理解し，知識を身に付けている。

中学校理科の評価方法

→中学校理科の特質と評価

【評価方法】 理科の学習指導における各観点の評価を行うには，それぞれの観点に適した評価方法であるとともに，学習内容・学習方法・学習形態等に適した多様な評価方法を用いることが望ましい。多様な理科の評価方法として次のようなものがある。

❶行動観察：「自然事象への関心・意欲・態度」や「観察・実験の技能・表現」の評価などに，行動観察による評価が用いられる。授業中の生徒の発言，観察・実験に取り組む様子などについて，生徒一人一人の状況を把握することが重要である。ただし，観察，実験などにおいては，安全面の指導を最優先する必要がある。そのため，行動観察による評価は，安全で生徒が自主的に活動できる場面などに適している。また，評価項目を絞って行うなどの工夫も必要である。

❷パフォーマンステスト（実技テスト）：「観察・実験の技能・表現」の評価では，実験器具の基本操作例えば，顕微鏡の使い方など観察・実験の技能の習得状況を，実際にパフォーマンステストによって評価するのが有効である。ただし，一人一人の生徒について評価するため多くの時間を要するので，安全面に配慮しながら短時間で実施する工夫や，自己評価，相互評価の活用の工夫などが大切である。

❸ワークシート：「自然事象への関心・意欲・態度」や「科学的な思考」「観察・実験の技能・表現」など複数の観点を評価することが可能である。評価後のワークシートは生徒にもどされ，次の授業に生かすことができるという利点がある。そうした長所を生かすためにも，授業のねらいに則した観点に絞り込み評価するなどの工夫が大切である。また，学習を振り返り，見直して気づいたことを記入させるような，指導の工夫も重要である。

❹実験報告書やノート，作品：数時間をかけた実験や，生徒が課題を設定して行う探究活動などで作成する。実験報告書は，生徒が自由に記述できるため，多くの観点からの評価が可能である。ノートや作品もまとまった学習の成果物として，複数の観点について評価するのに有効である。評価資料として活用する場合，ワークシートと同様の工夫が必要である。

❺ペーパーテスト：「科学的な思考」や「観察・実験の技能・表現」「自然事象についての知識・理解」などの観点で，実現状況を把握するのに有効である。工夫によっては「自然事象への関心・意欲・態度」の評価にも用いることができる。出題のねらいを明確にして問題を作成し，そのうえで評価することが大切となる。

❻その他：このほかにも多様な評価方法がある。例えば，学習の過程における生徒の考えや学習の実現状況を評価するのに適した方法として，ポートフォリオやジャーナル，ウェブマップ（概念地図法）やイメージカードの利用などがある。これらの評価方法は，学習の過程における生徒の考えや学習の実現状況を評価するのに適していると同時に，学習の過程を振り返り，生徒自身の自己評価力を高める点でも適している。

【各観点の評価方法】

❶自然事象への関心・意欲・態度：評価の前提として，自然事象への「関心・意欲・態度」を引き出し，主体的な学習活動を促す指導を行っていくことが大切である。自然事象への関心・意欲を高め，科学的な創造性を高めるためには，自然の事象に接する機会を意図的・計画的に設けながら，生徒の身の回りの自然事象に対する「不思議だ。なぜだろう」といった問いかけ，「……だから……ではないか」といった科学的予想や自分なりの考え，そして，それらをどのように確かめるかなどの想いや考えを大切にす

ることが重要である。そうした意識をより明確にするために，教師が生徒の反応等を察知し生徒に言葉で返すこと，想いや考え等を生徒自身が書きとめるといった活動が重要である。（特に，考え等を生徒が書きとめる時間を授業の中に位置づける一連の活動を「ジャーナル」という）そうした発言や行動，記述などから，自然事象への関心・意欲・態度を評価することができる。

例えば，ワークシートに「発言と質問」欄を設けて積極的に記入させ，身近な日常生活の事物・現象と自分の感じたことや不思議に思ったことを重ね合わせた記述，学習内容を把握したうえで，さらに深く科学的に追究する姿勢がみられる記述などをもとに評価する。

❷科学的な思考：この観点は，生徒一人一人の見方や考え方を評価対象としており，思考する場面を設定し表現させることが大切である。評価方法として，行動観察，ワークシート，実験報告書，ペーパーテスト，ウェブマップ，ポートフォリオなどがある。科学的な思考を促し，またその状況を把握するためにも，課題設定の工夫，見方や考え方を表現しやすくするための工夫，生徒自身の科学的な見方や考え方の意識化の工夫などが大切である。

例えば，生徒が課題を明確にし思考するために図やモデルなどを活用し，思考の過程を文章だけでなく，図やモデルなどを用いて考えを表現しやすくするといったことも大切である。また，生徒の話し合いや教師の助言などにより，生徒の見方や考え方の変容の過程を生徒自身で認識できるようにするために，例えば，他の生徒の意見を聞いて考えが変わったときは，別の色のペンでワークシートやノートなどに書きとめるように指導することも1つの方法である。そうした工夫により，生徒のつまずきを把握し適切な指導をしたり，さらに思考を発展させるために助言するなど，評価を指導に生かすこと，また，生徒自身が思考の過程を振り返り，認識を新たにするといったことが重要である。

❸観察・実験の技能・表現：観察・実験の基本操作には，例えば，顕微鏡の使い方など，1つの単元にとどまらず以後の理科の学習においても大切なものがある。こうした技能については，パフォーマンステストなどにより，着実に身につけることが重要である。パフォーマンステストは，操作方法について生徒の意識を高めさせることができるという面がある一方，教師による評価の場合には時間的な問題がある。そのため，安全面に十分配慮するとともに，評価規準を明確にして操作のあとに結果を話し合い相互評価するというような工夫も大切である。相互に確認し合うことで，より着実な定着が図られることが期待される。

ワークシート等の「スケッチ」や「特徴」などの記述，「グラフの作成」などから評価することができる。例えば，スケッチを評価する場合は，「観察する目的に整合したスケッチをしているか」「線や点を使って，わかりやすく描いているか」など，特徴を適切に表現したり，違いを表現しているかなどで評価する。ペーパーテストにおいても，正しい操作方法や手順や注意点，グラフの作成などで評価が可能である。また，探究的な活動においては，目的に合った観察器具を自分で選択したり，観察の順序や観察の方法などを自分で計画を立てることなどから評価することができる。

❹自然事象についての知識・理解：この評価で重要なことは，自然の事物・現象に即した形で，基本的な概念や原理・法則を理解し，知識を身につけるよう指導し評価することが大切である。ペーパーテストでそうした要素を取り入れる工夫のほか，実際の観察を行いながら知識の定着状況をテストするという方法，また，ウェブマップを用いて科学的な概念の構造化の状況や変容をみるという方法などもある。

（清原洋一）

小学校生活科の特質と評価

→小学校生活科の評価方法

【生活科の特質】　生活科の特質は目標や内容に示されているが、その中核は、具体的な活動や体験を通すこと、自分とのかかわりにおいて学ぶこと、にある。生活科の目標は、「①具体的な活動や体験を通して、②自分と身近な人々、社会及び自然とのかかわりに関心をもち、③自分自身や自分の生活について考えさせるとともに、④その過程において生活上必要な習慣や技能を身に付けさせ、⑤自立への基礎を養う」である。すなわち、「具体的な活動や体験を通すこと」は生活科の目標のはじめにあって、具体的な活動や体験を通すことが目標であり、また、具体的な活動や体験を通して②③④の事項を実現し、究極的には⑤の「自立への基礎を養う」ことをめざしている。

また、生活科の内容は、例えば、「内容(7)動植物の飼育栽培」では、「①動物を飼ったり植物を育てたりして、②それらの育つ場所、変化や成長の様子に関心をもち、③また、それらは生命をもっていることや成長していることに気付き、④生き物への親しみをもち、大切にすることができるようにする」である。すなわち、飼ったり育てたりする具体的な活動や体験が生活科の内容である。また、飼ったり育てたりして②③④の内容を身につけることができるようにするのである。このように、具体的な活動や体験は、生活科の目標であり、内容であり、方法でもある。このような具体的な活動や体験が活発に行われて、生活科の学習が成立する。

「自分とのかかわり」についても、生活科の目標に「自分と身近な人々、社会及び自然とのかかわりに関心をもち」と示されている。また、生活科には8つの内容があるが、それは(1)自分と人や社会とのかかわり、(2)自分と自然とのかかわり、(3)自分自身、の3つの基本的な視点で構成されている。基本的な視点とは、自分を軸に学習内容を構成していく視点であり、生活科の内容を原理的に説明したものである。すなわち、「自分とのかかわり」は、生活科の基本的な性格を反映している。

生活科の学習は、子どもが自分を取り巻く人や社会、および自然を対象化して客観的にとらえることが中心ではない。それらが自分にとってもつ意味に気づき、身の回りにあるものをもう一度見直し、自分なりの切実な問題意識をもって調べたり、考えたり、表現したりなどできるようにすることをめざしている。すなわち、生活科においては、子どもが具体的な活動や体験を通して、自分と身近な人や社会、および自然とのかかわりを広げたり深めたりしていくところに特質がある。それが学習指導に具現されて生活科の学習が成立する。

例えば、学習活動として「まちのたんけん」が行われるが、「がっこうのちかくに　にんぎょうやがあります。にんぎょうをうっています。にんぎょうがいっぱいいて　こわくないかなとおもいました」というとらえ方は、生活科の特質をよく具現している。子どもは人形屋を探検し、人形屋を自分自身に引き寄せてとらえている。これを契機にして、例えば『人形屋さんに聞いてみたい』『夜はどんな様子だろう。恐いけど見てみたい』というように、自分と人形屋とのかかわりを強める芽があるのである。

【評価の留意点】　評価にあたっては、生活科の特質に照らして次のことに留意する必要がある。

第1は、具体的な活動や体験の広がりや深まりを評価することである。具体的な活動や体験とは、例えば、見る、聞く、触れる、作る、探す、育てる、遊ぶなどして身近な環境に直接働きかける学習活動や、そうした活動の楽しさやそこで気づいたことなどを言葉、絵、動作、劇化などによって表現する学習活動である。そ

れがどのように広がり深まり，そのなかで子どもが何を考え，どのような工夫をし，何に気づいたかを評価することが求められる。

第2は，子ども一人一人に即して評価することである。自分とのかかわりを基本にする生活科は，一人一人の子どもにとって意味や価値のある学習活動が展開される。「関心・意欲・態度」「思考・表現」「気付き」などが，子どもなりにどのように発揮されているか，一人一人のよさや進歩の状況を見取ることが求められる。

第3は，実践的な態度を評価することである。生活科は，自分自身や自分の生活について考えさせる，その過程において生活上必要な習慣や技能を身につけさせる，究極的には自立への基礎を養うことをめざす教科である。このことから実践的な態度を評価することが求められる。

【評価の観点】　評価の観点は，「生活への関心・意欲・態度」「活動や体験についての思考・表現」「身近な環境や自分についての気付き」の3つで，その趣旨は下表のとおりである。

❶生活への関心・意欲・態度：生活科は，その目標から，自分と身近な人々や社会および自然，自分自身や自分の生活に関心をもち，そこに積極的に向かっていくようにする。そこでは，子どもが身近な人，社会，自然，自分自身や自分の生活にどれほどの関心を示し，どれほど意欲的に取り組んでいったか，また，そうした取組みを通して，どのような態度を身につけたかをみていくことになる。この観点の評価は，一人一人の子どもに意欲と自信をもたせるようにするとともに，継続的に，ある程度長期にわたって見取るようにすることが大切である。

❷活動や体験についての思考・表現：生活科は，具体的な活動や体験を通すことを基本にするが，それは子どもが自分を取り巻く人，社会，自然が自分自身にとってもつ意味に気づき，身の回りにあるものをもう一度見直し，切実な問題意識をもって新たな働きかけをしたり表現したりなどすることである。この観点の評価は，具体的な活動や体験をするなかで，子どもが考えたり工夫したりして，どのように活動を広げたり深めたりしているか，また，活動や体験の楽しさ，考えたり工夫したりしたこと，気づいたことなどについてどのように表現しているかを見ていくことになる。

❸身近な環境や自分についての気付き：生活科は，自分を軸にして，身近な環境を学習の対象や場にし，具体的な活動や体験を通して学ぶ。子どもはその中で，驚いたり，感動したり，不思議に思ったり，自ら考えたり工夫したりなどしてさまざまなことに気づく。この観点の評価は，子どもがそうした具体的な活動や体験を通して生み出す気付きを大切にし，身近な環境や自分についてどのように気づいているかをみていくことになる。

個別に示された3つの観点は，実際には密接に関連している。観点別評価では，それぞれの観点の趣旨を理解するとともに，それらの関連についても理解して当たることが大切である。

(嶋野道弘)

表　小学校生活科の「評価の観点及びその趣旨」

観　　点	趣　　　　旨
生活への関心・意欲・態度	身近な環境や自分自身に関心をもち，進んでそれらとかかわり，楽しく学習や生活をしようとする。
活動や体験についての思考・表現	具体的な活動や体験について，自分なりに考えたり，工夫したりして，それをすなおに表現する。
身近な環境や自分についての気付き	具体的な活動や体験をしながら，自分と身近な人，社会，自然とのかかわり及び自分自身のよさなどに気付いている。

小学校生活科の評価方法

→小学校生活科の特質と評価

【評価規準の作成】 生活科では，生活科の基礎的・基本的な内容が確実に身についているかどうかを適切に評価しなければならない。そのためには，学習指導要領の「生活科の目標，各学年の目標及び内容」を，指導要録の「評価の観点及びその趣旨」「第1学年及び第2学年の評価の観点の趣旨」に即して整理した「内容のまとまりごとの評価規準」が必要になる。

その作成にあたっては，平成14年の「評価規準の作成，評価方法の工夫改善のための参考資料（以下「参考資料」）」（国立教育政策研究所教育課程研究センター）の活用が望まれる。「参考資料」には，3つの評価の観点に基づいて，8つの内容のまとまりごとに「内容のまとまりごとの評価規準」および「内容のまとまりごとの評価規準の具体例」が示されている。

実際には単元ごとに評価を進めることになるため，単元ごとの評価規準を作成する必要がある。まず，作成した単元の「内容のまとまりごとの評価規準」を明確にする。次に，単元の目標と「内容のまとまりごとの評価規準」を照らし合わせて「単元の評価規準」を作成する。その際，「参考資料」の「内容のまとまりごとの評価規準及びその具体例」を活用されたい。

「単元の評価規準」を作成する場合，生活科の特質として，生活科の1つの内容で1つの単元を構成する場合もあれば，複数の内容で1つの単元を構成する場合もある。複数の内容に基づいて構成している単元では，それに対応した「内容のまとまりごとの評価規準及びその具体例」を組み合わせて作成する。

評価規準は，規準の示す範囲が大きすぎると評価が曖昧になる。また，小さすぎると評価の場面や評価の回数が多くなって実際的ではない。したがって，「単元の評価規準」を活動のまとまり（小単元）ごとに分割して，「小単元における具体的評価規準」を設定する必要がある。

【評価の視点】 目標の実現状況を把握するには，評価規準に示した事項は子どもの何を見ればよいか，という「評価の視点」を設定しておくことが望まれる。その場合，実際の学習活動の中で「おおむね満足できる」状況が，子どものどのような姿になって表れるか，学習活動の場や対象における質的な特徴を想定して示すようにする。評価の視点は，子どもの学習状況を多面的に見るため，通常，1つの評価規準に対して複数立てられる。

具体的に小単元における具体の評価規準の「関心・意欲・態度」が，

○公園の秋やそこでの遊びに関心をもち，みんなで楽しく遊ぼうとしている。

とすると，評価の視点は，下記のようになる。

・木登り，笹流し，鬼ごっこ，山滑り，かくれんぼ等，公園の自然環境を使って遊ぼうとしている。（行動）
・公園で使う道具などの，自分の遊びに合った持ち物の準備をしている。（行動，対話）
・次の活動時間にやりたいことや遊びたいことがある。（カード，会話）
・みんなと一緒に遊ぼうとする。（行動，会話）

【質的な評価】 評価規準は，「おおむね満足できる」状況を示すのが適切である。これをもとにして，その質的な高まりや深まりから「十分満足できる」「努力を要する」状況を判断する。

例えば，「地域の人々やさまざまな場所とかかわることを楽しもうとしている。（関心・意欲・態度）」の評価規準について考えてみよう。

「（探検に）行きたくない」「行くところがない」「行っても楽しくない」という状況は，「努力を要する」と判断して納得されるだろう。このように判断したうえで，教師はこのような子どもの「関心・意欲・態度」を高めたり深めた

りできるようにしていかなければならない。「はじめにここに行って、次はここ、その次はここ」というように、次々に地域の人々やさまざまな場所とかかわることに関心を広げている状況は、「十分満足できる」と判断して納得されよう。このような場合、探検場所は複数個所になる。しかし、それが単なる思いつきや興味本位の場合もある。それでは「十分満足できる」状況にあるとは判断できない。すなわち、探検したい場所がいくつ以上あれば「十分満足できる」状況にあるという、量的な基準だけでは判断できない。

質的な高まりや深まりは、単元における学習活動の過程でそのつど評価し、それを集積して小単元や単元の評価とする。例えば、「地域の人々やさまざまな場所とかかわることを楽しもうとしている。(関心・意欲・態度)」という状況は、「探検の計画を考える」「探検の準備をする」「探検に行く」「探検したことを振り返る」などのいくつかの学習活動において、いつも観察されるのは「十分満足できる」状況と判断して納得されよう。

【評価方法】 評価にあたっては、多様な評価方法を開発し、それぞれの方法の特質を理解して当たる必要がある。さらに、開発した多様な方法を相互に関連づけるなどの工夫が必要になる。例えば、次のような評価方法が有効である。
①行動観察、(子ども同士の) 会話、つぶやき、発言、作品分析
②問いかけ、(教師による子どもとの) 対話や会話等の分析

これらの評価方法については、教師の子どもへのかかわり方の違いから、①は受容(動)的評価法、②は能動的評価法といえる。生活科においては、受容(動)的評価法にとどまらず、能動的評価法も積極的に取り入れるべきである。

多様化した評価方法は、例えば、行動観察と作品分析を関連づける、というように、いくつかの方法を関連づけるようにする必要がある。

また、例えば、作品分析と問いかけ、というように、受容(動)的評価法と能動的評価法を関連づけるようにする。振り返りカードの内容をもとにした問いかけの例を示してみよう。

・〈きょうのかつどうでよかったことをかきましょう〉たいいくかんにいったら、よろこんであそんでくれてよかったよ
・〈こまったことがあったらかきましょう〉あばれてたからちゅういしたけど、きかなかったから、こまったよ。

振り返りカードの項目からは「1年生の気持ちを考えながら活動していた」ことが把握できる。必要があれば、振り返りカードに書いてあることについて、例えば「どんなふうに注意したの」というように問いかけてみる。また、当日の子どもの行動 (言葉のかけ方や振る舞い方等) について観察したことを想起するとよい。

【単元のまとめの評価】 単元のまとめの評価は、小単元ごとの評価の、①おおかたの傾向として認められるもの (出現率) で代表する、②数値化して平均したりして決める、③ねらいの軽重、かけた時間数の長短を勘案し、それにふさわしい重みづけや操作をして決める、④単元における伸びや成果を加味して決めるなどのいくつかの方法がある。いずれの場合においても小単元のA、B、Cの数を単純に数え上げるだけの形式的・機械的な評価に終わることのないようにしなければならない。そのためにも、収集した資料から再度単元全体を通した学習状況を読み取り、それを単元の評価規準に照らして見直すようにしたい。

このような点に配慮して、収集した資料から単元全体を通した学習状況を読み取り、単元の評価規準に照らして「おおむね満足できる(B)」「十分満足できる(A)」「努力を要する(C)」状況を判断する。その際、特にAやCと判断した理由や、Cと評価した子どもへの指導の手だてを明らかにしておく。

(嶋野道弘)

小学校音楽科の特質と評価

→小学校音楽科の評価方法

【小学校音楽科の目標】　小学校音楽科は，児童がさまざまな表現活動や鑑賞活動を通して豊かな音楽体験を積み重ねながら音楽のよさや美しさに深くふれ，音楽活動の楽しさや喜びを経験し，心豊かに生きていくために必要となる資質や能力を身につけていく教科である。小学校音楽科の目標「表現及び鑑賞の活動を通して，音楽を愛好する心情と音楽に対する感性を育てるとともに，音楽活動の基礎的な能力を培い，豊かな情操を養う」は，このような考え方に立って示されている。

この目標を実現していくためには，小学校音楽科がめざす学力観に立って，児童の意欲的な学習を促し，豊かな音楽的成長を実現していくような指導と評価を展開していくことが重要である。すなわち，児童がさまざまな音楽（学習対象）とのかかわりを経験したり深めたりするような学習指導を充実し，一人一人がすすんで自分のよさや可能性，考え方や思いを発揮しながら，主体的で創造的な音楽活動を進めることができるよう，学習者の側に立って指導と評価の工夫・改善を図っていく必要がある。

【小学校音楽科で身につける資質・能力】　音楽の授業で何を教えればよいのか，言い換えれば，児童たちがどのような学力（資質・能力）を身につけるようにすればよいのか。ここでは，学習指導要領が示す学年目標と内容の2つの視点から考えてみたい。

(1) 学年目標が求める資質・能力

小学校音楽科の学年目標は，低・中・高学年別に，それぞれ3つの項目で示されており，そこには，次のような3つの力を育てることの重要性が述べられている。すなわち，(1)音楽と楽しくかかわる力，(2)基礎的な表現の能力，(3)基礎的な鑑賞の能力である。そしてこれらの目標は，低・中・高学年別に，児童の発達段階を考慮して身につけてほしい資質・能力が発展的に示されている。

(2) 内容が求める資質・能力

小学校音楽科の内容は，低・中・高学年別に，それぞれ「A 表現」「B 鑑賞」の2つの領域に分けて，「身に付ける能力」と「取り扱う教材」に関する項目が示されている。「身に付ける能力」に関する項目においては，次の5つの力を育成することの重要性が述べられている。

①聴いて表現できる力を身につけること

小学校音楽において，聴唱や聴奏，暗唱の力を高めることは，その後の音楽の学習の重要な基盤ともなるものである。

②表現したいイメージや思い，願いを育てる

児童が歌唱や器楽の活動を意欲的に行い，表現活動の喜びや楽しさを十分に味わうためには，全体的な曲想，楽曲を構成する音色の変化や旋律の流れに対する感受力を高めるとともに，表現したい音楽のイメージや思いを膨らませるなど，一人一人の心の中で表現すべきものが育っていくことが重要なこととなる。

③歌い方や楽器の演奏の仕方など，表現技能を身につける

児童が心の中に描いた思いやイメージを実際の音に表し，またその表し方を自分の気持ちに合うよう工夫していくには，例えば自然で無理のない声による発声の仕方や発音を自ら工夫したり，1つ1つの音の響きを楽しみながら指遣いや運指の仕方に慣れたりするなど，さまざまな表現技能を身につけることが必要となる。また，楽譜の意図するところを読み取ったり，自分で楽譜をつくったりするなど，楽典的な音楽の理解も深めていく必要がある。こうした能力は，単に教師の形式的な反復練習や教え込みによってのみ身につくものではない。児童が自らすすんで表現しようとする意欲や表現意図を深

めていくことによってはじめて身につくものである。日々の評価においては、こうした視点に立って児童の学習状況を把握していくようにすることが大切である。

④ **つくる喜びを体験し、自らつくる力を育成すること**

学習指導要領の内容に示す項目(4)「音楽をつくって表現できるようにする」は、それが既存の作品を表現しようとする活動であっても、あるいは創作的な表現活動であっても、児童一人一人が自らの発想を発揮しつつ直接音や音楽にかかわり、その過程で創意工夫を凝らしながら自分自身の音楽をつくり出そうとする能力の育成の重要性を示したものである。

⑤ **音楽を聴いてそのよさや美しさを味わう能力を徐々に育成すること**

鑑賞の能力は、これまで聞き流していた音を意識して聴くようにしたり、音楽を特徴づけているリズム、旋律の流れなどを意識して聴き分けるようにしたりすることにより、徐々に育つ。これまで多くの人々が長い間はぐくみ、大切にしながら伝えてきたさまざまな音楽のよさや美しさに直接ふれるような鑑賞の場を工夫することは、小学校音楽科の大きな課題である。目的の明確な鑑賞学習を進め、それに沿った評価の進め方を工夫することが重要である。

【**小学校音楽科のめざす評価の考え方**】 以上述べてきた新しい学力観に立つ音楽科で重視する「自ら学ぶ意欲」「音楽的な感受力、思考力、判断力」「表現の技能、読譜力」「鑑賞の能力」は、児童の音楽活動の中で常に一体となって働くものである。

これらの資質・能力を音楽科の授業で具体化し、児童の豊かな自己実現に役立つようにするには、小学校学習指導要領（音楽）に示した音楽科の目標および内容を授業計画の基盤に据えるとともに、指導要録に示した音楽科の4つの観点別学習状況の評価の観点、「音楽への関心・意欲・態度」「音楽的な感受や表現の工夫」「表現の技能」「鑑賞の能力」を重視して、指導と評価の一体化を図る学習指導を工夫し、改善していくことが大切である。

【**指導と一体となる評価**】 評価は、学習の結果に対してのみ行うものではない。学習意欲を引き出し、高め、明確な目標観に支えられた、主体的で積極的な学習を展開できるようにするという役割をもっている。

特に音楽科では、学習の進歩の度合いや資質・能力の獲得の状況が学習者にわかりづらく、見えにくい場合が多い。そのため、教師が児童に適切な助言を与えたり、進歩し、よくなった点をわかりやすく伝えたりすることは、生き生きとした学習を引き出すきっかけとなる。そうしたことから、児童が自分の学習を振り返ったり、学習状況に気づいたり、さらに学習意欲を高めたりして自分を見つめ直すきっかけとなり、その後の学習や発達を促すのに役立つよう、日々の学習過程における評価の進め方を一層工夫する必要がある。

これからの音楽科学習指導では、児童の学習活動を積極的に支援し、指導と一体となる評価を充実することをめざして、題材の指導計画と具体的な評価計画を同時に立てる必要がある。そこでは、題材の指導全体を通して、何をどのように評価するのかということについて明らかにするとともに、児童の実態や学習内容に即した評価の進め方を工夫していくことが大切なこととなる。具体的には、学習のねらいに沿って評価の観点ごとに評価規準を設定し、児童一人一人の学習状況やその成果を継続的、総合的に把握していくことになる。その際、学習指導要領が各学年の目標や内容を2学年まとめて示した趣旨を十分に生かして、音楽科の指導と評価を進めるよう、年間指導計画段階から評価計画を工夫して位置づける必要がある。

（金本正武）

小学校音楽科の評価方法

→小学校音楽科の特質と評価

【評価の観点】 小学校音楽科では，前項の評価の考え方の趣旨を積極的に実現するため，以下に述べる4つの観点別学習状況の評価の観点を設定して評価を進めることになる。それぞれの評価の観点と趣旨は下表に示すとおりである。

❶**音楽への関心・意欲・態度**：この観点は，児童がすすんで音楽にかかわり音楽活動の喜びを味わい，そのような学習活動を通して得たさまざまな音楽経験を，自分たちの生活の中に生かすことができるようにするという面の深まりをねらったものである。そのためには，児童のよさや可能性を生かす学習指導の進め方を工夫し，音楽に対する興味や関心，さらに音楽活動に対する意欲や創造的な学習態度などを高め，一人一人のよい面を積極的に見いだし，評価していくようにする必要がある。このことは，児童が表現や鑑賞の能力を確実に習得していくうえで，その基盤となるものである。

❷**音楽的な感受や表現の工夫**：この観点は，児童一人一人が音楽を聴いてそのよさや美しさを深く感じ取ったり，その過程で心の中に培ったものを工夫して表現し，他に伝えたりしていく能力や態度の育成をねらったものである。具体的には，音楽のよさや美しさ，楽曲の気分（曲想）や音楽を特徴づけている要素などを深く感じ取り，それらを生かした表現や鑑賞の仕方を工夫する学習の状況を適切に評価していくことになる。そのことを通して，児童が楽曲全体の構成を理解したり，自由な発想を生かしたりするなど，主体的で創造的な学習活動をより活発に行うことをめざしている。

❸**表現の技能**：この観点は，児童が音楽表現を進めていくうえで必要となるさまざまな技能の育成をねらったものである。楽しく歌を歌ったり，楽器の演奏に取り組んだり，豊かな発想を生かして自分自身の音楽をつくって表現したりする表現の技能は，児童が自らすすんで表現しようとする〈表現意欲〉や，何をどのように表現したいのかという〈表現意図〉に支えられて，初めて生きた能力として身についてくる。学習指導要領では，「自然で無理のない声」，すなわち児童の声帯を大事にしつつ，児童らしい響きのある声を育てていくこと，さらに取り扱う楽器の選択幅を広げ，より意欲的で生き生きとした楽しい学習活動を推進することを強く求めている。常に他の評価の観点と関連させながらこの観点に関する指導と評価を進めていく工夫が重要なこととなる。

❹**鑑賞の能力**：この観点は，音楽を積極的かつ楽しく聴取，鑑賞し，音楽のよさや美しさを味わうことのできる能力の育成をねらったものである。具体的には，音楽を特徴づけている要素や楽曲の仕組み，構成に気をつけながら音楽を聴いたり，また，楽曲の気分や曲想の変化を感じ取りながら音楽を全体的に味わって聴いたりする学習の実現状況を評価することになる。そ

表 小学校音楽科の「評価の観点及びその趣旨」

観　点	趣　旨
音楽への関心・意欲・態度	音楽に親しみ，音楽を進んで表現し，鑑賞しようとする。
音楽的な感受や表現の工夫	音楽のよさや美しさを感じ取り，それらを音楽活動の中で創意工夫し，生かしている。
表現の技能	音楽を表現するための基礎的な技能を身に付けている。
鑑賞の能力	音楽を楽しく聴取，鑑賞し，そのよさや美しさを味わう。

の際，楽器の音色や人の声の特徴に注目してそれらを聴き分けたり，それらの組合せによる響きの豊かさや面白さを楽しんで聴いたりするような学習指導を充実することが重要になる。こうした鑑賞の能力は，児童一人一人の感性を通して音楽の美しさを享受し理解することにつながるものである。常に児童の側に立った学習指導の中で評価を進めていく工夫が求められる。

【指導計画作成段階における評価計画】 音楽科において，指導と一体となる評価を進めるためには，題材の指導計画と具体的な評価計画を同時に立てる必要がある。そこでは，題材の指導全体を通して，"何をどのように"評価するのかを明らかにし，児童の実態や学習内容に即した評価の進め方を工夫しなければならない。具体的には，学習のねらいに沿って4つの評価の観点ごとに評価規準を設定し，一人一人の学習状況やその成果を継続的，総合的に把握していくこととなる。具体的には次のことを重視する。

(1) **指導目標の明確化**
　まず，年間指導計画を構成する各題材の構想段階で，学習指導要領に示す小学校音楽科の目標（教科目標，学年目標）および内容を分析し，各題材の指導目標を明確に設定する。

(2) **題材ごとの評価規準の設定**
　次に明確にした題材ごとの指導目標や指導内容，そして教材を十分に吟味しながら，題材の評価規準を設定する。ここで配慮すべきことは，表現と鑑賞の関連を図る指導を充実する観点に立って，指導する内容について，児童がどのように学習を展開していくべきかを明らかにすることである。すなわち各題材を，どのような学習分野（すなわち「歌唱」「器楽」「創作」「鑑賞」）を中心に構成していけばよいかを十分に吟味することである。

(3) **単位時間ごとの具体的な評価規準の設定**
　児童の具体的な学習活動に即してその学習状況を的確に把握するため，単位時間における適切な場面で具体的な評価規準（以下，評価項目とする）を設定する。その際，単位時間ごとのねらいを実現しつつあるか，その視点を焦点化し，1ないし2個の評価項目を設定して評価を進めることが大切である。

　また，児童が学習のねらいをどのように理解し，実現しているのかを，継続して把握できるよう工夫する必要がある。そのためにも，「…できるようになる」や，「…している」などのように，評価項目の語尾を十分に検討する。そのことを通して，児童の目標実現の状況の把握の仕方を重視し，より児童の側に立った評価の進め方を工夫する必要がある。

【評価方法を工夫し指導に生かす】 日々の学習における評価は，児童の学習を支援し，目標実現に向けて学ぶ意欲を高めていくのに役立つものでなければならない。そのためには，設定した評価規準の意図に従って，実際の学習活動に即して児童の伸びようとしているよさや可能性などを把握できるよう，適切な評価方法を工夫する必要がある。表現や鑑賞の活動における一人一人の学習状況を多面的・総合的に把握するために，いくつかの評価方法を複合，併用したりする工夫も必要となる。

【おもな評価方法】 小学校音楽科においては，具体的な評価方法として次のものがあげられる。
①観察による方法：表情の変化や特徴の観察，演奏や行動の姿の観察，学習場面における発言の観察，など。
②演奏発表や作品発表：教師や友達の前での演奏，つくった作品の演奏発表，児童の作成した音楽づくりの設計図，など。
③学習カード：学習計画カード，学習記録カード，ワークシート，取組みの反省カード，など。これらの学習カードは，児童の自己評価・相互評価活動に基づくものであり，教師がそれらを分析して指導に生かすことが重要である。
④実技検査や質問紙による方法
⑤対話・会話による方法

〔金本正武〕

中学校音楽科の特質と評価

→中学校音楽科の評価方法

【中学校音楽科の特質】 中学校音楽科の目標は，「表現及び鑑賞の幅広い活動を通して，音楽を愛する心情を育てるとともに，音楽に対する感性を豊かにし，音楽活動の基礎的な能力を伸ばし，豊かな情操を養う」ことである。

中学校の音楽学習では，生徒の発達段階を考慮した音楽的基礎・基本をはぐくむため，おもに次の4つの視点からとらえる必要がある。

❶**音楽の生活化を推進する**：生徒が音楽に親しみ，学校の内外を問わず自らすすんで歌ったり，演奏したり，鑑賞したりするなど，主体的に音楽にかかわる態度の育成を図ることを基盤にする。

❷**個性的，創造的な学習活動を活発に行う**：中学校では小学校における学習内容の基礎のうえに，生徒の能力，適性，興味・関心等がしだいに多様化する。このことを考慮した適切な指導を展開し，個性の伸張を図る音楽教育を推進する。

❸**豊かな社会生活を営む基礎を養う**：合唱や合奏など集団活動としての音楽体験を通し，互いに協力して音楽表現をする喜びを味わう。また，表現や鑑賞の相互的な学習や課題学習など，多様で幅広い活動を行う。

❹**内外の多様な音楽を複眼的にとらえる態度を育成する**：国際社会に生きる豊かな日本人の育成を図る観点から，わが国や郷土の伝統音楽に理解と愛情を深め，世界の諸民族の音楽も尊重し接することのできる人材の育成を図る。

【評価のあり方と評価の観点】 一般に教育評価を進めるにあたって，指導者は常に客観性をもち，主観に偏らない判断力で取り組まなければならない。そのため，だれが見ても納得のいく根拠が示されてこそ妥当な評価となる。音楽教育では，音や音楽で人間のもつさまざまな感情や微妙な心の働きの表現を可能とする一方，ややもすると指導者も生徒も楽曲の気分や雰囲気のみに意識が向けられがちな教科の特性がある。つまり，音楽を感性的側面の範疇でのみとらえやすいのである。抽象性や曖昧性に傾斜しやすい教科の特性であればあるほど，学習過程で構造的側面の内容を明確にした，指導と評価を進める必要がある。

具体的な評価活動については，次の4つの観点をフィルターとして取組みを行う。その観点とその趣旨については次ページに示す。

❶**音楽への関心・意欲・態度**：表現や鑑賞の活動を通して生徒に音や音楽への興味・関心をもたせ，生涯にわたり音楽に親しむための基盤となるきわめて重要な観点である。

❷**音楽的な感受や表現の工夫**：音楽の教科特性である抽象性，曖昧性に傾斜させないため，各時間ごとに指導すべき内容の焦点化，明確化を図ることが大事である。楽曲の中で，客観的にとらえることのできる構造的な側面と，よさや美しさの感受という個別的な感性的側面の両視点からとらえる観点である。

❸**表現の技能**：楽曲への解釈やイメージなどを適切に表現していくためには，声や楽器の扱い方や読譜力など，表現のための諸技能を獲得する必要がある。実際に神経と身体を適切にかかわらせ，道具としての声や楽器を扱う諸技能の獲得状況の観点である。特にこの観点は，機械的な諸技能の獲得ではなく，「音楽への関心・意欲・態度」「音楽的な感受や表現の工夫」との必然的な流れを把握させることが大事である。

❹**鑑賞の能力**：「音楽的な感受や表現の工夫」ではぐくんだ感じ取る力，工夫する力とのかかわりを生かすことが重要である。諸要素のもつ原理的な働きがその音楽固有の雰囲気や気分・味わいを与えることを理解し，楽曲全体を自分なりの鑑賞ができる基本的な享受能力を育てる観点である。

(峯岸 創)

中学校音楽科の評価方法

→中学校音楽科の特質と評価

【評価の手順】 指導と評価の一体化を図る目標に準拠した評価を進めるには，題材の指導計画と具体的な評価計画を立てる必要がある。右側に1つの題材で学習指導要領の「A表現・器楽」と「B鑑賞」の指導内容の関連を図った指導案の一部を示して，評価の手順を説明する。

①学習指導要領の指導内容を十分に考慮し，題材名，教材を設定する［(1)～(4)］。②題材の評価規準を設定する［(5)］。このとき，国立教育政策研究所「評価規準の作成，評価方法の工夫改善のための参考資料」が参考になり，中学校音楽科では「A表現・歌唱」「A表現・器楽」「A表現・創作」「B鑑賞」ごとに「内容のまとまりごとの評価規準」が示されている。さらに実際の学習活動を想定し，学習活動における具体の評価規準を設定しておく。③指導・評価計画の中に，それぞれの具体の評価規準をみるための評価方法を位置づける［(6)］。おもだったものに，観察，学習カード（生徒の自己評価・相互評価カードも含む），聴取質問紙［(7)］，演奏，批評文，作品，総括テストなどがある。④実現の状況を判断する。ここで評価規準は，おおむね満足できると判断される状態Bの生徒の姿を表したものである。ここまで達しないCの生徒には何らかの指導が不可欠である。また，Bの状況について，さらに質的な高まりや深まりを見せた生徒をAと判断する。⑤題材の終了後観点別評価でまとめ，学期末，学年末で総括を行う。

(1)題材名：「尺八固有の音色や雰囲気を感じ取り，尺八曲の特徴を味わおう」
(2)学習指導要領の指導事項：第2学年【A表現・楽器（ウ・キ）】【B鑑賞（ア・ウ）】
(3)題材の指導内容：A表現…ウ 尺八の特徴，キ 音階 B鑑賞…ア 楽曲の雰囲気，ウ 我が国の音楽
(4)教材：表現教材…「ほたるこい」「日本昔ばなし」「春の海」，鑑賞教材…尺八曲「鹿の遠音」
関連教材：尺八曲「春の海」（部分鑑賞）
(5)題材の評価規準（具体の評価規準）
関①尺八の固有の音色や奏法など，尺八独特の表現の特徴に関心をもち，それらを生かした尺八の表現活動に意欲的に取り組んでいる。
関②我が国の音楽である尺八曲を鑑賞することに意欲的に取り組んでいる。
感受や工夫①尺八固有の音色，奏法の特徴，拍節的でないリズムを感じ取り，自分のイメージをもって，尺八による表現の工夫をしている。
感受や工夫②世界の諸民族の縦笛の曲や尺八曲を味わい，尺八固有の音色，奏法の特徴，音階の特徴を感じ取っている。
技能①尺八の特徴を生かして表現をする技能を身につけている。
鑑賞①我が国の音楽である尺八曲全体の雰囲気を聴き取っている。
(6)授業展開案（略）
(7)［資料］《聴取質問紙》ほか
次の①～⑧の8種類の縦笛の音色を聴いて，その楽器の音色やリズム，音階の特徴，曲の雰囲気について，それぞれどんな感じの音が聴こえてきますか。

	①尺八	②リコーダー	⑧ひちりき
音色			
リズム			
音階			

（清水宏美）

表　中学校音楽科の「評価の観点及びその趣旨」

観　　点	趣　　旨
音楽への関心・意欲・態度	音楽に親しみ，音楽を進んで表現し，鑑賞しようとする。
音楽的な感受や表現の工夫	音や音楽のよさや美しさを感じ取り，それらを音楽活動の中で創意工夫し，生かしている。
表現の技能	音楽を表現するための基礎的な技能を身に付けている。
鑑賞の能力	音楽を楽しく聴取，鑑賞し，そのよさや美しさを味わう。

小学校図画工作科の特質と評価

→小学校図画工作科の評価方法

【図画工作科の特質】 学習指導要領には，図画工作科の教育目標として「表現及び鑑賞の活動を通して，つくりだす喜びを味わうようにするとともに造形的な創造活動の基礎的な能力を育て，豊かな情操を養う」と示されている。

図画工作科は，昭和52年まで「絵画」「版画」「彫刻（彫塑）」「デザイン」「工芸（工作）」「鑑賞」という内容によって構成されていた。これは大人の美術界の作品ジャンルでもある。それが昭和52年以降，「楽しい造形活動（造形遊び）」「絵に表す」「立体に表す」「つくりたいものをつくる」「見ることに関心を持つ」という子どもの造形活動を示す内容に改められた。現在は，「楽しい造形活動（造形遊び）」「絵や立体・つくりたいもの・工作に表す」「よさや美しさなどに親しむ」という3つの内容からなっている。この大きな変革の間に絵などの内容が整理され，代わって造形遊びの位置づけが上がった。これは，図画工作科の目標が「知識や技術の習得」から「資質や能力の育成」へと移行したこととも関連している。

しかし，実際の教育現場では，相変わらず絵に表す内容が中心となっている。造形遊びが浸透しない原因の1つは，評価の問題である。絵と違って造形遊びは出来上がる作品の幅が広い。そればかりか作品にならないことさえある。また造形遊びの授業においては，この授業で何を学習目標にするのかということがないがしろにされ，「はじめに体験ありき」あるいは「はじめに活動ありき」という風潮がある。これでは，「活動あって学習なし」の授業になってしまう。育てたい資質や能力が意図されなければ，造形遊びは，放課後の遊びと同じである。「楽しい授業」は必要だが，だからといって「楽しいだけの授業」は義務教育課程に位置づける必要はない。「この授業でどのような資質や能力を育てたいのか」という目標を確認し，そのためにどう指導するか，そして子どもの活動をどう読み取るかという教育評価の原点をもう一度考えてみる必要がある。

【背景】 従来の図画工作科における評価は，出来上がった作品をもとに，一連の教育活動の最後に行われる傾向があった。よい作品を生み出すことを目標にし，よい作品が完成したかどうかを評価の指標とするいわゆる「作品主義」とよばれる考え方である。創造美育運動の主導者である久保貞次郎らが1938年に栃木県の真岡で始めた児童画公開審査会も作品だけをよりどころにして，よい絵の指標を見極めようとした活動であった。しかし，何がよい作品かという客観的な指標は，結局のところ児童画審査会では明確とならず，戦後は，創造主義美術教育の台頭によって「いきいきとしている」とか「のびのびと描かれている」といった抽象的な印象による作品評価が普及することとなった。

作品による評価には，評価者の主観的な価値観である嗜好が影響する。例えば，淡い色を好む教師は，淡い色で描かれた作品によい評価を与える傾向がある。そして，淡い色を好む子どもは，評価者が代わっても常に淡い色で描き続ける。「先生がかわると評価がかわる」という子どもや保護者からの疑問や批判は，この点に起因するものである。こうして説明のできない印象と嗜好による主観的な評価が繰り返され，子どもの側に大きな変化がなくとも，学年が進んで評価者が代わるたびに評価が大きく変化するため，図画工作科への不信感を生んできた。こうした結果重視の教育の繰り返しによって，図画工作科の評価は，子どもや保護者に十分な説得力をもつことができなかったし，力を伸ばすことに無関心で才能に左右される教科という印象をもたれることにつながっていた。

作品は，評価をするためには重要な情報である。しかしそれは，途中で試行錯誤をしていたのは，こういう形になったのか，というように子どもたちが学習過程で働かせた資質や能力を確認するために必要である。よいとか悪いとかを判断するためにあるのではない。評価をする学習過程と作品結果を分けないで，発揮された資質や能力を読み解く材料として作品を見るようにし，学習過程と作品結果を総合的にとらえることが必要である。それは，作品という点ではなく学習過程と関連させた文脈として作品を評価するということであり，学習過程で発揮された資質や能力と作品に現れた結果を連動して考えることである。

これに対して，昭和50年代の「楽しい造形活動」いわゆる「造形遊び」の登場によって，作品という結果だけではなく学習過程が重要なのだという意識が定着したが，学習過程をどのように評価するのかという具体的な方法の開発が進展していなかった。この学習過程の具体的な評価方法の検討が，今後の課題である。

【展開】　これらの問題を解決し，図画工作科の評価を信頼性のあるものにするためには，①評価規準によってその学習で育成を図る資質や能力を明確にすること，②作品だけではなく学習過程を評価することである。

明確な根拠を有し，信頼性のある評価を行うことが，図画工作科の評価の課題である。そのためには，評価に関する一定の考え方を共有し，目標に準拠した評価によって，もう一度学習指導の原点である「この題材や指導でどのような資質や能力を育てたいのか」という学習目標（評価規準）を再確認することである。

また，作品のように形として残らない学習過程を，記憶や印象といった目に見えない形で曖昧に保持するのではなく，だれもがあとで振り返ることができるような目に見える形にして蓄積することが重要である。

作品主義による評価の最も大きな問題点は，「なぜ自分の評価が低かったのか」「高めるにはどう改めるべきか」が子ども自身にわからなかった点である。つまり，評価が次の学習につながらない。しかし，学習過程を評価する形成的評価ならば，子どもに表現する喜びと自信を喚起し，次の課題への励ましを与えることができる。また，教師には指導計画や指導方法の改善の示唆を与える。学習過程の評価に関しては，評価情報の記録が教師にとって過度な負担とならないためにも評価規準を有効に活用するようにする。網羅的に評価情報を集めて記録するのではなく，学習活動の中で評価規準とかかわる内容に注目して記録するようにすることである。

【図画工作科の評価の基本】　図画工作科の評価の基本的な姿勢として，共感的子ども理解があげられる。共感的子ども理解とは，子どもの立場に立って物事を考えたり，子どもの心情を思いやったりすることである。しかし，自分とは年齢も立場も違う子どもの気持ちを理解することは困難である。ついつい欠点が見えてきてしまう。目標に準拠した評価においては，個人内の変容を読み取る際に，子どもの欠点に目を向けるのではなく，表現過程において発揮されるよさや可能性，進歩の状況に目を向ける加点主義に立脚して行うこととなる。それは，子どもを批判的に見たり，批評するような気持ちで診断的に見たりするのではなく，子どもと同じ視線に立つことである。これに図画工作科の学習体験がかかわることによって，子どもは自分を見つめ，自分を表現し，自分を解き放ち，自分を肯定し，生きていくうえでの資質や能力を得ることになる。

日常的な言葉かけ，活動の読み取り，題材設定，展示などにも共感の姿勢が必要となる。特に鑑賞にかかわる内容は，共感的子ども理解が要点であり，同時に子どもの中にも共感性を育てる内容である。
　　　　　　　　　　　　　　　　（栗田真司）

[参]　栗田真司『図画工作評価ハンドブック』東京書籍，2004．

小学校図画工作科の評価方法

→小学校図画工作科の特質と評価

【評価方法】 学習過程を評価するという考え方は重要な視点だが，図画工作科においては，文字による評価情報が少ないため，学習過程が形として残らない。これによって作品の比重が高くなっていた。したがって，学習過程を目に見える形にして残す活動が必要となる。具体的には，以下のような多面的で多様な評価情報を学習過程において読み取り記録するようにする。

❶発話の記録（つぶやき，会話，質問など）：つくりながら独り言のように発せられるつぶやきや子ども同士の会話，教師との会話などの中に評価規準と関連する内容が認められた場合には，書きとめて記録に残す。この情報の中には，友達のつくりつつある過程などに対する鑑賞の能力の内容も含まれている。

❷行動観察の記録（表情，動作，振る舞いなど）：子どもは，言葉と同様に表情や手のしぐさや姿勢によって内なる感情を表す。こうした非言語情報は，4観点の中でも「関心・意欲・態度」を読み取るために有効な評価情報である。

❸自己評価・相互評価の記録（学習カード，振り返りカード，鑑賞カード，ワークシートなど）：子ども向けにかみ砕いて表した評価規準を，何段階かの尺度法で示した学習カードや振り返りカードは一般的であるが，単に数値や○×で示すだけでなく，計画や振り返りを自分の言葉で記す自由記述欄を並記して設けることで，この評価情報の意義が増す。何次にもわたる1つの題材や関連する題材を，大き目の紙の中に1枚で表す1枚学習カードも，前時の振り返りを今時に生かせるので効果的である。その他，授業中に友達の活動やつくりつつある作品に対して付箋紙などで思いを伝える活動もあるが，それらに示された内容を残すようにしたい。

❹映像による記録（静止画像や動画など）：写真や動画などの映像情報によって得られる評価情報は，図画工作科の特性を示す評価情報であり，文字による情報と照らし合わせながら振り返る際にも役立つ。前後の関係を文脈的に読み取れることや費用の点を考えれば，デジタルカメラによる動画撮影が有効である。定点的に撮影する方法と，カメラを持ち歩いて記録する方法があるが，もう1つ，カメラの前に行って自分で録画ボタンを押し，見てほしい状況や途中の表し方の工夫などを録画するセルフビデオという使い方もある。なお，録画した映像は，給食の時間に流したり，校内の作品展などの際に映し出したり，参観日に放映するなど，有効に活用したいものである。

❺下書きやメモ：学習過程で残した下書きやメモは，発想・構想の能力を読み取るのに特に有効である。しかし，構想段階で，全員一律にアイデアスケッチをさせるような指導は，かえって子どもの表現の展開や新たな試みを阻害することにもなりかねないので配慮が必要である。

❻作品：作品は，学習過程で発揮された資質や能力を確認する重要な評価情報の1つである。

これらの方法には，一長一短があり，ある学年では有効であるが，ある学年ではあまり参考にならなかったりするので，どれか1つの方法だけに偏らないようにすることである。例えば，低学年の子どもは，つぶやきや振る舞いなどの行動観察や画像情報などが主になる。一方で，高学年になると自分の素直な心情を行動に出しにくくなり，つぶやきながら活動する子どもは少数になる。しかしその反面，自分の活動を振り返り，学習カードなどに文章で意図を表現できるようになる。授業中にはよく理解できなかったが，あの活動にはこんな意味があったのか，と気づかされることもしばしばである。こうした年齢による特性があることを考慮し，できるだけ多面的で多種類の情報を収集し，記

録する習慣を心がけるようにする。

　得られた評価情報は題材の終わりや学期末に振り返る。これを次の授業計画や評価規準の作成，支援・指導の進め方の修正などに役立てる。

【評価の観点】　小学校図画工作科では「造形への関心・意欲・態度」「発想や構想の能力」「創造的な技能」「鑑賞の能力」の４つの観点に沿って，学習目標（評価規準）に関連する情報を集めるようにする（各観点の趣旨は下表参照）。

　図画工作科において，１回の授業の中で，クラス全員の４つの観点に示された評価規準すべてにわたって評価をすることは困難である。現実的には，その日の授業の目的（評価規準）に沿って，Ｂが大多数なのであるから，ＣとＡの子どもの様子を記録したり記憶しておく。その時間が終わったとき，あるいは放課後などに子どもの様子を思い出し，補助簿に記録したり端末に入力しておく。それを題材の最後などに総括する。そうして得た情報を振り返り，何回かの授業で何も情報がなかった子どもがいれば，次の授業の際に「着目児」として意識して見守るようにする。こうした継続的な評価活動によって，最終的には，すべての子どもの観点別の評価情報を得ることができる。

【ABCの判断】　評価規準は，Ｂのみを想定して作成し，ＡやＣの評価規準を別々に作成することはしない。Ａ，Ｂ，Ｃの判断に関しては，評価規準に示された資質や能力が認められればＢ，認められなければＣということになる。むずかしいのは，Ａに関してである。図画工作科の学習活動においては，子どもたちがさまざまな活動の展開を示し，そこでさまざまな資質や能力が発露される。そのため具体的なＡの状況を想定することは，氷山の一角でしかなく，またＡの評価規準を示したとしても想定したとおりにならない。そして，Ａの評価規準がさきに存在すると，子どもの活動を共感的に読み取る評価観ではなく，そのＡの評価規準に沿って子どもをチェックするという診断的な評価観に陥ることになる。したがって，Ａの具体例にはこだわらず，Ｂに示された資質や能力を，「総合的に」「関連的に」「主体的に」「継続的に」「独創的に」働かせているような状況などが認められた際にＡと評価するようにする。つまり，Ｂの状況とＡの状況を別個のものと考えるのではなく，Ｂの状況の中のよりよい資質や能力をＡとして読み取ることである。

　このように，Ａの状況の具体例を事前に示したりはしないが，Ａの場合には，Ａと判断した理由を具体的に記録しておくようにする。これはＣに関しても同様である。さらにＣの場合には，どのような支援・指導を行ったか，その結果子どもの状況がどう変化したかも記録しておくようにしたい。
(栗田真司)

[参] 栗田真司『図画工作評価ハンドブック』東京書籍，2004.

表　小学校図画工作科の「評価の観点及びその趣旨」

観点	趣旨
造形への関心・意欲・態度	自分の思いをもち，進んで表現や鑑賞の創造活動を楽しみ，つくりだす喜びを味わおうとする。
発想や構想の能力	感じたことや考えたことなどをもとに，想像力を働かせながら自分らしい発想をし，よさや美しさなどを考え，豊かな表現を構想する。
創造的な技能	表したい思いや意図に応じて創造的な技能を働かせたり，造形感覚を生かしたりしながら表し方を工夫する。
鑑賞の能力	造形作品などに関心や親しみをもち，そのよさや美しさなどを感じ取ったり，味わったりする。

中学校美術科の特質と評価

→中学校美術科の評価方法

【美術科の特質】学習指導要領には，美術科の教育目標として「表現及び鑑賞の幅広い活動を通して，美術の創造活動の喜びを味わい美術を愛好する心情を育てるとともに，感性を豊かにし，美術の基礎的能力を伸ばし，豊かな情操を養う」と示されている。内容としては，従来の「絵画」「彫刻」「デザイン」「工芸」の4分野が，「絵や彫刻などに表現する活動」「デザインや工芸などに表現する活動」の2つにまとめられ，それらを関連づけたり，一体的に扱ったりすることができるようになっている。また，日本や諸外国の美術文化や表現の特質などについての関心や理解，作品の見方を深める鑑賞の指導が一層重要視されている。また，自分が伝えたい内容を的確に相手に伝達しコミュニケーションすることが重視され，写真・ビデオ・コンピュータなどの映像メディアなどを用いた多様な表現方法が取り込まれている。昔は美術の時間に漫画を描くとしかられたが，いまでは漫画も美術科に認知され，内容の一部となった。美術科の教科書には手塚治虫が掲載されている。

一方で，実際の美術科の現場は，多様な課題をかかえている。例えば，感性を豊かにすることは，美術科の目標にも示され，「感性とは，様々な対象・事象からよさや美しさなどの価値や心情などを感じ取る力」（『学習指導要領解説美術編』）と定義されているが，具体的に子どものどのような様子によって感性を発揮している姿ととらえるのか，それをどのように評価するのか，といった評価方法の開発は十分ではない。このように感性や創造力といった判断しがたい資質や能力の育成をめざす美術科においては，従来，学習過程ではなく「作品による評価」が行われてきた。よい作品を完成させることが，教師の目標であり，子どもたちの目標でもあった。さらに美術科を担当する教師は，小学校図画工作科と異なり，美術の実技を専門に学んだ経歴をもつため，作品の出来栄えを評価することに自信があり，それによって教師が頭の中に思い描くようなよい作品を制作させたいという意識が高い傾向にあった。

こうした作品主義の傾向に加えて，美術科には，道具の使い方や技法を重視する技術主義という傾向がある。また「美術を愛好する心情」をいかに多くの知識をもっているかに置き換えようとする教養主義という傾向もある。こうした考え方をあと押ししているのが，中間・期末試験である。技法を重視する内容や作者と作品名を記憶するというかつての固定的な鑑賞学習は，試験の出題には適している。また，美術科を構成する内容にも「絵や彫刻など」「デザインや工芸など」という，伝統的な大人の美術界の縮図的要素が色濃く残っている。こうした美術を中心とした教育ではなく，育成する資質や能力を重視した指導と評価が必要である。

【展開】各種の学力調査や意欲度調査によれば，小学校図画工作科に対する子どもたちの学習意欲は，体育と並んで高いが，中学校美術科になると学習意欲は途端に低下してしまう。実際にこの時期の子どもたちは，美術科の表現活動に意欲をなくしている場合が多い。また自分の思いや感性ではなく，他者と比較して上手・下手という相対評価にこだわったり，自分の価値観に自信がもてず，大人や社会がつくり上げた既成の価値に合わせようとしたり，ものづくりや自己評価を理屈や知識などの固定観念や形式でとらえてしまう子どももみられる。こうした子どもたちにこそ，まず，考え方を広げる鑑賞活動や形・色彩・材料・表現方法を自分の意志で選択するような場面を多くしていくことが必要である。

美術科は，目に見えるものや目に見えない想

像や心，精神，感情，イメージといったものを可視的・可触的なものに表現し実体化する教科である。しかし，それは必ずしも大人の美術の伝統的な知識や技能のうえに存在するものではない。この時代を生きる子どもにしか表すことのできない独自の表現を認め，それを正当に評価する。これがすなわち感性でもある。

【目標に準拠した評価】 目標に準拠した評価では，学習指導要領に示された目標や内容から導き出された「内容のまとまりごとの評価規準」を作成し，それをもとに各学校で子どもの実態や使用する材料などを考慮して「題材の評価規準」と「学習活動における具体の評価規準」を作成し，子どもたちの学習の状況を判断することになる。学級や学年集団の中での順位を考慮したり，平均的な位置をBとしたりするのではなく，評価規準に示された資質や能力を実現しているかどうかが判断材料となる。また，似ている似ていないという視覚的な再現性や作業量の多さ，ていねいであるなどの評価規準の具体例は，学習指導要領に示された資質や能力ではないので，設定の根拠を有しないことになる。美術科の評価においては，「知識・技能をどれだけ身につけたか」という受動的で量的な指標ではなく，「知識・技能をどのように働かそうとしているか」という主体的で質的な指標によって子どもの活動を読み取るようにすることである。

【指導と評価の一体化】 従来の評価は，学習活動の最後や事後におもに作品によって行われていた。しかし，本来の指導と評価は，最初から最後まで三つ編みのように関連すべきものである。学習目標に沿って材料を集めるときから評価は始まっている。学習目標でもある評価規準の設定によって，育成する資質や能力を明らかにすることは，指導と評価を一体のものとしてとらえ扱うことである。そのためには，作成した評価規準を子どもの実現状況に応じて改善することも必要である。ある題材で，だれにも実現できないような資質や能力を評価規準として設定していたり，1つの題材の中に設定した評価規準が多すぎると判断されたような場合には，次時からは改善すべきである。そのためには，単にA，B，Cと記録するだけでなく，なぜAやCにしたのかという根拠を記録すること，さらにCの場合は，それに対してどう支援し，改善されたかということを記録することである。この意味で評価規準とは，子ども一人一人の実現状況を判断するためだけではなく，指導計画や支援方法が適切かどうかを判断する指標でもある。

その他，年間指導計画の作成にあたっては，題材の配列を扱う内容や材料の均衡，季節，他教科との関連について配慮し，作成されてきたが，評価の充実を進めるためには，これらに加えて発揮される資質や能力の連続性や関連性を考慮する必要がある。そのためにも，評価規準を設け，評価方法を明らかにして，題材の設定理由や配列の根拠を考えることである。

【信頼性のある評価】 平成12年12月の教育課程審議会の答申「児童生徒の学習と教育課程の実現状況の評価の在り方について」には，「数値化されたデータだけが信頼性の根拠になるのではなく，評価する人，評価される人，それを利用する人が，互いにおおむね妥当であると判断できることが信頼性の根拠としての意味をもつ」と示されている。特に美術科の評価においては，子どもの表現活動の多様さを認めることが大切であり，そこで働く資質や能力にも幅があることから，子どもの活動を観点別に細分化して点数化し，定量的に読み取る評価方法だけでなく，その場に居合わせ，その活動を実際に見た教師にしか読み取れない子どもの活動の意味を文章記述する定性的な評価方法・撮影による評価方法，また前後の活動を文脈的に読み取り個人内の変化を振り返る縦断的な評価方法，などを総合的に組み合わせて信頼性のある評価を実現することである。

（栗田真司）

中学校美術科の評価方法

→中学校美術科の特質と評価，小学校図画工作科の評価方法

【評価情報】 美術科の評価においては，観点別学習状況評価の4観点（下表参照）に沿って，作品だけでなく，学習過程を目に見える形にして残す活動が必要となる。具体的には，設定した評価規準と関連する多面的で多様な評価情報を学習過程において読み取り記録することである（「小学校図画工作科の評価方法」参照）。

これらの学習過程における評価情報を各人ごとのポートフォリオ（記録簿）に継続的に収集する。各人ごとに分けることで相対評価を困難にすることができる。各人ごとに分ける方法は，クリアーブック，台紙に重ねて貼っていく方法，封筒に入れる方法，クリップで束ねる方法などがあるが，美術科において最も一般的な方法は，クロッキー帳やスケッチブックを使う方法である。そして，これらの記録簿を授業の最初や最後などに閲覧することである。これによって，今回の授業や次の授業で何をすべきかの各自の活動の構想を広げることができる。

毎時の授業の冒頭には，前時の内容などを振り返り，それを紹介することも美術科の指導と評価の具体策の1つである。この振り返りによって，子ども自身も気づいていなかったようなことが顕在化し，次は自分ができなかったことに挑戦しようとしたり，自分の長所に気づいて，次の活動でもそれにこだわろうとするなどの気持ちが働く。また教師の側も，表面的に子どもの活動を追っていただけでは気づかなかった表現活動の意図などに気づくようになる。これを次の授業計画や評価規準の作成，支援・指導の進め方の修正などに役立てる。これらの活動によって，評価活動は単なる診断ではなく，次の学習活動への指針となる。

評定への総括は，個人ごとの情報を学期末などの区切りに振り返ることによって行う。集まった資料を最初から順に見ていくのである。それによって，こういう点が成長したという子どもの個人内の変容が見えてくることになる。

一人で全校生徒を担当するような美術科の場合，時間や保管場所などの問題でポートフォリオを敬遠する場合もある。そうすると，評価情報は教師の脳にしまわれた記憶だけになり，形が残っている作品の重要性が増していくことになる。今後は，ポートフォリオを用いた縦断的評価のよさを生かしながらも時間と労力を要しない，例えば，デジタルポートフォリオのような評価方法の開発が待たれるところである。

【1枚学習カード】 美術科において，学習カードのような自己評価シートを用いることは，作品だけで評価してはいけないという意識の表れ

表　中学校美術科の「評価の観点及びその趣旨」

観　点	趣　旨
美術への関心・意欲・態度	主体的に表現や鑑賞の創造活動に取り組み，その喜びを味わい，美術を愛好していこうとする。
発想や構想の能力	感性や想像力を働かせて感じ取ったことや考えたことなどを基に，豊かに発想し，よさや美しさなどを考え，心豊かで創造的な表現の構想をする。
創造的な技能	表現の技能を身に付け，造形感覚や感性などを働かせ，自分の表現方法を創意工夫し創造的に表す。
鑑賞の能力	美術作品や文化遺産などに親しみ，感性や想像力を働かせてよさや美しさを感じ取り味わったり，理解したりする。

である。しかし学習カードは，形式化しつつあり，授業中に何もしていなくとも最後にそれらしい感想文さえ書けば美術科は何とかなる，と考える要領のいい子どもたちも出現している。

　また自己評価シートを用いると，ついつい今回の授業では，○○さんがいちばんいいことを書いていたというように，クラスの中での位置関係によって評価をしがちになる。これに対して1枚学習カードは，何次にもわたる1つの題材や関連する題材を，大き目の紙の中に1枚で表すものである。大きな紙は，たたんで小さくする。普通の学習カードは，その時間に回収したらそれで終わりだが，1枚学習カードは，1つの題材の中では，常にかたわらに置いて，それと向き合うようにする。前の時間に自分が振り返ったことを確認したり，今後の学習の見通しにもなる。教師のほうも大量の評価情報を整理する時間を節約できる。ポートフォリオ型学習カードである。

【Cの子どもに対する支援】美術科の授業においては，その授業の評価規準を子どもに理解できる言葉に置き換えて明確に伝える導入部が必要である。そして，導入部が終わると個別の活動に入り，教師が子どもたちの間を見回りながら支援するのが一般的である。この際，話しかけてくる子どもがいる。こうした子どもは，自分の活動や作品にある程度自信があり，自分を認めてほしい，共感してほしいと考えている子どもである。こうした子どもに積極的に対応していると，Cの状況の子どもを見逃してしまうことになる。評価活動時の教師の役割の1つは，話しかけてくる子どもではなく，自分からは話しかけられないでいるCの子どもを行動観察などによって見つけ，支援することである。

　実際に，美術科の授業において，Cの子どもが示す状況の具体的な例には，次のようなものがある。①首を傾ける。いやなことがあり，ストレスを受けると首を曲げてしまう。②鉛筆などで机をたたく。指を連打する。③教師が自分のそばに近づいてくると，紙を裏返し，名前を書き直す。④消しゴムを多用する。⑤紙の上に顔を伏せる。手や頭で自分の作品を隠すようになる。⑥友達の作品や印刷物の情報をまねて表す。⑦落ち着きがなくなったり，乱暴な表現になったり，ときには暴れ出す。⑧あっという間に課題を終わらせる。⑨何もしない。⑩体のどこかが痛いと言ったり，気分が悪いと言い出す。⑪授業と関係のないことに夢中になる。逃れたいという気持ちがこうした状況を生む。⑫人物を描く場合，髪の毛の描写が克明になり本数が多くなる。あるいは，横顔を描くようになる。

　そして，Cの子どもの前に立った際の具体的な支援策として，大切なことは言葉かけである。「はやく」「やめなさい」「こうしたら」という美術教育の言葉かけの3禁句をできるだけ用いないことである。特に「こうしたら」は，押しつけであり，子どもの側に選択の余地がなくなる。Cの状況にあると判断され，具体的な活動の例をあげるような場合は，1つの表し方や方法を示すのではなく，複数の例をあげ，その中から子どもが選択できるようにすることである。自分の活動を選ぶことから出発させ，子どもの主体的な活動を支えることが重要である。

【作品展示】子どもたちの作品を校内や校外の公共スペースに展示することも評価活動の一環である。作品展示は，学校や地域の環境を楽しく豊かにするだけでなく，美術科の教育内容を伝える重要な機能をもっている。この場合，子ども自身による作品の意図や学習過程を示す文章を補足的に付記することによって，一連の活動の様子を伝えることである。また，作品に対する感想を伝える相互評価の用紙などを用意することも1つの方法である。これとは反対に，一部の作品に金紙を貼って賞を与えたりする従来の評価は，現在の評価観とは反するので改めるべきである。実物の作品展示だけでなく，ウェブで子どもたちの作品を公開していく必要がある。

〔栗田真司〕

小学校家庭科の特質と評価

→小学校家庭科の評価方法，目標に準拠した評価，個人内評価

【小学校家庭科で育てる資質と能力】 小学校の家庭科では，「衣食住などに関する実践的・体験的な活動を通して，家庭生活への関心を高めるとともに日常生活に必要な基礎的な知識と技能を身に付け，家族の一員として生活を工夫しようとする実践的な態度を育てる」ことを目標としている。小学校で身につけた資質・能力が中学校の技術・家庭科「家庭分野」および高等学校家庭科の学習の基礎となることを踏まえて，小学校で育成すべき基礎的・基本的な資質・能力を明確にして学習のねらいを定め，題材や指導計画を設定することが大切である。

学習指導要領に示された学年の目標には，教科の目標に沿って家庭科で育成することをめざす資質や能力が，次のように示されている。

① 衣食住や家族の生活などに関する実践的・体験的な活動を通して，家庭生活を支えているものが分かり，家庭生活の大切さに気付くようにする。
② 製作や調理など日常生活に必要な基礎的な技能を身に付け，自分の身の回りの生活に活用できるようにする。
③ 自分と家族などとのかかわりを考えて実践する喜びを味わい，家庭生活をよりよくしようとする態度を育てる。

【目標に準拠した評価の重視】 家庭科のめざす資質・能力を育成するためには，基礎的・基本的な内容の確実な定着を図る学習指導が求められる。そのためには，2年間を見通した指導計画のもと，題材や単位時間ごとのねらいを明確にするとともに，ねらいに照らしてその実現状況をみる評価，「目標に準拠した評価」活動を適切に行う必要がある。具体的には，観点別学習状況の評価を基本として，まず，教科の目標・内容を分析し，題材の指導目標を明確にする。そのうえで，学習のねらいを「おおむね満足できる」状況を題材の評価規準として設定して，指導計画や評価計画を具体化する。1単位時間の指導においても，育成すべき資質・能力に基づき設定された学習活動のねらいに対応する具体の評価規準を設定し，児童の学習状況が適切に評価できるようにする。

家庭科の「評価の観点及びその趣旨」は下表のとおりである。この4つの観点は相互に関連し合っている。生活を工夫しようとする総合的な力を育成するためには，この関連性を意識して指導と評価を行うことが大切である。

また，児童の自ら学ぶ意欲や問題解決能力，個性の伸長などに資するよう，児童のよい点や可能性，進歩の状況などをみる個人内評価を工夫することは，これまでと同様に重要である。児童のもつ能力を最大限に引き出すためには，児童を共感的にとらえる教師のまなざしが大切である。

(岡　陽子)

表　小学校家庭科の「評価の観点及びその趣旨」

観　点	趣　旨
家庭生活への関心・意欲・態度	衣食住や家族の生活について関心をもち，家庭生活をよりよくするために進んで実践しようとする。
生活を創意工夫する能力	家庭生活について見直し，身近な生活の課題を見付け，その解決を目指して考え自分なりに工夫する。
生活の技能	衣食住や家族の生活に必要な基礎的な技能を身に付けている。
家庭生活についての知識・理解	衣食住や家族の生活に関する基礎的な事項とについて理解している。

小学校家庭科の評価方法

→小学校家庭科の特質と評価, 指導と評価の一体化

【指導計画・評価計画の作成】 児童の資質・能力の向上に資するためには指導に生きる評価の充実, つまり指導と評価の一体化を図ることが大切である。そのためには, 指導計画と評価計画の関連を十分図る必要がある。

(1) **指導計画を作成する**

指導計画の作成にあたっては, 学習指導要領および解説書の目標や内容に基づき, 2年間を見通した指導計画となるように, 適切な題材を設定し配列する。題材は学習指導要領の内容や項目に示されたねらいが達成できるように, その目標を明確にするとともに, 具体的な学習活動や指導方法などを検討して作成する。また, 児童の実態に基づき, 基礎的なものから応用的なものへ, 簡単なものからむずかしいものへ, 要素的なものから複合的なものへと, しだいに発展するように, 段階的に配列する。

(2) **評価計画を作成する**

評価計画の作成にあたっては, 指導計画に基づいて, 各題材で身につける資質・能力を明確にし, その資質・能力の実現状況をみるための具体的な評価規準を作成する。また, 学習活動に沿って具体的な評価場面や評価方法を計画的, 意図的に設定しておく必要がある。

(3) **評価規準を作成する**

評価規準の作成にあたっては, 国立教育政策研究所の「評価規準の作成, 評価方法の工夫改善のための参考資料」に示された「評価の観点及びその趣旨」「内容のまとまりごとの評価規準及びその具体例」などを参考にする。このとき, 複数の指導者で, 実際の学習活動を想定しながら児童の「おおむね満足できる」状況(B)を児童の具体の姿でイメージし, 評価規準の文言と結びつけて確認しておくことが大切である。これまでの手順を目標と評価の関係で示すと下図のようになる。

【評価活動の実際】 作成した指導計画と評価計画に沿って授業を進め, 児童の学習状況を観点別に評価する。

(1) **「評価の観点及びその趣旨」を踏まえる**

❶家庭生活への関心・意欲・態度：家庭生活への関心を高めるとともに, その充実向上を図ろうとする実践的な態度の育成を目標としていることと関連したものである。家庭生活にどれだけ関心をもつことができているか, 自分の生活とのかかわりから生活という視点で家庭生活を見ることができているか, 衣食住などに関する仕事にすすんで取り組もうとしているか, 学習したことを自分の生活に生かそうとしているか, 家族の一員として家庭生活に協力しようとして

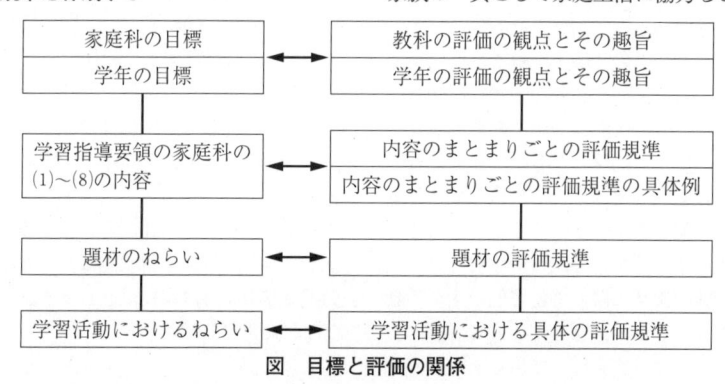

家庭科の目標	↔	教科の評価の観点とその趣旨
学年の目標	↔	学年の評価の観点とその趣旨
学習指導要領の家庭科の(1)～(8)の内容	↔	内容のまとまりごとの評価規準
		内容のまとまりごとの評価規準の具体例
題材のねらい	↔	題材の評価規準
学習活動におけるねらい	↔	学習活動における具体的な評価規準

図　目標と評価の関係

いるかなどについて評価する。評価方法としては，例えば，教師による観察記録や児童の感想文や実践の記録，自己評価の記入状況，製作品等の提出状況などから，多面的，長期的に評価することが重要である。

❷**生活を創意工夫する能力**：家庭生活をよりよくするために創意工夫する能力の育成と関連したものである。家庭科では，主体的に生活を営む能力を育てるため問題解決的な学習の充実を図ることを強調していることから，結果としての創意工夫だけでなく，家庭生活に問題意識をもち，課題の解決をめざして考えること，よりよい方法を得るために自分なりに工夫するなど，その過程を積極的に評価していくことを重視している。具体的には，考えたり工夫したりした点が記述できる学習カードや自己評価，発表内容，製作品などから，「自分なりの工夫をしているか」や「自分の考えを生かしているか」などを十分に評価することが重要である。

❸**生活の技能**：生活的な自立をめざし，家庭生活に必要な基礎的な技能の習得をねらいとしていることと関連したものである。衣食住などの生活に必要な基礎的な技能が身についているか，自分の生活に活用できるような力として身についているかなどについて評価する。具体的には，チェックリストを用いた教師による実習中の観察や，児童の自己評価や相互評価，発表やレポートの記入状況，製作品など，複数の評価方法を活用して評価することが重要である。

❹**家庭生活についての知識・理解**：おもに家庭生活を中心とした生活に必要な基礎的な知識の習得と，家族や家庭生活についての理解をねらいとしていることと関連したものである。家庭生活を構成している要素や，その成り立ちや意味について理解できているか，衣食住や家族の生活に必要な基礎的な知識が習得されているか，衣食住や家族の生活に関して望ましい生活の仕方が理解されているか，などについて評価する。評価方法としては，例えば，学習カードや感想文，ペーパーテストの記入状況，発表内容などから，知識の習得状況や習熟の程度などを継続的に評価することが重要である。

(2) **毎時の評価を行う**

設定した学習活動の具体の評価規準に照らして，「おおむね満足できる」状況(B)かどうかを評価する。評価にあたっては，1つの評価規準に対して複数の評価方法（例：観察と学習ノートの結果など）を用いることにより，児童の実態に迫るより客観的な評価が可能となる。

授業では，すべての児童が「おおむね満足できる」状況(B)になるように工夫した指導を行うわけだが，指導の過程で「努力を要する」状況(C)と判断した児童には，個に応じた指導の手だてを講じることが大切である。

また，「おおむね満足できる」状況(B)と判断される児童のうち，実現状況に質的な高まりや深まりがあると判断されるものについては，「十分満足できる」状況(A)と評価する。効果的に評価を進めるためには，事前に，「努力を要する」状況(C)の児童への手だてや，「十分満足できる」状況(A)の具体的な学習への取組み状況を明確にしておくことが大切である。さらに，個に応じた指導を一層充実させる観点から，評価結果に基づいて，発展的な学習や補充的な学習を効果的に導入する工夫も必要である。

(3) **評価を総括する**

学習活動における具体の評価規準に基づき評価した結果を，題材ごと，学期末，学年末ごとに，観点別に総括する。総括の方法としては，評価規準に照らして行った評価結果の状況を数値によって表したり，題材によって重視する観点や評価規準に重みをつけたりすることが考えられる。

最後に，よりよい評価を行うためには，評価した結果や児童の学習状況に基づき，評価計画や評価方法などは常に見直し，工夫改善を図ることが大切である。 　　　　　（岡　陽子）

中学校技術・家庭科「技術分野」の特質と評価

→中学校技術・家庭科「技術分野」の評価方法

【「技術分野」の特質】 技術分野の目標は,「実践的・体験的な学習を通してものづくりやエネルギー利用及びコンピュータ活用等に関する基礎的な知識と技術を習得するとともに,技術が果たす役割について理解を深め,それらを適切に活用する能力と態度を育てる」と示されている。この目標を実現するためには,計画的な指導とともに,適切な評価がなされ,その結果をそれ以後の学習に生かすことが必要である。現在,評価としては,技術分野の目標に準拠した評価で観点別に学習状況を判断する評価がとられており,その観点と趣旨は下表のとおりである。なお,これらの観点はいずれも技術分野の目標の意図を踏まえた指導とそれに適した評価のねらいを示唆しているものであることを十分に意識することが大切である。くわえて,例えば,ある技術がもつ社会的な影響力について認識することが,それらを活用していこうとする態度につながるなど,これらの4つの観点は,相互に関連するものであることにも配慮した指導が重要である。

【「技術分野」の特質を踏まえた評価】 実践的・体験的な学習を重視している技術分野において目標に準拠した評価を行う際には,まず,関心・意欲・態度のように表面に表れにくい状況が生じる場合や,製作品の製作過程のように振り返ることがむずかしい学習状況において,客観的にしかも公平に評価する工夫が必要となる。また,評価しやすいと思われがちな技能や,知識・理解の評価においても,単に作品の仕上がり状況や知識の量で判断するのではなく,学習の過程において適切に評価することも,指導に生かす評価のためには大切である。

なお,製作実習に多くの時間をかけるなど,取り扱う内容によって学習に要する時間の割合が異なる場合には,その学習に対して評価の重みづけがなされることもあると思われる。そのような場合にも,評価の回数の多少だけで評価の観点の軽重が左右されることがあってはならない。くわえて,技術分野の4観点の評価は,すべての学習内容に対して求められるというものではなく,学習内容によっては観点別の評価項目を設定できないこともありうる。そこで,3年間を通して,4観点の評価を全体を通してバランスよく設定することも大切である。

(上野耕史)

[参] 技術教育分科会編集委員『技術科教育総論』日本産業技術教育学会, 2005.

表 中学校技術・家庭科「技術分野」の「評価の観点及びその趣旨」

観 点	趣 旨
生活や技術への関心・意欲・態度	ものづくりやエネルギー利用及びコンピュータ活用等に関する技術について関心をもち,生活をよりよくするために知識と技術を進んで活用しようとする。
生活を工夫し創造する能力	生活と技術とのかかわりについて見直し,課題を見付けるとともに,その解決のために技術を適切に活用して工夫し創造する。
生活の技能	ものづくりやエネルギー利用及びコンピュータ活用等に必要な基礎的な技術を身に付け,その技術を安全で適切に活用できる。
生活や技術についての知識・理解	生活や産業の中での技術の役割について理解し,ものづくりやエネルギー利用及びコンピュータ活用等に必要な基礎的な知識を身に付けている。

中学校技術・家庭科「技術分野」の評価方法

→中学校技術・家庭科「技術分野」の特質と評価

【評価規準の設定】 実践的・体験的な学習を中心とする「技術分野」において指導計画等を作成する場合、教育目標や生徒・保護者の願いなどを考慮し指導の重点を定め、指導時間、指導体制、施設・設備、予算等にも配慮したうえで、適切な目標をもった題材を設定する必要がある。

例えば内容A「技術とものづくり」の(2)の内容は学習指導要領に次のように示されている。

> (2) 製作品の設計について、次の事項を指導する。
> ア 使用目的や使用条件に即した製作品の機能と構造について考えること。
> イ 製作品に用いる材料の特徴と利用方法を知ること。
> ウ 製作品の構想の表示方法を知り、製作に必要な図をかくことができること。

この内容を1つの題材で指導する場合、学習指導要領解説等を参考にして目標を検討すると次のようになる。

> 主として木材・金属などを使用した製作品を構想し、その製作に必要な図をかくなどの学習活動を通して、製作品の設計に必要な基礎的な知識と技術を身に付けさせ、製作品の使用条件・使用目的と機能、構造、材料との関係について理解させるとともに、製作品を設計する能力と態度を育成する。

このような目標の実現の状況を評価するにあたって、その状況を一括してとらえることはむずかしい作業であり、評価を曖昧なものにしがちである。そこで、目標を育成する能力や態度に分析し、それらがどのような状況になっていれば目標が実現したと判断できるかという評価規準をあらかじめ設定しておく必要がある。

具体的には、さきの目標を評価の4つの観点から分析すれば、「知識・理解」の観点としての目標は「製作品の設計に必要な基礎的な知識を身に付け、製作品の使用条件・使用目的と機能、構造、材料との関係について理解する」、「技能」は「製作品の設計に必要な基礎的な技能を身に付ける」、「工夫・創造」は「製作品を設計できる能力を身に付ける」、「関心・意欲・態度」は「製作品を設計しようとする態度を身に付ける」となる。そして、これらの目標の実現状況が「おおむね満足できると判断される状況」を具体的に考えることで「評価規準」を設定することができるということである。

【生活や技術への関心・意欲・態度の評価】 この観点は、ものづくりや情報の処理を通して習得した知識と技術を自分の生活を改善するため活用しようとする態度や、普段の生活の中で無意識に消費しているエネルギーや作物に関心をもち、技術の適切な利用について自ら考えようとする態度を評価の対象としている。

例えば内容A(2)では、身の回りの製品や、製作品を構想することについて関心をもつとともに、自らの生活の中で必要となる製作品を設計しようとする態度が身についているかを評価することになる。

「製作したいものを意欲的に考えようとしている」という評価規準について、アイデアスケッチから評価する場合、製作することで生活を向上させることができる製作品のアイデアをかいているか、その製作品に必要な機能や構造、使用する材料についての説明が記述できているかなど、製作品の構想の状況を把握できるようにすることが考えられる。

また、「製作したいものを表示しようとしている」という評価規準について、学習活動中の観察から評価する場合、構想した製作品の製作図をかいているか、製作するために部品の形状が明らかになるような部品図や材料表が作成されているかなど、構想を図などに表現している状況を把握できるようにすることが考えられる。

【生活を工夫し創造する能力の評価】 この観点は，ものづくりの学習で習得した知識や技術を課題解決のために組み合わせること，すなわち，製作品を製作することによって習得した知識と技術をさらに別の製作品を製作する場面で発展的に工夫し創造できる能力および，コンピュータ等の情報通信ネットワークについて習得した知識と技術を適切に活用して，自分なりに情報処理の仕方について工夫できる能力を評価の対象としている。

例えば内容A(2)では，使用目的や使用条件に即した製作品を設計するために必要となる工夫し創造する能力，すなわち，どのような機能をもたせるかを考え出し，それに必要となる構造の選び方，材料の用い方および自らが構想したものの形の表し方を工夫できる能力が育成されているかを評価することになる。

「機能や構造，材料の用い方を工夫している」という評価規準について，アイデアスケッチから評価する場合，収納するものや載せるものの重さ，形，使用する際の使いやすさなどの配慮すべき事項を明確にしているか，配慮すべき事項に応じて製作品に自分なりに考えた機能を追加しているか，機能を追加するために構造を変更する箇所が指摘できているか，適切な材料の組合せ方，接合方法を選択できているかなど，製作品の構想や設計に関する工夫の状況を把握できるようにすることが考えられる。

【生活の技能の評価】 この観点は，ものづくりに関する設計，加工，組立および，コンピュータやソフトウエアの操作などの基礎的な技能と，実習において常に安全とモラルに留意して適切に作業できる技能を評価の対象としている。

例えば内容A(2)では，必要となる機能をもつ製作品を構想し，それを製作するために必要な図をかくことができる技能が身についているかを評価することになる。

「材料を選択することができる」という評価規準について，構想図から評価する場合，製作品の使用目的に適した材料が選択できているか，各部の材料を選択した理由が記入できているかなど，製作する際に適切な材料を選択できる技能の習得状況を把握できるようにすることが考えられる。

「構想を表示することができる」という評価規準について，構想図から評価する場合，構想した製作品について全体像および部品形状が把握できているか，製作品や部品の形状および寸法を等角図またはキャビネット図で表すことができているか，構想の問題点を整理・修正できているかなど，製作に必要な図をかく技能の習得状況を把握できるようにすることが考えられる。

【生活や技術についての知識・理解の評価】 この観点は，材料の性質や特徴，道具の仕組み，作物の性質，コンピュータの働きや各部の名称，ソフトウエアの特徴といった知識や，製品の使用目的・条件と機能・構造の関係，道具の使用目的と仕組みの関係，データの種類や特徴と応用ソフトウエアの関係等の理解を評価の対象としている。

例えば内容A(2)では，製作品における材料の特徴と利用方法，丈夫な構造，接合方法，設計手順および構想表示に関する知識を身につけているか，製作品の使用目的と必要となる機能の関係について理解しているかを評価することになる。

「製作品の使用目的と機能の関係について理解している」という評価規準について，構想をまとめるためのワークシートから評価する場合，使用目的を満足させる機能を製作品にもたせるためには，収納するものや載せるものの重さ，形，使用時の使いやすさなどを考慮する必要があることが説明できているかなど，製作品の使用目的と機能の関係についての理解の状況を把握できるようにすることが考えられる。

（上野耕史）

中学校技術・家庭科「家庭分野」の特質と評価

→中学校技術・家庭科「家庭分野」の評価方法

【「家庭分野」の特質】 学習指導要領には「家庭分野」の目標として「実践的・体験的な学習活動を通して、生活の自立に必要な衣食住に関する基礎的な知識と技術を習得するとともに、家庭の機能について理解を深め、課題をもって生活をよりよくしようとする能力と態度を育てる」と示されている。「家庭分野」の学習指導は、この目標の実現をめざし、適切な題材を設定して指導計画の作成、授業実践、評価という一連の活動を繰り返して展開されている。

家庭科教育では、家庭生活を健全に営むための知識と技術・技能の習得、家庭生活事象についての科学的認識、価値観の形成、意思決定能力、問題解決能力などを育てることを目標としており、「家庭分野」の指導と評価にあたっては、このことを確認しておくことが重要である。

また、「目標に準拠した評価」が一層重視されたということは、学習指導要領および同解説書に示された教科および分野で育てる資質・能力を十分に理解し、「おおむね満足できる(B)」状況を設定して指導計画や評価計画を作成することが求められていることにほかならない。

【「家庭分野」で育てる資質・能力と評価の観点】

「家庭分野」の評価の観点とその趣旨は下表のとおりである。4つの観点は、相互に関連し合っており、観点の趣旨は、「家庭分野」で育てる資質・能力ととらえることができる。

前回の教育課程実施状況調査において、例えば、被服領域の学習で、基礎縫いを十分に行ったほうが、「生活の技能」はもちろん、「工夫し創造する能力」(前回は「創意工夫する能力」)の実現状況も高いなどの結果がみられた。

「家庭分野」においては、各観点で示した資質・能力を個々に独立してとらえるだけでなく、それらを統合して、実際の生活に生かす転移力や問題解決能力にまで高めていくことが重要であると考える。

そのためには、例えば、衣食住に関する基礎的な技術の習得については、縫い方や作り方などを一方的に教え込むのではなく、生徒が自分の衣食住に対する関心をもち、課題をもって生活をよりよくしようとする学習活動を展開する中で、より確実に身につけさせるような工夫が必要である。また、学校教育で系統的・組織的に学習する意義からも、「なぜそうするのか」「どうしたらいいのか」などを十分に考えさせるなど、できるだけ原理・原則に基づいた科学的な理解や実践を試みることが重要である。

(河野公子)

[参] 河野公子編著『新しい評価の進め方 中学校家庭分野編』明治図書, 2003.

表 中学校技術・家庭科「家庭分野」の「評価の観点及びその趣旨」

観　点	趣　旨
生活や技術への関心・意欲・態度	生活や技術について関心をもち、家庭生活をよりよくするために知識と技術を進んで活用しようとする。
生活を工夫し創造する能力	衣食住や家庭の生活について見直し、課題を見付け、その解決を目指して家庭生活をよりよくするために工夫し創造する。
生活の技能	生活の自立に必要な衣食住や家庭の生活に関する基礎的な技術を身に付けている。
生活や技術についての知識・理解	家庭の基本的な機能について理解し、生活の自立に必要な衣食住や家庭の生活に関する基礎的な知識を身に付けている。

中学校技術・家庭科「家庭分野」の評価方法

→中学校技術・家庭科「家庭分野」の特質と評価

【基本的な考え方】 生徒の学習状況の評価は，目標の実現状況をみると同時に，教師の指導計画や指導方法等が適切であったかどうかを反省し，学習指導の改善に生かすために行われている。「家庭分野」の学習が，生徒にとって主体的な活動となるためには，こうした評価の機能が十分発揮されるよう指導計画と評価計画との関連を十分に図るとともに，学習指導の過程における評価の工夫を進め，評価を生かした学習指導を展開する必要がある。すなわち，学習指導の過程において生徒の学習状況を細かく見取り，基礎的・基本的な内容を確実に習得させるために，「おおむね満足」にいたらない生徒には適切な補充指導を行うなど，指導と評価の一体化を図ることが重要である。

【評価の進め方】 学習状況の評価は，次のような手順で進める。

(1) 指導計画と評価計画を作成する

指導と評価は表裏一体であるので，指導計画と評価計画を同時に作成する。

①指導計画は，学習指導要領および同解説書に示す目標や内容に基づき，適切な題材を設定し配列するとともに，題材の目標や具体的な学習活動・指導方法等を検討して作成する。その際，題材については，「○○の製作」などと長期間にわたる場合には，学習のまとまりごとの小題材を示すなどして，生徒が学習の目標を明確に把握して授業に取り組めるようにすることが重要である。

②評価計画は，各題材で育てる資質や能力を明確にし，具体的な評価規準を設定するとともに，評価時期と評価方法を検討する。

評価規準については，国立教育政策研究所教育課程研究センターの「評価規準の作成，評価方法の工夫改善のための参考資料」に示された技術・家庭科「家庭分野」の「評価の観点及びその趣旨」「内容のまとまりごとの評価規準及びその具体例」などを参考にする。

評価時期については，育てる資質や能力との関連から，指導過程のどこで，どの観点について評価したらよいかを検討し，計画する。その際，観点の趣旨にふさわしい評価方法を適切に選択し組み合わせるなど確実に評価できるようにする。

また，題材によって重視する観点や評価規準があれば，評価計画作成の段階から評価回数を多くしたり，重みづけをしたりするなどの工夫をする。

さらに，題材の毎時の学習活動についての具体的な評価規準を設定するとともに，「十分満足できる(A)」状況の判断のための視点や「努力を要する(C)」状況の生徒への手だてについても検討し，学習活動の特質や評価の場面に応じ，適切な評価方法を設定する。

(2) 毎時の評価を行う

生徒一人一人の学習への取組み状況を適切に見取り，評価補助簿に記録する。その際，必ずしもA，B，Cの3段階で評価結果を記録するだけではなく，学習活動の特質や評価の場面等に応じて，生徒の学習状況を具体的に記録したり，質的な深まりの状況を記録したりして，指導の改善に生かすことができるようにする。

①まず，設定した評価規準および評価方法に照らして，「おおむね満足できる(B)」状況か，「努力を要する(C)」状況かを判断する。

②次に，「おおむね満足できる(B)」状況と判断されるもののうち，「十分満足できる(A)」状況と判断するための視点に照らして，「十分満足できる(A)」状況かを判断する。

その際，事前に，「十分満足できる(A)」状況について，生徒の具体的な学習への取組み状況を明確にしておくことが大切である。

③「努力を要する(C)」状況と判断される生徒へ補充指導などを行ったり，「十分満足できる(A)」状況と判断される生徒への発展的な学習を行ったりするなど，評価結果を生かし個に応じた指導を工夫する。

(3) **題材ごとの評価を観点別に総括する**

題材ごとの観点別評価の総括にはさまざまな方法があるが，ここでは評価結果を数値化する方法を示す。

①題材の単位時間における具体の評価規準に基づいて，毎時の授業における観察，学習カードの記入状況，ペーパーテストなどにより，A，B，Cまたは点数などで観点別の評価を行う。

②上記①で行った毎時の授業における評価のA，B，Cに点数を当てはめるなどして観点別に総括する。その際，観点ごとの合計点または平均点について，「2.55以上であればAとする」などと定めておくことにより，題材の観点別学習状況の評価を算定することができる。

［総括の例］

名前	時間	1	2	3	4	5	6	計	平均	総括
名前	関・意・態	B	A	A	B			10	2.5	B
	工・創				B	B		4	2.0	B
	技能			A	B	A		8	2.7	A
	知・理		B	B	A			7	2.3	B

（注）A＝3点，B＝2点，C＝1点とする。
2.55以上をA，1.55〜2.54をB，1.54以下をCとする。

③各観点の中で，育てる資質・能力などから，重みづけをする必要がある場合には，その程度を決めて重みづけをすることも考えられる。

(4) **学期末および学年末における観点別学習状況の評価を総括する**

①上記(3)と同様の方法で，例えば，1学期に「家庭分野」で2題材を取り扱った場合，題材1と題材2の観点別学習状況の評価を行い，4つの観点ごとに総括して，1学期の「家庭分野」の観点別学習状況の評価とする。2学期，3学期の観点別学習状況の評価を算定する。

その際，題材1と題材2に配当する授業時数が異なる場合には，題材1と2の各観点の点数を授業時数に応じて重みづけをしたり，育てる資質・能力から，ある観点を他の観点より重視する場合には，重視する観点に重みづけをしたりすることも考えられる。

②学年末における技術・家庭科の観点別学習状況の評価の総括については，「技術分野」「家庭分野」それぞれの題材ごとの観点別学習状況の総括の結果を数値化して算定する。

その際，授業時数が均等でない場合は授業時数の比率を考慮して算定することも考えられる。

(5) **観点別学習状況の評価を評定に総括する**

観点別学習状況の評価を評定に総括する際には，できるだけ多元的な評価資料をもとにするなどが必要である。

【目標実現をめざす評価方法の工夫・改善】

「家庭分野」の学習は，実践的・体験的な活動を中心としているので，グループ活動や一人一人題材が異なるなどの場合も多い。従前は，例えば，被服製作については，ともすると製作品の出来具合のみで評価したり，調理実習や保育体験実習については，グループとしての評価しかできないなどの問題点も指摘されていた。

家庭分野の評価方法としては，教師による観察，学習カード，製作品，面接，レポート，ペーパーテスト，実技テスト，自己評価，相互評価などが考えられる。今後は，これらの評価方法について，例えば，「関心・意欲・態度」を喚起するような学習カードの設問とか，「工夫し創造する能力」を育てるレポート課題など，目標実現をめざす評価方法の工夫・改善が望まれる。
　　　　　　　　　　　　　　　　（河野公子）

［参］河野公子編著『新しい評価の進め方　中学校家庭分野編』明治図書，2003.

小学校体育科の特質と評価

→小学校体育科の評価方法

【体育科の特質】 体育科は，運動領域と保健領域から構成されている。運動領域が内容の多くを占めているが，保健領域は従前の第5学年・第6学年の内容に加えて，新たに第3学年・第4学年においても取り上げられるようになった。

(1) 運動領域

学年	1・2	3・4	5・6
領域	基本の運動	体つくり運動	
		器械運動	
		陸上運動	
		水泳	
	ゲーム	ボール運動	
		表現運動	

上表のように，運動領域の内容の構成を基本的に，低・中・高学年の3段階で示し，各学年の運動の取り上げ方や年間計画においても弾力性をもたせることができるようにしている。

低学年，中学年の運動領域を主として「基本の運動」と「ゲーム」領域で構成している。これは，体育科の目標にあげられている「適切な運動の経験」を通して「運動に親しむ資質や能力を育てる」ということから考えて，一般的な運動種目が，この発達段階の子どもにとって適切な運動としてはなじまないことによる。運動領域の内容については，従前の「技能の内容」「態度の内容」に，「学び方の内容」を新たに加えて構成している。

(2) 保健領域

保健については，自他の生命を尊重するとともに，健康的な生活行動や習慣を身につけ，生涯にわたって健康な生活を送る資質や能力の基礎を培う観点から，小学校においては，身近な生活における健康・安全に関する基礎的事項として，「毎日の生活と健康」「育ちゆく体とわたし」「けがの防止」「心の健康」および「病気の予防」の5つの内容で構成している。

【評価の観点】 平成12年12月の教育課程審議会答申に基づき，体育科においても，「運動や健康・安全への関心・意欲・態度」「運動や健康・安全についての思考・判断」「運動の技能」「健康・安全についての知識・理解」の4つの観点によって構成することとした。ただし，小学校の運動領域は，運動についての客観的な「知識・理解」を問題にするよりも，子どもたちの適切な運動の経験を重視するという立場から，「関心・意欲・態度」「思考・判断」「技能」の3つの観点で構成をしている（下表参照）。

運動領域の各観点でみようとするものについては，現在，次のように整理している。

表 小学校体育科の「評価の観点及びその趣旨」

観点	趣旨
運動や健康・安全への関心・意欲・態度	進んで楽しく運動をしようとする。また，身近な生活における健康・安全に関心をもち，進んで学習に取り組もうとする。
運動や健康・安全についての思考・判断	運動の課題の解決を目指して，活動の仕方を考え，工夫している。また，身近な生活における健康や安全について，課題の解決を目指して考え，判断している。
運動の技能	運動の楽しさや喜びを味わうために必要な動きや技能を身に付けている。
健康・安全についての知識・理解	身近な生活における健康・安全に関して，課題の解決に役立つ基礎的な事項を理解し，知識を身に付けている。

「関心・意欲・態度」は,①運動に意欲をもって取り組もうとしているか,②勝敗について公正な態度をとろうとしたり仲間と協力しようとしているか,③安全に配慮しようとしているかという3つの視点でとらえている。「思考・判断」は,自分に合った課題を把握しているか,その課題の解決に向けて工夫をしているか。「技能」は,運動の特性としての動きをどこまで身につけたかをみようとしている。

保健領域では,「技能」を除いた3観点で評価している。

【目標と評価の観点】 体育科の目標は,心と体を一体としてとらえ,豊かなスポーツライフの実現および自らの健康を適切に管理し,改善していくための資質や能力を培うことをめざし,「運動に親しむ資質や能力の育成」「健康の保持増進」「体力の向上」が相互に密接に関連していることを重視している。この「運動に親しむ資質や能力の育成」とは,具体的に子どもたちにどのような力を身につけさせようとしているのかといえば,小学校学習指導要領解説には,「運動に親しむ資質や能力とは,運動への関心や自ら運動をする意欲,仲間と仲よく運動をすること,各種の運動の楽しさや喜びを味わえるよう自ら考えたり工夫したりする力,運動の技能などを指している」とあり,まさしく体育科の目標は,評価の各観点と直結したものとなっている。また,「健康の保持増進」について,自らの生活行動や身近な生活環境における課題を把握し,改善することができる資質や能力の基礎を培うことに留意する必要がある。

【内容と評価の観点の関連】 学習指導要領の運動領域の内容と評価のおもな関連は,以下の図のように示すことができる。

学習指導要領の内容　　　　評価の観点
(1) 技能の内容　―――――　関心・意欲・態度
(2) 態度の内容　―――――　思考・判断
(3) 学び方の内容　―――――　技能

※「基本の運動」と「体つくり運動」は『(1) 運動の内容』
　図　内容と評価の観点とのおもな関連

学習指導要領の「技能の内容」として指導したことは,評価の観点の「技能」として評価し,「態度の内容」は「関心・意欲・態度」で,「学び方の内容」は「思考・判断」で評価するものである。このおもな関連は評価規準を作成する際にも同様の関係にあり,例えば,「思考・判断」の評価規準を作成する際には,学習指導要領および同解説の「学び方の内容」にどのようなことが記されているか,よく確認をすることが求められる。

保健領域では,5つの内容について,「健康・安全への関心・意欲・態度」「健康・安全についての思考・判断」「健康・安全についての知識・理解」の3観点で評価する。基本的には,学習内容,探究行動,観点に特徴的な動詞の3つの部分に分けて,構造的に表現する。その際,学習活動における評価規準の具体例は,「おおむね満足できると判断される」状況と評価できる子どもの姿をできるだけ,行動目標的な表現,子どもの学習活動がイメージできる表現とする。

例えば,「健康・安全への関心・意欲・態度」は,資料を探す,発言・発表する,調べるなどと表現する。「健康・安全についての思考・判断」は,課題解決や適切な意志決定・行動につながる,予測・予想している,見つけている,選ぶ(決定する)などという表現とする。

課題解決に役立つ「健康・安全についての知識・理解」は,用語などを丸暗記しているだけでなく,意義や具体例などをあげている,言ったり,書いたりしているなどと表現する。

なお,学習活動における具体の評価規準は,学習過程や課題学習などの学習形態や指導方法などもイメージできるものを表現し,指導の質の向上を図れるようにし,指導と評価を一体化できるようなものを工夫する。混乱を避けるため,観点間で同じ表現や似た表現を使用しない。

〔渡邉　彰・戸田芳雄〕

小学校体育科の評価方法

→小学校体育科の特質と評価

【評価方法】　各学校においては，体育科の学習活動の特質，評価の場面や評価規準，子どもの発達段階に応じて，ペーパーテスト，ワークシート，学習カード，観察，面接，質問紙，ノート，レポートなどのさまざまな評価方法の中から，その場面における子どもの学習状況を的確に評価できる方法を選択していくことが必要である。

また，評価の時期を工夫したり，学習の過程における評価を一層重視するなど，評価の場面についても工夫を加えることが大切である。

評価を適切に行うという観点に立てば，できるだけ多様な評価を行い，多くの情報を得ることが重要であるが，他方，このことにより評価に追われてしまい目的が十分達成できなくなるおそれもあり，評価を常に指導に生かすという視点を大切にすべきである。

【運動領域の評価方法】　運動領域の評価方法としてのおもなものは，教師が行う「観察」と子ども自身が行う「学習カード」がある。

❶観察：運動領域の評価方法の中心は教師による観察であり，教師は目の前で活動している子どもの学びの姿が評価の3観点のどれに当たるものなのか，それとともに，各観点の「学習活動における具体の評価規準」の実現状況は，「十分満足できる状況(A)」なのか，「おおむね満足できる状況(B)」なのか，「努力を要する状況(C)」なのかをしっかり見取る力を養うことが求められる。

❷学習カード：学習カードは，子ども一人一人が自分の力を確認し，次に取り組む見通しがもてる手助けになるものであり，教師にとっては，子どもの学習状況を的確に把握するためのものでもある。子どもによっては，授業の取組みはすばらしいのに，学習カードをどのように記入したらよいかわからない者もいる。例えば，「思考・判断」を問うときに，『今日の授業はどんな工夫をしましたか』というような漠然とした聞き方よりも，『見本として跳んだAさんとあなたの跳び方とはどこが違いますか』というような，具体的な問い，子どもが書き込みやすい問いを考えることが大切である。

学習カードには，教師がほしい評価，観察では見取ることができない評価を，子どもが的確に答えやすい質問として意図的に盛り込むことが大切である。

❸観察と学習カードの併用：「関心・意欲・態度」のような情意的内容や「思考・判断」のような認知的内容に関する評価は，観察してとらえることがむずかしい面もあり，学習カードを併用することによって，子ども一人一人についての実現状況を把握するうえで，手がかりとなることが多い。一般に，教師の評価と子どもの行う評価は一致する。一致しない場合は，教師の行う評価のほうが正しいというのが大半と思われる。しかし，ここではあえて教師が子どもに歩み寄る事例を紹介したい。

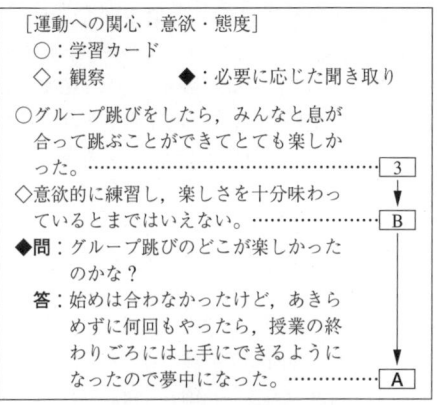

```
[運動への関心・意欲・態度]
○：学習カード
◇：観察　　　◆：必要に応じた聞き取り

○グループ跳びをしたら，みんなと息が
　合って跳ぶことができてとても楽しか
　った。　……………………………………3
◇意欲的に練習し，楽しさを十分味わっ
　ているとまではいえない。……………B
◆問：グループ跳びのどこが楽しかった
　　　のかな？
　答：始めは合わなかったけど，あきら
　　　めずに何回もやったら，授業の終
　　　わりごろには上手にできるように
　　　なったので夢中になった。…………A
```

図　関心・意欲・態度の評価例

各学校においては，子どもが記入した学習カードを，教師の観察と同じように評定につなが

る評価としてストレートに活用している例が多い。もちろん，設問の仕方によってはそのままストレートに活用できるものもあるが，多くの場合，教師が見ると「できていない」ことも，子どもは「できた」として記入することはよくあることである。教師は，この点をよく踏まえ，学習カードの活用を考える必要がある。

【保健領域の評価方法】　保健領域では，次のような事柄に留意し，指導と関連させて多様な評価方法を工夫することが必要である。

(1)　留意点
①実現状況をより客観的に把握・判断する。

　各観点の「学習活動における具体の評価規準」を作成し，指導と評価の計画に位置づけて，「十分満足できる状況(A)」なのか，「おおむね満足できる状況(B)」なのか，「努力を要する状況(C)」なのか実現状況をより客観的に把握・判断する。

②指導の工夫改善と授業過程における評価を重視する。

　課題を解決していくような学習を展開したり，実習を取り入れたりするなど指導の工夫をするとともに，子どもが主体的に学習しながら，同時に評価していけるようにする。

③多様な方法で多面的な評価に努める。

　教師の評価とともに，子どもの自己評価等を進める。その際，目標や指導方法との関連から学習カードや観察，テスト等を取り入れたりするなど多様な評価方法を工夫し，結果を記録にとどめるだけでなく，学習や指導の改善に役立つ多面的な評価に努める。

④簡潔かつ効率的に評価の結果を記録できるよう工夫する。

　できるだけ，簡潔な様式，項目で，指導（学習）しながら短時間で記録でき，次の時間の学習にも生かせるような評価（学習）カード，座席簿，補助簿等を準備する。

(2)　具体的な評価方法
❶質問紙（自己評価・相互評価表等を含む）による評価：専門家あるいは教師の制作による質問紙を用いる方法で，設問に回答・選択する。子どもの考えや学習の経過等がわかり，教師，子どもの双方が，学習や指導の診断・評価ができ，学習や指導の改善に役立つ。テストと違って，正答，誤答がないのが特徴である。したがって，活用する際にもそのことに留意し，直接A，B，Cの評価とするには適さない。

❷問答・会話等による評価：Cと判断されるような子どもについて，観察や質問紙など他の方法での把握が困難な場合に，直接会話し，実際の状況を把握するのに役立つ。

❸観察による評価：子どもが学習に取り組んでいるときのさまざまな姿を評価規準に即して観察し，補助簿，座席簿などに記録する。他の方法と組み合わせると有効である。

❹学習カードなどによる評価：「質問紙（自己評価表等を含む）による評価」と形式は似ているが，意図的に質問を設定し，「思考・判断」「知識・理解」の実現状況が評価できるようにし，指導にも生かせるようにする。質問紙とあわせて作成することもできる。

❺レポートなどによる評価：課題解決的な学習の中で，課題に即して簡単なレポートやポートフォリオを作成させ，それに取り組む姿を「関心・意欲・態度」の観点で，記述の内容と経過から「思考・判断」や「知識・理解」を評価することができる。

❻製作物の展示や発表などによる評価：製作物や発表を，評価規準に即して評価する。レポートなどによる評価と同様な評価ができる。

❼定期テスト・単元テスト等による評価：単元の目標・内容，指導と評価の計画，観点の趣旨や評価規準に即したものとし，単純な語句の穴埋めなどでなく，目標とする「思考・判断」「知識・理解」の状況を評価できるよう工夫する。また，それらのテストの結果だけでなく，毎時の評価とあわせて評価し，単元や学期・学年の評定等の資料とする。　　（渡邉　彰・戸田芳雄）

中学校保健体育科の特質と評価

→中学校保健体育科の評価方法

【保健体育科の特質】　保健体育科は、「心と体を一体としてとらえ、運動や健康・安全についての理解と運動の合理的な実践を通して、積極的に運動に親しむ資質を育てるとともに、健康の保持増進のための実践力の育成と体力の向上を図り、明るく豊かな生活を営む態度を育てる」ことを目標としている。この目標は、より一層体育と保健を関連させていく考え方を強調している。また、「積極的に運動に親しむ資質や能力の育成」「健康の保持増進のための実践力の育成」「体力の向上」の3つが相互に密接な関連をもっていることを強調している。

「心と体を一体としてとらえ」とは、心と体の発達の状態を踏まえ、運動による心と体への効果や健康、特に心の健康が運動と密接に関連していることなどを理解することの大切さを示している。そのためには、「体ほぐしの運動」など具体的な活動を通して心と体が深くかかわっていることを体得できるようにすることである。

「運動や健康・安全についての理解」とは、運動の特性、学び方、意義、効果などについて科学的に理解できるようにすること、心身の健康の保持増進について科学的な原理や原則に基づいて理解できるようにすることである。

「運動の合理的な実践」とは、運動の特性、一般原則、事故の防止等に関して、科学的な理解に基づいて運動を実践することである。

「積極的に運動に親しむ資質や能力の育成」とは、運動への関心や自ら運動をする意欲、仲間と仲よく運動をすること、各種の運動の特性にふれる楽しさや喜びを味わえるよう自ら考えたり工夫したりする力、運動の技能や知識・理解を指している。

「健康の保持増進のための実践力の育成」とは、心身の健康の保持増進に関する内容を単に知識として、また、記憶としてとどめることでなく、生徒が現在および将来の生活において健康・安全の課題に直面した場合に、科学的な思考と正しい判断のもとに意志決定や行動選択を行い、適切に実践できるような資質や能力の基礎を育成することを示したものである。

「体力の向上を図る」とは、個に応じた体力の高め方を学ぶなど、体力の向上を図るための実践力を身につけることができるようにすることである。

「明るく豊かな生活を営む態度を育てる」とは、現在および将来の生活を健康で活力に満ちた明るく豊かなものにするという教科の究極の目標を示したものである。

【保健体育科の内容】　保健体育科の内容は、体育分野と保健分野があり、次ページ表に示す内容で構成されている。

【保健体育科の評価】　保健体育科の評価は、これからの保健体育科がめざす［生きる力］の育成の実現という視点から、学習指導要領の趣旨や教科の目標、分野の目標および内容との関連を図って、指導と評価を一体的に行い、より一層適切な評価が行われるようにするため、「運動や健康・安全への関心・意欲・態度」「運動や健康・安全についての思考・判断」「運動の技能」「運動や健康・安全についての知識・理解」の4つを観点として行うこととしている（各評価の観点と趣旨は370ページ参照）。それぞれの観点のめざしているものは、次のとおりである。

「運動や健康・安全への関心・意欲・態度」は、生涯にわたる豊かなスポーツライフおよび健康の保持増進の基礎を培い、明るく豊かで活力ある生活を営む態度を育成すること。

「運動や健康・安全についての思考・判断」は、自己の課題やチームの課題の解決をめざして、練習の仕方や試合の仕方を考えたり工夫し

たりすることができるようにすることを通して，自ら学び自ら考える力を育成すること。

「運動の技能」は，運動の特性にふれる技能を身につけるとともに，体力を高めるために合理的な運動の行い方を身につけること。

「運動や健康・安全についての知識・理解」は，運動の特性と運動の合理的な実践に関する基礎的な事項，および個人生活における健康・安全について，課題の解決に役立つ基礎的な事項を理解し，知識を身につけること。

分野の目標および内容との関連から，体育分野は4つの観点，保健分野は3つの観点（「運動の技能」を除く）で評価を行うこととしている。

保健体育科の評価にあたっては，各観点について分析的に評価するだけではなく，各観点が相互に関連し合いながら補充的な働きをするものとしてとらえることが大切であり，単元における評価規準を設定し，生徒の自己評価や教師の観察等により生徒の変容を見るなどして学習指導の過程における評価を工夫し，意図的・計画的に評価できるようにするとともに，それらの資料を単元全体の評価に生かすことが求められる。

（今関豊一・戸田芳雄）

表　中学校保健体育科の「体育分野の領域及び内容の取扱いと保健分野の内容」

体育分野の領域	内容	領域の取扱い 1年	2年	3年	内容の取扱い 1・2・3年
A 体つくり運動	ア 体ほぐしの運動 イ 体力を高める運動 　(ア) 体の柔らかさ及び巧みな動きを高めるための運動 　(イ) 力強い動きを高めるための運動 　(ウ) 動きを持続する能力を高めるための運動	必修	必修	必修	ア，イ必修。イの運動については(ウ)に重点を置くことができる。
B 器械運動	ア マット運動　イ 鉄棒運動 ウ 平均台運動　エ 跳び箱運動	必修	①B，C及びDから②選択	2年に同じ	ア〜エから選択
C 陸上競技	ア 短距離走・リレー，長距離走又はハードル走 イ 走り幅跳び又は走り高跳び	必修			ア及びイのそれぞれから選択
D 水泳	ア クロール　イ 平泳ぎ ウ 背泳ぎ	必修			ア〜ウから選択
E 球技	ア バスケットボール又はハンドボール イ サッカー ウ バレーボール エ テニス，卓球又はバドミントン オ ソフトボール	必修	E，F及びGから②選択	2年に同じ	ア〜オから②選択
F 武道	ア 柔道　イ 剣道 ウ 相撲	F及びGから①選択			ア〜ウから①選択
G ダンス	ア 創作ダンス　イ フォークダンス ウ 現代的なリズムのダンス				ア〜ウから選択
H 体育に関する知識	(1) 運動の特性と学び方 (2) 体ほぐし・体力の意義と運動の効果	必修	必修	必修	(1), (2)必修
保健分野の内容	(1) 心身の機能の発達と心の健康 (2) 健康と環境 (3) 傷害の防止 (4) 健康な生活と疾病の予防	必修	必修 必修	必修	

中学校保健体育科の評価方法

→中学校保健体育科の特質と評価

【評価方法】 保健体育科の評価方法として利用されるものには，観察，学習ノート（レポート），テスト（実技，ペーパー）などがある。

❶観察：これは，学習活動中の話し合いの様子などをもとに評価する。その場面としては，練習や試合などの身体活動をしているとき，グループで話し合いなどの活動をしているときなどがある。評価を的確にするためには，評価する側の視点（指導の視点）を明確にするとともに，複数の評価者で同じ評価対象者を評価することなどにより観察する視点をそろえておくことが求められる。この方法は，主として「関心・意欲・態度」「運動の技能」の評価として用いることが考えられる。

❷学習ノート（レポート）：これは，生徒が記述したものをもとに評価する。学習活動の振り返り，練習や試合の結果を客観的に知る手がかり，学習の経過およびまとめなどとして利用される。その場面としては，授業展開の区切り，単位時間当たりの振り返り，数時間や単元の区切りなどがある。評価を的確にするためには，評価の視点（指導の視点）や読み取る項目を明確にするとともに，読み取りの視点をそろえておくことが求められる。この方法は，主として「関心・意欲・態度」「思考・判断」「知識・理解」に用いることが考えられる。

❸テスト（実技，ペーパー）：これは，実技，ペーパーなどをもとに評価する。指導と評価の計画により，時期を決めて，テストとして利用される。その場面としては，単元の始まり，中ごろ，まとめなど適切な区切りがある。評価を的確にするためには，特に，テスト（実技，ペーパー）の評価問題の開発が求められる。実技テストでは，時間や回数の測定した結果のみが評価となるのではなく，動きの視点を明確にしたうえで，観察と併用することなどにより，得られた結果はどのような技能を身につけているのかをとらえることができるものを開発したい。実技テストの評価は，主として「運動の技能」に用いることが考えられる。ペーパーテストでは，得点が高得点になることが評価となるのではなく，出題形式の工夫により，評価したい内容および評価の観点の姿を的確にとらえることができるものを開発したい。ペーパーテストの評価は，主として「思考・判断」「知識・理解」に用いることが考えられる。

これらの評価方法は，どの方法を用いるにしても，評価の対象は何かを明確にしたうえで，保健体育科がめざす資質能力を的確にとらえることができるものを用いることが大切である。そして，選択した評価方法によって，何が評価できるのか，どんな資質能力を評価できるのか，評価の問いや場面において測定・評価しているものは何なのか，実際に授業者が意図した指導を評価できているのかといったことを検討しておくことが重要である。

【評価方法の改善のために】 観察，学習ノート（レポート），テスト（実技，ペーパー）などの評価方法の改善には，評価の観点ごとに学びの姿としての状況（出来栄え）を，評価の手がかりとして整理しておくことである。この整理は評価規準の作成はもとより，評価方法のうちどれを用いるのかを検討する際にも重要な手がかりとなる。

学びの姿としての状況をとらえるには，評価の観点ごとの関連性を踏まえて整理することである。その視点としては，それぞれの観点で現れる学びの姿を行為動詞で記述することがあげられる。学びの姿を表す行為動詞は，学習の実現状況を質的に表し，「おおむね満足と判断される状況（B）」の評価規準を作成する手がかりとなるものとする。そして，それぞれの観点に

おける学びの姿をより的確に表す動詞を用いるようにする。また，1つの観点で用いた動詞は，他の観点では用いないようにする（表2参照）。

このような学びの姿をあげておくことは，評価方法としての観察や学習カード（レポート）の読み取りの視点を定める，テスト（実技，ペーパー）を作成する際や，これらを用いて学びの姿を評価するといったときに有用である。

評価方法の改善には，これらの学びの姿をとらえて整理するとともに，実際の生徒の学習活動の状況と照らし合わせることが大切である。あわせて，学習活動において学びの姿が現れるような授業展開の工夫が求められる。

（今関豊一・戸田芳雄）

表1 中学校保健体育科の「評価の観点及びその趣旨」

観　点	趣　旨
運動や健康・安全への関心・意欲・態度	自ら進んで運動を実施し，運動の楽しさや喜びを体得しようとする。また，個人生活における健康・安全に関心をもち，意欲的に学習に取り組もうとする。
運動や健康・安全についての思考・判断	自己の能力に適した運動の課題の解決を目指して，活動の仕方を考え，工夫している。また，個人生活における健康・安全について，課題の解決を目指して考え，判断している。
運動の技能	運動の楽しさや喜びを味わうために必要な技能や体力を高めるための運動の合理的な行い方を身に付けている。
運動や健康・安全についての知識・理解	運動の特性と運動の合理的な実践に関する基礎的な事項や生活における運動の意義を理解し，知識を身に付けている。また，個人生活における健康・安全について，課題の解決に役立つ基礎的な事項を理解し，知識を身に付けている。

表2 評価の観点ごとの学びの姿を表す状況の参考例

	運動や健康・安全への関心・意欲・態度	運動や健康・安全についての思考・判断	運動の技能	運動や健康・安全についての知識・理解
体育分野	「進んでしようとする（含む：教師や仲間からの働きかけがあって）」「一緒にしようとする」「参加しようとする」「協力しようとする」「受け入れようとする」「気を付けようとする」「注意しようとする」「留意しようとする」等	「課題を見つけている」「（示された資料をもとに）課題を見つけている」「構成している」「利用している」「活用している」等	「（動作や動きが）できる」「（技能を）身につけている」「条件を変えてできる」等	「言ったり，書き出したりしている」「具体例をあげている」等
保健分野	「資料を探そうとしている」「聞こうとしている」「発言・発表しようとしている」「課題について調べようとしている」「記録しようとしている」等	「課題を見つけている」「解決方法をまとめている」「予測・予想している」「日常生活に当てはめている」「整理している」「選んでいる」「決定している」「比べている」等		「あげている」「言ったり，書き出したりしている」等

中学校外国語科の特質と評価

→中学校外国語科の評価方法

【外国語科の特質】 外国語科の目標は，学習指導要領には「外国語を通じて，言語や文化に対する理解を深め，積極的にコミュニケーションを図ろうとする態度の育成を図り，聞くことや話すことなどの実践的コミュニケーション能力の基礎を養う」と示されている。外国語科の目標が言語教育であるということ，とりわけ外国語によるコミュニケーション能力をめざすものであることは，外国語科の特質と評価を考えるうえで重要である。

この外国語科の目標の下に「英語」の目標が示されているが，そこでは「聞くこと」「話すこと」「読むこと」「書くこと」の4つの領域について，これらに慣れ親しませること，話し手や書き手の意向などを理解できるようにすること，また自分の考えなどを話したり書いたりできるようにすることが述べられている。相手の意向を理解することや自分の考えなどを表現することは，コミュニケーションにおける不可欠な言語の運用能力である。

したがって，このような目標を達成するために示された内容は，上記の4つの領域の言語活動となっている。また，内容には「言語活動」とは別に「言語材料」が示されている。言語材料とは，音声，文字，文法事項などであり，言語自体についての知識である。これらは中学校段階において用いられる一定の言語的枠組を示すものである。言語的知識がなければ言語運用はできないが，知識があっても必ずしも言語運用ができないところが，外国語指導の留意点である。身につける知識が言語運用に活用できるようにすることが大切であり，また評価を考える場合のポイントでもある。

【評価の観点】 外国語科では，外国語の学習によって身についた資質や能力を「コミュニケーションへの関心・意欲・態度」「表現の能力」「理解の能力」「言語や文化についての知識・理解」の4つの観点で評価しようとしている。観点の趣旨は下表のとおりである。これらの4つの観点は，それぞれ独立した視点ではあるが，相互に密接なつながりをもっている。

❶**コミュニケーションへの関心・意欲・態度**：この観点は，情意的な側面をとらえるものである。外国語においては，教科における学習一般への関心・意欲・態度ではなく，コミュニケーションを行うことに対する関心・意欲・態度であり限定的である。このような関心・意欲・態度がコミュニケーションに向けた言語活動を可能にするといえる。

❷**表現の能力**：この観点は，上記の言語活動の4つの領域のうち「話すこと」および「書くこと」をカバーしている。口頭での表現である

表 中学校外国語科の「評価の観点及びその趣旨」

観　点	趣　旨
コミュニケーションへの関心・意欲・態度	コミュニケーションに関心をもち，積極的に言語活動を行い，コミュニケーションを図ろうとする。
表現の能力	初歩的な外国語を用いて，自分の考えや気持ちなど伝えたいことを話したり，書いたりして表現する。
理解の能力	初歩的な外国語を聞いたり，読んだりして，話し手や書き手の意向や具体的な内容など相手が伝えようとすることを理解する。
言語や文化についての知識・理解	初歩的な外国語の学習を通して，言語やその運用についての知識を身に付けるとともにその背景にある文化などを理解している。

「話すこと」と文字による表現である「書くこと」とを合わせた統合的な観点である。

❸**理解の能力**：この観点は、同様に言語活動の4つの領域のうち「聞くこと」と「読むこと」とを対象としている。音声を通して理解する「聞くこと」と文字を通して理解する「読むこと」を合わせたものである。

「表現の能力」と「理解の能力」はこのように言語活動の領域を表現と理解の2つに分けて言語の運用能力をとらえようとするものである。これらの2つの観点は、明確に能力をとらえようとしている点で、次の「言語や文化についての知識・理解」とは区別してとらえることが重要になる。

❹**言語や文化についての知識・理解**：この観点は、運用能力を支える知識の有無や理解を評価するものである。この場合の知識・理解は、観点の名称のとおり、言語に関するものと文化に関するものに分けられる。言語に関するものは、上記の「言語材料」に関するものと考えてよい。ただし、この場合の知識・理解は単に知識がある、理解しているといったことではなく、コミュニケーションという視点から言語の運用につながるものである。同様に、文化に関する知識・理解についてもコミュニケーションを行うことに資するという点から評価対象をある程度限定する必要がある。風俗・習慣といった一般的な外国文化についての知識・理解の有無を評価するのではないということが重要である。

【留意点】　言語能力、とりわけコミュニケーション能力は、上記のようにこれらの「4つの観点」に示された側面が相互に影響し合いながら総合的に高まっていくと考えられる。したがって、指導の段階においてもまた評価においてもそのような特質を考慮して行う必要がある。

実際に評価を行うには、このような4つの観点のもとに評価規準を設定する必要がある。国立教育政策研究所教育課程研究センターの「評価規準の作成、評価方法の工夫改善のための参考資料」では、評価規準を作成する際の各観点ごとに2つの基本的な考え方が示されている。

「コミュニケーションへの関心・意欲・態度」では、言語活動に積極的に取り組んでいるかどうか（言語活動への取組み）とさまざまな工夫をすることでコミュニケーションを続けようとしているかどうか（コミュニケーションの継続）である。

「表現の能力」と「理解の能力」については「正確さ」と「適切さ」という2つの共通の考え方を示している。「表現の能力」では、初歩的な英語を用いて、自分の考えや気持ちなどを正しく話す（書く）ことができるかどうか（正確な発話、正確な筆記）と初歩的な英語を用いて、場面や相手に応じて適切に話す（目的に応じて適切に書く）ことができるかどうか（適切な発話、適切な筆記）である。さらに、「読むこと」における音読についても、初歩的な英語を正しく音読することができる（正確な音読）と初歩的な英語で書かれた内容が表現されるように適切に音読できる（適切な音読）の2つがある。「理解の能力」では、初歩的な英語の情報を正しく聞き取る（読み取る）ことができるかどうか（正確な聞き取り、正確な読み取り）と初歩的な英語を、場面や状況に応じて適切に聞く（目的に応じて適切に読む）ことができるかどうか（適切な聞き取り、適切な読み取り）の2つである。

最後に、「言語や文化についての知識・理解」では、言語や言語の運用についての基本的な知識を身につけているかどうか（言語についての知識・理解）と初歩的な英語の学習において取り扱われた文化について理解しているかどうか（文化についての知識・理解）である。

このような各観点の基本的な考え方のもとに具体的な教材や指導方法に基づいて評価規準を設定することになる。適切な評価はこれらの評価規準の達成をみることを積み重ねることで行われる。

〔平田和人〕

中学校外国語科の評価方法

→中学校外国語科の特質と評価

【評価方法】 中学校外国語科の評価は，評価の観点の下に設定された評価規準の達成をみることを通して行われる。外国語における4つの評価の観点は次のとおりである。
○コミュニケーションへの関心・意欲・態度
○表現の能力
○理解の能力
○言語や文化についての知識・理解

評価規準は，これらの評価の観点の趣旨に基づいて設定されたそれぞれの観点の下位区分であると考えることができる。

設定した目標が実現されているかどうかは評価規準の達成を通して判断することができる。したがって，目標に準拠した評価の第一歩は，評価規準の設定であり，その達成の的確な把握であるといってよい。

達成をみるためには評価規準に対応した生徒の資質や能力についての情報が必要である。この情報が適切なものでなければ，達成の判断も適切なものとはならない。この情報を入手する方法が評価方法であるといってよい。

それぞれの評価方法には，それによってどのような側面をとらえることができるのか，あるいはできないのかの特徴があり，適切な評価方法を選択することが重要である。1つの評価方法を選択すれば，それによって得られる情報には一定の制限が加わることになる。例えば，文字を通した評価で音声にかかわる内容を評価しようとすれば妥当かどうかが問題になる。

このように考えると生徒の資質や能力を総合的に多面的にとらえるには，評価方法に多様なものがあることが大切になる。例えば，ペーパーテストを実施したり生徒を観察したり，また，何らかのパフォーマンスを行わせることもあれば，レポートや課題の提出を求めるといったことなどが考えられている。

評価方法の決定はどのような評価規準の達成をみようとしているかによる。その際，その評価方法の妥当性や信頼性，実用性などを考慮して決定することになる。

以下では，いくつかの代表的な評価方法を取り上げ，「聞くこと」「話すこと」「読むこと」「書くこと」の4つの領域の言語活動および上記の4つの評価の観点とのかかわりを考えたい。

【「ペーパーテスト」による評価】 ペーパーテストは最も代表的な評価方法である。実施が簡便であり，定期テストのように一定の期間の学習の成果をまとめて把握する場合や，小テストのように生徒の学習の状況を焦点化してピンポイントで把握するためによく用いられる。

言語活動とのかかわりでは，文字によるテストであり「読むこと」「書くこと」が中心となる。評価の観点とのかかわりでは，「読むこと」により「理解の能力」を評価し，「書くこと」により「表現の能力」を評価することが可能となる。また，単語や文法事項などの知識を問う問題では，「言語や文化についての知識・理解」の観点からの評価となる。

従来のペーパーテストの課題は，問題の内容および形式が評価規準の達成をみるために適切なものとなっているかどうかである。知識を問う問題なのか，あるいは運用能力を問う問題なのかの区別も重要である。例えば，大問ごとに特定の評価規準に焦点化した問題作成がなされていることが必要である。いわゆる総合問題はさまざまな視点が混在しており，評価規準に基づく評価という点で問題がある。

【「観察」による評価】 「観察」もペーパーテストと同様に実施が簡便な方法である。指導を行いながらでも生徒の言語活動への取組みを観察することができる。他の評価方法と比較しても

継続的に何度も行うことが可能であり，そのことによって信頼性を高めることができる。

　言語活動とのかかわりでは，「聞くこと」「話すこと」「読むこと」「書くこと」のいずれも観察による評価が可能である。評価の観点との関わりでは，言語活動を行う様子から「コミュニケーションへの関心・意欲・態度」の評価が可能である。生徒の所作や行動に現れやすいという面では「話すこと」「書くこと」など表現をする場面における評価のほうが容易であろう。また，言語活動の内容に目をやることで他の観点からも評価は可能であろう。

　「観察」による評価においては，観察の視点が曖昧にならないように特に留意して評価規準を作成することが大切である。基準が曖昧なまま主観的な判断を行えば，評価結果が信頼性の低いものになる可能性がある。

【「パフォーマンス」による評価】　パフォーマンスとは，本来「すること（行うこと），実行，履行，成就，仕事，作業，動作，振る舞い」のことであり，言語ということでいえば，言語の運用を指す。つまり，生徒に言語の運用をさせる，つまり言語活動をさせることを通して，身につけた資質や能力を評価しようとするのが，パフォーマンス評価である。

　したがって，パフォーマンス評価としてさまざまなものが考えられている。インタビュー，スピーチ，リスニング，スキット，プレゼンテーションなどが一般的であるが，これ以外にもレシテーションやディベートなどもパフォーマンス評価である。これらのうち，インタビューとスピーチによる評価を取り上げたい。

　インタビューは，生徒と教師が対面して教師の指示のもとに生徒が話すなどの言語活動を行うものである。内容としては，教師の問いかけに生徒が答えるもの，生徒と教師が互いにある役割を演ずるもの，生徒に単語や文章を読ませて発音をみるものなどがある。

　言語活動とのかかわりでは，音声によるテスト形式をとるので，「聞くこと」「話すこと」が中心である。評価の観点とのかかわりでは，「聞くこと」により「理解の能力」を評価し，「話すこと」により「表現の能力」を評価することが可能となる。また，発音を評価する場合には「言語や文化についての知識・理解」の観点からの評価となる。スピーチは，おもに話し手の「話すこと」の言語活動により「表現の能力」を評価することが中心になる。

　このようなパフォーマンス評価においては，採点者の信頼性が問題となることがあり，特に判断基準が時間を追って変わってこないように留意することが重要である。

【「提出物」による評価】　上記の評価方法とは別に，生徒に何らかの言語活動を行わせた結果を提出させ，それを評価することも考えられる。学習ノートやワークシート，あるいはレポート作成や作品などが評価対象となる。多くは文字によるものであるが，音声を録音して提出させることも可能である。

　これらの評価方法では，評価の観点との関係に留意することが大切である。どのような言語活動を生徒に求めているのかに応じて適切な評価規準を対応させる必要がある。単に提出物を出したということで評価を行うことは避けなければならない。

【「ポートフォリオ」による評価】　ポートフォリオによる評価は，上記のテストなどと異なり，生徒の学習の過程や成果に関する資料などを長期間にわたり集積し，そこに読み取れる変容から生徒の成長と進歩を把握し評価するとともに指導の過程を振り返るものである。

　収集する資料としては，ペーパーテストの結果をはじめ，パフォーマンステストの結果，生徒の作品，自己評価カードなどさまざまなものが考えられる。それらのさまざまなものを一定の評価規準のもとに時系列で把握することで目標の実現の程度や学習上の課題を幅広くとらえることが可能となる。

（平田和人）

選択教科の評価

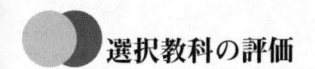

→総合的な学習の時間の評価

【語義】 中学校において生徒が選択履修して学習できるよう設けられている教科のことである。学習指導要領では，各学年ごとに開設可能な教科の種類および配当時数，生徒に履修させる教科の数等について定めている。

選択教科の評価については，指導要録では，観点別評価，評定とも目標に準拠した評価として行われることとされている。観点別評価の観点は各学校が設定し，評定については「A」（「十分満足できると判断されるもの」），「B」（「おおむね満足できると判断されるもの」），「C」（「努力を要すると判断されるもの」）の3段階で評価することとされている。

【選択教科の変遷】 中学校における選択教科は昭和22年の学習指導要領（試案）において，「外国語」「習字」「職業」「自由研究」が指定されており，昭和26年の試案では「外国語」「職業・家庭」「その他の教科」とされていた。

昭和33年告示では「外国語」「農業」「工業」「商業」「水産」「家庭」「数学」「音楽」「美術」，昭和44年告示では，昭和33年学習指導要領に比べて「数学」「音楽」「美術」が除かれ，「その他特に必要な教科」が追加された。昭和53年告示では，職業系の教科がなくなり，「外国語」「音楽」「美術」「保健体育」「技術・家庭」「その他特に必要な教科」となり，「外国語」以外では技能系教科が中心となっている。平成元年の改訂では，履修学年の指定があるものの，すべての教科および「その他特に必要な教科」を選択教科として履修させることが可能となった。平成10年告示学習指導要領では，選択教科の位置づけであった「外国語」が必修教科とされるとともに，すべての学年で学習指導要領に示す教科および「その他特に必要な教科」を履修させることが可能となった。

【基本的性格】 中学校選択教科の基本的性格を平成10年告示学習指導要領でみると，次のようになっている。

(1) 選択教科の時数，内容

選択教科の授業時数や内容については，必修教科と異なり，各学校で定めることとされている。授業時数については，学校教育法施行規則において，第1学年は，0〜30単位時間，第2学年は，50〜85単位時間，第3学年においては，105〜165単位時間を充てるとされている。ただし，この時数は特別活動の授業時数の増加に充てることができるとされている。

選択教科の具体的な内容は，各学校で設定することになるが，学習指導要領においては，総則において「課題学習」「補充的な学習」「発展的な学習」が示されており，さらに各教科ごとに内容の概略を示している。

さらに選択教科の指導内容については，平成10年の改訂から，学習指導要領に示す当該必修教科の範囲を超えた内容を扱うことも可能となった。

(2) 選択教科の種類

開設可能な選択教科の種類は，平成元年告示の学習指導要領では，第1学年で外国語とその他特に必要な教科，第2学年では音楽，美術，保健体育，技術・家庭，外国語，その他特に必要な教科，第3学年ではすべての教科およびその他特に必要な教科とされていた。平成10年の改訂で，各学年ともすべての教科の開設が可能となった。

(3) 各選択教科の授業時数

各選択教科の授業時数は，第1学年は年間30単位時間の範囲内，第2学年，第3学年は年間70単位時間の範囲内で各学校が定めることとされている。

(4) 選択させる教科の数

生徒に選択させる選択教科の数については，

第2学年で1教科以上，第3学年では2教科以上とされている。

(5) 選択教科の実施

各学校において選択教科を実施するにあたっては，まず，開設する教科の設計を行う。選択教科は同じ時間に生徒が選択できるようにする必要があることから，担当できる教師がどのくらいいるかによって，開設可能な範囲が決まってくる。小規模校や非常勤講師が多い学校などでは，十分な選択幅を確保することはむずかしい面がある。

開設教科の設計は，例えば，学年によって美術，音楽，技術・家庭，保健体育などをおもに開設し，他の学年でそれ以外の教科を開設するなどの方法も想定される。また，1年間を複数の時期に分け，それぞれ特色ある選択教科群を設定するような方法もとられている。

学校としての選択教科開設の方針が決定したら，担当教師は，目標と内容，学習活動などを示す指導計画を作成し，生徒に対してガイダンスを行う。指導計画の作成にあたっては，課題学習，補充的な学習，発展的な学習のいずれを行うかを考慮し，必修教科や総合的な学習の時間との関連にも配慮することとされている。

生徒は，ガイダンスによって得られた情報などから，どの選択教科を履修するかを決定する。

【選択教科の評価】 選択教科の評価について，指導要録の記載については，観点別評価，評定によることとされている。

観点別評価については，観点を各学校で設定し，A，B，Cの記号で評価することとされている。評定については，それぞれの教科の特性を考慮して設定された目標に照らし，3段階で評価し，A，B，Cの記号で評価することとされている。A，B，Cの内容は観点別評価，評定とも，Aは「十分満足できると判断されるもの」，Bは「おおむね満足できると判断されるもの」，Cは「努力を要すると判断されるもの」とされている。また，個人内評価として特筆すべき事項は，「総合所見及び指導上参考となる諸事項」欄に記載される。

【課題】 選択教科の実施に伴う課題の第1は，選択教科の開設は学校規模によって制約を受けており，この点が選択教科のねらいを実現する1つの条件となっていることである。選択教科のねらいは，生徒の能力・適性や興味・関心の多様化に対応して，生徒のより主体的な学習を促す点にある。このねらいを実現するためには，より多くの選択教科を開設し，多様な学習が可能となるよう教育課程を編成する必要がある。このためには，選択教科を担当できる教師を確保する必要があるが，少子化や過疎化に伴う学校規模の縮小は，各学校の教員数の減少をもたらし，このことが十分な選択教科の開設を困難にしている。

このような事情から，本来選択教科は一人一人の生徒が選択することが原則であるが，実質的に学校選択に近い形で運用せざるをえないケースも想定される。

第2は，必修教科および総合的な学習の時間との関連である。学習指導要領では，選択教科の実施にあたっては，必修教科および総合的な学習の時間と関連を図ることとされている。必修教科との関連は明確にすることが比較的容易であるが，総合的な学習の時間との関連については，この時間において，多様な学習活動が展開されることから，個々の活動ごとに関連づけることが必要となる。

第3に，中学校の教科は必修教科と選択教科によって構成され，生徒は選択教科において教科を選択する学習を行っている。これに対して高等学校では，科目の選択および教科の選択として教育課程が編成されている。中学校における選択学習をどのように高等学校における履修に接続するのかという点は，これまで十分には検討されてこなかった課題である。

〔工藤文三〕

総合的な学習の時間の評価

→自己評定と他者評定，ポートフォリオ

【基本的性格】 総合的な学習の時間は，平成10年（高等学校は平成11年）の学習指導要領の改訂で新設された学習領域である。

総合的な学習の時間は，平成8年の中央教育審議会答申（「21世紀を展望した我が国の教育の在り方」）において，横断的・総合的な指導を一層推進できるような手だてを講じることをねらいに，「一定のまとまった時間を設け」ることが提言された。その後，平成10年の教育課程審議会答申において，そのねらいや位置づけ，配当時数などが示された。

(1) 趣旨とねらい

答申を受け，平成10年12月の学習指導要領の告示において，総合的な学習の時間の趣旨，ねらい，学習活動の特色，配慮事項等が示された。趣旨については，次の2点が示された。

①各学校が，地域や学校，児童生徒の実態等に応じて創意工夫を生かした教育活動を行うことのできる時間であること，②横断的・総合的な学習や児童生徒の興味・関心等に基づく学習などを行う時間であること。

①はこの時間の実質的な内容を各学校で設定できることを意味しており，②は，①の前提はあるものの，横断的・総合的な学習や児童生徒の興味・関心を生かした課題を取り上げることを求めたものである。

総合的な学習の時間のねらいについては，次の3項目が示されている。

「①自ら課題を見付け，自ら学び，自ら考え，主体的に判断し，よりよく問題を解決する資質や能力を育てること」。

「②学び方やものの考え方を身に付け，問題の解決や探究活動に主体的，創造的に取り組む態度を育て，自己の生き方を考えることができるようにすること」。

「③各教科，道徳及び特別活動で身に付けた知識や技能等を相互に関連付け，学習や生活において生かし，それらが総合的に働くようにすること」。

①はこの時間の中心的なねらいを示したものであり，②は学び方などの技能目標，態度目標を示している。③は平成15年12月の一部改正をより追加されたものであり，教科や生活との関連づけを示したものとなっている。

(2) 内容

総合的な学習の時間で取り扱う具体的な内容は各学校で設定することとされているが，学習指導要領では次のように例示している。

「総合的な学習の時間の目標及び内容を定め，例えば国際理解，情報，環境，福祉・健康などの横断的・総合的な課題，児童の興味・関心に基づく課題，地域や学校の特色に応じた課題などについて，学校の実態に応じた学習活動を行うものとする」。

ここには，各学校で内容を設定する際の視点が，「横断的・総合的課題」「児童生徒の興味・関心に基づく課題」「地域や学校の特色に応じた課題」として示されている。

(3) 学習活動，指導体制等

学習指導要領では，総合的な学習の時間のねらいと課題の例を示すと同時に，学習活動や学習形態，指導体制，学校外施設との連携等についても言及し，これらを含めて総合的な学習の時間のアイデンティティを示すこととなっている。

学習活動については，「自然体験やボランティア活動などの社会体験，観察・実験，見学や調査，発表や討論，ものづくりや生産活動など体験的な学習，問題解決的な学習」が，示されている。学習形態，指導体制については「グループ学習や異年齢集団による学習などの多様な学習形態，地域の人々の協力も得つつ全教師が

一体となって指導に当たるなどの指導体制」が示されている。諸機関との連携については，「学校図書館の活用，他の学校との連携，公民館，図書館，博物館等の社会教育施設や社会教育関係団体等の各種団体との連携，地域の教材や学習環境の積極的な活用」とされている。

学習指導要領では，このように総合的な学習の時間の基本的性格を示しているが，その具体的な展開に向けた取組みは各学校に委ねられているため，幅のある解釈がなされ，さまざまな取組みがなされている。例えば，総合的な学習の時間の特色を体験的な学習に求め，児童生徒に豊かな体験を経験させようとする取組みがみられる。また，教科横断的な性格をもつ点に着目し，環境や福祉などをテーマとして構成する取組みもみられる。また，中学校においては「生き方」に着目し，職場体験学習などを展開する例もみられる。

【指導要録の記載と評価】 総合的な学習の時間の評価は，まず児童生徒指導要録の記入の仕方として示されている。

指導要録（文部科学省の示す参考様式）の「総合的な学習の時間の記録」欄については，「学習活動」「観点」「評価」で構成されており，次のように記入するとされている（平成13年，児童生徒の指導要録の改善に関する初等中等教育局長通知）。

「総合的な学習の時間については，この時間に行った学習活動及び指導の目標や内容に基づいて定めた評価の観点を記載した上で，それらの観点のうち，児童の学習状況に顕著な事項がある場合などにその特徴を記入するなど，児童にどのような力が身に付いたかを文章で記述する」。

次に，評価の観点については，3種類の例が示されている。

①総合的な学習の時間のねらいを受けた観点で，「課題設定の能力」「問題解決の能力」「学び方，ものの考え方」「学習への主体的，創造的な態度」「自己の生き方」等。

②教科における評価の観点を参考にしたもので，「学習活動への関心・意欲・態度」「総合的な思考・判断」「学習活動にかかわる技能・表現」「知識を応用し総合する能力」等。

③各学校の定める目標・内容に基づいた観点で「コミュニケーション能力」「情報活用能力」等である。

このように指導要録の記入において，総合的な学習の時間の評価は観点別評価であること，評価の観点は各学校で定めること，評価の記録の方法はA，B，C，3，2，1などの記号や点数で表す方法ではなく，記述による方法であることがわかる。

【評価方法】 評価方法等については，学習指導要領の解説に基本的な考え方が記されている。
(1) 教科で行われているようなテストの成績によって数値的に評価することは適当でないこと。
(2) 児童生徒のよい点，学習に対する意欲や態度，進歩の状況などを総合的に評価すること。
(3) 評価方法としては，ワークシート，ノート，作文，絵，レポート，発表や話し合いの観察，児童生徒の自己評価や相互評価など。

このように総合的な学習の時間の評価の特徴は，①目標に準拠した評価の方法をとりながらも個人内評価の性格をもち合わせていること，②観点別評価の方法をとっていること，③多様な評価方法を用いて学力を多面的にとらえようとしていること，④評価の結果は記号や点数ではなく記述による評価とされていることにある。

評価の妥当性，信頼性を高めるためには，評価場面に応じた観点別の評価規準の設定，評価規準に適合した評価方法の工夫が求められる。また，評価規準を生かすうえで，評価の事例の蓄積や評価者の判断力を高める研修が必要である。一方，評価の妥当性，信頼性を高めることは，学習指導の改善や指導計画の見直しを進めるうえでも不可欠であり，一層の検討が必要である。

（工藤文三）

特別活動の評価

→児童生徒指導要録，指導と評価の一体化，説明責任と学校評価

【特別活動の特質】 望ましい集団活動を通して，児童生徒が協力してよりよい生活を築こうとすることは，特別活動のねらいとするところである。それゆえ，特別活動は，学校生活の基盤をなす学級・学年などの生活集団における児童生徒の自主的・実践的な活動を特質としている。そこでは，「なすことにより学ぶ」という言葉に象徴されるように，児童生徒の主体的な活動を大切にすると同時に，学校の教職員全体がかかわる総合的な教育活動（この意味で，「教科教育活動」に対して「学校教育活動」ともいえよう）という特徴をもっている。

こうした特質をもつ特別活動の評価は，各教科の評価と共通性を有する一方，それとは異なる特別活動固有の特質をもっている。

【評価の対象】 特別活動の評価の対象としては，おもに次の3つの事項が考えられる。

(1)児童生徒の活動状況とその成長・発達
(2)児童生徒の集団の状況とその発達
(3)指導計画，指導内容・方法等のあり方

(1) 児童生徒の活動状況とその成長・発達

これは，個々の児童生徒一人一人にかかわる評価である。特別活動においても，教科と同様に一人一人の児童生徒の成長や発達を評価することは基本であり，それは指導要録の記入とも深くかかわっている。

他方，特別活動は，児童生徒の全人的な成長にかかわるものであり，そうした全人的な評価においては，一人一人のよさや可能性を生かし，それを伸ばす方向での評価を重視することが大切である。そのためには，児童生徒の活動状況やその成長・発達を多面的・総合的に評価していく学校の評価体制の構築が重要である。

(2) 児童生徒の集団の状況とその発達

これは特別活動に特筆される評価の視点といってよいだろう。「望ましい集団活動」は特別活動を成り立たせる基本的な条件（方法）だが，それはまた，特別活動の実践を通して形成・発展していくものであり，その意味で特別活動の1つの目標といえる。

望ましい集団の中でこそ，児童生徒たちの一層の成長・発達も期待される。児童生徒の集団が発達し，より望ましい状態になっていくことは，児童生徒の活動や相互の人間関係を豊かにしていくことにつながる。

(3) 指導計画，指導内容・方法等のあり方

これは，教育活動における評価の主要な対象の1つであり，そのことは特別活動の場合も例外ではない。しかし，特別活動では，個々の教師の取組みだけでなく，教師集団の取組みや学校の指導体制などが評価の対象となる。

評価については，指導の改善に生かすという視点がきわめて重要である。評価を通じて教師（教師集団）が指導の過程や方法について反省し，より効果的な指導が行えるよう学校全体で指導のあり方について検証し，改善・工夫を図っていく実践こそが大切である。

【評価の記録】 個々の児童生徒をどのように評価するかを，具体的に考察するために，児童生徒指導要録における特別活動の記述についてみていこう。

(1) 小学校・中学校

「特別活動の記録」については，小・中学校とも「特別活動における児童（生徒）の活動について，各内容ごとにその趣旨に照らして十分満足できる状況にあると判断される場合には，〇印を記入する」（平成13年，文部科学省通知）と示している。この点は，前回の通知（平成3年）と同様であるが，特別活動に関する「事実及び所見」については，従来は「特別活動の記録」の欄に記すようになっていたが，今回の改訂（平成13年）では，児童生徒の成長

の状況を総合的にとらえられるようにする趣旨から，他の教育活動の所見などと合わせ，「総合所見及び指導上参考となる諸事項」欄に記入されるようになった。

さて，児童生徒の活動状況の評価にあたり，平成13年の文部科学省の通知で示している小・中学校における特別活動の各内容の趣旨は下表のとおりである。なお，そこで示されている趣旨は，大綱的なものであるから，実際の評価にあたっては，学校として評価の観点や規準を設定し，客観的に評価を行うことが大切である。

(2) 高等学校

高等学校は，小・中学校と異なるが参考までにふれておこう。平成13年の文部科学省通知では，高等学校の特別活動の記録については，「特別活動における生徒の活動の状況について，主な事実及び所見を記入する。その際，所見については，生徒の長所を取り上げることが基本となるよう留意する」と示している。このように高等学校では，特別活動の各内容の趣旨を示していないし，十分満足できる状況の判定についても言及していない。

これは，高等学校では，全日制・定時制・通信制の課程の違い，普通科や専門学科，総合学科や単位制高校など，学校の形態が多様であり，また修業年限も一律ではなく，各学校の特質や生徒の実態を踏まえた多様な視点からの指導と評価が求められるからである。

【評価の観点，評価規準の意義】 平成13年の小・中学校の指導要録の改訂では，「各教科の評定」については，これまでの集団に準拠した評価（いわゆる相対評価）を中心としたものから，目標に準拠した評価（いわゆる絶対評価）に改められた。こうした評価観の見直しは，特別活動の評価の充実・改善を進める際に当然考慮されるべき課題である。

特別活動でも，評価の充実・改善のための取組みはこれまで行われてきた。しかしながら，特別活動の目標や各内容の趣旨に照らし，学校全体の共通理解と協力体制のもと，児童生徒一人一人について客観的かつ多面的な評価を十分に行ってきたとはいいがたい面があった。

こうした課題に応え，指導と評価の改善を図るためには，特別活動における評価の観点やね

表 特別活動の「評価の内容及びその趣旨」

内　　容		趣　　旨
学級活動	小学校	話合いや係の活動などを進んで行い，学級生活の向上やよりよい生活を目指し，諸問題の解決に努めている。
	中学校	話合いや係の活動などを進んで行い，学級生活の向上やよりよい生活を目指し，諸問題の解決に努めるとともに，現在及び将来の生き方を幅広く考え，積極的に自己を生かしている。
児童会活動	小学校	委員会の活動を進んで行ったり集会などに進んで参加したりして，学校生活の向上や他のためを考え，自己の役割を果たしている。
生徒会活動	中学校	委員会の活動などを進んで行い，全校的な視野に立って，学校生活の向上や他のためを考え，自己の役割を果たしている。
クラブ活動	小学校	自己の興味・関心を意欲的に追求し，他と協力して課題に向けて創意工夫して活動している。
学校行事	小学校	全校や学年の一員としての自覚をもち，集団における自己の役割を考え，望ましい行動をしている。
	中学校	全校や学年の一員としての自覚をもち，集団や社会における自己の役割を考え，望ましい行動をしている。

らいを明確にし，評価規準を設定していくといった具体的な取組みが大事である。

そのための方策として，国立教育政策研究所教育課程研究センターでも，前記の表「評価の内容及びその趣旨」を発展させ，平成14年2月に「評価規準の作成，評価方法の工夫改善のための参考資料」を公表した。

評価の観点および評価規準を学校として設定することは，特別活動における各活動のねらいを明確化し，その指導に当たる教職員の共通理解と協働実践を図るうえで不可欠である。また，こうした評価の観点や評価規準の設定は，生徒自身が活動の目標をつかんでいくためにも必要である。つまり，評価の観点や評価規準は，その教育活動を通して育てたい資質や能力等を学校内外に明確にすることである。

例えば，職場体験にしても集団宿泊体験にしても，その活動を通して，どんな「関心・意欲・態度」どんな「思考・判断」どんな「技能・表現」どんな「知識・理解」を身につけるかが明確でなければ，客観的で信頼される評価はもちろん価値ある教育活動の展開を期待することもできない。

【評価の特質】 評価の観点や評価規準をはっきり示すことは教育活動として当然だが，それは特別活動の評価が各教科の評価のあり方と同じだということではない。

教科においては，各教科の目標に照らした個々の児童生徒の学習の実現状況が評価の主要な対象になる。それに対して，特別活動では，さまざまな活動場面での，一人一人の児童生徒や集団の活動状況やその成長・発達などが評価される。

つまり，特別活動においては，個々の児童生徒の状況を評価する場合，特別活動の目標や内容等に対して個人としてそれがどれだけ実現できたかという結果よりも，むしろ，その目標等の実現に向かい，どのように主体的に参加し活動しているかといった「活動への取組み」や「活動の過程」「集団内の相互行為のもち方」などが評価の重要な対象となる。

特別活動の各場面における児童生徒の姿は実にさまざまである。児童生徒の中には，リーダーシップを発揮する者もいれば，フォロアーシップを発揮して集団をもりたてる者もいる。じっくりと考え慎重に行動する者もいれば，物事に恐れず飛び込み，積極的に取り組む者もいる。さまざまなタイプの児童生徒が共存し，多様な集団の中で互いに自己を発揮できること，そうした幅広い教育活動の中で，個性を生かす評価を進めることが特別活動に期待されている。

そうしたことから，指導要録の記入についても，観点別学習状況と評定を内容とする「各教科の記録」と異なり，特別活動では，「児童（生徒）の活動について，各内容ごとにその趣旨に照らして十分満足できる状況にあると判断される場合には〇印を記入する」と大綱的に示しているのである。

このことを，教職員がきちんと理解していないと，また，それを保護者，児童生徒にきちんと説明していなければ多様な子どもたちの成長・発達を的確にとらえ，そのよさや可能性を伸ばす指導と評価を推進することはできない。

【評価の方法】 特別活動の評価においても，できるだけ多くの観点から集められた客観的な量的および質的な資料に基づいて進めることが，評価の基本であることはいうまでもない。

特別活動の評価における基礎資料収集のおもな方法としては，次のものがあげられるが，それぞれの特色について十分に考慮し，適切に選択し活用することが重要である。

❶観察法：学校内外での日常生活や特別活動における児童生徒一人一人の行動の状況，各活動における集団としての行動の状況および教師の指導などに関する資料の収集に有効な方法である。しかし，観察者の主観性の影響が大きいので，観察者の多数化，観察規準の設定，記録の客観化（録音・録画の導入，記録用紙の考案）

などの点で配慮する必要がある。

❷**調査法**：これは質問紙によるものと個人あるいは集団面接による方法が含まれるが，特別活動に関する児童生徒や教師その他の関係者の感想や意見などについての資料を集めるのに有効である。ただ，質問や回答の内容と方法についてあらかじめ十分に検討して，信頼性と妥当性の高いものになるように努める必要がある。

❸**テスト法**：特別活動においては主として児童生徒の適性等の内容について，各種の標準検査を適切に選定し活用することが有効な場合もある。その場合は，その結果よりも，それを通じて自己理解を深めていくことが大切なことに留意したい。

❹**その他の方法**：児童生徒や教師の個人あるいは集団の一員としての日誌その他の諸記録なども有効な資料となりうることに留意すべきであり，また，児童生徒の自己評価および相互評価などに関する諸資料も積極的に活用することが大事である。

評価は，自己理解と自己改善を進めるための道具といった要素をもつ。発達段階に応じて，自他を客観的に見つめる力を高め，それを自己改善に生かすことが重要である。その場合も，お互いを尊重する心を忘れず，自己理解や相互理解の深化，人間関係を高める機会として活用していくことが大切である。

【評価の課題】　特別活動の評価について，目標に準拠した評価や，データに基づく客観的・多面的な評価が強く意識されるようになったのは近年である。それゆえ，特別活動においては，これまで述べてきた事項の多くがそのまま評価の課題であるが，ここでは，特に現在求められている課題を2つあげておこう。

(1) **学校としての評価方法や評価システムの確立**

1つは，児童生徒を学校全体として多面的・総合的に評価するための，学校としての評価方法や評価システムの確立が求められていることである。こうした学校としての協力体制や評価システムが問われること自体が，特別活動の評価の特質といえる。それが不十分であるならば，その学校の教育活動が学校全体で展開されているとはいいがたい。

個々の児童生徒の活動状況や成長・発達について，教職員の多面的・多角的な評価情報が日常的に行き交っている状況の推進が望まれる。それは，学級や学年の枠を超えて，学校全体としての指導・評価が日常化され，また，児童生徒のよさを学校全体で共有していく開かれた学校づくりと軌を一にしている。

(2) **評価結果等の適切な伝達**

もう1つは，評価結果等の適切な伝達である。評価の内容（伝える情報）は，児童生徒や保護者等に伝えられ生かされなければならない。伝える媒体としては，通信簿や連絡帳などに代表されるといってよいだろう。

そこで，評価の表示や見方に関する十分な説明や情報提供はもとより，教科等のスタート時点に，評価の観点や評価規準，評価方法等について説明責任を果たしておくことが大切である。児童生徒への適切な評価により，児童生徒が自己理解や自己内省を深め，自己成長や自己改善への意欲を高めたり，また，保護者が教師への信頼を一層深めたりすることはよくみられる。

こうしたことからいえるのは，評価の伝達の重要性を教職員が共通理解し，その形式や内容，またその記述について，一層よりよいものに改善していく学校の努力が重要だということである。児童生徒が自己の活動や生き方をしっかりと振り返り，新たな目標や課題をもてるような評価の開発が一層重要になっている。

（森嶋昭伸）

[参] 布村幸彦編『「平成13年改善指導要録」の基本的な考え方』ぎょうせい，2002．森嶋昭伸・鹿島研之助編『高等学校新学習指導要領の解説　特別活動』学事出版，2000．

道徳教育の評価

→特別活動の評価，総合的な学習の時間の評価

【基本的な考え方】 いかなる教育活動においても，指導と評価は一体である。道徳教育として指導が行われている以上，その評価はきちんと行わなければならないし，そのことによって指導を充実させる必要がある。道徳教育の指導は，全教育活動を通じて行われる。したがって，当然のことながら，道徳教育の評価は，道徳の時間はもちろんのこと，各教科や特別活動，総合的な学習の時間などにおいても行われなければならない（特に「関心・意欲・態度」に関する評価が，各教科における道徳教育の評価と密接にかかわる）。道徳教育の評価においては，このような基本的な理解がまず必要である。

【評価の独自性】 学校における道徳教育は，道徳性の育成をめざして計画的・発展的に取り組まれる。その道徳性は，「道徳的諸価値が一人一人の内面において統合されたもの」（『小(中)学校学習指導要領解説道徳編』）である。学習指導要領には，「第3章 道徳」の「第2 内容」に，基本となる道徳的価値が学年段階ごとにまとめられて示されている。学校における道徳教育は，これらを，道徳の時間をかなめとして全教育活動で指導するのである。したがって道徳教育の評価は，学習指導要領の道徳の指導内容に示される基本的な道徳的諸価値が子どもたち一人一人の内面においてどのように育ち，統合されているかをみることになる。

では，具体的には，どのようにみていくのか。学校における道徳教育においては，「各教育活動の特質に応じて，特に道徳性を構成する諸様相である道徳的心情，道徳的判断力，道徳的実践意欲と態度などを養う」（同上）ことが示されている。また，道徳の時間においては，道徳教育のかなめとしての役割が果たせるように，学習指導要領に「道徳的価値の自覚を深め，道徳的実践力を育成する」と決められている。さらに，学校における道徳教育は，「道徳的実践力と道徳的実践の指導が相互に響きあって，一人一人の道徳性を高めていく」ことが求められている。

【全体的評価】 このようなことを踏まえて，道徳教育の評価を考えるためには，特に次のような点がポイントとしてあげられる。

(1) かかわり能力の評価

道徳教育は，道徳的価値についての学習の成果を評価することになるが，道徳的価値の学習は，さまざまなかかわりを豊かにもつことによってなされる。道徳教育の評価においては，さまざまなものと豊かに心を通わせ合える能力がどの程度身についているかを把握しておく必要がある。

道徳の内容の4つの視点は，子どもたちが道徳性を発展させるかかわりを示している。各視点を利用して，「自分自身」「他の人とのかかわり」「自然や崇高なものとのかかわり」「集団や社会とのかかわり」のおおよそを全体的につかむことができる。例えば，自然とのかかわりはうまくいっているが集団とのかかわりが十分でない，他の人とのかかわりでは，友達とは仲よくできるが下級生たちとはうまくいかない，自分のことはしっかりできるがみんなと一緒にやることはうまくできない，などである。また，心を通わせ合うためには，心を開くこと，心を表すこと，相手のことを考えられることが大切である。それらについて，どの程度の状態にあるかも評価する必要がある。

(2) 心の動きにかかわる評価

道徳教育においては，さまざまなものに心を通わせることとともに，そのかかわりにおいて心の動きを豊かにすることが大切である。その部分の評価をどのように行うのか。その心の動きは，例えば「共感する」「感動する」「心が高

まる」といった動きと，それに合わせての喜怒哀楽などの情緒表現がある。うれしいときには喜び，悲しいときには悲しみ，腹が立つときには怒り，楽しいときには思いっきり楽しめる。そういう心の動きに合わせた反応が起こることも，また人間らしさの特徴である。そのことがどのように表れているのかについての評価もしっかり行う必要がある。

(3) 道徳的価値の自覚についての評価

道徳的価値の自覚については，道徳の時間を中心としながら評価することになる。道徳的価値の自覚は，内面的なことであることから，その評価はきわめてむずかしいものがある。道徳的価値の自覚は，道徳的価値についての理解が，人間理解・他者理解・自己理解を深め，自分自身のあり方や生き方を自分なりにとらえ，実行していこうと心にそっと決意するところまでが含まれると考えられる。そのような観点から，特に，学習した道徳的価値にかかわって人間のよさを理解できるようになったか，学習した道徳的価値にかかわって自分のよさが理解できたか，学習した道徳的価値にかかわって友達のよさが理解できたか，学習した道徳的価値にかかわって自己課題が把握できたか，などが評価の観点として考えられる。

(4) 道徳的実践にかかわる評価

道徳教育は，内面的な力の育成を強調するが，それは，子どもたちが自律的に道徳的実践ができるようになることを願ってである。道徳的実践は，内面的な力がすべて発揮されるというわけではないが，反道徳的な行為が表れていれば，内面の力が十分には育っていないとみることができる。道徳的実践にかかわる評価は，特に，指導要録の「行動の記録」と関係する。道徳的価値にかかわって具体的にどのような行為が表れているか，その行為の表れをさまざまな側面からとらえておく必要がある。子どもたちは，だれもが道徳的価値を身につけている。それをさまざまな学習を通して，より豊かにしていくのが道徳教育である。その豊かに育っている芽が，どのような形で行為となって表れているのかを把握するのが，道徳的実践を評価する基本である。

行動の記録の評価の項目は，行動面に表れる子どもたち一人一人のよさを見いだす窓口だととらえられる。つまり，評価項目を窓口として，一人一人のよさを見つけていくようにする。そして，そのような行為が多くの場所や機会に見られるようであれば，十分満足できる状態であると判断し○をつける。最終的には，全員に○がつくことをめざして指導しなければならない。もちろん，道徳的実践となって表れていない部分や反道徳的な行為となって表れている部分をも押さえておくことが大切である。そして，反道徳的な行為に対して，そのことを指摘するだけではなく，それを克服していくためのよさの芽に目を向けていくことができるような評価が求められる。それが，学校責任ということになる。そのような評価を行うことによって，教師自身の子どもたちを見る目が変わってくる。

(5) 自己評価の工夫

子どもたちの自己評価については，例えば道徳の時間において，授業中の態度や授業において学んだこと，さらに，ここまで述べたような事柄について子ども自身が評価できるようにする。そのことによって，子どもたちが道徳の時間は何をする時間で，何をすればいいのかが実感できるようになる。また，ワークシートや資料，自己評価カード，道徳ノートなど，自分が学習したことや作成したもの，書き込んだものなどをファイルしておくことによって，それらを振り返りながらの自己評価もできる。『心のノート』の活用とも合わせて考えてみる必要がある。

【道徳の時間の評価と指導の充実】 授業は，子どもたちの一人一人が本来もっている潜在的な可能性を引き出し，それらが子どもたち一人一人の自分らしい生き方を支えるものとして十分

に機能していくように、さまざまな学習活動が組まれる。子どもたちが基本的欲求としてもつ自己実現の欲求を満たし、さらに発展させていくような授業が、本来的な姿として追い求められねばならないのである。

道徳の時間は、各教科や特別活動、総合的な学習の時間における道徳教育と関連をもたせて行われる。しかも、一人一人の内面において道徳的価値の自覚を深める指導が行われる。したがって、道徳の時間だけで子どもたちの変容等を評価することはむずかしい。そのことを踏まえて、独自の評価を行わなければならない。そのポイントとして、大きく指導過程に関する評価と指導の諸方法に関する評価、それに子どもたちの実態把握等がある。

(1) **指導過程に関する評価**

指導過程に関する評価では、特にねらいにかかわって子どもたちの心の動きを多様に引き出し、自己との対話が深められていったかが問われる。つまり、子どもたちが真剣に学習内容に向き合い考えを出し合うことによって、自分自身のことを深く考えるようになったかどうかである。そのような姿が感じられるときに、道徳的価値の自覚を深めているととらえられる。

(2) **指導の諸方法に関する評価**

指導の諸方法に関する評価では、ねらいと子どもたちの実態を考慮した方法がとられていたかどうかが問われる。ねらいが道徳的心情の育成を重視しているときと道徳的判断力の育成を強調しているときとでは、指導の方法も変わってくるはずである。また、道徳の時間は学級の実態が大きく影響する。発言の少ないクラスであれば、できるだけみんなが発言できるように指導方法を工夫する等、学級の実態に合った方法がとられているかも評価する必要がある。

(3) **子どもの実態把握**

それらは、結局子どもたちの姿で評価することになる。子どもたちの発言内容や表情等から実態を把握し、指導過程や指導方法を評価し、

子どもたちが真剣に学習に参加し考えを深め自分との対話を深められるようにしていかねばならない。そして、道徳的価値の学習を通して人間としてのよさ、いろんな人々のよさ、自分自身のよさを自覚し、「人間ってすばらしい」「生まれてきてよかった」などの思いを深められるように工夫するのである。

(4) **学習した道徳的価値にかかわる理解**

道徳の時間においては、道徳的価値の内面的な自覚が図られるが、道徳的価値に関して次のような視点から理解が深まることが求められる。

第1は、学習した道徳的価値にかかわって、人間のよさを理解できるようになったかである。道徳的価値は、すべて人間としてのよさを表すものである。本時に学習した道徳的価値そのものが、人間らしいよさであることが自覚されなければならない。

第2は、学習した道徳的価値にかかわって、自分のよさが理解できたかである。その道徳的価値は、自分もまた身につけているものである。それがどのような形で自分のものになっているかを把握しながら、さらにそれを伸ばす課題がとらえられなければならない。その前提として、道徳的価値にかかわって自分のよさが理解される必要があるということである。

第3は、学習した道徳的価値にかかわって、友達のよさが理解できたかである。友達もまた道徳的価値を身につけているのであり、それがどのような形で表面に表れているのかを具体的な行動等をもとに把握できるとき、友達のよさを認め学ぼうとする態度が身についたと評価することができる。

(5) **道徳的価値にかかわる自己課題の把握**

道徳の時間において、道徳的価値のよさをさまざまな形で理解することが大切である。それが単なる知識・理解に終わるのではなく、自らのこれからの生活の中に生きて働くようにならなければならない。そのためには、道徳の時間において、そのよさを伸ばす自己課題を把握し

ていくことが大切である。よさを伸ばすためには，克服しなくてはならない人間の弱さやもろさもある。それらを押さえながら，これからの自らのよさを伸ばす課題が明確になることが求められる。それらはさまざまなものが考えられる。むずかしい事柄だけではなく，明日からできること，あるいは今日授業が終わってからできることをも含めて，いくつかの課題を子どもたちなりに把握できるとき，道徳の時間の指導が機能しているとみることができる。このような点を考慮しながら，さらに道徳の時間の指導を充実させる評価の工夫が求められるのである。

(6) 道徳性の諸様相の評価

学校における道徳教育においては，道徳性の育成を目標とする。道徳の時間においても同様であるが，特に道徳性を構成する諸様相である道徳的心情，道徳的判断力，道徳的実践意欲と態度などを養うことを求めている。

道徳的心情は，「道徳的価値の大切さを感じとり，善を行うことを喜び，悪を憎む感情」のことである。各内容項目に含まれる道徳的価値について，大切さを感じ取り，その価値を身につけていくことに喜びを見いだす感情である。

道徳的判断力は，「人間として生きるために道徳的価値が大切なことを理解し，さまざまな状況下において人間としてどのように対処することが望まれるかを判断する力」である。単なる善悪の判断力を養うのではなく，さまざまな状況下において，善悪の判断をわきまえたうえで，どのように対処することが人間として望まれるのかを理解する力を養うのである。そのためには，各内容項目に含まれる道徳的価値に対して知的な理解をするだけではなく，相手の立場に立って考えることや，人間に対する深い理解と愛情が必要になる。

また，道徳的実践意欲は，「道徳的心情や道徳的判断力を基盤とし道徳的価値を実現しようとする意志の働き」であり，道徳的態度は，「それらに裏づけられた具体的な道徳的行為への身構え」ということができる。各内容項目に含まれる道徳的価値の実現や追求に関して，強く意欲づけられ，実践へと向かわせる状況へともっていくことである。道徳教育は，意志力の育成に最も力を入れる必要がある。

これらは，全教育活動を通して，それぞれの教育活動の特質に応じて取り組まれる。道徳の時間では，道徳的心情，道徳的判断力，道徳的実践意欲と態度について，計画的・発展的に指導するが，1時間の授業でどう変化したかを評価することは困難である。

これらは，長期的展望のもとに，取り組んでいかねばならない。すなわち，道徳の時間においては，本時に取り上げる内容項目について，そこに含まれる道徳的価値に対して道徳的心情，道徳的判断力，道徳的実践意欲と態度が，どのようであるかを実態把握する。そして，授業でそれらを確かめながら，課題を見いだし，次の指導（全教育活動での指導も含めて）に生かしていく。このことを繰り返していくことが大切である。

(7) 総合単元的道徳学習における評価の工夫

これからの道徳教育は，特に重点的な内容に関して総合単元的な発想で指導を充実させる必要がある。つまり，特定のねらいにかかわって1～2か月にわたって，道徳の時間をかなめとしながら関連する他の教育活動や日常生活とかかわらせて指導をしていくのである。そのような指導を計画すると，評価もまた，長期的展望のもとに行うことができる。子どもたちの道徳性の育成は，長期的・総合的に行わなければならないが，このような総合単元的な指導を工夫することによって，より具体化されるといえよう。これらはこれからの課題でもある。

(押谷由夫)

[参] 押谷由夫『新しい道徳教育の理念と方法』東洋館出版社，1999．押谷由夫『「道徳の時間」成立過程に関する研究』東洋館出版社，2001．

キャリア教育と評価

【語義】　キャリア(career)は，もともとラテン語の「車道」を起源とし，人がたどる行路，足跡，経歴，遍歴を意味する。そのほかに特別な訓練を要する職業や生涯の仕事，職業上の出世や成功，生涯の仕事を示す用語として使われている。2004（平成16）年に文部科学省より出された，キャリア教育の推進に関する総合的調査研究協力者会議報告書によると，キャリア教育とは，「児童生徒一人一人のキャリア発達を支援し，それぞれにふさわしいキャリアを形成していくために必要な意欲・態度や能力を育てる教育ととらえ，端的には児童生徒一人一人の職業観，勤労観を育てる教育」と定義づけている。

【背景】　わが国でキャリア教育が求められる社会的背景として，①フリーター志向，ニートの増加，就職難，新規学卒者の早期離転職，②学校教育と職業生活の接続の課題，③不登校，高等学校中途退学など学校不適応の問題，④未成熟な職業観・勤労観，職業意識の揺らぎ，⑤従来の日本型雇用システムの崩壊，などが多く出現したことによる。1999（平成11）年，中央教育審議会は「初等中等教育と高等教育の接続について」（答申）において，「学校と社会及び学校間の円滑な接続を図るためのキャリア教育（望ましい職業観・勤労観及び職業に関する知識や技能を身に付けるとともに，自己の個性を理解し，主体的に進路を選択する能力・態度を育てる教育）を小学校段階から発達段階に応じて実施する必要がある」と指摘している。これを受けて，文部科学省は，従来型の進路指導からキャリア教育の導入を図った。

【キャリア教育の特徴】　定義からするとキャリア教育は，従来の職業教育と進路指導を中核にして，キャリア発達を促進する指導と進路決定のための指導を系統的に行うことにある。したがって，キャリア教育の特徴は，①生き方の一環としての職業について学ぶ教育，②主体的に進路を選択する能力や態度を育てる教育，③体験的な学習やガイダンス・カウンセリング機能を重視する教育，④教科間の連携や家庭・地域との連携・協力，⑤小学校段階から発達段階に応じて実施する，ことが提唱されている。

【キャリア教育の評価】　キャリア教育の評価の特徴は，自己や進路に関する知識・理解・技能の評価とともに，職場体験，進路選択における自発性・計画性・現実性などの意欲・関心・態度・行動面の評価や児童生徒の個人差に即した能力・適性などの発達的・総合的評価が重視される。したがって，キャリア教育の評価には，主として(1)教師側の評価，(2)生徒側に関する評価，とがあり，その対象領域とその内容をみると次のようになる。

教師側の評価は，①キャリア教育の管理・運営に関する評価として，キャリア教育の理念，方針，指導体制，指導組織，校務分掌，施設・設備，予算，家庭および校外諸機関との連携など，人的・物的環境や条件整備の質や内容についての評価，②キャリア教育の活動に関する評価として，キャリア教育のための目標，指導計画，指導過程，指導の成果についての評価，をあげることができる。

生徒側の評価は，①個々の生徒のキャリア発達に関することとして，進路への関心の度合い，自己理解度，啓発的経験の質と範囲，進路情報の知識と理解度，意思決定のプロセスの自覚と行動，自己実現への意欲と態度などの評価，②集団活動を通しての評価として，学級活動，学校行事，総合的な学習，職場体験学習などを通した集団としての評価，をあげることができる。

【キャリア教育の評価の実践】　キャリア教育の推進に関する総合的調査研究協力者会議の報告書によれば，キャリア教育の評価に関して次の

ように述べられている。

(1)キャリア教育の基本方向として「キャリア教育を進める上では、どのような能力や態度が身についたかという観点から、子供たち一人ひとりの状況を的確にとらえるとともに、カウンセリング機会の確保と質の向上に努めることが大切である」。

(2)キャリア教育推進のための方策として「キャリア教育を進めるに当たっては、キャリア教育の全体計画やそれを具体化した指導計画を作成する必要がある。その際、各発達段階における能力・態度の到達目標を具体的に設定することが大切である」。

上記(1)では、生徒一人一人のキャリア発達への支援をもとに、小・中・高等学校段階として生徒たちのキャリア発達を教師として的確に把握するため、活動計画や指導方法などが妥当なものであったかを、学校側、教師側として評価していくものである。(2)では、キャリア教育計画の全体計画や指導計画の中に、小・中・高等学校段階における能力・態度の到達目標を具体的に設定し、その評価を学校側、教師側としてまた、生徒側としての自己評価も行うようにする。その際、報告書にも掲載されている「学習プログラムの枠組み（例）」「4つの能力領域と8つの能力①人間関係形成能力（自他の理解能力／コミュニケーション能力）②情報活用能力（情報収集・探索能力／職業理解能力）③将来設計能力（役割把握・認識能力／計画実行能力）④意思決定能力（選択能力／課題解決能力）」をもとに、各学校の実態に応じて学習プログラムを作成していく必要がある。

(1) 小学校における評価

小学校の学習指導要領では、「進路及び職業に関する記述」が次の項目の中にみられるようになった。例えば、「総合的な学習の時間」の中では、「……自己の生き方を考えることができるようにする」とか、特別活動の内容では「希望や目標をもって生きる態度の形成、……望ましい人間関係の育成……」など、いままでの学習指導要領にはなかったような画期的な内容が盛り込まれている。そこで、小学校段階における職業的（進路）発達の段階として「進路の探索・選択にかかわる基盤形成の時期」であること、また、その職業的（進路）発達課題として次の4項目を押さえておく必要がある。

ア　自己及び他者への積極的関心の形成・発展
イ　身のまわりの仕事や環境への関心の向上
ウ　夢や希望、憧れる自己イメージの獲得
エ　勤労を重んじ目標に向かって努力する態度の形成

これらを踏まえ、全体的に次の項目の中にキャリア教育に関する内容が入っているかどうかをチェックする必要がある。①学校の教育目標、②学校の全体計画、③各学年目標と計画、④各教科計画（特に、特別活動、総合的な学習、道徳など）。また、4つの能力領域と8つの能力が各教科等の中に組み込まれているかを、学校側、教師側としてもチェックする必要がある。

次に、中学校、高等学校についての評価であるが、小学校とは異なり、学習指導要領内に「進路及び職業に関する記述」が明確に規定されているとともに、進路指導主事も法的に位置づけられているので、キャリア教育の評価についても、進路指導の評価の体系に応じ、管理職の指導・助言により、キャリア教育主任がいない場合、進路指導主事が中心となり実施していく必要がある。そこで中学・高校でのキャリア教育の評価の実践について述べてみよう。

(2) 中学校における評価

まず、中学校段階における、職業的（進路）発達の段階として「現実的探索と暫定的選択の時期」であること、また、その職業的（進路）発達課題として次の4項目を押さえておく必要があろう。

ア　肯定的自己理解と自己有用感の獲得
イ　興味・関心等に基づく職業観・勤労観の形成

ウ　進路計画の立案と暫定的選択
エ　生き方や進路に関する現実的探索

　それらを踏まえて，前述の4つの能力領域と8つの能力を配慮して，各中学校の実態に応じた学習プログラムを作成し，その観点に基づいて評価をしていく必要がある。例えば，次のようなことが考えられる。

［学校全体としての評価］
①学校の教育目標・方針等にキャリア教育の内容が入っているか。
②キャリア教育計画の全体計画やそれを具体化した指導計画が作成されているか。
③上記項目の中に，4つの能力領域と8つの能力を具体的（中学校段階における能力・態度の到達目標）に設定されているか。
④中学校段階として生徒のキャリア発達を的確に把握するために活動計画や指導方法などが妥当なものであるか。
⑤キャリア教育推進のために，生徒とのカウンセリング機会の確保と質の向上に努めているか。

　上記の評価には，管理職の指導・助言により進路指導主事等も参加することが肝要である。

［学級担任としての評価］
①学級経営目標の中に，キャリア教育が適切に位置づけられているか。
②学級としてのキャリア教育計画が具体化され，その指導計画が作成されているか。
③上記の中に，4つの能力領域と8つの能力を具体的（中学校段階における能力・態度の到達目標）に設定されているか，特に，各教科等の計画（特に，特別活動，総合的な学習，道徳など）との相互関連が考慮されているか。
④生徒のキャリア発達を的確に把握するために活動計画や指導方法を工夫・改善しているか。
⑤生徒とのカウンセリングの機会をもつように努力しているか。等

　その他，生徒の自己評価や第三者による評価もあるが，紙数の関係で省略する。

(3) 高等学校における評価

　まず，高等学校段階における，職業的（進路）発達の段階として「現実的探索・試行と社会的移行準備の時期」であること，また，その職業的（進路）発達課題として次の4項目を押さえておく必要があろう。
ア　自己理解の深化と自己受容
イ　選択基準としての職業観・勤労観の確立
ウ　将来設計の立案と社会的移行の準備
エ　進路の現実吟味と試行的参加

　それらを踏まえて，前述の4つの能力領域と8つの能力を配慮して，各高等学校および各学科の実態に応じた学習プログラムを作成し，その観点に基づいて評価をしていく必要がある。例えば，次のようなことが考えられる。

［学校全体としての評価］
　中学校評価の①，②，⑤と同じ内容であるが，③は括弧内が（高等学校段階における……）となり，④は高等学校段階として……となり，各発達段階に応じた内容になる。また，高等学校の場合には，管理職の指導・助言により進路指導主事やキャリア・カウンセラー等も評価に参加していくことが肝要である。

［ホームルーム担任としての評価］
　中学校評価の①，②，④，⑤と同じ内容であるが，③については，高等学校段階における到達目標は，各学科の特性を考慮し，各教科，科目等の計画（特に，特別活動，総合的な学習，総合学科における「産業社会と人間」等）との相互関連が配慮されているかを評価していく必要がある。その他，生徒の自己評価や第三者による評価もある。　　　　　（吉田辰雄・篠　翰）

［参］吉田辰雄編『最新生徒指導・進路指導論─ガイダンスとキャリア教育の理論と実践─』図書文化，2006．国立教育政策研究所生徒指導研究センター編『キャリア教育の推進に関する総合的調査研究協力者会議報告書─児童生徒一人一人の勤労観，職業観を育てるために─』2004.1．

情報教育と評価

→ルーブリック，作品の評価，表現の評価，ポートフォリオ

【情報教育の目標】 情報教育の目標は，以下の3つを柱とする「情報活用能力」を育成することである。

(1) 情報活用の実践力：課題や目的に応じて情報手段を適切に活用することを含めて，必要な情報を主体的に収集・判断・表現・処理・創造し，受け手の状況などを踏まえて発信・伝達できる能力
(2) 情報の科学的な理解：情報活用の基礎となる情報手段の特性の理解と，情報を適切に扱ったり，自らの情報活用を評価・改善するための基礎的な理論や方法の理解
(3) 情報社会に参画する態度：社会生活の中で情報や情報技術が果たしている役割や及ぼしている影響を理解し，情報モラルの必要性や情報に対する責任について考え，望ましい情報社会の創造に参画しようとする態度

表1は，これらを教科「情報」における評価の観点と対応づけたものである。情報教育が実際にはコンピュータやインターネットなどの多様な情報手段を活用し，情報とかかわるプロセスやそこでの思考過程，自分たちの情報収集・発信などの活動と社会との関係などについて幅広く学ぶことを示している。

これらの目標は，学年や校種を問わずに共通であり，その重点の置き方が徐々に変わっていく。すなわち，小学校段階では「情報活用の実践力」を中心にし，学年の進行に合わせて「情報の科学的な理解」や「情報社会に参画する態度」に重点を移すが，「情報活用の実践力」が目標からはずれるわけではない。同じ「情報活用の実践力」をめざす活動でも，小学校から高等学校にかけて，「情報活用実践」の質が高くなっていくことが望まれる。それは他の柱においても同様で，情報教育においては，学年進行による質の高まりをどのように記述，判定するかが問題となる。

【評価対象となる教育活動】 情報教育は，中学校では技術・家庭科の中の必修の領域として，高等学校では教科として情報教育が行われるほ

表1 情報教育の目標マトリクス

	関心・意欲・態度	思考・判断	技能・表現	知識・理解
(1) 情報活用の実践力	情報手段に関心をもち，身のまわりの問題解決を通して，情報を活用することへの関心。	情報を収集・処理・発信する方法の工夫や改善。	情報や情報技術を活用するための技能。	情報および情報技術を適切に活用するための知識や理解。
(2) 情報の科学的な理解	情報社会を支える情報環境の仕組みへの関心。	情報の科学的な判断に基づく，情報手段の活用方法の工夫・改善。	問題解決において情報手段を効果的に活用するための技能。	情報を表現する方法や情報通信の仕組みなどについての科学的な知識・理解。
(3) 情報社会に参画する態度	情報社会の特徴に関心をもち，情報社会に主体的に対応しようとする意欲や態度。	情報の収集・発信に伴う問題や情報モラルを踏まえた適切な判断。	情報社会の特徴を生かして，情報手段を用いた表現やコミュニケーションができること。	現代社会における情報や情報技術の役割や，情報社会の進展が社会に及ぼす影響の理解。

(国立教育政策研究所「評価規準の作成，評価方法の工夫改善のための参考資料（高等学校）」を参考に作成)

か，すべての教科や総合的な学習の時間などで幅広く行われる必要がある。

(1) 情報専門教科での評価

前者における学習活動は，基本的に教科書（学習指導要領）に従いつつ，ねらいが明確化されたなかで行われる。したがって，知識についてはペーパーテストもある程度可能である。しかし，さきにみたように情報教育においては，態度や判断など，テストでは測りにくいものも目標として重視される。こういった側面についての評価を公平・客観的に行うのはきわめてむずかしい。

また，実習における評価も問題となる。高校普通教科「情報」においては，情報 A が授業時数の 2 分の 1 以上，情報 B および C においては 3 分の 1 以上を実習に充てるように定められている。この実習は，コンピュータを用いて決められた形式の文書を作成するというようなものだけではなく，ポスターやテレビ CM を分析してデータベースを作成したり，そこからわかることをプレゼンテーションするような活動も含まれる。このような活動を評価するためには，実習の成果（プロダクト）だけではなく，プロセスを評価する方法が必要になる。しかも，その両者を質的に評価する視点が不可欠である。

また，さまざまな場面におけるグループ学習において，情報を共有し，役割分担をしながら活動を進めるための情報技術の活用やコミュニケーションの力も「情報教育」の対象となる。これらも，実技テストやペーパーテストなどで客観的には測りがたい能力だといえる。こういった主観的にしか評価できないねらいに対応するために，ルーブリックによる評価が注目されている。

(2) 一般教科等での評価

後者，すなわちより一般的な学習活動における「情報教育」の評価については，それを教科と独立させて行うか否かが問われる。

総合的な学習の時間における「コミュニケーション力」や「問題解決能力」などについては，情報専門教科における評価と同様に扱えるだろう。実際，総合的な学習の時間の評価の観点として，「情報活用能力」を置くこともできる。一方，国語における「伝え合う力」や，社会科や理科での「調査」や「観察」の力は，それぞれ教科固有の学習目標であると同時に，明らかに情報教育と密接に関係している。情報はどのように「構成」されるのかを知ったうえで情報と自己の距離を自己決定する「メディアリテラシー」なども，国語と関係の深い内容である。

これらを，教科での評価から独立させて「情報教育」の成果だけを評価するのは事実上不可能だと考えられる。逆に，各教科における評価

表 2　CM 分析プレゼンテーションのルーブリック

評価項目	判定基準 満足	おおむね満足	努力を要する
発表内容	データベースを分析し，他の資料で裏づけて内容を整理している。	構築したデータベースから読み取れることを正確に述べている。	分析が甘く，CM の印象だけについて述べている。
機器の活用	資料で見せる部分と，口頭で伝える部分のすみ分けが考慮されている。	ポイントをわかりやすく示す資料を作成している。	ポイントが不明瞭で，いいたいことが伝わらない。
アピール	聞き手との相互やりとりを設けながら，印象に残る発表をしている。	聞き手を意識して，発声や視線に気を遣いながら発表している。	伝えようとする意気が感じられない。

の観点の中に、これらのことが「情報教育」の目標と関連づけられ、意識づけられる形で埋め込まれることが重要である。

【質の評価】 情報教育における活動や成果を質的に評価するためには、どのような学習状況のときにどう評価を下すのかを明示するのが1つの方法である。そのために用いられるのが、ルーブリックである。情報教育のためのルーブリックは、例えば表2のようなものである。それぞれのセルには、該当評価項目における段階ごとの質の違いを表現する記述が置かれている。これを学習者と指導者が共有することで、学習の目標ともなり、また評価結果を相互に了解するための基準ともなる。

ところで、長期間にわたる実習の過程をポートフォリオとしてコンピュータに記録させる試みが行われている。これは、プロセスとプロダクトを合わせて、学習活動全体のパフォーマンスを評価しようとする試みである。しかし、それを一見した印象で評価する方法には、説明力がない。結局は、何らかの基準を設けて評価することになる。そういう意味では、ルーブリックと組み合わせるなどの工夫が望まれる。

【評価基準と評価の観点】 ルーブリックにどのような項目を立てるか、それぞれの項目にどのような判定基準を設定するかについての決まったやり方はない。作品の評価をする場合などは、まず複数の評価者が作品の優劣を判定し、その後評点において合意が得られた作品の特徴を、基準として言語化する手順などが紹介されている（西岡加名恵、2003）が、プロセスに対する評価には適用しにくい。表1に示した目標を課題に当てはめて段階化したり、日常の子どもの学習状況に基づいて設定することなども考えられる。

この際、ルーブリックと評価の観点との関係についても検討しておかなければならない。ルーブリックはある課題において重要だと考えられる事柄を、評価項目として明示する。そこに

は各観点に対応するものが混在するはずである。各評価項目と観点とを対応づけて、観点別に評価を行うことが望まれる。

そのためには、あらかじめ評価の基準ごとに観点を設定してルーブリックを作成することも考えられるが、評価の基準を設定したあとに各観点に振り分ける方法もある。

【全教師の理解】 すべての教科において「情報教育」を行うためには、先述のとおりすべての教員が自分の担当する科目において情報教育に対して責任をもつ、すなわち、情報教育をねらいとする学習活動を組み入れ、それを教科のねらいと関連づけながら評価することができなければならない。

学習指導要領には、随所にそれを意識したと思われる記述がみられるが、明示されているわけではない。そのなかで、これを可能にするには、各教科の評価の中から、情報教育にかかわる部分だけを抜き出して、すべての教科を総合し、観点別に振り分けて示すような、新しい評価のシステムを考案する必要があると思われる。

教育課程に関する検討の中では、初等中等教育における学習活動を、情報教育の目標という視点から分類する試みが行われている。それが明示されれば、そこでの活動を教科として評価する一方で、情報教育の評価にも組み入れることができるようになる可能性がある。

（黒上晴夫）

[参] 文部省「情報化の進展に対応した教育環境の実現に向けて」1998. 国立教育政策研究所「評価規準の作成、評価方法の工夫改善のための参考資料（高等学校）」2004. 文部科学省「初等中等教育における教育の情報化に関する検討会（第5回）議事概要」2005. 西岡加名恵『教科と総合に活かすポートフォリオ評価方法—新たな評価基準の創出に向けて—』図書文化, 2003.

第9章

特別支援教育の評価

1 特別支援教育と
  その評価の考え方
2 特別支援教育の評価技法
3 特別支援教育における
  指導と評価

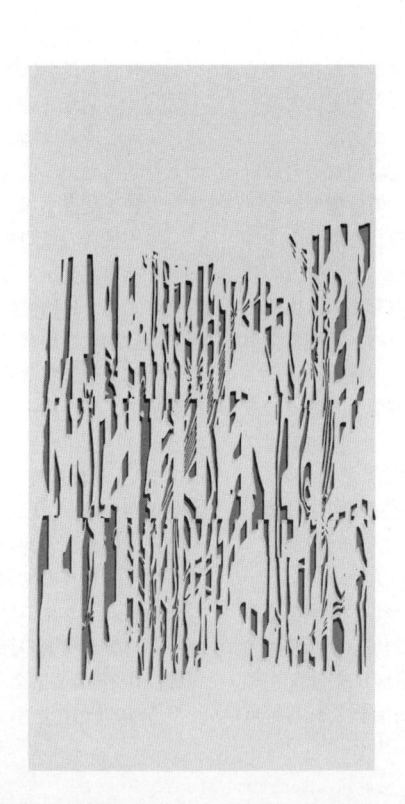

障害概念の変遷と新しい特別支援教育

→特別支援教育と教育評価，就学の新しい基準と手続き，個別の教育支援計画の策定と評価

【特殊教育】 特別な教育的ニーズをもつ子どもたちの教育が特殊教育から特別支援教育に転換する。特殊教育は障害児を特別な場で指導する方式で，特殊教育諸学校，特殊学級，通級指導の3つの特別な場があった。場を決めるための就学基準として5つの障害種（盲・聾・知的障害・肢体不自由・病弱）が使われた。さらに特殊学級や通級指導への措置には，言語障害と情緒障害の2つが追加された。2004年5月現在，日本の全学齢児童生徒数は1092万人，そのうち特殊教育諸学校には約5万2千人（0.48％），特殊学級には約9万1千人（0.83％），通級指導には約3万6千人（0.33％）が措置された。

【特別支援教育】 特殊教育は2007（平成19）年度から特別支援教育に転換する。中央教育審議会（2005）はこの新しい教育制度のあり方について答申した。理念と骨格は次のとおりである。

①日本社会の目標は，だれもが相互に人格と個性を尊重し支え合う共生社会である。

②特別支援教育も共生社会実現のための政府全体での総合的施策の一環として位置づける。

③特別支援教育は，自立や社会参加への主体的取組みを支援する視点に立ち，一人一人の教育的ニーズを把握し，もてる力を高め，生活と学習の困難を改善し克服するため，適切な指導と必要な支援を行うことと定義される。

④現在の盲・聾・養護学校制度を，個々の教育的ニーズに対応できるように，「特別支援学校」（障害種別を超えた学校制度）と改める。

⑤特別支援学校は盲・聾・知的障害・肢体不自由・病弱，およびその重複障害を対象とし，可能なかぎり複数の障害を受け入れる。

⑥特別支援教育の対象を拡大して，通常学校に在籍する約68万人（6.3％程度）の軽度障害児（LD，ADHD，高機能自閉症）を包含する。

⑦すべての小・中学校では，1) これら軽度障害児を原則として通常の学級に在籍させ，2) 指導は教員の配慮・ティーム・ティーチング・個別指導・習熟度別指導などによって通常の学級で行い，3) 必要な時間だけ特別な指導を受けられるよう「特別支援教室」を設置する。

⑧すべての小・中学校で「校内委員会」を設置し，特別支援教育の連絡調整役のコーディネーター（障害に関する一般的知識とカウンセリングマインドを有する人材）を指名し，これを校務分掌に位置づけ，子どもごとに「個別の教育支援計画」を策定して，学校全体で指導する。

⑨特別支援学校はセンター的機能を担い，地域の小・中学校の特別支援教育を支援する。具体的には，教員の支援，相談と情報提供，障害児の指導支援，関係機関との連絡調整，研修協力，施設設備の提供を行う。

⑩各教育委員会は教育・医療・福祉・労働等の部局や，大学，親の会，NPO関係者からなる「特別支援連携協議会」を設置し，学校内外の人材活用と関係機関の連携協力によって特別支援教育を推進する。

⑪障害種別の専門性をもち，教育的ニーズに応じて指導・支援を行い，センター的機能も果たせるような専門性の高い教員を確保するため，教員免許制度と現職研修制度を見直す。

⑫特別支援教育は特殊教育の否定ではなく継承発展である。特定の障害に対応する学校は，引き続き「盲学校」「聾学校」「養護学校」と称してよい。「特別支援教室」も，現行制度の弾力的運用によって段階的に実現する。

特別支援教育の特徴の1つは，より軽度な障害へのサービスの拡大である。障害種別によらない教育（ノンカテゴリカル・エデュケーション）の構築が喫緊の課題である。　　（中野良顯）

［参］中央教育審議会「特別支援教育を推進するための制度の在り方について」（答申）2005.12.

特別支援教育と教育評価

→校内委員会による実態把握，専門家チームによる判断，カリキュラム・ベース・アセスメント

【意義】 特別支援教育においては障害者教育基本計画に則り，乳幼児期から学校卒業まで一貫して計画的な教育や療育を提供する必要がある。計画的な教育や療育の提供を可能にする鍵は，適切な教育評価である。それは子どもたちの実態把握，教育的ニーズの査定，進歩の評価，プログラムの評価などとよばれている活動である。

教育的ニーズの把握は，就学前段階から求められる。就学指導委員会は，子どもの教育的ニーズを的確に把握し，就学先の決定に反映させるとともに，就学後に転学の必要が生じれば弾力的に対応できるようにしなければならない。

子どもたちの就学後は，各学校が特別支援教育の「校内委員会」を設置し，「特別支援教育コーディネーター」を指名し，「個別の教育支援計画」を策定し，「個別の指導計画」に基づいて，適切な教育を提供する。教育評価の責任は「校内委員会」にある。委員会の仕事は，①学習面と行動面で特別な教育的支援が必要な子どもたちに早期に気づく，②子どもたちの実態把握を行い，学級担任の指導の支援方策を具体化する，③保護者や関係機関と連携して「個別の教育支援計画」を作成する，④校内関係者と連携して「個別の指導計画」を作成する，⑤全教職員の共通理解と校内研修を推進する，⑥専門家チームに判断を求めるかどうか検討する，⑦保護者の窓口となり理解推進の中心となる，ことである。

一方，都道府県と市町村は，「特別支援連携協議会」や「専門家チーム」を設置し，「巡回相談員」が小・中学校の指導助言を行う体制をつくり，学校を支援する。教育評価には「専門家チーム」が関係する。チームは子どもの障害の判断と，学校への助言を行う。障害の判断には多因子評価（マルチファクター・エバリュエーション）を用いる。すなわち，知的能力の評価だけでなく，認知能力のアンバランスや，教科の学習に関する基礎的能力の評価や，心理行動面の評価や，医学的な評価などによって総合的に判断する（中野良顯，2005）。

重要なことは，障害名の確定よりも教育評価によって教育的ニーズを的確に把握し，そのニーズに応える形式の教育を提供することである。そうすることによって，すべての子どもたちの確かな学力と豊かな心を育成するのである。

【障害名をめぐる問題】 特別支援教育では，教育の対象を拡大して，通常学校に在籍する軽度障害児（LD，ADHD，高機能自閉症）を小・中学校の通常の学級に在籍させ，教員の配慮・ティームティーチング・個別指導・習熟度別指導などによって通常の学級で指導を行い，「特別支援教室」を設置して，必要な時間だけ特別な指導を受けられるようにすることになった。

LD，ADHD，高機能自閉症の定義や判断基準は，「ガイドライン」（2004）や中教審答申（2005）に示された。実はこれらの障害に含まれる行動特徴は重複する。例えば自閉症では，多動，注意持続時間の短さ，衝動性，攻撃性，自傷行為，かんしゃくなど一連の行動症状が伴うことが多い。ADHDの追加診断は行わないこととされているが，これらの行動症状はADHDと重複している。

ADHDの子どもたちは注意，多動性，衝動性において，同年齢児のレベルから逸脱した行動を示す。不注意の症状には，課題に続けて取り組めない，気が散りやすい，整理整頓ができない，すぐ物忘れするなどが含まれる。多動性と衝動性の症状には，他人の会話や活動を邪魔する，よく考えずに行動に走ってしまう，しゃべりすぎる，静かに座っていてほしいときに走り回ってしまうなどが含まれる。しかしこれらの症状は，LDの子どもたちの行動にも一部観

察される。事実ADHDはLDと合併することが知られており、さらには反抗挑戦性障害や、行為障害とも合併することが報告されている。これらのことを考えると障害名ごとに指導法を導き出すことは事実上不可能になる。

さらに最近では、LDやADHDや自閉症などを、胎児性アルコール障害などとともに、前頭葉の「実行機能」（セルフコントロール機能ともいう）の障害としてとらえようとする動きもみられる。実行機能に障害があると衝動を抑制することができない、環境や思考を整理し片付けることが苦手である、ワーキング・メモリーに問題が起こるため情報の貯蔵や処理がうまくできない、時間を意識し管理することができない、注意を課題から課題に切り替えることができない（セット・シフティング）、ルールを知り概念によって考え問題を解決することがうまくできない、などの症状を呈するようになる。

今後これらの子どもたちを、例えば実行機能の障害として一括するようなことになれば、障害名の細分化とそれに応じた指導法の構築という考え方そのものが成立しなくなる。それらの障害名を超えた共通の有効な指導法を構築する方向での追求が必要になる。

【教育的ニーズとCBA】 軽度障害の診断と指導計画の策定をめぐっては、次のような問題が指摘されている。①子どもたちは教育的ニーズ、学習指導のニーズ、ないしカリキュラム・ニーズに基づいて、確かな学力を身につけるための指導が必要であるにもかかわらず、障害名が強調され、障害種別に教育措置されるおそれがある、②LD、ADHD、高機能自閉症などのラベルを貼られた子どもたちは、スキル面で著しくオーバーラップするため、実際は非常によく似た学習指導を受ける結果になる、③成績の振るわない子どもたちの場合、LDとして同定された子どもたちと学業不振児とを一貫して区別することができない。

子どもたちが通常の教育ではなぜ学習できないかといえば、通常の学習指導と教育内容が子どもの学習能力に適合しないからである。この不適合の実態を適切に査定するとともに、その結果を利用して、有効な学習指導を設計し効果的に実践して、その過程と結果を評価するシステムを構築すること、そして学力を向上させ行動問題を改善することが必要となる。

障害種別によらない教育的ニーズに基づく教育（ノンカテゴリカル・エデュケーション）の構築のためには、カリキュラム・ベース・アセスメント（CBA）が有効であると考えられる。CBAとは、子どもたちが教室で学ぶ教材をどれくらい学習できているかを知るための構造化された査定方法のことである（Gravois & Gickling, 2002）。基本的仮定は「もし子どもたちが読み書きにおいてどれだけ進歩しているかを知りたければ、子どもたちが学校で読み書きしているときの行動を観察しなければならない」である。それは学習指導（インストラクション）を決定するために情報を収集することであり、学業スキルの直接的査定とよばれることもある。教科書から取り出された簡単な文章の一節、文字の綴りの短いリスト、算数問題のサンプルなどを使って直接的に反復して査定することが強調される。障害のある子どもたちはテストのたびに反応が変動するため、類似の試験問題のセットを作り、3日ぐらいかけて繰り返しテストするようにする。このような継続的観察によって初めて教育的ニーズを的確に把握することが可能となる。教育評価の面からみれば、障害名にとらわれず、子どもたちの教育的ニーズを的確に把握する方法を確立することが喫緊の課題となる。　　　　　　　　　　（中野良顯）

［参］Gravois, T. A., & Gickling, E. E.（2002）Best practices in curriculum-based assessment. In A. Thomas & J. Grines (Eds.), *Best practice in school psychology II*. Bethesta, MD: Nasp. 中野良顯「特別支援教育と教育評価」『指導と評価』2005 (1)、図書文化.

就学の新しい基準と手続き

【語義】 就学基準とは，盲学校，聾学校および養護学校に就学すべき障害の程度のことである。学校教育法第71条の2において，就学基準は政令で定めることとされており，学校教育法施行令第22条の3において，盲者等の基準が規定されている。

就学手続きとは，市町村教育委員会が，就学基準に該当する就学予定者について，都道府県教育委員会にその旨を通知し，都道府県教育委員会が盲学校等に就学を指定するまでの一連の手続きのことである。「学校教育法施行令の一部を改正する政令」(政令第163号)が2002(平成14)年4月24日付で公布されており，同年9月1日から就学の新しい基準と手続きが適用されている。

改正の趣旨は，社会のノーマライゼーションの進展，教育の地方分権の推進等の特殊教育をめぐる状況の変化を踏まえ，障害のある児童生徒一人一人の特別な教育的ニーズに応じた適切な教育が行われるよう就学指導のあり方を見直すためのもので，医学，科学技術の進歩等を踏まえ，教育学，医学の観点から盲学校等に就学すべき基準の改正と就学手続きについても弾力化などの改正がなされた。

【改正基準の内容】 就学の新しい基準の内容は以下のとおりである。

❶視覚障害：矯正視力0.1未満の者を一律に盲者とする規定を改め，「両眼の視力がおおむね0.3未満のもの又は視力以外の視機能障害が高度のもののうち，拡大鏡等の使用によっても通常の文字，図形等の視覚による認識が不可能又は著しく困難な程度」の者と規定する。

❷聴覚障害：両耳の聴力レベルが100デシベル以上のものを一律に聾者とすることを改め，「両耳の聴力レベルがおおむね60デシベル以上のもののうち，補聴器等の使用によっても通常の話声を解することが不可能又は著しく困難な程度」の者と規定。

❸知的障害：知的障害者の判断は，現在すでに日常生活等の適応性の観点を考慮に入れており，その観点を法令上明確にするため，知的発達の遅滞の程度が中度以上等と規定することを改め，「知的発達の遅滞があり，意思疎通が困難で日常生活を営むのに頻繁に援助を必要とする程度」の者およびその程度にいたらないが「社会生活への適応が著しく困難」な者と規定。

❹肢体不自由：上肢・下肢など身体の各部位ごとに障害を判断する規定を改め，障害の状態を上肢，下肢を含め全身でとらえ総合的に判断することとし，「補装具の使用によっても歩行，筆記等日常生活における基本的な動作が不可能又は困難な程度」の者と規定。

❺病弱：医療等に要する期間の予見が困難になっていることに加え，入院期間の短期化と入院の頻回化傾向がみられることを踏まえ，「六月以上」医療または生活規制を必要とする程度の者を病弱者とする規定を改め，「継続して」医療または生活規制を必要とする程度の者と規定。

【改正就学手続きの内容】 市町村の教育委員会が小・中学校において適切な教育を受けることができる特別の事情があると認める者については，就学基準に該当する児童生徒であっても，市町村教育委員会は都道府県教育委員会に対し，当該通知を行わないこととした。また，障害の種類，程度等の判断について専門的立場から調査・審議を行うために就学指導委員会が設置されている現状も踏まえ，市町村教育委員会は，教育学，医学，心理学その他の障害のある児童生徒の就学に関する専門的知識を有する者の意見を聴くものとした。　　　　　(石塚謙二)

[参] 文部科学省初等中等教育局特別支援教育課『就学指導資料』2002.6.

LD・ADHD・高機能自閉症の判断

→校内委員会による実態把握，専門家チームによる判断

【評価の仕組みと方法】 LD（学習障害）・ADHD（注意欠陥／多動性障害）・高機能自閉症の判断は，①校内委員会による実態把握，②専門家チームによる判断，の2層構造でとらえることが示されている（ガイドラインを参照）。まずは，対象となる児童生徒について各学校が実態把握を行い，さらに必要とあれば教育委員会に設置された専門家チームから判断を受ける，という構造である。

なお，校内における実態把握が始まる契機は，教師あるいは保護者による気づきとしている。他の障害と異なりLD・ADHD・高機能自閉症は，なかなか気づきにくい障害である。したがって，学校においては，研修等によって教師の気づき能力を高めておくことが大切である。

校内委員会による実態把握，専門家チームによる判断については，それぞれ「校内委員会による実態把握」「専門家チームによる判断」で解説する。

【定義と判断基準（試案）の明確化】 判断を行うには，対象となるLD・ADHD・高機能自閉症について，その定義や判断基準などを明確にしておく必要がある。

「通級による指導調査会議」において初めて学習障害が取り上げられ，その直後に発足した「学習障害に関する調査会議」では，学習障害（LD）の定義や判断基準（試案）が示され，さらに，「21世紀の在り方に関する調査会議」では，注意欠陥／多動性障害（ADHD）と高機能自閉症への教育支援の必要性が示された。そして，最終報告において，ADHDと高機能自閉症についての定義と判断基準（試案）が示された。これにより，全国各地で，児童生徒の特別な教育的ニーズの把握やそれに基づく適切な教育支援のあり方の検討や具体的な支援を始める準備ができたことになる。定義については，「専門家チームによる判断」で解説する。なお，2005（平成17）年4月に発達障害者支援法が施行され，その中で「発達障害」の定義が示された。

【全国実態調査の結果】 障害の判断を行うには，そのような子どもがどのくらいの割合でいるのかという情報をもっていることも大切である。

通常の学級の担任教師への質問紙調査法という形で，小学校1年生〜中学校3年生までの児童生徒を対象に行われた。ただし，専門家チームによる判断でもなく，医師による診断によるものでもないことに十分注意する必要がある。

結果は，学習面や行動面で著しい困難を示すと担任教師が回答した児童生徒の割合は6.3％というものであった。これは，40人の学級では2〜3名程度，30人の学級では2名程度，という割合である。さらにその内訳は，学習面で著しい困難が4.5％，行動面で著しい困難が2.9％で，学習面と行動面共に著しい困難が1.2％である。さらに詳しくみると，A：「聞く」「話す」「読む」「書く」「計算する」「推論する」に著しい困難を示す場合が4.5％，B：「不注意」や「多動性─衝動性」の問題が2.5％，C：「対人関係やこだわり等」の問題が0.8％である。

【ガイドライン（試案）】「小・中学校における学習障害（LD），注意欠陥／多動性障害（ADHD），高機能自閉症の児童生徒への教育支援体制整備のためのガイドライン（試案）」が作成されており，実態把握や判断の具体的な方法が示されている。

〔柘植雅義〕

〔参〕文部科学省「小・中学校におけるLD（学習障害）・ADHD（注意欠陥／多動性障害）・高機能自閉症の児童生徒への教育支援体制の整備のためのガイドライン（試案）」2004.

校内委員会による実態把握

→LD・ADHD・高機能自閉症の判断，専門家チームによる判断

【実態把握の仕組みと方法】 LD・ADHD・高機能自閉症等への対応は、ある教師一人だけの尽力に頼るだけではなく、学校としての全体的・総合的な対応が期待される。そこで、各学校においては、「校内委員会」の設置と「特別支援教育コーディネーター」の指名が行われている。特に、校内委員会が、対象となる児童生徒の実態把握を行うことになる。

(1) 「校内委員会」の役割

LD・ADHD・高機能自閉症の児童生徒の実態把握を行うことが校内委員会のおもな役割である。そのほかにも、学習面や行動面で特別な教育的支援が必要な児童生徒に早期に気づくこと、校内関係者と連携しながら個別の指導計画を作成すること、全職員の共通理解を進めるために校内研修を推進すること、専門家チームに判断を要請するかどうかの判断をすること、保護者の相談の窓口となることなどである。また、すでに何らかの支援が始まっている場合には、支援の評価を行うことも校内委員会の重要な役割である。

(2) 「校内委員会」が行う実態把握の手順

教師や保護者の気づきから実態把握が始まり、校内委員会において支援のあり方を検討し、具体的な支援を始める、という流れで進む。その際には、特別支援教育コーディネーターが推進役になることが期待される。実態把握においては、授業中の児童生徒の学習面や行動面の観察、学習成果の分析、学力検査、さまざまな心理検査・発達検査のほか、場合によっては保護者からの聞き取りや、本人から話を聞くなど、さまざまな視点から総合的に行うことが大切である。

(3) 「校内委員会」の組織および構成

学校の規模や実情に応じて異なるが、例えば、校長、教頭、教務主任、生徒指導主任、通級指導教室担当者、特殊学級担当者、養護教諭、対象の児童生徒の担任、学年主任等、その他必要に応じて外部の関係者が考えられる。大切なことは、学校としての支援方針を決め、支援体制を構築するために必要な人たちから構成するようにする。

(4) 校外の「専門家チーム」への支援の要請

校内委員会における実態把握や必要な支援の明確化等により、多くの課題は解決されると期待されるが、場合によってはさらに専門的な視点からの支援が必要な場合がある。その際には、必要に応じて専門家チームに支援を求めることになる。

なお、校内委員会が専門家チームに支援を要請する際には、その旨を事前に保護者に十分説明しておく必要がある。

【特別支援教育コーディネーター】 実態把握をはじめ、校内委員会のさまざまな役割を適切に行うために欠かせないのが、「特別支援教育コーディネーター」である。これは、校務として明確に位置づけることにより、学校内の教職員全体の特別支援教育に対する理解のもと、①学校内の関係者や関係機関との連絡・調整、および②保護者に対する学校の窓口として機能することが期待されている。このような支援体制を、2003（平成15）年度から2007（平成19）年度までの5年間を目途にすべての小・中学校で構築することをめざしている。

【校内委員会の設置状況等（モニター）】 国内すべての小・中学校における校内委員会の設置状況は、2003（平成15）年9月1日付で57％、2004（平成16）年9月1日付で75％、2005（平成17）年9月1日付で88％であった。一方、校内委員会による実態把握の状況は、それぞれ47％、60％、72％、また、特別支援教育コーディネーターの指名状況はそれぞれ19％、49％、78％であった。 （柘植雅義）

専門家チームによる判断

→LD・ADHD・高機能自閉症の判断，校内委員会による実態把握

【判断の仕組みと方法】 各学校は，校内委員会を設置して実態把握等を行って，対象となった子どもの詳しい理解と適切な支援の方法を明確にし，具体的な支援を進めるが，必要に応じて校外の専門家チームや巡回相談員から支援を受けられるような仕組みづくりが始まっている。

(1) 「専門家チーム」の役割

①LD，ADHD，高機能自閉症か否かの判断，②児童生徒への望ましい教育的対応についての専門的意見の提示，の2点がおもな役割である。その際には，定義や判断基準（試案）を活用する。

(2) 「専門家チーム」が行う判断等の手順

校内委員会からの求めに応じて，LD・ADHD・高機能自閉症か否かの判断をするとともに，子どもの詳しい実態や具体的な支援のあり方などをまとめた専門的意見を学校に返す。判断にあたっては，ガイドラインに示されている判断基準（試案）を参考に行う。学校は，それらを参考に個別の指導計画を作成するなどして具体的な指導や支援を進めることになる。

(3) 「専門家チーム」の組織および構成

教育委員会に置かれるもので，教育委員会の担当者や，教育学，心理学，医学などの専門家，学校で指導に当たる教師などから構成される。県内の全小・中学校をカバーするために，教育事務所管轄等の地域ごとにサブチームを設置するなどの工夫をする自治体がある。

(4) 「巡回相談」の役割

教育学や心理学などの専門家，専門的な知識や技能をもった教師などが，直接学校に出向いて，児童生徒の詳しい実態把握や，教師に対する児童生徒の理解の進め方や指導の進め方の助言，保護者の相談やアドバイスなどを行う仕組みである。巡回相談は学校への直接支援である。

【定義】 ❶LD（学習障害）：「学習障害とは，基本的には全般的な知的発達に遅れはないが，聞く，話す，読む，書く，計算する，推論する能力のうち特定のものの習得と使用に著しい困難を示す様々な状態を指すものである。学習障害は，その原因として，中枢神経系に何らかの機能障害があると推定されるが，視覚障害，聴覚障害，知的障害，情緒障害などの障害や，環境的な要因が直接の原因となるものではない。」（報告，1999.7）

❷ADHD（注意欠陥／多動性障害）：「ADHDとは，年齢あるいは発達に不釣り合いな注意力，及び／又は衝動性，多動性を特徴とする行動の障害で，社会的な活動や学業の機能に支障をきたすものである。また，7歳以前に現れ，その状態が継続し，中枢神経系に何らかの要因による機能不全があると推定される。」（最終報告，2003.3）

❸高機能自閉症：「高機能自閉症とは，3歳くらいまでに現れ，①他人との社会的関係の形成の困難さ，②言葉の発達の遅れ，③興味や関心が狭く特定のものにこだわることを特徴とする行動の障害である自閉症のうち，知的発達に遅れを伴わないものをいう。また，中枢神経系に何らかの要因による機能不全があると推定される。」（最終報告，2003.3）なお，判断基準については，ガイドライン（試案）を参照されたい。

【専門家チームからの支援の状況等（モニター）】

国内すべての小・中学校のうち，必要に応じて専門家チームから支援が受けられる学校の割合は，2003（平成15）年9月1日付で12%，2004年9月1日付で18%，2005年9月1日付で23%であった。また，必要に応じて巡回相談からの支援が受けられる学校の割合はそれぞれ34%，44%，51%であった。　（柘植雅義）

[参] 文部科学省「今後の特別支援教育の在り方について（最終報告）」2003.3．

個別の指導計画の作成と評価

→指導と評価の一体化，個人内評価，知的障害児の指導と評価

【個別の指導計画】　児童生徒の障害の状態等に応じたきめ細かな指導を行うため，学校の教育課程や各教科等の年間指導計画を踏まえ，個別の指導目標や指導内容・方法等を定めた計画をいう。各学校等で「個別教育計画」等の類似した用語が使われることもあるが，個別の指導目標や指導内容・方法等を定めた計画であることは共通している。個別の指導目標に対する達成状況（学習状況の評価）も記述されるので，個人内評価の手だてでもある。特に知的障害のある児童生徒の教育では，障害の状態や経験等に応じて，各教科等の具体的内容を個別に設定する必要があり，授業計画を作成したり，達成状況を評価したりするための重要な手だてである。従前から障害のある児童生徒の教育では，学習指導案に個別の目標や指導内容・方法等が記述されてきた。盲学校，聾学校及び養護学校学習指導要領（1999〈平成11〉年3月告示）において，自立活動の指導や重複障害のある児童生徒の教育にあたって，個別の指導計画の作成が義務づけられた。学習の主体者である児童生徒の教育的ニーズへの適切な支援の実現をめざし，盲・聾・養護学校では，自立活動の指導だけでなく教育課程全般にわたって作成されるようになってきた。また，特別支援教育推進体制の整備が進むなかで，小・中学校等においても作成されるようになってきた。

【作成の意義】　個別の指導計画を作成する意義としては，次の3点が指摘される。①きめ細かな指導は，実態把握（教育的ニーズの整理）→指導目標，指導内容・方法の検討→指導→評価と指導目標等の修正→指導…，というスパイラルな過程を経ることで実現する。個別の指導計画の作成と評価は，この過程を促進する。②個別の指導計画は，指導と評価の記録であり，関係者（教師，保護者，支援者等）の情報伝達・情報共有の手だてとなる。担任交代時等に引継ぎ資料として活用することで，効果的・効率的な実態把握を図り，一貫性・継続性のある指導内容・方法が実現される。③作成から評価の過程に関係者が参画することにより，関係者の連携・協力が深まる。また，個別の指導計画は通信簿としても活用され，保護者・本人への説明責任を果たしている。

【課題】　4点の実践的課題が指摘される。

①実態把握と指導目標の設定，指導内容・方法の検討が課題である。児童生徒の理解を深め，授業づくりに生かすための実態把握であることに留意する必要がある。児童生徒の得意なことや伸びてきていることに着目して具体的な児童生徒の姿として優先目標を設定し，指導内容・方法を検討する必要がある。

②簡潔な様式とわかりやすい記述等の工夫と個人情報の保護が課題である。保護者・本人への説明資料や長期間にわたる引継ぎ資料となるためには，簡潔明瞭な記述の工夫や写真等の視覚的資料の活用が必要である。また，個人情報が記述されるので，各自治体の条例等を遵守した作成・管理システムづくりが必要である。

③関係者の連携・協力の深化による作成・指導・評価の実現が課題である。関係者の「目標・目的の共有」「目標・目的達成への貢献意欲の高まり」「コミュニケーションの深化」のため，異なる視点・発想・意見を生かし，関係者のチームとしての創造的な活動を促すコーディネーターの介在が必要である。

④評価のスケジュール化等を図る等，指導目標に応じた評価方法の具体化が課題である。また，学校への信頼を向上させるため，作成過程やチームによる指導の実現等も評価対象とすることが必要である。

（竹林地毅）

個別の教育支援計画の策定と評価

→個別の指導計画の作成と評価

【個別の教育支援計画】 障害のある児童生徒の一人一人のニーズを正確に把握し，教育の視点から適切に対応していくという考えのもと，長期的な視点で乳幼児期から学校卒業後までを通じて一貫して的確な支援を行うことを目的として策定されるものであり，教育のみならず，福祉，医療，労働等のさまざまな側面からの取組みを含め，関係者や関係機関，関係部局間の密接な連携協力を確保することが不可欠である。そのため，障害のある児童生徒に対する適切な指導や必要な支援を行うにあたって，この計画がそれぞれの立場から共通の認識に立って十分に活用することが意図されている。

なお「新障害者プラン（障害者基本計画の重点施策実施5か年計画）」の中では，盲・聾・養護学校において「個別の支援計画」を2005（平成17）年度までに策定することとされているが，ここで示されている「個別の支援計画」というのは，「個別の教育支援計画」と同じ概念である。「個別の支援計画」を，関係者や関係機関等が連携協力して策定するときに，例えば，対象者が学齢期等により学校や教育委員会などの教育機関が中心になる場合には，「個別の教育支援計画」と呼称しているものである。

【策定の意義】「個別の教育支援計画」は，地域や学校で全体的・総合的に取り組む特別支援教育体制を支えるうえで重要な概念である。長期的な視点で乳幼児期から学校卒業後までを通じて一貫して的確な支援を行う縦軸と，福祉，教育，医療，労働等のさまざまな関係機関，関係部局の密接な連携協力という横軸とで，障害のある児童生徒を総合的に支援するための大切なツールであると考えられている。

「個別の教育支援計画」の策定と実施によって，一人一人の障害の状況等に応じたきめ細かな対応が充実することとなり，自立し社会参加するための基盤となる生きる力の育成をめざした適切な対応が，多方面から一層充実することとなる。

したがって，計画を策定することを目的とするのではなく，実施と評価に求められるものの比重が大きいと考えるべきである。それによって，障害のある児童生徒に対する継続的な指導や支援が期待される。

【策定と評価】「個別の教育支援計画」の策定にあたっては，保護者を含む関係者や関係機関等の連携と協力によって行われることとなる。そのため，計画策定の中心的担当者となる機関が，それぞれの支援の役割の具体化を主軸に考えながら，一人一人の特別な教育的ニーズの内容を共通理解することが大切である。

また，それぞれの関係者や関係機関においては，そのニーズに基づく支援の目標や基本的内容を具体的に明らかにし，「個別の教育支援計画」の内容として盛り込むこととなる。このときに，長期的な視点で乳幼児期から学校卒業後までを通じて一貫して的確な支援を行うことを，それぞれの関係者や関係機関が同じ視点として共有しておくことが大切である。

したがって，支援の目標や基本的内容はもとより，評価の具体的な時期や担当機関（者）を計画策定段階で明らかにしておくことが必要である。ただし，評価の時期まで待たねばならないということでなく，計画に基づいて実施をしている途中であっても，内容や目標に変更すべき点が生じた場合には，ただちに評価と改訂を行えることが求められる。　　　（島　治伸）

[参] 全国特殊学校長会『盲・聾・養護学校における「個別の教育支援計画」平成16年度文部科学省委嘱事業報告書ビジュアル版』ジアース教育新社，2005.

特別支援教育と LD 児の学力評価

→LD・ADHD・高機能自閉症の判断, WISC-Ⅲ, カリキュラム・ベース・アセスメント

【歴史・背景】 「特別支援教育」という概念は, 2001 (平成 13) 年「21 世紀の特殊教育の在り方について (最終報告)」(文部科学省) の中で初めて登場し, 2003 (平成 15) 年「今後の特別支援教育の在り方について (最終報告)」(文部科学省) において最初の定義がなされた。これが特殊教育から特別支援教育への転換の原点である。これまで公的な教育対象として認めてこられなかった LD (学習障害) や ADHD (注意欠陥/多動性障害), 高機能自閉症等の子どもたちを積極的に支援していくことも大きな柱の 1 つとされた。これら新しい障害対象は, 軽度発達障害と総称されることがあるが, 学習面の困難性を特徴とする LD と, 行動面の困難性を特徴とする ADHD, 高機能自閉症等とに二分される。

こうした障害特性からくる学力の問題は, LD のように特異な学力の遅れや習得の困難を主症状とする場合も, ADHD や高機能自閉症などのように行動面からの副次的症状である場合にも, 子ども自身が被る不利として教育上大きな課題である。学力の評価は指導につながる教育情報としての意味がある。ここでは小・中学校における特別支援教育の新しい対象となった軽度発達障害のうち, 全児童生徒の約 4.5% (文部科学省全国調査, 2002) と推定される LD を中心に, その学力評価の意味と方法について述べる。

【定義と学力】 LD の定義 (文部科学省, 1999) によれば, LD は, 学力的には「聞く, 話す, 読む, 書く, 計算する, 推論する」といった 6 つの基礎的学力の 1 つないし複数の遅れをもって判断される。

行動面の困難性を主症状とする ADHD では, その定義 (文部科学省, 2003) において, 行動の障害であることを明らかにするとともに,「社会的な活動や学業の機能に支障をきたす」ことを明らかにしている。

同じく行動面の困難性を有することで知られる高機能自閉症や, その近接障害で自閉症における主症状の 1 つであるコミュニケーション能力の発達が比較的良好とされるアスペルガー症候群 (両者は高機能広汎性発達障害と上位分類されることもある) では, 以下のような学力およびその習得に影響する行動特性がみられる。

・含みのある言葉の意味を理解しない。理解が表面的。
・特定の分野については知識があり, みんなから「○○博士, ○○教授」と言われることもあるが, 極端に苦手なことがある。
・こだわると他のことができなくなってしまう。
・自分なりの独特な手順があり, 変更や変化をきらう。

【判断基準と学力】 専門家チーム等における LD の判断にあたっては, 以下の手順をとることが提案されている (文部科学省, 1999)。
①知的能力の評価 (全般的な知能の遅れがない。認知能力のアンバランスがある。)
②国語等の基礎的能力の評価 (国語等の基礎的能力に著しいアンバランスがある。)
③医学的な評価
④他の障害や環境的な要因が直接的原因はないことの判断

なお②の国語等の基礎的能力というのは LD の定義にある「聞く, 話す, 読む, 書く, 計算する, 推論する」の 6 つの基礎的学力を指す。

LD の判断にあたっては, 次図に示されるような 3 種類の個人内差を総合的に評価する。タイプⅠは, 学力と認知能力 (知能) の相対的なギャップで, 知能の発達水準からみて十分な学力が獲得されていない場合, かつアンダー・アチーバーと称された概念である。タイプⅡ

は，認知能力内の個人内差であり，ウェクスラー式知能検査であれば，言語理解，知覚推理（WISC-Ⅳ，WISC-Ⅲでは知覚統合），作業記憶（WISC-Ⅳ，WISC-Ⅲでは注意記憶），知覚速度，あるいは実行機能などがこれに当たる。タイプⅢは，さきに述べた6つの基礎学力やさらに下位分類される学習領域ということになる。

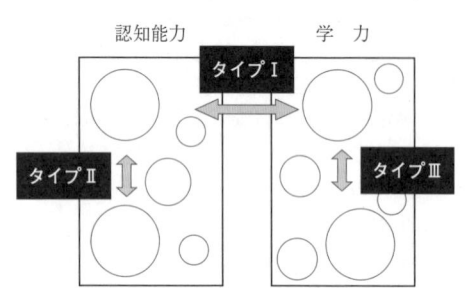

認知能力　　　　学力

タイプⅠ
タイプⅡ
タイプⅢ

【適合性の判定】　LD教育の先進国であるアメリカでは，各州においてさまざまなLDの適合性判定のための基準や公式が用いられている。わが国のように検定教科書や統一された学習指導要領がないので，主要な個人式の認知能力検査や知能検査にはそれと対応する学力検査がそれぞれに用意されており，個々の学力領域ごとに相対的な成就値を表示するシステムが発達している。LD判断のための適合性基準として最も古典的なものは，その学習領域の能力が暦年齢よりも2歳以上下回るとか，学力年齢（知能検査でいえば精神年齢に相当する学力水準表示値）を暦年齢で除し，100を乗じた学力指数や，学年，学力年齢，精神年齢を加算し，暦年齢で除すといった特殊な公式の導入などさまざまである。

こうした測定知能と学力との差異を基準とする判定モデルをディスクレパンシーモデルというが，授業における学力の習得状況の差異に焦点を当てる方法（RTI：response to instruction）をとるべきとの意見もある。

かつての形成的評価に代わる，評価を通して習得を図るダイナミック・アセスメントやカリキュラム・ベース・アセスメントなどの重要性を指摘する声も高い。

わが国では，教科書準拠の学力テストはよく使用されるが，学力水準を年齢や学年などで表示する信頼できる広範囲学力検査はほとんど使用されていない。したがって，教師の判断による教科間の個人内差やLD固有のつまずきのエピソード記録などから学力の著しいアンバランスを判断の根拠としているというのが実情である。

【学力調査票】　さきの文部科学省の全国調査では，学習の困難を推定するために6つの学習領域に各5問の学力に関する質問項目を設けて調査した。現在，全国で同じ調査項目での実態把握が進められており，1つのガイドラインとなっている。

わが国で本格的に標準化されたLD判断の調査票としてLDI（2005）がある。やはり6つの学習領域に，各12問の質問項目が用意され尺度化されており，さらに行動と社会性の2尺度が加えられている。現在，適用範囲は小学生に限定されているが，中学生にも準用可能である。学校で学習や行動面で気がかりな子どもがいたり，保護者から相談を受けたりしたときに利用できる軽度発達障害向けの学力評価のための調査票である。

地域の教育委員会で作成，使用される学力チェックリストもよく目にする。いずれにしても通常の学級の教師が日常の学習活動の中で評価できるものであることが大切であり，それは特別な支援指導につながる学習内容を把握するための学力評価であることが多くの場合，めざされる。　　　　　　　　　　　　　　（上野一彦）

［参］上野一彦・小貫悟・牟田悦子『LDの教育』日本文化科学社，2001．上野一彦・海津亜希子『軽度発達障害のための心理アセスメント』日本文化科学社，2005．上野一彦・篁倫子・海津亜希子『LDI―LD判断のための調査票―』日本文化科学社，2005．

特別支援教育と個別知能検査

→特別支援教育とLD児の学力評価，WISC-Ⅲ，K-ABC

【語義】 特別支援の基本は児童生徒のニーズに対応することであり，このニーズを多面的な視点から理解していくことが支援の前提となる。つまり，学習におけるつまずきの原因がどこにあるのか，またどのような支援方法が有効であるかを客観的に分析する必要がある。

学習や行動上のつまずきを分析する手段の1つに個別知能検査がある。一般に知能検査は，知能水準を調べることが第1の目的として作成され，活用されている。しかし，知能検査の中には，単に知能指数を算出するだけではなく，児童生徒それぞれの比較的得意な領域や苦手な領域，または比較的強い能力と弱い能力といった個人内差を求めることのできるものもある。WISC-ⅢやK-ABCも，こうした個人内差を求めることのできる知能検査の1つであり，これからの特別支援教育においては欠くことのできない心理検査といえる。なぜならば，これらの心理検査が示す個人内差は，児童生徒の学習上のつまずきの原因究明と具体的支援の糸口を示すことができるからである。なぜ，漢字が書けないのか，なぜ計算ができないのか，なぜ文が読めないのか等の問題はWISC-ⅢやK-ABC等の個別知能検査を活用することにより，具体的な解決を図っていくことが可能となる。

【個別知能検査の結果の解釈と活用方法】 特別支援教育では，児童生徒一人一人のニーズに対応するという目的から，個別知能検査の活用が求められている。しかし，検査結果を指導の手がかりとして活用するためには，検査結果をどのように分析し，どのように解釈していくかということが重要となる。

(1) 知的水準からの解釈

学習上のつまずきをもっている場合，まずチェックしなければならないことは，知的水準の確認である。学習成績がなかなか上がらない児童生徒の中には，知的水準がノーマルな範疇またはそれ以上であるにもかかわらず，学習成績が著しく劣っている場合がある。この場合は，家庭を含めた学習環境に大きな問題があるか，または何らかの理由で学習に対する意欲が著しく阻害されていることが考えられる。そこで，学習環境の改善や，本人への学習に対するモチベーションを高めるような支援が必要となる。

また，知的水準が学習成績から予測される水準よりも低く，その差が大きい場合には，学習にかなりの負荷がかかっていることが予想される。このような場合には，これ以上の過度な期待は禁物であり，むしろ現状を維持するための新たな工夫が求められる。

知的水準の解釈においては，それぞれの知能検査の特性を考慮しながら分析しなければならない。WISC-Ⅲにおいては，言語性IQと動作性IQおよび全検査IQの3種類の知的水準を測定することができる。全検査IQは総合的な知的水準を示しているが，言語性IQと動作性IQとの間に13点以上のディスクレパンシー（差）が存在する場合には，全検査IQの値が意味をもたなくなるため，慎重に解釈する必要がある。また全下位検査の評価点において，最高得点と最低得点との間に15点以上の差がみられる場合も総合尺度としての意味をもたなくなるため，慎重に解釈する必要がある。言語性IQと動作性IQの解釈も同様で，それぞれの下位検査の最高得点と最低得点との差が，言語性IQにおいては10点以上，動作性IQにおいては11点以上ある場合は，意味をもたなくなる。

K-ABCで測定される認知処理尺度は，知的水準を測定しているが，ここで測定された知能は，流動性知能を測定したものであり，この結果は，WISC-Ⅲの全検査IQと異なる場合がある。WISC-Ⅲでは，結晶性知能を測定する下位

検査が中心となっているため，流動性知能を測定している K-ABC の認知処理尺度の値とはずれが生じることがある。特に，学習上につまずきがある場合には，WISC-Ⅲでは低いスコアとなるものの，K-ABC では比較的高いスコアを示すことが多い。この場合は，流動性知能が高いことから，学習方法の工夫により，つまずきの軽減や改善が期待される。

(2) **個人内差からの解釈**

❶WISC-Ⅲ：WISC-Ⅲでは，3つの次元で個人内差をみることができる。第1の個人内差は，知的水準における差であり，言語性 IQ と動作性 IQ との差である。第2の個人内差は，群指数間の差であり，「言語理解」「知覚統合」「注意記憶」「処理速度」の4つの群指数間で，得意な領域と不得意な領域を分析することができる。第3の個人内差は，複数の下位検査間に共通する能力の分析（プロフィール分析）にある。この分析により，個人内における比較的強い能力や弱い能力または影響因を明らかにすることができる。ここで明らかになった弱い能力に対しては十分な配慮をし，強い能力については積極的に活用することが求められる。こうした強い能力を活用した長所活用型指導が，児童生徒の学習へのモチベーションを高めるとともに，学習効率を高めることにつながる。

❷K-ABC：ここでも，3つの次元で個人内差を分析することができる。第1の個人内差は，情報処理様式からみた個人内差で，同時処理様式と継次処理様式との間で有意な差があるかどうかを分析するものである。もしここで，同時処理様式と継次処理様式との間に有意な差が認められた場合には，弱い情報処理様式に対しては配慮をし，強い情報処理様式を活用することにより，学習のつまずきを改善することが求められる。第2の個人内差は，認知処理尺度と習得度尺度または情報処理様式と習得度尺度との差である。K-ABC における習得度尺度は，学習の基礎に関する習得状況を示すもので，必ずしも学業成績と一致するものではない。しかし，習得度尺度と認知処理尺度との間で有意な差がみられる場合には，学習のつまずきと対応していることが多い。習得度尺度が認知処理尺度より有意な差で劣っている場合は，本来もっている流動性知能が十分に活用されていないことを意味し，指導の工夫により，習得度尺度が引き上げられる可能性があると解釈できる。

また，情報処理様式と習得度尺度との関係においては以下のようなパターンが考えられる。
①継次処理尺度＞同時処理尺度＞習得度尺度
②同時処理尺度＞継次処理尺度＞習得度尺度
③継次処理尺度＞習得度尺度＞同時処理尺度
④同時処理尺度＞習得度尺度＞継次処理尺度
⑤習得度尺度＞継次処理尺度＞同時処理尺度
⑥習得度尺度＞同時処理尺度＞継次処理尺度

①と②においては，学習への意欲・興味，学習習慣，教室や家庭の環境調整といった側面から支援していく必要がある。③においては，継次処理様式を積極的に活用するような指導が必要であり，④と⑥は同時処理様式の活用が求められる。⑤においては，言語性知能が非言語性知能よりも優れている可能性があることから，言語的手がかりを活用した指導が有効である。

第3の個人内差は，WISC-Ⅲと同様にプロフィール分析を用いた強い能力または弱い能力の同定により，配慮すべき能力と活用すべき能力を検討することができる。ここで得られる強い能力または弱い能力は，その子の下位検査の平均評価点をもとに算出されるものである。したがって，示される「強い能力」「弱い能力」というのは，他者よりも優れているという意味ではなく，あくまでもその子の中では比較的得意な領域または比較的苦手な領域として解釈しなければならない。しかしながら，こうした個人内のアンバランスを知ることにより，より適切な支援が可能となる。一人一人のニーズに応じた支援を行う特別支援教育では，こうした心理検査の活用が重要となる。
　　　　　　　　　　　　　　（青山真二）

その他の心理検査の活用

→特別支援教育と個別知能検査

【意義】　障害のある子どもや学習や行動あるいは生活面で何らかの困難さを示している子どもの状態を理解することは，具体的な支援の方法を考えるために必要である。子どもがどのようなことで困っているのか，どのような問題が困難さの背景にあるのか，そして支援に活用できる子どもの得意な部分は何か，といった情報を得るための道具が心理検査である。

多くの心理検査が開発されてきているが，子どもの状態によっては実施できない検査も多い。例えば，まだ言葉が出ていない子どもの知的発達の状態を知りたいからといって，言語反応を求める項目が多いWISC-Ⅲや田中ビネー知能検査法を実施することはできない。また，上肢に運動面の障害がある子どもに対して描画を求める検査を実施することは適切ではない。

子どもの状態を理解し，子どものニーズを把握して支援に結びつけるために，どのような検査を実施するのか，というアセスメントの計画を立てるところから支援は始まっている。そして，適切なアセスメントの計画を立てるためには，第1に子どもの状態を客観的に観察できること，そして第2に目的に応じた検査の種類を知っていることが前提となる。

ここで，観察できることを第1にあげたのは，検査の種類の選択だけではなく，実施したあとの解釈においても，子どもの特性を観察から把握できることが重要だからである。1回の検査で必ずしも子どもは自分の最大の力を発揮してくれるわけではない。体調や検査の場や人などの条件，下位検査の教示や反応様式によって正確な結果が得られないこともある。検査によって得られた結果が本当に子どもの普段の生活で示されている様子と一致するものかどうかを判断できるだけの情報をもっていなければならない。そのためには，正確に観察することができなければならないし，観察する機会を複数回もって情報を蓄積してから検査を実施することなどが重要となる。

【発達検査】　特別支援教育の中で使用されることが多い発達検査としては，新版K式発達検査，乳幼児精神発達質問紙（津守式）がある。新版K式発達検査は，スクリーニングのためというよりも発達を詳しく観察することにより全体像をとらえることができるので，療育の場面で活用され，発達支援に役立てられている。乳幼児精神発達質問紙（津守式）は養育者に実施する質問紙であることから，検査課題に応じることができない状態にある子どもの発達の状態に関する資料を得ることができる。また，いずれの検査も運動や言語等の領域ごとの特徴を把握することができるので，具体的な支援の内容を選択するときに役立つものとなる。

【言語能力検査】　個人内差を把握し，教育的な判断と指導計画の作成に役立つ検査としてS.A.カークによって作成されたのがITPA言語学習能力診断検査である。日本版は1973年に三木らによって作成されている。ITPA言語学習能力診断検査の特徴は，子どもの特性をコミュニケーション過程の面からとらえることができる点である。例えば，聴覚—音声回路，視覚—運動回路，受容過程，表現過程などを測定することができ，コミュニケーション過程のどの部分に困難さがあり，どの部分が得意なのかを把握することができる。10の下位検査で構成され，約1時間かかる。下位検査ごとに作業内容に変化があるため，子どもたちは楽しみながら検査を受けることができる。単語では意思を伝えることができるがいつまでも文で話すことができなかったり，人の話を聞いていないような行動を示す子ども，あるいは話し言葉の理解力は優れているのに気持ちを表現することがむずか

しいように思われる子どもの背景にある困難さを把握しようとするときに利用できる検査である。

語彙の理解力の発達をとらえるための検査として、絵画語い発達検査（PVT）がある。この検査は、3～10歳までの子どもの語彙を把握するもので、提示された4枚の絵の中から検査者が言った単語を選択して指で示すものである。指さしができる子どもであれば、言葉が出ていない子どもにも実施できる検査である。したがって、言葉で応じることが要求される検査を実施することができない子どもの場合でも、言語理解力についてはその発達段階を知ることができる。また、検査に要する時間が短く約10～15分で実施できるため、注意の集中時間が短い子どもや低年齢の子どもにも適用できる検査である。

【視知覚能力検査】　子どもの視知覚能力を測定する検査として、フロスティッグ視知覚発達検査がある。この検査は、M.フロスティッグによって作成され、1977年に日本版ができている。幼児期の子どもであれば、ボタンはめがむずかしいなど不器用な印象を受ける子どもや粘土や折り紙が苦手な子どもの背景にある困難さを把握するときに利用できる。学齢期の児童であれば、文字の読み書き、楽器演奏、図画工作等でつまずきを示す場合にこの検査を実施することによって支援の手がかりをつかむことができる。

この検査は、①視覚と運動の協応、②図形と素地、③形の恒常性、④空間における位置、⑤空間関係の5つの視知覚の領域に関する下位検査で構成されている。領域ごとに知覚年齢を得ることができ、個人の特性を詳しくとらえることができる。適用年齢は4歳0か月から7歳11か月である。実施に要する時間は約30分であり、子ども自身が鉛筆を持って作業をする課題であることから、子どもが興味をもって取り組みやすい検査でもある。

【適応行動検査】　知的障害は、知的発達と適応行動の両方の障害によって定義される。知的発達の状態は知能検査で測定し、適応行動については、ABS適応行動尺度や新版S・M社会生活能力検査を使用することができる。ABS適応行動尺度は、対象者をよく知る者が日常観察を通して評定し、知的障害のある人の適応行動上の特性を明らかにするものである。特性を把握することによって、一人一人に合った支援プログラムを作成することができる。

この尺度は第1部と第2部で構成されている。第1部は日常生活において必要とされる10の行動領域で構成されている。行動領域の中には、食事や排泄といった自立機能から経済的活動、言語、責任感等が含まれている。第2部は不適応行動を測定するためのもので、暴力および破壊的行動、異常な習慣、薬物の使用等の内容で構成される。児童用と成人用があり、6歳以上であれば適用できる。

新版S・M社会能力検査は、知的障害がある子どもの社会生活能力を測定するために作成された。測定できる社会生活能力の領域は、①身辺自立、②移動（自分の行きたい所へ移動するための生活行動能力）、③作業（道具の扱い方など）、④意思交換（コミュニケーション能力）、⑤集団参加、⑥自己統制、である。6つの領域それぞれに社会生活年齢を算出することができるので、子どもの社会生活能力における特性を把握することができ、支援の内容の選択に役立てることができる。この検査は、子どもに直接実施するものではなく、子どもの日常生活を熟知している養育者や保育士、教師等が質問項目に回答を記入するものである。子どもによっては、家庭と学校で異なる様子を示すこともあるので、複数の者が評定をすることによってより正確な結果を得られることもある。適用年齢は1歳から13歳である。　　　（緒方明子）

[参] 坂本龍生ほか『障害児理解の方法―臨床観察と検査法―』学苑社、1985.

視覚検査・聴覚検査・運動能力検査

→視覚障害児の指導と評価，聴覚・言語障害児の指導と評価

【視覚検査】 一般的には視力，視野，色覚，両眼視，光覚などの視機能の検査を指す。

視力はランドルト環を指標として，切れ目を5mの距離から判別できるか測定する遠距離視力が広く知られているが，読書などでは30cmの距離での近距離視力が重要になる。しかし，弱視の子どもの場合にはこれよりはるかに目を近づけて文字を読むことが多く，いちばん見やすい距離でどれだけ小さな指標が見えるかという最大視認力（最小可読指標）が，拡大教材の作成や弱視レンズの選定に必要な情報となる。

弱視，あるいは幼児や発達に遅れのある児童の場合には，ランドルト環の視力表（字づまり視力）ではなく，指標を1つずつ呈示して字1つ視力を測定するほうがよく，また，これらの子どもで，言語的なやりとりが期待できない場合には，絵指標や森実式ドットカード，縞指標を使ったTAC等の検査が用いられる。

どの範囲が見えているかを調べる視野検査としてはゴールドマン視野計が普及しているが，適用が困難な9歳以下の子どもでも固視反射誘発法や対座法等の検査法が考案されている。

色覚については，石原式検査表が有名であるが，これは色盲や色弱などの先天的色覚異常を調べるものであり，病変のために色の見え方に問題がある後天性の色覚異常については，ランタンテストや色紙を用いた検査法が用いられる。

なお，これらの視機能検査のほかにウェクスラー系の知能検査の下位検査として，あるいはフロスティッグ視知覚発達検査，ベンダー・ゲシュタルト・テストのように，視知覚の発達や視知覚と運動の協応の発達を調べる検査もある。

【聴覚検査】 5歳以上では125Hz～6000Hzの純音刺激の強さや長さの変化に対してボタンを押して答える純音聴力検査が最も基本的なものであり，左右の耳の気導聴力と骨導聴力の検査結果をオージオグラムに記録する。気導の閾値レベルだけが高いときを伝音難聴，気導・骨導の両閾値が高いときを感音難聴という。

純音ではなく，より日常的な言語音を刺激として用いたものに語音聴力検査があり，難聴者の聴き取り・聴き分け能力を測定し，補聴器のフィッティングの際の重要な資料となるほか，各種保険や福祉の補償上の指標ともなっている。

純音聴力検査はもちろん，語音聴力検査といえども，すべて単音節や単語の識別に関する検査であるため，臨床的に有効な聴能検査として，日本語数唱聴取検査，親族呼称了解検査，5音テスト，日常生活文了解度検査，スピーチトラッキング検査などが工夫されている。

なお，年少児や発達に遅れがあり，上記の諸検査が行えない場合，選別聴力検査で難聴が疑われた者には聴性行動反応検査などの他覚的聴力測定により，難聴の有無や程度の診断を行う。

ところで，黒板や教科書の文字が見えにくいから学習が困難なのであり，聞こえにくいから言葉の発達が遅れるのであって，LDや自閉と考える前に，目を細めて見つめたりすることがないか，物音に驚かないことがあるかなどの一人一人の子どものきめ細かい行動観察こそが，早期からの弱視レンズによる矯正や補聴器の有効活用につながるものであることに留意したい。

【運動能力検査】 運動能力検査としては，文部科学省が実施するスポーツテストのうち，走り幅とびやソフトボール投げなどの運動能力テストや，平衡機能，全身運動の協調，手指運動の協調，分離運動または模倣運動の4つの側面から判定する狩野・オゼレッキー運動能発達検査などがある。

（加藤元繁）

[参] 原田政美『眼のはたらきと学習』慶應通信，1988．大沼直紀『教師と親のための補聴器活用ガイド』コレール社，1997．

脳波，MRI，その他の医学検査

【概要】 医学的検査には，電気生理学的方法として，脳波，各種誘発電位，心電図，筋電図，神経伝導速度などがあり，画像検査として一般X線撮影，コンピュータ断層撮影（CT），MRI（磁気共鳴画像法），核医学検査としてSPECT（シングルフォトンECT）などがある。その他，血液検査，尿検査なども含まれる。

障害領域においては，通常，身体的原因を探索するために行われるが，障害の有無やその程度の判断のために実施されることもある。乳児の聴力障害の有無を脳幹誘発電位（ABR）で判断するなどがその例である。一方，特定の発達障害に固有の生物学的指標が見つかっていない現時点においては，発達障害の診断のために医学的検査が行われることはないと考えてよい。

しかし，発達障害児において，医学的検査を行うことには意味がある。1つは，発達障害に伴う認知面の問題と関係する脳の部位の異常を見いだせることがあるという点である。そうした異常が見つかることは，その子どもの認知特性を理解し具体的な対応を考えるうえで役に立つことがある。他の1つは，さまざまな行動面の問題がみられる子どもで，脳に関する医学的検査で異常が見つかると，そこから，行動面の問題の背景に発達上の問題が関与している可能性を検討することができる，という意味で有用なこともあるという点である。

【脳波】 英語の頭文字をとって，EEG（electroencephalogram）ともよばれる。頭皮に小さな皿電極を電導性のよいペーストで貼り付けて記録される。記録されるものは，主として大脳皮質の神経細胞の電気活動である。異常がない場合，覚醒時はα波（8～13Hz）とβ波（14～25Hz），睡眠時はθ波（4～7Hz）とδ波（4Hz未満）の波が中心であるが，年齢が小さいほど覚醒時でもゆっくりした波が多くなる。年齢に見合わない脳波のパターンがみられるときや，通常みられない波がみられるとき，脳波に異常があると判断される。

特定の障害に特有の脳波異常のパターンというものはない。脳波異常とは，大脳の神経細胞の働きに通常と違うパターン，つまりは，脳機能の異常がある可能性を高く示すものと考えることができる。

【MRI】 magnetic resonance imagingの略語であり，日本語では磁気共鳴画像法という。身体の細胞内の水素原子核に強い磁場と電波を与え，水素原子核から生じる電波の変化をコンピュータ処理して身体の断面図を得る方法である。コンピュータ断層撮影（CT）との違いは，放射線の代わりに磁場を用いることであり，被爆の心配がない。MRIでは，横断面のほか，縦や斜めの断面を構成することが容易にでき，また，血管もよく描写することができる。MRIは，大脳以外の神経部位や眼球・鼓室，さらには末梢神経や筋肉もきれいに描写することができ，障害と関連する部位の異常評価に有用である。なお，MRIでは，方法の工夫により神経細胞が活動している部位，つまりは，脳の機能を評価することもできる。機能的MRIとよばれる。機能的MRIは，長時間同じ姿勢の保持など，被験者の負担が大きく，現時点では日常的に利用されるまでにはいたっていない。

【SPECT】 放射性同位元素を体内に投与し，外に放射されるγ光子を計測して画像を構成する検査である。脳においては，血液の流れの悪い部位の有無・程度を判断するのに用いられる。脳波，MRIでは異常が認められず，SPECTで血流低下が見つかることもある。LDなど認知障害のアンバランスさが激しい子どもでときに異常が見つかることがあり，対応を検討するうえで参考になることもある。 （宮本信也）

カリキュラム・ベース・アセスメント

→特別支援教育と教育評価, 特別支援とLD児の学力評価

【意義】 CBA（curriculum-based assessment）のこと。形成的評価の一方法で，教育的ニーズを明らかにするために構造化された手続き。毎週2回程度は実施。カリキュラムから抽出した文章や問題によって検査し，結果に基づいて学習指導を計画する。問うことは「子どもはこの時点で何を知っているか？」「何ができるか？」「どんな考え方をするか？」「未知の課題にどう接近しどんなペースで学習するか？」「だから教師は何をすべきか？」である。

【ねらい】 ねらいは学習指導を最適化すること（インストラクション・マッチ）である。学習指導のチャレンジ・レベル（課題の要求－既知情報と未知情報の組合せ）を，子どものエントリー・スキル（活性化された既知の知識とワーキング・メモリーの容量）に適合させる。脳は自然の傾向として既知情報と新情報の結びつきを求めるからである。

【測度としての流暢さ】 CBAでは，読み書き算などのコア領域の成績を繰り返し測定する。主測度は「流暢さ」，つまり答を出すスピードである。例えば読みの流暢さは1分あたり正しく読めた語の数，算数の流暢さは制限時間2分以内に正しく計算できた数字である。なぜ流暢さを測定するかといえば，それが完全習得の指標となるからである。次のカリキュラムに進むには前提スキルが流暢さのレベルに達していなければならない。子どもが完全習得できていれば，その教材での挫折（フラストレーション）は減り，学習への動機づけは強まって，行動問題は減少する。流暢さはまた，子どもの新しい教材の獲得率をも示す。学習指導の速度を獲得率に合わせることによって，フラストレーションとマスタリーの失敗を防ぐことができる。教育的ニーズは障害のラベルによってではなく，CBAによって明らかになる。　　　（中野良顯）

機能的行動査定

→特別支援教育と教育評価

【意義】 かんしゃくや自傷や攻撃などの問題行動が，当人のどんな目的に役立っているかについての情報を組織的に収集し，問題行動の改善に資する手続きのことである。

【基本原理】 査定の基礎にはオペラント条件づけ，つまり行動は先行事象と結果事象と関連して生じるとする強化随伴性の原理がある。この観点に立てば，行動には目的（機能）があり，結果事象としておよそ5つに大別できる。①社会的注目やコミュニケーションを得るため，②好きな事物や活動にアクセスするため，③いやな課題や活動を遅らせ・逃避し・回避するため，④いやな人から逃避し・回避するため，⑤感覚を刺激し快感を得るため。

【査定の3段階】 第1段階は構造化インタビューである。専門家が教師や保護者と面接し，問題行動の引き金となっている先行事象（何かするよう言われた，活動が変わった，場所を変えさせられた，じゃまされた，だめと言われた，一人でいた等）と，問題行動が引き出している周囲の人々のさまざまな反応（結果事象）を同定する。第2段階は子どもの行動の直接的で組織的な観察である。調べることは，①問題行動と共変化する環境の場面や出来事（例えば，ある教室や活動から他の教室や活動への移行，課題のむずかしさ），②問題行動の激しさ・持続時間・形態，③問題行動に後続して生じ，維持させる働きをしている出来事（例えば，教師の注目，課題要求の取り下げ）。第3段階は機能分析である。第1，第2段階で突きとめた諸変数が，問題行動を引き起こしているか，維持しているかを解明するため，諸変数の関数分析（実験的操作）を行う。大切なことは子どもの行動を丹念に記録し，行動の引き金と，行動の結果を突きとめ，マイナスの行動に代わる適切な行動を教えることである。　　　（中野良顯）

直接行動観察
→観察法の意義と種類

【意義】 対象者の言動を直接に観察すること。障害の判定，改善の測定，介入効果の証明に使われる。LDの判定では，聞く・話す・読む・書く・計算する・推論する，の6行動を観察する。ADHDでは不注意・衝動性・多動性を，高機能自閉症では対人行動・言語発達・興味関心の幅を行動レベルで観察する。日々の行動改善は小さいから注意深い観察が必要である。プログラムの効果の証明も，デザインを用いた指導前・指導中・指導後の行動観察によって行う。

【行動の定義】 まず何を観察するかを選んで定義する。「多動性」なら，例えば，離席（許可や要求なしに自席を離れる），授業中の手遊び（両手を使い教材をいじる），不服従（要求した行動をしない），課題非従事（読み書きの課題をしない），おしゃべり（許可なしに発する全可聴音），攻撃（他人への直接または物を介しての乱暴な接触）など成分行動を定義して測定する。

【測定の次元】 測定は，行動の適切な次元を選んで行う。例えば頻度（行動が単位時間当たりどれくらい頻繁に起こるか。例えば1分当たり6回のおしゃべり），持続時間（活動にどれぐらい長時間従事するか。例えば算数の問題は数秒，かんしゃくは1時間以上）。潜時（反応チャンスと取りかかるまでの間の時間の長さ。わずかな刺激やフラストレーションで即刻かんしゃくを起こす。適切な代替行動を思いつくひまがない），大きさ（行動の強度。小さな声で話し聞き取れない，戸を激しく閉める），形状（行動の物理的形状。手をはためかす，腕を噛む，火をつけるなど）など。また行動の所産（行動が生み出した事物。正しい綴り，作文の長さ，提出されたレポート）も大事なデータとなる。

【観察の信頼性】 2人の観察者が，同じ定義と測度を用い，独立に観察して一致度を比較して，信頼できる観察である証拠を示す。（中野良顯）

プログラム評価のためのデザイン
→個別の指導計画の作成と評価，個別の教育支援計画の策定と評価

プログラムの効果を証拠づける（エビデンスを提出する）実験デザインは，群間比較法と一事例実験法に大別できる（中野良顯，2005）。

【群間比較法】 最善のデザインは無作為化比較試験（RCT）である。出発時点で類似する人々を2群に無作為に割り振り，1群にはプログラム（実験的介入）を，他群にはプラシボ介入ないし従来の介入を適用して十分なフォローアップ時間を経たあとに各群のアウトカムを比較する。

【一事例実験法】 比較群なしで行う実験的事例研究である。基本はリバーサル法とマルチプル・ベースライン法である。

❶リバーサル法：無介入状態である行動の生起を一定期間測定する。次いでプログラム（実験変数）を導入する。それによって行動に変化が生じたら，プログラムのせいかどうか調べるため短期間中断する。中断によって行動の変化が消失したらもう一度プログラムを導入し行動変化を確かめる。プログラムの導入と撤去によって行動変化を繰り返し証明できれば，介入効果は実証されたことになる。

❷マルチプル・ベースライン法：2つ以上の行動を選び，無介入状態で一定期間測定する。2つ以上の行動のベースラインがとれたら，1つにプログラムを導入する。介入した行動は変化するが，無介入の行動は変化しないことを確かめる。変化した行動へのプログラム適用は継続し，2つ目の行動にも時期をずらし同じプログラムを適用する。もし2つ目の行動も介入時点で変化すれば，偶然ではなく介入のせいだといえる。バリエーションとして，2人以上の個人，2つ以上の場面の行動を用いる方法がある。一事例実験法には，ほかに基準変更法や交代処遇法などがある。 （中野良顯）

[参] 中野良顯「行動倫理学の確立に向けて」『行動分析学研究』19(1), 2005.

軽度発達障害児の指導と評価

→LD・ADHD・高機能自閉症の判断，個別の指導計画の作成と評価，個別の教育支援計画の策定と評価

【軽度発達障害児への支援と評価】 軽度発達障害は，医学的な診断・分類名ではなく，種々の発達障害の中で知的障害がないか，あっても軽度な一群を指す総称として使われる場合がある。多くの児童生徒が配慮のもとに通常の学級で学び，必要に応じてさらに特別な支援（オープン教室やリソースルームでの補習を中心とした個別指導，通級による指導における個別あるいは小集団指導）を受ける。

軽度発達障害の共通特徴として，次の3点があげられる。①障害の有無およびタイプが明確に区分できないことがある（状態像の移り変わり，合併症，境界線児の問題），②障害として気づかれにくい（「やる気がない」「わがまま」「変わった子」等と受け取られやすい），③2次的に派生する問題を伴うことが多く，状態像が複雑になる（クラスメートと同じようにできないことが多いので，自信や意欲，自己評価が低下しやすい。「いじめ」の対象になったり，「不登校」になったりする，など）。

2003（平成15）年度より，文部科学省は，特別支援教育推進体制モデル事業を予算化し，軽度発達障害児への支援の具体化を図っている。以下，この事業で重視される①校内委員会，②特別支援教育コーディネーター，③巡回指導員，④専門家チームについて述べる。各学校では，校内委員会を組織し，学校全体で支援に取り組む体制をつくる。校内委員会は，従来の生徒指導部会，教育相談部会，等との関係で，学校独自に校務分掌に位置づけられる。この校内委員会に特別支援教育コーディネーターは属し，外部の専門機関との連絡調整を行いながら，校内の支援を取りまとめる。支援はチームで行い，養護教諭や特殊学級教諭，あるいは前記の部会長等がコーディネーターを支える。このような校内体制を外部から支える組織として，専門家チームがある。専門家チームは，教育委員会や特殊教育センター等における専門家による相談機関に位置づけられ，障害の判断や望ましい教育的対応に関する助言等を行う。また，巡回相談員は，実際に学校に出向き，対象となる児童生徒の実態把握，支援内容や方法の助言等を行い，専門家チームと学校とをつなぐ役割が期待される。これらは，いずれもモデル事業として取組みが始められたところであるが，各地域・学校の実情に即した機能的で実際的な体制整備が望まれる。

【個別の教育支援計画・個別の指導計画の作成と活用】 実際の支援は，計画に基づいて取り組まれる。「小・中学校におけるLD（学習障害）・ADHD（注意欠陥／多動性障害）・高機能自閉症の児童生徒への教育支援体制整備のためのガイドライン（試案）」（文部科学省，2004〈平成16〉）には，資料として複数の様式例があげられている。事例の問題の所在，障害タイプ等によって，工夫して利用しやすい書式にして活用する。学期ごとに立てる短期目標について，その実現状況を評価し，次の学期の短期目標を必要に応じて修正し，新たな手だてを講じていく（Plan-Do-See）。評価の標準的な手続きが確立されているわけではないので，具体的な取組みの内容によって，適切な評価方法を工夫する必要がある。

以下，軽度発達障害で注目される3障害について，支援の考え方や内容を述べる。ただし，支援の対象は，この障害タイプに限定されるものではないとする考え方もあり，計画書の作成に基づく支援の対象範囲やその選定は，検討課題であろう。

【学習障害(LD)児への支援】 LD児は，知的には大きな遅れはないが，認知に偏り（アンバランス）があるために，学習にかかわる能力やス

キルを順調に習得できない状態と考えられる。認知の偏りは個人内差とよばれ，心理検査によって把握でき，それによって効果的な支援の手だてを講じることができる。例えば，WISC-Ⅲでは，言語性 LD と非言語性 LD を区別できる。K-ABC では，情報処理の仕方を同時処理（一度に複数の刺激を関係づける）と継次処理（刺激を1つずつ順番に処理する）とに分け，どちらが得意な処理の仕方かがわかる。これらの検査結果から，言葉による言語的な指示を，順を追ってていねいにすることが効果的な手だてとなる子どもがいる。また，絵カードや図など視覚的な教材を手がかりとして，全体を踏まえた教え方が効果的な子どももいる。

　LD 児では，同じ困難がみられても，問題は認知の偏りであり，どこにどの程度の弱さと強さがあるのかは一人一人異なり，それによって具体的な手だては異なることに注意を要する。

【ADHD（注意欠陥／多動性障害）児への支援】
ADHD 児は，あることを行うために必要な知識はあるのだが，目標を立ててそれに向けて行動を制御していく自己制御力の不十分さがある。この自己制御力の主要な部分は，実行機能とよばれる。実行機能は，間（ま）をとって考える経験を積み重ねる経過でしだいに高まっていく。ADHD 児は，行動抑制の弱さから間（ま）をとって行動する経験が不足し，実行機能や自己制御力全般が十分に育っていないと考えられる。

　行動抑制の弱さには，衝動的に動こうとする際に間（ま）をとることが原則である。不注意に対しては，適宜声をかける等によって注意を向け続けることを励ますことが原則である。忘れないようにスケジュール表や絵カードを使う，常に決まった場所に物を置いておく等が手だてになる。

　ADHD 児は，学校の集団生活では不適切な行動が目立つ。そして教師は，叱る，罰を与えるなどの否定的な対応をすることが増えるが，このような対応は，逆効果となる。表面的な不適切な行動に対処するのではなく，行動の現れの背景にある意味に対して対応する必要がある。不適切な行動の意味には，例えば次の4つがある。①注目してほしい，かかわってほしいという要求。②ある物がほしい，あることをしたいという要求。③いやなことから逃れようとする要求。④不安から身を守る要求。これらに対して，適切な表現の場や表現の仕方を伝える，単に禁止するのではなく，選択肢を子ども自身に選ばせて対処させるなどが支援となる。

【高機能自閉症（アスペルガー症候群を含む）児への支援】　自閉症は医学的な診断用語である。そのうち，知的発達に遅れのないものを高機能自閉症とよぶ。①人への反応やかかわりの乏しさ，社会的関係形成の困難さ，②言葉の発達の遅れ，③興味や関心が狭く，特定のものにこだわること，などを特徴とし，社会生活や学校生活に不適応を示す。また，言語機能に大きな困難をもたないものをアスペルガー症候群とよぶ。

　高機能自閉症児は，知的に問題が少なく言語理解や表出があるゆえに見すごされがちだが，自閉症の行動特徴をもち合わせているので，それに配慮した支援を行うことが基本である。情報の入力や認知，また，相手の心情の理解の仕方が異なることに留意して，手だてを講じる。例えば，視覚的な情報（図形や文字）の理解力が優れているので，それを活用して環境を構造化することもその1つである。また，不安を取り除くためには，ていねいな予告を行い，先の見通しをもたせることも有効である。集団参加が困難な場合，集団内部で果たす役割を明確にし，適切な大きさの集団から始めることも1つである。集団内では大きなストレスを感じ耐えられなくなることもあるため，約束をして休息をとることも効果的である。TEACCH は，自閉症児の認知特性に配慮して開発された治療教育プログラムであり，学校教育での活用が期待されている。集団指導での利用方法が研究課題の1つとなろう。

（北島善夫）

知的障害児の指導と評価

→特別支援教育と教育評価，個別の指導計画の作成と評価，個別の教育支援計画の策定と評価

【歴史】　現代の知的障害児教育の模索が本格的に開始されたのは，1947（昭和22）年4月に新教育制度が発足してからである。新制度下での教育は，学力低下への応急策として「劣等児」学級で実施され，普通教育をよりどころとした水増し教育が行われた。やがて三木安正，杉田裕らにより，水増し教育から脱却した生活を中心とする独自の教育方法が指向された。その教育目標には社会自立を掲げ，自立的な生活力の育成が重視された。教育内容には将来の自立生活に最小限必要なものを取り上げ，指導方法では学校生活や学習活動の実生活化が強調され，その現実度を高めることを基本原理とした。この教育は，教科中心の指導や農耕作業中心の指導から発して，生活経験単元指導へと移行し，のちに学校工場方式の指導による職業教育として全国に広がった。

一方，教育内容を各教科等で組織した1963（昭和38）年の養護学校小学部・中学部学習指導要領制定により教科を追求する気運が高まり，生活主義教育は後退した。この学習指導要領では，教育内容を各教科等に分けて組織するが，指導は各教科等の内容を合わせて行うとした。しかし，趣旨が十分に理解されず，生活単元学習や作業学習は各教科等の内容を指導する手段と化した。

1979（昭和54）年の養護学校義務制実施を契機として，教育現場は障害の重度化・多様化への対応に迫られた。食事や排泄など生活技能の習得，自傷や多動などの行動問題の治療・改善が重視され，多様な指導・治療技法が適用された。また障害の重度化・多様化への対応として，生活主義教育の再興が図られた。歴史的には教育観・指導方法は多様に変遷した。しかし，個への教育的支援の最適化をめざすことは共通して求められてきた。

【展開】　近年は国際的な障害観の変化から，個への教育的支援の概念も変化してきた。1963（昭和38）年の学習指導要領解説では「能力別学級編成の長所を生かす」として個人差を重視した個別指導の必要性を示した。1971（昭和46）年の改訂では「養護・訓練」の領域が新設され，個別指導が強調された。そして，1979（昭和54）年には「障害の状態及び能力・適性等の的確な把握に努め，個人差に即応した指導を行う」ことが配慮事項に明記された。これが1989（平成元）年には個に応じた指導で具体化され，養護・訓練では「できる限り個別的に指導計画を作成」するよう必然性が説かれた。1999（平成11）年改訂により養護・訓練から名称を変更した「自立活動」において，個別の指導計画の作成が義務化された。

2001（平成13）年文部科学省が示した「21世紀の特殊教育の在り方について（最終報告）」や2003（平成15）年「今後の特別支援教育の在り方について（最終報告）」では，個への教育的支援は従来の障害種別やその程度別から，個人の教育的ニーズを重視したものへと転換された。すなわち，教育の目的は，障害のある児童生徒の欠陥を補うために必要な知識・技能を授けることから，学習や生活上の困難の改善・克服へとシフトした。近年，障害のある児童生徒の生活の質（QOL）の向上が叫ばれている。これに伴い，自己決定し社会参加する場面が多くみられるようになった。今後ますます，個の主体的な活動を原動力とした教育的支援の具体化が求められ，必然的に個別の教育支援計画の作成が求められる。

【課題】　支援の計画は，総合的・長期的な目標を組織した「個別の教育支援計画」と，これらの目標に向かう具体的支援を組織した「個別の指導計画」によって構成される。

「個別の指導計画」の基本構造は，実態把握→目標設定→指導内容・方法の設定→実施→評価である。評価は，実態把握に際しての診断的評価，指導過程での内容・方法の直接的作用をとらえて評価する形成的評価，一連の指導終了後に総合的に効果を評価する総括的評価である。これより指導における目標や内容・方法を吟味し，次の指導へとつなげる仮説検証的循環が促される。「個別の指導計画」に関する問題として，学習や生活上の困難にばかり焦点が当てられ，学習課題や生活行為の困難事項ごとに目標が設定された指導となり，現状の困難さが改善されなければ指導が先に進めないという基底還元論に立った段階的アプローチに陥りやすい。そして児童生徒には，困難の克服に重点が置かれた指導ゆえに，失敗体験が積み重なり，活動性の低下を招くことが危惧される。

他方，「個別の教育支援計画」の問題として，「個別の指導計画」で企画された各指導の関連性と優先順位が不明確なため指導担当者間で連携して特定の目標に向かう協業が成立しにくい。結果として各指導が断片化されることがあげられる。これより「個別の教育支援計画」には，支援の設計図として「個別の指導計画」を企画・組織するための有機的構造が重要である。

これらの問題の改善には，2001（平成13）年のWHO総会で採択された国際生活機能分類（ICF）の理念が参考になる。ICFは，人間の生活機能を「心身機能」「活動」「参加」という階層構造でとらえ，障害がある人をその障害だけでなく，障害の影響を受けていない部分も含めた主体的な総体としてとらえること，健康状態や障害を規定するものとして「個人因子」と「環境因子」の両面を視野に入れること，などが提起されている。障害のある人の潜在能力の開発と発揮のための機会を社会的に保障しようとする積極的なものである。

ICF理念に基づく教育支援計画の構造を図に示す。①生活機能の各階層での対象者の問題を把握し，問題間の相対的独立性と相互依存性を明確にする。これをもとに②主目標として「参加」レベルの目標を設定する。現在から将来の生活へ向けてどのような生活をつくるかを最重視し，予後の予測を含めて実現可能で具体的な目標を設定する。③この主目標を実現させるために必要な「活動」レベルの副目標A群を決める。主目標達成のためにどのような活動を高めるべきかを定める。したがって，主目標に対する副目標Aは複数設定される。④同様に副目標Aの実現に必要な「機能障害」レベルの副目標B群を決めていく。副目標Aを実現するために開発すべき心身機能を定める。これらの各目標は各階層にわたって相互に作用し合う。

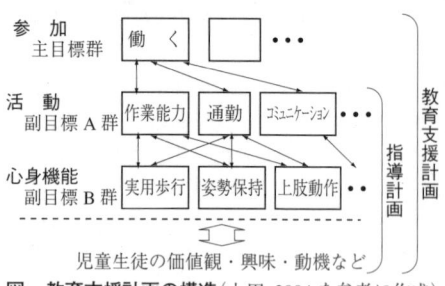

図　教育支援計画の構造（上田，2004を参考に作成）

主目標を可能なかぎり多く設定することが望ましく，複数の主目標とこれらに対応する副目標A群，B群が有機的に連結されて，目標とする生活像が具体的に示される。各指導が特定の主目標に向かう過程に明確に位置づけられることで担当者間の協業が促される。なお，主目標に向かう各指導は，個別の指導計画の基本構造をもって企画・実施される。また，指導内容・方法の選定にあたっては，対象者の価値観・関心・動機などの内発性を最大限に活用することが前提である。

（吉川一義）

[参] 全日本特別支援教育研究連盟編『教育実践でつづる知的障害教育方法史』川島書店，2002．上田敏『リハビリテーションの思想』医学書院，2004．国立特殊教育総合研究所編『ICF活用の試み』ジアース教育新社，2005．

肢体不自由児（運動障害児）の指導と評価

→重度・重複障害児の指導と評価

【歴史】 わが国における肢体不自由（運動障害）児の教育は、1921（大正10）年に開設された私塾柏学園に始まる。整形外科学の分野で、治療と教育の機能をあわせもつ機関の必要性が説かれていたこともあり、柏学園では「医療体操」（現在の理学療法に近いもの）を取り入れながら、小学校課程に準じた教育が行われた。これが契機となり、1932（昭和7）年には公教育で初となる東京市立光明学校が創設された。全国的には戦後、小・中学校の分校として施設内に特殊学級を設置する形での教育が展開された。養護学校については、1956（昭和31）年の公立養護学校整備特別措置法による国の予算措置を機に設置が進み、1969（昭和44）年に全都道府県設置が実現した。1979（昭和54）年には養護学校義務制が施行され、すべての肢体不自由児が就学可能となった。近年では障害の重度・重複化に伴い、日常的な医療的ケアを要する児童生徒への対応が課題となっている。養護学校への看護師の配置を全国的に進めるとともに、たんの吸引等を条件つきで教員に認めるといった策が講じられている。

【語義】 肢体不自由とは、四肢および体幹における運動機能の障害であり、日常生活や社会生活上の諸機能に永続的な制約が生じる場合をいう。原因は多様であるが、脳性まひに代表される中枢神経系の疾患が7割を超えるとされる。次いで、小児まひ（ポリオ）や筋ジストロフィー症など末梢の運動器官における疾患、ならびに骨格や関節の形成不全があげられる。このうち、中枢神経系の疾患に起因するものでは、知的障害を伴うことが多く、その場合には重度・重複障害としての対応が必要となる。末梢系の疾患は、知的障害の直接要因とならないが、知的機能は、事物の操作を主とした行為の経験と相互に関連して発達するので、発達初期にこう

した経験が阻害されると、2次症状としての知的発達の遅れや、学業上の遅れが生じやすくなる。また、劣等感や無力感から、学校ぎらいや学習意欲の低下が生じ、対人関係や社会性の発達に影響が及ぶ場合のあることが指摘されている。したがって、肢体不自由を、運動機能の面だけでとらえることはきわめて不十分であり、発達の諸側面にわたっていねいに理解し、必要な支援を行う視点が大切である。

【肢体不自由児の指導】 指導は、障害の状態に応じて肢体不自由養護学校、特殊学級、通級による指導、通常の学級で行われている。諸設備や教員数等の条件整備が望まれている。

教育課程には4つの類型があり、児童生徒の実態に応じて編成される。知的障害を伴わない児童生徒には、小・中・高等学校における当該学年の教育課程を準用する。運動障害のため、読み書きや学習内容の習得に時間を要する子では、学年進行に伴って学習上の困難が生じることがある。この場合には、当該学年の教育課程によって適切な指導を行うことがむずかしいので、下学年（下学部）の教育課程を適用することができる。

知的障害を伴う児童生徒においては、知的障害養護学校の教育課程によって代替することができる。その場合、必要に応じて、各教科や領域を合わせた授業を行うことが認められている。

重度・重複障害の児童生徒では、自立活動を主とした教育課程の編成となる。「主とした」とするのは、道徳と特別活動については、その全部を自立活動に代えることができないためであり、この点には留意する必要がある。

【個別の指導計画・個別の教育支援計画】 個別の指導計画は、個人の状態と学校で行う指導とを明確に関係づけることで、指導の効果を確かめ、指導の改善に役立てようとするものである。

通常は、学期や年度を区切りとして作成される。一方、個別の教育支援計画は、福祉や医療等の関係機関と学校とが協力して支援に当たるためのものであり、学校卒業後までの長期的な計画となる。肢体不自由児の教育では、福祉・医療等の関係諸機関との連携は不可欠であり、すでに日常的に行われている場合も多い。教育支援計画の策定で、関係者・関係機関の役割が明確化し、継続性のある支援体制ができることが期待される。

個別の指導計画と教育支援計画は、共に書式上の規定はないが、作成にあたっては、対象児の実態の把握、指導の目標の設定、指導の内容と方法の具体化、指導の実施および評価という手順を基本とする。

【指導計画の特徴】　肢体不自由児における個別の指導計画の特徴を、手順ごとに述べる。

❶実態把握：現在の状態だけでなく、生育歴や現在までの指導経過を含めて行うことが大切である。方法としては、行動観察、発達検査、聞き取りがあげられる。行動観察では、働きかけに対する応答や、表出可能な行動、興味・関心などを具体的に記述する。発達検査は、現在の発達水準やそのバランスを客観的に把握するためのもので、乳幼児用のスクリーニング・テストがおもに用いられる。聞き取りは、日常生活の様子や現在までの経過を知るために、保護者等に対して行う。その際、保護者の願いを指導に反映させる視点はきわめて大切である。また、見え・聞こえなどの感覚機能、てんかん発作の有無や頻度、姿勢保持や介助の方法などは、指導に直接関係する事柄である。担当医をはじめ、理学療法士、作業療法士などからの情報が役に立つことは多い。なお、実態把握そのものは、詳細になされるべきであるが、指導計画への記載は、目標との関連を考慮して、明確かつ簡潔に行うことが大切である。

❷目標の設定：実態把握に基づいて、現時点での発達的な課題を設定する。現在の障害の状態や現在までの経過から、今後の発達の見通しを立てるものでもある。したがって、単に発達検査で未通過であった項目を設定するのではなく、指導の結果として期待される効果を考慮することが大切である。例えば、手の運動に障害がある児童生徒において、手で物を取ることは運動面からみた課題である。しかし、そうした行動の困難による不全感やストレスを軽減する必要性を重視するならば、ほしい物を他者に伝えることのほうが、目標として適切といえよう。

❸内容と方法：指導の内容と方法には、児童生徒が現実に経験している「不自由」を軽減しながら、個人としての自立を促す視点が重要である。不自由を軽減するための指導には、運動機能の改善ないし現有の運動機能の維持を目的とする指導（例えば歩行訓練）と、制約のある機能に対して代替手段を活用することの指導（例えば電動車椅子）が考えられる。これらは、目標との関連で的確に設定しなければならない。文字を書くことが目標であれば、鉛筆の持ち方や手の動かし方の工夫が指導内容となるし、文章で表現することが目標ならば、パソコン等の支援機器を活用しながらの作文指導となる。

❹実施と評価：指導は、計画に基づいて実施するが、指導の効果を高めるためには、必要に応じて常に計画の修正や変更を行えるようにしなければならない。そのため、評価は目標準拠型とし、目標を明確にしておくことが重要である。また、これらにとらわれずに対象児の行動を広く観察することも大切である。実際の指導では、指導者が意図しなかった効果が生じる場合も多いからである。その点で評価は、実態把握の内容を更新する意味をもつのであり、これが指導の改善につながる。個別の指導計画は、計画だけでなく、結果を含めて記述することによって、その目的が果たされるのである。　　（雲井未歓）

[参] 村田茂『日本の肢体不自由教育―その歴史的発展と展望』慶應義塾大学出版会, 1997. 石部元雄『肢体不自由児の教育』ミネルヴァ書房, 1983.

病虚弱児の指導と評価

→就学の新しい基準と手続き，個別の指導計画の作成と評価，個別の教育支援計画の策定と評価

【歴史】　わが国の病弱教育は，明治後期から海浜・林間に脚気等身体虚弱児のための学園が設けられ，結核予防・健康増進のための虚弱児教育として進められてきた。戦後の学校教育法制定時（1947年）には身体虚弱児は「特殊学級」や「教員を派遣して」の教育対象とされたが，病弱児は養護学校教育の対象とはされず，就学猶予・免除の対象であった。病弱者を養護学校教育の対象とする学校教育法の改正（1961年）以降も「治療優先」という考え方が根強く残ったといえる。身体虚弱と結核を対象としていた病弱教育は，結核減少後は筋ジストロフィー，腎疾患，喘息と，疾病構造の変化に伴い対象と教育内容を変化させ，近年は，医療的ケアを必要とするような障害の重度・重複化，小児がん治療等の急速な発展，心身症や心理的・社会的不適応をかかえた子どもの増加がある。

小児医療の進歩と生活の質（QOL）への関心の高まりを背景に，1990年前後より入院中の教育を求める保護者，医療・教育関係者の動きが活発化した。1994年には文部省より「病気療養児の教育について」（通知）が出され，国立大学病院等の小児科を中心に院内学級・分教室設置が進んだ。また入院期間の短縮と外来医療・在宅医療への転換により，大半の慢性疾患児が通常の学級に在籍するようになっており，病弱養護学校においては，在籍者数の減少と，心身症・不登校や虐待等家庭の養護問題をかかえた子どもの増加傾向がみられる。

今日の病弱教育は，病弱養護学校や院内教育だけでなく，①通常教育での教育と配慮，②乳幼児期から成人期を見通したライフステージに応じた支援，③本人だけでなく家族を含めた医療と教育・福祉・労働等の総合的な支援，が求められ，特別支援教育の一環として充実が期待される。

【意義】　病虚弱児の指導は，病弱養護学校あるいは小・中学校の病弱・身体虚弱特殊学級で行われる病弱教育として位置づけられ，院内教育や，通学が困難な場合の訪問教育など多様な教育形態を含んでいる。病気療養に伴って，学習空白や学習の遅れのほか，経験の不足，心理的な不安定，社会性の未熟さなどが生じがちである。病虚弱児の教育の意義として，個々の子どもの健康・医療面への配慮と学習を両立させ，①学力の保障，②心理的安定を図り，積極性・自主性・社会性を養う，③病気や健康を自ら管理する力の育成，などがあげられる。

【教育方法の改善】　慢性疾患の子どもの療養形態は，①1回の入院が長期にわたる，②入退院を繰り返す，③ほとんど入院を必要としないが生活上の配慮を必要とする，という3つの状態がある。いずれも，療養形態に即した教育の場の整備と教育方法の改善が急がれ，とりわけ通常教育における教育的配慮が新たな課題である。

病気の子どもは実態が多様であるうえ，病状等によって学習や生活が変化するため，個々の子どもの状況の的確な理解・把握が重要である。学校教育において安全管理面に目がいき，教育的対応は消極的になりがちであるが，保護者，主治医，養護教諭等との連携を図りながら，本人への説明や相談を重視しつつ，健康面への配慮と指導内容・方法の工夫を進める。また，病気に伴う学校生活上の困難はどこでも生じうるため，小・中学校や高校，特別支援学校等すべての学校における病気・健康問題への教育的配慮の充実と，転入学や入退院に際しての学校間や関係機関との連携の強化が求められている。

具体的な指導においては，目標を明確にして計画的に，学習空白を埋めるための援助や学習内容の精選，学習内容・方法や教材・教具の工

夫を行う。特に体育・宿泊・校外行事参加などにおいて，個別の配慮が過度な制限とならないよう十分注意し，学習内容・教材を個別に工夫するほか，参加を可能とするための授業や行事そのものの工夫も重要である。

病弱教育における「自立活動」は，子どもが主体的に自らの健康上の課題を改善・克服するよう「個別の指導計画」を作成し，教育活動全般や特設された時間を通して取り組まれるが，「自立活動」以外でも，先述のように個別性・流動性の高い病虚弱児の指導は，実態・ニーズの的確な把握に基づく指導計画と評価を基本とする。その際，子どもとともに目標を確認し，自己評価を位置づけた柔軟な学習プロセスに留意したい。

また，難病患者の予後が改善され，青年期・成人期を迎える一方，病気が重篤でなくても心理的社会的困難をかかえる子どもも多く，社会参加・社会的自立支援へのニーズは高い。医療の分野では子どもの生活の質（QOL）を高めるため，関連する専門職を交えたトータルケアの試みも始まっている。長期的見通しに立った「個別の教育支援計画」の作成・活用・評価において，子どもと保護者を中心に据え，医療・福祉関係者等との連携・共同が不可欠である。病気・健康問題から生じるさまざまなレベルの教育的ニーズに対して，「個別の指導計画」「個別の教育支援計画」を活用した実践の充実が求められている。病弱教育専門機関が，学習や生活・進路等における従来からの教育実践の蓄積を生かして，支援体制の構築やカリキュラム開発のうえでのセンター的役割を発揮することが期待される。

【カリキュラムの開発】　今日の病虚弱児の教育的ニーズに応えるカリキュラムの開発のうえで必要と思われる課題をいくつか紹介する。

❶情報技術(IT)を活用した指導の工夫：体験の不足を補い社会とのつながりを広げる手段として，コンピュータ等の情報機器や，テレビ会議システム等マルチメディアの活用が期待され，機器の導入のほか教職員の養成・研修を含めた充実を図る必要がある。

❷心理的なケア・サポートと教育の連携：慢性疾患の長期療養児が心理的問題をかかえる割合は高く，ストレスマネジメントは重要な課題になっている。カウンセリングの基礎を教職員が身につけることや心理専門職の積極的活用が考えられる。積極的なアイデンティティ確立のためには，思春期・青年期における病弱教育の場や患者会など，同じような課題をかかえた仲間との活動の機会も有効である。

❸学校保健との連携：病気療養児の学校生活のうえで，学校保健が果たす役割は大きい。しかし，学校教育全体としては，地域保健との連携や学校医制度の不十分さなど医療・保健面でのバックアップ体制が立ち遅れ，病気の子どもの実態把握や健康管理と援助，「病気による長期欠席」の解決など具体的な教育的支援は不十分である。病弱児の健康・安全面への配慮と教育の充実を進めるために，養護教諭および教員養成課程や現職教員研修において，病弱教育や病気・健康問題への理解，病虚弱児への支援方法を明確にする必要がある。

❹就学前病児の発達支援：乳幼児期の遊び等の経験や情緒の安定は，病気の子どもの成長発達にとって欠かせない。医療においてはプレイセラピストの導入や「医療保育」という領域が生まれ，病弱養護学校でも教育相談に位置づけた院内での幼児教育の試みもみられるが，わが国の就学前病児の発達支援は大きく立ち遅れており，早急に対策を講じるべき分野だといえよう。

(猪狩恵美子)

［参］谷川弘治・駒松仁子ほか編『病気の子どもの心理社会的支援入門—医療保育・病弱教育・医療ソーシャルワーク・心理臨床を学ぶ人に—』ナカニシヤ出版，2004．横田雅史監修・全国病弱養護学校校長会編『病弱教育Q&A　PARTⅠ～Ⅴ』ジアース教育新社，2001～2004．

視覚障害児の指導と評価

→視覚検査・聴覚検査・運動能力検査，重度・重複障害児の指導と評価

【視覚障害】 われわれが外界の事物や事象を見るための機能を視機能とよび，視力，視野，色覚，光覚，眼球運動，調節，両眼視などから判断される。視覚障害とは，この視機能の永続的，回復不可能な低下を総称した概念である。視覚障害は，医学，教育，福祉などの立場によって詳しい定義は異なるが，一般的に盲と弱視に大きく分類される。香川邦生（2005）は，教育の立場から盲児を「点字を常用し，主として聴覚や触覚を活用した学習を行う必要のある者」，弱視児を「視力が0.3未満の者のうち，普通の文字を活用するなど，主として視覚による学習が可能な者」と説明している。

国内の視覚障害児の数は，厚生労働省による2001（平成13）年の「身体障害児・者実態調査」では約4,800人と推定されている。

【教育・指導の歴史】 近代的な視覚障害教育は1878（明治11）年の京都盲唖院，1880（明治13）年の楽善会訓盲院の設立に始まったが，当初は視覚障害児と聴覚障害児が混在していた。1923（大正12）年の「盲学校及聾唖学校令」により盲学校と聾学校が分離され，府県に盲・聾学校の設置が義務づけられた。また，戦後の学制改革によって盲学校教育は1948（昭和23）年より学年進行で義務制に移行した。

視覚障害教育では，盲学校の幼稚部から小・中学部，高等部，専攻科を経て三療（按摩・マッサージ，鍼，灸）や音楽等の特定の職種に就くのが主要な進路と伝統的に考えられてきた一面がある。しかし，近年では通常学校で教育を受ける視覚障害児が増え，さらに一般の大学・専門学校等への入学や，前述の職種以外での就職も目立つなど，教育・就労の場が多様化している。また，従来，両眼の矯正視力が0.1未満なら盲学校への就学とされ例外が認められないなど，就学基準が厳格であったが，2002（平成14）年の学校教育法施行令の改正で大きく見直され，制度的にも教育の場の多様化へと展開している。一方，盲学校では，昭和40年代後半以降，重複障害児の割合の増加が大きな問題となっており，障害の重度・重複化への対応が必要である。

以上のように，現在，児童生徒の状況や教育的ニーズは多種多様であり，柔軟に対応できる体制が必要である。特別支援教育との関連から，盲学校のセンター的機能等が話題を集めており，今後の展開に注目される。

【視覚障害と教育指導・査定】 視覚障害児教育では，視覚が利用できる場合はそれを活用し，また利用が困難であれば，他の感覚を活用していかに効果的な学習を進めるかという視点での指導や査定が必要である。以下では，弱視児，盲児，重複障害児の例を述べる。

(1) 弱視児の査定・指導

弱視では，個々の見えの状況に対応した視覚の活用や教育環境の検討が必要である。以下，中野泰志（1999）の論文を参考に教育的な視機能査定について述べる。

教育的な視機能査定は，医療の場で予防・発見や治療上の確認などのために厳密な検査方法や条件下で行われる視機能検査と異なり，それぞれの生活や学習の環境において，視機能をいかに活用できるかを査定の目的とする。査定の役割は，①潜在的な視機能の分析，②視環境による影響の分析，③課題達成に必要な視機能の分析の3点であり，代表的な査定項目として，視力，視野，まぶしさ，読書効率があげられる。

視力は，細かいものを見分ける機能である。C型のランドルト環を用いた視力検査が代表的で広く知られている。識別可能な最小の視対象の大きさと視距離により視力が定まる。この原理を教育に導入すると，例えば，視力がわかれ

ば，どの程度の大きさの文字や物体をどの程度の距離または拡大率で呈示すればよいかに応用できる。

視野は眼を静止した状態で同時に見える範囲を示す。視野の障害（視野狭窄，半盲，暗点など）のために見える範囲が限られる場合，例えば，街灯に相当するような大きくて明るい光を感じることができる範囲がわかれば歩行指導に役立つし，特定の大きさの文字がわかる範囲が明らかであれば，教材呈示に反映できる。なお，黄斑変性症のように，網膜の中心窩付近が障害を受けて中心暗点があると，文字や事物の細部が見えにくくなり，教育上大きな問題といえる。

まぶしさは，眼の光量調節機能の不全，光膜によるコントラスト感度の低下，光に対する網膜の感度低下などによって生じる。まぶしさが教育場面に及ぼす影響は少なくないが，本人にも明確に認識されない場合がある。まぶしさへの対応例として，眼球の中間透光体に混濁のある児童生徒等では，文字と紙の色を反転させた読み教材のほうが通常の読み教材より読書のパフォーマンスが高くなる効果（白黒反転効果）が知られている。また，読みたい行以外の紙面を反射の少ない黒いシートで覆うと紙面に反射して眼に入る光が妨げられ，読書パフォーマンスが高まる場合もある。

読書は学習を進めるうえで重要事項であるが，読書環境を整備するための検査法も研究が蓄積されている。現在，信頼性の高い読書検査表としてG.E.レッグらが開発したミネソタ読書視力チャート（MNREAD acuity chart）があり，東京女子大学の小田浩一によって日本語版も作成されている。

(2) 盲児の査定・指導

盲児の教育は，おもに視覚以外の感覚（触覚や聴覚）の活用が重要である。代表例として文字および図知覚について述べる。

❶文字：点字は縦3点横2列の計6つの凸点で構成されており，視覚の活用がむずかしい児童生徒の情報伝達手段として有用である。点字の指導は基礎段階の指導を経て，一般的に読みの学習が導入され，ある程度の触読ができるようになった段階で書きの学習が行われる。点字は表音文字で漢字の字形や字義を表記できないが，日本語の文章を正確に理解し表現していくために漢字・漢語の学習は必要といえる。近年，情報技術の革新と普及により，点字使用者が漢字かな混じり文に触れる機会も増えている。そのため，1989（平成元）年に告示された学習指導要領には，点字常用者に対する漢字・漢語の指導についての配慮が明記された。普通文字の一般的な知識，送り仮名などの基礎学習に加え，特に重要な漢字の字形や意味については触読教材などを十分に活用していく必要がある。

❷図知覚：図の理解には触知覚の学習を必要とする。触知覚は継時的，断片的，部分的な傾向が強く，複数の図形を組み合わせた複合図形の知覚がむずかしい。山縣浩（2005）は，児童生徒の複合図形の触覚パターン認識の特徴分析からその発達段階を示し，さらにパターン認識能力を高める訓練教材を用いて学習効果の転移を高めるための試みを報告している。

(3) 重複障害児の査定・指導

視覚に障害のある重複障害児においても，視覚が活用できればそれを適切に査定し教育に活用していく必要がある。R.P.エアハートは，1990年の著書において，重複障害児の視機能の査定表と，個別教育計画への応用例について報告した。また，片桐和雄らの1999年の著書では，刺激や働きかけに対する反応が乏しいとされる重症心身障害児を対象として，脳波などの生理的指標等を活用した視機能査定と教育への応用についてふれている。　　　　　（小林　巖）

［参］鳥居修晃編著『視覚障害と認知』放送大学教育振興会，1993．大川原潔ほか編『視力の弱い子どもの理解と支援』教育出版，1999．香川邦生編著『三訂版　視覚障害教育に携わる方のために』慶應義塾大学出版会，2005．

聴覚・言語障害児の指導と評価

→個別の指導計画の作成と評価

【歴史】 日本の聴覚障害児教育が組織的に始められたのは、1878（明治11）年の京都盲唖院創設からである。1923（大正12）年の「盲学校及聾唖学校令」により聾学校は盲学校と分離し、当時多かった私立学校の公立への移管がなされ、公教育化が推進されることになった。

大正の末には東京聾唖学校内に難聴学級が、1934（昭和9）年には東京市礫川尋常小学校の中に難聴学級が設置される等、障害の程度に応じた教育の試みが行われるが、その動きが全国に広がるのは戦後であった。

1880年のミラノの世界聾教育会議における口話法優位の議決の影響もあり、明治末期から昭和にかけてコミュニケーション方法は徐々に手話法から口話法中心へ移行していった。

戦後、1948（昭和23）年から聾学校への就学義務が実施され、1960年代に入ると早期より個別に補聴器を装用する聴覚口話法による教育が主流になった。1960年代後半から聾学校幼稚部や難聴幼児通園施設が全国に設置され始め、早期教育の体制が整うとともにインテグレーションする聴覚障害児の数が増加した（難聴学級の増加）。一方でインテグレーション教育の促進は、聾学校在籍児の減少と重度な聴覚障害児の割合を増すこととなった。現在は聴覚口話法だけでなく手話等の多様な手段を活用しながら、個に応じた指導の充実が求められている。

言語障害に関しては、1926（昭和元）年に東京市八名川尋常小学校に吃音学級が設置される等の取組みがあるが、全国に言語障害児学級が多く設置されるのは1970年代からである。1993（平成5）年には主として通常の学級で授業を受けながら、心身の障害の状態等に応じた特別な指導を特殊学級等で受ける教育の形態である通級による指導が実施された。近年、対象となる児童生徒の実態は、構音障害等の音声言語の障害だけでなく、コミュニケーションや読み書き等に何らかの困難をもつ者の割合が増加し、個別の指導計画が重要になってきている。

【聾学校の指導計画と査定】 1999（平成11）年3月に告示された学習指導要領の重要な改訂点に、自立活動や重複障害児に対する「個別の（教育）指導計画」（以下、「指導計画」とする）の導入がある。聾学校では、通常の教科指導においても「指導計画」を作成するところが増えてきている。

「指導計画」はおおむね以下の手順で作成される。年度始めに氏名や診断名のほか、生育歴、コミュニケーション状況等を記した「実態表」を作成し、そこに記した実態を踏まえつつ、保護者面接を行う。保護者の願いを適宜組み入れながら「指導計画」に反映させる。目標達成に1年以上を要する長期目標とその年度の中で達成可能な短期目標を定め、各教科・領域、自立活動ごとの「指導計画」を立てることになる。また、特別な教育的配慮が必要な児童生徒についてはケース会議をもち、問題に関する教員間の共通理解や校内体制づくり、校外の専門機関との連携、組織的な保護者への対応等が図られる。

指導の結果は、学期ごとの保護者面接や通知票に反映され、必要に応じて目標や手だての見直しを行うことになる。

「実態表」作成の過程では、標準聴力検査、語音聴取弁別検査、補聴器特性検査、発話明瞭度検査といった音声言語コミュニケーションにかかわる査定のほか、読書力検査、標準学力検査、そしてWISC、K-ABC等の知能検査やITPA等が用いられる。ただし、上記の知能検査や読書力検査は聴覚障害児用に標準化されたものではないので、実施にあたっての配慮（例えば文字や手話の併用）や複数の検査からの多面的な

解釈が求められる。

【聾学校の指導】 聾学校では，通常学校に準ずる教育を行っており，学級を単位とした教科指導の占める時間数が最も多い。教科の中では単元のもつ評価規準（各学校ごとに作成されている）を「指導計画」をもとに各児童生徒に再整理したものを指導目標とすることになる。したがって，同じ授業の中でa児に対する単元目標とb児に対する目標は必ずしも一致しないし，そこで必要とされる手だてや教育的配慮も異なるものとなる。また，自立活動では聴覚学習や手話，読み書き等言語・コミュニケーションに関する指導のほか，障害認識に関する指導等が「指導計画」に基づいて行われている。

2005（平成17）年度からは聾学校の全在籍児に対して「個別の教育支援計画」が作成されることになった。このことにより，乳幼児期から卒業後の姿まで見据えた指導やその時々で必要な連携がより重視されることになった。

【難聴言語通級指導教室の査定と指導計画】 通級児の多くは，通常の学級の学習や活動の中で何らかの困難が明確になり，そのため学年の途中から通級し始める。したがって円滑に指導を開始するためには，初期査定から指導プログラムの作成にかけての過程が重要である。

初回面接では，保護者との面接を通して主訴の整理を行うとともに，聴覚や言語にかかわるスクリーニング検査（言葉のテスト絵本等を用いて「理解・発音」能力の大まかな査定，自由会話（例えば「昨日の出来事」）での興味・関心や話の論理性の査定，保護者と子どもの関係を観察等）を実施する。

これらの初期査定に基づいて，必要な検査を取捨し精密査定を行う。用いられる精密査定としては，構音検査，吃音検査，標準聴力検査，読書力検査，WISC，K-ABC等の知能検査，ITPA，フロスティック視知覚検査等がある。また，通級指導教室に通う児童生徒は，多くの時間を通常の学級で過ごしており，そのことから心理的ストレスを覚えていることもある。そこで，描画検査等を用いてパーソナリティについての把握を行う場合もある。

これらの，精密査定の結果を踏まえて教室内でのケース会議を経て，通級の時間や頻度も含め指導の方針を決定し，保護者の了解のもと「指導計画」が作成されることになる。

【通級指導教室の指導】 通級による指導では個別指導が基本である。そこでの指導は，障害から生じる困難を改善・克服することを目的とした自立活動が中心であり，個々の障害に応じ発音練習や聴覚学習のほか，社会性を育てる学習（ソーシャルスキル・トレーニング）や遊戯療法等心理療法的な活動が取り入れられることもある。障害認識を意図した学習では同障害のグループ指導も行われている。

また，必要な場合に教科の内容の補充指導をあわせて行うものとされているが「授業時数は年間35単位時間から105単位時間までを標準とし，（中略）各教科の補充指導を行う場合は，おおむね合計年間280単位時間以内（学校教育法施行規則）」と規定されている。短い指導時間で教育効果を上げることが求められている。

【課題】 聾学校も通級指導教室も，障害に応じた高い専門性とともに，多様な教育的ニーズに応えることが求められる。特別支援教育の進展の中で，①指導者の専門性の確保，②手話の位置づけと日本語の獲得，③早期からの保護者支援の充実，④中等教育での通級教室の不足，⑤通常の学級の中での教育的支援方法の開発，等が課題としてあげられている。　　　（濱田豊彦）

[参] 全国特殊学校長会編『個別の教育支援計画』ジアース教育新社，2004．荒川早月『聾学校における個別の教育（指導）計画の作成と活用に関する調査・研究』東京都特殊教育派遣研修報告書，2003．小畑修一「我が国における聴覚障害者の言語教育の歴史」『リハビリテーション研究』50，1985．

重度・重複障害児の指導と評価

→肢体不自由児（運動障害児）の指導と評価

【歴史】 心身に重度の障害を複数合わせ有する子どもを，学校教育では，重度・重複障害児とよぶ。特に，重度運動障害を伴う重度・重複障害児では，生命や健康の維持管理を目的とする医療的ケアが不可欠な子どもが含まれる。1970年代までは，多くが就学猶予・免除の対象とされてきた。この間の医療技術の進歩で，外出や自宅生活の可能な者は格段に増加した。それに伴う形で，教育への要望もしだいに高まり，各地の養護学校および都道府県教育委員会による独自の教育活動や，国立久里浜養護学校における組織的な研究が進められた。その成果は，1979（昭和54）年における訪問教育制度の導入，および養護学校の義務制実施へとつながり，今日の義務教育制度が完成するにいたった。

近年では，気道処置や人工呼吸器による呼吸管理など，濃厚な医療介護を常時必要とする「超重症児」の増加が指摘されている。このこともあって，現在，学校全体の児童生徒数が減少する一方，重度・重複障害児の割合は相対的に増加している。肢体不自由養護学校では，7割を超える子どもが重複学級に在籍している。こうした，障害の重度・重複化への対応は，特別支援教育の重要な課題の1つであり，指導の充実が求められている。

【語義】 重度・重複障害は，重い障害のある子どもに対する教育的処遇を決定する必要から生まれた概念であり，学校教育上の用語であることに留意したい。したがって，定義には，まず，学校教育法施行令第22条の3に規定される障害種別（盲，聾，知的障害，肢体不自由，病弱）における重複があげられる（従前の重複障害）。それに加え，身辺自立や運動機能，社会生活に関する発達の著しい遅れと，問題行動を主とした行動面の著しい傾向をもつ者が含まれる。この規定により，すべての子どもが義務教育の対象として位置づくこととなった。

重度・重複障害と類似の用語に，重症心身障害がある。これは，児童福祉法を根拠とする福祉行政上の概念であり，重度の肢体不自由と重度の知的障害とによって規定される。

【重度・重複障害児の教育】 重度・重複障害児は，障害の内容と程度に大きな個人差があるため，個人の障害の状態や発達段階に応じた多様な教育のあり方が求められる。就学先については，重複障害の内容によって養護学校が決められる。通学が困難な子どもには，訪問による指導が可能である。学校隣接の入所施設内に訪問学級が設置されている場合と，病棟や家庭を教員が直接訪問する場合とがある。

教育課程は，個人の発達の状況を考慮して，弾力的に編成する。幼児期を超える発達段階にある子どもでは，合科・統合による授業を含む知的障害養護学校の教育課程を適用することができる。知的障害が最重度で，発達段階が乳幼児期に相当する子どもでは，教科学習によらず，自立活動を主とした教育課程が編成できる。教育課程編成上のこうした特例は，子どもの実態に応じた指導を可能にするためのものである。したがって，編成に際しては，個別の指導計画との関連を十分考慮し，指導形態や授業時数を適切に設定することが大切である。

【自立活動の指導】 自立活動は，盲学校，聾学校，養護学校に特別に設けられた指導領域である。学習指導要領（平成11年3月）において，従前の養護・訓練が改訂され，自立活動となった。自立活動の目的は，子どもが自立に向けて，障害に基づく種々の困難を改善・克服することを促すことにある。健康の保持，心理的な安定，環境の把握，身体の動き，コミュニケーションの5区分からなり，各々について，4〜5つの項目が示されている（次表）。各項目の文末が

「～に関すること」となっているのは、これらが、指導の内容そのものではなく、要素であることを意味している。指導の内容は、目標との関連で具体化される。

例として、YesとNoの表出を目標とした指導を考えよう。区分としては、おもにコミュニケーションに関連する内容であるが、音声言語の困難のため、代替手段の活用が必要であれば、身ぶりまたは機器による表出が指導内容となる。この場合、身体の動きとの関連も考慮して、随意運動の可能な部位を機能的に用いる指導が必要である。また、YesとNoは、働きかけの受容に基づく表出なので、環境の把握とも関連する。すなわち、感覚機能を考慮した刺激内容の設定や環境調整が、指導として必要である。さらに、意思伝達が促進されることで、対人関係の形成が図られるならば、この指導は、心理的な安定にも関連することが指摘できる。

このように自立活動では、目標達成のために必要な要素を選定し、それを相互に関連づけて、指導内容を具体化することが必要とされている。

【個別の指導計画】 学習指導要領は、「重複障害者の指導」と「自立活動の指導」とに、個別の指導計画の作成を義務づけている。自立活動を主とした指導がなされる重度・重複障害児では、教育課程が同じでも、指導の目標や内容、方法は個人間で大きく異なる。そのため、個別の指導計画の作成はきわめて重要である。

作成の手順について、重度・重複障害児では、指導内容と方法の設定が特にむずかしい場合がある。これは、働きかけに対する応答表出が不安定な傾向にあり、指導の手がかりとなる行動を特定しにくいためである。その場合には、指導仮説を立てることが有効な方法として指摘されている。指導経過で指導仮説の検証を行い、仮説の修正ないし新たな仮説の設定を行う。

なお、重度運動障害を伴う重度・重複障害児の応答表出は、姿勢、覚醒水準、健康状態、周囲の刺激など、さまざまな条件の影響を受けやすい。また、体温や心拍、血中酸素飽和度といった医療的管理のための情報が、その日の状態を判断するのに有効な場合もある。したがって、評価は指導内容との関連だけでなく、日々のこうした記録に照らして行うことも大切である。

(雲井未歓)

[参] 香川邦生・藤田和弘編『自立活動の指導』教育出版、2000. 片桐和雄・小池敏英・北島善夫『重症心身障害児の認知発達とその援助』北大路書房、1999.

表 自立活動の区分と内容

1 健康の保持
(1)生活のリズムや生活習慣の形成に関すること
(2)病気の状態の理解と生活管理に関すること
(3)損傷の状態の理解と養護に関すること
(4)健康状態の維持・改善に関すること

2 心理的な安定
(1)情緒の安定に関すること
(2)対人関係の形成の基礎に関すること
(3)状況の変化への適切な対応に関すること
(4)障害に基づく種々の困難を改善・克服する意欲の向上に関すること

3 環境の把握
(1)保有する感覚の活用に関すること
(2)感覚の補助および代行手段の活用に関すること
(3)感覚を総合的に活用した周囲の状況の把握に関すること
(4)認知や行動の手がかりとなる概念の形成に関すること

4 身体の動き
(1)姿勢と運動・動作の基本的技能に関すること
(2)姿勢保持と運動・動作の補助的手段の活用に関すること
(3)日常生活に必要な基本動作に関すること
(4)身体の移動能力に関すること
(5)作業の円滑な遂行に関すること

5 コミュニケーション
(1)コミュニケーションの基礎的能力に関すること
(2)言語の受容と表出に関すること
(3)言語の形成と活用に関すること
(4)コミュニケーション手段の選択と活用に関すること
(5)状況に応じたコミュニケーションに関すること

第10章
カリキュラム評価・学校評価

1 公教育の質保証と評価
2 学校経営・学級経営の評価
3 カリキュラム・授業の評価
4 教職員の評価
5 大学における評価
6 教育行政の評価

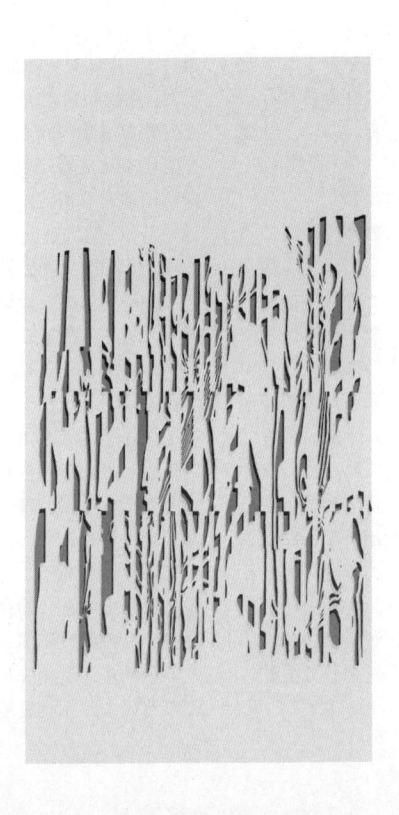

学校教育の公共性と評価

→学校評価の評価対象，学校設置者の評価

【語義】 学校はその設置形態と管理運営のあり方などによって，その「公共性」の定義が多様に存在する。学校教育の公共性が問題となるのは，歴史的にはまず近代国家の成立過程と軌を一にしている。近代公教育，すなわち社会的に共同的，共通的に行われる教育が，個人を基礎に置いて，各人の人格の完成をめざすのか，それとも社会や国家の一員として，社会や国家を形成する責任と権限を有する市民や国民の育成を重点的にめざすものであるかは，現在もなお明確に解決された問題とはいえない。

教育の公共性は公認，公営，公設と多様なレベルでその意味や意義が付与されている。まず，公認とは，教育活動の内容が公的機関や法律や規則などの公的基準によって，公共性を承認されたものである。公的機関の代表的なものは，学校の認証・評価機関から公共性を有する学校として認可されること，あるいは評価されることが基本となる。そのかぎりにおいては，経費が公費である必要はなく，実施主体も公共性を有する団体や組織である必要はない。

公営とは，公的性格をもった組織や機関における公人（公務員）が，全額もしくは相当額の公費で運営することによって，その公共性を担保している性格の活動をいう。全体の奉仕者である公務員が，個別の私的利害の保護を優先するのではなく，公益を確保する立場から組織運営する活動が基本的機能である。また，公費で営まれるということは，基本的には，その活動が計画的な活動であり，予算段階で経費を中心とした視点からの活動計画の査定がなされること，事後には会計監査などの公的審査があることが普通である。公営活動では，説明責任の本源的な意味である「会計責任」が実証され，金銭という最も具体的なデータを使用して活動の公共性が挙証される。

公設とは，公的組織が設置主体となり，公費によって必要な施設・設備などが提供されるので，設置主体それ自身の公共性からして，評価の必要性が自明のことである。

学校教育法は，第3条で「学校を設置しようとする者は，学校の種類に応じ，文部科学大臣の定める設備，編制その他に関する設置基準に従い，これを設置しなければならない」としている。すなわち，学校設置者は自らが管理する学校に対し，国家機関である文部科学省の省令の「小学校設置基準」と「中学校設置基準」に従って，「小学校の設置者は，小学校の編制，施設，設備等がこの省令で定める設置基準より低下した状態にならないようにすることはもとより，これらの水準の向上を図ることに努めなければならない」（第1条第3項）という教育水準の維持・向上に対する努力義務を課せられている。また，学校の自己評価などについて「小学校は，その教育水準の向上を図り，当該小学校の目的を実現するため，当該小学校の教育活動その他の学校運営の状況について自ら点検及び評価を行い，その結果を公表するよう努めるものとする。2 前項の点検及び評価を行うに当たっては，同項の趣旨に則し適切な項目を設定して行うものとする」（第2条）と定められており，さらに「小学校は，当該小学校の教育活動その他の学校運営の状況について，保護者等に対して積極的に情報を提供するものとする」（第3条）と規定している（中学校も同様な規定）。

そもそも学校とは，公認，公設，公営などの規定を付与されている機関である。国立学校や公立学校はもちろんのこと，私立学校の場合も，学校としての社会的存在を「公認」されており，私立学校の教員に関しては，その資格制度に関する公的基準（免許状制度）を遵守していることなどにより，制度的に公共性が担保されてい

る。さらに教育の内実に関しても，各学校での教育課程，教育内容や教育方法，学習や生活状況に関する評価制度，その蓄積としての卒業（修了）資格等に関して，一定の公共性が付与されている。したがって，学校教育の公共性に関する評価は，学校設置者それ自身の公共性の評価をまず基本として設定し，そのあとに，それぞれの学校の教育内容，教育活動などの機能面での公共性の確認を，その濃淡に即して評価システムを開発することが肝要である。

【特徴と課題】　学校の公共性を評価する目的は，第1に法令等に定める使命を遂行しているかどうかを確認するためである。すなわち，憲法や教育基本法，その他の教育関係法規に定められた義務が保証され，関係者の権利が保護され，規定に従ってそれらの内容が適正に履行されているかどうかを確認し，民主主義的な手順で明確に示し，公教育の量と質の両面での保証を担保することである。つまり，公的機関の活動に関する法定義務の履行とコンプライアンス（法令遵守）を明確に示すために行うものである。

第2には，法的義務の履行を確認したうえで，教育活動本来の任務が履行されているかどうか，しかもできるだけ効果的に保証されているかどうかを確認するためである。すなわち，教育活動の内容に即して，最も高い価値の実現に向けて，組織も成員も全力を尽くしていることを証明するためである。日本国憲法第15条に規定するように，「すべて公務員は，全体の奉仕者であって，一部の奉仕者ではない」がゆえに，「法律に定める学校の教員は，全体の奉仕者であって，自己の使命を自覚し，その職責の遂行に努めなければならない」（教育基本法第6条第2項）と定めている。このように教育基本法では，「法律の定める学校の教員」となっているので，非公務員の私立学校教員においてもこの規定は適用される。したがって，国公私立の別なく，学校で教育をする以上，その教育活動は公共性を有すると考えるべきで，それに対する評価も，それぞれの学校の性格に即して，適正な公共性が保証されているという評価がなされなければならない。しかもそれは，全力をあげて個人も学校組織も行わなければならない業務であり，可能なかぎり効率的，効果的に保証されなければならない。なぜなら，学校とその所属職員は，教育という公共性の高い活動を行っているのであり，経費だけでなく，教育内容に関しても，最善の方法で最大の価値が実現できるように保証しなければならないからである。学校に対しては，その活動が最良の方法で，最善の価値を創造し，関係する人の最高の幸福感を満たすものであることが求められる。その点についての評価の必要が学校と教育行政に求められている。学校評価は，少なくともそれを国民に示す最適な手法の1つと考えられる。

第3には，より高い次元での評価を考えれば，学校教育活動を通じて，関係する人間，特に教職員が職能成長できており，学校自身が学習する組織へと進化しているかどうかを評価することである。学校に限らず，組織の評価が一過性のもので終わってはならない。持続的，発展的な評価活動になる必要があり，学校の組織マネジメントと結びついて，不断に進化する評価になることが重要である。

【観点と評価指標】　実際の評価活動に際しては，観点と評価指標が問題となる。どのような評価観点を設定し，何を使用して評価するのか，その際に活用される評価のデータは具体的に何か，それらはどのように収集されるべきかなどを，きめ細かく策定し，公表することが求められる。評価観点では，目に見えやすい学力データや出欠状況などのような量的データだけでなく，どのような活動を行っているのかというプロセス評価，関係者の意識や満足度，さらには児童生徒，教職員の学習と成長の状況，学校と保護者や地域との連携の状況などをも，多面的な使用を戦略的に配置して，バランスよく評価指標を構造化しなければならない。　　　　（小松郁夫）

説明責任と学校評価

→保護者・地域住民による評価，学校の内部評価と外部評価

【語義】 説明責任（アカンウンタビリティ：accountability）とは，企業や政府など社会に影響力を及ぼす組織が，株主や従業員といった直接的関係をもつものだけでなく，消費者，取引業者，銀行，地域住民など，間接的かかわりをももつすべての人・組織（ステークホルダー：stakeholder，利害関係者）に，その活動予定，内容，結果等の報告をする必要があるとする考えである。元来はアメリカで1960～70年代に，政府のような公共機関が税金の出資者でかつ主権者である国民などに会計上の公金の使用説明について生まれた考え方である。のちに公共機関のみならず，株式会社が，出資者で株式所有者である株主に対し資産の使途について説明するように拡大された。

教育界では，英米などで1970年代後半から，一般行政学での考えを発展させて，「学校のアカウンタビリティ」研究が盛んになった。アメリカでは，もっぱら教育行政機関の教育予算や各学校の学校予算の費用対効果（特に学力調査の結果）の視点から責任論が展開されたのに対し，イギリスでは，教育課程の状況，授業の内容などを含む定量的および定性的な評価内容を含んだものとして考察された。

【意義と特徴】 国や地方自治体，学校における教育費が膨張し，多額の財政赤字をかかえるようになったので，国民（納税者）の間から公費支出に関する厳しい見方が広がった経緯がある。公教育に投資されている公費は多額にもかかわらず，その成果の検証が困難であり，最適な投資額が算定しにくいので，どのようにその事業を説明し，関係者に納得してもらうのかは，非常にむずかしい作業である。そこで考えられたのが，定量的な評価と定性的評価の併用である。例えば企業活動の評価では，①定量的な財務諸表による評価だけでなく，②活動プロセスの評価，③株主，顧客，従業員など関係者の満足度，④組織と関係者の職能成長や学習，といった多面的評価をするバランス・スコアカードを活用した評価手法の開発なども進んでいる。

【学校評価の課題】 説明責任として毎時間の授業の内容やその成果までが問われ，授業のねらい，めざす学力が評価されるようになった。従来の教師は，子どもにいかに力をつけるかに関心がいってしまい，学力向上策の説明を具体的に保護者にしていない場合が多い。

学校経営においても，新しい教育評価についての説明とそれによる評価の方法や内容，学級経営など担任の指導のあり方，学校としての組織的な生徒指導や進路指導等の体制についてわかりやすく具体的に説明し，それによって保護者の要求や疑問・クレームに対する説明責任を的確に果たすことが強く求められる時代になってきた。さらに，学校としてのミッション（役割，使命）を明確に掲げ，どのような児童生徒を育てようとしているのかを明示し，その実現のための中・長期的な学校経営計画を作成することが求められている。そのためにはPDCAのマネジメントサイクルを確立し，継続的，発展的に学校評価を推進することが重要である。

保護者や地域住民などの外部評価を外圧ととらえず，学校改革へ積極的に活用することが重要である。また，説明責任と学校評価は，新しい公教育システムの展開にとって，大きな課題である。最終的には，学校の自己評価を基礎としながらも，児童生徒や保護者，地域住民による外部評価のほかに，専門的見地からの第三者評価のシステムを開発し，最適な学校改善計画を実践化することが欠かせない。（小松郁夫）

[参] 碓氷悟史『アカウンタビリティ入門』中央経済社，2001．小島宏『学校の外部評価と説明責任』明治図書，2004．

学校設置者の評価

→学校の内部評価と外部評価

【語義】 学校教育法第5条は「学校の設置者は、その設置する学校を管理し、法令に特別の定めのある場合を除いては、その学校の経費を負担する」と規定し、設置者管理主義を法定している。また、同法第3条で「学校を設置しようとする者は、学校の種類に応じ、文部科学大臣の定める設備、編制その他に関する設置基準に従い、これを設置しなければならない」としている。すなわち、自らが管理する学校に対し、文部科学省令の「小学校設置基準」と「中学校設置基準」に従って、「小学校の設置者は、小学校の編制、施設、設備等がこの省令で定める設置基準より低下した状態にならないようにすることはもとより、これらの水準の向上を図ることに努めなければならない」(第1条第3項)という教育水準の維持・向上に対する努力義務を課せられている。また、学校の自己評価などについて「小学校は、その教育水準の向上を図り、当該小学校の目的を実現するため、当該小学校の教育活動その他の学校運営の状況について自ら点検及び評価を行い、その結果を公表するよう努めるものとする。2 前項の点検及び評価を行うに当たっては、同項の趣旨に則し適切な項目を設定して行うものとする」(第2条)と定められており、さらに「小学校は、当該小学校の教育活動その他の学校運営の状況について、保護者等に対して積極的に情報を提供するものとする」(第3条)と規定している（中学校も同様）。

【特徴と課題】 学校の設置者である各地方公共団体は、自らが設置し管理する各学校に特色ある教育活動の展開を奨励しながら、その成果を評価するシステムの開発に取り組んでいる。具体的には、設置者が掲げている各自治体の中・長期的な教育計画との関連性、学校裁量予算の執行などの特色づくり政策に関する対応、学力調査の結果と学校ごとの対策など、現場主導型の改善活動を奨励しつつ自治体内での教育の成果全体をマネジメントするという観点で評価を行っている。東京都教育委員会の都立学校に対する学校経営診断の施策が代表的なものである。

設置者による学校評価において、最も重要なのは、設置者自身が策定する教育委員会としての中・長期的な教育計画や教育政策ビジョン的なものとの整合性である。近年、各地方自治体は、街づくり構想のようなものを策定している。その中に教育ビジョンを含むことが多いので、自治体―教育委員会―学校、という流れの中で、それらのビジョンがどのように具体化されようとしているのかの評価を行うこととなる。

第2に、教職員人事政策との整合性が課題となる。学校の成果は教職員しだいで左右されるといわれることが多い。そのように考えると、学校に対する評価は人事考課制度のあり方、指導力不足教員対策、逆に優秀教員表彰制度の創設や運用、人事異動方針の基本的戦略や手法などと密接に結びついてくる。どのような方針のもとに教員採用や研修、人事異動、管理職登用などを行っているのかと関連して、その政策の適否を検討し、評価することが重要である。

第3には、設置者と学校との指導・助言関係の評価がある。いわば、両者の関係のプロセス評価に相当する。地方分権、学校の自律的・自主的経営が求められるようになってきた今日、当該学校の責任はますます重要になってきているが、限られた資源を活用して、学校を支援する設置者の責任も大きい。

第4に、何をもって評価するかという課題がある。定量的評価手法としては、学力調査データや出欠状況などのデータもあるが、学校がめざしている教育活動はそれにとどまらない。多面的な評価指標を使用し、教育機関の評価にふさわしい手法を開発すべきである。（小松郁夫）

認証評価制度

【語義】 中央教育審議会答申「大学の質の保証に係る新たなシステムの構築について」(2002〈平成14〉年8月）において，新たな第三者評価制度として推奨され，同年の学校教育法改正をうけ，2004（平成16）年度より実施されている高等教育を対象とした評価制度。同答申は認証評価制度を，「大学の教育研究活動等の状況について，さまざまな第三者評価機関のうち国の認証を受けた機関（認証評価機関）が，自ら定める評価の基準に基づき大学を定期的に評価し，その基準を満たすものかどうかについて社会に向けて明らかにすることにより，社会による評価を受けるとともに，評価結果を踏まえて大学が自ら改善を図ることを促す制度」と定義している。

【背景と意義】 現代につながる大学は，知的活動を行う教員や学生の同業組合（ギルド）として中世ヨーロッパに成立した大学（ウニベルシタス）を直接の起源としている。大学にとって，一定の学問を修めた者に学位を授与したり，教授資格を与える権利を有することは，自らの自治権を示す権力の象徴にほかならない。しかしながら，大学の存立と学位授与行為は，例えば英国の場合，国王が大学に授ける憲章（チャーター）に基づくなど，一般に世俗の国家・領邦の保護下に置かれてきた。日本の大学は，慶應義塾など，その起源を明治維新以降の近代国家成立以前に求めることができるものもあるが，中世ヨーロッパ大学的な意味でのギルドとしての自治権や学位の制度を明示的に有していたわけではない。近代大学として成立した東京大学は，その学位授与権を，発足当初から国家権力によって担保されており，これは戦前の帝国大学令（1886〈明治19〉），大学令（1918〈大正7〉）を通じて，変わることはない。1945（昭和20）年から1951（昭和26）年の間，日本は米国を中心とした連合軍の支配下にあり，このもとで米国の大学・高等教育機関の協会による会員資格認定の制度として発展していたアクレディテーション（信用creditの付与）の制度をモデルとして，1947（昭和22）年に非政府組織としての大学基準協会が発足し「大学基準」を定め，これが新制大学の設立の根拠とされた。これに対し，主権を回復した日本政府は，1956（昭和31）年に文部省令により「大学設置基準」を定め，その後は戦前と同様，大学の存立と学位授与権は，国家の法と権力によって担保されることになった。同時に，大学基準協会も大学基準による「適格判定」を開始した。しかしながら，20世紀後半に相次いだアジア・アフリカ諸国の独立と，通信手段や知識社会を背景とした大学の国際展開のなかで，大学の本籍地と実際の教育展開の不一致が生じ，なかにはこれを利用した質を伴わない学位授与や教育展開（ディグリー・ミル）も生じた。さらに，有力大学連合がシンガポールに事業所を置いて展開するウニベルシタス21グローバルというオンラインの教育プログラムが，実質的にこの連合により運営される自前のアクレディテーション機関の登録先をチャネル諸島とし，事務所は米国に置くなど，従来の近代国家と大学との学位授与や存立をめぐる権力関係を逸脱した事例が生み出された。これらに対する対応措置，そして，欧州におけるボローニャ宣言に基づく学位の標準化のための各国の質保証強化の流れのなかで，より国家が関与した形での定期的な質保証としてのアクレディテーションが欧州を中心に世界に広がっている。日本の「認証評価」は，国内的には大学の存立の権限を国家が設置認可を機軸として掌握しながら，対外的には事実上アクレディテーションとしての機能を果たすという意義をもつ。

（米澤彰純）

学校改善のための評価

→カリキュラムマネジメント

【語義】 学校改善は，1982年から4年間をかけて日本も参加してきたOECD/CERIによる「学校改善に関する国際共同研究」（ISIP：International School Improvement Project）から国際的な広がりの中で，普及してきた用語である。この共同研究では，学校改善を「1つあるいは複数の学校において，教育目標をより効果的に達成するという究極的なねらいに基づいて，教授─学習過程とそれにかかわる内部条件における変化を求めた体系的，継続的な努力」であると定義した。この定義は，日本では学校経営やカリキュラムマネジメントに近い概念である。今日では，研究的にも，実践的にも多義性を帯びたものとして一般化され，論者によって意味しているものが異なっている。したがって，「学校改善のための評価」といっても，その意義や目的，対象，領域（範囲）によって，評価の手法なども多様となることは否めず，一義的な定義はむずかしくなっている。

【課題】 日本の学校改善が多義性をもち，したがってそのための評価も多義性を帯びているとはいえ，学校改善が学校教育の一部領域の「教育革新」や，より広範囲での抜本的な制度改革としての「教育改革」とは異なることもしだいに明確となった。本来の学校改善活動は，「各学校」における継続的な改善であり，しかもその中心に，当該校としての問題解決をベースにおいたカリキュラムマネジメントが位置づけられている。こうした内容で改善活動を行うのが学校改善の本来の姿であることから，ISIPでは，体系的な改善活動の第一歩として，診断的要素を含めた評価研究とその実践を重視してきた。これが学校改善のための「学校を基礎にした評価（SBR：school based review）活動」であり，各国はこの枠組を共通化させて，共同研究に取り組んできた。なお，日本は，同じISIPでも，このSBRのグループに参加したわけではなく，改善を促進するための校長，および教職員による内的支援づくりの研究グループ（第2領域部会）と外部支援研究グループ（第3領域部会）へ参加してきた。

SBRでは，評価の枠組を，評価のねらい（開発─責任），評価主体（学校内─学校外），評価の領域（学校全体─各領域）に体系化し，それぞれについて，これらのうちの複数の組合せから，問題解決による改善を図るというモデルを提示した。そのうえで，各国は独自に選択して国別研究に当たるというアプローチをとった。これらの研究成果についてはすでに報告されてきたが，国としての政策レベル，各学校においての評価のスキルレベルで，成果が異なり，多くの課題を残した。

日本への示唆としては，SBRの成果から「学校の自己点検・評価」に焦点を当ててまとめるとすると，①評価のねらいをカリキュラム等の開発や組織開発等（改善）に置くのか，責任性（アカウンタビリティ）をとることに置くのかを明確にし，改善と外部評価による責任性とを結びつけること，②学校改善の対象・領域を明確にし，S（評価）─P（計画）─D（実施）の発想から，改善と評価を計画的かつ形成的に結びつけることによって，改善の継続性を確保すること，③欧米の評価基準に伝統的にみられる学校改善を規定する内的要因としての学校文化・風土の評価を，学校改善研究，実践において位置づけることなどが指摘されよう。

（中留武昭）

[参] 中留武昭「外国における学校経営診断方式の動向」高野桂一編『実践学校経営診断─学校改革・改善と経営診断』ぎょうせい，1988．中留武昭『学校経営の改革戦略─日米の比較経営文化論』玉川大学出版部，2001．

組織マネジメント

→マネジメントサイクル(PDCA), カリキュラム開発・改善, 管理職のリーダーシップの評価

【語義】 一人では果たせない結果を達成するために, 環境とうまく折り合いをつけながら, 組織内外の資源や能力を統合, 開発し, 複数の人々による活動を調整する一人ないしはそれ以上の人々の活動と過程のことである。

従来, 学校経営といわれてきたもののなかで, 環境との相互作用, 計画(Plan)—実施(Do)—評価(Check)—更新(Action)のマネジメントサイクル, とりわけ次の一手 (action) や, その過程を円滑化するスキルやストラテジー (戦略), そしてこれらのあり方を基本的に方向づけるミッション (職責や使命) とビジョン (めざすところ) を強調する考え方と実際の手法である。

【経緯】 たび重なる事件や問題の発生を背景に, 教育改革国民会議は2000 (平成12) 年, 「学校に組織マネジメントの発想を導入し, 校長が独自性とリーダーシップを発揮できるようにする」ことを提言した。また2002 (平成14) 年の中央教育審議会答申でも, 「教員個々の力量の発揮や学校の取り組みは, 校長のマネジメント能力等の力量の表れでもあり」と指摘されるなど, 組織としての学校あるいは管理職のマネジメント能力の形成と向上の必要性が指摘されてきた。いずれの提言にも, 学校の自浄能力に対する強い不信感が根底にあるといえる。

これらの厳しい提言を背景に, 2002年6月, 文部科学省は「マネジメント研修カリキュラム等開発会議」を設置し, 学校組織マネジメント研修についてのカリキュラム開発を付託してきた。同会議では, 2002年度に管理職版を試作し, それをもとに鳥取県など7県市の協力を得て試行を重ね, 2003 (平成15) 年5月, 『組織マネジメント研修 (平成15年度版)』と題するカリキュラムとテキストをまとめて公表した。

同会議では, このテキストの好評に力を得て

その後も改訂を重ね, 2004 (平成16) 年3月, DVD版副教材の作成に合わせて『学校組織マネジメント研修—これからの校長・教頭等のために—』と改題して公表, つづいて翌年2月には, 教職員版, 学校事務職版を開発・公表した。

こうしたテキストやカリキュラムが各地の教職員研修で採用され, 「組織マネジメント」の用語と考え方が教育界にも浸透してきている。

【意義】 学校も「社会的組織」である。社会的組織の特性の1つは, 外部の環境と結びついている (オープン・システム) ことであり, 同時に, 内部にもまた構成員によって人為的につくり出される環境を有していることである。したがって, この内外環境のあり方が, 一般に組織の形と動きを規定する。学校もまた組織であるといわれてきたが, 「組織」になっていないのが実態である。そこで組織マネジメントでは, 学校が「組織」になっていくという指向性を重視するし, そのために駆使すべき手法や果たすべき役割に着目する。

ただし, 学校は「教育制度」でもある。制度の特性の1つは, 内容改変の不当な圧力がかからないように成文法や慣習法などによって庇護され, 変わりにくいことである。しかも, 公教育の場合, 一層厳しい行政基準が被せられており, きわめて変化しにくい特性を有している。しかし, 実際には内外環境の変化にさらされ, 種々の不適応問題が発生してきている。

このような問題の深刻化に伴って, 近年, 規制緩和や地方分権の動きが加速し, 学校裁量幅も大きくなってきた。そのため, 実質的にも学校を変化させうる条件が整いつつある。

一般に, 組織体 (生物) は, 環境との相互作用を展開して, 自らのありようを組み替え進化・発達を遂げていく。それが環境変化に追いつ

かなければ、絶滅していく。いま学校も、その危機的な局面を迎え危機管理能力が問われているのである。この局面を乗り越えていくには、学校もまた内外環境を的確に把握し、自らのありようを適応させていく必要がある。

それには、変化する環境の中で生き残る技術を駆使することである。その技術が「組織マネジメント」である。そして教職員が学校組織マネジメントを通じて、危機感、問題とその状況、方略と対策を共有し、事態に立ち向かっていくことが必要なのである。

【基本的な考え方】 第1に、ミッションを明確にすることである。個々の学校の自律性や特色づくりが課題とされてきている。しかし、公教育を担う学校は、果たすべき役割や責任がある。そうした役割や責任は、個々の学校の置かれた状況によって、具体的に、だれに、何を、いかにすることなのかは異なってくる。そこで、これまで「全国共通の学校という発想」から当然視してきた事柄を、置かれた内外環境に照らして、とらえ直していく発想が期待される。

第2に、達成感を引き出すことである。ともすると学校ではひたすらいま以上の向上をめざして努力し続けるしかない目標（向上目標）を掲げがちである。それでは、いつまでたっても達成感が得られずに疲れていく。その徒労感を回避するには、達成目標をもとに、取組みの具体化や明確化を図っていくことが必要である。

第3に、取組みの重点化を図ることである。達成目標を定めるには、当然に、自校の「耐力」を診断して達成可能な取組みを引き出してこなければならない。したがって、中・長期的な見通しのもとで、どこから着手するのかの優先順位を決めることが必要となる。

第4に、外部資源に眼を向けることである。少子化の影響を被って、学校は小規模化したり職員構成に不均衡が生じたりして、内部資源には種々の限界や不十分さがみられる。他方、外部環境は、学校を支援する空気が生まれその機会が広がっている。そこで、学校の重点課題を効果的に達成するには、そうした外部資源に眼を向け、それらを活用することが有効である。

第5に、同僚性を強化することである。学校内部の人間関係に眼を向けると、それぞれが孤立していたり相互不干渉であったりする。これでは、学校組織のよさであるはずの対等な同僚関係がかえって災いし、専門や立場・役割が固定化して問題をかかえ込み、さまざまな人々が寄り集まっていることのよさが発揮されにくくなっている。だからこそ、互いに専門的な考えを表明し、活発な意見交流や相互批判ができるようにしていく工夫が重要なのである。

第6に、プラス思考を促すことである。長所を足がかりにして、そのよさを生かす方向で取組みを進めながら効力感を高めつつ、やがて蓄えられた元気や勇気をバネにして、マイナスにも立ち向かっていくという順序が、意欲や努力を長続きさせる。そのためにも、まずは長所に眼が向くようにしていくこと、そして、弱みや脅威についても、それをそのままマイナスととらえるのではなく、プラスに転じる見方や考え方を探っていくことが必要である。

そして第7に、巻き込みを展開することである。一斉に一律に動き出そうとすると、人々の足並みをそろえるのが相当むずかしくなる。したがって、できるところから、できるときに、できる人が少しずつ動き始めることが肝要であり、しだいにその動きに周囲の人々を巻き込んでいくという方法が有効である。そのためにも、チームを組み、試行錯誤を重ねて、いまの状況に変化を生み出す工夫が必要となる。

そして、こうした発想をしてから学校が協働性を高めていくことが期待される。（木岡一明）

[参] 木岡一明編『これからの学校と組織マネジメント』教育開発研究所，2003．木岡一明『新しい学校評価と組織マネジメント』第一法規出版，2003．木岡一明『「学校組織マネジメント」研修』教育開発研究所，2004．

マネジメントサイクル（PDCA）

→組織マネジメント，カリキュラム開発・改善，管理職のリーダーシップの評価

【語義】 経営過程を要素分析して引き出された種々の経営機能（例えば計画機能や評価機能）について，それらを行う順序で並べ，経営過程を各機能が循環する過程として示したものを指す。言い換えると，組織を経営機能の循環システムとする考え方に依拠する見方である。

この見方によれば，目標を立てれば，その目標を達成するための計画が必要になり，その計画は，「いつまでに，だれが，何を，どこで，いかに」行うのかの見通しと流れを備えたものであるから，時系列に即した計画実施プロセスを描くことができ，組織には必ずそうしたプロセスが見いだせる。しかも，最後には目標を達成できたかの点検・評価が不可欠であり，そのいかんによって次の計画が異なってくるので，再び同じサイクルが螺旋的に展開されていく。そのサイクルは，1年という単年度でも当てはまるし，学期や週，日という短い期間でも，3年とか5年とかの長期間にも当てはまる。

学校経営過程に即していうならば，学校の目標設定・教育課程の編成を中心とする学校運営の基本方針の確立・基本的計画の策定の段階，その方針・計画に基づく組織活動（経営活動と教育活動）の展開の段階，そしてその活動の結果（経営目的と教育目的の実現度）を測定・評価し，問題点や更新点を発見して改善策を樹立していく段階，という時系列に即したサイクルとして理解される。

【歴史】 こうした考え方は，フランスの実業家・経営学者H.フェイヨルが礎石を築いた（主著『産業および一般の管理』1916，『公共精神の鼓舞』1917）。彼は，経営過程を，計画，組織，命令，調整，統制の5つに分けた。

その後さらに彼の後継者「経営過程学派」によって深められ，L.H.ギューリックが，Planning（計画），Organizing（組織化），Staffing（人員配置），Directing（指揮），Co-ordinating（調整），Reporting（報告），Budgeting（予算）のイニシャルをとって命名したポスドコルブ（POSDCoRB）説（1937年に発表）を生み出した。それを受けて教育行政過程の科学化を主張し，「学校調査運動」に参画して実証的な研究方法論の基礎を築いたアメリカの教育行政学者J.B.シアーズ（主著"School Survey"1925）が，計画・組織・指示・調整・統制の諸機能に，法・知識・習慣・パーソナリティの諸力が働きかけて経営過程を生み出すという考え方を提起した。

そして，近年まで，より簡略に，計画（Plan）―実施（Do）―評価（See）がマネジメントサイクルとして広く定式化されてきた。しかし，評価が次の計画に生かされていない実態が問題とされ，最近では，点検・評価（Check）から新たな取組み（Action）を引き出すことを強調して，PDCAをマネジメントサイクルの一般型として示すことが多い。

【展開】 このマネジメントサイクルを前提にした経営管理論が，アメリカの経営学者P.F.ドラッカーによって初めて提唱された目標管理論である（『現代の経営』1954）。目標管理論とは，組織の構成員の行動目標と組織全体の目標との統合を指向し，上司による指導や援助と本人の自己規制に基づいて，目標達成を果たしていく管理方式である。今日では，目標管理の考え方に立った組織マネジメント論を基礎に，学校評価システムや教員評価システムへの適用が図られてきている。 　　　　　（木岡一明）

[参] 伊藤和衛『学校経営の近代化入門』明治図書，1963. 堀内孜『学校経営の機能と構造』明治図書，1985. 木岡一明『学校評価の「問題」を読み解く』教育出版，2004.

ベンチマーキング

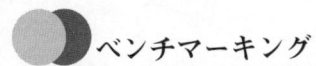

→説明責任と学校評価，学校の内部評価と外部評価

【語義】 組織が改善活動を行うときに，業界を越えて世界で最も優れた方法あるいはプロセスを実行している組織から，その実践方法を学び，自社に適した形で導入して大きな改善に結びつけるための一連の活動をいう。

【経緯】 1989年に米国ゼロックス社がマルコム・ボルドリッジ全米品質賞を受賞したことで注目されるようになった。教育機関の経営改善としては，英国のビーコン・スクール（灯台学校）指定による学校改善をめざす模範事例と他校への指導助言活動などがある。

【基本的考え方】 対象とする業務のベストプラクティスを探し出し，自分の組織と比較して差異をはっきりさせ，そのギャップを埋めるように，自分の組織の業務プロセスを改善していく手法である。企業を例とすると，自社の現状分析→対象業務プロセスの選定→対象企業の選定→対象企業の情報収集→情報分析→改善目標の設定と計画書の作成→業務プロセスの改善→チェックと評価，という流れが想定されている。その過程では，自らの強みと弱みを分析し，現状の競争力を正確に評価することが重要である。そのうえで，弱みを改善するか，それとも強みをより強化するかの方針を決定し，最も効果的な業務プロセスを選定する。

【期待される効果】 一般には次のような導入効果が期待されている。①業務プロセス改善による経営品質の向上，②変革のスピードアップが可能，③より高い目標を設定できる，④関連部門の合意を得やすい，⑤関係者の意識改革につながる，などである。重要なのは，特定の分野や業務の改善だけをめざすのではなく，あくまで組織全体の改善をめざすことであり，そのためにも業務プロセスを部門横断的に見直すことが肝心である。継続的で発展的な見直しを心がけることも重要である。

（小松郁夫）

TQC，TQM

→説明責任と学校評価，学校経営の自己点検・自己評価

【語義】 TQC（total quality control），TQM（total quality management）は，元来，製造業において，製造工程のみならず，設計・調達・販売・マーケティング・アフターサービスといった各部門が連携をとって，統一的な目標のもとに行う品質管理活動のことである。JIS（日本工業規格）用語では，TQCを「品質管理を効果的に実施するためには，市場の調査，研究・開発・製品の企画，設計，生産準備，購買・外注，製造，検査，販売およびアフターサービスならびに財務，人事，教育など企業活動の全段階にわたり経営者をはじめ管理者，監督者，作業者などの企業の全員の参加と協力が必要である。このようにして実施される品質管理を全社的品質管理（CWQC：company-wide quality control），または総合的品質管理（TQC：total quality control）という」と定義している。これに対し，TQMは全社的品質管理手法TQCを基盤として，さらにその考え方を業務や経営へと発展させた管理手法のことを指す。

【特徴】 TQCは現場主導型の改善活動であり，TQMは会社全体をマネジメントするトップダウンで実施される品質管理型である。TQMは最上位の経営戦略から顧客満足度向上，品質管理へとブレイクダウンしていくマネジメント手法を採用しており，「経営品質」の向上がテーマとなる。特に顧客満足度の概念は，多様化や個別化をし，たえず流動する顧客ニーズへの対応をめざしたものだけに，経営改革として大きな変化をもたらした。TQMは経営的なマクロな視点で品質管理活動を文書化や明確化し，徹底させるというマネジメントに重点を置く。ただし，TQMは基本的には従来のTQCの概念・方法論を継承したものといえる。教育への応用では三重県教育委員会の学校経営品質の施策が代表的なものである。

（小松郁夫）

学校教育評価

【経緯と現状】 学校とは一定の年齢層を対象として，一定期間にわたって組織的に教育を行う機関を指すが，そこで展開されている教育活動がどの程度の成果を生み出しているのか，またその運営に投入された財貨に見合う成果を上げているのか否かを問うことは正当な考え方である。すでに学校評価は，1960年代から民間企業における経営の近代化・合理化の手法を教育界に導入するという形式で始められてきた。しかし個々の学校が自主性をもち，経営的な努力を行うことの結果として評価が課題となるのであり，このような土壌が形成されていなかった当時においては，学校評価は定着しなかった。

しかしながらここ10年余の「規制緩和」や「地方分権」の流れの中で，地方の独自性や学校の自律性が追求されるようになったことに加え，悪化する国や地方の財政状況に対応するため行政改革の必要性が提起され，また教育界にあっても税金の流れや経理状況を関係者・納税者に説明する責任（アカウンタビリティ）がしだいに自覚されるようになってきた。

1998（平成10）年の中教審答申において「学校の自主性・自律性の確立」と「特色ある学校づくり」が提言された。また学校選択を視野に入れながら「（学校の）評価制度を導入し，評価結果は親と地域と共有し，学校改善につなげる」（2000〈平成12〉年，教育改革国民会議報告）ことも提唱されるようになった。学校が信頼される存在となるためには，そこにおける教育の質を確保し，それを保護者や住民に提示していくことが重要である。そのため学校教育の実態を評価の対象としてこれを実行に移していくことは理にかなっているといえよう。

2002（平成14）年3月に制定された小学校設置基準において「小学校はその教育水準の向上を図り，当該小学校の目的を実現するため，当該小学校の教育活動その他の学校運営の状況について自ら点検及び評価を行い，その結果を公表するよう努めるものとする」（第2条）またそこで得られた評価結果等については「保護者等に対して積極的に情報を提供」（第3条）することを求め，保護者が当該校の現況を的確に把握できる仕組みを定めている。このような規定は幼稚園，中学校および高等学校の設置基準にもみられることから，国の施策として一般的に要請されてきているとみなしてよい。

このような諸規定を踏まえて実施された文部科学省の調査によれば，2003（平成15）年度中に公立小学校の98.5％，同中学校の98.4％で学校評価が実施され，また公立学校全体の94.6％に当たる4.1万校余ですでに実施されている（文部科学省，2004年1月発表）。

【学校評価の領域】 学校評価の領域は，学校の機能と表裏の関係にある。第1に，学校で行われる学習活動にかかわる領域である。カリキュラム，学習指導，教員の配置とその指導力，児童生徒の力量形成と満足度，学校行事や教科外学習の諸活動等が含まれる。第2には学校教育が十全に機能し，上述の諸活動が一定の成果を上げるための組織運営面があげられる。学校の運営状況，組織の機能，会議の運営と意思決定のプロセス，意思の伝達過程などが該当する。第3には地域社会における学校という側面である。地域との連携，情報の開示，学校評議員の活動，学校施設の開放，学校の人材の活用等がそれに当たる。このような多重的かつ複合的な領域にかかわる評価を客観的な指標を通じて行っていくことは，学校教育における改善すべき問題点と領域を明らかにすることにつながり，結果的には学校の成果を高め，効率的・合理的な学校経営の展開に寄与するものと考えられる。

（上田　学）

学校の内部評価と外部評価

【語義】 学校教育評価は，学校教育の水準を向上させ，地域住民の教育ニーズにより的確に即応する教育サービスを提供することを目的としている。そのため評価がより正確である必要のあることはいうまでもない。だれが評価を行うかにより，その内容の信頼性と正確さを大いに高め，学校改革に大きく貢献できると考えられる。学校の機能と組織の実態と問題点を対象とするのであるから，このような手法と業務内容に明るい人材がこれにかかわることが適切である。評価を行う主体によって学校評価は，当事者による評価（内部評価）と外部の関係者による評価（外部評価）とに分けることができる。

【内部評価】 内部評価は，学校教育の推進にかかわる者が行う自己評価であると言い換えることができる。校長，教頭や主任等の中核的な教員だけでなく，一般の教員や職員なども加わって，目標への到達状況や計画と結果との乖離状況を的確に把握し，問題点と課題を提示することは，以後の改善に不可欠なものとなろう。文部科学省調査（2004）によると，保護者や地域住民を評価者にしたものを外部評価ととらえているが，教育を受ける側の児童生徒の学習状況や関与の程度を把握することが，学校教育の現状と成果をみるうえで中核的な部分になることを考えると，児童生徒だけでなく保護者の見解も内部評価に加えられる必要がある。学校の固有の構成員でないことを理由に内部評価の一主体から外すことには問題がある。自己評価の項目として比較的共通性の高いものは，授業研究，教育課程，学校行事，校内研修などである。それに対し，情報の公開や発信，経理，文書管理などはあまり評価の対象とされていない。

【外部評価】 外部評価は，学校教育に直接かかわらない者によって行われる。さきの文部科学省調査によれば，その実際は学校評議員（国立），保護者（公私立）が上位を占めている。一部には児童生徒による評価を取り入れているところや，インターンシップ先の企業主，学校支援ボランティア，大学，学習塾の関係者などがあげられている。また，比較的多くの学校で採用されている調査項目は学校行事，地域や家庭との連携，健康や安全指導，情報の公開などで，学校教育の核心となる校内研修や授業時数，校内組織などはあまり評価の対象とされていない。

【課題】 文部科学省調査から明らかにされている学校評価の実態から，以下のような問題を指摘することができる。評価主体によって内部評価と外部評価を分けるのはあくまで便宜的な方法であるが，実際にはこの2種類の方法が評価項目や評価内容の違いを生み出していることである。内部評価では学校教育の内容や方法に重点が置かれ，それに対して外部評価の場合には学校行事や地域との連携などがその対象となる傾向にある。しかし学校の機能が児童生徒への教育サービスを中核に，その効果的な展開を実現するための組織的活動，さらには地域との連携や地元への情報公開など多重的に行われているものの，それらの諸要素は相互に不可分であって，全体として学校としての機能を十全に果たすことが期待されていることを考えると，評価主体によって評価内容の重心に違いが生じることは適切ではない。むしろ学校の内と外の両面にわたる機能を総合的に評価していくことが望まれる。そのためには教職員のみならず，税負担をしている住民，他校の教職員さらには教育に一定の見識をもった人材など多種多様な層からの意見を徴することによって総合的な評価が行われるべきであると考えられる。

（上田　学）

[参] 木岡一明『新しい学校評価と組織マネジメント』第一法規出版，2003.

学校評価の評価対象

→学校改善のための評価，カリキュラム開発・改善，授業評価

【領域】 学校評価の対象領域は，大きくは教育行政領域，学校経営領域，学校教育領域に3分割することができる。さらに3領域はそれぞれ細かく分割される。しかし，どのような観点で分割するかあるいはどの領域に重点を置くかは，どのような学校づくりを展望して学校評価を構想するかによって異なる。

例えば，北海道立教育研究所が作成した「学校評価基準」(1983) では，教育指導にかかわる系列として，①学校が編成・実施する教育課程の基本となる事項にかかわる評価領域（学校の教育目標，年度の重点，教育課程），②教育課程領域にかかわる評価領域（各教科指導，道徳教育，特別活動），③学校の全教育活動を通して行う機能的な教育活動にかかわる評価領域（生徒指導，健康・安全指導，進路指導，学年・学級経営）の3中領域（10小領域）を掲げ，経営活動にかかわる系列として，①学校の全教育活動を支え推し進める教職員等の組織的活動にかかわる評価領域（経営組織，校内研修，教職員，父母・地域社会），②物的諸条件および情報にかかわる評価領域（学校事務・情報，施設・設備）の2中領域（5小領域）を掲げ，それらは，さらに3～8の評価項目に分けられていた。

その後に開発された各地の学校評価基準でも，学校に基礎を置くカリキュラム開発が注目を集め，学校経営が「教育課程を中心とする経営」と考えられるようになってくるにつれて，学校評価もまた教育課程の編成・実施をめぐる評価として考えられるようになり，教育課程の各領域を評価対象とするものが多い。

しかし，児童生徒の成績や学力を起点として直接的な教育活動のあり方や質を評価するという系列（学力評価・授業評価など）と，学校の組織力を起点として経営活動や行政作用のあり方や質を評価する系列（学校経営評価，教育行政評価）が十分に統合されていない問題をかかえてきた。

【歴史】 日本の公教育経営に「学校評価」が導入された戦後初期においては，その後の学校評価実践に最も強い影響を及ぼした文部省内学校評価基準作成協議会編『中学校・高等学校学校評価の基準と手引（試案）』(1951) をみればわかるように，膨大な評価項目が掲げられ，それぞれについて評価していくだけでも大変な時間と労力を必要とした。しかも評価対象領域において教育活動と経営活動のみならず行政的問題も未分化で，いったい，だれが何のためにどのようにしてこの評価結果を生かしていくかが，きわめて曖昧なものでしかなかったのである。

そこで「学校の自己評価・自己改善」という観点から，評価対象領域から行政的問題を除外し学校活動を構造的に整理しようとする志向が生まれ，教育課程の編成・実施を視点にして，教育活動と経営活動の識別・整理がなされていったのである。

そうしたなかで，大津市立教育研究所は，1978（昭和53）年に，市の教育目標の20年ぶりの改訂，また学習指導要領の改訂を契機に，戦後30余年の「学校評価」実践を基礎に，それまでの基準を改訂した「学校全体（集団）としての評価」と「教職員個人としての評価」の2系列からなる「学校経営評価」基準を発表した。しかも，評価活動もそれ自体，評価対象として位置づけることによって全体としての評価システムが成立するとの観点から，評価領域に「教育評価」を大項目として設定したことも特筆される。

他方，学校がかかえる問題点に焦点を当て，各学校が果たすべき役割や配慮事項について，取り組みの程度を問う様式も開発されてきた。

近年では，例えば，大阪府教育委員会が1998（平成10）年に示した「学校教育自己診断」表は，そうした観点によるチェックリストである。この評価表は，教育委員会から学校に対する「指示事項」「要望事項」をもとにして，保護者や児童生徒も対象とすることを前提に作成されたものであり，領域設定・分類はなされずに，各評価項目が並んでいる。

【近年の傾向①】 これまで学校活動を機械的に羅列してきたという反省に立ち，「目標の重点化」や「項目の焦点化」が強調されている。

近年になって各地で作成された学校評価のガイドブック等から，その点を整理すると，例えば，「1年間のすべての教育活動を評価の対象とすると，逆に焦点が絞れず評価のための評価に陥る危険性があります」（長崎県）とか，「評価項目については，項目を絞ったり，軽重をつけたりなど，一度に完全をめざさない柔軟な考え方で設定する」（香川県），「学校活動全般という幅広い対象領域のうちから，評価の直接の対象とすべき事項をより具体的に項目立てし，当該項目に応じて評価を行うことが必要」（徳島県）というように，目標を絞り込むことの必要性が示されている。また，「学校の教育目標等を踏まえ」（静岡県），「当該年度の重点目標を決定」（兵庫県），「重点目標に基づく項目など，学校の特色を生かした項目を設定」（山口県），「各学校の教育目標等を評価項目として活用し，これらの目標の達成状況について評価を行う」（徳島県）など，評価項目と学校の教育目標や年度当初の目標とのつながりを関連づけることが示されている。さらに，「学校の教育課題に焦点を当てた評価項目を設定すること」（福岡県），「学校評価は自校における目標の達成度を見るものであり，目標の設定がきわめて重要な意味をもつ」（香川県）などと示唆し，目標は達成することに価値があり，それによって満足感や達成感が与えられるのであることが強調されている。

【近年の傾向②】 これまでの学校評価が，教育成果すなわち生徒の学力的な変容など，生徒そのものにだけ評価の対象が限られる傾向が，ままみられたことを反省し，教育活動全体を見つめ直し多様な面からの評価を求める傾向にある。

例えば，三重県では「これからは，教育活動全体を見つめ直し，組織や学校運営面（校務分掌・地域との連携など），あるいは教育環境（教材・施設）などの面についても自己評価を進めていく必要があります」と述べられている。他県においても，表現は多様だが，おおむね①教科，生徒指導などの生徒の教育にかかわること，②学校組織や分掌など学校運営にかかわること，③地域との連携協力などの渉外，④設備や教材など教育環境の4つの面があがっている。

【近年の傾向③】 「授業評価」に焦点を当てているガイドブックも少なくない。もちろん，いずれのガイドブック等でも，「教育活動」の一部として「教科指導」などの形で授業のことを取り上げているが，その中で授業評価を直接に取り上げているところも多い。例えば，長野・静岡・三重などの県では，授業評価の章や項を設けて評価方法についてもかなり具体的な説明がなされているし，このほか秋田・茨城・富山・山梨・宮崎などの県でも，授業評価に言及している。特に，三重県のガイドブック『Let's Start〜第2版〜』では，全体の約半分を「自己評価の手法を用いた授業づくり」として，学校自己評価で用いられているサイクルや方法を応用した事例研究を紹介している。

【学校の現状】 各学校の実際の取組みにおいては，上記の傾向を反映して多様な実態となっている。文部科学省が実施してきた「学校評価と情報提供の実施状況」調査によれば，2002（平成14）年度の場合，学校経営，学年・学級経営，授業研究・改善，校内研修・研究，学校行事，生徒指導，の6項目については，9割を超える学校が評価している。ただし，外部評価

資料　淀江町（現米子市）立淀江小学校の「重点事項に係る学校評価計画表」(2004年度)

学校目標	「かがやく子」		目指す学校像	「行きがいのある学校」「開かれた学校」
重点事項	現状課題	○友達や教師の話を素直に聞くことができ，友達に優しく，思いやりの気持ちをもって接する。 ○生活習慣が身についている児童が多く，落ち着いて生活している。 ○生徒指導上の問題がきわめて少ない。 ○互いの心をよく理解し，支える行動をとることで，友達も幸せになり，自分も幸せになることに気づき始めている。	目標	○自分も友達も大切にする子どもを育てる。 ・日常の授業や活動の中で子どもが意見や考えを出し合い，お互いに関わったり，認め合ったりすることを重視する。 ・子どもが時や場にあった関わり方を学ぶ場面を授業に位置づけ，友達との望ましい関わりの方法を子どもに習得させる。

努力事項		めざす姿と現状		具体的取組み（活動）	主なスケジュール 4 5 6 7 8 9 10 11 12 1 2 3月
		めざす姿	現状		
日常的な指導の充実	子どもの成長	自分の意見や思い，考えを自由に率直に出し合い，グループや学級など所属する集団内の人間関係をより高めようとしている。	・心優しく素直であるが，他人への関心が薄く，連帯感が弱い。 ・友達の考えに左右されやすい。 ・指示されたことは忠実に実行しようとするが，受け身で積極性に乏しい傾向がある。 ・自分の思いを伝えて，周囲に認められようとする気持ちが弱い。	①毎日の授業の中で，児童が互いに意見や考えを自由に出し合い認め合う。(話し合う場を作る。) ②児童の学習や生活における向上的な変容を見逃さず，学級の中で認め，励ます。 ③係や委員会，クラブ活動等の日常活動の中で子ども同士の関わりが深まるように働きかける。 ④Q-Uを実施する。	○QU（河-子どもアンケートを含む） ——5月——12月か1月- ○学年会毎週木曜日 ○河-子どもを語る会（事例研究）毎月 ○職員研修（参加型学習，情報交換〔夏休み〕）
特設場面の育成	子どもの成長	同学年や異学年との交流に，充実感・満足感を味わいながら，楽しくのびのびと活動し，友達に積極的に関わることができている。	・相手のことを気にかけようとするが，奥深くまで気持ちを察して行動することが苦手である。 ・リーダーシップをとって，集団をまとめようとする児童が少ない。 ・異学年との交流する意義が理解できている。 ・過ちや失敗を素直に認め，謝ったり直そうとしたりする。 ・トラブルの解決を教師に委ねようとする。	①友達との関わり方を学ぶ参加型学習（役割演技，エンカウンター）の時間を設け，関わり方のスキル学習を行う。 ②「縦割り班活動」による異学年との交流を通して高学年児童の自覚を高め，下学年児童の感謝の気持ちも育てる。	○交流給食 5月①——10月②——1月③ ○みんなで遊ぶ日 5月① 6月② 10月③ 1月④ 2月⑤ ○共同製作・活動 4月① 6月② 7月③ 9月④ 12月⑤ ○構成的エンカウンターの研修会（2月） ○関わり向上の時間 毎週第2月曜日

においては，学校経営を評価する学校が9割を超えたものの，そのほかの項目については7割前後にとどまっていた。2003（平成15）年度の場合には，自己評価の際には，国公私立の学校いずれも，授業研究・教育課程，学校行事，校内研修・研究といった項目については評価しているとの回答が上位を占めるが，情報の公開・発信，経理・文書の管理については，あまり評価対象とされていない。その他のおもな自己評価項目としては，校種間連携，特別支援教育，医療機関との連携，国際教育，カウンセリングなどがあがっている。外部評価については，国公私立いずれもの学校も，学校行事，地域・家庭との連携，健康・安全指導，情報の公開・発信等が上位を占めるが，校内研修・研究，授業時数，校務分掌・校内組織，経理・文書管理等の項目については，評価対象とされる割合は少ない。他のおもな外部評価対象には，学校給食，人権教育，教職員の外部対応などがある。

　なお，鳥取県淀江町（現米子市）立淀江小学校では，評価対象を重点事項に絞り，その事項について，上記のようなシートを作成して評価している。　　　　　　　　　　（木岡一明）

［参］高野桂一編『学校改革・改善と経営診断』ぎょうせい，1988. 木岡一明『学校評価の「問題」を読み解く』教育出版，2004.

学校経営の自己点検・自己評価

→アカウンタビリティ，組織マネジメント

【語義】 文部科学省令の「小学校設置基準」(平成14年3月29日)と「中学校設置基準」では，まずその趣旨として，「小学校の設置者は，小学校の編制，施設，設備等がこの省令で定める設置基準より低下した状態にならないようにすることはもとより，これらの水準の向上を図ることに努めなければならない」(第1条第3項)と規定した。また，学校の自己評価などについて「小学校は，その教育水準の向上を図り，当該小学校の目的を実現するため，当該小学校の教育活動その他の学校運営の状況について自ら点検及び評価を行い，その結果を公表するよう努めるものとする。2 前項の点検及び評価を行うに当たっては，同項の趣旨に則し適切な項目を設定して行うものとする」(第2条)と定め，さらに「小学校は，当該小学校の教育活動その他の学校運営の状況について，保護者等に対して積極的に情報を提供するものとする」(第3条)と規定している(中学校も同様の規定)。

「学校評価」は組織としての学校が全体としてどのように，どの程度，そのめざす成果を実現できているかを評価することであるが，「学校経営評価」はその一部として，何を，だれが(どの組織が)，どのようにして，どこまで，効率的・効果的に実現できているかを重点的に点検・評価する活動であり，学校評価の中核となる授業評価に関しては，その条件整備面などについて評価するにとどまる。

【背景と意義】 これまでの日本の学校は，学校教育の機会均等の保障，格差の出ない公教育サービスの保障などの観点から，かなり詳細な面まで教育法や教育行政が規定をし，それによって全国的に質の高い学校教育，特に義務教育が保障されていた。したがって，自律的，自主的な「学校経営」というより，法制度的な規定を遵守する「学校運営」という視点で学校の教育活動が営まれることが期待されていた。従来は，各学校が特色ある経営をすることは求められていないだけでなく，かなり厳格な規制が存在していたと考えられている。さらに，短期間で校長が交代する人事制度のもとでは，校長がリーダーシップを発揮して，児童生徒の実態や保護者・地域住民の期待に個別具体的に対応する学校経営は困難であると指摘する論者もいた。

それに対し，成熟した学校教育の新たな質の向上に際しては，学校教育の構造改革が求められ，それぞれの学校が自ら設定した教育目標を自律的に推進するために，その目標に照らした改革や改善が求められるようになってきた。学校は公教育機関であり，税金で運営される以上，「めざす児童生徒像」のような共通目標を効果的に達成することが要求される協働の体系(組織)である。その目標の達成度に照らして，組織の現状と成果を不断に自己診断・点検し，必要に応じて学校組織自身の改革や改善を行うことが義務づけられていると考えるべきである。そのためには，組織的に点検・評価することが求められ，それを推進する確固たるリーダーシップが校長などに期待される。

【評価項目・指標】 評価項目は，学校教育活動全体にわたるが，評価指標は目標の達成状況を把握するための指標(成果指標)と，達成に向けた取組みの状況を把握するための指標(取組指標)に大別できる。一般的には，以下のような評価項目と指標(一部を例示)が考えられる。①教育課程・学習指導(評価指標としては，例えば，教育課程の編成・実施状況，学力調査等の結果など)，②生徒指導，③進路指導(職場体験の実施状況など)，④安全管理，⑤保健管理，⑥特別支援教育，⑦組織運営，⑧研修，⑨保護者，地域住民等との連携，⑩施設・設備，である。

(小松郁夫)

保護者・地域住民による評価
→説明責任と学校評価

【語義】 学校評価は、それぞれの学校が自らの教育活動その他の学校運営について、自律的、継続的、発展的に改善を行っていくために必要である。その際、学校は学校教育活動に関するステークホルダー（利害関係者）である保護者や地域住民に、教育目標、活動内容などを明確に説明するという説明責任（accountability）を果たすことが求められる。同時に、ステークホルダー自身が学校情報を参考にしつつ、主体的に外部者として学校評価を行うことが重要視される。学校の自己評価に際しても、保護者や地域住民の評価を参考として、その異同を分析し、改善につなげるような学校組織マネジメントの実践を継続的に推進しなければならない。

【背景と意義】 外部者による学校評価が重視されるのは、学校教育活動が公共性を有し、教育の質を保障することが社会全体にとっても公益にかなうことと考えられるからである。さらに納税者、学習者、保護者の公教育に対する責任と権限を保証するためにも、それらの人々による評価は重要な保証制度と考えられる。

【特徴】 保護者や地域住民は、日常的には学校の活動を目にする機会がないため、評価にあたっては、まず学校自身が公表する多様な学校情報や自己評価結果が参考になる。それに加え、授業観察を行い、PTA、評議員会、教職員との話し合いなどの自主的な評価情報の収集が欠かせない。評価システム全体からすると、いわゆる顧客満足度調査程度の深まりしか実現できない可能性や限界もあるが、国民の受教育権や学習権の観点から考えて、学校改革にとっては不可欠の評価になる。地域運営学校（コミュニティ・スクール）においては、さらに進んで、より頻繁に、保護者や地域住民が学校運営に参画し、継続的に評価をする活動が展開されることとなった。

（小松郁夫）

学校評議員制度
→保護者・地域住民による評価

【意義】 学校評議員制度は、地域や社会に開かれた学校づくりを推進し、学校が家庭や地域と連携協力しながら、特色ある教育活動を展開するために、保護者や地域住民の意見を校長が幅広く聞くためのものである。

中教審答申「今後の地方教育行政の在り方について」（1998〈平成10〉）を踏まえ、2000（平成12）年の学校教育法施行規則改正（23条の3を追加）を経て、地域住民の学校運営への参画の仕組みとして新たに制度化された。

【学校評議員】 学校評議員は、設置者の定めるところにより設置でき、当該学校の職員以外の者で教育に関する理解および識見を有する者のうちから、校長の推薦により、当該学校の設置者が委嘱する。人数や任期などは、教育委員会が定める。私立学校の場合は、学校法人の判断により置くことができ、学校法人が委嘱する。

学校評議員の活動は、校長の求めに応じ、学校運営に関する意見を述べることである。その目的は、①保護者や地域の意向の把握、反映、②保護者や地域からの協力、③学校としての説明責任である。この制度により、保護者や地域住民の学校運営への理解や協力が得られ、特色ある教育活動を主体的かつ積極的に展開できることが期待されている。

【現状と課題】 2004（平成16）年7月現在、約7割（31,231校）の公立学校で学校評議員（類似した制度も含む）が導入されている。同年9月には、保護者や地域住民が一定の権限と責任をもって学校運営に直接参画する学校運営協議会の設置が可能となり、今後さらに、保護者や地域住民の学校運営への参画が促進することが予想される。その際、彼らの役割や責任の明確化を図るとともに、校長のリーダーシップや教職員の専門性との関係も考慮した活用の工夫を検討する必要がある。

（梶間みどり）

学校選択制

→説明責任と学校評価，保護者・地域住民による評価

【語義】 学校選択制とは，就学校の指定をする場合に，就学すべき学校について，あらかじめ保護者の意見を聴取することである。形態としては，自由選択制（当該市町村のすべての学校のうち，希望する学校に就学を認めるもの），ブロック選択制（当該市町村内をブロックに分け，そのブロック内の希望する学校に就学を認めるもの），隣接区域選択制（従来の通学区域は残したままで，隣接する区域内の希望する学校に就学を認めるもの），特認校制（従来の通学区域は残したままで，特定の学校について，通学区域に関係なく，当該市町村内のどこからでも就学を認めるもの），特定地域選択制（従来の通学区域は残したままで，特定の地域に居住するものについて，学校選択を認めるもの）などがある。

【歴史と展開】 市町村教育委員会は，設置する小学校または中学校が2校ある場合，あらかじめ，地域の実情や地理的条件を踏まえて各学校に通学区域を設定し，これに基づいて就学すべき学校を指定することになっている。

しかし近年は，保護者の選択により就学すべき学校の指定を行う学校選択制を導入する市町村教育委員会が増えてきている。

その最初の契機となったものは，1987（昭和62）年の臨時教育審議会第三次答申である。小・中学校の就学指定は，機械的で硬直的な指定になっており，選択の機会に対する配慮に欠けているという問題点が指摘され，「教育の自由化」の理念のもとに，小・中学校の選択制の導入が提唱された。その背景には，学校教育に市場原理をもち込み，学校間の競争により学校の活性化を図ろうとする意図と，特色ある学校づくりを推進する意図があった。しかし，学校選択の自由化に対しては，学校間格差や受験競争の激化などの問題が指摘され，教育界などから反発を受け，具体化にはいたらなかった。

1990年代後半になり，行財政改革における地方分権や規制緩和の流れのなかで，再び学校選択の弾力化が取り上げられた。1996（平成8）年にまとめられた行政改革委員会規制緩和小委員会の報告書の中に「学校選択の弾力化」が盛り込まれた。翌1997（平成9）年に文部省（当時）は，「教育改革プログラム」をまとめ，「市町村が小学校又は中学校への入学事務を行う際，子どもの居住地ごとに学校を指定していた方法を改め，入学すべき学校の選択に児童・生徒本人や保護者を参加させる」という「通学区域の弾力化」を提唱した。

【現状と課題】 文部省は，1997（平成9）年度に「通学区域の弾力的運用について」で，通学区域制度の運用にあたっては，各市町村教育委員会が地域の実情に即し，保護者の意向に十分配慮した多様な工夫を行うように通知した。

2002（平成14）年度には，学校教育法施行規則の一部を改正し，就学校の指定の際，あらかじめ保護者の意見を聴取できることと，その際の手続き等を公表することを規定した。また，就学校の変更の際，その要件および手続きを明確化し公表するものとすることを規定した。

2004（平成16）年11月現在，小学校段階で学校選択制を導入している自治体は227（8.8％）である。そのうち，自由選択制を導入している自治体は31である。中学校段階では161（11.1％）で導入され，そのうち自由選択制を導入しているのは45である。

今後は，選択のための情報開示の工夫，学校の特色化とそれを支える支援制度の整備，不服申し立ての仕組みの確立などが課題となる。

(梶間みどり)

[参] 黒崎勲『学校選択と学校参加』東京大学出版会，1994.

学級経営の評価

→学級経営評価の対象領域，学級の人間関係の評価，学級状態の評価(Q-Uアンケート)，学校評価の評価対象

【語義】　学級経営の評価とは，学級の諸活動を対象として，児童生徒の生活集団および学習集団としての学級が本来の機能を十分果たしているかを判定し，学級にかかわる問題や課題を明らかにして，学級経営の改善を図る活動である。

評価が行われるためには，学級経営の目標が設定され，それを達成するための計画が策定されていることが大切である。学級経営評価は学級経営のPDCAサイクルの一環だからである。ただし，学級経営はきわめて複雑であり，予期しない出来事が生じることが普通である。学級経営評価では，事前に設定された目標や計画に視野を限定することなく，実際に学級内に生じた出来事を的確に把握し，その利点や問題点を検討することが大切である。そのためにも，学級担任の自己評価のみではなく，学級の児童生徒の保護者や同学年の同僚教師による評価を組み入れるなど，複数の目による多元的な評価を行うことが望ましい。

【評価の観点】　学級は，①生活集団としての側面と②学習集団としての側面をもっている。まず，①の生活集団としての側面では，児童生徒相互や児童生徒と教師との人間関係・相互理解，児童生徒の学級への所属意識，係活動や行事への取組みなどの学級活動などが評価の対象となり，それらを通じて望ましい生活態度や社会性が形成されたかが評価される。②の学習集団としての側面では，学級に学習する雰囲気や落ち着きが形成されているか，学習に適切な環境が整備されているかなどが評価される。最近では学級と学習集団を切り離して編成する場合も少なくないが，その場合でも，学級を通じて学習する姿勢や雰囲気が形成されているかどうかが問われることになる。

また，学級は独立の組織として存在するのではなく，学校・学年という組織の下位組織として位置づいている。したがって，学級活動が学校教育目標や学年の教育目標の達成につながったかなど，学級経営が学年や学校全体の活動の中で機能的に位置づいているかが評価されなければならない。そして，以上の全体にかかわる担任教師の経営活動，すなわち学級経営目標の設定の仕方・内容，学級経営計画（学級経営案）の策定の仕方・内容などの適切性が評価される。

【課題】　学級経営評価は，必ずしも活発に行われてこなかった。そこにはいくつかの原因が考えられる。

①学級経営が担任教師に任され，学校全体として学級経営評価に取り組み，学級経営の改善を行うという意識が乏しかったことである。そのため，学級経営評価が行われてもそれ自体が担任教師任せになり，学級経営評価のあり方が検討されることはあまりなかった。

②学級経営計画（学級経営案）が学級経営評価につながるような内容になっていなかったことである。学級経営目標がその達成を評価できるような具体性をもっていなかったり，学級経営評価自体が学級経営計画の中に組み込まれていなかったりという問題である。

③保護者に対して学級経営の目標やねらいを説明しても，その結果や事実を説明するという意識に乏しかったことである。

以上のような問題を克服するには，学級経営評価を学校評価に適切に位置づけることである。学級経営を学校の組織的・協働的な活動の一環として位置づけ，組織としての評価と改善のシステムに組み込んでいくことがきわめて重要である。
　　　　　　　　　　　　　　　　　　（水本徳明）

［参］下村哲夫・天笠茂・成田國英『学級経営の基礎・基本（学級経営実践講座1）』ぎょうせい，1994.

学級経営評価の対象領域

→学級経営の評価，学級の人間関係の評価，学級状態の評価(Q-Uアンケート)，学校評価の評価対象

【語義】 学級はそこで一人一人の児童生徒が気持ちよくすごせ，学習に積極的に取り組む姿勢をもつことができるとともに，さまざまな活動を通じて自治や責任，協力などの能力を高める学習の場である。学級経営は，学校の教育活動・経営活動の一環として，そのような場をつくり，維持発展させる活動である。学級経営評価の領域は，この学級および学級経営の意義から立体的に設定されなければならない。ここでは，①学級の人間関係・環境の実態，②学級指導，③学級と外部との関係，④危機管理，⑤学級経営計画に領域を分けて考える。

【学級の人間関係・環境の実態】 これはいわば学級経営の最終的なアウトプットに対する評価である。おもな観点としては，①児童生徒の相互理解と人間関係，②児童生徒の積極的な学習の構えの形成，③児童生徒と教師との信頼関係，④生活・学習の場としての適切な教室環境の整備，などがあげられる。

【学級指導】 上記のアウトプットをもたらすための，教師から個々の児童生徒や学級集団への働きかけに対する評価である。おもな観点としては，①一人一人の児童生徒に対する理解，②学習集団づくり，③学級活動の指導，④進路指導，などがあげられる。

【学級と外部との関係】 いうまでもなく学級経営は学校の組織的活動として行われ，学校内の他の学級や保護者，地域社会との接点をもっている。これらとの関係で開かれた学級経営となっているかが評価されなければならない。おもな観点としては，①他の学級との連携・協力，②学年としての協力体制，③保護者への連絡・説明，④保護者からの信頼，⑤保護者・地域社会との連携・協力，などがあげられる。

【危機管理】 学級では予期せぬ出来事が日常的に生じている。それらに適切に対応し，大きなアクシデントを予防することが重要である。またアクシデントが生じた場合，問題が拡大しないよう迅速に対応しなければならない。おもな観点として，①日常的な予期せぬ出来事への適切な対応，②教室や学級活動の安全対策，③アクシデントへの備え・訓練，などがあげられる。

【学級経営計画】 以上の4領域全体にわたって，学級経営は計画的に進められなければならない。学級経営計画が適切につくられていることがきわめて重要である。学級経営計画についての評価は，次年度の計画の改善に直接つながるという点で重要である。おもな観点としては，①児童生徒の実態からして学級経営目標・方針は適切であったか，②学級経営目標・方針は学校経営目標・方針および学年経営目標・方針と関連づけられていたか，③学級経営目標・方針は実際の学級経営活動に具現化できたか，④実態に合わせて柔軟に計画の実行ができたか，などがあげられる。

【データの活用】 学級経営評価や学校評価というと，評価表に領域と項目を示してチェックする方式が一般的なようである。しかし，そのような意識調査的な評価ばかりでなく，現にあるデータを上述したような観点から検討することも重要である。児童生徒の遅刻回数や欠席日数，保健室の利用回数，試験成績，作文，保護者からの連絡の回数と内容，他の学級との共同的な活動の回数と内容など，学級経営評価として利用可能なデータは少なくない。これらのデータを整理し，担任一人の観点からではなく，同僚教師や保護者などの観点からも共同的に検討するのも学級経営評価として有効である。

(水本徳明)

[参] 木岡一明編『学年・学級の指導点検とカリキュラム開発』教育開発研究所, 2004.

学級の人間関係の評価

→学級経営の評価，学級経営評価の対象領域，学級状態の評価（Q-Uアンケート）

【語義】 一般的に，学級の人間関係というときには学級に所属する児童生徒の人間関係を意味する。学級は生活集団であるとともに，学習集団そのものあるいは学習集団の基礎となる集団である。そこで良好な人間関係が形成されているかどうかは，児童生徒の学校生活への適応や学習への意欲にとってきわめて重要である。学級の人間関係は，学級経営の重要なアウトプットであり，その評価は学級経営評価の中心的な観点である。

【学級集団の特質】 学級集団は一般的に次のような特質をもっている。①30名程度の同学年・同年齢の児童生徒から構成される（平成16年度の文部科学省学校基本調査によれば，1学級当たり児童生徒数は小学校26.3人，中学校31.0人）。②一度編成されると1年間継続する。③同学年の各学級が均質になるよう編成される。④児童生徒は相互に対等とされる。⑤1年間あるいはそれ以上の期間，一人の教師が担任として指導に当たる。⑥児童生徒が自分の属する学級やその担任を選択することはできない。⑦学級集団自体が学習集団であったり，学習集団編成の基礎的な集団となっている。

【グループダイナミクス】 「集団力学」ともいわれ，集団の性質や発達の法則，個人と集団との関係，集団とそれを含む大きな集団との関係などを研究する方法論である。1930年代の後半にアメリカで心理学者K.レヴィンらによって発展させられた。

上に述べたような特質から，学級には年齢は同じであるが，いわゆる学力や興味，関心，さまざまな能力の面で多様な児童生徒が所属することになる。自発的に形成された集団ではないので，学級への所属意識が前もって存在するわけではない。教科指導が学級集団のあり方に影響を与える。このように学級集団は複雑な性格をもっており，グループダイナミクスの観点から集団過程や構造をとらえる必要がある。

【ソシオメトリー】 集団における成員間の相互関係とその構造を解明する理論である。アメリカの精神医学者J.L.モレノによって開発された。その具体的な方法として，成員間の選択（「一緒に～したい」）と排斥（「一緒に～したくない」）の関係をとらえるソシオメトリック・テストが用いられる。そして，その結果がソシオマトリックスとよばれる図にまとめられ，集団の構造が分析される。この方法により，学級内の児童生徒の相互関係や下位集団の存在をとらえることができる。しかし，ソシオメトリック・テストの実施にあたって個々の児童生徒や学級集団に望ましくない影響を与える可能性もあり，配慮と慎重さ，児童生徒や保護者の十分な了解が必要である。

【複数の目による観察】 グループダイナミクスやソシオメトリーなどの理論や技法を用いることは，より広くかつ客観的に学級内の人間関係をとらえようとするものである。ただ，このような理論や技法の問題とは別に，教師による観察はきわめて重要である。しかも，担任一人の目から学級の人間関係をとらえるのではなく，学級にかかわる教職員の複数の目で，個々の児童生徒の様子や児童生徒の相互関係，学級内の下位集団などをとらえ，情報交換することが重要である。特に小学校では学級担任の観察に限られがちで，問題が見すごされる危険性が比較的高いので，学年での共同経営的な考え方や教科担任制などの取組みが重要である。また，オープンスペースや教科教室制などの学校建築の特性を生かした開かれた学級づくりも大切である。

(水本徳明)

[参] 木岡一明編『学年・学級の指導点検とカリキュラム開発』教育開発研究所，2004.

学級状態の評価（Q-U アンケート）

→学級の人間関係の評価

【語義】 Q-U（Questionnaire-Utilities）（小・中・高等学校用　図書文化社）は、学校・学級生活への不適応、不登校、いじめ被害の可能性の高い児童生徒を早期に発見できる尺度である。さらに、学級集団の状態を、個々の児童生徒の学級生活の満足感の分布から測定できる。つまり、学級崩壊の可能性を測定できる標準化された心理テストである。

不登校、いじめ、学級崩壊の問題に対応できるということで学校現場に広く定着している。

【内容】 尺度は、児童生徒が自分の存在や行動が級友や教師から承認されているか否かを示す「承認得点」と、不適応感やいじめ・冷やかしなどを受けているかを示す「被侵害・不適応得点」の2つの得点から、児童生徒の学級生活における満足感を測り、4つの群に分類するものである。なお、2つの軸の直交しているポイントは、全国平均値である。4つの群に分類される児童生徒の特徴は、以下のとおりである。

①学級生活満足群：不適応感やトラブルも少なく、学級生活・活動に意欲的に取り組んでいる児童生徒である。

②非承認群：不適応感やいじめ被害を受けている可能性は低いが、学級内で認められることが少なく、意欲の低い児童生徒である。

③侵害行為認知群：対人関係でトラブルをかかえているか、自主的に活動しているが自己中心的な面があり、他の児童生徒とトラブルを起こしている可能性の高い児童生徒である。被害者意識の強い児童生徒も含まれる。

④学級生活不満足群：いじめを受けている、不適応になっている可能性が高く、学級の中に自分の居場所を見いだせないでいる児童生徒である。不登校になる可能性が高い児童生徒である。

【展開】 学級全体の児童生徒たちのプロットの分布から、学級集団の状態が把握できる。これを応用して、学級崩壊の予防ができるのである。いわゆる学級崩壊の状態像のプロットが図1である。学級生活不満足群に70％以上の児童生徒がプロットされた状態は、すでに集団としての体をなしていない状態である。学級がすでに教育的環境になっておらず、授業が成立しないばかりか、児童生徒たちは集まることによって、互いに傷つけ合い、学級に所属していることにも、肯定的になれないのである。

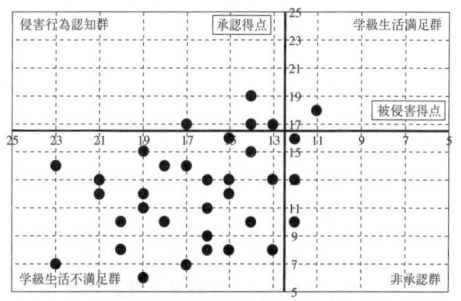

図1　崩壊状態の学級のプロット

図1の状態に学級集団がいたる前に、学級は図2の状態を呈する。教師はこの時点までに対応することが、早急に求められるのである。

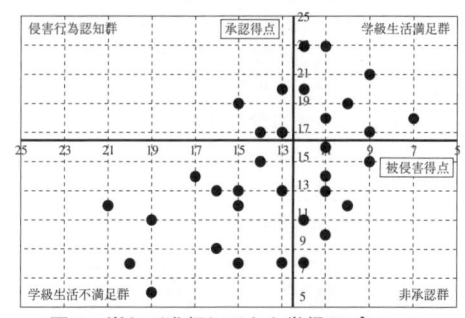

図2　崩れが進行してきた学級のプロット

(河村茂雄)

[参] 河村茂雄『たのしい学校生活を送るためのアンケート「Q-U」実施・解釈ハンドブック（小学校編・中高校編）』図書文化, 1998.

カリキュラム評価

→学校改善のための評価,カリキュラム開発・改善

【語義】 カリキュラム（教育課程）が，法令などに定められた規定を遵守し，学校が掲げる教育理念や教育目標と整合しているかどうか，さらには，教育活動実施にあたって，諸資源を適正に活用し，最適な効果をあげられるようになっているかどうかなどを評価すること。カリキュラムは，学校教育の歴史的経緯や公教育のあり方とかかわって多様に定義されるので，各学校単位のカリキュラム評価は，法制度的な視点からの評価，学校経営的な視点からの評価，教育内容・方法的な視点からの評価に大別される。

法制度的な視点の評価では，カリキュラムが法規を遵守し，授業時数の確保などを含めて，制度的な最低基準を満たしているかどうかが評価される。この点に関しては，大きな法規の改正がない場合は例年どおりに教育課程を編成するだけで評価基準は満たされる。学習指導要領の改訂時期での見直しが数年に1回行われる。

学校経営的視点でのカリキュラム評価とは，所与の教職員の配置を受けて，最も効果的な組織づくりをしているかどうかがまず評価される。すなわち適材適所に人員を配置し，組織としての学校力の向上によって，最も高い教育効果を生み出すような経営がなされているかどうかが評価される。それに関連した校長のリーダーシップのあり方なども評価対象となるであろう。

教育内容・方法的なカリキュラム評価とは，学校の基本的事業計画であるカリキュラムが，育てたい児童生徒像や知・徳・体のバランスのとれた教育目標などの教育的機能や内容に即して，最適な指導プラン，授業計画が構築されているかどうかが評価対象となる。その際重要なのは，児童生徒の実態を的確に把握し，それに最もふさわしい教育内容や教育方法を採用することである。教材開発の状況，指導と評価の一体的なあり方など，評価観点や評価指標は多様に存在するので，学校としてどのように体系的な評価方法を採用するかが重要である。

評価者としては，校長以下の教職員による自己評価を基礎としながら，児童生徒による授業評価を活用することも考えられる。

カリキュラム評価のもつ意義の多様性は，基本的には，カリキュラムという用語のもつ多義性に由来する。厳密には教育課程とカリキュラムは語義のやや異なる用語として使用される。わが国の教育課程は，どちらかといえば，教育課程行政を示唆する学習指導要領をはじめ，時間割，教科書，年間指導計画などを想起させる。これに対して，カリキュラムは内容・方法を含むカリキュラム開発やカリキュラムマネジメントを意味し，かなり広義に解釈されている。

【経緯】 本来，R.W.タイラーに代表されるカリキュラム評価もかなり包括的なニュアンスをもつ用語である。タイラーは，カリキュラム評価をして，①州や学区の教育目標②目標達成のための学習経験の範囲③学習経験の有効な組織化と④それらの評価を包括したもの，として認識している。この考え方は，評価情報を州や学区，そして学校の教育システムの改善に役立てるために「評価」とするという，今日にもつながる概念でとらえられていた。特にアメリカでは1960年代後半から，教育内容の現代化によりカリキュラム評価の研究が活性化してきた。

ただ，こうした評価概念による評価研究と実践はその後，アメリカにおいては1980年代の教育改革から，個々の学校に焦点を当てたカリキュラム評価の一層の精緻化が，学校に求められるようになってきた。そこには多くの学校内・外からのインパクトがある。直接的には，学力低下や少ない教育資源の中で最大の教育効果を単位学校に求めるようになってきたことや，従来のアチーブメントで学校の効果を測定する

方法に疑問がもたれるようになってきたことである。学校改善におけるカリキュラム評価の実践、研究はその典型である。

学校改善では、単純なインプット・アウトプットモデルから教育効果を評価するのではなく、教育の過程（スループット）の「内部過程の文脈」から生起してくる多様な要因を構造的にとらえて、これらを評価するという考えである。学校としての「効果」を解明しようとする、いわゆるホリスティック・アプローチ（学校組織を総体としてとらえた評価）による実践と研究が特色である。この文脈を形成する典型的な要因には、経験カリキュラムの内容、指導法、教師の研修、教育資源などの内容、方法とその条件整備等が含まれる。これらの要因とさきのインプットとアウトプットを結んだ因果関係を、学習効果との間に置いて実践的に解明することが、カリキュラム評価の課題となっている。最近では、特色あるカリキュラムや自律的学校経営の実践が活性化してくるなかで、学校改善の中心にカリキュラムを位置づけ、カリキュラム評価を重視する試みが定着する傾向にある。

【課題】教育課程審議会が指摘している「教育課程の実施状況」の調査項目の枠組は、各学校が「教育課程評価」を中心とした「自己点検・評価」を行う際の基本的な参考資料にはなる。①各教科、道徳、特別活動および総合的な学習の時間それぞれについての指導目標、指導計画、授業時数、評価の基準など具体的な教育課程の編成状況、②各教科等の授業時数や指導内容の実績など事実としての教育課程の実施状況、③個別学習やグループ別指導、ティーム・ティーチングなどの個に応じた指導や体験的学習、問題解決的な学習、進路学習への取組み状況など指導方法や指導体制の工夫・改善の状況、④年度当初の指導目標などの実現状況、児童生徒の基礎・基本の習得状況、児童生徒の生活状況などの項目は、カリキュラム評価を自己点検・評価するうえでの評価基準の枠組になりうる。

これらの項目のうち、①はカリキュラムの編成評価であり、②③はカリキュラムの実施評価であり、④は①②のカリキュラムの評価のレベルである。しかしここには、カリキュラムの編成評価レベルでは、目標─内容はあってもその条件整備を欠いており、実施評価レベルでは、条件整備はあっても、内容・方法を欠いており、学習評価はあっても、単元評価をはじめとしたカリキュラム評価はなく、かつ評価のための条件整備も欠くという、課題が残っている。重要なのは、「カリキュラムをつくり、これを動かし、変えていくマネジメントサイクル」である。

さらに評価方法上の課題としては、カリキュラム評価を学校改善のために活用する場合、以下の4点が重要な課題としてあげられる。①カリキュラム評価の構成要因を抽出するにあたっては、学校全体のカリキュラムと、学年・教科レベルのカリキュラムとの整合性を図ること。②各学校で評価基準を開発するにあたっては、カリキュラム評価では自校の教職員が評価主体者であり、かつ評価対象者となる二重性から、評価の客観性を確保するために、外部評価や児童生徒による評価等を導入し、工夫する必要性があること。③カリキュラムマネジメントが校内でシステムとして動いていくためには、専門の分掌（センター）を別に組織化して、カリキュラム開発ができるような工夫を図ること。④児童生徒の学習成果が目標準拠評価で行われるようになってきたのに伴い、学習評価の方法として、各種のアチーブメント・テスト類や数量調査、事例的方法、教師による観察など多様な方法を採用し、これらの評価結果がカリキュラム評価の改善のために活用されること。

(中留武昭)

[参] 中留武昭『アメリカにおける学校評価の理論的、実証的研究』第一法規出版、1994. 田中統治「カリキュラム評価による学校改善の方法」中留武昭・論文編集委員会編『21世紀の学校改善』第一法規出版、2003.

カリキュラム開発・改善

→学校改善のための評価，マネジメントサイクル（PDCA）

【語義】　カリキュラム開発（curriculum development）は，教育の目標の達成（到達）をよりシステム的なものとしてとらえることによって，学問（教科）の内容・方法と子どもの学習の体験とを組織化する活動を意味する。

【経緯】　1950年代のR. W. タイラーやH. タバらの古典的モデルにおいては，そのシステムは，目標の明確化に始まり，内容の選択・組織化，経験の選択・組織化，結果の評価というプロセスに開発の重点が置かれた。しかし，こうしたカリキュラム開発の枠組は，60年代のアメリカのカリキュラム改革運動の時期に新カリキュラム運動として展開し，さらに「学問中心カリキュラム」を超えて，70年代の学習者に基礎を置いた「人間中心カリキュラム」へと引き継がれるなかで発展してきた。その後，70年代のOECD/CERIによる国際的な「学校主体のカリキュラム開発」では，開発主体を学校に置き，教師の研修をベースにした開発に重点が置かれるようになった。80年代になると学校改善研究と実践が活発になり，90年代からの国際的な分権化を背景とする「自律的な学校経営」（school based management）実践とがあいまって，カリキュラム開発はシステム体系のさらなる拡大を遂げるとともに，学校の「改善」を志向したカリキュラム開発をめざして今日にいたっている。いずれの場合も，国際的にも大きな教育改革の節目ごとに必ず現れてきているのがカリキュラム開発の研究と実践である。

【課題】　国際的にも活発なカリキュラム開発と研究の流れの中で，わが国では，1998（平成10）年の中教審答申「これからの地方教育行政の在り方」による「学校の自主性・自律性」と，同年の教課審答申による「教育課程基準の大綱化・弾力化」とがワンセットになった。これを契機にして国際的な動向も踏まえながら，日本型のカリキュラム開発として，「カリキュラムマネジメント」の実践と研究とが台頭し始めてきた。

カリキュラムマネジメントは，基本的にはそれまでの「教育課程経営」の考え方を踏まえながら，カリキュラムの目標・内容，方法の系列とそれを支える条件（4M）との対応関係をマネジメントのサイクル（P—D—S）ごとにとらえて，カリキュラムをつくり，これを動かし，変えていく動態的な営みのことである。最近の研究では，カリキュラムマネジメントを動態化していく際の要因として，組織構造（体制）の改革よりも，むしろ組織文化を中心にした学校文化のあり方が影響力をもっていることなどが解明されてきている。

カリキュラム開発には，これを促進するこうした諸要因の解明研究（例えば，カリキュラムマネジメントを促進するリーダーシップなど）が，学際的な研究方法の開発と合わせて重要なテーマとして期待されている。わが国ではこれまで，カリキュラム開発の実践はきわめて乏しかっただけに，「総合的な学習の時間」の導入を機に，この時間のカリキュラムマネジメントが具体的なカリキュラム開発の課題として注目されている。

カリキュラム開発の主体という点では，これまでのカリキュラムマネジメントが各学校に基盤を置いてきたこととかかわり，国の基準としての学習指導要領の一層の大綱化が新たな課題となっている。さらに，地方における公的基準としての新しいカリキュラム開発など，学校を支援すべく新たな開発の文脈においても，課題は大きい。　　　　　　　　　　　（中留武昭）

[参]　今野喜清『教育課程論』第一法規出版，1981．
中留武昭・田村知子『カリキュラムマネジメントが学校を変える』学事出版，2004．

顕在的カリキュラムと潜在的カリキュラム

→カリキュラムマネジメント，カリキュラム開発・改善，学校改善のための評価

【語義】　カリキュラムの概念を「学習者が学校において習得する経験の総体」という広い概念と把握した場合，それは「顕在」—「潜在」という対の形で類型化できる。基本的にこれは教育の機能とかかわっており，前者は知識や技能を意図的，かつ計画的に伝える機能であるのに対して，後者はものの見方や考え方などに，非意図的，不可視的に影響を及ぼし，方向づける機能である。こうした2種の教育機能は，そのまま前者を「顕在的カリキュラム」，後者を「潜在的カリキュラム」という区分に対応させることができる。顕在的カリキュラムの経営は，学校の教育目標を具現化するために，カリキュラムの内容・方法の系列とそれを支える条件整備の系列とを，マネジメントサイクル（P—D—S）を通すことによって，カリキュラムをつくり，これを動かし変えていくことが可能なカリキュラムマネジメントにかかわることである。

これに対して潜在的カリキュラムの経営は，教師・子ども間の人間関係や，学校・学級や授業などから生成される，目には見えにくい雰囲気，風土，伝統，文化，さらには無意図的なコミュニケーションなどを通して，結果的に一定の価値観や規範，態度などを形成することにつながる。この潜在的なカリキュラムは，日常の授業レベルでの教師と子どもの間，子ども相互の間，学校レベルでの教師集団のもつ組織文化や施設・設備が生み出す物的環境，保護者と学校との関係などのレベルで生起し，子どもが無意図的に影響を受け，学習する価値に関連するものである。また，マクロレベルでは，潜在的カリキュラムとは政治的，文化的に，社会の階層構造の再生産に機能するものである。さらに，教育の義務化が浸透した社会では，教育＝学校観によって，子ども自らが学ぶ力を衰退させることになるという批判も出ている。

いずれにせよ，潜在的カリキュラムについてはその内容，対象は論者によって多様であるが，顕在的カリキュラムは，潜在的カリキュラムをタペストリーとして前提に置くことによって，機能がより明確になり，より優れた機能を果たすものとなる。また，双方は相補関係にあることを想定したうえで，カリキュラム開発をすることが重要である。

【課題】　顕在的カリキュラムと潜在的カリキュラムとが実践的，研究的にも課題となってきたのは，最近の学校改善研究など一連の教育改革と関連するからである。つまり，学校改善・改革の成果が期待するようにならない原因の1つに，潜在的カリキュラムの存在が問われ始めてきたのである。例えば，学校改善のために組織体制（ストラクチュア，校務分掌等）を変えても，組織文化（カルチャー）が変わらないと改善はうまく機能しない（中留武昭，1998，2005）。組織文化（潜在的カリキュラム）を含んだ潜在的カリキュラムには，ネガティブな文化とポジティブな文化とがあって，学校改善のためには，そのネガティブ性をポジティブ性に変えながら組織体制（顕在的カリキュラム）に合わせて変えていく必要性があるという知見がそれである。いずれにせよ，カリキュラムマネジメントを効果的に実現していくためには，潜在的カリキュラムの実態を見える形においてつかみ，あわせてネガティブな潜在的カリキュラムを変換可能な文化へと変えていく方法を開発していくことが必要になってくる。

（中留武昭）

[参] 中留武昭『学校文化を創る校長のリーダーシップ—学校改善への道』エイデル研究所，1998．安彦忠彦編著『新版カリキュラム研究入門』勁草書房，1999．中留武昭編著『教育課程行政とカリキュラムマネジメント』教育開発研究所，2005．

ナショナル・カリキュラムと学校・地域カリキュラム

→カリキュラム評価

【語義】 ナショナル・カリキュラムとは，広義には国家レベルで作成，制定された学校教育のカリキュラム（教育課程）を指す。国家レベルのカリキュラムであるため，各学校で実施されるカリキュラムの基準に当たるものとなる。日本では現在，学習指導要領がナショナル・カリキュラムとしての機能を果たしている。

この場合，ナショナル・カリキュラムのもとで編成される学校レベルあるいは地域レベルのカリキュラムが学校・地域カリキュラムである。日本ではナショナル・カリキュラムとしての学習指導要領に基づいて地方教育委員会が独自に教育課程の基準を定めており，これが地域カリキュラムに当たる。また各学校はこれらの基準に基づいて実際の教育課程を編成しており，これが学校カリキュラムに当たる。

他方，狭義にはナショナル・カリキュラムとは，イギリスで1988年の教育改革法に基づいて作成された全国共通のカリキュラムを指す。イギリスでは同法の制定により，ナショナル・カリキュラムが導入された。

イギリスでナショナル・カリキュラムが導入される以前は，地方教育当局（LEA）が作成したガイドラインに基づいて各学校がカリキュラムを編成していた。ナショナル・カリキュラムは存在せず，各地域の基準に基づいて各学校が独自にカリキュラムを編成した。この場合，学校・地域カリキュラムとは，ナショナル・カリキュラムに代わる，学校レベルあるいは地域レベルで作成，制定されたカリキュラム（教育課程）を指すことになる。

ドイツでは，16州それぞれにおいて各州独自の教育課程の基準が設けられている。この州レベルでの教育課程の基準は，ナショナル・カリキュラムに代わる地域カリキュラムの一例といえる。

【ナショナル・カリキュラムの意義】 第1に，ナショナル・カリキュラムを国家基準とすれば，国内全域で共通した教育内容で教育活動を行い，その結果を評価することが可能になるということである。第2に，共通した評価をもとに学校間，地域間で教育の成果を比較することが可能になるということである。

例えばOECDにより2000年に実施された生徒の学習到達度調査（PISA）において成績の振るわなかったドイツでは，調査結果を受けて出された教育政策の中に，教育スタンダードの作成があげられた。教育スタンダードとは，全州に適用される，生徒の身につけるべき能力を示す枠組であり，ナショナル・カリキュラムの機能を果たすものである。これにより，州間格差の是正がめざされている。

またイギリスでは，ナショナル・カリキュラムに基づいて実施されるナショナル・テストの成績がリーグ・テーブルとよばれる学校番付として公表されており，保護者にとっては学校選択の際の重要な判断材料となっている。

【学校カリキュラム・地域カリキュラムの意義】 第1に，学校や地域の実情あるいは児童生徒の実態に即したカリキュラム開発を進めることができる。第2に，教員のカリキュラム開発に対する関心を高め，各学校におけるカリキュラム開発の力量を高めることができる。

これまでにも，学校に基礎を置くカリキュラム開発の重要性が指摘されてきた。各学校においてカリキュラムが開発されることにより，各教員の創意工夫に富んだ多様な試みを実現することができ，それにより授業の質を向上させることができる。

【歴史】 日本では現在，学習指導要領がナショナル・カリキュラムとしての機能を果たしている。とりわけ1958（昭和33）年以降，学習指

導要領に法的拘束力があるとされてからは、明確にナショナル・カリキュラムとしての性格を有することとなっている。

しかしながら戦後、1958年以前は学習指導要領はあくまでも手引きであり、必ずしもナショナル・カリキュラムとしての機能を果たしていたわけではなかった。この時期、埼玉県川口市の川口プランや広島県本郷町の本郷プランなど、地域教育計画がつくられた。これらの地域では、地域ぐるみで地域独自の教育課程をつくり上げた。これらはナショナル・カリキュラムに代わる地域カリキュラムの一例である。

2000 (平成12) 年の学習指導要領の改訂により、総合的な学習の時間が導入された。この時間に関しては各学校に裁量が与えられ、各学校が独自にカリキュラムを作成し、実施することができる時間となっている。学校全体のカリキュラムからいえば一部ではあるものの、ナショナル・カリキュラムに代わる学校カリキュラムの例である。

2001 (平成13) 年には、国の教育課程行政に関するセンターとして国立教育政策研究所に教育課程研究センターが設立された。各都道府県の教育センターも、各学校におけるカリキュラム開発を支援するために、カリキュラム・センターとしての機能を強化しつつある。

さらに、2002 (平成14) 年の構造改革特別区域法の制定により、構造改革特区を設けることができるようになっている。これにより教育分野においても、いわゆる教育特区が設けられている。このなかには学習指導要領の規制を緩和し、教育課程を弾力化する取組みもみられる。例えば、東京都品川区では教育特区として小中一貫教育に取り組むなかで、2006 (平成18) 年から独自の教育要領に基づいた教育課程を導入する。例外的ではあるが、教育特区での教育課程の弾力化における当該地域でのカリキュラムづくりも、ナショナル・カリキュラムに代わる地域カリキュラムの一例である。

【課題】 広義のナショナル・カリキュラムおよびそれに対応する地域・学校カリキュラムをめぐって次のような課題を指摘することができる。

第1に、現代社会の変容に伴って生じる新たな課題をどのようにナショナル・カリキュラムに取り入れるかという、ナショナル・カリキュラムの課題である。ナショナル・カリキュラムの場合、その改訂には多大の時間を要する。現代社会の変容に伴い次々に新たなテーマが生じてきている。そのなかには学校教育に早急に取り入れるべきテーマも数多い。こうしたテーマを迅速に取り入れていくための対応が必要である。

第2に、都道府県レベルで各学校のカリキュラムづくりを支援することのできる組織や体制を整備するという、地方教育行政の課題である。教育行政の地方分権化に伴い、各都道府県、市町村において独自の教育政策が進められてきている。各学校でのカリキュラム開発を支援するために、各地域でのカリキュラム・センターの機能の充実が求められる。

第3に、各学校においてカリキュラム・マネジメントの力量を高めるという、学校経営の課題である。ナショナル・カリキュラムが存在する場合でも、カリキュラムの編成は最終的には学校レベルでなされる。ナショナル・カリキュラムの枠組にあっても、組織マネジメントの中核をなすカリキュラム・マネジメントの力量を高めることによって、各学校は学校や地域の実情、児童生徒の実態に即した、学校に基礎を置くカリキュラム開発を実現することができる。

(柳澤良明)

[参] M.W.アップル、J.ウィッティ、長尾彰夫『カリキュラム・ポリティックス―現代の教育改革とナショナル・カリキュラム―』東信堂、1994. D.ロートン (勝野正章訳)『教育課程改革と教師の専門職性―ナショナルカリキュラムを超えて―』学文社、1998. 品川区教育委員会編『品川区小中一貫教育要領』講談社、2005.

研究開発学校

→カリキュラム評価，カリキュラム開発・改善

【語義】 教育課程の改善に資する実証的資料を得るために，学習指導要領にとらわれない教育課程を編成して教育研究開発を試みる学校を指す。学習指導要領の改訂に際して必要な資料を得るために，新しい教育課程や指導方法の開発を試みる制度であり，原則として3年を期間に文部科学省より指定される学校である。

【歴史と意義】 1971（昭和46）年に中央教育審議会の答申に盛り込まれた教育制度改革について，その実証的資料を得るためとして，1976（昭和51）年に創設された。その後，変遷をたどり，2000（平成12）年からは，それまで国が提示してきた研究開発の課題をめぐって，それぞれの地域の実情を踏まえ，特色ある研究を可能とするためとして学校や設置者が設定するとした。これまでの実績をみると，小学校における生活科の創設，総合的な学習の時間の導入，外国語の扱いを含む国際理解教育の推進，中学校における選択教科の創設，中高一貫教育の実施，高等学校の「福祉」「情報」の新設，などをあげることができる。

教育課程の基準性が厳格に運用されていた時代においては，この研究開発学校の制度が学校の裁量など"例外"を認める制度としてカリキュラム開発に役割を果たしてきた。しかし，教育課程の編成にあたって学校の裁量が大幅に認められたり，各学校の特色づくりが積極的に求められるなど，研究開発学校を取り巻く環境の変化に伴い，その存在や発信する情報のもつ意味も変わりつつある。すなわち，研究開発学校の果たすべき役割が教育課程の基準の見直しにあるとする基本的なねらいは従来どおりであるにしても，カリキュラムの編成についてさまざまな研究方法やアイデアを提供し，その開発に関心を喚起する役割を果たしつつあり，各学校におけるカリキュラムマネジメントに刺激を与え，活性化を図る役割を果たしつつある。

【課題】 小泉内閣のもとで研究開発学校は新たな事態を迎えることになった。2003（平成15）年の「教育特区」の設置である。同内閣は，規制緩和・地方分権による経済の活性化を図るとし，それぞれの地域に構造改革特区を設ける政策を打ち出した。その一環として教育の分野における教育特区が生まれた。この教育特区を申請し認められたもののなかには，ほとんどの授業を英語で実施したり（群馬県太田市），株式会社立学校の創設を図ったり（岡山県御津町），総合的な学習の時間を取りやめて別の教科の新設を図ったり（東京都品川区）するなど，学習指導要領のもとでは取り組むことができないカリキュラム開発の取組みが展開された。

このような例外的な取組みが，ほかにも認められる制度が生まれることによって，研究開発学校の存在意義や制度上の位置づけがあらためて問われている。すなわち，教育特区のもとの取組みと研究開発学校制度による取組みとの整合性をどのように図っていくかが課題となっている。また，各学校や地域からのボトムアップ型の研究開発を採用することによって，あらためて，国において求められる研究開発をどのように確保し進めていくかが課題となっている。

さらには，研究開発学校の成果をどのように評価し，教育課程の基準の見直しに反映させるか，研究開発学校の評価をめぐる手法およびシステムの開発が課題となっている。

（天笠　茂）

[参] 児島邦宏・天笠茂編『学校経営を変える管理職の条件2　柔軟なカリキュラムの経営―学校の創意工夫―』ぎょうせい，2001. 天笠茂編『特色ある学校づくりとカリキュラム開発4　学校間・学校内外の連携を進める』ぎょうせい，2004.

授業評価

→カリキュラム評価，児童生徒による授業評価，説明責任と学校評価

【語義】 授業評価とは，授業の工夫・改善を行うために，授業者である教員，学習者である児童生徒，あるいは授業を参観した参観者が，授業のわかりやすさや学習者の学習活動などの授業過程，授業を通してどのような力がついたかなどの授業成果について評価を行うことである。アンケートなどにより，学期中，学期末，学年末などに行われる。

【類似・関連した概念】 授業評価に類似した概念としては，授業研究および授業分析がある。授業研究とは授業を対象とし，授業のあり方を多面的に追究する研究全体を指すものであり，授業評価よりも広い概念である。授業研究には実証研究が含まれると同時に規範研究も含まれる。授業評価は授業研究の中でいえば，実証研究および規範研究のそれぞれ一部に属するといえる。

また授業分析とは，授業研究の1つの方法論である。授業という複雑な現象をできるかぎり事実に即して記録することで実証的データを蓄積し，そのデータに基づいて授業中に生起する諸現象の因果関係について解釈を加えることで，授業に関する客観的法則性を見いだそうとする研究活動である。授業評価によって授業分析に必要な実証的データを得ることができる。

他方，授業評価と関連の深い評価の概念として，カリキュラム評価および学校評価がある。カリキュラム評価とは，カリキュラム全体を対象とした評価のことであり，授業評価のほかに年間指導計画，教授組織，学習組織などの評価も含んでおり，授業評価よりも広い概念である。

また学校評価とは，カリキュラム評価よりもさらに広い概念であり，学校の教育活動全体を対象とした評価のことである。カリキュラム評価のほかに，学校教育目標や経営目標など学校組織に関する評価，学校と家庭・地域との関係に関する評価も含まれる。

【意義】 授業評価の意義としては，次の3点があげられる。第1に，教員は授業評価によって授業改善の視点や具体的な改善点を得ることができ，より質の高い授業づくりが可能になる。何よりも授業者である教員の教授活動が工夫・改善されることで，授業の質は向上する。授業者である教員自身，学習者である児童生徒，あるいは授業を客観的に把握しうる参観者による授業評価は，教員が授業改善の視点や具体的な改善点を得るうえで貴重なデータを提供することができる。

第2に，学習者である児童生徒の授業への興味・関心を高めることができる。授業評価の結果，授業の工夫・改善が進められることで，児童生徒にとっては授業がよりわかりやすくなり，授業内容や学習活動への興味・関心を高めることができる。

第3に，保護者，地域住民への説明責任の一部を果たすことができる。学校において授業は中心的な活動であり，授業の質は学校での他の活動にも大きな影響を及ぼす。授業改善が進み，授業の質が高まることは，児童生徒の学習活動の成果にも直接的に結びつくため，保護者，地域住民の関心は高い。授業評価により授業改善がなされることにより，教員の授業改善の取組みや成果を保護者，地域住民に示すことができる。

【方法】 次に授業評価の方法として，授業評価の主体，対象，手法について述べる。

❶主体：授業評価の主体には次の3つがある。第1に，授業者である教員自身である。授業を行った教員が授業後に自らの授業を振り返ることによって，授業の構成や進め方，児童生徒への働きかけなどについてとらえ直すことができる。第2に，学習者である児童生徒である。

授業を受けた児童生徒が授業を振り返ることによって，理解の程度やつまずきの箇所などについて気づくことができる。第3に，研究者，教育行政担当者，同僚教員，保護者，あるいは他のクラスの児童生徒など，いわゆる参観者である。授業者でも学習者でもない参観者が評価することによって，学習集団全体の学習活動などについて把握することができる。

❷**対象**：授業評価の対象には，次の2つがある。第1に，授業がどのように進められたかという授業過程である。一定時間内の授業者と学習者とのかかわり方などについて評価するということである。第2に，授業によってどのような成果が生み出されたかという授業成果である。児童生徒がどのような学びを進めることができたかについて評価するということである。

さらに，前者の授業過程の評価は次の3つの対象からとらえることができる。①授業者である教員の教授活動である。教員の教授活動は授業改善の中心課題である。②学習者である児童生徒一人一人の学習活動である。児童生徒の学習活動を通して，授業者の教授活動の課題を探るということである。③学習者である児童生徒を学習集団としてとらえた場合の，学習集団全体の学習活動である。一人一人の学習活動だけではなく，学習集団全体の学習活動からも，授業者の教授活動の課題を探ることができる。

❸**手法**：授業評価の手法には，おもに次の3つがある。第1に，評価者へのアンケートである。授業者，学習者，参観者が授業の目的などの各項目について，用意された尺度に基づいて回答することで，共通の項目についての評価を得ることができる。第2に，評価者による自由記述や討議である。気づいた点などについて自由に記述したり発表することによって授業についての評価を多面的に得ることができる。第3に，児童生徒への授業後のテストである。授業内容をどの程度理解しているかなど，おもに授業成果についての評価を得ることができる。

【**課題**】 授業評価の課題としては，次の4点があげられる。第1に，授業評価の意義や方法を，授業者である教員はもちろん，学習者である児童生徒，あるいは参観者などの評価者が十分に理解していることが必要である。授業評価の意義や方法を十分に理解していることによって，授業改善の視点や具体的な改善点を明確化しやすくなる。

第2に，授業評価の結果を効果的に授業改善に生かしていくことである。実際の授業はきわめて複雑な現象であり，同じ授業を再現することはむずかしい。その中から，何が改善のために必要かを明らかにする作業は容易な作業ではない。授業評価によって得られた実証的データから改善の視点や具体的な改善点を読み取ることが重要となってくる。時間と労力をかけて授業改善にまで結びつける作業が不可欠である。

第3に，単元評価からカリキュラム評価へと発展させていくことである。個々の授業評価を超えて，単元全体あるいはカリキュラム全体の評価へと発展させていくカリキュラム・マネジメントである。これにより，個々の授業の工夫，改善をより効果的に行うことが可能となる。個々の授業は単元やカリキュラムの枠組の中に位置づいているからである。

第4に，学校評価への発展である。授業評価，単元評価，カリキュラム評価は学校評価の中心に位置する評価である。学校は児童生徒の学力を保障し，説明責任を果たすために学校評価とのつながりを意識しなければならない。授業評価の結果を効果的に授業改善に生かすためには，学校の組織的取組みが不可欠となるからである。

(柳澤良明)

[参] 水越敏行『授業評価の研究』明治図書，1976．東 洋・中島章夫監修『授業技術講座／基礎技術編2 授業を改善する―授業の分析と評価―』ぎょうせい，1988．天野正輝『教育評価史研究―教育実践における評価論の系譜―』東信堂，1993．

児童生徒による授業評価

→授業評価,カリキュラム評価,説明責任と学校評価

【語義】 児童生徒による授業評価とは,授業者である教員が授業の工夫・改善を行うために,学習者である児童生徒が教員の授業について評価を行うことである。アンケートなどにより,学期中,学期末,学年末などに授業のわかりやすさや学習者自身の学習活動への取組みなどについて行う。すでに高等教育においては,学生による授業評価として広く定着してきている。初等教育や中等教育においても,都道府県レベルでの児童生徒による授業評価の導入が近年,広がりつつある。

【意義】 児童生徒による授業評価には次のような点で意義があるといえる。第1に,教員が授業改善の手がかりを得ることができ,よりわかりやすい授業づくりが可能になるという点である。学習者である児童生徒の立場からの評価により,教員は児童生徒の理解の程度やつまずきなどの箇所などを具体的に把握することができ,授業改善のポイントをより的確に知ることができる。

第2に,授業評価を通して児童生徒が授業に主体的にかかわることにより,児童生徒の授業への興味・関心が高まるという点である。児童生徒による評価の結果が授業の工夫・改善に生かされるとともに,よりわかりやすい授業になることにより,教員は児童生徒の授業に対する興味・関心を高めることができる。

第3に,授業評価の結果に基づいて,保護者,地域住民に対して教育活動に関する説明責任の一端を果たすことができるという点である。特に保護者は授業に対する関心が高く,授業の質が高まることに大きな期待を寄せている。保護者,地域住民が児童生徒による授業評価の結果とともに授業改善の取組みなどを知ることにより,学校教育に対する理解が深まり,信頼関係を強めることができる。

【現状】 児童生徒による評価は,すでに各都道府県で導入されている。例えば高知県では,土佐の教育改革の一貫として1997(平成9)年度から県内すべての公立小・中学校で導入されており,1998(平成10)年度からは県内すべての公立高校で導入されている。また東京都では,2002(平成14)年度から足立区のすべての公立小・中学校で導入されており,2004(平成16)年度からは墨田区でもすべての公立小・中学校で導入されている。同じく2004年度からはすべての都立高校でも導入されている。その他,香川県では2004年度からすべての公立高校で導入されている。

【課題】 第1に,授業のねらい,児童生徒による授業評価を実施する意義や効果をあらかじめ児童生徒にわかりやすく伝え,理解させるということである。授業評価の質を確保するために,なぜ児童生徒による授業評価が必要なのか,授業評価によって授業のどこがどう改善されるのかなどについて,児童生徒自身が十分に理解していることが不可欠である。

第2に,児童生徒による授業評価の結果を効果的に授業改善に生かしていくことである。児童生徒による授業評価が実施されても,その結果がその後の授業改善に生かされなければ児童生徒の授業評価への関心は減退し,授業評価が形骸化する。ただし,結果が十分に生かされるためには,結果の集約や分析などに相当な労力が必要となる。教員には,児童生徒からの評価を生かしていくための積極的な姿勢が求められる。

(柳澤良明)

[参] 日本教育方法学会編『子ども参加の学校と授業改革(教育方法31)』図書文化,2002. 浦野東洋一編『土佐の教育改革』学陽書房,2003. 宮下与兵衛『学校を変える生徒たち』かもがわ出版,2004.

教師の指導力の評価

→学級経営の評価，マネジメントサイクル（PDCA）

【教師の指導力】 教師の指導力とは，①教授能力，②生徒指導能力，③学級経営能力，④地域との連携能力，等からなるとするのが一般的である。特に生徒指導能力，地域との連携能力は今日においてはきわめて重要で，かつ複雑な内容を有するものであり，従来までの概念では整理しきれない要素を多く含むものである。しかしながら，教師の指導力とはこれらの総体として考えられるべきであり，教師の指導力の評価も今日的な新しい視点で行われなければならないといえよう。

❶**教授能力**：単に授業時間内で効率的に正確に知識技術を子どもに伝達する能力ではない。もちろんそれも大切ではあるが，児童生徒の今日的状況を考えるとき，多様な興味・関心をもち，学習意欲も家庭学習の習慣もまったく異なる子どもたちの違いに応じた，きめ細かな指導を行える能力こそが今日的な教授能力であろう。

1997（平成9）年の教育職員養成審議会第一次答申においては，変化の時代を生きる社会人に求められる資質能力としていくつか具体例をあげているが，なかでもコミュニケーション能力，自己表現能力（外国語のコミュニケーション能力を含む），メディアリテラシー，基本的なコンピュータ活用能力などは，教師の教授能力に直接的に影響をもつものということができる。

❷**生徒指導能力**：中学校と小学校では求められるものが異なる場合が多い。特に課題の多い中学校では，授業を成立させるために校則の遵守を目標にした生徒指導が行われている場合が多い。それに対して小学校では，生活指導的な側面が強い。小学校の生徒指導の問題点の1つは，担任の教師の基準によって指導が行われ，全校的な取組みになりにくいことがある。逆に中学校の生徒指導は，ややもすれば目に見えない校則というフレームを生徒に被せ，そこから逸脱している生徒をフレームの中に連れもどす作業（生徒管理）に終始している場合もある。

生徒の問題行動の背景には家庭環境の複雑さがあることが多い。そうであるならば一人一人の生徒の実情を配慮したきめ細かな生徒指導が行われる必要がある。ここで重要なことは，小学校の教師と中学校の教師が互いの生徒指導観を共有したうえで，児童生徒の実態に応じた生徒指導のあり方を工夫することである。換言すれば，小学校の教師と中学校の教師が協力して生徒指導にあたる，連携能力をベースにした生徒指導能力が求められているともいえよう。

❸**学級経営能力**：集団づくりの力である。子どもたちの家庭環境が複雑化し，価値観が多様化する現代であればこそ，一人一人の違いを認め合う仲間づくりが求められる。これまで特に中学校・高等学校の教員には，まず何よりも教科の指導力量（専門的知識）が求められ，学級担任能力の形成がおろそかにされてきたことも否めない。集団づくりを核にした学級経営能力をいかに育むかが大きな課題であり，また評価主体には，学級経営能力の核となる要素は何であるのかを具体的にする努力が求められるだろう。

❹**地域との連携能力**：これはまさに現代的課題である。学業不振の子どもは，家庭学習の習慣が身についていないことが多く，生徒指導は家庭と地域の連携がなければ実効を上げられない。学級経営も同様である。これらは以前から指摘されてきたことではあるが，目の前の子どもの指導に追われる教師にとっては，地域との連携はプラスアルファの仕事とされがちであった。しかし，地域（家庭）との連携が実はすべての基盤であり，年齢の離れた地域住民や保護者とも十分なコミュニケーションをとれる教師こそが，いま求められているのである。

4 教職員の評価

【評価の実際】 すでに述べたように,教師の指導力は多岐にわたり,また今日的な課題から要請される側面もある。したがって,それを評価するという行為も柔軟で多面的な視点からのものであることが望まれる。ここでは大阪府教育委員会の「教職員の評価育成システム」を参考に評価活動の実際を分析する。

大阪府の評価育成システムは,大阪府下のすべての公立学校教職員を対象に実施されている。システムの基本的手続きとしてP(計画)―D(実行)―C(評価)―A(改善)のサイクルを踏まえて,①個人目標の設定,②目標達成に向けての取組み,③目標達成状況の総括,④改善点の整理・次年度への反映,の4段階から構成されている。

①の個人目標の設定では,学校教育目標等の組織目標を踏まえ,各自が取り組む目標を設定して自己申告票を作成し,支援者(被評価者が教頭の場合は校長,教諭・養護教諭・事務職員・栄養職員の場合は教頭)経由で育成者(被評価者が校長の場合は教育長,その他の教職員の場合は校長)に提出され,それをもとに育成者と面談を行い,設定目標が決定される。

②の目標達成に向けた取組みでは,目標の進捗状況を自己点検し,自己申告票に追記して支援者経由で育成者に提出し,目標を変更する必要が生じた場合は,育成者と話し合いがもたれる。

③の目標達成状況の総括では,目標の達成状況を自己評価し,自己申告票を完成させて支援者経由で育成者に提出する。

④の改善点の整理・次年度への反映では,育成者との面談の場で,評価の結果について育成者から説明がある。

このシステムでは評価者,被評価者のほかに支援者を明確にし,評価システムの公開性と透明性に留意しているところに特徴がある。評価活動において最も重要なことは,評価は被評価者の職能成長に資するために行われるという認識を共有することである。現状では,評価は個人を点数化し,序列化することという認識をもつ教職員も少なくない。言うまでもなく教育活動に評価は不可欠であり,教師は日々子どもを評価しているといっても過言ではない。その教師が評価されることを嫌い,警戒するという状況は,今日の学校教育における評価が子どもの成長に資するためのものというより,子どもを点数化し序列化するものになっていることを逆説的に示しているといえよう。

評価が,個人の職務能力を向上させるためのものであるためには,大阪府の評価育成システムにみられるように,まず評価プロセスが公開され透明性を有することが必要である。年次計画(個人目標)の策定段階から改善点の整理,具体化まで,被評価者と評価者が協力して行うことも重要である。

【課題】 教師の指導力の評価に関しては,まず指導力をどうとらえるかという課題がある。子どもを取り巻く環境が大きく変化する現代においては,特に地域・家庭と連携を進める能力が重視される。それを評価する場合には,評価者にその重要性の認識と具体的なイメージがなされていなくてはならない。次に,東京都をはじめいくつかの自治体では高校教員に対する生徒の授業評価を導入しているところがある。生徒の評価をもとに作成されたレーダーチャートから自らに不足している点を認識し改善に努める,という活動があるが,これが成果を上げるためには,前提として生徒と教師の信頼関係が築かれていなければならない。大阪府の評価育成システムにおいても,校長と教職員の信頼関係がなければ効果をあげることはむずかしい。そのための第一歩は,評価は被評価者の職能成長に資するものでなければならない,という原則を共有することであろう。　(西川信廣)

[参] 大阪府教育委員会『教職員の評価・育成システム手引き』2005. 長尾彰夫・和佐真宏・大脇康弘編著『学校評価を共に創る』学事出版, 2003.

教師の人格評価

→教師の指導力の評価

【語義】 教師の人格とは，教師の力量を構成するとされるいくつかの要素，例えば経営能力，教授能力，生徒指導能力等の要素の1つである人格性をいう。具体的には「人間として謙虚であること」「子どもと共感できること」「誠実であってユーモアを解すること」等がそれである。人格評価とは，それらの「訓育的」要素を豊かにはぐくむために資する評価の取組みをいう。

【経緯と現状】 戦後のわが国の教師の専門的力量をめぐるさまざまな研究においては，例えばそれらを，「経営能力」「教授能力」「生徒指導能力」等に区分して考察することが多かった。「人格（性）」は大きく「訓育的力量」とまとめられることもあったが，その場合も教師の人格（性）は，「誠実さ」「教師としての使命感」「柔軟性」等々の通俗的な言葉で表現されることが多く，伝統的教師像から新しい時代の教師像へと発展的に研究対象とされることは少なかったといえよう。

わが国では明治期の森有礼が教師としての資質として示した「順良」「親愛」「威重」を基本とする聖職論的教師像から脱却すべく，さまざまな教師像が描かれてきた。ときには教師の専門性を否定する教師労働者説までもが主張されることもあったが，近年では教師の専門性を子どもや地域との関係性のうえでとらえ直し，近代的な教師像を構築する試みもなされている。

しかし，教師の人格（性）は依然として，「使命感」や「誠実さ」といった言葉で語られることが多く，それらを「評価」するという行為は"誠実"な評価者にとっては不可能なことであり，そのような評価を強行することは特定の教師像に誘導することになり，結果として管理的評価につながるとして敬遠されてきた。つまり教師の人格は評価できない，という結論にいたる場合もあったのである。

【課題と展望】 教師の，あるいは教師に求められる人格とは何であるのか，という問いに対する答えはさまざまである。例えば，大阪府教育委員会発行の2006（平成18）年度公立学校教員募集リーフレットには府教育委員会が求める人物像として，「豊かな人間性（何より子どもが好きで，子どもと共感でき，子どもに積極的に心を開いていくことができる人）」「開かれた社会性（保護者や地域の人々と相互連携を深めながら，信頼関係を築き，学校教育を通して家庭や地域に働きかけ，その思いを受け入れていく人）」をあげている。ここでいう「豊かな人間性」は，不易な資質ということができるが，「開かれた社会性」は流行，つまり時代が求める人間性（人格）ということもできる。つまり，教師に求められる人格も時代によって変化する側面もあるということである。家庭環境や地域の実情が従来にまして複雑，かつ多様になっている現代においては，特定の考えに縛られない柔軟な思考ができることが重要なのである。

そのような「人格」を「評価」するときに注意しなければならないことは，特定の人格を想定し，あるいは理想化してそれを規準に教師の人格を比較することではない。個々の教師が，地域と子どもとの関係性の中で自らの行動を相対化し，高い道徳性（善悪を判断し，善行を行おうとする心）を身につけるためにどのような出会いと研鑽を自主的に進めるべきかを，評価者と個人が協力して模索する行為自体が人格評価といえるものとなる。評価は，常に被評価者の成長に資するものでなければならない。教師の人格評価とは，教師自身が自らの成長のために必要な権利的評価の側面も有するものであるといえよう。

(西川信廣)

[参] 長尾彰夫編『教育評価を考える』ミネルヴァ書房，2000．

教師の勤務評定

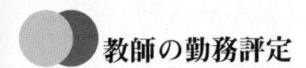

→教師の指導力の評価，教師の人格評価

【語義】 勤務評定とは，職員の勤務実績（割り当てられた職務と責任を遂行した実績）と職務遂行に関連してみられた職員の性格，能力，適性等を公正に評価し，これを記録することをいう（人事院規則10-2〔勤務評定の根本基準〕第1条，2条）。その目的は，人事管理に必要な職員に関する資料を提供することによって，情実を排した公正な人事行政を行い，職員の執務能率の発揮および増進に寄与することにある。

【制度と内容】 公立学校教員の勤務評定に関する法的枠組は，地方公務員法で定められている。同法第40条第1項は，「任命権者は，職員の執務について定期的に勤務成績の評定を行い，その評定の結果に応じた措置を講じなければならない」と定めている。勤務評定の導入は，職階制とともに戦後の公務員法制に取り入れられた科学的人事管理の重要な要素であり，近代公務員制度の基本原則の1つである成績主義（メリット・システム）に基づくものである。人事管理が能力に基づいて公平に行われることによって，職責に見合った有能な職員を配置し，その能力を最大限に発揮させ，職務の能率的な執行を確保することが可能となる。人事管理を常に適切かつ公平に行うためには，客観的事実に基づく科学的な方法により職員の勤務成績等を的確に把握することが不可欠であり，勤務評定はそのための1つの手段として行われるものである。

勤務評定の具体的な内容や方法は，各都道府県教育委員会の判断に基づき決定されるが，おおむね，①学級経営・学級指導などの「職務の状況」に関すること，②指導力・責任感などの「特性・能力」に関すること，③勤務態度や欠勤などの「勤務状況」に関することなどの項目を設けて評定を行い，その結果を管理職登用その他の人事異動，研修対象者の選考，昇給等の給与等に活用することとされている。勤務評定には，定期評定（毎年一定の日に実施），臨時評定（特に必要と認められる職員に対して実施），条件評定（条件付採用期間中の職員について正式任用に先立って実施）がある。

【新たな教員評価】 教員に対する勤務評定は，1956（昭和31）年の地方教育行政の組織及び運営に関する法律の制定により，県費負担教職員の勤務成績の評定は，都道府県教育委員会の計画のもとに，市町村教育委員会が行うものと定められたのを期に実施されることになった。これに対し，教職員組合が反対し，いわゆる勤評反対闘争が展開され，勤務評定の結果を人事に反映させない慣行が一般化し，勤務評定は形骸化していると指摘されてきた。

近年，指導力不足教員や学級崩壊等の問題が顕在化するなかで，新たな教員評価制度の構築が課題となった。東京都教育委員会は，2000（平成12）年4月から，それまでの勤務評定に代わる新たな制度として自己申告制に基づく能力開発型人事考課制度を導入した。人事考課とは，職員の職務にかかわる業績，能力，意欲などを客観的，継続的に把握し，評価することによって，その結果を任用・昇級などの人事管理に反映させる仕組みである。この制度では，被評定者が自分の職務にかかわって年度内に到達すべき目標を設定して申告し，さらにその目標への到達度を自己評価するといった過程を通して評定者の評価・評定が行われる。評定者と被評定者との双方向的な仕組みの中で評価・評定が行われることになり，双方の意思疎通のもとで評価結果が，その後の職務の改善やモラールの向上につながることが期待されている。

(北神正行)

[参] 東京都教育職員人事研究会編著『東京都の教育職員人事考課制度』ぎょうせい，2000.

管理職のリーダーシップの評価

→説明責任と学校評価

【管理職のリーダーシップ】 管理職に求められるリーダーシップの意味・内容については、論者によって多様であるが、共通する要素の1つに「問題解決能力」がある。単に与えられた問題を処理する能力ではなく、問題を発見し、具体的に解決していく能力である。問題とは理想と現実との間に存在するギャップ・落差であり、課題として意識されるものである。いうなれば、現状分析から将来を見据えた問題解決能力である。これは、見方を変えれば、組織を経営する力そのものだといえる。

経営とは、組織目標やビジョンとそれを達成するための戦略を設定し、その実現のためにヒト、モノ、カネ、情報などの経営資源を調達して、それぞれがもつ機能を生かすことで、組織を通じて目標やビジョンを達成しようとする計画的で継続的な行為である。これまでの学校にはこうした経営を成立させるほどの権限は与えられていなかった。しかし、現代の学校経営改革では自律的経営の実現に向けて学校の裁量権限の拡大が図られ、そのもとで特色ある学校づくりを通した信頼される学校づくりが経営課題とされている。こうした新たな経営環境の中で、学校管理職に求められるリーダーシップにもその変容がみられるといえる。

【管理職の評価】 わが国ではこれまで、管理職としての資質・能力や専門的力量については、教師としての指導力量を土台に、その上に学校組織の維持管理を行う管理者としての力量が強調されてきた。しかし、学校の裁量権限の拡大が提唱され、自律的学校経営の遂行が求められる環境においては、定められたことを間違いのないように維持管理するだけでなく、自ら学校づくりのビジョンを考え、教職員・保護者・地域住民・行政と協働しながら職務を遂行する経営者としての力量が必要になる。

こうした点から、これからの学校管理職の評価を考えれば、役割変容に対応した評価のあり方が構築されなければならない。すなわち、これまでの指示待ちの経営から、創造し変革する経営を担う管理職としての能力であり、学校関係者による多面的な評価が必要となる。例えば校長の責任のもとで策定される学校ビジョンは保護者、地域住民にとっては学校としての公約であり、その実現の度合いや有無を評価する学校評価は、管理職の経営能力の評価でもある。学校評価への保護者、地域住民、学校評議員の参画という方法を活用した評価が考えられるといえる。また、香川県では「市町村教育委員会が校長の勤務評定を行う際、教職員調査票の教職員の校長に対する意見を参考として活用する」という方針のもと、教職員による校長評価を実施している。そこには、校長の資質向上や学校の活性化に生かすという目的のもとで、校長の能力評価として3つの観点が示されている。

第1は、校長として、将来を見据えたビジョンや目標を明確にもち、リーダーシップを発揮しながら、教職員の意欲を高めるとともに、主体的な取組みを引き出しつつ、学校を組織として効果的に運営する能力としての「管理・統率力」である。第2は、校長として、必要な知識・識見を有し、教職員の資質・能力を高めるために、指示や指導助言を適切に行うなどして、教職員の成長を促す能力としての「指導育成力」である。第3は、学校の責任者としての強い使命感をもち、学校内外への説明責任を果たすとともに、課題の解決に向けて、関係者などとの調整を図ったり、教職員に適切な指示を与えるなどして、校務を円滑に遂行する能力としての「職務遂行能力」である。（北神正行）

[参] 小島弘道『21世紀の学校経営をデザインする（上・下）』教育開発研究所、2002.

教員養成の評価

→教育実習の評価，自己点検・自己評価，FD／SD

【背景】 教員養成は，文部科学大臣による課程認定を経た認定課程をもつ課程認定大学等（短期大学その他の教員養成機関含む）が行う。一方，それら国公私立大学，短期大学および高等専門学校等は，教育研究の水準の向上に資するため，教育研究，組織運営および施設設備の総合的な状況について7年以内ごとに文部科学大臣が認証する評価機関の実施する評価を受けることが義務づけられている。さらにいえば，評価機関が行う外部評価の実施プロセスにおいては，大学の自己評価が前提として求められるといえる。すなわち今日，教員養成の評価を求められる大学等，諸教育機関は，設置認可と教員養成の課程認定という最低限の条件に関する事前評価を前提としながら，各大学等の教員養成機能の規模と形態に応じた自己評価と，さらに第三者機関による外部評価を経て，これらの評価結果を公表するという制度的な状況が指摘できる。

【内容】 教職課程の実際の管理や運用は，それぞれの大学・学部の研究・教育において，教員養成がいかなる比重をもっているかによって異なるといえる。目的養成系大学であれば，教員養成は研究・教育の中心的な機能である。そのためカリキュラム全体が教員養成のカリキュラムとしての整合性や系統性を求められる。一方，一般大学・学部は教員養成を研究・教育の中心として位置づけていないとしても，教職を希望する学生に適切なプログラムが提供されているかどうか評価される必要があるといえる。また，私立大学などでは，教職課程を中心的に担う教職センターを設置しているところもあり，そのような大学では教職センターの機能や組織の評価という側面も生じてこよう。いずれにしても今日の大学・短大等が求められる自己評価の観点から教員養成も評価される必要があるといえる。

【課題】 個人および団体の研究や提案を除けば，必ずしも統一的な評価があるわけではないが，共通的な課題は指摘できよう。1999（平成11）年12月の教育職員養成審議会第三次答申「養成と採用・研修との連携の円滑化について」では，大学等の課題として，カリキュラムの体系性の確保，教員養成カリキュラム委員会の設置，教職課程のモデルカリキュラムの開発研究，シラバスの充実，FD（ファカルティ・ディベロップメント）や授業評価の実施，教育業績評価，附属学校との連携，任用等の現職教員との交流，教育実践に関する研究会等の組織化，大学院の充実等が指摘された。また，2001（平成13）年11月の「国立の教員養成系大学・学部の在り方に関する懇談会」による「報告」においても，教員養成カリキュラムの体系性やモデル性が問われた。また「創意工夫」のために「授業内容（目的・目標，範囲，レベル）および方法」「学生が習得すべき知識・技術の内容」「成績評価の基準と方法」について学内の教員間に一定の指標を共有することを提起し，さらに評価システムの確立の必要性について指摘されている。これら答申等において指摘される課題は，各機関の状況に応じて異なるが，評価の領域や項目を設定するうえで基本的な事項といえる。

今日の教員養成は，教育実習以外にも，介護等体験，フレンドシップ事業，放課後学生チューター事業など，外部機関との連携・協力が一層求められている。すなわち，外部からは評価を求めると同時に，評価によって連携・協力の課題を明らかにして，一層の改善を図っていくことが重要といえる。　　　　　　　（加藤崇英）

[参] TEES研究会編『「大学における教員養成」の歴史的研究―戦後「教育学部」史研究―』学文社，2001.

教育実習の評価

→教員養成の評価, 自己点検・自己評価

【範囲】 教育実習の評価という場合、狭義には、実習学生が実際に教壇に立ち、教員と同じ職務を体験しながら指導教員から指導を受けるという実習校における一連の内容に加えて、事前指導および事後指導(教育実習の単位数には、教育実習に係る事前および事後の指導の1単位が含まれる)も含めた実施内容の評価といえる。一方、広義には、当該の大学等の教育機関における学生の在学期間において提供される教育実習のプログラムの全体を対象とし、また学生の履修するカリキュラム全体との関係をも踏まえながらなされる評価といえる。

教職課程そのものの管理や運用は各大学において異なるといえるが、当該大学・学部の研究・教育において、教員養成がどれだけの比重をもっているかによって教育実習の評価も異なってくるといえよう。例えば目的養成系大学であれば、教員養成は研究・教育の中心的な機能として位置づいており、カリキュラム全体との整合性や系統性の中に教育実習が位置づくことで評価されるということができる。この場合、前述の広義と狭義の両面において教育実習の評価が求められるといえる。一方、一般大学・学部では、必ずしも教員養成を研究・教育のメインとして位置づけていないとしても、教職を希望する学生に適切なプログラムとして教育実習が提供されているかどうかという観点から評価される必要があるといえる。よって、まずは前述の狭義の教育実習の評価が求められるといえよう。なお、いずれの評価観に立つにしても、今日の大学・短大等が求められる自己評価の観点から教育実習の評価も構想される必要があるといえる。

【内容】 例えば、拠点校として多くの学生を受け入れる実習校の場合は、受け入れ側の学校・教員および実習学生が混乱しないような体制が整えられる必要がある。オリエンテーション(心構えや学校生活のルールなど)、HR学級、生徒指導、教科書・教材、各教科の範囲や方針、実習生の施設利用(印刷など)、実習生の提出物(指導案やレポートなど)などである。また、事前・事後指導は、その中身として、授業の観察や設計、機器の利活用などがあげられる。これら具体的なプログラムや体制の項目について、準備が整えられているか、意義や理解をもって取り組まれているか、満足できる内容となっているかなど、実習校の指導教員、大学・学部の指導教員および実習学生からの評価アンケート等が必要となろう。また昨今は、教育実習以外にも、介護等体験やフレンドシップ事業、放課後学生チューター事業なども課題である。すなわち子どもや高齢者あるいは障害者など支援を必要とする人とのふれあいの機会をより充実した内容にすべく、関係機関と連携・協力し提供していくという課題もある。

【課題】 これらの評価は、教育実習が責任をもって実施されていることを示すだけにとどまらず、今後の改善に資するものといえる。例えば、事前・事後指導は、学生が日ごろ学んでいる専門科目・各教科教育法・教職専門科目等の「理論」と実際の教育場面としての教育実習という「実践」をつなぐ役割を果たしているかが問われよう。また近年は、基本的な側面(実習への心構えや態度、髪型や服装、時間を守る、レポートの提出など)で教職に対する心構えや意欲が低下している学生の存在もよく指摘されるところである。教育実習の評価は、上記のような課題を改善するために必要な資料ともいえる。

(加藤崇英)

[参] 鈴木慎一・仙崎武編著『教育実習―教育実地研究―(教職課程講座第8巻)』ぎょうせい, 1990.

教育の評価

→認証評価制度, アカウンタビリティ, 自己点検・自己評価

【語義】 大学教育全般に関する価値の判定を指す。授業, 実験・実習, 論文指導など, 教育の内容および方法にかかわる評価以外に, 教育の成果にかかわる評価を含めた総称として教育の評価が使用される場合がある。

【経緯】 教育の評価はしばしば教育の改善に資するものとして表明され, 学生の「学力」の変化をモニターする形成的評価などの手法が開発されている。評価を担当する組織には, 非政府組織である JABEE（日本技術者教育認定機構）があるが, 文部科学省の「特色ある大学教育支援プログラム（特色 GP）」「現代的教育ニーズ取組支援プログラム（現代 GP）」も, 大学教育の優れた取組みを選定し, 資金配分する方式により, 教育の評価を部分的に担っている。

だが, 教育の評価の組織的な実施に大学を動員している直接的な契機は, 学校教育法の改正により 2004（平成 16）年度から施行が義務づけられた, 文部科学大臣が認証した者（認証評価機関）による第三者評価制度である。認証評価機関としては大学基準協会, 大学評価・学位授与機構, ㈶日本高等教育評価機構, 短期大学基準協会が文部科学大臣からの認証を受けている。

大学設置後の質の保証は自己点検・自己評価など各大学の自助努力に委ねられていたが, 第三者評価制度の導入により, 対外的なアカウンタビリティが大学に課せられるようになった。

【課題】 しかし, 大学教育にいかなる価値があるのかは, 一義的に定められる事項ではない。経済生産性や労働市場に輩出する人材形成に対し, 大学教育がいかに寄与しているのかは, 教育学・社会学・経済学の重大な争点となってきたが, 未解決のままになっている。（村山詩帆）

[参] 山野井敦徳・清水一彦編著『大学評価の展開』東信堂, 2004. 矢野眞和『教育社会の設計』東京大学出版会, 2001.

研究の評価

→自己点検・自己評価, 認証評価制度

【語義】 個々の大学教員が個別に行う研究活動, 研究開発プロジェクト等を通して生産される知識の価値にかかわる質的・量的な判定を指す。

【経緯】 研究活動はこれまでも大学の諸活動において教員の採用・昇任を決定する最も重要な要素であり, 学術誌の掲載論文, 科学研究費補助金の獲得はピア・レビュー（同僚評価）の対象であった。だが近年, 1991（平成 3）年と 1999（平成 11）年の 2 度にわたる大学設置基準の改正を経て自己点検・自己評価が義務づけられ, 2002（平成 14）年には文部科学大臣の認証を受けた第三者評価機関（認証評価機関）による評価を定期的（大学は 7 年以内）に受けることが義務化された（学校教育法第 69 条および同法施行令第 40 条）。

認証評価機関である大学評価・学位授与機構の分野別研究評価の項目には, 「研究内容および水準」「研究の社会・経済・文化的効果」がある。前者の研究内容・水準の評価は, 科学の発展に対する研究論文の貢献を示す指標としてインパクトファクター（impact factor）などを代替的に利用できるが, 後者のいう研究の各領域に及ぼす効果については, 容易に測定・評価できるものではない。

【課題】 E. ショーファーらは, 科学研究の拡大が環境科学等の応用科学分野の増大を伴っているため, 科学研究の生産量は国家の経済成長にむしろ負の影響を及ぼしていることを, 国際比較を通して明らかにした。第三者評価制度が大学に課した研究の評価は, きわめて検証の困難な課題を突きつけている。（村山詩帆）

[参] Schofer, E., Ramirez, F.O., Meyer, J.W. (2000) "The Effects of Science on National Economic Development, 1970 to 1990", *American Sociological Review*, Vol.65. 山野井敦徳・清水一彦編著『大学評価の展開』東信堂, 2004.

社会的活動の評価

→アカウンタビリティ，認証評価制度

【語義】 教育，研究，運営管理に含まれない，社会的な貢献が期待される諸活動の価値について判定する作用を指す場合が多いが，「社会的な貢献」は一義的に定めにくいため，社会的活動の内容は，公開講座，国や地方行政の委員会活動，地域プロジェクトへの参画，マスコミへの出演など，きわめて多岐にわたる。

【経緯】 大学による社会的活動は，欧米社会においては大学拡張運動の影響を受け，大学開放事業として展開されてきたが，日本社会の場合，大学紛争を契機として文部行政主導の大学公開講座が1970年代後半から普及したものの，欧米社会ほど体系化されていなかった。大学教員の採用や昇任に際しても，社会的活動が研究・教育にかかわる業績以上に重視されることは，ごくまれである。

M.ウェーバーは，大学教員が政治的立場，価値判断から自由であるべきことを主張したが，現代社会における知識生産の様式は，産業的・社会的な応用を目的としたものへと移行しつつあり，特定の私的利益団体に寄与すべきではないとする伝統的観念は後退している。

【課題】 社会的活動の評価には，大学や大学教員の私的利害に基づく諸活動を助長し，大学行政にとって第1の原理である「学問の自由」を脅かす可能性がある。学校教育法の改正によって第三者評価制度が導入された以上，社会的活動の評価は，多岐にわたる社会的活動がいかなる価値をもち，どの社会・集団に対するアカウンタビリティを果たそうとしているのかを判定するものでなければならない。 （村山詩帆）

[参] M.ギボンズほか（小林信一監訳）『現代社会と知の創造——モード論とは何か——』丸善，1997．M.ウェーバー（尾高邦雄訳）『職業としての学問』岩波書店，1936．山野井敦徳・清水一彦編著『大学評価の展開』東信堂，2004．

学内行政の評価

→認証評価制度，自己点検・自己評価，FD／SD

【語義】 学内行政とは高等教育全体にかかわる統治・国政作用に対し，個別大学における管理，運営，経営の総称，すなわち国の定める学校教育法，個別大学の定める関連規則のもとで公の目的を達成するための作用を指す。その作用の価値を判定するのが学内行政の評価である。

【経緯】 これまで大学行政の評価は，しばしば事務事業の自己点検・自己評価の意で使われ，大学のための行政評価とみなされてきたが，学校教育法の改正により，平成16年度から認証評価機関による第三者評価が義務づけられた。とりわけ国立大学法人の例では，学内行政の評価は，個別大学が文部科学省の認可を受けて定める中期目標・中期計画についての達成度を判定する役割を担当しなければならなくなった。

【課題】 米国行政学会では，業績測定を行政評価の中心に位置づけ，①アウトプット，②アウトカム，③効率性，④労働負荷，⑤サービス，⑥費用対効果を指標にしているが，これらは評価者の主観的判定を免れるものではない。日本の大学行政の場合，国立大学法人の運営費交付金に課せられた1％の効率化係数のような数値目標のほか，部局長等の主観的判定に委ねざるをえない事項も多く，学内行政の評価がリーダーシップの体系に影響を与える可能性がある。

第三者評価が義務化されて以降，学内行政への貢献を個人評価の対象とすることで教職員を学内行政に動員しようとする大学も散見しているが，そこには教職員間の利害対立を助長し，FD／SDに向けた教職員の協働を阻害するリスクがあるなど，課題は多い。 （村山詩帆）

[参] 米国行政学会・行政経営センター『行政評価の世界標準モデル』東京法令出版，2001．太田和良幸『大学マネジメントの理論と実際』黎明書房，2003．山野井敦徳・清水一彦編著『大学評価の展開』東信堂，2004．

自己点検・自己評価

→学校経営の自己点検・自己評価

【語義】　自己点検・自己評価とは，大学および学校などの教育機関が組織活動の改善や質向上を目的として，主体的かつ自律的に設定する評価基準に沿って点検・評価し，その結果を公表する営みである。

【経緯】　自己点検・自己評価という言葉が，わが国の教育機関における大学評価制度の基本として位置づけされるようになったのは，1990年代以降である。それまでは，大学評価および学校評価という言葉は，国や地方自治体の教育行政による教育機関自治に対する内政干渉，もしくは外部からの管理として，否定的なイメージをもって受けとめられる傾向が強かった。

大学や学校の評価という考え方は，第2次世界大戦後にアメリカから導入されたものである。教育機関に対して緩やかな設立認可手続き（チャータリング）で法人格を与えてきたアメリカの場合，大学や中等学校の教育水準は，教育行政以外の外部機関が定める基準に沿って適格認定（アクレディテーション）されるという制度を発展させてきた。そこでは，外部機関の認定基準に沿って，事前に当該教育機関がセルフ・スタディ（自己点検）を行うことが求められた。アメリカの歴史の中から生まれた大学評価および学校評価の制度と実際は，わが国に導入されてからは独自の発展を遂げることになった。

まず高等教育制度においては，国の教育行政による設置基準審査の制度が導入され定着した。そこでは，国による設置基準の審査は教育行政による教育機関の参入規制もしくは入口スタンダードの最低保証として位置づけられ，社会的に機能してきた。この過程で，大学等は設置基準をクリアする合理的行動を身につけてきた。

自主的に設定する評価項目を基本にした大学評価の考え方は，大学連合としての大学基準協会が導入した，会員相互による加盟判定審査によるピア・レビュー（同僚評価）の方法に担保されてきた。そして1970年代から80年代にかけて，大学基準協会は「自己評価」の考え方を核とした大学評価制度のあり方についての検討を進め，高等教育界にその必要性の認識を広める努力を続けた。

次に，初等・中等学校制度では，国や地方自治体の教育行政機関が作成する「学校評価の基準づくり」，あるいは学校単位の「自己評価の基準づくり」の動きから始まった。その後の途中の停滞期を経て，学習指導要領という教育目標・内容の国家スタンダードを評価基準として重視する学校評価の考え方と実際が広がった。また他方では，学校単位の経営評価サイクル（Plan-Do-See によるフィードバック評価）の中の自己評価を強調する学校経営評価の考え方も教育現場での発展をみた。

【最近の発展】
(1) 高等教育

高等教育の大衆化の成熟期を迎えた1980年代以降は，時代は教育の最低水準の維持・管理を目的とする一律の評価観から，個々の教育機関の自主・自律性を尊重し，特色や個性を多様に評価する考え方に変わり始めた。

その動きは，教育システムの規制緩和と大学自治としての評価を尊重した1986（昭和61）年の臨時教育審議会（第二次答申）から始まった。これを起点に，1991（平成3）年2月の大学審議会答申「大学教育の改善」の提言を受けて，同年6月には大学設置基準改正が行われ，そのなかに大学が自己責任のもとに自主・自律的に自己点検・評価を行う大学評価の制度が初めて盛り込まれた。

さらに，1998（平成10）年の大学審議会答申「21世紀の大学像と今後の改革方策について」においては，「各大学が自己点検・評価の

恒常的実施とその結果を踏まえた教育研究の不断の改善を図っていくことはもとより，さらに，より透明性の高い第三者評価を実施し，その評価結果を大学の教育研究活動の一層の改善に反映させる」とする多元的な評価システムの確立を提言した。この提言の趣旨は1999（平成11）年の大学設置基準改正に速やかに反映され，まず各大学には自己点検・評価を義務化した。さらに，評価結果の公表，そして当該大学職員以外の外部者による検証の努力義務を新たに追加した。

(2) **初等・中等学校**

　初等・中等学校については，自己点検・評価を基本とした学校評価の制度化は高等教育よりやや遅れた。自己点検・評価を基本とした自主的・自律的な学校評価制度化の動きは，1998年の中央教育審議会答申「今後の地方教育行政の在り方について」に始まり，そこでは教育目標・計画の達成状況等に関する自己評価の結果を，保護者や地域住民に説明する各学校の努力を求めた。

　この結果，2002（平成14）年には小学校設置基準と中学校設置基準が新たに制定され，そのなかに「当該学校の教育活動その他の学校運営の状況について自ら点検及び評価を行い，その結果を公表するよう努めるものとする」という条項が明記された。こうして戦後57年目にして，教育機関の自主・自律性を尊重した，初等・中等・高等教育を通して一貫した自己点検・評価のシステムが法制的には整備されることとなった。

【**課題**】　1998年の大学審議会答申で提言され，翌1999年の大学設置基準改正に盛り込まれた「外部者による検証」は，自己評価結果の客観性と妥当性を外部の目によって検証する外部評価として展開した。そのかぎりでは，当該大学が自律的に設定する評価項目に対する客観的な「自己評価」という考え方に立つものであった。

　しかし，「外部者による検証」は，英国で先行した第三者評価機関の大学に対する監査（オーディット）をモデルにした国主導の大学評価制度として展開を始めた。その端緒となったのが，2000（平成12）年の大学評価・学位授与機構の設置であった。同機構では，国立の大学や共同利用機関の教育研究活動の改善に役立てることを目的にして，教育と研究と全学テーマ別の3評価領域について第三者評価を試行的に開始した。評価の方法は，大学評価・学位授与機構があらかじめ用意した評価項目・基準に沿った大学の自己評価結果を審査するプロセス評価を採用した。すべてが初体験となった第三者評価の初回は，多くの大学関係者からの反発や懸念のなかで実行された。

　ほぼ同時期の2001（平成13）年には，文部科学省は構造改革プログラムとして「第三者評価システムの評価結果に応じた資金の重点配分」構想を公表した。これは第三者評価による資源配分・競争原理の導入という新たな大学評価システムの役割と可能性を加速させた。

　この延長線上の動きとして，2002年の中央教育審議会答申「大学の質保証に係る新たなシステムの構築について」では，弾力化した設置認可制度と連動させて，教育研究の質を保証する事後チェック式の第三者評価システムの提言を行った。これを受けて，翌2003（平成15）年には学校教育法改正により，すべての国公私立大学は文部科学大臣の認証を受けた評価機関が行う認証評価を受けることが義務づけられた。

　このように，大学評価の制度は，教育・研究・組織・運営・施設の総合的な状況について，当該大学の自己点検・評価と認証評価機関の第三者評価の二元の独立したシステムとして制度化されたが，その運用と成否についてはしばらく試行錯誤が続くものと思われる。

（池田輝政）

[参] 山野井敦徳・清水一彦『大学評価の展開』東信堂，2004．日本教育経営学会編『大学・高等教育の経営戦略』玉川大学出版部，2000．

FD／SD

→教育の評価

【語義】 FD は米国での始まりと展開が背景にある用語であり，大学教員の資質開発を意味するファカルティ・ディベロップメント（Faculty Development）の略称である。SD は英国での歴史と発展を前提にした用語で，大学教職員の資質開発を含むスタッフ・ディベロップメント（Staff Development）の略称である。

FD／SD をひとくくりにして使う場合には，大学教員が自主・自律的に行う専門職としての研修・研究活動を意味する。その研修・研究活動に想定される範囲は，専門職の具体的な課題のとらえ方に応じ，核となる教育・学習や授業に関する FD／SD 以外に，研究・社会サービス・経営業務などに関する FD／SD へと広がりをもつ。

英国の場合は SD の概念のなかに，大学職員が専門職をめざして行う自主・自律的な研修・研究活動が含まれている。これに対して，日本では，大学職員の専門職化を念頭においた組織的研修活動を意味する場合に，SD を単独で使うことが多い。

【変遷】 米国と英国では 1960，70 年代の大学大衆化の進展に伴い，そこに参入する大学教師ならびに学生の多様性が拡大し，大学教育における教師の教授能力の開発と向上が改革課題として認識され始めた。さらに 1980，90 年代には情報通信技術を利用したグローバルな教育・学習環境の革新も加わり，複雑で急速な外部環境の変化に対応する大学教師の教育専門職能力の向上を，いかに組織的にブラッシュ・アップするかの必要性が共有されるようになった。

日本では，米国や英国での FD／SD 運動については研究面でフォローされ，小規模ながら大学関係者の間で実践もされてきたが，教育現場ではその必要性の認識については 90 年代を通して希薄であった。国の政策レベルでは FD／SD の考え方が明確に受容されたのは，1998（平成 10）年の大学審議会答申「21 世紀の大学像と今後の改革方策について」であった。そこでは，「各大学は，個々の教員の教育内容・方法の改善のため，全学的にあるいは学部・学科全体で，それぞれの大学等の理念・目標や教育内容・方法についての組織的な研究・研修（ファカルティ・ディベロップメント）の実施に努めるものとする」ことが明記された。

これを受けて，1999（平成 11）年に大学設置基準の改正が行われ，「大学は，当該大学の授業の内容及び方法の改善を図るための組織的な研修及び研究の実施に努めなければならない」とする規定が追加され，FD／SD の努力義務が制度化されることとなった。

【課題】 これからの FD／SD は，大学教員が個人として自主・自律的に教授能力の開発・研究に励む方向よりは，むしろ当該大学が教育専門職の資質の維持・向上のために研修・研究を促進する体制づくりの方向に舵取りされつつある。その意味では，FD／SD は，すべての大学にとって，教育水準の質向上を保証するマネジメント戦略および自己評価のための必須要件とならざるをえない。

個別授業の設計・開発・改善にとどまらず，教授団組織としてのカリキュラム設計・開発・改善をめざして，当該大学・学部・学科の各レベルでの研修・研究が活性化するには，研究文化に匹敵する教育文化の形成と発展が求められる。その新たな文化の形成には，大学教員のパートナーとして協働できる大学職員を育成する SD も，大学全体のマネジメント戦略として重要性を与えられるべきである。　　（池田輝政）

[参] 有本章『大学教授職と FD』東信堂，2005．

教科書の評価

→カリキュラム評価，学校経営の自己点検・自己評価，保護者・地域住民による評価

【教科書】 教科書とは，「小学校，中学校，高等学校，中等教育学校及びこれらに準ずる学校において，教科課程の構成に応じて組織排列された教科の主たる教材として，教授の用に供せられる児童又は生徒用図書であって，文部科学大臣の検定を経たもの又は文部科学省が著作の名義を有するもの」(教科書の発行に関する臨時措置法第2条) である。小学校，中学校，高等学校，中等教育学校等においては，教科書の使用義務が規定されている (学校教育法第21条，第40条，第51条，第51条の9，第76条)。なお，教科書は教科用図書ともよばれる。教科書は，教科書以外の図書・教材と区別されている (学校教育法第21条)。

【教科書の評価の現状】 教科書の評価として教科書検定制度があげられる。基本的に民間の発行者が学習指導要領，教科用図書検定基準に基づいて，図書を作成し，検定を申請する。申請された図書は，文部科学省教科書調査官によって調査され，教科用図書検定調査審議会において教科書として適切か否かが審査される。検定に合格した図書は，教科書として使用されることができる。教科書採択制度も教科書の評価に位置づけられる。教科書採択制度では，複数の検定済教科書の中から，学校で使用する教科書が選定される。公立学校に関しては，所管の教育委員会が採択の権限を有する (地方教育行政の組織及び運営に関する法律第23条6号)。国・私立学校では校長が採択の権限を有する。

【教科書検定の基準】 教科書検定の基準は，義務教育諸学校教科用図書検定基準及び高等学校教科用図書検定基準に規定されている。これらの概要は次のとおりである。

❶「範囲及び程度」：学習指導要領に示す事項を不足なく取り上げていること。児童生徒の発達段階に適応していること。

❷「選択・扱い及び組織・分量」：学習指導要領に照らして不適切なところはないこと。政治や宗教の扱いが公正で，特定の政党や宗派またはその主義や信条に偏っていないこと。話題や題材の選択および扱いは，全体として調和がとれていること。一面的な見解を十分な配慮なく取り上げていないこと。内容が厳選されていること。全体の分量，配分，内容の組織，相互の関連が適切であること。特定の営利企業，商品等の宣伝や非難にならないこと。特定の個人，団体等の権利や利益を侵害しないこと。

❸「正確性及び表記・表現」：誤りや相互矛盾がないこと。児童生徒が理解するのに困難な表現はないこと。表記の不統一はないこと。

【展望】 情報化の進展に伴い，CD-ROM，ウェブ情報，バーチャル・リアリティが教育活動のリソースとして重要になってくる。今後，電子メディア教材の拡充が予想される。電子メディア教材を適切に使用し評価する能力が，教員に求められる。電子メディア・テキストが教科書にとって代わる可能性も視野に入れておく必要があろう。

【課題】 現在，公立学校における自主性・自律性の確立が求められており，特にコミュニティ・スクールでは裁量の拡大が認められている。学校の裁量拡大を理念とする教育改革は，教科書採択制度のあり方を問うものである。どのような教科書を使用するかは，各学校の教育内容・方法に大きな影響を与えるからである。将来，教育課程編成に関する学校の裁量拡大が進められた場合，教科書採択の裁量拡大も求められるであろう。 (佐藤博志)

[参] Marsh, C. (1992) *Key Concepts for Understanding Curriculum*, The Falmer Press. Beare, H. (2001) *Creating the Future School*, Routledge/Falmer.

教育計画の評価

→学校教育の公共性と評価

【語義と背景】 選択と分権化を理念とする現代の教育改革は、品質保証国家という新しい行政概念を生み出している。教育管理の従来の形態は、中央および地方の教育行政当局が、個々の教育機関に対して教育の内容、方法、活動の形式を詳細に指示してこれを実行させるというものであった。こうした教育管理の形態は教育活動の過程を規則によって規制し、その結果、おのずと教育活動が国家社会の要請に応えるものとなることを保障しようとするものであり、「過程の管理」とよばれ、事前の評価（a priori evaluation）と特徴づけられる。これに対して品質保証国家の概念のもとでは、上位の教育行政機関は下位の機関に対して、その活動の結果を評価することを通して自らの役割を果たそうとするものである。下位の機関は提示された目標を達成するためにどのような教育計画を立て、どのような教育活動を行うかについて自由を与えられるが、その反面、その教育計画についての達成の結果を上位機関によって評価されることになる。これは「結果の管理」とよばれ、事後の評価（a posteriori evaluation）と特徴づけられるものである。教育計画の評価はこうして分権化を理念とする新しい形態による教育管理の主要な手法となる。

【事例】 地方教育行政機関に対する教育計画評価の事例として、イギリスの学校の水準と枠組に関する1998年法がある。これは、すべての地方教育当局に教育発展計画を作成することを義務づけるもので、中央政府による組織的な査察、評価の出発点となった。2000年夏までに行われた地方教育当局に対する査察による評価の結果は15％が「良好」、40％が「可」、28％が「不可」とされている。2002年から2007年の5か年計画で第2次教育発展計画の策定が行われ、学校の水準の向上、特別教育ニーズへの対応、学校席の供給、入学・通学手段の調整、排除された生徒の教育、児童福祉などの項目を含むものとなっている。

また、学校に対する教育行政機関による教育計画評価の典型例としてはアメリカ、シカゴ市の1998年の改革事例（シカゴ学校改革法）をあげることができる。ここでは、地方教育行政機関としての教育委員会が学校評議会（local school council）として、学校単位にまで分権化されるというところに特徴があるが、この学校評議会は学校が提出する3か年計画の学校改善計画に対して評価、承認を与えるという権限を有している。学校改善計画は、学校の長所と短所を研究し、生徒の成績の改善に役立つ主要な活動を明記し、また学校のカリキュラムの理念と方向性を明記し、さらに教師に対する研修、地域住民の学校改善の事業に参加させる段階的計画などを含むものとされている。この学校改善計画についての評価に基づいて、学校評議会は校長の選任など実質的に学校のあり方を決定することができるものとなっている。

【課題】 2004（平成16）年の「地方教育行政の組織及び運営に関する法律」の改正によって、教育委員会は所管する学校のうち指定する学校に学校運営協議会を置き、指定学校の校長は教育課程の編成その他教育委員会規則で定める事項について基本的な方針を作成し、学校運営協議会の承認を得なければならないこととなった。教育計画の評価がわが国の教育行政による教育管理の手法として実際に導入されることになったのである。　　　　　　　（黒崎　勲・清田夏代）

[参] 清田夏代『現代イギリスの教育行政改革』勁草書房、2005. 大田直子「新労働党の教育政策：装置としての『品質保証国家』」『教育学年報』9、世織書房、2002. 黒崎勲『学校選択と学校参加』東京大学出版会、1994.

教育政策の評価

→認証評価制度，研究開発学校，学力調査と教育課程の改善，教育課程実施状況調査

【語義】 辞書によれば教育政策の価値を見定めるという意味であるが，このことは国内外において古くからさまざまな主体が行ってきた。それらとは区別して，ここでは制度面から教育を対象とした政策評価と定義する。

【背景】 その背景にはニュー・パブリック・マネジメントの考え方があり，イギリスのサッチャー政権（1979年発足）が始めた改革が主要国に広まった。企業の経営手法によって政府の効率化と活性化を図るため，評価を導入し，政府の業務を政策の企画立案に限定して，そのほかは外部化することがその骨子である。日本では1999（平成11）年の国家行政組織法の改正により，「国の行政機関は……政策について，自ら評価し，企画及び立案を行う」とされた。

【意義】 政策評価は，「行政機関が行う政策の評価に関する法律」によって，2001（平成13）年に法制化された。その目的は，客観的かつ厳格な評価を実施して，「その結果の政策への適切な反映を図るとともに，政策の評価に関する情報を公表し，もって効果的かつ効率的な行政の推進に資するとともに……国民に説明する責務が全うされるようにすること」であり，各行政機関は3年以上5年以下の期間ごとに政策評価の基本計画を定めるとされた。文部科学省の基本計画によれば，その政策評価は必要性，効率性，有効性等の観点からなされ，事業評価（おもに政策の事前評価），実績評価（目標に対する到達度の測定），総合評価（政策の効果に関するプログラム評価）の3方式で行われる。

政策評価の導入は国よりも自治体が先行し，そこでは行政評価という語がほぼ同義で使われることが多い。都道府県でよく使われる方式は実績評価であり，政策体系を政策・施策・事務事業といった階層に構造化して，数値目標を掲げて到達度を測定するものである。

【歴史】 今日につながる政策評価の起源の1つは，19世紀以降，行政の能率化をめざしてアメリカで行われてきた業績管理・業績測定であり，ブッシュ政権下の1993年には政府業績評価法が成立した。これはわが国の実績評価に当たる。もう1つは，科学（おもに社会科学）を応用して政策を改善するための評価である。この考え方は，科学技術の急速な進歩を背景として20世紀初頭に登場し，第2次世界大戦後のアメリカで，予算編成へのシステム分析の適用や政策科学ブームをもたらした。この流れをくむものが総合評価である。事業評価は，運輸省，建設省などの公共事業官庁で従来から実施されていた方式を継承したものとされる。

【展開】 教育政策の評価は，教育活動の間接的評価となることが多いので，その実質的な内容は本書の他の部分とかなり重複する。教育の産出（アウトプット）や成果（アウトカム）を把握するために，国や自治体はしばしば大がかりな調査を行うことになる。日本では大規模な教育課程実施状況調査が開始され，アメリカでも高校卒業者の追跡調査や，学級規模の影響にかかわる長期実験などが大規模に行われた。これらのデータは，政策評価という実務的な目的を超えて教育と教育研究に資するといえる。

【課題】 教育政策の評価における本質的課題の1つは，教育の社会的便益を明示して，公的関与の必然性を示すことである。とはいえ，教育の成果が現れるまでには時間を要するので，その的確な把握は容易ではない。もう1つは評価による教育の改善である。これについては，モデル事業の活用や，教育現場における参加型評価の展開などが考えられる。　　（塚原修一）

[参] 日本教育社会学会編『教育社会学研究』72，東洋館出版社，2003．龍慶昭・佐々木亮『「政策評価」の理論と技法』多賀出版，2004．

第11章
教育制度と評価・諸外国の評価

1　入試制度と評価
2　学力調査と教育課程の改善
3　各国における教育評価

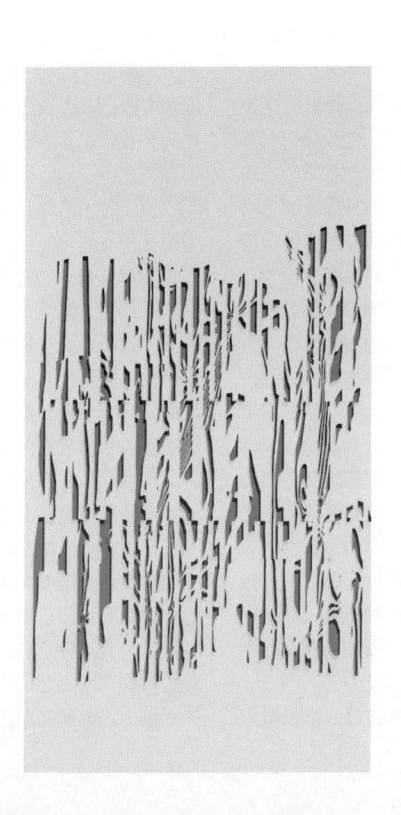

入学者選抜制度

→高等学校入学者選抜，大学入学者選抜

【意義】　学校は教育理念や学校規模・教育課程の特色に対応して，入学定員の枠を設けている。そのため入学志願者が定員を超える場合は何らかの選抜の基準・方法による選抜が実施できることを学校教育法施行規則等で認めている。入学者選抜は次の目安で実施されている。学校の教育方針や教育水準に見合った学力，能力を身につけている者であること。入学志願者が特別の才能や個性の持ち主で，学校がそうした人材を求めている場合である。私立学校や特別の教育機能を有する国立大学の付属学校などの場合は，入学志願者が定員を上回った場合に選抜を実施することができる。しかし，入学者選抜は文部科学省の「入学者選抜について」の通知で示す選抜の基準・方法により実施される。

【選抜の基準・方法】　入学者選抜の基準や方法は，わが国の教育政策の方針により変化する。選抜の基準は入学者選抜の基本的な指針と選抜にあたっての客観的で重視すべき選抜の視点等を示すもので，選抜の方法は選抜にあたっての学力検査や面接・実技試験などの日程をはじめ，志願者の調査書や小論文，推薦状などの各種情報の活用など，選抜の手段とその内容を指す。一般には文部科学省の高校や大学の入学者選抜実施要項に関する通知の中に，選抜の基準・方法に関連する選抜実施の方向が明示され，その趣旨を参考に，国公立の高校・大学等や私立学校は入学者選抜を実施してきた。しかし，入学者選抜の基準・方法は，中央教育審議会や臨時教育審議会の教育改革の方向や教育課程の基準の改定など，時代の文教政策に左右されながら変化し，平成の時代に教育の多様化の推進と教育の規制緩和政策のもとで学校独自の入学者選抜を採用・実施するなど，大きな転換期を迎え選抜の多元化・多様化へ向かっている。

【選抜の変遷と課題】　入学者選抜は，学校教育法および同法施行規則の入学の許可・入学者の選抜，学力検査に関する条文を受けて制度化されてきた。特に高等学校については「公立の高等学校に係る学力検査は，当該高等学校を設置する都道府県又は市町村の教育委員会が，これを行う」（学校教育法施行規則59条3項）と同4項の「同一の時期及び問題により，学力検査を行うように努めなければならない」を受け，都道府県教育委員会による統一学力検査が実施されてきた。

しかし，学力検査の結果に有名校への志願希望者が増加するにつれ，そこに高学力で入学する有名校と無試験で生徒を補充する高校との学校格差がみられるようになり，当時の文部省は高校の教育水準の維持を目的に1964（昭和39）年に選抜の基準に「教育を受けるに足る資質・能力を判定する」という適格主義に立つ選抜を通知する。この通知は効果がなく，高学歴志向の高まりにより学力重視対応の受験教育が過熱，不登校や中途退学生が急増し，1984（昭和59）年に「能力・適性」を判定する選抜方法の改善を通知する。

さらに1993（平成5）年には臨時教育審議会の多様化・個性化重視の教育改革に対応し，公立学校の「入学者選抜の改善」を通知する。各学校・学科・コースごとの特色に応じた複数尺度に基づく異なる選抜方法や推薦入学では，調査書の学習成績の記録以外の記録（スポーツ・文化活動等）を重視し，生徒の選択の幅を拡大する多段階選抜を奨励し，学校主体の選抜の工夫を促す。また，学力検査で思考力・分析力を問う出題を増やす等を提示した。このことは特色ある教育に求められる学力・能力・個性の客観性・公正性をいかに確保するかという課題を投げかけたことになり，そのための評価基準や評価方法の研究が必要となった。（有薗　格）

高等学校入学者選抜

→入学者選抜制度，大学入学者選抜

【意義】 高等学校の入学者選抜は，学校教育法49条を受けた学校教育法施行規則59条1項「高等学校の入学は，調査書その他必要な書類，選抜のための学力検査の成績等を資料として行う」や同59条5項の「公立の高等学校に係る学力検査は，当該高等学校を設置する都道府県又は市町村の教育委員会が，これを行う」などを受けて，都道府県教育委員が統一学力検査を実施してきた。

しかし統一学力検査は，高校の学力水準を維持するのに役立ったが，他方で高校進学率の上昇と高学歴志向や有名校志向を反映した学校格差の拡大，受験競争の激化，偏差値による進路指導，中退高校生の増加などの教育問題が発生し，高校全入問題や高校入試選抜の再検討や高校教育改革の契機をつくった。それは臨時教育審議会の教育改革にみられる高校教育の個性化・多様化や1993（平成5）年の文部省の「高等学校の入学者選抜について」（文部事務次官通知）にみられる学校・学科で複数尺度に基づく選抜方法や生徒の個性に応じた学校選択の自由化と学区制の見直し，新しい学力観に配慮した学力検査の問題作成，受験機会の複数化など，選抜の多様化は高校教育の質的充実にどう結びつくかという基本的課題を提示することになった。

【多様化の変遷と課題】 戦後の新制高校発足当時は，応募定員を超えた場合に学校が入学試験を実施するという無試験入学制をとってきた。しかし，高校進学率が高まり，1964（昭和39）年に「公立高等学校入学者選抜要項」（文部省初中局長通知）で高校入試は「高等学校教育を受けるに足る資質の能力を判定する」という適格者主義を通知する。当時の高等学校長会の9割がこれを歓迎したが，社会の受験戦争の過熱化と業者テストの偏差値による進学指導が，学力中心の選抜に拍車をかけていた。そのため文部省は，1984（昭和59）年に高校入試は「学校，学科等の特色に配慮しつつ，その教育を受けるに足る能力・適性を判定して行う」と選抜の基準を能力・適性重視に改善するとともに省令を改正し，普通科への推薦入学導入など受験機会の複数化への道を拓く。しかも生徒急増期（1989〈平成元〉年次ピーク）に当たるため，都道府県教育委員会は臨教審の教育の個性化・多様化路線と生徒急増対策を兼ね，特色ある高校・学科の増設に当たったが，受験競争は激化し学校間格差は払拭されなかった。文部省は，1993（平成5）年に再び高校入学者選抜の方法を改定し，①各学校・学科・コースごとの特色に応じた多様な選抜方法の実施，②学力検査では教科や教科ごとの配点を変えたり，調査書と学力検査の成績の比重を変えるなどの多様化，③受験機会の複数化および推薦入学の活用など多段階にわたる選抜，④推薦入学でスポーツ活動・ボランティア活動等の活動暦も重視，⑤学力検査を実施しない選抜や調査書を用いない選抜なども工夫，⑥生徒の特性に応じた学校選択が可能な通学区域の再検討，など提示する。

こうした選抜制の大幅な改正は，各県の統一学力検査や通学区の見直しを求めることになり，2002（平成14）年には多くの県が，受験機会の複数化，学校独自の選抜方法を導入するなど，選抜制多様化への道を拓く。そこには，入学者選抜の基準や合否判定の客観性など，高校教育を受けるにふさわしい学力・能力・個性などのとらえ方や評価方法などに，今後の研究課題が残された。例えば，学力検査の問題作成に新学力をどう生かすか，調査書の学習成績の記録や記載内容の信頼性や客観性，公平性を確立する選抜活用法の開発，学校の特色ある教育課程に対応した選抜の実証的研究を進めるなどの課題がある。

(有薗　格)

大学入学者選抜

→入学者選抜制度，AO入試，大学入試センター試験

【概要】　日本の大学入学者選抜の制度においては，自主・自律的に選抜を行う責任と権限が個々の大学に与えられている。個別大学には認可された入学定員枠に沿って適正規模の入学者数を確保する責務が課される。

入学者選抜の実施に際して個別大学が共有すべきルールがあるが，それは毎年度に文部科学省から通知される大学入学者選抜実施要項に明示されてきた。実施要項の冒頭部分では，各大学・学部が教育の理念・内容に応じた求める学生像，すなわち入学者受入方針（アドミッション・ポリシー）を確立し，これを踏まえたうえで入学者選抜の工夫・改善に努めることを求めている。現在までに基本的に変わることなく続いてきた選抜方針としては，①大学教育を受けるにふさわしい能力・適性等を多面的に判定する，②公正かつ妥当な方法で実施する，③高等学校の教育を乱すことのないよう配慮する，の3原則が確認されている。この原則に沿って，多様な選抜方法と多元的な評価尺度の方法論が展開されている。

選抜方法としては，①学力検査を中心とした一般選抜，②専門高校・総合学科卒業生に対する特別選抜，③時間をかけて総合判定するアドミッション・オフィス入試（AO入試），④調査書をおもな資料として判定する推薦入学，⑤社会人を対象にした特別選抜，など多様な方法が用意されている。

入学者の評価・判定資料としては，①調査書，②学力検査，③面接・小論文その他の能力・適性等に関する検査の成績，④大学が必要に応じて実施する健康診断，⑤その他大学が適当と認める資料，など多面的に組み合わせて利用することが推奨されている。

【変遷】　大学入学者選抜に関する国の現在の方針は，1954（昭和29）年の中央教育審議会答申が出発点になっている。その内容が，①大学教育を受ける資質・能力のあるものを，②公正に考査し，③高等学校教育をかく乱しないよう留意する，の3つの原則であった。

1985（昭和60）年の臨時教育審議会第一次答申では，特定大学への入学者の集中，偏差値による輪切り選抜の進展，受験競争の低年齢化，高校教育の大学受験体制化，など過度の受験競争にある状況を是正するために，選抜方法の多様化と評価尺度の多元化の方法原理が提言された。大学の大衆化と受験者の増加傾向に支えられた1990年代半ばまでは，入学者選抜の改善は競争の緩和が政策目標となってきた。

しかし，1999（平成11）年の中央教育審議会答申「初等中等教育と高等教育との接続の改善について」を契機に，大学入学のユニバーサル化の状況が展望され，大学と受験者の「相互選択」を促進する政策目標に力点が移行した。その結果，入学者選抜の政策理念が「選抜」から「接続」に方向づけられることとなった。

【課題】　1999年のいわゆる「接続答申」を受けて，2000（平成12）年には大学審議会答申「大学入試の改善について」が出され，入学者選抜の改善策についての再検討が進められた。この答申では，アドミッション・ポリシーに基づいて，①能力・適性の評価尺度の多元化，②受験機会の複数化，③入試方法の公平性，④専門性の高い入試実施スタッフの体制（アドミッション・オフィス），の一層の改善を進めることが各大学に期待された。実際に機能するアドミッション・ポリシーの策定と，入試改善をリードするアドミッション・オフィスの普及が今後の優先課題の1つである。　　（池田輝政）

［参］荒井克弘・橋本昭彦『高校と大学の接続』玉川大学出版部，2005.

AO入試

→入学者選抜制度，大学入学者選抜

【概要】 AO入試はアドミッション・オフィス入試の略称である。1990（平成2）年に，少数の受験生をターゲットにして面接を重視した選抜方法が慶応大学で始められ，これが日本でのAO入試の最初のモデルとされている。AO入試のねらいは，当該学部への第1志望者を書類審査や面接などを活用して多段階のプロセスでていねいに選抜することにある。

実際のAO入試の方法は各大学によってさまざまであり，事前面談，出願書類審査，面接，調査書，小論文，学力検査などさまざまな資料を組み合わせた方法が工夫されている。推薦入学と大きく異なる点は，大学入試センター試験など学力検査を課さない場合は選抜期日の設定が11月以前でも可能なこと，そして学校推薦を条件としないことである。

実施大学・学部数およびAO入学者の規模は現在まで徐々に増える傾向にある。そのなかでも私立および私立短大の増加が大きい。2005（平成17）年度入試の統計では，大学数では，国立25大学（30％），公立12大学（17％），私立364大学（67％），私立短大209校（55％）の実施状況である。学部数では，国立82学部（21％），公立18学部（11％），私立788学部（56％），私立短大419学科（50％）の状況にある。どちらの場合も，私立と私立短大では半数以上がAO入試を採用している。

AO入学者の規模の状況は，国立1,467名（1.4％），公立226名（0.9％），私立31,373名（6.8％），私立短大8,125名（8.8％）のように，国公立の場合はまだ少数の入学者にとどまっている。

【変遷】 学力検査を課す一般選抜，学校推薦を課す推薦選抜に加えて，AO入試が第3の選抜方法として広く普及するきっかけを提供したのは，1997（平成9）年の中央教育審議会答申「21世紀を展望した我が国の教育の在り方について（第二次答申）」であった。このときに，受験者が集中しやすい特定の大学・学部の競争緩和策として，調査書，小論文，面接などを多面的に活用したていねいな選抜方法の考え方が導入された。同時に，アメリカの大学の入試専門業務にならったアドミッション・オフィスの組織整備が提言された。その後，1999（平成11）年の中教審答申「初等中等教育と高等教育との接続の改善について」でも，高い専門性をもってアドミッション・オフィス入試を推進するスタッフの体制整備が提言された。これによって各大学の導入に拍車がかかり，AO入試元年とよばれる2000（平成12）年度からは，実施校が新たに62大学増えることとなった。

【課題】 本格的導入となったAO入試には，いろいろな問題点が指摘された。例えば，現役や浪人や社会人など多様な受験者を認めているので出願資格や選抜基準が明確でない，入学者受入方針（アドミッション・ポリシー）が不明瞭である，推薦入学との違いがはっきりしない，入学者の青田買いにつながる，などの懸念が各方面から出された。

2000（平成12）年の大学審議会答申「大学入試の改善について」は，このような問題点を踏まえて，AO入試の位置づけを再確認した。そこでは，大学の創意工夫を拘束することなく，さまざまな試みが行われることを可能にする選抜方法であることが強調されている。この精神は，文部科学省の通知文書である最近の大学入学者選抜実施要項にも反映されている。今後の課題は，AO入試という第3の選抜方法を，教育的妥当性に配慮しながら，各大学がいかに活用できるかにかかっている。　　　（池田輝政）

[参] 大学入試センター『2005大学入試フォーラム』No. 28.

大学入試センター試験

→大学入学者選抜, 選抜テストのあり方

【概要】 国公私立の大学・短期大学が独立行政法人大学入試センターと協力して, 同一の時期に同一の問題で, 共同実施する入学者選抜のための学力試験である。センター試験と通称されている。センター試験は, 利用大学が入学者の能力・適性等を多面的に判定するための選抜資料の1つとして, 自由に利用することを前提に実施されている。

試験問題は「高等学校段階における基礎的な学習の達成の程度を判定する」ことを目的に作成される。したがって, 出題される教科・科目および範囲は, 高等学校学習指導要領に準拠し, 例えば2007（平成19）年度以降の試験科目数は, 必履修教科の中から国語・地理歴史・公民・数学・理科・外国語の6教科28科目が予定されている。

【変遷】 大学入学者選抜の資料として共通に利用された試験としては, 過去には, 1949（昭和24）年から6回にわたって実施された進学適性検査, 1963（昭和38）年から1969（昭和44）年まで続いた能研テストがある。現在のセンター試験は, 国立大学の全志願者を対象にして1979（昭和54）年度から1989（平成元）年度まで実施され, 共通1次と通称された共通第1次学力試験から発展してきたものである。

共通1次は, 国立大学の1次試験を共通化して共同で実施するものであった。学力試験の出題科目は, 「高校教育における基礎的一般的な学習の達成度」を測定することがねらいとされ, すべての国立大学の志願者には5教科7科目の受験を課すことから開始された。個別大学の2次試験科目数と合わせると, 志願者にとってはかなりの負担感を与える試験制度となった。

大学入学試験が高等学校の教育を左右し, 受験教育体制が支配的になる現象を逆流効果とよぶ見方がある。共通1次は, その逆流効果を正常な流れに変える契機になることが期待された。その期待は特に高等学校関係者から寄せられ, 共通1次が大学入試の資格試験として機能するようになる声が当時は強くあった。

しかし, 大学関係者には, 共通1次世代という呼び名に象徴されたように, 全問多肢選択型の試験問題に対する反発が当初は根強く存在した。さらに社会的には, 共通1次の成績を情報源とした全国偏差値による進学指導と, それに伴う国立大学の序列化と輪切り現象への批判が強くなっていった。

このような問題状況を踏まえ, 規制緩和と自由化を基調にした臨時教育審議会は1985（昭和60）年の第一次答申において, 共通1次の廃止と, 国公私立大学が自由に利活用できる新しい共通テストの創設を提言した。その結果, 1990（平成2）年から現在のセンター試験が始まることになった。

【意義】 センター試験のこれまでの意義は, ①高等学校の学習指導要領の程度や範囲を超えた難問・奇問を排し良質の試験問題を確保してきた点, ②大学が独自に行う入試方法の個性化と多様化に対して学力情報の面から貢献してきた点, ③私立大学を含めた利用大学数が増えてニーズに対応してきた点, ④利用教科・科目数を自由に選択できるアラカルト方式によってセンター試験の学力情報による大学の輪切りや序列化を助長しなかった点, があげられる。

受験競争の緩和が入試改革のテーマとはならないこれからの時代には, 選抜試験としてのセンター試験の役割は変わるべきであろう。

(池田輝政)

［参］荒井克弘・橋本昭彦『高校と大学の接続』玉川大学出版部, 2005.

高等学校卒業程度認定試験

→大学入学者選抜，国際バカロレア

【概要】 高等学校を卒業していない者が，高等学校を卒業した者と同等以上の学力があるかどうかを認定する試験のことで，文部科学省が2005（平成17）年度から実施している。合格者は大学，短大等を受験することができ，就職等のために活用することも可能とされている。

年2回，各都道府県の試験場で実施され，試験教科は国語，地理歴史，公民，数学，理科，英語の6教科である。受験資格は受験する年度の終わりまでに満16歳以上になる者で，高等学校を卒業していない者とされている。合格者に定員はなく，学力が一定の基準に達している者を合格とする。合格した科目を校長の判断で，全日制高等学校の単位として認定することが可能とされている。ただ，在籍中の生徒の単位認定については，授業への影響も想定され，慎重な対応となっているのが現状である。

2004（平成16）年度まで実施されていた大学入学資格検定とは，試験科目や全日制高等学校在籍者が受験できるようになった点で異なるが，高等学校卒業程度の学力の認定という点では，同一の性格をもっている。

【変遷】 大学入学資格検定は，高等学校を卒業していないなどの理由で，大学入学資格のない者に対し検定を行い，合格者に大学入学資格を付与することを目的に，1951（昭和26）年から実施されている制度である。その後，定時制課程在学者への受検資格の拡大，外国人学校の卒業者や義務教育を修了しない者への受検資格の拡大，検定の年2回実施等が進められてきた。

2004（平成16）年の中央教育審議会において，①大学入学資格付与機能の維持，②全日制高等学校在学生への受検機会の拡大，③就職等においても活用されるようにすること，をねらいに高等学校卒業程度認定試験の実施が提言された。

（工藤文三）

国際バカロレア

→高等学校卒業程度認定試験

国際バカロレアのプログラムは，ジュネーブに本部を置く国際バカロレア機構（IBO：International Baccalaureate Organization）が提供する国際的な教育プログラムである。IBOの設立は1968年で，さまざまな国のインターナショナルスクールで学ぶ高等学校段階の生徒が大学入学資格を取得できるように，共通のカリキュラム（ディプロマ・プログラム）を設定し，資格取得のための統一試験を実施したのが始まりである。ディプロマ・プログラム（DP：Diploma Programme）は，高度な知的・学術的内容からなり，責任ある地域社会の一員となり国際理解を深めるような内容になっている。現在は，設立当初のようにインターナショナルスクールだけでなく，多数の公立および私立の学校がDPを導入している。IBOはDPのほかに，11歳から16歳の生徒を対象とした中等課程プログラム（Middle Years Programme），3歳から12歳の児童生徒を対象とした初等課程プログラム（Primary Years Programme）を提供している。国際バカロレアのプログラムを学校が採用するにはIBOの審査を受けて，認定校として認められなければならないが，100を超える国でプログラムが採用され，認定校の数も年々増えている。

日本においては，インターナショナルスクールがおもにプログラムを導入しているが，学校教育法第1条に定める学校としては加藤学園暁秀中等学校が中等課程プログラムとDPを導入している。また，国際バカロレア資格取得者（DPで学び，試験に合格して，国際バカロレア事務局から資格証書を授与された者）については，1979年から大学入学に関し，高等学校を卒業した者と同等以上の学力があると認められる者として指定されており，正当な大学入学資格として認められている。

（河合 久）

適性検査

→SAT, ACT

【語義】 特定の活動を効果的に行うための特性や能力の有無と程度，可能性等を測定すること。適性の意味自体が多様であり，このことに応じて適性検査も多様な意味で用いられる。特定の活動を行うための基礎的な知識や技能だけでなく，その活動に対する興味・関心，意欲，協調性や社会性等を測定する場合も適性検査とよばれることがある。

【目的】 適性検査の目的は次の点にある。
①受検者が学習や職業，専門的な技能への適性を知ることにより，その後の学習や進路選択に役立つこと。
②学校の入学者決定や企業等の採用において，当該組織の目的に適合した人材を確保する1つの方法として活用できること。
③企業等において，人事配置の参考資料として活用できること。

【種類】 適性検査には活用場面に応じて，学習に関する適性検査，職業に関する適性検査，芸術の才能等を測定する芸術適性検査などがある。

学習に関する適性検査は，一般に上級の学校や専門性の高いコースを希望する者に対して，必要とされる知識や技能，意欲や態度等が備わっているかどうかを測定する目的で行われる。ただ，一般に用いられている学力検査と適性検査の区別は必ずしも明確ではない。例えば，公立の高等学校の入学検査として実施されている各教科のペーパーテストによる検査は，学力検査とよばれることが多い。教科のテストを学力検査として位置づけると，適性検査は教科学習の基礎となる学習意欲や技能，社会性等を検査する方法として位置づけられる。一方，入学検査にかかわって教科のテストを適性検査と称している大学もみられる。この場合，教科の学習で習得した学力の程度を，進学先の学習の適性とみなしていることになる。このように適性検査の実質的な意味は状況に応じて多様であり，さまざまな用いられ方をしていることがわかる。

職業に関する適性検査は，特定の職能についての知識や技能，態度等を測定するもので，就職や転職を予定している生徒や成人に対して実施される。また，会社などの人事配置を決定する参考として実施されることも多い。職業への意欲や興味をみるもの，性格特性や行動パターンをみるもの，職業に必要な基礎的能力をみるものなどがある。

また，職業適性検査には，多様な職業，分野についてどの職業や分野に適性が高いかを判定するものと，特定の職業や分野への適性を把握するものとがある。前者には，例えば厚生労働省編一般職業適性検査がある。この検査は職業への一般的な適性を，知的能力，言語能力，数理能力，書記的知覚，空間判断力，形態知覚，運動共応，指先の器用さ，手腕の器用さの点から判定するものである。

芸術への適性をみる検査とは，音楽や美術についての基礎的な技能を目的に応じて測定する方法である。例えば，音楽科を志望する場合，特定の曲を演奏できたり，鑑賞したりする技能を評価することが行われる。

【課題】 適性検査の意義は，曖昧にとらえられかねない自己の適性をより客観的に知ることができる点にある。学校や企業にとっても，学習や企業活動への適性を知るための方法として活用される。ただ，一方で，適性検査は人の能力や性向を限られた一定の方法で把握する検査にすぎない。その適性をその後生かすことができるかどうかは，別の諸条件によることが多い。さまざまな適性検査が開発されているが，目的に応じて限定的に用いることが重要である。

(工藤文三)

選抜テストのあり方

→大学入試センター試験，選抜・配置と評価

【語義】 選抜テスト，特に入学者選抜試験は社会的公器としての影響が強く，客観性，公共性の社会的要請とともに，選抜するためには被験者の序列化可能性の高いものでなければならない。

【入学試験型評価と社会的影響】 学校教育制度は，もちろん人々を教育することを目的とする。しかし，一方で人々を学歴によってさまざまな階層に仕分けするという機能をもっていることも事実である。学校は結果として選別のための機関として機能しているという側面は明確にある。どういう種類の学校にどの段階まで学んだかによって，将来帰属する社会階層や職業が決定されてしまう。学校がこのような選抜機能をもつことによって，今度は学校への入学の成否の大部分を決める学力試験が，クローズアップされてくることになる。さらに，それ以前の小，中，高の教育評価が選抜型に右に習えをすることになる。入学試験型の評価は現実の問題として，学校教育における評価のあり方を左右する中核に位置することは事実である。このような学校教育の機能の根幹を左右する力をもった入学試験型の評価は，どんな特徴を有しているのだろうか。

❶公平性：入試という選抜が将来帰属する社会的階層まで左右しかねない影響力をもつかぎり，国民全員が参加する資格をもつレースである競走型の入学試験に要求されるものはまず，公平性である。日本において最も重要な英語の能力試験と思われるヒアリングテストの採用が遅れたのも，環境要因の公平性を保証することがなかなか困難であることに起因する。

❷客観性：教育的に意味のある学習成果であっても，客観的に評価しにくいものは，テストの対象として採用されにくい。典型的には国語科における鑑賞や表現活動に類するものである。

❸序列化可能性：以上のような条件を満たしたうえで，さらに必要とされる条件は，テスト得点の序列化可能性である。テスト得点は得点の分散が大きく，各人の順位づけが明確になされることが望まれる。

【基準関連妥当性と選抜】 選抜であるからには必ず，その試験をパスする者とそうでない者があり，その試験をパスした者は，必然的に，その試験の内包するテスト項目が表す内なる実体，例えば学力なり，技能なり，適性において，パスしなかった者より高い特性を有していると想定される。また同時に，選抜された者は，選抜されなかった者よりも，何らかの意味で優れた生産性を選抜後に示すことが想定される。したがって，選抜に際しては，常に選抜の効果を判定するための優れた生産性を具体的に示すための何らかの基準が必要となる。この基準はテスト自体の中に存在するのではなく，テストの外部に存在するため，外的基準といってさしつかえない。入学試験に対しては，外的基準は入学後の学業成績，セールスマンの採用試験であれば，外的基準は入社後の営業成績がこれに相当する。

テストが実際に利用できるものであるためには，その妥当性がある程度保証されねばならない。特に選抜テストのように，測定用具を用いる目的が，測定用具自体にとっては外的な行動の様式を推定するような場合には，そのようなテストの妥当性は，測定用具が外的基準をいかに的確に予測できるか，その度合いによって評価される。このような妥当性を基準関連妥当性，あるいは予測的妥当性とよぶ。　（野嶋栄一郎）

[参] 渋谷憲一編『指導と評価の間』ぎょうせい，1990. E.G.カーマイン，R.A.ツェラー（水野欽司・野嶋栄一郎訳）『テストの信頼性と妥当性』朝倉書店，1983.

SAT

→ACT

　SAT（Scholastic Aptitude Test）は，1926年に開始されたアメリカの大学進学希望者を対象とした共通テストであり，大学進学の際の選抜基準として，ACTとともに広く利用されている。1994年と2005年に大きな改正があり，新SATは，2006年の高校卒業生を対象として2005年のテストから適用され，推論テスト（以前のSAT I）と教科テスト（以前のSAT II）がある。ETS（Educational Testing Service）が実施母体である。

❶推論テスト：SATの中心となる推論テストは，批判的な思考能力や大学での授業で求められる基本的な知識・技能を測定する客観テストである。対象領域とテスト時間は，批判的読解力（クリティカルリーディング）（70分），数学（70分），ライティング（作文）（60分）の3領域であり，領域により出題方法は異なっている。

❷教科テスト：英語（文学），歴史と社会（アメリカ史，世界史），言語（フランス語，ドイツ語，スペイン語ほか），数学（数学：レベル1，2），科学（生物，化学，物理）の5つの普通教科領域を対象とした，各1時間の多肢選択式のテストである。大学によっては，教科テストを義務づけており，生徒は自分のめざす大学の学部等の要件を参考に，受験内容を決める。

　テストは，アメリカやプエルトリコなどでは年7回，2005年のテストは，3，5，6，8，10，11，12月に実施され，3月は推論テストのみ，その他は推論テストと教科テスト，11月はさらに聞き取りを含む言語テストが実施されることになっている。なお，日本を含む海外でも，アメリカへの留学希望者を対象に年6回実施されている。　　　　　　　　　　（名取一好）

　［参］CollegeBoard "The New SAT 2005"（www.collegeboard.com/newsat/index.html）

ACT

→SAT

　ACT（American College Testing Program）は，アメリカのアイオワ州アイオワに本部を置く非営利会社であり，全米をはじめ海外においてもさまざまなテスト事業を行っている。設立当初に開発した最初のテストプログラムを通称ACTとよび，大学進学希望者の学力等の情報を収集・提供する総合的なシステムであり，SATとともに大学入学選抜のためのテストとして多くの受験者がある。

　このACTプログラムは1959年に開始され，大学進学希望者の学力テスト（Tests of Educational Development），高校での選択教科とその成績（Course／Grade Information Section），生徒のプロフィール（Student Profile Section），興味・関心事項の調査（ACT Interest Inventory）の4つの部分で構成されている。

　テストの対象教科と時間は，英語（45分），数学（60分），リーディング（読解力）（35分），科学（35分）である。テスト形式は多肢選択式であり，その内容は高校のカリキュラムに準拠し，在学中に学んだ英語，数学，科学から出題されるため，特別な準備を必要とはしない。2005年2月からは，生徒の作文能力を測定するために短いエッセイを書かせるライティング（作文）（30分）が選択として加えられ，大学によってはこの受験が必須要件となっている。

　テスト成績は1から36までのスコアで表示され，2004年の平均値は20.9であった。高校3年次と4年次の2回受験する生徒が多い。現在全米の50州が参加し，受験者数は200万人以上（2003-04）で，受験生の多い州は，イリノイ，オハイオ，ミシガン，テキサス，フロリダの各州である。年5回，10，12，2，4，6月に実施され，選ばれたいくつかの州では，9月末にも行われる。　　　　　　（名取一好）

　［参］ACT Assessment Homepage（www.act.org）

GCSE, GCE

→諸外国の入学者選択制度，イギリスにおける教育評価

【語義】 GCSE（General Certification of Secondary Education）および GCE（General Certification of Education）は，イギリス（イングランド）における中等教育修了資格試験および高等教育入学に際する資格試験である。GCE は，標準レベル（Ordinary）試験と上級レベル（Advanced）試験から構成される。標準レベル試験は 1988 年に GCSE に改編された。GCSE は，中等学校修了時点での学力達成の状況を測定することを目的とするもので，おもに 16 歳の生徒が受験する。GCE 上級レベル試験は，おもに高等教育の進学に際して活用されるもので，18 歳の生徒が受験する。この試験では，高等教育の入学に必要な能力の有無が測定される。

【歴史】 GCE は，学校資格（SC：School Certificate）と高等学校資格（HSC：Higher School Certificate）を置き換える制度として 1951 年に導入された。しかし導入当初から，制度の構造化と評価の公平化や明確化を図る改革が進められた。

1989 年，さらに AS（Advanced Supplementary）試験が導入された。しかし 1996 年に，デアリング卿が AS 試験の欠陥を補うシステムとして，準上級レベル試験（Advanced Subsidiary Examination）を提案した。その後 2000 年には，1 年目に準上級レベル試験と，2 年目に A2 試験を受ける仕組みに改訂された。

GCSE は，GCE 標準レベル試験と CSE（Certificate of Secondary Education）試験を統合して，1986 年に導入された。1988 年に第 1 回目の試験が行われた。1994 年に学校カリキュラム評価委員会（SCAA）は新しい GCSE 規則を制定し，評価の基準と，筆記試験とコースワークのバランスの基準を策定した。

2001 年 9 月に制度の改訂が行われ，2003 年 9 月から実施された。この改訂で政府は，新たに職業系科目（8 科目，応用ビジネス，エンジニアリング，健康・福祉など）を導入した。

【特徴】 GCSE および GCE 上級レベル試験は，非政府機関である資格・カリキュラム委員会（QCA）により承認された試験委員会（①評価・資格連合 AQA，②エデクセル Edexcel，③オックスフォード・ケンブリッジ・王立科学院試験委員会 OCR など）により提供される。試験は，ガイドラインとシラバスに基づいて提供される。各学校は自校が選択した試験委員会の内容に基づいて教育活動を行う。試験内容は筆記試験とコースワークから構成される。

GCSE は，5 月末から 6 月にかけて実施され，8 月に結果が通知される。生徒は最低 5 科目を受験する。ほとんどの生徒が英語，数学，理科を受験する。試験問題はレベルごとに種類があり，どのレベルを受験するかは，教員が模擬試験等の結果から判断し，決定する。試験日程や時間は，試験委員会が決定する。

GCE 上級レベル試験は，約 70 科目以上が提供されている。現在は義務教育修了後の 1 年目に AS 試験を受験し（通常 4 科目），2 年目に A2 試験を受験する（通常 3 科目）。GCSE と同じ時期に試験が実施され，8 月に結果が通知される。試験内容は筆記試験とコースワークから構成されている。

【現状と課題】 2002 年 10 月にトムリンソン委員会が最終報告書を発表し，学術系と職業系を統合し，GCSE と GCE を再編した 4 つの新しいディプロマの導入などが提言された。しかし，2005 年 2 月の白書では，GCSE および GCE の存続と，専門と一般に分類したディプロマの導入などが発表された。このようにイギリスでは紆余曲折を経ながらも，学校教育と就業との円滑な接続を図るための，中等教育および義務教育後のカリキュラム，試験および資格制度のあり方が検討されている。

（梶間みどり）

諸外国の入学者選抜制度

→SAT, ACT, GCSE・GCE

【概要】 諸外国の入学者選抜制度は，大きく 2 種類に分けられる。1 つは，わが国のように，入学試験や小論文・面接など，入学時の選抜手続きによって入学者の選抜を行うもの。もう 1 つは，ヨーロッパ大陸諸国にみられるように，卒業資格試験の合格者に対して自動的に次の学校への入学資格を認めるものである。

【アメリカ】 ハイスクールへの入学者選抜は行われない。大学への入学者選抜制度は，大きく 3 種類に分類される。第 1 に，ハイスクール卒業あるいはそれと同等の資格をもつ者はすべて入学可能な大学（短大など）。第 2 に，主としてハイスクールの成績と「進学適性テスト（SAT）」や「アメリカンカレッジテスト（ACT）」等の適性テストの結果に基づき一定の基準に達している者は入学可能な大学（州立大など）。そして第 3 に，「SAT」や「ACT」の得点およびハイスクールの成績に加え，小論文や面接などを課し，多様な基準に基づき総合的に入学者を決定する大学（有名私立大など）である。志願者には入学を希望する大学に対して入学願書のほか，ハイスクールの学業成績，ハイスクールからの推薦状，民間の試験機関が実施する試験（SAT, ACT など）の得点，小論文の提出が求められる。さらに，面接が課される場合もある。各大学では，こうした情報を「アドミッション・オフィス（A.O.）」とよばれる入学担当事務局の専門職員（アドミッション・オフィサー）が総合的に判断して入学者を決定する。少数ではあるがアイビーリーグ校など競争型の入学者選抜制度をもつ大学では，言語と数理の 2 領域から入学者の適性を検査する「SATⅠ」や，22 種類の科目別テストである「SATⅡ」を実施するところもある。

【イギリス】 小学校を出ると，地元のコンプリヘンシブ・スクール（総合制中等学校）へ入学する。コンプリヘンシブ・スクールにおける 7 年間の教育課程は 3 段階（低学年の段階から順にロワースクール，アパースクール，シックスフォーム）に分けられる。第 5 学年の学年末には，中等教育修了証書（GCSE）試験を受け，この試験でよい成績を修めた者がシックスフォームに進む。シックスフォームは，中等学校・大学が共同で行う全国試験「大学入学資格上級試験（GCE-A レベル）」に向けての 2 年間の準備課程である。そして，大学への入学者選抜は，この「GCE-A レベル」の成績に基づいて決定される。「GCE-A レベル」試験は，科目ごとの試験であり，A〜E の 5 段階（それ以下は不合格）で評価される。2000 年の試験改革により，「GCE-A レベル」試験は，「AS レベル（準上級）」と「A2 レベル（上級）」の 2 段階に分かれた。AS レベルはシックス・フォーム 1 年目で，A2 レベルはシックス・フォーム 2 年目で受験する。なお，試験のほか，中等学校からの内申書や面接結果も考慮される。

【ドイツ】 ドイツでは，すでに基礎学校 4 年生（10 歳）の段階の成績に基づいて，ギムナジウム，実科学校（レアルシューレ），基幹学校（ハウプトシューレ）のうち，いずれの学校に進学するのかが決定される。そのため入学試験は実施されないが，ギムナジウムに進学するためには所定の成績を収めていることが条件となる。大学への入学は，大学入学資格（ギムナジウム修了資格＝アビトゥア）試験の合格者に対して，自動的に入学が許可される。1960 年代までは，大学入学資格を取得した者はほぼ全員，希望する大学・課程に入学することができた。しかし，アビトゥア合格者の増加に伴い，一部の専攻課程では志願者が定員を上回るようになると，1960 年代後半には入学者数が制限されるようになった。1972 年には入学制限を

実施する専攻について連邦全体の学籍配分を行うために，中央学籍配分機関（ZVS）が設置された。近年は志願者予測に基づいて，志願者が定員を上回らないと予測される専攻課程では，志願者が所定の期日までに希望する大学で学籍登録をすることができる。逆に，志願者が定員を上回ると予測される専攻課程では，中央学籍配分機関が志願者の定員超過予測を年に2回公表し，入学制限を実施する場合には，アビトゥアの成績などを中心に入学者が配分される。

【フランス】 リセへの入学は，コレージュの学級委員会による進路指導などを通じて行われ，通常は入学試験が実施されない。また，大学への入学に対しても入学試験は実施されない。リセの卒業を証明する国家資格「バカロレア」を取得していれば，希望する大学に無選抜で入学できる。入学希望者が受入定員を超える専攻については，住所・家庭状況・本人の希望順位に基づく入学制限が行われ，大学区総長が当該大学の学長と協議したうえで入学者を決定する。成績による入学者選抜は法律で禁じられ，ほとんどの学生は希望どおりの課程に学籍登録できる。大学以外では，バカロレア取得者を対象に書類選考などによる入学者選抜が行われている。

【中国】 高級中学への入学は，各省で実施される統一入学試験によって入学者が選抜される。また，大学への入学者選抜は，教育部（文部省）が実施する全国統一入学試験により行われる。試験科目は，1990年代は言語・文学，数学，外国語の3科目に文系が歴史，政治，理系が物理，化学の2科目を加える「3+2」方式であったが，2002年からは「3+X」方式（Xは地方や大学・学科が指定する）に変更された。各大学は，全国統一入学試験の成績をもとに，高級中学在学中の記録などを参考にしながら，入学者を決定する。各大学の学生募集は，国立（教育部および中央各部・委員会所管）の大学については全国範囲で行い，また公立（省・自治区・直轄市所管）の大学は，各地方の範囲内で学生を募集する。入学者選抜にあたっては，全国範囲で募集する大学も含めて，すべて各省・自治区・直轄市ごとに選抜を行い，受験生は他の省・自治区・直轄市の受験者と競合しない。

【韓国】 高等学校への入学者選抜は，中学校の総合生活記録簿や中学校の教科の学力試験により行う。大都市の普通高等学校では，学校群内の各学校に抽選で割り振る。ただし，近年では学力試験の比重が低下する傾向にある。大学への入学者選抜は，個別試験に重点を置く改革と，全国共通の試験を導入した改革とが交互に繰り返されている。1981年に全国共通の大学入学学力試験が導入され，同時に大学で行われる個別学力試験が廃止された。その後，1994年からは教科科目別の共通試験に代わって思考力に重点を置いた大学修学能力試験（CSAT）が始まった。この試験は，国立，私立のすべての大学が利用しており，進学志望者は全員受験しなければならない。試験は教科別ではなく，総合的な内容の出題であり，大学での勉学に必要な能力（おもに思考力）を幅広く測定することが目的である。これを機に大学の個別学力試験が復活した。同時に高校の内申書においても，成績だけでなく，より詳しい学習記録が求められるようにもなった。個別大学の学力試験，CSAT，それに高校の学習記録の3つが当時の選抜の基本資料となった。しかし，1997年には，再び大学での個別学力試験が廃止された。その結果，個別試験で実施可能なのは現在，小論文，面接だけとなっている。現行制度では，例えば，ソウル国立大学の場合，CSATに60％，高校の学習記録に35％，論文に4％，面接に1％が割り当てられている。　（二宮　皓）

[参] 二宮皓『世界の学校—比較教育文化論の視点にたって—』福村出版，1995．文部科学省編『諸外国の高等教育』国立印刷局，2004．文部科学省編『諸外国の初等中等教育』財務省印刷局，2002．

学力調査と教育課程の改善

→カリキュラム評価，学力調査と標準学力検査

【意義】 教育課程の改善とは，各学校の教育指導を教育課程編成の目標に照らして評価し，その後の改善を進めていく一連の過程のことを意味する。教育指導の評価の要素は，①児童生徒の学習状況の評価，②教育課程の実施の評価，③教育環境や諸条件の評価から構成される。これらの各項目ごとに点検・評価を行い，それぞれの成果と課題を明確にする。つづいて，この課題を解決するために目標，内容，方法，評価等の観点から教育指導の見直しを行うことが教育課程の改善である。

学力調査は，これらのなかで①の児童生徒の学習状況を評価するための1つの方法である。一般に学力調査は，各学校で日常的に行われている評価活動と比べて，複数の学校が参加する形で実施されることが多い。また，調査結果は，問題ごとや評価の観点ごとに集計され，受検者全員や各学校ごとの平均通過率が示されることが多い。この学力調査の特性を生かして，教育指導の課題を明確にし，目標の設定や指導内容，指導方法等の改善につなげることが必要である。

【方法】 学力調査を教育課程の改善に結びつける方法として，以下(1)〜(3)のステップが考えられる。

(1) 学力調査の結果の分析と課題の整理

学力調査の結果を分析する際には，①設問ごとの通過率の分析，②設問と指導内容との関連の整理を行うことが必要である。①については，受検者全体の通過率と自校の通過率の平均や標準偏差を比較することによって，自校の児童生徒の学力の傾向を知ることができる。

集計データを読み取り，どこに学習指導上の課題があるかを把握する。特に通過率が全体の平均より低い問題や通過率にばらつきがある問題を抽出し，教科の指導事項との関連を整理する。

つづいて課題とされる指導項目について，日常の評価活動から得られた学習状況の記録と対照し，改善すべき事項を明確にする。その際，校内における日常の評価の結果と学力調査における評価の結果が異なる場合は，学力調査の設問の特色などを検討して，結論を得ることが必要である。

(2) 課題についての対応策の検討

(1)の作業で明確にされた指導内容や指導事項について，これまでどのように学習指導が行われてきたかを点検することが必要である。その際，例えば，次のような観点が考えられる。授業時数の配当状況，指導内容の精選の状況，教材の妥当性，授業展開の中身，評価の働きが生かされていたかどうか，指導体制および指導教員の力量，児童生徒の学習環境等である。

これらのどの観点から指導の改善を進めればよいのかを検討する。例えば，配当時数の見直しや指導内容の重点化が必要という意見，きめ細かな評価を行ってそのつど指導改善を行うという意見，学習集団の規模の改善，習熟度別授業，担当教師の交代などさまざまな考え方が想定される。この段階で重要なことは，課題解決のための方策を広く出し合い，それぞれの有効性について検討することである。

(3) 学習指導や指導計画等の改善

(2)の解決方策の中から，効果があると考えられ，かつ，実施可能な方策を具体化し，指導計画や授業に反映させることである。その際，従前の指導計画をどのように改善しようとしているのか，その足跡を記録しておくことが必要である。つまり，計画→実施→評価→課題の明確化→改善方策の選択と実施のサイクルが計画的に行われるように配慮することである。

(工藤文三)

学力調査と標準学力検査

→標準検査，集団基準準拠検査（NRT），目標基準準拠検査（CRT）

【意義】 学力調査は，本来，児童生徒の学力の実態を組織的に調査して，教育の改善を図ることをめざしている。学力検査，学力テストと同義に用いられることが多い。これには教師や学校が行うものと，文部科学省や教育委員会などの行政機関や各種教育団体が行うものとある。IEA の国際比較調査，OECD の学習到達度調査（PISA）も，これである。

今日，わが国では，学力低下問題や教育的責任などに関連して，学力への関心が高まり，各地で盛んに学力調査が行われている。

【状況】 アメリカでは，すでに 1970 年代に学力低下が問題になり，多くの州や学区で定期的に最低限能力テストを行い，学校ごとの結果を公表した。その後，さらに多くの州や学区が，次の目的で統一テストを行うようになった（D. ハーニッシュら，1991）。
①個人と学校全体の成績を向上させる。
②進級テストや高校卒業テストとして。
③矯正指導が必要な児童生徒を明らかにする。
④資金の配分に関する決定をする。

このような統一テストは，その後アメリカはもちろん，イギリスやフランスにおいても 1990 年前後から学力向上をめざして行われている。

わが国でも，同様な調査が行われている。文部科学省（当時文部省）は，教育課程と学習指導の改善および教育条件の整備に役立つ資料を得るため，すでに 1956（昭和 31）年～1966（昭和 41）年度に小・中・高，1981（昭和 56）年度に小・中学校の学力調査を行った。さらに 1999（平成 11）年の中教審答申で，各学校段階で児童生徒の教育目標達成状況を終了時に評価することは各学校の責務であると指摘され，2001（平成 13）年度と 2003（平成 15）年度に小・中学校について抽出で学力調査（教育課程実施状況調査）を行っている。

【問題点】 文部科学省や教育委員会で行う学力調査は，学習指導要領の改訂や学習指導の改善，教育条件の整備など教育政策の樹立のためには必要であるが，これにはすでにアメリカで，次のような長所・短所が指摘されている。長所としては，①学校や教師が，援助を必要とする児童生徒を助ける，②教授法の改善に努める，③テストを受けた学校では，児童生徒の学力が向上する，など。短所としては，①学校は最低水準の目標に焦点を合わせる，②テストに含まれる読みと算数を重視し，含まれない他の教科を軽視する，③測定しにくい目標よりも測定しやすい目標を重視する，④テストを目標に教える，⑤人為的に得点を上げる方策をとる，など。

たしかに，統一テストの結果で，学校や教師の責任だけを問題にしたり，地域や学校に優劣や序列をつけたりすると，過度に競争意識を引き起こし，このような弊害が生じる。また，統一テストでは，問題の作成が課題になる。信頼性，妥当性はもちろん，地域ごとの問題では，その結果を他の地域の学校と比較することはできない。このような場合には，全国的基準を設けている標準学力検査が有効である。

【標準学力検査の活用】 標準学力検査は，所定の手続きにより一定の標準問題・標準方法・標準成績を作ってあるので，個人の成績を全国基準に照らして解釈できるようになっている。妥当性，信頼性も十分に検証されている。したがって教師の授業の偏りや評価の主観性を補うこともできる。標準学力検査には，目標基準準拠検査（CRT）と集団基準準拠検査（NRT）があるので，両者の特徴をよく理解し，目的に応じて利用することが必要である。なお，現在小学校で国・社・算・理の 4 教科，中学校で英語を加えて 5 教科の検査がある。　　（辰野千壽）

［参］『指導と評価』臨時増刊，2004.

教育課程実施状況調査

→学力調査と教育課程の改善

【語義】 学習指導要領に基づく各教科の目標や内容の実現状況を把握することにより，教育課程の改善や指導方法の改善に資することをねらいに実施されている調査のことである。1981（昭和56）年度より学習指導要領の改訂を受けて実施されている。

【1981～83（昭和56～58）年度，1993～95（平成5～7）年度実施】 ペーパーテストによる調査と調査研究協力校における調査で実施された。

[ペーパーテストによる調査]
〔対象学年，教科〕小学校5・6学年：国語，社会，算数，理科。中学校1・2・3学年：国語，社会，数学，理科，外国語。
〔抽出方法〕各教科当たり全国の児童生徒のおおむね1％となるよう調査対象校を抽出し，次に各学校において対象学級を抽出，その対象学級全員を対象とした。
〔規模〕小学校：全児童の約1％，中学校：全生徒の約1％。
〔問題作成〕学習指導要領の範囲と程度および指導要録の評価の観点等を考慮し，従前の調査と比較可能となるよう問題が作成されている。
〔分析方法〕各問題の配点は行われず，問題ごとの実現状況を把握する方法がとられた。分析は，各設問ごとの通過率，学習指導要領に示す各領域，指導要録に示す評価の観点，過去の問題との比較の観点から行われた。

[調査研究協力校における調査]
ペーパーテストにより実施状況を把握することが困難な教科や内容について，協力校を選定し調査が行われた。

【2001（平成13）年度以降の調査】 小・中学校については2001（平成13）年度，2003（平成15）年度，高等学校については2003（平成15）年度，2004（平成16）年度に実施された。調査方法は，ペーパーテストおよび児童生徒の学習意識や生活実態，教師の指導方法等を問う質問紙調査である。

[ペーパーテストによる調査]
〔対象学年，教科〕小学校5・6学年：国語，社会，算数，理科。中学校1・2・3学年：国語，社会，数学，理科，外国語。高等学校：国語，地理歴史，公民，数学，理科，外国語。
〔抽出方法〕各問題冊子当たり1万6千人となるよう調査校を抽出，次に各学校において対象学級を抽出しその学級の全員を対象とする。
〔規模〕小学校：全児童の約8％，中学校：全生徒の約8％，高等学校約8％。
〔問題作成〕学習指導要領に示す内容，評価の観点等を考慮し，偏りのない範囲で問題作成を行う。また，従前の調査と比較可能となるよう問題が作成されている。問題は相互に重複しないA，B，C，3種類の問題冊子で構成し，学習状況を総合的に把握できるようにしている。
〔分析方法〕各問題の配点は行われず，各問題ごとに実現状況を把握する方法がとられている。また，正答とともに問題によっては準正答を設け，両者を正答した割合を「通過率」としている。分析は，過去の同一問題との比較，分野，領域，評価の観点ごとに行われるが，従前の調査と異なるのは，「設定通過率」と実際の通過率との比較を行っていることである。設定通過率とは，学習指導要領に示された内容について，標準的な時間をかけ，学習指導要領上想定される学習活動が行われた場合の通過率である。

[質問紙調査]
対象となる児童生徒全員が解答する共通質問紙と問題冊子を解答した児童生徒のみが回答する教科質問紙，教師質問紙から構成されている。単純集計および質問紙調査の回答状況とペーパーテストの結果との関連についても分析されている。

（工藤文三）

OECDの「生徒の学習到達度調査」(PISA)

→IEAの国際比較調査

【語義】 経済協力開発機構（OECD）は1980年代後半から，各国の教育制度や政策をさまざまな側面から比較する教育インディケータ事業（INES：Indicators of Education Systems）を進めており，その一環として実施している国際学力調査がPISA（Programme for International Student Assessment）である。

調査は「読解力」「数学的リテラシー」「科学的リテラシー」の3分野について，多肢選択式問題および記述問題から構成され，実生活で経験するような状況に関する課題文・図表等をもとに解答を求める。また，生徒自身および学校に関する情報を収集するための生徒質問紙および学校質問紙も実施している。2003年調査には，OECD加盟国30か国および非加盟国・地域11の41か国・地域が参加した。

【目的】 PISAの目的は，定期的に国際的な調査を行うことにより政策立案に役立てる，生徒の学習到達度に関する指標を開発することにある。生徒の知識・技能・能力に関する基礎指標（basic indicators），知識・技能などが社会経済的・教育的要因などとどのように関係しているかに関する状況指標（contextual indicators）および数回にわたる調査によって得られる変化指標（trend indicators）の3つの指標を開発することをめざしている。

【意義】 国際的な調査を行い，比較可能な指標を開発することにより，子どもたちが将来生活していくうえで必要とされる知識や技能などを，どの程度身につけているかを国際的な水準に照らして知ることができる。また，調査の結果から，自国の教育システムの成果が他の国に比べてどのような状況であるかに関する情報を得ることができ，国の教育政策や教育実践等に生かすことができると同時に，各国でそれぞれの教育システムの効率・効果を定期的に評価していく際の基礎となる情報を提供してくれる。

【概要】 PISAは，学校で学習した教科内容の理解度や定着度をみるというよりも，子どもたちが将来社会に参加したり，生活していく力を，多くの国で義務教育修了段階にあたる15歳においてどの程度身につけているかを評価するものである。IEA（国際教育到達度評価学会）の国際比較調査は，学校教育で学んだことがどの程度習得されているかを評価するのに対し，PISAでは，前述した3分野について，概念の理解度，思考プロセスの習熟度，さまざまな状況に臨機応変に対処する能力を評価する。すなわち，もっている知識や技能を実生活のさまざまな場面で直面する課題にどの程度活用できるかという「生きるために必要な知識や技能」を調査するものである。調査は，2000年から3年サイクルで実施されており，2000年調査は読解力が中心，2003年調査は数学的リテラシーを中心に，2006年調査は科学的リテラシーを中心に調査を実施。2006年以降も継続して調査が実施される予定である。

2000年調査にはOECD加盟国28か国および非加盟国4か国の32か国が参加した。2006年調査には約60か国・地域が参加の予定。

【実施体制】 国際的にはPISAの運営理事会，執行委員会，国際調査コンソーシアム，技術諮問委員会，分野別国際専門委員会などが設置され，調査の進め方や調査を実施するうえでの技術的な方法，問題内容などを検討している。わが国では，文部科学省の国立教育政策研究所が文部科学省，東京工業大学教育工学開発センター等と連携・協力し，関係機関・専門家の協力を得て調査を実施している。　　　（渡辺　良）

［参］国立教育政策研究所編『生きるための知識と技能』ぎょうせい，2002，2004．PISA調査のホームページは，(http://www.pisa.oecd.org/)

IEA の国際比較調査

→OECD の「生徒の学習到達度調査」(PISA)

【語義】 IEA（国際教育到達度評価学会：International Association for the Evaluation of Educational Achievement）は，異なる文化的，社会的，経済的背景をもつ国々の間で実証的な教育の比較研究を行い，各国の教育制度・内容や教育を取り巻く諸条件との関係を明らかにすることを目的として 1960 年に設立された国際学術研究団体である。

IEA の調査は，特に教育のアウトプットに関し国際的な比較研究を実証的に行うところに特徴がある。しかし，単に児童生徒の到達度のみを国ごとに比較するのではなく，学校，教師，児童生徒を対象とした調査やカリキュラム分析等を実施し，教育到達度を規定するさまざまな要因間の関係を明らかにするとともに，学校教育改善への手がかりとなる情報を提供することに重点が置かれている。

現在は，数学・理科教育，教師教育，読解力，ICT に関する調査が進められ，わが国は国際数学・理科教育動向調査 2007（TIMSS2007）および国際教育情報調査 2006（SITES2006）に参加している。

【IEA】 国あるいは教育システム（例えば，イギリスはイングランドとスコットランドが，ベルギーはフラマン語圏とフランス語圏がそれぞれ個別に参加）を代表する教育研究機関（教育省，教育研究所，大学など）によって構成される。わが国は 1961（昭和 36）年に加盟し，文部科学省の国立教育政策研究所が日本を代表する加盟機関である。現在 60 の国・地域が加盟し，本部はオランダのアムステルダムに置かれている。

【経緯と現況】 これまで IEA は 20 以上の国際比較調査を実施している。これらには読解力調査，文学鑑賞力調査，英語力調査，フランス語力調査，公民教育調査，作文力調査，学習条件調査，就学前教育調査，外国語調査などがある。わが国がこれまで参加した調査としては，第 1 回国際数学教育調査（FIMS：1961〜65 年），第 1 回国際理科教育調査（FISS：1966〜75 年），第 2 回国際数学教育調査（SIMS：1976〜89 年），第 2 回国際理科教育調査（SISS：1979〜91 年），コンピュータと教育調査（COMPED：1985〜93 年），第 3 回国際数学・理科教育調査（TIMSS 1995：1991〜97 年），第 3 回国際数学・理科教育調査—第 2 段階調査（TIMSS-R：1997〜2001 年），第 2 回国際教育情報調査—モジュール 1（SITES-M1：1997〜99 年），第 2 回国際教育情報調査—モジュール 2（SITES-M2：1999〜2002 年），国際数学・理科教育動向調査 2003（TIMSS2003：2001〜05 年）がある。

【調査実施の概要】 IEA が実施する調査は，毎年開催される理事会の総会で承認され，IEA の各調査の実施にあたっては，国際的には研究プロジェクトを円滑に実施するための国際運営委員会および国際的な調査の調整を行う国際センターが設置され，参加各国には国内委員会が設けられる。また，各国の調査担当責任者が集まる国際会議によって調査の内容・進め方が協議決定され，調査が進められる。国を代表するデータを収集するために，標本の抽出，質問紙の翻訳内容，調査実施手順等，国際的に決められた方針に則り進められる。　　　　　（渡辺　良）

［参］国立教育政策研究所編『数学教育・理科教育の国際比較—第 3 回国際数学理科教育調査の第 2 段階調査報告書』ぎょうせい，2001．国立教育政策研究所編『算数・数学教育の国際比較—国際数学・理科教育調査の 2003 年調査報告書』ぎょうせい，2005．国立教育政策研究所編『理科教育の国際比較—国際数学・理科教育調査の 2003 年調査報告書』ぎょうせい，2005．

NAEP

【語義】 NAEP（National Assessment of Educational Progress）は，全米の学校教育において学ぶ児童生徒の各教科領域に関する知識，技能，態度，能力等を継続的に評価する唯一の国家的事業であり，連邦法に基づき1969年から開始されている。対象は当初は9，13，17歳だったが，現在は4，8，12年生である。対象領域は，算数・数学，リーディング（読解力），科学の3教科を中心に，芸術（演劇，音楽，美術等），公民，経済，外国語，地理，アメリカ史，世界史，ライティング（作文）の11の教科にわたり，周期的に調査されている。一般に「国家の通知票」（Nation's Report Card）として知られているように，調査結果は，個人や学校が特定されることはなく，児童生徒の学習状況の全米での傾向や各州間の比較ができるようにアメリカ教育省のNCES（National Center for Education Statistics）によりさまざまな角度から統計的に詳細な分析がなされ，印刷物やデジタルデータとして定期的に報告されている。これらは各州や学区ならびに学校における授業やカリキュラムの改善等の資料として広く用いられるとともに，データの再分析などを通してさまざまな研究活動にも利用される。

【主要な事業】 ❶全米および州NAEP：全米レベルのNAEPは，公立・私立学校のランダムに選ばれた4，8，12年生を対象に，約2年ごとに読解力と算数・数学について，約4年ごとに科学とライティングについて全米および特定の地域で実施されている。評価内容は，NAGB（The National Assessment Governing Board）で開発されたフレームワークに従い，約10年ごとに再検討され，更新されている。最近では，記述式の問題（constructed-response question）を多く取り入れるとともに，計算器などの学習ツールを用いる出題がなされている。また，実技的な能力を測定するために，演劇，音楽，ビジュアルアートなどの芸術教科や科学では新しい質問形式を取り入れるなど，最新の評価手法を用いている。

州レベルのNAEPは，各州内の学習状況を把握するために1990年に始められ，公立学校を対象として，全米レベルとほぼ同様の教科について，4，8年生を対象に実施している。

❷都市地域における試行的な学習評価：TUDA（Trial Urban District Assessment）は，NCLB（No Child Left Behind）法による連邦予算を用いて，算数・数学，リーディング，科学を対象にアトランタ，ボストン，シカゴ，ニューヨークなどの大都市地域における教育状況を調査する試行的なプログラムであり，2002年から始められている。

❸長期傾向調査：全米レベルでの学習評価の傾向をみることを目的として，9，13，17歳の児童生徒を対象に，読解力と算数・数学について実施し，4年ごとに報告書を作成している。

❹特別調査：すでに行われている高校の学業成績証明書の調査やコンピュータの利用などの技術に基づく評価，2002年に始められた4年生を対象とした会話における読解力（oral reading study），さらにチャータースクールを対象とした調査などを実施している。

❺質問紙調査：NAEPの調査の際に，学校教育のさまざまな背景について，生徒（出身母体などの人口統計学的な特徴，学習経験，教育支援の状況），教師（教育訓練の状況や教育実践の状況），学校（学校の経営方針や特徴），学習障害や英語を母国語としない児童生徒（これらの児童生徒に関するさまざまな情報）を対象とした4種類の質問紙調査を同時に行い，評価の資料としている。 （名取一好）

［参］（HP）nces.ed.gov/nationsreportcard/

アメリカ合衆国における教育評価

→NAEP

【現状】 アメリカ合衆国における教育評価を包括的に論ずるのはきわめてむずかしい。国, 州, 郡 (カウンティ), 学区, 学校などの行政レベル, 学校経営, カリキュラム, 教員, 教員養成, 生徒個人などの評価対象などにより, その内容は多岐にわたっていることから, それぞれについてさまざまな視点で考えねばならない。例えば, アメリカにおける全国的な教育水準や学校教育の現況などに関する調査は, 全米統一テストの NAEP や IEA, PISA などの国際比較調査により行われており, これらの結果から連邦としての教育課題を明らかにしている。また, 各州における同様の調査は, 州 NAEP や各州独自の統一テストにより行われ, 州のみならず郡, 学区, 学校におけるカリキュラム開発や学校改善の視点としてそれらの結果を反映させている。さらに, 各種団体による教育に関するさまざまな評価も行われている。

(1) 学習評価と評価・評定

生徒個人の学習評価に関しても, わが国の指導要録のような連邦レベルで統一された教育評価システムはなく, これらは, 各州や各学校において, それぞれの責任でさまざまな評価法により行われている。それも州, 郡, 学区, 学校などにより多様であり, それぞれにより決められた評価方法や様式等が用いられている。

評価や評定の方法についても, 一般的に州のカリキュラムの枠組に示されているが, 法的な拘束力はなく, 基本的には各学校に任されているのが現状である。そのため, 相対評価と絶対評価のどちらが優先されているか, 観点別評価が行われているか, どのような観点で評価されるか等々に関しては, アメリカ全土に共通する内容を示すことは困難である。

(2)「落ちこぼれをなくす教育法」

最近では, 2001 年に施行された「落ちこぼれをなくす教育法」(No Child Left Behind Act : NCLB 法) により, 各学校では児童生徒の学力向上をめざしてさまざまなテストを実施し, コアとなる教科の学習の基礎基本を徹底するよう努めている。そのため, 州の統一テストや NAEP, さまざまな団体が開発・実施するアイオアテストなどのような学習評価テストの導入なども積極的に進め, 各州とも生徒の学力向上をめざしてさまざまな工夫を凝らしたカリキュラムの開発が行われている。こうした背景のなかで, 従来の各学校独自の学習プログラムから, 全米共通の各教科カリキュラムに基づいた学習プログラムへの移行も徐々に進みつつあり, 学習評価にもその影響がみられるようになってきている。

このように, 生徒個人の学習評価や評定および学校記録の保管等に関する連邦における統一された基準等はないことから, ここでは, 事例的にミシガン州を中心として教育 (学習) 評価について説明する。

【州の統一テスト (MEAP)】 ミシガン州統一テスト (MEAP) は年 2 回実施し, 対象学年と対象教科は, 4 学年がリーディング (読解力) と算数, 5 学年が科学, ライティング (作文), 社会, 7 学年がリーディングと数学, 8 学年が科学, ライティング, 社会, 11 学年がリーディング, ライティング, 数学, 科学, 社会である。なお, 2000 年度から, 高校生を対象として, 成績の高い者に大学進学後の奨学金が支給されることになった。そのため, 受験者が急増しているとのことであった。

(1) 学習評価の方法

学習評価に関して, 評価の方法や意義, 評価情報の重要性, 個々の教科に関する評価法や評価基準の決め方, さらに各教科の到達目標等々は, 州のカリキュラムの枠組で詳細に示されて

いるが，基本的には，担当の教師および担任教師が各学校区や学校で定められた基準に従い，それぞれが評価基準（rubric）を作成し，評価している。これらは，授業の前のオープンハウスとよばれる，わが国の保護者会のような会合で保護者に説明されるか，印刷したものが配布される。学校や，教科により小学校までは相対評価も一部導入されているが，基本的には絶対評価が多い。また，テスト形式の評価法と異なるポートフォリオ評価法も試みられているが，教師の負担が大きく，実用的には多くの課題が残されているとのことから，芸術教科などの一部で実施されているものの一般的な評価法として定着するには，今後に残された課題も多い。

(2) 評定および記録

幼稚園，小学校1，2年，小学校3，4年，小学校5，6年，中学校，高等学校により，評価基準および記入する記録簿の形式が異なっており，学年が進むに従い評価内容は簡略化される。これらの評価は，コンピュータで処理することが一般的なため，中学校以上の学年については，コメントがすでにパターン化された多数のモデルがあり，教師はそれらの中から適当なものを選択して記入することになっている。各学校により異なることも多いが，一般的にみると，小学校では3期に分けて，中学校は9週間を1単位にして4期に分けて，高校は6週間を1単位として2期に分けてそれぞれ評価している。

(3) 学習記録簿の保管

わが国の通信簿および指導要録に当たるものとしては，スクールレコードとよばれる記録簿があり，各教育段階での評価が記入される。また，それらは高等学校終了まで累積され，原簿は生徒もしくは保護者が，その写しは学校で保管される。記録簿の形式および内容は，各教育段階で異なっており，上に行くに従って簡略化される。基本的には，学業成績，行動の記録，標準テストの結果などであるが，特別配慮が必要な場合に限って健康記録や特別活動記録も含まれる。しかし，記録の保存が児童生徒に不都合を生じさせるようなものは除かれる。

学習記録の扱いや保存期間等については，詳細な基準が州法「ミシガン州教育委員会公立学校記録の保存と破棄に対する便覧」により定められており，ミシガン州のイーストランシング学校区における保存期間は3年とのことであったが，実際は7年以上の長期にわたることが多いという。

なお，高校では，これらの資料に基づいて，トランスクリプト（わが国の内申書のようなもの）が書かれる。これらは，スクールレコードの内容から高校4年間を総合して，成績評価点平均（GPA：Grade Point Average）のポイント，各種テストの結果，各教科の評点，クラスランキングなどが記入され，大学への進学に用いられる。そのため，卒業後，数年経ってから大学に進学を希望する者もいるため，長期にわたって保存される。これらの資料は，いつでも開示される。

(4) 保護者への評価記録の通知

保護者にスクールレコードの原本を送付することが原則となっている。なお，州法により，生徒の教育記録に含まれている情報が不正確である，誤解を招くおそれがある，あるいは生徒のプライバシーまたは他の権利が侵害されると思われる等の場合には，生徒の親またはその資格を有する生徒は，その記録を保管する機関等にそれらの修正を申し入れることができるとされている。　　　　　　　　　　　　（名取一好）

[参] State of Michigan Department of Education (1996, 1998) "Michigan Curriculum Flamework" State of Michigan Department of Education (1997) "Schedule for the Retention and Disposal of Public School Records" (bulletin No.522, Revised)

イギリスにおける教育評価

→GCSE, GCE, 諸外国の入学者選抜制度

【現状と展開①】　イギリスは，イングランド，ウェールズ，スコットランド，北アイルランドの4つの地域から構成された国である。そして，それぞれに異なる教育制度を有している。例えば，カリキュラムや試験制度は次のようになっている。

❶イングランド：1988年にナショナル・カリキュラムが導入され，それに基づき，公費維持学校での教育課程が定められ，その内容に基づいたナショナル・テストが実施されている。これらは非政府機関である資格・カリキュラム委員会（QCA：Qualification and Curriculum Authority）により管理・運用されている。

　試験には，中等教育修了資格試験であるGCSEと高等教育入学に際する資格試験であるGCE上級レベル試験（Advanced Level）がある。さらに，ナショナル・カリキュラムにより規定されたキーステージ（KS：Key Stage）ごとに実施されるキーステージ・テストがある。

　キーステージとは，次のとおりである。

　・KS1：5～7歳
　・KS2：7～11歳
　・KS3：11～14歳
　・KS4：14～16歳

　KS1～3の最終学年ごとにキーステージ・テストが実施される。KS1では，英語と算数の試験が実施され，学校内で採点され，成績は地域内に公開される。KS2とKS3では，英語，算数・数学，理科の試験が実施され，外部で採点され，成績は全国的に公開される。KS4の最終学年に実施されるものはGCSEに該当する。

❷ウェールズ：1999年に地方議会（Welsh Assembly）が設置されたことにより，教育に関する権限が中央政府（イングランド）から移譲された（教員に関する事項は未移譲）。

　イングランドと同様に，ナショナル・カリキュラムに基づく教育が公費維持学校では行われている。その内容はウェールズカリキュラム・評価委員会（Curriculum and Assessment Authority for Wales）によって管轄されている。

　KSはイングランドと同じであるが，新しくFoundation Phaseカリキュラム（3～7歳）を導入し，2008年までにKS1を3～7歳にする。7歳でのナショナル・テストは廃止し，11歳と14歳での試験も2007～08年までに廃止する。そして，すべての試験を教員の評価によるものにし，2008年から新しく10歳の児童に対し，読解力，数学的能力，問題解決能力に焦点を当てた試験を実施する。

❸スコットランド：法的に規定されたカリキュラムはなく，各学校や教育機関が責任を負う柔軟性のあるシステムとなっている。ナショナルガイドラインは教科の範囲のみ規定している。

　カリキュラムは2段階に分かれ，第1段階は5～14歳である。ここでは，6段階（A～F）にレベルが分けられ，担任が一定の学習を修了したと判断したときに，その児童の達成度を評価する。第2段階（Standard Grade）は14～16歳である。16歳以上は，高等教育と準高等教育の中間として位置づけられている。現在，読解力，数学的能力の強化を目的として，3～18歳のカリキュラム改革が進められている。

❹北アイルランド：4～16歳が義務教育である。義務教育は，KSごとに4つに区分されている。

　・KS1：4～8歳
　・KS2：8～11歳
　・KS3：11～14歳
　・KS4：14～16歳

　中等教育にはグラマースクールと中等学校があり，学力により選抜される。

　カリキュラムに関しては，北アイルランドカリキュラム・試験・評価委員会（The North

Ireland Council for Curriculum Examinations and Assessments）が管轄している。同組織は，①KS1～3における児童の成績評価，②GCSE，GCEなどの試験，③イレブンプラス試験，④GNVQsの規程，⑤16～19歳の現代外国語の評価に関する権限を有している。

11歳児に対して，グラマースクールへの入学選抜のためにイレブンプラス試験が実施される。科目は，英語（またはアイルランド語），数学，理科，技術である。14歳児に対しては，英語（またはアイルランド語）と数学，理科のナショナルテストが実施される。外部で採点され，成績は地域内に公開される。

【現状と展開②】 イギリスでは，4つの地域とも多様な試験や教育評価制度をもち，また同時に学校への外部評価制度を導入している。そのため各学校はさまざまな情報やデータを保管し，収集分析しなければならない。例えばイングランドでは，データ保護法（Data Protection Act, 1998）により，各学校に対して，児童生徒に関する正確な情報を収集，管理し，保護者や正当な権限を有した者に情報を提供することが義務づけられている。

児童生徒に関する情報には，第1に教育に関する記録と，第2にカリキュラムに関する記録がある。教育に関する記録は教育全般に関するもので，幅広いものである。カリキュラムに関する記録は，公的な生徒の学習成果（技能，学力など）に関する記録である。校長が毎年更新する義務を負う。

教育に関する記録は，正当な権限のある者に公開しなければならない。その者とは保護者である。児童生徒本人も閲覧可能である。また，記録のコピーに関しては有料で行う。カリキュラムに関する記録は，児童生徒が転校や進学するに際しては，児童生徒の成績および学習上の強み，弱みなどの記録を，転校する学校，進学する高等および継続教育機関に対して提供しなければならない。

保護者は，キーステージ・テストにおける自分の子どもの成績に関し記述された情報を請求することができる。また中等学校は，外部評価である学校監査（School Inspection）のために，GCSE，GCE上級レベル試験，職業資格等の自校と全国平均を比較したデータを蓄積しておかなければならない。保護者はそのデータを提供されるか，あるいはそのデータの入手方法を教示してもらえる権限を有している。

このほか各学校は，外部評価のために，次のような文書を保管しておかなければならない。

・学校および地方教育当局により規定されたカリキュラム方針文書
・学校管理規則
・学校理事会の議事録
・すべての法規，教育技能省の通達
・学校監査報告書
・学校の特別支援教育の方針に関する情報
・教職員の勤務条件
・シラバス
・ナショナル・カリキュラムと対比しての自校の教育課程の内容を記述した文書

このような公的文書の保管年限がイギリスでは明確な規程がなく，問題となっている。実際はおおむね次のような目安で行われている。

・児童生徒に関する記録：6年
・財務に関する記録：6年
・経営に関する記録：3年
・学校組織に関する記録：10年
・会議録など：6年

今後は情報管理の安全性を考慮しつつ，保管と公開の仕組みを整備することが課題である。そして，さまざまな評価活動や試験を通して収集されたデータや情報を活用して，各学校が自律的にアカウンタビリティを果たしていくことが重要である。そのためには，各学校が授業評価や教員評価などを通して自己評価機能を高めていくことが求められる。　　　（梶間みどり）

フランスにおける教育評価

【概要】 フランスにおける生徒の学習成績や活動について記録する表簿・記録簿は，基本的に次の2つである。1つは「連絡帳・連絡簿」といわれ，生徒の学習に関して定期的に学校と家庭の間で情報を提供・交換し合うもので，学校ごとで自由に決められる。2つ目が「学習記録簿」(livret scolaire：小学校, bulletin trimestriel：中・高校) であり，取扱いの性格からみれば，これがわが国での通信簿と指導要録を合わせたものに近いといえる。ただし行動に関する記載はなく，厳密に教育的な情報のみで構成されており，特に保存期間の定めもない。この学習記録簿も学校ごとで多様である。文部省もひな型（サンプル）を示しているが，一般の教科書発行会社や地方の教育資料センターからもさまざまなものが市販され，全国的な統一基準はない。各学校は，これらを参考にして独自の様式を定める。

一般的には各教科の評点を20点満点で示し（10点が合格ライン），それに所見欄をつける形がほとんどである。この際の評定は絶対評価（到達度評価）であり，この結果が重要な意味をもつ。なぜならフランスでは高校入試が存在していないため，中学校段階での成績によるこの学習記録簿をもとにして「進路指導・決定」がなされるからである。小学校の学習記録簿も基本的に中学校のそれに類似しているが，所見欄は担任教員によって全体講評的に記述されている。文部省がひな型として示しているものでは，学習の認定は20点満点ではなく，3段階あるいは4段階の評定になっている。

生徒の学習評価，学習成果の指標，落第・進級の提案（これについて家族は15日以内に異議申立てができ，この場合にはその内容と結果をこれに記入）が記載され，定期的（一般的には学期ごとの年3回）に，保護者または成人している場合には本人に通知され，受理後に保護者はそれにサインすることになっている。これは転校や進学の際に付随して送付される。

【具体例】 中学校2年生の2学期を例にとると，上から順に哲学，経済社会科学，フランス語，ラテン語，ギリシア語，歴史・地理・公民，数学，外国語などの教科が縦に並び，その横にそれぞれの担当教員による評点と所見欄が配置されている。例えば，フランス語ではテスト成績は10.3，その他の評定項目で11.1であれば，この生徒の評点平均は10.7点となる。クラスの平均点も記載され，相対的な位置もわかるようになっている。所見欄もあり，成績の状況，日常の学習態度や行動面についてのコメントを記入している。さらに最下段には校長としての所見欄が設けられている。　　（小野田正利）

[参] 小野田正利「フランスにおける教育評価①」『週刊教育資料』No.694，2000.

第2学期	氏名 Alexandre ○○○○ 生年月日 1981年3月19日 年度 1993-1994 出身学校			学年 第5級 学級生徒数 28 落第	
教科名及び教授名	評点	他の評点	評点平均	学級平均評点	各教科担当教授からの評価（※コメント文章）
哲学					
経済社会科学					
フランス語	10.3	11.1	10.7	12.5	(例) 成績にむらがあり，時々は注意力が散漫。かなりそそっかしい。
ラテン語	9.5				
ギリシア語					
歴史地理公民	14, 11		12.7	14	…………………
数学	06-16		12.25	13.5	
第1外国語	08-12	11-13/11		12.2	…………………
第2外国語					
第3外国語					
物理・化学					
生物	20-11	3/10	14	14	…………………
デッサン	15, 15, 12		14		…………………
音楽	10, 14	17, 18			…………………
テクノロジー	0-12		06	12	…………………
体育スポーツ				16	
品行			欠席：	遅刻：	
宿題			（校長からのコメント）		
落第の危機			(例) 成績は徐々に低下傾向にあり，対処が必要。		
進路指導					

図　フランスの学習記録簿・記載例

ドイツにおける教育評価

【概要】 ドイツの教育評価は，絶対評価で，6段階評価が基本である。日本と比較するならば，評価は厳しく行われ，原級留置（落第）や飛び級などにも使われる。基礎学校教員は基礎学校最終学年の成績に基づいて，保護者に進学すべき中等教育学校を勧告する。保護者はこの勧告を参考にして，その子どもの進学する学校を選択する。大学入学資格にはギムナジウムの成績が利用される。

【評価の対象等】 ドイツでは教育に関する権限は16ある州に属している。しかし成績の評価については，連邦レベルでの取り決めにより，6段階の絶対評価となっている。「1」が最もよく，「6」が最も悪い。基礎学校（小学校）1年，2年では，6段階評価による評定はなく，文章による記述式評価が行われる。3年生以降は，簡単な総合評価と，各教科の成績が6段階で記載される。

州により異なるが，教科の成績に加え，態度，協調性，勤勉さといった行動の記録を評価するところもある。

【評価記録】 ドイツにも指導要録に相当するものがある。形式は州により異なるが，通信簿のコピーを学校に保管する州と，指導要録として生徒に手渡すものとは別の書式をとる州がある。最大の州である，ノルトライン・ヴェストファーレン州の指導要録は，以下の内容を記録することになっている。

①児童生徒の個人情報，②保護者の個人情報，③児童生徒の経歴，④これまでの通学歴，⑤協力機関の代理人（病院など），⑥その他の役割（病院など）⑦授業の免除（科目，範囲，期間），⑧特別な学校教育施設への通学，⑨実習（期間，訓練施設の名前および所在地），⑩2か月以上の学校休業（期間，理由），⑪2か月以上の学校欠席，⑫進級可能性，⑬追試験，⑭転校，⑮学校の卒業・退学。

このほかに成績概要として，学期ごとに通学日と欠席日を記入する。科目ごとの成績は6段階評定で学期ごとに記入するようになっている。ほかに注意事項（特記事項）を記載する欄がある。

【評価手続き】 評価は絶対評価であり，各教員が授業中に行う口述テストや提出物等により，評価を行っている。これを蓄積していき，学期末に評価を行う。最終的には成績判定会議により決定する。これによって生徒の進級の可否・退学などが決定される。一般に「6」は不可であり，進級できず原級留置となる。「5」が2科目あっても進級できない。進級会議に保護者代表が加わり，児童生徒の状況を考慮するための助言を行い，進級判定の参考にするようなところもある。

ギムナジウム（中学校と高校とを合わせた学校）では，数％の生徒が原級留置となる。

【評価結果の活用】 ドイツでは中等教育学校，大学とも原則として入学試験はない。そのため前の学校の卒業資格が同時に入学資格となる。つまり前の学校の成績が次の学校への進学の主たる判断資料である。

大学入学資格では，ギムナジウムの最終2年間の授業科目の成績，4科目の修了試験（アビトゥア試験）の成績等を15段階で評価し，これをポイントに換算する。合計で840点となるが，240点以上で一定の条件を満たせば合格となる。大学入学資格は，原則としてどの大学，どの学部にも入学する権利であるが，一部の大学では大学入学資格の成績を基準に選抜され，成績が悪いと一定期間，入学を待たされる。

(坂野慎二)

[参] 坂野慎二『統一後ドイツの教育政策』（科研費報告書，非売品）2003.

フィンランドにおける教育評価

【背景】 機会均等と質の保持を掲げた1970年代前半の6・3制の総合制基礎学校（ペルスコウル）の設立は、その後の各種教育改革とあいまってフィンランドをして学習社会とならしめた。そして経済協力開発機構（OECD）の2003年の国際学力調査（PISA2003）でトップに立った。教育省は「PISA成功の背景」として総合制教育の勝利と断じたうえで、全国に均質の教育の提供ほか11項目をあげているが、その中の1つに「発達志向（発展志向）評価と生徒の自己評価—テスト、序列リストがない」とある。この国の教育における評価（アルビオインティ）の特色をいい表している。

【発達志向評価】 基礎学校は2006年8月から9年一貫制となるが、新学習指導要領第8章、生徒の評価の冒頭でも、評価の課題は到達目標へ向けて生徒の成長・発達を励まし援助することにあるとし、多岐な方法に基づくべきとしている。また現行の基礎学校法施行規則第2章、生徒の評価は、「不断の評価」「学習の進歩と進級」「最終評価」の3節からなり、生徒の学習と作業、行動の進歩の情報はたえず生徒と親・保護者に提供されるべきこととされている。各学年末には通信簿が出され、評価は記述式もあるが、評点は絶対評価の4～10の7段階で4は不可。またすべての教科目を履修した者には、修了証書が授与されることなどが規定してある。

【生徒による自己評価】 生徒を能動的で主体的な学び手に育てていく手だてとして、自己評価は欠かせない。ところでフィンランドでは、旧学習指導要領でも特記されていたが、新学習指導要領第8章でも1節を設け、「自己評価を発展させるには、生徒が自らの学習過程を精査し、学習と作業を評価することができるよう指導されるべきである」とし、学習到達度の評価は多岐な方法でなされ、励まされるべきであるとしている。具体的な方法は、発達段階や学習内容によって異なるが、生徒の限りない能力を引き出すためにきわめて大切としている。

【高等学校と出口評価】 基礎学校を卒業した半数以上が高等学校（ルキオ）に、残りのほとんどの者が職業学校（アンマティコウル）へ進学する。高等学校は3年を原則（最短2年、最長4年も可）とするが、無学年制をとっている。すなわち生徒が各自で自由にコースを組み立てて履修する方法をとっており、最低75単位を履修したものに修了証書が授与される。評価は各コースの修了時になされる。2003年に告示、2005年8月から施行されている新学習指導要領によれば、「コースの評価は、ただ単に筆記テストによるのみでなく、生徒の学習、技能と知識についての不断の観察に基づき、多岐の方法でなされるべきこと。生徒自身による評価も考慮されるべきこと」とある。なお修了証書に基礎学校以来の言語記録（フィンランド語・スウェーデン語の2公用語に2外国語ほか）が記載されるのも特色といえるが、出口としての卒業は国の大学入学資格試験（ユリオッピラスツツキント）に合格してはじめて可能で、示される7段階評点は人生をも左右しかねない。

【改革動向】 高校への進学条件の平等化を図るために、新学習指導要領では到達目標を「望ましい成果」とし、評点8を示した。また基準を実質的なものにするためテストバンクをつくり、各学校各教師が各教科のテストを自由に取り寄せることが可能となった。また、均質の教育を保障すべく、国は学力テストや財政支援を行ってきたが、その中立性への疑問が生ずることになり、2003年に教育庁に独立の評価評議会が置かれた。　　　　　　　　　　　（中嶋　博）

［参］フィンランド教育庁『基礎学校学習指導要領』2004.

中国における教育評価

【伝統】 伝統的に中国では，教育評価といえば学習者の成績評定を指し，100点満点の60点以上を合格とし，成績表には点数で表記されるか，「優，良，合格，不合格」で記述されるのが一般であった。そこでは，学習内容（知識）を正確に理解し解答する能力，知識を実際に運用する能力等，おもに学習の知的側面が評価の基準とされてきた。

【改革】「知識偏重の教育から全面発達の教育へ」をスローガンの1つに1990年代後半から始まった素質教育改革のなかで，知育だけでなく徳育，体育，美育等，学習者の総合的側面からの評価改革が叫ばれた。2002年12月には，日本の文部科学省に当たる教育部によって「小中学校の評価と入試制度改革の方案」および，それを具体的に進める「小中学校の評価と入試制度の積極的推進に関する通知」が出された。

素質教育における評価改革の第1は，評価内容の多元化である。「通知」においては，児童生徒に発達させる基礎的目標として，道徳品性，公民素養，学習能力，コミュニケーション力と協同する力，運動と健康，審美と表現力があげられた。これはそのまま評価の観点であるともいえる。これらは教育課程の基準である「課程標準」における学習目標にも反映され，各教科の目標において「知識」のほかに「技能・能力」「感情・態度・価値観」「行為・慣習」「過程・方法」などの視点から目標が設定された。

第2は，評価方法の多元化である。各教科の「課程標準」においても，従来成績評価のためにおもに用いられていた問題紙による試験のほかに，教師による観察記録，ヒアリング，学習者の作品分析，課題分析，作業評価，ポートフォリオ評価（成長資料袋評価）等々，多様な評価方法を採用することが示された。

第3は，評価主体の多元化である。従来評価とは一般的に教師によって一方的に行われる行為として理解されてきた。しかし，「通知」では，評価の主体として，教師だけではなく，教育行政部門，学校，保護者，学習者をあげ，その共同参与，交互活動の重要性をあげている。

【実際】 このような考え方に従って，現在各地域，学校において具体的な評価改革が進行中である。上述の3つの多元化の考え方は，成績表の記述欄にも反映されてきている。例えば，北京市海淀区の教育委員会が作成した成績表である「小学生素質総合評価手帳」の1・2学年の国語の評価欄を下記に示す。　　（森茂岳雄）

項目	内容	評価の観点	形成的評価							
			第一学期				第二学期			
			優	良	可	再努力	優	良	可	再努力
知識と技能	文字の読み書き	ピンインの助けを借りて文字の読み書きができる。正しい書き順に従って整った文字が書ける。								
	朗読と暗記	教科書を正確に流ちょうに感情を込めて読める。決められた詩文を暗唱できる。								
	会話	人の話をまじめに聞くことができる。自分の見たこと聞いたことを簡潔に伝えられる。								
	作文	自分が言いたいことを書くことができる。								
	宿題									

項目	評価の観点	第一学期			第二学期		
		自己評価	相互評価	教師評価	自己評価	相互評価	教師評価
感情と態度	国語の学習が好きか。						
	まじめに授業を受ける。積極的主体的に学習できる。						
	好奇心をもって喜んで質問できる。						
	すすんで協力し，コミュニケーションできる。						
	熱心に実践活動に参加し，口頭あるいは絵や文で気持ちを表せる。						
測評成績							
期末成績			学期総評				

韓国における教育評価

【概要】 韓国の教育評価は,「初等学校・中学校・高等学校 学校生活記録簿電算処理および管理指針」に基づき,「初等学校・中学校・高等学校 教育課程」に則って,絶対評価を原則に行われ,「学校生活記録簿」に記録される。

教育人的資源部訓令である「生活記録簿電算処理および管理指針」は,以下に示すように非常に詳細に定められている。この背景に,韓国教育の特徴の1つである高い大学進学率と,その入学が国公私立を問わず,「大学修学能力試験」という共通テストの成績と学校生活記録簿によって決定されることがある。

【成績評価】 同訓令[別紙第6号]は「教科学習発達状況評価および管理」として,次のように各学校における試験方法や成績評価制度にいたるまで定めている。

まず,学校別各教科協議会(学年協議会)と学業成績管理委員会を構成する。

❶紙筆評価:紙筆評価(paper test)においては,評価の領域,内容などを含んだ2元目的分類表などを作成し,同一教科担当教師間共同出題によって,学級間の成績差を最小化する。

出題原案には質問項目別配点を表示し,同点者が可能なかぎり生じないようにできるだけ100点満点で出題,評価質問項目数増大,質問項目当たり配点多様化に留意し,特に水準別難易度の配列に留意する。

問題は出題・印刷および評価の全過程で保安が維持されるよう徹底的に管理し,考査監督を厳正にして不正行為を未然に防止する。

結果を学生本人に公開して確認させ,異議申請があるときには綿密に検討して適切な措置を行わなければならない。

成績処理が終わった答案紙は成績算出の証明資料として卒業後1年以上当該学校に保管する。

❷遂行評価:遂行評価(performance assessment)においては,教科協議会で各科目の教育課程および学校・教科の特性を勘案して遂行評価の領域・方法・回数・細部基準(配点)・反映比率などと成績処理方法および結果の活用等に関する遂行評価計画を樹立して学校学業成績管理委員会に提出する。

評価者は学校学業成績管理委員会の審議を経て確定された各教科別遂行評価計画と評価後結果を学生本人に公開しなければならず,異議申請があるときには綿密に検討して適切な措置を行わなければならない。

成績処理が終わった遂行評価の重要な資料は,成績算出の証明資料として卒業後1年以上当該学校に保管し,上級学校進学時,入学選考権者の要請がある場合,これを選考資料として提供できる。

そして中学校においては,「紙筆評価」(名称,反映比率等明記)と「遂行評価」(領域,反映比率等明記)の点数を合算して,成就度と席次を算出した科目別成績一覧表を作成する。高等学校においては,「紙筆評価」と「遂行評価」の点数を合算して,原点数,科目平均,科目標準偏差,席次,席次等級,履修者数を算出した科目別成績一覧表を作成することになっている。

このように厳格な成績管理と,その本人開示が,韓国の教育評価の特色であるといえる。

【課題】 一方で,このような厳格な管理を必要とする背景である激烈な進学競争(大学は18歳人口以上の入学定員をもつが,大学間格差が激しい)のために,高校生は0校時といわれる始業前の授業や晩遅くまでの課外学習などによって1点を争い,また,2004年の修学能力試験においては携帯メールを使った不正行為が発覚するなど,紙筆評価を中心とする評価の問題も現れている。

(佐野通夫)

第12章
評価結果の記録と通知

1 通信簿・指導要録における
  結果の表示と所見文
2 補助簿
3 通信簿
4 指導要録
5 調査書

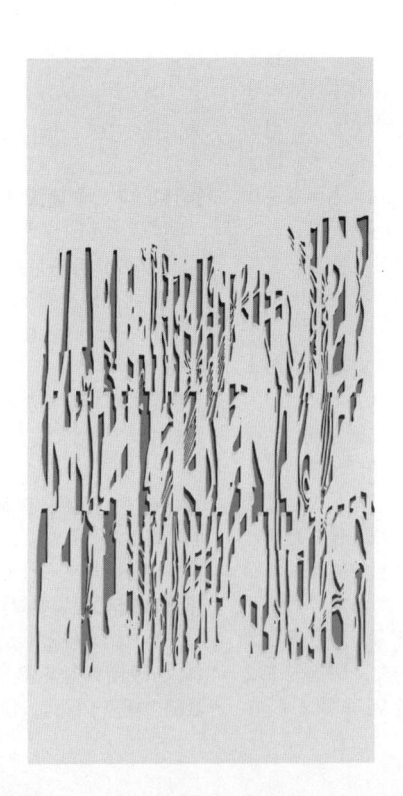

学習の記録欄の結果の表示，評語の変遷

→指導要録の変遷，学籍簿，補助簿の内容と様式，通信簿，調査書の記載事項

【意義】 1900（明治33）年8月に学籍簿が制定され，1949（昭和24）年に一時「累加記録摘要」「指導要録」と名称が混乱したが，同年9月に「指導要録」に統一された。この間，学習の結果の表示，評語がいかに変遷してきたかということである。指導要録は評価の基準といわれているように，その時代，その時代の評価のあり方を示している。したがって，学習の結果の表示，評語の変遷を知ることは，学習評価の現状を知りこれからのあり方を考えるうえできわめて大切なことである。なお，小学校は学校教育制度において明治時代から継続されているが，中学校は旧制と新制では異質であるので，小学校の学習の記録欄を中心に述べる。

【明治33年の学籍簿】 「学業成績」欄に，修身，国語，算術，体操のほかに操行があり，それぞれ1つの総合評定で行われた。なお，当時の表示は，100点法，10点法，10干法，上下法，甲乙丙5段階法，優良可5段階法などが用いられていたが，特に統一はされなかった。「100点法の如く其成績の比較を詳細に示さざるを以て，甚だしき競争の弊も生ぜざるべし」と，上下5段階法（最上，上，中，下，最下）を推す声もあったが，一般には，10点法や甲乙丙5段階法が多く用いられていた。

【昭和13年の学籍簿】 1900年制定以来，あまり大きな改正はなかったが，1938（昭和13）年に大改正が行われた。「学業成績」欄に，概評が設けられ，結果の表示，評語は，各教科は10点法，操行は優良可によって行うことに統一された。これまで，甲乙丙丁戊，優良可などの評語によったり，10点法などで行われていたのを，10点法に統一したのである。しかし，実際には，5点以下はほとんど与えず，多くは6点から10点までを与えたので，甲乙丙丁戊などの評語による5段階評定が，6点から10点までの数字に改めただけの感があった。

【昭和16年の国民学校学籍簿】 「学業成績」欄が，いくつかの教科をくくって，国民科，理数科，体操科，芸能科とされており，概評はあるが操行は削除された。「各科目ノ成績ハ平素ノ状況ヲ通シ其ノ習得，考察，処理，応用，技能，鑑賞，実践，及学習態度等，各方面ヨリ之ヲ綜合評定シ優良可ノ区別ニヨリ記入スルコト」と改められた。10点法を優良可に改めた理由は，「国民学校ノ本質ハ皇国ノ道ノ修練ニアルヲ以テ其ノ成績ハ児童ノ能力及努力ニ依ッテ修練セル実績ナルト共ニ担任職員ノ能力及努力ノ相俟ッテ生ル可キ結果ナレバ之ヲ数量的ニ表ハサントスルハ教育ノ本質ヨリ見テ妥当ナラサルモノト思料セラレタルニ依ル」ということである。なお，良は当該学年相応，優は良より優れ，可は良に達しない，という基準で，絶対評価である。さらに，優の中で著しく優れているものに秀，良の中で，優に近いものを良上，可に近いものには良下を与えてもよいことになった。

【昭和23年の学籍簿（昭和24年に指導要録）】 欄の名称が「学習の記録」となる。各教科に3，4個の分析的目標が設けられ，それぞれ5段階相対評価を行うことになった。表示は，小学校は+2，+1，0，-1，-2で，中学校は5，4，3，2，1であった。総合評定はなかった。「所見」は中学校だけで，おもな活動や作業の習慣などを記入した。なお，中学校の5段階は，5＝秀，4＝優，3＝良，2＝可，1＝不可と示されていたが，例えば，4＝優（平均より上位にあるもの）など，相対評価であるとの但し書きが付け加えられていた。

【昭和30年の指導要録】 各教科が総合評定となり，小・中学校とも，5，4，3，2，1と表示され，5段階相対評価となった。「所見」では，数個の観点を設け，個人として優れている観点

に○を，劣っている観点に×を記入した（個人内評価）。中学校も同様であったが，観点の第1は関心であった。「備考」が新しく設けられて，特記事項がある場合に記入された。

【昭和36年の指導要録】 1つの表にまとめてあった「評定」と「所見」を分離し，「所見」も重視するようにされた。各教科の表示に変化はなかったが，評価の仕方が，「相対評価」から「相対評価を原則とし，一部絶対評価を加味すること」になった。「所見」は，各教科に「進歩の状況」が新設され，進歩が顕著な者を示すことになった。「備考」に変更はなかった。

【昭和46年の指導要録】 「評定」は，表示も，絶対評価を加味した相対評価も，変更はなかった。「所見」も，「関心」の観点が削除されたが，○×で表示することに変更はなかった。なお，「進歩の状況」が削除されて，「備考」に記入されることになった。

【昭和55年の指導要録】 欄の構成が，Ⅰ評定，Ⅱ所見，Ⅲ備考から，Ⅰ評定，Ⅱ観点別学習状況，Ⅲ所見に改められた。「評定」は，小学校低学年で3段階に改められ，1, 2, 3で表示された以外は，表示も，絶対評価を加味した相対評価にも，変更はなかった。「観点別学習状況」は，各教科ごとに複数観点を設け，3段階絶対評価で行い，目標を十分達成したものは＋，達成が不十分なものは－，おおむね達成したものは空欄で表示された。「所見」は，各教科の学習について総合的にみた場合の特徴を文章で記述することになった。なお，「観点別学習状況」で，観点での順位は最下位であったが，各教科とも関心・態度を設けている。

【平成3年の指導要録】 欄の構成が，Ⅰ観点別学習状況，Ⅱ評定，Ⅲ所見となり，観点別学習状況が，学習評価の中心となった。「観点別学習状況」は，各教科の観点ごとに，3段階絶対評価で，十分満足できると判断されるものをA，おおむね満足できると判断されるものをB，努力を要すると判断されるものをCと表示した。なお，観点の順序は，「関心・意欲・態度」「思考・判断」「技能・表現」「知識・理解」で，意欲，思考に指導の重点を置くことが示された。「評定」は，小学校低学年では削除，中・高学年は3段階，中学校は必修教科は5段階で，絶対評価を加味した相対評価で，3, 2, 1, あるいは5, 4, 3, 2, 1で表示された。なお，中学校の選択教科は，3段階絶対評価で，十分満足をA，おおむね満足をB，努力を要するをCと表示することになった。「所見」は，個人内評価により，文章記述するのは従来どおりであったが，「個人として比較的優れている点又は劣っている点など各教科の学習全体を通して見られる特徴に関すること」とあったものの中から，「又は劣っている点」を削除し，もっぱら「優れている点」を記入することになった。長所を取り上げ，伸ばすことを基本としたのである。

【平成13年の指導要録】 欄の構成が，Ⅰ観点別学習状況，Ⅱ評定となり，Ⅲ所見が削除され，新設の「総合所見及び指導上参考となる諸事項」欄に記入することとなった。「観点別学習状況」は従来どおり，3段階絶対評価で，A, B, Cと表示する。「評定」は，「絶対評価を加味した相対評価」から「絶対評価」に改められ，小学校の中・高学年では3, 2, 1の3段階，中学校の必修教科は，5, 4, 3, 2, 1の5段階，選択教科は，A, B, Cの3段階で表示する。「各教科の学習の記録」は，すべて「絶対評価」になったが，絶対評価を正しく行い，妥当性，信頼性，客観性を確保するのは大変困難である。目標をテストや観察で測定できるように具体的に記述し，明確な評価基準を設定するなどの工夫・改善の努力が必要である。 （石田恒好）

[参] 石田恒好『改訂新・通信簿』図書文化, 1981. 文部省内指導要録研究会監修・渋谷憲一ほか編著『新指導要録の解説と実務（小・中）』図書文化, 1991. 熱海則夫ほか編著『新指導要録の解説と実務（小・中）』図書文化, 2001.

所見文のあり方

→個人内評価，学習の記録欄の結果の表示，評語の変遷

【所見欄の歴史的経緯】 指導要録や通信簿の記録欄は，例えば「評定」欄や「観点別学習状況」欄のように，学習の成績を数値や記号で示す欄と，学習や生活の様子について文章で記載する欄から構成されている。この文章記述による記録欄のことを「所見」欄とよんでいる。ところで，指導要録は学校教育法施行規則に基づく法定表簿であるが，他方通信簿は学校独自に作成するものであり，その性格は異なる。しかし，これまで通信簿の様式や内容も，指導要録の様式の影響を受けてきた。1891（明治24）年の小学校令では「教授上に関する記録の外に各児童の心性・行為・習慣・偏癖等を記載し道徳訓練上の参考に供し」とされた。それ以来，通信簿でも学習成績以外に所見を記載し，今後の指導に資することが慣習化した。

所見欄の変化についてみてみると，2000（平成12）年の教育課程審議会答申に基づいて改訂された指導要録では，「『生きる力』の育成を目指す学習指導要領のねらいを踏まえ，児童生徒の成長の状況を総合的にとらえる……そのため現在，所見欄は各教科の学習，特別活動，行動の記録のそれぞれに分かれて」いるが，「これらの欄を統合し総合的に記入できるように『総合所見及び指導上参考となる諸事項』の欄を設けることにする」と改訂された。また，留意事項として「一人ひとりのよさや可能性，進歩の状況などを適切に評価していく上で，個人内評価を一層充実していくことが重要であり，『総合所見及び指導上参考となる諸事項』の欄の記載を重視することが大切である」と述べ，これまで以上に所見欄を重視する姿勢を打ち出した。

【通信簿における所見欄の新しい試み】 これまでの「所見」欄という名称も，「向上のためのアドバイス」欄，「進歩のための助言」欄などに変える例がみられる。教師から児童生徒へ，次の学習への励ましにつながる役割を重視し，自己学習への意欲を促すように意図したもので，従来のまとめの評価としての総括的評価から形成的な評価機能を重視する考え方に変化したものとみることができる。

最近は，「所見」欄以外に「保護者への通信」欄を設ける学校も出てきた。それとともに，所見の評価者も教師による他者評価だけではなく，親から見た子どもの評価を書き込む「保護者から一言」欄や児童生徒による自己評価の試みも出てきた。「自己評価」欄の場合，学習者自身がその学期がんばった学習や行動の様子や成長した点について自ら振り返り，次の学期のめあてや課題について文章記述して自らを奮い立たせ励ます自らへの所見文である。

【よさを見つける所見文作成のポイント】 本人や保護者に通知することを念頭に置いていない指導要録の所見文と，通知することが目的の通信簿の所見文では，おのずからそのあり方が異なる。ここでは，通信簿における所見文の記述のあり方について述べる。これまでは，ともすれば「評価は客観的に」「指導のためには厳しく」といって，「身の回りの整頓ができません」など，マイナス面だけを指摘した減点主義的な所見文がみられた。欠点を指摘されても改善の指針が示されていなくては，今後の指針にもならないし，意欲が減退するだけである。よさを見取る「加点主義的な所見文の作成」のポイントは，次のようになろう。①「〜をよくがんばりました」「大きく成長しました」など子どもの学びや育ちの姿や努力や伸長した点について，よさを発見し肯定的に評価すること。②「学習面だけ」の知育偏重ではなく，学校生活全体における行動や生活の様子を含めた多面的な視点で，「たくましく生きる力」が育ちつつあるかという全人的な成長発達の面から総合的に見取

る視点をもつこと。③「伸びようとする芽が育ちつつあります」「～今後の努力に期待しています」など子どもの意欲の向上・深化も見取るようにすること。こういう表現であれば、保護者からの協力・応援も得られる。④「～できるようにがんばりましょう」と励ましたり、「みんなの手本になっています」など本人の自信になり、自尊感情を高め、教師が指導・支援しますよという姿勢を示すとともに、教師の温かさが伝わり、学校と保護者の信頼関係の醸成に結びつくような記述に配慮すること。⑤所見欄の評価では、「平均点と比べて悪い」など他人との比較の評価はせず、その子個人の中で優れた点や伸びた点について見取る観点をもつこと。「やる気が出てきました」という場合も、前の学期に比べてよくなってきたという比較でよい。⑥「数学的能力が育ってきました」「問題解決能力が育ってきました」など教師の専門的用語を多用する教師がいるが、これも「基礎的な計算を正確にする力が身についてきました」「身の回りの問題について自ら取り組み、解決する粘り強い力が育ってきました」など具体的でわかりやすい表現に工夫すること。⑦各教科の今後の学習課題を記入する場合、さきに到達した成果について書き、そのあとで課題の指摘をする。その場合も課題の指摘だけで終わらないようにし、今後は教師がどのような手だてで指導していくのかを示し、子ども自身もその指針に沿って努力しようという気持ちがわくような記述にすること。⑧「～漢字ができません。ご家庭での指導をお願いします」という表現は、教師側の責任放棄にとられ、家庭に必要以上に負担をかける場合があるので表現に注意すること。子ども本人が家庭で叱られるよりも、家庭で成果をほめてもらい、励まされるような姿勢が生まれるような記述にしたい。⑨「友達もなかなかできません」「男の子らしくがんばりましょう」「障害に負けずにがんばっています」などの表現は、いじめや友達関係、身体のことなどで悩んでいる子どもにとっては辛い表現である。保護者にとっては人権侵害や、男女平等のジェンダーの考え方の不足を表した表現に映る。人権上の表現については特に相手を傷つける表現にならないように配慮しなければならない。⑩本人の努力を評価したいあまり、「苦しい家庭環境にも負けずにがんばっています」など家庭の経済面や家族構成など保護者のプライバシーに立ち入った表現は、子どもや保護者を傷つけるので、特に避けなければならない。最後に、⑪指導要録における総合的な学習の記録欄は、「学習活動」「観点」「文章による評価」の構成となった。多くの学校の通信簿の記載を見てみると、その文章表現は「問題解決能力が育ちました」と抽象的な表現が多い。具体的に「自分の考えをもって課題を設定できるようになりました」「友達と話し合ってテーマを設定し、協力してグループで追求する姿勢が育ってきました」などと、観察やポートフォリオ評価として集積した作品やレポートなど学習過程の努力や進歩の様子を示すメモをもとに、特徴的な様子を具体的に書き記すよう工夫したい。

さらに、性格・行動などの記載では、「児童会役員として、毎朝校門で『おはよう運動』に取り組み、低学年から優しいお兄さんとして慕われていました」「はっきりと自分の意見を言う態度が信頼されています。学級のムードメーカーとして友達から好かれています」など具体的事実や特徴をもとに、ほめ、励まし、「またがんばろう」という意欲が育つようにすることこそ大切であるという姿勢を忘れないようにしたい。

【留意点】 指導要録の「総合所見及び指導上参考となる諸事項」欄については、個人内評価の点から児童生徒の優れている点や長所、進歩の状況などを取り上げることが基本となるが、近年本人からの開示請求が増えてきたので、本人の不利益になる文章評価が残らないよう留意しなければならない。

(古川 治)

補助簿の意義

→補助簿の内容と様式

【語義】 補助簿とは,「指導要録補助簿」を略したものである。すなわち,指導要録作成のための補助的な帳簿,指導要録という「主簿」に対する「補助簿」ということである。教師は学年末に指導要録を記載しなければならないが,そのためには,日ごろから個々の児童生徒についてできるだけ豊富な資料を収集・記録しておいて指導要録記載に備えなければならない。この,日ごろの資料を収集・記録しておくのが補助簿である。しかし,実際には,補助簿は指導要録の記載を助けるという意義だけでなく,児童生徒の理解と指導のための資料として日常の評価活動を担う重要な役割をもっている。指導機能の面からいえば,むしろ主簿というべきである。

【補助簿の種類】 補助簿には,一定の様式があるわけではなく,名称・内容もさまざまある。種類を様式から大別するとおよそ次のようなものがある。①「教務手帳」「指導記録簿」「学級経営簿」などの名称で市販されていたり,場合によっては市町村が作成している手帳形式のもの,②「教育指導資料」「個人成績表」「学習記録カード」「生徒指導カード」などの多様な名称で学校が作成している,1枚表裏2ページないし2つ折り4ページのカード形式のもの,③ファイリングボックスを用意して個人別のファイルにカードを自由に差し挟めるようにしたファイル形式のもの。

また,記録のまとめ方としては学級一覧表形式のものと個人表形式のものとがある。使用目的や内容で見てみると,教育調査などの基礎資料を中心にしたもの,学習指導を中心にしたもの,生徒指導やカウンセリングを中心にしたもの,それらを総合したものなどがある。観点別評価が学習評価の中心となっている今日では,日常のきめ細かな評価資料が求められるので,それらの記録や集計のためのさまざまな記録表が工夫されている。こうした学級担任が自作するような集計表も立派な補助簿である。

【補助簿の意義】 補助簿は,第1に語義が示すように,学年末の指導要録や学期末の通信簿の記載のために日常から評価資料を収集・記録しておき,指導要録や通信簿における総括的評価をより客観的で信頼性のあるものにする役割をもっている。上級学校への調査書は指導要録の記録に基づくものであるが,補助簿の充実が間接的に調査書の信頼性を保証することになる。

第2に,特に学習指導場面で工夫した記録表や集計表を用意しておけば,即時的な評価情報として指導に生かしやすいという意義がある。教育指導に際しては,「指導と評価の一体化」つまり,P(Plan:計画)→D(Do:実践)→S(See:評価)のサイクルの繰り返しが強く求められるが,そのためには,教師は,児童生徒の必要な教育情報を入手し,記録するとともにそれを生かす必要がある。長期的なサイクルでは指導要録の記録も利用できるが,形成的評価としての即時的なフィードバック情報という点では補助簿にまさるものはない。

第3に,生徒指導やカウンセリングの視点から,「個人カルテ」などが作成され,教員間で記載・閲覧が自由にできるよう管理保管されている。児童生徒理解や処遇決定のためには多角的で豊富な評価情報が必要であり,補助簿はその判断・意思決定の根拠を提供してくれる。

【課題】 補助簿にも使用目的の違いからさまざまな種類がある。学校として,個人として,どのような補助簿を使っているかを一度整理し,どれとどれを学校ないし学年で共有するか,その場合は保管・管理をどうするか,様式・内容をどうするか,全体で検討しておきたい。

(藤岡秀樹)

補助簿の内容と様式

→補助簿の意義，通信簿の内容と様式，指導要録の内容と評価方法

【補助簿の機能】　補助簿とは，指導要録補助簿を略したもので，その役割は，学年末に指導要録の記録を適正に行うために日常の資料を収集し，記録しておくことである。きめ細かい記録であるために，教師の児童生徒に対する指導や支援を補助する記録簿でもある。記録される内容は，児童生徒のさまざまな評価情報であるので，指導要録の記録を補助するだけでなく，次のような機能も期待できる。①日常の教師の職務である学習指導や生徒指導を補助する機能，②学期末や学年末に通信簿，調査書などの作成を補助する機能，③教師自身の指導や支援の自己評価を補助する機能。

補助簿に，児童生徒一人一人の評価情報が詳しく適切に記録されていくと，それをもとに日常の個に応じた指導や支援，あるいは個性を生かす指導や支援が可能になる。またそれが集積されていくことにより，より正確で信頼性の高い通信簿や指導要録を作成することが可能になる。ほかにも教師自身の指導や支援が適切であったかどうかを自己評価し修正することに活用することができる。その意味で，補助簿は教師にとって重要度の高い記録簿であるといえる。

ところが，補助簿は公簿ではないため，その作成や活用については，学校や教師個人に委ねられている。したがって，学校や教師によって補助簿の内容や様式はまちまちで，その活用の仕方もさまざまである。補助簿を活用せずに教育活動をしている教師がいるとは考えられないが，補助簿の機能を生かし，児童生徒の指導や支援に効果的に活用するためには，その内容や様式，活用法が吟味されなければならない。

以上のことから，補助簿の様式，内容，記録は，日常の指導・支援に役立つようにつくられ，それを集積していった結果，指導要録の記録を適正に行うために役立つものであるべきだということである。

【学習指導の記録】　学習指導については，学習過程における児童生徒の目標達成状況を記録し，その後の指導に生かせるものでありたい。

学習指導の記録の内容は，各教科，各単元の観点別目標の達成状況である。ただし，その記録を日常的に生かすためには，単元ごとの観点別目標を細分化した観点別下位目標が必要である。学習過程において，それぞれの下位目標に対する児童生徒の達成状況を記録すれば，その時点での学習状況が把握できる。そのうえで，達成している者にはさらに深化発展させるための支援が可能となり，達成していない者には回復のための指導が可能となる。このように活用されたとき，学習指導を補助する記録となるのである。単元末に学習結果を記録したり，定期テストの結果を記録したりするだけでは，指導機能を生かしきれていないことに留意しておく必要がある。

学習指導の記録の様式は，何よりも指導や支援のために使いやすいものでなければならない。そのためには，できるだけ簡単に記録がとれる形式で，携帯しやすいものにしたい。そこで，基本的な様式として，評価項目と児童生徒名の欄からなる一覧表形式の簡単なチェックリストを勧めたい（次ページ資料参照）。これを単元ごとに1枚用意し，評価項目欄に観点別下位目標を記録して日常の授業で活用するのである。記録の仕方は，観点別下位目標に対する達成度を，目標準拠評価により，2段階（「達成」「未達成」）か3段階（「達成」「おおむね達成」「未達成」）で評定するとよい。また，裏を白紙にせず，児童生徒名を入れた枠をつくっておけば，トピックになるような発言や行動が記録でき，よさや育ちを評価することができる。新たに補助簿をつくろうとすると，多くの情報を合理的

資料　学習指導の補助簿（例）

A4サイズ・カード式

算数（量と測定）		1	2	3	4	5	6	7
① 面　　積（14時間）		青木	大西	小林	④			
関心	三角形や四角形の面積の求め方に関心をもつ	0 +	0 +	+	+	+	+	− 0
	進んでいろいろな面積の求め方を考えようとする	0 +	+	+	0	+	+	0 +
思考	三角形の高さや底辺と面積の関係を考える	0	− 0	+	+	+	+	0 +
②	いろいろな図形の面積の求め方を工夫して考える	0	+	+	0 +	+	+	0 ⑤
		③						

注：①教科・領域・単元名・指導時数，②観点名，③観点別下位目標，④児童生徒名，⑤目標準拠評価で評定，2段目は回復指導後
（＋：達成，0：おおむね達成，−：未達成）

に記録したいと思い，様式から複雑なものにしてしまいやすいものである。しかし，教師の日常業務の多忙さを考えると，長続きしないことも予想される。指導機能を生かし，記録するためには，シンプルで応用のきく様式にするのがよい。

総合的な学習は，各教科と異なり目標や内容が明確に示されていない。したがって各教科で行うような目標準拠評価で学習状況を評価することはむずかしい。そこで，総合的な学習の記録は，学習履歴を集積したポートフォリオをそのまま用い，よさや進歩の様子を積極的に評価して児童生徒の指導や支援に役立てるようにしたい。ただ，時間をかけて1つのテーマを追究するような場合，ポートフォリオが膨大になって活用がむずかしくなるような場合は，凝集ポートフォリオを作成するなどしたい。

【生徒指導の記録】　生徒指導の記録とは，学習指導とともに教師の重要な職務である生徒指導を補助する記録のことである。生徒指導とは，個々の児童生徒が，社会的に自己実現していくために必要な自己指導能力の育成をめざすものである。教師の基本的態度は児童生徒理解であり，日常的に個々の感情や思考，行動の様子を把握して，適切に指導や支援をすることが求められる。したがって，生徒指導の記録は，児童生徒の日常における感情や思考，行動の様子を記録し，その後の指導や支援に生かせるものとしたい。

生徒指導の記録の内容は，その性格上多岐にわたっているが，基本的には対話，観察，他者評価，自己評価などにより，個々の児童生徒の感情や思考，行動に関する情報を収集すればよい。その際，指導要録における「行動の記録」の項目を参考にするとよいだろう。様式については，特にこだわる必要はなく，累加的に記録を残せる個人生徒指導カードを作成し，児童生徒の変容を理解できるようにしておきたい。

記録の仕方については，まず児童生徒の感情や思考，行動の情報をメモ帳や付箋などにどんどん記録し，個人生徒指導カードに転記する。これによって，児童生徒のよさや成長の様子，あるいは生徒指導上の課題などを理解することができる。

このように収集した情報をもとにして，個別の課題の克服に向けた指導や支援が可能となるのである。

【その他の記録】　補助簿には，学習指導や生徒指導のほかにも，特別活動，進路指導，指導上参考となる諸事項など記録が必要である。これらの記録についても，特に，内容や様式の規定があるわけではない。学校や教師個人の必要性に応じてさまざまに工夫されればよいのである。大切なことは，児童生徒の指導や支援に生かすことのできる補助等にすることである。

（亀谷陽三）

[参] 石田恒好編著『新しい補助簿の作り方・使い方（小・中）』図書文化，1995.

通信簿の意義と変遷

→通信簿，通信簿自由化論，5段階相対評価，到達度評価，指導要録の変遷

【意義】 通信簿は，学校と家庭とが協力して子どもの教育に当たることを目的とする帳票で，子どもの学校における成果の総合的記録をおもな記載内容とする，学校と家庭の往復連絡文書の1つである。法的規制はないので学校に発行義務はなく，名称もさまざまだが，慣行として定着しており，ほとんどの小・中・養護学校等で多様な通信簿が発行されている。また同様のものは諸外国でも発行されている。

【前史と成立】 1872（明治5）年に学制がしかれ，1900（明治33）年に教育令に改められたが，この間，学校での修学の様子を家庭に通知する帳票として，①日課優劣表（日々の学業・行状成績，出欠などを記載。これを週ごとに総括したものもある），②試験成績表（定期試験結果，月ごとの試験結果，席次などを記載）があった。1880年代半ば，これらに往復通信欄が付け加えられて家庭と学校の双方向の往復連絡文書となることによって通信簿が成立した。初期の通信簿は，毎日の行状点を中心としたもの，週間成績を中心としたもの，試験成績を中心としたものなど多様である。名称も家庭学校通信簿，品行簿，毎週成績表，生徒成績表などとさまざまである。また，凡例のほか，児童心得や父母の心得，授業料領収証を記載する通信簿もあった。1890年代を通じてこれらの内容が統合され，しだいに総合的内容をもった往復連絡簿となっていく。なお通信欄は，家庭と学校との「言路」を開く好機会であり，あたかも双方向の電話機のようになっている。実際に通信欄を使って遠足行事の可否を家庭に問い合わせるなど，現在の連絡帳のように使用された事例もある。

【普及と定型化】 1891（明治24）年小学校教則大綱の文部省説明で，家庭と学校が気脈を通ずる方法を設け提携して児童教育の効果を高めることを望む，としたことを契機に，家庭訪問や父兄懇談会などの他の提携手段とともに普及が進んでいった。1900（明治33）年，学業成績の考査結果などを記載する学籍簿の様式が規定されると，通信簿の様式はこれに準拠するようになっていく。甲乙丙丁や10点法などの評語で表される教科別総合評定と操行成績のほか，学籍簿と同様身体状況が記入されるようになる。その他の記載事項としては，通信簿の趣旨や見方を示す凡例，校訓，校歌，詔勅類，児童心得，父母心得，儀式日や行事暦，修業証（経費節減のため独自に出していたものを統合），そして往復通信欄などがある。当初さまざまであった発行時期も学期末に収束していく。通信欄はあまり使われず，学業成績の一方的通知という色彩が強くなっていった。

【通信簿の改革】 大正期以降になると，大胆な通信簿改革を行う学校も出現した。例えば，千葉師範学校附属小学校では，通信簿よりも保護者との懇談のほうが有効だとして，通信簿を廃止した。また，長野県松本尋常高等小学校では，教科別総合評定をやめ，「成績のよくなった学科」「いっそう努力すべき学科」「得意な方面」「学習態度」を文章記述するといった改革がなされている。逆に測定運動の成果を取り入れ，分析的評価を導入する動向もみられる。例えば自由学園小学校では，「理解力」「推理力」「計算能力」（算数の場合）などの観点を設け「確実」「充分」などの評語を記入している。体裁では，子どもの発達を継続的に示すため，在学期間中使用する手帳様式のものも増えている。

【画一化】 1938（昭和13）年，学籍簿が大幅に改訂されたが，その効力が3年間と短かったため，その影響は少なかった。1941（昭和16）年国民学校学籍簿において，通信簿の成績記入法は学籍簿に準ずることとして，初めて公

的に学籍簿と通信簿の関係が規定された。学業成績評価は学籍簿と同一となり（教科別の絶対評価），さらに，戦時下での用紙不足も手伝って，出欠，身体検査結果以外の記載事項の簡略化，省略という動向や，家庭と学校の協力の象徴である通信欄の消滅という動向も広がった。

【戦後初期の通信簿】 戦後初期，文部省は通信簿の発行について積極的態度を示さなかった。その理由は，①戦前のような学業成績中心の通信簿は成績不振の子どもにはよい影響を与えない，②家庭との協力はおもに保健や情緒・社会性の側面が中心であり，そのためには通信簿よりも，私信，学校通信，家庭通信用ノートなどのほうが望ましい，といったものであった。しかし学校慣行として定着していた通信簿は引き続き発行されていった。そこでは，指導要録に準拠して学習，行動，健康の記録において分析項目（観点）ごとの評価を行うもの，戦前と同様教科別総合評定を行うものなどがあった。また，評価法として指導要録が採用した相対評価が導入された。このころの通信簿改革としては，指導要録の分析項目（能力）に内容を書き加え到達目標を設定して評価しようとするもの，あるいは通信簿の望ましい条件（親子共どもわかる，伸びたあとがわかるなど）を分析し通信簿改善を行おうとする動向などが注目される。

【相対評価批判と通信簿改革】 1955（昭和30）年の指導要録の改訂で，学習の記録が教科別総合評定（5段階相対評価）と所見（観点ごとの個人内評価）で構成されることになると，通信簿もこれにならうようになった。1960年代を通じての高校進学率の上昇，教育権認識の深まりなどを背景に，1969（昭和44）年には通信簿論争が起こり，通信簿の5段階相対評価は子どもの学力の実態を表していないとして強い批判を浴びることになった。この後1971（昭和46）年の指導要録改訂時，文部省が学校の自由な裁量のもとで通信簿が作成できることに注意を喚起したこともあり，1970年代以降特に小学校で通信簿改革が進展した。そこでの大きな動向は，相対評価から絶対評価への転換であった。そのほか，段階評価をやめて文章記述にする，自己評価欄を設ける，名称も「あゆみ」など親しみやすいものにするなどの改革が行われた。学力保障の鍵として到達度評価（絶対評価）を位置づけ，到達度評価型の通信簿が広まっていった京都府のような事例もあった。

【新学力観と通信簿】 1991（平成3）年の指導要録改訂時の文部省通知において，「指導要録における各教科等の評価の考え方を踏まえ」通信簿の工夫改善をすることとされたのを機に，再び指導要録と同様の様式と評価法（特に学習の記録）をとる通信簿が増えた。このため，相対評価による教科別総合評定が復活するという動向も生まれた。また，各地の教育センターなどが指導要録準拠型のモデル通信簿を作成し，これを使用する学校も増えた。これらの動向は，この指導要録改訂を機に，「関心・意欲・態度」という学力の情意的要素を認知的要素よりも重視する「新学力観」が打ち出され，教育評価がこの「新学力」の形成に寄与すべきものと位置づけられ，生まれたものであった。

【課題】 通信簿は，学校と家庭が協力・共同するための一手段である。その果たすべき機能は，①学校の教育責任を明らかにし，保護者が子どもの学習を励ますための資料を提供する，②子どもに対して学習の方向づけを与える，③教師自身に一定期間の指導の成果を反省し，授業や教育課程改善の契機を与える，などである。協力手段であるから，保護者・子どもにとってわかりやすいものでなくてはならない。それには保護者の意見を取り入れるなどの工夫が求められる。指導要録との関係では，通信簿改善の成果を指導要録が取り入れていくという方向が強調されなければならないだろう。　　（山根俊喜）

[参] 天野正輝『教育評価史研究』東信堂，1993. 石田恒好『新・通信簿』図書文化，2002. 唐沢富太郎『教育博物館』ぎょうせい，1977.

通信簿の内容と様式

→通信簿，児童生徒指導要録，通信簿自由化論，指導要録の内容と評価方法

【作成の視点】　通信簿の内容や様式を考えるにあたっては，学校経営論と教育評価論という2つの視点から検討する必要がある。

学校経営論的視点からは，通信簿は家庭と学校の協力を目的とする通信・連絡手段の1つである。したがって，懇談会，学級通信，学校通信，連絡帳など他の協力手段・通信手段のなかでの独自の位置づけを吟味し，発行時期や内容・様式などを検討する必要がある。また，保護者の学校参加，学校の家庭に対するアカウンタビリティといった文脈からの検討も必要である。

教育評価論的視点からは，①子どもの自己評価を促し，学習の方向性を与える，②保護者に子どもの学習を励ますための資料を与える，③一定期間の教育を総括することで，教師および学校に教育を改善するための資料を与える，といった通信簿の機能を十全に発揮するためには，どのような内容や様式が望ましいかを検討する必要がある。

【作成主体】　通信簿の作成主体は学校である。しかし，現実には校長会などが作成した「モデル通信簿」を使用している学校がかなりの数に上っている。学校のカリキュラムは地域や児童生徒の特性を反映して同一ではないから，通信簿の様式も学校独自で工夫し作成するのが望ましい。保護者との関係でいえば，通信簿の作成意図や見方などを何らかの方法で説明しなければならないのはもちろんだが，通信簿の機能を踏まえれば，保護者と意見を交換しながら，通信簿の様式などの改善を行っていく必要がある。

【内容と様式】　通信簿の記載内容・様式について，2002年に行われた国立教育政策研究所の調査（『通信簿に関する調査研究』2003年，小学校5年のもの319通，中学校2年のもの227通を分析。以下比率が示してあるものはこの調査による）をはじめとする調査資料によって，小・中学校を中心に主要な項目について現状と問題点を明らかにしておこう。

❶体裁：ほとんどの学校が1年間使用で学期ごとに記載し子どもに手交する方式をとっている。判型はB4判かA3判の2つ折り（4頁）が多い。別により詳細な副表を作成している学校や，専用のファイルを作成して綴じ込むようにしたもの，またファイルに通信簿以外の他の資料をも綴じ込んで在学中の成長の跡がわかるような工夫を凝らしているものもある。

❷名称：小学校では最も多いのが「あゆみ」（44%），次いで「通知表」（10%），中学校では「通知表」（44%），「通知票」（23%），「通信票」（6%）という順になっている。小学校ではほかに「伸びゆく子」「伸びゆく姿」，あるいは「○○（地名）の子」など親しみやすい名称が使用されている。

❸記載事項：代表的な記載事項とその欄を設けている比率は以下のとおりである。発達記録という通信簿の性格からいえば，指導領域全体にわたって記載することが望ましい。その他の記載事項としては修了証，校章，校歌などがある。

表　通信簿の記載事項　　　　　　　　(%)

記載事項	小学校 ($n=319$)	中学校 ($n=227$)
学習の記録	100	100
学習の記録(選択教科)	—	96
総合的な学習の時間	97	90
特別活動	79	96
行動の記録	98	67
出欠の記録	97	98
教育目標(学校または学年)	60	58
通信簿の見方	68	81
自己評価欄	3	9
身体・健康	13	20
所見または通信欄	97	90
保護者からの通信欄	40	48

❹各教科の学習の記録：教科別総合評定（「評

定」)だけのものはほとんど消滅し(小学校0.3%,中学校4%),小学校では「観点別学習状況」のみが主流となり(71%,中学校では1%),中学校では「観点別学習状況」と「評定」の組み合わせが主流となっている(95%,小学校29%)。「観点別学習状況」についていえば,その多くが「思考・判断」「表現・技能」といった観点名だけでなくその説明を書き込んでおり(小学校99%,中学校63%),3段階の目標準拠評価を行っている。しかし,学期ごとにその説明が異なっているものは少数である(小学校22%,中学校6%)。つまり,この欄は,教育目標のうち能力の側面だけを取り出して示している指導要録の観点別学習状況の参考資料を引き写したものが多数を占め,学期ごとに目標内容を書き込んで「何を」(内容)「どこまで」(能力)指導し学習し得たのかを示しているものは少数にとどまっているということである。保護者や子どもにわかりやすく,かつ指導改善や自己指導の改善に役立たせようとするのなら,目標内容を書き込んで主要な目標について目標準拠評価を行うべきだと思われる。

「観点別学習状況」のうち「関心・意欲・態度」の観点については,到達目標の設定が困難なため目標準拠評価が困難で,現実には「学習態度」で評価されていることが各種の調査等で報告されている。態度や習熟の様態を段階評価ではなく文章表記するなどの工夫が望まれる。

「評定」欄はほぼすべての中学校(82%が5段階),3割程度の小学校(ほとんどが3段階)で設けられている。中学校で比率が高いのは,高校入試の調査書の資料として評定が利用されるので,こうした情報提供の必要が生じるからである。評定値は,観点別評価の評定値をもとに学校独自の計算式に当てはめて操作して決める場合が多い。教育目標との関連が薄く,教育的な意味はあまりない。

❺総合的な学習の時間の記録:学習内容を記載する欄を設けているものは,小学校76%,中学校65%,評価の観点を表示する欄を設けているもの小学校32%,中学校52%である。学校によって学習内容も目標も異なるから,欄の設定の仕方はどうあれ,いかなる目標をもっていかなる内容を設定し,子どもたちにどのような力がついたのかを記述する必要がある。

❻特別活動の記録:学級活動,生徒会活動等について,「〜係」「〜委員」等事実を記載するものが多数を占めている。各活動領域について「十分満足」の場合に○を付すものもある。

❼行動の記録:ほとんどが指導要録と同様「基本的生活習慣」「自主・自律」等の項目を設け,2段階,または3段階の評定を行っている。項目は,指導要録に準拠したものがほとんどだが,例えば,項目数を絞っているもの,「基本的生活習慣」をさらに分析して下位項目を設定しているもの,あるいは,学校教育目標と関連させて項目をまとめているものなどがある。「自主・自立」「責任感」などの項目は道徳領域の目標(道徳的価値)に対応しているが,学習指導要領では道徳の時間に関しては「数値などによる評価は行わない」としており,段階評定するのは問題があると思われる。通信簿のなかには「学習」「くらし」「保健」「あそび」などの領域を設定し,領域ごとに望ましい行動を記述し評価するものもある。特別活動の記録と統合し,教科外活動の内容と目標を分析して評価の項目を設定するなど検討の余地がある。

❽通信欄(総合所見欄を含む):総合所見欄または学校からの通信欄は,ほとんどの学校で設けられているが,家庭からの通信欄は,小・中学校とも半数以上が設けていない。他の通信手段で代替可能であるにしても,学校と家庭の往復通信という通信簿の性格に鑑みて,家庭からの通信欄を設置することが望ましい。新たな動向としては,保護者が子どもの学習の評価を記入し,子どもを励ますという形式をとっているものもある。また,総合所見欄に子どもの自己評価欄を付加しているものもある。(山根俊喜)

通信簿の改善視点と望ましい通信簿

→通信簿の意義と変遷，通信簿の内容と様式

【通信簿の教育的意義】　通信簿（report card）は，児童生徒の教育に責任をもつ学校と家庭の通信や連絡を行う手段の1つであり，学期末や学年末に，児童生徒の学校における活動状況と家庭での様子を学校と家庭で相互に連絡するものである。発行についての法的義務はないが，ほとんどの学校で通信簿は発行されている。通信簿の様式は各学校で定めることができるが，指導要録が改訂するとそれに沿って，通信簿も改訂されることが多い。しかし，通信簿の意義・機能は指導要録とは異なるので，通信簿の改善視点もその意義・機能から考える必要がある。

【通信簿の改善視点】　①通信簿は児童生徒や保護者が見て，記載内容が理解できることである。専門用語はなるべく使用しないようにし，使用する場合はわかりやすい解説をつけることが大切である。「通信簿の見方」は通信簿の中に記載する。あわせて通信簿を発行する直前に保護者会を開き，その場で評価の仕方について説明を行っておきたい。説明責任（アカウンタビリティ）の重視の視点からも大切である。

②通信簿は児童生徒にめあてを与え，励ますものである。「学習の記録」欄に「評定」しかないようでは，児童生徒は一瞥して終わってしまう。学習の状況が具体的にわかる表示方法が求められる。つまり，観点別に学習状況を示すにしても，指導要録の観点名をそのまま使用するのではなく，それらがどういう趣旨であるかをわかりやすく簡潔に示すとか，各教科において各学期ごとに学習内容に即してより具体的に目標を示し，その実現の状況を知らせるのが望ましい。あわせて自由記述（所見）欄も設けて，児童生徒への励ましの言葉を記載したい。

③通信簿の様式を策定するためには，全教員がかかわることが肝要である。校内に学年代表者や教科代表者から構成される教育評価検討委員会を設置して通信簿の素案を作成し，校内研修会や職員会議等で教員の意見を集約し，決定にいたるようにする。通信簿の様式の改訂は，学習指導要領の改訂時には必ず行うことになるが，必要に応じて2～3年に一度は改訂を検討すべきである。改訂に際しては，1年間程度の期間をとり，十分に議論することが求められる。

④通信簿についての保護者の意見を集約し，通信簿の改訂に生かすことである。児童生徒や保護者にわかりやすい通信簿であるか，自己点検・評価を行うことが大切である。学校評議員の意見も聞くとよい。

【望ましい通信簿】　各欄ごとに検討してみよう。

①「学習の記録」欄では，各教科のどの領域や観点で優れているのか，また劣っているのかが具体的にわかる目標に準拠した評価が望ましい。目標分析を入念に行い，きちんとした評価規準と評価基準を設定しておくことが前提となる。「観点別評価」を中心に据え，「総合評定」については，必要性があれば欄を設けるのがよい。前学期と比べて，本人の学習の努力の跡が評価できるように，個人内評価の欄（多くは自由記述を採用）も設置することが望まれる。

小学校の通信簿では改善が進み，目標に準拠した評価型が多いが，中学校では高校入試の調査書の記載様式の影響を少なからず受け，従来の「総合評定」が中核となった通信簿が少なくない。改善が望まれる。

②「行動の記録」欄は，指導要録と同じ項目を使用するものが多いが，わかりにくいという声を聞く。項目を精選し，具体的に記述したものにしたり，所見欄を中心にしたりするのも1つの方法であろう。記載に際しては，人権に配慮し，個のよさや長所，進歩の状況などを中心に記す。今後の努力を期待する点や課題のある点については，表現の仕方に工夫を凝らし，児

童生徒が否定的な感情を抱かないように留意する必要性がある。

③「総合的な学習の時間」欄は，保護者が教育的意義を理解するうえでも，通信簿にはぜひ設置することが望まれる。指導要録の記載と同様に，各学校で観点を設定し，活動内容と評価について文章記述することになる。

④「特別活動の記録」欄は，活動内容や委員・役職名などを記載し，あわせて児童生徒の成長の歩みを文章で記述するのがよい。

⑤「進路指導の記録」欄は，中学校や高校の通信簿でもあまり設けられていないが，進路指導は「生き方」「在り方」が重視されるようになったことからも，スペースにゆとりがあれば設置しておきたい。生徒の進路の希望や職場体験学習での成果などを記述できるようにする。

⑥近年，学習場面で自己評価がよく用いられるようになったので，可能であれば，通信簿にも児童生徒の「自己評価」欄を設置したい。また，学校から家庭への一方向の通信簿から，家庭から学校への連絡も含めた双方向型の通信簿へ改めることも大切である。保護者が子どもについて感じていることや学習活動の成果について，学校側へフィードバックできる欄が必要である。そこでは保護者が記入しやすいように配慮することが求められる。

(藤岡秀樹)

資料　通信簿例

1学期の学習の様子

教科	領域	観点	評価		
			よくできる	できる	もう少し
国語	関心・意欲・態度	課題解決のために図鑑や事典，辞書を進んで活用している。			
	話す・聞く能力	目的や場に応じた言葉づかいで自分の考えを話すことができる。			
		相手の考えをつかみながら聞くことができる。			
	書く能力	目的に応じて簡単に書いたり，詳しく書いたりできる。			
	読む能力	事実や考えを区別しながら読み，自分の考えをはっきりさせることができる。			
		心情や場面の描写，優れた叙述を味わって読むことができる。			
	言語についての知識・理解・技能	送り仮名に気をつけて，漢字を正しく書くことができる。			
		字配りよく，文字を書くことができる。			
社会	関心・意欲・態度	歴史に興味をもち，進んで調べようとする。			
	思考・判断	それぞれの時代の人々の願いを考えることができる。			

2学期の学習の様子

教科	領域	観点	評価		
国語	関心・意欲・態度	読書を通して考えを深めようとしている。			
	話す・聞く能力	話の組み立てを工夫して，自分の考えを話すことができる。			
		自分なりの感想や意見をもって聞くことができる。			
	書く能力	文章の組み立てや表現を工夫して，自分の考えを書くことができる。			
	読む能力	文章の内容や要旨を的確につかんで読むことができる。			
		言葉を手がかりにして，自分の考えをもちながら読むことができる。			
	言語についての知識・理解・技能	漢字や語句を正しく書いたり，使ったりすることができる。			
		字形や大きさを整えて，読みやすい字を書くことができる。			
社会	関心・意欲・態度	歴史や政治について進んで調べ，国を愛する気持ちをもとうとする。			
	思考・判断	歴史から学んだことをもとに，これからの日本を考えることができる。			

3学期の学習の様子

教科	領域	観点	評価		
国語	関心・意欲・態度	人とのかかわり合いの中で自ら伝え合おうとしている。			
	話す・聞く能力	自分の考えをはっきりさせて，目的に沿って計画的に話し合うことができる。			
	書く能力	自分の考えたことを筋道を立てて効果的な表現で書くことができる。			
	読む能力	目的に応じて文章の内容を的確に読みとることができる。			
		読むことを通して自分の考えを広げたり，深めたりすることができる。			
	言語についての知識・理解・技能	相手や場に応じた言葉づかいや敬語を使って話すことができる。			
		字形や大きさを工夫して読みやすく書くことができる。			

指導要録の意義と機能

→指導要録の内容と評価方法，指導要録の活用の仕方，指導要録の変遷

【意義】　指導要録は，学校教育法施行規則で校長に作成と保存が義務づけられている公的な表簿であり，児童生徒の学籍ならびに指導の過程および結果を要約して記録するものである。児童生徒の今後の指導に生かす累加的な記録簿であると同時に，対外的な証明の原簿となるものである。小学校では小学校児童指導要録，中学校および高等学校では中学校生徒指導要録および高等学校生徒指導要録がそれぞれ作成・保存されている。なお，幼稚園にも幼稚園幼児指導要録がある。

指導要録は，戦前は「学籍簿」とよばれていたが，戦後になって「指導要録」と名称が変更されている。その後，学習指導要領が改訂されるたびに，指導要録も改訂が行われ，様式や内容等の変更がなされている。

2001（平成13）年に改訂された現行指導要録は，「学籍に関する記録」と「指導に関する記録」の2葉からなり，前者には，氏名・性別・生年月日・現住所や入学・卒業年月日など，児童生徒の在籍を証明する事項が記載される。後者には，「各教科の学習の記録」「行動の記録」「特別活動の記録」「出欠の記録」「総合的な学習の時間の記録」「総合所見及び指導上参考となる諸事項」の各欄が配置されている。

【機能】　指導要録の機能としては「証明の機能」と「指導の機能」の2つがある。

「証明の機能」とは，児童生徒の在学中もしくは卒業後に，在学証明書，卒業証明書，成績証明書などの各種証明書を発行する場合の原簿としての機能である。

「指導の機能」とは，おもに担任教師が学習指導や生活指導を行うにあたり，当該児童生徒の前学年までの状況を知るための参考資料とする機能である。児童生徒が進学または転校した場合には，指導要録の写しまたは抄本が進学先または転校先の学校に送付されることになっているので，進学先または転校先の担任教師が当該児童生徒の前の学校での状況を知ることができる。

また，指導要録は評価の基準であり，改訂されると通信簿や日常の評価もそれに合わせて改められるといったように，指導要録における評価のあり方が教師や学校の評価の考え方に影響を与えているという機能もある。

【保存期間】　1991(平成3)年改訂以前は指導要録は1葉であり，保存期間は20年間であった。しかし，平成3年改訂で2葉になり，保存期間についても「学籍に関する記録」はそれ以前と同様に20年間であるが，「指導に関する記録」は5年間に短縮された。これは，「指導に関する記録」に記載されている内容が，学業成績や行動，出欠日数など，児童生徒のプライバシーに関する個人情報であるため，長期間保存することは望ましくないと考えられたためである。

【指導への生かし方】　指導要録は学年末の総括的評価の記録であるため，指導要録の成績から遡って当該学年におけるつまずきの回復や弱点・欠点の克服に利用することは不可能であるが，次の学年以降の指導に利用することはできる。したがって，担任が持ち上がりの場合は，前の学年における指導要録の成績を次の学年での指導に生かすことは十分に可能である。また，担任が替わった場合には，新しい担任が学年の当初に指導要録を閲覧することによって，クラス全員の児童生徒についての前学年までの状況を把握しておくことが望ましい。

指導要録は，個人情報保護法等に基づいた開示請求が認められないかぎり本人でさえ閲覧できないが，教員は比較的自由に閲覧が可能であるのだから，積極的に閲覧し指導に生かしていくべきであるといえる。

（撫尾知信）

● 指導要録の変遷

→学籍簿，児童生徒指導要録

【学籍簿】　指導要録の前史として学籍簿がある。1881（明治14）年「学事表簿取調心得」（文部省達10号）で「生徒学籍簿」の記入項目が規定されたが，これは学業成績を含まない純然たる学校戸籍であった。その後1900（明治33）年の小学校令施行規則で，学籍簿の様式が定められ，操行を含む学業成績の記載が始まった。その後，1938（昭和13）年の改訂で，教育指導の参考資料としての性格が付加され，学業，身体，家庭環境などの所見欄が新設されるなどした。次いで1941（昭和16）年国民学校学籍簿では，従前の記載項目を引き継ぎながら，学業成績において習得，考察，処理等の評価の観点を示し，優・良・可の「良」を「学年相応に修得したもの」と初めて評価基準を示した。戦前の学籍簿は，理念としては教育原簿を標榜するにいたったが，目標，教材が絶対化されているもとでは子どもの能力の分類と選別の域を出なかったといえよう。

【指導要録とその性格規定】　戦後の指導要録は，戦前学籍簿の戸籍簿的性格を批判し，子どもの発達を全体的・継続的に記録して教育指導に生かすための原簿とその性格が規定された。このため1948（昭和23）年の小学校学籍簿（翌年「指導要録」と変更）では，学習・行動・身体の全面にわたって精細な分析的評価項目を設定し段階評価を行った。このとき教師の主観的な評価を排除するため相対評価が導入された。

この性格規定はアメリカにおける累加的教育記録とその要約に由来するもので，まず前提として日々の教育実践における指導と発達の累積的記録があり，申し送り等のためにこれを要約したものが「指導要録」だとされた。

しかし，1955（昭和30）年改訂の際，対外的な証明の原簿という性格が付加され，指導機能と証明機能という2つの機能を担わされることになった。この対外的な証明機能という側面から，指導要録の「客観性」「簡潔性」「統一性」が強調された。「客観性」の要求は相対評価を温存させることになり，「簡潔性」の要求は戦後初期にはなかった教科別総合評定の復活をもたらし，かつ各教科の評価の中心にこれが据えられることになった。また「統一性」の要求は教育実践の多様性に即して様式や評価法を工夫する道を閉ざすことになった。こうして，指導機能は後退し，形骸化が進行した。

【指導機能の強調と各教科の評価法】　1970年代の到達度評価運動の進展，B.S.ブルームの紹介などを経た1980（昭和55）年の改訂以降，指導機能の強化が強調されるようになった。各教科の評価法でその経緯をみてみよう。

各教科の記録欄の構成（特記事項を記入する欄を除く）は，戦後初期は観点別の分析的評価（5段階相対評価），1955年以降は，「評定」欄（教科別の5段階相対評価）と「所見」欄（観点ごとの個人内評価）という構成であったが，1980年の改訂では，従前の「所見」欄を「観点別学習状況」欄に再編し，目標準拠評価することとした。次いで1991（平成3）年の改訂では，「観点別学習状況」を学習の評価の「基本」と位置づけた。また小学校1，2年生では「評定」欄を廃止し，3～6年では，5段階評価を3段階評価に改めた。さらに2001（平成13）年度の改訂では，「評定」欄の評価方法が相対評価から目標準拠評価に変更され，「学習の記録」欄から相対評価が消え去ることになった。こうした一連の改訂によって，指導機能の強化，具体的には学習指導要領に示された教育目標の達成度を評価するという方向に指導要録改革は進んできたといえる。　　　（山根俊喜）

［参］田中耕治『指導要録改訂と学力問題』三学出版，2002.

指導要録の内容と評価方法

→学習の記録欄の結果の表示，評語の変遷，指導要録の意義と機能，指導要録の活用の仕方

【指導要録の性格】　指導要録とは，児童生徒の学籍，ならびに指導の過程や結果を要約して記録し，指導に生かすとともに，対外的な証明のためにも使われる資料である。すなわち証明機能と指導機能の2つの性格をもっている。「学籍に関する記録」と「指導に関する記録」からなり，前者は戸籍簿的な意味合いをもち，転校や上級学校への進学，就職などに際して在籍等を証明する役割を担い，保存期間は20年である。後者は児童生徒に対する指導の過程や結果を記載し，次年度担任や上級学校へ申し送り，個々の児童生徒の状況を把握して指導に役立たせるものであり，この部分の保存期間はプライバシー保護の観点から5年となっている。

【指導要録の内容】　指導要録は学校教育法施行規則第12条の3により作成義務は学校長にあるが，指導要録の様式や記載の仕方などについては，教育委員会が定めることになっている。

現行の指導要録は，学習指導要領の改訂に伴い，2001（平成13）年に改訂の通知が出され，小・中学校では2002（平成14）年度から，高校では2003（平成15）年度から実施されている。指導要録は，上述のごとく，様式1（学籍に関する記録）と様式2（指導に関する記録）からなっている。「学籍に関する記録」では，児童生徒の氏名と住所，保護者の氏名と住所，入学・転学・退学・卒業の年月日，学校名と所在地，校長名，各学年の学級担任名などを記載することになっている。「指導に関する記録」は，「各教科の学習の記録」「総合的な学習の時間の記録」「特別活動の記録」「行動の記録」「出欠の記録」「総合所見及び指導上参考となる諸事項」から成り立っている。

「各教科の学習の記録」は，小学校児童指導要録では「観点別学習状況」欄と「評定」欄から成り立っており，「観点別学習状況」欄は3～5つの評価観点から構成されている。中学校生徒指導要録では，必修教科と選択教科に二分され，各々に「観点別学習状況」欄と「評定」欄がある。必修教科の「観点別学習状況」欄では，4ないし5つの観点から構成されており，選択教科では各学校でその教科にふさわしい観点を設定するようになっている。

【指導要録の評価方法】

❶各教科の学習の記録：[観点別学習状況]　この欄の評価は，小・中学校ともに3段階の絶対評価（目標に準拠した評価）で行うこととなっている。つまり，学習指導要領に示す目標に照らして，「十分満足できると判断されるもの」をA，「おおむね満足できると判断されるもの」をB，「努力を要すると判断されるもの」をC，と評価することになる。観点の配列は，どの教科においても「関心・意欲・態度」が最初に，「知識・理解」が最後になっている。

[評定]　この欄は，小学校では3年生以上に設けられており，3段階絶対評価で行うこととなっている。中学校では，必修教科の「評定」欄は5段階絶対評価で，選択教科の「評定」欄は3段階絶対評価で行うこととなっている。

1949（昭和24）年以来，「評定」欄の評価方法は一貫して相対評価，あるいは「相対評価を原則とし絶対評価を加味する」であったが，今回の改訂で「観点別学習状況」欄と同じ絶対評価に改められた。どちらも同じ方法で評価するのであれば，2つの欄を設ける必要がないのではないかという意見もあった。しかし，方法は同じであっても，学力を分析的にとらえるか総合的にとらえるかで役割が異なるということと，簡潔でわかりやすい総合評定が果たしてきた意義も大きいことが認められたのである。こうして目標準拠評価に全面的に改められたのは，この評価法が教育的で望ましいと判断されたから

である。2000（平成12）年12月の教育課程審議会の答申では、その理由として以下の点をあげている。①学習指導の改善に生かせる。②「基礎・基本」の定着を図るのに役立つ。③上級学校との円滑な接続に役立てる。④習熟の程度に応じた指導など個に応じた指導に役立てる。⑤少子化等で学級集団等が小規模化しており、集団準拠評価の信頼性の根拠が揺らいでいる。

なお、従来「各教科の学習の記録」欄に置かれていた「所見」欄は、特別活動の所見、行動の所見などとともに、「総合所見及び指導上参考となる諸事項」欄に統合された。児童生徒の成長の状況を総合的にとらえようとする趣旨からである。

❷**総合的な学習の時間の記録**：今回の学習指導要領の改訂で、小学校3年生から高校までに「総合的な学習の時間」が新設され、指導要録でも評価欄が設けられた。「総合的な学習の時間」は教科ではないため、「各教科の学習の記録」のような数値的な評価は行わず、文章記述のみによる質的な評価を行うことになった。

「総合的な学習の時間の記録」は、「学習活動」を記述したうえで、指導の目標や内容に基づいて定めた「観点」を記載し、それらの観点のうち、児童生徒の学習状況に顕著な事項がある場合などにその特徴を記載するなど、児童生徒にどのような力が身についたかを文章で記述する「評価」の欄が設けられている。

「観点」としては、①学習指導要領の2つのねらいを踏まえたもの（例：「課題設定の能力」「問題解決の能力」「学び方、ものの考え方」など）、②教科との関連を明確にしたもの（例：「学習活動への関心・意欲・態度」「総合的な思考・判断」など）、③各学校の定める目標・内容に基づいたもの（例：「コミュニケーション能力」「情報活用能力」など）があげられる。

❸**特別活動の記録**：活動の内容ごとにその趣旨に照らして「十分満足できる状況にある」と判断される場合には、欄内に〇印を記入することになっている。

❹**行動の記録**：各項目ごとにその趣旨に照らして「十分満足できる状況にある」と判断される場合には、〇印を記入することになっている。

❺**総合所見及び指導上参考となる諸事項**：この欄の記載事項としては、①各教科や総合的な学習の時間の学習に関する所見、②特別活動に関する事実及び所見、③行動に関する所見、児童生徒の特徴・特技、学校内外における奉仕活動、表彰を受けた行為や活動、知能、学力等について標準化された検査の結果など指導上参考となる諸事項、④児童生徒の成長の状況にかかわる総合的な所見、⑤進路指導の記録（中学校のみ）、の5つがあげられている。

記入に際しては、個人内評価の視点から児童生徒の優れている点や長所、進歩の状況などを取り上げることが基本になるが、努力を要する点や今後の指導に特に配慮すべきことがあればそれも記入すること、相対評価的な情報も必要に応じて記入することとなっている。

【**指導要録の記載に際しての留意点**】 指導要録の指導に関する記録の各欄は、学年末に学級担任が記載することになっているが、3学期の成績や行動だけに目を奪われないよう留意する必要がある。補助簿を日常から活用し、記載に際して「振り返り」ができるようにしておきたい。「各教科の学習の記録」では、明確な評価規準と評価基準を作成しておき、教師間で評価に差異が生じないようにすることが肝要である。「総合所見」では、児童生徒の個性を尊重し、長所を中心に記載することになるが、日常から児童生徒一人一人をよく「見取る」ことが求められる。

情報開示の要求の高まりに伴い、今後、指導要録の開示がこれまで以上に求められるようになると思われるが、開示に対応して個を尊重し人権に配慮した記述を行うことが大切である。

（藤岡秀樹）

指導要録の活用の仕方

→指導要録の意義と機能, 指導要録の内容と評価方法

【意義】 指導要録に記載された内容は, 転校, 進学, 就職の際に証明する原簿として活用するとともに, その後に担当する教師たちの指導の参考となる「申し送り事項」である。年度当初に, 新たに担任, 担当になった教師が手に取り, そこに記載されている情報をもとに, 一人一人の児童生徒に対する指導方針を具体的に作成する手がかりとして活用できる。

【学籍に関する記録の活用】 保護者名, 住所等の欄については, 学校で日ごろ活用している個人表等と異なる場合があるので確認しておく。入学前の経歴等の欄では, 転入生についての指導上の情報が必要な場合, その手がかりを収集するのに活用できる。

【指導に関する記録の活用】

①観点別学習状況から教科の指導方針の策定

観点別学習状況は, 学習指導要領が示す各教科の目標に照らし, その実現状況を観点ごとに分析的に評価しているので, 児童生徒一人一人について何が達成され何が未達成なのかが詳しく読み取れる。したがって, 基礎・基本の定着を確実にするために, どのように補充・回復指導が必要かを検討する資料として活用できる。さらに全教科を見渡したとき, 特定の観点が同じ評価結果を得ている場合, 例えば, 「関心・意欲・態度」の評価が複数教科にわたってCとなっているとか, 「思考・判断」の評価が複数教科にわたってAだとかいう場合, その児童生徒の学習の特徴が把握できる。これをもとに学習方法の改善や補充・回復指導の視点を明確にできる。この点は, 個人レベルのみならず, 学年や学級についても同じように活用できる。

②評定から指導計画および指導方法の改善

学力を総合的にとらえた「評定」は, 簡潔にわかりやすく教科の学力が示されている。学級・学年全体を見渡したときに, 評定値が低い場合には, 児童生徒の実態に応じて重点的な指導項目や指導時間を設定したりする等, 指導計画の見直しの資料となる。同時に教師自身の指導方法等を検討するために活用できる。また, 児童生徒一人一人の得意・不得意教科がわかり, 前年度との比較から努力を必要とする教科を判断することができるので, 年度当初の家庭訪問や面談の資料としても活用できる。

③総合的な学習の評価欄で個性の把握に

この欄の評価は, 児童生徒の主体的に学ぶ力や創造的な資質や能力が身についたかどうかを評価しているので, 学習において大切な個性, 特によい点を把握しやすい。児童生徒を励ましたり意欲づけたり, 他の教科の学習指導に役立てたりすることができる。進路指導の記録とともに児童生徒の「自分探し」に有効である。

④行動の記録で個性把握を

各項目から児童生徒のよさや特性を肯定的に把握でき, さらに伸ばしていく指導がここから考え出せる。また, 現時点で起きている問題行動等の原因を探る1つの手だてとしても活用できる。

⑤総合所見及び指導上参考となる諸事項の欄では長所の把握を

この欄には, 児童生徒のさまざまな面について長所・進歩の状況が記載されており, 児童生徒の個性等のよさを幅広く把握することができる。ここに記載された情報は, 児童生徒の成長の指導や支援の手だてを考える資料として活用できる。その根拠となる客観的なデータとして, 知能検査や標準化された学力検査（NRTやCRT等）や, 性格, 行動など学級集団の状況を的確に把握できる検査の結果を記録し活用すると指導はさらに効果的となる。　　（森本高美）

[参] 熱海則夫ほか編著『新指導要録の解説と実務（小・中）』図書文化, 2001.

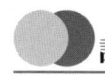

評価情報の開示とプライバシー

→アカウンタビリティ，説明責任と学校評価，人権思想と評価

【語義】 教育活動を展開するに際して，学校は教育評価情報をはじめとして児童生徒に関する多種多様な個人情報を収集・保有している。

プライバシー保護の観点からすれば，本人が予期しないような形でこれらの個人情報が収集されることはもとより，勝手に利用されることなどによって被害が生じるようなことがあってはならない。それと同時に，「個人参加の原則」により，教育評価情報も含めてどのような種類の個人情報を学校が保有しているのか，それがどのような内容であるのかを，個々人が知ることができるようにしなければならない。そして，必要な場合には，その情報を訂正させることが保障されなければならない。しかし，現行学校法制は学校に個人情報開示義務を課していないために，教育個人情報にアクセスするには，一般行政文書にかかわる個人情報開示制度を利用せざるをえない現状にある。

【意義】 まずは，「自己の情報を公開されない権利」としてプライバシー権が憲法13条に規定された幸福追求権の1つとして認められるようになり，さらに現在では，より積極的に「自己情報コントロール権」として理解されるようになってきている。すなわち，自己の情報が予期しない形で収集・蓄積・利用または提供されることを防止し，さらに情報の主体である本人が自己情報を閲覧し，それに訂正を加えることができる権利として位置づけられているのである。学校教育においても，この自己情報コントロール権の保障という観点から，児童生徒，保護者の個人情報を慎重に取り扱う必要があり，当然に，教育評価情報についても同様の配慮が求められる。

【歴史】 従来，教育評価情報，とりわけ指導要録・調査書については本人に対してさえ非開示とされてきた。しかし，1970年代後半から全国各地の地方公共団体において，個人情報保護条例が制定されるようになったことから，これらに基づいて各地で，中学校が作成した調査書の開示請求事件が起こされた。

こうしたなかでそれまで調査書の開示を否定し続けてきた文部省自らが，教育情報の管理・公開のあり方の見直しを検討し始め，教育評価情報についても，取扱い・記載内容および記載方法等に関して，本人開示の方向で，具体的方策が検討されるようになっていった。2000（平成12）年12月の教育課程審議会答申も，具体的な開示の取扱いについては，個人情報保護基本法制の基本的な考え方に基づいて，対応する必要があることを述べている。

【課題】 自己情報のコントロール権からすれば，閲覧した個人情報に不正確な記述や誤りがあった場合，その情報の主体である個人が損害を被る可能性があることから，その訂正あるいは削除を請求することができる。しかし，同時に教師の教育評価権と抵触する可能性も想定されるため，事実誤認があった場合や，評価権の乱用にあたる場合などに限られる。それでもなお教師側と生徒側の見解が分かれる場合には，当該の記録に生徒側の見解を併記したり，添付するような措置が考えられる必要があろう。なお，開示主体が教育委員会となっているが，学校の自律的判断によるように改める必要があるし，教育情報の開示が，近年いわれているように単なる「説明責任」の域に矮小化されるのではなく，学校の教育活動を客観的に認識できるようなものである必要がある。　　　　（植田健男）

［参］羽山健一「個人情報にご用心」『月刊生徒指導』1991（11），学事出版．中嶋哲彦「子どもにとっての情報参加と学校参加権」日本教育法学会編『講座現代教育法2 子ども・学校と教育法』三省堂，2001．

入学者選抜と調査書

→入学者選抜制度，調査書の記載事項，調査書と記載のあり方

【語義】　わが国の学校で，児童生徒が私立の中学校や高等学校，公立・国立の高等学校，専門学校，大学等に進学する際に，その進学先の学校等に対して，志望する児童生徒の所属学校での学習をはじめとした諸活動を記録して提出される書類が，調査書（内申書）である。

記載内容は，指導要録を原本にして作成される場合が多く，在学中での学業成績や行動，身体状況，出欠の記録，特技・趣味，その他必要な事項等である。進学先の上級学校では，学力検査の結果やこの調査書の記載内容等を資料にして入学者選抜の合否判定を決定する。

【意義と歴史】　学校教育法施行規則第54条の4には，「校長は，中学校卒業後，高等学校，高等専門学校その他の学校に進学しようとする生徒のある場合には，調査書その他必要な書類をその生徒の進学しようとする学校の校長あて送付しなければならない」と規定されている。また，その施行規則第59条の第1項では，「高等学校の入学は，調査書その他必要な書類，選抜のための学力検査の成績等を資料として行う入学者の選抜に基づいて，校長が，これを許可する」とある。

これらの規定が示すように，入学者選抜の合否判定については，基本的に，学力検査の成績や下級学校から送付された調査書等に基づいて決定されなければならないことがわかる。

入学者選抜の歴史をたどると，とりわけ新制高校の場合では，1947（昭和22）年に公布された学校教育法施行規則第59条第2項で，「入学志願者が入学定員を超過した場合は入学者の選抜を行うことができる」とされ，1948（昭和23）年の文部省通達では，調査書による選抜が基本とされ，例外的に学力検査の実施が認められた。その後，1963（昭和38）年の学校教育法施行規則の一部改正で，学力検査を実施することが必須となり，いわゆる全入主義から適格主義への方向転換がなされた。

高校受験のための準備教育が過熱化するという状況を是正するために，1966（昭和41）年に，文部省は，「公立高等学校の入学者選抜について」という通達を出した。その後，各県の高校入学者選抜の資料として，学力検査の結果と調査書とが同等に勘案されるようになり，合否判定の際における調査書のウエイトが重くなってきた。調査書を重視することは，日常の学習活動を重視することにつながり，子どもの受験勉強による過重な負担を軽減するとともに，ややもすると受験指導的な教育に陥りかねない中学校教育を正常化することになると考えられたのである。

【課題】　入学者選抜における調査書についての課題の1つは，そこに記載された内容についての妥当性・信頼性・客観性の問題である。現在，各教科の評定が「目標に準拠した評価（いわゆる絶対評価）」で記載されるようになっているので，各下級学校から提出された調査書に記載されている教科の評定値をそのまま信頼してもよいのかという問題である。

もう1つは，一般入試と推薦入試の場合における調査書の取扱いについてである。一般入試の場合には，調査書は学力検査の結果と同等の取扱いがなされ，同じウエイトで合否判定がなされている。一方，推薦入試の場合には，学力検査を実施せず，調査書や小論文，面接，実技等，多様な資料により選抜がなされており，その結果，調査書がかなり重視される傾向にある。

(井上正明)

[参] 田中耕治編著『新しい教育評価の理論と方法Ⅰ』日本標準，2002．

調査書の記載事項

→入学者選抜と調査書，調査書の記載のあり方

【様式】　調査書の様式は，従来から，指導要録の様式に準拠して，各都道府県教育委員会によって決められてきた。2005（平成17）年度に作成された全国の調査書をみると，おおよそ次の事項を1枚または2枚のA4用紙に記入することになっている。なお，次ページには，ある県で作成された調査書の実物を掲載した。

1. 生徒氏名，生年月日，性別
2. 入学年，卒業年，卒業後の状況
3. 志望校
4. 健康の記録，体力テストの記録
5. 出欠の記録と理由
6. 学習の記録
7. 特別活動の記録
8. 行動の記録
9. 総合所見及び参考となる事項
10. 記入者氏名，作成責任者氏名と作成年月日

【内申点】　当然のこととして，生徒や保護者が最も関心を寄せるのは，内申書の「学習の記録」欄であろう。なぜならば，そこでの評定が内申点になって合否に影響するからである。もっとも，高校入試の合否判定において，学力検査（当日試験）の得点と内申点について，どちらをどの程度重視するのかは，各都道府県教育委員会や各高校の判断によって異なる。ここでは，まず「学習の記録」欄が全国的にはどのように合否判定に使われているのかを類型化してみたい。まず，「学習の記録」欄のなかでも合否に直接に影響を与えるのは，各教科の「評定（基本的には目標に準拠した5段階評定）」である。その使い方は，次のように類型化することができる。

(1)どの学年が内申点の対象になるのか：中学3年（おもに2学期までの成績）のみか（この場合も，成績の記載は中学3年のみか，全学年かで分かれる），中学3年と中学2年か，全学年かで分かれる。
(2)どの学年の「評定」を重視するのか：特に中学3年を重視するのか（例えば，「評定」の倍を内申点にするとか），全学年同じに扱うか。
(3)5教科（国語，社会，数学，理科，英語）と4教科（音楽，美術，保健体育，技術・家庭）の軽重をどう考えるのか：全教科同じに扱うか，学力検査のない実技4教科については「評定」の2ないし4倍を内申点にするか。

次に，「学習の記録」欄では，観点別学習状況の評価の取扱いが問題となる。現在のところ，推薦入試に限って内申点に換算するというケースは例外として，一般的には内申点の対象とはならず参考資料の扱いである。その場合，調査書にそもそも観点別評価欄を設けないケース，中学3年のみか全学年を記載するケース，また3段階（A，B，C）評定をするか，Aのみか，AとCのみを記載するか，によって調査書は類型化される。なお，例外的ではあるが，選択教科を部分的に内申点に換算するケースもある。

「特別活動の記録」「行動の記録」「総合所見及び参考となる事項」についても調査書を構成する重要な部分であり，「特別活動の記録」や「行動の記録」では生徒に積極面がみられたら○印を記載する場合が多い。しかし，例外を除いて内申点に換算することはない。例外とは，「学級活動3点，生徒会3点」というように内申点化したり，総合所見については全生徒の2割に限って記入したり，優・良・可をつけることも行われている。これらは今後の検討課題であろう。　　　　　　　　　　（田中耕治）

［参］田中耕治編著『教育評価の未来を拓く』ミネルヴァ書房，2003.

資料　調査書例

(ふりがな)	(　　組　　番 　　)	入学	平成　　年　　月　　日　入学・転入学	※受検番号
生徒氏名		卒業	平成　　年　　月　　日　卒業・卒業見込	
昭和・平成　年　月　日生　性別		卒業後の動向		

学習の記録

	教科／学年	国語	社会	数学	理科	音楽	美術	保健体育	技術・家庭	外国語	特記事項
	1										
	2										
	3										
第3学年での観点別学習状況の評価	I										
	II										
	III										
	IV										
	V										

	学年	教科	時数	評定		学年	学習活動	評価
選択教科	1				総合的な学習の時間の記録	1		
	2					2		
	3					3		

特別活動の記録

内容／学年	学級活動	生徒会活動	学校行事	委員等		学年	欠席日数	主な欠席理由
1					出欠の記録	1		
2						2		
3						3		

行動の記録

項目／学年	基本的な生活習慣	健康・体力の向上	自主・自律	責任感	創意工夫	思いやり・協力	生命尊重・自然愛護	勤労・奉仕	公正・公平	公徳心	公共心
1											
2											
3											

新体力テストの記録	得点合計		総合評価	
	備考			

総合所見及び参考となる事項		作成年月日	平成　　年　　月　　日
		記入者氏名印	㊞
		作成責任者氏名印	中学校長　　　　公印

調査書の記載のあり方

→入学者選抜と調査書，調査書の記載事項，評価情報の開示とプライバシー

【調査書の記載のあり方】 調査書はそのもととなる指導要録の趣旨を反映させたものになることが望まれる。したがって，本来入学選抜の基礎資料として扱われるという性格のものであっても「指導と評価の一体化」という考えを基礎として記載すべきものである。調査書には，児童生徒の在学中の学業成績や性格・行動・健康の記録，特別活動の記録，出欠状況などが記載されている。高校入試に用いられる調査書の「教科学習の記録」欄の「評定」は，目標に準拠した評価で行われる県が多い。しかし，相対評価を採用しているところや，目標に準拠した評価と相対評価を併記する県もある。

相対評価では評価段階の配分比率は決まっているため，成績順に生徒を並べ，自動的・機械的に割り振ることができる。他方，目標に準拠した評価を採用している場合は，評価規準と評価基準をきちんと定めておかないと，公平さに欠ける評価になってしまう。このことは，各学校内のみならず，学区や都道府県レベルでの検討や統一が求められるものである。各学校での成績分布一覧表を教育委員会に提出させ，教育委員会が評価の適切性・妥当性をチェックすることによって，客観性を保とうとする努力がなされている。また，公的研究会や教育センターが研修会を開催し，検討や情報交換を行っているところもある。

「所見」欄は調査書の様式によって異なり，「総合所見」とひとまとめになっている場合と「教科学習の記録」「行動の記録」「特別活動の記録」などの各項目ごとに設けられている場合がある。いずれの様式でも「所見」欄には，生徒の長所や「よさ」，成長がみられた事柄を中心に記載することになるが，ここに盛り込まれる内容としては，①各教科や総合的な学習の時間に関する所見，②特別活動に関する事実および所見，③行動に関する所見，④進路指導に関する所見，⑤生徒の特徴・特技，学校内外における奉仕活動，表彰を受けた行為や活動，知能，学力等について標準化された検査の結果など，指導上参考となる諸事項，⑥生徒の成長の状況にかかわる総合的所見などが考えられる。また，「所見」欄は個人内評価としての側面もあるため，生徒の学習や行動の変容過程を記載することも可能である。

【調査書の開示問題】 情報開示は時代の趨勢であり，近年，調査書の開示を行う教育委員会もみられるようになった。調査書を記載する際には，開示に耐えうるものでなければならない。

調査書の「行動及び性格の記録」欄にマイナス評価の記載をされ，高校入試に不合格になったことで，「内申書裁判」が起こされたこと（麹町中学校事件）がある。最終的には原告側の申し立て却下となったが，調査書における客観的事実の公平な記載のあり方を問うものとなった。裁判に耐えうる調査書の評価と記録の条件は，それが事実や証拠に基づき，一貫性があって十分な信頼性・客観性を有していること，プライバシーに配慮されていること，少なくとも悪意に基づいた評価記録ではない，というようなことであると考えられている（熱海・石田・北尾・山極，2001）。また，調査書の開示をめぐる裁判（大阪地裁，1994）では，「各教科の学習の記録」「学習の総評」および「身体の記録」は開示してもかまわないが，「総合所見」は「本人に知らせないことが正当であると認められるもの」および「開示することにより，公正かつ適切な行政執行の妨げになるもの」に該当するという判決があった。　　（藤岡秀樹）

[参] 熱海則夫・石田恒好・北尾倫彦・山極隆編著『新指導要録の解説と実務（小・中）』図書文化，2001.

第13章
教育統計の基礎とテスト理論

1　教育統計の基礎
2　テストのデータ分析
3　現代テスト理論
4　テストの社会的性格

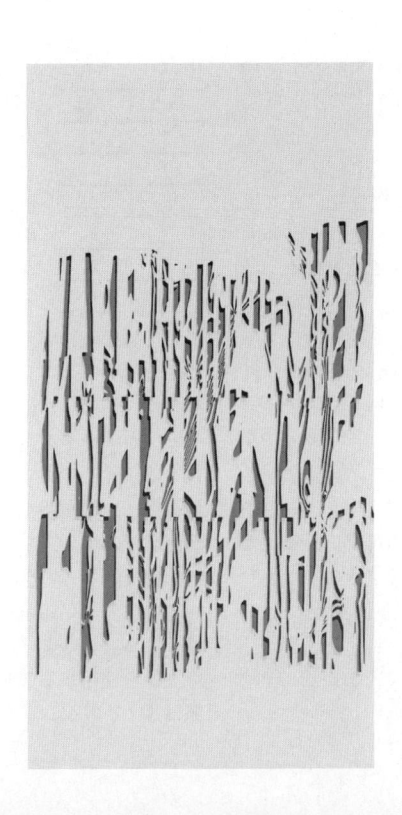

尺度の種類

→評定尺度法，サーストンの尺度構成法の原理，配点と得点の表示

【語義】 尺度とは，何かを測定するときに必要となる「ものさし」のことであり，4つの尺度水準（ランク）が存在する。

❶**比率尺度**：身長計，体重計などがこれに当たる。この尺度の測定値は0が「何もない」ことを示す。このことを絶対的な原点をもつという。また，体重80kgは体重40kgよりも2倍重いというように，測定値どうしの関係を「何倍か」という形で表現できる（倍数関係）。比率尺度では四則演算（＋－×÷）がすべて可能である。

❷**間隔尺度**：温度計が代表例である。温度計で測られた摂氏温度は0度であっても，その0は「温度が何もない」わけではない。さらに「摂氏20度」は「摂氏10度」の2倍暖かいということではないので，倍数関係は成り立たない。しかし，摂氏9度と摂氏8度の1度の差は，摂氏2度と摂氏1度の1度の差と同じだけの熱の量という意味で等しいので，目盛りが等間隔である（目盛りの等間隔性）。間隔尺度では，たし算とひき算が可能である。テスト得点の偏差値は間隔尺度とみなすことが多い。

❸**順序尺度**：学校の成績がよい順に順位をつけることが，その例である。数値どうしに順序性がある。しかし，「1位と2位の差」が「2位と3位の差」と等しいとはいえないので，目盛りは等間隔ではない。通知表の5段階評定は順序尺度である。

❹**名義尺度**：男子に1，女子に2と数値を割り当てて分類するような場合である。「いくつかのカテゴリに分類する」だけの尺度である。カテゴリに割り当てた数字は分類すること以上の意味をもたない。順序尺度と名義尺度については，四則演算はできない。　　　（山田剛史）

[参] 山田剛史・村井潤一郎『よくわかる心理統計』ミネルヴァ書房，2004．

分布の代表値

→散布度

【語義】 20人の組で実施した10点満点の小テストの結果が左表のとおりであったとする。このように，変数（この場合，得点）のとる値が，各々何個あったか（これを度数という）を示し

得点	度数
3	4
4	6
5	8
6	2

た表を度数分布表という。データ収集後，まず度数分布表を作成することが一般的であるが，次にすることが表の様子を1つの値に代表させることである。こうした値を代表値という。上表の場合，平均値である4.4という値をもって代表させることが考えられる（平均値とは，値の総和を総度数で除したもの）。代表値は平均値以外にもある。まず，全得点を大きさの順に並べると，〔3, 3, 3, 3, 4, 4, 4, 4, 4, 4, 5, 5, 5, 5, 5, 5, 5, 5, 6, 6〕となり，まん中は4と5である。ここで(4＋5)÷2＝4.5

得点	度数
2	9
3	4
6	2
7	2
9	2
10	1

を中央値という。ここでは，総度数が偶数個なので，ちょうどまん中がないため，中央に位置する2つの値の平均が中央値となるが，奇数個の場合は，中央に位置する値そのものが中央値になる。さらに，最も度数の大きい(8)ところの値(5)を代表値とすることもある。これを最頻値という。上記3つの代表値はいかに使い分けるべきか。要は，その値がデータを適切に代表しているかどうかによる。すぐ上の表のように，同じ20人でも，低得点に度数が多く，高得点になるにつれ度数が減少する場合，平均値は4.2となり，2点が最頻値であるという現状を適切に代表していない。つまり，平均値が少数の高得点の影響を受けている。このように，分布に歪みがある場合，中央値を使用することが妥当（この事例の中央値は3）である。　　　（村井潤一郎）

散布度

→分布の代表値

【語義】 散布度とはデータの散らばり具合のことである。例えば10点満点の小テストを実施し、その結果、A組（5人）では〔3, 5, 6, 7, 9〕、B組（5人）では〔5, 5, 6, 7, 7〕という結果だったとする（数字は各自の得点を示す）。この場合、両組とも平均は6点で同じであるが、データの散らばりが異なる。A組は3点から9点までと出来不出来のばらつきが相対的に大きいが、B組は5人とも6点付近とばらつきが小さい。このように、平均だけを見ていたのではわからない点としてデータの散らばりがあり、これを散布度という。つまりは分布の広がりに関する指標である。散布度としては標準偏差（s）が最も頻繁に用いられるが、その他の指標として、平均偏差（MD）、範囲（R）も知られている。

【分散と標準偏差】 散布度の指標としては、標準偏差（s）が一般的であるが、まず分散（s^2）について説明する。いま、$X_1, X_2, \cdots, X_n$ というn個からなるデータがあるとき、分散は、

$$s^2 = \frac{(X_1-\overline{X})^2+(X_2-\overline{X})^2+\cdots+(X_n-\overline{X})^2}{n}$$

と表現される。この式より、各データの値が平均（$\overline{X}$）から離れるほど $X_i-\overline{X}$ の値（平均からの偏差）は大きくなり、$(X_i-\overline{X})^2$ も大きくなることがわかる。分散は全データの $(X_i-\overline{X})^2$ の平均をとり、散布度の指標としている。なお、式の分母を $n-1$ としたものを不偏分散という。

分散の計算過程において2乗という操作が含まれ、これに伴い元のデータの単位が2乗される。例えば、cmを単位として身長を測定した場合、分散の単位は cm² になる。そこで2乗の逆、すなわち分散の正の平方根をとり、元の単位に戻すことを考える。これが標準偏差である。式は、

$$s = \sqrt{\frac{(X_1-\overline{X})^2+(X_2-\overline{X})^2+\cdots+(X_n-\overline{X})^2}{n}}$$

となる。さきの2組の分散と標準偏差は、A組が分散4.0、標準偏差2.0、B組が分散0.8、標準偏差は約0.9となり、A組のほうの散らばりが大きいことが確認できる。

【平均偏差と範囲】 （平均からの）平均偏差は、

$$MD = \frac{|X_1-\overline{X}|+|X_2-\overline{X}|+\cdots+|X_n-\overline{X}|}{n}$$

である（「各データの値と平均との距離」の平均）。範囲は、$R=X_{\max}-X_{\min}$ である（最大値と最小値の差）。

【留意点】 データの分布の形によっては、散布度の指標として標準偏差を用いることが適切でないと判断される場合もある。分布が歪んでいる場合、例えば10人からなるデータ〔1, 1, 1, 1, 2, 2, 3, 4, 8, 9〕は、低得点に多くの人が集まり、8点、9点という高得点には人が少ない。このデータで標準偏差を算出した場合、8点、9点という値が大きな影響力をもつ。標準偏差の式からもわかるように、8点、9点の偏差の2乗が大きい値を示すからである。このように、標準偏差は外れ値の影響を受けやすい。このデータで標準偏差を算出すると約2.82になるが、この場合、四分位偏差（Q）という散布度の指標も一考に値する。データを大きさの順に並べて4等分したとき、下4分の1に位置する値を第1四分位数（Q_1）、上4分の1に位置する値を第3四分位数（Q_3）というが、このデータの場合 $Q_1=1$, $Q_3=4$ となる。四分位偏差は、

$$Q = \frac{Q_3-Q_1}{2}$$

と表すことができ、$Q=1.5$ となる。このように、データによって散布度の指標を適宜使い分ける必要がある。　　　　　　（村井潤一郎）

相関と連関

→相関と連関の検定

【語義】 2つの量的変数間の関係について調べるときは，図表としては散布図を，指標としては相関係数を用いることが多い。簡単な例として，4人に対して国語と社会のテストを行った結果，左下表のようになったとしよう。国語も社会も平均は25点，標準偏差は約11.2である。

得点表

国語	社会
20	10
10	20
40	30
30	40

散布図の例

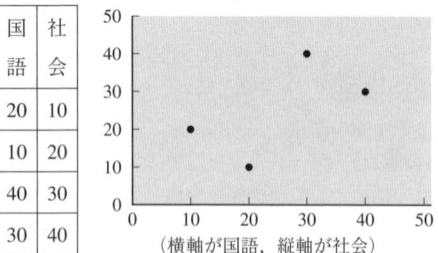

（横軸が国語，縦軸が社会）

上表をもとに，4人各々を図上に布置していくと，右上図のようになる。これを散布図という（横軸が国語，縦軸が社会）。全体的傾向として，右上がりの傾向が見てとれる。すなわち，国語の点が高くなれば，社会の点が高くなるという傾向である。こうした傾向を1つの数字として表現したものが相関係数（r）である。

【相関係数】 まず共分散（s_{xy}）について説明しておく。共分散は下記式にて算出する。

$$s_{xy} = \frac{(x_1-\bar{x})(y_1-\bar{y}) + (x_2-\bar{x})(y_2-\bar{y}) + \cdots + (x_n-\bar{x})(y_n-\bar{y})}{n}$$

先のデータで共分散を算出すると75となる。共分散を算出したら，各変数の標準偏差を用いて，以下のように相関係数を算出する。

$$r_{xy} = \frac{s_{xy}}{s_x s_y}$$

共分散が分子に，各変数の標準偏差（s_x, s_y）が分母にくる。先のデータで相関係数を求めると$r=0.6$となる。

相関係数の値は－1から1の範囲内に収まるが，相関の強弱を判定する絶対的基準はない。一般的には，相関係数の値が，絶対値で0.2以下であればほとんど相関なし，0.2～0.4であれば弱い相関あり，0.4～0.7であれば中程度の相関あり，0.7以上であれば強い相関ありとなるが，変数の内容などによって強弱の評価は変わる。先の例では，$r=0.6$であるから，中程度の相関ということになる。なお，相関係数の値が負になる場合の散布図は右下がりとなり，一方の変数が大きくなれば他方の変数が小さくなる，という傾向を示す。

【連関係数】 質的変数どうしの関係について吟味する場合，まずクロス表を作成する。例として，下のような表を考える。

	甘党	辛党	計（人）
男性	30	30	60
女性	50	10	60
計	80	40	120

上記クロス表の様子を1つの値に集約したものとしてクラメールの連関係数がある。クラメールの連関係数（V）は，$V=\sqrt{\chi^2 \div n}$となる（上記χ^2については「相関と連関の検定」を参照）。上表では$\chi^2=15$，$V \fallingdotseq 0.35$である。クラメールの連関係数は相関係数と同様の解釈が可能であり，性別と甘党・辛党の間に弱い関係が認められる。つまり女性において甘党が多い傾向がある。なおクラメールの連関係数は，2×2クロス表以外のクロス表にも適用できる。

さまざまな散布図の例，相関係数の解釈上の注意などについては，例えば吉田寿夫（1998）に詳しい説明があるので参照されたい。

（村井潤一郎）

［参］吉田寿夫『本当にわかりやすいすごく大切なことが書いてあるごく初歩の統計の本』北大路書房，1998.

点推定と区間推定

→仮説検定

【語義】 標本統計量から母数を推定するとき，たった1つの値を用いて母数の推定を行うことを点推定という。これに対して，ある一定の区間を設けて，母数の推定を1つの値ではなく，区間で行うことを区間推定という。

【具体例】 例えば，小学生の父母を対象として，新しい指導要録に対する賛否についての調査を行ったとする。日本全国の小学生の子どもをもつ父母全員に調査をするのは困難である。そこで，全国から1000人の小学生を選び，その子の父母を対象に調査を実施したとしよう。このとき，日本全国の小学生の子どもをもつ父母全員のように，関心のある対象全体のことを母集団という。そして，母集団の一部で，実際に調査や実験を実施した集団を標本という。実際に手元に得られた標本から，その背後にある母集団の様子を推測するのが推測統計である。そしてこのような目的で行われる，標本に基づく調査を標本調査という。

標本を手に入れたら，賛成と答えた父母の比率（標本比率）を計算できる。この標本比率のように標本について計算される値（統計量）を標本統計量という。標本統計量をもとに，母集団における真の賛成の比率を推測しようとするのである。この母集団における真の値のことを母数（パラメタ）という。「指導要録への賛成は60％である」と1つの値で推定することを点推定という。「指導要録についての賛成は50％から70％である」と幅をもたせて推定することを区間推定という。

標本統計量は標本が変われば，その値は変わる。つまり，標本によって変動する確率変数である。標本統計量の値が母数に非常に近いものであることも，母数とはかけ離れたものであることも考えられ，それは得られた標本しだいということである。

標本統計量がいくらの確率でいくらの値をとるかを示したもの，つまり標本統計量の分布のことを標本分布という。標本比率pについては，標本分布は，平均$\mu_p = \pi$，標準偏差$\sigma_p = \sqrt{\dfrac{\pi(1-\pi)}{n}}$となることが知られている。ここで，$\pi$は母比率，$n$はサンプルサイズ（標本の大きさ）を表す。標本分布の標準偏差のことを標準誤差とよぶ。標準誤差により，標本統計量の変動の大きさを評価できる。

サンプルサイズ$n=1000$の標本調査で，700名が新しい指導要録に賛成と答えたとする。標本比率は$p=700/1000=0.7$である。この0.7という値を母比率の推定値とするのが点推定である。区間推定では信頼区間とよばれる区間を計算する。標本比率についての95％信頼区間は下記の式で求められる。pは標本比率である。

$$p - 1.96\sqrt{\frac{p(1-p)}{n}} \leq \pi \leq p + 1.96\sqrt{\frac{p(1-p)}{n}}$$

$p=0.7$，$n=1000$を代入して95％信頼区間を計算すると，$0.672 \leq \pi \leq 0.728$となる。したがって，指導要録についての賛成率の95％信頼区間は，67.2％から72.8％である。

ここで求めた95％信頼区間とはどのような区間であろうか。母比率πに関する95％信頼区間とは，標本抽出を行い，その標本について

$$p - 1.96\sqrt{\frac{p(1-p)}{n}} \leq \pi \leq p + 1.96\sqrt{\frac{p(1-p)}{n}}$$

という式により，信頼区間を計算する作業を何度も繰り返したとする。このとき，算出された多数の区間のうち，95％は母数πを含む区間となる。これが95％信頼区間の意味である。

(山田剛史)

[参] 山田剛史・村井潤一郎『よくわかる心理統計』ミネルヴァ書房，2004．

仮説検定

→代表値の検定，相関と連関の検定，実験計画法と分散分析

【手順】 仮説検定（統計的仮説検定ともいわれる）の手順を述べると以下のようになる。①帰無仮説と対立仮説を設定する。②仮説のための検定統計量を決める。③有意水準を決める。④データを収集し，データより検定統計量の実現値を求める。⑤帰無仮説を棄却するかどうか判断を下す。

【展開】 ❶**帰無仮説と対立仮説**：帰無仮説とは仮説検定のはじめに立てる仮説で，「差がない」「効果がない」といった本来主張したいこととは反対の内容になる。この仮説は棄却されることが期待されており，無に帰する仮説という意味で帰無仮説とよばれる。対立仮説が本来主張したい仮説ということになる。対立仮説の立て方により，片側検定か両側検定かが決まる。

❷**仮説のための検定統計量**：仮説検定のために用いられる標本統計量のことを検定統計量という。代表的な検定統計量には Z, t, x^2, F などがある。データから計算される検定統計量の実現値は帰無仮説にそぐわず対立仮説に合っているほど大きな値を示すように定められている。

❸**有意水準**：どの程度低い確率の結果が示されたら帰無仮説を棄却するかという基準になるのが有意水準である。有意水準はさまざまな研究で共通の基準となる確率で5％または1％に設定されることが多い。有意水準は $α$ で表され，$α=0.05$ は有意水準が5％ということを意味する。ここまではデータを集める前に行う。

❹**データ収集と検定統計量の実現値**：実験や調査により実際にデータを集める。データが手に入ったら，検定統計量の実現値を求める。

❺**帰無仮説の棄却**：帰無仮説のもとでの検定統計量の標本分布（帰無分布という）の裾野部分で，その確率が $α$ となる領域のことを棄却域とよぶ。帰無分布の棄却域に入るほど検定統計量の実現値が大きな値（または小さな値）になるということは，それが帰無仮説にそぐわない値である，つまり，帰無仮説が正しいという前提のもとでは確率的にめったに得られないような値が得られているということとなる。棄却域に検定統計量の実現値が入ったら，帰無仮説が正しいという最初の前提を疑い，これを棄却することになる。

仮説検定の結果を報告する際は，帰無仮説を棄却し対立仮説を採択する場合は，「5％水準で有意である」とか「$p<0.05$ で有意差がみられた」と記述する。有意＝significant から「sig.」と表記することもある。一方，帰無仮説を棄却できない場合は，「有意ではない」や「有意差は認められなかった」と記述する。有意でない＝not significant より「n.s.」と表記することもある。有意であるという結果ばかりを求める姿勢はよろしくない。検定の結果が有意であったとしても，その結果が実質的に意味があるかというと，それは別問題だからである。

【仮説検定における誤り】 仮説検定には2種類の誤りが存在する。1つは，帰無仮説が真のときこれを棄却してしまう誤りで，これを第1種の誤りという。もう1つは，帰無仮説が偽のときこれを棄却できない誤りで，第2種の誤りという。本来存在しない差をあると見誤るのが第1種の誤りで，本当は差があるのにそれを見抜けない誤りが第2種の誤りということである。第1種の誤りの確率は有意水準 $α$ と等しい。第2種の誤りの確率を $β$ で表すと，$1-β$，すなわち，第2種の誤りを犯さない確率は検定力とよばれる。間違っている帰無仮説を正しく棄却できる確率のことである。検定力が低いために本来ある差を見抜けないという状況にならぬよう配慮すべきである。（山田剛史）

[参] 山田剛史・村井潤一郎『よくわかる心理統計』ミネルヴァ書房，2004.

代表値の検定

→分布の代表値, 仮説検定

【対応の有無】 2つの代表値があり, それらの間の統計的な差を検討するためには, 得られたデータにおける対応の有無, 検定の際の母集団分布の仮定の是非について確認する必要がある。まず2つの変数の対応の有無であるが, 例えば, あるテストを2つの大学において行い, 大学ごとに平均値を算出し, それらの差を検討する場合, 2つの平均値に対応はない。一方, ある学習法の効果について検討するために, あるクラスで学習法を実施する前と実施した後でテストを行い, 生徒の得点の変化をもとに学習法の有効性について調べたとする。この場合, 各生徒ごとに事前と事後の得点があるが, 事前の得点と事後の得点との間には対応がある。

【対応のない場合】 対応のない t 検定は, ある変数 X について, 2群(第1群, 第2群)の X の標本平均 ($\overline{X_1}$ と $\overline{X_2}$) を比較することを考え, 両群に等しい母集団分散を仮定することが妥当である場合,

$$t = \frac{\overline{X_1} - \overline{X_2}}{\sqrt{\frac{(n_1-1)\hat{\sigma}_1^2 + (n_2-1)\hat{\sigma}_2^2}{n_1+n_2-2}\left(\frac{1}{n_1}+\frac{1}{n_2}\right)}}$$

を算出する。$\hat{\sigma}_1^2$ は第1群の, $\hat{\sigma}_2^2$ は第2群の不偏分散を, n_1 と n_2 は各群のサンプルサイズを表す。この t の標本分布が, 自由度 $df=n_1+n_2-2$ の t 分布に従うことを利用して検定を行う。例として, ある10点満点のテストを, 全国から無作為に抽出した男性に行った結果〔5, 3, 2, 3, 2〕となり, 女性に行った結果〔8, 6, 4, 8, 9〕となったとする。この場合, $t=3.81$, $df=5+5-2=8$ となり, $df=8$ の臨界値は2.306(5%水準, 両側検定), 3.355(1%水準, 両側検定)であるから, $t=3.81$ は3.355を上回るので, 1%水準で有意差が認められることになる。なお両群の分散について等分散の仮定が満たされない場合は, ウェルチの検定を行う。ウェルチの検定では,

$$t' = \frac{\overline{X_1} - \overline{X_2}}{\sqrt{\frac{\hat{\sigma}_1^2}{n_1} + \frac{\hat{\sigma}_2^2}{n_2}}}$$

を算出し, この t' が次式の自由度 df の t 分布に近似的に従うことを利用して検定を行う。

$$df = \frac{\left(\frac{\hat{\sigma}_1^2}{n_1} + \frac{\hat{\sigma}_2^2}{n_2}\right)^2}{\left(\frac{\hat{\sigma}_1^2}{n_1}\right)^2 \frac{1}{n_1-1} + \left(\frac{\hat{\sigma}_2^2}{n_2}\right)^2 \frac{1}{n_2-1}}$$

【対応のある場合】 対応のある t 検定は, 先の例でいうと, 学習法を実施する前のテスト得点を X_1, 実施後のテスト得点を X_2, 差得点を D とした場合, D が, 平均 μ_D, 分散 σ_D^2 の正規分布に従うと仮定し, $t = \dfrac{\overline{D} - \mu_D}{\hat{\sigma}_D/\sqrt{n}}$ が $df = n-1$ の t 分布に従うことを利用して検定を行う。ここで, $\overline{D}$ は差得点 D の標本平均, $\hat{\sigma}_D^2$ は不偏分散, n はサンプルサイズを表す。

【ノンパラメトリック検定】 上記はいずれも母集団分布に正規分布を仮定する方法であるが, 母集団分布になんら仮定を置かない方法をノンパラメトリック検定といい, 代表値として中央値が用いられた場合には, これを用いる。対応のない場合, U 検定(マンホイットニーの検定)が, 対応のある場合, 符号検定(サイン検定)などが用いられる。

下表には, これまでの説明を整理しておく。

	対応なし	対応あり
パラメトリック	t 検定	t 検定
ノンパラメトリック	U 検定	符号検定

なお, U 検定, 符号検定については, 芝祐順・南風原朝和(1990)などを参照されたい。

(村井潤一郎)

[参] 芝祐順・南風原朝和『行動科学における統計解析法』東京大学出版会, 1990.

相関と連関の検定

→相関と連関, 仮説検定

【語義】 量的変数どうしの関係（相関）については，相関係数の検定を行うことが多く（相関係数自体の算出方法については，「相関と連関」を参照），質的変数どうしの関係（連関）については，χ^2 検定（カイ2乗検定）を行うことが多い。

【相関係数の検定】 ある研究（$n=30$）から，$r=0.6$ という相関係数が得られたとする。得られた標本相関係数 r を用いて，母相関係数 ρ に関する検定を行うとき，r を，

$$t=\frac{r\sqrt{n-2}}{\sqrt{1-r^2}}$$

として t に変換する。そして，この t が，自由度 $df=n-2$ の t 分布に従うことを利用して無相関検定を行う。この場合，r を t に変換すると $t \fallingdotseq 3.97$ となる。$df=30-2=28$ の t 分布における臨界値は 2.048（5%水準，両側検定），2.763（1%水準，両側検定）であり，3.97 は 2.763 を上回る。したがって，帰無仮説「母相関はゼロ」は棄却され，この研究（$n=30$）で得られた $r=0.6$ は 1% 水準で有意と判定される。なお，相関係数の臨界値を掲載している表があれば，上記のように r を t に変換する必要はない。さらに，2つの相関係数の差を検定することもできる。これについては，芝・渡部（1984）を参照されたい。

【連関の検定】 連関の検定として，χ^2 検定について説明する。下表のようなクロス表が得られたとする。表中の30，50，60，40という数字のことを観測度数，計のところの数字を周辺度数，全データ数（表中の180）を総度数という。

	山が好き	海が好き	計
男性	30	50	80
女性	60	40	100
計	90	90	180

この表において，もし連関がないとすればどのような度数になるだろうか。連関がないということは，すなわち，男性でも女性でも山好き・海好きの割合が等しいということであるから，下記のような度数になることが期待される。

	山が好き	海が好き	計
男性	40	40	80
女性	50	50	100
計	90	90	180

こうした度数を期待度数という。期待度数の算出には，観測度数が属する行と列の周辺度数をかけて総度数で割る方法が便利である。例えば，左下表の山好き男性の30人のセルについて期待度数を算出するには，$80\times90\div180=40$ と計算する。次に観測度数と期待度数を用い，下式によって χ^2 値を算出する。これが χ^2 検定の検定統計量となる。

$$\chi^2=\frac{(O_1-E_1)^2}{E_1}+\frac{(O_2-E_2)^2}{E_2}+\cdots+\frac{(O_k-E_k)^2}{E_k}$$

上式より，観測度数（$O_1, O_2, \cdots, O_k$）と期待度数（$E_1, E_2, \cdots, E_k$）の差が大きいほど，χ^2 値が大きくなることがわかる。この事例の場合，χ^2 値＝9となる。χ^2 統計量は，自由度 $df=$（行数－1）×（列数－1）の χ^2 分布に従うが，2×2 クロス表では，$df=(2-1)\times(2-1)=1$ となる。$df=1$ の臨界値を χ^2 分布表より読み取ると，3.841（5%水準），6.635（1%水準）となり，本事例の χ^2 値＝9 は 6.635 を上回るので，帰無仮説「連関なし」は棄却される（1%水準で有意）。つまり，性別と海好き・山好きは独立ではなく，連関があるということになる。たしかに表を見ると，男性は海好き，女性は山好きの傾向がある。　　　（村井潤一郎）

［参］芝祐順・渡部洋『統計的方法Ⅱ 推測（増訂版）』新曜社，1984。

実験計画法と分散分析

→仮説検定，代表値の検定

【語義】 新しく開発されたある教科の指導法が有効かどうかを調べるために実験を行うとする。このとき，被験者をどのように配置するか，要因をいくつ用意するか，得られたデータをどのように分析するか，といったことをあらかじめ計画する必要がある。これらを実験計画法という。分散分析は，実験計画で得られたデータを分析する検定手法で，その基本は，全体の変動を比較する群間の変動（平均の違いで説明できる変動）と群内の変動（平均の違いで説明できない変動）に分解し，2つの変動の大きさを比較することにある。

【実験計画】 要因とはデータの値を変化させる独立変数のことである。ある教科について3つの指導法があり，指導法の違いにより指導後に実施するテストの得点に差が生じるかを検討するのであれば，指導法が要因（独立変数）であり，テストの得点が従属変数である。独立変数と従属変数の間の因果関係についての確信の強さを内的妥当性という。内的妥当性の高い実験を行うには，実験で用いる独立変数以外の，従属変数に影響を与える第3の変数（これを干渉変数という）の影響を統制しなければならない。従属変数に影響を与える複数の要因が一緒になって変化するために，それぞれの要因の影響が分離できない状況を「要因が交絡している」という。要因の交絡が起こらないように，事前に周到に計画することが重要である。

また，要因を構成する条件のことを水準という。比較する指導法が3つの場合，要因の数は1つで，その要因の水準の数は3ということになる。1人の被験者を1つの条件に割り当てるようにしたとき，これを被験者間計画とよぶ。一方，同じ被験者を複数の条件に割り当てるようにしたとき，これを被験者内計画とよぶ。

最もシンプルな実験計画は，被験者をランダムに2群に割り当て，第1群には従来の指導法を，第2群に新しい指導法を行い，指導後にその教科に関するテストを実施して結果を比較するというものである。この実験計画は1要因被験者間計画で要因の水準数が2の場合である。第1群は統制群，第2群は実験群とよばれる。実験の基本的なアプローチとは，統制群と実験群との比較である。統制群に比べて実験群のテスト得点が十分に高ければ，それは新しい指導法の効果であると考えられる。

2要因以上の実験計画においては，各要因の単独の効果（主効果）だけでなく，要因の組合せの効果（交互作用効果）にも注意を払う必要がある。教科の指導法という要因に，性格タイプ（例えば外向的か内向的かの2水準）という要因を加える場合，性格タイプによって効果的な指導法が異なる可能性を検討するということである（適性処遇交互作用）。

【分散分析】 実験計画で得られたデータは分散分析という検定手法により分析される。1要因被験者間計画で水準数が3つの場合を考える。a, b, cという3つの指導法に5人ずつ被験者が割り当てられ，指導後にテストが実施された。テスト得点が表に記されている。このデータから分散分析表を作成すると下記のようになる。

	a	b	c
1	50	65	60
2	45	55	75
3	65	70	45
4	40	45	70
5	55	50	80

要因	平方和	自由度	平均平方	F
群内	570	2	285.00	2.178
群間	1570	12	130.83	
全体	2140	14		

検定統計量 $F=2.178$ であるが，この値は有意ではない（F 分布表より棄却域が $F>3.89$ となるため）。

（山田剛史）

テスト・データと項目分析

→相関と連関，重回帰分析と因子分析，測定モデルと信頼性

【語義】テストによって収集された解答を素データ（生データ）とよび，素データとそれを得点化したデータを総称してテスト・データという。また，テストを構成する個々の問題や質問を項目とよび，項目ごとの素データを項目反応，それを得点化したものを項目得点とよぶ。

【意義】個々の項目は共通してある1つの心理特性を測定するように作成される。項目分析とは，個々の項目がねらいどおりに共通の心理特性を測定しているか，心理特性の大きさの相違を適切に識別できるか，また極端に平均点の大きい（小さい）項目がないかなど，項目のよしあしを統計的手法を用いて評価する作業である。

【項目分析の例】表に仮想テスト・データを示す。正答を1点，誤答を0点とした。項目分析はおもに項目識別力（弁別力）と項目困難度を吟味するために実行される。項目識別力とは，当該の項目が受検者間に存在する心理特性の強さの相違を適切に検出できるかどうか，という項目固有の力である。項目識別力が大きいなら，項目得点と当該の項目の得点を除く合計点との相関係数（項目―合計点相関）は正の大きな値をとる。項目10は相関係数が0.07と小さいので，識別力は小さいといえる。したがって，項目10を削除するか，改訂することになる。さらに，テスト得点の上位群と下位群との間で通過率（平均点）を比較して，項目識別力を調べることもある。これをGP（good-poor）分析という。

明確な基準はないが，極端に平均が小さい（大きい）項目や標準偏差の小さい項目は個人差を反映することができないのであるから，そうした項目は削除するか，改訂すべきである。

不適切な項目を残したままでは，結果的にテスト得点の信頼性が低下する。このことは，項目削除 α 係数からも示唆される。この値は当該項目を除外したときの α 係数であり，全10項目の得点の α 係数が0.61であるから，項目10を削除したほうが信頼性が大きくなる。

（服部　環）

受検者番号　項目	1	2	3	4	5	6	7	8	9	10	テスト得点
1	0	0	1	0	1	0	0	0	0	0	2
2	0	1	0	0	1	0	0	0	0	0	2
3	0	0	1	1	0	0	0	0	1	0	3
4	0	1	0	0	0	1	0	0	0	1	3
5	1	1	0	0	0	0	0	0	0	1	3
6	1	0	0	0	0	1	0	1	1	0	4
7	0	0	0	1	1	0	0	1	1	0	4
8	1	0	1	0	0	0	0	1	1	0	4
9	1	0	0	1	0	0	0	1	1	1	5
10	1	0	0	0	1	1	0	1	1	0	5
11	1	0	1	1	1	0	0	0	1	0	5
12	0	1	0	1	1	0	1	0	1	0	6
13	0	1	1	1	1	1	0	0	1	1	7
14	0	1	1	1	1	0	1	0	1	1	7
15	0	1	1	1	1	0	1	1	1	0	7
16	1	1	1	1	0	0	0	1	0	1	7
17	1	1	1	0	1	0	1	1	1	0	7
18	1	1	1	0	1	1	1	1	1	0	8
19	1	1	0	1	1	1	1	1	1	0	9
20	1	1	1	1	1	1	1	1	1	1	10
平均	0.60	0.55	0.65	0.60	0.70	0.40	0.35	0.55	0.75	0.25	5.40
標準偏差	0.48	0.49	0.47	0.48	0.45	0.48	0.47	0.49	0.43	0.43	2.24
項目―合計点相関	0.22	0.22	0.38	0.27	0.33	0.30	0.58	0.33	0.18	0.07	
主因子負荷量	0.25	0.26	0.49	0.30	0.52	0.34	0.87	0.33	0.31	-0.05	
項目削除 α 係数	0.61	0.60	0.57	0.59	0.58	0.59	0.52	0.58	0.61	0.63	

重回帰分析と因子分析

→構造方程式モデリング

【語義】 重回帰分析と因子分析はともに心理・教育データ解析でよく利用される多変量解析法である。

❶重回帰分析：重回帰分析は2つ以上の説明変数の値から1つの基準変数の値を予測するために利用される方法である。例えば，説明変数として大学における入試の数学と英語のテストの得点を取り上げ，それらの得点から基準変数となる卒業時の平均成績値（GPA）を予測する場合である。重回帰分析における説明変数とは予測に用いられる変数のことで，予測変数あるいは独立変数ともよばれる。他方，基準変数は，予測される変数のことで目的変数あるいは従属変数ともよばれる。重回帰分析では説明変数が原因，基準変数が結果として扱われるため，因果関係の分析としても利用される。

❷因子分析：因子分析は学力，知能，性格など構成概念を測定するために利用される方法で，質問紙法によって心理尺度を作成する際に利用されることが多い。因子分析では，観測変数の背後に共通の原因となる因子（構成概念）を仮定し，観測変数が因子からどのような影響を受けているのかを探る。例えば，授業評価アンケートにおいて質問項目が観測変数であり，そこで想定される授業評価の枠組としての「授業内容」，「教員の努力」などが因子である。

【モデル】 重回帰分析モデルは，p個の説明変数を$X_1, X_2, \cdots, X_p$とし，基準変数をYとしたとき，

$$Y = \beta_0 + \beta_1 X_1 + \beta_2 X_2 + \cdots + \beta_p X_p + \varepsilon \cdots\cdots(1)$$

となる。β_0は切片を表し，β_1からβ_pは偏回帰係数を表す。またεは誤差を表す。

重回帰分析はデータとして与えられた説明変数と基準変数から予測のために利用する切片と偏回帰係数を求めることになる。

因子分析モデルは，観測変数$X_j (j=1, \cdots, p)$がm個の因子によって説明されるとすると，

$$X_j = \lambda_{j1} f_1 + \lambda_{j2} f_2 + \cdots + \lambda_{jm} f_m + \varepsilon_j \cdots\cdots(2)$$

となる。f_1からf_mは共通因子を表し，λ_{j1}からλ_{jm}は因子負荷量を表す。通常，因子はこの共通因子を指す。またε_jは誤差を表し，因子分析では独自因子とよばれる。因子分析では観測変数間の相関係数行列をデータとして，上記の因子負荷量を求めることになる。

【分析手順】 重回帰分析では，データとして利用する観測変数を，結果となる1つの基準変数と原因となる複数の説明変数を決めて分析を行う。分析の結果，まず回帰式が統計的に有意であるかどうかを検討し，さらにモデルが基準変数をうまく説明しているかを示す重決定係数の大きさを検討する。結果の解釈を行う際には，説明変数を標準化した際の係数である標準偏回帰係数の大きさを吟味し，説明変数が基準変数に対して与える影響を検討する。

因子分析では，構成概念である共通因子を想定できる多数の観測変数を用意し分析を行う。分析の際，因子の抽出法は重みづけのない最小2乗法か最尤法を用いる。因子数の決定は最小2乗法ではスクリー基準，最尤法なら適合度指標を用いる。因子の解釈が可能となるように，通常，因子の回転が行われる。回転法としてはバリマックス回転やプロマックス回転がよく利用される。因子の解釈は観測変数の因子負荷量の大きさをもとに行われる。

【展開】 重回帰分析にみられるような因果関係の分析をさらに発展させたパス解析と因子分析に，モデル検証の考え方を導入した確認的因子分析とを融合させた構造方程式モデリングがあり，因果分析の主流となっている。（中村知靖）

[参] 渡部洋編『心理統計の技法』福村出版，2002. 柳井晴夫・岩坪秀一『複雑さに挑む科学』講談社ブルーバックス，1976.

構造方程式モデリング

→テスト・データと項目分析，重回帰分析と因子分析，項目応答理論

【語義と歴史】 Structural Equation Modeling (SEM) の訳である．しばしば共分散構造分析ともいわれるが，厳密には，SEM は共分散構造分析を含むより広い概念である．

　SEM は，社会科学・行動科学・心理学・教育学・自然科学などにおいて，多変量データを用いて現象をモデル化するうえで有効な統計的手法である．一般的には，1969 年に K. ヤレスコフが発表した検証的因子分析の論文を嚆矢として，おもに因子分析とパス解析（多重回帰分析）の拡張として理論化が進んだ．

【共分散構造モデル】 得られた標本共分散行列 S を推定すべき母数ベクトル θ で構造化された共分散構造 $\Sigma(\theta)$ で近似する試みであり，以下のような図式による解釈が可能である．

$$\text{モデル } \Sigma(\theta) \xrightarrow{\text{近似}} \text{現象 } S$$

モデルは，分析者の仮説が反映され，現象に対する質的な近似は，パス図を用いて行うことが多い（図）．図は，最も典型的な共分散構造モデルといわれる多重指標モデルである．

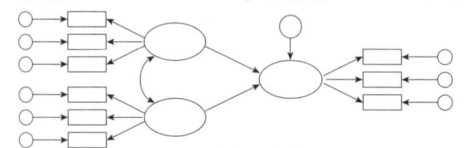

図　多重指標モデル

パス図において，楕円や円は潜在変数，四角は観測変数を表す．また，矢印の向きは，影響の方向を表現している．いったんモデルの質的な構造が確定したならば，各母数の量的な値は，最尤推定法（ML），一般化最小 2 乗法（GLS），漸近的分布非依存法（ADF）などで推定する．

【構造方程式モデル】 従来は，データに多変量正規性を仮定したもとで共分散行列を未知の母数によって構造化する試みであったため，共分散構造分析とよぶことに齟齬がなかったが，今日では，平均ベクトルの構造化および多変量正規性からの逸脱（非正規性）をも扱う枠組として理論化が進んでいるので，もはや共分散構造分析という枠組ではとらえきれず，構造方程式モデリングとよぶほうが適切である．

　また，多母集団モデル，潜在混合分布モデル，多段抽出モデル，非線形モデル，順序データの取り扱い，交互作用モデル，各種リサンプリング法，欠測値問題など，統計諸分野における応用問題の発展の場として，さまざまな手法がソフトウェアに実装されてきている．

　分散共分散行列に基づくほとんどすべての分析手法は SEM の下位モデルに含まれる．また，分散分析，共分散分析の母数モデルと一部の混合モデル，一部の時系列解析モデル，一部の項目反応モデルなども下位モデルとしている．

【モデルの評価と改良】 モデル全体がどの程度現象を近似しているか（データを説明しているか）を，各種の適合度指標によって評価する．多用されるものは，x^2 値，GFI，AGFI，SRMR，CFI，RMSEA，AIC，CAIC，SBC（BIC）などである．それらを参照しながら，当該モデルの採否を決定する．

　モデルを採択しないとき，モデルを改良する必要がある．そのとき，各母数の Wald 値，LM 検定（修正指標），CR difference 検定などを参考にしながら，満足のいくモデルが得られるまで改良する．柔軟なモデル構成力が特筆すべき SEM の長所であり，多くは，パス図を描き直すことによってモデル修正を行う．

【ソフトウェア】 現在ではエイモス（Amos：Small Waters, Corp.），リズレル（LISREL：Scientific Software International, Inc.），イーユーエス（EQS：Multivariate Software, Inc.），エムプラス（M-plus：Muthén & Muthén）など，さまざまな専用ソフトウェアが市販されている．

（荘島宏二郎）

測定モデルと信頼性

→一般化可能性理論，妥当性，テストの社会的意義と責任

【語義】 測定されたテスト得点の性質について研究するために，測定値に関して設定するモデルを測定モデルとよぶ。測定が誤差を含まない程度は，測定の信頼性とよばれるが，信頼性は，測定モデルに基づいて定義される。

【歴史と意義】 測定の誤差を扱うために，測定モデルでは，測定値 X を，同一対象を繰り返し測定するときに生じる変動成分 e と，変動しない部分 T とに分解する（$X=T+e$）。ここで，T は真値，e は測定誤差とよばれる。T も e も観察されるものではなく，このような分解が正しいと証明することはできない。しかし，このような仮定を置くことは経験的な事実と矛盾せず，そうすることで，信頼性について議論することが可能になる。

問題とする母集団において，e がそのほかの変数と相関しないことを仮定すると，母集団における測定値の分散 σ_X^2 は，真値の分散 σ_T^2 と測定誤差の分散 σ_e^2 の和に分解することができる（$\sigma_X^2=\sigma_T^2+\sigma_e^2$）。信頼性は，測定値の分散に占める真値の分散，すなわち，$\rho_X=\sigma_T^2/\sigma_X^2$ として定義される。式から明らかなように，$0\leq\rho_X\leq1$ である。

信頼性の定義式に表れる真値の分散 σ_T^2 は直接観測できないため，信頼性は，何らかの方法で推定しなければならない。再テスト法では，同一のテストを同一の受検者にある期間を置いて繰り返し実施し，得られた2組の得点間の相関係数を推定値とする。平行テスト法では，信頼性を確認したいテストと真値が等しく，誤差分散が等しいもう1つのテスト（平行テスト）を作成し，両者の相関係数を推定値とする。再テスト法と違い，間隔をあけずに実施できるが，平行テストを作成する手間は大きい。折半法ではその手間を避け，1つのテストを互いによく似た下位テストに分けて，両者の相関を求める。このとき，項目数が半分になっているため，スピアマン・ブラウンの公式で修正した値を推定値とする。簡便であり，かつて広く用いられたが，折半の仕方によって値が変わるという難点がある。α（アルファ）係数は，すべての可能な折半での折半法推定値を平均したものに等しく，折半法の難点を克服したものになっている。テストに含まれる項目が互いに似たものを測っているほど1に近くなり，その意味で，α 係数は内的整合性の指標とも解釈できる。

【課題】 誤差を含む測定値は，変数間の相関を実際よりも低めてしまう。これは希薄化とよばれる。希薄化の程度は $\sqrt{\rho_X\rho_Y}$（ρ_X, ρ_Y は2変数それぞれの信頼性）で表され，信頼性が低いほど，測定値どうしの相関が低くなる（0に近づく）。

信頼性係数の推定値については，①推定するために用いた集団の性質に依存する，②受検者集団全体についての平均的精度を示すもので，得点水準ごとの精度を示すことはできない，という限界がある。学力テスト・データに項目反応理論を適用することができれば，情報量関数を用いて，テスト得点の特定の水準における精度を示すことができる。

目標基準準拠測定や論文体テスト評定の信頼性については，これまで記した推定法は適切ではない。目標基準測定については，到達・未到達の判定の一致率で，信頼性を示すのが一般的である。偶然の一致があることを考慮に入れた κ（カッパ）係数を用いるとよい。

論文体テストの評定には，評定者間，評定者内，課題の違いなど，さまざまな誤差要因が関与する。これらの誤差要因を総合的に扱うには，一般化可能性理論が必要になる。特定の要因に関して，級内相関を用いることもできる。

（孫　媛）

一般化可能性理論

→評価の妥当性・信頼性・客観性，測定モデルと信頼性

【語義】 一般化可能性理論とは R.L. ブレナンによると，心理量の測定において必ず存在する測定誤差の成分とその大きさを検討する方法である。さらに池田は，ある記述式テストや面接テストで1題につき何人くらいの評定者を用意したらよいか，受検者に与える課題を1人何題くらいにしたらよいか，あるいは課題数と評定者数のどちらを増やすのがよいかといった情報を与えてくれる理論であると説明している。

一般化可能性理論においては，評定者や項目の違いなど，どのような要因が誤差の原因となっているのか，また，各要因の誤差の大きさを検討するために分散成分を推定する研究を，一般化可能性研究（generalizability study）とよぶ。そして，十分な信頼性を得るために，具体的にどの程度の項目数や評定者数が必要かといった，考えられる特定状況下での一般化可能性を検討する研究を，決定研究（decision study）とよぶ。これらは，それぞれ G 研究，D 研究と省略されることが多い。一般化可能性理論における実験計画にはさまざまなものがあるが，2 相完全クロス計画（n 個の課題について N 人の受験者すべての答案を r 人の評定者すべてが採点する場合）における G 研究，D 研究について説明する。

【G 研究】 一般化可能性理論を用いると，表に示したように受検者（i），課題（j），評定者（k）とそれらの交互作用からなる変動要因の

表　変動要因，分散成分とその解釈例
（2 相完全クロス計画の場合）

変動要因	分散成分	変動要因の解釈例
i（受験者）	$\hat{\sigma}_i^2$	受験者の違いによる得点のばらつき
j（課題）	$\hat{\sigma}_j^2$	課題による難易度の違い
k（評定者）	$\hat{\sigma}_k^2$	評定者の厳しさの違い
ij	$\hat{\sigma}_{ij}^2$	課題に対する生徒の得手不得手
ik	$\hat{\sigma}_{ik}^2$	評定者による受験者に対するえこひいき
jk	$\hat{\sigma}_{jk}^2$	課題に対する評定者の厳しさの違い
ijk	$\hat{\sigma}_{ijk}^2$	残差

分散成分を検討できる。例えば，ik の分散成分が大きい場合は，評定者によるえこひいきがあると考えられるほか，jk の分散成分が大きい場合には，評定者によって課題の評価基準が異なっていると考えられる。このように，変動要因に対する分散成分を検討することによって，今後の試験に対する改善策が得られる。

【D 研究】 G 研究によって求められた分散成分の推定値から，一般化可能性係数を推定することができる。これは，母得点の分散，観測された得点の分散の期待値に対する比を表したものであり，古典的テスト理論でいうところの信頼性係数に相当する。その解釈も信頼性係数の解釈に準じ，0.80 以上であれば信頼性が十分であると解釈する。

2 相完全クロス計画で課題，評定者ともに変量模型である場合，母得点の分散 $\hat{\sigma}^2(\tau)$ および相対誤差 $\hat{\sigma}^2(\delta)$ はそれぞれ

$$\hat{\sigma}^2(\tau) = \hat{\sigma}_i^2$$
$$\hat{\sigma}^2(\delta) = \hat{\sigma}_{ij}^2/n' + \hat{\sigma}_{ik}^2/r' + \hat{\sigma}_{ijk}^2/n'r'$$

となり，一般化可能性係数の推定値 $E\hat{\rho}^2$ は，

$$E\hat{\rho}^2 = \frac{\hat{\sigma}^2(\tau)}{\hat{\sigma}^2(\tau) + \hat{\sigma}^2(\delta)}$$

と表される。さらに課題数 n'，評定者数 r' を変えることで，同様の人となりの評定者で，同様な課題を用いるという仮定のもとで，十分な信頼性を得るためにはどの程度の項目数や評定者数が必要かといった情報を得られる。

【適用】 国語の作文や自由英作文の評価，観点別評価，学校評価などに適用されている。今後は評価の継続改善型研究への応用が期待される。

（山森光陽）

[参] Brennan, R. L.（2001）*Generalizability theory*. Springer. 池田央『現代テスト理論』朝倉書店，1994. 前田啓朗・山森光陽編著『英語教師のための教育データ分析入門』大修館書店，2004.

妥当性

→標準検査，評価の妥当性・信頼性・客観性，測定モデルと信頼性

【定義】 測定によって得られた値（測定値，得点）が，測定すべき属性を正しく反映している程度を，測定の妥当性という。したがって，測定すべきでない別の属性，例えば自分をよく見せようとする欲求（社会的望ましさ欲求）の個人差によって測定値が左右されるならば，その程度に応じて，妥当性は低いということになる。また，測定値が偶然的な誤差要因によって大きく変動する場合も，妥当性は低くなる。言い換えれば，測定の信頼性が低いと測定の妥当性も低く抑えられるということである。

【何の妥当性か】 上記の定義では「測定の妥当性」とよび，「テストの妥当性」とはよばなかった。それは，ある特定のテストを使う場合でも，例えばそれを選抜場面で使うのか，自己理解のために使うのかによって，社会的望ましさ欲求の個人差によって測定値が左右される程度が変わり，妥当性が変わってくることが考えられるからである。つまり，妥当性は，テストという測定道具そのものの妥当性ではなく，測定によって得られた測定値の妥当性なのである。

さらに，同じ測定値でも，それをどう解釈するかによって，例えば，それが思考力を測っていると解釈するのか，知識量を測っていると解釈するかによって，その適切さは異なってくる。このことから，「測定値の妥当性」ではなく「測定値の解釈の妥当性」を問題にすべきだとの見解もある。しかし，上記の定義の「測定すべき属性」を，例えば思考力なり知識量なりと明確化しておけば，その属性の測定に対する「測定値の妥当性」ということで相対化してとらえることができる。

【妥当性概念の変遷】 歴史的には，内容的妥当性，基準関連妥当性，構成概念妥当性という3種類の妥当性を区別していた時期が長く続いた。しかし，これらは別々の妥当性というのではなく，妥当性という単一のものを査定する際の証拠のタイプの違いであるとするのが現在のとらえ方である。なお，「測定値の解釈の妥当性」という考え方をさらに推し進め，テスト使用の倫理的ないしは社会的結果までを妥当性概念に含めるべきとする S.メシックらの主張もあるが，これに対しては，妥当性概念を過度に拡張するものであり，テスト開発や使用における妥当性検証の現実から乖離しているとの批判もある。

【妥当性検証の方法】 妥当性を検証する方法は，通常の科学的な仮説検証の方法と基本的に同じである。すなわち，一組の測定値が妥当であるとしたら，こういう結果が得られるはずだという予測を立て，その予測の正否を実際のデータに基づいて確認するのである。具体的な予測のタイプとしては，同一の属性を測定する他のテストの結果との相関が高くなることとか，測定すべきでない別の属性（例えば社会的望ましさ欲求）の測定値との相関が低くなることなどがある。このうち前者の予測を支持する結果は，妥当性の「収束的証拠」とよばれ，後者の予測を支持する結果は「弁別的証拠」とよばれる。これら2つのタイプの予測の正否を同時に検討するために，複数の属性をそれぞれ複数の方法で測定した結果の相関を一覧表にした「多特性多方法行列」を利用することがある。

予測のタイプとしては，このほか，特定の操作による測定値の変化とか，特定の集団間の測定値の差異などがある。これらの予測がデータによって支持され，測定値に関する対立する解釈（例：測るべき属性以外のものを測っている）が排除できる程度に応じて，妥当性の高さが確認できることになる。　　　（南風原朝和）

[参] S.メシック（池田央訳）「妥当性」R.L.リン編（池田央ほか訳）『教育測定学（第3版）』CSL学習評価研究所（みくに出版），1992.

配点と得点の表示

→テスト・データと項目分析，テスト得点の等化（得点調整），分布の代表値

【語義】 学力検査や性格検査などを代表とする心理検査では，下位項目（小問）の合計点が検査の得点となる。ここでは，そうした下位項目の反応に対して点数を付与すること，もしくはその点数を配点とよび，下位項目へ配点された点数の合計点をテスト得点とよぶ。また，テスト得点に対して，下位項目に与えた配点のことを項目得点とよび，両者を区別する。

【配点の仕方】 質問紙形式の性格検査では多段階評定法によって回答を求めることが多い。例えば「当てはまる」に5点，「やや当てはまる」に4点，「どちらともいえない」に3点，「やや当てはまらない」に2点，「当てはまらない」に1点などのような様式に基づいて，配点を行うのが一般的である。

一方，学力検査では「正答」に1点，「誤答」に0点を配点したり，解答の出来不出来に応じて部分点を配点する。ここでは，受検者 i の項目 j の反応に配点された値を X_{ij} と記すが，正誤採点では X_{ij} は1点もしくは0点をとり，部分点を与えたときは 0, 1, 2… という点数をとる。

X_{ij} を単純に合計してテスト得点 X_i とすることもあれば，個々の項目 j に重みづけ W_j をし，
$$X_i = \sum W_j X_{ij}$$
とすることもある。テスト得点の平均は項目得点の平均と重みづけによって決まり，分散は項目得点の分散共分散（相関の大きさ）と重みづけによって決まる。このため，特に項目数が少ないとき，合計得点の順位は項目得点の分散と重みづけ W_j の影響を強く受け，極端な場合，特定の項目の順位が合計得点の順位を決めてしまうことがある。したがって，項目得点をそのまま加算すべきかどうか，さらに，重み W_j を一様に1とすべきかどうか，あるいは主観的な判断に基づいて重みづけを決めるべきかどうかを慎重に検討しなくてはならない。

実際にテストを運用する場面では，項目得点を標準化したうえでテスト得点を算出したり，テスト得点の信頼性係数が最大となるように重みづけを決めたりする。

【表示の工夫】 項目得点 X_{ij} を単純に合計したテスト得点だけでは，受検者の心理特性が大きいのかどうか，さらに，受検者集団内での相対的な位置づけがわからない。また，異なる心理特性を測定する尺度では，受検者集団が同一でも，各尺度の平均と散布度が異なるので，得点の比較には注意が必要である。このため，多くの心理検査では，テスト得点を標準化してから表示する。得点の標準化は次式によって定義され，変換後の値を標準得点あるいは z 得点という。標準得点の平均は0，分散は1である。

$$標準得点\ z = \frac{素点 - 平均}{標準偏差}$$

標準得点は小数点以下の数値が出るため，これを10倍してから50点を加算することがある。これを偏差値とよぶ。また，標準得点 z が標準正規分布に従うように変換してから10倍して50点を加算することもある。これは T 得点とよばれるが，本邦ではこれも偏差値とよばれる。

このほかにも種々の方法によってテスト得点は変換され，テスト結果が表示される。代表的な表示方法には5段階評定がある。5段階評定では，テスト得点が正規分布に従うなら，得点の小さいほうから7%の受検者が1，24%が2，38%が3，24%が4，7%が5をとる。このほかにも，スタナイン得点やステン得点などがある。　　　　　　　　　　　　（服部　環）

［参］池田央『テストⅡ（心理学研究法）』東京大学出版会，1973．

テスト得点の等化(得点調整)

→配点と得点の表示,項目反応理論,モデル母数の等化

【語義】 同一の学力や心理学的特性を異なる複数のテストで測るとき,それらのテスト得点が互いに交換可能となるように変換する方法のことをテスト得点の等化(equating)とよぶ。例えば同一の受検者集団が同じ科目の難易度の異なる2つのテスト X と Y を受検したときに,その難易度を調整して得点を表示しないと,テスト X の得点と Y の得点は比較できない。一般に2つのテストの得点を比較するためには,テスト X の得点をテスト Y の得点として表示することや,逆に Y の得点を X の得点として表示することが考えられる。前者のケースをテスト X の得点をテスト Y の得点に等化する,後者をテスト Y の得点をテスト X の得点に等化すると表現する。この問題はわが国においては,大学入試における選択科目間の得点調整として論じられることが多い。

等化を行うためには,対象となるテストが同一の学力や心理学的特性を測定していることを前提として,テストの間に何らかの共通な情報が必要となる。例えば,①等化の対象となる2つのテストを両方とも受検した共通受検者集団が存在する,②それぞれのテストを受けている集団が同じ母集団からのランダムサンプルとみなせる,③それぞれのテストの中に同じ問題項目が複数個含まれている場合などが想定できる。ただし,③の場合には比較的新しいテスト理論である項目反応理論(IRT:Item Response Theory)を利用するほうが効率的である。

古典的テスト理論(項目反応理論が登場する以前のテスト理論)とよばれる理論体系の中では,テスト得点がそのまま利用できる①の場合が基本となり,おもな手法として,等パーセンタイル等化法(equipercentile equating method)と線形等化法(linear equating method)とがある。

【等パーセンタイル等化法】 等百分位数等化法とよばれることもある。この方法は,2つのテスト X と Y において互いに等しいパーセンタイル順位をもつ得点を同じ得点として表示する。

いま同一の受検者集団が2つのテスト X と Y を受検したとする。このとき,テスト X の得点分布を考え,その分布の小さい得点から数えて75%の位置(75パーセンタイル順位)にある得点が60点であったとき,この60点のことを75パーセンタイルとよぶ。同様にテスト Y の得点分布における68点がその分布の75パーセンタイルであるならば,テスト X における60点とテスト Y における68点は互いに等しいと考える。このような手順でテスト X の得点をすべてテスト Y の得点で表せば,テスト X の得点はテスト Y の得点に等化されたことになる。

【線形等化法】 テスト X と Y の得点の平均と標準偏差がそれぞれ,μ_X, σ_X, および μ_Y, σ_Y であるとき,この2つのテストは同一の学力を測定しているテストであるから,その標準得点は互いに等しいはずであると仮定し,

$$\frac{X-\mu_X}{\sigma_X} = \frac{Y-\mu_Y}{\sigma_Y}$$

とする。この式を変形して,例えば

$$Y = \frac{\sigma_Y}{\sigma_X}(X-\mu_X)+\mu_Y$$

とすればテスト X の得点をテスト Y の得点に等化する式が得られる。　　　　(柴山 直)

[参] R.L.リン編(池田央ほか訳)『教育測定学(第3版)』CSL学習評価研究所(みくに出版),1992. 池田央『現代テスト理論』朝倉書店,1994. 大沢武志・芝祐順・二村英幸編『人事アセスメントハンドブック』金子書房,2000.

項目応答理論

【語義】 項目応答理論（項目反応理論）は，モデル上設定される特性尺度上に受験者を位置づけて能力・特性の程度を表現し，特性尺度値に対応して当該項目の正答確率を表す項目特性曲線を用いて項目の特徴を記述し，項目パラメタ値やテスト情報量を用いて項目やテストの性能を検討する「テスト理論」である。従来から項目分析や，信頼性・妥当性の検討を行うのによく用いられてきた「古典的テスト理論」では，受験者が正答した項目の数を数え上げた正答数得点をもとに分析が進められるが，測定尺度の水準としては厳密には「順序尺度」の水準にとどまっていた。これに対して項目応答理論は「間隔尺度水準」の特性尺度を構成し，利用する，より精密なモデルである。

【歴史】 項目応答理論は，当初は潜在特性モデルとよばれ，ロード（1952）で基本的な枠組が示され，ロードとノビック（1968）で数理的に厳密な体系化が図られた。また，この流れとは独立にデンマークの数学者ラッシュ（1960）が提案したテストの分析モデルも現在は「ラッシュ・モデル」として項目応答理論の中に組み込まれて扱われる。北米地域や欧州・豪州では比較的以前から実際の大規模試験の分析・評価に用いられていたが，わが国で実用水準のテスト分析に用いられるようになったのは最近のことである。

【特徴】 項目応答理論には，①項目の困難度が受験者集団とは独立に定義される，②受験者の特性（能力）尺度値が，解答（回答）した項目群とは独立に定義される，③項目の困難度と受験者の特性（能力）尺度値とが同一尺度上に位置づけられて表現される，④測定精度が特性（能力）尺度値の関数として表され，受験者個人ごとにきめの細かい測定精度の評価が可能になる，などの利点がある。

これらの特徴を生かして，古典的テスト理論では十分な成果が得られない測定上の課題を解決することが可能になる。例えば②によって，同一のテストではあるが異なる版の受験者の結果を相互に比較することが可能になり，さらに進めて CAT（Computerized Adaptive Test）の測定結果を共通尺度上で表示することが可能になる。

【モデル】 当初は，正答か誤答（「はい」か「いいえ」）の2値型の応答と潜在特性尺度との関係を取り上げる「2値型応答モデル」が提案されたが，その後多値型の応答にも適用可能な「多値型応答モデル」などが提案され，現在は多様なモデルを総称して，IRT（Item Response Model）モデルとよばれている。ただし，現実のテストデータに対して適用する場合には，いたずらに複雑なモデルを適用するのではなく，受験者数や実際の測定状況を十分に考慮して適切なモデルを選択する必要がある。

【適用分野】 項目応答理論は学力測定場面に適用するばかりではなく，産業・組織心理学分野，医学分野（QOL 尺度の構成），言語教育分野など広い範囲の測定場面で適用されている。

【適用上の留意点】 項目応答理論は精密なモデルであり，その結果，古典的テスト理論をしのぐ情報を得ることができるが，項目応答理論のモデルが置いている仮定や前提条件を実際のテストから得られたデータが満足していない場合には，計算結果は得られても，実質的に有用な結果は得られない。実際のテストに項目応答理論を適用するに際しては，この点に十分注意する必要がある。　　　　　　　　　　（野口裕之）

［参］芝祐順編著『項目反応理論―基礎と応用―』東京大学出版会, 1991. 渡辺直登・野口裕之編著『組織心理測定論―項目反応理論のフロンティア―』白桃書房, 1999.

2値型応答モデルと多値型応答モデル

→項目応答理論

【項目応答理論のモデル】 項目応答理論のモデルには，受験者の応答が正答（はい）か誤答（いいえ）など2つの段階で表される場合を想定した「2値型応答モデル」と，受験者の応答が正答か誤答ではなく部分得点も許容するなど段階づけられたカテゴリで表される場合を想定した「多値型応答モデル」とに大別される。

前者には，わが国でよく用いられる「2パラメタ・ロジスティック・モデル」，欧州や豪州で言語テストを中心によく用いられる「1パラメタ・ロジスティック・モデル（ラッシュ・モデル）」，米国でよく用いられる「3パラメタ・ロジスティック・モデル」などがある。後者には，「段階応答モデル」「部分得点モデル」などがある。

【2値型応答モデル】 ここでは「2パラメタ・ロジスティック・モデル」を取り上げる。このモデルでは，各項目ごとに設定される項目特性曲線，すなわち，特性尺度値 θ とその受験者の正答確率 $P_j(\theta)$ とを対応づける曲線が，

$$P_j(\theta) = \frac{1}{1+\exp\{-1.7a_j(\theta-b_j)\}}$$

で与えられる。

上式で a_j および b_j は曲線を決めるパラメタで，b_j は項目特性曲線の位置を決定し，パラメタ値が大きいほうが，項目特性曲線が右寄りになり，この項目 j の困難度が高いことを表す。これに対して a_j は項目特性曲線の立ち上がりの程度（勾配）を決定し，パラメタ値が大きいほうが，項目特性曲線の立ち上がりが急になり，この項目 j の識別力が大きいことを表す。このような式で表される曲線を一般にロジスティック曲線とよび，2つのパラメタで曲線型が決定されるため「2パラメタ・ロジスティック・モデル」とよばれる。具体的な項目特性曲線は図1に示すようになる。

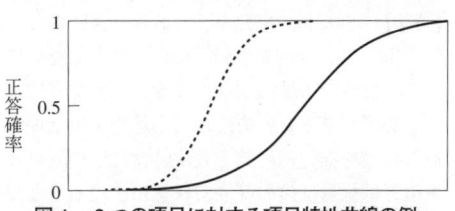

図1　2つの項目に対する項目特性曲線の例

【多値型応答モデル】 ここでは「段階応答モデル」を取り上げる。このモデルでは各項目に対して受験者は段階づけられたカテゴリに応答する。そして項目 j のカテゴリ k ごとに設定される項目カテゴリ応答曲線は，

$$P_{jk}^*(\theta) = \frac{1}{1+\exp\{-1.7a_j(\theta-b_{jk})\}}$$

で与えられる。具体的な項目カテゴリ応答曲線（カテゴリ数が5の場合）は図2に示すようになる。

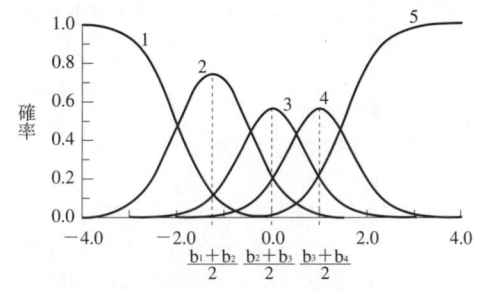

図2　項目カテゴリ応答曲線の例

特性尺度値が θ である受験者が各カテゴリに応答する確率が示されている。

モデルが複雑で各項目のパラメタ数が多いため，精度のよい推定値を得るためにはより多くの受験者数を必要とする。受験者数が少ない場合には，2値型応答に変換して2パラメタ・ロジスティック・モデルを適用するなど適用上の工夫が必要となる場合もある。　　　（野口裕之）

モデル母数の等化

【語義】 テストに複数の版があるときに異なる版を用いた測定結果が相互に比較できるためには，異なる版の結果が共通尺度上の値で表現される必要がある。一方，項目応答理論では項目母数の値や推定尺度値を表す特性尺度の原点と単位とは線形変換の範囲で任意に決めることができ，通常は項目母数の推定に用いた受験者集団の特性尺度値の平均と標準偏差がそれぞれ0と1と設定される。そうすると，複数の版について独自の原点と単位とをもった IRT 尺度が存在することになるが，各尺度上で推定された項目母数を適切な変換により共通尺度上の値で表すことをモデル母数の等化という。

【考え方】 ある版の項目母数を推定するのに用いた受験者集団が共通尺度上で平均 m，標準偏差 s の分布をする場合，その版独自の尺度上で識別力が a，困難度が b である項目母数（ここでは，2 パラメタ・ロジスティック・モデルを仮定）は，

$$a^* = (1/s) \times a$$
$$b^* = s \times b + m$$

で，また受験者の特性尺度値は，

$$\theta^* = s \times \theta + m$$

で共通尺度上の値に変換（等化）できる。

実際にはこれらの等化係数 s および m の値を推定する必要がある。そのためには，各特性尺度と共通尺度の両者に共通な情報が利用される。すなわち，すでに共通尺度上の項目母数推定値が得られている版とこれから等化しようとする版の間に複数の共通項目が存在する場合にそれらの項目の (a, a^*) および (b, b^*) の値を利用して推定する共通項目デザイン，両方の版を受験した者の推定尺度値 θ および θ^* を利用して推定する共通受験者デザインがある。これらのデザインを用いて推定値を計算するのに複数の方法が提案されている。 （野口裕之）

コンピュータ適応型テスト

→項目応答理論，コンピュータと評価

【語義】 テストの進行中，それまでの回答パターンから回答者の能力・特性水準を推定し，それに合わせて次の項目を選び，その回答からまた特性の推定を行って項目を選ぶようなテスト方式を，適応型（adaptive）という。この過程をコンピュータ化し，項目の選択・提示や回答入力，特性の推定などテスト全体をコンピュータ上で遂行するのがコンピュータ適応型テスト（CAT：Computerized Adaptive Test）である。

【展開】 テスト項目が固定される従来型のテストでは，さまざまな回答者を想定して幅広い難易度の項目を含めておくことが多い。そのため，個々の回答者は自分に合わない難易度の項目にも答えなければならず，やる気を損なう原因にもなっていた。CAT では，各回答者に最適な項目だけが提示され，一般に少ない項目数で効率よく測定できるため，回答者の負担が小さく集中力も保たれやすい。採点モデルには，回答者ごとに項目や項目数が異なっても対応でき，しかも特性の水準ごとに測定精度が評価できる項目反応理論が用いられるのが一般的である。

CAT の設計・維持にあたっては，会場・機器・費用等のほか，①項目プール（収容項目数，項目入替え計画，使用履歴の管理など）②項目選択ルール（測定精度，内容領域のバランス，組問題の扱い，項目使用頻度の制限など）③採点モデル（項目反応モデル，特性の推定法など）④テスト終了基準（項目数，測定精度，実施時間など）等の点を考慮する必要がある。

かつてはコンピュータ・リテラシーの影響や紙筆式テストとの同等性が懸念されていたが，コンピュータが日常的道具となるにつれ，むしろ音や動画を駆使した新たなテスト形態へと積極的な展開が図られている。すでに実用化された CAT も多く，資格・検定試験や学力試験，心理検査などに利用されている。 （平井洋子）

テストの社会的意義と責任

→テスト・試験，ハイ・ステークスとテスト，テスト法の意義と種類

【意義】 テストはさまざまな形で現代社会生活のうえで利用されている。したがってテストに関係する人はすべて，利用上の社会的意義を自覚し，それがもたらす結果について責任をもたなければならない。

【テストの範囲】 ここでいうテストとは，個人または個人の集まりである集団について，ある種の意思決定を進めるために，それに必要な情報を個人から収集することを目的とした構造化された手段または方法を総称するものとする。

ここでは学力テスト，心理テストをはじめ，意識調査や興味調査などで用いられる質問紙調査や，構造化された面接とか組織的観察記録などもテストに含めて考えるものとする。

【利用の範囲】 今日，社会においてテストが使われる場面はきわめて広い。例をあげると，学校での授業・指導はもとより，入学・入社試験での選抜，職業資格の認定や各種技能検定，病院の診断や相談所での助言，政策決定のための情報収集（教育調査），そして，本人自身による自己把握，自己理解のためのテストもありうる。なかにはその処遇が本人自身のその後の人生を左右するような重大な結果を生むテスト（ハイステークス・テスト（high-stakes test）とよばれる）もある。

これらの場面において，テストの扱いがすべて同一というわけにはいかない。テストの利用者はその場面で何がいちばん大切かという価値判断を求められる。そのためにテストにかかわる人は，正負両方の副次的効果を含めて，与えられたテストの使用がもたらす社会的結果を場面ごとに判断しながらこれを扱う責任がある。

【テスト関係者の範囲】 テストに関係する人は，広く多岐にわたる。テスト作成者，頒布者（出版社など），実施者，採点者，結果の判定者・利用者（決定者，助言者），情報管理者，など多くの人がかかわってくる。教室テストのように，それらの役割を一人の教師が果たす場合もあるが，大規模テストになるに従って，それぞれの職務を分担して，個別に果たす専門家が増えてくるし，テストシステム全体を見通しながら運用を考える統括者も必要になってくる。そして，テストの情報を提供する受検者そのものも提供するにあたっての権利と義務をもつ。

こうして，それぞれの人が自己の持ち場にかかわる社会的責任を果たすことによって，テストシステム全体が有効に機能することになる。

【テストの責任要件】 テストには，求められるいくつかの基本要件がある。例えば，テスト目的の明確さとそれを具体化する測定手段の妥当性の証拠，採点プロセスの透明性，得点結果の信頼性の保証，結果を解釈して行われる利用方法の適切性，実施時における公正性や不測事故への危機管理対策，受検者や一般社会に対する説明責任や個人情報管理，などである。ここで共通に求められているのは，テストプロセスの公正性，透明性，データ（証拠）に基づくテストの品質保証といった考え方であろう。

【テスト規準の必要性】 こうした需要に応えて，先進諸国では，テストの作成や利用に関する規準やそれを達成するうえでの助けとなる具体的ガイドラインや実践法，テストに関する倫理規定などが用意されている。

次はアメリカ，イギリス，カナダにおける代表的なウェブで見られる案内の一例である。

http://www.apa.org/science/standards.html

http://www.psychtesting.org.uk/public/downloads.asp?sub=true

http://www.acposb.on.ca/test.htm

また，わが国でも，日本テスト学会によるテスト規準が提案されている。

http://www.jartest.jp/

（池田　央）

テスト形式と学習の方向性

→テスト法の意義と種類，ハイ・ステークスとテスト，妥当性

【語義】「あの先生は穴埋め問題しか出さないから，暗記だけしておこう」といったように，人は出題されるテスト形式によって，学習方法を変えることがある。テスト形式は，学習の方向性に影響を与えるのである。一般に，多肢選択法・完成法などの客観テストは，暗記中心型の学習を方向づけ，論文体テストは意味理解中心の学習を方向づけることが示されている。

【歴史】テスト形式が学習を方向づけることは，古くから指摘があった。E.L.ソーンダイクの教育測定運動を発端として，1900年代半ば以降多くの国で客観式テストが導入されたが，当時の各国の文献には必ずといっていいほど，「客観式テストは暗記を中心とする非本質的な学習を促進する」といった議論（批判）をみることができる。特にアメリカでは，多肢選択式の標準学力テスト導入が与える影響について，多くの実証研究がなされた。G.F.マダウスは実証研究を総括し，テストがハイ・ステークスであるほど，その弊害が大きいことを指摘した。

このようにテスト形式が学習を方向づけることは，当初ネガティブな意味合いをもつことが多かった。だがその後，逆にこの現象を利用して，学習を望ましい形に方向づけようという動きが現れた。例えばW.J.ポファムは，測定主導の学習指導（measurement driven instruction）という概念を提唱し，適切な目標準拠型のテストを用いれば，学習者の学習や教師の教授方法が望ましい形に方向づけられるはずだという主張を行った。近年注目を浴びているオーセンティック評価という考え方やパフォーマンス評価も，「テスト形式が学習を方向づける」という議論を原動力として発展してきたものである。

【意義】テスト形式が学習を方向づけるということは，2つの点から意義がある。1つは，学習方略が「テスト」によっても大きな影響を受けるということを示している点である。教育心理学の研究では，学習方略を「教える」ことによって定着させようとするアプローチが主流であった。しかし，テスト形式といった評価のあり方も学習方略の定着には重要なのである。2つは，テストの「妥当性」を再考する必要性を示した点である。テスト形式によって学習が方向づけられるということは，逆に考えると，テストに方向づけられているか否かによって，同じ能力の人でもテスト得点に違いが生じるということである。つまりテストの妥当性は，人がテストを受けるごとに変容する動的なものだと考えることができる。実際，近年では，人がテストによって影響を受けることも含めて，妥当性を包括的に概念化しようとする動きがある。

【課題】テストが学習を方向づけるなら，適切なテストさえ実施すれば適切な学習が促進されるのだろうか。この問いは，波及効果（wash-back effect）研究という領域で実証的に検討されてきた。そして，そのような考え方は楽観的であり，実際はそれほど単純でないことが明らかになっている。今後は，適切なテストが望ましい学習を促進するために，どのような要因が関係しているのかを検討していく必要があるだろう。例えば，ただ評価を漫然と実施するのではなく，「その評価がどのような目的で実施されているのか」といった「評価の意図」を学習者とコミュニケートするだけでも，評価の学習に与える影響は大きく変わってくると思われる。この「インフォームドアセスメント」の考え方は，今後も議論していく価値があるだろう。

（村山　航）

[参] 村山航「テスト形式が学習方略に与える影響」『教育心理学研究』50，2003．村山航「テストへの適応―その問題点と教育実践的示唆―」『教育心理学研究』53，2006．

特異項目機能（DIF）

→妥当性，項目応答理論，テストの社会的意義と責任

【語義】 テストで測定される能力（特性）において同等であるにもかかわらず，特定の項目への正答率（選択率）に集団差が観察されるとき，その項目は特異項目機能をもつという。

【歴史と意義】 テストで測ろうとしている能力とは無関係な原因のために生じる項目正答率の集団差は項目バイアスとよばれる。項目バイアスの存在は20世紀前半から認識されていたが，アメリカにおいて，黒人その他の少数民族（いわゆるマイノリティ）や女性の権利意識が高まった1960年代以降に社会的な関心を集めるようになり，大規模テストでは，項目バイアスを除くことが至上命令となった。

項目バイアスの実例を示そう。かつてアメリカのSATの類推問題中に，「DECOY：DUCKという単語対の間に成り立つのと同じ関係をもつ対を，(A) net：butterfly，(B) web：spider，(C) lure：fish，(D) lasso：rope，(E) detour：shortcutから選べ」という項目があった（正解は(C)）。この項目への解答データを分析したところ，SATの250〜500点の各得点において，男性受験者の正答率が女性受験者の正答率を0.15〜0.20程度上回っていたという。SATで測られる能力について同等であるはずの男女において，正答率の大きな差が生じる理由は，狩りや釣りなどアウトドア活動への興味や経験の差に起因すると推測された。類推能力を問うテストに含まれていながら，男女の経験の差を反映してしまうこの項目はバイアスをもつと結論され，以後SATの項目プールから削除された。

この例で示されるように，項目バイアスを特定するには，①測定を意図した能力において同等であるにもかかわらず観察される集団差を見いだすこと，②見いだされた集団差がテストの目的からみて不公正であるという判断，の両方が必要である。項目バイアス検出が，大規模テストの開発過程に組み込まれたことで，①を目的とする統計的手法が数多く提案されたが，統計的に見いだされた集団差が常に項目バイアスと判断されるわけではない。そこで，1980年代には，統計的な集団差のみを示すための用語がいくつか提案され，それらの中から，DIF（Differential Item Functioning）という名称が定着した。

【課題】 DIFにおいては，白人・男性など多数派を参照集団，黒人・女性など少数派を焦点集団とよぶ。すべての能力水準において一方の集団が有利な場合は均一DIF，能力水準によって有利不利が変わる場合は不均一DIFとよばれる。

DIFの検出法として理論的に優れているのは項目反応理論に基づく方法である。集団別に求めた項目特性曲線を比較するというのが，その基本的アイデアである。項目反応理論に基づく方法は，適用するための条件が厳しいため，簡便なMantel-Haenszel（MH）法が用いられることも多い。そのほか，ロジスティック回帰に基づく方法，SIBTESTなどの検出法も，それぞれ長所をもっている。

日本においては，これまで男女差，民族差などが注目されず，項目バイアスはあまり問題とされてこなかった。しかし，日本でも性差バイアスが皆無とはいいきれず，また，帰国子女，留学生などに関するバイアスを検討する必要が生じる可能性はある。その際には，DIFは必須の方法論となる。また，DIF分析は，項目バイアスの検出場面に限らず，例えば，①外国語で作成された検査を翻訳した場合の等価性を検討する，②異なる指導法・学習法で学習した集団に注目して，指導法・学習法の違いに基づく習得の特徴を検討するなど，さまざまな場面での応用を考えることができる。 　　　　（孫　媛）

付録資料

付録資料1　教育評価年表
付録資料2　各教科の評価の観点
　　　　　の変遷【小学校】
付録資料3　各教科の評価の観点
　　　　　の変遷【中学校】
付録資料4　行動の記録の項目の変遷
付録資料5　指導要録様式

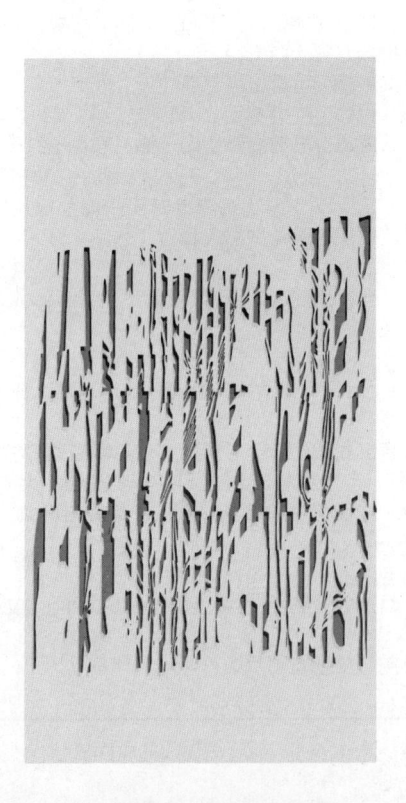

付録資料1　教育評価年表

(天野正輝)

年　号	教育評価に関する事項
606	科挙の成立。科挙は，中国隋の文帝時代に始まり，20世紀初頭の清朝（1905年）まで行われた官吏登用試験である。
701	大宝令の学令で中央に大学，国ごとに国学，太宰府に府学が置かれる。大学では旬試，年終試の2種類の試験が定められ学習成果が試される。 養老令では，考査は10日目ごとにある休暇前の旬試と年末の歳試が行われる。
1702	筆記試験は，イギリスではケンブリッジ大学で行われたものが最初であるとされる。
1792	江戸幕府は，幕臣の子弟を対象に第1回の学問吟味を実施する。1793年には第1回の素読吟味を実施する。昌平坂学問所では，毎月3と8の日に小試が，春と秋には大試が行われる。
1817 (文化14)	広瀬淡窓の私塾咸宜園では毎月定期的に試験が実施される。成績は「月旦表」として発表される。等級制に類似したシステムも導入される。 　各地の藩校における試験には，小試，大試，考試，親試，吟味など目的を異にする多様な種類が含まれていた。 　寺子屋では学業成績の考査に当たる「浚」があった。浚は諸芸の稽古の定期的復習であり，「大浚」（年末）と「小浚」（月末）があった。また，行事的性格をもった「席書」も教育評価の一種と考えられる。
1845	マン（Mann, H.）が，アメリカのマサチューセッツ州における教育改革で，公教育に本格的に筆記試験を取り入れる。
1864	フィッシャー（Fisher, G.）による尺度簿（scale book）の作成。客観テストの試み。
1869	ゴールトン（Galton, F.）『天才の遺伝』。彼はまた，質問紙法を初めて用いる。
1872 (明治5)	学制の48章，49章に試験について規定する。学制期の小学校では，一般に，月次試験（小試験），定期試験（中試験），卒業試験（大試験），臨時試験，比較試験（集合試験）が実施される。試験による絶対評価。100点法，甲乙丙，上中下などで表す。
1881 (明治14)	表簿としての学籍簿の登場。「学事表簿様制定の事」（文部省通達第8号）。
1887 (明治20)	人物査定法の実施（文部省訓令第11号）。

1 教育評価年表

年　号	教育評価に関する事項
1890	キャッテル（Cattel, J. M.）が「メンタルテスト」の用語を初めて用いる。
1891 （明治24）	小学校教則大綱（第21条）で，学校における試験の目的を明確にする。試験は，「学業ノ進歩及習熟ノ度ヲ検定シ教授上ノ参考ニ供シ又ハ卒業ヲ認定スル」を目的とする。 通信簿の登場。「学校ト家庭ト気脈ヲ通スルノ方法ヲ設ケ…相提携シテ児童教育ノ功ヲ奏センコトヲ望ム」（小学校教則大綱の説明書）。通信簿は，これよりさき，1887年ごろから学校現場に登場していた。
1894 （明治27）	「小学校生徒ノ体育及衛生ニ関スル件」（訓令第6号）で，試験による席順の上下を廃止する。 アメリカのライス（Rice, J. M.）による綴字テスト（Spelling Test）の作成。教育測定運動の出発。
1897 （明治30）	文部省，学生生徒身体検査規程を定める。全国的に身体検査を実施する学校が増え，定例行事化する。
1900 （明治33）	小学校令施行規則（第23条）で，小学校における卒業認定のための試験制度廃止し，考査制とする。 小学校令により公簿としての学籍簿が成立。学業成績欄には修身，国語，算術，体操の4教科のほかに「操行」が設けられる。成績は点数制（100点制，10点制）あるいは上中下，甲乙丙，優良可などによる5段階法。操行査定簿が普及する。 大阪府や京都府などでは，壮丁教育調査が実施される。 （1905年以降，修身・漢字の読み書き・算術の学力と学歴との関係を調査）
1904	ソーンダイク（Thorndike, E. L.）の『精神的社会的測定学序説』。教育測定運動の主導的役割を果たす。
1905	ビネー（Binet, A.）が，シモン（Simon, T.）の協力を得て知能検査法を考案する（ビネー・シモン法）。
1905 （明治38） 1908	文部省，小学校児童学業調査を実施する。以後，全国的に学力調査が実施される。 三宅鑛一が，ビネー・シモン法をわが国に紹介する。「智力測定法」『医学中央雑誌』（6巻1号）医学中央雑誌社

年号	教育評価に関する事項
1911	ビネーは，ビネー・シモン法を改訂し，「精神年齢」の用語を用いる。
1912	ロールシャッハ（Rorschach, H.）によるロールシャッハ・テストの考案。
	シュテルン（Stern, W.）による「知能指数」の概念の提唱。
	スターチ（Starch, D.）とエリオット（Elliott, E. C.）による論述式テストの採点における主観性の研究。
1916	ターマン（Terman, L. M.）によるスタンフォード・ビネー知能検査法の作成。知能指数を用いる。
1917	ヤーキーズ（Yerkes, R. M.）によるアメリカ陸軍兵員選抜用の集団知能検査の作成。
1918	久保良英による個別式知能検査の作成。
1919	久保良英による漢字能力テストの作成。
1921（大正10）	小学校令による学籍簿改訂。
1922	福富一郎『メンタル・テストの原理と方法』中文館
	マッコール（McCall, W. A.）による「偏差値」提唱，教師作成の「客観テスト」提唱。
1923	中学入学試験にメンタル・テスト実施（一部の中等学校で）。
	岡部弥太郎『教育的測定』教育研究社
1924	楢崎浅太郎『選技法概論』中央文館
	淡路円次郎，青木誠四郎，岡部弥太郎らによってテスト研究会が組織される。雑誌『テスト研究』刊行。
	入試に知能検査を使用した中学校111校，高等女学校110校。
1925（大正14）	文部省，軍部と協力して全国壮丁教育調査を実施する（～1943年度）。
1926	田中寛一『教育測定学』松邑三松堂。わが国の教育測定運動に指導的役割を果たす。

1 教育評価年表

年　号	教育評価に関する事項
1926	SAT（Scholastic Aptitude Test）が開発され，アメリカでの大学進学の適性を試すものとして現在も利用価値は高い。
1927	ハートショーン（Hartshorne, H.）らによるゲス・フー・テストの考案。
1927 (昭和2)	文部省，中等学校考査法改正。従来の学科試験本位の方法を改め，小学校長の内申，中等学校側の人物考査および身体検査の三者併用とする。
	「児童ノ個性尊重及職業指導ニ関スル件」（文部省訓令第20号）。以後個性調査，個性研究が盛んになる。
1928	大伴　茂『教育診断学（上巻）』培風館
1929	田中寛一『算術計算問題の成績考査基準』培風館
1930	鈴木治太郎『実際的個別的知能測定法』（鈴木ビネー法）東洋図書
	桐原葆見によるダウニイ（Downey, I. E.）の意志気質検査日本版の作成。
1931	大伴　茂『教育測定の原理と方法』培風館
	淡路円治郎・岡部彌太郎による向性検査表の作成。
1932	タイラー（Tyler, R. W.）が教育目標の行動的記述の必要性を主張する。
	青木誠四郎『個性調査の原理と方法』賢文館
	田中寛一・丸山良二『図画成績考査用尺度』『書き方成績考査用尺度』藤井書店
1934	茗溪会研究部（田中寛一代表）『国語書取成績考査基準』培風館
1933〜40	アメリカの進歩主義協会の8年研究（The Eighet-Years Study）。教育測定から教育評価へと転換する契機となる。タイラー（Tyler, R. W.）を長とする教育評価委員会が教育測定運動を批判する。
1934	モレノ（Moreno, J. L.）によるソシオメトリーの考案。
1936	田中寛一によるB式知能検査の作成。

年号	教育評価に関する事項
1938 (昭和13)	学籍簿の改訂。「性行概評」「身体ノ状況及其ノ所見」「家庭・環境」「志望及其ノ所見」の各欄が設けられる。教科の成績は10点法で，操行は優良可で記入する。
1939	文部省「中等学校入学者選抜ニ関スル件」による考査法改正。学科試験を廃止する。内申，人物考査，身体検査の三者綜合判定とする。
1941 (昭和16)	国民学校令に基づく学籍簿の改訂。点数制を廃止し，優良可とする。
1944	イギリスでは44年教育法以後，11才プラス試験（eleven plus examination）を実施する。ストリーミングが出現する。
1947	大学の入試に進学適性検査を実施する（1954年度まで）。
1948 (昭和23)	文部省「学籍簿の名称並びにその取り扱いについて」により，名称を児童指導要録にかえる。観点ごとに5段階相対評価法を採用する。
1949 (昭和24)	中学校，高等学校累加記録摘要の名称を生徒指導要録にかえる。
1950	基礎学力論争起きる。基礎学力や学力の概念，性格，構造をめぐる論争へと展開する。
1951	国立教育研究所による小・中学校教育課程の実態調査。
	文部省内学校評価基準作成協議会『中学校・高等学校学校評価の基準と手引き（試案）』実教出版
1952	国立教育研究所による全国小・中学校児童・生徒学力水準調査（～54年）。
1955 (昭和30)	指導要録の改訂。1教科1評定，5段階相対評価。「指導のための原簿」と「外部に対する証明のための原簿」という二重の性格をもつ。
	教育評価研究会『教育評価』創刊（のちの日本教育評価研究会『指導と評価』）。
1956	ブルーム（Bloom, B. S.）の「教育目標分類学」（Taxonomy of Educational Objectives）の認知的領域。情意的領域の目標分類学は1964年。
	文部省による小・中・高の全国学力調査。小・中学校は66年度まで，高等学校は62年度まで実施した。
	地方教育行政法46条に基づき，教職員の勤務評定実施。それに伴い，勤評闘争が起こる。

1 教育評価年表

年 号	教育評価に関する事項
1956	久保舜一『学力調査』福村書店
1958	健康診断が，学校保健法（第4条，第6条）で定められる。
1959	応用教育研究所による第1回教育評価大学講座（1990年より指導と評価大学講座）の開催。
1960	このころから，進路指導に偏差値が用いられるようになる。
1961（昭和36）	指導要録の改訂。「評定」は絶対評価を加味した相対評価で5段階。「所見」は個人内評価で，観点ごとに特徴があれば，○×を記入する。
	文部省による中学2・3年生の悉皆学力調査（～64年度）。国語，社会，数学，理科，英語の5教科。
1963	キャロル（Carroll, J. A.）による完全習得学習の主張。
	能力開発研究所による能研テスト実施（～1968）。
1964	国際教育到達度評価法学会（IEA）による国際数学教育調査。
1965	クロンバック（Cronbach, L. J.）による適性処遇交互作用の提唱。
1967	アイズナー（Eisner, E.）が「鑑識眼」という独自の評価概念を明らかにする。
	スクリバン（Scriven, M.）が形成的評価（formative evaluation）という言葉をカリキュラム開発の過程における評価として初めて用いる。
1969	通信簿事件（通信簿の5段階相対評価に対する親からの批判）。以後，通信簿の改善に向けた取組みが全国的に広がる。
1970	IEA，第1回国際理科教育調査。
1971（昭和46）	指導要録の改訂。「所見」では，○×の記入を原則とし，無記入はなしとする。
	通信簿「オール3」問題起こる（評価不要論）。
1972	アメリカのジェンセン（Jensen, A. R.）は知能指数の恒常性を主張する（知能の遺伝的規定性，人種間，階層間格差の存在）。

年　号	教育評価に関する事項
1974	B. S. ブルームほか（渋谷憲一ほか訳）『学習評価ハンドブック（上・下）』第一法規出版
1975	文部省『カリキュラム開発の課題』大蔵省印刷局
	京都府教育委員会による討議資料「到達度評価への改善をすすめるために」を契機に到達度評価の実践が進む。
1976 （昭和50）	文部省，業者テストの自粛を通達。
	橋本重治『新・教育評価法総説（上・下）』金子書房
1977	大学入試センターが開設される。
1979	国公立大学共通一次学力試験が開始される。
1980 （昭和55）	指導要録の改訂。文部省「小学校児童指導要録及び中学校生徒指導要録の改訂について」の通達。「評定」は小学校1，2年は3段階，3年以上は5段階。学習の記録欄に「観点別学習状況」欄を設ける。観点ごとに3段階の絶対評価。
	IEA，第2回国際数学教育調査。
1981 （昭和56）	文部省による教育課程実施状況調査（〜昭和58年度）。
	橋本重治『到達度評価の研究―その方法と技術―』図書文化
1980年代	ガードナー（Gardner, H.）らが，ポートフォリオを個別支援の実践に導入する。
1983	IEA，第2回国際理科教育調査。
	橋本重治『続・到達度評価の研究―到達基準の設定の方法―』図書文化
	文部省は，中学校での偏差値重視，業者テストに依存した進路指導が行われている現状是正を求める通達を出す。
1990	大学入試センター試験が実施される。
1991 （平成3）	指導要録の改訂。「評定」は小学校1，2年はなし。3〜6年は3段階，中学校は5段階。「観点別学習状況」欄の評価の観点として，各教科共通に「関心・意欲・態度」「思考・判断」「技能・表現」「知識・理解」の4つが設置される。

年　号	教育評価に関する事項
1993 （平成5）	文部省による教育課程実施状況調査（〜平成7年度）。文部省「高校入試選抜方法の改善について」。
1998	ウィギンズ（Wiggins, G.）による「真正の評価」（オーセンティック・アセスメント）の提唱。
2000 （平成12）	文部省，教育課程審議会答申「児童生徒の学習と教育課程の実施状況の評価の在り方について」。
2001 （平成13）	指導要録の改訂。「評定」においても目標に準拠した評価を採用する。
2002 （平成14）	国立教育政策研究所教育課程研究センター「評価規準の作成，評価方法の工夫改善のための参考資料」。 国立教育政策研究所による小中学校教育課程実施状況調査。
2003	OECDの「生徒の学習到達度調査」（PISA）。 IEAの「国際数学・理科教育動向調査」（TIMSS）の発表。

付録資料2　各教科の評価の観点の変遷【小学校】

	昭和23年	昭和30年	昭和36年	昭和46年	昭和55年
国語	聞く 話す 読む 書く 作る	言語への関心意識 聞く・話す 読解 作文 書写	聞く 話す 読む 作文 書写	聞くこと 話すこと 読むこと 作文 書写	言語に関する知識・理解 表現の能力……作文 　　　　　　……話す 理解の能力……読む 　　　　　　……書く 書写 国語に対する関心・態度
社会	理解 態度 技能	社会的な関心 思考 知識・技能 道徳的な判断	社会事象への関心 社会事象についての思考 知識・理解 社会的道徳的な判断	知識・理解 観察力や資料活用の能力 社会的思考・判断	知識・理解 観察・資料活用の能力 社会的思考・判断 社会的事象に対する関心・態度
算数	理解 態度 技能	数量への関心態度 数量的な洞察 論理的な思考 計算・測定の技能	数量への関心 数学的な考え方 用語記号などの理解 計算などの技能	知識・理解 技能 数学的な考え方	知識・理解 技能 数学的な考え方 数量・図形に対する関心・態度
理科	理解 態度 能力	自然への関心 論理的な思考 実験観察の技能 知識・理解	自然の事象への関心 科学的な思考 実験・観察の技能 知識・理解 自然の愛護	知識・理解 観察・実験の能力 科学的な思考	知識・理解 観察・実験の技能 科学的思考 自然に対する関心・態度
生活					
音楽	鑑賞 表現 理解	表現……歌唱 　　……器楽 　　……創作 鑑賞 理解	鑑賞する 歌を歌う 楽器を演奏する 旋律を作る	基礎 鑑賞 歌唱 器楽 創作	表現の能力……歌唱 　　　　　　……器楽 　　　　　　……即興表現 鑑賞の能力 音楽に対する関心・態度
図画工作	鑑賞 表現 理解	表現……描画 　　……工作 　　……図案 鑑賞 理解	絵をかく・版画を作る 彫塑を作る デザインをする ものを作る 鑑賞する	絵画 彫塑 デザイン 工作 鑑賞	表現の能力……絵・彫塑 　　　　　　……デザイン 　　　　　　……工作 鑑賞の能力 造形に対する関心・態度
家庭	理解 態度 技能	技能 理解 実践的な態度	技能 知識・理解 実践的な態度	技能 知識・理解 実践的な態度	知識・理解 技能 家庭生活に対する関心・態度
体育	理解 態度 技能 習慣	健康安全への関心 運動の技能 理解 協力的な態度	健康・安全への関心 運動の技能 公正・協力・責任などの態度	運動の技能 実践的な態度 保健についての知識・理解	運動の技能 保健に関する知識・理解 運動・保健に対する関心・態度

2　各教科の評価の観点の変遷【小学校】

	平成3年	平成13年
国語	国語への関心・意欲・態度 表現の能力 理解の能力 言語についての知識・理解・技能	国語への関心・意欲・態度 話す・聞く能力 書く能力 読む能力 言語についての知識・理解・技能
社会	社会的事象への関心・意欲・態度 社会的な思考・判断 観察・資料活用の技能・表現 社会的事象についての知識・理解	社会的事象への関心・意欲・態度 社会的な思考・判断 観察・資料活用の技能・表現 社会的事象についての知識・理解
算数	算数への関心・意欲・態度 数学的な考え方 数量や図形についての表現・処理 数量や図形についての知識・理解	算数への関心・意欲・態度 数学的な考え方 数量や図形についての表現・処理 数量や図形についての知識・理解
理科	自然事象への関心・意欲・態度 科学的な思考 観察・実験の技能・表現 自然事象についての知識・理解	自然事象への関心・意欲・態度 科学的な思考 観察・実験の技能・表現 自然事象についての知識・理解
生活	生活への関心・意欲・態度 活動や体験についての思考・表現 身近な環境や自分についての気付き	生活への関心・意欲・態度 活動や体験についての思考・表現 身近な環境や自分についての気付き
音楽	音楽への関心・意欲・態度 音楽的な感受や表現の工夫 表現の技能 鑑賞の能力	音楽への関心・意欲・態度 音楽的な感受や表現の工夫 表現の技能 鑑賞の能力
図画工作	造形への関心・意欲・態度 発想や構想の能力 創造的な技能 鑑賞の能力	造形への関心・意欲・態度 発想や構想の能力 創造的な技能 鑑賞の能力
家庭	家庭生活への関心・意欲・態度 生活を創意工夫する能力 生活の技能 家庭生活についての知識・理解	家庭生活への関心・意欲・態度 生活を創意工夫する能力 生活の技能 家庭生活についての知識・理解
体育	運動や健康・安全への関心・意欲・態度 運動や健康・安全についての思考・判断 運動の技能 健康・安全についての知識・理解	運動や健康・安全への関心・意欲・態度 運動や健康・安全についての思考・判断 運動の技能 健康・安全についての知識・理解

付録資料3　各教科の評価の観点の変遷【中学校】

	昭和24年	昭和30年	昭和36年	昭和46年
国語	理解しながら早く読む能力 文学の理解と鑑賞 書く事によって効果的に自己を表現する能力 話す事によって効果的に自己を表現する能力	言語への関心意識 聞く・話す 読解 作文 書写	聞く 話す 読む 作文 書写 国語への関心・意識	聞くこと 話すこと 読むこと 作文 書写 ことばに関する知識
社会	歴史，地理，経済，政治，社会等の基礎的な諸概念の知識と理解 問題解決法を用いる能力，批判的な思考をなしうる能力 他人の必要と権利との尊重，公民的技能の習得	社会への関心 思考 知識 技能 道徳的な判断	社会事象への関心 社会事象についての思考 知識・理解 技能 社会的道徳的な判断	知識・理解 資料活用の能力 社会的思考・判断
数学	関係を理解してそれを問題解決に応用する能力 計算測定の技能 実際場面において正確に数学的な技能を使用する習慣	数学への関心 数学的な洞察 論理的な思考 技能 数学の応用創意	数量への関心 知識・理解 技能 直観・見通し 論理的な思考	知識・理解 技能 数学的な考え方
理科	科学的諸概念の理解 問題解決法を用いる能力，批判的な思考をなしうる能力 創造的な能力（2，3の生徒はもっている場合がある） 実際場面において科学的な知識を使用する習慣	自然への関心 論理的な思考 実験観察の技能 知識・理解 原理の応用・創意	自然の事象への関心 科学的な思考 実験，観察の技能 知識・理解 応用・創意	知識・理解 観察，実験の能力 科学的な思考
音楽	音楽の知的理解 音楽の鑑賞 音楽の創作 演奏（歌唱，器楽）	表現……歌唱 　　　…器楽 　　　…創作 鑑賞 理解	歌を歌う 楽器を演奏する 創作する 鑑賞する 知識・理解 音楽への関心・態度	基礎 歌唱 器楽 創作 鑑賞
美術	美の鑑賞 基礎技術の理解 創造的な表現	表現……描画 　　　…工作 　　　…図案 鑑賞 理解	絵をかく 彫塑を作る デザインをする 鑑賞する 美術への関心・態度	絵画 彫塑 デザイン 工芸 鑑賞
保健体育	健康と衛生の諸概念の理解 健康上，衛生上必要な事項を実行する習慣 身体の運動機能向上の程度 運動競技への参加 ※教科名［体育］	健康安全への関心 運動の技能 理解 協力的な態度	健康・安全への関心 運動の技能 公正・協力・責任などの態度 知識・理解	運動の技能 実践的な態度 知識・理解

3 各教科の評価の観点の変遷【中学校】

	昭和55年	平成3年	平成13年
国語	表現の能力 表現（書写）の能力 理解の能力 言語に関する知識 国語に対する関心・態度	国語への関心・意欲・態度 表現の能力 理解の能力 言語についての知識・理解・技能	国語への関心・意欲・態度 話す・聞く能力 書く能力 読む能力 言語についての知識・理解・技能
社会	知識・理解 資料活用の能力 社会的思考・判断 社会的事象に対する関心・態度	社会的事象への関心・意欲・態度 社会的な思考・判断 資料活用の技能・表現 社会的事象についての知識・理解	社会的事象への関心・意欲・態度 社会的な思考・判断 資料活用の技能・表現 社会的事象についての知識・理解
数学	知識・理解 技能 数学的な考え方 数学に対する関心・態度	数学への関心・意欲・態度 数学的な考え方 数学的な表現・処理 数量，図形などについての知識・理解	数学への関心・意欲・態度 数学的な見方や考え方 数学的な表現・処理 数量，図形などについての知識・理解
理科	知識・理解 観察・実験の技能 科学的な思考 自然に対する関心・態度	自然事象への関心・意欲・態度 科学的な思考 観察・実験の技能・表現 自然事象についての知識・理解	自然事象への関心・意欲・態度 科学的な思考 観察・実験の技能・表現 自然事象についての知識・理解
音楽	表現の能力 鑑賞の能力 音楽に対する関心・態度	音楽への関心・意欲・態度 音楽的な感受や表現の工夫 表現の技能 鑑賞の能力	音楽への関心・意欲・態度 音楽的な感受や表現の工夫 表現の技能 鑑賞の能力
美術	表現の能力 鑑賞の能力 美術に対する関心・態度	美術への関心・意欲・態度 発想や構想の能力 創造的な技能 鑑賞の能力	美術への関心・意欲・態度 発想や構想の能力 創造的な技能 鑑賞の能力
保健体育	運動の技能 知識・理解 運動・保健に対する関心・態度	運動や健康・安全への関心・意欲・態度 運動や健康・安全についての思考・判断 運動の技能 運動や健康・安全についての知識・理解	運動や健康・安全への関心・意欲・態度 運動や健康・安全についての思考・判断 運動の技能 運動や健康・安全についての知識・理解

技術・家庭	[家庭] 近代的，民主的社会における 　家庭の位置の理解 家庭生活の理想とそれへの望 　ましい態度 家庭生活における実技 [職業] 実技 技術的な知識 社会的経済的理解	技能 知識・理解 能力 態度・習慣 ※教科名 ［職業・家庭］	知識・理解 技能 表現・創造 態度	技能 知識・理解 くふう・創造
外国語	理解しながら読む能力 話す技能 書く事によって自己を表現する能力 話された言語を理解する技能	外国語への興味・関心 聞く，話す 読解 書き方	聞く 話す 読む 書く 外国語への関心・態度	聞くこと 話すこと 読むこと 書くこと

付録資料4　行動の記録の項目の変遷

	昭和23年	昭和24年	昭和30年	昭和36年
	小学校	中・高校	小・中学校	小・中学校
	「行動の記録」	「個人的，社会的，公民的発達記録」	「行動の記録」	「行動および性格の記録」
1	ひと親しむ	社会性	自主性	基本的な生活習慣
2	ひとを尊敬する	幸福感あるいは明朗性	正義感	自主性
3	ひとの立場を受入れる	成功性	責任感	責任感
4	ひとと協力する	判断力	根気強さ	根気強さ
5	仕事を熱心にする	安定感	健康安全の習慣	自省心
6	責任を重んずる	情緒安定度	礼儀	向上心
7	持久力がある	自信	協調性	公正さ
8	計画工夫する	親切と礼儀	指導性	指導性
9	自制心がある	尊敬の態度	公共心	協調性
10	自分で判断する	協調の習慣	判断の傾向	同情心
11	正義感がある	指導能力	公正さ	公共心
12	正しく批判する	責任ある態度	慎重さ	積極性
13	安定感がある	寛容の態度	合理性	情緒の安定
14	指導力がある	独立の性質	客観性	
15	態度が明るい	正直な性質	情緒の傾向	
16	礼儀が正しい	余暇の善用	情緒の安定	
17	きまりを理解して守る	創造性	審美感	
18	探究心がある		明朗性	
19	美への関心をもつ			
20	衛生に注意する			
21	勤労を喜ぶ			
22	物を大事にする			
23	（その他）			
		（17項目）	（16項目）	（13項目）

4　行動の記録の項目の変遷

技術・家庭	技能 知識・理解 生活や技術に対する関心・態度	生活や技術への関心・意欲・態度 生活を創意工夫する能力 生活の技能 生活や技術について知識・理解	生活や技術への関心・意欲・態度 生活を工夫し創造する能力 生活の技能 生活や技術についての知識・理解
外国語	聞くこと 話すこと 読むこと 書くこと 外国語に対する関心・態度	コミュニケーションへの関心・意欲・態度 表現の能力 理解の能力 言語や文化についての知識・理解	コミュニケーションへの関心・意欲・態度 表現の能力 理解の能力 言語や文化についての知識・理解

昭和46年		昭和55年	平成3年		平成13年
小学校	中学校	小・中学校	小学校	中学校	小・中学校
「行動および性格の記録」		「行動及び性格の記録」	「行動の記録」		「行動の記録」
健康・安全の習慣 礼儀	基本的な生活習慣	基本的な生活習慣	基本的な生活習慣 明朗・快活	基本的な生活習慣 明朗・快活	基本的な生活習慣 健康・体力の向上
自主性	自主性	自主性	自主性・根気強さ	自主・自律	自主・自律
				向上心	
責任感 根気強さ	責任感 根気強さ	責任感 勤労意欲・根気強さ	責任感	責任感	責任感
創意くふう	創意くふう	創意工夫	創意工夫 思いやり	創意工夫 思いやり	創意工夫 思いやり・協力
情緒の安定 協力性	情緒の安定 寛容	情緒の安定 寛容・協力性	協力性 自然愛護	寛容・協力性 自然愛護	生命尊重・自然愛護
	指導性 協力性		勤労・奉仕	勤労・奉仕	勤労・奉仕
公正さ 公共心	公正さ 公共心	公正 公共心	公正・公平 公共心	公正・公平 公共心	公正・公平 公共心・公徳心
(10項目)	(11項目)	(9項目)	(11項目)	(12項目)	(10項目)

付録資料5　指導要録様式

幼稚園幼児指導要録（参考様式）

（様式の参考例）

幼稚園幼児指導要録（学籍に関する記録）

幼児	ふりがな	性別
	氏名	
		平成　年　月　日生
	現住所	
保護者	ふりがな	
	氏名	
	現住所	
入園	平成　年　月　日	入園前の状況
転入園	平成　年　月　日	
転・退園	平成　年　月　日	進学先等
修了	平成　年　月　日	

年度 区分	平成　年度	平成　年度	平成　年度
学級			
整理番号			

	平成　年度	平成　年度	平成　年度
幼稚園名及び所在地			
年度及び入園（転入園）・進級時の幼児の年齢	歳　か月	歳　か月	歳　か月
園長氏名印			
学級担任者氏名印			

(様式の参考例)

幼稚園幼児指導要録（指導に関する記録）

氏名		性別		指導の重点等	平成　　年度 （学年の重点） （個人の重点）	平成　　年度 （学年の重点） （個人の重点）	平成　　年度 （学年の重点） （個人の重点）	平成　　年度 （学年の重点） （個人の重点）
ねらい （発達を捉える視点）	発達の状況							
健康	明るく伸び伸びと行動し、充実感を味わう。							
	自分の体を十分に動かし、進んで運動しようとする。							
	健康、安全な生活に必要な習慣や態度を身に付ける。							
人間関係	幼稚園生活を楽しみ、自分の力で行動することの充実感を味わう。							
	進んで身近な人とかかわり、愛情や信頼感をもつ。							
	社会生活における望ましい習慣や態度を身に付ける。							
環境	身近な環境に親しみ、自然と触れ合う中で様々な事象に興味や関心をもつ。							
	身近な環境に自分からかかわり、発見を楽しんだり、考えたりし、それを生活に取り入れようとする。							
	身近な事象を見たり、考えたり、扱ったりする中で、物の性質や数量、文字などに対する感覚を豊かにする。							
言葉	自分の気持ちを言葉で表現する楽しさを味わう。							
	人の言葉や話などをよく聞き、自分の経験したことや考えたことを話し、伝え合う喜びを味わう。							
	日常生活に必要な言葉が分かるようになるとともに、絵本や物語などに親しみ、人生や教師と心を通わせる。							
表現	いろいろなものの美しさなどに対する豊かな感性をもつ。							
	感じたことや考えたことを自分なりに表現して楽しむ。							
	生活の中でイメージを豊かにし、様々な表現を楽しむ。							
備考								

出欠の状況	教育日数				
	出席日数				

小学校児童指導要録（参考様式）

様式1（学籍に関する記録）

区分＼学年	1	2	3	4	5	6
学　級						
整理番号						

学籍の記録

児童	ふりがな 氏　名	 平成　　年　　月　　日生	性別	入学・編入学等	平成　　年　　月　　日　第1学年入学 　　　　　　　　　　　　第　学年編入学
	現住所			転　入　学	平成　　年　　月　　日　第　学年転入学

保護者	ふりがな 氏　名		転学・退学等	（平成　　年　　月　　日） 平成　　年　　月　　日
	現住所		卒　　業	平成　　年　　月　　日

入学前の経歴		進学先	

学校名及び所在地 （分校名・所在地等）	

区分＼年度	平成　　年度	平成　　年度	平成　　年度
学年	1	2	3
校長氏名印			
学級担任者 氏　名　印			

区分＼年度	平成　　年度	平成　　年度	平成　　年度
学年	4	5	6
校長氏名印			
学級担任者 氏　名　印			

小学校児童指導要録（参考様式）

様式2（指導に関する記録）

児童氏名		学校名		区分＼学年	1	2	3	4	5	6
				学級						
				整理番号						

各教科の学習の記録

I　観点別学習状況

教科	観点	学年	1	2	3	4	5	6
国語	国語への関心・意欲・態度							
	話す・聞く能力							
	書く能力							
	読む能力							
	言語についての知識・理解・技能							
社会	社会的事象への関心・意欲・態度							
	社会的な思考・判断							
	観察・資料活用の技能・表現							
	社会的事象についての知識・理解							
算数	算数への関心・意欲・態度							
	数学的な考え方							
	数量や図形についての表現・処理							
	数量や図形についての知識・理解							
理科	自然事象への関心・意欲・態度							
	科学的な思考							
	観察・実験の技能・表現							
	自然事象についての知識・理解							
生活	生活への関心・意欲・態度							
	活動や体験についての思考・表現							
	身近な環境や自分についての気付き							
音楽	音楽への関心・意欲・態度							
	音楽的な感受や表現の工夫							
	表現の技能							
	鑑賞の能力							
図画工作	造形への関心・意欲・態度							
	発想や構想の能力							
	創造的な技能							
	鑑賞の能力							
家庭	家庭生活への関心・意欲・態度							
	生活を創意工夫する能力							
	生活の技能							
	家庭生活についての知識・理解							
体育	運動や健康・安全への関心・意欲・態度							
	運動や健康・安全についての思考・判断							
	運動の技能							
	健康・安全についての知識・理解							

II　評定

学年＼教科	国語	社会	算数	理科	音楽	図画工作	家庭	体育
3								
4								
5								
6								

総合的な学習の時間の記録

学年	学習活動	観点	評価
3			
4			
5			
6			

特別活動の記録

内容＼学年	1	2	3	4	5	6
学級活動						
児童会活動						
クラブ活動						
学校行事						

行動の記録

項目＼学年	1	2	3	4	5	6
基本的な生活習慣						
健康・体力の向上						
自主・自律						
責任感						
創意工夫						
思いやり・協力						
生命尊重・自然愛護						
勤労・奉仕						
公正・公平						
公共心・公徳心						

出欠の記録

区分＼学年	授業日数	出席停止・忌引等の日数	出席しなければならない日数	欠席日数	出席日数	備考
1						
2						
3						
4						
5						
6						

児童氏名

	総合所見及び指導上参考となる諸事項	
第1学年		第4学年
第2学年		第5学年
第3学年		第6学年

(注)　「総合所見及び指導上参考となる諸事項」の欄には，以下のような事項などを記録する。
　　①各教科や総合的な学習の時間の学習に関する所見
　　②特別活動に関する事実及び所見
　　③行動に関する所見
　　④児童の特徴・特技，学校内外における奉仕活動，表彰を受けた行為や活動，知能，学力等について標準化された検査の結果など指導上参考となる諸事項
　　⑤児童の成長の状況にかかわる総合的な所見

中学校生徒指導要録（参考様式）

様式1（学籍に関する記録）

学年 区分	1	2	3
学　　級			
整 理 番 号			

学　籍　の　記　録

<table>
<tr><td rowspan="4">生徒</td><td>ふりがな
氏　名</td><td colspan="2"></td><td rowspan="2">性別</td><td>入学・編入学等</td><td>平成　年　月　日　第1学年入学
　　　　　　　　　第　学年編入学</td></tr>
<tr><td colspan="2">昭和・平成　年　月　日生</td></tr>
<tr><td>現住所</td><td colspan="3"></td><td>転　入　学</td><td>平成　年　月　日　第　学年転入学</td></tr>
<tr><td colspan="4"></td><td></td><td></td></tr>
<tr><td rowspan="2">保護者</td><td>ふりがな
氏　名</td><td colspan="3"></td><td rowspan="2">転学・退学等</td><td>（平成　年　月　日）
　平成　年　月　日</td></tr>
<tr><td>現住所</td><td colspan="3"></td><td>卒　　業</td></tr>
</table>

卒　　業	平成　年　月　日
進学先・就職先等	

入学前の経歴	
学校名及び所在地 （分校名・所在地等）	

年度 区分　学年	平成　年度	平成　年度	平成　年度
	1	2	3
校長氏名印			
学級担任者氏名印			

様式2（指導に関する記録）

生徒氏名		学校名		区分＼学年	1	2	3
				学　級			
				整理番号			

各教科の学習の記録

必修教科

I　観点別学習状況

教科	観点	学年 1	2	3
国語	国語への関心・意欲・態度			
	話す・聞く能力			
	書く能力			
	読む能力			
	言語についての知識・理解・技能			
社会	社会的事象への関心・意欲・態度			
	社会的な思考・判断			
	資料活用の技能・表現			
	社会的事象についての知識・理解			
数学	数学への関心・意欲・態度			
	数学的な見方や考え方			
	数学的な表現・処理			
	数量，図形などについての知識・理解			
理科	自然事象への関心・意欲・態度			
	科学的な思考			
	観察・実験の技能・表現			
	自然事象についての知識・理解			
音楽	音楽への関心・意欲・態度			
	音楽的な感受や表現の工夫			
	表現の技能			
	鑑賞の能力			
美術	美術への関心・意欲・態度			
	発想や構想の能力			
	創造的な技能			
	鑑賞の能力			
保健体育	運動や健康・安全への関心・意欲・態度			
	運動や健康・安全についての思考・判断			
	運動の技能			
	運動や健康・安全についての知識・理解			
技術・家庭	生活や技術への関心・意欲・態度			
	生活を工夫し創造する能力			
	生活の技能			
	生活や技術についての知識・理解			
外国語	コミュニケーションへの関心・意欲・態度			
	表現の能力			
	理解の能力			
	言語や文化についての知識・理解			

選択教科

I　観点別学習状況

教科	観点	学年 1	2	3

必修教科 II　評定

教科＼学年	国語	社会	数学	理科	音楽	美術	保健体育	技術・家庭	外国語
1									
2									
3									

選択教科 II　評定

教科＼学年					
1					
2					
3					

総合的な学習の時間の記録

学年	学習活動	観点	評価
1			
2			
3			

中学校生徒指導要録（参考様式）

生徒氏名

特別活動の記録

内容\学年	学級活動	生徒会活動	学校行事
1			
2			
3			

行動の記録

項目\学年	基本的な生活習慣	健康・体力の向上	自主・自律	責任感	創意工夫	思いやり・協力	生命尊重・自然愛護	勤労・奉仕	公正・公平	公共心・公徳心	
1											
2											
3											

総合所見及び指導上参考となる諸事項

第1学年

第2学年

第3学年

出欠の記録

区分\学年	授業日数	出席停止・忌引等の日数	出席しなければならない日数	欠席日数	出席日数	備考
1						
2						
3						

(注)「総合所見及び指導上参考となる諸事項」の欄には，以下のような事項などを記録する。
① 各教科や総合的な学習の時間の学習に関する所見
② 特別活動に関する事実及び所見
③ 行動に関する所見
④ 進路指導に関する事項
⑤ 生徒の特徴・特技，学校内外における奉仕活動，表彰を受けた行為や活動，知能，学力等について標準化された検査の結果など指導上参考となる諸事項
⑥ 生徒の成長の状況にかかわる総合的な所見

高等学校（全日制の課程・定時制の課程）生徒指導要録（参考様式）

様式1（学籍に関する記録）

区分＼学年	1	2	3	4
ホームルーム				
整理番号				

学籍の記録

生徒	ふりがな 氏　名	昭和・平成　　年　　月　　日生	性別	入学・編入学	平成　　年　　月　　日　第1学年入学 第　学年編入学
				転入学	平成　　年　　月　　日
	現住所			転学・退学	平成　　年　　月　　日
保護者	ふりがな 氏　名			留学等	平成　　年　　月　　日 〜平成　　年　　月　　日
	現住所			卒　業	平成　　年　　月　　日
入学前の経歴	平年　年　　　　　　中学校卒業			進学先・就職先等	

学校名及び所在地 （分校名・所在地）		年度	学年	校長氏名印	ホームルーム担任者氏名印
		平成　年度			
		平成　年度			
課程名・学科名		平成　年度			
		平成　年度			

(様式1裏面)

各教科・科目等の修得単位数の記録

教科	科目	修得単位数の計	教科	科目	修得単位数の計	教科	科目	修得単位数の計
普通教育に関する各教科・科目	国語	国語表現Ⅰ		家庭	〃		各教科・科目	情報	〃
		略			〃				〃
		〃			〃			福祉	〃
	地理歴史	〃		情報	〃			理数	〃
		〃			〃				〃
		〃			〃			体育	〃
	公民	〃		学校設定教科	〃			音楽	〃
		〃			〃			美術	〃
		〃			〃				〃
	数学	〃	専門教育に関する	農業	〃			英語	〃
		〃		工業	〃				〃
	理科	〃		商業	〃			学校設定教科	〃
		〃							〃
	保健体育	〃		水産	〃				
		〃		家庭	〃				
	芸術	〃							
		〃		看護	〃				
		〃			〃				
	外国語	〃							
		〃							
		〃							

総合的な学習の時間	

付録資料

様式2（指導に関する記録）

生徒氏名		学校名		区分＼学年	1	2	3	4
				ホームルーム				
				整理番号				

各教科・科目等の学習の記録

各教科・科目等		第1学年		第2学年		第3学年		第4学年		修得単位数の計	備考
教科等	科目等	評定	修得単位数	評定	修得単位数	評定	修得単位数	評定	修得単位数		
普通教育に関する各教科・科目	国語	国語表現Ⅰ									
		略									
		〃									
	地歴理史	〃									
		〃									
	公民	〃									
		〃									
	数学	〃									
		〃									
	理科	〃									
		〃									
	保健体育	〃									
		〃									
	芸術	〃									
		〃									
	外国語	〃									
		〃									
	家庭	〃									
		〃									
	情報	〃									
		〃									
	学校設定教科	〃									
		〃									
専門教育に関する各教科・科目	農業	〃									
		〃									
	工業	〃									
		〃									
	商業	〃									
		〃									
	水産	〃									
		〃									
	家庭	〃									
		〃									
	看護	〃									
		〃									
	情報	〃									
		〃									
	福祉	〃									
		〃									
	理数	〃									
		〃									
	体育	〃									
		〃									
	音楽	〃									
		〃									
	美術	〃									
		〃									
	英語	〃									
		〃									
	学校設定教科	〃									
		〃									
総合的な学習の時間											
小計											
留学											
合計											

高等学校(全日制の課程・定時制の課程)生徒指導要録(参考様式)

生徒氏名	

総合的な学習の時間の記録

学習活動	
評価	

特別活動の記録

第1学年	第2学年	第3学年	第4学年

総合所見及び指導上参考となる諸事項

第1学年	
第2学年	
第3学年	
第4学年	

出欠の記録

区分＼学年	授業日数	出席停止・忌引の日数	留学中の授業日数	出席しなければならない日数	欠席日数	出席日数	備考
1							
2							
3							
4							

(注)「総合所見及び指導上参考となる諸事項」の欄には、以下のような事項を記録する。
　①各教科・科目や総合的な学習の時間の学習に関する所見
　②行動に関する所見
　③進路指導の記録
　④取得資格
　⑤生徒が就職している場合の事業所
　⑥生徒の特徴・特技，部活動，学校内外におけるボランティア活動，表彰を受けた行為や活動，標準検査に関する記録など指導上参考となる諸事項
　⑦生徒の成長の状況に関する総合的所見

高等学校（通信制の課程）生徒指導要録（参考様式）

様式1（学籍に関する記録）

年度＼区分	平成　年度	平成　年度	平成　年度	平成　年度	平成　年度	平成　年度
ホームルーム						
整理番号						

学籍の記録

生徒	ふりがな 氏名		性別	入学・編入学	平成　年　月　日　入学／編入学
	昭和・平成　年　月　日生			転入学	平成　年　月　日
	現住所			転学・退学	平成　年　月　日
保護者	ふりがな 氏名			留学等	平成　年　月　日　〜平成　年　月　日
	現住所			卒業	平成　年　月　日
入学前の経歴	平成　年　　　　中学校卒業			進学先・就職先等	

学校名及び所在地 学科名		年度	校長氏名印	ホームルーム担任者氏名印
		平成　年度		
		平成　年度		
		平成　年度		
		平成　年度		
		平成　年度		
		平成　年度		

高等学校(通信制の課程)生徒指導要録(参考様式) 579

(様式1裏面)

各教科・科目等の修得単位数の記録

教科	科目	修得単位数の計
普通教育に関する各教科・科目	国語	国語表現Ⅰ	
		略	
		〃	
	地理歴史	〃	
		〃	
		〃	
	公民	〃	
		〃	
	数学	〃	
		〃	
	理科	〃	
		〃	
	保健体育	〃	
		〃	
	芸術	〃	
		〃	
		〃	
	外国語	〃	
		〃	
		〃	

教科	科目	修得単位数の計
家庭	〃	
	〃	
	〃	
情報	〃	
	〃	
学校設定教科	〃	
	〃	
	〃	
専門教育に関する	農業	〃	
	工業	〃	
	商業	〃	
	水産	〃	
	家庭	〃	
	看護	〃	

教科	科目	修得単位数の計
各教科・科目	情報	〃	
	福祉	〃	
	理数	〃	
	体育	〃	
	音楽	〃	
	美術	〃	
	英語	〃	
		〃	
	学校設定教科	〃	
		〃	

総合的な学習の時間	

付録資料

様式2（指導に関する記録）

生徒氏名		学校名		区分	学年	平成 年度	平成 年度	平成 年度	平成 年度	平成 年度	平成 年度
				ホームルーム							
				整理番号							

各教科・科目等の学習の記録

各教科・科目等		年度		年度		年度		年度		年度		修得単位数の計	備考
教科等	科目等	評定	修得単位数	評定	修得単位数	評定	修得単位数	評定	修得単位数	評定	修得単位数		
普通教育に関する各教科・科目	国語	国語表現Ⅰ											
		略											
	地歴	〃											
	理史	〃											
	公民	〃											
	数学	〃											
	理科	〃											
	保健体育	〃											
	芸術	〃											
	外国語	〃											
	家庭	〃											
	情報	〃											
	学校設定教科	〃											
専門教育に関する各教科・科目	農業	〃											
	工業	〃											
	商業	〃											
	水産	〃											
	家庭	〃											
	看護	〃											
	情報	〃											
	福祉	〃											
	理数	〃											
	体育	〃											
	音楽	〃											
	美術	〃											
	英語	〃											
	学校設定教科	〃											
総合的な学習の時間													
小計													
留学													
合計													

高等学校（通信制の課程）生徒指導要録（参考様式）

生徒氏名	

総合的な学習の時間の記録

学習活動	
評価	

特別活動の記録

平成　年度	平成　年度	平成　年度	平成　年度	平成　年度	平成　年度

総合所見及び指導上参考となる諸事項

平成　年度	
平成　年度	
平成　年度	
平成　年度	
平成　年度	
平成　年度	

出校の記録

区分　年度	出校日数	備考
平成　年度		
平成　年度		
平成　年度		
平成　年度		
平成　年度		
平成　年度		

（注）「総合所見及び指導上参考となる諸事項」の欄には，以下のような事項などを記録する。
① 各教科・科目や総合的な学習の時間の学習に関する所見
② 行動に関する所見
③ 進路指導に関する事項
④ 取得資格
⑤ 生徒が就職している場合の事業所
⑥ 生徒の特徴・特技，部活動，学校内外におけるボランティア活動，表彰を受けた行為や活動，標準検査に関する記録など指導上参考となる諸事項
⑦ 生徒の成長の状況にかかわる総合的な所見

索　引

事項索引
人名索引

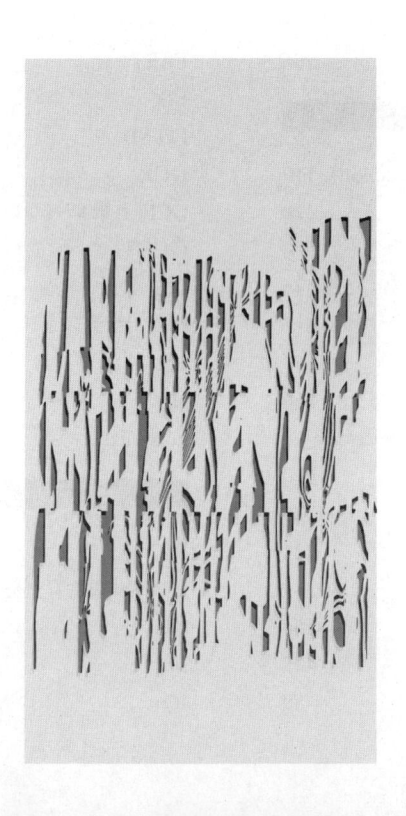

事 項 索 引

1 索引は，事項索引（欧文，和文），と人名索引からなっています。
2 欧文索引はアルファベット順，和文索引と人名索引は50音順です。
3 太字は見出し項目であるとともに，そのページ数を示します。

A—B

A2 レベル	486
AAI	**248**
ACT	**484**, 486
assessment	25, 26
AS 試験	485
AS レベル	486
ATI	**71**
BDI	266

C

CAI（Computer Assisted Instruction）	110
CAT（幼児・児童用 TAT）	**229**
CAT（コンピュータ適応型テスト）	153, 546
CBA	396, **411**
CBT	153
CES-D	266
CMI（Computer Managed Instruction）	110
CMI 健康調査票	**226**
CPI	**221**
criterion	80, 81
CRT	**166**
CSAT	487
CSE	89

D—H

DAP	**230**
DB	481
DIF	**549**
DIQ	193
DLT	**235**
e-Learning	110
evaluation	25, 26, 64
FAST	**235**
FD	**471**
FD/SD	468, **471**
GCE	**485**, 486, 497
GCE 上級レベル試験	485
GCSE	76, 89, **485**, 486, 497
G-P 分析	143
H. T. P. テスト	**230**
HRSD	266
HSC	485
humanized	42

I—L

IBO	481
IEA（国際教育到達度評価学会）	491, **492**
IPI	110
IQ	193

IRTモデル	544
ISIP（学校改善に関する国際共同研究）	433
ITPA言語学習能力診断検査	407, 423
I–T相関分析	144
JABEE	467
K–ABC	**196**, 405, 406, 414, 423
K–F–D	**231**
KJ法	141, 209
LDI	404

M—P

MAS	**227**
MEAP（ミシガン州統一テスト）	494
MMPI	136, 140, 220
MMPI新日本版	**220**
MPI	**221**
MRI	**410**
NAEP	**493**
Nation's Report Card	493
NCLB法→「落ちこぼれをなくす教育法」	494
NRT	**163**
OECD	491
PDCA（マネジメントサイクル）	67
P–Fスタディ	**229**
PISA	454, **491**

S

SAT（高齢者用TAT）	**229**
SAT	**484**, 486
SAT I	486
SAT II	486
SBR	433
SC	485
school-based	42
SCT（文章完成テスト）	**234**
SD	**471**
SDS	266
SD法	**152**
self-esteem	223
SEM	538
SET	**249**
SPECT	410
S–P表	168
STAI	226
standard	80, 81

T—W

T・T	291
TAC	409
TAT	**229**
TQC	**437**
TQM	**437**
valuation	25, 64
WAIS	194
WAIS-Ⅲ	194
WAIS-R	194
WISC	194, 423
WISC-Ⅲ	194, 404, 405, 406, 407, 414
WISC-Ⅳ	404
WISC-R	194

あ

アーティスティック・アプローチ	181
アート	**180**
IEA(国際教育到達度評価学会)	**492**
IEAの国際比較調査	489, **492**
IQ	193
愛着	**269**
愛着Qソート法	269
愛着理論	214
I-T相関分析	144
アイデンティティ	**224**
——の尺度	**224**
アイデンティティ・ステイタス（同一性地位）	224
アイデンティティ形成	106
アカウンタビリティ(説明責任)	53, **430**, 438
アクション・リサーチ	129, 131
アクレディテーション	469
アスペルガー症候群	414
アセスメント	18, **26**
——の計画	407
新しい学力観	114, **116**
「新しい学力観」と「学力低下」論争	116
アダルト・アタッチメント尺度	269
アドミッション・オフィス	486
アドミッション・オフィス入試	478, **479**
アドミッション・ポリシー	478, 479
アビトゥア	486
アメリカ合衆国における教育評価	**494**
アメリカ教育学会(AERA)	64
アメリカ精神医学会(APA)	266
アメリカ陸軍α式，β式知能検査	136
アメリカンカレッジテスト(ACT)	484, 486
α(アルファ)係数	536, **539**
アンケート	299
アンケート法	330
アンダー・アチーバー	165, 201, 296

い

医学的な評価	403
イギリスにおける教育評価	**496**
生きる力	59, **102**
——と確かな学力	**102**
意思決定	**51**
——と評価	**51**
石原式検査表	409
位相観察法	127
1次的欲求	261
一事例実験法	412
1枚学習カード	352
一問多答容認形式	159
一対比較法	147, **150**
一般化	137
一般化可能性理論	**540**
一般化可能性研究	540
一般目標	94
逸話記録法	127, 128
意欲	**113**
——の高め方	255
因子負荷量	537
因子分析	**537**
インストラクション	396
インストラクション・マッチ	411
インターナショナルスクール	481
インフォームド・コンセント	218

インプット・アウトプットモデル 451

う

WISC	194
WISC-Ⅲ	194
WISC-R	194
WAIS	194
WAIS-Ⅲ	194
WAIS-R	194
ウェクスラー式知能検査	404
ウェビング	**185**
ウェブマップ(くもの巣図)	112
ウェルチの検定	**533**
ウォベゴン湖効果	76
内田クレペリン精神検査	**236**
運動能力検査	**409**
運動の技能	363, 368, 370
運動や健康・安全についての思考・判断	363, 367, 370
運動や健康・安全についての知識・理解	368, 370
運動や健康・安全への関心・意欲・態度	363, 367, 370
運動領域	363
運動領域の評価方法	365

え

映像による記録(図画工作)	348
H.T.P.テスト	**230**
AO入試	478, **479**
ADHD(注意欠陥/多動性障害)	398, 400, 403, 414
Aと判断する考え方	305
ABS適応行動尺度	408
絵指標	409
SG式進路適性検査(DSCP)	**251**
SD法	**152**
S-P表	168
エバリュエーション	26
――とアセスメント	26
MMPI新日本版	**220**
LD(学習障害)	398, 400, **403**
LD・ADHD・高機能自閉症の判断	398
遠城寺式乳幼児分析的発達検査法	206
エントリー・スキル	411

お

横断的個人内評価	85
横断的調査	**145**
――と縦断的調査	**145**
応答技法	133
OECDの「生徒の学習到達度調査」(PISA)	489, **491**
オーセンティック評価	89, **111**, 169, 172, 175
オーバー・アチーバー	165, 201
おおむね満足できる状況(B)	305
「落ちこぼれをなくす教育法」	494
オペラント条件づけ	411
思いやり意識	**244**
――と規範意識の尺度	**244**
重みづけ平均法	280
音楽的な感受や表現の工夫	342, 344
音楽的な表現・創作の評価	179
音楽への関心・意欲・態度	342, 344

か

絵画語い発達検査(PVT)	408
絵画統覚検査(TAT, CAT, SAT)	**229**
絵画欲求不満研究	**229**

回帰成就値	296
外国語科の特質	371
介護等体験	465, 466
χ^2 検定（カイ2乗検定）	534
解釈方法の標準化	162
改正就学手続き	397
回転ドア認定モデル	121
ガイドライン（試案）	398, 413
概念地図	**186**
概念地図法	112, 209
概念的葛藤	256
外発的動機づけ	254, **264**
外発的フィードバック	79
外部評価	**439**, 470
外部評価（イギリス）	497
科学的態度	267
科学的な思考	329, 333
かかわり技法	133
かかわり能力の評価	383
科挙	**29**
各教科の学習の記録「観点別学習状況」	519
各教科の学習の記録「評定」	519
「各教科の学習の記録」	505
各教科の評価の観点の変遷	
——（小学校）	560
——（中学校）	562
「学業成績」欄	504
学業不振	**295**
学業不振児	396
拡散的好奇心	256
拡充	121
学習	**50**
学習意欲	117, **254**
——とその評価・活用	254
学習課題づくり	185
学習活動における具体の評価規準	304
学習活動にかかわる技能・表現	378
学習活動への関心・意欲・態度	378
学習記録	**187**
学習記録簿（フランス）	498
学習困難	**295**
学習困難・学業不振の診断と治療	**295**
学習された無気力	**263**
学習指導の記録	509
学習指導のチャレンジ・レベル	411
学習習慣	**272**
学習障害（LD）	295, 413
学習状況の評価	401
学習スキル	297
学習性無気力	263
学習性無力感	263
学習説	50
学習態度	267, **272**, 511
学習態度・学習習慣の評価	**272**
学習態度・学習習慣の評価方法	272
学習適応性	248
学習適応性検査（AAI）	**248**
学習ノート（レポート）（保健体育）	369
「学習の記録」	504
学習の記録簿の結果の表示，評語の変遷	504
学習の個性化	56
学習の目標理論	**259**
学習への動機づけ	411
学習方略	60, **297**, 548
——の指導と評価	297
——の診断	297
学習率	69
各種検査・アンケートの活用	**299**

学制	31	学期末の観点別評価	275
学制以前の評価	**30**	**学級経営**	**446**
学制改革と評価	**120**	学級経営計画	447
学制における試験制度	**31**	学級経営能力	460
学籍に関する記録	517, 519, 521	**学級経営の評価**	**446**
学籍簿	**34**, 35, 40, 517, 518	学級経営の評価の観点	446
――(1938年改訂)	34	**学級経営評価**	**447**
――(国民学校の)	34	――の対象領域	447
――(様式の制定)	34	学級集団	448
――(明治33年)	504	**学級状態の評価(Q-Uアンケート)**	**449**
――(昭和3年)	504	学級生活不満足群	449
――(昭和23年)	504	学級生活満足群	449
――「身体の状況」	36	**学級の人間関係**	**448**
学内行政の評価(大学における)	**468**	――の評価	448
学年末の観点別評価	275	学校運営	443
書く能力	308, 311	学校運営協議会	444
学問中心カリキュラム	452	**学校改善**	**433**, 451
学力	**92**, 97	――に関する国際共同研究(ISIP)	433
――の階層差	119	――のための評価	433
学力格差の拡大	**119**	学校カリキュラム	454
学力観の変遷	116	学校監査	497
学力検査	482, **488**, 489	学校教育自己診断	441
学力調査と教育課程の改善	**488**	学校教育の公共性と評価	428
学力調査と標準学力検査	**489**	学校教育評価	**438**, 439
学力調査票	404	学校経営過程	436
「**学力低下**」論争	99, **116**, 119	学校経営の自己点検・自己評価	443
学力年齢	404	学校経営評価	443
『学力の社会学』	119	学校心理学	**72**
学力評価	22	――における評価	**72**
――の方法	24	学校心理士	72
学力保障	512	学校生活記録簿(韓国)	502
仮説検定	**532**	学校設置者の評価	431
課題設定の能力	378	**学校選択制**	**445**
価値段階法	148	学校選択の弾力化	445
価値判断力	159	学校知	42

学校の公共性	429
学校の設置者	431
学校の自己評価・自己改善	428, 440, 443
学校の内部評価と外部評価	439
学校評価	22, 429, **430**, 438, **440**, 443, 457, 469, 470
——の評価対象	**440**
——の領域	438
学校評価(外部者による)	444
「学校評価計画表」例	442
「学校評価と情報提供の実施状況」調査	441
学校評議員	**444**
学校評議員制度	**444**
学校保育との連携	420
カッティング・スコア	274
活動や体験についての思考・表現	337
活動理論	**104**, 105
——における学習と評価	**104**
活力検査	**36**
家庭生活についての知識・理解	354, 356
家庭生活への関心・意欲・態度	354, 355
過程としての学力	**97**
過程の管理	473
カテゴリー判断	146
——の法則	151
カリキュラム	450, 453
——の実施評価	451
——の評価	451
——の編成評価	451
カリキュラム・ベース・アセスメント(CBA)	396, 404, **411**
カリキュラム開発	452
カリキュラム開発・改善	452
カリキュラム研究	39
カリキュラム評価	22, **450**, 457
——の方法	24
カリキュラムマネジメント	452
カルテ	**184**
——と座席表	**184**
感音難聴	409
感覚運動的段階	90
間隔尺度	148, 528
環境因子	416
簡潔性	518
韓国における教育評価	**502**
観察(observation)	124
観察(外国語)	373
観察(複数の目による)	448
観察(保健体育)	369
観察・実験の技能・表現	329, 333
観察・資料活用の技能・表現	317
観察記録のとり方	**128**
観察の信頼性	412
観察法	**126**, 281
——の意義と種類	**126**
観察法(特別活動)	381
鑑識眼(カナサーシップ)と批評(クリティシズム)	**181**
感情	48
鑑賞の能力	342, 344, 349, 352
関心	**113**
関心・意欲・態度	**113**, 274, 281, **282**
——と評価	**113**, 282
関数分析	411
完成法	157
完全習得	411

事項索引 [かん―きょ] 591

完全習得学習	62, **69**, 88
寛大化エラー	130
寛大性効果	155
寛大性の誤謬	77, 147
観点	429
観点別学習状況	505
「観点別学習状況」欄	45
観点別学習状況の評価	40, 304
観点別評価	**45**, 274
「観点別評価」から「評定」へ	82
観点別評価から評定への総括	**280**
観点別評価テスト	160
観点別評価の一般的手順	**274**
観点別評価の総括	362
寛容効果(寛大性の誤謬)	77
管理・統率力	464
管理職の評価	**464**
管理職のリーダーシップの評価	**464**

き

キーステージ	496
キーステージ・テスト	497
危機管理	447
聞き取り(肢体不自由児)	418
器具検査	247
記述式評価(ドイツ)	499
記述評定尺度	148
「技術分野」の特質	357
基準関連妥当性	66, 162
――と選抜	483
基準の設定	167
基準の補正	168
基準変更法	412
基礎	98
基礎・基本	**98**
――の重視	306
基礎学力	92, **99**
基礎学力論争	99
基礎的・基本的な内容	98, 304
基礎的能力の評価	403
期待理論	54
技能・表現	281, **286**
――の評価	**286**
機能的 MRI	410
機能的行動査定	**411**
機能分析	411
規範意識	**244**
基本	98
帰無仮説	532
――の棄却	532
客観性	**66**, 483, 518
客観テスト	**156**
客観テスト法	281
キャリア教育	**387**
――(小学校における評価)	388
――(中学校における評価)	388
――(高等学校における評価)	389
――と評価	**387**
キャリー・オーバー効果	155
求異	**61**
求同	**61**
求同求異論	**61**
――と評価	**61**
Q-U アンケート	**449**
教育改革	119
教育改革プログラム	445
教育課程実施状況調査	489, **490**
教育課程審議会答申(平成 12 年 12 月)	18, 58, 304, 309, 522
教育課程の改善	456, **488**

教育課程評価	451	――の性質	**94**
教育計画の評価	**473**	――の分析	23
教育実習の評価	**466**	――の分類	**95**
教育政策の評価	**474**	――の分類学	44
教育制度の評価	22	**教育目標(観点)と適合する評価技法**	**281**
教育測定	18		
教育測定運動	**37**, 83, 548	教育目標(情報教育)	390
教育的ニーズ	394, 395, 396, 402, 411, 424	教育目標細目表	69
		教育目標分類学(タキソノミー)	69, 276
教育特区	455, 456	教員評価	22, 463
教育内容の現代化	**42**	**教員養成**	**465**
『教育の過程』	**42**	――の評価	**465**
教育のシステム化	**110**	教科間選択学習	49
教育の自由化	445	**教科書**	**472**
教育の評価(大学における)	**467**	――の評価	**472**
教育配置	52	教科書検定制度	472
教育評価	18, 72	教科書検定の基準	472
――の概念・意義	**18**	教科テスト	484
――の機能	**20**	教科内選択学習	49
――の基本的な考え方	**304**	教科内容の構造化	42
――の手順	**23**	教科目標(小学校国語科)	306
――の方法	**24**	教科目標(小学校社会科)	314
――の目的	**20**	教科目標(小学校算数科)	322
――の領域	**22**	教科目標(小学校理科)	328
――(アメリカ合衆国)	**494**	教科目標(小学校生活科)	336
――(イギリス)	**496**	教科目標(小学校音楽科)	340
――(韓国)	**502**	教科目標(小学校図画工作科)	346
――(中国)	**501**	教科目標(小学校家庭科)	354
――(ドイツ)	**499**	教科目標(小学校体育科)	364
――(フィンランド)	**500**	教科目標(中学校国語科)	310
――(フランス)	**498**	教科目標(中学校社会科)	318
教育評価権	**522**	教科目標(中学校数学科)	326
教育評価情報	**522**	教科目標(中学校理科)	332
教育評価年表	**552**	教科目標(中学校音楽科)	344
教育目標	86, **94**		

教科目標(中学校美術科)	350	均一 DIF	549
教科目標(中学校技術・家庭科「技術分野」)	357	均衡化	90
		筋ジストロフィー症	417
教科目標(中学校技術・家庭科「家庭分野」)	360	吟味	30
		勤務評定	**463**
教科目標(中学校保健体育科)	367		
教科目標(中学校外国語科)	371	**く**	
共感	**270**	偶然的観察法	127
共感性	**270**, 271	**区間推定**	**531**
教研式 NRT	163, 166	具体的操作段階	90
教研式 POEM 生徒理解カード	**222**	**具体的評価基準**	**276**
教研式職業興味・志望診断検査	253	具体の評価規準	305
教研式進路適性診断システム（PAS カード）	**250**	組合せ法	156
		グループダイナミクス	448
教師自作テスト	**160**	クロンバックの α 係数	137, 144
教師の勤務評定	**463**	群間比較法	412
教師の指導力	**460**	軍隊テスト	37
――の評価	**460**		
教師の人格評価	**462**	**け**	
教師ポートフォリオ	**171**	経営	464
教授的目標	94	経営過程学派	436
教授能力	**460**	経営評価サイクル	469
教師用ポートフォリオ	**282**	計画・実施・評価(P–D–S)	20
教職員人事政策	**431**	経験学習	108
「教職員の評価育成システム」(大阪府教育委員会)	**461**	経験カリキュラム	108
		経験主義	116
共通第 1 次学力試験	480	**経験主義的教育論**	**108**
共分散	530	――と評価	**108**
共分散構造モデル	538	経験単元	108
興味	**246**	傾向分析	145
虚偽尺度	136, 140	経済協力開発機構(OECD)	491
記録の許諾	134	形式的操作段階	90
記録の作成	134	継次処理的アプローチ	197
記録の仕方	134	継次処理様式	196, 406
記録分析法	330	芸術適性検査	482

形成的評価	**62**, 63, 67, 411
形成的目標	94
系統主義	116
系統抽出法	138
軽度障害児(LD，ADHD，高機能自閉症)	395
軽度発達障害児	**413**
──の指導と評価	**413**
契約学習	49
系列効果	155
K-ABC	**196**
KJ法	141, 209
ゲス・フー・テスト(法)	216, 281
「結果」を評価	107
結果期待	258
結果の解釈	23
結果の管理	473
結晶性知能	190, 405
月旦評	30
決定研究	540
原因帰属	**260**
原因帰属理論	260
原因把握的診断的評価	62
厳格化エラー	130
厳格性効果	155
厳格の誤謬	77
研究開発学校	**456**
研究の評価(大学における)	**467**
健康・安全についての知識・理解	363
健康診断	36
言語活動	371
──への取組み	372
言語検査	247
言語材料	371
言語障害	**423**
言語性IQ	405, 406
言語についての知識・理解	372
言語についての知識・理解・技能	308, 311
言語能力	312
言語能力検査	407
言語や文化についての知識・理解	372
顕在性不安	**227**
顕在性不安検査(MAS)	**227**
顕在的カリキュラム	**453**
顕在的カリキュラムと潜在的カリキュラム	**453**
『現代の経営』	436
検定	162
検定統計量	532
検定力	532

こ

コア・カリキュラム	108
行為障害	396
公営	428
甲乙丙5段階法	504
高機能自閉症	**398**, 400, 403, 414
公共性	**428**
交互作用	71
交互作用効果	535
向社会性	**242**
──の発達とその評価	**242**
向社会的行動	**242, 243**
──の尺度	**243**
口述試験	135
向上目標	435
構成概念的妥当性	162
構成主義	**103**
──からの学習と評価	**103**

厚生労働省編一般職業適性検査（進路指導用）	**252**	校内委員会	395, 398, **399**, 413
公設	428	——による実態把握	**399**
構造化インタビュー	411	公認	428
構造方程式モデリング	**538**	光背効果	130, 147, 155
交代処遇法	412	公平性	483
高等学校生徒指導要録（参考様式）		公民的分野	319
——（全日制の課程・定時制の課程）	**574**	項目応答理論（項目反応理論）	543, **544**, 545
——（通信制の課程）	**578**	項目困難度	536
高等学校卒業程度認定試験	**481**	項目識別力（弁別力）	536
高等学校入学者選抜	**477**	項目集団	84
高等学校用進路適性検査（サクセスタイム）	**252**	項目の決定	143
行動過程表	127	項目の収集	143
行動観察（法）	216, 330, 334, 409	項目バイアス	549
行動観察（肢体不自由児）	418	項目反応理論→項目応答理論	543
行動観察（図画工作）	348	項目プール	546
口頭試問	135	**項目分析**	**536**
行動の記録	130, 215	口問口答法	135
行動の記録（指導要録）	520	効力期待	258
行動の記録（通信簿）	514	コーディネーター	394
「行動の記録」	510	コーディング	141
行動の記録の項目の変遷（小学校・中学校）	**564**	ゴールドマン視野計	409
行動の所産	412	**ゴールフリー評価**	25, **183**
行動の定義	412	語音聴取弁別検査	423
行動の評価	**215**	語音聴力検査	409
——の方法	**216**	5音テスト	409
行動評価	130	「国家の通知票」（Nation's Report Card）	493
——における観察	**130**	国語への関心・意欲・態度	308, 310
行動描写法	127, 128	国際学力調査	491
行動目標	38, 94	国際教育情報調査（SITTES2006）	492
行動目標論	44	国際教育到達度評価学会（IEA）	491
高度な学力	92	国際数学・理科教育調査1995（TIMSS1995）	492
		国際数学・理科教育動向調査2003	

（TIMSS2003）	492	個別検査	247
国際数学・理科教育動向調査 2007		個別指導	**293**, 415
（TIMSS2007）	492	——とその評価	**293**
国際生活機能分類（ICF）	416	個別知能検査	193, **405**
国際バカロレア	**481**	個別知能テスト	36
国民学校学籍簿	504, 511	個別の教育支援計画	
国立教育政策研究所	491		394, 395, 402, **402**, 415, 424
国立の教員養成系大学・学部の在り方に関する懇談会	465	——の策定と評価	**402**
		——（肢体不自由児）	417
心の動きにかかわる評価	383	——（病虚弱児）	420
固視反射誘発法	409	個別の支援計画	402
個人因子	416	個別の指導計画	
個人基準	80		395, 399, **401**, 416, 420
個人差	**49**, 56, **90**	——の作成と評価	**401**
——と教育	**49**	——（肢体不自由児）	417
——の種類	49	コホート分析	145
個人情報の保護	401	コミュニケーション能力	378
——に関する法律	120	コミュニケーションの継続	372
個人情報保護法	139	コミュニケーションへの関心・意欲・態度	371
個人内差	405, 406, 406, 407		
個人内評価	80, 85, 304, 518	コミュニティ・スクール	444
個人面接	132	暦年齢	404
個性	**101**	コンピテンス	101, **265**
個性化	56, 60, **101**	コンピテンス（有能さ）の尺度	**265**
個性化教育	121	コンピュータ	**57**
個性と能力	**101**	——と評価	**57**
5段階相対評価	41, **43**, 504, 518	コンピュータ断層撮影（CT）	410
古典的テスト理論	543, 544	コンピュータ適応型テスト	**546**
子ども中心の評価観	**172**		
子どもの学習意欲の低下	**117**	**さ**	
個に応じた教育	49, 101, 56	サーストンの尺度構成法の原理	**151**
個別化	**56**	サイエンス	**180**
個別化・個性化と評価	**56**	サイエンティフィック・アプローチ	181
個別教育計画	401		
個別教授システム	52	最近接発達領域	**109**

再生形式	156, 157
最大視認力（最小可読指標）	409
最低到達水準	69
最適化	71
再テスト法	539
採点の信頼性	66
採点方法の標準化	161
再認形式	156, 157
才能教育	**121**
──と評価	121
──の形態	121
才能の設定	121
サイバネティックス	**79**
『サイバネティックス──動物と機械における制御と通信』	79
最頻値	528
作業学習	415
作業検査	247
作業検査法	213
作業制限方式	247
作品	**176**, 334
──による評価	346
──の評価	**176**
作品（図画工作）	348
作品至上主義	177
作品主義	346
作品展示	353
作品評価の意義	176
作品評価の方法	177
作品評価の歴史	177
作品分析法	330
作文等の文章的表現の評価	179
作問の基礎	160
座席表	**184**
座席表指導案	184
参加観察法	126, 129
3件法	136
3次元の教室構造	115
算数科の基礎・基本	323
算数的活動	322
算数への関心・意欲・態度	324
3段階絶対評価	505
散布図	530
散布度	**529**
サンプリング	**138**
サンプル数	138
参与観察法	126, 129

し

CMI健康調査票	**226**
G研究	540
Cと判断できる学習状況	305
G-P分析	143, 536
支援	48
視覚検査	**409**
視覚検査・聴覚検査・運動能力検査	**409**
資格試験	29
視覚障害	397, **421**
──と教育指導・査定	421
視覚障害児の指導と評価	**421**
時間制限方式	247
時間見本法	127, 128
色覚異常	409
試験	**26**
自己	**55**
思考・判断	274, 281, **284**
──の評価	**284**
思考・判断（各教科等における）	284
『思考と言語』	109

自己学習における評価	294	自然事象についての知識・理解	329, 333
自己学習力	100, 297	自然事象への関心・意欲・態度	329, 333
自己教育力	**59**, **100**, 297	自然実験的観察法	126
自己決定理論	54	事前的診断的評価	62
自己向上支援検査(SET)	**249**	事前の評価(教育計画の評価)	473
自己向上性	249	自然や崇高なものとのかかわり	383
自己効力感	258	自尊感情	55
自己採点法	65	**自尊感情(セルフ・エスティーム)**	
自己実現	262	**の尺度**	**223**
自己情報コントロール権	522	自尊心と承認の欲求	262
自己診断テスト	216	肢体不自由	397, **417**
自己制御	55	肢体不自由児(運動障害児)の指導	
自己制御学習	**60**, **100**, 297	と評価	**417**
自己制御力	414	肢体不自由養護学校	417
自己点検・自己評価(大学におけ		下書き・メモ(図画工作)	348
る評価)	**469**	視知覚能力検査	408
自己点検・自己評価の評価項目・		実技テスト法	281
指標(学校経営)	**443**	実験的観察法	126
自己と評価	**55**	実験計画法	535
自己の生き方	378	――と分散分析	**535**
事後の評価(教育計画の評価)	473	実現状況(スタンダード)	298
自己評価	55, 59, **64**, 216, 300	実現状況の判定	167
――と相互評価	**64**	実験デザイン	412
自己評価(フィンランド)	500	実験報告書	334
「自己評価」欄	506	実行機能	396
自己評価・相互評価(図画工作)	348	実施方法の標準化	161
自己評価能力	65	質的な評価	338
自己評価法	330	質の判断	180, 181
自己評価力	300	質の評価(情報教育)	392
――の育成	**300**	質の量化	146
自己評定	**142**, 146	質問紙(questionnaire)	125
――と他者評定	**142**	質問紙法	213, 217, 281
事象見本法	127, 128	――の意義と種類	**136**
システム化	110		
自然観察法	126, 128		

質問紙法性格検査	136
指導	48
指導育成力	464
指導仮説の検証	426
指導機能	518
指導計画	355, 361
指導言	302
児童生徒指導要録	**40**
児童生徒による授業評価	**459**
「児童生徒の学習と教育課程の実現状況の評価の在り方について」	351
児童生徒理解	**48**
指導と支援	48
指導と評価	19
指導と評価の一体化	**67**, 68, 276, 304, 307, 320, 351, 508
指導と評価の記録	401
指導に生かす評価	304
指導に関する記録	517, 519, 521
指導の機能	517
指導の個別化	56
指導要録	504, **517**, **518**
──（昭和24年）	504
──（昭和30年）	504
──（昭和36年）	505
──（昭和46年）	505
──（昭和55年）	505
──（平成3年）	505
──（平成13年）	505
──における行動の評価	**215**
──の意義と機能	**517**
──の活用の仕方	**521**
──の性格	519
──の内容	**519**
──の内容と評価方法	**519**
──の変遷	**518**
──の保存期間	517
指導要録参考様式	
──（幼稚園）	**566**
──（小学校）	**568**
──（中学校）	**571**
──（高等学校全日制の課程・定時制の課程）	**574**
──（高等学校通信制の課程）	**578**
紙筆検査	247
四分位偏差	529
自分自身	383
縞指標	409
ジャーナリング	112
社会化	101
社会生活能力	408
社会調査法	136
社会的学習理論	214, 237
社会的活動の評価（大学における）	**468**
社会的構成主義	**105**
──からの学習論	**105**
社会的事象についての知識・理解	317, 319
社会的事象への関心・意欲・態度	316, 319
社会的態度	267
社会的な思考・判断	316, 319
社会的望ましさ	136, **140**
社会的欲求	261
弱視	421
尺度	25, **528**
──の吟味	144
──の種類	**528**
尺度づくり	**143**
──の倫理	144

視野の障害	422
州 NAEP	493
重回帰分析	**537**
——と因子分析	**537**
自由回答法	**141**
——と制限回答法	**141**
就学基準	397
就学指導委員会	397
就学手続き	397
就学の新しい基準と手続き	**397**
就学前診断	200
就学前病児の発達支援	420
自由記述問題	87
自由研究	49
集合調査	137
習熟度別指導	49, **290**
——とその評価	**290**
自由進度学習	49
修正エーベル法	167
自由選択制	445
収束的証拠	541
集団基準	80, 81, 83
集団基準準拠検査（NRT）	83, **163**, 298, 489
集団検査	247
集団準拠評価	**83**
集団知能検査	36, 193, **200**
——の活用	**201**
縦断的個人内評価	85
縦断的調査	145
集団に準拠した評価	**83**, 305
集団面接	132
集団や社会とのかかわり	383
重点目標	86
自由度	533

重度・重複障害	417
重度・重複障害児の指導と評価	**425**
習得主義	**58**
習得度尺度	406
十分満足できる状況（A）	305
授業過程の評価の展開（実際）	**278**
授業に生かす観察	**129**
授業の改善と評価	**68**
授業評価	22, 142, 441, **457**
——の方法	24, 457
授業評価（児童生徒による）	**459**
授業分析	129, 457
授業目標の具体化	277
熟達目標	54
受験知（偏差値学力）	42
主効果	71, 535
10 点法	504
受容学習	**70**
順位法	150
純音聴力検査	409
巡回試験（学制期）	31
巡回相談員	395, 400
巡回相談	400
順序尺度	528
情意的領域	287
情意面の評価	283
障害概念の変遷と新しい特別支援教育	**394**
生涯学習	**59**
——と自己教育力	**59**
障害種別によらない教育	394
障害のラベル	411
障害名をめぐる問題	395
小学校音楽科の特質と評価	**340**
小学校音楽科の評価方法	**342**

事項索引 [しょ—しり]　601

小学校家庭科の特質と評価	354
小学校家庭科の評価方法	355
小学校教則大綱	511
小学校国語科の特質と評価	306
小学校国語科の評価方法	308
小学校算数科の特質と評価	322
小学校算数科の評価方法	324
小学校児童指導要録(参考様式)	568
小学校社会科の特質と評価	314
小学校社会科の評価方法	316
小学校社会科の歴史	314
小学校図画工作科の特質と評価	346
小学校図画工作科の評価方法	348
小学校生活科の特質と評価	336
小学校生活科の評価方法	338
小学校設置基準	428, 431, 443, 470
小学校体育科の特質と評価	363
小学校体育の評価方法	365
小学校理科の特質と評価	328
小学校理科の評価方法	330
状況的学習論	105
状況的認知論	106
——における学習	106
照合表法	149
小試験(学制期)	31
成就指数	201
成就値	201, 296
情動的共感性	270
——の尺度	270
小児まひ(ポリオ)	417
少人数指導	292
——とその評価	292
情報活用能力	378
情報活用の実践力	390
情報教育と評価	390

情報教育の評価(一般教科などでの)	391
情報教育の評価(情報専門教科での)	391
情報教育の目標マトリクス	390
情報社会に参画する態度	390
情報処理と評価	57
情報処理様式	196, 406
情報としての評価	19
情報ネットワークと評価	57
情報の科学的な理解	390
証明機能	517, 518
小問分析表	165, 168
諸外国の入学者選抜制度	486
職業興味	253
職業興味検査	136
職業志望	253
職業適合性	246, 247
職業適性検査	482
職務遂行能力	464
「所見」	504
「所見」欄	506, 526
所見文作成のポイント	506
所見文のあり方	506
所属と愛の欲求	262
初頭効果	130
初等中等教育局長通知(平成13年4月)	304, 309
序列化可能性	483
序列法	150
ジョン・ヘンリー効果	78
自立活動	415, 420, 425
——の区分と内容	426
資料活用の技能・表現	319
資料相互間の関連の解釈力	159

資料の解釈・批判	159
事例研究法	**131**
ジレンマ課題による評価	**241**
侵害行為認知群	449
人格	212
進学適性テスト(SAT)	486
人格評価(教師の)	**462**
新学力観と通信簿	512
真偽法	156
人権思想と評価	**28**
人材登用制度	29
新障害者プラン	402
新成就値	201
真正の評価	111
親族呼称了解検査	409
身体検査(活力検査)	**36**
身体的な表現・ダンスの評価	179
診断的評価	**62**, 63
診断的評価・形成的評価・総括的評価	**62**
新版・職業レディネス・テスト	**253**
新版K式発達検査	407
新版S・M社会生活能力検査	408
新版道徳性検査(NEW HUMAN)	**239**
新ピアジェ派	91
人物画テスト(DAP)	**230**
人物査定	**35**
人物査定,操作	**35**
シンボル配置技法(DLT, FAST)	**235**
信頼感	**268**
――の尺度	**268**
信頼性	66, 137, 144, 162, 165, 198, **539**
信頼性係数	539
心理教育的アセスメント	72
心理教育的援助サービス	72
心理検査	36, 72, 218
――の活用	**407**
心理尺度法	136
心理的なケア・サポート	420
心理テスト	218
進路適性	251
進路適性検査	250, 252
親和欲求	261

す

遂行目標	54
推論テスト	484
数学的な考え方	324
数学的な表現・処理	326
数学的な見方や考え方	326
数学への関心・意欲・態度	326
数量,図形などについての知識・理解	326
数量や図形についての知識・理解	324
数量や図形についての表現・処理	324
スクールレコード	495
スクリーニング	407
図式評定尺度	148
スタッフ・ディベロップメント	471
スタンダード	87
スタンダード準拠評価	**89**
図知覚	422
ステークホルダー	444
ステレオタイプエラー	130
ストップモーション方式	24
ストレスマネジメント	420
ストレンジ・シチュエーション法	269
スピーチトラッキング検査	409
スピードテスト	193
スプートニク・ショック	42, 116

事項索引 [する―せん]　603

スループット　451

せ

性格　212
性格検査の論争　75
正確な音読　372
正確な聞き取り，正確な読み取り　372
正確な発話，正確な筆記　372
生活経験単元指導　415
生活主義教育　415
生活単元学習　415
生活チェック法　272
生活の技能　354, 356, 357, 359, 360
生活の質(QOL)　415, 419, 420
生活への関心・意欲・態度　337
生活や技術についての知識・理解
　　357, 359, 360
生活や技術への関心・意欲・態度
　　357, 358, 360
生活を工夫し創造する能力
　　357, 359, 360
生活を創意工夫する能力　354, 356
成果としての学力　**97**
正規分布　83
制限回答法　**141**
政策評価　474
成熟　**50**
成熟説　50
成熟と学習　**50**
精神運動領域　286
精神年齢　404
精神年齢(MA)　198
精神白紙説　103
精神分析理論　237
正統的周辺参加(LPP)　106

正統的周辺参加論　105
生徒指導におけるテストの活用の仕方　**218**
生徒指導能力　460
生徒人物査定法　35
生理的欲求　261, 262
世界テスト　233
席書　30
絶対的判定基準　295
絶対評価　81
絶対評価（ドイツ）　499
絶対評価を加味した相対評価
　　40, 81, 505
設置基準　469
設置者管理主義　431
セット・シフティング　396
z 得点　542
説明教授モデル　70
説明すべき範囲　53
説明責任（アカウンタビリティ）
　　53, **118**, **430**, 444, 522
――と学校評価　**430**
設立許可　469
セマンティック・ディファレンシャル法→SD法　152
セルフ・エスティーム　223
セルフ・スタディ（自己点検）　469
線形等化法　543
全検査IQ　405
先行オーガナイザー　70
全校拡充モデル　121
全国一斉学力テスト　**41**
全国統一入学試験　487
潜在成長曲線モデル　145
潜在的カリキュラム　453

潜在特性モデル	544
前操作段階	90
センター試験	**480**
全体的評定法	155
選抜	**52**
選択回答式	87
選択完成法	157
選択教科の評価	**375**, 376
選択教科の変遷	375
選抜テスト	**483**
──のあり方	**483**
選抜・配置と評価	**52**
専門家・協力者評価法	330
専門家チーム	395, 398, 399, 400, 413
──による判断	**400**

そ

層化(別)抽出法	138
総括	280
総括的評価	**62**, 63
総括的目標	94
相関	**530**, **534**
──と連関	**530**
──と連関の検定	**534**
相関係数	530
相関係数の希薄化	137
造形への関心・意欲・態度	349
操作	28, **35**
総合所見及び指導上参考となる諸事項(指導要録)	520
「総合所見及び指導上参考となる諸事項」欄	505, 507
総合単元的道徳学習	386
総合的な学習の時間の記録	
──(指導要録)	520
──(通信簿)	514
総合的な学習の時間の評価	377
総合的な学力	92
総合的な思考・判断	378
総合評定	280, 504
総合評定の評価基準	280
相互評価	**64**, 216, 301
──の活用	**301**
相互評価法	330
早修	121
創造技法	209
創造性	**208**, 210
──の指導と評価	**209**
創造性検査	**210**
──とその活用	**210**
創造的な技能	349, 352
相対的判定基準	296
相対評価	27, 45, **80**, **81**, 526
相対評価批判	512
相談的面接	133
促進不安	74
測定	18, **25**
──から評価へ	**38**, 67
──の次元	412
測定主導の学習指導	548
測定内容の明確化	143
測定モデル	**539**
──と信頼性	**539**
ソシオメトリー	448
ソシオメトリック・テスト	216, 448
組織的観察法	127, 128
組織マネジメント	**434**
素朴理論	91

た

ターゲット構造	115
第1四分位数	529
第1種の誤り	532
第2種の誤り	532
第3四分位数	529
体育科の特質	363
大学基準協会	469
大学修学能力試験(CSAT)	487
大学修学能力試験(韓国)	502
大学設置基準	471
大学入学資格検定	481
大学入学者選抜	**478**
大学入試センター試験	**480**
大学評価	469
大学評価・学位授与機構	470
大学評価システム	470
体験学習	108
対座法	409
第三者評価	470
第三者評価制度	468
大試験(学制期)	31
大正自由教育	33
態度	**113**, 267
——とその評価・活用	**267**
態度主義	282
態度主義論争	113
態度評価	267
ダイナミック・アセスメント	404
対比効果	155
対比的エラー	130
代表値	**528**
——の検定	**533**
タイラー原理	38, 39
対立仮説	532
対話と会議	**171**
多因子説	190
多因子評価	395
多項選択法	141
確かな学力	**102**
多次元共感性測定尺度	**271**
多肢選択法	137, 156
他者制御	60
他者評価	216
他者評定	**142**
多段抽出法	138
多値型応答モデル	544, **545**
達成行動	257
達成した学力	93
達成目標	435
達成目標理論	54, 259
達成欲求(有能さへの欲求)	**257**, 261
妥当性	**66**, 137, 144, 162, 165, 198, **541**
妥当性概念の変遷	541
妥当性検証の方法	541
多特性多方法行列	541
田中ビネー知能検査	**198**
田中ビネー知能検査法	407
ダブル・バーレル質問	139, 141
多変量解析	145
単元・題材の指導目標	304
単元・題材の評価規準	304
単元ごとの観点別評価	275
単元設計	86
単元の指導計画・評価計画	274
単元の評価規準	274
単元目標の具体化	277
単純再生法	157
単純分割授業	49

単純無作為抽出法	138

ち

地域運営学校	444
地域カリキュラム	**454**
地域住民	444
地域との連携能力	460
チェックリスト法	147, **149**
知識	92, 288
——の構造	86
——を応用し総合する能力	378
知識・理解	274, 281, **288**
——の評価	**288**
知識中心	92
知的好奇心	256
知的障害	397
知的障害児教育	**415**
知的障害児の指導と評価	**415**
知的能力	93
——の発達と個人差	**90**
——の評価	403
知能	**190**
——と学力の相関利用	201
——の遺伝規定性	190
——の学習可能性	191
——の測定	190
——の定義	190
——の発達的変化	191
——の予測性	191
知能・学力相関座標	165, 201
知能SS	193
知能検査	**192**, 200
——の開発史と種類	**192**
——の論争	75
知能指数(IQ)	192, 198
知能水準	192
知能モデル	190
チャータリング	469
注意欠陥/多動性障害(ADHD)	295
注意分配理論	74
中央学籍配分機関(ZVS)	487
中央値	528
中学音楽科の評価方法	**345**
中学校音楽科の特質と評価	**344**
中学校音楽科の特質	344
『中学校・高等学校学校評価の基準と手引(試案)』	440
中学校外国語科の特質と評価	**371**
中学校外国語科の評価方法	**373**
中学校技術・家庭科「家庭分野」の特質と評価	**360**
中学校技術・家庭科「家庭分野」の評価方法	**361**
中学校技術・家庭科「技術分野」の特質と評価	**357**
中学校技術・家庭科「技術分野」の評価方法	**358**
中学校国語科の特質と評価	**310**
中学校国語科の評価方法	**312**
中学校社会科の構造	318
中学校社会科の特質と評価	**318**
中学校社会科の評価方法	**320**
中学校数学科の特質と評価	**326**
中学校数学科の評価方法	**327**
中学校生徒指導要録(参考様式)	571
中学校設置基準	428, 431, 443, 470
中学校美術科の特質と評価	**350**
中学校美術科の評価方法	**352**
中学校保健体育の特質と評価	**367**
中学校保健体育の内容	368

中学校保健体育の評価方法	369
中学校理科の特質と評価	332
中学校理科の評価方法	334
中国における教育評価	501
抽出	137
中心化エラー	130
中心化傾向	147, 155
聴覚・言語障害児の指導と評価	423
聴覚検査	409
聴覚障害	397
聴覚障害児教育	423
調査書	118
——の開示問題	526
——の記載事項	524
——の記載のあり方	526
——の様式	524
調査書(内申書)	523
調査書例	525
調査的面接	133
調査法(特別活動)	382
調節	90
直接行動観察	412
地理的分野	319
治療	296

つ

通学区域の弾力化	445
通級指導教室	424
通級による指導	417
通信簿	511, 515
——の意義と変遷	511
——の改革	511
——の改善視点	515
——の改善視点と望ましい通信簿	515
——の作成主体	513
——の内容と様式	513
通信簿(戦後初期)	512
通信簿(通知表)	33
通信簿改革	33, 512
通信簿作成の視点	513
通信簿自由化論	41
通信簿例	516
通信簿論争	41
通信欄(通信簿)	514
通知「高等学校の入学者選抜について」	477
通知「通学区域の弾力的運用について」	445
通知「入学者選抜について」	476
通知「入学者選抜の改善」	476
通知表→通信簿	33
つぶやき	188
津守・稲毛式乳幼児精神発達質問紙	204
強い能力	406

て

D研究	540
t 検定	533
T・T→ティーム・ティーチング	291
T得点	542
ディープ面接法	132
ティーム・ティーチング	49, 291
——とその評価	291
定期試験(学制期)	31
提出物(外国語)	374
定性的評価	430
ディスクレパンシー	195
ディスクレパンシーモデル	404
訂正法	157

ディプロマ・プログラム（DP）	481
定量的な評価	430
データ保護法	497
適応型	546
適応行動検査	408
適格主義	476
適格認定	469
適合度指標	538
摘出法	149
適性	**246**
適性・興味とその評価・活用	**246**
適性検査	**482**
適性処遇交互作用（ATI）	**71**, 101, 201, 213
適切な音読	372
適切な聞き取り，適切な読み取り	372
適切な発話，適切な筆記	372
適用・応用力	159
出口評価（フィンランド）	500
デジタルデータ	**120**
──へのアクセスとプライバシーの保護	**120**
テスト	**26**, 125, **547**
──に向けた学習指導	76
──の社会的意義と責任	**547**
──の信頼性	66
──の責任要件	**547**
テスト（実技，ペーパー）（保健体育）	369
テスト・データと項目分析	**536**
テスト・バッテリー	218, 247, 249
テスト関係者	**547**
テスト規準	**547**
テスト形式	**548**
──と学習の方向性	**548**
テスト効果	73
テストされない能力や技能	76
テスト・試験	**26**
テスト得点の等化（得点調整）	**543**
テスト批判と反批判	**75**
テスト頻度の効果	73
テスト不安	**74**
テスト法	**153**
──の意義と種類	**153**
──（特別活動）	382
テスト問題の工夫・改善	321
テスト予告の効果	73
寺子屋	30
伝音難聴	409
典型法	138
点字	422
天井効果	78
点推定	**531**
──と区間推定	**531**
点数式評定尺度	148
電話調査	137

と

ドイツにおける教育評価	**499**
答案返却の効果	73
統一学力検査	477
統一性	518
投影法	213
等化	**543**
同化	90
動機づけ	**54**, 60, 259, 264
──としての評価	19
──と評価	**54**
動機づけ理論	54
等級制	31, 32

東京都品川区	120
動作性IQ	405, 406
同時処理的アプローチ	197
同時処理様式	196, 406
答申「21世紀の大学像と今後の改善方策について」	471
答申「今後の地域教育行政の在り方について」	444
答申「児童生徒の学習と教育課程の実施状況の評価の在り方について」	58, 309, 351, 506, 522
答申「初等中等教育と高等教育との接続の改善について」	479
答申「大学入試の改善について」	478, 479
答申「大学の質の保証に係る新たなシステムの構築について」	432
答申「養成と採用・研修との連携の円滑化について」	465
到達度評価	**45**, 81
『到達度評価の研究』	88
到達目標	94
動的家族描画法（K-F-D）	**231**
道徳教育の評価	**383**
道徳性	**237**, 239
——の発達とその評価・活用	**237**
道徳性診断検査	**240**
道徳的実践にかかわる評価	384
道徳的心情	239
道徳的判断	239
道徳的評価の自覚についての評価	384
道徳の時間の評価	384
等パーセンタイル等化法	543
同僚性	435
特異項目機能（DIF）	**549**
特殊学級	417
特殊教育	394
特殊的好奇心	256
読書力検査（聴覚・言語障害児）	**423**
特性論	212
特定地域選択制	445
得点調整	**543**
得点率	167
特認校制	445
特別活動の記録（指導要録）	520
特別活動の記録（通信簿）	514
特別活動の特質	379
特別活動の評価	**379**
——の特質	381
特別支援学校	394
特別支援教育	121, 394, **395**
——とLD児の学力評価	**403**
——と教育評価	**395**
——と個別知能検査	**405**
特別支援教育コーディネーター	395, 399, 413
特別支援教室	394, 395
特別支援連携協議会	394, 395
ドメイン準拠評価	88
——とスタンダード準拠評価	88
留置調査	137
トラジェクトリー	106
努力を要する状況（C）	305

な

内申書裁判	526
内申点	524
内発的—外発的動機づけの尺度	**264**
内発的動機づけ	254, **264**
内発的動機づけ理論	54

内発的フィードバック	79
内部評価	**439**
内容的妥当性	66, 162
ナショナル・カリキュラム	454, 496
――と学校・地域カリキュラム	454
難聴言語通級指導教室	424

に

2因子モデル	190
2件法	136
2項選択法	141
2次的欲求	261
「二重帳簿」問題	41
20答法	231
2値型応答モデル	544, **545**
――と多値型応答モデル	**545**
日常生活文了解度検査	409
日常的観察法	127
日常の学習評価	305
日課優劣表	33
日課優劣表(学制期)	31
日記	**187**
日記・学習記録の利用	**187**
日誌法	127
日本語数唱聴取検査	409
日本版GHQ精神健康調査票	**225**
日本版MAS	227
日本版STAI	**226**
日本版カリフォルニア人格検査(CPI)	**221**
日本版デンバー式発達スクリーニング検査	**205**
日本版モーズレイ生活検査(MPI)	**221**
入学試験型の評価	52
入学試験型評価	483

入学者選抜	476, 478, **523**
――と調査書	**523**
――の基準・方法	476
――の変遷	476
入学者選抜制度	**476**
――(アメリカ)	486
――(イギリス)	486
――(韓国)	486
――(諸外国の)	**486**
――(中国)	486
――(ドイツ)	486
――(フランス)	486
入試テスト	52
乳幼児健診	202
乳幼児精神発達質問紙(津守式)	407
乳幼児の発達	202
――と診断	**202**
人間性	93
人間中心カリキュラム	452
人間の生活と評価	**27**
人間力	93
認証評価	470
認証評価制度	**432**
認知	48
認知・発見・構成力	159
認知主義	**107**
認知主義的学習論	42
認知主義的評価論	**107**
認知処理尺度	405, 406
認知心理学	107
認知的領域	287
認知発達理論	237
認知理論	107

ね・の

年齢水準	192
能研テスト	480
脳波	**410**
脳波,MRI,その他の医学検査	**410**
能力	**101**
能力開発型人事考課制度	463
ノート	334
ノート点検法	281
ノーマライゼーション	397
ノンカテゴリカル・エデュケーション	396
ノンパラメトリック検定	533

は

パーソナリティ	212, 251
——とその評価	**212**
——の形成	**214**
パーソナリティ検査	140
パーソナリティ特性	212
HEART道徳性診断検査	**240**
ハイ・ステークス	**76**
——とテスト	**76**
配置	**52**
ハイテークス・テスト	547
配点	542
配点と得点の表示	**542**
バウムテスト	232
測りにくい学力	97
バカロレア	487
波及効果	548
箱庭検査	**233**
箱庭療法	233
場所見本法	127, 128

PASカード	**250**
パターン法	280
8年研究	**39**
8年研究評価委員会	158
発言	**188**
発言・つぶやきの記録	188
発言・つぶやきの評価	**188**
発言・つぶやきの見取り	188
発言分析法	330
発想や構想の能力	349, 352
発達検査	203, 407, 418
発達志向評価(フィンランド)	500
発達指数(DQ)	203
発達診断	202
発達診断チェックリスト	**207**
発達の最近接領域	**109**
バッテリー利用	165
発展的な学習	323
発話(図画工作)	348
発話明瞭度検査	423
話す・聞く能力	308, 311
パネル調査	145
母親への愛着を測定する尺度	**269**
パフォーマンス(performance)	125
パフォーマンス課題	24, 87
パフォーマンステスト(実技テスト)	334
パフォーマンステスト法	330
パフォーマンスに基づく評価	24
パフォーマンス評価	89, 112, **175**
パフォーマンス評価(外国語)	374
バランスド・アチーバー	165
ハロー効果 →光背効果	77, 155
パワーテスト	193
藩校	30

反抗挑戦性障害 396
反応歪曲 136

ひ

ピア・レビュー(同僚評価) 469
ピアジェの知的発達理論 90
ピアジェの認識論 103
P–F スタディ 229
PDCA 430, 436
比較試験(学制期) 31
比較判断の法則 151
ピグマリオン効果 77
被験者間計画 535
被験者内計画 535
「備考」 505
PISA 491
非参加観察法 126
非参加間接観察 126
非参加直接観察 126
美術への関心・意欲・態度 352
非承認群 449
ビジョン 464
筆記による評価 24
ビッグ・ファイブ説 212
ビデオカンファレンス 129
ビネー法 192
批評(クリティシズム) 181
評価 25
評価・測定・評定 25
評価観点 281
評価規準 23, 80, 170, 172, 277, 305
　——と評価基準 80, 305
評価基準
　　23, 80, 170, 172, 274, 305, 392
「評価規準，評価方法の工夫改善

のための参考資料」 309
評価規準・評価基準の作成 284
「評価規準の作成，評価方法の工
　夫改善のための参考資料」 381
評価技法 281
評価計画 279, 355, 361
　——の立て方 279
評価計画作成の手順 279
評価言 302
評価構造 115
評価指標 174, 429
評価情報の開示とプライバシー 522
評価資料の収集 23, 124
評価スケジュール化 401
評価としての言葉かけ(評価言) 302
評価におけるアートとサイエンス 180
「評価の観点及びその趣旨」
　——(小学校国語科) 308
　——(中学校国語科) 311
　——(小学校社会科) 315
　——(中学校社会科) 319
　——(小学校算数科) 324
　——(中学校数学科) 326
　——(小学校理科) 329
　——(中学校理科) 333
　——(小学校生活科) 337
　——(小学校音楽科) 342
　——(中学校音楽科) 345
　——(小学校図画工作科) 349
　——(中学校美術科) 352
　——(小学校家庭科) 354
　——(中学校技術・家庭科「技術分野」)
　　　 357
　——(中学校技術・家庭科「家庭分野」)
　　　 360

――（小学校体育科）	363	標準得点	164, 542
――（中学校保健体育科）	370	標準偏差	529
――（中学校外国語科）	371	表象主義的認知論	42
――（小学校・中学校特別活動）	380	評定	18, **25**, 167, 305, 526
評価の教育性	65	評定（rating scale）	125
評価の主体	**21**	「評定」	505
評価の対象	**21**	評定尺度法	127, 128, 141, 147, **148**
評価の妥当性・信頼性・客観性	**66**	評定段階	164
評価の手順（小学校理科）	330	評定法	137, 142, **146**
評価の目的	51, 124	――の意義と種類	**146**
評価の目標や対象	124	標本抽出	138
評価の歪み	**77**	標本調査	138
評価の用具・手段・方法	124	標本統計量	531
評価方法の選択	23	標本分布	531
評価無用論	**27**	比率尺度	528
評価力	19	広岡の学力モデル	113
表現	**178**	品行	28
――の評価	**178**	品等法	**150**

ふ

表現・処理	274	
表現の技能	342, 344	
表現の能力（外国語）	371	ファカルティ・ディベロップメント	471
表現評価の意義	178	フィードバック	23, **79**
表現評価の方法	179	――としての評価	19
表現的目標	94	フィードバック情報	21
病弱	397	フィンランドにおける教育評価	**500**
病弱教育	**419**	フェアネスマインド検査（ジレンマ課題による評価）	**241**
病弱児の指導と評価	**419**	フェイスシート	**139**
標準化	542	不均一 DIF	549
標準学力検査	298, **489**	負の寛容効果	77
――の活用	**298**	不偏分散	529
――（聴覚・言語障害児）	423	プライバシー保護	522
標準化の手続き	161	プラス思考	435
標準検査	**161**, 299	フランスにおける教育評価	**498**
標準誤差	531		
標準聴力検査	423		

ブルームの目標分類学	44
フレイジング	139
ブレインストーミング	209
プログラムの効果	412
プログラムの評価	395
プログラム評価のためのデザイン	412
プロジェクト	24, 87
プロジェクト学習	108
フロスティッグ視知覚発達検査	408, 409
「プロセス」を評価	107
ブロック選択制	445
文化についての知識・理解	372
分散	529
文章完成テスト(SCT)	234
文章法	65
分析的評価	511
分析的方法	155
分布の代表値	528
分類学(タキソノミー)	44

へ

平均値	528
平行テスト法	539
米国精神遅滞協会(AAMR)	195
ペーパーテスト	334
ペーパーテスト(外国語)	373
ペーパーテスト法	330
偏回帰係数	537
勉強法	297
偏差値	164, 542
偏差知能指数	193
偏差知能指数(DIQ)	198
ベンダー・ゲシュタルト・テスト	409
ベンチマーキング	437
弁別的証拠	541

ほ

方向目標	94
褒賞	32
包装効果	77
ホーソン効果	78
ポートフォリオ	125, **169**, 510
ポートフォリオ評価	112, 142, 169, 171
ポートフォリオ評価(外国語)	374
ポートフォリオ評価法	24
他の人とのかかわり	383
保健領域	363
保健領域の評価方法	366
保護者	**444**
保護者・地域住民による評価	**444**
保護者評価法	330
「保護者への通信」欄	506
補充的・治療的指導	69
補助簿	508
──の意義	**508**
──の機能	509
──の種類	508
──の内容と様式	**509**
ポスドコルブ(POSDCoRB)説	436
補聴器特性検査	423
ほめる	209
ホリスティック・アプローチ	451

ま・み・む

マスタリー・ラーニング	44, 69
マスタリー水準	69
学び方, ものの考え方	378
学ぶ力としての学力	93

事項索引 [まね―もん] 615

マネジメント研修カリキュラム等開発会議	434
マネジメントサイクル(**PDCA**)	430, 434, **436**, 451, 453
守るべき秘密の範囲	53
マルチファクター・エバリュエーション	395
マルチプル・ベースライン法	412
見えない学力	97
自ら学び自ら考える力	100
自ら学ぶ意欲	254
身近な環境や自分についての気付き	337
ミッション	434, 435
見取り	**182**
見取り評価	**182**
無作為抽出法	137, 138
無作為化比較試験(RCT)	412
無相関検定	534

め

名義尺度	528
メタ認知	55, 60, **173**
メタ認知的活動	173
メタ認知的コントロール	173
メタ認知的知識	173
メタ認知的方略	297
メタ認知的モニタリング	173
メタ認知能力	294
メタ分析	137
面接(interview)	125
――の技法	**133**
――の進め方	**133**
面接技法	**133**
面接記録のとり方	**134**
面接調査	137
面接テスト法	330
面接法	**132**, 281
――の意義と種類	**132**
メンタル・テスト	**36**

も

盲	421
目標(クライテリオン)	298
目標・評価構造と学習	**115**
目標基準	80, 81, 83
目標基準準拠検査(**CRT**)	166, 298, 489
目標構造	**115**
目標準拠型	418
目標準拠評価	58, 80, **81**, 88, 118, **118**, 518, 519
――と説明責任	**118**
――の導入と入学者選抜	**118**
目標と評価の関係(家庭科)	355
目標と評価法の対応	87
目標に準拠した評価	40, 43, **81**, 304, 305, 351, 354, 526
目標にとらわれない評価	25, 182, **183**
目標に基づいた評価	183
目標の具体化	**86**, 276
目標の具体化と具体的評価基準の作成	276
モデル母数の等化	**546**
本明・ギルフォード性格検査(**M–G**)	220
モラルジレンマ(価値葛藤)	241
森実式ドットカード	409
問題解決的学習	108
問題解決の能力	378
問題解決力	92

問題内容の標準化	161
問題場面テスト	**158**
問題場面テスト法	281
問答法	**135**

や―よ

矢田部・ギルフォード性格検査（YG）	**219**
有意水準	532
有意抽出法	137, 138
有意味受容学習	**70**
郵送調査	137
有能感	265
有能さ	265
有能さの欲求	**257**
優良可5段階法	504
ユリオッピラスツツキント	500
養護・訓練	415
養護学校義務制	415, 417
幼稚園幼児指導要録（参考様式）	**566**
抑うつの尺度	**266**
抑制不安	74
予測的妥当性	483
欲求	**261**
――の階層構造	**262**
――の分類	**261**
欲求階層説	262
予備調査	143
読む能力	308, 311
弱い能力	406

ら―り

ラポール	132
ランタンテスト	409
ランドルト環	409
リーダーシップ	434
リーダーシップ（管理職の）	**464**
理解	288
――と指導	48
――のかかわり	48
――の観点	48
――の能力（外国語）	372
履修主義	**58**
履修主義・習得主義と評価	**58**
律令制	29
リバーサル法	412
流暢さ（測度としての）	411
流動性知能	190, 405, 406
量の測定	180, 181
臨時試験（学制期）	31
臨床面接法	132
隣接区域選択制	445

る

累加記録摘要	504
類型論	212
ルーブリック（評価指標）	87, 170, 172, **174**, 392
――（一般的な）	174
――（観点別）	174
――（全体的な）	174
――（特定課題の）	174
――（特定場面の）	174
ルール・イグザンプル法	185

れ・ろ

歴史的分野	319
レディネス	50, 253
レポート法	281
連関	530, **534**

連関係数	530
聾学校の指導計画	423
ロールシャッハ・テスト	**228**
録画観察	128
論文体テスト	**154**
論文体テスト法	281
論理的誤謬	77

わ

ワーキング・メモリー	396
ワークシート	334
ワーディング	**139**, 140
割り当て法	138

人名索引
(50音順)

ア

アードマン	Erdmann, A.J.	226
アイズナー	Eisner, E.W.	94, 181
アイゼンク	Eysenck, H.J.	221
アイゼンバーグ	Eisenberg, N.	242
青木孝頼		239
東　洋		51, 64
アトキンソン	Atkinson, J.W.	257
阿部満州		227
荒木紀幸		238
淡路円次郎		36
アンダーソン	Anderson, L.W.	44, 46
池田　央		155
石田恒好		146, 250
板倉聖宣		94
稲毛強子		204
ヴァーノン	Vernon, P.E.	136
ウィーナー	Wiener, N.	79
ウィギンズ	Wiggins, G.P.	172
ヴィゴツキー	Vygotsky, L.S.	105, 109, 173
ウェーバー	Weber, M.	468
ウェクスラー	Wechsler, D.	192, 194
上田　薫		113, 184
上田礼子		205
ウェンガー	Wenger, E.	105
ウォータース	Waters, E.	269
内田勇三郎		236
撫尾知信		280
エインズワース	Ainsworth, M.D.S.	269
エーベル	Ebel, R.L.	82, 167
エドワーズ	Edwards, A.L.	140
エプスタイン	Ebstein, J.L.	115
エプスタイン	Ebstein, N.	270
MMPI新日本版研究会		220
エリオット	Eliot, A.J.	259
エリクソン	Erikson, E.H.	224
エンゲストローム	Engeström, Y.	104, 109
遠城寺宗徳		206
オーズベル	Ausubel, D.P.	70
大阪府教育委員会		461
大槻　健		113
大津市立教育研究所		440
オーティス	Otis, A.S.	192, 200
大西佐一		95
オールポート	Allport, G.W.	136
岡田康伸		233
オズグッド	Osgood, C.E.	152

カ

ガードナー	Gardner, H.	191

人名索引 [カ—タ]

カーバー	Carver, R.P.	81
海保博之		222
カウフマン	Kaufman, A.S.	196
香川邦生		421
梶田叡一		62, 64, 94
片口安史		234
加藤隆勝		270
金井達蔵		146, 201
金子尚政		32
苅谷剛彦		119
河合隼雄		233
北尾倫彦		61, 249
キャッテル	Cattell, J.M.	146
キャッテル	Cattell, R.B.	190
キャロル	Carroll, J.B.	69
ギリガン	Glligan, C.	238
ギルフォード	Guilford, J.P.	190, 208, 210, 219, 220
クーン	Kuhn, M.H.	231
久保良英		36, 200
クラウン	Crowne, D.P.	140
クラスウォール	Krathwohl, D.R.	94
グレイサー	Glaser, R.	19, 81, 88
クレッチマー	Kretschmer, E.	212
クロンバック	Cronbach, L.J.	51, 64, 71, 109
グロンランド	Gronlund, N.E.	94
ケース	Case, R.	91
ゲーリング	Gehring, T.	235
ゲゼル	Gesell, A.	50
ゴフ	Gough, H.G.	221
ゴールドバーグ	Goldberg, D.P.	225
ゴールトン	Galton, F.	136, 146, 190
コールバーグ	Kohlberg, L.	237, 241
コスタ	Costa, P.T.	213
ゴダード	Goddard, H.H.	200
コッホ,	Koch, C.	232

サ

サーストン	Thurstone, L.L.	151, 190
桜井茂男		222, 265, 270, 271
サドラー	Sadler, R.	89
サラソン	Sarason, S.B.	74
ジェイコブソン	Jacobson, L.	77
シェイバー	Shaver, P.	269
ジェンセン	Jensen, A.R.	191
シモン	Simon, T.	192
シャンク	Schunk, D.H.	258
シュテルン	Stern, W.	192
鐘 啓泉		61
ショーファー	Schofer, E.	467
ショストロム	Shostrom, E.L.	262
シンプソン	Simpson, E.J.	286
スーパー	Super, D.E.	246, 250
杉村 健		272
スクリバン	Scriven, M.	62
鈴木治太郎		36
スターチ	Starch, D.	37
ステイク	Stake, R.	64
ストロング	Strong, E.K.	136
スピアマン	Spearman, C.E.	190
スピルバーガー	Spielberger, C.D.	226
スレイビン	Slavin, R.E.	19
セリグマン	Seligman, M.E.P.	263
ソーンダイク	Thorndike, E.L.	37, 83, 180, 548

タ

ターマン	Terman, L.M.	36, 37, 192, 200

ダーリング・ハモンド　Darling-Hammond, L.	169
大坊郁夫	225
タイラー　Tyler, R.W.	25, 26, 38, 39, 44, 450, 452
高浦勝義	108, 170, 172
高木秀明	270
高野清純	222
詫摩武俊	246
ダス　Das, J.P.	190, 196
辰野千壽	50, 248, 272
田中寛一	36, 198
田中教育研究所	198, 199
タバ　Taba, H.	452
ツァン　Zung, W.W.K.	266
辻岡美延	219
續　有恒	25, 64, 146
津守　真	204
ディーン　Deane, K.E.	269
テイラー　Taylor, J.A.	227
デービス　Davis, M.H.	271
デシ　Deci, E.L.	54
デューイ　Dewey, J.	38, 108
テンドラー　Tendler, A.D.	234
ドゥエック　Dweck, C.S.	259, 263
東京都品川区	120
遠山　啓	61
トーランス　Torrance, E.P.	208, 210
戸川行男	229
独立行政法人労働政策研究・研修機構	253
トムリンソン委員会	485
豊田秀樹	145
ドラッカー　Drucker, P.F.	436

ナ・ハ

中川泰彬	225
中野泰志	421
西村和雄	99
日本心理適性研究所	252
野々村新	246
ノバック　Novak, J.D.	186
ハーター　Harter, S.	256, 264, 265
ハート　Hart, D.	169
バーライン　Berlyne, D.E.	256
バグリー　Bagley, W.C.	38
ハザウェイ　Hathaway, S.R.	136, 220
橋本重治	64, 88, 94, 95, 146, 154, 166
バック　Buck, J.H.	230
八田武志	235
バンデューラ　Bandura, A.	54, 60, 214, 258
ピアジェ　Piaget, J.	50, 90, 173, 237
肥田野直	226
ビネー　Binet, A.	36, 37, 192
日比裕泰	231
ビューラー　Bühler, C.	233
平沼　良	201
広岡亮蔵	95, 113
ピントナー　Pintner, R.	201
フェイヨル　Fayol, H.	436
フェッシュバック　Feshbach, N.D.	270
藤原喜悦	253
ブラウン　Brown, A.L.	173
フランケンバーグ　Frankenburg, W.K.	205
フランツェン　Franzen, R.	201
古市裕一	246

ブルーナー	Bruner, J.S.	42, 70		水口公信		226
ブルーム	Bloom, B.S.			メージャー	Mager, R.F.	94
	43, 44, 46, 62, 69, 94, 276			メーラビアン	Mehrabian, A.	270
古畑和孝		238		メシック	Messick, S.	541
フロイト	Freud, S.	237		モーガン	Morgan, C.D.	229
ブロドマン	Brodman, K.	226		本明 寛		220
ヘイザン	Hazan, C.	269		森 有礼		33, 35, 462
ペイン	Payne, A.F.	234		モレノ	Moreno, J.L.	448

ヤ・ラ・ワ

ペスタロッチ	Pestalozzi, J.H.	108
ベック	Beck, A.T.	266
ベラック	Bellak, L.	229
ボウルビィ	Bowlby, J.	214, 269
ホール	Hall, G.S.	136, 143
北海道立教育研究所		440
ポファム	Popham, W.J.	88, 548
ホワイト	White, R.W.	101, 264, 265

ヤーキーズ	Yerkes, R.M.	136, 192, 200
矢田部達郎		219
ヤレスコフ	Jöreskog, K.	538
ユッカー	Jucker, E.	232
弓野憲一		208
ユング	Jung, C.G.	212
吉田辰雄		250
ライアン	Ryan, R.M.	54, 254, 264
ラドロフ	Radloff, L.S.	266
ルリア	Luria, A.R.	196
レイヴ	Lave, J.	105, 106
レヴィン	Lewin, K.	71, 448
レスト	Rest, J.	238
レッグ	Legge, G.E.	422
レンズーリ	Renzulli, J.S.	121
ローエンフェルト	Lowenfeld, M.	233
ローゼンサール	Rosenthal, R.	77
ローゼンツァイク	Rosenzweig, S.	229
ローゼンバーグ	Rosenberg, M.	223
ロールシャッハ	Rorschach, H.	228
ロゴフ	Rogoff, B.	109
ロジャース	Rogers, C.R.	262

マ

マーシャ	Marcia, J.E.	224
マーレイ	Murray, H.A.	229
マーロー	Marlowe, D.	140
マイヤー	Maier, S.F.	263
マクレー	McCrae, R.R.	213
マクレランド	McClelland, D.C.	257
マコーヴァー	Machover, K.	230
マズロー	Maslow, A.H.	262
マッキャンドレス	McCandless, R.B.	50
マッキンレイ	McKinley, J.C.	136, 200
マッセン	Massen, P.	242
松原達哉		50, 196
真仁田昭		239
マルザーノ	Marzano, R.J.	44
マンドラー	Mandler, G.	74

ワイナー	Weiner, B.	257, 260
渡辺　徹		36
ワロン	Wallon, H.	91

教育評価事典

2006 年 6 月 25 日　初版第 1 刷発行 ［検印省略］

監　修　Ⓒ辰野千壽
　　　　　石田恒好
　　　　　北尾倫彦

発行人　　工藤展平
　　　　株式会社 図書文化社
　　　　〒 112-0012　東京都文京区大塚 1-4-5
　　　　TEL 03-3943-2511　FAX 03-3943-2519
　　　　振替　00160-7-67697
　　　　http://www.toshobunka.co.jp/

印刷所　　株式会社 加藤文明社
製本所　　株式会社 駒崎製本所
装　幀　　藤川喜也

Ⓡ本書の全部または一部を無断で複写複製（コピー）することは、著作権法上での例外を除き、禁じられています。本書からの複写を希望される場合は、日本複写権センター（03-3401-2382）にご連絡ください。

乱丁、落丁本はお取替えいたします。

ISBN4-8100-6471-9 C3537